周　辛◎著

周辛教育文集

上　册

安徽师范大学出版社
·芜湖·

封面照片1945年7月摄,时年54岁

周辛因家境窘迫在嘉兴协鑫典当充任学徒（1910年摄）▶

1917年夏于南京高等师范毕业后被留在附中任国文教员（1920年摄）◀

1923年至1929年经学校推荐去南洋爪哇、苏门答腊、泗水任中华学校校长（1925年摄）◀

受聘于国立暨南大学，担任国文教授（1932年初冬摄）▶

时任国立中山大学教育系教授(1935年元旦摄)▶

1940年5月至1946年7月，任国立中正大学社会教育系主任，教授(1941年1月摄)◀

1954年12月19日(星期日),在办公室批改学生作业。时任安徽师范学院专科部主任、教授▲

时任合肥师范学院教育系主任、教授(1959年1月摄)◀

苏州大学博物馆周辛展柜◀

(三)坐在学塾内，衣帽必须正齐，仪容就显得尊严；(四)教育儿童，责任重大，自己不敢懒怠惰。

七、(结论)

朱熹综合了一千六百多年来的儒家学说。凡是论语的"仁"说，中庸的"诚"说，孟子的"仁义"，大学的致知格物，汉儒的阴阳五行，周敦颐的"太极图"解，张载的"心性"论，邵雍的"先天图"，程颢的"仁"学，程颐的"理气"二元论。融会贯通，成为一个体系。对于儒家来说，是有极大贡献的。

朱熹生长在南宋。南宋的地方被压缩到仅仅在江南一角，强敌金人天天有南下侵入的危险。南宋列朝君主都庸懦无能。又加连年兵祸、水旱荒灾，人民生活极度痛苦。徽钦二宗被金人虏去的耻辱，还未洗雪；岳飞精忠报国，反被杀害；秦桧通敌卖国，居然爵相封王；凡有人心的人，莫不痛恨切齿。朱熹从小受了父亲的影响，反对和议，痛骂秦桧。岳飞被杀那一年，朱熹已经十一岁了。所以朱熹的抗敌除奸、救国、救民的思想根深蒂固。他受了儒家学说的陶冶，儒家的学说是政教不分、君师不分，所谓"作之君、作之师"。因此，他认为只要把君主教育好了，全国人民都受到了教育，实行了先圣先贤的"修身、齐家、治国、平天下"道理，就可以使国富民强，把敌人驱逐出中国，把国家挽救过来。他不知道教育是为政治经济服务的，却想把教育来改造政治，是犯了教育万能说的错误。

在南宋的恶劣形势下，朝政操在少数权奸手里；士大夫追求利禄，不知羞耻；后起学子醉心于科举，都抱侥幸投机之心理，风俗卑下，善恶杂淆，是非不明。这时朱熹起来号召学者学习古先圣贤之道，从事穷理笃行，培植了一大批有

周辛手迹(《宋代教育大家朱熹》片段)▲

序

周辛（1891—1966），原名周廷珍、号葆儒（1929年以前，周辛所有著作都署名为周廷珍；二十世纪三四十年代署名周葆儒；1952年改名为周辛），是我国现代教育学家、社会教育家和乡村教育运动的积极践行者。二十世纪三十年代，凭着对教育事业的责任心，周辛领导创办广州龙眼洞乡村教育实验区。随后，他满怀对乡村教育的热情，应梁漱溟邀请到山东，担任山东乡村建设研究院导师，并兼任邹平简易师范教导主任之职。1936年秋，经人介绍，进入无锡江苏省立教育学院，担任研究部主任，积极参与江苏省立教育学院第一民众教育实验区工作，从事民众教育。1940年5月，应邀去江西泰和新筹办的国立中正大学任教，担任中正大学社会教育系主任、教授。抗日战争胜利后，接受江苏省立教育学院邀请，重新回到无锡，担任教育学院教授兼社会教育系主任，继续开展并领导民众教育及乡村教育实验区工作。新中国成立后，周辛担任江苏教育学院副主任委员、教导主任及苏南文化教育学院副主任委员、教务长，积极领导学校的建设与教学工作。1951年9月，调到华东教育部担任高教处处长。1952年10月，调到安徽大学（后更名安徽师范学院），担任专科部主任，被选为中共安徽省第一届党代会代表、安徽省第三届人民代表大会代表。1958年调往合肥师范学院任教育系主任、教育学科教研室主任、党支部书记，担任安徽省教育学会副主席、安徽省心理学会主席。1966年，周辛辞世。

周辛先生是二十世纪早期教育救国群体中的一员。少年时代聪慧过人，勤学深思；青年时代关心国家和民族的命运，漂洋过海寻求教育救国救民的真理；中年时代在三座大山的夹缝中和羁境中致力于"教育救国"，摒弃高官厚禄和城市的安逸生活，甘愿到农村自讨苦吃，创办乡村教育、社会教育事业，居无定所，备尝艰辛；晚年加入中国共产党，拥护社会主义，并积极投身新中国教育事业的建设洪流中。他的一生就是一幅鲜活的教育思想和教育实践发展史。

周辛先生一生投身于教育事业，著述颇丰，发表有关社会教育、乡村教育、国民教育、民众教育、基础教育、比较教育等文章一百三十多篇。特别是在乡村教育、民众教育和社会教育等方面发表了大量学术论文，提出了许多独到的见解。他强调了乡村教育的重要性，对乡村教育的对象和目的提出自己的见解，认为乡村教育应该包括女子教育、清洁、农事、扫盲与体育五个方面，采取导生制的方式；同时看到乡村师范教育的弊端，对传统的乡村师范教育持批判态度，提出乡村师范教育培养师资的方法和途径。对什么是民众教育进行阐释，分别对民众教育的必要性与可能性、内容、方式以及师资问题四个方面予以论述。他认为民众教育的内容包括基本教育、自治教育、体育教育和国民教育四个方面，民众教育的方式分为民众学校和民众教育馆两种，并对民众教育的师资基本素质做了具体要求。他揭示了社会教育的内涵、目的和原则，从社会教育面临的问题出发，就社会教育内容、方式等方面提出了社会教育的革新路径。

周辛先生教育思想和教育实践活动具有鲜明的爱国性、实践性和时代性。他是一位爱国教育者，他的一生有着强烈的民族责任感和爱国主义情怀。在教育救国思潮的影响下，他始终坚持奋斗在教育第一线，默默贡献自己的力量，始终怀揣爱国精神。周辛先生的教育作品中，多次提到“挽救民族危亡”“唤醒民众”“恢复中华”等口号，就像当时很多教育家提出的教育救国主张一样，怀着对民族的热爱，对国家安危的担忧，励志在那段动荡不安的时代中，用爱国精神，凭借教育的力量，挽救国家，挽救民族危亡，唤醒民众。周辛在1923年被推荐去南洋工作，1929年去英国爱丁堡大学教育研究班学习两年，西方资本主义国家的发达与强大，使周辛认识到要改变中国贫穷落后的面貌，必须走改革发展的道路，学习西方先进的文化。他在1931年回国后不久，中国历史上发生了1932年“一·二八”淞沪抗战，周辛亲身经历了那场军民共同抵抗日军侵略的战争，中国失败的惨状在周辛心里刻上了深深的烙印，他感受到中国贫穷落后，与帝国主义力量的悬殊，劳苦大众在饱受帝国主义列强侵略的同时，过着贫困、愚昧的生活，看到中国人民悲惨的现状，激发了周辛忧国忧民之心，他下定决心投身教育，期望通过教育提高人民文化知识水平，来改变国家落后的面貌，挽救民族的危亡。

周辛先生的教育思想处处体现着实践性。他一生从事教育事业，一直在教育工作前线不停地探索、实践，积累了大量的教育教学经验。无论是追随梁漱溟先生在山东邹平任教从事乡村教育工作，到江苏无锡参与江苏民众教育实验工作，还是自己领导创办广州龙眼洞乡村教育实验区，他都脚踏实地工作。他凭借对教育的热忱，对普及教育的责任感，再苦再累都能坚持留在农村，走进民众，服务民众，夜以继日，秉烛撰写工作计划，草拟各项实验大纲。如果没有求学的经历，没有奔走大江南北向闻名全国的各实验区考察学习的经历，没有深入中国农村最艰苦的环境中，目睹农村对教育事业迫切需要的情景，没有风雨无阻实地考察、调研的经历，他如何能把事业计划撰写得如此全面而完善，如何能有计划、有目的、有步骤地开展教育事业工作。他所取得的成功是建立在实践基础之上，进而发展、完善的。

在涉及教育实践方面，周辛先生根据当地当时的实际情况，组织群众开展教育事业以及生产、生活实践，体现出他从实际出发、实事求是的特点。这些不仅符合当时中国扫除文盲的时代需要，也符合当时中国人民的生存需要，在内忧外患的情形下，扫除文盲可以提高人民的知识水平、提高人民的爱国意识，但在生产遭到破坏、生活困苦不堪的社会环境中，同样需要普及人民的生产、生活知识，使人们掌握生产、生活技能。这些主张的提出，不是凭空想象的，也不是仿效其他教育实践家的做法，是他在实地考察、调研、分析、研究的基础上，根据地方的需要提出并实施的。在乡村教育实践中，他强调重视农民生产、生活技能的提高，如他对耕种、示范农业、畜牧业以及田野工作都做出了具体计划并给予具体指导。除此之外，他主张在教育方面通过实践因地制宜开展教育活动，充分利用当地自然环境、民间风俗习惯开设课程，促进学生全面发展。在创办广州龙眼洞乡村教育实验区的过程中，他利用南方多水的自然条件，开设游泳课，鼓励学生、教师开展游泳比赛，以达到强身健体的目的。另外，他还根据南方民间有舞狮的传统，组织村民重新筹备舞狮队，丰富村民业余生活，使村民有了健康向上的精神寄托，摒除农闲时节农村出现的各种恶习。周辛先生的教育实践活动，足迹遍布大江南北，正是这些富有实践性的教育经历，使周辛先生与同时代的教育家相比，对教育有着自己一份独到的见解。

时代的车轮不停地向前转动，任何思想的形成都以其所处的时代为背景，教育思想的形成同样也遵循这一规律。周辛先生的教育思想体现了时代性的特征，他的思想形成期主要是自二十世纪二十年代至二十世纪中叶。他的教育思想打上了时代的特殊烙印。他的乡村教育和民众教育思想大约形成于二十世纪二三十年代，其社会教育思想主要形成于二十世纪三四十年代。二十世纪初，中国社会处于外受帝国主义的侵略，内受封建残余势力和官僚主义的压迫，中国政治、经济、军事、教育等方面远远落后于西方发达国家。在中国处于民族危亡的关键时刻，统治国家几千年之久的封建专制思想受到严重的冲击，辛亥革命的胜利及“五四”新文化运动都给身处黑暗中的中国人民带来了希望。中国无数仁人志士纷纷行动起来，革新思想，建立学术组织和团体。中国教育家提倡教育救国思想，纷纷从事教育事业，他也紧跟时代潮流的步伐，成为教育救国思想的倡导者和践行者。纵观周辛先生的教育思想形成和演变过程，我们可以看出，他始终站在时代发展的前沿，顺应历史潮流，紧紧跟随时代转动的车轮，一生致力于教育事业，把自己的思想与时代需要相结合，伴随时代潮流不断发展进步的。

倡导教育家办学，是当下及今后教育发展改革的一个重要趋势。如何借鉴先辈教育家的教育思想及实践来推动当下的教育改革与实践，是广大教育工作者高度重视的领域。安徽师范大学教育科学学院利用地方高水平大学教育学重点建设学科等平台，充分挖掘、整理学院发展历史上前辈们的宝贵学术思想，安排专人负责整理、出版其学术成果。这样做，不仅有利于保存先辈学者的学术思想，更是有利于先辈学者学术思想的传承与创新。《周辛教育文集》汇集了作者五十年的教育实践和教育思想成果，多维度呈现一位教育家在不同历史时期的研究视角和学术情怀，其本身就是一幅鲜活的教育史研究图景。因此，《周辛教育文集》的整理、出版，对当下倡导教育家办学，尤其是乡村教育改革与发展有着重要的借鉴及启示。

安徽师范大学

地方高水平大学建设教育学学术丛书编委会

二〇一六年一月三十日

杰出的爱国教育家周辛

周辛(1891—1966),原名周廷珍、号葆儒,教育学家、社会教育家。

1891年旧历十月十日,周辛出生在浙江省钱塘江畔的海盐县城,父亲周声谷是科举时代的廪贡生,靠私塾授徒生活,1909年病逝,终年44岁。由于家境贫困,周辛迫于生计,经人介绍去嘉兴协鑫典当充任学徒。1911年向亲戚借款求学,先后在嘉兴中学、湖州中学读书。由于学习刻苦努力,学习成绩优异,湖州中学免去了周辛全部学费和部分膳费。1915年于湖州中学毕业,同年考取北京大学,但考虑到自己经济困难,重新投考学膳费全免的南京高等师范,入国文部学习,不久,再转入国文专修科就读,1917年夏毕业。由于学习成绩名列前茅,被留在南京高等师范附中(即东南大学附中)任教员。1923年由学校推荐去南洋工作,先后在爪哇、苏门答腊、泗水担任中华学校校长。1929年去英国爱丁堡大学教育研究班进修,1931年7月回国,经教育部聘为教授。应当时在上海的国立暨南大学聘请,教授"文心雕龙""文章作法"等课程。

周辛在暨南大学授课期间,正遇上1932年"一·二八"淞沪抗战。他亲身经历了那场全民义愤填膺、悲壮惨烈抵抗日军侵略的战争,深切感受到国家贫困落后而遭受帝国主义欺凌的痛楚,又亲眼见到社会最底层的劳动人民因愚昧贫穷而生活悲惨的现状,从而激发了他一颗忧国忧民的心,决心推广民众教育,以提高人民文化知识水平,改变祖国落后面貌,挽救国家危亡,践行"教育救国"的梦想。

1933年夏,周辛受广州国立中山大学聘请,担任国立中山大学教育系教授、中山大学教育研究所社会教育部主任。这期间他创办了龙眼洞乡村教育实验区。实验区由周葆儒(周辛)发起,国立中山大学与番禺县政府合办,周葆儒担任实验区指导委员会主席。他不辞辛苦,亲自带领学生下乡开展工作,经过师生共同努力,大大改变了农村面貌,对华南地区农村文化建设起到了良好的示范作用。当时《基础教育》杂志的编辑,在编者按语中盛赞他是一位“实干的教育家”。1935年暑期，周辛因受到报刊上宣传山东邹平推行乡村建设工作事迹的吸引，应梁漱溟之邀请到山东，特请假北上，并欲在该地长期进行参观考察。他到了邹平，担任山东乡村建设研究院的导师，并兼任邹平简易师范教导主任。不久，他发现邹平实验区封建气息浓厚，工作人员官僚架子十足，非如自己所预想，感到很失望，工作了八九个月后，就离开了山东。

1936年秋，周辛经人介绍，进入无锡江苏省立教育学院工作。无锡是闻名全国的民众教育实验区，这所学院的创办人俞庆棠、院长高阳（号践四）都是享有盛誉的社会教育家，学院以培养民众教育与农事教育高级服务人才为办学宗旨，是中国第一所致力于为社会底层民众提供教育服务的高等学府。周辛担任该学院的研究部主任，积极从事民众教育与研究，领导民众教育实验区工作，参加了当时著名的中国农村经济学会。这个学会的骨干是薛慕桥、千家驹等同志，他们出版的《农村经济月刊》很有影响，周辛曾写过一些文章在该刊发表，以探索中国农村经济革新发展之策。

1937年11月，日寇侵占上海。周辛随无锡国学专修学校唐文治校长及俞庆棠教授等撤退到湖南长沙，并帮助筹备开学。学校开学不到三个月，因校舍被军队占据，只得被迫解散。周辛前往福建，临时担任福建高级师范特约讲座。5个月后，周辛抵达武汉，协助航空委员会筹办子弟小学，替航会研究所翻译英文杂志，后随该所迁到成都。

1940年5月，周辛应邀去江西泰和新筹办的国立中正大学任教，担任中正大学社会教育系主任、教授，并受胡先骕校长的聘请，担任中正大学研究部教授兼研究部资料委员会委员。抗日战争胜利后，周辛接受江苏省立教育学院童润之院长邀请，回到无锡，担任教育学院教授兼社会教育系主任。他一边教学一边领导实验民众学校及民众教育实验区，积极开展民众教育工作，并亲自制定联合国教科文组织在中国设立的基本教育实验区工作规划和详细的实施计划及教学大纲。在此期间，由于恶性通货膨胀愈演愈烈，迫于生活压力，周辛不得不同时兼任无锡国学专修学校的国文专业课和新开办的江南大学的英文课。

解放战争时期，周辛积极参加中国共产党领导的革命活动。1946年底抗议沈崇事件举行示威游行，周辛领导的民众夜校学生走在队伍最前面；反饥饿运动，周辛第一个签名（解放后无锡举办革命展览会，曾展出了有关文件）。周辛还鼓励在教育学院读书的三子周雪登参加革命活动。周雪登是无锡“五四”营火晚会的负责人之一，之后被国民党逮捕，出狱后周辛送他去溧阳参加中国共产党游击队。1949年3月，周辛经在国专工作的何景榆、冯励青二同志介绍，加入中国共产党。解放前夕，党组织交给周辛的任务是：保护无锡三所高等学校的财产，了解三所学校的人事情况，准备接收和接管这三所学校。周辛这一段经历，即于解放前加入中国共产党及解放前夕按照党的指示反对迁校、保护电台，、开展护校斗争等事迹，在1992年4月出版的由无锡市党史工作委员会编写的《迎接黎明》一书中有详细记述。

解放后，周辛担任江苏教育学院副主任委员、教导主任及苏南文化教育学院副主任委员、教务长，积极领导学校的建设与教学工作。他还担任苏南高教联秘书长，参加了第一次全国教育工作者代表大会筹备会，被选为苏南人民代表会议代表。周辛这一时期的活动，当时的《苏南日报》有许多报道。1951年9月，周辛调到华东教育部担任高教处处长。

1952年10月，周辛调到安徽大学（后更名为安徽师范学院），担任专科部主任，被选为中共安徽省第一届党代会代表、安徽省第三届人民代表大会代表。1958年周辛调到合肥师范学院任教育系主任、教育学科教研室主任、党支部书记，担任安徽省教育学会副主席、安徽省心理学会主席。1966年6月13日，周辛在文化大革命中因遭受迫害含冤辞世，夫人金欧廉同时遭此不幸。

1980年6月13日，安徽师范大学隆重召开周辛同志追悼会，参加追悼会者有三百余人，陈丕显、刘季平、项南、董纯才、许杰、包厚昌、张执一、钟民等十多位国家及省部级领导和许多教育家、科学家发来唁电、唁函，送了花圈。其中项南同志在亲笔书写的唁函中说："接到五月廿三日筹委会的讣告，我才知道周辛同志早在一九六六年就被迫害致死，使我感到突然，也感到十分悲痛。不见周辛同志已快三十年了，他是一个忠于党的教育事业、勤勤恳恳工作的老同志，对于他，我是非常怀念的。"原江苏省立教育学院学生，时任浙江日报社社长吴尧民等一批省级机关干部在唁函中写道："周葆儒同志于解放前在江苏省教育学院任教授，是我们的好老师。他对教育工作认真负责，循循善诱，为人诚恳正直，积极支持进步学生运动，他热爱中国共产党、热爱社会主义，极端痛恨国民党反动派。解放前江苏省教育学院历次反蒋爱国运动，周葆儒同志始终站在最前列。"

周辛58岁前，时局动荡，人民处在水深火热之中，加上日本帝国主义的侵略，国家面临民族危亡、国难当头的危急时刻，那时的劳动人民绝大多数是文盲，亟待普及文化知识。当时像陶行知、晏阳初、梁漱溟、黄炎培、俞庆棠、高践四（高阳）、周葆儒（周辛）等一批爱国知识分子，积极探索挽救国家危亡之路，努力推行民众教育，以实践“教育救国”的梦想。抗日战争结束后，周辛在无锡工作时，接触到共产党人和马克思主义，认识到只有推翻腐朽的社会制度，建立人民当家作主的新社会，才能彻底改变国家和人民的命运，才能真正做到普及教育，提高人民文化知识水平，于是积极参加共产党领导的革命活动，并在解放前加入中国共产党。

周辛自1917年至1966年，从事教育工作50年，曾先后在10所高等学校担任教职，他对社会教育、教育学、教育史都有深入的研究，曾在各种教育杂志上发表专著一百数十篇，书八部。“他治学严谨、勤勤恳恳；他严于律己、宽以待人、真诚团结同志、热情指导青年教师；他对工作极其认真负责、一丝不苟”（摘自安徽师范大学在周辛同志追悼会上致的《悼词》），为我国教育事业献出了毕生精力，是老一辈爱国知识分子的杰出代表。

（作者周商克。原载于《苏州大学报》《苏大校友》）

编 辑 说 明

《周辛教育文集》的编辑、出版工作，主要得益于安徽师范大学教育科学学院的关心支持和周辛先生之子周商克的鼎力相助。周辛先生的学术论文大多数发表在二十世纪三四十年代，当时的文字是繁体字，现在在数据库中下载的电子论文格式都是扫描件，在一些大学图书馆保存的期刊中也只能采取翻拍的形式获取。现将有关情况说明如下：

一、周辛先生一生笔耕不辍，从二十世纪二十年代开始到六十年代，一直都有学术论文发表，由于精力和条件限制，我们仅搜集到周辛先生公开发表的学术论文一百三十五篇，这些论文应该是周辛先生生前发表论文的绝大多数。但是，根据周辛先生在相关论文中的介绍来看，仍有少数几篇论文我们没有搜集到，这无疑是一个遗憾。

二、对已经搜集到周辛先生的一百三十五篇论文，按照论文的主题，分成社会教育、中小学教育、民众教育与国民教育、乡村教育、比较教育、解放后文章、其他研究等七个部分，每个部分的论文按照发表时间的先后顺序编排入集。这样的分类编排入集，在方便读者阅读的同时，也可能在某种程度上割裂或者误解了周辛先生的教育思想。在此提醒读者，可以不受文集编辑体例框架的束缚，从而更加全面、系统、深入地理解周辛先生的教育思想。

三、由于时代背景的不同，周辛先生论文中提到的一些人物称谓、事件表达、地方名称、流行话语等，以及时间表达、数量表达等，本着尊重历史、尊重作者的原则，尽量予以保留。提醒读者在阅读时，注意论文写作的时代背景和话语背景。

四、搜集到周辛先生的论文都是图片或者扫描件，竖排繁体字。当时，也曾考虑以影印本的形式呈现给读者，这样就能最大限度地原始呈现周辛先生的教育思想。但是，考虑到有许多论文的扫描件本身就不是很清晰，影印以后将会更加模糊，不便于读者阅读；同时考虑到当下许多读者更习惯于阅读横排简化字，为此，安徽师范大学教育科学学院组织了教育史专业的研究生对周辛先生发表在《中华教育界》《乡村建设》《教育与民众》《活教育》等二十余种期刊上的一百三十五篇论文，进行了逐字逐句录入。在录入的过程中，因为一些字体本身不甚清晰，所以，一些地方的文字表述，我们在尽可能尊重作者原意并联系上下文语境的基础上，做了一些必要的、合理的判断。凡因扫描件模糊，无法辨认和判断的字，文中用□代替。虽力求准确，但难免会有误读、误解的地方，也请读者在阅读时不拘泥于文字表达，若是发现明显错误或者有争议的地方，请告诉我们您的灼见，我们感谢不尽。

总 目 录

上 册

下 册

上　　册

目　录

上　册

第一部分
社会教育

社会教育者的烦闷

农村一天一天地崩溃下去,敌人一步一步地逼迫前来;民生已濒绝境,汉奸蜂拥而起;处此时代,南北教育同志哪得不烦闷呢?尤其是从事于社会教育事业者,深入民间,目击大众的痛苦,多方奔走,碰了无数钉子,所干的一点一滴的工作,实在难以满足自己的事业欲望,更免不掉局外人的责备了。试问从事社会教育者谁不愿把挽救民族危亡的大责任担负起来?但是事实究竟没有那么简单,环境多方面的阻力重重困缠着,要详细叙述起来,非在这短简的篇幅内所能写得了。现在只好粗略说说:

例如:指导农民改良耕种技术,使得增加生产;及提倡组织合作事业,增厚平民的经济力量,似乎在此频年灾荒、农村破产的当儿,是最需要不过的事了。然而遇到帝国主义者来个倾销,洪涛一卷,全功尽弃,还有什么办法呢?

闻某实验县有人收买现银,县政府虽奉命禁止现银出口,亦无法取缔。近来往各实验区调查的"外宾",更是踵踪相接,有的竟常住数月,是社会教育工作者颇感应付困难。这些对外问题姑且不提,再看自己一方面:

闻某实验县新委的县长,有阿芙蓉癖的,一到任,全县毒物就此公开贩卖。几年来,经某社会教育机关努力宣传禁止鸦片,方获一些成绩,如今被某县长一枪(鸦片枪)挥掉,还有什么话说呢?

社教实验工作,论理在民众方面一定很欢迎的,哪知竟出乎意料。论者每把这些责任都归罪于社会教育工作人员,其实非尽为社会教育者本身的错误。主要原因,还是在帝国主义者和封建残余的势力两重压迫之下,给社会教育一种重大的打击。

这样说来,社会教育既难见成效,是不是要社会教育工作人员一个个抛弃了工作退回老家去享福呢?不,不,绝对不是!我们应该认清,社会教育难见成效的原因,非为社会教育本身的错误。其困难是在环境的阻碍。应付环境当在方法上着想,步骤上打算。现在已到了十分急逼的关头,决计再没有给我们观望徘徊的余地。我们只有赶快下个决心,联合起来一致向前,方有出路。挽救危亡个个都有责任的,社会教育工作人员是干下层工作者,站在教育的最前线，为民众的领导者，更应牺牲一切，努力奋斗，岂可因苦闷而气馁，见困难而退缩呢！

试看欧洲各国，有的靠着民众教育而复兴；有的靠着民众教育而进步："波兰和捷克两个亡了若干年的国家是靠了民众教育翻过身来的，丹麦衰颓的国运是靠了民众教育挽回的，苏联、德意志、意大利之政治经济的新计划是靠了民众教育推进的，英国的文化水准是民众教育提高的，新社会秩序也是民众教育造成的。"董渭川先生在山东《民众教育月刊》七卷三期上已论得很详明了。我们当问题没有认清的时候，光是凭着感情，或一时之成效而定取舍，就不免蹈"因噎废食"之弊。但是我们也不应过于自信，对于过去宜加反省，虚心接受善意的批评，并需积极地加紧工作，使事业得有新的开展，这才不失为当代社会教育的战士。若是徒然烦闷，是没有用的。

（原载于1936年《社友通讯》）

学校教育与社会教育

> 学校教育与社会教育对立，本来是不妥当的说法，作者向来不愿用这样字句的。兹为欲纠正一般传统的教育观念，故用这个标题。

学校教育是窄义的教育，社会教育是广义的教育；学校教育是个人主义的教育，社会教育是为人群的教育；学校教育是贵族式的教育，社会教育是真平等的教育；学校教育是旧式的教育，社会教育是新式的教育。这些是归纳各家言论的结语。要再加一些解释，分段说明如下：

从广义言，教育是与生俱来。一旦没有了教育，就很难生存下去。杜威博士解释教育是“生长”(Growing)是“生活”(Living)，真的，没有了“生长”和“生活”，还有什么教育呢？总裁所说行的哲学，“行”就是教育。这样说来，教育的范围包括很广。不过人天天在教育中生活，却不知道教育的作用，人类初生即有教育，却自己不知道教育在哪里。后来开了学校，有了教育的形式，人类才指为教育事业，并且误解为唯一的教育事业。学校教育限制很严，有年龄的限制，有资格的限制，有名额的限制，有贫富的限制，甚至有地位的限制。这样把教育的圈子画得很小很小，于是人们对于教育的意义也看得很小很小。后来社会进步了，人们觉悟到学校教育的不足，于是再倡成人教育或社会教育来补救学校教育的缺陷。所以在形式上看，社会教育似乎是一种后起的教育，比学校教育产生迟得多。但就实质说，社会教育是与生俱来的，比学校教育早得多哩。

二十七年五月，教育部训令各级学校兼办社会教育，令文中有“乃今日各级学校多视培育人材与服务社会为先后之联系，而非并行之事业；或竟以前者为本务，而后者为分外”，“致学校仅成为个人升进之阶梯，不复为社会革新之先导”，“千万师生，多将永昧于人生之目的，无裨于社会之进步”。这是确实的，各级学校无论校长教员和学生都是同样的见解，都从个人出发，意在培植各个人材。施教者希望能培植几个出类拔萃的人材，就算教育已经成功；受教育者但愿自己学业成就，怎样晋升；至于校外情形如何，社会情形如何，概不愿问，这些见解都是错误的。须知生活是整个的，社会是整个的，教育是整个的。离开了生活，不是一种合理的教育。脱离了社会，绝不能收教育的效果。试看许多青年毕业于学校，一入社会，即被社会习俗所融化，向在学校所养成的习惯已化乌有，向在学校所抱负改革社会的理想已飞去九霄云外。这就是学校与社会脱节的明证。社会教育是一种新教育理想，是要实现教育与生活打成一片，学校与社会化为一体。这种新教育理想运动是适应着民族复兴，建设新国家而起来的。试看中央颁布的县各级组织纲要，及国民教育实施纲领，已有实现这种新理想的趋势。所以部颁中心学校国民学校办理社会教育要点第二条有“中心学校办理社会教育，以乡（镇）为施教范围，国民学校办理社会教育以保为施教范围”。第三条有“中心学校国民学校办理社会教育，以改善民众生活为主旨”。这很明白地说：国民教育以整个地方社会为施教范围。教育内容则以民生为主旨。但愿在短期内，全国各级教育都有这样彻底改造，切实地促进社会进步，以实现新国家。

孙中山先生在《知难行易》一讲演中曾说：“让人人都能够读书，才可说是普及教育制度。若是不然，便是贵族制度，便是资本制度。”又在《求学与救国》一讲演中曾说：“现在民国人民受教育，是大家都要有平等机会的。”过去学校教育，不让人人都能够读书，而且使大多数人不能够读书，只培植少数知识分子把持社会重要事业，操纵政权。这样办法，是最不平等，是违背三民主义，是一种贵族式的教育。

学校教育用着呆板的课程，传授那书本的死知识，对于社会生活环境，倒不使学者直接接触，对于自然界现象，倒不使学者直接认识。因此弄得所学非所用，培养废材，造成流氓游民。试看现在各机关做事的都靠资格做事，不是靠能力做事的，所受教育简直是一种浪费。陈鹤琴先生说：“大自然大社会是我们的活教材。”过去学校方式不能采取活教材，现在的社会教育才适用这活教材。

把传统的绅士智识灌输于未来少数绅士头脑中，这种教育是离开了大众，是一种旧式的教育。社会教育是以民众生活为主旨，以全体民众为对象，是民主国家、三民主义社会的新教育。

学校教育与社会教育本来没有鸿沟界限。学校可以实行社会化的教育，社会教育也少不掉学校式的教育。例如民众学校是属于社会教育范围之内，保国民学校与乡镇中心学校已与社会教育化为一家。试看伦迭司与韦拉特著的《乡村成人教育》（Lanbis & Willard:*Rural Adult Education*）书中所引一段话:“在一次农村家庭宣传周的纪念会席上,有一个农业教员提出一个特别问题,问校长道:‘州立大学究竟是什么意义?’校长沉思一回,答道:‘在学校范围内的学生不能算是大学教育最重要的部分。这些学生是流动的,假使这些学生不来,就有别的学生来入学。大学的意义是要把学术、文化及科学方法推及全州,教育的对象是以全州为对象的。’”(见原书第六章)。像这样校长的见解,才是社会化的教育。美国的州立大学在表面看来,似乎和我们的国立大学差不多,但能以全州为施教主要对象,就不是旧式的学校教育了。像这样的大学应列在我们所理想的社会教育范围之内。再细察该校长的话,把教育对象扩大到全州,实点破了传统商业化教育的弊病。在学校范围内学生都是碰机缘而来的。他们可以进这个学校,做这个学校的学生;也可以进别个学校,做别个学校的学生。好像商店的顾主,可以到这店来做买卖,也可以到别家商店去做买卖。买卖做成了,彼此就不发生关系了。在货物价格方面,或者留下一张发票,以备稽核。这正像学校所发的证书和文凭一样,留备审核资格之用的。这样设立学校的意义和设立商店的意义差不多,哪里配得上说有教育价值呢?

三十一年一月于中正大学

(原载于1942年《活教育》)

社会教育在奋斗中

《教育与民众》将出百期专号，蒙院长高践四先生赐函征稿，作者为参加社教工作的一员，值此国家艰苦抗战之际，民族生命不绝如缕，而回顾社教事业，依然人材缺乏，物资不够，作者于此，不禁有无限感慨。因特于百忙中，抽管直书数行，以就教于诸同志。

一、环境的恶劣

我国自清季承八股之遗风，采行西方之学制，表面虽谓崇尚科举，培植实用人材，实际，一般人士，封建之梦未除，科甲之心犹在。四十年来，学校制度屡经更改，始终未得欧美传统教育之真传，更未得解其近代进步之意义，徒然抄袭其皮毛，遂演成“洋八股”之怪现象。在洋八股的风气支配下，欲谈平民化的社会教育，确是一件不容易的事。

欧美教育的躯壳是承袭古代贵族制度而来的。及后教育施及于平民，就有双轨制的产生。到了近代，工商业发达，社会进步，教育内容早已变质。就形式方面讲，社会教育范围之大，早已超过学校教育。英国虽是个号称君子学风的国家，而社会教育事业的繁复，几乎使人分不出门类来。但我们忽略了它们实际事业的进展与功效，而只抄袭其古代传下来表面的形式，并愈接近封建的思想和维护贵族的利益，愈觉得适合胃口。有人不明此理，以为：中国施行新教育，发生种种流弊，是由于当初抄袭时，抄袭的不对，或是因为东西洋留学生盲目模仿的不对，而不知抄袭与模仿各有它的背景，不是偶然发生的。例如：猴子学戏，只能学骑羊戴的面具，如欲再进一步，学人的其他行为，就不可能了，因为它的能力限于此。所以社会程度还没有达到某阶段时，很难接受某阶段的文化。但是人类社会是向前进的。不像猴子学戏，被它的能力所限制，就停留在一定的阶段。而且人类社会如果努力的话，可以加速地进步。反过来说，如果不努力的话，就会停留在某阶段几十年，几百年，甚至几千年。这是我们应该警惕的。

回看现在我国的社会，大部分犹停留在旧时代。与欧美文明国家相比，无可讳言地，落后了几百年。但我也不必自馁或悲观，倘使我们真能奋斗的话，就可一跃而为世界头等国家。苏联的先例，很活跃地摆在我们的前面。所可惜者，我们的阻力竟比俄国大数十倍，或数百倍。俄国自十月革命后，即豁然开朗，向着新国家路上迈进，而我国推翻专制政府以来，已有三十年，如今还在与反革命恶势力搏斗中。恶势力的凶猛，不在外物，而在内心，尤其在占全国人口极少数的知识分子，而居于领导地位者的思想。他们所主张的教育，还是贵族教育，他们不承认社会教育是正统教育；并且蔑视社会教育，以为社会教育没有什么出路。这种思想实在违背了孙中山先生的遗教，是孙中山先生的叛徒。中山先生说："现在民国，人民受教育，是大家都要有平等机会的。"又说："要办普及的教育，令普通人民都可以得到教育：……让人人都能够读书，才可说是普及教育制度。若是不然，便是贵族制度，便是资本制度。"又说："教育少年之外，当设公共讲堂、书库、夜学，为年长者养育知识之所。"一般人对于社会教育的认识，既如此不够，少数同志在那恶劣环境中奋斗挣扎着，自然要感到工作的艰苦，甚或劳而无功了。

二、努力的不够

我国社会教育最早提倡者，如光绪二十二年，李端棻奏请设藏书楼与报馆。光绪二十八年，罗振玉发表的学制私议，其中分别列有图书馆、博物馆、博物园、动物园、简易学校、废人学校、学会、陈列所等。光绪二十九年，湖南抚院赵，颁行宣讲章程，条文订得很详细。各省纷纷仿行。光绪三十二年，张之洞酌拟教育会章程奏折内，有筹设图书馆、陈列馆、宣讲所及改正戏曲、歌谣，利用影灯、油画等项。又于奏定实业补习学校章程中，有声明这种学校系为过学龄者而设之条文。这样看来，社会教育原与学校教育同时产生。不过一般对于这两种的认识，程度有深浅罢了。检讨前清末年的时期是"官僚想利用民力"的时期。他们鉴于过去外交及御侮战争的失败，是由于政府单独负责，人民没有出力，并没有了解，更谈不上总动员。假使民智开通以后，国家贫弱必不致如此。所以他们想提倡社会教育。但他们对于社会教育的认识远不如现代人的深切。

民国元年，蔡元培、范源濂两氏先后担任教育部长，部内增设社会教育司，京师学务局设通俗教育科。各省先后设立通俗教育研究会、通俗宣讲社及通俗讲演所等。至民国七年后，又有平民教育运动，各地各学校学生会设立平民义学，热闹一时。在这个长期间内，前后发动社会教育，名称各不同，起伏亦不定。总起来说，这个时期是"学者顾念平民"的时期。他们的看法，以为：全国大多数平民是文盲，不能写信，不能看报，缺乏社交，不知国家大事。全国教育经费，却大部分由平民负担。他们没有享受教育机会，情形甚为可怜。为哀怜平民计，为实行德谟克拉西计，就提倡平民教育。

民国十七年，北伐告捷，召集第一次全国教育会议，议决有实施民众教育及确定社会教育经费（应占全国教育经费百分之十至二十）等案，于是各省即开始设立民众教育馆及其他社会教育机关，教育界同志群起倡导民众教育、乡村教育及乡村建设运动等。方法有小先生传习办法、导生传习办法，露天学校、夜校、巡回剧团、巡回讲演、播音教育、电影教育等等事业。北方有定县实验县、邹平实验县。江南有徐公桥改进区、无锡惠北实验区、北夏实验区，广州有龙眼洞乡村教育实验区等等。都以全民为教育的对象，不分男女，不论老幼，实行学校即社会，社会即学校。到了这个时期，才算忠实的社会教育，开始显露曙光。时光共有七八年之久，空气充塞乎大江南北。所可惜者五光十色，主张分歧，互相争奇斗巧，缺乏联络组织。在各自为政情况下，阻力多于助力，事业就不能如理想开展，虽曾有一度，有实无名的乡村工作讨论会，似乎有联合的样子，岂料昙花一现即烟消云散。从各方面个别看来，大家都曾有一番努力；从大体通盘看来，却感不够劲儿。不够劲儿的原因，是跟着前节所说：那班落伍的头脑对于社会教育不认识，在社会上发生最大的阻力，因此社会教育方面更感觉人材缺乏。因人材缺乏，自觉得力量不足了。至"八一三"抗战发动后，残暴的敌蹄踏进了大陆，南北各社教根据地先后被沦陷，工作人员东西流亡。于是初发蓓蕾的社会教育之花，突然遭了一阵狂风大雨打击。事业被停顿了，机关被关闭了，招牌被取消了；然零零碎碎的游击工作，还是不断地分头挣扎着。在这种情况下，更感觉过去组织和联系不够。社会教育界同志还没有尽最大的努力。

三、前途的开展

敌人的毒焰虽摧毁了我们过去的社教大本营，而抗战的火花却照醒了一般人对于社教的认识。试看社会教育工作团啊，巡回戏剧教育队啊，实验巡回歌咏团啊，民众教育巡回施教车啊，及战时失学民众补习教育之实施等等，都在战后发动，都且由教育部主持。可见中央政府也已承认：推行社会教育，可以增加抗战的力量。民国二八年九月一九日国民政府公布县各级组织纲要，更把社会教育与政治合为一体。这样，不但政府把向来不过问的几种社教事业收来办理,且将对于全国社教有整个推进的计划了。

虽然,有了计划而无切实推行的决心,还是不够的。因为社会教育是十二分艰巨的工作,不是随便可以做到的。例如扫除文盲一事,按照七八年的统计数字上看,每年平均铲除文盲一百万人,那末我国文盲总共有二万万,欲求教育普及,须俟二百年,方能做到。这种办法,就是没有通盘计划之故。

社会事业的推进,最重要的条件有二:一、经费;二、人材。经费的数目需要很大,问题似很严重。但如政府有决心,筹得大宗款子,事情就很简单了。不比人材问题,非一下子所能解决的。必须有个统筹计划,还需纠正一般学子错误的心理,舍去求官的念头,少入普通大学,踊跃地来研究社会教育,参加社会实际工作,以报效国家,才有办法。

江苏教育学院,负有培植全国社教人材的使命。自十七年成立后,迄今已十三年。毕业学生共有七五六人,散布各地服务,朴实耐劳,颇得声誉。廿六年冬,战事糜及京沪路线,该院转辗迁移,卒至桂林,得桂省府之协助,艰苦维持,历四年之久。今教育部命令设立国立社会教育学院,以作该院之继承者。料今后中央对于社会教育,将有更进一步之策划。尚望迅速造就大量干部人材,健全各级组织,确立系统制度,展开社会教育的康庄大道,然后得促进国家与建国之途。

三〇,五,三〇于中正大学

(原载于1941年《教育与民众》)

社会教育的侵略者

——没有社会教育即没有国家

本篇改题译自 *Kulturtraepe* by O.Anthony, *Journal of Adult Education*, April,1941

一

时至今日，德国国社党野心的幻梦至少于某一时期可以实现，这种推测，似乎有惊人的可能性。我们再不能对于德国政治上主盟欧洲及经济上控制世界的思想有所反对，除非我们有最健全的策略足以摧毁主持纳粹战争的机构。事实是明显地昭示我们，那些军事胜利，都是趋向着欧洲狂大革命的发生，假若纳粹主义真能从事建立一广大的欧洲新秩序的话，这些军事胜利尚仅算是计划的起点。除了军事胜利以外，还要在被日耳曼人所占领的国家内，装备一些足以显示他们所提倡"新秩序"的性质的文化条件。至于这文化条件如何，诚非简短篇幅所能详论，不过在笔者的祖国（捷克）所经历的有几桩事实，愿公诸社会，以示一斑。

大家都知道，纳粹们永远是在宣称日耳曼民族文化为人类文化发展中所达到的最高标准，这种论断，纯系随一种"优异种族"的观念而生，然而这种事实现象，文化人类学者是非常清楚的。大凡一个民族或种类群体的产生，全系受"人种集团主义"的影响，盖此种主义，系趋于根据一己社会团体的观点，斤斤计较一切事物，凡异于自己者，则一概予以摒弃或轻视。这种"种族优异"的欺骗幌子，其恶劣的效果，即那些被欺骗的人民自己，亦深深地感到。因为这一件事，带有文化的惰性，而立于一切事业革新的反面，建立于一个足以阻遏任何社会变化的有效堡垒，无论该项社会变化是智慧抑优良的。同时，这种事的恶劣效果不仅如此，并且还缩小了智识的眼界，徒将一个集于狭隘地方关系的概念，代替了广大的世界观感。

“日耳曼民族文化是人类最聪明的、最高超的成就”，这种观念，无形中隐含着负有将这种文化的利益传播世界的神圣义务，甚至必需时，不惜采用籍武力而传播的方法。至于那些卑劣人种，或次等民族，若希望他们自己了解什么对他们是最好的，在纳粹们看来，简直是一件不可能的事；因此必须把他们的眼光，引导向真理的方向。因为这个缘故，所以每一个纳粹，不仅是一个士兵，同时还是一个武装的文化传播者。就我所知，许多纳粹，或许是大部分纳粹党员，都担任了这个重大的任务，至于其中一部分人，尤其是领袖们，他们只是利用他们部下的盲目专诚，毫不迟疑地力赴他们所熟知某些目的（这些目的，即系指世界经济统制与民族帝国主义），而他们自己却是很明显完全与文化传播的事无关。

二

当奥大利被第三帝国占领之后，普鲁士兄弟们输给奥人关于新秩序的稀罕的谣言，立即传到捷克斯拉夫。以后我们更很快地听到奥大利的情形已成为不可忍耐。不过这些谣言，捷克人民听了，不是不顾不睬，即是不相信，以为那不过是意在宣传整个国家政治上的转向左倾，以恐吓我们人民中很多的保守分子，然后这个谣言，卒在共产主义的密使来自苏俄时，即开始得到普遍的信任，为了支持这个信念，每个人每夜都可听到莫斯科广播电台播出狂烈谩骂“军酋希特拉”及其“褐色蟊贼”的播音。

因此，使一般捷克人皆以为发生于奥大利的事，能重演于捷克，似乎已是不可信的事了。我们捷克的同胞，亦互相慰藉自己，以为苏联即为了她自己，亦不致让希特拉来摧毁我们的国家。然而在一九三八年秋，莫里黑协定的新闻卒然出现，当时使捷克人震惊的情形，那是很容易想象得到的。

在当时，只要是稍有知识的捷克人，亦开始明了德国的压力是如何激增，而感到捷克已在急迫危险中，最后，等我们看到急迫的德国人向我们这方面活动的用意时，已是太迟了。他们所做的那些活动，好像都是很有理的与很纯洁的事。此时每个人只要一回首，即可很清楚地推测命运的结果。如和平的、文化的渗透，此外还有恒久有力的而足以影响捷克人公共意见的方法，那就是利用加增毒性的、扑灭国家的宣传分量。这样很轻便地削弱这个国家。其后又有苏台德的日耳曼人完全自治权的新要求，这种另建一个完全自治权的要求，除非捷克斯拉夫这个独立自主的共和国的瓦解，是绝对不能同意的。结果，遂有公开的武力恐吓之举。

事实已是匆匆随着岁月的延展，渐趋明显，于是在我们的同胞当中，有所谓第五纵队从柏林接受金钱和命令，而把捷克民主政治仅存的基础根本破坏。最令人痛心的事，莫过于看见我们的叛徒，利用与我国公民所享受同样的民主自由，来作为最有效的利器。在这里，我特别就这一点警告异邦人士，要知道民主政治的自由，可因敌人的利用而致沉沦。

三

一九三九年三月希特拉统治了捷克的全部。那天难以忘却的早晨，是多么地活跃在记忆中！当我们转动收音机时，一而再，再而三，重复广播的消息，代替了平日的新闻报告，我们所重复收到的消息，即是："德军已跨进我们四境的前线，我们切不可当面抵抗，抵抗只会把事情弄坏。安静些！"

当时，狂烈的风雪正在欢迎我们的不速之客，然而我们心头的急浪，却比风雪更加狂烈。我们是在梦寐还是醒着呢？

等到我们发现所遭遇的不是噩梦时，已是太迟了。我们的新主人很快就开始建设我们的新社会秩序。从德国人占领的第一天起，我们才知道在"保卫者"之下生活是怎么一回事。"保卫者"！这字的本身，就是一个侮人的名词。我们为什么要被保卫？证诸事实，我们是从民主政治下的一切，如言论与集会结社自由等的患难中，被保卫出来的。我们的收音机，是在民主国内成人教育的一种最有力的工具，已是被侵略者紧紧地控制，我们所听到的，只是德国的军荣，以及德国军队雄武盖世的纪事。这些纪事，是常常在重复地广播，几乎使我们每一个人都能完全背诵出来。此外，我们的收音机还告诉我们，我们自己政府的官员，都是一班流氓和囚徒，而日耳曼领袖和他的同志们，都是在从事于拯救我们的神圣任务。

这班自命为"保卫者"的日耳曼人，其对于捷克人民的演说词中，是常有一种很特别的语调，如："必须严格禁止什么……"，"每个人假若如此这般……，就要受严厉的处分"，"每个人应该立刻如何……"以及"哪个敢……"等等一类的话。完了！民主政治下自由讨论的特权已是完了！官府的公告，当是在公布不忠顺的人们的死刑，如某些人是被证实讲话太放任，又某些人是因为从事于怠工案件。

这些文化传播者所应用最得意的敌人愚蒙的方法，即是封闭大批的学校。自从德国军队到达捷克以后，很多的捷克高等学校和大学学院，甚至于一些初等学校，皆曾因所谓"军事"与"公务"的关系而遭封闭。那些最好的、最舒适的而且有最精致的新式设备的房屋,已从捷克文化中失去了。还有那些实质的营房,从前是捷克军队所驻,然而德国人却未利用。不,他们必须驻扎在学校内,至于捷克学生所准予上课的地方,却是在旧的、拥挤的和设备贫乏的房屋里。

过去捷克民族,每以拥有中欧最古老的大学自豪。该大学系创立于一三四八年,它的设立,是在任何日耳曼大学设立之前。然而现在,这个大学,以及其他捷克人所有的高等教育机关,都已经封闭了。而且同样的命运,亦降临到大学图书馆,以致学生要想借书回家独自研读,亦不可能。那些被证实对新统制者无充分服从的大学学生及教授,都被枪决,并且还有几百人被送往"集中营"去了,在那里,他们或者可以受到较以前他们所知的更高的"文化陶冶"。

捷克也像其他古国一样,有很久的、很丰富的文化遗产,她有许多博物馆、艺术社和戏院。在博物馆中最有价值的东西,如古书的唯一抄本,及古时名画家的亲笔丹青,以及所有一切金银制作贵重东西,都运往德国,或运往其他国家,以换取他们贫乏的外汇。在波亚洛(Brao)捷克民族戏院,已接到官方命令,每星期只有两天准许我们捷克人去看,至于剩余五天,或者只有让日耳曼人去看的。

在日耳曼"保卫者"的保卫之下,捷克人可以保存自己的文化,并且可以毫无阻碍,实施他们的教育计划。这是"保卫者"对我们再三的诺言,然而日耳曼的当事人却背叛这个诺言,每天都在发出命令,指示什么教材可以在捷克学校里教,什么教材不能够教,学校的教师们,对于这项命令,各个皆负有推行的责任,大家都深深地惮惧失于顺从而致囚禁。懂得捷克语言的日耳曼民族的儿童,也被送到捷克学校来读书,如此,这班儿童就好侦察他们的师长,并向格杀打扑(Gestako)的队员作详细报告。据我所知,有许多学生与教师,是被从学校里直送到司令部,以后并送往集中营。

为了使捷克的历史可以适应于纳粹的解释,许多页数,有时甚至整章的内容,从捷克的课本内除掉。文学方面的课本,也是这样的。许多著名的捷克作家被放逐,而数千万本的书籍遭受毁坏。到现在,已有许多旧书,正由作家们在纳粹官吏们指导下,从事编写。一般教师们,都是被迫着去教授他们明知非真实的道理,其处境之可悲,并不减于他们的同伴监禁在集中营里。

此外,并建立了一个特别严格的印刷品审查的机构,以审查一切内容准确与不准确的书刊。捷克报纸,是被迫将戈培尔宣传部情报部所送达的文件刊在报纸的前版，对于担任这些文件的主编们，都被誉为良善的捷克爱国者，就在这种荣誉的代价之下，如此虚妄的事，才得以传播。

这似乎不必再赘述了，曾经繁荣过的捷克成人教育事业，现在存留下的已经很几微。日耳曼人至少从历史上学到了一个教训：他们知道，凡是尝过自由甜果的人民，要想奴役他们，是一件永远不可能的事。所以，他们曾极透彻地尽他们的力去摧毁“自由”的一切基础，民主政体下的成人教育机关，亦列在摧毁之列。在一方面，成人教育的会社，被迫解散，或以经费充公来阻挠，在另一方面，他们的活动大被减削，甚至以捕捉和囚禁他们的领袖为手段，使他们活动在事实上成为不可能。梭科耳体育联合会(Sokol Gymaastic Association)的体育部和运动场，也如同前述的微稷房屋一样，已由军事方面占用了去。此外捷克人不准唱他们的民歌，他们无论在电影场或戏院里，是不准鼓掌喝采，因为恐怕情绪上的公开激荡，会酿成不忠顺的示威运动。

最深刻的侮慢，莫如使成人教育屈服于一种歪曲的活动，叫什么德捷文化协进会，系在一班利欲熏心、好色忘义的人领导之下工作。这种工作皆系基于一种理论，以为捷克的民族文化，仅为日耳曼民族文化高大树木的一个枝丫，当捷克人追随日耳曼人的各种典型时，他们必会得到最有价值的成就。此外，并以为捷克人实在应该十分珍惜他们历史上的幸福转机，因为他们已知道，他们将有无职权来分享伟大的日耳曼民族文化遗产。

四

一个独裁的制度，就它的性质上说，必须努力争取完全的统制与全权，它不能容忍任何的对立。因此，日耳曼人在纳粹独裁之下，便没有真理，只有日耳曼人的真理；没有公正，只有日耳曼人的公正；没有法律，只有日耳曼人的法律。他们不能容忍其他的文化或社会组织的存在，因为有了比较就恐怕产生危险。他们亟欲尝试去征服世界，除非他们自己被征服。在世界上有建立于民本主义原则上的社会与生活存在着，独裁制度绝不能生存经过一个较长的时期。就事实而论，我们觉得这段论断，一方面为我们所希望，同时亦为我们所警惕。

最后，我愿意再赘片言，以颂扬德国过去的著作家、音乐家、科学家和哲学家的显著成功。他们才是真正文化传播者，他们所传播的文化，是不需要武力，而可以得到每一个文明国家的接受。这些文化传播者，曾以许多有价值的辞句，来充实文明国际的方言，例如“世界观”一词在我们眼光里开辟了世界的轮廓;又如“幼稚园”的融合,世界各国普遍用为表示幼儿所受的教育;此外,他影响后代人印象最深刻的纳粹名词,它是曾被引用于许多国家而翻译:那就是扫荡与残忍摧毁的可怕概念——闪电战!

三十年九月译于中正大学

(原载于1941年《现代读物》)

学校兼办社会教育问题

（本篇为民国三十年暑期江西省中等学校教员讲习讨论会讲稿，中有学员讨论材料）

一

二十七年五月，教育部颁布各级学校兼办社会教育办法，全文甚长，辞句很为严重。如："乃今日各级学校多视培育人材与服务社会为先后之联系，而非并行之事业。或竟以前者为本务，而后者为分外，流风所至，蓄弊渐深。乃有高其门墙，严其门禁，自许以清高，而与社会绝缘者。致学校仅成为个人升进之阶梯，不复为社会革新之先导。此习不除，则千万师生，多为永昧于人生之目的，无裨于社会之进步，降低学术之程度，迟滞国家之建设。"又如："各级学校师生皆先知先觉，当痛恨拘泥书本，醉心利禄，为科举之遗毒，为明哲之所耻，而认识领导人群，服务社会，为人生之目的，为学者之天职。"此令颁布以来，已三年有余，回看各级学校，奉命遵行者虽不乏人，但视为具文者尚不在少数。凡一种法令不能切实推行，必有客观原因在。研究各级学校不能依原令意旨，及不能遵照办法，切实推行社教，其困难点约可举述如下：

（一）不了解开门的教育

读过令文的，能幡然觉悟不再以学校为个人升进之阶梯，不再高其门墙，严其门禁，而以领导群众服务社会为目的，恐尚系罕有之事。就一般的学校论来，以为民众与他们无关，还多数在那里办传统的教育。以为民众教育与他们无关，社会与学校是二件事。部令兼办社会教育，是"兼办"性质，可有可无的。有的根本没有把部令问过；有的即使阅过，不过当作具文罢了。做校长的具了这种头脑，纵令有一二教员明了社会教育很重要，具有服务热忱，也无法进行了。

(二)缺乏经费

社会教育事业范围甚广,虽部定办法所要求各级学校者并不多,而每项事业欲求充实而见成效者,却非随便可以点缀的,所以必须有相当经费,然后可以计划进行。但查各校对于兼办社会教育经费均甚微少,或竟没有款,或被挪用。这样,希望事业不敷衍就不可能了。

(三)缺乏人材

目下国内社教人材凤毛麟角,而事业范围却甚广大,且一天一天地在那里扩展。除了一部分师范学校有社教专门人材外,普通师范学校只有担任教育功课的教员,所研究的教育学说又多数是古典派传统思想,认为服务社会为分外之事。其他中小学,研究教育者尚属寥寥,更谈不到社会教育人材。某种事业的设施,缺乏了某种专门人员,其余计划技术方面必生问题;且某种事业,由非专门者兼任,其于事业兴趣必甚差。

(四)行政当局督促不力

我国教育视导网,高级学校密于低级学校。大学每学期必有很多视察员光临,中学大概每学期至少有一次省督学莅至。惟有小学,尤其穷乡僻壤的小学——欧美各国所最注意视导的教育——终年看不见视导员的踪迹者有之。即使光顾了一二次,都系代达行政的命令,很少积极地驻留较长时间加以辅导。一部分范围有限的学校教育,尚且没有辅导,哪里还谈得上督促社会教育之推进呢。那高级的学校——大学和中学——虽常有视察员到来,所满意者亦为学校内部情形,很少问到附近民众怎样,学校对地方服务到如何程度。至于部令内所说的话,是否兑现,更无暇顾及。有的搜寻了几种印刷品,嘱学校填写了几种表格,匆忙地赶路程去了。还有学校方面有种种招待方法,视察员到校,照例先请训话一次,接着陪同巡视各处,都经特别布置过的,尽量把缺点地方掩饰过去,视察员的行动都在被动地位,事实上已没有空暇去考察真实情况了。近来行政机关,有一种风气,考核成绩,都注重在报告和表格。但求填写得好看,内容虚实与否则不问了。各级行政机关对于兼办社会教育,行文催促报告与表格,确为常有之事。可惜督促的力量,在纸面上多于在事业上,因此把事业反得落空了。

二

再就各级学校兼办社会教育所发生问题,分述如下:

(一)组织问题

依据廿八年五月教育部所公布:各级学校社会教育推行委员会组织纲要

第二条，委员人选规定分三条：甲、专科以上学校。以校长或独立学院院长，训导长或训育主任，教务长或教务主任，总务长或总务主任，各学院院长，本会主任干事，及教授或导师三人至五人（由校长或独立学院院长聘任）为委员。校长或院长为主席，训导长或训导主任为副主席。乙、中等学校。以校长，教导主任，教务主任，事务主任，各科主任，本会主任干事，及各组导师若干人（由校长聘任）为委员，校长为主席，教导主任及训导主任为副主席。丙、小学。以全体教职员为委员，校长为主席。从上面条文看来，各级学校之重要教职员均须参加社教推行委员会。社教之推行，系学校整个性，这是无疑问的。这样兼办社会教育之事业，关系于各级学校校长之人选甚大。为校长者如明了现代教育应该是开门教育，对于社会教育感有兴趣，那末该校社教事业之进行，就有办法了。反之，某校校长不了解现代教育的意义，忽略了孙中山先生的教育言论，不遵从三民主义，对于社会教育没有什么兴趣，那就只有应付公事，敷衍塞责了事。如是兼办社会教育就没有内容了。学校兼办社会教育与校长人选问题关系如此之重要，而行政当局遴选校长时，却未闻其能否兼办社会教育列为条件之一，无怪乎做校长者视兼办社教为不足轻重了。

社教委员会组织中重要分子，除主席外，还有主任干事一人，依据组织纲要第三条：专科以上学校由校长遴聘具有社会教育专门研究及相当经验者任之。在专科以上学校，经费充裕，主任干事可以专任。因为专任，可以物色专门人材充任。事业方面有了专称，不致推诿。经费不杂在学校经常费内节一部分，其不足处，呈请补助。其条件之优厚，远非下级学校所可比拟。中等学校的主任干事，依纲要规定，中等学校由校长遴聘具有社会教育经验之教员兼任之，中等学校大多数尚无此项人材，校长要遴聘兼任，却是一个困难问题。况且中等学校教员任课钟点均甚多，普通每人每周有十八小时左右。除掉极少数学校，为了兼办社会教育，减少三四小时外，其他还是担任同样钟点。教育余力，然后顾到兼办事业，兼经多少，似乎不便加以责备了。还有在总干事下，至少增设干事二三人。此二三干事如由职员中兼，欲找热心和能抽时间者，实在是一件不容易事。假使指派学生担任，倒是最理想的，但要看学校的政策及教学的方法。如果学校是古典派学校，实施的是洋八股教育，那就要感到学生没有时间，或说学生缺乏能力了。至于小学，组织更难。依纲要规定：小学由校长遴聘教职员兼任之。法规中对于资格一层，已经省略。这在事实上无法做到的。小学人数更少，有的是单级学校；有的除校长外，教员只一人，要遴选也无从选起。如果教员热心，有开门教育的经验，可指导学生做种种活动，并与学生家庭联络，就可使学校与社会打成一片，极为顺利之事，用不到什么推行委员会的组织，否则就感吃力了。

(二)师资问题

把学校大门打开，师生共同服务社会，然后可希望"学校成社会教化之中心"，而"化除学校与社会之界限"。光由教职员服务，学生不动，学生还是忙他自己的功课，应付考试，那就没有意义了；光由学生活动，教员不动，这是不可能的，因为学生的活动，必出于教员的头脑，并需经教员的指导。所以兼办社会教育暂行工作标准上说："小学并应以教员为施教主体。"无论工学团也好，导生制也好，小先生活动得任何起劲，表面虽看不出被动的痕迹，根源必出自教师的指导。教师指导的能力自何而来呢？那就要靠有计划的训练。回看现在师范学校和师范学院里的训练方式怎样呢？他们的方式和普通中学专门学校相差无多，还是以灌输死知识为唯一的目的，很少能与社会教育扣合。那末这样出来的人材，要他们办开门的教育，知道学生服务社会，就很难了。今后欲纠正此弊，必须实行有计划的师资训练。可分两方面说明：

1.改革现有师资训练方式

过去的学校都是关门式的。所谓"高其门墙，严其门禁"，与社会隔离，不与民众往来。以培育抽象理想人材为本务，校门外之事，除校长与党军衙门来往酬酢外，其他概不预闻。今后既要使学校视培育人材与服务社会为并行之事业，那末训练方式非要彻底改革不可。先要把艰深寡用的课程，散漫重复的教材，离开社会的死知识，统统去掉，务必使学校与社会打成一片，学生与民众成为一家，教师说"做"上教，学生从"做"上学，大家从实际经验中增长知识，这才是活教育，这才是开门式的教育。

2.举行讲习讨论会

现有中小学校长及指定每校教员一人，分期划区，举行集会，会期以四个星期至六个星期为准。讲习讨论问题，以如何革除传统教育积习，打破学校与社会之界限，同时并施学校教育与社会教育为目的。其次讨论各项社会教育事业的内容。因为社教的内容，伸缩性甚大，同一民众识字教育，可以做的范围很大，也可以做的范围很小，甚至可以有名无实。其他也是一样。在讲习会内务必把各项内容，视地方情形，适合客观之要求，规定详细节目，并讨论重要实施方法。在会内需要讨论的，约有几个问题，写在下面：

(1)如何使学校教育与社会教育扣合？

(2)如何令全校师生服务社会?

(3)如何与民众联络?

(4)如何指导学生服务?

(5)时间如何分配?

(6)民众识字班教学方法如何?

(7)民众读物材料如何选择与编辑?

(8)民众识字班留生问题如何解决?

(9)其他各种活动如何进行?

总之,讲习讨论如何切实地做,有月余之时间,必能得到良好的结果。各校长教员经过一番讨论后,观感必大不同。向之视兼办社会教育的部令为同样的公文,今则认为是执行的命令了。向之以为兼办社教是职责范围以外的事,今则始知不能放弃不理了。

(三)设备问题

现各校兼办社会教育的设备,没有明白规定。有的学校实施社教时,主其事者甚感困难。因校方的设备,都有用途,实学校总务者只为校内打算,不愿携出校外应用。如要借用,必须临时用情而磋商,枝枝节节,颇觉头痛。这个问题如经讲习讨论会后,校长态度改变,似无多大问题。惟中等以下学校经费有限,如工作大量开展时,所需设备除由学校拨用外,尚须兼想其他办法。其他办法约有五种:

(1)利用各种现有设备。如利用茶园、庙宇、路亭以及农场之上、工厂之旁。其他一切物件均尽量利用现成的。

(2)向公共场所借用。如向各机关及厅堂等处借用。

(3)令学生自己带来。如民众来上课或听讲演时,令各带小凳一只,这是轻而易举的事。或携长凳,则二人可共一条。如是,学校可不添购凳子了。又如清洁运动,不论成人班与儿童班学生,令各自家中带来扫帚一把、畚箕一只,或锄头一把,就不必另筹设备费了。

(4)向私人借用。有一部分设备,可向富有人家借用,但须看物主是否愿意,如不甚愿意,切勿勉强。

(5)自力生产。这是最有意义的事。如经营农场、畜牧及组织合作社小工厂等,生产所入,添置各种设备,谋大众福利。

(四)联系问题

社会教育推行的办法,大致可分为三类:(1)特设社会教育事业。如民众教育馆、图书馆、博物馆、电影院、公共体育场等。(2)兼办社会教育事业。如各级学校及社会机关兼办的社会教育事业。(3)社会教育性质的事业。如报馆、广播电台、电影院、游艺场、剧院等。此类事业的兴起原非为推行社会教育事而设,但此类事业为实行社会教育的有力工具。许多国家曾利用此种工具,发展社会教育,以复兴国家。亦有侵略国家认识此种工具之重要,占夺此种工具,不血刃而亡人国的。如一九三九年三月希特勒占领全捷克即先收买报馆,窃取广播电台及占据电影院、剧院等,使捷克人民麻木,无抵抗而亡国(见 O. Anthony: *Kulturtraepe*, *Journal of Adult Education*, April, 1941)。这四类事业如何联系,必须配置得好。尤其学校与学校或民众教育馆,配置合作问题极为重要。否则难免多寡不均,或叠床架屋,甚至彼此发生矛盾,妨碍事业之进展。总之各种事业,如任其自然,而无整个计划,必有不经济之处。所以联系问题不可忽略视之。

三

检讨兼办各项社会事业,深感伸缩性太大。在好的方面看,范围很广,可以尽量发展;在反一方面看,容易假借名义,敷衍塞责。先就大学方面讲:依部定,大学各学院及专科学校,应各就专长,兼办较专门之社会教育工作二种以上。工作种类共十六项:(1)学术讲座;(2)暑期学校;(3)函授学校;(4)民众识字教育;(5)民众读物编辑;(6)职业补习教育;(7)农产推广;(8)合作指导;(9)民众法律顾问;(10)地方自治指导;(11)电影及播音科学技术传习;(12)防空防毒知识传习;(13)救护训练;(14)公共卫生指导;(15)地方水利及土木工程指导;(16)其他为该学校所专长而切合社会需要之教育。以上十六项中,有的是很习见的,如民众法律顾问,终年挂了一牌子,究竟有多少民众来请教,却成了一个问题。又如民众识字教育,跟着以前平民夜校的遗风,有的大学还是继续办的。但受学民众若干,犹成问题。有的只限于本校校工,及几个白昼上学的小学生,那不足以算尽了兼办社教的责任。又如暑期学习,很多大学举办的,但其性质是为中小学教员或投考生补习,并非给民众享受教育的机会。至于函授学校、民众读物编辑、职业补习教育、地方自治指导及地方水利及土木工程指导等,事业虽甚需要,工作较为切实而繁复,举办者甚少。回看英国自百年前起,各大学已设立墙外教育部(Extramural Department),切实推行各种教育事业,让一般贫人也享受到大学的教育恩泽。美国自一八九二年起,大学推广教育就展开了。美国州立大学校见解如何,试看下面一段话:“在一次农村家庭宣传周的纪念会席上,有一个农业教员提出一个特别问题,问校长道:‘州立大学究竟是什么意义?’校长沉思一会,答道:‘在学校范围内的学生不能算是大学教育最重要的部分。这些学生是流动的,假使这些学生不来,就有别的学生来入学。大学的意义是要把学术、文化及科学方法推及全州,教育的对象是以全州为对象的。’”(见山东《民众教育月刊》第七卷第四期《美国的大学推广教育》,周葆儒译自 Landis & Willard:*Rural Adult Education Chapler Ⅵ*)我国大学是后起的,能否迎头赶上,是值得大家注意的。

中学校社教工作,部定办法除“其他”一项外,共有六项。小学校社教工作,部定办法除“其他”一项外,共有八项。二者同异各项,分列如下表:

中小学应办社会工作	中小学选办社会工作		
	相同各项	相异各项	
民众识字教育	通俗讲演	中学校	民众歌咏团
抗战宣传	壁报		救护训练
	民众卫生指导		成绩展览会
		小学校	学生家庭访问
			恳亲会
			协助保甲编组
			协助兴办地方建设事业
			协助合作社之组织

检讨上列各项工作,就发生四个问题:(1)哪项工作最普遍举办?(2)哪项工作举办后最有成效?(3)哪项工作较易举办?(4)哪项工作较难推行?据会员(江西省三十年中学教育暑期讲习讨论会)报告:民众识字教育和壁报二种最普遍实施,唯多数感觉民众识字班留生问题最严重。□□县导师推广部主任张祖滨君谓实行教育送上门办法,所教的字切合民众生活需要,如用法币来做教材,民众很感兴趣;并且教学时间要凑他们空暇,就不会发生留生问题了。多数会员认为壁报最易办,但成效多少,未经测验调查,不敢说。抗战宣传最难办,因动辄引起民众对于抽壮丁的误会。本席答谓:抗战宣传宜在激发民众感情上着想。如多用理解,希图用理智来启发群众爱国心,必遭失败的。凡是群众行动,打架,闹乱子,都靠一时感情。所以德国人灭亡捷克,不准捷克人在电影院或剧院内叫好喝采(见前 O.Arthony 著),就是这个道理。张祖滨君又谓赣乡县师推广部会召集保甲长会议,建筑了两座大桥,大家很兴奋。足见各地学校也对于社教深切了解,尽了很大的力气,所可惜者,了解

未能普遍，所以成效未能显著。

兹再将部定各项工作摘要分别细目，作更进一步之了解：

（一）民众识字教育

1.办理民众学校

2.组织民众识字班

3.设立民众问字处

4.实行工学团或导生教学

5.置办巡回施教车

6.设备民众阅览处

（二）抗战宣传

1.公开表演

2.化妆演讲

3.小组谈话

4.挨户劝告

5.揭贴标语

6.分发传单（宜多用图画）

7.放映影片（宜多用图画）

8.各种展览

9.利用广播

10.歌咏活动

（三）通俗讲演

1.工余谈话

2.定期讲演

3.化妆演说

4.改良说书

通俗讲演内容为：（1）传达政令；（2）时事；（3）自然界常识；（4）改良风俗；（5）生活知识；等等。

（四）壁报

1.抗敌情报

2.时事要闻

3.言论

4.常识

5.故事

6.诗歌

7.照片

8.图画

附注：壁报大家看作很容易做，要得到良好效果，必须注意下列各要点：

(1)与其繁复，不易引起民众兴趣，不如简要，容易使民众接受；

(2)宜分设几处，以凑民众阅读之便；

(3)必须按时出版；

(4)所用文字，最好和民众学校课本字量差不多；

(5)抗战情报和世界形势，要有简单的图相配合；

(6)常识要切合时令和环境，使阅者便于应用；

(7)言论要接近民众生活；

(8)故事以合乡土风俗者为主要；

(9)诗歌最好多用改良田歌土谣；

(10)照片和图画，皆要富于刺激性，使阅者易于感动。

(五)民众卫生指导

1.卫生宣传(范围广泛的普通卫生宣传)

2.卫生挂图；

3.清洁运动(包括范围较广，如身上清洁、室内清洁、室外清洁等)；

4.捕蚊蝇运动；

5.捕鼠运动；

6.大扫除(注重在公共出入口、道路、水沟等)

7.灭□运动；

8.时疫预防；

9.消除砂眼瘌痢运动；

10.改良饮水运动；

11.访觅草药运动；

12.急救看护常识；

13.婴儿健康比赛；

14.营养常识。

其余项目，不必详举，待各自由运用思想，尽其巧妙。关于小学部分，自从教育部依照中央公布之县各级组织纲要，颁布国民教育实施纲领，接着又颁布中心学校保国民学校办理社会教育要点，初等教育已到达理想阶段。现各省正在分头计划实施国民教育，但愿各方确切颁会中央之意旨，认识现代教育之意义，让国民教育十足兑现，那末学校教育与社会教育已熔化为一炉，"兼办"两字根本已不存在了。兹特将中心学校保国民学校办理社会教育要点十条附录于下，以便讨论：

1.中心学校国民学校，除设置成人班妇女班外，并应办理其他各项社会教育，为乡(镇)保社会教育实施机关。

2.中心学校办理社会教育，以乡(镇)为施教范围；国民学校办理社会教育，以保为施教范围。

3.中心学校国民学校办理社会教育，以改善民众生活为主旨。除直接办理文化事业外，并应协助各主管机关，办理政治、经济、自卫等方面有关教育工作。

4.中心学校国民学校应办理之社会教育工作，举例如下：

(1)文化方面——如粘贴壁报画报，开放图书室，指导民众阅览。举行通俗讲演，提倡民众娱乐，普及民众歌咏，倡导风俗改良事项。

(2)政治方面——实施抗敌宣传，举行总理纪念周及国民月会，协助办理保甲教育及地方自治等事项。

(3)经济方面——如实施合作教育，举办职业补习，办理农事指导，举行生产展览等事项。

(4)自卫方面——如协助壮丁训练，组织国术团体，办理体育卫生等事项。

5.中心学校国民学校应斟酌地方环境及人力物力，分别办理前列各项工作，并应于每学年开始时拟具工作计划，呈报主管教育行政机关核准施行。

6.中心学校国民学校办理社会教育，得视工作性质联络有关机关团体协同进行。

7.中心学校国民学校办理社会教育，由校长负责主持，全体教职员均应参加工作。

8.小学部高年级生，应由教员指导参加办理社会教育。

9.中心学校国民学校办理社会教育，由县民众教育馆辅导，遇必要时得请求县民众教育馆及其他社会教育机关协助其进行。

10.中心学校国民学校于每学期学年结束时，应编制工作报告，呈报主管教育行政机关备核。

看了上面的条文，可以确定几桩事：

(1)确定中心学校国民学校为乡(镇)保唯一社教机关。

(2)确定中心学校国民学校空间的施教范围。

(3)确定国民教育的宗旨——以民生为主旨。

(4)确定教育须扣合营养卫生设施。

(5)确定教育工作之进行,有联系性。

(6)确定社教工作须师生共同参加。

(7)确定县民众教育馆为辅导乡镇保的社教机关。

事业虽确定了,工作却十分艰巨,若非大家对于现代的教育切实地“了解”,就辜负了含有深刻意义的法令。

陈礼江先生曾说:“从教育的本体讲,教育是整个的,不可分的,所谓学校教育、社会教育,不过为研究与实施的方便而加以人为的划分,并非它们彼此之间真有什么鸿沟,它们是一个整体的两面,它们之间有不可分割的联系关系。社会教育的实施,原来在补学校教育之不足,所有社会教育事业,本来都是学校应该做的事业,只因单靠学校的力量去办,办不了,所以才有社会教育,来帮学校办。”(见陈著《学校为什么要兼办社会教育》)。这段话中有两个要点:(1)教育是整个的,无分学校教育与社会教育。(2)社会教育是学校应该做的事业。能够明了这意,眼中就没有“兼办”两字了。

卢士金(John Ruskin)氏曾说:“教育不是人家不知道的教他知道,乃是人家不行动的帮他行动。”(Education does not mean teaching people what that do not know, I mean, helping them behave as they do not behave.)教育的含义无论从广义或狭义言,总不至简单到只传授死知识而已。现有那些学校关着大门,传授社会知识“仅成为个人升进之阶梯”,只好算是“洋八股”式的教育,在那“洋八股”式的学校中希望师生服务社会,自然不易做到的。他们不易做到的原因,虽说是环境不允许,实在还是他们对于教育的认识不够。因为认识不够,就对于兼办社会教育提出许多困难问题,大半是推托之辞。所以更正确地说来,令各级学校兼办社会教育,不仅为社会教育着想的,更为学校教育本身着想的。为社会教育增加几个实施机关,还不及把各级传统学校门打开的问题那样重要。因为传统学校的门打开了,才可以使学校社会化,使教育赶上时代。

三十年九月写于中正大学

(原载于1941年《教育通讯周刊》)

欢迎未来的社教工作者

（十一月八日晚在本校社会教育学会迎新大会讲演）

今晚在座数十位同学，都是未来的社会教育工作者。在这大教室内，环围而坐，看起来，很多人；就在校内论起来，也算是一个大团体。可是就多方面的社会教育事业讲，就觉得人数太少了。况且社会事业是全国性的，是一种新兴的事业，正在发展，一天一天地在那里扩大范围。这样论来，这些人材就觉得微乎其微。为什么人材这样少呢？要解释它，可分二方面：

一、从社会事业方面讲

大凡一种伟大的事业，开头都是由少数人发动。我们试把历史打开来看，从来没有开头即有多数人同来干一样新兴事业的。开头发动的少数人，必具有远大的眼光，特殊的见解，坚强的意志，克服了诸多困难，然后事业始显露曙光。到了事业的光芒射到大众头上时，大众才醒觉起来，一唱百和地来参加，来赞助。例如十五世纪末，哥伦布发现新大陆之前，倡地圆之说，谁都不理他，并且有人讥笑他，称他为神经先生(Sir Break Brain)。到了航海成功了，大家就跟着航行，都说地球是圆的了。又如十八世纪末，格拉瓜哥大学教授安德孙(Andersen)与柏培克(Birkbeck)先后辞去教授之职，而创办了工人讲习会，当时了解的很少。后来英国社会教育发达了，各大学都撤去了万仞宫墙，设立推广教育部(Extramural Education Department)，于是二氏的事业就成了英国社会教育史上最光荣的一页。又如前清末年，孙总理领导革命的革命党，当时人数也很少，而且有多方面的反对，多数人的不了解。到了民国成立，袁世凯及其余孽(北洋军阀)未消灭之前，三民主义只占据了粤南一隅，一直至民国十七年，国府奠都南京，全国统一，国民党的党义始普遍了全国。现今广大范围的国民党，当初也是人数很少的。我们社教事业，现在正在开头，所以人材不多。将来事业开展了，兴旺了，恐怕工作人员就要蜂拥而至了。

二、从人的行动方面讲

人的行动大别有两类：一类是有主张，有计划，做开路先锋；一类是无主张，无计划，常常跟从人家。前者能先知先觉，居于主动、领导地位的；后者则为后知后觉，居于被动、附从甚至盲从的地位。我现在举一个很小的例子说明这事：我在成都的时候，偕二三朋友逃警报，看出了群众的行动。成都四周是一片平原。逃警报必须离城很远，沿途并没有防空设备，且无天然隐蔽的地方。我们向着任何一条路走，必有大批民众跟着我们跑。倘使我们在某一个地方坐下来，休息一回，跟从的群众也坐下来，而且紧靠着我们。过了一回，我们起身再走，群众亦起身再跟。这是用不着命令，或说明理由的。到了某处，我们停止了，群众也停止了。成都的警报时间常是很长，有四五个钟点。有时我们不耐烦，不等警报解除，即起身返城，群众亦跟着返城。到了城门口，被军警拦住，不能通过，于是退回原处，群众亦跟着退回原处。在群众行动方面看来，实在感觉幼稚得可笑。但在这种行动上，很可以使我们认识：群众是需要有人来领导。大多数的人是没有主张，没有计划，没有预备的。只要我们有主张，有计划，引导他们向良善路上走，群众即享受利益，否则即贻害了群众。孙总理在《民报》发刊词中曾说："惟夫一群之中，有人类最良之心理能策其群而进之，使最宜之治法适应于吾群，吾群之进步适应于世界。此先知先觉之天职……抑非常革新之学说，其理想输灌于人心，而化为常识，则其去实行也近。"我们常见：有才气的人，做伟大事业的人，都特立独行，不与世苟阿。正如《商鞅传》上所说："众士之诺诺，不如一士之谔谔。"一般俗人都是赶热闹的。因为他们自己没有主张，对于事情看不正确，对于前途不能认识；而且眼光很近，气量很小，只贪目前的小利，或贪一时的舒服。即使跟从人家，也只拣多数一方面跟，不敢跟随那少数人。他们哪里谈得到创立新事业，开辟新途径呢？

社会教育是一种社会化的教育，是一种真平等的教育。它应着时代需要而产生的。近代国家的兴盛，都是靠社会教育推进的力量。在前清末年，实行新教育的，如罗振玉等也曾提倡过社会教育，但当时不能发达，因客观条件尚未具备。到了民国成立，蔡元培先生做第一任教育总长时，提倡通俗教育，结果收效甚微，这是因为时期尚早之故。一直到民国十七年，国民党统一全国，建立国民政府于南京，于是全国民众教育风起云涌。到了抗战发动，中央亦感到事实上之需要，增加了许多社教新事业。至二十八年下季，中央颁布县各级组织纲要；二十九年春，又颁布国民教育实施纲领，于是基层教育以全民众为对象，实行社会化。二十九年秋，成立中正大学，特设社会教育系，三十年秋，设立国立社会教育学院于重庆。社会教育一天一天地在那里开展，而且今后要加速地发达，这是无疑问的。因为要实现三民主义，建设新国家，必须配合这社会化的教育，真平等的教育，然后能走上康庄大道。过去闭门式的教育，贵族式的教育，太陈旧了，不足以应付新时代。新时代教育的产生，有客观的迫切要求，谁也不阻挠，更毋庸我们焦急。

社会教育事业是伟大的，前途是光明的。未来的社教工作同志们，只要信念这伟大的事业，不要顾虑人数寡少，不要理会人家肤浅的理论，更不要过虑那幼稚的行动。“犹豫”“彷徨”是勇敢有志青年的字汇上不屑列入的。我们要把握这光明大道，前途才得光明。

（原载于1941年《国立中正大学校刊》）

教育的力量

（在江西社教人员训练班讲话）

我们虽同在研究教育，同是站在教育圈内的，但也不敢随便自夸教育的伟大，或教育是万能。教育事业确乎比不上政治或经济。试看自古以来，教育事业常被政治操纵着。操政治权的要行什么学制就产生了什么学制，要设置某种学校就成立了某种学校。经济的威权，更不敢小觑。没有了经费，什么事情都不好办，所谓巧妇难为无米之炊。欧洲的中世纪，各级学校更被僧侣所操纵，教育的力量更抵不过宗教，说来真是可怜。记得以前某君在教育杂志上发表过一篇文章，说教育好比牡丹亭上丫头秋香，当小姐上学的时候，东家对老师道：倘有不适，可责打秋香。试看社会上一切问题发生的时候，都说教育办得不好，没有成绩，不管那些问题是属于政治的，或经济的。尤其站在工业界，或商业界，不了解教育的人，都看得教育是万金油、如意膏，什么地方都可用，什么病痛都可医，因此责备的话也特别多。再有一般乡村小学教师，待遇菲薄，资格降低，更引起人们的轻视心理。于是维护古道先生们叹息道："师道堕落"，"斯文扫地"。但在另一方面，也不用着急，教育有教育的地位，教育有他特殊的力量。特殊的力量在哪里呢？请先从孔子说起。

中国教育学说势力最大者，要算儒家，它控制了二千余年历史，空间占有了三千余万方里。儒家的老祖宗，就是孔子，他生长于春秋时代的鲁国。鲁国是周公的封邑，周公是周朝开国制礼作乐的最大功臣。照周朝的例子，只有王城之内才能建立四代的大学，诸侯都邑仅能建立当代一个大学。成王以周公有大勋劳于王室，特许鲁国建立四代之学，一切车辇礼器均仿王者办理，以示优崇。后来周朝王室衰微，所遗下典章制度，在鲁国保存得最多。孔子生在衰落的贵族家庭，长在古色古香的礼教邦国。因受环境的陶冶，幼年时即能陈俎豆，到少年时即知习礼节。年长时想辅助贤君，复兴王道，以"祖述尧舜，宪章文武""修成康之道，述周公之训"为己任。他的救世方法，是先求得政权，然后复现古代理想的政治。但他不主张用革命手段来夺取政权，所谓“君子无所争”，只用克己复礼的功夫，温、良、恭、俭、让的态度，等待着贤君来礼聘。这个方式，是十二分的和平，而且顺驯，所以历代君主都喜欢儒家的态度。可是这种方式，是消极的，是被动的，很难达到目的。因为客观条件很难符合主观的理想，例如得了官位，未必有贤主能完全接受你的政策；即使有了理想的贤主，但其左右臣子是否能和你合作，又是一个问题。所以孔子在鲁国做宰相，只有三个月。孟子不肯枉尺直寻，周游列国多年，毫无结果。孔子奔走十三年之久，年已衰老——六十八岁——做官无望，才还乡著书讲学。在当时孔子看来，著书讲学，是一桩不得意事。岂料孔子的成就，全靠这种不得意事，这是他当时所梦想不到的。后世称孔子为至圣先师，我们现在也不能不承认孔子为千载大师。试问教育力量与政治力量比较孰为大呢？假使孔子当时得意的说法，做了一世大官，充其量，不过为伊尹之流，绝不会影响后世的力量如此之大。

历代儒家都以求官为主要目的，而以讲学授徒为次要目的，其结果却因教育力量，而成就千载不朽之名者，例子甚多。例如宋朝的朱熹，自十八岁登进士及第后，做官做到六十九岁，共过了五十年的政治生涯，但其成功却不在政治，而在著述与讲学，完全在教育方面。明朝的王守仁，做过地方官，也做过名将，其政治功绩，虽在当时曾显赫一时，而其不朽的事业却在教育，而不在官位。朱熹的学说，影响全国有七百余年。王守仁的学说不但在本国流传，而且兴旺了东邻小国的日本。他们两位临殁时弄权被奸臣妒忌，造谣构陷。奸臣的政治势力十百倍于他们，结果丝毫不能遮掩他们的光辉。这样看来，就觉得政治力量的渺小了。

再看其他各家，也是一样，在当时并不致力于教育，到后来能把学说推广流传，影响于社会者，都是靠教育的力量。例如墨翟在当时，用心在政治上活动。《公输》篇上说：公输般为楚国造了一座云梯，预备去攻宋国，墨子听到这个消息，即刻出发，走了十日十夜，来到楚国，劝他们取消攻宋的计划。费了许多唇舌，冒了多少危险，结果说服了楚王，打消攻宋之议。这些事功在当时固可感动人心，但在数百年之后，除掉历史上叙述了几句和少数学者引为谈话资料外，无其他作用。惟其讲学授徒的方法，始可与儒家抗衡。如孟子上说：“杨朱墨翟之言盈天下，天下之言不归杨则归墨。”又如《韩非子》上说：“世之显学，墨翟也。”他的弟子也很众多。像《韩非子·显学篇》：“自墨子之死也，有相理氏之墨，有相夫氏之墨，有邓陵氏之墨。”据《庄子·天下篇》：“相里勤之弟子，五侯之徒，南方之墨者——苦获、已齿、邓陵子之属，俱诵墨经而倍谲不同，相谓别墨。”即使后代不出秦始皇、汉武帝和董仲舒之流，墨家夺去了儒家的地位也是可能的。墨翟靠着教育力量，才有这样伟大的成就也非当时墨翟自己得到的。

又如道家的老子，虽其历史已不详，无法稽考，惟有一事，孔子问礼于老子的故事，有几种书上同样的记载，足见当时□□□□授徒的事实。所以他的学说流传于后世，愈传愈大绝不是偶然的。

试把世界历史展开，许多哲学家、政治家、宗教家、文学家，他们有伟大的力量，影响于后世，传流于千百年者，都是一种教育。最古的苏格拉底，是个哲学家。他宣传他的学说，贴在街头巷尾，橱窗下，池沼旁，用问答法，启发青年，这就是用的教育方法。再看他死时，门人克黎托等□□敬畏的情感，无异孔子死时子贡等悲恸不忍辞别的情形。教育意义之深刻无过于是。耶稣基督是个完全宗教家，但其□的宣传方法，及传授徒弟，都是教育方法。及其死后，徒弟保罗等尽心传布，始渐推广。数千年来，其教说流行全世界，不靠教育力量，不能到这地步。所以基督教的传布方法，是□□堂，讲道，办学校，这些是最有效方法。

路德（Martin Luther 1483—1540）从表面看□□□是个宗教改革家，但其思想行动都从教育出发的，否则做了一个宗教忠实信徒，绝不敢起来反抗教皇的。因反对教皇发售赎罪券，做五十九条檄文，张贴于威典堡大学门上，这纯粹是教师的行为。

又十八世纪的卢骚（1712—1778）可算是个浪漫文学家。但其学说，在政治方面引起了法国大革命，在教育方面就成了裴斯泰洛齐和福禄贝尔的儿童教育主张。大革命的行动，轰轰烈烈震荡了一时，以时间空间论来，却远不及儿童教育学说之远大。百余年来，儿童教育学说已传遍全世界，而且继续不断地在那里开展，可说愈久而愈见光大。回看政治，法国的革命光荣，早已过去。这次向德国屈膝言和，接受城下之盟，未来的厄运，正在不可知之数。况且政治是有国界的，有利于甲国的政治，未必有利于乙国，甲国需要的政治，乙国未必采行。不比教育学说，坦然无所界限，可以跨大西洋而来亚洲，亦可以渡太平洋而去美洲，能灿烂炫耀于大都会，亦能幽闲深入于各小市镇，其力量之伟大谁敢不承认呢？

所以聪明的哲学家非希特（Fichte）于德国被拿破仑打败之后，在柏林作十四次公开讲演，都激励国民用教育力量来复兴民族。

大政治家俾斯麦当德国打败法国的时候,归功于小学教师。这不是随便乱讲的。

试看现代有权力者,谁不想设立学校,或设置其他教育机关,虽一方面并不把教育看作急迫之务,但另一方面又不肯把教育完全放弃。这就是不敢否认教育的力量。

我们看教育,可分为二方面:(1)事业。这要依赖经济发展,政治推进的;(2)力量。这是有潜伏性的,有时立刻显露光芒,有的当时不甚觉得,后来愈久愈光大了。

假使把教育当作经济或政治一样看待,那就错误了。从事教育工作者想与经济家比财富,与政治家比权威,这好像在稻田里找棉花,上山去求鱼,实在肤浅得可笑。所以我们必须认清教育的特殊性,不管人家轻视也罢,尊敬也罢,贫苦不必忧,艰难不必惧。以前裴斯泰洛齐说得好:"我自己是个叫花子,因此我要使人家不做叫花子。"这才是教育的精神。

(原载于1941年《国立中正大学校刊》)

我国今后教育向哪里走

杜威说:“教育的自身,并没有什么目的,只有人、父母、教师才有目的。”人、父母和教师的教育目的,自然离不开时代的背景。在古代,国家学制及私人设立的馆塾,其目的无非要培植士大夫阶级。自隋唐以后,科举倡行,朝廷对于士子虚荣牢笼之术,代有加厉。在专制君主的目的有二:(1)培植忠顺的臣仆。因为君主统辖疆域甚大,事实上必须有大量的臣仆帮助管理。这些臣仆必须十二分忠诚,勿使稍有离异之行为,才能保持他的子孙帝王万世之业。他对于臣仆态度如何,即可见得他对于科举的宗旨如何。例如,唐庄宗时有禁旅王庆乞叙功赏,庄宗引唐太宗诗道:“待余心肯日,是汝运通时。”这是很显然的,臣仆的晋身完全依着君主一人的意向所决定。(2)消磨全国的隽秀人材。记得史籍上载过,唐太宗私幸端门,见新进士缀行而出,喜曰:“天下英雄,入吾彀中。”科举的作用,就是要把全国人士的聪明才智尽消磨在字纸堆中,由是不再发生背叛造反行为。

贪荣求利,乃人之常情,既由科举出身,可以取得士大夫资格,做了士大夫,可以不耕而食,食则膏粱,不织而衣,衣则锦绣,并可依势欺压民众,夸耀乡里。这种便宜职业谁不愿意去干呢?于是稍具聪明者,捷足者,都纷纷离开了田园,放弃了固有职业,来干士子的勾当,可是朝廷需要臣仆数量有限,故又想出两种办法:(1)从阶级上限制。指出某种职业为卑贱,不准应试;身家不清白者,不准应试等。(2)从考试方法上限制。例如唐代之帖经,明代之八股等,都是限制中试的意思。但这种方法,消磨士子的脑汁更惨。顾炎武先生有言:“八股之害等于焚书,而败坏人材有甚于咸阳之郊所坑者。”

这种学制,造就人材的结果怎样呢?再看顾炎武先生的话:“科名所得,十人之中,其八九为白徒。而一举于乡,即以营求关说,为治生之计。于是在州里则无人非势豪,适四方则无地非游客,而欲求天下之安宁,斯民之淳厚,岂非却行而求及前人者哉?”从这番话中看出,这种学制不但糟蹋人材,天下安宁亦不能保,与原来的宗旨岂不相矛盾吗?其实社会的生计问题在另一方面复杂酝酿着,科举制度内在的矛盾,到相当时期,就会显露出来了。

然而在闭关自守时代,加强政治力量,自给自足,很容易把社会状态遮掩起来,苟安无事。所以清代入关之政,抄袭明代旧制,略增科门,又继续了二百年。到了帝国主义者的触须跨海东来,东亚古国的大门关不住了。自经一千八百四十年的鸦片之战,及一千八百六十年的英法联军之役,吓得顽固头脑的官僚的自大心理动摇起来,认为“数千年来未有之变局”。敌人的“轮船电报之速,瞬息千里;军器、枪械之精,工力百倍”。认再以“成法制之”,势不得不“取人之长,以补我之短”。敌人之长是科学,欲提倡科学,就不得不改学制。但政制之改革,非同理想之一举手一动足可以成功;社会之进步,常走曲线的,所以经过了很多波折,一个欧化的学制始得出现。这种学制是抄来的,好像仿制人家的帽子,没有度量自己的头寸,所以戴来戴去总觉不合适。这就是说,欧化学制已经实行了,可是科学还没有昌明,国家还没有强盛起来。而且民生日渐凋敝,社会秩序日益紊乱,列强之侵略更尖锐化,弄得举国上下手足无措,只有彼此抱怨罢了。

欧洲学制也有它的历史背景,几千年来,以各国国情之不同,经过若干变迁与改革。就大体言,学校教育都建在贵族阶级,我国士大夫的脑袋里科举意味尚未涤除,民间封建思想尤牢不可破,再把西洋贵族式的学校制度依样画葫芦地抄过来,因素凑合,遂成了一种洋八股风气。入学校是为买文凭,是为混资格。入小学目的,就为升入中学;在中学肄业,就憧憬着考升大学;家庭状况如何,经济力量如何,都未顾及,由小学而中学,而大学,而出洋,而做官,好像一条公认的教育正轨路线。但由小学阶段淘汰者,及中学阶段淘汰者,却占百分之大多数。这个百分中之大多数往哪里去,向来无人顾问。他们自己还是憧憬着做官发财,对于地方下层事业不屑做,亦不会做,其有能力者,就做了土豪劣绅,所谓“在州里则无人非势豪,适四方则无地非游客”。

主持学校教育者,还是继续不断地向洋八股路上走。对于社会实际问题,及地方生产知识技能毫不注意。实际地方事业需人甚多,而号称造就人材之中等学校及大学并未设施此种教育。这样就成了一个很大的矛盾现象。学校方面喊出“毕业即失业”的口号。社会方面一切事业均缺乏人材来干。人找不到事,事找不到人,问题一天一天地严重下去。社会人士对于教育批评的声浪,一天高似一天。教育当局想要解决这个问题,一面限制普通中校之设立,一面鼓励增设职业学校及计划扩充师范学校。同时在大学方面,限制文法科学生数目。哪知道这种办法,只看到问题的一面,其余一面,且更重要部分,没有看到。所以结果毫无效验。入职业学校的学生还不及入普通中学之踊跃。入师范学校的青年,都是那些家庭经济困难,无法入中学,并逆科升入大学已绝望者。大学理工科学生始终不能大量增加,原因虽不是一种,要之洋八股风气迷惑青年人脑筋,是个大原因。

自倭寇揭去了亲善的假面具,逞其兽性,劫掠我财产,残杀我同胞,轰毁我们重要的文化区域,于是全国社会起了一种千古未有之大震荡。在这大震荡之后,在我神勇抗战建国过程之中,各方面干部人材更急迫需要。于是各种短期训练班应时而产生,解决了一部分因事求人的问题。但这种短期训练班还不是根本办法,事业之零碎,教学之不经济,陶冶之不够,在在都是问题。而且学制上还没有承认它为正统资格,不过一种临时性质罢了。再看学校方面,还是关着大门,离开了民众,离开了社会,离开了实际生活,而办古典式的教育,贵族化的教育。向之毕业即失业,制造游民,制造土劣等问题还是没有解决。

再在乡村方看,许多村落还没有设立小学;已设立小学的,多数还没有找到适当教师。再在乡镇公所方面看,普遍地没有适当办事人材。一方面果然因为教育未发达,人材数量不够,但另一方面都市的失业游民一天一天地增加,问题却是矛盾的。原因农家子弟到了初小毕业,升入高小,再升入中学,都离开了乡村而向都市走。既到了都市,就不愿再回到乡村,所以农家多送一个子弟入学,就有多一个乡村工作分子离开乡村的危险。

一切社会问题的解决,教育站在最前线,要解决教育问题,正和政治或经济一样,须从整个着想方有效。倘像过去关着学校的大门,幻想怎样理想的教育,是想不通的。又如教育行政方面,专在升学问题上找出路,是走不通的。现在的教育行政,好像趋向在统制。如会考呵,统考呵;什么是国立,什么是省立,什么学校才准私立等,事例很显然的。但问题仍只看到一面。教育的结果怎样?人材怎样支配?实际地方建设事业须要何种人材?这些更大的问题,似乎没有考虑到,这是很可惜的事。这些问题没有解决之前,教育部新颁的国民教育实施纲领,即使经费不成问题,大量的适当教育何从产生,结果不免要落空。基层的乡村教育及营养卫事业,不能建筑起来,则二十八年九月中央颁布的县各级组织纲要,根本不能兑现了。这是不可不注意的事。

教育在国家立场言,应该是整个的,应该有个通盘计划。在抗战建国过程中,某阶段需要些什么人材,就增植些什么人材。工作人员的生活应该有平等的待遇。不论他在乡村也好,在都市也好,不能有所歧视。凡是无方针,洋八股的教育，或是教育意义空洞、目标含糊的学校，一律勒令关门，免得贻误子弟，妨碍建国事业。如能用快刀斩乱麻的办法，用革命手段来根本改造教育，在整个国策下推行实践，那末过去不健全的思想，不正当的风气，自会湮没。民族复兴之机，实肇于此。假使今后我国的教育不再留恋着过去的时代，那末只有向着这条路走。

（原载于1941年《现代读物》）

三民主义教育学

——三民主义的教育理想就是社会教育

我们站在教育的立场来谈三民主义，并不是为时髦，或迎合某种需要，而改头换面，自命为三民主义化。化者好比化装，今天可以化作花脸，明天可以化作小丑。化来化去，总在表面上，和本身没有发生关系，最后就暴露出本来面目来。还有误会，以为三民主义是外加的，外加的好像煮菜，加了酱油，就是红烧；加了清水，就是白烧；用了糖，成为甜菜；用了盐，成为咸菜。这种办法，对于三民主义的信念便不坚定，不能深刻。本篇所谈三民主义的教育，首先从时代演变中，找出三民主义教育的起因。其次检讨三民主义教育的特点，以供教育学者之研究。再次举出推行三民主义教育的要件，以便行政当局为之参考。

一、中国新教育的演变

前清末年的学校，虽号称新教育，实则还是科举的化身，不过比较八股已经进了一筹。试看光绪三十二年钦定教育宗旨，为"忠君""尊孔""尚公""尚武""尚实"。前二者犹是培养臣仆之作用，后三者则因被帝国主义者战败后励精图治之反映。这可算是第一个时期，是科举化身的时期。

民国元年九月，教育部公布教育宗旨，为："注重道德教育，以实利教育，军国民教育辅之，更以美感教育完成其道德。"当时教育总长蔡元培氏曾说："忠君与共和政体不合，尊孔与信教自由相违……尚武即军国民主义也，尚实及实利主义也，尚公即吾所谓公民道德，其范围或不免广狭之异，而要为同意。惟世界观及美育则为彼所不道，而鄙人尤所注重，故特殊通而证明之，以质于当代教育家。"蔡氏将"尚文""尚实""尚公"三者加以修正补充，尤其对于"尚公"提出"公民"二字，其范围扩大得多。蔡氏又提出世界观与美育。有了前者，自由主义教育思潮，自此抬头。后者可以纠正民族性之缺点，所以民元所定教育宗旨与清季之教育宗旨相较,表面虽更动无多,实已截然两个世界。到了民国四年,袁世凯当国,图谋帝制,遂于一月二十日颁布"教育纲要",其中第三款,为:"申明教育宗旨,注重道德、实利、尚武,并运之以实用。"二月复颁教育宗旨,为:"爱国、尚武、崇实、法孔孟、重自治、戒贪争、戒躁进。"则是很显然的,欲恢复前清之旧。其后段"戒贪争"与"戒躁进"两项颇有雍正圣谕广训之意味。至第一次世界大战告终,平民主义的思潮澎湃于全国,国内教育界人士感觉教育有改革顺应世界潮流之必要。民国八年教育部教育调查会成立,四月开第一次会议,订定教育宗旨,为:"养成健全人格,发展共和精神。"并说明其涵义,为:"所谓健全人格者,当具下列条件:一、私德为立身之本,公德为广复社会国家之本;二、人生所必需之智识技能;三、强健活泼之体格;四、优美和乐之感情。所谓共和精神者,当具下列条件:一、发挥平民主义,俾人人知民治为立国根本;二、养成公民自治习惯,俾人人能负国家社会之责任。"此案虽经议决成立,却无明文公布。同年十月全国教育联合会开第五次年会,通过"废止教育宗旨,宣布教育本义案",并呈请教育部废止教育宗旨,以"养成健全人格,发展共和精神"二语为教育本义。民国十一年十一月一日,公布学校系统改革令,规定了教育标准七条:(1)适应社会进化之需要;(2)发挥平民教育精神;(3)谋个性之发展;(4)适应国民经济力;(5)注意生活教育;(6)使教育易于普及;(7)多留各地方伸缩余地。看了上面七条标准,可见当时民本主义思潮已登峰造极。所可惜此种教育思潮不能配合本国政治和社会经济。故虽勉强改订学制,结果仅成幻想,未能实施收效。以上可总括为第二个时期,是自由主义教育思潮发挥时期。

及至国民革命军北伐胜利,奠都南京,十七年五月,大学院召集第一次全国教育会议,讨论共分十组。第一组为三民主义教育组。第二组为教育行政组,差不多全是关于教育政策的议案。对于第一组的第一个议决案为《三民主义实施方案的原则案》,共计十五条:(1)发扬民族精神;(2)提倡国民道德;(3)注重国民体魄训练;(4)提倡科学的精神,推广科学的应用;(5)实施义务教育;(6)男女教育机会均等;(7)注重满、蒙、回、藏、苗、壮等教育的发展;(8)注重华侨教育的发展;(9)阐发自由界限,养成服从法律的习惯;(10)灌输政治知识,养成使用政权的能力;(11)培养组织能力,养成团体协作的精神;(12)推广职业教育;(13)注重农业教育;(14)注重生产消费及其他合作的训练;(15)提倡合于人民正轨的生活,培植努力公共生产的精神。

十八年一月第三次全国代表大会第十一次会议,议决教育宗旨及教育实施方针八条。教育宗旨原文如下：

“中华民国之教育，根据三民主义，以充实人民生活，扶植社会生存，发展国民生计，延续民族生命为目的，务期民族独立，民权普遍，民生发展，以促进世界大同。”

教育实施方针原文如下：

（一）各级学校三民主义之教育，应与全国课程及课外作业相连贯；以史地教科阐明民族真谛；以集合生活训练民权主义之运用；以各种之生产劳动的实习培养实行民生主义之基础；务使知识道德融会贯通于三民主义之下，以收笃信力行之效。

（二）普通教育，需根据总理遗教，陶融儿童及青年忠孝、仁爱、信义、和平之国民道德，并养成国民之生活技能，增进国民生产之能力为主要目的。

（三）社会教育必须使人民具备近代都市及农村生活之常识，家庭经济改善之技能，公民自治必备之资格，保护公共事业及森林园地之习惯，养成恤贫防灾互助之美德。

（四）大学及专门教育，必须注重实用学科，充实科学内容，养成专门知识技能，并切实陶融为国家社会服务之健全品格。

（五）师范教育为实现三民主义的国民教育之本源，必须以最适宜之科学教育及最严格之身心训练，养成一般国民道德上学术上最健全之师资，为主要之任务，于可能范围内使其独立设置，并尽量发展乡村师范教育。

（六）男女教育机会平等，女子教育并须注重陶冶健全之德性，保持母性之特质，并建设良好之家庭生活及社会生活。

（七）各级学校及社会教育，应一体注重发展国民之体育，中等学校及大学专门须受相当之军事训练。发展体育之目的，固在增进民族之体力，尤须以锻炼强健之精神，养成规律之习惯，为主要任务。

（八）农业推广，须由农业教育机关积极设施，凡农业生产方法之改进，农民技能之增高，农村组织与农民生活之改善，农业科学知识之普及，以及农民生产消费合作之促进，须以全力推行。

上列宗旨及实施方针，由国民政府于十八年四月二十六日正式公布，令文措辞极为郑重，兹照录如下：

“案奉：中国国民党第三次全国代表大会，第十一次会议，通过，确定教育宗旨，及其实施方针，饬即照办。等因。查此项决议案，关系以党建国，以党治国之根本大计。至为宏巨。兹将原案公布，著行政院令饬教育部，转饬遵照，切实施行，务期启迪全民，实现三民主义。此令！”

以上可谓第三个时期，是提倡三民主义教育时期。

抗战发生后，民国二十七年四月，中国国民党临时全国代表大会通过中国国民党抗战建国纲领，其中庚项关于教育者有四条，原文如下：

二九　改订教育制度及教材，推行战时教程，注重于国民道德之修养，提高科学的研究与扩充其设备。

三〇　训练各种专门技术人员，与以适当之分配，以应抗战之需要。

三一　训练青年，俾能服务于战区及农村。

三二　训练妇女，俾能服务于社会事业，以增加抗战力量。

二十八年三月第三届全国教育会议，蒋总裁训词中有：“我要求我们教育界齐一趋向，集中目标，确确实实为实现三民主义而努力。我们自民国十七年五月第一次教育会议决议了推行三民主义教育案以后，到今天已过十年；就是十八年中华民国教育宗旨的颁布，距今也已十年。但是在抗战以前，我们全国民众和一般青年实际上并没有普遍受着三民主义的教化；就是在抗战之中，也还不能真诚一致地信奉三民主义。这固然是国家的不幸，实在也是我们教育行政方面以及教育界共同的耻辱。我以为革命建国的最高原则，如果不能普遍传授于民众，则革命是无法成功，国家是无法脱离危险的。我们教育界负着存亡兴衰的大责任，对于立国最高原则绝不可阳奉阴违，绝不可形式上是接受了，而实际上还是各逞所见，各行其是。教育的责任是教民，民无信不立。如果教育界是心口相违，不讲信义，不重实行，我们如何能导引民众入于意志统一、精神集中的地步？”

二十八年九月，国民政府公布县各级组织纲要，规定乡（镇）公所设民政、警卫、经济、文化四股，各股主任、干事由副乡（镇）长及中心学校教员分别担任；保□公处设干事，分掌民政、警卫、经济、文化各事务，由副保长及国民学校教员分别担任。

二十九年四月，教育部依照县各级组织纲要，保国民学校及乡（镇）中心学校之规定，订定公布国民教育实施纲领，并规定国民教育分义务教育及失学民众补习教育两部分，应在保国民学校及乡（镇）中心学校内同时实施。同年五月，教育部又颁发中心学校国民学校办理社会教育要点，规定中心学校国民学校为乡（镇）保社会教育实施机关，并将应办理之社会教育工作分文化、政治、经济、自卫四方面开列甚详。

到了这个时期，算是第四个时期，是推行三民主义教育的时期。为了抗战的逼迫，建国的需要，不得不推行三民主义教育，否则“革命是无法成功，国家是无法脱离危险的”。

二、三民主义教育的特点

三民主义的教育有几个特点：第一，教育的对象是全民——回看过去的教育，只限于士子。在第一个时期中，承着科举的遗风，虽欲励精图治，以抵抗外侮，然教育的对象仍以小范围为限。几千年来，“民可使由之，不可使知之”的成见，牢不可破。正如帝俄时代，教育总长雪尔苛所说：“知识如食盐然，只当人民在特别环境中及有特别需要时，可节省施用，才有好处；教育民众，或民众大部分，不特无益，而且有害。”教育政策既如此，欲求教育普及，人民文化水准提高，绝不能的。到了第二个时期，学者思想虽已解放，而所维护的学制，仍是“贵族制度”“资本制度”。当时平民教育虽已兴起，而政治与教育不能配合。所办平民夜校，都是各学校学生课后所附设，视成人教育为青年教育之余润。教育范围之窄，与第一个时期内相差不多。唯有孙中山先生独具远见，他说：“圆颅方趾，同为社会之人，生于富贵之家，即能受教育；生于贫贱之家，就不能受教育。此不平之甚也。”又说：“凡自治区域之少年男女，皆有受教育之权利。学费书籍与失学童之衣食，当由公家供给。学校之等级，由幼稚园而小学，而中学，以至大学而后已。教育少年之外，当设公共讲学、书库、夜校为年长者养育智识之所。”又说：“要办普及的教育，令普通人民都可以得到教育。……先办幼稚园，次办小学，再办中学，然后才可以办大学……让人都能够读书，方可说是普及教育制度。若是不然，便是贵族制度，便是资本制度。”但是到了第三个时期，虽确定了以三民主义建国，有志之士，依据孙总理“唤起民众”之遗言，乃倡民众教育，而学制未曾根本改造，尚承袭“壬戌学制”之旧，以致青年教育与成人教育划为两截，学校与社会筑有鸿沟。影响所及，三民主义政治不易实现，正如蒋总裁所说：“我们全国民众和一般青年实际上并没有普遍受着三民主义的教化。”到了第四个时期，抗战发动后，为时代所逼迫，就渐渐走上新教育的道路。尤其自国民教育实施纲领颁布后，大量地推行国民教育，教育的对象方确定以全民为对象了。

第二，教育的方式是社会的活动——过去的教育不但对象很窄，内容也是很窄的。各级学校关着大门，离开了社会，灌输些死知识。这些死知识大半是不切合现实生活的。所以蒋总裁曾说：“我们中国现代的教育，无论大学、中学、小学都不注重这日常生活，以致现在的青年学生不仅不能得到真实的学问和智识，而且连吃饭穿衣都不会。”有志者起来提倡社会教育，就想把这种残缺不全、畸形的教育纠正过来。哪知道守旧者眼光如豆，反视社会教育为窄义的教育或次要的事业，而视学校教育为正统的教育。这种谬误的见解，已不为时代所允许。因为现代的教育，即三民主义的教育，必须扣合政治和经济。蒋总裁曾一再说，教育是政治经济的总枢纽。他并明白地说：“以全体民众为对象，以社会为学校，以实际上一切事物现象为教材，注重训练国民，如何做人，如何做事。”“教师不仅应为培养现代儿童健全之师长，更能为担当建国之基干，训练全民之导师”，做人和做事，必须直接参加社会活动，训练才有成效。至于建国之基干，全民之导师，更是社会活动中之重要者。

第三，教育机会基于平等的——在贵族制度和资本制度下，大多数平民没有受教育的机会。即使少数平民得受贵族和资本家的慈善式教育，但绝无受高深教育机会。到了三民主义的教育就不同了。孙中山先生曾说：“学费书籍与失学儿童之衣食，当由公家供给。”“要由国家拨十几万万，专作教育经费。有了这样多的教育经费，中国人便不怕没有书读，做小孩子的都可以读书……”这是对于经济方面，不分贫富，同样享受教育机会的办法。还有关于智能方面，孙中山先生分为圣、贤、才、智、平、庸、愚、劣八等程度，而后说明“不平等”“假平等”和“真平等”。据孙先生的解释，以为在智能上看来，人类生来本是不平等的。因为人类的智能生来不平等，所以人类的教育一定要按照人类的智能之高低的程度而求得其合理的平等，这叫做真平等。同时孙先生以为纵使我们不顾人类的智能之高低的程度，而要使人类一律地都求得好像水平线一般的平等，这叫做“假平等”。他有图解两个，附绘于下：

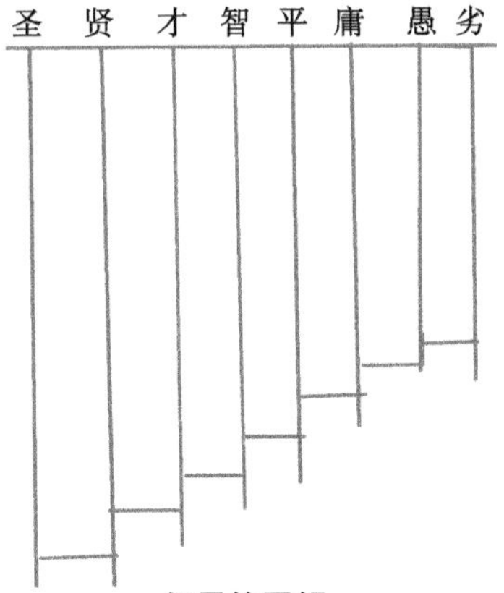

假平等图解

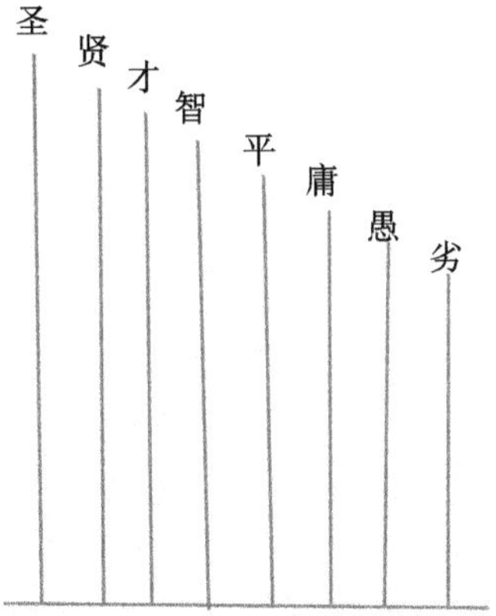

真平等图解

这是孙先生所昭示,今后必须由假平等纠正到真平等。过去的假平等是由历代帝王所造成的人为不平等。三民主义教育是要按照人类智能高低的程度所造成的一种真正的人为的平等。

第四,教育的设施是有计划的——过去教育设施,大概凭借几种原因:一为兴趣所致。不管自动的或被动的,有权力者或有财富者,一旦遇到有兴趣,就举办某种学校,或某种教育事业。二为扩张势力。有的为罗致知识分子,有的为培养干部,还有想借学校名义,以增自己之地位。三为安插人事。或有私人无适当位置;或因党派关系,容纳同党分子,这种教育事业的发展,未必于国家民族有利益。三民主义教育则不然,是要配合国家施行的。任何私人不得把持为己有,任何地方不应办法有歧异。自幼稚教育起,各级学校及其他教育事业,都有通盘计划。设施有步骤,数量有比例。根据实际调查统计,配合政治与经济。需要某项人材,才培植某项人材;需要若干人材,才培植若干人材。事无废事,人无弃材。必须做到这种地步,三民主义才能实现。

三、推行三民主义教育的要件

第一,要认识新教育——具备上列几个特点的新教育,实在就是社会教育。这种广义的、进步的、理想的社会教育产生,当然不是偶然的。经过了很长的时间,很复杂的演变,到了时代所逼迫,同时民族自觉的需要,才渐渐地实现起来。我们从简单地说:没有三民主义,即没有新教育——社会教育;没有新教育,即三民主义没有实行,或没有兑现。当然非三民主义政策下,也可以实施新教育,这种新教育不会彻底。不推行新教育,也可以挂三民主义的招牌;可是这个招牌不是老牌,是冒牌。

第二,要确定教育的目的——教育的目的是跟着教育事业而来。事业有目的,教育也有目的。所以教育目的不能说得太空洞,不可再卖弄玄虚了。古代,所谓先王之政,实施教育,是要教化百姓,如《诗·南·关》序:“教以化之”,即是一例。后来儒家,以求官为目的,故《论语》上:“学也禄在其中矣”。又“学而优则仕”。“孔子三月无君,则皇皇如也。”士之于仕,为唯一的目的。儒家控制中国有二千余年的历史。当科举时代儿童读物中有:“白马紫金鞍,骑出万人看;借问谁家子,读书人做官。”有这样鼓励虚荣的教材,无怪做官思想深入人心了。这也可以证明,当时的教育,很明显地以做官为目的。但站在专制帝王方面看,他们实施教育,是以愚民为目的。后来异族当政,更以弱民为目的。故中国过去的教育也可说是愚民和弱民的教育。

但历代有许多贤人,感到当时政治的腐败,士人思想之卑鄙,勉励学者务求为己之学,如朱晦菴训诫:“学圣”;陆象山指示:“作堂堂的人”。这种教育,便以修养为目的。

再看现代教育家的话。凯欣斯·泰纳说:“教育的目的,在把一定的文化价值(宗教、道德、知识、艺术、生产技能等)输入儿童经验中,使他能自由地发展他的能力,而谋社会的幸福。”施勒朗格说:“教育的目的,在将各种客观的价值(生理的、经济的、审美的、理知的、宗教的)输入儿童经验中,以完成他的整个的、有效的、自乐的人格。”以上二人的说法,都是外加的,不是教育本身的目的。自古以来,只有杜威氏看出这点。他说:“教育的自身,并没有什么目的。只有人、父母、教师才有目的。而他所有的目的,也不是教育这个名词所表示的抽象观念。”有的听了杜威的话,误解了杜威的意思,以为教育既没有目的,那末一切教育事业都不需要目的,甚至国家教育制度也不订定目的。我国壬戌学制就是这个作风。其实在理论上,教育可说没有目的;在事业上,无论学校教育、社会教育,都应该有一定的目的。就是做父母、教师的,对于子弟的教育,也应该有个目的,这在杜威的话中说得清清楚楚。

一个国家对于人民的教育,正如做父母、教师的对于子弟一样,应该有个目的,才可培植有用人材。否则漫无方针,无教育效率之可言。现在国家,渐渐趋向统制教育、计划教育。各国教育当视其国情及时代之不同,而各异其目的。

拟定教育目的的方法,是要用简单的句语,说出某种教育事业,或各种教育事业的最迫切的期望,并且在短期内能做到,能兑现,一面仍继续向前迈进着。措辞要明确切实,浅显而普遍,切忌浮泛圆到,或太合于理想,反落于空虚。

今后我国教育,必须切实配合建国需要,依据客观条件,订定进行方案,确立教育目的,矫正过去一切空浮,畸形,不合理,违反三民主义,种种弊端,然后可以见大效。兹拟定目的如下:

中华民族复兴建国教育目的:“依据抗战建国纲领,扣合全国地方事业实际需要,培植各级建设人材;并提高民族文化,普及国民教育为目的。”

第三,要改造学制——新教育制度应注意八个要点。(1)学校教育与社会教育必须打成一片。务必使失学成人有受补习教育机会,中途辍学成人有受继续教育机会。(2)废止“大学”“中学”“小学”等不妥名称,以扫除科举残余的旧思想。(3)新中国学制必须以基层为本位。向来学制系统图都以高级教育置在上层,今后须以初级教育置在上层,以遵从孙中山先生所说:“立足点平等,才是真平等”之意义。(4)各级教育之分配,应有比例标准。(5)国民教育之下,应分为两段教育:一为干部教育,二为专业教育。(6)幼稚教育应包括在国民教育之内。切不可让富贵之家独享幼稚教育。(7)不应再令普通中学畸形发展。(8)不应再令大学实施士大夫之教育。

第四,要改造课程——学制既经改造了,假使课程没有彻底改造,还是没有用的。怎样改造课程呢?这个问题太大,非短篇所能论述,兹不过举几桩要事,作为一个引子罢了。(1)增加实用课程。课程内容应该建筑在社会生活上,假使离开了社会生活,那就没有意义了。回看过去中小学的课程大纲,经一再研究修改,论工作,很多进步之处,论内容,则理想多于实际,论方法,则主观重于客观。其中最困难之事,大学课程尚没有一定标准,各级学校就学的儿童青年,眼光都瞄准在大学。中小学教师的视线,也无问题,不集中在社会,而集中在大学。于是各级学校的课程要求切合实际生活,就很难了。以后课程改造,必须以切合实用者为主体,其好高骛远、凭空理想的,宜从割爱为是。(2)取消矛盾之课程。过去课程之排列,都是堆砌,并不是整个的设计。因此有理论上之矛盾者,有理想与实际矛盾者,有材料彼此矛盾者,应全部清理,从新计划一下。(3)剔除重复教材。各科教材重复者甚多,有各科间互相重复,有各级学校同科重复。例如国文一科,高级小学与初中语体文阅读材料,常常重复。高中与大学讲读古文,常常重复。又如算学、史、地等亦多重复教材,应一律剔除,以免浪费学生时间。(4)确实估量时间。拟定课程的先生们,同样有一种脾气,好像韩信将兵,多多益善。对于儿童与青年的时间却没有精确顾到。至多在表面计算几个上课时间。实际儿童与青年无论有何高强的智能也做不了的。结果弄得几个用功的学生终日埋头,牺牲了运动游息时间,面黄肌瘦,追求那优良成绩,争取那决命运的分数。其不用功者,因见功课过于烦难,索性弃而不顾,到考试时再行打算舞弊及临时抱佛脚的种种方法,这种教育说是斫丧青年,不为太过。今后真正要培植青年,教学时间问题,不可不特别注意。(5)取消悠闲阶级点缀品之教材。我们试检讨现在高中以上学校内之教材,还有不少是悠闲阶级的点缀品。例如国文教材,多数是在讲授唐宋八大家文章,在《古文观止》内翻筋斗,有的教员依自己兴趣所至,就拿出古诗古赋来给学生欣赏。试问学生离校后,到了社会上,哪个还用到古文呢?恐怕很少能够回到老家,闭着门户,诵读古诗与古赋。假使有一部分青年能够这样做,则对于社会国家有何益处呢?蒋总裁在第三届全国教育会议时训话中有:“我以为我们国家到了今天,一切教育者的生活,应该再不是从前闭户教书优游自在的清闲生活,教育者不应该只是按照学程传习智识,视为个人的一种生活根据或私人职业。”这些陈腐悠闲的教材若不剔除,不但浪费青年的时间,并且要养成“散漫凌乱,放纵自私”的风气。(6)注重实习。今天的教育,不仅是“按照学程传习智识”为了事,必须使学生参加社会生活，握取实际经验，“先生从做上教，学生从做上学”，才能合于要求。这种教学的方式，必须有精密的设计，上课与实习配合，有一定之步骤与系统，方不蹈过去之覆辙。

除了上述几件事外，问题尚多，本文限于篇幅，不能详举。总之三民主义的教育理想即我所谓社会教育，亦即赶上时代的新教育。这种教育设施的方法，就是蒋总裁所说：“应该使教育和军事、政治、社会、经济一切事业相贯通”，“以社会为学校”。本来三民主义是一种救国家救民族的主义，不是一种空理想，更不是一种玄虚理论，纯粹以一种远大眼光，使中华民族赶上时代，建立新国家的启示。

三十一年师范教育运动周草于中正大学中山室

（原载于1942年《大路月刊》）

怎样确定社会教育的范围

社会教育的范围一直给人们一种模糊的概念,有的说得很大,有的说得很小。说得大的以为:人不能离开社会而单独生活,鲁滨孙的故事是一种假想,不是事实。那末所谓社会教育应该包括人类的一切教育事业。这是根据"教育即生活""社会即学校"的学说立论的。说得小的以为:社会教育不过是指民众学校,使那些不识字的平民和贫民认识几个字罢了,将来教育普及,这种教育就不需要。或者以为社会教育是文化的点缀品,如设一个类似游戏的民众教育馆,和一所群众暇间消遣的民众茶园,这类事业原是可有可无的。这种论调是依据社会教育产生的初期,和目击一处或几处不健全的社会教育而发的。还有更普遍的解释,所谓社会教育是指学校教育以外的一种教育。这样从反一方面解释社会教育的范围,假使再问一句,社会教育本身是什么?还是使我们概念很模糊。

我们要把社会教育的范围说清楚,必须从发动社会教育的根源上检讨。世界上学校教育的历史已经很久,但前此学校教育的性质,原本是为贵族或统治阶级而设的,教育贵族或统治阶级子弟的人,就是贵族或统治阶级豢养的师保。他们讲的话,当然是为贵族及统治阶级说的话。后来社会进步了,生产发达,渐渐成为资本主义的社会。于是教育也变成为资本主义的教育,所有教育学校大半是站在资本主义立场,为资本家谋利益。例如注意优秀儿童的教育,所谓优秀儿童,当然出于富贵之家。因为资养料丰富,环境华美,然后才适合优秀的条件。如重视金钱,入学须有保人,逾期缴罚款,这样就把贫寒家庭的子弟摒斥于校门之外;又如奖励个人竞争,培养领袖欲,造就"人上人",而不造就"人中人"。然而时代的大轮不断地向前转进着,不健全的教育不足以应付新社会,局部的文化不足以促进民族的强盛,于是无论朝野上下,异口同声,喊出:教育必须普及,教育必须大众化。但要实行教育普及与教育大众化,在我国目前有三大问题:(1)学校数量太少。把现有的学校数目容纳全国学龄儿童与青年,事实绝不可能。再有百分之六十以上的成人欲得教育机会,以传统的学校机关绝不能负得起偌大责任。(2)传统的学校教育只知道儿童与青年时代当受教育，却不知道儿童与青年时代个个人当受教育，更不知道失学的儿童，和失学后的成人，以及受过教育的成人，都须受补习或继续教育。(3)文化落后的国家，成人教育比儿童教育更为急迫需要。一则因为成人文化知识太低，要改进儿童教育，是不可能的。二则因为成人是目前社会的中坚分子，儿童是未来社会的中坚分子，目前的进步当然更重要于未来的进步，否则何能迎头赶上人家呢?

欲补救过去教育上的缺点，适用目前建国的需要，并开辟未来的民族文化大道，就不得不提倡社会教育。社会教育的责任，是要担负传统学校所不能担负的责任。将来教育进步了，整个教育社会化，那就无所谓学校教育与社会教育了，如今学校教育与社会教育对立，乃一种临时现象。兹为研究便利起见，把社会教育的范围分作三大类(1)失学补习教育；(2)继续教育；(3)提高文化教育。为说明便利起见，失学补习教育以苏联为例，而以排除文盲为中心；继续教育以美国为例，而以职业教育为中心；提高文化教育，以英国为例，盖英国的成人教育已侧重在文化(Non-vocational)教育了。

一、失学补习教育

欧洲先进国家，在十九世纪初叶，靠着社会教育推进的力量，已把全国文盲扫除，因此生产发达，国家兴盛。到第一次大战后，世界各国始共同认识：扫除文盲工作为强国第一要务。于是苏联、土耳其，意大利等国，急起直追，不惜年拨巨款，从事扫除文盲运动。其工作最伟大，最使人注意者，莫如苏联。苏联是一个大国，在革命以前，亦为大量的文盲的国家之一。其民族很复杂，共有一五六个民族，其中有四三个没有文字。在西比利亚的犹古替族，占着大于大不列颠十二倍的地方，竟没有书籍。人口总数，一万五千万以上，文盲占了百分之六十四。因为帝俄时代的政策，是愚民政策。例如教育总长雪尔苛曾说:“知识如食盐，只当人民在特别环境中及有特别需要时，节省施用，方有好处，教育民众，或民众大部分，不特无益，而且有害”，这样的黑暗政策，才留下了“罪恶的遗产”(一九二四年苏联人民教育委员卢那卡斯基(Lurnacharsky)向全俄苏维埃大会报告书中的话)。一九一九年冬，人民委员会决定根本铲除八岁至五十岁间的文盲。但因当时内战未平，又遭遇饥荒，这运动未能彻底推进。至一九二一年底，据报告，为了这事业，已化去在当时算是莫大的金额二十四万万卢布，并费去纸张七七〇吨，钢笔铅笔六万Gross，教科书六百万册。参加这运动的民众，约有五百万人，有二百万至三百万人已能读能写了。至一九二三年，苏联人民教育委员会设置“扫除文盲特别委员会”，决心推进这运动。经费则中央担任百分之二十，其余百分之八十由地方担任。另外民众组织“扫除文盲协会”，募集捐款一百五十万卢布。为应付此种对文盲的战争，动员了所谓“文化军”，即以工会一千七百万人、青年团一千万人、党员三百万人为主干，另设学校，造就识字教学的专任教师。编辑切合人民生活的读本、小册子，壁报、宣传书，而为大量的传布。除班级教学以外，家庭施教，流动教学，连环教学诸方法，无不尽量地利用。到了一九二七年，革命十周纪念日，检讨过去扫除文盲的成绩，仍距目的尚远。在军队、工会及都市住民中间，文盲已减至很低的成分，而农村文盲还多。因此第一个五年计划实施时，对于扫除文盲工作特别加紧，喊出一些口号，如“打倒文盲！”“文盲是五年计划的仇敌！”“提高文化的水平线！”等，并创造一种新文字，以统一语言。到了一九二八年，都市识字人数占总人口百分之七〇点九七；农村识字人数，占总人口百分之五十六点二五。到一九三二年，都市识字人数占总人口百分之九七，农村识字人数，占总人口百分之八八。及第二个五年计划开始时，全国文盲已完全扫除了。

回看我国文盲数目，更多于旧俄时代。据一般估计，全国失学民众约占总人口百分之八十，以致文化落后，百事颓废，农村破产，国势濒危。自民国成立后，识字教育运动渐为一般人士所注意。及国民政府奠都南京，民众教育运动更蓬勃兴起。各教育机关，私人团体，除纷纷设立民众学校，招收失学男女民众，予以基础教育外，并从事于各种识字教育上之研究与实验，以研讨迅速有效之推行方法。据教育部二十九年度一月出版之全国社会教育概况，内载历年来全国各省市扫除文盲总数统计表如下：

十七年度	二〇六，〇二一
十八年度	八八七，六四二
十九年度	九四四，二八九
二十年度	一，〇六三，一六一
廿一年度	一，一〇九，八五七
廿二年度	一，二九二，六七二
廿三年度	一，三五三，六六八
廿四年度	一，四四六，二五四

廿五年度	一六,五五五,五〇〇
廿六年度	一〇,七〇七,三七二
廿七年度	二,九四二,九二九
廿八年度	八,八四〇,一〇四(估计数)
总　计	四六,三四八,四六九

二十五年度八月,教育部所颁布实施失学民众补习教育办法大纲及实施细则,其要点如下:

"失学民众补习教育,各省市应自二十年度起,尽六年内普及之。每年每县市内应添设民众学校二十校至四十校。每校每年至少办两期,每期约为三个月至六个月。"

"失学民众补习教育,应先自十六岁至三十岁之男女实施,继续推及年龄较长之民众。"

"实施失学民众补习教育时,得强迫入学。"

"实施失学民众补习教育,各县市应自二十五年度起,就县市教育经费内酌提若干成,充民众学校经费,必要时并由省补助之。"

"民众学校之教本,由教育部编印,并得斟酌各地方情形,免费发给之。"

(以上见大纲第四、五、六 、七、八条。)

二十六年八月,教育部又颁布各省市失学民众强迫入学暂行办法。其要点如下:

"各县市除设置县市强迫入学委员会外,应分区设置强迫入学委员会,主持强迫入学事宜。"

"失学民众之强迫入学依照程序:劝告、警告、罚款缓、征工,办理之。并仍限期入学。"

"凡属雇佣性质之失学民众,在施行强迫入学期内,雇主不得借词阻止其入学,或因入学而减扣其工资。如有上项情形发生,得由当地强迫入学委员会,斟酌情形呈报县市政府,予该雇主以警告,或罚款之处分,并仍令其准许该佣工入学,及不得借词解雇。"

(以上见办法第三、七、九条。)

二十七年四月,教育部在汉口令发加紧推行失学民众补习教育并指示办理要点。兹录三项如下:

(1)各省于迅速完成预定计划,早日肃清文盲起见,应大量添设民众学校,发动知识分子,如学校教员、学生、公务员以及其他已受教育人士,充任教师,必要时并得利用行政力量,实施征调,强迫责令任教。

(2)各省如有事实上之需要应即实施强迫教育,利用行政力量及保甲组织强迫民众入学,以收速效。

(3)各民众学校教学期间,得酌量缩短为二个月,但每日至少应授课两小时,集中施行识字教育及公民教育。所有算术职业科目,得酌量减少或暂行停止。

综观上列各法令,比诸过去,似已高明得多。其有价值可述者,约有三点:

(1)限期普及;(2)强迫入学;(3)加紧推行,以助抗战。扫除文盲工作,必须有计划,限期完成,这是第一点的意思。政策推行,必须应用行政力量,才能普遍而无遗漏,这是第二点的意思。文盲为政治的障碍,即为抗战建国之障碍,这是无疑问的。正如列宁所说:“扫除文盲,不是一个政治问题,但文盲不除,不足以谈政治。”加紧扫除文盲,以增加抗战力量,达到建国的目的,这是第三点意思。所可惜者,行政的进步还没有追上时代。试看江西省教育厅所发表的话:“我国扫除文盲,无大成就,还是由于政府无大决心。本省数年来,曾致力于此项工作,据近三年统计,全省文盲,共减少了百三十余万,民众课本共印发了一百几十万部,但所发书本,是否人人得到,得到者是否字字认识,减少文盲数是否一一可靠,均属极大疑问。再加以经费支绌,民众无暇读书;办理人员,又多因循敷衍;若长此下去,成人补习教育,永无普及之可能。”(见二十八年十二月江西教育厅出版之《利用民众组织加紧扫除文盲》)扫除全国文盲,原为重大之事,政府必须下最大决心,策动全力,筹得大宗款项,详细计划,才可实现。着仅照上列几个法令,还是不能完全成功。关于“强迫入学”,能正当执行者恐在少数,或竟借端舞弊,时有所闻。在地方行政机构尚未健全之前,欲用政令来推动一切事业,确是一件难事。偶有贤明官吏,重视教育,对于文盲问题有真切之认识,亦有理想的成绩表现出来。如浙江天台县,在二七、二八、二九三年内把全县十一万文盲全数扫除。扫除方法,利用暑期农闲,举办暑期民校,以保长兼任校长,保内中学生及其他知识分子任义务教师,自每年七月十日左右起至八月底止,为施教时间。每年举办校数、支用经费及发动人员数如下表：

数字＼年份	廿七年	廿八年	廿九年	总计
暑期民校数目	六九九	六六五	七七三	二,一〇七
支用总经费	九八八元	二,一二五元	五,〇〇〇元	八,一一三元
策动知识分子及自治人员				五,三五二
入学民众	三三,六七九	四五,四二〇	五〇,二九〇	一一九,三九八
结业人数	二九,一七五	三九,三四二	四五,八六〇	一一四,三七七
每一结业生平均费用	三分三厘	五分三厘	一角〇九厘	平均数 六分五厘

二十九年因物价高涨，印刷纸张增价，故费用比较大些。然平均每人费用只有六分五厘，可谓便宜之极。据二十九年有人估计中国文盲尚有一四二,九〇一,五三一人，若从多估计，亦不过一五〇,〇〇〇,〇〇〇人，约占全国人口百分之三十四弱云。正确性如何，不得而知。

二、继续教育

这就是儿童或青年受过初等或中等教育后，以家庭经济困难，或其他原因，不能继续升学，即从事职业，而向学之心未已，只有抽职业的余暇，或就过几年职业后，保留一个时期，从事补习，准备升学，或改就进一步的职业。这种教育，就叫作继续教育(Continuation Education)。继续教育种类繁多，方式复杂。凡一切青年成人补习学校、补习班都属于此。可举美国为例。

继续教育在美国非常发达，兹举几种如下：1.补习夜校(Evening School)。这种学校是为青年及成人离开正式学校需要补习而设的。其性质大体可分四项：(1)美国化教育班；(2)初级班；(3)职业班；(4)中学班。上课地点差不多都借用小学、中学和职业学校的校舍。上课时期每年多自九月底至来春三月终。2.合作学校(Cooperative School)。这类学校是为成人及青年在工作时期抽一部分时间求学而设的。分为农、工、商三种。工作分配的方法，各有不同：有的是每日半工半读；有的是每日工作五小时，读书三小时；还有的一星期作工，一星期读书。学程的期限自一年至五年不等，但普通多为二年。3.泛应学校(Opportunity School)。这类学校于一九一六年在戴佛(Denvar)城首先创设。办法最合乎民众教育的理想：不限入学年龄；不限入学资格；不限定修业年限；不限定学习学科、范围；不限定每日修学时间，愿意学习的人，可随时到校学习。可随时学习愿学的科目，极为自由。因此，学校开放的时间很长，每天上午八时至下午九时一刻，连续不断有种种科目上课：一种科目也常分为上午、下午及晚间各种班次，以适应各种不同的需要。4.工人学校。美国工人运动与欧洲其他工业国发生为迟，所以大规模的工人教育运动也比较差一些。但是现在各城市为工人而设的学校或学级等类，为数并不在少。一九二一年，美国工人教育局成立后，对此力求促进，关于教的目标教学方法、课程指导等等，加以研究指导，所以更有不少的进步。例如勃鲁克屋劳动大学，在纽约城附近，于一九二一年，由一般教师和工会的筹备成立，它的主要目的在训练工人从事于劳工运动的工作。学生多由各种工会资助入学，修业期限为两年。该校并附设一个星期学校。时间约一星期至两星期。以便在职的工会办事员可以抽取作短期的研究。5.民众高等学校。这类学校虽效仿丹麦，但办法不尽相同。自一八七六年起，各地屡有创设。例如普康闹民众高等学校，在普康闹山下，其设立宗旨，为由共同活动以发展社会精神。所谓共同活动，一部为文艺的，一部又为娱乐的。主要课可分五组：(1)历史；(2)文艺；(3)社会生活；(4)科学；(5)娱乐。其他尚有速记、算术、家庭经济等科，每年分为二期，每期三月，每日上课二三小时，且可随时变动，课外尚有其他活动。学生年龄在二十至二十五，分普通生及特别生二种：普通生于全期间皆在校，特别生则有临时性质，居习三日至一日皆可。6.函授学校。美国函授教育事业，在世界各国中，最为发达。大别为两类：(1)大学附设函授学校；(2)私立函授学校。据爱尔特曼一九二九年的调查，美国大学附设函授学校，共有一百五十所，课程二百余种，学生人数超过十五万。美国的大学教育力求大众化，所以有的函授课程与大学相同，也有学分，但有的函授课程与大学不同，则无学分。私立函授学校，至少有三百五十所。每年招收新生不下一百五十万人。学生每年所纳的学费达七千万美金。此外美国继续教育方式尚多，不胜枚举。

我国的继续教育尚在萌芽时代，远不能与欧美比，因继续教育的需要是在普及教育之后，我国目前大部分的民众，都是文盲，欲继续教育的发达，自不可能。试看自民国二十二年九月，教育部公布职业补习学校规程以来，各地所设职业补习学校，寥寥无几。规程第六条："职业补习学校入学资格，须曾受相当识字教育，年在十二足岁以上者。"合于这个条件的，在全国文盲占总人口百分之八十左右的时代，必非多数。职业补习学校的主要目的有二：

(1)对于已从事职业者，补充其现有职业应具之知识技能，或增进其他职业之知识技能，并予以公民之训练。

(2)对于志愿从事职业者，授以职业之知识技能，并予以公民之训练。

职业补习学校授课时间，除每日每星期指定日间或夜间一部分时间授课外，得于任何季节暑假期，业余时间，或其他特定时间办理之。但对于已从事职业者，以不妨碍其现有职业之工作为原则。二十四年七月教育部又公布短期职业训练班暂行办法。以训练某项业务之技术人员为目的。办理标准有三：

(1)各高级职业学校及专科学校，如鉴于社会需要某项技术人员时，得附设之。

(2)各行政机关，如因所属行政范围内需要某项技术人员时，得设立之，或委托学校办理。

(3)私人或团体，如因社会或其所兴办之企业，需要某种技术人员时，得办理之。

训练期限，自三个月至十五个月，视职业性质酌量订定。上两种法令公布后，各省市奉行者甚少，教育部于二十六年二月又公布各省市推行职业补习教育办法大纲。凡大学与农、工、商等专科学校、职业学校、乡村师范学校以及中学、师范之特殊劳作设备者，均应利用原有设备人材，尽力办理与学校设科性相同的各项补习学校。大学及专科学校，并应举办高级职业科目补习班，或短期职业训练班，对于已有职业者，予以高深学科的补习。各级学校办理职业补习教育，应列为推广事业。各职业团体均应与职业学校及其他相当学校合作，利用学校之设备，举办与本业有关之职业补习学校或职业训练班。并规定民国二十六年度内，凡各职业学校，乡村师范学校及职业团体，各专科以上学校，均应举办。结果各方面多未遵行，在表面看来，似乎各学校及团体尚未注意及此，推其根源实由于客观未感迫切需要之故。

在教育行政系统外由中央训练委员会领导下之各级训练机关：

中央	中央执行委员会训练委员会训练团
省	地方行政干部训练委员会——地方行政干部训练团
行政督察区	某某省地方行政干部训练团第几区训练班
县	地方行政干部训练所

此类机关，应用教育方法，发生政治作用，论其性质，亦属于继续教育。又如二十九年二月二十二日第五届中央常务委员会第一四一次会议通过之社会工作人员训练办法，调练对象为：(1)人民团体之负责人员；(2)人民团体

之书记及工作人员;(3)各省(市)县(市)党部、政府、社会工作之主管人员;(4)各种社会事业工作人员。均由调训或招收之。训练种类分中央与地方两种。属于中央者,由中央社会部会商中央训练委员会办理;属于地方者,由省市党部会商省市地方行政干部训练委员会办理。训练期间定为一月至三月。此类训练与上项情形相同。

三、提高文化教育

这是社会教育最后一个步骤。在文化未进步的国家,先要从事扫除文盲工作,即实施民众识字教育。识字教育已普及了,就须推行继续教育。继续教育的重心,是在增加人民生产知识与技能。到了生产发达了,国家兴旺了,就须提高文化教育,然后可以使民族昌盛。文化教育继续不懈地努力,然后可以使民族向着时代□□地强盛。学校教育永无止境,社会教育更无休止的一日。

但社会教育规范的划分,是为研究与说明便利起见用的名称,并非事实上真有鸿沟分界,□有继续的□序,而不可前后□□的。实际民主识字教育的时候,固时□有提高□□的作用,□民众学校国际科中□包括有公民及实验,即是□□意思。又如民众学校高级班有职业科目,就是□□教育的作用。这种教育作用的□度如何,那就□□文化已达到某种□□□□,所以各国社会教育情形不相同,就是因为各民族的文化不一致。例如:英国成人教育办得最早,所以□在他们成人教育的内容,大部分注意在文化方面。如各大学的扩充教育办的辅导学级,程度均已很高,所修习的科目,普通为文学、哲学、历史、地理、经济学、社会学、心理学、政治学、宪法、生物学、数学、自然科学等。又如英国的劳动大学,程度更高,竟可与正规的大学并驾驰驱。劳动大学分为两大类:(1)寄宿大学;(2)不寄宿大学。罗斯舍大学(Ruskin College)为世界最老的一个寄宿的成人的大学。成立于一八九九年,它与牛津大学同在一地,所以学生可到牛津大学听讲,可以应用牛津大学的图书馆,可以参加牛津学生的课外活动。二年的学生并且可以去读牛津大学经济及政治系的学位。学生入学时并无限制,无论男女受有补助金或者自纳费用,由二人保证即可入学。修业年限,分一年班、三年班,但也有一学期或二学期短期班。每一学年设课三十三周,分为三学期。科程分为:主要科目,如:(1)经济学理论;(2)社会运动及经济或历史;(3)宪政史;(4)心理学及政治学理论等。补助科目,如:(1)英文文法及作文;(2)文学及艺术;(3)工业及政治问题;(4)演说学;(5)无线电播音等。特别讲座□如:(1)工业立法;(2)合作运动;(3)社会运动;(4)外国语;(5)簿记□等。不寄宿大学中历史最久者,要算伦敦工人大学(London Working-men's College),创设于一八五四年。其教育的目的是:要使一般工人利用闲暇,得到文化较高的修养。这类成人教育,只有文化先进国家和工业社会国才使用。英国自一八七〇年国会通过施行义务教育案,小学教育渐渐普及。一九一八年欧战结束,他们又创办一种继续学校(Continuation School),作为小学毕业后的补助教育,因此一般国民的教育程度,更渐渐提高。同时,他们毕业学校的□□,种类颇多。关于人民职业技能的□□,也□□不□另一补助的设备。还有他们在学校内□□□□知识,运动□□年已具备□□社会上关于卫生运动,□□的□□类的设备管理、定□□到,无所不便。所以□□□在的成人教育,对于健康、生计、文字三□不□重视,只有注重文化教育的□□,这种□□,必须□□一□的阶段,□其他文化落后的国家□□,即可□□的。

(原载于1942年《教育通讯》旬刊)

社会教育事业分类的研究(上)

社会教育的范围要比学校教育广泛好几倍。如教育部陈部长说:“照现在教育情形而论,全国人民的教育,除了二十多万学生以外,都应归社会教育人员负责。”这样广泛的范围,这事业一定很复杂无疑,复杂的事业中,规模有大小,性质有差异,分量有多少,名称有不同,要把它分门别类,一目了然,实在是一件不容易的事。过去各家分析社会教育事业的方法,有的根据斯宾塞的学说,分为:(1)保生;(2)生计;(3)亲责;(4)公民;(5)休闲;等等。有的根据巴比脱的课程编制法,分为十类:(1)语言文字活动;(2)职业活动;(3)公民活动;(4)健康活动;(5)家庭活动;(6)社交活动;(7)休闲活动;(8)普通技能活动;(9)智力活动;(10)宗教活动。陈礼江氏改为:(1)语言教育;(2)生计教育;(3)政治教育;(4)健康教育(5)家事教育;(6)社交教育;(7)休闲教育;(8)艺术教育;(9)科学教育;(10)精神教育。赵步霞氏在民众教育纲要上列为八类,并将目标与专业举明。

刘季洪氏论英国与美国的成人教育事业时,分为四类:(1)大学扩充教育;(2)成人学校教育;(3)成人教育社团;(4)成人教育馆所。其余各国多用列举的方法。我国社会教育尚未发达,用列举的方法,举其大者,弃其小者,暂时尚可勉强,但若英美的国家社会教育事业□□□□□,如用此种方法,必贻“挂一漏万”之义。当写作时,倒不如很爽直地说明,这是片断的、局部的,不是“全豹”,没有系统的。如董渭川氏仿效威尔士(Walas)的办法,写作英国民众教育的几个方面,文很醒目。普通一般述载欧美教育时,常用“概观”“概况”等名称,实际是□□的,使人读后,会留缺憾。

斯宾塞、巴比脱等分析人类活动,确定课程内容,原是在教育学术上的研究。各家欲把这种方法,归纳社会教育——或称民众教育——各种事业,实际甚为困难,因为如语言、生计、公民、健康等是指单纯的教育作用,而社教事业,大都不像如此单纯,欲全部归类,必不可能。□众几件事作为说明,如赵氏的表格,算是□□□的办法,但只可说帮助整个教育课程意义的解释,对社教事业的分类没有什么帮助。

赵步霞氏之社会教育事业分类表

事业类别	保生教育	生计教育	家事教育	社交教育	政治教育	语文教育	科学教育	艺术教育
主要目标	灌输健康知识，教授运动方法，养成清洁习惯，训练防卫技能	传习生产技能，养成节俭习惯，培养支配经济能力	培养正当的家庭生活，指导合理的家庭物质生活，教导保育儿童之方法	养成合理的社会交际风尚，培养社会交际道德	灌输政治知识，培养政治道德，指导管理政治方法	指导语言改良，教授文字及朗读	灌输科学知识，培养科学信念	培养欣赏能力，培养创作能力
重要事业举例	卫生讲演，清洁运动，体育会、运动会、避灾演习、武术团	教授计算，指导编制预算，合作社，俭德会，农事，养蚕指导	模范家庭、家庭访问、家庭展览、家庭讨论、户主会、母亲会、婴儿比赛	改良婚丧庆吊之演讲或表演，风俗改良会	乡村改进会、筑路运动、纪念周	国语运动、演讲竞赛、识字运动、读书会	科学讲演、科学表演、科学试验、反证迷信之表演	音乐会，艺术展览会，唱歌班，剧团

刘季洪氏的分类法甚为实际，但只适宜于英美的成人教育，如用其他国家，就有□轻□重之弊。而我国情形与英美还不相同，大学扩充教育既未发达，社会教育社团亦甚□少。刘氏分类法，似尤不实用。

研究社会教育事业的分类，应有几个条件：(1)须能明白区分；(2)须能全部归纳；(3)各国都能适用。合了这三个条件，然后可把复杂的专业分门别类，一目了然，并可作比较研究。依作者的见解，以为应从专业□□或国体的性质上着想，可分为三大类：

第一类专业，其目的专存实施社会教育。可称为专办事业；

第二类专业，其目的虽在实施社会教育，但附属于其他事业之中者，可称为兼办事业。

第三类事业，原旨非在实施社会教育但其事业的本身实涵有社会教育的意义与效用者，可称为社会事业。

兹依上述三类事业，将社会教育事业归纳如下：

专办事业：(1)公立机关或团体——民众教育馆、图书馆、博物馆等
　　　　　(2)私立机关团体

兼办事业：(1)公立机关或团体——各级学校、党政机关
　　　　　(2)私立机关团体——慈善团体、宗教团体

社会事业：(1)政党性的——如报纸
　　　　　(2)营业性的——如戏院、电影院、游艺场、茶园
　　　　　(3)交通性的——如广播台
　　　　　(4)交际休闲性的——如俱乐部、公园

一、专办事业

这一类是专属□社会教育而□□授权或团体，□我□情形而论，如民众教育馆、图书馆、博物馆等皆属是项事业。兹列举事业概况于后：

1.民众教育馆

民众教育馆为实施社会教育的综合机关，其前身为通俗教育馆。创自民国初年，各省大致皆有是项设置，至民国十七年，国民政府迁都南京后，由于政府与教育界人士对社会教育的热烈提倡与推行，通俗教育馆的事业，大为扩充，并为明切事业对象起见，逐渐“通俗”教育馆改为“民众”教育馆，此后各省相继筹设，其事业之开展，如雨后春笋之丛生。民国十九年，全国教育会议第二次开会，决定了实施成年补习教育初步计划及改进社会教育计划，并明白规定“以民众教育馆、农民教育馆为实施社会教育之中心机关”。二十一年一月，教育部颁布民众教育馆暂行规程。二十四年二月，公布修正民众教育暂行规程。至二十八年四月才正式公布民众教育馆规程，并明定其任务在于“实施各种社会教育事业，并辅导各该地社会教育进展”。民众馆在社会教育中的地位，由此可见。二十九年春，教育部颁布国民教育实施纲要后，又对各地关于县立民教馆地位问题的请示，有如下的指示：“县立民众教育馆，为实施社会教育之中心机关，各省市在施行各级纲要时，县立民教馆应负辅导该

县社会教育事项之责任,自□□□办理,并充实其内容。"民众教育馆的地位,至此始臻巩固。

民众教育馆的组织,照现行法规,省立者分置总务、教导、生计、艺术、研究辅导五部,县立者则分置总务、教导、生计、艺术等团组。不过各地民教馆得就实际情形,合并设置,其实施事业,照规定有以下各点:

(1)省立民众教育馆各部事业如下:

①总务部:文艺、会计、庶务及其他不属各部之事项属之。

②教导部:民众学校、补习学校、图书阅览、健康活动、农事指导及通俗讲演等属之。

③生计部:职业指导、农业推广、工艺改良及合作组织等属之。

④艺术部:电影、幻灯、播音、戏组、音乐及各项展览等属之。

⑤研究辅导部:调查统计、研究、实验、观察、辅导及民教工作人员之进修与训练属之。

(2)县立民众教育馆各组事业与省立民众教育馆各部相当,唯因县立者研究辅导不设组,其调查与统计事项,并入教导组内,较之省立稍为简单。

论到民众教育馆的经费与数量,自民国十七年以来,最高当局,本着总理"唤起民众"的遗教,对社会教育大量扩充,民众教育馆亦因此发展甚速。据教育部统计,其历年来机关数量与经费发展情形如下:

学度	机关数	经费数
一七	一八五	
一八	三八六	七五四,七九三
一九	六四五	一,五八三,一六六
二〇	九〇〇	一,九二五,二二七
二一	一〇〇三	二,三三八,六四五
二二	一二四九	二,九〇五,二四四
二三	一一四九	三,一四六,二八二
二四	一三九七	三,三一〇,六一八
二五	一六一二	三,三六四,四三三
二六	一五九三	

2.图书馆

我国图书馆事业虽推行年□,照发轫却甚早。就政府方面说,如周代之王室文库,即具图书馆之雏形,及汉成帝时,广求遗书于天下,兰台石室,蔚为大观。其后李唐有集贤院,赵宋有崇文院,元有艺林库,明有文渊阁,清有文渊(设北京)、文源(设圆明园)、文溯(设盛京)、文津(设热河)、文宗(设镇江)、文汇(设扬州)、文澜(设杭州)等七阁,为国立图书馆之滥觞。

(至于私人方面,如汉之蔡邕,晋之孙蔚,俱家藏甚富;)唐之李泌,插架三万轴;宋之司马迁公□文史美□□于读书室;元之倪瓒设济闷阁;明之毛子晋设汲古阁,汤□涯置□□楼,范钦置天一阁,郑氏置御书楼,何氏置清森阁,黄氏置千顷堂,钱氏置世学楼。及至清代,徐乾学有传是楼,金星轺有文瑞楼,曹秋岳有静惕楼,朱彝尊有曝书亭,汪士钟有艺芝书屋,丁松生有八千卷楼,为私立图书馆之渊源。

惟以上所述,为数极少,而且亦至供少数人之使用,对于社会,尚少实益。及光绪二十二年五月,大臣李瑞芬奏请推广学校,其中论到普说藏书楼一节,有云:“好学之士,半属寒酸,购书既苦无力,借书又难其人,坐此孤陋寡闻,无所成就者,不知凡几。……”此为提倡普设图书馆之始。宣统元年十二月,学部拟定京师及各省图书馆通行章程十九条,是为我国图书馆法之嚆矢。及民国四年十月及十一月,先后颁布通俗图书馆规程及图书馆规程各十一条。自此为□设立图书馆皆准则。至民国十六年,国民政府大学院成立,同年十二月三日,公布图书馆条例十五条。十九年,教育部复依据前项条例,另订图书馆规程十四条。二十八年,教育部以原有规程施行已久,亟需修正补充,爰于同年七月修正公布图书馆规程三十三条,并颁布图书馆工作大纲十八条。同年九月十九日,最高当局颁布新县制纲要,亦明确规定图书馆之地位,同年十一月,教育部复配合新县制之需要,公布图书馆辅导各地社会教育机关图书教育办法大纲。图书馆之规范,于兹大备。

论到图书馆的组织,依现行修正图书馆规程,省立者设总务、采编、阅览、特藏、研究辅导等五部,县立者设总务、采编、阅览、推广等四组,以上组织得依地方情形全设或合并。至于各部事业,照现行规程,大致如下:

(1)省立图书馆各部事业如下:

①总务部:文书、会计、庶务及其他不属各县之事项。

②采编部:选购、征集、交换、登记、分类等属之。

③阅览部:阅览、庋藏、参考、互借等属之。

④特藏部:金石、熟图、密本、地方文献等属之。

⑤研究辅导部:调查、统计、研究、实验、视察、辅导、图书馆工作人员之进步与训练及各项推广事业等属之。

(2)县立图书馆各组事业如下:

①总务组:文书、会计、庶务不为及其他不属各组之事项属之。

②采编组:选购、征集、交换、登记、分类等属之。

③阅览组:阅览、庋藏、参考、互借等属之。

④推广组:演讲、播音、识字、展览、读书指导等属之。

论到图书馆数量及经费,由于十六年以后,政府积极推行发展颇速,据二十四年度之统计,各省市设馆在三百所以上者有河北、广东、浙江等省,二百所以上者有湖北、江苏、上海、山东、河南等,一百所以上者有福建、四川、广西、安徽、云南、湖南、山西、北京等,其余各地皆有数十所以上。兹据教育部统计,将历年图书馆所数及经费发展情形,列数于下,以示一斑:

年度	馆设数	经费数
一八	一,一三一	九九六,四二三
一九	一,二三七	一,二五八,五八〇
二〇	一,三九三	一,一九八,一一九
二一	一,四七九	一,二八三,六八五
二二	一,六三四	一,二八四,二八二
二三	一,四七九	一,一七七,四〇四
二四	一,五七六	一,四四六,七九二
二五	一,六三二	一,六五一,五〇八

至二十六年因战局影响,各地图书馆多被敌人摧毁。据统计,截至二十七年十月份止,各游击区内公私图书馆被敌人摧毁者已达一百一十八所。

3.博物馆

博物馆之设,系创始西洋,我国过去无是项设置,直至光绪二十二年五月,刑部侍郎李端芬疏请奏设仪器院,是为我国提倡博物馆之始,至民国元年,教育当局提倡科学教育,□于博物一项,自属注重。元年七月,教育部呈请设国子监设历史博物馆,因当时国政初定,百废待兴,□□□□,□□□□直至民国三年六月,始正式核准设立,民国九年十月,教育部又派符鼎升于北京午门等设教育博物馆,至民十一年三月该教育博物馆筹备处,又与北京大学附设之教育博物馆合并为“筹设教育博物馆委员会”,并拟订协同,约定办法颁布,经部核准进行。民国二十二年四月,教育部又筹设国立博物馆,派傅斯年为筹备主任,着手进行。

就□□方面说,江西于民国七年七月,由教育厅筹设省立博物馆,并于九月成立,陕西教育厅也于十七年四月筹设天文地□□化馆,云南方面在十九年十月间,□□设之省立博物院正式开幕,内设历史、科学、艺术、卫生、教育、农业等六馆,福建省也于二十二年三月筹设省立科学馆,其余如湖南、江苏、广东等省,在十七年以前,亦有博物馆类似之设置。

此外,故宫博物馆亦于民国十四年十月正式成立,又于民国十七年六月,由中央政治会议通过故宫博物院组织法及故宫博物院理事会条例,任命李煜瀛、易培基二十七人为理事。至民国十八年,复正式任命易培基为故宫博物院院长,同时成立理事会。

至二十四年,复有国立中央博物院之筹设,并已着手在南京明故宫建筑院宇,旋因抗战发动,该院筹备即随政府西迁,在渝设立办公处。至目下为止,因经费与人材之过分缺乏,博物馆一事业,在我国尚未能普遍设立。据教育部的统计,其历年发展情形如下:

年度	公立	私立	合计
一八	三一所	三所	三四所
一九	二五	二	二七
二〇	三二	二	三四
二一	五〇	三	五三
二二	六三	五	六八
二三	六八	六	七四
二四	五九	三	六二
二五	七一	六	七七

以上所举事业,皆系专办的社教事业,其目的□以全副力量,集中于开展社教以启迪广大民众的知能,兹因篇幅所限不能一一枚举。

二、兼办事业

这一类的事业,大抵经由各机关或团体,利用既有人力或物力,就其性质相近的社会教育事业,附带办理,如学校、党政机关、宗教团体等,目下皆有是项事业的举办,兹略举数项于下,以示一斑:

1.学校举办社会教育

我国过去的学校教育,大抵是拖着关门读书的主义。虽然在民国八年以后,由于少数青年教师的领导,学校间或也有平民夜校、识字学校游艺会、运动会等事之举行,但为数寥廖,而内容又不□供应民众□要求,故事实上无甚发展。九一八以后,各地学校因激于国难日亟,曾一度准许学生出校宣传,但为时甚暂。自此以后,因政府鉴于国难严重,对青年教育格外加紧,一时间毕业会考、军事训练等事,相继举行,学校举办社教事业,遂□□不□。及七七事变发动以后,由于实际的要求,不仅学校准许学生参加救亡工作,而政府亦有明令之颁布:如二十六年九月十九日,教育部颁布高中以上学校学生战时后方服务组织□训练办法大纲,以加强学校与社会事业的联系。嗣后又颁布中心学校战时服务国之规章,学校兼办社教事业,略见端倪。至二十七年五月,教育部才正式明令各级学校兼办社会教育,□颁发各级学校兼办社会教育办法十三条,其后又于二十八年五月,令□各级学校兼办社会教育暂行工作□□十条,二十八年六月令发各省市县各级学校兼办社会教育考核办法六条。此外,尚有:

(1)《各级学校社会教育推行委员会组织纲要》(二八年五月);

(2)《各级学校兼办社会教育经费支给办法》(二八年五月);

(3)《师范学校教育学院师范学校及民众教育馆辅导中等以下学校兼办社会教育办法》(二八年五月);

(4)《中心小学教育兼办社教□□会要点》(二八年六月);

(5)《各级学校学生参加普及□□社会教育工作办法要点》(二八年六月);

(6)《中等以下学校推行家庭教育办法》。

自此以后,学校兼办社会教育事业,始进入确定阶段。至于各级学校兼办社会教育的具体□□□人员,照法令规定,由各校组织社会教育推行委员会,主持规划并推进兼办社会教育事宜。至委员人选,各级学校不同:

甲、专科以上学校

以校长或独立学院院长、训导长或训导主任、教务长或教务主任、总务长或总务主任、各学院院长、本会主任干事及教授或导师三人至五人(由校长或独立学院院长聘任)为委员。校长或院长为主席,训导长或训导主任为副主席。

乙、中等学校

以校长、教导主任、训育主任、教务主任、事务主任、各科主任、本会主任干事及各组导师若干人(由校长聘任)为委员,校长为主席,教导主任或训育主任□□主□。

丙、小学

以全部教职员为委员,校长为主席。

除委员之外,该会并设置主任干事一人,办理干事若干人,秉承主席处理会务。

论到事业方面，照各级学校兼办社会教育办法第二条之规定，略举要点于后：

（甲）专科以上学校，□参照下列各项，各就专长，□□□专门之社会教育工作二种以上：

（1）学术讲座；（2）暑期学校；（3）函授学校；（4）民众识字教育；（5）民众读物编辑；（6）职业补习教育；（7）农业推广；（8）合作指导；（9）民众法律顾问；（10）地方自治指导；（11）摄影及播音科学技术传习；（12）防空防毒知识传习；（13）救护训练；（14）公共卫生指导；（15）地方水利及土木工作指导；（16）各种展览会；（17）其他为各校所专长而切合社会需要之教育。

（乙）中等学校除应兼办民众识字教育及抗战宣传外，并应酌量兼办左列社会教育工作二种以上：

（1）通俗讲演；（2）民众歌咏团；（3）壁报；（4）民众卫生指导；（5）救护训练；（6）成绩展览会；（7）其他切合社会需要之教育。

此外，中等民众学校，应一律兼办农事指导及农业补习班。工商业学校，亦应一律各级办工商业补习班。

（丙）小学校除兼办民众识字教育及抗战宣传外，并应酌量兼办社会教育工作二种以上：

（1）通俗讲演；（2）□□；（3）民众卫生指导；（4）学生家庭访问；（5）□□会；（6）协助保甲□□；（7）协助兴办社会教育事业；（8）协助合作社之组织；（9）其他切合社会需要之事项。

2.政党兴办社会教育

政党与社会教育的关系，□为□□。□政党的目的，□在以其既定政党改进社会。但欲□□既□政策，则首先必须□□社会的了解与同情，欲获取社会的了解与同情，又非取道于社会教育不可。总理同盟会□，即注重于社会教育工作，及至逝世时□□□□□□□人：必须唤起民众，共同奋斗。于此足见党与社会教育□系之专属，不过以往政党之社教工作，多偏□奔□□□的宣传，其他尚少做到，及七七事变□□后，中国国民党中央常务委员会□了加□□□民□，□□民力以稳固抗战之基础，乃于二十七年十二月通过了各级党部设立社会处办法十七条，工作项目规定有六项：

甲、关于文化事业者：（1）举办民众学校及各种补习学校；（2）举办民众图书馆或书报阅览处；（3）举行各种演讲会及座谈会；（4）举行各种有关文化之

□□会及展览会;(5)改良民间□乐;提倡民族戏剧及音乐等;(6)发行通俗刊物;(7)其他。

乙、关于经济事业者:(1)提高或举办合作事业,(2)提倡农村□□及园艺;(3)提倡小工业及小工厂;(4)倡办小本借贷;(5)举办农产土特展览或□□;(6)其他。

丙、关于□□□演□□者:(1)指游民难民□□就业;(2)教导流浪儿童及难童;(3)举办托儿所;(4)□□平民难民救济;(5)灾荒救济;(6)其他。

丁、关于卫生体育者:(1)设立民众治疗所;(2)提倡新法接生;(3)提倡种痘及防疫知识;(4)利用民间季节习惯改善□民间卫生运动;(5)举办家庭卫生比赛及清洁检查运动;(6)举办婴儿健康比赛;(7)举办各种运动比赛;(8)广设公共教育场所及儿童游戏场;(9)举办卫生展览;(10)其他。

戊、关于生活指导者:(1)提倡新生活运动;(2)提倡劳动服务;(3)提倡科学运动;(4)提倡节约运动;(5)其他。

己、关于人事咨询者:(1)举办升学就业指导;(2)举办□客指导;(3)办理民众代笔;(4)解答法律及人事等问题之咨询;(5)其他。

上列各项事业,除掉己类(1)(2)两项外,均为社会教育工作,而且在其他社会教育机关所□见通行的;所以不论各级党部办理的社会处是否为社会教育机关,但其工作之属社教事业,是无可否认的。

此后,中枢复于二十九年三月颁布社会教育机关与各级党部联系办法如下:

①各项有关推进地方社教事业之委员会,应请当地高级党部参加。

②各项短期训练班□□一科应请当地党部派员教授。

③举办大规模之社会教育运动或宣传时,请当地党部参加办理。

④关于党义之宣扬,应接受当地党部之指导。

此外,在该项办法中,并附带规定各级党部应实施之社教工作:

①发动全体党员参加扫除文盲工作。

②督促当地人民团体举办民众学校或补习学校。

③关于社会教育推行事项,社会服务处应接受当地社会教育行政机关之指导,并与当地社会教育机关联络,实施各项社会教育。

④关于民众组织及训练事项,得会同或委托当地社会教育机关办理之。

以上所述是党部兼办社教工作的大概。

3.宗教团体兼办社会教育事业

在本国宗教团体兼社会教育事业甚希罕。各教堂间或有办民众识字班，及注意乡村工作者，但无记载报告，无从收集资料，惟有各地青年会部很热心□□□□□脍炙人口，其□□多少有属于社会教育范围者。兹特举南昌青年会为例，以见大概：

南昌青年会和其他青年会一样，完全循宗教的立场、博爱的精神来服务社会。倡导有关德、智、体、□的高尚标准，□除懒散、颓废、游□的积习，而培养健全的身心。事业部门约分下列各项：

甲、□子□　　乙、交谊室

丙、补习学校　　丁、游艺室

戊、会食堂　　己、□制室

庚、寄宿舍　　辛、沐浴室

至南昌被倭寇侵占后，该会在极端困难的环境中，仍然本着服务的奋斗精神，在本省后方重镇的吉安、赣州重新确立起青年运动的基础，其工作□述者，略录如下：

子、组织难民洗衣队，服务难民；协助政府救济难民。

丑、兼任政府□□伤兵职务，领导青年从事服务军人工作。

寅、协助政府，推行动员事功，加强抗战力量。

卯、设中英文辅导班，以提高青年道德修养。

辰、设服务团，推行战时抗战宣传及歌咏、训练工作。

巳、经常发动各地青年，参加讲演、体育、歌咏展览各项“尽力”运动，以增强心、智、体、能四力之□□

（原载于1942年《教育通讯》旬刊第18期）

社会教育事业分类的研究(中)

三、社会事业

这类事业,其目的既不专办社教,亦不在兼办社教,而其事业之本身实有社教之功用。此类事业,大致可分四种:(1)政党性质的;(2)营业性质的;(3)交通性质的;(4)交际休闲性质的。兹略述要点如下:

1.政党性质的——如报纸

我国新闻事业,迄今不过百余年的历史,而其发展之速,诚为百年来任何事业所不及。自其发展线索言之,可分为三方面:一为外人举办者,二为热心社会事业之人士举办者,三为鼓吹革命或改良政治者。兹分别述之于后:

第一,由外人举办之华文报。最早为《中外新报》。创于咸丰八年,为《孖刺报》之中文版。然不久即因经济告绝,自行停刊。较著名者尚有《申报》及《新闻报》,亦创自外人。《申报》创刊于同治十一年,系外人美查所办,事业颇发达。其后因美查回国,公司因事业不振,实行改组,由买办席裕福接办。至民国元年,席氏复转售与史量才。于是《申报》全归华人。至于《新闻报》,创刊于光绪十九年元旦,初为中外商人合办,至光绪二十五年售与美人福开森,民国五年又改组由美国公司办理,任总理者为华人汪龙朋,汪氏逝世,即由其子伯奇继任。除此以外,尚有日人发刊书报很多:如福州之《闽报》(创于光绪二十三年),北京之《顺天时报》(创于光绪二七年),其中奉天之《盛京日报》(创于光绪三十二年),尤为日本报纸之权威。此外尚有上海的《协和报》系德人所办,《□报》为英人所办。这些外人所办华文报纸,最初的目的,仅在研究中国风土人情以及便利传教经商之向导,后来竟转其目光于外交方面。尤以日人办报,纯出于侵略之动机。

第二,由热心社会事业之人士所办者,最早当推汉口之《昭闻新报》。该报创于同治十二年,由艾小梅所发起。次年又有香港之《循环日报》的创刊,同年又有《汇报》创于上海,为中国第一届留学生容闳(纯甫)所发起,因恐文字易于贾祸,乃由英人出名承顶,易名《汇报》,伪管方叔为主笔,以《申报》为外人所开设，凡遇有言论不利于中国之事，即与之笔战。但营业卒不佳。复于光绪元年，添加新股，易名为《益报》，卒于是年十一月停刊。

第三，是主张变法维新及鼓吹革命的报纸。当甲午战后，士大夫渐觉维新之急，多发表报刊，宣传政见，然时遭政府封禁。光绪二十二年，汪康年、梁启超愤于北京强学会之封闭，复创《时务报》于上海，鼓吹变法，震荡一时。未几，康广仁、徐勤等又办《知新报》于澳门，持论与《时务报》略同。后因戊戌政变，党狱大起，该报等终不免停刊。然不久梁启超又在横滨发刊《清议报》，高倡勤王之论，于是保皇与革命二派遂背道而驰。是时持民族主义者，在东京发刊《国民报》，对保皇报大加非难，然不久即被封禁。民族主义者旋又于上海发刊《大陆报》，鼓吹革命，力斥保皇，主张颇烈。光绪二十九年，又有陈范生所主持之《苏报》，内容皆极□□，如吴敬恒等之排日论文，邹容之《革命军》，章炳麟之反对保皇议论等，不胜枚举，因遭清廷嫉视。同年十月，章行严、张继等复发刊《国民日报》，其宗旨与《苏报》同，旋因内部发生问题停版。次年蔡元培等又发刊《警钟日报》，卒因清廷顽固，亦被封锁。

此外尚有为革命奋斗之《中国日报》，系由陈少白奉孙总理命于光绪二五年筹于香港，由陈少白任总编辑，杨少欧等辅之。该报专事宣传革命，流行甚广。光绪二七年郑贯一又创《世界公报》及《广东报》。皆主持革命，言论新颖。其余尚有《少年报》《东方报》《有所谓报》等先后出版，革命之舆论遂占优势。

以上所述，可谓为我国报纸之三种泉源。及民国肇兴，五族统一，天下一家，新闻界之割裂，因以沉寂。民国十七年以后，因政府颁布出版法，对新闻事业有统一的筹划，故国内中外报纸亦渐趋一致。据内政部登记数计，二十四年全国有报纸一七六三种，二八年有一九〇六种，事业之发达，可鉴于此。就目下全国性的重要报纸而言，约有四种：

(1)《中央日报》——总社重庆。分社成都、昆明、贵阳、邵阳、芷江等处。

(2)《大公报》——为华北历史最久之报纸，社址重庆、桂林等处。

(3)《扫荡报》——社址重庆、桂林等处。

(4)《新华日报》——中国共产党机关报，总社重庆、分社□南。

此外尚有华北敌后报纸百余种，对于唤起民众，抨击奸伪，为力甚大。新闻事业□□之惊人，□无可否认。

2.营业性质的——戏剧

中国戏剧与民族历史的悠久，所有历代故事传说，材料复杂，且以各时代各地方管曲之变迁，派别甚为繁多。清初承明之旧，士大夫虽竭力提倡昆曲，然以词句深雅,不合通俗口胃,不能流行于民间。当时戏剧,大别为两部,所谓花部与雅部,后者专指昆曲,前者便指昆曲以外的各地戏剧。

中国社会向说演戏为贱众,伶人多未受教育,欲求□□进步甚难。中日战后,日本留学生首先研究日本的新派剧,组织了一个容柳社,公演了若干次。民国初年,这班人回国后,便在申成立了一个春柳社剧场,那时上海已产生了白话剧,所谓"文明剧",与春柳社相对抗。"文明剧"原以道白及布景见长,但不久观众生厌,就加入了变剧法,后来剧法变穷了,又玩神怪,可惜找不到出路,就衰落下去。每□对于新剧运动计划者,当推欧阳予倩氏。他于前清末年,即加入春柳社,后得南通张謇氏之鼓励,办了一个伶工学社,未几即停。至民国十八年又得陈铭枢氏之协助,办了一个戏剧研究所。不久因经费无落,亦停办。

轰动一时的梅兰芳氏也算用心改良戏剧的一人。初则馋入西洋式的舞蹈,如演出《天女散花》一类的戏;继则加入历史意义,演出《霸王别姬》一类的戏。后□来率演员游日本,游美国,游苏联,颇博异族观众之赞赏。

自"五四"运动以后,西洋剧本流于中国,□作家竞相翻译,各学校学生提倡演习甚踊跃,后来在从欧美研究戏剧学归来的人,国内专创作剧者亦渐众,于是各种剧社便应时而产生,有南国社、戏剧协社、辛酉剧社、中国旅行剧社等。各省为实施民众教育起见,亦有省立戏院之设立。

抗战运动后,教育部皆致战区退出之爱好戏剧人员登记纲训,组织巡回戏剧教育队,先后成立组队,分发至豫、陕、浙、鄂、赣、皖、川、黔等省施教。并随时随地协助地方训练人材,组织戏剧团体。现培植戏剧人材机关有国立戏剧学校一所。各省市公私立戏剧学校,据教育部统计,有如下表:

戏剧学校

年 度	公 立	私 立	合 计
十九年度	4	7	11
二十年度	1	4	5
廿一年度	19	43	62
廿二年度	7	8	15
廿三年度	9	6	15
廿四年度	3	2	5

中国旧戏,论其内容,极为杂乱,很少教育意义;论其形式,陈腐幼稚,毫无艺术价值。当"五四"运动时,胡适氏等批评攻击,□□一时。但不久旧剧

压倒新剧，京腔依然盛行南北。其最不可解者，有自美国学习戏剧归来，初则满口科学化，提倡新剧，继则哼唱皮黄，口挂假髭，手执马鞭，师事伶优，登台客串了。回看南北学校学生演戏，于新剧外，亦常多插平剧，以号召观众，各省公务员业余所组织剧社，亦多以平剧为主。平剧在社会威力之大竟如此。遍览戏剧等专业，竟找不出明确理由。依作者度之，约有五种原因：

①旧剧演员红袍花帽，行动怪诞，观众感受刺激深刻。

②旧剧所演历史故事，易使观众追索寻趣。

③旧剧引吭高歌，听者感觉畅快

④旧剧鼓吹喧天，引动观众热闹心理。

（未完）

（原载于1942年《教育通讯》旬刊第20期）

社会教育事业分类的研究(下)

3.交通性质的——广播

无线电在我国过去之用途,仅限于军事方面,广播电台及收音机本属无线电类,故一向在禁止民用之列。一九二二年,留日华侨在上海大东洋行屋顶创设播音台,以为推销收音机之张本,卒因法令限制,不久宣告失败。此后虽有继起者,然事业终不见发达。至一九二七年,交通部天津无线电当局从该局的长波放送机开始播音,此为我国主办广播事业之始,由是民营制度,亦许存在了。一时各地举办渐多,至一九三一至一九三二年间,就上海一地民营广播电台,增至三十余座,足见兴盛之一斑。至于正式举行以全国为范围的有组织的教育播音,系起自一九三五年。因教育部鉴于播音为最推进社会教育之重要工具,乃于是年六月订定全国中等学校及民众教育馆装设无线电收音机办法大纲十一条,限令各省市厅局分期督促装设,至二十五年(一九三六年)十二月为中等学校装竣期,二十六年六月为民众教育馆装竣期,此外并令各省市厅局设置收音指导员,□□□□各机关学校播音教育之进行。自二十四年九月起,由教育部规定时间,分由南京中央广播电台及他处电台,播送各项讲演,此为我国有正式收音播音之始。此外教育部并订定全补助及半补助各省市装设收音机办法,以补助各地资力之不足,俾可普遍设置。该项办法自二十五年度起施行。抗战发动后,因各省经济困难,所有部发收音机,一律全部补助。二十八年度起,教育部又会同中宣部及中央广播专业管理处,合力推行后方收音机之增设,借以加强播音教育之力量。教育部历年购发各省市收音机架数,逐渐增加,二十四年只一千架,二十七年竟加到二千五百二十架了。

边远及贫瘠省份,以及无线灯设备之小城市及乡村,均是装设直流收音机。无线电之供给,原由教育部依收音机之全补助及半补助办法补助之,抗战发动后,完全改为全补助。经订二十七年度补助各省收音机,及干电池价款办法公布施行,教育部历年补助各省市电池数量,已由二十四年的六百座增加到二十七年的二千四百一十七座了。

一九四〇年十一月，中央又公布教育部电化教育委员会规程。其任务在对全国播音教育及教育影片等作具体之筹划与指导。播音教育已成为今日社会教育上的重要工具，殆无疑问的。

4.交际休闲性质的——俱乐部公园

俱乐部与公园关系于社会教育甚大，故现代国家均利用这种场所。实施社会教育，或改良组织，改换名称，扩大范围，以增进社会教育之效率。然考此类事业之来源，不过纯粹算交际与休闲，并无教育意义。兹以上海张园为例，以见大概：

张园本名为“味莼园”。前吴县卧读生著的《游历上海杂记》上载有：“近年称盛之处，厥惟张氏之味莼园，拓地既有七八十亩，园中占胜之处，则有旧洋房一区，新洋房两区、皆极华丽。其中最大之一区可容六百人。以故一应胜会皆不乐舍此而他属焉，而日涉成趣，士女如云。车马之集于门外、门内者，殆不可以数计。噫！何其盛欤！”

又云：沪城北郭，本属北氓。居民甚稀，安有园囿自互市后，国民日盛，遂易山丘而为华屋，几于遮日连天，由是，而徐氏之双清别墅启也，张氏之味莼园兴焉，又张氏之愚园作焉。争奇斗胜，鼎足而三，游屐往还，宛若山阴道上。”

此园最初，由西人格农所筑，后为无锡张叔和购得，始改称“味莼园”。游者为称呼便利起见，俱称为“张园”，因不收游资，裾屐往来，殆度虚日。张氏更不吝重资，在“海天胜处”设置髦儿戏班，以供游园之乐。后来，又建筑洋楼，仿佛中国戏院的型式，取名为“安垲第”。内有茶点，以饷游人，凡一桌一椅，无不依照西式。当时，上海各种议事、演说、跳舞、宴乐等会，都设地于此举行，清季寓沪革命党人也很多在此聚集公开宣传民族革命，曾被清廷指名捉拿，颇具历史上之意义。

海上小说写作者包天笑在他著的赛珍会杂志上有数首竹枝词描写味莼园情景，兹节录其五首于下，以窥见一斑：

白萝帕子绣芙蓉，兜卖人前晕玉容。三字温存做好事，语音清脆是吴浓。（各闺秀以绣帕香囊兜售最多，逢人辄曰做好事，人感其慈善之心，多购买之。）

酣紫娇红贮碧筠，茶阑酒幕小梭巡。不看花面看人面，珍重罗襟扣一轮。（各女郎以筠篮贮各色钮子花，每枝仅一角两角，大家闺秀，均作卖花女郎，为江淮饥民也。）

万能电气倡西欧，火笼风铃太自由。蓦地忽闻狮子吼，教侬一步一回头。（有一电气屋，电笼电灯电扇电铃，无一不用电。又有一电气叫子，作狮子吼。没有妇女行进其前，辄接其机关，作吼声也。）

昨宵半臂喜新添，不薄吴绫与越缣。莫把侬身比屋宇，壁衣才罢又窗帘。(海上士女好穿舶来之品,轻绡重棉,人谓是欧洲人制壁衣窗帘之需者,亦穿诸身上,适应彼中所笑也。)

纤手亲调一饼茶,春风开遍自由花。可怜淹断桥路,玉杵琼浆莫浪夸。(会场中有女子茶社,名礼茶,谐音颇似海上西餐馆也。当炉者均为学生等。)

关于俱乐部和公园等实际资料甚少。打开一摞社会教育与民众教育书籍阅看,所列事业中茶园公园等凭理想申述,并非社会实际情形。作者主张,我人从事社会事业,必先了解社会状况,然后找出其问题所在□□□□

对付这些不正当的娱乐机关,普通用两种方法:(1)取缔;(2)改良。前者须借政治力量。用一时之威力,不是根本方法,所谓"私盐越禁越好卖"。若推行社会教育,设立一二民众茶园,民众食堂之类,收效亦甚难。我人常见之民众食堂,有三种缺点:(1)不能多量设立,因为每所食堂除不纳捐,购置公米外公家尚须每月津贴工资房舍等费,多设一所,公家多受损失,在此社会经费政策未改革之前,自难大量普遍设立。(2)不能仿办。私人所设饭馆,均以营利为目的,此种亏本办法,无法仿行。(3)无民众(即无平民)。查民众食堂之设立,原欲使一般平民享受福利为号召。但民众食堂设立地点,都在都会或市中心,所有顾客,均为士绅、官僚、学生、军警等,劳苦大众却未敢登门。此种错误,稍加思索,即可发现。

不了解社会教育者,初则期望于社会教育,以为社会教育是万能,继则责难社会教育,轻视社会教育,责骂社会教育无能,此前后两种见解,均属错误,不足为信。须知教育事业,没有如此简单……教育确有伟大的力量,但不能离开政治经济而独立。好像有了门窗,没有枢纽,是不可能,徒有枢纽编辑,而无门窗,毫无用处。

所以我们普通民众的休闲生活程度,是跟着整个社会进步的,在农业社会情形怎样,在工业社会情形怎样,自有一定的趋势。我们只有努力促进整个社会之进步,才是最好办法。倘欲单独提高社会教育,是不易见成效的。所以我们的结论:"与其改良不正当娱乐机关,不如实施积极的社会教育,以促进社会各界之进步。"例如社会各事业发达了,人人有职业,市上无游手好闲之徒,那么问之麕集于茶廊,终日价"摆龙门阵",不会再有了。再如休闲事业发达,电影事业进步,民众在工作之暇有适当之娱乐生活,那些不正当、低级的娱乐事业自会淘汰消灭。总之我们在此真要认识:教育与社会关系之深切。

(完)

(原载于1942年《教育通讯》旬刊第21期)

如何展开扫盲工作

我国扫除文盲工作，可说已有数十年的历史，有时出于志士之热忱，有时由于地方政府发动，有时见中央法令之颁行。由私人主办者，如清末各地之简易学堂（简易学堂方式不一，如江宁之半日 学校，直隶之半日半夜学堂。还有如江津张鹿秋所办之农业夜课，顺德苏衮农设的恤贫半夜学堂等）。民初各地的通俗教育。民国八年以后，各地办的平民学校。民国十七年以后，各地办的民众学校。民国二十一年，陶行知氏在上海提倡的工学团运动。还有其他私人办的，不胜备举。由地方政府发动的，如浙江省颁的识字运动宣传委员会章程及各县市办理识字运动宣传注意事项，河北省颁布各县分期设立民众学校办法，广西省颁布各县实施强迫教育办法，南京市颁布试行强迫识字教育实施办法大纲等。见中央命令的，如二十五年八日教育部令颁实施失学民众补习教育办法大纲及实施细则，规定各省市自二十五年度起尽六年内普及之，并限各县市各年添设民众学校二十校至四十校，每校每年至少须办两期，受教者之年龄，尽先自十六岁至三十岁之男女实施，继续推及年龄较长之民众。二十六年八月，教育部又颁布各省市失学民众强迫入学暂行办法，限令各县市设置强迫入学委员会，并令再分区设置强迫入学委员会，主持强迫入学事宜，并规定凡因雇佣性质之失学民众，雇主不得借词阻止其入学，或因入学而减扣其工资。二十七年四月，教育部在汉口令发加紧推行失学民众补习教育，令各省大量添设民众学校，发动知识分子，如学校教员学生、公务员以及其他受教育人士充任教师，必要时并得利用行政力量，实施征调，强迫责令任教。又如各省有事实上之需要，得利用行政力量及保甲组织，强迫民众入学。二十九年，教育部依据国民政府公布之县各级组织纲要，又颁布国民教育实施纲领，把扫除文盲工作并入国民教育办理，更划分扫除文盲工作为三个阶段。自二十九年八月起至三十一年七月止为第一期，须达到各乡镇有中心学校一所，入学的失学民众在百分之三十以上。自三十一年八月起至三十三年七月止为第二期，须达到入学的失学民众在百分之五十以上。三十三年八月起至三十四年七月止为第三期，须达到一保一校，入学的失学民众在百分之六十以上。如今期限都成过去,而文盲的严重问题依然存在。这样一个严重文盲民族,如何能建设起一个现代化的新国家呢?检讨过去扫盲工作的症结,是在枝枝节节断断续续的扫盲工作力量不够。工作力量不够的原因,是在政府没有下最大的决心。下了最大的决心,才得策动全力,动用大宗款项,实践施行计划。但要下最大的决心,必须了解这个问题的严重性。如何使大家了解这个问题,这是我们必须先研究的。

一、如何使大家真切认识扫盲问题

"扫除文盲,不是一个政治问题;但文盲不除,不足以谈政治。"苏联遵着列宁的教训,于第一个五年计划实施时,下了最大决心,实施扫盲工作。到一九三二年,都市识字人数占总人口百分之九七,农村识字人数占总人口百分之八八。到了第二个五年计划开始时,全国文盲已完全扫除了。于是他在十年之内,有惊人的进步,一跃而为现代的国家。这事很可供我们的参考。海内政治家正在研讨:推行什么政治,方使生效;或如何使三民主义政治实现,但不要忘掉先决条件,文盲不扫除,什么政治都谈不上。民众不识字,未受相当教育,不能了解新政令,不能了解新制度,更不能接受新方法,运用新机器,一切生活习惯犹泥守着旧时代的遗风遗物。这样的群众,这样的社会,如何使他们改革进步呢?大众管的政治和少数人管的政治是截然两路,绝不可混淆蒙蔽的。倘使挂羊头卖狗肉,用民主之名,行专制之实,所谓扮演假民主,无论扮演得怎样圆满,遮不住的马脚终要露出来的。这个马脚就是力量问题。真民主可以发动大众的力量,假民主把国家的事情弄来弄去在少数人手中。行假民主,大众的力量是发动不起来的。或要勉强利用大众力量,就会暴露许多变态事情出来。在抗战期内,抽壮丁发生许多弊病,结果真壮丁却不容易抽到,就是一个好例子。笔者在江西兼办社教施教区时,曾发现一个大村子,名官溪村,共五百多户,抗战五六年,竟没有一个壮丁抽出去。在表面上,他们征属很多。中正大学举行过几次慰劳会,假征属都来享受被慰劳权利,吃了茶点,个个都满载赠品而归。他们实地都笑政府和学校的糊涂。这事如用陌生人去调查,调查不出来的。我们用了教育力量,内幕完全揭穿。原来每次征壮丁,都由大家凑合一笔钱,向异村买一个地痞,或叫化顶充的。这些地痞和叫化被拉去,中途就会脱逃,即使被驱逐到阵地,也不会有好结果。这样讲来,那个大村子对于抗战就没有出力,并且阻害了征役,贻误了战事。像这样的村子,恐怕不在少数。据笔者所遇到,还有一个李村,在正大后面,笔者曾为避空袭,租赁一间房屋,那房东明明是个壮丁,却在门牌上写着,家长年龄是十一岁。这类滑稽事,真是层出不穷。因想假使这回抗战,我们全国民众都出了力,不知力量要大几千百倍哩。

民众的力量是建筑在知识上的。知识的来源是在识字。光是识字问题,表面上看来并不严重。所以一般士大夫口头虽也附和着,“扫盲工作之重要”,心里并不着急。因为他们没有真切认识这个问题的严重性。我相信,具有远大眼光的政治家,必不如此。新时代的政治不能离开民众,更不能忽视教育。邱吉尔曾说:“将来的世界属于受了高度教育的种族,只有他们能掌握新科学的工具。”回看我国的大部分民众,连低度教育还没有享受,这样,哪里能生存在新世界呢?高度教育必从低度教育进行起,扫除文盲就是低度教育的开始。现在扫除文盲工作还没有开始,就是低度教育还没有开始,多么危险呀!

我以为现在我国的政治家,注意于目前事情较多,注意于未来事情较少;注意于小众地方太多,注意于大众地方太少。因为少注意于未来事情,问题到了目前,就更严重了。于是头痛医头脚痛医脚,更无暇去注意未来的事情了。因为多注意于小众问题,小众是顽强分子,成事不足,捣乱有余。没有大众力量去裁制他们,于是一波未平,一波又起,更无暇去注意大众问题了。最大原因,一般政治家,都在消极方面看,而少在积极方面着想。扫盲工作是积极的,是属于大众的,是关于未来利益的,一般政治家没有真切认识它,理由已经说明了。

扫盲工作需要大量的经费。假使一般企业家、资本家都认识这个问题之重要,愿捐输大宗款子,那也好办了。但是一般企业家和资本家都没有受到高度的教育,政治于他们没有直接关系,民主思想于他们的知识程度还够不上,所以要他们自动地在这个问题上出些力,是不容易的事。

希望扫盲工作全面展开,只有希望政府下最大的决心。最大的决心是基于真切认识问题。能认识这个扫盲问题,必须有几个先决条件:(1)屏除封建思想;(2)确定远大国策;(3)订定施行步骤;(4)采用革命手腕。有了这四个条件,然后可以认识民众,认识三民主义,认识世界潮流,认识建国关键,那么能真切认识扫盲问题了。

二、如何解决师资问题

要实施普及教育,师资问题是非常严重的。所以陶行知先生曾讲过一句笑话："若照现在的训练师资办法，四百年后才得普及教育。"现在学制条文上虽把失学民众补习教育并入国民教育内，但实际各地国民学校能负起这个偌大责任吗？国民学校散在各乡村，都市的士大夫是看不到的。所以许多省份，每年报告表上国民教育早已普及。各保设一国民学校，行政经费预算决算早已列上了，实际却是挂的空招牌，很多学校还没有适当教师。今后要切实扫除文盲，推行普及教育，教师问题不可不有个圆满解决。要解决师资问题，第一，必须大量设置师范学校。但现行的师范教育必须改革，因现制的师范学校只限于儿童教育方面，社会教育列为选课。这种传统学校制度，不适合新时代的需要，更不适合培植领导民众的人材。我国大多数民众是农民。农村里唯一的文化机构是小学或国民学校。小学或国民学校的老师，无疑地是民众的领导人材。这种人材对于成人的教育关系比较对于儿童重要得多哩。教育成人和领导成人，即使把现制师范学校里的社会教育课程改为必修，也感不够。因为现制师范的教育方式、教育内容以及教育对象常嫌不够。目前的师范生大别为两种：一为准备过传统学校教师生涯的；一为经济困难，欲入普通中学，没有学费，只好暂入师范，为进升之阶梯，是为升学而入师范的。后者的人数还要占多一些。难怪师范生毕业后，很少到乡村服务的。师范毕业生既不肯去乡村服务，这类师范学校多设还是没有用。又因师范毕业生年龄太幼，即使到乡村去做了国民学校校长或教员，很难得到民众的信仰而起领导作用。所以师范生的年龄问题、旨趣问题以及乡村教员的待遇问题，非待研究不可。假使政府有最大的决心，把乡村教员的待遇一律提高，由中央直接津贴，勿再推诿给各省各县，这样一来，乡村教员的地位也提高了。乡村教员的地位既提高，青年投考师范的目光必大改变。于是师范学校的招生，就可严格选择了。否则在行文上严格限制，如限制简易师范及边疆师范必须招收年龄在十五岁以上的青年，但他们不肯来，有什么用呢？至于师范教育的内容，必须对于农业有充分的训练，使他们具有农业知识，才有领导农民的资格。师范教育的方式，应多注意在活动方面，尤其对于实际生活经验，必须密切联系或配合。

第二，发动知识分子服教育役。这是临时救急的办法。民国二十七年教育部在汉口令发加紧推行失学民众补习教育，指示办理要点第一项："各省于迅速完成预定计划，早日肃清文盲起见，应大量添设民众学校，发动知识分子，如学校教员、学生、公务员以及其他已受教育人士，充任教师，必要时并得利用行政力量，实施征调，强迫责令任教。"据这办理要点上已规定"必要时"实施征调强迫责令任教”,但何时方叫“必要时”,没有规定,一任各省自由伸缩,因此一直到现在还没有听见某省已利用政治力量,强迫征调知识分子充任教师。这是很明显的,让各省市自由发动,再等十年二十年,还是不会动的。若等知识分子自己发动,不利用政治力量,那更渺茫得很。所以要发动知识分子,非由中央通盘计划执行不行。是否全国同时执行,或各省分期执行,或划区依次执行,都应列在计划之内。还有任教时限问题、教材问题、教法问题,都须有个缜密计划。

第三,奖励中小学实行工学团制。依据晓庄学校的师生办工学团的办法,工学团由儿童组成的称谓儿童工学团,由青年组成的称为青年工学团。青年的定义不根据年龄而根据求学的态度,老年人而有青年求学精神者得人乡村青年工学团。又依据江苏宝山县教育局订的乡村儿童自动工学团组织法,每工学团设小团长一人,小团副一人,掌全团之指挥,由全体团员公举任之;设小工师(小先生)若干人,分司技术或文字指导之职,凡有一技之长或粗识字义者皆可担任。团部会议为工学团最高机关,制定全团共同遵守之规约,及共同进行之计划,并公推考核员二人,以监督全体团员及职员之行为。每团设指导员一人,由导师担任。儿童工学团与成人工学团遇必要时得开联席会议,以谋互助。假使各地中小学划定地区,组织工学团以实施普及教育,也是一种急救办法。宝山县曾订有观澜义务教育急成方案,也可供我们参考。他们设立义务教育院,为培养工师之总枢;化固有之教师为工师,将学校改为工学团;化固有之手艺人与农人为工师,将一般社会组成工学团;继续不断地培养在职之工师,使与社会学术共进。此种方式,如推行得法,大可为扫除文盲之助。

第四,奖励机关、团体及私人,设置教育事业,从事教育工作。在英美国家普及教育及提高文化,大半由私人团体提倡教育事业所致。我国人民经济力虽不如他们,但有很多对于教育热心者,必有很多力量可以帮助推行教育。今后假使国家对于教育事业不加统制,并且鼓励人民举办教育事业,人民的力量必会超过政府好几倍,教育本来是公共事业,人民自己的权利,人民自己来办教育,不会有什么危险的。而且教育必须多方面的,方可以透过人民的生活,提高人民的文化。试看英美的教育事业,方式繁多。假使这类多方面的事业,都由政府举办,我们的穷政府如何举办得了。所以希望政府对于教育文化事业,尽量放宽尺度奖励各机关、各团体及私人自由兴办,以协助普及教育。

三、如何促使多方面的联系

三十年来扫盲工作，断断续续，点点滴滴，时常闻到看到的，为什么没有扩大开展呢？这是我们应该研究的。第一，因为热心从事教育工作者，毕竟是少数，而且力量都很薄弱的。多数有力量的都没有了解扫盲工作的重要。第二，因为一部分人不但不了解扫盲工作的重要，并且对于普及教育有种种误解。有的以为普及教育与政权有冲突的，甚至误会到热心教育者有什么野心。没有党派者，硬指为什么党，什么派。有的弄假成真，竟被逼迫加入了某党，真所谓“为渊驱鱼，为丛驱雀”，就使教育事业发生了无意识、不必要的阻力。第三，中央教育部对于扫盲工作，不能说不重视，数十年来，继续不断地颁布多道法令，尤其遇到国家危急之时，图加强展开扫盲工作，结果计划都不能实现，法令成为具文。其最大原因，是为没有配合政治与经济。但与其说教育没有配合政治与经济，不如说政治与经济还配不上教育。扫盲是一种大工作，一部分人，单方面的发动，成效有限的。这件大工作必须得多方面的联系，联系路子可举者有三：

(1)教育者与资本家联络。中国的资本家还没有像罗斯金卡诺奇那样程度，自动或有计划地拿出钱来办教育事业。他们的本身是军阀、官僚或商人。他们只知道自己的享受，不知道劳苦大众的社会，更不知道有国家。但他们既有了钱，都爱好自己名誉的。只要有人能引导他们向着正道方面，引起他们的兴趣，未始不能做有益社会国家的事。所以热心社会服务的教育者，时至今日，不得不与那贪官、污吏、奸商、土劣联络起来。不管他们的钱来自国难财、胜利财，贪赃行贿或榨取民众的，尚能使他们拿出一部分的财力，完成建国最基本的扫盲工作，也是国家民众之幸。至于正当的大小资本家，我们更应设法联络起来。虽是他们的资本都从汗血辛苦得来，不肯轻易使用，但如使他们了解国家问题之严重，打动他们的爱国情绪，并且使他们了解钱财用于教育事业，最有意义，最有价值，而且可以流广传久，他们毕生辛苦的代价最为值得之事。教育家与资本家既能联络，一者用脑用力，一者用钱，二者配合起来，事业必可多方展开了。

(2)政府谅解教育界。教育者的思想常常站在社会的前面，这是正轨。因为教育界思想前进，才可领导社会进步，自古以来，无论中外，教育家之思想言论都是前进的。先师孔子算是最稳健可靠者，但他从未肯阿附社会，如他鄙视季氏，不见阳货，即表示与社会恶势力相搏斗。他说：“乡原，德之贼也。”足见他痛恨那班随社会沉浮者。旧式学校，想离开现实社会，布置一新环境，以培植未来社会的优秀分子。所谓新环境即进步的社会，进步社会的教学必须由批评现实社会出发的。所以传统学校也以反抗现实社会为正轨。至于新的教育，违忤现实社会之处更多。行政当局因疾恶教育者之言论激烈前进，就不辨是非而用摧残陷害手段。正如宋之朱熹，明之王守仁，朝廷小人意诬为伪学，禁止传布，先后一辙，遗憾史页。今后如政府了解此意，放宽自由尺度，全国教育必大进步，扫盲工作必可顺利进行。

(3)政府与人民合作。中国之大，全国教育事业由政府包办，是不可能之事。试看数十年来，政府对于普及教育曾有数度计划，结果不能付诸实现，都因经费不足之故。欲待政府经费充足，不知在何年何月。则普及教育由政府包办为不可能之事，事实已经显然。再看英美国家，教育事业都由人民自由办理，政府反处于协助地位。因此他们教育方式繁多，文化水准提高，整个国家向前迈进。今后我政府纵不令人民自由办理教育，也应放宽教育限制尺度，让人民有财力者，或对于教育热心者，或以教育为职业者，甚至办教育为营业性质者，均可来帮助政府办理教育事业。目前凡不知道受教育或不愿受教育之儿童与青年，无学校可进，尚不足怪，那些要受教育之儿童与青年被摒在学校门外者，最可痛心。无钱受教育之儿童与青年不能入学校，只好怪自己的命运。甚至有钱之儿童与青年也无学校可入，而政府都在严厉禁止私立学校，真令人不可解。试看欧美先进国家之有名学校，都系私立，为什么我国的学校都希望冠以“国立”，以鼓励青年虚荣心，而保存其封建思想呢？私立学校之弊，恐其滥招学生，成绩不良。然私立学校多数征收巨额学费，假使收了巨额学费，办学成绩不良，普通家长绝不愿再送子弟进那些学校，于是私立学校就归自然淘汰，何待政府取缔啊！有人批评私立学校收费太重，加重家长负担，这是不成理由的。因为私立学校招生完全自由，假使家长不能负担学费，尽可不送子弟入私立学校；假使除了私立学校之外，无学校可入，在统制教育政策之下，这种责任应由政府负担。现在政府对于私立学校的办法，有两种矛盾：第一种，对于普通私立学校则严厉取缔，如有势力背景者则任其自由举办。第二种，对于私立学校之收费，则严加干涉。私立学校因经费困难，致办理成绩不良，则又无力津贴，今后为普及教育，提高文化水准计，对于私立学校应不分界限，一律予以宽容。他们征收学费之多寡可以不问，但办理成绩腐败者，则加以取缔。此外，短期学校，及非学校方式之教育事业，政府应加以鼓励。其尺度之放宽，态度之公正，当与私立学校相同。总之化阻力为助力,变散漫为合作,这才是为事业而教育。

除了上述三路联系外,尚有其他各方面之联系。一切联系之上,再求一个总联系,如是工作才得大展开。

四、如何商讨教材、教法及教育目标等问题

本问题是在讨论教育自身问题。如何才算文盲,教育至如何程度,发生如何作用,才算完成扫除之目的。问题第一项,应先讨论教材问题。教材先决问题,是在文字工具。传统的方块字是否继续使用,应用客观的态度来解决这个问题。方块字认识不容易,缮写不容易,印刷不容易,估量在工业发达国家,是否可以保存?试看报纸事业在我国已有五六十年历史,到如今在最大商埠的报纸,每日销路最多仅十万份,与欧美国家报纸销路相比,数目相差甚远。其原因何在呢?据笔者看法,有二大原因:(1)文盲众多;(2)印刷不便。那么要实施扫盲工作,文字工具似有改革之必要。有的怀疑注音字母提倡了多年,为什么不能普及于民众呢?这个问题是有二方面:一方面因为没有彻底推行;二方面因为本身还有问题。以致三十年来,只有少数学者专家可以阅读注音字母,于民众生活完全不发生关系。试执大学生、中学生考问注音字母,大多数已不能对答。注音字母已成为文献资料,不是我们所要求的新文字。合于民众生活的新文字,正待我们研究哩。

民众识了多少字,才算非文盲,这是初步的标准。教育设施必须继续下去。我们的扫盲目标应该扩大一些。否则民众识了若干字,没有使他们继续接触文字,过了若干时,他们将会全部忘记,就又变成文盲了,况且使民众只识了若干字,而无其他作用,社会还不会进步的。所以民众课程中间关于卫生知识、公民知识以及职业知识等都须包含的。但只在读本上增多材料,一则教课时间不够,二则成为死知识传授,没有多大用处。同时必须有教育环境的配合,如报纸、戏剧教育、电化教育、博物馆、科学馆等应大量建设起来。

在农村施教,尤应注意耕种改良。如何介绍耕种机器,如何传播优良种子,如何使出产品加工,都列在教程之内,并且和其他教育设施配合,方可收教育效果。据闻以往外国送来的农产种子,多数贮留在各方面的办公室内,任他发霉,没有广播到民间。这种弊病,就是因为没有和教育配合所致。假使只使农民识字,而不指导他们改进农业,这种教育的目的就不可解了。农民识了字不能应用本业方面,结果就发生两种现象:(1)厌恶教育,逃避入学;(2)离村,荒弃原有的田地。这与原来施教的意义适相反了。

设施民众补习教育，还须看环境如何，职业生活如何，而应用不同的教学方式：(1)运用学校班级式的教学(办理国民学校民教部、增设民众学校)；(2)运用导生传习办法，教育送上门；(3)运用教育车，流动教育；(4)运用各种组织，如合作社、农会、保甲、剧团、武术团、同志会、歌咏队、祠堂等，实施有意义的训练；(5)运用各种工具，如幻灯、图画、标本、模型等，以增加教学效率；(6)运用自学的活动，如壁报、读书会、座谈会等；(7)运用各种比赛，如阅读比赛、作文比赛、演说比赛、健康比赛、农业展览等；(8)运用各种自治工作，如乡镇长选举、修桥、铺路、公共造产等；(9)运用交通限制方法，如通过某桥或某路，必须认识几个字；(10)运用物资分配限制方法，如依受学程度，以定发给物资之多寡等。其他方式，不胜备举。方式性质不同，若问教学上之效果如何，是在运用之得法与否。

扫盲工作实施之前必须集合专家，组织研究会，并组织调查队。依据研究与调查资料，然后拟具计划。这种组织必须为有给专职。切勿像以往那样，什么什么委员会，常是挂名兼职，开头时举行几次集会，到后来即湮没无闻了。过了若干时，改换名目，又来一个什么什么委员会，结果与前相同。此种方式开支虽省，实属最不经济之事。今后必须切实从事，有始有终。不问开支之巨细，但问成效之多寡。所望有力者迅速屏除成见，大刀阔斧地来展开建国最基本的扫除文盲工作，以救垂危的民族吧！

(原载于1946年《胜流》)

社会教育理论的根据

一、从教育的起源说

人生的教育究竟是从什么时候起，尚待研究。据行为主义心理学家华德生(J.B Watson)说："学习的程序在妊娠中一定早已开始，有几种动作的遗传方式(特殊的反射)在妊娠中恐怕已经完全成就。"这种说法还是一种推想。我们所看到的，一个婴儿出世后，即会吮乳呱呱啼饥，以及眨眼转头举手等防护动作。这些动作都是适应环境的表示，为争求生存而努力。他的作用就是含着教育的意义。所以说，教育是与生俱来的。

这种教育的作用可说是一种经验。经验的历程，可分三方面：(1)经验的递传；(2)经验的摩擦；(3)经验的增加。

(1)前代把宝贵的经验传递给后代，使后代得加速的生长进步，不但人类是这样做，许多动物也这样做的。例如：梁上的雏燕到了翅膀长成之后，老燕即在巢前往来飞翔示范，雏燕跟着振羽尝试学习。起初雏燕不免失败落地，经几次后，雏燕会飞了可以来往自由，就此离巢独立生活。又如，小猫长大到能跑能跳的时候，母猫即将捕到的鼠衔到小猫面前，一纵一擒地表演给它们看。到了小猫也会捕鼠生活，才算一代教养完成。人类经验的复杂，要千百倍于猫、燕。所以人类经验递传的功能异常伟大，社会的生存、世界的进步，都靠这个。精神分析派阿德勒(Alfred Adler)说："若是我们愿意的话，我们竟可任凭儿童盲目地去自由发展。倘若他们有两万年的时光和良好的环境。他们到了最后的一天，亦会走入我们今日成人的文明境地。"可是这个方法既不可能，那末成人就须在儿童的发展上尽力做指导的功夫了。

(2)经验的摩擦。可用物理学上所讲的摩擦力来说明：凡二个接触面虽很平滑，总有些不平部分。这些不平的部分互相错合着。遇到拉动的时候，就有阻力出来，这叫滑动摩擦(Slidng Friction)。此外，还有回转摩擦(Rolling Friction)不论物体性质如何，随时随处都有摩擦，不过有的很显明，有的轻微的不能察觉罢了。人生经验也同样地随时随处都有摩擦。但物体摩擦，就要消损,就要退步;人生经验摩擦却相反地。能发生自新作用,促成进步。多一番摩擦,即多一番进步。这个自新、进步作用,就是教育。

(3)年龄渐渐地长大,经验亦随之增进。不论在精神方面、身体方面都继续不断地向前进展着。阿特勒说:"人类发展中的根本事业,是他的精神生活在永远不断地向着一个目标推进挣扎,一个儿童从他一出世的时候,就开始了这种发展自我不停的奋斗。"有的适应,必须至某阶段时才能应用。即如雏燕会飞必俟翅翼长成之后,小猫捕鼠必待长至能跑能跳之时,人之幼时能力极小,进步较禽兽为慢。所以人之适应环境的能力,必须依着长成的过程慢慢增进的。华德生说:"我们没有见过极幼的婴孩争斗、奔跑、泅泳及挖穴。"人类的进步正是因为旅程缓慢的缘故。在较慢的历程中,每一经验可以详细地审察研究,而得到比前代更进步的适应,因为已经过改进作用了。这种改进作用在教育上含有极大意义。

以上所说,是自然的教育,是广义的教育。若就形式的教育或学校教育说起,这不是原始的产物,它却随阶级而来的。自从人群里有了统治阶级或贵族阶级,他们的前代总想把特权传给后代,以保持他们的特殊地位,就不得不先把知识秘诀传给后代。起初由父亲兼任教师,后来更想出师保的办法来。渐渐教师成为专业了,再后来,方法更进步,就设置了学校。在西洋中世纪,学校教育权被教会操纵,就成了黑暗时代。在中国专制时代,帝皇施行愚民政策,就创办科举制度,后代学校方法渐渐机械化。教育的内容已成为死知识,教育的范围始终是一部分的。到了现代,这种教育已经落伍,已违反了时代。所以我们称它为传统教育,或指为死教育。

二、从教育的性质说

教育的作用是在前进或进步(Proceeding or Progressing),古人在另一方面的看法,以为是在改善。所以宋代横渠先生说:"为学之大益,在自能变化气质。"段玉裁注《说文》:"育不从子而从倒子者,正谓不善者可使作善也。"教育的责任本来有:(1)征服自然;(2)克服社会环境。历代教育家本着教育的意义,而与时代环境奋斗,表面上看去,似乎没有多大力量。实际潜力能够移风易俗,改造环境,推动时代。惟教育者本身当为超时代反抗社会,□□当世嫉妒诽谤排斥陷害,而受牺牲者为数不少。

千载大师的孔子,站在中庸之道,号称圣之时者曾经在鲁做宰相只有三个月之久,即不能待下去。就是个他不重做阿合时俗的乡原,不能欣赏齐人的女乐,看不惯大夫的跋扈,甘愿栖栖遑遑两马一车,周游列国十三年之久,被围于匡,厄于陈蔡,几经困苦患难,终不能行道于当世。他所抱负的道,是要复兴古代圣王的道,所谓"祖述尧舜宪章文武","修成康之道,述周公之训"。这种理想自然不能见容于当世,但他奋斗到底不稍迁就。到了六十八岁以后,才因老还乡,从事讲学传道、著书立说。及门弟子有三千之众。学说流传数千年不绝。教泽广敷有数万里。即在当时,因作《春秋》而乱臣贼子惧,影响社会之巨,可想而知。

继承孔子的孟轲。生当战国,社会秩序更形紊乱,所谓"诸侯放恣,处士横议","上无道揆,下无法守"。以"正人心,息邪说,距诐行,放淫辞""闲先圣之道"为己任。亦周游列国,以求行道,卒以不肯"枉尺直寻",不能得志于当时。晚年著书讲学,创教育学说——性善论、培养说等,有功于后代,异常伟大。

在春秋战国时代与儒家学说抗衡的,要算是墨家。韩非子说:"世之显学,儒墨也。"可以想见当时墨家学说的权威。墨家的主张却和儒家的站在敌对地位,因为墨家是功利主义者。墨家之中心为"义",儒家之中心为"仁",儒家主张厚葬,墨家主张薄殓。儒家主张繁文缛节,墨家主张节约刻苦。儒家主张修己,墨家主张及人。墨家的牺牲精神远胜于儒家,这是儒家自己承认的。例如孟子说:"墨子兼爱,苟利天下,纵摩顶放踵而亦为之。"所以那回墨子闻得公输般为楚国造了云梯,进击攻宋,他立即动身,走了十日十夜,去阻止楚王。无怪面目黧黑手足胼胝。只知为人服役,而不求自己享乐。穿的是短衣,吃的藿羹,这是儒家望尘莫及的。当墨子在齐,有人劝他道:"今天下莫为义,子独自苦而为义,子不若已!"他答道:"今有人于此,有子十人,一人耕而九人处,则耕者不可以不益急矣。何故?则食者众而耕者寡矣。今天下莫为义,则子宜劝我,何故止我?"这种勇于任事的精神正可打破沉沉的暮气。对于方法论,儒家则任何事只说出一个"当然",墨子并要问出一个"所以然"。如墨子问于儒者曰:"何故为乐?"曰:"乐以为乐也。"墨子曰:'子未我应也。'今我问曰,'何故为室?'曰,'冬避寒焉,夏避暑焉;室以为男女之别也。'则子告为室之故矣。今我问曰:'何故为乐?'曰'乐以为乐',是犹曰:'何故为室?'曰:'室以为室也'。"这个研究科学的态度比儒家进步得多了。可惜战国以后,墨家势力不及儒家雄厚;到了汉朝,海内学术竟被儒家独占。儒家得势的原因有三:(1)儒家之徒,散游诸侯。大者为师侯卿相,小者友教士大夫。(2)孔子死后百余年,又出了一个孟子为墨家之劲敌。(3)儒家的政治主张是不革命的,只辅佐贤主,推行王道,这正合专制皇帝的胃口。在儒家方面说,这是无上光荣，自汉初至清季二千余年都是他们的世界。但在整个民族方面说，这是很不幸的，滞留于农村经济社会，官僚政治，臣仆教育，二千余年。致与世界文明隔离了数世纪。到了清季，整个社会秩序总崩溃，就一发而不可救。如今，崛起追赶，极为费力。我们的苦痛，都受他们之赐。假使当时墨家学说战胜了儒家，中华民族的形态必与现在大不相同，这是我们可想象的。说不定经济远比英国早一二世纪，至少也可居于世界列强之列。何至再被那东邻小国的欺侮啊！

在儒术系统下，历代教育家都有前进的思想，改造社会的学说。假使反抗社会的成分愈多，则触犯当世之忌恶亦愈甚；假使妥协的成分较多，则可安全无事。如汉朝的董仲舒为最安分规矩的人，但也不免被人妒忌，竟被□相□□的胶西王，希图陷害，幸他和平善处，终得安全回乡。唐朝的韩愈卫儒心切，不顾社会舆论，违抗朝廷意旨，排斥佛家，进谏佛骨表，卒被贬谪至当时蛮瘴的潮州。宋代的道学家朱晦菴，学问盖当世，名闻遍海内，但权奸韩侂胄是非颠到，诬为“伪学”，目为“逆党”，几被陷害。明代的大儒王阳明遭遇患难更多，其原因无非为仗义执言，触犯了权奸。初则被谪于苗瑶杂处的龙场，当我们读他名著《瘗旅文》时，可以见当时之凄惨，后来升任南赣、汀漳等地方大吏，虽有丰功伟绩，仍一再受毁谤，怨尤叠至，使不得一日安居。及至衰老之年，犹被迫扶病南征，卒在归途死于南安。其千古不朽之学说被诬为“伪学”，下诏禁止。到了晚明东林学派牺牲者更多，如顾宪成之被削藉，孙慎行之被危害，高攀龙被迫而自杀，皆沉冤莫白。他们讲学宗旨，无非为教育救国。凡到时局愈紊乱、社会秩序愈崩溃的时候，志士纷起与旧势力相奋斗，这正是教育精神的表现。明末刘蕺山犹以直书，触犯当局。及至杭州失守，投水自杀，被人救起，乃绝食二十三日而死。回看当时望风承旨的群臣已成为敌国的顺民，争权夺利的亲信已变为敌人的走狗。只有秉朝气的学者，守坚真的教育家，慷慨就义，留名教于后世。

上面举的实例，是很明显的，不论儒家或墨家，凡是教育者都站在时代的最前线与环境习俗奋斗，而领导改革社会。这是教育的本色，教育的性质原是这样的。

三、从教育的种类说

有人曾把教育分为三类：(1)个人教育；(2)自然教育；(3)社会教育。在我看来，只有二类：(1)自然教育；(2)社会教育。因为个人教育已包括在自然教育间。个人的一切都为适应环境自然而生长的。其他动物都适应自然就够了,人是社会动物,故除适应自然外,还要适应社会。“适应”两字易于误会到消极方面,要求积极一些,还是用“克服”两字,较为相宜。人类要求生存,要求社会进步,必须克服自然,及克服社会不良的成习(Convention)和腐化的风俗(Custom)这才是教育的最大意义。

上述两大类的教育,后者的范围大于前者的范围。试看斯宾塞氏(H. Spencer)分析人类活动为五大类:(一)保生(Direct Self-preservation);(二)生计(the Earning of Living);(三)亲责(the Duties of Parenthood);(四)公民(the Activitions of Citizenship);(五)休闲(Occupation for Leisure)。在这五大类中,至少亲责与公民两类完全在社会方面,其余保生生计与休闲三类,一半在自然方面,一半在社会方面。再看巴比脱氏(F.Bobbit)把课程内容分为十大类:(一)语言活动,社会交通(Language Activities, Social Intercommunication);(二)卫生活动(Health Activities);(三)公民活动(Citizenship Activities);(四)一般社会活动——待人接物(General Social Activities—meeting And Meeting With Others);(五)休闲活动、娱乐活动(Sparetime Activities, Amusing Activities);(六)精神修养——犹卫生活动之为身体修养;(七)宗教活动(Religious Activities);(八)为人父母之活动,子女之保育,适当家庭生活之维持;(九)非专职或非职业之应用活动;(十)职业活动。其中(一)(三)(四)(七)(八),半数完全在社会方面;其余(二)(五)(六)(九)(十),至少有一大部分在社会方面,一小部分在自然方面,虽然无论在自然方面活动,或在社会方面活动,都不能限于一角——隔离社会的学校或血统关系的家庭——所能包括的。这是很显然,教育的意义是包括在整个社会的活动,有的把教育分为三种方式:(一)学校教育;(二)家庭教育;(三)社会教育。这在理论方面很不妥当的,须知学校和家庭都是社会的一角。学校绝不能替代整个社会,学校又非社会的缩型;学校的教育早已脱离社会实际生活了。学校制度不过是历史上遗留下来不健全的畸形的教育制度。为纠正这种错误,今后的教育必须称为社会教育。

四、总起来说

我们不承认社会教育是教育的一部分,更不承认社会教育是附属于传统学校制度下的一种教育。我们只知道社会教育是后起的教育,是一种新兴的教育,是弥补数千年来传统教育缺陷的一种教育。对于传统教育的缺陷,批评者已经很多，我们此刻不必再详细说它。试看赫德先生说："社会教育(Adult Education)与一般教育只有一点不同：社会教育为学生实际生活需用而施教，而不是保证学生所拟未来的生活，或所艳羡之未来地位而'施教'。"赫氏这话虽简单，言外意味却很深长。社会教育既切合学生当时实际的生活，那就是活教育。一般的教育，即指传统教育。为学生拟定未来的生活，这是离开实际生活的教育，是死教育。人类的生活与时间空间有密切的关系，任何人，在任何状况下，都不能预先拟定未来的生活。我们要求适应未来的生活，只有在现实生活上找寻路线。假使离开了现实生活，更谈不到未来的生活。至于艳羡着未来的地位，更不足道。为师长者指导青年对于生活的奋斗，不在继续不断的经验上努力，而使其艳羡投机，依靠资格，这非良好的教育。就在这一点上，可以看出社会教育的价值与传统教育不相同了。

赵步霞氏解说民众教育说："民众教育当是社会教育，也是成人教育。"欧美用的成人教育名称，早已超过成人范围。他们的学者解释成人教育时，看的范围也很大，并且眼光也很远。例如柏茀氏说："要为成人教育定精确的科学的定义，最后等到成人教育事业更发达的时候；因为只有事业发达了，我们才能根据事实，确定性质。"柏氏的态度与我们对于社会教育的态度并没有不同之处。他以为成人教育目前已经很发达，但展望前途，必将更发达，倘使此刻遽下了广大的定义，人们或不会相信。故等到将来更发达时，以事实来证明吧。作者为免名称分歧起见，就把广义的成人教育译为社会教育。至民众教育的名称，就是社会教育的前身。当民十七学者倡民众教育时，其含义即同现在我们所说的广义的社会教育。赵步霞氏说过："所以精确的说，民众教育不仅是一种教育事业的命名，也已经渐渐成为一种教育改造运动的称谓。"

我们现在教育改造的时机已经到了。试看传统学校制度以外的教育事业一天一天地发达，发达到比传统学校教育的范围大了好几倍。行政当局发表关于教育的言论，都倾向于社会教育方面。而且奉为建国的三民主义，所有的教育主张，都是社会教育。

所以我们总结起来说：社会教育是不论年龄，不分男女、老幼、贵贱、贫富的全民教育，它的内容是切合当前社会实际的生活；它的方法是知行联系，手脑并用的教学；它的范围是不限于学校、家庭或社会其他形式；它的性质是配合政治、经济，站在社会事业的最前线，推动时代，改造社会。

（原载于1943年《教育通讯》）

发展社会教育建设新国家

一

在抗战初起，中央积极地推行社会教育，关于社会教育重要法令前后颁布有数十道之多。事业方面，如成立了社会教育工作团、民众教育巡回施教车、巡回戏剧教育队、中央民众教育馆等。关于训练人材方面，如设立社会教育学院及大学中设置社会教育学系等。凡具眼光的教育同志，莫不额手相庆，以为中华教育自此可放异彩，至抗战胜利后，必将教育制度根本改造，开创新纪元，而站于和平世界之前线。自原子炸弹落于日本后，日本即屈膝投降，我国以胜利国资格，分区受降，及进行复员工作，于今已有半年之久。观察各地教育情形，似距理想太远。究其原因，实于两种错误观念作祟。其一，误认复员为恢复旧秩序。即战前教育如何情况，谋恢复至如何情况，战前有若干学校，使若干学校如数恢复，就算尽责。但所谓学校者系指房屋而言。多数校舍被敌人炸毁或焚烧。一时欲兴工建筑，需费甚大。有人估计，全国各地被烧校舍全部兴工恢复，需在十年以上。如是欲恢复战前情况须在十年以后。十年以后，世界各国不知要进步到如何程度，我们犹停留在战争以前情况。这种复员工作岂不是很危险吗？难道设施教育，除掉学校外，没有其他教育方式吗？难道没有堂皇的建筑和华美的设备，就不能办教育吗？全国民众百分之八十以上是文盲，问题何等严重！这种严重问题弃而不顾，徒然点缀几所学校，注意于少数人之教育。学校门外文化低落，多数民众目不识丁。即使有部分堂皇的学府，学府的教育能否离开社会单独进步，姑且不论，这种教育不平等的情况，实在是教育上之耻辱。

其二，误认社会教育为次要事业。这是古典派头脑传统教育者的一贯作风，以为社会教育对象是民众（即劳苦大众），不登大雅之堂。“教育”者为少数贵族子弟而设施，这是天经地义的事。贵族式的学校设立完备以后，有余力，然后设施一些社会教育，以点缀门面。点缀品本来是可有可无的。所以社会教育是一种次要事业。这种见解实在是违背三民主义，阻碍新建设，贻误新国家。

二

时至今日,新国家将如何建设,国人不可不注意的。在作者看来,有二要义。第一,须适应新时代。新时代是民主时代。民主是基于大多数的。大多数享受得到的建设,是急要的建设。非大多数享受得到的建设是次要的建设。教育也是一样。凡大众享受得到的教育是急要事业。小众所享受的教育,是次要的事业。大众的事业是多方面的,大众的生活是很复杂的。大众的年龄是参差不齐的。所以大众的教育不能限于单一的学校式,这是很明显的。况且传统学校课程的内容,是古典派的教材,是离开社会生活的教育。设施这种教育,要使社会进步是很难的。自古以来一切事业都跟着时代变化,人民生活的方式与教育都不能背着时代走的。社会与教育的演进约如下表:

时 代	初民时代	氏族社会	封建时代	资本主义社会	民主时代 (三民主义社会)
教育方式或制度	生活教育	家族教育	臣仆教育 奴化教育	工厂式教育 商业化教育	以社会为本位的教育
教育性质	自然教育 无形式的教育	贵族教育 (私塾式教育)	教育与生活分家	大量制造、偏重知识技能 贩卖知识,混取资格	平等教育 全民教育 切合社会生活的教育

第二,须追赶世界进步国家。我国与世界进步国家相比,落后甚远,这是无可讳言的。这回抗战胜利,愿为世界强国之列,如何得名副其实,这是应该上下一心一德,战战兢兢,努力追求的。假使仍像过去那样,老是跟在人家后面,人家在那里向前跑,我们却在后面慢慢地走。有时还要倒退,兜圈子。这样一辈子追赶不到人家,而且愈落愈后。今后绝不可再那样,必须恪守孙总理遗训,"迎头赶上"。什么叫作迎头赶上呢?就是人家走,我们要跑,人家跑,我们要飞。什么叫作飞呢?具体事实虽难举出,可有一个先例,很可供我们的参考。就是俄国在革命后的几次五年计划,就是飞的办法。再说到教

育，绝不可再拘泥着三级的学校教育，绝不可专事模仿人家办教育。我国文盲那么多，人民文化水平那么低。如何实行扫除文盲，如何提高人民文化水准，这是追赶人家的先决条件。他国已经用过的教育方法，当然可以采用。如无先例的救急办法，也不妨大刀阔斧地尝试。

三

再讲到社会教育与新建设的关系。战后的建设不是做一个表面。在极少数的几个都会，建筑几所新式华贵的房屋和建筑几条平坦的马路，招待参观的外宾，这是极肤浅幼稚的办法。内部的症结没有清楚，要欺瞒国际人士，也欺瞒不了的。我国症结是在哪里呢？就是大多数的民众尚过着几百年前古方式的农村生活，知识幼稚，易受欺侮。都会中的买办阶级与官僚相勾结，压榨农民，就发生了许多黑幕。在这种情形之下，救急办法，只有实施社会教育，因为社会教育是广义的教育，是不分男女老幼贫贱的教育，更不分都市与农村的教育。凡在都市办的点缀品的社会教育，是社会教育的变态，不是常态。社会教育的种类是包括各级的学校、图书馆、博物院、动物园、植物园、运动场、报馆、无线电台、电影院、戏园、补习班、夜校、读书会以及其他各种不同形式的社教事业。这种教育设施时，不论男女，在幼稚时期、儿童时期、青年时期、壮年时期、老年时期，有职业或无职业，普遍地可以享受。形式不必华丽，内容必须充实。但是范围广泛，伸缩性很大，过去的阳奉阴违、敷衍塞责的官僚精神不能再存在了。

在建设新国家的过程中，必须使百业同时进步。促进百业的进步，举办教育是最好办法。过去传统教育是为造就少数统治阶级而设的，战后新时代的需要，没有那样简单。以前一个英国哲学家说过："假使不使工人受教育，我们大英帝国的货品不能在世界竞争。"英国是一个工业国家，所以要促进国家进步，必须发展工人教育。现在我国是一个农业国家，所以要促进国家进步，必须注意农人教育。我国的工业还谈不到，农产品在国际的市场早已被人夺去。大部分的粮食，几乎全部分的衣料，要友邦接济。农村经济衰落到这种地步，除掉设施社会教育，把全国的农民教育起来，使耕种科学化，农产品工业化，争取世界市场，农村经济复兴，恐没有其他可靠的出路。丹麦国家在格龙威柯尔特创办民众高等学校之前，农村衰败情形与我们现状差不多。后来丹麦农村以民众高等学校为中心，因此农村经济复兴，农产品竟推销到欧洲各国。教育作用如此之大，非短浅眼光的政治家所看得到的。

四

教育事业专靠政府的力量绝感不够。我国地方如此之大，各种教育事业都待政府来办理，哪有这么大财力呢？试看英国和美国的教育事业，人民办的，要比政府办的多几倍哩。现在我国的新建设有偏重自上而下的危险，上面法令多如牛毛，下面则观望不动，徒然坐误时机。就教育来讲，中央对于社会教育是很注重的。国民教育法的颁行，是要把学校教育和社会教育合流，意义何等重大！但看各地办的国民学校和中心学校，都偏重在儿童教育。能了解中央意旨的，占极少数。最理想的教育事业，要自下而上。自下而上的工作，才得切实。自下而上的工作，才得普遍。所谓自下而上，凡有钱的，不待政府命令，尽量捐出钱来办教育事业。凡教育工作者，应为广大的民众而施教，应为国家建设而努力。

从事国教的同志们，我们的责任要办理儿童教育，办理民众识字补习教育，办理学校门外的社会教育。事业异常艰巨。三方面任何一方面不能忽略的。儿童是未来社会的主人翁，民众是现在社会的主人翁。欲建设新国家，必先求社会进步。欲求社会进步，必先使民众知识提高。欲求将来的社会进步，亦必先求现在的社会进步。因为将来的社会是由现在的社会演变出来的。国民教育能否不折不扣地进步，大半的责任还在我们实际工作同志们的肩上。

（原载于1945年《国民教育指导月刊》）

社会教育的新阶段

历史值得我们追溯,但不允许我们回头。追溯已往的历史,是要参考过去的经验。不能说以前怎么样,今后也该怎么办。只可说,以前那么办,今后应该怎么样。

抗战经过了八年之久,过去教育事业大半被敌人摧毁。尤其大江南北,文化较高之区,所有教育设备及建筑,几全部毁减。陷区青年教育程度低落,一切事业都不及战前。但在我们所追求者,决非恢复如战前为已足。时代毕竟已成过去,适合过去的任何事业,绝不能完全适合现在。所以在表面上看,现在的教育事业诚然不及过去,但过去的阶段绝不是现在前进的阶段。现将前进新阶段的社会教育,提个轮廓如下:

一、战后的教育

战后社会教育怎样办?一方面继承着抗战以来进行的道路,一方面找寻走上繁荣的捷径。从法令方面看,已关闭了的社会教育道路约有8项:(1)失学补习教育。国民政府退迁汉口后,教育部颁布战时民众补习教育实施要点(二七,八,二七),发动全国知识分子办理民众教育暂行办法(二八,八,九)。(2)家庭教育。推行家庭教育令(二七,一二,八),推行家庭教育办法(二九,九,二八),家庭教育实验区设施计划要点(三〇,三,七)。(3)利用现有机构。各级学校兼办社会教育办法(三二,一二,二一)。(4)确定及加强社会教育机构。民众教育馆规程(二八,四,一七),修正民众学校规程(二八,五,一七),补习学校规程(三〇,七,一四),省、市立科学馆规程(三〇,二,二七)。(5)推行电化教育。教育部电化教育委员会章程(二九,一一,三〇),改进播音教育办法(二九,四,一〇),各省普设收音机及运用办法(二九,五,二三)。(6)推行健康教育。体育场规程(二八,九,一一),体育场工作大纲(二八,九,二五)。(7)推行乐歌戏剧教育。修正教育部音乐教育委员会章程(二八,四,二五),各省巡回歌咏戏剧队组织办法(二八,四,一八)。(8)加紧督导。各省市社会教育督导员规程(二七,五,九)。

再从事业方面看，由教育部直接办理者，有实验巡回歌咏团、巡回戏剧教育队、社会教育工作团、民众教育巡回施教车等。自第三届全国教育会议后，在陪都成立了中央民众教育馆。于县各级组织纲要颁布后，颁布了国民教育实施纲领，而推行了国民教育。为培植社教人材起见，在四川壁山设立了国立社会教育学院，令中正大学设立了社会教育系。至胜利后，社会动荡，有的事业因经费困难而停止，有的机构因封建思想作祟而废除。在大体上来说，这些阻力无关重要，只要寻求今后繁荣社会教育的捷径。这条捷径不是很简单，必先应用下列4种方法：(1)参考。即参考过去的事业与资料，并可参考外国的组织与方法，一方面从事收集与整理，一方面从事编译与介绍。(2)调查。即调查现实状况、教育对象及地方情形，必须拨用大量经费，发动大批人员，分区限期进行。(3)研究。必须有计划的研究，如何是最适用的教材，如何是最优良的方式，尤须拨用大量经费，设置专责机构。(4)实验。必须由多方面的实验、大规模的实验，然后可得到理想的成效，把实验的效果推广起来，展开社会教育的大道，这才是战后社会教育的新阶段。

二、宪法成立后的社会教育

在宪法未成立之前，是训政时期。根据孙中山先生遗教及国民党的执教程序，先由军政时期到训政时期，再由训政时期到宪政时期。到了宪政时期，不是一党专政，所谓还政于民。结束训政，就要召开国民大会，产生宪法。所以宪法成立后，在政治上将有一个大变动，配合政治的社会教育运动也要脱皮换骨迎合这个新时代。迎合新时代的条件如何，可分下列数项：(1)全国一统。宪法成立后，全国统一了，教育事业不像过去那样枝枝节节或割据式的办法。新教育制度必将建立起来。这个新教育制度，必就是社会教育制度。因为宪草上载有“中华民国人民受教育之机会，一律平等”，谅正式宪法上此条文必会保存，即使不用此条文字，其精神必会保存，而包含于其他条文中。故过去不平等的教育制度，必不能再存在了。不分贫富贵贱男女老幼，受教育之机会一律平等，惟有社会教育制度才能做得到。于是在宪法保障之下，“法律与宪法抵触者无效”。凡过去法令有不利于社会教育或偏袒传统的学校教育，或维护少数贵族的阶级教育，都不能发生效力。

(2)思想自由。宪法公布施行后，思想不至再统制了。虽是思想本不可统制的事，所能统制者还是限制行动与限制身体的自由。有了宪法的保障，教育者可大胆运用他们的思想，大胆研讨教育的哲理，大胆发表教育的言论。依据“人民有言论著作及出版之自由”,教育的理论与实际必大有进步,不像过去那样拘拘束束、偷偷摸摸的做法,或一面生长,一面摧残,一直滞留于幼稚落后的地步。

(3)实现民主。宪法上规定“人民有集会结社之自由”,一切人民教育志愿团体(Voluntary Organization)自由地组织起来了。全国人民有钱者出钱,有力者出力,有智慧者用智慧,替国家设施多方面的社会教育,正如宪草上所载“人民有推行国家教育政策之义务”。这条文是偏于政治方面站在政府立场说话的,站在人民方面志愿团体立场,当是另外一种看法。本来政府的力量有限,要管理少数学校教育,是可能的事;要负责全面社会教育事业,是不可能的事。试看英美先进国家,教育事业何尝由政府统制包办,他们人民办理的教育事业比政府的多几十倍至几百倍,他们的事业何尝有不利于政府,他们站在愚民政策的对面,帮助现代化的政府发生很大力量,使全国文化提高,人民生活进步。我国今后宪法颁行了,我们也走上教育公开的道路,社会教育必得开辟一新纪元。但在《五五宪草》中规定“全国公私立教育机关一律受国家之监督”。未来的正式宪法中是否保留这个条文,不得而知。条文中“监督”两字有语病的。监督应该有个限度。假使无限制的监督,会变成老样的“统制”。料真正民主的宪法成立,必会顾到这点。

(4)配合新经济政策。如何“谋国民生计之均足”?教育是民智民力的出发点,民智增加,民力发展,国民生计才得均足。所以新经济政策必须配合教育实施。过去国家预算的大缺点,就在忽略教育。如三十五度教育经费仅占总预算的百分之四点七,合国币为一千零七十九亿元,并且还有教育行政费及青年团的经费都由此开支(三十五年四月三十日《大公报》社评),以致弄到教育工作人员饥饿褴褛,事业都是落空。依据《五五宪草》所规定:“教育经费之最低限度,在中央为其预算总额百分之十五,在省区及县市为其预算总额百分之三十。”将来之正式宪章如何规定,虽不能预知,但不会低于这种比例。再进一步讲,这种比例未必有所根据。过去国家的预算是应付式的,是填补式的,军事方面支出大庞了,教育方面就少给一些,有一种名目,不得不对付对付,各项空额填补满了,就算完事。本来没有什么计划,更谈不上政策。倘使宪法上仅仅规定一个预算比例,没有多大意义。因为实际教育经费需要,是否合乎这个比例,不得而知。最要紧的,国家预算要配合建国计划与经济政策,政策确定了,计划订定了,然后分配预算比例,教的预算是计划中间一份。

三、走上建国道路的社会教育

宪法成立了，不一定会走上建国的道路。假使不走上建国道路，内战还是要起来。内战一起，又要走回头路，那末所有的教育事业必很艰苦，甚至白费。倘使宪法成立了，真的走上建国的道路，那末内战消弭，外侮不来，政治澄清，社会安定，人心向上，事业繁荣，情形必大不相同了。现在提出四项来说明：

（1）建国开始，南北交通流畅。儿童与青年之教育都上轨道。于是成人教育事业亦逐渐开展。例如图书馆征集图书，必赖交通之便利。欲图书馆普遍设立，更须先谋交通之发达。况且现代化的图书馆、必有许多活动事业，如联络、组织、调查、研究、推广等，假使交通阻隔，就无法进行。又如博物馆为我国素来最贫乏之组织，一因历史缺乏根基，二因事业未获机会发展。但博物馆之组织于民族文化影响甚大。试看世界各文明国家，其各大都市都有大规模之博物馆，因其性质为社会教育最好工具。第一，此种教育工具大众容易接受；第二，此种教育工作，时间最为经济。我国民众教育馆之理想，实即现代化博物馆之事业。欲发展此种工具，第一条件，就是交通便利。凡大规模之博物馆，包括有动物园与植物园，此两种设备即生物学教育之普遍与提高的出发点。二如电化教育之进行，与交通发达与否成正比例。其他如社教团体之活动，莫不基于交通之畅流。

（2）建国开始，大小工业兴起。内战不起，军人无保持私人实力之野心。向以军事为中心之国家预算，大部分将用作教育与工业建设。重工业大规模地建立起来，各小工业因受重工业之刺激，也如雨后春笋般发展起来。到那时物价平稳，外侮敛迹。环境需要新教育，我们的新教育正好适应环境而展开；以前农业经济社会里的沉闷的事业，到了工业社会里就大不相同。例如报纸，各工业先进国家，著名的报纸销路达数百万份，而我国在最大商埠的上海，销路最广的报纸，只有十万余份，其他各大都会之大报，普通只有数千份。到了工业发达，工人数量增加。新教育展开，文字工具改造。以我国人口之众多，报纸之销路必远胜于其他国家。又如民众学校，在军阀时代，工业衰微，农民远避于乡村，少数教育家热心劝学，而劳苦大众畏拉壮丁、畏索捐款，不敢报名。又因被生活压迫，入学后亦常中途脱逃。于是闹什么招生留生问题。到了建国时代，工人集中都市或工业区域，工作八小时后需要精神食粮，设立大量夜校，犹恐容纳不下，过去招生留生问题之研究已不适用了。

又因生产品之竞争，知识进步，教育提高，各种补习学校亦必蓬勃兴起。

(3)建国开始，普遍农村复苏。我国自帝国主义者侵略以来，农村经济早经破产。抗战期间，各沦陷区又被敌伪榨刮，田园荒芜，到处皆是。今后救济农村，第一件事，要整理土地；第二件事，要使农业工业化。这两件事推进期间，必要运用教育力量来帮助。逐渐土地有合理的分配，耕种方法彻底改良，生产数额巨量增加，出产品质大大改进。农村就普遍地苏活起来，教育方式更须有多方面的适应。到那时交通必甚发达，农民来往都市极便。夜校、星期学校，名额常满。他们并且知道阅报纸，利用图书与博物馆等。电影与播音，更是家常便饭，电化教育之开展，今日不易想象得到。其他如戏剧、俱乐部、公园等亦为教育者注意之事。扫除文盲工作，早成过去，农民补习教育，正在向前迈进。

(4)建国开始，社会事业进步。我国社会事业之落后，可一望而知赶不上现代化国家。如果交通发达了，工业兴盛了，农村繁荣了，社会事业必跟着兴旺起来。社会事业中最重要者，莫如合作事业。故社会部设立有合作事业管理局。合作教育原归属于社会教育范围之内。全国各业多方面地成立合作组织，其范围之庞大可知。其他如福利事业，方面很多。儿童福利之组织，在欧美国家早很发达，我国现在方始开头。成人福利事业，种类更多，必须与教育扣合，事业才得进步。还有救济事业，如贫苦老弱残废等之收容教养，行政方面虽归社会部社会处之管理，但管理方法必须应用教育方法。如此看来，社会教育范围太广了。我们不敢说社会教育是万能，只好说社会教育是万用。总之人类社会生活透过了教育，就叫作社会教育。

以上三段不过叙述一个大概。至实际情况，必等时代到来，大家才会明白。到那时全民都在社会教育熏陶中，方悟我们今日所倡社会教育之有见地。今日社会教育与传统学校教育之争，好像二十七八年前白话文与文言文相争差不多。二十余年来，文字通行的力量由文言文转移到白话文，向之反对白话文、攻击白话文者，自己也做起白话文来了。焉知今日之歧视社会教育、鄙视社会教育者，数年之后，将摇身一变，也成为提倡社会教育同志，这是我们所欢迎的。

(原载于1946年《教育与民众》)

全面社会化教育

社会教育是教育,是新的教育。因为旧式教育不能且不够适合新时代,故不得不把教育的内容扩充。这个扩充内容的教育,我们叫作社会教育。教育是整个的,不能分割,更不应为对立。我们的教育理想,更清楚一点说,叫做全面社会化教育。其范围可别下列三方面:

一、全时教育(Full-time Education)

全时教育即指用全部分时间受某段教育,每日除受教育外,无其他工作。此类教育可别为四个阶段:第一阶段为幼稚教育。幼稚教育在国民教育之前,其性质之重要当不减于国民教育。我国学制系统上早经列入,但实际却被行政当局所忽略。现在不但乡村教育没有幼稚园之设立,普通城市也不易见到这类事业。惟有少数大都会设有几所幼稚园,专供权威的贵族子弟所享受。教育上之不平等,竟自幼稚教育起,不是很惨吗?那些专替权威的贵族子弟办幼稚教育者,从今以后,也应该觉悟,改变方针了。目前我国社会经济力也许不能普遍举办长期的幼稚教育,那末两年的幼稚教育应该跟着国民教育同时普及。即四岁至六岁的儿童一律入国民学校的幼稚班。幼稚班在国民教育学校内必须要设立的。幼稚班的设备不必像那大都市的幼稚园那样华丽,只要切切实实把重要的课程开设起来,总比没有这段教育强得多。而且勿使权威的贵族子弟独享这段教育,这是民主国家应有的精神。

第二阶段为儿童教育,即现制的国民教育。儿童教育之重要,早为一般人所公认。目前儿童教育问题之焦点,是在师资。一则因为师资数量不够;二则因为师资素质太差。在这种情形之下,欲普及理想的儿童教育,绝对不可能。师资数量和素质,似在问题的两方面,但先决问题只有一个,即小学教师的待遇问题。因为小学教育待遇过微薄,生活艰苦,地位亦随之低落。过去少量之师范毕业生纷纷改业,未来之师范生都裹足不前。如是受过师范训练之师资既缺乏,一般小学需要教员时,不得不拉杂凑数。小学逾增设,师资逾缺乏,素质逾低落,已成为必然之趋势,乡村小邑,交通困难,人材原不易罗致,而小学教师之待遇更不及城市甚远,如是欲得一适宜教师,绝不可能。目前各地所设师范学校,数量既少,而青年投考师范者远不及普通中学之踊跃,而且教育内容都偏于传统教育方面,故师资教育本身也成问题。在师资教育没有适当解决之前,儿童教育很难推进。

第三阶段为干部教育,即现制之中等教育。现制中等教育有三大缺点:

(1)普通中学畸形发展。中学本包括农、工、商、师范及普通科。其性质应为造就中级干部人材为主,而以升学准备为宾。岂料现在喧宾夺主,农、工、商等中等学校不见发达,而普通中学单独兴旺。普通中学的课程是堆砌的,没有联贯的意义,没有中心的理想。惟一的目的,是为考升大学。实际中学生能入大学者,约占十五分之一,那末十五分之十四都被牺牲了。在社会上各方面缺乏中级干部人材很"紧慌"。那批淘汰的中学生却不适宜干部工作。这样的畸形学制急宜改造。依作者的主张,索性把中学教育改作干部教育。这个提议,作者早于三十年初草就一文《学制改造的商榷》,载于国立中正大学所出版之《地方建设》第三期。

(2)普通科中学年限太长。六年普通中学,不适合国民经济力,我国国民经济力薄弱,普通家庭供给子弟受六年普通科中学教育,很少负担得起。况且普通中学毕业后,还要升学;不比其他职业学校,毕业后即可就业。这个学制成立的意义,无异鼓励富贵子弟升学,而摒斥贫苦子弟于校门外。今后的改革,宜把中学改为灵活的干部教育,年限职业都有伸缩余地,同时有部分时间的教育方式来调剂。

(3)中学教育凑合大学教育的谬误。中学教育应该衔接小学教育,不应该凑合大学教育。一般大学教育程度,没有一定标准。入学考试题目尤其杂乱得可笑。同一大学,各科之难易悬殊;同一科目,每年之深浅不一,一任教员之主观评定甲乙,从不问中学生之程度如何。在中学方面但求学生应付投考,故凡大学不考之学科,如音乐、劳作、体育等课不加重视。中学生以升学为目的,除谋得机会免考升学外,视升学指导等书为最重要之课本。这样情形,中学教育完全失去了意义。今后改革,必须扭过头来,去配合小学教育。中学是要继续着小学教育,而使青年受更进一步的教育。第一个目的,是要提高他的文化教育;第二个目的,是要使他受职业教育;第三个目的,才是升学准备的教育。中学的升学准备,和小学的升学准备一样,并没有什么特殊。假使视为特殊,就会变成猎取功名的科举制度。

第四阶段专业教育,即现制的高等教育。现行的高等教育的大缺点:一为机会不均等;二为教育与生活离开。前者变为豢养少数特殊阶段,不是真正培植深造人材。后者变为洋八股教育,不但学非所用,程度日益降低,施教者从事敷衍,受教者一味鬼混。今后的高等教育必须从根本改造,务使入学机会普遍与平等。所谓贤者进焉,愚者止焉。不使人材埋没,不使蠢愚幸进。教育内容,必须扣合社会事业。一方面鼓励学以致用,一方面养成研究高深学术风气。那些投机习惯、虚荣心理,必须根本革除。教育改造虽与政治经济社会环境有莫大关系,而第一步骤,必须从建立学制做起。

二、部分时间的教育(Part-time Education)

部分时间的教育,是指已经有了职业的人,抽出一部分时间来入学校。有的每日或每星期,分一部时间去受教育;有的择定一个时期,离开了工作,专去上课,或受训练;有的一星期作工,一星期读书。这种教育方式大别为5项:

(1)夜　校　　如民众夜校、补习学校等

(2)星期学校　　如星期日学校、间一星期的学校等

(3)假期学校　　如暑期学校等

(4)短期调练　　如现行的训练团、训练所、训练班等

(5)函授学校　　如商业函授学校、会计函授学校等

上列五项方式,细别之,种类甚多。凡便于职业的人,补受各种教育,关于技术方面,或关于文化方面,部分时间的,短期的,都归这一类。这类机构愈多愈好。尤其我国,教育落后的国家,急需大量发展这类机构来补救。专靠政府力量是不够的。必须由人民志愿团体,不拘工界、商界、教育界、宗教界,利用现有的工厂、公司、商品、农场、教堂、庙宇、祠堂、学校、会馆及学会等,大量分头来设置这类短期补习、教育机构。于是使一般失学青年与成人,都能普遍享受教育机会,以增进技能、增加知识。在政府方面,应该尽量使这类教育制度化,承认其资格,使与全时教育各级相沟通。

三、补充教育(Additional Education)

这类教育是没有学校形式的。有的是有意受教育,有的却无意中受教育的熏陶。大别之,可分为3项:

(1)职业陶冶　　个别在职业上的学习

(2)文化事业　　如图书馆、博物院、报纸等

(3)社会事业　如戏剧、电影、广播、茶园等

在传统科举式的教育制度下，受的死教育，到了卒业后去就业，往往所学非所用。经过若干时期后，对于某业才认识，才熟悉，这就是在职业上学习的效果。有的天资聪颖，志趣向上，过了若干年后，对本业有所发明，有所改良，这就是活教育的效果。

学制系统

<table>
<tr><th>年龄</th><th>学年</th><th></th><th></th><th></th></tr>
<tr><td>4</td><td>1</td><td rowspan="2">幼稚教育</td><td rowspan="24">部分时间教育</td><td rowspan="24">补充教育</td></tr>
<tr><td>6</td><td>2</td></tr>
<tr><td></td><td>3</td><td rowspan="4">初级国民教育</td></tr>
<tr><td></td><td>4</td></tr>
<tr><td></td><td>5</td></tr>
<tr><td>10</td><td>6</td></tr>
<tr><td></td><td>7</td><td rowspan="3">高级国民教育</td></tr>
<tr><td></td><td>8</td></tr>
<tr><td>13</td><td>9</td></tr>
<tr><td></td><td>10</td><td rowspan="5">干部学校</td></tr>
<tr><td></td><td>11</td></tr>
<tr><td></td><td>12</td></tr>
<tr><td></td><td>13</td></tr>
<tr><td></td><td>14</td></tr>
<tr><td>18</td><td>15</td><td rowspan="6">专业学校</td></tr>
<tr><td></td><td>16</td></tr>
<tr><td></td><td>17</td></tr>
<tr><td></td><td>18</td></tr>
<tr><td>22</td><td>19</td></tr>
<tr><td></td><td>20</td></tr>
<tr><td>24</td><td>21</td><td rowspan="4">继续教育</td></tr>
<tr><td></td><td>22</td></tr>
<tr><td>28</td><td>23</td></tr>
<tr><td></td><td>24</td></tr>
</table>

我国现在一般官僚商人，所有的常识，都是从报纸来的。书籍于他们无缘，杂志很少影响他们。他们终日争权谋利很忙，没有耐心坐定阅读长篇文字，更不愿去翻阅字典等参考书。他们目的是享乐，饭后茶余，翻翻日报，领略领略时事，哪知道不知不觉中，教育了他们。将来图书馆事业发达了，大规

模的博物院普遍设立了，无论男女老幼都可享受这种教育。要普遍提高文化，这是惟一的捷径。

戏剧、电影与广播，是大众最容易接受的教育，而且时间最经济的教育。试看街头儿童的游戏，都是戏台和银幕上的材料。黑夜行人的叫唱，都是西皮和二黄的模仿。假使这类事业不经教育的训练和管理，一任他们谋利为目的，诲淫诲盗，影响社会风气必甚大。如能把这类事业，都作教育的设施，那末启发民智，提高民族文化，增进国民道德，都借重这种工具。

茶园是我国最普遍的民众休闲组织，这个组织于农业经济社会有关。一则因为农业有季节性的，遇到天雨，田野不能工作时，及某种种植告一结束时，即在茶园内吸烟喝茶，为休息之所。二则因为农村缺乏交通工具及文化事业，唯有在茶园内可以得到一些消息，探听农产品的价格。在茶园内，具有口才的人，自然而然地操纵了群众的谈论。他们要吸引群众的视听，就造作许多无稽之谈。这些无稽之谈，就增加了农民的迷信，影响了农村的风俗。有时添加粗秽的说书和鄙野的小唱，以助农民的兴趣。还有纠合群众，公开赌博，害得农民堕落，倾家荡产。我们站在新时代教育立场，觉得茶园是广大农村的教育好组织。只要把无稽之谈，换作改革农村的宣传；把粗秽的说书，换作科学的讲演；把鄙野的小唱，换作怡情益智的歌咏；把害人的赌博，换作有意义的游戏。如是和国民教育配合起来，农村全面教育就可展开。

补充教育，在今日我国，尚在启蒙时期。这种教育是活教育，是大众享受的教育，在新时代所应急待发展的教育。这种教育愈发达，社会愈加速进步，这是可断言的。

（原载于1947年《活教育》）

如何推进补习教育

补习教育就是继续教育(Continuation Education)。凡儿童或青年受过初等教育之一部或全部,或受过中等教育之一部或全部后,因家庭经济困难,或其他原因,不能继续升学,即从事职业,而向学之心未已,就抽职业余暇,或就过几年职业后,保留一个时期,从事补习,准备升学,或改就进一步的职业。这种教育在农村经济破产的今日,甚为重要;在中小学教育内容空虚的中国,尤其重要。这种教育在法规上的地位如何,兹分析如下:

一、补习教育在法规上的地位

二十二年九月,教育部公布职业补习学校规程二十三条。则以实施补充生产教育为主旨。第一条举出实施目的有二:

(一)对于已从事职业者,补充其现有职业应具之知识技能,或增进其他职业之知识技能,并予以公民之训练。

(二)对于志愿从事职业者,授以职业之知识技能,并予以公民之训练。

规程第六条:"职业补习学校入学资格,须曾受相当识字教育,年在十二足岁以上者。"所谓"曾受相当识字教育",意颇含糊,而指出性质属于继续教育,则无疑义。第九条举出学校种类,列为四项:

(一)关于农业及农艺者:如改良种子、病虫害、制种、养蜂、养鸡、畜牧、园艺、普通农作等。

(二)关于工业及工艺者:如电镀、汽车驾驶、汽车修理、印刷、制图、摄影、印花、染织、编织、制革等。

(三)关于商业者:如打字、速记、簿记、汇兑、保险、广告、广告图案等。

(四)关于家事者:如烹饪、造花、刺绣、缝纫、看护、保姆、理发、佣工等。

还有补充一项:"关于其他职业者,视地方需要情形定之。"如是看来,这类学校浩繁,其他一项必超过前四项数十倍。又如第十条规定:"职业补习学校,除每日每星期指定日间或夜间一部分时间授课外,得于任何季节,寒暑假期,业余时间,或其他特定时间办理之。"其方式之众多,不胜枚举。此类学校之结业资格如何，却未明白规定。只有第十六条："职业补习学校学生修业期满或修完应习科目时，经学校考试及格者，由校给予学业成绩证明书。"虽在第八条规定编制有二："1.学期制：以学期为单位，以修完若干学期为终了；2.学科制：以学科为单位，以修完某学科为终了。"结业时同样发给学业证明书，而不发给卒业证书。

二十四年七月，教育部又公布短期职业训练班暂行办法。以训练某项业务之技术人员为目的。办理标准有三：

(一)各高级职业学校及专科学校，如鉴于社会需要某项技术人员时，得设立之。

(二)各行政机关如因所属行政范围内需要某项技术人员时，得设立之，或委托学校办理。

(三)私人或团体，如因社会或其所兴办之企业，需要某种技术人员时，得办理之。

训练期限自三个月至十五个月，视职业性质斟酌订定。这个办法似较上述规程为有效。在抗战期间，各地纷纷举办者不少。结业后大都有工作干。但干了一时后，或因人事变动，或因事业停顿，受训练者又失去了职业保障，遇到其他训练班，再去参加，往往一人进过了多种不同性质的训练班。到叙铨资格时，远不及传统学校资格之坚硬响亮，于是始悔不受传统学校教育之"耽误"。

二十六年又公布各省市推行职业补习教育办法大纲。凡大学与农、工、商等专科学校、职业学校、乡村师范学校，以及中学、师范之特殊劳作设备者，均应利用其原有所设人材，尽力办理与学校设科性相同的各项补习学校。大学及专科学校并应举办高级职业科目补习班，或短期职业训练班。对于已有职业者，予以学科高深的补习。各级学校办理职业补习教育，应列为推广事业。各职业团体，均应与职业学校及其他相当学校合作，利用学校之设备，举办与本业有关之职业补习学校或职业训练班。

到了三十年七月，教育部又公布补习学校规程。第一条说明：以传授或补充应用知识，提高学业程度为宗旨。并指出：各种函授学校、讲习所、传习所，及属于补习性质之业余补习班、讲习班等均属之。第三条分补习学校为二类：一为一般知识：如国文、历史、地理、外国文、数学、注音符号、公文等。二为专门知识：如化学、物理、生物、统计、会计、簿记、工程绘画、测量、图书馆学等。而补习学校专授一种学科，或兼授数种学科均可。其期限亦甚宽泛，仅在第五条规定:“补习学校之修业期限至少应为两个月。”其入学资格,在第十条规定:“补习学校学生不拘年龄及入学资格,惟以曾受相当教育者为限。”结业办法,则在第十五条规定由学校给予学业成绩证明书。这个规程很简单,全部只有十六条,关于设立、管属、呈报,占了六条,关于校长教员占了二条,及最后附则一条,共计九条。其余条文无多,自不能包括周详。

最后在三十三年十月,由国民政府公布补习学校法,补习学校的地位才算确立。在这法规中,把补习学校分为普通补习学校及职业补习学校二类。并将阶段分为初、中、高三级。初级相当于高级小学,中级相当于初级中学,高级相当于高级中学。这种办法,似乎求与传统学校相衔接。期限方面亦规定比较详细。每一科目教学之总时数不得少于同等正式学校课程标准内规定总时数三分之二。每一科目期限,不得少于两个月。至于出路,据第七条规定:修毕与同级正式学校相当年级之主要科目,经试验及格者,得以同等学力投考与正式学校相衔接之班次;其已在各级补习学校修业完毕,试验及格者,并得以同等学力投考与原补习学校程度相衔接之正式学校。并在第八条规定:经主管教育行政机关考验后,由行政机关给予资格证明书。又在第十三条规定:专科以上学校所设置与该学校程度相当之补习课目,修习完毕,试验及格,得由学校给予各科科目之学分证明书。

关于纳费方面:据补习学校规程第十四条规定:补习学校以不收费为原则;但私立补习学校经主管教育行政机关之核准,得酌量征收之。再据补习学校法第十二条规定:补习学校不收学费;但得酌收讲义费;职业补习学校,并得酌收实习费,均须呈经主管教育行政机关核准。

二、实施补习教育的问题

补习教育在法规上的演进,曾有十一年的历史。最初由部分的知识与技能,演进到小学后期,中学全部,及专科以上学校一部分之补习课目。在法规方面看来,不得不承认有相当进步。但在实施时,就感到有很多问题,而且有很多不容易解决的问题。

第一,期限问题。凡单纯的职业科目,期限短一些,还比较容易办。依照补习学校法,把补习学校分为三级,而与传统小学、中学相配合,则期限大成问题。因中小学青年全部时间在学校内。每日上课时间及自修时间,平均有十小时。如今补习学校采用按日制者,每日上课只二小时。凡有职业之青年与成人,只有晚上可以抽空暇读书,至多不过两小时。每晚上课两小时,还需要来往行路交通时间，到就寝时已经很迟了。假使再延长时间，必影响次晨的职业工作。假使在白天再能抽一小时自修时间，总共每日只有三小时。正式学校时间，即少算些，每天有九小时，那么补习学校只占三分之一。依法令第五条：补习学校每一科目教育之总时数不得少于同等正式学校课程标准内规定总时数三分之二。如是，补习学校期限必须延长一倍，方得达到三分之二之标准。即普通补习学校初级的期限必须四年，中级必须六年，高级必须六年。或者说：补习学校只补习主要科目。所谓主要科目，可以升学考试之科目为标准。小学比较少一些，有国语、算术、自然、社会四科。如加卫生一科，共为五科。初中有国文、英语、数学、历史、地理、生物、理化、公民等八科。高中有国文、英语、数学、历史、地理、生物、物理、化学、公民等九科。每日教学时间两小时，一周仅有十二小时。小学班，欲把国语、算术，每周各占五六小时，是不可能。中学班，欲把国文、英语、数学，每周各排三四小时，事实更不允许。还有采用间日制者，每日三小时，每周共仅九小时，课程分配，更成问题。在理论方面，可说成人的能力比青年与儿童的能力强一些，但中国乡村中心学校的儿童都年在十五六岁。都市的初中青年在十六七岁。高中青年约在二十岁。补习班招生时，实际情形，学生年龄不曾超过正式学校学生年龄。即使超过，亦至多不过二三岁。那么同为青年，补习学校青年的能力能超过正式学校青年的能力一倍或数倍，这是我们不敢相信的。在法令上补习学校结业期限，虽未规定，但补习学校结业期限规定得太长，一定会吓退一般补习青年。而且办学者也不愿那样做。办学者都想把期限缩短，缩得比正式学校期限还要短，甚至定为一年或半载。这算是迎合青年心理呢？还是欺骗青年和自己呢？

第二，教材问题。选择教材，是一桩不容易的事。最低条件有四：(1)适合学生经验。教材如不适合学生经验，教学时学生感觉扞格无味，不能引起兴趣，致不能接受内容。例如文字艰深，教学时既费时间，结果仍易遗忘，学生得益甚少。(2)适合环境。这不是说阿附环境的意思。教育要改造社会，改造环境。但大部分天然环境不能改变的。例如在寒带地方，只有设施适于寒带的教育，不能设施热带的教育。人事环境也有许多不宜变更的。例如生活习惯、交际习惯、称呼习惯、用具习惯等。凡是优良的或于新时代无妨碍的，都宜保存。在保存中，在循着固有习惯中，把应该改革的事提出改革，才收潜移默化之效。(3)时间要经济。补习教育的时间十分有限，人生生活资料丰富，欲包罗万象必不可能。只有择其大者，取其要者，能举一反三，闻一知十，最为理想。(4)内容要丰富。这好像与时间矛盾的。但丰富不是芜杂的意思。教材不是堆砌,是要启发多方的问题,是要引导一条大路,使学者百读不厌,受用无穷。

教材选择好了,还要编制。编制的时候,就要讲究体例,讲究形式。同时要设计单元,计划时间。我国民众学校课本,经各方面的努力,已有三十年的历史。但至今日,我们办理民众学校的时候,还感到没有适当课本可用。补习学校的历史很短,而教育的方式繁多,无论在职业班方面,或普通班方面,尚未见有一册特编课本,这是最苦闷的事,编辑课本,不是短时间、少数人所能做的。更以我国幅员广大,适合甲地之教材,未必适合于乙地。要想统制,用一律的教材,是不可能的。今日如何编辑补习学校的课本,确是一个很大问题。

课本之外,还有参考读物,这是十分重要的事。过去民众学校只用几册薄薄的课本,课本之外,没有其他参考书,因此程度无法提高,教学方法亦大受影响。补习学校的参考书比民众学校更为需要,现有各中小学用书,可以采用一部分,但感不够甚远,不可不注意的。

第三,资格问题。我国今日社会犹被封建思想笼罩着。所以学生资格问题比学业还看得重要。试看正式学校,尤其大都会的学校,学生蜂拥而来,就是为争取资格问题。民众学校没有资格,所以要闹招生留生问题。甚至用政治力量去强迫招生,往往失学成人招不到,就招收些失学儿童及在学儿童来凑数。现在要办补习学校,也是一样。在补习学校规程中仅规定:“由学校给予学业成绩证明书。”在补习学校法中仅规定:“得以同等学力投考与正式学校相衔接之班次”,或“得以同等学力投考与原补习学校程度相衔接之正式学校”。倘使不升学,拿了补习学校的学业成绩证明书,有什么用?封建头脑的群众,看得国立大学毕业文凭,国立中学卒业证书,才够尊贵。补习学校毕业衔头写在履历片上,大家都瞧不起。各机关的人事室,以及诠叙处,也不理会补习学校的。假使拿了补习学校证书去投考升学,还要作同等学力算。同等学力额子很有限的,况且有的学校不肯录取同等学力生。这样入补习学校有什么用呀?封建余毒熏染的社会,对于名称十分看重。做校长教员的都愿做正式学校校长教员,而不愿做补习学校的校长教员。做学生的都要尊敬正式学校的校长教员,而不尊敬补习学校的校长教员。所以办学的,除非正式学校不准办,因教育行政当局取缔私立学校太严,才来创办补习学校。非为牟利,非为点缀场面,纯为补习教育而办补习学校者,恐在极少少数。

第四,师资问题。补习学校规程第十三条规定校长及教员之资格:(1)补习学科相当于小学程度者,须分别具备小学校长或小学教员之资格;(2)补习学科相当于中学程度者,须分别具备中等学校校长或该科目中等学校教员之资格;(3)补习学科属于专门性质或中等学校以上程度者,对于该科目须有专门知识,或特殊研究,或具备相当于专科以上教员之资格。法规上如此规定,至为适当。但实际补习学校能得到合格教员,大成问题。因为选聘优良教员有三个条件:(1)设备完美。一则使教员生活安定舒服,二则使有充分图书仪器,可以进步研究。(2)学校地位崇高。使人尊敬。(3)待遇优厚。使经济宽裕,仰事俯畜不成问题,而无后顾之忧。试看在补习学校,这三个条件做得到吗?补习学校的设备绝不会比正式学校完美。那些有经济力量的,都去办了正式学校。那些以牟利为目的者,绝不肯投资在消耗方面。行政当局,也不会拨大宗款子给补习学校,所以补习学校只好因陋就简地办理。补习学校的地位低落,上面已经说过,无须重述。补习学校教员的待遇,能与正式学校较相等,颇不容易,若要高过正式学校,必不可能。那么,补习学校要遴聘优良或合格的专任教员,岂非梦想?又据补习学校法之规定,补习学校教员"以专任为原则"。现在各地办的补习学校,多数因为正式学校的教员生活艰难,于是组织补习学校,分抽时间来担任教课,以增束脩之收入。他们并非教有余力,却是移东补西的办法。这样多办一所补习学校,即多减低正式学校的教育效率。而补习学校的师资,毕竟是难凑的,竟变为"以兼任为原则"。

第五,经费问题。补习学校不准收学费,法规上已明白规定。查中央及地方教育经费预算,不见列有补习学校经费,那么办理补习学校的经费从何处来呢?中国的资本家都是官僚、军阀、奸商,真正从实业发财的,比凤毛麟角还要少。官僚、军阀、奸商的财富都从民脂民膏、国脂国膏榨刮得来的,要他们捐出钱来办大众化的、平民化的教育事业,比拔杨子身上的毛还要难。他们有时也要办学校,办的是贵族小学,或树植势力的中学或大学。这些学校的开支,最后还是由公家拨付。一般小资本家对于教育都不热心。他们宁愿把钱挥霍在灯红酒绿的场所,不愿解囊兴办学校。有的心肠慈悲一些,则捐款建筑庙宇,以求自己来世之幸福。哪有顾怜世间贫寒子弟少受教育者之苦痛呢?这样讲来,向私人捐钱也不可能。另外有二条路:一如中华平民教育促进会办理平民教育,乃向国外募捐。二如战后各大都会的学校,请求善后救济总署救济。现在我们要办补习学校,情形不同,自不宜走这两条路。补习学校仅可设立工厂或开垦农场,以求自力更生。即使这事可能办到,开办费从何处筹呢?假使不顾事实,政府命令各级学校兼办,则环顾全国各校,莫不在呼吁缺乏经济,缺乏设备,缺乏教员。空颁命令,有什么用呀?补习教育的范围是很广大的,事业的展开,必须由多方面推进。我们视能力所及,作点滴的贡献,成效不敢预计了。

三、补习学校实施计划

作者最近为江苏省立教育学院拟定一补习学校计划。该院自复院以来,实验民众学校、实验区,渐次恢复,现欲作更进一步的实验,在经济状况十分窘困之下,设立一个最初步的、试验性的补习学校。原计划如下:

江苏省立教育学院附设实验补习学校的实施计划

一、宗旨

本院为实验继续教育,便于学生实习起见,特遵奉部定补习学校办法,附设实验补习学校,以补充民众应用知识,传习生产技能,提高文化水准为宗旨。

二、校址

择定繁盛区域,与本院相距较近之中学或小学,借用大教室七间,及办公室一间为校址。

三、班级

(一)本校分设三部:(甲)普通补习部,(乙)职业补习部,(丙)失学补习部。

(二)普通补习部暂设初级中级各两班。每班名额以五十人为限。初级班招收初级小学毕业,或具有同等学力,年在十五岁以上。中级班招收高级小学毕业,或具有同等学力,年在十六岁以上。

(三)职业补习部暂设中级商业补习班一班。招收高级小学毕业,或具有同等学力,年在十六岁以上。

(四)失学补习部暂设二班,招收失学民众,年在十八岁以上,二十五岁以下,一班五十人;年在二十五岁以上,一班五十人。

四、期限

(一)各班一律采用按日制,每日三节,每节四十五分钟,以晚间教学为原则。

(二)结业期限:普通补习部:初级班一年半,中级班两年。

职业补习部:中级商业班一年半。

失学补习部:六个月。

五、课程

(一)普通补习部

(甲)初级班——一年半结业。以上课四百五十天计算,每天一百三十五分钟,分为三节,共计一千三百五十节。

(乙)中级班——两年结业。以上课六百天计算,每天一百三十五分钟,分为三节,共计一千八百节。

国文　三五〇节　数学　四〇〇节　英语　三五〇节

史地　二〇〇节　理化　三〇〇节　公民博物　二〇〇节

(二)职业补习部

中级商业班——一年半结业。以上课四百五十天计算,每天一百三十五分钟,分为三节,共计一千三百五十节。

应用文　一五〇节　英语　三五〇节　数学　一五〇节

商业常识　二〇〇节　会计　二〇〇节　簿记　二〇〇节

公民　一〇〇节

(三)失学补习部

失学民众班——六个月结业。以上课一百六十天计算,每天一百三十五分钟,分为三节,共计四百八十节。

国语　一六〇节　公民常识　一二〇节　算术　四〇节

音乐　六〇节　职业常识　一〇〇节

六、组织

(一)本校隶属于本院研究实验部。

(二)本校设校长一人,由本院院长于本院教员中聘请兼任之。综理全校校务。下分教导总务两组,各设组主任一人,由教员兼任之。

(三)兼任教员三人,尽量聘请所在学校教员兼任之。

(四)书记兼教务员一人,由本院约委。

(五)实习生六人至八人,由本院选派。

(六)工友一名。由本院派定。

七、设备

(一)课桌椅,办公桌椅,黑板,及风琴等设备,向所在学校借用。

(二)设流动图书馆一所,由本院指定实习生办理,直属于本院图书馆。

(三)报纸三纸,由本院白天办公室内移借。

(四)电灯或灯油由本校供给。

(五)粉笔、讲义及办公用纸、笔、墨水等,由本校供给。

(六)茶水由本校供给。

八、经费

(一)收入之部(以六个月计算)

(甲)由本院筹拨　　九,〇〇〇,〇〇〇元

(乙)由教育部津贴　　五,〇〇〇,〇〇〇元

(丙)学生缴费

普通补习部每半年初级收讲义费及杂费每人两万元,以一百人计算共二,〇〇〇,〇〇〇元,中级每人收三万元。以一百人计算共三,〇〇〇,〇〇〇元,职业补习部中级商业班每半年每人收讲义费及杂费四万元,以五十人计算共二,〇〇〇,〇〇〇元,合计二一,〇〇〇,〇〇〇元。

(二)支出之部(以六个月计算)

(甲)薪工

职别	员名额	月支	期支	备注
校长	一	三〇〇,〇〇〇	一,八〇〇,〇〇〇	
教员兼教导主任	一	五〇〇,〇〇〇	三,〇〇〇,〇〇〇	
教员兼总务主任	一	三〇〇,〇〇〇	一,八〇〇,〇〇〇	
兼任教员	三	四五〇,〇〇〇	二,七〇〇,〇〇〇	三人合计
书记兼教务员	一	四〇〇,〇〇〇	二,四〇〇,〇〇〇	
实习生	六		或八人概不给津贴	
工友	一	一〇〇,〇〇〇	一二,　〇〇,〇〇〇	
合计		六〇〇,〇〇〇		

(乙)办公费

项目	月支	期支	备注
修缮	三,〇〇〇,〇〇〇		
灯油或电费	一五〇,〇〇〇	九〇〇,〇〇〇	
粉笔讲义纸笔等	三〇〇,〇〇〇	一,八〇〇,〇〇〇	
茶水	一〇〇,〇〇〇	六〇〇,〇〇〇	
预备金		三,〇〇〇,〇〇〇	
合计		九,〇〇〇,〇〇〇	

这个计划中有二个特点:(1)把失学民众补习班合并在内。因为我们要试验升学衔接问题,就大胆地尝试一下。(2)招收年龄较大学生。因为过去一般民众学校的学生,年龄太小了,都不合成人资格。这回特别限制年龄,并且用标尺来量验体高,以示严格。

写完了这个计划以后,就感觉有很多问题隐含在里面。现在正在开始筹备,到开学时,无疑地,问题更要多发现了。在计划之前,为要避免设备上的困难,所以暂缓办理农工补习班。又为高级职业班条件不充足,所以暂自中级商业班办起。为避免招生留生问题,就选择热闹地点为校址。为解决校舍问题,只好借用现成校舍,用晚上时间上课。晚上很适合有职业者的补习,但期限必感短促不够。这类教育如何展开,应再提出讨论。

四、如何展开补习教育

补习教育范围很大。在制度上看,依法规所定,包括了高级小学、初级中学、及高级中学三级的教育。在性质上看,包括了农、工、商各种职业,及普通升学准备的教育,以弥补双轨学制之不足,而扮演多轨学制之化身。所以第一个问题要讨论种类问题。

第一,补习教育的种类。补习教育的种类和方式,都不能呆板规定,方式如夜间学校(Evening School),月光学校(Moonlight School),星期学校(Sunday School),泛应学校(Opportunity School),暑期学校(Summer School),函授学校(Correspondence School)及其他短期、长期、定期和不定期方式等。每类教育都有不同的教育内容和方法。内容方面应依社会需要为准则。我国目下地方建设事业,各部门干部人材之缺乏,远过于领袖人材。如农林方面、园艺方面、畜牧方面、工艺方面、交通方面、商业方面、卫生方面、家事方面、新闻方面、政治方面以及休闲娱乐方面等等,无法详举。前职业补习学校规程中所列,不过其中一小部分而已。目前大多数事业,由普通中小学生充作干部。受普通中小学教育者,以升学为目的,对于各部门事业未曾受过训练。故对于各部门事业,未能认识,不能发生兴趣。以不认识无兴趣者充作干部,于事业进行之阻碍,可想而知。现在普通中学之畸形发展,亦因职业补习教育之未能推进之故。假使办补习教育者再侧重在普通中学教育,则无异帮助畸形之中学制度僵化发展,而失去了推进补习教育之意义。推进补习教育,必先建立健全的行政。

第二,补习教育的行政。过去补习教育之不能展开,实由行政制度没有建立。据教育部组织法,补习教育隶属于社会教育司。而失学民众补习教育隶属于国民教育司。二者实际很有关系,却分隶于两司,则掌管之不专一,计划不能贯彻。在社会教育司中,其他业务已经繁重,对于补习教育,视作其他事业一项而已,故补习教育不能大规模开展。在教育部中设有社会教育司,各省市教育厅局,尚未设有社会教育科者,则补习教育行政力量之薄弱,不言可知。至各县市,更谈不到补习教育的行政,所以大家对于补习教育的认识力,微乎其微。如今欲展开补习教育,必须建立一行政系统。中央有独立掌管机关,各省市有专司负责机关,各县市有承办推动部门。如是预算可以成立,事业有人设计,经费有人筹划,成效有人督促了。

在外国,教育事业多由社会志愿团体(Voluntary Organization)发动,故政府行政机构,并不重要。目前中国的事业,都是从上而下,况且教育采取统制方式。故为目前迅速展开起见,宜从行政制度下手。一旦补习教育展开了,补习教育的出路,亦应加以筹划。

第三,补习教育的出路。补习教育的出路,大体说来,成为双轨。一轨是进修、升学,一轨是就业、转业和进业。第一轨进修、升学,较为好办。只要给予他们正式资格,与正式学校毕业享受同等权利,或更给予某种特别便利,如是补习教育的信用就会建立起来。在法规上可明定,公私立补习学校,经行政机关考核后,承认其与某段正式学校程度相等。其毕业生经行政机构考验后,发给相当某段正式学校之毕业证书。这样,不但办补习学校不致发生招生留生问题,对于辍学青年之鼓励,也是一个公道办法。第二轨,就业、转业和进业问题,较为复杂。先决条件有:(1)教育的内容必须切合现实生活的知识与技能;(2)学业程度必须提高。现在所谓正统学校的教育,内容日渐空虚,程度日渐低落,形式渐趋僵化,新兴的补习教育,即继续教育,基础建筑在机会平等上面。所以这种教育不仅为资格,为混年级,是要切切实实,学有所得,得有所用。这种教育愈推广,民族文化愈提高。不像所谓正式学校那样,学校愈推广,失学游民愈增多。所幸那些传统学校,范围不大,贻害较小。现在补习教育范围广大,不能蹈前辙了。所以必须改变作风,找寻新出路才好啊!

(原载于1947年《教育通讯》)

社会教育的制度问题

一

回忆二十八年三月，第三届全国教育会议时，第六次大会会员吴敬恒等提出“建议确定中国社会教育现行制度案”，引起很热烈的争辩。反对方面最严重的话，如“制度是国家的法典，何等郑重，怎么可随随便便使社会教育也来一个制度呢?”“像社会教育那样零零碎碎的事业，无系统可言，故本案不能成立。”云云。虽经陈礼江先生、俞庆棠先生等舌疲唇焦地驳答，而会场空气总是不佳。最后吴老先生生气了，起来大声道：“这个提案本是“建议”案，建议于教育部，行不行，权在教育部，不论这事对不对，难道连建议都不准我们建议吗?”一番争辩就此结束，勉强照原案通过。作者当时也在座，恭聆了反对方面的话，惊讶得舌桥不能下，一言不发。退席后再三思索，无以解释。回想我们现在正在战后艰苦的时期，抗战期间作战流血者是民众，流汗者也是民众，而民众教育还没有引起大人先生们的兴趣，真很可惜。他们还在那里拘泥着传统教育、贵族制度。视社会教育简直是雕虫小技，无足轻重。他们却忘了，总理遗言“唤起民众”的话。更不知道，总理教育的主张：“现在民国，人民受教育，是大家都要有平等机会的。”“让人都能够读书，才可说是普及教育制度。”“学费书籍与失学儿童之衣食，当由公家供给。”“教育少年之外，当设公共讲堂、书库、夜学、为年长者养育知识之所。”总裁在这次会议中训词：“今天我们的教育者也应当担起训练民众和组织民众的责任。”所以作者返成都后，写了《对于第三届全国教育会议的追忆》一篇，登载于四川省立教育学院所出版《教育与农业》第一卷第二期，曾把这案讨论经过记了一个大概。很幸运的，时代的巨轮飞奔地向前进展着，任何人不能把它拉回。所以曾几何时，到了二十八年九月，中央颁布了县各级组织纲要，接着，二十九年四月，教育部颁布了国民教育实施纲领，两个重要法令竟把成人教育与儿童教育化为一家，教育与经济政治配合，学校与社会打成一片，这在当时反对社教案各会员所梦想不到的。

此后全国社会教育的空气一天浓厚一天，到了三十年，总理诞辰，陈立夫部长发表《开展社会教育以普及文化建设运动》一文，于是教育界人士对于社会教育更要刮目相看了。但一部分人犹认为社会教育是一种狭义的教育，是教育的一部分，或误认为社会教育是指一种民众娱乐事业，如民众游艺场、民众茶园之类，或指社会福利事业，如贫儿救济院、盲哑学校等。这还没有明了现代教育的趋势。现代的教育，正如总裁所说“是经济与武力相联系的总枢纽”。是要配合管教养卫，以全民为对象，以整个社会为学校。这种教育当然不是过去关门式狭义的学校教育，而是我们所说的社会教育。也可说是一种新教育，适应时代的教育，是替代过去学校系统的教育。关于整个学制改造的建议，作者曾撰《学制改造的商榷》一文，载于中正大学文法学院所刊《行地方建设》第三期。兹将学制系统绘录于下：

学制系统

<table>
<tr><th>年龄</th><th>学年</th><th></th><th></th><th></th><th></th></tr>
<tr><td>4</td><td>1</td><td colspan="3" rowspan="2">幼稚教育</td><td rowspan="9">国民教育</td></tr>
<tr><td>6</td><td>2</td></tr>
<tr><td></td><td>3</td><td rowspan="4">初级国民教育</td><td rowspan="4">初级</td><td rowspan="7">成人补习教育</td></tr>
<tr><td></td><td>4</td></tr>
<tr><td></td><td>5</td></tr>
<tr><td>10</td><td>6</td></tr>
<tr><td></td><td>7</td><td rowspan="3">高级国民教育
占二十分之一</td><td rowspan="3">高级</td></tr>
<tr><td></td><td>8</td></tr>
<tr><td></td><td>9</td></tr>
<tr><td>13</td><td>10</td><td rowspan="5">干部学校
占二十分之一</td><td rowspan="5">前期</td><td rowspan="15">继续教育</td><td rowspan="15">社会教育</td></tr>
<tr><td></td><td>11</td></tr>
<tr><td></td><td>12</td></tr>
<tr><td></td><td>13</td></tr>
<tr><td></td><td>14</td></tr>
<tr><td>18</td><td>15</td><td rowspan="6">专业学校</td><td rowspan="10">后期</td></tr>
<tr><td></td><td>16</td></tr>
<tr><td></td><td>17</td></tr>
<tr><td></td><td>18</td></tr>
<tr><td>22</td><td>19</td></tr>
<tr><td></td><td>20</td></tr>
<tr><td>24</td><td>21</td><td rowspan="4">研究院</td></tr>
<tr><td></td><td>22</td></tr>
<tr><td></td><td>23</td></tr>
<tr><td>28</td><td>24</td></tr>
</table>

这个草图中有五个要点：第一，低级教育置于上层，这是以基层为本位的意思；第二，取消大、中、小等名称，以免除一般虚荣思想，引起封建旧观念；第三，各段教育分配，拟有比例标准，是希望实行计划教育的意思；第四，成人教育系统化，以确定成人教育的地位；第五，成人教育与青年教育沟通，使社会教育与学校教育打成一片。我很相信，这样的学制实现时期必在不远，因为由第三届全国教育会议到第一次国民教育会议（二十九年三月）。再由第一次国民教育会议到教育部召集四种会议时（国民教育、中等教育、视导、社会教育于三十一年一月召集），不足二年，前后情形已大不相同。依此类推，社会教育制度的确定已不成问题；再进一步，即将整个学制改造，以配合三民主义的新国家，亦在意料之中。

二

现在欲谈社会教育的制度，宜先谈社会教育的行政。二十八年一月，陈立夫部长在教育讨论会席上曾说："社会教育范围很广，而工作人员却很少。即以教育部而论，社会教育司人员为最少。"过去社会教育行政机构不健全，人员不充足，就是反映着社会教育事业没有开展。自从国民教育实施以来，社会教育的领域早已扩大。虽有少数人还是拘泥着，以为国民教育就是小学教育，或看得与小学教育有差不多。这种不健全的心理，毕竟是暂时的。他们渐渐地自会明了国民教育的真谛，国民教育是溶化学校教育与社会教育而成的。因为事业的开头，往往不能使普遍地了解。所以行政方面也发生了一种问题。例如各省教育厅第三科职掌国民教育，遇到社会教育案件，就要送到第四科职掌社会教育的会签。这样好像国民教育又与社会教育分起家来了。其实乡（镇）中心学校与保国民学校在法令上明载为乡（镇）保社会教育实施机关（见中心学校国民学校办理社会教育要点）；在学校方面，亦须儿童部与成人部并立，方得成为国民教育。假使国民教育科不管社会教育，就不配称为国民教育科；同样地，国民教育司不管社会教育，也不配称为国民教育司了。

目前在表面上看，只有教育部的社会教育司，和各省教育厅的社会教育科为主持社会教育行政部分。其他各县市的社会教育行政就附隶于各县市政府的教育科内。而实际国民教育司与国民教育科大部分隶属于社会教育行政系统。况且各级民众教育馆已规定辅导各所在区的社会教育事业，那么各级民众教育馆也应列入社会教育行政系统之内。社会教育行政范围实在已相当广大。

社会教育的事业一天一天地兴盛,行政方面自有调整之必要。教育部中的社会教育司,在我们研究社会教育者看来,倒不主张标明“社会教育”,令它单独设立;各省教育厅的社会教育科,也不宜单纯独立设置。因为它们独立设置了,并且标明了社会教育,就要引起其他各司科的误会,遇到社教案件,不免要送会签,或竟放弃,致忘却了自己的执司和自己的地位。我们不客气地说,展望前途,整个教育是社会教育世界。一司一科哪里包括得了?彻底一些,教育部就可改作社会教育部,各省教育厅可改作社会教育厅,各县市教育科可改作社会教育科,这正如大学教育系改称社会教育系,和国立中正大学一样!教育学院改称社会教育学院,和国立社会教育学院一样。话又说回来,名称方面倒不重要,事业进展的方向,大势所趋,谁也不能阻挠的。若把进一步的行政路线,配合到行政机构,教育部各司似可改变一部分如下:

总务司

国民教育司

干部教育司

继续教育司(或成人教育司)

补充教育司

专门教育司

特种教育司

总务司和国民教育司还仍旧贯。干部教育司相当于现有的中等教育司,掌管全国干部教育。干部教育即以培植地方干部人材为中心,所有的各省干部学校及短期训练班等均包括在内。继续教育司或称成人教育司,掌管全国继续教育。继续教育者是指受过国民教育,而不能依照规定学制阶段升学,断断续续的一切补习教育。无论补习学校或补习班,从干部教育阶段到专业教育阶段,凡非正规的教育机关都包括在内,补充教育司掌管全国民众教育馆、图书馆、博物馆、体育场及电化教育、音乐教育等。专门教育司相当于现有高等教育司,凡一切专业以上教育都属之,特种教育司掌管战区教育、蒙藏教育及华侨教育等。各省教育厅可分下列各科:

总务科

国民教育科

干部教育科

继续教育科

补充教育科

各科职掌依教育部各司类推。特别希望继续教育科工作加忙,否则成人教育无由发达,过去各种职业补习教育只有法令,未见实现,因此非由正轨学制出身者,即无法登专门学校之门,此后继续教育之提倡,尤赖于教育行政者。

三

政教合一的呼声遍地高唱着,全民教育运动一天一天地扩大,过去传统的学校制度,无法适应时代,这是不可掩的事实。所以今后学制,不是站在社会教育方面那么说,站在第三者看来,也非归并到社会教育制度不行。总之,社会教育可以包括学校教育,学校教育却不能包括社会教育。试看一般学校兼办社会教育都没有办好。所以教育部于第三届全国教育会议时交议案中有督促各级学校兼办社会教育一案,原文中有云:“惟是学校教育向限于学校内,积习已深,改变非易,今欲矫正旧有观念,扩大教育范围,使为社会文化中心,以应抗战建国需要,而完成整个教育之使命,非详加规定,切实推行,不易步骤一致,获得实际放能。”

兹姑单就社会教育方面讲,应有下列之系统:

中国社会教育系统

国民教育	国民学校 中心学校
地方干部补习教育	县(市)民众教育馆及训练机关 县(市)职业补习学校 省(市)各种补习学校及各训练机关 省(市)民众教育馆及各社会教育机关
专业补习教育	各专业补习班校及训练机关 国立各社会教育机关及私人团体各社会教育机关
专科研究	研究院或会社

上列系统表中除国民教育部分已由中央颁布法令确定制度外,其他部分施教机关尚须确立者如下:

(1)继续教育大别为初高两级。初级相当于干部学校,高级相当于专业学校。

(2)各级继续教育,视地方实际之需要,分为师范、卫生、医药、交通、电政、会计、行政、农业、商业、工业、美术、音乐等各种补习学校及补习班。

(3)民众教育馆为实施补充教育之主要机关;图书馆、博物院、美术馆、科学馆、体育场、戏剧音乐场为补充教育之补助设施。

(4)中央在国内重要地点,分别设立国立民众教育馆、国立博物院、国立美术馆、国立科学馆等,以充实补充教育。

(5)中央提倡设立专门学术研究会社,以培养高深学校人材。

(原载于1948年《教育与社会》)

如何设施补习教育

本题是指失学补习教育而说的。即宪法第一百六十条所载:“已逾学龄未受基本教育之国民,一律受补习教育,免纳学费,其书籍亦由政府供给。”如何使失学民众受教育?如何使失学民众一律受教育?问题并不简单。先在法令方面看:如民二十五,教部颁布实施失学民众补习教育办法大纲及实施细则。规定各省市自二十五年度起尽六年内普及之。并限各县市各年添设民众学校二十校至四十校。民二十六,教部又颁布各省市失学民众强迫入学暂行办法。限令各县市设置强迫入学委员会。并令再分区设置强迫入学委员会,主持强迫入学事宜。民二十七,教部又令加紧推行失学民众补习教育,令各省大量添设民众学校,发动知识分子,如学校教员学生、公务员以及其他已受教育人士,充任教师。民二十九,教部又颁布国民教育实施纲领,把失学民众补习教育并入国民教育办理。更测分扫除文盲工作为三个阶段:自二十九年八月起至三十一年七月止为第一期,须达到各乡镇有中心学校一所,入学的失学民众在百分之三十以上。自三十一年八月起至三十三年七月止为第二期,须达到入学的民众在百分之五十以上。三十三年八月起至三十四年七月止为第三期,须达到一保一校,入学的失学民众在百分之六十以上。这些法令,所得的效果,极微极微。在教育行政方面讲,算是尽了一些力。若在教育设施方面检讨,问题甚多。过去所设施的补习教育,是否适合民众的需要?受完了初级班高级班民众教育是否合格为现代的人民?推行补习教育,应如何计划?免纳学费和供给书籍的需要大量经费,从何来源?兹先从推行计划说起:

一、推行补习教育的计划

推行失学补习教育全国性的计划似乎急待研究的。民三十五,十月间美籍顾问史利夫(L.G.Shreve)替我政府拟定了一个计划,计划共分为两部分:(1)二年的试办计划;(2)五年的全国计划。试办计划系全国计划的一部分。前后衔接,由小而大,并非划为二事。其目的同为文盲之扫除,健康与卫生标准之提高，工业与农业生产方法之改良，以及公民教育之陶冶等。其主要行政机构，名全国社会教育总办事处，隶属于教育部。协助组织有二：(1)特别顾问办事处；(2)全国社会教育委员会。详如下表：

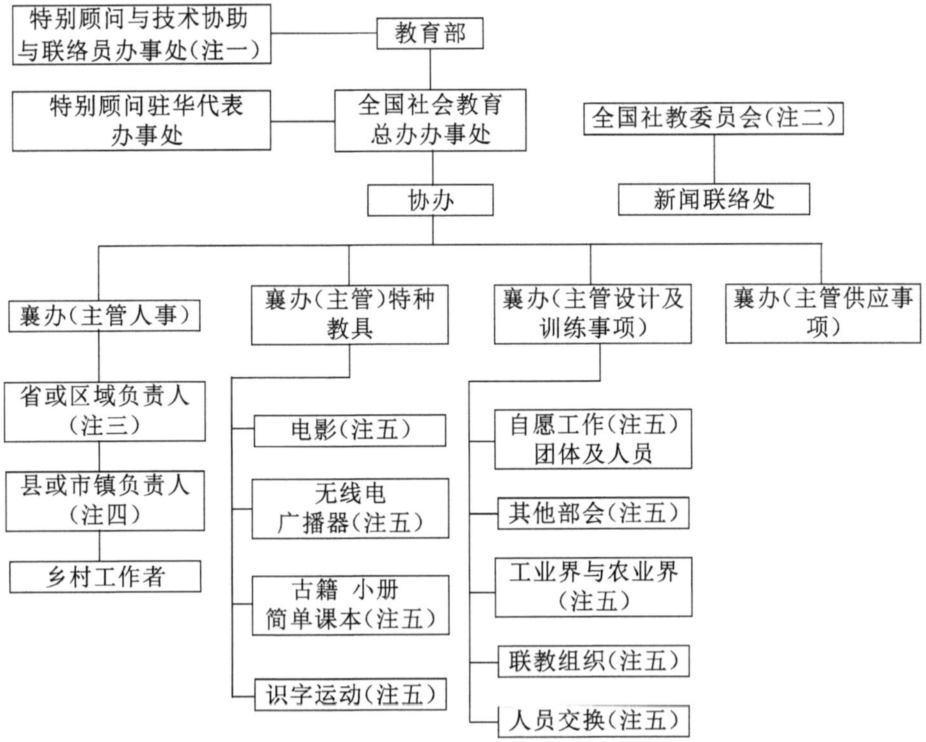

(注一)办事处设华盛顿以便与中国大使密切合作。

(注二)委员会设委员十至十二人，大部分委员可由现有之教育研究委员会挑选，但委员会应容纳公共卫生方面人物。

(注三)各地方办事处之组织与襄办办事处相同，而规模较小。

(注四)此类工作人员与乡村工作人员将就地选拔，不在总办事处员额之内。

(注五)“全国计划”之执行期间，每一方格所表示之单位，或须分组由专人负责，惟“试办计划”施行之始，人员额数，可能较少。

(注六)所需最低限度之人员如后：

“试办计划”期间共二十三人(地方工作人员除外)计：

总办办事处二人

协办办事处二人

新闻联络员三人

襄办办事处(主管人事)四人

襄办办事处(主管特种教具)四人

襄办办事处(主管设计及训练事项)四人

襄办办事处(主管供应事项)四人

"全国计划"期间共二百七十五人(包括二十八地方办事处,每处各八人,及总办办事处依"注五"加以扩大后,应为每组三人。惟联教组织全部分仅二人,而主管供应事项之襄办办事处外加二人)。

经费来源,则欲尽量运用美国富汝百(Fulbright)法案,并取得美国及国际有关机关、团体合作资助,以期易于实现。

支出预算,仅列试办期中之每年最低数,以美金计算,已有三〇四、一〇〇元。如全部计划推行时(据史氏估计每年约需八百四十万美元),其费用必甚可观。我政府不敢推行,实为无力推行之故。然为国家民族着想,如欲真正走上民主道路,这种计划,实有考虑推行之必要。

又加史氏所提,关于工具之运输,及教育之传递,亦甚切要。运输大别为三类:(1)陆地运输。如何敷设铁路网,如何开辟公路,亦为目前之急迫之工作。(2)空中运输。似宜与美国合作,利用其军用机较为顺便。(3)水上运输。除长江、黄河、海道外,在南方更可利用各小河流。总之运输愈便,文化愈进步,这是必然之理。

教育传播之最捷便方法,必须利用几种工具。第一,统一语言的工具。实则我们最迫切的要求,是简化新型的文字工具。这是史氏所未见到的。因为方块汉字根本的缺点,是不易认识,不易记忆,不易书写。所以编目、分类、检字、打字、排字等,就无法解决困难。吴稚晖氏曾形容汉字排字之难,说过这样的话:"每检一稿,便如驴旋蚁转,不出庭户,日行千里。"爱罗先珂氏也曾说过:"因为中国有这种文字的障碍,你们知识阶级不但与欧美的土蛮相隔绝,并且同你们自己的人民相隔绝。这种障碍,比古代的万里长城更坚固,比专制君主的蛮性更要危险。"这个问题不解决,要普及教育,提高文化,发达科学,都是梦想。而且这种工具和保守旧思想,保留封建头脑,有密切的关系。至于汉字应如何改革,本文限于篇幅,不再论述。第二,播音的工具。史氏曾引费舍尔(Cracker Fisher)的话,及毕范宇的原函,看得这事很重,并且认为很可能推行。笔者也以为推行补习教育,或基本教育,或社会教育,非运用播音工具不可。播音可以推行及远,可以传播迅速,可以利用民众休闲的时间,并可以提高民众接受教育的兴趣。但有人以为中国乡村辽阔,交通闭塞,人民生活简陋,似乎电化教育,距离甚远。史氏之议,似有不适合中国国情之处。此种见解之错误,实系泥旧、保守思想之作祟。试问中国人民将永远停留在古代农村生活吗?假使愿停留在古代农村生活,那末今日的补习教育也是多事了。假使不愿停留在古代农村生活,那末必须运用现代的工具,吸收现代的文化。凡交通运输、电气建设,必须配合教育事业的开展,这是无疑问的。若要运用旧时私塾式的教学方法,推行新时代的教育,这是不可能的事呀。第三,电影幻灯的工具。史氏曾引证战时新闻处兴顿(W.Hinton)的经验。兴顿氏曾携带活动放映机至长江沿岸各地放映,观察结束,认为电影在中国实为有效之视觉教育工具。幻灯功效也甚大,当电影机发生损坏时,即可取而代之,以应急需,幻灯内容可与影片同样丰富,而构造较电影机为简单。

史氏又提出应用器材之制造:(1)在华完成大规模的成人教育计划所需之工业设备。无论其设备简单或复杂,均可在华制造。(2)培养制造应用器材之人材。(3)分区设置工厂,平均训练工业人材。改进全国经济状况。

史氏之计划可供参考之处甚多。若视为实施方案,尚感不够。推行全国补习教育,必先详订实施方案。订定实施方案之前,必须由教育部召开一社会教育专家会议。然后组织一"全国补习教育委员会",负设计筹划推进全国补习教育之责。方案实施时,尚有几点须注意者:(1)中央确实划定大宗经费;(2)配合交通运输;(3)配合工具制造;(4)配合师资训练;(5)尽量采用我国各方面历年实验已有成效的各种办法;(6)尽量利用现有社教和民教机关。

二、补习教育的内容

笔者深感过去和现行的民众课本,太贫乏了。尤其常识并入国语之内,常识的质量更微乎其微。依据联教组织所解释的基本教育内涵,除掉读、写、算、之外,还有各种基本的知能,还要使他们满足生计的需要,改善经济的地位,改良健康的环境,培养发表的能力,参与社会的活动,享受完美的生活,乃至维系世界和平。

史利夫氏的教材举例:(1)民主教育:①扬子江流域——居民及历史;②土壤与水利;③公民之义务;④议会制的政府之历史;⑤中国抗战史;⑥中国与美国;⑦吾辈所居之世界等。(2)成人工业教育:①卫生(环境卫生防御蚊蝇,婴儿保育);②手工具之名称及其他用法;③力学初步——内燃机、柴油机;④铁道管理纲要;⑤发电机线圈之绕法;⑥锻压机——机械浅释;等等。

笔者近拟市民基本教育教材大纲，采国常分教制。常识部分的教材要项如下：(1)公民：①民权初步；②宪法要义；③民法大要；④诉讼大要；⑤违警罚法；⑥新生活习惯。(2)史地：①本国历史大要；②历代先哲故事；③本国地理大要；④本国重要物产和交通；⑤地球水陆分布大要。(3)国际情况：①世界人种的分布；②现代世界大势；③联合国组织；④大西洋宪章；⑤开罗会议；⑥波茨坦会议；⑦美苏英法情况；⑧印度与南洋群岛；⑨菲律宾与澳洲；⑩日本与朝鲜。(4)卫生知识：①人体构造大要；②呼吸与消化；③食物的营养；④传染病的预防；⑤创伤出血的急救；⑥太阳灯与X光；⑦常用药物。(5)科学知识：①电灯、日光灯、霓虹灯；②电话、电报、及传真；③无线电及收音机；④防毒与灭火器；⑤暖气与冷气(包括电气冰箱)；⑥原子常识；⑦日月和地球(四季、昼夜、日蚀、月蚀)；⑧风、雨、雾、霜、霰、雹、冰等成因。(6)生产知识：①公司组织；②简单簿记；③保险；④税捐常识；⑤金融与外汇；⑥股票与公债市场；⑦引擎常识；⑧食品加工(制罐)；⑨简单机械；⑩合作理论及组织。

常识课文编法，尽量用图画表示。上写简易标题，是使少认文字者读的。下载详细说明，是备多识文字者阅的。因常识科重内容，而不重形式。所用文字不必受国语字汇范围的限制。

如此看来，常识科的材料必须特别丰富。因补习教育的内容，大半寄托在常识科。但问每周短期的二三百分钟能够教到多少呢？回答这个问题，那要看教学法了。

三、教学方法

补习教育的教法，不可能再依老样，一位教员拿着书本，在上面空口讲，下面学生眼看着课本，静静地听。因为这种教法有二大毛病：(1)教员对于高年级感到教材教不完；对于初年级感到无话可讲；(2)学生感到没有兴趣接受。于是教员敷衍塞责，学生则好逃学。所以成人班留生问题不能解决，这是主要原因。讲演式的教法，全靠先生的口才。口才好的，就算教法好；口才差的，就算教法差。口才好的要凭天才，毕竟是少数，因此教法好的，就是凤毛麟角了。这样，师资就不容易找。假使我们用一种方法，不论口才好坏，都能运用，那末师资就容易造就了。

现在我们要采用新方法，就先要准备新工具。第一种工具是播音工具。就是设立一个播音室，各个课室内装置一收音扩大机。上课时只要一个人广播，几个教室，或几十个教室，甚至几百个教室同时可以听到，岂不是最经济的办法吗？又因讲话技术不同，国语、方言分歧，往往同一课本，各班分别口讲，效果各异。如今由一个人广播，各班教法可以一致。而且声音透过扩音，使学者更感兴趣，而助记忆。

第二种工具是卡片。卡片以木版、白铁、马粪纸等做成。形式长短大小不一，视需要而定尺寸。种类分音符卡片、文字卡片、图画卡片、数目卡片等。音符卡片有单符号卡片、拼音卡片。文字卡片有文字偏旁或头脚卡片、单字卡片（以颜色分别五声）、词类卡片、词句卡片、史地卡片、自然卡片等。用法约分“拼字”“排句”“问题”等。图画卡片约分单式图画、连环图画、暗射图画、猜谜图画等。数目卡片，用之于算学，初学用黑图点表示，高级用数字表示，有问答卡片、练习卡片、公式卡片等。

第三种工具是幻灯。幻灯构造简单。搬运容易，费用较廉。摄成软片（Strips）可以连环放映。

第四种工具，就是课本，课本分国语、常识、算学、音乐。国语应定有字汇标准。常识因材料广泛，不必限于字汇标准；算学应用题也不必限定于字汇标准，辞句均以浅白为原则。音乐时间甚少，采用活页材料亦可。各科的目标及教学要点，因篇幅关系，不再举述。

新教学方法是要把各种工具配合起来运用，配合得好，就是成功。做教员的极为容易，不必要如何活泼，口才如何好等条件。我们把每节三十分钟分为三段，每段十分钟。第一段叫做学习(Illustration)，就是用播音来解释课文；第二段叫做练习(Drilling)，就是运用卡片来教学；第三段叫做复习(Learning)，先用幻灯来放映，最后才取出课本来阅读。这样学生一定会感兴趣，时间感觉过得很快。假使第三段，学生需要讨论，可把时间延长，或把二节并为一节亦可。惟有一事必须注意，即播音时间，各班必须统一。我们为便利说明起见，就叫这种教学法为“三习教学”。在英文中用“3L’ S”来替代。此外我们还要用挂图、标本、图书、报纸、电影来配合。

这样看来，新教学法，空手是不能成事的。我们的先圣大师孔子曾说过：“工欲善其事，必先利其器。”史利夫氏在其计划中也说道：“大规模之成人教育，自然为一耗费大量公帑之事业，因此种教育，须给予人民以大量之教育机会，开设广泛之课程，并须明智之管理，较优之教员，大量之电教用具，及其优良之物质装备。”希望教育界同人，勿再上穷苦的当，勿再替政府辩护，勿再依顺官僚的口吻，所谓“苦干”“因陋就简”“一钱作数钱的用”“一人干二人的事”等口吻，来欺骗我们，拉回时代，贻误民族的生机。现在的问题：是否要“民主”？是否要“民众”？是否要“普及教育”？假使回答是要的，那末好好地上下齐心干一下。假使回答不要的，那末我们过去及现在所研究、所实验、所设计，只好算为我们自己的兴趣罢了。

（原载于1948年《浙江民众教育》）

如何推进失学补习教育

我国设施成人失学补习教育,已有半世纪的历史。有时出于志士之热忱,有时由于地方政府之发动,有时见中央法令之颁行。由私人主办者,如清末各地之简易学堂(简易学堂方式不一:如江宁之半日学校,直隶之半日半夜学堂等。还有如江津张鹿秋所办之农业夜课。顺德苏衮依设的恤贫半夜学堂等)。民初,各地的通俗教育。民八以后,各地办的平民学校。民十七以后各地办的民众学校。民二十一,陶行知氏在上海提倡的工学团运动,喊出穷办法的普及教育口号,即所谓小先生传习办法,风行全国。还有其他私人办的,不胜备举。由地方政府发动的,如浙江省颁的识字运动宣传委员会章程及各县市办理识字运动宣传注意事项。河北省颁布各县分期设立民众学校办法。广西省颁布各县实施强迫教育办法。南京市颁布试行强迫识字教育实施办法大纲等。见中央命令的,如二十五年八月教育部令颁实施失学民众补习教育办法大纲及实施细则,规定各省市自二十五年度起尽六年内普及之。并限各县市各年添设民众学校二十校至四十校,每校每年至少须办两期。受教育者之年龄,尽先自十六岁至三十岁之男女实施,继续推及年龄较长之民众。二十六年八月,教育部又颁布各省市失学民众强迫入学暂行办法。限令各县市设置强迫入学委员会——并令再分区设置强迫入学委员会,主持强迫入学事宜。并规定凡属雇佣性质之失学民众,雇主不得借词阻止其入学,或因入学而减扣其工资。二十七年四月,教育部在汉令发加紧推行失学民众补习教育,令各省大量添设民众学校,发动知识分子,如学校教员学生、公务员以及其他已受教育人士充任教师;必要时并得利用行政力量,实施征调,强迫责令任教,又如各省有事实上需要,得利用行政力量及保甲组织,强迫民众入学。二十九年,教育部依据国民政府公布县各级组织纲要,又颁布国民教育实施纲领,把失学民众补习教育并入国民教育办理。更划分扫除文盲工作为三个阶段:自二十九年八月起至三十一年七月止为第一期,须达到各乡镇有中心学校一所,入学的失学民众在百分之三十以上。自三十一年八月起至三十三年七月止为第二期,须达到入学的民众在百分之五十以上。

三十三年八月起至三十四年七月止为第三期，须达到一保一校，入学的失学民众在百分之六十以上。如今回顾，尽成画饼。战后，在民国三十五年十月中，美籍顾问 史利夫（L.G.Shreve）曾替我政府拟订了一个扫盲计划，计划分为两部分：(1)二年的预备计划；(2)五年的全国计划。我们也曾花了很多时间研讨过。结果成为流产。内战的火焰竟焚毁了我们的一切。因此全国文盲的严重问题依然仍在。这样一个严重文盲民族如何能建设起一个现代化的新国家呢？检讨过去扫盲工作的症结，是在枝枝节节、断断续续的力量不够。工作力量不够的原因，是在政府没有下最大的决心。下了最大的决心，才得策动全力，动用大宗款项，实践施行计划。但要下最大的决心，必须了解这个问题的严重性。如何使大家了解这个问题，这是我们必须先研究的。

一、如何使大家真切认识扫盲问题

“扫除文盲，不是一个政治问题；但文盲不除，不足以谈政治。”苏联遵着列宁的教训，于第一个五年计划实施的，下了最大决心，实施扫盲工作，到一九三二年，都市识字人数占总人口百分之九七，农村识字人数占总人口百分之八八。到了第二个五年计划开始时，全国文盲已完全扫除了。于是它在十年之内，有惊人的进步，一跃而为现代的国家。这事很可供我们的参考。海内政治家正在研讨，推行什么政治，方使生效；或如何使三民主义政治实现。但不要忘掉先决条件，文盲不扫除，什么政治都谈不上，民众不识字，未受相当教育，不能了解新政令，不能了解新制度，更不能接受新方法、运用新机器。一切生活习惯犹泥守着旧时代的遗风遗物。这样的群众，这样的社会，如何使他们改革进步呢？大众管的政治和少数人管的政治是截然两路，绝不可混淆蒙蔽的。倘使挂羊头卖狗肉，用民主之名，行专利之实，所谓扮演假民主，无论扮演得怎样圆满，遮不住的马脚要露出来的。这个马脚就是力量问题，真民主可以发动大众的力量，假民主把国家的事情弄来弄去在少数人手中，行假民主，大众的力量是发动不起来的。或要勉强利用大众力量，就会暴露许多变态事情出来。在抗战期内，抽壮丁发生许多弊病，结果真壮丁却不容易抽到，就是一个好例子。笔者在江西兼办社教施教区时，曾发现一个大村子，名官溪村，共有五百多户，抗战五六年，竟没有一个壮丁抽出去，在表面上，他们征族很多，中正大学举行过几次慰劳会，做征族都来享受被慰劳权利，吃了茶点，个个都满载赠品而归。他们背地都笑政府和学校的糊涂。这事如用陌生人去调查，调查不出来的。我们用了教育力量，内幕完全揭穿，原来每次征抽壮丁,都由大家凑合一笔钱,向异村买一个地痞或叫化顶充的,这些地痞或叫化被拉去,中途就会脱逃,即使被驱逐到阵地,也不会有好结果,这样讲来,那个大村子对于抗战就没有出力,并且阻塞了征役,贻误了战事,像这样的村子,恐怕不在少数,据笔者所遇到,还有一个李村,在正大后面,笔者曾为避空袭租赁一间房屋,那房东明明是个壮丁,却在门牌上写家长年龄是十一岁。这类滑稽事,真是层出不穷。因想假使这回抗战,我们全国民众都出了力,不知力量要大几千万倍哩。

民众的力量是建筑在知识上的,知识的来源是在识字。先是识字问题,表面上看来并不严重,所以一般士大夫口头虽也附和着,"扫盲工作之重要",心里并不着急。因为他们没有真切认识这个问题的严重性,我相信,具有远大眼光的政治家,必不如此,新时代的政治不能离开民众,更不能忽视教育。邱吉尔曾说:"将来的世界属于受了高度教育的种族,只有他们能掌握新科学的工具。"回看我国的大部分民众,连低度教育还没有享受,这样那里能生存在新世界呢?高度教育必从低度教育进行起,扫除文盲就是低度教育的开始。现在扫除文盲工作还没有开始,就是低度教育还没有开始,多么危险呀!

我以为现在我国的政治家,注意于目前事情较多,注意于未来事情较少;注意于小众地方太多,注意于大众地方太少。因为少注意于未来事情,问题到了目前,就更严重了,于是头痛医头,脚痛医脚,更无暇去注意未来的事情了。因为多注意于小众问题,小众是顽强分子,成事不足,捣乱有余。没有大众力量去裁制他们,于是一波未平,一波又起,更无暇去注意大众问题了。最大原因,一般的政治家,都在消极方面看。而少在积极方面着想。扫盲工作是积极的,是属于大家的,是关于未来利益的,一般政治家没有真切认识它,理由已经说明了。

扫除文盲需要大量的经费,假使一般企业家和资本家都认识这个问题之重要性,愿捐输大宗款子,那也好办了,但是一般企业家和资本家都没有受到高度的教育,政治于他们没有直接关系,民主思想于他们的知识程度还谈不上,所以要他们自动地在这个问题上出些力,并不容易的事。

希望扫盲工作全面展开,只有希望政府下最大的决心,最大的决心是基于直切认识问题,能认识这个扫盲问题,必须有几个先决条件:(1)屏除封建思想;(2)确定远大国策;(3)订定施行步骤;(4)采用革命手腕。有了这四个条件,然后可以认识民众,认识三民主义,认识世界潮流,认识建国关键,那末能真切认识扫盲问题了。

二、如何解决师资问题

要实施普及教育，师资问题是非常严重的，所以陶行知先生曾讲过一句笑话："若照现在的训练师资办法，四百年后才得普及教育"，现在学制条文上虽把失学民众补习教育并入国民教育内。但实际各地国民学校能负起这个偌大责任吗？国民学校散在各乡村，都市的士大夫是看不到的。所以许多省份，每年报告表上国民教育早已普及，各保设有一国民学校，行政经费预算决算早已列上了，实际却是挂的空招牌，很多学校还没有适当教师，今后要切实扫除文盲，推行普及教育，教师问题不可不有个圆满解决。要解决师资问题，第一必须大量设置师范学校，但现行的师范教育必须改革，因现制的师范学校只限于儿童教育方面。社会教育列为选课，这种传统学校制度，不适合新时代的需要，更不适合培植领导民众的人材。我国大多数民众是农民，农村里唯一的文化机构是小学或国民学校，小学或国民学校的老师，无疑地是民众的领导人材。这种人材对于成人的教育关系对于儿童重要得多哩。教育成人和领导成人，即使把现制师范学校里的社会教育，课程改为必修，也感不够。因为现制师范的教育方式，教育内容，以及教育对象都嫌不够。目前的师范生大别为两种：(1)为准备过传统学校教师生涯的；(2)为经济困难，欲入普通中学，没有学费，只好暂入师范，为进升之阶梯，是为升学而入师范的。后者的人数还要占多一些。难怪师范生毕业后，很少到乡村服务的。师范毕业生既不肯去乡村服务，这类师范学校多设还是没有用。又因师范毕业生年龄太幼，即使到乡村去做了国民学校校长或教员，很难得到民众的信仰而起领导作用，所以师范生的年龄问题、旨趣问题以及乡村教员的待遇问题，非待研究不可。假使政府有最大的决心，把乡村教员的待遇一律提高，由中央直接津贴，勿再推诿给各省各县，这样一来，乡村教员的地位也提高了。乡村教员的地位既提高，青年投考师范的目光必大改变，于是师范学校的招生就可严格选择了。否则徒在行文上严格限制，如限简易师范必须招收年龄在十五岁以上的青年，但他们不肯来，有什么用呢？至于师范教育的内容，必须对于农业有充分的训练，使他们具有农业知识，才有领导农民的资格。师范教育的方式，应多注意在活动方面，尤其对于实际生活经验，必须密切联紧或扣合。

第二发动知识分子服教育役。这是临时救急的办法。民二十七教育部在汉口令发加紧推行失学民众补习教育，指示办理要点第一项："各省于迅速完成预定计划，早日肃清文盲起见，应大量添设民众学校，发动知识分子，如学校教员学生，公务员以及其他已受教育人士，充任教师，必要时并得利用行政力量，实施征调，强迫责令任教。”据这办理要点上已规定“必要时得强迫征调任教”。但何时才叫必要时，没有规定一任各省自由伸缩，因此一直到现在，还没有听见某省已利用政治力量，强迫征调知识分子充任教师。这是很明显的，让各省市自由发动，再等十年二十年，还是不会动的。若等知识分子自己发动，不利用政治力量，那更渺茫得很。所以要发动知识分子非由中央通盘计划执行不行。是否全国同时执行，或各省分期执行，或划区依次执行，都应列在计划之内。还有任教时限问题、教材问题、教法问题，都须有个缜密计划。

第三奖励中小学实行工学团制。依据晓庄学校的师生办工学团的办法，工学团由儿童组织的称为儿童工学团。由青年组织的称为青年工学团。青年的定义不根据年龄而根据求学的态度，老年人而有青年求学精神者得入乡村青年工学团。又依据江苏宝山县教育局订的乡村儿童自动工学团组织法：每工学团，设小团长一人，小团副一人，掌全团之指挥，由全体团员 公举任之，设小工师（小先生）若干人，分司技术或文字指导之职，凡有一技之长或组织字义者皆可担任。团部会议为工学团最高机关，制定全团共同遵守之规约，及共同进行之计划，并公推考核员二人，以监管全体团员及职员之行为，每团设指导员一人，由导师担任。儿童工学团与成人工学团遇必要时得开联席会议，以谋互助。假使各地中小学划定地区，组织工学团以实施普及教育，也是一种急救办法。宝山县曾订有观澜义务教育急成方案，也可供我们参考，他们设立义务教育学院，为培养工师之总权。化固有之教师为工师，将学校改为工学团；化固有之手艺人与农人为工师，将一般社会组成工学团。继续不断地培养在职之工师，使与社会学术共进。此种方式，如推行得法，大可为扫除文盲之助。

第四奖励机关、团体及私人，设置教育事业，从事教育工作。在英美国家，普及教育及提高文化，大半由私人团体提倡教育事业所致。我国人民经济力虽不如他们，但有很多对于教育热心者，必有很多力量可以帮助推行教育。今后假使国家对于教育事业不加统制，并且鼓励人民举办教育事业，人民的力量必会超过政府好几倍。教育本来是公开事业，人民自己的权利，人民自己来办教育，不会有什么危险的。而且教育必须多方面的，方可以透过人民的生活，提高人民的文化。试看英美的教育事业，方式繁多。假使这类多方面的事业,都由政府举办,我们的穷政府,如何举办得了。所以希望政府对于教育文化事业,尽量放宽尺度,奖励各机关、各团体及私人自由兴办,以协助普及教育。

三、如何促使多方面的联系

三十年来扫盲工作,断断续续,点点滴滴,时常闻到看到的。为什么没有扩大开呢?这是我们应该研究的。第一,因为热心从事教育工作者,毕竟是少数,而且力量都很薄弱的。多数有力量的却没有了解扫盲工作的重要。第二,因为一部分人不但不了解扫盲工作的重要,并且对于普及教育有种种误解。有的以为普及教育与政权有冲突的,甚至误会到热心教育者有什么野心。没有党派者,硬指为什么党,什么派。有的弄假成真,竟被逼迫加入了某党。所谓为渊驱鱼,为丛驱雀,就使教育事业发生了无意识、不必要的阻力。第三,中央教育部对于扫盲工作,不能说不重视,数十年来继续不断地颁布多道法令。尤其遇到国家危急之时,图加强展开扫盲工作,结果计划都不能实现,法令成为具文,其最大原因,是为没有配合政治与经济。但与其说教育没有配合政治与经济,不如说政治与经济还配不上教育。扫盲是一种大工作,一部分人,单方面的发动,成效有限的。这件大工作必须得多方面的联系,联系路子可举者有三:(1)教育者与资本家联络。中国的资本家还没有像罗斯金·卡诺奇那样程度,自动地或有计划地拿出钱来办教育事业。他们的本身是军阀、官僚或商人。他们只知道自己的享受,不知道劳苦大众的社会,更不知道有国家。但他们既有了钱,都爱好自己名誉的。只要有人能引导他们向着正道方面,引起他们的兴趣,未始不能做有利社会国家的事。所以热心社会服务的教育者,时至今日,不得不与那贪官、污吏、奸商、土劣联络起来,不管他们的钱来自国难财、胜利财、贪赃行贿或榨取民众的。倘能使他们拿出一部分的财力,完成建国最基本的扫盲工作,也是国家民族之幸,至于正当的大小资本家,我们更应设法联络起来。虽是他们的资本都是汗血辛苦得来,不肯轻易使用,但如使他们了解国家问题之严重,打动他们的爱国情绪,并且使他们了解钱财用于教育事业,最有意义,最有价值,而且可以流广传久,他们毕生辛苦的代价最为值得之事。教育家与资本家既能联络,一者用脑用力,一者用钱,二者配合起来,事业必可多方面展开了。(2)政府谅解教育界,教育者的思想常常站在社会的前面,这是正轨。因为教育界思想前进,才可领导社会进步。自古以来,无论中外,教育家之思想言论都是前进的。先师孔子算是最稳健可靠者,但他从未肯阿附社会。如他鄙视季氏,不见货,即表示与社会恶势力相搏斗。他说:“乡原,德之贼也。”足见他痛恨那班随社会沉浮者。旧式学校,想离开现实社会,布置一新环境,以培植未来社会的优秀分子。所设新环境即进步的社会。进步社会的教学必须由批评现实社会出发的。所以传统学校也以反抗现实社会为正轨。至于新的教育,违迁现实社会之变更多,行政当局因嫉恶教育者之言论激烈前进,就不辨是非而用摧陷害手段。正如宋之朱熹,明之王守仁,朝廷小人竟诬指为伪学,禁止传布,先后一辙,遗憾史页。今后如政府了解此意,放宽自由尺度,全国教育必大进步。扫盲工作必可顺利进行。

(3)政府与人民合作。中国之大,全国教育事业由政府包办,是不可能之事,看数十年来,政府对于普及教育曾有数度计划。结果不能付诸实现,都因经济不足之故。欲待政府经费充足,不知在何年何月,则普及教育由政府包办为不可能之事,事实已经显然。再看英美国家,教育事业都由人民自由办理,政府反处于协助地位。因此他们教育方式繁多,文化水准提高,整个国家向前迈进。今后我政府纵不令人民自由办理教育,也应放宽教育限制尺度。让人民省财力者,或对于教育热心者,或以教育为职业者,甚至办教育为营业性质者均可来帮助政府办理教育事业。目前凡不知道受教育或不愿受教育之儿童与青年,无学校可进,尚不足怪,那些要受教育之儿童与青年被摒在学校门外者,最可痛心。无钱受教育之儿童与青年不能入学校,只好怪自己的命运,甚至有钱之儿童与青年也无学校可入,而政府却在严厉禁止私立学校,真令人不可解,试看欧美先进国家之有名学校,都是私立,为什么我国的学校都希望冠以“国立”,以鼓励青年虚荣心,而保存其封建思想呢?私立学校之弊,恐其滥招学生,成绩不良。然私立学校多数征收巨额学费,假使收了巨额学费办学成绩不良,普通家长绝不愿再送子弟进那些学校,于是私立学校就归自然淘汰,何待政府来取缔呀!有人批评私立学校收费太重,加重家长负担,还是不成理由的。因为私立学校招生完全自由,假使家长不能负担学费,尽可不送子弟入私立学校,假使除了私立学校之外,无学校可入,在统治教育政策之下,这个责任应由政府负担。现在政府对于私立学校的办法,有两种矛盾:第一种,对于普通私立学校则严厉取缔.如有势力背景者则任其自由举办。第二种,对于私立学校之收费,则严加干涉。私立学校因经费困难,致办理成绩不良,则又无力津贴。今后为普及教育,提高文化水准计,对于私立学校应不分界限,一律予以宽容。他们征收学费之多寡可以不问,但办理成绩腐败者，则加以取缔。此外短期学校及非学校方式之教育事业，政府应加以鼓励。其尺度之放宽，态度之公正，当与私立学校相同。总之化阻力为助力，变散漫为合作，这才是为事业而教育。

除了上述三路联系外，尚有其他各方面的联系。一切联系之上，再求一个总联系。如是工作才得大展开。

四、如何商讨教材教法及教育目标等问题

本问题是在讨论教育自身问题。如何才算文盲，教育至如何程度，发生如何作用，才算完成扫除之目的。问题第一次。应先讨论教材问题。教材先决问题，是在文字工具。传统的方块字是否继续使用？应用客观的态度来解决这个问题。方块字认识不容易，书写不容易，印刷不容易，估量在工业发达国家，是否可以保存，试看报纸业在我国已有五六十年历史，到如今在最大商埠的报纸，每日销路最多仅十余万份。与欧美国家内报纸销路相比，数目相差甚远。其原因何在呢？据笔者看法，有二大原因：(1)文盲众多；(2)印刷不便。□□

（原载于1948年《地方自治》）

第 二 部 分

中小学教育

改良一般积分法

现在南洋一般华校所用的积分法,还是中国二十年前所用的旧法,就是每一科目批一个百分分数,加起来,再用科目的数目去平均。得了一个平均数,就定升留级。普通以六十分为及格,不到六十分者留级。遇到零数,有的用四舍五拾法,有的用小数。用了两位十数,余数不用四舍五拾法,相差尚微。不用小数,再不用四舍五拾法,积到总平均,相差甚巨,推究起来,这种办法总是不妥当。因为不分科学轻重,不分教材分量多寡,混而为总平均。用这总平均定升留级之标准,未免太不公平。如一个学生国语算学成绩都好,可是技能功课太差,结果终是落第,还有一个学生国语算学等科成绩极坏,图画音乐体操等科成绩较佳,结果例能升级。

南洋华校教务上别种表格极少,只是一张学生成绩报告表,按月填写,牢不可破,学校都有的。查起来源,全抄袭马来学校和荷兰学校的办法。有许多学校——据我耳闻目见,敢说百分之五十以上的学校——都无学籍簿。一个学校学籍簿的重要,好像一家商店的总账。商店遇到火灾,货物生财来不及搬出,总账一定先设法抢出。假使学校遇到不测,也是同样办法:别的设备来不及取出,应先把学籍簿取出。南洋好多华校没有学籍簿,毕业时计算成绩,何所根据? 成绩报告单不能完全保存,是在事实,不言可知。临时凭主观虚造成绩不知道冤屈了多少儿童? 办得好的学校,必保存很好的学籍簿,无论毕业生退学生在学生只要入过学校的人,一查便得。在南洋有许多历史很久的华校,教务上表册竟无一片一纸保存下来,这样哪里有进步呢? 过去的校长和教员姓名尚且难调查,哪里轮得到学生呢?

南洋小埠倒有几个好学校,我以前已经论过。因为范围小,有了好人材,容易办。但是一旦易人,很少能进步,或继续下去。泗水附近多隆亚公中华学校已行标准分制。别的地方积分法已改良的一定也不少,当然不能一概论。在中国一般学校——那些野鸡学校不算——教务行政上改进的很多。就拿积分法而论,都已废除总平均的。已把百分法废除实行等第法。全班学生成绩只分五等,以定优劣。记得民国十年或十一年时候南京省立校长某君新接任，东大附中有一学生要转学过去，某君向我调查学生成绩，问道："该生总平均分数多少？"我答道："抱歉，我不能知道。因为敝校久无总平均分数记载。先生可还记得教育部通令废止总平均分数？"某君听了颇觉不安样子。这段小小故事可以追想废止总平均的大约时代，虽是我教令颁布的时候此刻一时记不起来。讲到总平均分数在教育上确是很无意义，把各种科目凑合起来，成个什么东西呢？

可是我个人观察侨社，于我们改进计划，常常觉得时期太早。这是我们在国内没有到南洋来以前做梦也想不到的。南洋为欧西文明国家之殖民地，我同胞侨处其间，文化反这样的幼稚，思想这样的陈腐。就拿教育事业一端来比，实早祖国二十年。所以要应用最近的祖国教育方法，平心论来，是嫌太早，这是我五年来奔走各处，所得的经验。中华学校还要受马来学校的影响。每月的学生成绩报告表一时绝不能改变。有的学校虽略为变通，改为二月、三月或半年，但是形式总是一样的。而且必须有总平均分数，使家属满意，明白升留级。现在我很想和平、稳健，适应环境，所以主张暂保存钟点制和总平均分数。不过计算方法稍为改良一些，不知道能做得到否？至于有的学校已经改良，或已改用更好的方法，当然不必开倒车来从我，因为我对一般未改良者说话的。

各科目分数还是用百分率。一科目分数再乘上该科每周之节数。然后把各分数加起来，再用每周总节数去除便得。譬如：高级小学一年级学生某，国语为七十分，每周国语节数为七，那么共得四百九十分。算学为六十五分，每周算学节数为四，就得二百六十分。卫生、公民等也同是这样算。到后来总共加起来，再拿高一每周课程总节数三十四去除。

科目	每周节数	分数	总分数
国语	七	七〇	四九〇
算学	四	六五	二六〇
卫生	二	七五	一五〇
公民	一	六〇	六〇
历史	二	六五	一三〇
地理	二	六〇	一二〇
自然	三	六〇	一八〇
工艺	一	九八	九八
形艺	一	八八	八八

音乐	一	九五	九五
外国语	八	五〇	四〇〇
商业	三	六〇	一二〇
共计	三十四	八四六	二二〇一

平均分数　二二〇一除以三四等于六四点七四

上表如照旧式平均计算有七十一分多，现在止有六十四分余，相差甚巨。

体育和操行依鄙见还是用等级较为安当，所以不列在内。

上面的方法意义，就是某科目重点较多，在总平均分数内也占重要位置。好像银行的董事会，选举的时候，大股董权数也占得多。

这样的计算法也很容易了，不过总分数较大一些罢了。

（原载于20世纪20年代东南亚华文报刊）

怎样改进学校

改进学校有一定的步骤，经过相当的时间，绝不是一下子就能改进的。治学校好像治病一样，病有轻有重，学校积弊有深有浅。治重病，药方用严一些；治轻病，药方用和平一些。普通严厉药方是用泻的方法，把病人腹中毒物一起泻出，病体就觉得轻爽得多。经大泻之后，有许多过虑的人也不必悲观。因为泻的时候，或许连同少些元气一起泻出，毕竟恶物多好物少，无所谓可惜。有许多满意的人也不可太乐观，为邪气虽除，病体却极虚弱，正气尚未稳固。这时正需要环境保护才行。假使遇到风寒，就要发生感冒，那么旧病方除，新病又来，做医生的就为难了。如果一路顺风，毫无阻害，做医生的应该投些清补之剂，使病体渐渐地复原。切不可骤然投以大补之品，反使病者食而不化，再损元气。

改进学校的步骤，必须从组织系统着手，假使组织系统错误了，什么事都要发生阻碍，哪里可以进行呢？假使组织系统分明了，就能划清权限，订定职务规程，各省分内之职，各专各的责任。到了权限划清后，然后可以改进学校行政，同时改良学校设备。并且可以计划未来的校务进展。到了这个时期，算改进的工作已成功了一半，但是最大的目的还没有达到。改进学校的最大目的，是改进教学法。改进教学法绝不能开场就下手，一定要经过相当时间，把阻碍教学法的事实一一解除，然后可以下手。有人以为改进教学法可在改进学校行政之先，这是错误了，譬如班级没有编得齐整，课程尚未有规律，教具缺乏或不适用，虽有良好教学法的教员也无可施其技。若是要请普通教员放弃其习惯方法，应用新的方法，一定办不到的，还有权限没有划清，学历没有订定宣布，使教员不能有预定教学的计划，这就在教学法上一大打击。遇到重要纪念日，应该停止寻常功课，施行特别训练，这是试验设计教学法的最好机会，岂料董事部出来干涉，把热心教育者头上浇了一碗冷水。南洋知识荒，知识界人久居南洋，学识有退无进，虽无确切调查，差不多大家已公认了。在南洋交通不便，最苦看不到新出的杂志和书籍，假使一个学校没有计划，凡关于教育的杂志和书籍，以及各科教员应参考的书籍没有购备，空口说改良教学法,何所根据呢?南洋一般董事眼光,以为视察监督是最好的方法,可以使教学法改善。不知道这是最粗拙的办法。天天视察,课课监督,不但把教员人格看轻,于事实也难做到:因为教员人数多,监察人数少。况且现在教育者正提倡活动的教育法,自动的教学法,哪里可以无系统无标准去干涉呢?视察不过调查性质:至于指导,用力地方,是在和教员研究。还有自以为高明的,以为各科教学法都靠范教改进。这真是理想的话。做指导员或校长哪里有万能的人?世界上有许多研究教学法专家,自己的教学法不很高明的很多。就在中国而论,鼎鼎大名大学教育的教授,如果去上他们的课时,不到半小时要睡觉的很多。凡是尝过这个滋味的人,新的还有新,天天在那里进步,时时在那里改进,绝对没有止境的。无论什么人不能自信为最好的教学法。难道做了指导员或校长就可例外吗?

要使教学法改进,最重要、最切近的工作,是靠分科教学研究会议。各种会议的组织,必在改进学校行政以后,方不致有所牵制窒碍。做指导员或校长的,在各种会议中加以相当指导,必可得到很大的效果。等到改进教学法的顺序进行差不多了,然后再谋学校与家庭联络,学校与社会联络。利经过相当时期,就可成为一个理想的学校了。

十八,六,二十四。

(原载于20世纪20年代东南亚华文报刊)

S.S.埠的中华学校

S.S.埠的中华学校,原来的校长C君足足做了三年,再介绍他的好朋友H君做了半年,这两位朋友,真是稳健中老成分子,共做了三年半校长,校内器具很少有移动的,而且保存了许多陈年尘垢和垃圾。这位C君能够这样地长久,因为巴上了一位副总理T君。这位T君年纪很轻,也是一个十二分老成的分子。有人和他见面谈话后,将要错认他为一个老官僚。其实他是厦门某学校的初级中学二年级生,天资很聪敏,又会说话,所以早早学上了绅士气派。他英文是不懂的,国文程度很好,会看书,会写信,若是讲起文法来,一封普通朋友信中,不过二三句不通罢了。他的父亲已死,全家的经济权都在一人手中,所以全家的人:大小母亲、弟妹、妻嫂莫不怕他。他在S.S.埠又联络几个有势力的人,造成他的绅士地位,中华学校也由他一个人把持。因此地方上后进青年表面都怕他,背地都骂他,并且给他一个尊称,叫做“忠实同志”。

不是鼎鼎大名,是丁丁小名的P君从某埠被几个青年一哄哄到S.S.埠,就接任了中华学校校长。第一次和T君见面,就碰到了一个大钉子。P君的谈话无非是:怎样能改进学校,怎样能发展教育。T君听了,以为都是青年(其实P君的年纪比T君大得多)的理想,不切事实的废话。T君的信条:凡是有身份的人,对于人(自己的妻子、弟妹都在内)一定要戴假面具,讲话只可讲半句,做事要稳健,各方面要圆到。最后T君答P君几声冷笑,P君只好叹一口长气,自到学校干自己的工作。

南洋惯例,校长新旧交代,没有移交手续。董事部注重的是钱,学校的账都是他们管的,所以他们以为没有别的东西再重要了。旧校长去的很自由,新校长到校茫无头绪,非得自己去调查不可。P君到校,把全校东西一检点,最值得纪念点的,就是全校鸡毛帚只有半个。后来又在垃圾堆中找到一个学校图章,笔和砚是绝对找不到的。只有抛散在各处垃圾堆中的乱纸。“此乃学校行政之大观也。”

P君想:要把这个学校整理,须先从打扫着手,再查该校的校工,原来也只有半个,校工是个土人,工资每月十六盾,学校出一半,旧总理家也出一半,他白天在旧总理家作工,晚上回来睡在校内。他替学校作工,大约每天下午五时,那时学校已经放假,校内已无学生,教员也都去外埠游玩去了。P君不得已去校外拉了几个青年董事,自己脱了外衣,一起动手打扫。足足扫了一天功夫,才把三年前的陈垃圾扫清楚。P君又开了单子,要求董事购置文具品及日用器具等,又要求董事把半个校工改为整个。结果很好,校董都照办。过了几天T君写一信给一个青年校董,令其转告P君,从下月起校长薪水减去五盾,因为学校经费困难云云,P君肚里也明白,这是第一次碰的钉子的结果。

学校对面有一家人家,说来也算是校董对于学校常享特别权利。学校的房子明租暗送地占据了,学校内的柴水煤油是实行共产的,还有一群鸡鸭从早到晚在学校空场上游憩。自从P君到后,情形大不对了。先在学校内外,张贴了许多标语,什么"爱护公物",什么"注意清洁",什么"勿准随地吐痰"。又写了很大的布告,教小学生勿要攀折花木,勿要把泥脚搁在桌子上,等等。又下了一个逐鸡鸭令,把学校前后门不用的门户都关锁起来。原来这个学校早已做前后人家走路的捷径。通宵达旦,毫不限止。白天上课的时候,过客也很自由地穿过教室。经P君这样一来,自然有许多人感觉不方便。尤其对面人家怀恨入骨。校内有两个教员,见了P君的行为,心里着实不安,知道糊涂的生活要宣告破产了。起初放假的时候,托故往外埠去了,到了开学日期临近,为了饭碗问题,又不得不回到校内。于是事急生计,表面敷衍P君,背地去联络对面人家,又由对面人家去联络顽固不化的旧总理,希图对P君下一个总攻击。但是P君新到,不容易找错处:好在那地方小,不识字的人多,就造谣言,说P君的文理不通。布告上写着:"勿要把泥脚搁在桌子上",却没有把鞋子写在内,难道泥鞋子可以放在桌子上吗?这些话在那个目不识丁的旧总理居然觉得很动听。幸而地方上还有几个受过高级小学教育的商店书记很敬仰P君的学问,就联络P君的旧学生,受过中等教育的人组织夜课班,请P君教授,因此在那地方上看起来,觉得P君的声价高得多。同时地方上又发生丧事和喜事,一切挽联喜对都要P君包办,学校内两位旧教员却不能干这事。他们造的空气,就此失去效力。

P君经过第一个难关后更积极地改进学校。对于学生方面,改革他们的不良习惯,特别注意清洁。在出入要道口,装置一面大镜子,下面写着:"小朋友你自己照照看!快去洗干净,来上学。"每天早上必令学生整队训话,再检查他们的衣服鞋袜及手指甲。每天下午放学,也须整队训话,然后让他们回去。又指导学生组织自治会整理图书馆,整顿贩卖部。每天早上各教室内派有值日学生擦拭桌椅、黑板、门窗。每星期六下午无课，大扫除一次，男生打扫室外，女生打扫室内。星期日组织游山队，乘此机会和学生闲谈，考察个性，联络感情。P君初到的时候，学生们都厌恶他，并且绝对不肯为学校服务。三个月以后，男女学生都敬爱P君，国语也讲得好了，个个喜欢替学校做事了。设备方面P君增设了布告处、教务处、会客处、阅书处、篮球场，纪念休假日。P君又领导学生种植花木，因此校园也像样起来了。教务方面P君订定学历，编制学籍簿，编订课程大纲。但是二个教员始终不能合作，并且怀着鬼胎，常施暗箭。P君不得已请求董事撤换两个教员，好容易T君居然也通过了。并且给了P君全权，另行聘请。

S.S.埠真是山边海角，P君到了那里，好像隐士一般，没有和朋友通讯，请教员倒是一桩难事。只有SH君曾在某大埠和P君同事过的，做事还热心。P君在旧信件中找到一通讯处，就去电约聘了。S.S.埠的交通真难，旧教员已去，新教员未来，青黄不接，足足有二个月，全校功课都是P君和一位助教R女士包办。后来SH君和一位女教员到校了，P君觉得肩子上轻得多，而且学生习惯也都改好，P君心上觉得着实安慰。哪知道不到两个月，那位女教员因特别事故又辞职去了，再由SH君介绍一位S女士接替。自从这位S女士到校，P君的霉运也临头了。这位女士患神经病的，说话特别多，起头P君敷衍她，后来因讨厌不过，就不理她。她就到处哭诉，说P君欺侮她。她说的一口南京土腔，照理一般董事不会听懂她的。可是她有特别本领，说话时手舞足蹈，再加之两行眼泪，最易使一般简单头脑的感动。于是P君的凶名声也出了。

但是P君为学校总是积极想法改进。因为感到该校功课对于理科方面太忽略，而且学生从来没有见过理科设备，山巴儿童见识特别窄小，和他们谈话时，常发现错误观念、迷信思想，还有这个学校在该埠算是侨社学府。学校内的图书馆不过斗大：所藏的书籍，不过几册童话，大小学生以及外面数十岁之侨生，都没有见过中国图书，普通观念，以为中国书籍不过学校内所用的大狗叫小狗跳几册教科书罢了。教育者责任在改造环境，造福儿童。于是P君就决心募集特别捐款，购置图书及理化仪器，约了几个青年校董。P君亲出马。费了半天功夫，居然得到千余盾。一面托人在上海购办，一面计划橱柜。这回举动，少数明白人认为适当。一部分人极怀疑。有的以为白白地捐了款，这些东西买来没有用的。有的以为南洋来做先生的，都想发财回去，P君绝不能例外，说不定是骗钱方法的一种。这些流言到P君耳朵里，并不介意。但在手续方面特别求郑重清楚罢了。

P君在S.S.埠已做了一年事,地方上已有相当的地位。嫉妒他的人也就此起来了。最厉害的,要算那L甲必丹。L甲必丹原来在该埠对本国人自己称王的。侨社无论老小。有钱没有钱,见了他莫不屏气吞声,屈躬垂首。如有问话,连口称ya,独有P君遇到他不打招呼,偶然谈话,也不客气,最难过。地方上遇有丧喜宴会事,上赛首席,屡有争执。古今不变之条信:"天无二日,民无二王",自此P君当然为L甲必丹眼中之钉了。

十万分的不幸,国内济南案发生了,P君以及他的同伴都怒发冲冠,热烈若狂,奔走呼号,发起救国会,为政府之后盾,救国会的组织,都是P君的朋友做领袖,P君自己做后台老板,在L甲必丹看来以为P君大出风头了,表示大不满意。过了一个月,经二三等的走狗撺掇,L甲必丹就发起庆祝北伐胜利。发起的团体,捏造中华会馆名义,签名者就是L甲必丹自己。筹备会参加者,都是侨生,并没有请中华学校总理校长到会,擅自议决。用了学校校舍开夜市,教员宿舍一律让出。学校须开成绩展览会,学生须表现体操跳舞唱歌等,那时学校已放暑假,有的教员已去外埠,有的学生已回去别小岛。事实上必难做到,次日T偕了几个侨生代表来见P君,把他们的议决案用口头翻译,P君听了一口拒绝,理由充分,诤诤有辞。大意:第一责他们手续不完全,第二说事实难做到,第三恐学校损失太大。T君生来有一对滑肩膀,照例说了许多敷衍不负责任的话,告别而去,在L甲必丹方面本来没有思量,使人家有考虑余地,只知道"率土之滨,莫匪王臣",皇帝命令岂有人不受之理。又隔了一天,学校正总理特去和P君商量,P君还是坚持原来主张,该总理为求和平起见,亲自登L甲必丹之门,愿自出钱租定一家戏园,为开夜市之用,哪知L甲必丹大发雷霆,谓非借用校舍不可。该总理回至学校,告知P君。P君道:"在我自己,本无所顾虑,为学校计,既认为无力抵抗,只有让步,任其所欲罢了。"P君就整理行李,去外埠修养,藉以躲避。

校内出入要道口装有一面大镜子,下面写的字是警告小学生的话,每月更换一次,这是P君训练学生方法的一种。那时下面写的恰巧为:"喂,你自己照照看,配做中华国民吗?"二三等的走狗进了学校,布置会场,看见这几个字,以为是好材料,就去翻译给L甲必丹听。L甲必丹听了,老羞成怒,大骂学校总理。总理以为重大事故发生了,特地到学校调查。寻遍找不到侮辱L甲必丹文字,因去苦口解释,方得平安过去。

P君去外埠后,学校董事就强迫两女教员带领小学生参加庆祝会,并唱欢迎歌，欢迎政府人员，庆祝会节目，除掉学生唱歌外，都是马来歌，马来舞，因为侨生不会讲中国语，一般新客都不屑加入。夜市成绩还算不坏，共收入有四千余盾，事情过后，被当地政府觉察了。原来L甲必丹欺骗政府，说是为中华学校捐款筑校舍。政府大发怒，谕令L甲必丹，所收入款项，一概捐助中华学校，否则以欺蒙政府之罪对付，逐其出境。于是L甲必丹破坏中华学校计划完全失败。后来P君从外埠回来，进校开学，L甲必丹怀恨入骨，就大造谣言，说P君是共产党，同时又说P君是张作霖派，并恐吓董事部，要报告政府，把P君驱逐出去。和P君友好的董事，都通知P君留意。P君道："我本来很想回国，这是极好机会。"后来谣言更大了，爱护P君的几个大学生也恐慌来。P君就想出一个方法来，用英文写了一封报告政府的信，故意给人看宣传道：如L甲必丹报告政府，他也报告政府。这样的空气一放，小小的S.S.埠也就沉静起来了。

（原载于20世纪20年代东南亚华文报刊）

辨别国音和北京音举例

说明一　现在教国语的，又分两派：一派用国音，根据读音统一会所定的标准。一派用北京音，完全采取北京音为标准。平心而论，国音和北京音除出几个齿音外，没有大分别。

说明二　本篇所举的例，纯粹用统计方法。把收集来的各种实用语体文，归纳起来，才成这一篇，可见两派相差地方很微。

说明三　本篇所举的字，依声母排列。

说明四　本篇所举的字，都是国音和北京音差异的。

说明五　字底右旁所注的字母，表示国音；左旁表示北京音。

说明六　国音和北京音相差最显明的，就是：国音读齿音，北京读作舌上音。所以ㄗㄘㄙ三项下，举例独多。

说明七　北京音中也有齿音的，如：怎ㄗㄣ、在ㄗㄞ、所ㄙㄨㄛ、三ㄙㄢ等字，读法同国音一样。

说明八　ㄤㄅ两项下，读音的差别也很远，不可不注意。

说明九　ㄍㄨ两项下，没有遇到异音之字，所以未举。

以上说明讫。

以下列表举例（表格扫描模糊，难以辨认，此处省略——文集编者注）。

按我国在昔声教盛时，七岁属象胥谕言语协辞命，九岁属瞽史谕书名听声音。夫言语异声，文字异形，战国分裂时代，文化否盲，虽秦政李斯，犹惄焉不安，而汲汲欲有以同之。况在教育家，可不以此为急？昔孔子设教，诗书执礼，必用雅言。雅之为言夏也，谓中夏之正音也。夫鲁号文物之邦，孔子生长斯土，犹以其俗之近于东夷，方言不无远雅，故必舍其土习，一用中夏之正音以为教。由是言之，教育之于国语，非先务之尤尚者乎？民国以来，教育当局创读音统一之议，积六七年之考订，襄岁始颁定国音。乃讵料不旋踵，而即有国音京音之争，阻挠其间，哓哓哄辨，迄今未决。使天下学者，徘徊中路，莫知适从，学校国语一科，几欲废弃，其为文化之障，不问可卜。我读此篇，乃知国音京音，虽有微差，实无大异。苟习其一，自可通其二。彼哓哓哄辨，实属无谓之纷争，徒淆乱国人之耳目已耳。庄生有言：逃空虚者，闻人足音，跫然而喜，而况于亲戚之声欬其侧者乎！若国音之与京音，又岂特足音謦欬之相似已哉？吾侪生长吴越之乡，方音鸟夬舌，与中土绝殊，矫俚语而同夏声，为教育者当务之急。国音京音，吾乌暇与之较短长哉？编者附识。

（原载于1921年《教育杂志》）

国文测验报告

自设学校以来,国文一科,成了教育上一个很重大很繁复的问题,要使这个问题,长此没有善法解决,牵连到教育的根本上去,很可影响我们民族之存在。我想这句话,稍为留心我国近年教育问题的人,一定相信的。单讲我们中等学校,教学国文,究竟要到甚么样的程度,可到甚么样的程度,这实在不能不认真研究。若果中等学校的毕业生,无论他是升学或谋职业,要做一个真正有智慧的公民,而对于本国的文字,还是错误甚多,本国旧有的文籍,其中藏着极丰富的文化,乃一点不能认识,不能鉴赏。除了赞成中国人应该做外国人或外国人的奴隶而外,谁也不能不说这是我们中等教育之破产,但是中等学校的学生果仅致力于国文,而于其他种种有关近世生活不可少之科学知识,竟属茫然。这也是我们中等教育之危险。因为这种理由,我们很想施用测验的方法,求出一个中等学生应有的国文标准,来帮助我们解决国文教学的问题。

只是国文二字,含义甚广,我们要做一种国文的测验,绝不能笼统囫囵的。我们当要看国文究有那几方面,一方面一方面地去研究才行。就我们看来,国文一科,很有好几方面要注意。

(1)识字:识字这件事,我们固不必像昔人所讲一定要识得那个字是象形,那个字是谐声,那个字是会意或指示,那个字又是转注或假借。但我们总应该要令学生晓得那个字要怎样写才是不错,才是我们所要用以代表某个意义的符号。譬如说怒和恕,己和已,这类字的分别,都没有认识清楚,则其国文之不通,可想而知,哪里还能读什么文籍呢?其次是俗书,亦于研究国文上有很大影响。我们亲见了许多学生正写的字,自己不能认识而反责骂人的,岂不可笑?

(2)默字:默字是要学生听了他人所言而自己可以书写出来。这件事不单可以见学生了解所言的意义与否,且可以促师生读字音之要正确,不然便会生出许多误解。

(3)填字:填字这种事,我国一向就有,不过大家没有认真研究,使它合于科学的测验罢了。考察学生作文之能力如何,可说填字实一要素。

(4)成语:考验学生国文的成语,或许有些人要以为是逼着学生做古人的奴隶了,不然记得成语与否有甚么价值呢?其实记得成语,是否就做古人的奴隶,这是另一个问题。但我们觉得有些现现成成很有价值的话,就其本身言,是可以增益知识。就其应用言,是大家不能随意更改,并且我们也要晓得学生读过些甚么样的书,则关于成语之测验又安可忽?

(5)常识:这种常识单限于国文方面,近来许多中等学校里的学生,当时在讲哪国有哪些文家,哪些文家是甚么派别,有甚么著述,哪些派别及其著述,有甚么特点,具甚么内容,似乎知道得详细无遗的样子——其实他们是否真正知道,真正详细,还是问题,不过他们要自以为这样罢了——而本国的倒反茫然,这样居然要去讲甚么创作,做甚么文坛健将,大家试想好笑不好笑?所以我们要信国文为重要,则国文的常识,诚有不能不注意者在。

除上述五项之外,还有读法词句重组和作文等,自都是国文一科要注意的。关于读法词句重组等测验,廖先生早已做过,不久当有标准和详细的报告,所以我们这里不必多谈,单就上述五项把我们最近初作的测验,略为报告一下。

I 识字测验(周葆儒)

(1)目的 校正俗书辨别相似之字。

(2)材料 由试者先缀成四五十个句子。每句之中,含有两个或两个以上相类之字。例如:

a.求学全靠自(己)(已) b.(奮)斗的精神

(3)方法 使学生辨别后用笔划去错误之字。

(4)被试人数 中学学生七组共计202人。

(5)结果统计:

<table>
<tr><th>年级
分数</th><th>四乙</th><th>三甲</th><th>三乙</th><th>二甲</th><th>二乙</th><th>一甲</th><th>一乙</th><th>总计</th></tr>
<tr><td>70-80</td><td>2</td><td>8</td><td>10</td><td>6</td><td>8</td><td>3</td><td>3</td><td>40</td></tr>
<tr><td>60-69.99</td><td>18</td><td>14</td><td>12</td><td>22</td><td>19</td><td>31</td><td>27</td><td>143</td></tr>
<tr><td>50-59.99</td><td>1</td><td>3</td><td>1</td><td>3</td><td>2</td><td>2</td><td>7</td><td>19</td></tr>
<tr><td>人数总数</td><td>21</td><td>25</td><td>23</td><td>31</td><td>29</td><td>36</td><td>37</td><td>202</td></tr>
<tr><td>各组中数</td><td>65.3</td><td>66.8</td><td>68.7</td><td>65.7</td><td>66.6</td><td>65.1</td><td>64.8</td><td rowspan="3"></td></tr>
<tr><td>各级中数</td><td>65.3</td><td colspan="2">67.7</td><td colspan="2">66.1</td><td colspan="2">64.7</td></tr>
<tr><td>各级中数差</td><td colspan="2">-2.4</td><td colspan="2">1.6</td><td colspan="3">1.4</td></tr>
<tr><td colspan="9">全体中数=65.7</td></tr>
</table>

说明：各级中数差，表明一年级差于二年级，二年级差于三年级，三年级差于四年级，但有四年级反差于三年级者，则为反差故作一号以表明之，就上表而论，四年级中数，不仅反差于三年级，且反差于二年级，也想是此表分数之类距过大，不十分正确，抑或尚有其他原因，待下次修正测验后另行报告。

II.默字测验（欧梁）

（1）目的 目的可分二项：

a.注意读音正确　　b.考察学生对于所学是否了解

（2）材料如下例之测验四十句

a.荆天（）地　　b.孜孜（）（）

（3）方法：各句中括弧内所缺少的字，测验时由教师把全句朗读，令学生依照读音填入，应填之字，如上举a例，教师念，“荆天棘地”，学生便于“荆天”与“地”之空格中填入应填之棘字。测验之时，每句读二次，读后学生不得答问，不得窥看，时间一到，即将测卷收来。

（4）被试人数 中学学生，八组共计227人。

（5）结果统计：

<table>
<tr><th>年级
分数</th><th>四甲</th><th>四乙</th><th>三甲</th><th>三乙</th><th>二甲</th><th>二乙</th><th>一甲</th><th>一乙</th><th>总计</th></tr>
<tr><td>70-80</td><td>3</td><td></td><td>1</td><td>2</td><td></td><td>3</td><td></td><td>1</td><td>10</td></tr>
<tr><td>60-69.99</td><td>3</td><td>3</td><td>3</td><td>8</td><td>7</td><td>4</td><td>3</td><td>7</td><td>38</td></tr>
<tr><td>50-59.99</td><td>7</td><td>12</td><td>5</td><td>6</td><td>11</td><td>5</td><td>14</td><td>6</td><td>66</td></tr>
<tr><td>40-49.99</td><td>3</td><td>3</td><td>6</td><td>6</td><td>7</td><td>5</td><td>11</td><td>5</td><td>46</td></tr>
<tr><td>30-39.99</td><td>2</td><td>2</td><td>3</td><td>6</td><td>6</td><td>10</td><td>7</td><td>8</td><td>44</td></tr>
<tr><td>20-29.99</td><td></td><td>1</td><td>1</td><td>2</td><td>1</td><td></td><td>2</td><td>7</td><td>14</td></tr>
<tr><td>10-19.99</td><td></td><td></td><td>2</td><td>1</td><td>2</td><td>1</td><td>1</td><td>2</td><td>9</td></tr>
<tr><td>人数总数</td><td>18</td><td>21</td><td>21</td><td>31</td><td>34</td><td>28</td><td>38</td><td>36</td><td>227</td></tr>
<tr><td>各组中数</td><td>55.7</td><td>53.7</td><td>47.5</td><td>50.8</td><td>50.9</td><td>46</td><td>48.1</td><td>42</td><td></td></tr>
<tr><td>各级中数</td><td colspan="2">54.5</td><td colspan="2">49.1</td><td colspan="2">49.1</td><td colspan="2">46.2</td><td></td></tr>
<tr><td>各级中数差</td><td colspan="3">5.4</td><td colspan="2">0</td><td colspan="3">2.9</td><td></td></tr>
<tr><td colspan="10">全体中数=50.09</td></tr>
</table>

III.填字测验（洪北平）

(1)目的:测验学生造句作文之能力。

(2)材料:普通文言四十句。例如:

a.今日之事当()今日为之。 b.人生之()的,果()在乎?

(3)方法:测卷先放在桌上,令学生勿看,教师口令“预备”,学生将测验卷翻开。

教师令“做”,学生即动笔逐句填入相当之字。教师令“停”,学生即放笔,教师即收测卷,时间共限四十分钟。

(4)被试人数:中学学生七组,共计217人。

(5)结果统计:

年级 分数	四乙	三甲	三乙	二甲	二乙	一甲	一乙	总计
70–80	7	4	2					13
60–69.99	9	15	9	12	7	5	6	63
50–59.99	5	10	9	12	7	5	6	63
40–49.99		5	2	15	7	6	8	43
30–39.99		1	2	5	7	6	9	30
20–29.99						2	1	3
人数总数	21	35	23	42	32	28	37	218
各组中数	66.1	61	59.4	51	51.8	50	48.1	
各级中数	66.1	60.4		51.4		50.2		
各级中数差	5.7		9		1.2			
全体中数=55								

IV.成语测验(黄甲三)

(1)目的:考察学生读过哪类书及其多少,并就各年级而比较之。

(2)材料就经史子集各书中选出最普通之成语四十句,写在一张纸上,每句故意缺去一二个字,例如:

a.见恶如……之务去草 b.虽鞭之长……马腹

(3)方法:材料印好,发给各学生,先令勿看,待教师口令预备,即将测卷翻好。教师令做即做,令停即停,共限十分钟。每句填得完全不错的,给二分。应填两字,而错一字的给一分。再如所填之字,非原来成语之字,而可讲得下去,仍给一分。至于未填的及填错的,不给分,亦不扣分。

(4)被试人数:中学学生八组,共计267人。

(5)结果统计:

年级 分数	四甲	四乙	三甲	三乙	二甲	二乙	一甲	一乙	总计
70-80	1	2	2	1	5			1	12
60-69.99	6	5	11	8	13	3	1	5	52
50-59.99	3	5	12	5	11	5	13	8	66
40-49.99	7	3	7	12	6	17	12	9	73
30-39.99	2	3	4	7	6	4	6	8	40
20-29.99			1	2	1	5	5	4	18
10-19.99						2	1	2	5
0-9.99								1	1
人数总数	23	18	37	35	42	36	38	33	267
各组中数	53.5	56	55.4	47	57.2	44.1	45.8	44.4	
各级中数	54.5		51.7		49.1		45.2		
各级中数差	2.8			2.6		3.9			
全体中数=49.5									

V.常识测验(吴企南)

(1)目的:调查学生关于国文内容方面之常识

(2)材料:常识句子四十条例如

a.()离骚非韵文　　b.()唐宋八家中,有王安石在内

(3)方法:各条之中,有的是对的,有的是不对的,互相参错。被试者以为是对的便于()字填记号如+,以为不是对的,便填记号如-。

(4)被试人数:中学学生七组,共计218人。

(5)结果统计:

分数＼年级	四乙	三甲	三乙	二甲	二乙	一甲	一乙	总计
70–80	5	2	1	2				10
60–69.99	10	13	8	16	5	1	6	59
50–59.99	6	4	4	18	10	9	19	70
40–49.99		12	7	4	10	11	10	54
30–39.99		3	2	2	5	6	1	19
20–29.99		1	1		2	1	1	6
人数总数	21	55	23	42	32	28	37	218
各组中数	64.5	53.8	53.8	51.7	49	46.3	53.4	
各级中数	64.5	53.8		55		50.9		
各级中数差	10.7		−1.2		4.1			
全体中数=54.3								

结论：

上面五种测验，都在上学期终了时举行的。因为时间之匆促及手续方面之有不周到地方，所得结果，怕不十分正确。现在修改试材，加添新的测验，重行考查各班成绩，等到核算就绪时，再行报告，或者比这个正确些。我们这以报告的意思，完全在引起对于此科同志的研究，经过修改以后，有日能得着一种可靠的测验标准。

（原载于1922年《中等教育》）

我也来谈谈“中等国文教授问题”

中等国文教授方法，从我国开办学校到如今，大约可分为四个时期：

第一个时期，就是各中等学校聘请那班科学老先生教国文，他们的方法完全依照私塾里讲书办法。所选的材料，不出《古文观止》《古文辞类纂》和《东莱博议》一类空泛文章。每到学期或学年大考的时候，他们就出一个空泛论题——如：汉高祖论，识时务者为俊杰论——哪个学生做得好，卷子上就批了一个八十分或九十分，哪个学生做的坏，卷子上就批了一个六十分或七十分。学生的程度他们完全不负责。这个时期要算最早，这种国文教法蔓延也很广，直到现在，多数教会学校内还保存这个方法（几处不开通地方的高小，此刻也在那里用这种方法）。

到了第二个时期，就是一班文科师范生出来担任国文教课了。他们觉得那些空泛文章不切实用，因一变而注重记述文章。于是韩愈和三苏的文章不大时髦，柳宗元和薛福成的短篇文章渐渐地上风了。他们的教法，大概先行立一个教案。讲解用表解式：就是教员把每篇文章分成几段，列一个表写在黑板上。有时使学生自己列表，遇到生字，使学生自己查字典。有的还要讲些文法，或者把几个虚字（泛指“之”“乎”“者”“也”）讲讲——参自《马氏文通》——到考试的时候，除出作文题外，还有几个杂文问答题。从此学生国文课也有及格和不及格的分别了。这种方法大约通行有六七年之久，到现在也有一部分人把它完全保存。这个方法的失败，因为太机械、呆板，学生觉得干枯乏味。同时学校有不优待国文教员的趋势，引起学生忽视国学的心理，信用一失，各方面都表示不满意，第二个时期因此告终。

文化运动的时候，又有一班新人物（趋新的师范生和夹杂人材）出来了。他们绝对提倡白话文，这就是第三个时期。他们第一步要迎合学生的心理，引起学生的兴趣。以为多数学生喜欢看小说，因定小说为教材。一面因为头上要戴一个新式名字，不得不在新杂志上找几篇似通非通的关于哲学问题文章来讲给学生听。从前讲文言文章的时候，教师在讲堂上要把词句讲解给学生听，现在既改了白话，学生都看得懂，词句方面用不到教师详解，那么教师在课堂上岂不是很空闲么？所以他们又想出个法子来，在课堂上胡言乱道，东拉西扯，美其名称，叫作“讨论人生问题”。讨论的时候，还要常常提到男女问题，用来凑学生的趣，引学生的笑。他们考试是不主张的。平时使学生做些什么文学创作，如小说啦，剧本啦。或教学生做几篇批评文章，如老庄哲学是怎样，学校内办事方面是怎样不对。这种方法失败最快，时期最短，只有二三年光景。

最近二年来，大家觉得，在课堂上，一个星期内，用注入式讲一二篇老式的模范文，确然不对，但是单用那些芜杂粗浅的白话文作教材，也不是中等国文教授的根本办法。依一个人的私见，用主观的眼光来定教材和教法的标准，固属荒谬；专事迎合学生心理，凑学生底趋，也绝不是完美有价值的教授方法。一般青年也渐渐地觉悟，知识渐渐地进步，所以对于国文教授人材的要求比前苛得多了。全是旧思想，全是旧功夫，当然不能使学生信仰；全是新思想，而于国学没有根底的，也不能使学生满意。这时做国文教员觉得更加困难，不得不于新旧学双方兼顾到：这是中等国文教授方法的变迁已到第四个时期了。这个时期内，各处教法和选材更要比以前复杂。相同地方：大概文言白话并教，古书和小说搀杂。内容注重思想，形式注重文法和修辞。讲解注重启发。调查成绩注重客观（应用测验）。课外还要规定学生参考书，使学生做笔记，做读书报告等。

现在中等国文教授法虽已到了第四个时期，不满意的地方仍然很多。根本问题：就是目的还没有弄清楚，没有一个具体标准。我想好方法总要看它结果什么样，效率什么样，在规定时间，是否能达到一定的目标。不是窃了一个新奇名词，靠一二个人的标榜，就算是一种好教法。近来我国教育界人很迷信新名词，实在是很危险的。要知道教育是一种清高事业，岂可含有投机性质？讲到中等国文材料问题，尤其重要。不独于学生自己处世立身之道有关系（我的意思，不是寓修身课在国文课内，假使教了思想不正当的文章，岂不是要把学生引诱坏），于国家文化方面也很有影响。我们无论研究哪一种学问，自己总要先虚心。前天见何君仲英在本报上提议：假期内集合一个国文教授法研究会，这事我非常地赞成，希望赶快发起！

十二，五，二十四。

（原载于1923年东南亚华文报刊）

国文成绩不良底普遍原因

一、不肯用字典：读英文的晓得备一部英文字典，查生字。学中文的，为什么不肯去用中文字典？弄得许多日用文字都写错、读错，例如："昆蟲局"，写作"昆虫局"；"图画"写作"啚画"；"别墅"读作"ㄅ-ㄝ -ㄝ"；"娱乐"读作"ㄨ ㄌㄛ"，"大驾贲临"读作"ㄉㄚ ㄐ-ㄚ ㄅㄣ ㄌ-ㄣ"。这样随随便便，哪里可以使国文进步？

二、不肯多读：从前私塾里，一天到晚朗诵，也不过分。现在学校里起了反动，听到文章调子，就说是迂腐。倒是读外国书，觉得漂亮，既然做了中国人，却不肯读中国书，怎算是尊重自己？

三、不注重文法：有许多同学国文根底尚好，可惜他们没有研究文法。所以他们有的时候作文很好，有的时候就要做出不通的句子来了。

四、不喜欢看小说杂志：旧时候，没有受学校教育的商人，到了后来能够写信，能够看信。得力于小说的很不少。现在小说杂志事业很发达，在学校内好的小说杂志又多，不去游览，真是可惜。

五、不注意看新闻纸：阅新闻纸，有两种益处：可以学习应用文字，可以得到时局常识，都与国文直接有关系。

六、不用心笔记：笔记是求学的顶要紧一件事。笔记要是潦草塞责，读书作文哪里还肯认真呢？

七、少同朋友通信：怕同朋友通信的人，都因为自己文理不很好。哪晓得越是怕写信，越是文理不能好。

八、少用毛笔：许多人不喜用毛笔写字，因为用了毛笔写字，书法底好坏，很容易显出。这叫做"因噎废食"，怎算是求学的态度？

编辑主任陈君叫我在本期研究栏内，关于国文方面写几句。匆忙写就几条国文成绩不良的原因，都用否定的口气，希望引起同学们的注意。

（原载于1922年6月21日《东大附中旬刊》）

科学的国文研究法

中文里一桩最欠缺的事情,就是没有科学的方法。什么叫作科学的方法?简单说来:有一定的次序,有一定的步趋,眉目清楚,繁而不乱,便是科学的方法。以前做文章的不问题目是记叙或论辩,一样下笔,不分段落,不加句读,糊涂地写了三四百字,就算完卷。这是作文的不合科学方法。旧时的书籍,无论是五六卷,数十卷,都没有一个详细目录。若使有人要查一句参考,除非曾经用过一番记忆的死功夫,必定把全书翻了,找得到,找不到,还没有十分把握。讲到各家专集丛书更糟了,一卷之内,一篇之中,忽而谈天,忽而说地,既难记忆,又无从查考。这是编书的不合科学方法。有这二点,所以我们要研究国文很不容易了。到了近来,大家渐渐地觉悟,注意到整理一方面,竭力采用科学的方法,这是很好的现象。譬如商务和中华两家书坊出的小字典(《国音学生字汇》《注音国语字典》)都是很有价值。商务出的《词源》,当然也有价值。但这里也要声明一句:就是近人的作品不是篇篇合于科学的方法,近人编的书籍,不是部部合于科学的方法,这真正令人要悲观的。我们现在提倡新文学,正是要改良文学。绝对不是写了一篇不合文法的白话,就算是新文学。最可笑的,近来杂志报纸上载的文章,有的连标点符号也没有弄清楚,或把逗号一直加到底,或把惊叹号加在判断语上,真正无奇不有,哪里算的是改良文学?所以现在要研究国文不可不在方法上着想。据我个人的意见,应当分析研究,按照一定的手续。说明如下:

一、文　字

读书当然先要识字。现在读国文的最大毛病就是不肯识字。因为不肯识字,所以有许多字没有认清楚,却很喜欢做长的深的文章。这类文章中间的文字,当然有许多他自己没有真正认得,不过有一种糊糊涂涂的观念,就偷用了。这样哪里免得错误?恐怕有的要说:怎能知道他们不肯识字?要回答这句话很容易。我们现在试查一下,普通学校里学生购备中文字典的居多数?还是购备西文字典的居多数?无疑购备中文字典的居少数。而且购备的也不常用。不购不用中文字典的原因,有二点可以解释。(1)中文是中国人自己国里的语言文字,识字比较容易些,好像不必用字典。(2)教者和学者的心理,旧式口传注入的观念没有除掉。以为有字不识,应问老师。老师不教,就无他法了。在第一种解释的危险,自以为比较容易,就不去顶真,因误传误,到后来有了错误,自己都不知道。在第二种的危险又有两点:一使学生没有自动参考能力。那么今天见了教师,识了几个字;明天不见了教师,就不能识字了。今天在学校里,有教师,识了几个字;明天出了学校,没有教师,就不能识字了。二使国学日渐退步。完全用注入式,被动的教育,势必一代不如一代,今人不及古人了。我们教育的宗旨不这样的。教师教学生识字,应该教学生认字和查字的方法;不是专教学生字的意义,自身做一部字典罢了。在学生方面也要明白,专靠问教师,是有限的。不如自己学了识字和读书的方法,那么终生用不尽了。研究文字,又分三种步趋:

(甲)字形。我国文字最初造自象形。查《说文》部首大半为象形字。《说文》全书中形声字约居十分之七。所以研究国文的人,字的形体,不可不注意的。最奇怪的,现在提倡新文学的人极不注意及此,以至于别字连篇,真令识者喷饭。讲到文字不过是一种标记符号,怎样下笔,原来没有定理。但是没有了标准,你写你的,我写我的,到末了失掉传达意思的功用,岂不是危险么? 例如:“戌”“戍”两字不分,假使上下文不能十分明了的时候,怎样辨别“屯兵”和“时辰”的意义?“己”“已”“巳”三字不分,在文法方面更糟了。还有两个最普通的字,“周”作“一年”解,“週”作“一星期”解。新式字典上都分得清清楚楚。也可算是两个新文字的界说。现在开新式周年纪念会的偏要把“週”字来替代“周”字,“一周纪念”写作“一週纪念”,“三周纪念”写作“三週纪念”,试问一年纪念和一星期纪念在文字上有何分别? 开商店的,如欲卖牌子老,何妨开了十个星期或一百个星期,就开一纪念会,写作“十週纪念”或“百週纪念”,我想没有人敢说他是不通的。这种文字上的笑话,可算滑稽之至。况且现在正盛倡改革汉字时代。汉字无论怎样改革,要是改良,必定有两种要素:(1)时间经济的;(2)意义不混淆的。写别字的最荒谬的事,就是用不到多加几笔,偏要去多加几笔。例如:“場”字伪作“塲”字,“聘”字伪作“耳粤”字,“幸”字伪作“幸”字等。

(乙)字音。我国文字不但写的形体大有分别,发的声音也很有关系。那类字可读几个声音,而意义一样的,可以不论。这里要研究的,是有一类字,形体不变换,字音随字意的变换。形体方面好像一个字,实际应作几个字看。这类字又分为两种：a.异读。例如："遗"字读"以"音作遗失解，或留遗解；读"位"音做投赠解。"亟"字读"棘"音，作急字解；读"起"音，作频数解。"趣"字读"取"音，作旨趣解；读"促"音，作催促解。诸如此类，研究国文的不可不注意。唯有孙樾编的《注音国语字典》，创一新方法，把这类字分别几行写，很有价值。可惜该书太小，若要作较深的研究，就不够用了。b.四声。例如："数"字读去声，为"数学""数目"的数字；读上声，为"数钱""数物"的数字；读入声，作快速解。"恶"字读入声，作"不好""过失"解；读去声，作"厌恨"解；读平声，用作询问副词了。

我国文字形声字既居多数，有许多字可不必查字典，但认偏旁就得。哪知道识别字的大毛病就在这里。所以有人把"娱乐"的"娱"字识作"吴"字，把"别墅"的"墅"字识作"野"字。

（丙）字义。字的意义同发的声音固然有密切关系，还有词类的性质随意义而变化的。例如："约"字用作动词，作"约束"解；用作名词，作"信约"解；用作形容词，作"俭约"解；用作副词，作"大约"解。"率"字用作动词，作"率领"解；用作名词，作"表率"和"利率"解了。

研究字的意义，全靠读法。凡是用字不妥或作文时感字不够用等弊病，都是读书太少之故。字典上的解释，不过告诉我们个大概，运用之灵妙，全靠我们自己。

二、文　句

要研究文句，必须先读文法。文法的研究很合于论理的，科学的。现在新派和旧派对于文法都有误会地方。在旧派以为文法可以不必读的。他们的理由有二点：（甲）从未闻古人有研究文法的，然而他们的文章做得那样好。（乙）中国从古以来没有文法书。近人所作文法书都系空造的，或是摹仿西文所致。在第一点的误会，就没有明白，古人那样研究法，是不合科学的方法。明白些说，文法是给我们一条捷径。譬如走路一样的：在上海动身要到北京，假使不乘火车或轮船，但向北方走，也许可以走到北京的一天。现在既有了火车和轮船，为何舍掉捷径，去走那些冤枉路？读国文不研究文法，加了十几年或几十年埋头死功夫，也许可以弄通的一天。现在既有了科学的方法，为何不去研究，再吃古人吃过的苦？在第二点的误会，不知道文法不是凭空创造的。编文法书的人不过把语言文句归纳起来，得着几个通例，编成系统，便于阅读罢了。人类言语文字任何歧异，文法总是相似的。所以中文文法绝不是抄袭西文,西文文法中原则绝不是西文所专有的。在新派方面也有二点误会:(1)以为中国文章无文法的,无价值的,要改良中国文学,必须创造文法。倡这种论调的,不但是中国书没有读,并且没有懂得文法原理。(2)以为中国向来无文法书,现在要讲文法当然采用西文文法书。或竟疑中文文法和西文文法完全一样的。现在世上流行的文法书,叫名中国文法,实则都是英文文法。其原因编文法的并不是把中国语言文学归纳起来,找几个通例。不过自己曾经读过些半生不熟的英文文法,就拿几句白话来凑成几个例子罢了。要知道中国文法同英文比较,也有许多地方相似,也有许多地方不同的。例如:中国文法中有助词,英文文法中没有。英文句子中一定要一动词来做表词;中文句子中可以不必有动词,只要有一形容词也可以做表词的,如"月明""城北徐公美","明"和"美"都是形容词,做两句的表词,两句的组织已完全了。研究文句又分两步:第一须研究内部的组织。组织文句最重要的两部分,就是主词和表词。第二须研究形式的构造。形式构造的两大类,就是单句和复句。

古书中文句最普通一例:"未之多见也""不我罪也""不我遐弃"……假使不讲文法,只好笼统称它倒装文法。什么通例?必定归纳起来,然后找到两点:a.句子是否定的;b.止词是代名词。有了通例就可"迎刃而解",这是文法的用处。

三、文章分类

中国文章向来没有科学的分类。到了姚姬传、曾国藩可算渐渐地分别精细些,然而也没有照性质的分辨,不过在形式上归类罢了。在西文中文章分为四类:Narration, Description, Exposition, Argumentation。中间两类最切实用,中文里却最缺少。近来梁任公把它分作两大类:论辩之文,记述之文。名称虽笼统,应用也够了。我们旧时的文章最大毛病,议论太多。记述文中要加议论,传志文中也要加议论。不管什么体裁,"呜呼","嗟乎","噫","吁","悲夫"……叹词罢不掉的,这叫作无病呻吟。现在有的写白话,也加了许多惊叹号,就是这流的余毒。我们此后作文,先要把体裁认清楚。应当议论的时候,才议论;不应当议论的时候,千万不要加议论。那些空帽子千万不要戴,什么"欲木之长者,必固其根本;欲水之远者,必先浚其泉源",又什么"三代以前……三代以后……"。作文开头,只要切题目,直接下笔。作描写文只要描写的好,事物的好坏,阅者自能领会。作记述文只要说的周到,客观真相自能露在纸上，何必妄加批评？

四、文学派别

中文里向来没有专论文学的书，批评一科竟没有专家。如那《文心雕龙》、陆机的《文赋》等只能算是具雏形罢了。在文句方面的分别，古来最大两派，就是骈文和古文；现今又变成文言和语体两派相抗了。我国现在研究中文，姑且不问哪一派是，哪一派非，最要一点，就是不要夹杂。譬如散文中夹杂骈体，那就散不散，骈不骈了；文言中夹杂白话，那就新不新，旧不旧了。因为不称色，是文学上最大毛病。其余家别，不胜计算。如桐城派、阳湖派等，各代有各代的派别、在西文里大派别分为古学派和浪漫派。由浪漫派又产生写实派、自然派等。把西洋派别来论中国。如庄子可算是浪漫派的代表。李太白诗也带浪漫的色彩。韩愈可算是古学派的代表。归有光的文章很有写实主义的精神。

我现在总起来说：研究国文须有一定的步骤。先识字，其次造句，然后作文；各家的书读得很多，然后谈文学。关于方法，须注意自动的、科学的。

十二，十，二，在东大附中。

（原载于1923年《学生杂志》）

国文教学应注重实用的提议

现在的国文教学方法虽说是比初开办学校的时候要进步得多,但是还有几种流弊,就在新式有名的学校里,也免不掉的。一种就是考据式的国文教学法:就是教师上堂,带了一大堆的参考书,并且讲义上写得乌黑的,不管有用没有用,在黑板上大抄特抄,从一课开始到末了,抄个不休。这样古典意味太重,一般学生恐怕得益很少。一种是哲学化的国文教学法:把最重要的文字文法倒丢在旁边不提,却讨论哪家思想怎样,哪家哲理怎样,这样希望学生个个是哲学家,用心也不算不好,不过于国文本题太离得远了。还有一种杂货店式的国文教学法:教材包罗万象,问题含融古今中外。只要使学生称道他的博学多闻,哪里还管是否学生读了得到实用?

现在我有几句话表示我的主张,我以为:材料不必求丰,阅读必须精熟;与其空谈文艺,不如先讲应用;与其讨论哲理,抄写无谓的参考书,不如从事实际的练习。近来我有一个方法试验,便是从实用方面着想来的,不知是否有价值。还要请阅者指教!

选了一篇文章,先把它分为几段,再在每段找寻关于文法上重要的几点,附写在文章后面,名叫《练习》。底下题目标以数目字:一,二,三……。再在全篇统看一下,关于修辞的,关于思想的重要问题几个,就把这几个问题做成适当的题目,附写在练习后面,名叫《习题》,也标一,二,三……数目字。教时,先把原文讲解,讨论,指导参考,再使学生在自习时间内把练习、习题完全做了。到了规定的练习钟点内,指定一人或同时数人把练习写在黑板上,再指定一人或数人改正,或使大家批评。练习做了,然后再讨论习题,或是口讲,或是笔答。总之都是切实工作,以练习文法晓得技能,一方面使学生活动,帮助他们的记忆。这样做去,至少,学生在自习时间内,不能把国文讲义随便丢去。况且这样办法,他们多读一篇,就是多做几个练习,就是多晓得一些文法的例子,比较专教枯燥无味的文法好得多了。

总之无论哪一门科学,第一步总要讲有用。假使读了没有用,何必去读它?实用的教学法,没有旁的办法,就是从浅近着想,从基本做去。譬如不会写便条、书信，何苦去学论文？不会速记、叙述，何苦先去学文艺？书柬契约，日常应用的文字，还没有明白，何苦先去研究那《楚辞》、经、子高深国学？文法没有弄清楚，何苦先去讨论哲理、学说？今后我很希望学者不要再贪高深，教者也自己稍微牺牲罢！

（原载于1924年《申报·教育与人生周刊》）

排课程表的方法

课程表本来一件机械的东西,排课程表本来一桩机械的事情。可是不用方法去做,却要费脑力了。孟轲说:“离娄之明,公输子之巧,不以规矩,不能成方员。”做事用方法,还要应用器具,二千年前的古人已经说过,我们现在即使开倒车也逃不出这个范围。但是要谈方法,还容易,要置器具,在这南洋,倒很困难。因为南洋华校对于教务上的器具特别不讲究,工价又贵,做一二件于教务上极有价值的器具,花去数十盾或一二百盾,董事部一定通不过的。好在南洋华侨课程表极简单:一则没有选科制,二则都用级任包办制,马马虎虎也可以过去。不像那国内大规模的学校:教员分专任兼任;教室有大小,有特别,有普通;科目分必修选修;班级共分一百数十班。假使不用方法于器具,哪里能排成课程表开课呢?

南洋的课程表说来虽简单,但是没有研究方法去干,教务上也是一件极困难的事。我曾经亲眼目睹的例,让我先叙述一下吧。三年前槟城钟灵中学有位k君,为了排课程表,特地请假,拒绝来宾,匿居自己寝室内,足足二天,还有他的好友黄君在那帮忙,到了第三天拿出来,还弄错了二三处。那个中学规模在英属,不能算顶大,初中三班,预备二班,共计五班。教员却是专任,并无兼任。课程是钟点制,科目极简单,三分之二是英语。像k君为了教务那样的牺牲,这个印象在我脑筋里,常觉不能消减。诸位假使遇见k君,和他谈论教育后,就能断定他为了教务吃过冤枉苦的。这位k君现在又在暨大南洋文化部内努力,并且为槟城代表之一出席华侨教育会议,真是使我钦佩不已。

课程表应该要用三种:一以星期为本位,就是星期一某班有什么课,某班有什么课,星期二某班有什么课,某班有什么课。这是挂在教务室内用的。二以年级为本位,就是某年级全星期有什么课,这是最普通,南洋大多数的学校,只不过这一种。这是挂在教室内用的。三以教员为本位,就是某教员每星期有多少课,这是挂在教员房间内或教员预备室内用的。教务室(就是办理教务的办事室。南洋都与教员预备室混)最好这二种都有,那么,办事上更较便利。我们排课表的时候,应该用第一种,等第一种排好后,第二、第三只要照抄好了。

现在要讲到排法，这是我小小的发明，因为流落南荒，一时又办不到器具，不得不想出一个简便方法来节省我们的脑力。我们的脑力是十二分可贵，比资本家的金钱要宝贵得多咧。先用一张白纸(最好图画纸，因为较厚一些)画了格子。上面写星期一、星期二，一直写到星期六，下面写了年级。再下面留着空格子，就是预备排科目的。再用一本簿子（青皮洋簿够了）列了二表：一各班每周所有科目与节数；二各教员每周所有科目与节数，再预备一块与白纸一样大的玻璃（如用一个镜框更好，把白纸先裁成镜框大，然后画格）。还要预备各种颜色纸，颜色纸的数目要和任课教员一样多——小地方颜色纸不容易买（种类少），好在学校小，教员少数；大地方学校大，教员数多，颜色纸比较容易办到（有花纹纸也包括在内）——然后把颜色裁成小长方格，配合表上科目格的大小。每种颜色纸代表每个教员，每种颜色纸裁成小长方格的张数，代表每个教员每周所授课的节数，例如一个姓张的教员任课如下列的□□本青皮簿，画了两张表，支配好各班每周的科目节数，及每个教员所任的节数，等他们的工作做好了，我只要费几分钟，就把课程表排好了，排成后，把玻璃一压，请各教员看一下。如无更动，就用少许胶把小长方纸胶定在表上。再用各色纸各裁一小方块，上面写着教员的姓或教员的名，贴在表的右上角，要令学生把它装在镜框内，装好挂在教务室中，就是第一种课程表。拣几个毛笔字写得好的学生，教他们依照此表抄写第二种、第三种的表。结果教室各教员及办事室课程表都完全了。

南洋学校无书记，无庶务，（有的有名无实，）假使不训练学生帮忙办事，一定很苦，而且办不好。假使想要求董事用书记或庶务，绝不能做到，还是不要做梦吧。如果能训练学生服务，是一种很好的教育，又替我们出力，何乐不为呢！

（原载于20世纪20年代东南亚华文报刊）

关于儿童教育上几桩不花钱的事

目下大多数的初等教育界叫苦连天，微小的经费，既经折扣，还要拖欠，学校设备简陋，教员生活困难。尤其乡村小学，一身兼有校长、教员、工役三职，家中老小饭都没有吃饱，办事纸笔还没有完全，若说添置什么设备，采用什么新的方法，简直是空话、梦呓。所以我对于花钱的事，不敢昧然提出贡献，只把几种不花钱的事，举列在下面：

我读最近几期的英文初等教育杂志新时代（*The New Era*），心里很有些感触：教学不在方法花样之多，而先决的条件，要看教师对于儿童怎样的态度。我国的小学教师是否还要保存着数百年前的家馆风味，装着威严的面孔，使得儿童见了老师好像老鼠见猫一般。老鼠因为怕猫，猫不见了，老鼠就放肆大闹；儿童因为怕老师，老师离开了，什么规矩都忘掉。这样的教育效力，自然很小。又做老师的常常喜欢把玄妙哲学道理去训诫儿童，引无稽的历史上圣贤的规范教儿童模仿，束缚儿童思想，残贼儿童智慧，这种办法，还是在欧洲古时神权时代情形。欧洲中世纪有某僧教授儿童，课文为狮，是先哲亚里士多德所编。儿童中有一个曾去过意大利，并参观过该处腓特烈第二（Fede rick Ⅱ）动物园的。当某僧发问时，问他们对于课文有无不懂之处，某儿应声起立说：“先生，我亲眼见过一只活狮子呢。”某僧半晌严辞道：“你见过狮子？那狮子可像不像这位哲人所讲的？如果不像，那么，那狮子是生错了。”这种例子说出来似很可笑，其实同样的态度，在我国小学教育界，不在少数。

纳维尔氏（E.Mildred Nevill）曾举例说：“有一个十二岁小孩说道：‘人们好像以为儿童是无权用思想的。’这话对吗？无论如何，他有了那样经验，才引发他这个结论。而且其他儿童一定也有同样的经验，不过他们不敢像这样直说罢了。”（见 *The New Era*, November, 1935）。做教师的总以为：儿童思想幼稚，能力薄弱，不应给他有发言权；儿童的举动都要教师来领导，儿童的行为都要教师来管理，儿童的知识完全由教师传授；教师脑袋是个百宝箱，教师的人格是儿童的典型，教师的命令是天经地义，不可违背的。教师具有这种观念，抱着这样态度，口上说，或是竟用文字上宣传，采用任何新教学方法，都没有用的。新教学方法，多少附有新设备条件，添置新设备，就要花钱了。不比教师态度之改换，却不费一文钱，无论大都会之实验学校，以至穷苦乡村的单级小学，都能做得到，而且是改革教学法上一桩根本事件。

本年八月中在英国牛津举行的第七次世界教育联合会，蒙台梭利女士讲演道："儿童现处在两个不同的环境中，一是旧式的家庭，一是新式的学校，二者皆以成人为主体，儿童未曾享到正当的待遇。儿童的发展，全遵循着心理的律令而行，家庭和学校，都该本此而因势利导才对。儿童教育，一切以儿童为首要，儿童才是权衡一切的标准……"成人们都把儿童当作成人看待，以成人的心理推测儿童的心理，岂不是一个大谬误吗？可是成人们常不自以为谬误，反怪儿童不听话，不受教训，真是太冤枉了。试看一般教师教训儿童，都用仁义道德，先圣先贤的大道理，儿童听之莫名其妙，只因教师的鼓励，欲讨好教师起见，在服从命令之下，盲从地顺应着、做着，而教师却洋洋得意，以为吾道可行，孺子可教，并夸诸朋辈道："我用诱掖奖励的方法，启发了儿童的良智良能。"哪知道在儿童方面完全受奖励方法之结果，完全出于被动的。儿童有儿童的世界。他们的行动完全依着心理的反应，无所谓善，亦无所谓恶。成人所许善恶美丑，是在成人世界里的标准，在儿童世界里没有这回事。做教师的若不研究儿童的心理，而以自己的心理去猜度儿童，依自己的意思去应付儿童，则以自己为主体，而以儿童为客体了。如果儿童教育把成人做了主体，就是把成人的教育硬按到儿童身上去，这还能称为儿童教育吗？纳维尔氏曾举一个例，说："譬如一朵花强制穿过一个钥匙孔，后来取了出来，虽把它浸在水内，也难复原状了。"成人们有了成见，教育儿童时，就有这样的危险。

尊严的成人太费心力，太不看重儿童，把儿童的起居饮食、言语行动照顾干涉太周到了，儿童依赖成习，稍遇困难问题，就不能自己解决，所有天性全被抹煞，所有能力不能自由发展，这是当今欧美教育家引为忧虑的。最近新时代杂志在那里讨论"Self-Expression"问题。教育儿童总希望他们有自发的机会。可是儿童的思想和经验都浅薄得很，教师千万不能用成人的标准去批评他们。儿童的粗浅行为往往被成人们讥笑蔑视(Scorn)，或至责骂，他们的天才发展就要被阻碍了。

固然，现在有许多学校在那里提倡自动自发的教学法，或为趋尚时髦，或因设施过当，都发生了流弊。前者并非出于教师诚心，为的挂了新奇教学法的招牌，可以博得学校美誉，于是欺骗作假，丑态百出。这种办法，不但无益，而且给了儿童一个很坏印象，是有害的。后者因为设施时没有计划，又没有步骤,一味使儿童妄作妄为,妄发表批评,结果养成夸大(Superciliousness)骄傲习惯,以后在社会里目空一切,不但要得罪许多人,在自己也不能有进步了。

儿童的活动,教师应该指导他们有计划,有步骤,有一定的目标,才是合理的活动。我国目前各学校都在那里提倡劳作,用意是很好。城市小学学生多数在家庭里没有做过工作:中等以上人家都雇有工役代劳;贫苦人家往往由母亲及不上学的姐妹们操作家庭之事,几个男小孩走出来也是少爷般的吃现成饭,斯文上学;至于富贵人家的小孩更不必说,衣服有人穿,饮食有人服侍,行路有包车代步,手足身体完全没有机会劳动。到了学校后,假使再专教他们用脑读书,那简直养成他们发育不完全的废人了,所以在城市学校内提倡劳作,不论他的方法怎样,总有多少意义的。但是在乡村学校内,情形就大不同,所有儿童都来自田间,个个具有劳动的身手,挖土割草是他们日常的事,如今抽得农暇到学校里来,正希望求些知识,运用些脑筋,使得身脑平均发展。哪知道,乡村学校当局偏不教他们多读书,提倡所谓活动,无计划,无组织,零零碎碎,今日东锄草,明日西耙土,荒废掉很多的宝贵光阴,实在是个大问题。试看那恩骚夫人(Beatrice Euros)在男非洲办的小学,她领导儿童种植蔬菜,长大时拿到市上去出售,所得的钱就购买鱼肝油,以备儿童冬天的食品。又教女生手工,裁制衣服,推销后,赚下的钱都供学生餐食费用。像这样有计划的工作,使儿童增加很多经验,而且发生很大兴趣,真正是生产教育的价值。

基础教育最重要的事,是在训练儿童良好习惯。例如卫生习惯,“勿随地吐痰”,是一桩极简单的事。我国新教育办了三四十年,到如今这个习惯还没有训练得好,这是我民族的大耻辱,也是教育的大失败。又如食物前后必须洗手,油腻手勿向柱壁、门窗、桌椅上涂擦,指甲须常剪,不要用人家的手巾来洗脸,试问有几个学生已养成这种习惯,其他如礼貌行为方面:进屋子必须脱帽,行礼必须立正,访友必须叩门,态度要和善,发言要等人家说话完毕,他人的信不可看,他人之物不可动,对于公家之物必须爱护,等等,凡从学校出身的智识界人士,能有百分之几是有这种习惯呵?这许多事都不要花钱的,在都会学校可行,在乡村小学亦能行,只要认真做去,不怕没有成效。所怪办学校的都不在这些地方下功夫,只知道务表面,邀空誉,毕业生离开学校,不问他出去好不好,就不负责任了。此外还有一桩切要的事,也是我民族最大缺欠,就是秩序,或纪律的训练。每逢群众聚集的时候,秩序紊乱,毫无办法,火车站买票,影戏场观戏,争先恐后,费掉许多冤枉力气。遇到紧急事情的时候，定要发生意外危险。这种事实都在大都会发现，其中参加分子，至少已受过了小学教育，教育力量在哪里？真令人百索不能解。

总之教育的工作是很多，教育的责任很重大，都不必花钱可以干的。办教育者动辄说没有钱，将从何处推证呢？

附注：本文作者周葆儒先生，是国立广州中山大学教授，曾留学英国。先生在广州听梁漱溟先生讲演，有动于中，因远来山东邹平，尝试乡村教育生活，埋首苦干，可谓实行的教育家。今承惠赐本刊稿件，因略志数语，以为介绍。编者。

（原载于1936年《基础教育》）

什么是儿童教育

做家长的莫不爱护自己子弟,莫不想送子弟入学校受些教育。但在散漫乡村的农民和终日劳动而不得一饱的苦力,因机会和经济力不允许子弟入学,这不是他们的本意。其在都市,中等以上的居民,情形就不相同。有了儿童,就很注意附近的小学。倘使距离太远,不免抱怨;倘使收费较大,更多烦言。少数豪富权贵,则轻视一般小学,不愿使子弟与贫苦儿童为伍,故特专聘家庭教师一二人,在家教授。一般家长送子弟入学,所要求者,多识几个字,在校内多留一些时间,以免出外荒嬉。有的希望跳班飞升,快些毕业。程度究竟怎样,则不问了。或以自己取巧转学跳班,见儿童程度低劣,反责学校办理不善,并信儿童之言,妄谓教师教别字。

学校办理不善的地方,倒非一般家长所责备的地方。我国小学教育虽说比较中等教育办得有成绩,若经考察,多数还距离理想太远。校长与教员召集天真活泼的儿童强迫鹄立听讲大道理,所谓精辟讲话,延长到一个钟头,这是常见的事,儿童不耐听大道理,于是手动动,足摇摇,避着教师的视线,互相推挤一下,嬉笑一下,被老师瞧到了,老师即挥着教鞭威吓他们。可是镇压了前排,后排又不整齐了;安静了东边,西边又乱闹起来了。任凭老师如何发怒,毕竟无效。直至讲完散队为止,大道理还归老师,儿童的脑袋里还是很洁白,没有受到什么影响。假令老师自己回想一下,不禁哑然失笑。

有的小学墙壁上张贴着作文成绩及壁报,灿烂满目,经仔细一看,显然非出于儿童手笔,因语句全非儿童口气,徒把儿童做了一个留声机罢了。有的学校在会客室内或走道旁陈列了很多手工成绩品,观瞻方面是极好的,不过有二种流弊,也不可不防:(1)使儿童荒废很多时间,甚至妨碍其他重要功课;(2)多数是非儿童手做,是采购得来做样品的。有的学校曾经一度张贴许多成绩,或发起过壁报,或展览过成绩,以后即销声绝迹而旧稿仍在墙壁或在架上,尘灰积弊,不堪为训。

还有一事更失望的,许多小学校教师做了大学讲师的派头,闻铃上课,退课离校,课外之事,一概不问。课内专尽讲演之责,儿童的兴趣、心理、行动、习惯完全不顾。唯一约束儿童的方法，为挥舞教鞭，并常以考试为恐吓，则与儿童教育原理背离甚远。

蒙台梭利氏说："儿童有儿童的世界，一般大人不能了解的。"我们要了解儿童，必须先加一番研究功夫。假使做儿童的教师也不能了解儿童，那就没人能了解儿童了。一般富豪权贵以为他自己有钱，可以聘用家庭教师，使子弟不出家门，不染贫苦儿童坏习气。但在儿童方面着想，终年没有机会与外界小朋友为伍，离群索居，苦闷异常。况团体训练在教育上为极重要之事。我国过去社会上不合作状态，都因自幼缺乏这种团体训练之故，一般官僚只顾私利，不顾群众，不顾国家，多数因出身贵族，不知稼穑之艰难，不知民间之疾苦，瞧不起贫民，瞧不起大众，成为一种废物，为阻害大时代进展的害虫。

教育是整个的，尤其小学为基础教育，识字仅为教育中之一小部分，其他应训练之事正多。例如清洁习惯之养成：食物前后必须洗手，在公共场所不许抛弃纸屑果皮，书籍衣服物件必须随时处置整齐等。又如秩序习惯之训练：群众集合之处，不准高声谈话；群众行动之处，先须遵守先后次序，如进出会场，登车上船，购买车票戏券都是。我国民性，互助精神极为缺乏，不合作，捣乱态度，成为风气。所以团体之事，无论大小，都感难办。且对于公私不别清楚，私重于公。遇有一二主持公道者，反被群众攻击，立足不住。此类劣性，欲图纠正，都在幼年时代。所以幼年时代的教育更比其他时代为重要。此外如爱护公物一事，事情虽似很小，然意义颇为重大。凡为微小之私利，而牺牲团体，损害国家，汉奸之行为，无非基源于此，因其心目中自幼具一种观念，以为公家之事不在乎，而自己之事点滴不肯放弃，渐渐养成习惯，由小至大，一举一动，都为自私自利的行为。这在幼年时代的教育，更不可不注意的。

小学教师责任很重大，工作也最辛苦。其最重要一件事，是要参加儿童队伍里，了解儿童的情况，随时随地帮助儿童，指导儿童。儿童的一切优良习惯的养成，大部分是靠小学教师。尤其在我国目前教育没有普及，做母亲的知识水准不够，家庭教育不良，小学教师的仔肩更为艰巨。有许外坏习惯，儿童在家庭中已经养成了，等到学校内纠正，很不容易，即使在学校内勉强纠正，到家里又复演了。例如随地吐痰一事，多数小学都注意这事，但始终没有奏效。试看公共场所，车船中都揭有"不准随地吐痰"的牌子，而痰渍还是到处可以发现。有的优良习惯，在学校内竭力培植，可是在家庭及社会环境所不允许，一经放学，立即取消。例如早起早操在不多各级学校都提倡的，但离了学校，能保持这个习惯很少。所以要培养儿童的好习惯，不能完全责备教师。

欧美家庭教育足以取法的，兹举例翻译如下：

白莱尼夫说：我曾经见一贫苦家庭的妇人，她在厨房内挂一皮袋，内藏若干分角另钱，以备他的学龄儿女上学之零星费用，例如：车费，书本，铅笔，鞋带，以及其他临时的杂用。倘使有一儿童需要用途时，很自由地，探手向袋内取，多少随他自便。但同时由他自己考虑，即他多取了，留给别人的就少了，也许别人的需要比他更急迫些。这钱袋并不有人看管，也没有人多嘴，说谁多拿了钱，谁少拿了钱，某小孩不需要，都由小孩自己打量。但每逢星期六晚上，这钱袋取下来，当全体家人集合之际，检查一下，倘使袋内还剩有余钱，大家都感觉愉快光荣。我很相信，这群小儿将来品性一定很好，因为经他们的母亲这样聪明的设计，含有很丰富的训练意义，如节俭、自治、自尊及共同合作的美德都包括在内。

克黎浮说：在我幼年和姊姊争吵的时候，母亲就把我们坐在相对的椅子内，并令我们互相注视，不准发笑。但未几由微笑而大笑了，于是恶感完全消失了。

家庭内有了这样的母亲，经过良好家庭教育后，儿童入学已有很好训练的基础，教师再加一番训导功夫，就能收事半功倍之效。话又说回过来，家庭没有良好教育，学校内的教育更为重要。教师不能因为儿童没有受过良好家庭教育，就可推诿责任。应该去努力寻觅途径，纠正儿童一切不良习惯，使民族的劣性逐渐消除，如是整个民族才有进步希望。再退一步说上面举的两个例，做儿童的教师曾否相仿地做过没有，这是值得我们反省的。

（原载于1940年《国民教育》）

儒家的儿童教育学说

儒家的传统学说，本来只有成人教育，很少说到儿童的。他们并非说儿童不要受教育，只是使儿童受与成人同样的教育罢了。他们看儿童和成人没有什么分别，不过儿童是成人的缩型。所以成人需要怎样的教育，儿童也需要怎样的教育。教育的方法不是在年龄上判别，而在学问程度上分阶段。当科举时代，凡应初试者，不论年纪大小，均称作“童生”。有的屡试秀才未中，鬓已斑白，犹称为童生，这是很显然的例。若检讨历代儒家教育学说，颇多合于西哲教育的理论。及至明清诸家，更指出儿童时代教育之重要，并贡献了许多新学说，故特历举论列，以作参考：

孔子弟子三千，有教无类，有的父子同时为他的学生，这是儿童教育与成人教育同时设施的证明。孔子最出名的教法，是“因材施教”。我们在《论语》上所见：同一问孝。告孟懿子曰：“无违。”告孟武伯曰：“父母唯其疾之忧。”告子游曰：“今之孝者，是谓能养。至于犬马皆能有养，不敬，何以别乎？”告子夏曰：“色难。”同一问仁。告颜渊曰：“克己复礼为仁……”告仲弓曰：“出门如见大宾，使民如承大祭，己所不欲，勿施于人，在邦无怨，在家无怨。”告司马牛曰：“仁者其言也讱。”告樊迟曰：“爱人。”子路问闻斯行诸。子曰：“有父兄在，如之何其闻斯行诸！”再有问闻斯行诸。子曰：“闻斯行诸。”于是公西华疑惑问孔子，为何先后说话不同。孔子道：“求也退，故进之；由也兼人，故退之。”这种教法，就所谓“适应个性”，在儿童教学法上最重要的。孔子教人不是教死书的，也很注重学生的兴趣。如说：“知之者不如好之者，好之者不如乐之者。”又很注重启发式，如所谓：“不愤不启，不悱不发。”他主张学习方法，注意复习，所以说：“学而时习之，不亦乐乎！”“温故而知新，可以为师矣。”记得以前私塾中对于温书方法极重视，大概就是遵从至圣先师的遗教吧。

孟子教育的理论，以“性善”为中心，所谓：“尽其心者，知其性也。”“大人者不失其赤子之心者也。”似与卢骚的说法“一切物在神之手时是善的，一入人手则变为恶的”相近。他对于教育的效果，很重视环境，例如说：“富岁弟子多赖，凶岁弟子多暴……”等等。

荀子的教学重经验，以为教育不是偶然的，必须日积月累，好像用砖砌墙，从平地一层一层砌上去，然后达到教育的目的。他的学说很丰富，但多偏在成人方面，故不论。

汉文帝时，秀才贾谊，天资特异，才气纵横。做过两次太傅，有几年教学经验。思想超群，特倡幼稚教育。教学方法注意于儿童环境与习惯。他说："故太子初生，而见正事，闻正言，行正道，左右前后皆正人也，习与正人居之，不能不正也。"又："夫胡越之人，生而同声，嗜欲不异。及其长而成俗也，异数译而不能相通行，有虽死而不相为者，则教习然也。"他所著的《新书》有"胎教"一章，专论胎教之重要。如说："故凤凰生而有仁义之意，虎狼生而有贪戾之心，两者不等，各有其母。……周妃后妊成王于身，立而不跛，坐而不箕，独处不倨，虽怒不詈，胎教之谓也。"

颜之推著有家训，重视儿童教育，更为明显。他以为儿童教育所以要注重的原因有三：(1)人当幼小时候，性情纯洁，未染恶习，对于父兄师长的教诲，极易接受；(2)幼小儿童脑筋简单，未经凿伤，读书容易记忆；(3)儿童教育，环境力最大，故儿童的习惯多半被左右近习之人所影响。如说："常抚婴稚，识人颜色，知人喜怒，便加教诲，使为则为，使止则止。"又："人生幼小，精神专利，长成以后，思虑散逸，固须早教勿失也。"又："人在幼年，精神未定，所与款狎熏渍陶染，言笑举动，无心于学，潜移默化，自然似之。"

分组教学是胡安定所创。他在苏湖二州施教二十余年，四方青年学子闻风而至。他为态度虽很严正，遇事以身作则，起居饮食丝毫不苟，然对于学生学习，颇重个性，引起兴趣，以启发学生心智。并用讨论方式，研究时事。其对于新教学之贡献，实为不小。

张横渠为北宋一代的大师，他的教育学说详于其所著《正蒙》篇。他的教学方法有二：(1)要决定教材的秩序，由易而难；(2)要明了被教者的个性，因材施教。他说："教人者必知至学之难易，知人之美恶；当知谁可先传此，谁可后倦此。知至学之难易，知德也；知其美恶，知人也。知其人且知德，故能教人使人德。"

朱晦庵集宋学之大成，为孟轲以来，儒家唯一之台柱。他的学说支配社会的思想历元明清三朝，共有七百余年。所著《四书集注》，在此七百余年间，所有人学儿童，均奉它为唯一的教科书，其影响儿童教育之大，可想而知。他平生以讲学为生活，循循善诱，孜孜不倦，一日不讲学就一日不快乐。黄勉斋在他的行状里说："从游之士，迭诵所习，以实其疑。意有未论，则委曲告之，而未尝倦,问有未切,则反覆戒之,而未尝隐。务学笃则喜见于言,进道难则忧形于色。讲论经典,商贯古今,率至夜半。虽疾病支离,至诸生问辨,则脱然沈疴之去体。一日不讲学,则惕然以为忧。"他教小学以"事",即礼、乐、射、御、书、数及孝、弟、忠、信之类。小学为大学之基础;小学教以当然,偏重在动作方面。小学教材除四书以外,他又收集古来圣贤的嘉言谊行,编了一部《近思录》及一部《小学集解》,都认为初学必当读的。他训练儿童极主严格,在他《训学斋规》中规定很详细。全文共分五章:第一关于衣服冠履的规则;第二关于语言步趋的规则;第三关于洒扫涓洁的规则;第四关于读书、写字的规则;第五关于其他杂细事宜。凡衣服饮食,几案器具,以及对上对下,一举一动,莫不具体标明,这是空前的训育方法。

元朝许鲁斋为朱晦庵的信徒,他的学说虽继承朱氏,而他对于儿童的教学方法亦有所发明。特别是注意低能儿教育,值得称扬的。他说:"用人当用其所长,教人当教其所短。"当他第二次掌国子祭酒时,世祖特择蒙古子弟命他教授。他得意地说:"此吾事也。国人子大朴未散,视听专一,若置之善类中,涵养数年,将必为国家用。"他的教学方法约可分为三点:(1)教儿童当培养他们的羞耻心,所谓"知耻近乎勇";(2)教儿童当因材施教;(3)教学要有程序,小学教育当以朱子的小学及四书为教材,为洒扫应对,进退为实地练习。他对于儿童态度慈祥,感情热烈,史载"其言煦煦""恳款周折",不愧为一代良善教育家。

明朝的吴康斋是一个劳动教育家,这在儒家中所罕见的。他原是一个官家子弟,不图依赖享受,而要自食其力,与学生躬耕于农亩,有时天气不好,他披着蓑衣,戴着斗笠,负着耒耜,与诸生在雨中并耕,畅议乾坤。即所谓从做中教,从做中学。耕罢归来,与诸生饭粝共食,这真是生活化的教育。他一身粗衣敝履,完全与平民一样,毫无一点士大夫习气。有一天黎明,吴氏即手自簸谷,学生陈献章尚未起床,乃大声呵斥曰:"秀才若有懒惰,即他日何从到伊川门下,又何从到孟子门下?"凡在他门下的,大小事工,必须亲自动手。他的刻苦精神,不得不令人佩服。所以黄宗羲称赞他道:"先生之学,刻苦奋励,多从五更枕上汗流泪下得来。及夫得之而有以自乐,则又不知足之蹈手之舞之。尽七十年如一日,愤乐相生,可谓独得圣贤之心精者。"

王阳明于儿童的看法更和卢骚相近似。他认为婴儿初生时,此心只有一片天理流行,更无别物,所以没有一个不知爱他的父母。圣人之所以为圣,只是良心常在,天理纯全,一切行动无一不由其良心上发出,而所发出来的无一不合于天理。至于一般人,或为习俗所染,或为私欲所惑,此心失了昭明灵觉,所以就不良了,所以做出许多不善行为来。他的儿童教育论,简直近乎裴斯泰洛齐和福禄培尔的学说。他要养成一般爱动爱唱爱游戏、天机活泼、生气盎然的儿童,这样的儿童才是有用的人材。他说,从前教育儿童,本来是根据儿童心理,发展他们的个性,极其活泼有兴趣的。譬如儿童爱唱,教他们以歌诗;儿童爱动,教他们以舞蹈;儿童爱游戏,教他们以习礼。这样,儿童视学科如乐园,视师长如父母,莫不乐于求学,乐于受教,日日在欢欣鼓舞里面过生活,身心不期然而自发育,如草木萌动之初,日日在春风雨露之中,不知不觉潜滋暗长起来。到后来教育日坏,教者全不顾及儿童的心理与个性,只知督责课诵,严加管束,见有不守法的儿童,则鞭挞绳缚,如待拘囚。这样一来,儿童视学校如牢狱,视师长如寇仇,视读书如畏途了。这种教育,把纯全活泼的儿童,不是养成死板的样子就是养成偷惰或欺诈的习惯。他对于儿童教育有一个系统的计划:

(1)训练标准。孝、悌、忠、信、礼、义、廉、耻八目。

(2)教材大纲。诗歌、习礼、读书三类。诗歌之意:可以表现意志,陶冶性情,舒畅郁气。习礼之意:可以训练秩序,活动血脉,锻炼筋骨。读书之意:可以开发知识,收敛心思。

(3)日课。每日功课分为五节:一考德,二背书诵书,三习礼或做课艺,四诵书讲书,五歌诗。考德一节以谈话式举行,犹现今小学课前谈话之意。歌诗分班每日举行一次。习礼分班每日举行一次。

儒家的儿童教育学说,至阳明最为完整,教材包括智、德、体、群多方面,其中尤以“训练秩序”“活动血脉”两个意义为历来儒家所忽视。

明末清初的孙奇逢,初年笃守程朱学说,后来倾向阳明之学,他的教育要旨是“明道理做好人”。他著的《孝友堂家规》及《教子家训》两篇言论中可以看出儿童教育之重要。他说:“孩提知爱,稍长知敬,此性生之良也。知识开而习操其权,性失初矣。古人重蒙养正以慎所习,使不离其性耳。今日孺子转盼便看长成,次日蒙养不端,待习惯成性,始思补救,难矣。”又:“尔等未离孩提稍长之时,正在知爱知敬之日。为兄者宜爱其弟,为弟者尔爱其兄,大家和睦,敬听师言,行走语笑,各循规矩。程明道谓洒扫应对皆精义人神之事,莫谓此等为细事也。圣功全在蒙义,从来大儒都于童稚时定终身之品,尔等勉之!”对于初学的人,施行诱掖法,多方接引,绝不苛求。他的理论都承先哲遗训,并无独创处。

陆世仪学宗程朱，功夫切实，对于儿童教育的主张极为具体，且合理。他把小学教育定为十年，儿童五岁至十五岁为受教育时期。因在此时期的儿童，生机活泼，一片天籁，且富于可塑性，最易被人引诱。教者应当顺着他们的天性与兴趣，依照正常的轨道，因势利导，将来才可以成就一个“人”。儿童的训练，宜宽不宜严。因他们正在身心发达时间，若过于严了，阻丧了他们的意志，有碍发育，不如持以宽和的态度，逐渐诱导，较有效力。他又以朱子的“去其外诱，全其真纯”八个字为训练目标。他把儿童的教材分为两期：在十岁以下为第一期，在十岁以上为第二期。第一期的教材，有读物、歌舞及写字三项；第二期，有读本及礼乐二项。关于教法，他主张“即读即教法”，即是“知行并进法”。尤其对十岁以下的儿童必须采用，他说：“如头容直，即教之以端正头项；手容恭，即教之以整齐手足；合下便教他们知行并进，似以造就人材之法更为容易。”陆氏除注意小学教育外，又很注意家庭教育。他认为家庭教育是辅助学塾教育的，当儿童未入学以前，或出塾门以后，均在家庭生活，倘家庭没有相当的教育，随他们作恶习非，甚至于家人“戏教以打人，骂人及玩以声色玩好之具”，气习先已教坏了，再入学校，想图矫正，殊不容易，所以家庭教育至关重要。如洒扫、应对、进退等事，亦家庭所应当教的。

陆陇其也是一位尊朱黜王的儒学家。他的教育宗旨是“崇尚实学，培养清风”。他推论当时风俗败坏而未已的，都是由于当时儿童没有受过好的教育，教育在童子时代为最重要关键。而为父兄师友的平日既不教以洒扫应对日用伦常之事，朱子所集小学一书弃而不读，即或每日课以四书，亦不过藉此为应日举取利禄之阶梯。他说：“教之道必以小学为基址，以濂、洛、阁、闽之书为根本，以先王浑醇原朴之文为彀率。使自孩提有难，即浸灌于仁义中正之中，游衍于规矩准绳之内，如水之汪洋浩渺而不得越乎其防，则文章不期正而自正，风俗不期厚而自厚矣。”又：“吾每教童子作文，未尝不战战兢兢，惟恐一言之病于其心，异日将硕大蕃滋，鬯茂修达，不可救药。盖今之聪明，当扩充于范围之内。不当扩充于范围之外。”

颜习斋著《三字书》，以替代宋人之《三字经》。其门人李恕谷又著《小学稽业》，专作儿童之课本。自此儿童教育渐有独立之势。

儒学传流二千余年，对于儿童教育最深切认识，莫如清朝之王贯山。他研究《说文》极有功夫，折衷段玉裁桂馥之说，而独辟门径。著有《文字蒙求》及《教童子法》等书。思想新颖，见解卓特，实为儒家唯一之儿童教育家。他的教育主张，约有下列五点：

1.注重直观。直观教学法王氏发明很早。可惜当时士大夫迷醉于科举，没有注意到儿童的教学法。因此王氏的主张不能普遍地推行。一般学塾还是泥守着旧法，不知戕贼了多少儿童。他说："蒙养之时，识字为先，不必遽读书。先取象形指事之纯体教之，识日月即以天上之日月告之，识上下字即以在上在下之物告之，乃为切实。纯体字既识，乃教以合体字，又须先易讲者，而后及难讲者。讲又不必尽说正义，但须说入童子之耳，不可出我之口，便算了事。"又说："识字必裁方寸纸，依正体书之。背面写篆。独体字非篆不可识，合体则可略。既背一授，即识此一授之字。三授皆然。合读三授，又总识之。三日温书，亦仿此法，可以无不识者矣。即逐字解之。解至三遍，可以无解者矣。而后令其自解。每日一包，此无上下文，必须逐字解，则茁实。异日作文，必能逐字嚼出汁浆，不至滑过。既能解则为之懂解，同此一句，在某句作何解，在某句又作何解，或引申、或假借，使之分别划然，即使之展转流通也。"

2.即教即讲。向来学塾课蒙，不论识字读书，概不讲解的。只教儿童盲识盲读，兴趣毫无。到王氏一反前人的死教育，而代以活教育的"即教即讲"，他在上面一段文字中讲得很详细。当蒙童进一步的时候，还是注重讲解。他说："能识二千字，乃可读书，亦必讲解。然所识之二千字，前已能解，则此时合为一句讲之。若尚未解，或并未曾讲，只可逐字讲之。"

3.引发兴趣。王氏云："学生不是猪狗，读书而不讲，是念经也，嚼木扎也。钝者或俯首受驱使，敏者必不甘心。人皆寻乐，谁肯寻苦。读书虽不如嬉戏乐，然书中得有乐趣，亦相从矣。"这也是以前塾师所未看到，而王氏特别提倡的。

4.适合个性。王氏云："人材之不一，有小才而锋颖者，可以取快一时，终无大成就。有大才而汗漫，须二十年功。学问观博，收拢起来，方能成就。此时则非常人所及矣。须耐烦。"

又云："教子弟如植木，但培养浇灌之，令其参天蔽日。其大本可为栋梁，即其小枝亦可为小器。今教之者，欲其为几也，即曲折其木以为几，不知器是做成的，不是生成的。迨其生机不遂而夭，以至枯槁，乃犹执夏楚而命之曰是弃材也，非教之罪也。呜乎，其果无罪耶？"

5.健全人格。王氏云："功名学问德行，本三事也。今人以功名为学问，几几并以为德行。教子者当别出手眼，应对进退，事事教之；孝悌忠信，时时教之；读书时常为之提倡正史中此等事，使之印证。日兼资博洽矣。"王氏的教育宗旨，是以德行、学问、功名三者具备，纠正当时教学专着眼在功名方面，以为能钓取利禄，即教育之目的已达，实为大谬。

王氏教学生典故，主张教“活典故”，这也是前人所未见到。他对于一般死教育，曾有痛快之评语：“昔日能复楚为事，则其弟子固苦，其师庸乐乎！故观其弟子欢欣鼓舞，侈谈学问者，即知是良制也。若疾首蹙额，奄奄如死人者，则笨牛也。其师将无同！”

综观儒家二千余年来，教育思想发挥已不少。愈到晚近，愈趋向于儿童教育。其教学方法之重要，如“个性教学”“兴趣教学”“分组教学”“直观教学”等，均为现代世界最新之儿童教学方法。到王贯山氏更注意于儿童之心理。其所倡“活典故”，即同现行幼稚教学法中讲故事。兹再举其教童子法中一段，以彰其学说。“小儿无长精神，必须使有空闲，空闲即教以典故。但典故有死有活。死典故日日告之，如十三经何名，某经作注者谁，作疏者谁；二十四史何名，作之者姓名为谁，日告一事，一年即有三百六十事。师虽枵腹，能使弟子作博学矣。如闻一典，即逢人宣扬，此即有才矣。然间三四日必须告以活典故，如问之曰：两邻争一鸡，尔能知确是某家物否？能知者即大才矣。不能知者而复告以《南史》。先问两家饲鸡，各用何物，而后剖嗉验之。弟子大喜，亦有用人也，自是心思长进矣。”看了这段文字，可知王氏贡献儿童教育者实很伟大。如云“小儿无长精神”，即谓儿童注意力不能长久的意思。所谓死典故，即现代各学校所流行的国学常识测验资料。其活典故的教法，不但要引起儿童的兴趣，并要启发儿童的智慧。现今如有教师照这样做，无疑地是一位良好教师。王氏的名著，现在各学校图书馆里很不容易看到，这真是可惜的事呀！

（原载于1941年《活教育》）

怎样解决几个中学训育问题

余从事教育事业已二十年,在精神上所得的报酬很大。兹应陈鹤琴先生之嘱,将过去所感兴趣的事,略举一二,以资办学者之参考。

膳堂秩序

余早年办理嘉兴师范时,该校学生有个不良习惯,即每下课后,直驱膳厅,不候摇铃,即先行用膳,致迟来者无饭可食。此问题闹了很久,未能解决。前任某校长管教甚严,因鉴学生如此行为,除实行申斥外,并令厨子在用膳前将膳厅们关牢,另开小门直通厨房,以便厨子搬送菜饭。至关门之令实行后,每当下课,学生乃三三两两麇集膳厅门口,再过几天,在门口等饭的学生越来越多,初则相挤,渐则敲门,后来甚至推门打壁,最后门被打破了。前校长大发雷霆,把那打门的学生记上两次大过,但是问题却未因此解决。

余接任以后,训育先生即以此项问题相告。余当即请训育先生指导学生选举代表组织学生膳食委员会。该委员会开会时,余亦亲往参加,并指示膳食自理的好处,及维持膳厅秩序的需要。讲毕,并征询学生对此二事能否做到,据学生代表云:“维持秩序,因人多不易做到。”当时余表示愿负责协助,一方面请学生代表每日轮派二人,一人监视厨房,一人监视同学,另一方面,又借次日的周会,乘机对学生劝告鼓励,最后,余更直截了当地说:“以前学校把膳厅大门关牢,是不信任你们,今后把门大开,表示信任你们并尊重你们的人格,希望在未摇铃前,大家不要先进膳厅,不知大家能做到么?”于是在同一兴奋的诺声之下,结束了我们的训辞。从此以后,在未摇铃前,再没有一个人影儿踱留在膳厅的门口了。

该校的前任校长,后来升做教育厅长,听到这悬案解决的消息,表示非常惊异。

参观游艺会

余任职嘉兴师范时,该地尚有女子师范一所,男师学生因方在青年,追求恋爱及传递无名信等,轻浮的举动时有暴露。其中尤以女师每学期例行的游艺会,最招男师学生的扰乱。余接任后,到了秋季,该女师又举行游艺会,本校训育先生乃将过去男生扰乱会场秩序相告,并云女师见男生去,即表示不安,故女师对入场券之分发甚严紧。余听训育先生报告后,当即对此事加以考虑。至游艺会前一日早操时,余就对全体同学训话。讲话大意,略谓:"师范教育并不是靠书本的死教育,应该注意许多活动事业。例如游艺会等亦极重要,师范生自应前去参观以资观摩,不过师范学生,就是将来的模范教师,在帽花上、衣扣上,处处都显示我们是一个师范生,因此我们出外,一举一动皆须表现'为人师表'。我听说过去每次女师举行游艺会时,我们同学的秩序不佳,这是很不好的。不过依我想,这问题也许是由于两方面的误会。这次女师又举行游艺会了,我希望你们全体去看。"讲过后,并问他们说:"你们都有票子(入场券)没有?"他们不敢回答,余再说:"你们假若没有票子,我可以负责给你们每人一张,希望无票的同学都举手。"于是全体同学一齐举起手来。余又继续地说下去:"我答应给你们每人一张票,不过,却要同你们约法三章:一不能占座位,二只许站在后面,三无论看得高兴与否不许声张。这三件事你们若做不到,明天虽然是礼拜天,却一概禁止外出,若能做到,每人准给票一张,你们能做到吗?"于是全体欢呼:"做得到! 决以人格担保做到!"余讲完后,乃打电话请女师送本校全体学生的票子,该校校长听了一骇,乃托词说票子已分完了。余乃以所有情形告之,并告诉她,假若没有票子,余不仅自己不到贵校参观,并且对本校学生在贵会扰乱秩序,亦不能负责,若能照数送票,明天学生来看游艺会时,余当完全负责维持他们的秩序。该校长初尚踌躇,后来听见我说了这番话,才决定照数送票来。

第二天下午,女师举行游艺会,余在午前即提早用膳。膳后,独自先往女师游艺会场,坐在会场的中间最前一排,后来见男师学生逐渐到来,皆站在后排,无一人占据座位,一直到游艺会表演完毕,我校学生始终保持良好的秩序。会毕后,余辞归,该校校长送余至门口对余说:"本校游艺会,从来没有这样好的秩序",言时深表谢意。

开放图书

余在南洋槟榔屿某中学任职时,见该校旧购书籍很多,在楼上楼下都摆满了书柜。但是所有的书除了给教员随便拿去外,却是锁着不给学生看。余当时非常诧异,乃询诸旧同事,据云:"因无人管理,某校长怕学生偷窃,故不准开放。”余闻悉之下，深觉可惜。乃利用春假，亲自指导学生将图书分类整理。整理结果，发现许多书或因教员取去未还，或因其他原因散失，大都是残缺不全，不过大部分尚足资学生之参考。此时，余一方面向学生宣布，整理后即行开放，另一方面请求董事会规定每月给予款购置书籍。是项要求经董事会应允后，余乃一方面采购大批学生适用之参考及课外阅读之书籍，一方面把旧书开放。开放的方法是将旧书取一部分出来，陈列在出入走道的长条桌上，任学生随意翻阅。(该校房屋窄隘。无图书室之设，乃利用是项长廊，作为阅书之处。此种公开陈列办法，自今日图书馆事业上视之，可称为最新的开架式陈列法。)每星期更换一套。至于管理方面，则每周派学生二人轮流管理，早上自书柜内取出书来，并将书名依次登记，至晚间则照登记书名点收。

不过在开放之前，余向全体学生举行一次谈话，内容不外下列三点：

(1)说明课外阅读之重要。

(2)说明学校图书，学生有充分利用的权力。

(3)提示到我们不能因为图书无人管理，即任其锁在柜内，而不想其他管理办法。

此外，余并报告此次开放之办法，与学生约定两件事：

(1)所陈列书籍，只准在走道中看，一律不准拿开。

(2)假使遗失任何一本书，即马上取消开放办法。

这一切都得到学生的同意，于是图书随之开放，此种办法顺利地实行三个星期，许多年轻活泼的学生，每天课后都拥在长廊内，孜孜不倦地在那里追求他们精神上的神秘。正在兴致高涨的时候，忽在第四星期的第一天晚上，发现遗失一书，余立即宣布取消开放办法，学生虽再三要求，余绝不应允，最后有一位学生愿意在书未寻到前，代为赔偿，经该生代赔后，余始允照常开放。自那天起，学生们开始来侦查自己，结果毫无线索，几天以后，被他们发现所失的书是锁在本校会计先生的办公桌内。当时校中一般老腐先生对余是项办法，多视为自找麻烦，同时对于是项新办法亦不知同情与协助，因此，使学生们更兴奋地拥护此项新的设施。

从上述三件事中，我们可以知道尊重别人、信任别人以及善意的诱导别人，会产生很大的力量——这就是教育的力量。本人常觉得，我们办学校，遇问题必须赶上前做，处处把握教育的意义。看清了一件事，如果是需要的话，我们就要直截了当地去计划，去实践，绝对不能畏首畏尾迟疑不决，我们要从事实上去了解事实,要从问题中去解决问题。若是畏首畏尾怕生麻烦,麻烦越会滋生,越怕困难,困难越会加重。避免问题,绝不是解决问题的方法。

附注:此篇由余口讲,凌思源同志笔述,尚有其他事例,容后再续。

(原载于1941年《活教育》)

解决学校问题的实例(上)

我以为办理学校要有几个条件。第一要有“兴趣”。有了兴趣,才不会敷衍,对于事情很高兴做。就是遇到困难,也不感觉得烦闷。第二要“专心”。心思能专,才能想出办法来。所谓“天下无难事,只怕用心人”。第三要“有理想”。有了理想,事业才有一定的路线,而且使工作者能够兴奋。第四能参加青年队伍里,“以身作则”,然后使青年心中悦服,解决问题不致勉强,否则就有“夫子教我以正,夫子未出于正也”的反响。第五要尊重法纪,“树立信用”。如商鞅立木为信那样,事虽微小,必须保持信用。主持行政者,说话和命令要少,所谓“要言不繁”;说话既出,命令既发,必须做到,并且个个人须做到。在任何环境之下——学校不论大小,经费不论多少——办理学校者具了以上五个条件,必会把学校培养成一团朝气,必有特殊成绩表现出来;在办学者自己精神上亦可得到莫大安慰。

在本人过去经验中,有几件值得回味的事,常常与二三知己饭后茶余作谈话资料。兹承友人怂恿发表,先把几件印象较深的事叙述于下:

一、指导社会活动

余在浙江某师范任职时,尚在军阀时代,而三民主义的潜力已到达了长江流域。某师范中高材生都为三民主义的信徒,于是原来主持该校的某东洋留学生已不能得一般青年的信仰。省教育行政当局力挽余前往接办。余接事后,即约学生领袖举行个别谈话。自然青年脑中的三民主义,尚未成熟,有很多不能了解之处,余即为详细解释。并指示群众活动种种要点。渐渐余成为他们党部的顾问。每遇他们党中有何活动,必先请示于余。有一次开民众大会,定期为星期日晨七时开始,余于六时三刻先到场。担任党部主席某君(中学教员)迟至八时半始姗姗而来。后来会毕游行,余即随学生队而行。而该主席某君未行及里许,即私自脱逃。师校学生一直至下午一时后始返校午餐。余亦随行至一时后始返校午餐。经过此事后,学生对余更信仰,遇事必先商问于余,得余允许后,始敢行动。而对于某主席的人格颇怀疑。果然,当时任主席之某君，现已在其家乡某县充汉奸矣。

二、维持膳堂秩序

某师范膳堂时常闹事。办事员最感艰难者，即学生不按时间，先先后后入膳堂用膳。早餐依起身之先后，各进膳堂，午晚两餐亦不待摇铃，不问同席人数是否到期，先到者即先举箸。后到者即认为自行放弃。但有因下课较迟，或以公事出校，至用膳时间，闻铃入膳堂，则已被同席人饱嚼一空，无饭可食，只有向办事员质问交涉，有时居然得添置补开。事有先例，纠纷更多。办事员应付，颇感棘手。此问题悬了很久，未能解决。在余前任某校长举措甚严，鉴于学生如此行为，除对全体学生申斥外，并令厨子在用膳前将膳堂们关起，另开小门直通厨房，以便厨子搬送菜饭。自实行关门之后，每当下课，学生乃三三两两群集于膳堂门口。再过几天，在门口等饭的学生越来越多，初则相挤，渐则敲门，后来甚至推门打壁，最后门被打破了，一哄而入。前校长大发雷霆，查出打门的学生，各记两大过。但是问题犹未能因此解决。过了几天，依然如故。

余接事后不久，训育员即以此项问题相告。余即请训育员指导学生选举代表组织学生膳食委员会。该委员会开会时，余亦亲往参加，先指示膳食自理的好处，继说明维持膳堂秩序的需要。并主张索性把膳堂门大开。当时征询学生对于此事能否做到，据学生代表云："维持秩序，因人多不易管理。"余即鼓励他们的勇气，并担保必能做到。随即嘱学生代表每日轮派二人：一人监厨，一人在膳堂内照料搬菜，同时监视同学勿得先入膳堂。次日适逢周会，余先用暗示方法，解释团体中秩序之重要。才则点到本题，再用激励语云："以前学校把膳堂门关闭，是不信任你们的人格。现在要把大门打开，就是要尊重你们的人格。现在正好试试你们的自尊心程度如何。自明天起，在未摇铃前，大家不要先进膳堂。大家能做到么？"全体学生同声回答说："能做到。"于是在兴奋热烈的诺声之下，结束了我的训辞。到了次日，在开膳前，仍有二三学生在膳堂外探望，但见有同学代表在内，不好意思进去，回头走了。如是经过了二三天，在未摇铃以前，再没有一个人影儿踱留在膳堂的门口了。

该校的前任校长，那时已升任教育厅长，知道了这悬案解决的消息，表示非常地惊异。

（未完）

解决学校问题的实例(下)

三、参观游艺会

余主持某地师范时,该处有一县立女子师范学校。男女两师校同在一地,不免有追求恋爱及传递无名信等事件发生。当时该地风气未开,女校当局尤甚守旧,不知应用积极的教育方法,事事消极地防止,限制男生到女师访问,异常严格。女师每年秋季,例有游艺会之举。男师学生则乘女师开游艺会之机会,相牵前往,作种种扰乱秩序行为。余接事后,到了秋季,闻女师又将举行游艺会。并前几日训育员某君告余过去情形,并云女师看待本校男生,好像毒蛇猛兽一般,故本年女师对于入场券之分发,限制更严。余听训育员报告后,默不作声。至游艺会前一日早操时,余通知体育教员:整队后,且慢开始体操,先待余训话。说话大意:师范教育并不是靠书本的死教育,应该注意许多活动事业。例如游艺会等亦极重要,师范生自应去参观一下,不过"师范"学生,就是将来的教师,为人师表。故一出门,自己勿要忘掉:我是一个师范生。因为"师范"两字已经嵌在你们额上,一举一动,人家都注意的。我听说过去每次女师举行游艺会时,我们同学的秩序不佳。这是很不好的,不过依我想,这问题也许是由于两方面的误会。这次女师又举行游艺会了,我希望你们全体去看。讲过后,并问他们:"你们都有票子(入场券)没有?"他们不敢回答,余再说:"你们假若没有票子,我可以负责给你们每人一张,希望无票的同学都举手。"于是全体同学一齐举手(余明知他们约有半数是有票子的,因为他们的姊妹或同乡在女师求学)。余又继续地说下去:"我答应给你们每人一张票,不过,还要同你们约法三章:一不能占来宾座位,二只许站在来宾席后面,三无论看得高兴与否,不许作声与鼓掌。这三件事你们若做不到,明天虽然是礼拜天,却一概禁止外出,若能做到,每人准给票一张,你们能做到吗?"于是全体欢呼:"做得到!决以人格担保做到!"余讲完后,乃打电话女师送本校全体学生的票子。该校校长听了一骇,乃托词说票子已分送完了。余乃以所有情形告之,并告诉她:"假若没有票子,余不仅不能参加贵会

(她们已送余特别券一张),并且对本校学生在贵校扰乱秩序,亦不能负责,若能照数送票,明天学生来看游艺会时,余当完全负责维持他们的秩序。"该校长初尚踌躇,后来听见我坚持,才决定照数送票来。

第二天下午,女师举行游艺会,余在午前即提早用膳。膳后,独自先往女师游艺会场,坐在会场前排席次中间。后来见男师学生逐渐到来,皆站在来宾席后面,无一人占据座位。后来游艺会开幕,皆肃静观看。一直到游艺表演完毕,我校学生始终保持良好的秩序。会毕后,余辞归,该校校长送余至大门口,对余说:"本校历年开游艺会,从来没有这样好的秩序。"言时深表敬佩和谢意。

四、开放图书

余在英属海峡殖民地某岛任职某中学时,见该校旧购图书很多,都封锁在书柜内。楼上楼下走廊中共有书柜十余座。所有的书除了教职员随便取阅外,学生是没有份的。余见此种情形,感觉非常诧异,乃询诸旧同事,据云:"因无人管理,某校长深恐学生偷窃,故不准开放。"这是忘了教育的意义与责任之故。到了春假,余就利用假期,亲自指导学生将图书分类整理。整理结果,发现许多书籍或因教员取去未还,或因其他原因散失,大都皆是残缺不全,不过大部分尚足资学生之参考。整理工作完毕后,余一面向学生宣布,即将图书开放,一面请求董事会规定每月给予的款购置书籍。是项请求经董事会通过后,余即采购大批学生适用之参考及额外阅读之书籍。新书到后,连同旧书实行开放。开放的方法,是将书籍取一部分出来,陈列在出入走道的长条桌上,任学生随意翻阅,随书坊设置然(该校房屋窄隘。无图书室之设备,乃利用是项长廊,作为阅书之处。此种公开陈列办法,自今日图书馆事业上视之,可称为最新的开架式陈列法)。桌旁有椅,并可就坐阅读或抄写。陈列书籍,以一星期为期,过了一星期即更换一套,一则使阅者目接新鲜,引起兴趣,一则使学生养成把握时间与机会的习惯,盖归入书柜后,即不可借出。至于管理方面,则每周派学生二人轮值服务。先将本周内应陈列之书籍登录于簿上,每晨由柜中取出,每晚经点验后,归入书柜中。

在开放之前,余向全体学生举行一次谈话,内容不外下列三点:

(1)说明课外阅读之重要。

(2)说明学校图书学生也有充分利用的权力。

(3)提示到我们不能因为图书无人管理,即任其锁在柜内,而不想其他管理办法。

此外,余又说明此次开放之办法,并与学生约定三件事:

(1)所陈列书籍,只许在走道中阅读,一律不准携开;

(2)不准损坏书籍,或窃取图书等行为;

(3)假使每晚点验时,发现遗失了一本书,即于次日起取消开放办法。

经一番激励后,学生很热烈地拥护这个办法。这个办法顺利地实行了三星期,许多年轻活泼的学生,每天课后都拥在长廊内,孜孜不倦地在那里享受精神食粮。正在兴致高涨的时候,忽在第四星期的第一天晚上,发现遗失一书,余立即宣布取消开放办法,学生再三请求,从缓执行,余绝不应允,最后有一位学生愿意在书未寻到前,代为赔偿,余始允照常开放。自那天起,学生们开始来侦查自己,结果毫无线索,几天以后,被他们发现所失的书是锁在本校会计先生的办公桌内(该会计员是董事部代表,有鸦片瘾,反对新方法最力者)。当时校中一般老腐教员对余是项办法,多视为自找麻烦,同时对于是项新办法亦不知同情与协助,因此,使学生们更兴奋地拥护此项新的设施。

从上述几件事中,我们可以知道尊重青年,信任青年,以及善意的诱导青年,会产生很大的力量——这就是教育的力量。本人常觉得,我们办学校,遇问题必须赶上前做,勿要等问题发生后才去应付。处处要把握教育的意义,时时要考量需要做的事。看清了什么事是需要,勿迟疑地赶快去做。我们要从事实上去了解事实,要从问题中去解决问题。若是畏首畏尾怕生麻烦,麻烦越会滋生,越怕困难,困难越会加重。避免问题,绝不是解决问题的方法。

(续完)

(原载于1943年《教育通讯》)

第 三 部 分

民众教育与国民教育

民教运动中的回顾

民众教育，农村运动的热潮，震荡了全国。各地实验区纷纷成立，出版物也如雨后春笋般，应时而出。可是还有一般犹豫派，瞻前顾后地怀疑着。他们以为这种问题很大，关于政治经济，影响到整个国家计划，断非少数学者——几个书呆子——所能干得起来的。又看各地方法繁多，名称新奇，什么“小先生”啊，“工学团”啊，“学军”啊！……似乎前所未闻，一时风气使然，很难说将来有多少效果。其实我们试回顾欧洲先进国家在一百年前已有这类事业。我们也可说：欧洲各国今日之所以强盛，都从这个阶段——成人教育运动——经历过来的。我在英国爱丁堡大学读书时，教授汤森（Thomson）经常对我说：“十九世纪英国工业革命成功，全靠各大学之推广教育（Educational Settlement）及成人补习教育（Continuation Education）的力量。”把英国历史打开来一看，像我们现在所发现的一类事很多。兹节译几段在下面，作为佐证：

1811年，在威尔士州（Wals）地方，汤麦斯·查尔（Thomas Charles）等创办成人学校，一时风气大开，老翁老妇相率入校读书，街上眼镜铺生意大好，存货一概卖完。

在毛恩（Morgans）信中（1754）曾记载过一段话：“有一个老人年已七十一岁，同了其他四个年老的人，又带着几个小孩，到学校里来，学习上帝（God）一字。学校中有许多年老的学生，起头在那里议ABC，有的比较能多读一些了。还有几个家长来学校流泪地说道：“我们的小孩放学回家，问我们问题时，我们不能回答，后来还是等小孩子告诉我们，我们才知道。这样没有受教育的痛苦，实在难受。从今天起请求学校也给我们读书吧！”

当威尔士（Wales）学校开始成立（1800），有一女子没有书本，常向邻村，隔离二英里之遥，去借书。后来她步行二十八里，要到一书坊去购买，哪知道书坊里的书已售罄了，空手而归。这事被查尔氏（T.Charles）知道了，就送给她一本书，这书原来是他留给朋友某君的。这个新闻传到伦敦，于是一般成人读书更加起劲。

一八一二年二月在布里斯托（Brisiol）举行第二届《圣经》年会时，有一威尔士教堂门房，名威廉·史密斯（William Smith）也出席参加，他并很赞同如何推进成人教育，闭会后，过了几天，有一贫苦农民去访史密斯，请求给他一本《圣经》读，于是史密斯写了一封请求信，向《圣经》会董事伯罗氏（Stephen Prust，他是城中一个商人）索取一册，并请伯罗氏出资设立成人学校。后来史密斯约了两个同志，租了两间房屋，就开起成人学校来了。最初报名的二个学生：一名William Wood，年六十三岁；一名Jane Burrace，年四十岁。他们的学校并破天荒实行了男女同学。所用的书籍由富人Jhon Richards供给。史密斯每月工资有十八个先令，他也捐出三个先令来办学。开学时有男生十一，女生十人。过了十三个月，男生增至二百二十二，女生增至二百三十一。

1820年，在根史鲍洛（Gainsborongh）附近有一妇人学校，学生中有一名J夫人，她年已八十有四，常常带了一个不到六岁的小孩，坐在她的膝盖上教她识字。她态度很快乐，进步也很快。

上面几段故事，可以看出在前世纪英国成人教育运动已有那样地热烈。老翁老妪目力已不能阅书，都购了眼镜上学。七十岁以上的人还有兴趣，开始学习ABC。一般失学的家长，不能指导儿童时，自己也感觉痛苦。乡下女子不怕远道奔波，欲满足她的读书愿望。教堂的门房尚且知道成人教育的重要，参加成人教育运动，并且从他的微薄工资中提出六分之一，帮助劳苦大众读书，这样热烈的精神可算是登峰造极了。在最后一段纪事中，又可见得“小先生”在一世纪前已经出世了。怎么指为新异，怎么说是奇怪呢？

或者怀疑：几个书呆子，无势无力，怎能担当复兴民族的重大责任呢？但试回顾欧洲各国，这种先例很多。如丹麦的格龙维（Rundtving）氏原为诗人兼研究历史者，何尝有政治上的威权和社会经济上的力量呢？自从一八二九年他去英国游学后，觉悟民气消沉是在教育不自由不普及之故，遂决意提倡民众教育，居然把颓败的丹麦国家拯救起来。德国人士尊称他为“北欧先觉者”。这是一个书呆子挽救国家民族的先例。在英国，提倡民教运动者虽不止一人，其中最有名的要算格拉斯哥（Glasgow）大学物理学教授白伯克（Birkbeck）。他生性和蔼，富于感情，喜欢和下层群众谈话，为监造自己的物理仪器，常常出入于工场。他的谈话，每引起了工人的兴味。他于一八二三年竟辞却教授之职，跑到伦敦，开设了一个工人讲习所。在他为着劳苦大众普及教育起见，大胆地尝试一种新教育事业。但不久，许多企业家，看出这和工人的生产效率有关，就大家仿效起来。三十年中，工人讲习所开遍于各大都市，听讲者达十万人。这是一个书呆子从事工人教育，影响到这样大的结果。世界上许多重大事业,都由书呆子做成的。回看我国,只为缺少书呆子。南北有一句通行俗语:“秀才造反,三年不成。”可见我国读书的人都不是书呆子。现在大家爱谈“到民间去”,“知识界下乡去”。真能下乡者有几人,下乡后能工作者又有几人?

最近我看见某乡村小学教员的生活:每日下午课后,必到茶寮内吸烟喝茶,晚上也在茶寮内闲谈,直至十点多钟由校役提灯迎归校中就寝,这样成为习惯。每晨非至八时后不能起身。课程表上所有早操早会都是具文,学生课外活动更谈不到。每星期六中午即进城回家,规定的周会,也是虚设。到星期日下午,或星期一上午,然后从容下乡到校。这种情形,徒有乡村学校教师之名,而迷醉都市绅士习惯是实。究其原因,也不肯做书呆子的缘故。我国目下乡教中,此类人材不在少数。这实在是民教运动中的大障碍。

(原载于1935年《新宇宙》)

民众教育运动中之工作人员问题

十二月十二日接到教育与民众的总编辑郑一华先生第二封信，要我写这篇文字，适在我工作紧张的时候，也正感到工作人员缺乏的当儿。匆忙地，就浅见所及，把几个条件写在下面：当今人浮于事，失业问题尖锐化的时代，到了要干工作时，却又感到人材缺乏，岂非一个很大的矛盾现象吗？缺乏人材的原因，可从两方面说：一则因为人事不调匀。彼此不熟悉，不知道诸多隔膜。在这种情形之下，就有人材埋没之慨。二则因为人事不相宜。或以性质不相近，或以习惯不相同，方枘圆凿，无法容纳。前者错误在安插位置，后者贻误在学校教育。过去的教育是培养绅士阶级，造成高等游民，已无可讳言。尤其在我国社会，富于投机、做官、发财的暗示，学生离开学校，非万不得已，绝不愿坐冷板凳，干教书生涯。现在许多技士，政治家拥挤在教育界，不过当作一种过渡桥。就是研究教育者，受了环境影响，也不免怀疑与观望，对于教育事业毫无诚意。至于民众教育及乡村工作，与志趣习惯隔离过远，苟勉强从事，必无效果之可言。所以鄙见以为工作人员第一个条件，要有信仰心。信仰的方法要模仿宗教家的样子。宗教家把自己的生命事业都信托于神权，从事民众教育的人员也应该把一切事业的希望都信托在自己行的途径。过去的学校隔绝了社会，知识界离开了民众，大家在帝国主义者侵略下的都市中争逐讨生活，这究竟不是根本办法，现在民众教育运动是我国教育界惟一的出路，也是中华民族唯一的出路。工作人员具有这种信仰心，那么什么牺牲都肯去干，不再像以前那样怀疑与观望了。

到了身入民间，接近民众，生活不能悠闲，事情许多麻烦，这是难免的情况。因此工作人员往往有半途而废，畏难而退。如要纠正这个弊病，工作人员必须遇事发生兴趣。有了兴趣，凡是厌烦的事反觉得快乐，艰难的事也觉得容易了。所以第二个条件，是要工作人员对于工作有兴趣。这种修养是必不可少的。

第三个条件，工作人员要有忍难性。事无大小，中途遇到困难、挫折，差不多免不掉的阶段。只要忍耐做下去，必有成效。所谓“有志者事竟成”。当困难发生的时候，就静心忍气研究困难发生的原因，再求所以解决之道，最后一定有办法，能打破难关，解除波折的。工作从困难中奋斗出来，所得效果更有意义，且更能令人兴奋。

第四个条件，工作人员要有责任心。职权范围无分大小，事务性质不论难易，既经担任，必须负责。有人督促领导，自当按步前进；如无人监察稽查，亦应忠诚从事。假使缺少经验，起初不很在行，这是不要紧的。只要用心去干，必能尽其责任。或有忽视事小，不甘委屈大材；口唱高调，不求实际；这种观念，完全错误的。须知细事不能负责，大事更不会负责了。民教事业繁琐，热心去干，愈干愈多；规避偷巧，可以一事勿做。如果工作人员无责任心的话，简直毫无办法。

第五个条件，须有进取的精神。人生寿命很短，事业很多，学问无穷。无论天资若何聪明，资格若何老大，总不能有自满之心。所谓做到老，学到老。今天你的学说很新颖，到了明天也许很陈旧的了；今天你的工作很完美，到了明天也许人家的工作比你更完美了。古人说："君子自强不息。"必须与时代俱进，方使思想不落伍，事业也一天一天地进步。做学校教师的无进取精神，腐败思想贻害儿童，民教工作人员无进取精神，颓唐风气影响到全区民众。这事不可不注意的。

第六个条件，须有远大的眼光。有许多小事，目前看来很微渺，将来影响很大的。有许多容易的事，目前觉得很安逸，将来是没有希望的。有许多难干的事，目前进行很困苦，将来是很愉快的。人谁没有惰性，弃劳就逸，原是人之常情，惟有了远大的见识，方肯干远大的事业。出入于劳苦大众队里，施教到穷乡僻壤，不是一件极辛苦的事情吗？假使工作人员没有远大的见识，不顾到民族的前途，不念及大众的教育，谁肯下乡去奋斗呢？改良一个茶园，捕灭一些蚊蝇，不是一件很小的事情吗？假使民教人员勿放大眼光，勿考虑到这与民众生活有若何影响，与公共卫生有若何利益，那就要被忽视了。

第七个条件，要有勤朴的习惯。我国乡村的农民原来是手足勤劳的，比不得都市少爷小姐，自己的起居饮食还要使唤人做。假使民众教育工作人员把都市的习惯带到田间去，慢慢地农民受了同化，将来把我国农村社会中唯一的勤劳长处也渐渐地消落，这是很可虑的。目下我国的农民，生活朴素无以复加，万一城市少爷小姐，带了帝国主义的商品下乡，那是一件极危险的事。所以工作人员下乡之前，必须自问有否勤朴的习惯。

第八个条件，处事要谨慎，有条理的习惯。从经验告诉我们，心细谨慎，办事有条理的，极为难得。这不知道为着过去学校教育的影响，抑或社会风气所使然。民众教育是多方面的，稍有不周到之处，即生问题，如果处置无条理，不按照步骤进行，必难有良好成绩。

第九个条件，要有谦和的态度。谦和的态度无论干哪一方面的事都很需要的，而于民教工作尤为要紧。因为自古以来，劳心者治人，劳力者治于人，头脑与体力实行分家历史已经很久了。劳心者有了统治权，就居了尊贵的地位。连带关系，凡预备做统治阶级的读书人，也为社会所推崇，所谓“士为庶民之首”。近来这个风气虽渐渐有改变，但一般平民眼中总觉得学者是贵族阶级，不敢冒昧接近。身为智识阶级者，虽文字上早有到民间去的口号，毕竟为着平素居移体，养移气，生活优劣的关系，不愿与劳苦大众为伍，或竟有轻视平民的心理，在这种痕迹不能消灭之下，民教工作人员的态度若是不十二分谦和，要想接近民众是不可能的。

第十个条件，要有相当的学术。学术范围很大，于民教特别要注重的约有三类：(1)公民常识。民教的工作人员是民众的师友，民众所有争执事端，必须出任排解，如涉于法律者须能解决判断。(2)科学常识，凡担任民教工作人员，对于自然界问题须能相当了解，随时对民众解释，可以破除一切迷信。比如风雨雷电是什么一回事；日月运行，关系于昼夜气候潮汐怎么样；流星怎么会发现的，与人类吉凶休戚毫不相干。牛羊瘟症，人类疾病，是由微生物作祟，应该用什么方法防御和医治。种植改良应用什么方法，蚕桑改良应用什么方法，一切都非神权支配，人力可以胜天。(3)社交的技能，工作人员能招来民众，能吸引民众，才是一等本领。这个本领非是理想所能做到，必须有相当的技能。如语言流利，会说笑话，会唱普通歌曲，会演剧，会说书，会变几套戏法，又能会起草应用文件，会书楹联大字等。

最后的条件，是要有健康的体魄。民教事业毕竟是劳苦的工作，体质稍差的人要支持不住的。去秋我往北夏参观，该区多数职员是在病中（见《苏声月刊》第一卷第五号）；今年我们举办乡村教育实验区，没有下乡之前，许多学生兴致很高，到了后来实行下乡，途中须经乘数十分钟的肮脏货车，既没座位，又很颠簸，几个文弱分子就退缩下来，不敢再尝试了。在工作的时候，体魄康健与否，也很有关系，比如精神充足，举动活泼，视听灵敏，声音宏亮，记忆力富强等要点影响工作效能很大。

总之民教的责任无止境的，从事民教的人员，不单是要做，而且要想出来做，找出事来做。如果都做现成的事，或俟事情发生了，不得已时才做，这样的事可以愈做愈少,到后来就没有事可做了。有许多事看看很小,做起来却很大了;有许多事看看无问题,做起就很有问题了;有许多事预料很难成,做起来倒很容易的。所以有做而无想,是做不通;有想而无做,也行不成。例如:我们这回在龙眼洞实验区开办民众学校,筹备时,那个乡村小学校长告诉我说,他以前也在那里办过民众学校,可是招不到学生,所以后来取消了。我听了这话,不犹豫地回答他道:“现在我们要办的民众学校,与你们所办的性质不相同的。”当时听我说话的人,好像怀疑样子。后来招生办法一宣布,第一天报名人数即超过我们所假定的最大学额,第二天已超过了二倍,第三天后竟超过三倍以上。可见事前过虑,是不足信;只要下决心去干,成事不难。这是我们民教运动中工作人员不可少的勇气。

(原载于1935年《教育与民众》)

推行民众教育培养民众自治能力

“自治”两个字闹得我国老百姓已经头痛了。让我先把过去和现在各地办理自治情形举几个例吧：

譬如调查户口，是办理自治最重要，而且是最先着手的工作。但是看看各地调查户口情形，实在滑稽得可笑。县政府奉到上峰的命令，就转令各区长(区长没有设置以前，县令各区董事)，区长转令各乡长，乡长转令各村长，村长无下属人员，只好派了人会同乡警，拿着户口簿，按户查问。老百姓见到公事员踵门，总以为是倒霉事情；不是逼粮，就是勒捐，心理与态度上已极不自然了。听到要调查人口，暗忖一定是为抽编兵役，或按口纳税等勾当。于是以多报少，以男报女，年龄亦不肯实说。在调查者原来是为应付公事起见，也未明了清查户口有什么用，对于户口多少，状况确实与否，满不在乎。这样跑了数处，一半凭空口询问，一半由臆想估量，草草填就，呈报塞责为完事。还有老资格的，竟虚空填报，闭户造册。好在县政府也为应付公事起见，谁耐烦去追究这个。照理清查户口以后，即可编定户籍，执行户籍法，随时填明人口生死异动，从事统计，明了实况，可为举办地方事业的根据。依照户籍法：人民生死异动有呈报之义务。这话说来本很简单，在欧美各国没有什么问题。可是在我国人民没有了解，且不承认有这种义务，于是就大生问题了。所以第一步调查手续即使很准确，假使人口生死异动没有呈报，没有方法填明，过了数月，那户籍册完全没有用，不可依为根据了。况第一步调查手续没有做好，第二步呈报办法又无法实现，这种户籍除应付公事，作官样文章外，毫无其他用处。现在户籍的附带品，“门牌”，不论大家小户，到处都有了，甚至穷乡僻壤，一间小茅屋门上也照例钉着一块蓝珐琅白漆字的门牌。多数农民不知道自己门牌上有些什么字，只认它是个敲竹杠东西，花了几毛钱换来的。一般做县长和公安局长生财有道，常常假端改编门牌，因改编一次，至少可赚几千块钱。

办保卫团是地方自卫的一桩重要事情。试看各地方办得怎样呢？这段公事也是因县政府奉到上峰命令，而且催迫很急，不得不办，于是转令区公所,由区公所转令乡村长。乡村长起初观望,希能延宕下去,后来因训练班长由省方派下来了,不得不挨户勒捐,开始招募。安分良民谁肯来应募这个?所以招到的无非是地痞、鸦片鬼。乡村长感招募之困难,同时急中生智,用种种推托之辞敷衍班长,以不足额的几个鸦片鬼交班长训练,而大半额饷分肥私囊。班长起初很想规定钟点上操,后来看看几个鸦片鬼,无法训练,乐得挂着空名领饷,吃着饱饭游散,好在"天高皇帝远",在乡间没有人知道的。某县县长某是个师长出身,他对于军事较有兴趣,故办保卫团特别认真。一次亲自往各乡检阅保卫团,某乡原来保卫团实额只有几个鸦片鬼,聪明的某乡长闻得县长要到了,不慌不忙地跑到茶馆里宣布道:"县长快要来了,请你们出来站班点一点卯,每人发给饷金两毛。"农民正在闲空着无事,听到这个消息,谁不愿意起来答应呢?除掉几个年老者不参加外,总数有二十余人。于是由班长发号施令,整了队伍,等待县长到来。一会儿县长来了,检阅一过,看见二十余个强壮农民,精神饱满,大为得意,满口称赞!后来回到县署,又特别传令嘉奖某乡长办事热心认真。

整理土地问题,也是举办自治时一桩要务。据建国大纲第十条上说:"每县开创自治之时,必须先规定全县私有土地之价,其法由地主自报之,地方政府则照价征税,并可随时照价收买,自此次报价之后,若土地因政府之改良,社会之进步,而增价者,则其利益当为全县人民所共享,而原主不得而私之。"这条文的重要意义,是要核定地价和整理地税。我们如果要实行时,必先要测量土地。因为现在各地方的田地界址不清,丈尺面积不明,业权无从确定,地税漫无标准,或竟遗漏。某县向来是粮不跟土,地税之混乱,不言而喻。县党部在筹备地方自治旗帜之下大喊其清丈口号,在意义上自然是无理由可反对。于是在地方经费万分拮据之际,遂举了外债,设立清丈处,开办清丈训练班。这个大机关成立了,当然有大批人员可以安插,并且有大宗经费可以活动。处主任一职,党部方面和县长方面都视为一个肥缺,党领袖和县长明争暗斗地冲突了几回,结果还是被县长夺去。不到两年,县长增添了几万私财,最后被党部弹劾了,撤职而去。新县长到任,对于清丈处主任之职和党领袖谦让数次,后来请示上峰,由省方派人充任,但是经费仍由县府经理支配,暗中与党领袖有一种特别契约,自此相安无事。处内职员增至五六十人。丈量方法,并不问明业主,任意填写,甚至错乱颠倒,无奇不有,因欲业主请求复丈,即可增加复丈费之收入。又同一业主之一块田地,往往裂绘成三四图,或至五六图者,因每张图照须缴银两元四角,图照愈多,缴费亦愈大。某处丈绘完毕，即限人民依期到处缴费领照，如有延期，即直按派处丁拘捕。违法骚扰至于此极，试问这种筹备自治工作，人民还敢领教吗？

办理保甲是自卫组织一部分的事情，也是健全自卫团体的组织的基本工作。现在各地都在那里办保甲了。办理的方法是怎样呢？由区镇乡公所圈定了姓名，印成了“保长办公处”“甲长办公处”字条，然后派人依照圈定的姓名的住家大门上一贴，就算保甲长产生了。有许多人自己做了保甲长，还没知道，听了人家说后，跑到自己大门前一看，才知道有这回事：因为许多人家，平时不开大门，例由侧门或后门进出的。

现在各地正在那里盛行合作事业了，什么运销合作、信用合作、庄仓合作等等。据我们调查所知，多数是为点缀门面，纸上数目字填得好看，实际无益于大多数农民，尤其贫农享受不到什么利益。所谓运销合作，往往被少数人把持；信用合作，在多种条件之下，无产阶级不能借款的；庄仓合作，只有一个空房屋，遇县政府派人下乡调查的时候，各农家分别将家中所有谷豆高粱搬到仓库内，做个模样儿，调查人走了，各家就分别搬回，纸面报告的数目，谷若干石，豆若干石，高粱若干石，完全是欺骗勾当。

上面所举的例，自然不敢说各地都是那样。但敢说：多数是有相似的情形，少数的实验区，或有例外。研究一般的弊病，都是从上至下，不是由民众自己发动；而且在发动的上层，又注意于表面，文字报告，或统计的数字上。这样的自治，再办一百年，也不会有成绩的。试看我国办理自治已有二三十年历史。时代已变了几个，方式口号已换了好几套，可是实际老是在原范围内兜圈子，不从根本上着想，没有找出的症结，民众都是被动，怎样教他们自治呢？

我国办理自治的历史，发动在前清光绪三十四年。仿效日本的办法，颁布市城镇乡地方自治章程。其事业的范围，有城镇乡的学务、卫生、道路、工程、农工、商务、善举、公共营业。其组织分为两部：一议决机关为议事会；二执行机关在城镇为董事，在乡为乡董。到了宣统元年，又颁布府厅州县地方自治章程，也是抄袭日本条文的。民国以后，袁世凯重新于民国三年颁布一种地方自治试行条例，将满清的二级制改为一级制。洪宪以后，内讧迭起，各地自治都告停顿。只有山西一省在阎氏指导之下，做些自治工作。山西的办法，凡满三百户以上的为主村，选举村长一人，村副三人或四人，看事务的繁简，决定人数的多少。村长村副要择品学财力兼有的，由村民投票公举，不满三百户的叫作散村，举村副一人或二人，划分数散村，归一村长管辖，叫做联合村,所以一村长往往有管辖数个联合村的职权,以各村副辅助之。主村散村的下面,凡二十五家为一闾,举一个闾长;五家为一邻,举一个邻长;闾长邻长受命于村长村副,村长村副之上,还有区长。分区的多少看县的大小而定,县大的分为五区,县小就分为四区,各县设区公所,区长受县知事的命,管理一切公务。到了民国十七年,国民党握了政权,南京立法院的颁布各种地方自治条例。十八年又颁布各省市地方自治法规,如县组织法、县组织施行法、区自治施行法等。十九年修正公布上列法规外,又公布市组织法,修正公布乡镇自治施行法,乡镇坊自治职员选举及罢免法,乡镇闾邻选举暂行规列等。二十一年立法院修正通过县参议会组织法及县参议会选举法等。在法规上看来,二十多年自治历史似有些进步,但在实际上观察,靠自治吃饭的人仍多,地方被剥削愈厉害,人民怨恨和畏权之心愈深刻,这样欲谈自治,真是反其道而行之了。国民政府对于自治的公事不可算是不尽力了,如内政部拟定的训政时期完成县自治实施方案分年进行程次表,经中央第207次政治会议通过,由国民政府行政院饬遵,在六年以内,按照自治工作的缓急轻重,以定实施的次第。十八年份为第一期,十九年份为第二期,二十年份为第三期,廿一年份为第四期,二十二年份为第五期,二十三年份为第六期。该表内容,共分九大纲领:(1)厘定自治系统;(2)储备自治人材;(3)确定自治经费;(4)肃清盗匪;(5)整顿警政;(6)调查户口;(7)完成县市组织,训练人民;(8)初期清丈土地;(9)举办救济事业。现在六期的方案早已满期,回头试看各地自治办得怎么样呢?训练自治人材的机关,各省开设来已几年了,大批的毕业生已派往各县,委任区长等职,区长的年龄多数没有满二十五岁,论其智识,最优的不过初中程度。而到了地方上,进了区公所,发号施令,俨然一个小衙门。如何勾结权要,如何组织党派,如何舞弊谋利,却不学而能。地方人士见之莫不嗤之以鼻,或骂其乳臭未干,或羡其幸进之速,或恨其招摇骚扰,鱼肉农民。自治意义何在?除掉公文上名称外,谁都不能了解吧。

我们要办理自治,应先明白它的原理和来源。地方自治这个名词,在英文中为Local Self-government。德国公法大家格莱斯脱(Budolf von Greist)在其著作中所下的定义是:"遵照国家的法律,以地方税支付费用,而以名誉职员办理的地方行政。"格氏是研究英国制度最著名的一人。德国大部分的地方自治制度,乃是参酌英国而来的。日本学者清水澄在他著作中说:"自治云者,公共团体,以自己的机关,处理属于团体以内之行政事务是也。"日本《城镇乡制》上说:"定地方之制度者,在使地方分任政府之事务,使人民参与之,一以省政府之繁冗，一以使人民各尽本务，政府惟握政治之大纲，授以方针，而举国家统驭之实，人民当分自治之责任，以起专谋地方公益之心。”又说：“故欲依分权主义，以行政事分任于地方，使国民负担公共事务，以全自治之实，则技术专门之职或常职之职务而外，概当使地方人民各为名誉，不求薪俸以担任之，是为国民者应尽之义务，与役兵之原则同，而更进一步者也。”我国内务部所编之《地方自治讲义》里说：“自治云者，非国家之直接行政，乃于国家监督之下，由地方团体依其一己之独立意志，而处理其一己之事务之谓也。”近冷隽君著地方自治述要里说：“地方自治是地方公共事务，依据国家法律，由代表人民公意的机关的议决，而由执行机关处理的意思。”

欧洲自治学说大别为两派：(1)英国学派，是主张重人而不重团体的。德国仿效之，日本因德国而摹仿之。(2)大陆学派，由法国所创始，其主张以团体为重。详言之，就是以团体本身为主，对于国家主张独立自谋的意思：一方面要求个人政治上的自由，一方面又要求地方团体在政治上同样得到自由。并以地方团体离了中央政府的指挥，而为行政上的主体。

欧洲自治发端，是有几种背景。第一要算是民权思想的鼓吹。如英国的洛克(Locke)、法国的卢梭(Rousseau)、孟德斯鸠(Montesguieu)等学者，因鉴于当时专制政治的凶酷残暴，对于人民的压迫日甚一日，于是著书立说，灌输民权思想，提倡民主革命，因此，有德模克拉西(Democracy)之产生。由他们少数有名学者努力鼓吹，人民的智识也日渐增高。而洛克的学说，便影响美国的独立；卢梭的主张，便种因于法国的革命。卢梭所著的《民约论》(*Le Contrat Social*)和孟德斯鸠著的《法意》(*De Lesprit Des Lois*)实掀起欧洲解放政治革命的大风潮。

《法意》中说：“政府不滥用权力，然后才有政治上的自由。若是一个独操大全，必致滥用权力，……若要防止这种弊病，必须使各种权力互相钳制。……无论什么政府，都有三种权力，就是立法权、行政权、司法权。……立法权和行政权若归一人掌管，或归一个团体掌管，就不自由。……司法权若和立法权行政权不分立，也不能自由。”

《民约论》中说：“人们生来就各有自由平等的权力，昊天何尝在人的上面又造出人来？其所以有人上人，乃是后人特别造成的。社会发生的时候，人己之间，并没有一点儿繁累，也没有过去的历史，也没有传说口碑，各人都是享有自由平等的……”又说：“社会原是由各个人相互的契约而成的，是依公众的意思来保护他生命财产的，这个意思的表现，就是法律。社会的统治权，在于人民全体,国王毕竟是人民的公仆。"

两部名著,一方面攻击专制政治之横暴,一方面尊重个人之自由和权力,对于人民自治之真义,已阐发尽致了。

第二要算是英国的工业革命(Industrial Revolution),影响于自治的发端。十八世纪以前的英国,她的工商业原是落后的,而且一切权力,都操在基尔特(Guild)之手,像使用材料、制造式样、招收工徒、买卖范围等,均须依照行规行事,不许在行规以外去自由经营。但是,后来因商业上有所进步,她的工业上也跟着起了变化。这变化之所以发生,其中自有原因,而法国尼德兰(Netherland)新教徒的渡来,却是一个关键。这些新教徒们,不是精巧的纺织工人,便是巧于制造五金等类的工匠,所以他们一到英国以后,不但改良了英国工业品的货量,而且使英国的工业制度也发生变化。工商业上既有进展,原有工商制度是非改变不可,而那种陈腐不堪的基尔特独占制度之不能适用于工商业,自无疑义。因此经营自由的观念,便深入于工商人的脑海,而产业革命,亦由此而起。产业革命一起,工商业勃兴;又以机器代替人力,破坏了家庭手工业,人民纷纷相率奔入都市,资本渐行集中,资本家的权威,一天显著一天,而人民的痛苦,也一天厉害一天;于是人民屡次请愿,要求改革政治。到十八世纪末叶,英国国会才把旧式的贵族制渐渐改为人民代表制。至1822年,又因工商业发达,酿成了国会议员扩充的议案。

第三是因国内君主贵族的专横,促进自治的速成,可举法国为例。法国在革命之前,特权阶级在政治上、经济上、社会上都有特权,有优越的地位,有雄厚的势力,和有广大的土地(约占法国全领土的三分之二以上)。他们的土地,又获得免税的特权,所以他们拥有极大的资产。他们的自奉是很奢侈的:出门便坐轻车,居家专事淫乐。他们对于农民是很残忍的:凡一切不道德、不人道之事,无所不为。下层民众,除纳国家种种重税之外,对于贵族须纳贡税;对于僧侣须纳什一税;并且还要服徭役,纳盐税;甚至贵族应纳的人头税,下层民众亦非代为支付不可,偶一拒绝,便不能保全生命和财产。下层民众因受了种种的剥削,自然他们的贫穷达了极点,家里没有一点儿余积,遇着丰年,还可以有黑面包充饥,一遭灾荒,便无法度日。据史书所载,革命前数年,因连岁凶荒,饿殍多至六百余万。某僧曾说:"连年饥馑,已达极点,小民所食,等于牛猪;饿殍之多,有如苍蝇。"这种悲惨情状,人民怎能长久忍受下去?自然除了以革命的方式而力争人民自治之外,是无路可走的了。这是法国自治发端的背景。

我国社会向无贵族阶级,偶有少数绅士田主专制,亦远不如欧洲之甚。况据调查,全国自耕农多于佃农。妄以欧洲社会问题来例我国,正如张冠李戴之不相称。辛亥革命,不过是少数智识阶级的民族革命,可算与多数农民无关。所以一直到现在,无论南北,我们跑到乡间,与老农谈话,他们都说:"正命天子不出,天下无太平之日。"这种民意,试与法国的革命和美国的独立运动相比,岂不是天差地远了。总起来说,凡引发欧洲各国自治的条件,在我国都没有。孙中山先生的主张宣传,好像与英国的洛克和法国的卢梭鼓吹民权相似,但人民智识与社会阶级条件不相合,所以很难有成效的。现在各地民众,上受军阀官吏之压迫,下被党棍土劣之敲诈;丰年则遭兵匪之杀戮,凶年则作饥莩饿鬼;残酷悲惨,宛然是法国革命前情况,所以与欧洲第三个背景要接近了。

我国之自治运动,另成一套,不是由民众引发,由治人阶级在那里活动,充其量不过演成官治、绅治而到党治。中山先生说:"如全国人民不能自治,总是要靠官治,中华民国便永远不能成立。"这话意义何等深切!官治不能称为民主;由官吏办理的假自治,也同样不能称为民主。真自治一天不能实现,即真民国一天不能成立。现在所称的民国,不过是个名词罢了。

什么叫做官治?国家的官吏是代表君主或政府的行政,所以官吏心目中只是顾到君主或政府的利益一方面,而不顾及人民的利益一方面。至我国的官吏与外国又有不同之处:数千年愚民政策,无为而治的主义传下来,做官的只知享淫乐,而不知有政治工作。他们唯一的责任,不过传达命令,敷衍公文罢了。凡是衙署内的人员既不需要学说,又不需要技术,只要挂名领饷,饱食终日,无所用心。如果他们不苛征暴敛,就算是好官。所谓"两袖清风""草生庭除",这是歌颂德政的话。至于他们对于增进地方幸福的直接目的的行政,简直没有梦想到;如今要他们领导人民自治,如何能办得到呢?况且就理论上讲:官治的构成分子为官厅和官吏,自治的构成分子为自治团体和自治员;官治是集权的作用,自治是均权的作用;官治是人民为被动,自治是人民为主动;官治是专制的表现,自治是民治的基础。两者显著不同,很难混合调和的。

什么叫做绅治?地方上耆老,有学识、经验、德望、财产的人,由人民公意选举出来,充任名誉职,办理地方事务,这是理想的绅治人选。可是事实没有这样顺利,一则因地方上这些理想的人材很少,二则因我国人民对于公家事业向抱消极态度,良善的百姓却都放弃选举权。在这种客观条件没有看清楚的时候，凭着理想，欲实行自治，恰巧被地方土豪劣绅趁机把持地方事业，假借自治机关，作个人敲诈和鱼肉的工具，以前袁世凯时代，各省试办自治，就是这种情形。地方事业被少数劣绅把持，多数民众反处于被治地位。绅治的失败可以作前车之鉴了。

民国十七年，中国国民党掌握有全国政权，各地党部同时成立，在党权高于一切旗帜之下，各地方官厅行政惟党部之马首是瞻。十八年三月国民党第三次全国代表大会，通过“确定地方自治之方略及程序以树政治建设之基础”一案，于是各地遍贴促进地方自治之标语，指导责任完全由党部负之。以理论上讲，党员是有主义的，服膺中山先生之主义，照建国方略，领导民众，实行自治，再妥当也没有了。但是理论一回事，事实又是一回事，这是无可讳言的。绅治不及官治，这治不及那治，结果不得不令人失望。最大原因，地方党部的分子，尤其是小地方的党员，不能得民众的信仰；不但不能得民众的信仰，而且不少是民众鄙恶的人。他们难免不有在几年前是小学或初中的开除生，或是退学生；或在某乡村小学做过腐化教员；或竟是闲荡分子；一旦投机，骗得党证，大施其活动手段，事权到了手时，以一己利益为出发点，借着党威，一往直前，毫无顾忌；并因少年得志，欲念勃发，赌博鸦片，相连并进，挥霍结果，贪污更烈。莫怪民众咒恨党棍，甚于劣绅，重于污吏了。神圣的地方自治事业，一蹂躏于官吏，再蹂躏于劣绅，三蹂躏于此种分子，还有什么可说呢？

我们以后只有转换方向，须知地方自治是为民众的，就应该从民众本身上着想。冷隽君说：“要想地方自治彻底的成功，必须普及教育，使人民在主观的意识上，自动的认识地方自治的意义，必须增加生产，使人民在客观的环境上，自动的感觉到地方自治的需要，然后地方自治，不待政府的协助或志士的倡导，自会由人民举办起来。”（见《地方自治述要》197页）这话是很确切的。我国文盲在百分之七十以上，大多数民众，没有了解自治的意义，并未感觉自治的需要，徒然从旁下手，自上加力，在这种贪污政治之下，适被少数恶劣分子利用投机，这是有弊无利的。培养人民自治的意识，使地方生产增加，然后使发动自治的主观和客观条件具备，可说这两种都是教育的力量。林众可君在其所著《地方自治的精神》中说：“要使地方自治实行，非先开发民智民力不可。”谈自治的往往把教育置于最后阶段，实是大错误。要认明自治的主体是民众，若要培养民众自治能力，必先推行民众教育，方是根本办法。民众教育普及了，文盲能扫除了，民众对于自治的意识不待宣传而会有的。

赵如珩君说：“无论哪一个人民负了一份国家政府的义务，就应该享受其国家政府所给予的一份权利,这是天经地义的道理。”(见《地方自治之理论与实际》)。我国目下人民最需要的莫如教育,他们对于国家政府既尽了纳税的义务,国家应该给予他们享受这个教育权力无疑,中央对于全国教育之推进,好像也很用心,屡次有议案提出并且有教育方案发表。但各地之初等教育经费一欠再欠,一减再减。每遇地方教育经费困难时,则先将社会教育经费缩减,或竟停止发放,这岂不是一个大矛盾吗?目下中央又在厉行义务教育了。所谓义务教育者,青年与成人是没有份的(有人曾提议,改为“普及教育”)。目前青年与成人既没有教育享受,怎样引发他们自治能力呢?所以为实行自治的立场,急宜推行民众教育。然我所谓民众教育,不是以目前的民众教育馆和民众夜校为限。民众教育(The Education of Masses),是整个民众的教育,其大目标有二:(1)提高民众意识;(2)增进人民生产。对象包括儿童青年成人妇女。

希望当局下个决心,把现在所有的学校改变一下,如造成高等游民的大学,可以停办起来。所有地方骈枝机关一律取消。只会敲竹杠,不会为民谋利的各种机关可早裁除。然后集中经济力量,推行一种普遍的短期民众教育。三五年内把全国文盲扫除,智识提高。民众自治能力就可培养起来,民治的基础就可达到了。所虑者:当今权要还没有十分了解民治真义,不肯给人民自由,或者心中老是怀着“民可使由之,不可使知之”的念头,而作其他之企图,那就要发生很大的阻力。其次只有希望社会人士,齐心合力,大家起来提倡民教,积极地增加我民族一些力量,使保存一些元气,庶几乎在此万劫不可收拾之厄运下,作最后的生命挣扎,中华民族复能留存于世界上!

二四,十二,六,邹平

(原载于1935年《教育与民众》)

民众教育的动向

民众教育这个名词产生不久,已被人误解了。考其误解原因,不是在民众教育的本身,却受了过去历史上传统观念的累。前清末年,已有宣讲圣谕广训的变相,巡回讲演团的组织。民初不痛不痒的通俗教育,又深深地印入一般人的脑筋。到了民国七年,欧战方酣,大批华工赴法工作,担任华工翻译的留学生,曾经一度试验劳工识字教育,大有成效。于是国内的平民教育运动就此发轫。接着民国八年,"五四"运动簸荡全国,各地中等以上学校学生纷纷起来组织平民学校。所谓平民学校者类多夜课,只限于教室讲授,课程以平民千字课为主;招收学生虽以失学儿童为对象,但结果多数在学儿童掺杂其间。这种平民学校的历史有十年之久。一直到民国十六年,国民革命军到了南京,行政机关改组,教育学者依据孙中山先生遗嘱"……唤起民众……"的话,注重社会教育,提倡民众运动,改名"社会教育"为"民众教育"。"民众教育"这个名词就此产生。十七年,北伐军统一华北,第一次全国教育会议,通过实施民众教育方案,于是民众教育运动更是弥漫全国。最近一二年来,各处民众教育的研究与实施更加精审与彻底,早已与以前的"通俗教育""平民学校"改皮换骨。就是中华平民教育促进会从十五年起,在河北定县划为实验区,从事社会调查,研究改良种子,推行改良农具等工作,早已改换了平民夜校的面目。

到了十六年,陶行知先生以教学做合一的口号,在南京东北晓庄地方办了一个晓庄乡村师范,就引起了全国知识界着眼于乡村教育的动向。十八年起,江苏无锡省立教育学院,设立乡村民教实验区。二十年,梁漱溟先生在山东邹平,假政治的力量,组织了一个山东乡村建设研究院,呐喊着"民族自救运动",自此民众教育与乡村建设就混为一谈。自然,民众的意义,是指全民的,农民既占民众的大多数,而且我国农村社会数千年来没有进步,文化幼稚,生产落后,经济崩溃,秩序混乱,种种严重形态暴露的结果,使全国从事民众同志,不约而同地倾向于农村方面。梁先生说过:"乡村有办法,中国才有办法。”试看：中华职业教育社所办徐公桥等乡村改进区；无锡教育学院所办黄港和北夏实验区；金陵大学与政府合办之鸟江实验区；燕京大学所办之清河试验区，以及其他各地所办之乡村实验区，等等，其名称与办法虽各有不同之处，论其趋向总是一致的。兹为明了起见，再把江恒源和梁漱溟两先生所发表过的原则和目标，写在下面，以资参考。

中华职业教育社订的农村改进工作原则：(1)经济，教育，及组织三方面，必须联合发展；(2)中心问题不妨因地而异，不过总须注意教育；(3)深入民间；(4)居辅导地位。

山东乡村建设研究院的工作的目标：(甲)研究实验中国乡村社会现在所切需且其所能有之组织方式。(乙)启发乡村自救意识。(丙)倡导知识分子回乡运动。

综合他们的要旨，都是以教育为中心，建设乡村为目标，倡导知识分子深入民间为手段。因此整个民众教育的动向，从侧重农村，而趋于教学做合一了。

到二十一年底，陶行知先生等又在上海创办“工学团”，他们的主张列为七条：(1)社会即学校，(2)生活即教育；(3)相学相师，会者教人，不会者跟人学；(4)先生在做上教，学生在做上学，教与学都以做为中心；(5)在劳力上劳心；(6)行是知之始；(7)与大众共甘苦同休戚，以取得整个中华民族之出路。

陶先生解释“工学团”道：“工是工作；学是科学；团是团体。说得清楚些是：工以养生，学以明生，团以保生。”又道：“团不是一个机关，不是一个工学的机关。假使它只是一个工学的机关，那便成了一个半工半读的改良学校而不是工学团。”这个办法，简直把形式的学校已经打破，实行“教学做”合一的生活，更加彻底，更加切实。那么和以前的平民夜课相比，每星期在教室内教几个数目，唱一二个歌，识几十个文字，相去不知几千万里。

本年上季，听说邹平也已采用陶先生的“小先生”办法，组织了“学军”。本季，中华职业教育社在上海西南吴家巷地方，试办“农村民众教育场”。所以最近民众教育的动向，要把班级的教学废除，并把形式的学校制度打破，这实在是整个教育的出路。因为过去的教育已成为形式的躯壳，与现实社会隔离太远了。我国自从废掉科举，仿效欧美，创立学校，以为列强的教育方法进行于我国，我国不难达到列强的文明。岂料学其皮毛，失其本真，咀其糟粕，而遗其精华，结果学科成为洋八股，学制变为新科举。失败的证据，有三十余年历史在，我们此刻也不必赘述了。论到教育，不比其他科学，或者可以一个人在研究室内研究，一个人在实验室内实验。又不像那研究国粹，在蠹余残简中寻古训，字纸簏内觅考据。教育的书本即是民众，教育的研究室即是社会，教育的实验室即是工厂和农场。教育不能须臾离开民众，也不能一刻抛弃社会。教育因生活而产生，无生活即无教育，生活之外更找不到什么教育。所以教育跟着生命而来，随着生命而去；不能限于年龄，不能限于阶级。人类不能离开劳动生产的集团，教育也不能离开劳动生产的集团。从做上得到学，从学上可以教人，从教上又可以得到学。教育的范围有这样大，只有“生活教育”或“民众教育”才可概括。

但是还有一些人疑惑，以为民众教育不是在正统教育范围内，是片面的，是附属的，是一部的，比于欧洲之补习教育（Continuation Education）和成人教育（Adult Education）相似，其机关不过为日曜学校（Sunday School）、劳动学校（Labor Institute）、大学推广部（University Extension）、巡回讲演团（Local Lecture System）以及其他教育公社（Educational Settlement）之类。这种错误见解，一则受了欧洲教育历史旧观念所致，一则由于所谓“正统”“非正统”封建思想作祟。其实我们现在所谓：“民众教育”，是“Education of the Masses”。民众教育可以概括原有的学校制度，原有的学校制度却不能包括民众教育。苏联政府成立后，即把教育系统改革，儿童教育与成人教育融为一炉，能于十年之内把全国68%的文盲扫除。假使他们不提倡民众教育，哪里有这样成绩呢？苏联的教育系统图如下页。

梁漱溟先生曾在《教育与民众》第五卷第一期发表社会本位的教育系统草案，他的根本见地有三：（1）学校教育社会教育不可分；（2）教育宜放长于成年及于成年乃至终身；（3）教育应尽其推进文化改造社会之功用。

戴自俺、方与严两先生在《生活教育》第十三期内发表一教育系统比较表如下。上面举的例子，并非代表少数人，或一部分人的意见，可以说能代表大众人的主张，也可以说是全世界教育的新动向。所以民众教育的洪涛正要席卷那学校的系统，哪里有暇等待人来提议，修改原有学制，容纳民众教育的地位。若是民众教育与定式教育名词相对立，毕竟是不彻底的话。总起来说：民众教育不仅限于识字教育，课室内教学。教育不某一阶级所独有，在某种条件之下所特享。教育不应在年龄上限制，分什么老幼与尊卑。教育不必责成政府，民众应该自己起来学，自己起来教吧。

苏联的教育系统

<table>
<tr><td colspan="5">儿童与青年</td><td colspan="3">成人</td></tr>
<tr><td>0–3</td><td colspan="4">婴儿教育</td><td colspan="3" rowspan="2">识字学校</td></tr>
<tr><td>3–8</td><td colspan="4">幼稚园 婴儿园</td></tr>
<tr><td>8–12</td><td colspan="4">劳动学校（初级）</td><td colspan="2">成人学校（初级）</td><td>政治识字学校</td></tr>
<tr><td>12–15</td><td>劳动学校（中级前期）</td><td>职业学校</td><td>青年工人学校</td><td>青年农人学校</td><td rowspan="2">工人学校</td><td rowspan="2">成人学校（中级）</td><td>政治学校（初级）</td></tr>
<tr><td>15–17</td><td>劳动学校（中级后期）</td><td colspan="3">职业专科学校</td><td>政治学校（中级）</td></tr>
<tr><td>17–22</td><td colspan="4">大学</td><td colspan="3">政治大学</td></tr>
<tr><td>22–</td><td colspan="7">研究院</td></tr>
</table>

注意：右方年龄，与成人教育无关。

生活教育与定式教育比较表

<table>
<tr><th>（生活教育）</th><th>（年龄）</th><th>（定式教育）</th></tr>
<tr><td>进棺材才算毕业</td><td></td><td></td></tr>
<tr><td rowspan="13">活到老
做到老
学到老

青年工学团</td><td></td><td rowspan="3">定式教育完结</td></tr>
<tr><td></td></tr>
<tr><td></td></tr>
<tr><td>25</td><td rowspan="3">研究院</td></tr>
<tr><td>24</td></tr>
<tr><td>23</td></tr>
<tr><td>22</td><td rowspan="4">大学教育</td></tr>
<tr><td>21</td></tr>
<tr><td>20</td></tr>
<tr><td>19</td></tr>
<tr><td>18</td><td rowspan="6">中学教育</td></tr>
<tr><td>17</td></tr>
<tr><td>16</td></tr>
<tr><td rowspan="3">少年工学团</td><td>15</td></tr>
<tr><td>14</td></tr>
<tr><td>13</td></tr>
<tr><td rowspan="13">幼儿团</td><td>12</td><td rowspan="6">小学教育</td></tr>
<tr><td>11</td></tr>
<tr><td>10</td></tr>
<tr><td>9</td></tr>
<tr><td>8</td></tr>
<tr><td>7</td></tr>
<tr><td>6</td><td rowspan="7">定式教育开始</td></tr>
<tr><td>5</td></tr>
<tr><td>4</td></tr>
<tr><td>3</td></tr>
<tr><td>2</td></tr>
<tr><td>1</td></tr>
<tr><td>两个细胞在母体里成功一个有生命的东西的时候</td></tr>
</table>

（原载于1934年《教育研究》）

急需的工作

时至今日,危难已迫眉睫,谁也不能再因循坐误,袖手旁观了。从事民众教育的同志们更应放着胆量,负着仔肩,以谋民族之自救。急需的工作,可分三方面说:

(一)关于训练民众方面

第一是队伍的训练,包括集合、纪律和秩序等。第二是武术的训练,包括拳术、大刀和枪炮等(枪械不能普遍办到,至于经常的健康教育,如欧美式的球类运动,亦非我危难的民族所得享受的了)。第三是救护的训练,专指临时急救工作。第四是技术的训练,又分为四类:①制造军用品;②制造防护品(如面罩等);③制造日用品;④制造粮食等。

(二)关于组织民众方面

第一传报消息的组织;第二运输粮食的组织;第三储藏粮食的组织;第四维持币制信用的组织;第五挖掘地道、地窖的组织;第六维持交通的组织;第七建筑临时道路的组织;第八消防的组织等。

(三)关于启发民众意识方面

第一要有简单明了的目标——认清敌人;第二提示切身的利害——大局至此,只有民众自己联合起来,谋解放自救;第三引证实例——试看阿比西尼亚之抗意,正义所在,强敌何足畏!

以上工作,属于多方面的,自然非联合各方面不能成事。甚愿各方诚意合作,立即实行;否则等到敌人已渡河,刀架到我们颈上时,欲下手已来不及了。

(原载于1936年《教育与民众》)

今后教育同志的使命

——在番禺县立师范讲演——

我今天讲的题目，看来很大；可是我不照普通那般的解释，我要讲的范围却很小。使命的“命”字，就是作“生命”解；“使”字作“使得”解；“使命”就是怎样“使得活命”。凡是人都要活命的，活命倒非一桩简单事，必有许多连带的条件。我们要自己活命，须先知道怎样可以使自己活命，我们要群众活命，更须知道怎样可以使群众活命。

现在我国国势已到了一个非常危险时期，整个民族能否活命，正在这个关头。我们不能再像以前那样苟且偷安下去，这是很显明的理。同时也不要害怕，不要失望。有了害怕的心理，行为就要畏却；有了失望的意思，精神就要萎靡。我们中华民族到现在好像一个人年纪已经老大，患了非常重症一样。这时自己要格外安心，乐观，静听着医生的指导，那就有救；否则自己烦闷，懊丧，悲观，以为死亡即在旦夕，那就真的无希望了。这事我们可以实验的。譬如今天天气很冷，诸位中假使有一位心里不以为冷，而且相信是很热，那就把衣服脱掉，甚至脱得精光，也不觉得冷了。从前有一个医生假装在一死犯身上打一针，哄他道：“这针打了，不出三日，你一定会死的。”后来果然不出三日他死了。可见心理作用，力量是很大的。一个老年的人，自己以为身体衰弱，没有希望，不能有作为了，那末除等死之外，没有其他用处。如果他能振作精神，对于一切事业兴致都很好，一面做，一面还要学，正如永克历史(Wink's History)载的那段故事：“在意伯史维须(Ipwich)地方，有一工人家庭的妇人，年纪已经九十四岁，她开始读书，并不用眼镜，进步之速，胜过一般初级学校学生。”这个老妇人读书的成功，就是因为她自己不以为老，不以为衰弱，精神提起，兴致很好的缘故。现在医术上精神治疗方法，就是这个道理。我们相信，有许多疾病，都从心理上来的。一个人精神健全，比身体健全还要紧。一个国家也是同样的理。我现在举两个例来说明：

丹麦在十九世纪中叶,和德国开战,被打败后,国势削弱,民气消沉,人民都觉得快要亡了,于是随随便便做事,致生产颓废,文化萎靡,各事都落后。学校教会奄奄无生气,农村经济濒于破产。后来格龙维氏(Grundtvig)出来,要把丹麦起死回生。他到四十五岁才脱离僧籍,才觉悟到要救国家,非先唤起民众,振作民族精神不可。于是他去英国游学。那时正英国打败拿破仑于滑铁卢后之十年,国家隆盛,工业发达,成人教育已普遍全国。格龙维羡慕他们的自由精神,效法他们的教育方法,回到祖国鼓吹民众教育,第一个民众高等学校就设立于卢亭地方(Rodding)。

数十年来,丹麦不但不亡,而且一天一天地兴盛起来,农村改进,农产丰富,合作事业发达,人民生活安乐,大家称它为世界农业先进国;格龙维氏被尊称为“北欧先觉者”。然而格龙维氏当时未尝提倡生产,干过农村事业,他不过是个诗家、史家和宗教家,只是能用精神来感化他们,提倡设立民众高等学校来教育他们,所得效果竟有这样大。

回看我们中国,自从前清末年,废掉科举,设立学校以来,一直提倡科学;民国初年,一般教育界又提倡职业教育;近来大家又提倡所谓生产教育;最近教育当局更尖锐化地压倒文科,抬高实科;命令各大学裁并文法院,扩充理工院;禁止各地增设普通中学,鼓励发展职业学校;留学只限于理工农业,经费只衬助职业教育。照理应该科学发达,实业兴旺,国家强盛了,但据海关统计,入超却是一年增加一年,试观各地,失业者一天增加一天,这是什么缘故呢?有许多不谅人的还要责备教育界不负责,不应用新的方法,以致误人子弟。其实数十年来学制从东洋抄到西洋,方法什么道尔顿制啊,设计教育啊……都已纷纷实验过,而且行政组织屡次变更,学校名称有的已经换了几十次,所糟蹋的校牌校印表册信纸信封等数量已很可观,玩的花样不可算是不多了,结果却愈弄愈糟,究竟是什么道理呢?整个民族的心理已经错误,还有什么办法呢?正像丹麦战败以后,格龙维氏未出以前,什么方法都不能行,一切事业都是颓废。

再看意大利在六十年前,强邻压境,北部被奥大利占领,西面受法国侵略,国势危险万分。那时奥国更有一种无理的压迫是烟草公司,强迫意人吸奥国香烟。北意人民结合一个不吸烟的同盟,卒被奥国以武力解散。一天有一个少年在街上遇着几个奥兵,奥兵硬给一支香烟他吸,少年拒绝说:“我不会吸香烟的。”奥兵严声道:“那末拿回去给你的父亲吸。”小孩子说:“我的父亲是禁烟同盟会的会员。”奥兵大怒,便拔出刺刀把他刺死,拿一支香烟塞在他口里。那天晚上，少年的母亲得到消息，跑到停尸地点，抚尸大哭，一时观众围集，目睹情状，非常凄惨，但皆敢怒而不敢言。忽于人群中跳出一个少年，名巴里拉，年只十四岁，是死人的故友，高声叫号道："你们看吧！奥大利的野狗竟敢咬死巴理拉的朋友，流我们意大利的血了！"第二天奥大利总督为压服意大利人心计，率武装军队游行，举行示威运动。意大利人无力抵抗，只有忍痛站在路旁观看。独巴理拉热血奔腾，不顾一切，冲上前去，手里握了一块大石，向着马上的总督摔击。奥督的护兵正要下手捕捉时，路旁的意大利人一齐哄拥上来，高呼："救巴理拉！救巴理拉！"这样一来，唤起了意大利人的爱国精神，全国同时大暴动，就此收复失地，恢复统一政权。

我们知道，格龙维之救丹麦，巴理拉之救意大利，方式虽不同，原理是一样的。我们想要整个民族活命，非得唤起整个民族的精神不可。所以今后教育同志们第一步工作是要唤起民众。

过去的学制是从欧美抄袭得来，徒有欧美教育的躯壳，而无欧美教育的精神。欲求效果，自然很难了。教育究竟是什么东西？办教育者不可昧然盲从，应该要思量一下。巴必氏（Boddit）说："教育的根本责任是在五十年成人生活之准备，不是为二十年少年与幼年生活之准备。"(Its fundamental responsibility is to prepare the fifty years of adulthood,not for the twenty years of childhood and youth.)这话很可注意，因为一般人设施了青年与幼儿教育，误认为教育是青年与幼儿的，忘掉与成年人生活发生关系。巴必氏有把人类活动分析为十大类：（1）语言活动，社会交通（Language Activities; Social Intercommunication）；（2）卫生活动（Health Activities）；（3）公民活动（Citizenship Activities）；（4）社交活动（General Social Activities）；（5）休闲活动（Sparetime Activities Amusments, Recreations）；（6）精神修养（Keeping Onesself Mentally Fit）；（7）宗教活动（Religious Activities）；（8）父母的活动，子女之保育，适当的家庭生活之维持（Parental Activities, The Up-Bringing Of Children,The Maintenaned Of A Prop Or Home Life）；（9）不专门或非职业之实用活动（Unspecialezed Or Nonvocational Pratical Activities）；（10）职业活动（Labor Or One's Calling）。依据这十类活动，编制课程，就可切合人类生活的办法。

又据杜威氏（Dewey）说："教育即生活，教育即是继续不断的改造人之经验，要使经验之意义格外增加，要使个人支配后继经验之能力格外增加。"克伯屈氏(Kilpatrick)说："教育是指导经验，以改良品格而产生更丰富有益的经验。"陶行知氏说："生活教育是生活所原有，生活所自营，生活所必需的教育。”综观各家的说来，可知教育不能与生活分离。离开了生活，就不是教育；没有了生活，更无需乎教育。群众不能活命，就是教育失掉效用之故；教育所以没有效用，就是过去学制离开了实际生活之故。现在我们要求民族的出路，必先把教育根本改造，使教育与生活打成一片，这是今后教育同志们的第二步工作。

如何使教育与生活打成一片，可从三方面说：(1)学制改革——教育不能限于某期年龄，不能限于某种阶级。无论贫富贵贱老幼都应该受教育，人类有一日生活即有一日教育。过去的学制，不问内容如何，范围已嫌太小。(2)形式改革——学校教育显然与社会隔离，少年与幼年关在学校内读书，和成人划分为两个世界。学校内所学，与社会上实际生活，判然成为两个问题。这种办法，实在是很危险。往往学校内所研究者，非社会上急需的事；社会上急需的事，又非学校中研究所及。社会不能因学校教育而得改进。学生离校，必弃其所学，而从新在社会上学习经验。这样受学校教育者，除掉混一资格外，还有什么用处呢？以后要改革教育非先把学校形式打破不可。使社会与学校不要分开，社会即学校，一面在社会上生活，一面在那里受教育；社会上经验即教学的资料；教学的问题，即社会生活的解决。(3)课程改革——课程必须依据人生活动，如巴必氏所举十大活动，很可作参考。无论衣食住行，细小问题都有教的意义在，也就是课程内容的一种。除掉人类活动，现实的生活外，用不着别的课程，课程完全是生活的节目。

生活不仅使少数人生活，要使大众都能生活。教育内容既是生活，应该使大众都受教育无疑。我国农民占了全民众总数百分之八十，我们要使民众都受教育，必定教育普遍到乡村去。但是我国乡村教育素来不注意，就是几间乡村小学都是几百年前的私塾变相，经费支绌，设备简陋，充教师者不是时代落伍之冬烘先生，就是都市社会的失业分子。这样要谈教育，要谈教育普及，岂非与事实相去很远？幸而现在教育同志渐渐地觉悟，齐声喊出口号来：“智识界下乡去。”真的智识界不下乡，这事没法解决。可是乡下情形，毕竟比帝国主义商品点缀的都市苦得万倍。交通不便，行路没有车子；餐食只有菜蔬；房屋低暗，下无地板；更无电灯自来水等设备，苍蝇蚊子满室，墙壁积垢多年。城里的少爷小姐，一经尝试，莫不摇头却走。所以躲在都市，殖民地，喊着下乡口号者较多，真能下乡工作者还在少数。单靠政府来推行教育，据最近某君推算，要三百年才能把全国文盲扫除。说依教育部最近统计，各省市民众及职业补习学校学生数，民十八年为一百零三万六千一百六十人。十九年为一百一十万四千一百八十七人。在这一年之中是增加了六万八千零廿七人。中国全国之失学成人估计有二万万人。假使中国人口不再增加,民众学校学生万岁,长生不死,学生增加率能年年不减的话。这话批评得太滑稽了。政府不能独负这个责任,倒是事实。只有希望以后同志们下个决心,脱掉西装,跑到乡村里去,推行普及教育,扫除文盲,这是第三步的工作。普及教育的方法,最近陶行知氏提倡小先生办法,推广得很快。我以为进行步骤,最好先从青年下手。因为青年为目前社会的中心分子,能力也比儿童为大。年老的人旧经验已丰富,成见很深,不容易改变他。以前丹麦格龙维氏创办民众高等学校也是以青年为基础,招收十八岁以上的青年。能把一村或一乡的青年教育起来,组织起来,活动起来,全村或全乡骤然露呈新气象,一切改革事业都容易进行了。教育青年,只要用短暂时间。有了中心分子,然后推广儿童教育,同时使年长成人也有受教育的机会;教师就以青年充任,事很简便,不像当局计划义务教育那么困难了。

欧洲成教育之发展,已有一百年的历史。现在各国教育都已普及,扫除文盲的工作已成过去,与我国情形相比,大相悬殊。或者误会我国近来所提倡的民众教育,就是英美现行的成人补习教育,限于社会一部分的事业,这是很错误了,没有明了英美教育的基础和来源的缘故。我们国家事业都已落后,又处此非常严重时期,凡先觉者不得不大声疾呼,联合起来,提倡立国根本的民众教育(The Education of Masses)。

同志们,大家下个决心吧!为教育牺牲,为民族奋斗。并且要相信“中国有救”,“教育有出路”。希望做东方的巴理拉,亚洲的格龙维!

(原载于1935年《新大声杂志》)

乡村建设工作的检讨

乡村建设运动的兴起，已有若干年头了。各处同志们埋头苦干，在多方阻力与极有限度的范围之下，不能说没有相当的成绩。在这混乱的时局，不景气的年头，有几多不想投机钻营，走升官发财的捷径？只有少数书呆子真的脱掉绅士礼服，负着锄头，跑到田间去。影响所及，许多有志青年也跟着向乡村里走，于是教育界风气一大转变。旁观者议论纷纷，毁誉参半。同情者大都佩服苦干精神；不满意者，或根据经济学说，批评乡村建设工作之难见成效，或依着事业成绩的表现，批判效率之大小，或者竟道听途说，妄加是非，滋生口实。平心而论，假使阅读他们的工作报告，隐短扬长，确难识其“庐山真面目”，并且写文章者不一定是工作者，为引起阅者兴趣及注意起见，未免有言过其实之处。如果要得到正确的观感，只有实地去考察研究若干时日，几可以明了一二。

平教会在定县的实验没完成六年计划，于今年五六月间悄然退出了。若使从十九年度算起，却足足有六个年度；若使从二十一年度算起，那么只有四个年度。究竟地方事业已达到如何程度？经济状况是否有进步？平民文化水准是否提高？现在还没有人去测验调查，所以不能随便去下评断语，但无论如何，他们贡献于乡建运动的有几种事，不可忽视的：

(一)教育方面

一般乡村小学都是单级编制，学生最多不过三四十人，一位教师从早到晚，简直没有片刻休息时间。教师整天筋疲力尽，学生还得不到适当的训练与发展。所以学校行政上与教学训管上的各项问题，都是无法解决。平教会在定县的实验，所谓“组织教育”，能以一个教师教导八十个以上的学生，应付自如。其办法分述如下：

将全校学生编成学生大队，学生大队的组织，以分队为基本单位，合四分队为一中队，合两中队为一大队。每分队队员自八个学生至十二个学生不等，以一人任分队长，以队员四人分任政治、文化、经济、卫生等工作，为工作队员，其余为普通队员。每中队设中队长一人，大队设队长一人、大队副一人或二人。各级队长及工作队员，一方面作导生，一方面作处理学校行政的助手。组织人员工作的分配；政治工作队员担任：(1)该队之点名（填写“点名簿”)；(2)纠察（填写“队记簿”)；(3)记录（“工作讨论会”与该队有关之报告、批评、建议、任务分配等)；(4)法律常识讲述；(5)指导普通工作队员准备上国语课（填写“记载簿”及“国语进度表”)；(6)订正该队其他工作人员的法律常识研究报告记录。

经济工作队员，以三年级学生及二年级高材生充任之，每队一人担任：(1)该队之勤务分配；(2)用品收发与登记（填写“分发物品登记簿”并轮值填写“出纳簿”)；(3)实习农场或劳作之管理；(4)自然常识讲述；(5)指导普通队员准备上算术课（填写“记载簿”及“算数进度表”)；(6)订正该队其他工作人员之法律常识研究报告记录。

文化组工作队员，以四年级学生充任之，每队一人担任：(1)图书管理（轮值填写“读物登记簿”)；(2)旷课队员补习之指导；(3)记录（该队队长或队员新闻讲述及其他)；(4)社会常识讲述；(5)指导普通队员准备上写字课（填写“记载簿”及“写字进展表”)；(6)订正该队其他工作人员的社会常识研究报告记录。

卫生组工作队员，以三年级学生及二年级高材生充任之，每队一人担任：(1)该队之清洁检查（填写“清洁检查簿”)；(2)公共卫生事件之处理；(3)疾病治疗之助理；(4)卫生常识讲述；(5)指导普通队员准备上国音课（填写“记载簿”及“注音符号进度表”)；(6)订正该队其他工作人员的卫生常识研究报告记录。

各组工作队员，在教师及大队副指导下，由各该组主席分别召集“各科常识研究会议”，研究并演习：(1)分科常识论列；(2)分科常识研究报告（对其他工作人员全体)；(3)分科常识讲述（对各该队普通队员)。

各队队长，在教师指导之下，由大队长召集“生活指导研究会议”（如系男女合校，则由两中队长分别召集之)，研讨并演习：(1)生活学论列；(2)生活指导研究报告（对全体工作队员)；(3)生活指导之实施（对各该队普通队员)。

各级队长及全体工作队员，在教师指导之下，以大队副为主席，组织“工作讨论会”，报告工作经验，检讨工作效率，批评工作技术，分配临时任务，商定实施程序，并解答一切与政策有关的问题。

两中队长在开“工作讨论会”以前，须分别召集各队队长及各队工作队员，商定关于工作报告及一切应提议之事件。

每日举行"会报"一次，由教师或由大队长代理召集之，各级队长及队员团体均须出席。在会报时，各队队长有轮流报告国内外新闻的义务，各组工作队员有愿作地方新闻讲述者，应特别鼓励之。同时，由各中队长报告各该中队之工作概况及经"工作讨论"议决应行公布之事件。

以上为组织教育的大概情形，各地乡村小学如能采取这种办法，以前所不能解决的问题都可以解决了。

此外欲实行普及教育，可采用导生传习办法。传习组织，以传习处为导生传习之基本组织。传习处由导生招收学生二人至十人设立之。传习处之上有传习站，传习总站以统制传习工作之进行。传习教育分为两个阶段：(1)基本教育段，儿童修习二年，青年成人修习六个月，内容为基本工具、基本知能与基本训练；(2)专业教育段，期限不定，须视专业性质之长短，内容为技能之训练与技能之运用。

为培养传习干部人材计，并设立导生训练班。训练班学生，一种是曾受教育者，一种是文盲。前者训练三个月，后者训练六个月，即可正式开始传习。在训练结束之前，最好施行一种试教。试教时，则注重讨论会。做导生的条件，不在知识与技能，而在有否能力招生，和有否兴趣久长的传习。如果实行了导生传习办法，每个教师每年可教六百六十人。这种推广方法，不能算是不快了。而且导生传习办法，组织最周密，有步骤有计划，与别种普及方法确有不同之处。

(二)生计方面

改进农民生计工作，比较好的是定县办法。略述如下：

设生计巡回训练学校。生计学校之特点有二：(1)将现代农业科学送到农民家里；(2)在他们实际生活中施行教育，专为训练领袖农民表证农家而设的。它的宗旨是：训练领袖农民，普及农业科学知识，提高生产技能。周年间利用适当时期，巡回各村教学及实际指导。学生大半是民众学校之优等生及小学毕业者。

划分学区。选出中心村庄，集合中心村庄距离三四里之村庄，六村至十村为一学区。五学区为一巡回区。

训练实施分三个段落：(1)设计讲讨；(2)实施作业；(3)家庭设计。所谓家庭设计，就是受课后，自己到自己家里，自己的田里，实地工作，由学校予以指导和督察。节期训练，以农家实际活动与设计施行之季节相适合为标准。教授时间，在白天午间或夜间，时间长短，按设计性质而定。

训练课程内容有三十三个单元。关于普通栽培方面,有四个单元;园艺方面,有六个单元;作物方面,有五个单元;畜牧方面,有五个单元;经济方面,有七个单元;农村工艺有六个单元。

生计训练学校,一周年毕业后的学生,挑选成绩好而家境相当的学生为表证农家,亦即义务推广员。选择标准,规定:(1)年在二十五岁以上,五十岁以下者;(2)在乡村里有相当地位,而且热心农事改良和有领导能力者;(3)生计训练结业,成绩优良,能将其所得传授给其他农民者;(4)家中有二十亩以上的田地,家境较好,能作表证者。表证农家是一个社会服务者,他们的智识技术,还有继续训练之必要,所以要表证农家,平时一面服务社会,一面仍要继续训练。

经过表证农家表证,有确实可靠的成绩,同时认为有推广的必要时,对一般农民,最低限度的智识之传授,技术的表演,方法上的指导督察,那就是表证农家的责任了。每一村庄,每一表证农家,担任三十户普通农家的领导责任。

(三)保健方面

保健工作也是定县规模较大,组织较完备。其组织系统如下:

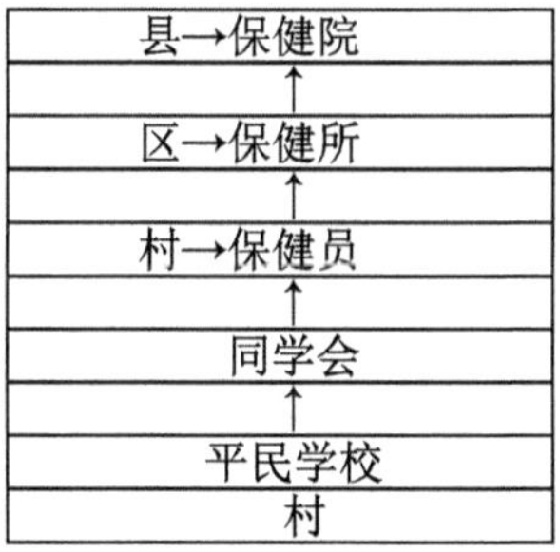

保健员担任村单位的卫生工作。其来历系从每个村中受过教育的青年农民所组织的平民学校同学会中遴选会员一人,充当保健员。遴选资格,须以热心服务、忠实可靠、身体健全而年龄在廿岁以上三十五岁以下者为合格。其任务:(1)宣传卫生常识;(2)报告生出死亡;(3)普遍种痘;(4)改良水井建筑;(5)简易救急医疗。

保健所以区或村为单位。其人员有医师一人,护士一人,助理员一人。其任务:(1)保健员之训练与监督;(2)逐日治疗;(3)卫生教育;(4)预防急性传染病。

县保健院为县单位卫生行政最高之组织,其执掌如下:(1)卫生行政事项;(2)住院医疗;(3)研究工作;(4)训练工作。全院职员有医师二人,护士六人，药剂员一人，检验员一人，口腔卫生助理一人，助理员六人，文牍员一人，事务员一人。

邹平的乡村建设工作，很希望他们能多延长几年。真的，照过去的实际情形来看，非增加岁月，恐难表现他们的理想成绩；假使也半途而废，岂不是很可惜吗？论者往往以为邹平工作的原动力是在村学乡学，这是大谬不然。梁漱溟先生曾说过："邹平的工作不是教育，是政治。"过去邹平实验县是直属于研究院的，表面上是两个机关，实际是一个系统，一个团体，分不开的。遇事由研究院决定后，通知县政府，县政府下一道命令到各乡学，由各乡理事吩咐各村学，什么公事就照办了。邹平事业进行较为顺利，就在这个政权，这是南北各实验区所羡慕而不易做到的。

邹平面积为2 623方里，耕地为5 766顷（此据省建设局报告，非研究院调查），人口共165 735人。土地分配颇为公平，风气极朴质。自二十年划为实验区以来，合作事业最为注意。合作社种类有：机织生产合作社，林业生产合作社，蚕业生产合作社，美棉运销合作社等。其中以美棉运销合作社最为发达，兹将其历年进展情况列表如下：

<table>
<tr><td colspan="2">年度
项别</td><td>二十一年</td><td>二十二年</td><td>二十三年</td><td>二十四年</td><td>备注</td></tr>
<tr><td colspan="2">社数</td><td>15</td><td>20</td><td>113</td><td>118</td><td></td></tr>
<tr><td colspan="2">社员人数</td><td>219</td><td>1 206</td><td>2 810</td><td>1 749</td><td></td></tr>
<tr><td rowspan="2">股金</td><td>社股</td><td></td><td></td><td>1 480</td><td>2 562</td><td>单位元</td></tr>
<tr><td>会股</td><td></td><td></td><td>525</td><td>720</td><td>会股为村社加入联合会所认之股</td></tr>
<tr><td colspan="2">棉田面积</td><td>667</td><td>3 464</td><td>21 341</td><td>26 475.7</td><td>单位亩</td></tr>
<tr><td colspan="2">放款数额</td><td>3 583.00</td><td>24 128.00</td><td>130 577.00</td><td>90 317.00</td><td>单位元</td></tr>
<tr><td rowspan="2">运销额</td><td>花衣</td><td>6 762</td><td>89 496</td><td>37 469.5</td><td>92 052</td><td>单位斤</td></tr>
<tr><td>价值</td><td>3 245.76</td><td>38 852.02</td><td>151 788.48</td><td>43 097.15</td><td>单位元</td></tr>
<tr><td colspan="2">全年营业费</td><td>134.05</td><td>681.03</td><td>4 311.04</td><td>1 643.18</td><td></td></tr>
<tr><td rowspan="4">盈余</td><td>社员余利</td><td></td><td>832.46</td><td>1 039.294</td><td>2 606.68</td><td></td></tr>
<tr><td>公积金</td><td></td><td>237.85</td><td>3 174.26</td><td>802.60</td><td></td></tr>
<tr><td>公益金</td><td></td><td>83.24</td><td>1 587.13</td><td>401.03</td><td></td></tr>
<tr><td>职员酬劳金</td><td></td><td>35.68</td><td>793.55</td><td>200.51</td><td></td></tr>
<tr><td colspan="2">村社职员奖励金</td><td></td><td></td><td></td><td>245.00</td><td></td></tr>
<tr><td colspan="2">特别公积金</td><td></td><td></td><td>2 477.00</td><td>3 031.83</td><td></td></tr>
</table>

除掉合作事业外，自卫工作也很著名有成绩的。虽是邹平不比其他山东各县匪案迭出，向来是个太平的县，但现行自卫方法多少有可供别处参考的地方。

邹平在过去维持地方之武力有三种：(1)民团大队部；(2)公安局；(3)各乡私行招募未经备案之团练局。自二十三年以来，此三者除公安局留一部分为行政警察外，均已次第遣散撤销，而代以本地农民之自卫组织。其设施经过，可约为三期：

第一期之设施(二十二年七月至二十三年六月)：(1)裁撤民团大队部及公安分局，成立民团干部训练所，内设干部队及征训队。征训队三十三名，即为后来自卫组织之干部，于成立各乡乡队时，充任乡队长副。(2)改订联庄会训练办法举办第一届联庄会训练班，全县1 172间，每间抽调一人分两次训练，实到会员537名一次，593名一次，共1 130名。(3)以受训会员编成各乡乡队及村组，受乡学之节制与警卫队之指导。每月举行乡会操及乡射典礼一次。平时警戒水火盗贼，侦查乡情民隐。冬防夏防吃紧之时，轮流抽调，集中乡学警备。(4)举办第一次乡队长补习训练。(5)改组民团干部训练所裁撤干部队征训队暂设卫士班。

第二期之设施(二十三年七月至二十四年六月)(1)举办第一期村组长补习训练。每期四个月，抽调三十六人。(2)举行第二届联庄会训练班。此届系训练应调集会员之半数计573名，而以所余经费，添购枪支。(3)裁撤民团干部训练所，成立地方警卫队。警卫队一面为曾受训练者补习训练高级训练之机关，一面即以之为常备警戒之部队。(4)举办第二、三期村组长补习训练，受训时间四个月，共计七十二人。(5)举办全县青年义务训练，实施成人军事训练。受训实到人数为8 603名。

第三期之设施(二十四年七月至二十五年六月)(1)调集联庄会员四十名，举办第一期会员高级训练，受训期间四个月，同时即为地方警卫队。(2)训练号令员50名，亦即第二期会员高级训练班。(3)举办第三届联庄会训练班。此届仍训半数，实到会员578名，以余款购枪，连前共训实数2 334名。(4)举办第二次乡队长补习训练。(5)扩充村组，改选村组长。(6)举办第四期村组长补习训练连前共144人。(7)续施全县成人军事训练，受训实到人数8 353名。(8)举办第三期会员高级训练班，连前共13人。

无锡教育学院的特长是在研究与实验，也可说是对于南北乡建运动有很大的贡献。他们的工作分为数项：

（一）研究

由研究实验部研究员及全院教职员分担专题研究工作。最近所研究者如中国乡村建设运动之总检讨，农村经济实况，江苏教育之演变与前瞻，农村政治组织，各国成人教育新设施，民众教育实施经验之系统报告，成人心理实验，电影电播教育，及其他与民众教育有关之社会问题等。

（二）实验

实验机关现有：北夏普及民众教育实验区，惠北民众教育实验区，南门实验民众教育馆及实验民众学校四大处。

（三）编辑

该部历年出版刊物很多，最近有高级民众学校国语教材，初级民众学校算数教材，民众教育实施业刊等。

（四）推广

推广工作有巡回展览、无线电播音、各种短期训练班、通讯讨论等。

（五）社会调查

调查工作大要有二：(1)从各种书报中搜罗参考资料；(2)举行通讯及实地调查。

（六）辅导

遵照省颁法令辅导无锡、吴县、昆山、吴江、常熟、江阴、太仓等县社会教育。

（七）通讯

与世界成人教育协会及欧美成人教育机关作相当之联络。

实验民众学校的编制和课程，也有可供乡村建设实施之参考之处，节录如下：

（一）学级编制

（甲）初级部

第一学级——招收文盲或近于文盲的成年。

第二学级——招收识字在二百五十以上的成年。

第三学级——招收识字在五百以上的成年。

第四学级——招收识字在七百五十以上的成年。

（乙）高级部

第五学级——招收初级部毕业生及有相当程度者。

第六学级——由第五学级升入。

第七学级——由第六学级升入。

第八学级——由第七学级升入。

（丙）补习部

第九学级——招收高级部毕业生及有同等程度者。

第十学级——由第九学级升入。

第十一学级——由第十学级升入。

第十二学级——由第十一学级升入。

（丁）妇女工艺班——专习家庭工艺。

（戊）短期义教班——招九足岁至十二岁之失学儿童。

（己）托儿室——收受在校女生之弟妹子女。

（二）课程

各级各科每周教育时数表　（以分计）

班级 / 每周分数 / 科目	短期义教班				初级部				高级部				补习班		妇女工艺班
	第一学级	第二学级	第三学级	第四学级	第一学级	第二学级	第三学级	第四学级	第五学级	第六学级	第七学级	第八学级	第九学级	第十学级	
公民训练	90	90	90	90	35	35	35	35	35	35	35	35	35	35	35
读书					420	420	420								140
算术	180	180	180	180	140	140	140	140	140	140	140	140	140	105	
娱乐					35	35	35	35	35	35	35	35	35	35	35
国语									350	350	350	350	350	350	
常识									70	70	70	70			
英文													175	175	
工作															420
课间操	90	90	90	90											
自修					90	90	90	90	90	90	90	90	90	90	90
共计	1 080	1 080	1 080	1 080	720	720	720	720	720	720	720	720	720	720	720

以上为全国乡村建设运动之领袖。就大体来看，教育与保健工作较有办法，而生计事业为最难。生计问题关系于整个国家经济，断非局部枝枝节节

所能解决者。假使行政当局能虚心接受,为公而诚意协助,几年后成绩必有可观。但事实适得其反,乡建工作者到处碰钉子、遭打劫、被破坏,虽有奋斗的勇气,结果也弄得焦头烂额。这不仅牺牲几个书呆子,实在使民族国家蒙受很大的损失。

(原载于1936年《教育与民众》第八卷第一期)

周葆儒1937年在无锡教育学院办公室前留影

国民教育的认识问题

在这崭新国民教育方开始举办的时候，不幸得很，一般人已把它估价太低，看得范围太窄，或可说是已经误解了。误解的原因，一则因为国民教育的名词，好像来自国民学校。当民国初年，袁世凯当政的时候，他想把他的封建思想以教育方法建筑起来。(注一)在民国三年五月，由他自己特定了一个教育纲要，包含着复古的思想非常浓厚，并把原有的小学单轨制改为双轨制。于民国四年七月颁布了二道法令：一为国民学校令，二为高等小学校令，又于民国四年十一月颁布了预备学校令，前二种为平民受教育之所，后一种为贵族受教育之所。后一种预备学校虽未实施，到民国五年十月连同教育纲要一并取消，但国民学校的名称一直用到民国十一年十一月一日学校系统改革令公布后，才以初级小学替代之。国民学校这个名称在过去本国已有七年余的历史，它还留在一般人们脑袋里的痕迹，尚未消靡，所以今天提到国民教育，很自然地联想到国民学校，想象着当年国民学校的设施。国民学校的内容，不过为四年的初级儿童教育，国民教育意义似乎也差不多。

二则因为国外也有国民学校的名称，例如德国的初等教育阶段即称为国民学校，国民学校包括基础学校及高级小学，其范围只限于儿童教育。因此所谓国民教育，好像天经地义的是指儿童教育罢了。

有的已经阅过国民教育实施纲领，知道新颁的国民教育制度是兼办民众教育的。毕竟被那过去的国民学校概念在脑袋里作祟，以为无论如何，国民教育者以儿童教育为主，而以民众教育为辅。

其实国民教育实施纲领第二条，明载："国民教育分义务教育及失学民众补习教育两部分，应在保国民学校及乡(镇)中心学校内同时实施。"又第十一条："保国民学校及乡(镇)中心学校，均应设置小学部及民教部。"这是很明显的，国民教育系包括儿童与成人两部分教育。绝对不是过去国民学校的化身，更不是过去片面式、传统式的教育。再看部颁，中心学校保国民学校办理社会教育要点：(1)中心学校国民学校，除设置成人班妇女班外，并应办理其他各项社会教育，为乡(镇)保社会教育实施机构。(2)中心学校办理社会教育，以乡（镇）为施教范围，国民学校办理社会教育，以保为施教范围。考察上面两条条文，可以得到两点认识：（1）中心学校保国民学校并应办理社会教育，与过去教育部所颁各级学校兼办社会教育办法意义不相同。过去是“兼办”，兼办有宾主之分，有轻重先后之别。（注二）现在的办法是“办理”，列在学校应办任务之内。（2）国民教育以全体民众为对象，以整个民众教育为范围。

论到教育种类的重要性，儿童教育固然重要，成人教育尤其重要。在这抗战建国进程中，成人教育实很急迫需要。若要改革社会，而把目前社会之中心分子——成人忽略了，或竟弃而不顾，倒反期之于尚未有把握的未来社会之中心分子——儿童，未免失之渺茫。须知未来社会之进步，是跟着现在社会而演进的。倘使现在的社会落后得太远，就要阻碍未来社会的进步。所以办教育者忽略了现实的、广大的民众教育，而偏注意在一个阶段小范围的儿童教育，实为不智。

国民教育是扣合新县制（注三）而产生的。在这抗战建国进程中，国民教育可说是扣合时代，最进步的产物。这个产物的来历，实在民国二十二年秋季广西省发动的普及国民基础教育运动算是发轫。这个运动的背景是因九一八以后，民族危机日趋严重，欲抢救危亡，只有用教育力量，以引发民众之自觉，并须巩固下层机构，把管教养卫打成一片，作为御侮的准备。广西实行的国民基础学校种类为：(1)村（街）国民基础学校；（2）乡（镇）中心国民基础学校。村（街）国民基础学校收受的学生为：（1）六足岁至十二足岁未满之学龄儿童，其修业期限为四年，分前后两期，每期二年；（2）十二足岁至十八足岁未满之失学儿童，其修业期限为一年，但必要时得延长一年；（3）十八足岁以上，四十五岁以下之失学成人，其修业期限为六个月。乡（镇）中心基础学校办理事项为：（1）依照前条规定，办理所在地村（街）基础学校应办各种教育；（2）设高级班收受前条第一款修业四年期满之学生，或具有同等程度者，其修业期限为二年；（3）辅导乡（镇）内村（街）基础学校。

国民教育的涵义曾有许多专家发表过意见。如高践四先生在《教育与民众》第十卷第一期发表的《国民教育含义的商榷》一文中说我们推行国民教育，希望在消极方面注意三点：（1）国民教育不仅是识字或书本的教育；（2）国民教育不仅是学龄儿童的义务教育；（3）国民教育不仅是男子的教育。在同期刊物内董渭川先生有《究竟什么是国民教育》一文，也有八条反面的解释，兹略举其两条如下：第一，国民教育之对象，不是单纯的包含了应入学的儿童；第二，国民教育之内容，不是单纯的识字读书，也不是单纯的在各个学生的知识技能品性上用功夫。陈礼江先生在《教育通讯》第三卷第十四期发表《国民教育之特质》一文中有:“自中央公布县各级组织纲要,毅然将义务教育与民众教育二者合而为一,称之曰国民教育,此在我国教育史上为一重大之改革,其所贡献于抗战建国大业者,至重且大。”“盖国民教育之实施,必将一扫从前闭门教学之积弊,而将以全体国民为其施教对象,全部社会生活为其课程与教材,而全社会为其施教区域矣。”

以过去经验看来,一切行政事业,上层的容易办,下层的不容易办。上层的事业,一则因为范围较小,二则因为人材集中,三则因为事情较显露,不易蒙蔽。下层的就不然,一则范围广大且散漫,二则缺乏人材与经费,三则所谓“天高皇帝远”,可以阳奉阴违敷衍过去。教育事业也是同样,初等教育,尤其乡村教育、民众教育,都很难切实收效,不比贵族式的都市教育,都丽唐皇的高等教育,倒似轻而易举,至少在表面,在建筑方面可表现一个相当规模。

过去的乡村小学,不论是国民学校也好,初级小学也好,义务教育也好,实际状态是差不多的,这是无可隐讳的事实。其中办得成绩好的果然也有,不过数目不多,就一般看来,距理想很远。其差者,如教员系兼职的,或另有副业,却视副为重,开学时期少,放学时期多,上学儿童仅三、五名,所谓教学法,不过唱唱国语教科书而已。论普遍表面原因,约有数端:(1)师资不合:①不明了教学方法;②不得家长信仰,家长宁愿出学费送子弟入私塾,而受纯粹的识字教育。(2)地势限制:①甲村与乙村水道相隔,无桥梁可通,不能公共设学;②前后村被山岗所隔,来往不便,儿童就学困难。(3)经费问题:①经费不够,师资事业两生困难;②不按期发放;③全部移作别用。在这种情形之下,欲普及儿童教育,实施德智体多方面的儿童教育,尚谈不到,还有什么希望兼及成人教育,推行社会教育呢?要求根本解决,实为国策问题,所谓国策当然不是指纸上的国策,必须认清建国问题,上下齐心用力,从基本做起,从地方建设做起,那末政治力量所及,正所谓:“草上之风必偃”,向之所谓问题者,可一扫而空,不成问题了。

总之国民教育发挥它的效能的时候,才算是部颁的国民教育实施纲领和中央公布的县各级组织纲要兑现了。但愿今后大家对于国民教育勿再看做地方事业的赘疣,传统教育的附属品。而不知道它却是地方事业的出发点,建国大业的基层呵。

注一:见陈青之著:《中国教育史》下册六八〇页。

注二:查部颁法令,原无轩轾,如二六、五、二四教育部第三七七〇号训令：乃今日各级学校，多视培育人材与服务社会为先后之联系。而非并行之事业，或竟以前者为本务，而后者为分外……。又如各级学校兼办社会教育办法：第一条"务期化除学校与社会之界限，而使学校成社会教化之中心。"

注三：县各级组织纲要于二十八年九月十九日国民政府公布。

（原载于1940年《国立中正大学校刊》）

地方建设与国民教育

从意义上说起

一、地方建设即是国家的建设

甲、地方建设的理想

这里所提出的地方建设，是依据国父的整个建设中国的计划（建国方略与大纲），配合了抗战建国的要求，其目标在实现三民主义的新中国，在理想的新中国社会里，对外整个中华民族得以享受完全的独立与自主，并能影响世界各民族国家，同臻于大同之治，对内全体人民能善于运用法权，贯彻真正的宪政，民生充分发展，一般国民无生计的困难，社会无阶级或劳资的矛盾。

（1）新社会的特征在民生发展——这个理想新中国社会的特征在于民生发展，所谓民生就是民族的生命，国家的生存，人民的生计，社会的生活，这一切有了保障与发展的自由，三民主义的社会才算真正实现。

(2)社会的继续改造——社会是继续演变的,无法停留在某一阶级而保持不变,环境和理想促使社会前进,前进到某一阶段,仍须不断地改造,不断地前进,所以三民主义的理想是终极的,而不是过渡的。

(3)社会演变的过程是地方建设——三民主义的建设既以民生为中心,则建设的职责是人人有份,既非少数人所能胜任,亦非一部分人所能代劳,专靠着在首都官署的官吏不足以建设一个国家,只在中央用力,而地方不用力或专讲统制而基本未固,则理想的社会,永远不能实现。

乙、何以地方建设即是国家的建设

谈到建设,在我国以往常常发生两种现象:其一是在中央政权脆弱的时候,则为首尾失顾;另一是在中央政权恢复之后,则又犯头重脚轻的毛病,这实在与我目前急切需要的以国家建设为重心的地方建设不同,因为中央的功能在制定政策,督导地方,进行各种建设工作,大部分的建国工作仍在地方,建国的基础在地方,所以地方建设是国家建设的重心,也可说就是国家建设。有人说:中央直接办理之事业,也是以地方为基础为重心吗? 是的,正因为事业虽然由中央直接办理,但它处处还借重地方建设的力量,否则忽视这种力量,固无法建设一个现代国家,亦无法建立一个强有力的中央政府。同时我们更需要了解的,这里所提出的地方建设,它是由中央统筹策动的,省县地方固可因地制宜而略异其步骤与方法,而目的则在建国,只要在有力有识的中央督导之下,是绝无地方割据的危险的。所以地方建设是国家建设的实际,理想的新中国是地方建设的目标,地方建设的目标既在实现三民主义的新中国,换言之,这个理想的新中国社会,必须从地方建设的道路中求其实现。

二、国民教育即是地方建设的教育

甲、关于国民教育的几个概念

(1)国民教育是新县制下的产物——国民教育是伴随着新县制产生的,可以说,因为基层政治机构有了变动,出现了新的理想,才连带产生了国民教育以完成之。新县制之要求为何? 一则曰:“明耻教战,以保全民族”,再则曰:“发挥民众力量,造成民治国家”,两者是抗战建国的基本工作,且有其相互的关系。

(2)国民教育是全面发动的——过去推行国民教育,都是有地方性的,此次推行国民教育,是全面发动的,全国各省市中的每一县市,每一乡(镇),每一保都发动起来,从事国民教育的实施,这样全面发动推行国民教育与全面发动参加抗战是具有同样的意义。

(3)国民教育是计划的统整的教育——过去各种教育的实施很少一贯的计划,全国实施教育的步调,更难一致,而国民教育是有一贯的计划,限期完成而且全国采取统一步调向前努力的,以往散漫分歧的现象,再也不会有了。

乙、探讨国民教育的具体要求

(1)从对象来看——国民教育的对象,不单单指学龄儿童及失学成人的全民,而且及与整个的社会,因为教育只对人而不对社会,则不仅这力量微弱,而且反为不健全的社会削减了教育的力量,这完全由于过去数十年办理教育失败获得的教训。现在我们国民教育的实施,已不再允许把教育与建设分开,它又如何能丢开社会?

(2)从内容来看——国民教育是以生活为内容,以实践为中心的基础教育,整个生活既不外政治、经济、军事、文化四方面,所以国民教育的课程与教材便离不开各种建设的事业,也即是说国民教育——是在管教养卫合一的安排下男女老幼一面做一面学的基层建设工作。

(3)从学校来看——中心学校及国民学校成为乡(镇)保的文化中心,也是乡(镇)保社会的中心,因此,教育需要生活化,学校需要社会化,便不能不革除以往关着门读死书的作风,亦不能不以学校中的教师与学生为促进地方建设的领导者。

总结以上的话,国民教育是适应了新县制的要求,肩荷着抗战建国的任务,唯其新的使命是这样神圣而伟大,便不能不备有新的内容与方法,所以有人说过:今日的国民教育,不但是一种教育的改造,而且是一种社会改造的运动。但我们还要问:究竟如何改造教育与社会呢?则曰:国民教育在今天是与政治、经济、军事、文化诸建设有关联的,在某种意义上则教育的范围与政治、经济、军事、文化的范畴同其大,所有这些问题解决的方法和程序,当是真实的教育内容。现在是在这个建造新中国的艰巨工作中,教育应发挥其积极建设的作用,理想的新中国可能在理想的新教育过程中显示其轮廓,这样说来,我们的国民教育不是地方建设的教育而何?

从制度上说起

一、新县制是实行地方建设的唯一机构

现在全国各地正在积极推行新县制,这是地方建设的唯一新机构,但我

们要明了新县制之根本精神，为管、教、养、卫合一，而以乡（镇）与保甲组织，为实施管、教、养、卫合一之基层活动，此活动中心即为国民教育。因此，新县制在政治上为一地方政治制度之组织问题，而在实质上，则为地方教育之发展与运用问题。此所以我们于研究新县制中，藉以彰明其教育之精神，来作为我们实行地方建设成功的保障：

甲、建立管教养卫合一制度

新县制中唯一特色，即确立了县以下各级组织的管教养卫合体的制度，四者之间，均无轩轾，这在过去若干年来办理地方自治的工作中，因为四者失了联繫，结果无不失败，或鲜著成效。还有在区以下乡（镇）保各级实行一人三长制，而以副乡（镇）保长及学校教员分别担任政治、经济、军事、文化各部门工作，以助其成。这不但是管教养卫四者可以齐一指挥而收分工合作之效，同时对于经费人材不充裕的地方，可以因此获得相当的解决。

乙、下层机构的充实

格外注重下层机构的充实，一矫以往头重脚轻的弊病，可说是这次颁布新县制的又一特色，因为过去地方自治只重表面，乡（镇）保甲往往仅有躯壳而无内容，在人员上更是缺乏，一乡（镇）一保公务千头万绪，何能以少数人而胜任，其结果自不免流弊横生，工作敷衍塞责，为地方贻害。所以新县制规定乡（镇）保分设民政、警卫、经济、文化四部门，并规定是项主任、干事应由副乡（镇）保长及中心学校国民学校教员担任，这不但下层机构得以充实，且合于经济的原则。

丙、工作确定效率增高

县以下各级组织，新县制均规定以管教养卫四者为工作要纲，在各级管的组织中既规定这四者的监督与指导的机构，另外又配置了实施养教卫三者的适当机构，此后的工作进行，已有轨迹可循，不像从前那样的暗中摸索了。况且新县制下各级组织，齐一区划，而系统分明，既便于统辖，而一区域内的各项事务，也得齐一步调的发展，这都足以加强了工作的效率。

二、国民教育制度是适应新县制的要求而产生的

抗战建国以复兴民族为基础，而复兴民族又以积极实施国民教育为基础，国民教育之实施，又必然的以乡（镇）及保之地方自治为起点，是以国民教育乃伴随新县制而产生，此点在上节已经说过。我们在此要更进一步问：国民教育在制度上有了些什么安排，以促使地方建设事业发达完成其抗战建国

的任务呢?

甲、在区域上:

《县各级组织纲要》第四条的规定:“县以下为乡(镇),乡(镇)内之编制为保甲,县之面积过大有特殊情形者,得分区设署,凡教育督察卫生合作社征收等区域,应与前项区域合一。”而《国民教育实施纲领》第九、十两条又规定:“国民学校以每保设立一所为原则,称某保国民学校……”及“每一乡(镇)应设中心学校一所,称某乡(镇)中心学校……”,从此可以看出乡(镇)保均为自治区域,今设学区域,与之一致,则管教养卫各项工作,均能齐一步调共图发展。

乙、在组织上:

《县各级组织纲要》第三十二、三十四、四十九及五十条的规定:“乡(镇)保长中心学校及国民学校校长及乡(镇)保壮丁队队长暂以一人兼任之,在经济、教育发达之区域,乡(镇)中心学校及国民学校校长以专任为原则”及“乡(镇)保公所处分设民政、警卫、经济、文化四部门事务,由副乡(镇)保长及中心学校国民学校教员分别担任之”。从此即可以看出在法令上已经规定了学校校长和教员同时担任政治、经济、军事各方面的职务,其用意当然在于一方面使基层教育由孤立变成和基层建设打成一片,另一方面使基层建设的各种工作都和基层教育联成一体,这一来整个建设便以教育为脉络、为神髓,只要能沟通联络到好处,则把中心学校、国民学校建立成地方文化的中心,社会建设的中心,是无疑问的。

从事业上说起

一、地方建设事业的表现要靠国民教育的推行

国民教育是一个社会改造运动,是地方建设的一种力量,我们要用这教育的力量来促进一切地方的建设事业,所以熊主席曾在《江西地方教育》(旬刊)第二百期纪念刊上题词道:“国民教育为乡(镇)保基层政治机构之中心,教育事业功绩之累进,即为地方自治真正之完成。新县制刻正实施,国民教育机关与地方基层组织交相互合,三位一体;教育人员以为之师者为之长,乡(镇)保学校校长教员,即为基层政治建设之干部,教育人员之责任与地位从此提高,教育之功能必须扩展与延长,如何由学校教室之讲习,进而为地方社会实际工作之示范;如何使学校教育所奠立之基础,从保甲、壮丁队、合作社等群体机构中实施训导,成为终久不断之社会教育,乃为我全国教育人员当

前之共同课题……”这些话是可以空讲的吗？原来国民教育与地方建设是密切配合的，国民教育之实施，设有乡（镇）中心学校及保国民学校，她里边有在文化程度上居乎领导地位的“老师”和若干实地参加建设地方的青年和成人，所以可以分担社会上的政治、经济、军事、文化各部的工作，这即是说我们要用国民教育的力量来推行乡（镇）保一切管教养卫的地方建设工作：

甲、从管来说——要中心学校及国民学校在组织上成为基层政治建设的中心，在实际上做领导民众推进地方自治的中心工作。

乙、从教来说——要中心学校及国民学校在组织上成为基层经济建设的中心，在实际上做领导民众提高文化水准的中心工作。

丙、从养来说——要中心学校及国民学校在组织上成为基层军事建设的中心，在实际上做领导民众发展合作造产的中心工作。

丁、从卫来说——要中心学校及国民学校在组织上成为基层政治建设的中心，在实际上做领导民众健全自卫训练的中心工作。

二、国民教育的成果结挂在地方建设事业的身上

国民教育有了多少效果，一定要在地方建设的事业上去着眼，它是一切政治、经济、军事、文化建设的推动力，在这方面不管做了人家完成事业的手段，所以国民教育在效果上不是在教育圈子内可以找得到，相反地国民教育是以完成地方建设之程度如何而定其成就之大小，关于这项标准要依据管教养卫四方面事业的要求而规定，绝非单单使全国儿童和成人都入了学校或者认识了若干字，即算完了国民教育的任务的。现在我们姑且这样拟定一实施国民教育的标准、或者藉此可少了然国民教育的地方建设性：

甲、关于管的方面：

（1）了解三民主义和抗战建国纲领及新县制的要点。

（2）了解地方政治经济军事文化建设事业的内容。

（3）参加各种团体活动培养运用四权的能力。

（4）实行国民公约及推行其他一切政府法令。

（5）其他。

乙、关于教的方面：

（1）具备生活必需之基本知识与技能（如文字计数等均在内）。

（2）提高国家民族意识确立抗战必胜建国必成信念。

（3）发扬我民族固有知能与美德。

(4)具有自动推进地方建设工作的热忱。

(5)其他。

丙、关于养的方面:

(1)注重生产与劳动精神之养成。

(2)明了合作的意义并热心参加合作组织。

(3)从事于造林修路等实际活动。

(4)能利用科学技能方法以改良生产事业。

(5)其他。

丁、关于卫的方面:

(1)具备战时常识技能并参加各种抗战活动——如救护运输等。

(2)遵守国家法令,推行征兵征工制度。

(3)组织民众武力担任地方自卫工作。

(4)锻炼强健体魄,讲求个人及公共卫生。

(5)其他。

从做法上说起

本文写至此,不能不向读者做一声明,因为在以上各节我们已谈论过的几点,往往会引起这样一种误会:地方建设既然也是国家的建设,而国民教育则不过是县以下乡(镇)保的基层教育设施,论其人材又只是一般乡(镇)保长及国民学校的教员……,如何负得起整个地方建设亦即国家建设的责任呢?并且正因为这个道理,在上文"国民教育的成果结挂在地方建设事业的身上"一节当中,以那样一个实施国民教育最低限度的标准,来说明其要求是由地方建设以达到建设国家的理想,岂非痴人说梦?在这里也是笔者早已想到了的,不过我们讨论本文的动机,是根据现行的国家制度,特别着眼在基层的建设与国民教育的关联,并加以说明其作用,这为的是:如果基层的一切没有好的根底,在中上层谈什么建设与教育,都是要落空的。此外还须补充一点意思,我们对于地方建设与国民教育问题的看法,并不是局限的,一切只顾在基层上打圈子,地方建设是要求达到国家建设的理想,国民教育不过是全部教育一部分的改造,所以我们还要更进一步注意到:如何由基层建设以完成整个的国家建设及如何由国民教育的改造以进行全部教育的改造的问题。因此,我们在本节开始讨论做法的题目下,要首先提出人材问题的解决,其次再论到方法问题。

一、人材是先决条件

甲、客观的需要

任何事业没有了人，固然不会成功，同时如果缺乏了适当的人材，也是容易把事业弄糟的，所以我们国家目前不是缺乏人，而是缺乏人材，所谓人材并非专指一般学者与专家，而是说某项事业须有对某事业有认识有热情有训练的人，即得谓之人材，这话从何说起呢？

(1)需要大批的中下级干部——我们看现在一切事业特别需要而感缺乏的即是中下级干部如乡（镇）长，国民学校校长与教员……，因为这数目特别大，而事业又最迫切，如若没有方法解决这问题，什么好的制度，还不是结果都落了空，因此我们在这人材需要迫切之际，先要考虑我们需要什么样的人材，应当具备的是哪些条件，然后再去谋解决的方法。关于此，我们以为中下级层的工作，虽然有管教养卫四个方面，而实际上这四方面的工作几乎都在每一个工作人员的身上，即是说中下级干部一定要具备了这四方面的知能，才可以胜任愉快的——这是新县制安排下了的。我们今天无论从实行地方建设或推进国民教育的任何一观点着手，它的中下级工作人员，都不会有不同的两批人，所以在这人材同一要求之下，我们不能不谋解决的方法。

(2)需要若干上级领导人员——担当管教养卫各部门工作的上级领导人员，我们不能否认他需有其专才擅长，但在国家同一制度要求之下，起码的条件要具有共同一致的认识及其在各部门工作的密切配合与联系，同时亦需要注意到地方工作的要求与方法，因为要想中下级各部门工作都有了联系与配合，而上级亦非携起手来不可，以此条件来衡量今日上级各部门工作领导人员，则又不得不设法以求解决。

乙、解决的方法

(1)治标的方法——人事调整与刷新：这是适应目前急切需要，补救过去数十年办理教育作育人材的缺欠，而不得不采取的方法。年来政府虽甚重视此问题，但所能做到的仍嫌不足，这是一切事业先决条件的谋解决，吾人不能不及早图之。

(2)治本的方法——教育的彻底改造：根本合用人员的造就，必须靠教育来解决，这即是说从国民教育起到中等高等教育止，非加以整个地彻底改造不可，今日需要的是上中下各级的工作人员，如果像目前只是从国民教育改造了，便认为一切建设问题即可解决的话，则整个建设国家的理想，将要断丧在受有中高等教育者的人们手里！所以这问题虽然很大，但为了适应以上各级工作人员的需要起见，不能不提出这个主张。

二、做法问题

关于做法原则及法令规章，过去已应有尽有，我人似无再行提出讨论的必要。今后的问题是在实行。能实行三分，即可见三分的成效；实行七分，即可见七分的成效。否则一张空头支票，再过二十年五十年还是不能兑现的。要求兑现，必须在基本做法上下功夫。基本做法是什么？可举出下列三点来说：

甲、实际调查

主观的理想很少符合客观的需要，因为不能符合客观的需要，纵使有好的方案，就不能实现。试看民国四年颁布的筹备义务教育命令并曾订定实施程序三十一条；到民国九年，复订定推行义务教育办法，规定自民国十年开始至十七年办理完成；十七年第一次全国教育会议议决各省市组织义务教育委员，推行义务教育；十八年中国国民党第三次全国代表大会，有厉行义务教育之决议；同年第三届中央执行委员会第二次大会，决议厉行强迫教育；并限于二十三年底实现；二十一年颁布短期义务教育办法大纲；二十四年颁布实施义务教育暂行办法大纲，并订定实施细则，前后共嚷了二十六年之久，结果强迫的义务教育还不能兑现，这就是没有配合客观条件的缘故，今后各地实施国民教育之前，必须从事实际调查。调查对象，有四要事：

(1)整理户籍。须确实明了学龄儿童及失学成人与妇女之数目。

(2)核实计划训练师资之数量。

(3)明了地方与居民之财力。

(4)调查已有社教事业及其他地方事业之设施情形。

以上四事明了之后，方可着手订定实施步骤，这样的步骤，有所依据，不致落空。否则如过去之估计假定，乃一种官样文章，非是地方建设。

乙、配合经济计划

地方建设是整个的。从事业方面说，可以分门别类；从设施方面讲，则彼此都相关联的。所以教育设施不能脱离经济计划。如某地方某种生产，可以增加财力几何。某阶段事业进行至如何程度，方为地方财力所允许。省政府补助若干，是否超出预算。中央补助若干，来自何源。这些都直接影响国民教育之设施。否则计划上虽规定：中央补助百分之二十五至十五，3200万元至7000万元(到后来百分比虽减少，补助费却愈大，因学校数增多)，结果国库空虚，爱莫能助。各省（市）政府补助费与中央相等，亦多以财政困难，不能如数发放。即使能按期如数补助，到了县政府，往往移挪作别用。至于乡（镇）保自筹数目，则因乡（镇）保长奉行命令关系，不问贫富，按户摊派。或有籍端敲诈，从中渔利。甚或视势力之有无，竟使贫者出钱，富者免费。种种不合理与矛盾现象，都是因为没有计划，没有办法之故。如果配合经济计划，如何开源，如何清理，如何分配，都有具体办法，经费来源自无问题了。

丙、配合施政方针

国民教育是新县制的灵魂，是地方建设的原动力，是国家建设的发火点。各级施政人员对于国民教育必须有共同的了解，方能推进无阻。过去义务教育计划之失败，缘由各级施政人员都视政令为弁髦，施行漫无方针，遇事互相推诿，如何能谈得到地方建设与复兴国家呢？新县制绝不是“挂羊头卖狗肉”，阳奉阴违；国民教育绝不是“换汤不换药”，空悬招牌。地方建设是切切实实的建设，必须一扫过去的积弊，用革命的手段，上下一心，以达到建国之路。

结　语

地方建设与国民教育的关系，上面已经从意义上、制度上、事业上、做法上分别叙述了。兹为明显起见，在结束此文时，再概括地说明一下：

喊出“地方建设”的口号，为的要从基层做起。因鉴于过去国家事业都不切实，都在表面，都从上面发动，下面推不动，结果一切命令法规方案全部成为具文，如是欲建设国家，复兴民族，必不可能。一个国家的基础是在地方，地方事业的基础是在乡（镇）与保。乡（镇）保事业的关键是在国民教育。这在《县各级组织纲要》和《国民教育实施纲领》上载得明明白白，乡（镇）中心学校和国民学校是全部地方事业——管、教、养、卫——的发动机关。况且教育是推动一切事业的根源，证诸世界各国之进步和民族之复兴莫不依赖教育的力量。十九世纪英国之强盛，丹麦之振兴，欧战后波兰与捷克之复国。皆为明显的例。苏联的五年计划，德国的四年计划，都重视国民教育，国民教育实为国家建设的基石，所以今后欲谈国家建设，必先切切实实地从事地方建设；要实施地方建设，必先不折不扣地推行国民教育。

三十年二月十九日

（原载于1941年《地方建设》）

江西国民教育经费的回顾与前瞻

第一章　江西义务教育经费概况

江西为很早提倡保学的一省，所以以义教经费数字来看，当首屈一指。兹将二十四及二十五两年度各省市县自筹义教经费情形列表于此，以见一斑：（见《教育通讯》二卷第四十九、五十期十一页）

二十四、二十五年度各省市县自筹经费比较表			
省市别		二十四年度	二十五年度
山东	省	七一五，〇七六	三〇〇，〇〇〇
	县	三二二，九一〇	五六六，六〇四
四川	省	一五〇，〇〇〇	二〇〇，〇〇〇
	县	五五九，二〇〇	六〇二，四一五
江苏	省	一五〇，〇〇〇	三〇〇，〇〇〇
	县	四二〇，〇〇〇	六六八，八五九

续表

省市别		二十四年度	二十五年度
广东	省	一四〇,五六〇	三〇〇,〇〇〇
	县	五一三,〇〇〇	七三四,二〇〇
湖南	省	一二八,〇〇〇	二八〇,〇〇〇
	县	一〇九,七四九	三五一,七一〇
河南	省	五七六,〇〇	八九,〇〇〇
	县	一五六,九二一	四〇一,一〇〇
浙江	省	一四〇,〇〇〇	二一〇,〇〇〇
	县	一〇三,六七三	二八五,二四二
安徽	省	一七〇,〇〇〇	一七八,八四〇
	县	三〇,〇〇〇	一四七,三五〇
江西	省	一〇〇,〇〇〇	二五〇,〇〇〇
	县	三,五九四,四五一	三,五七四,二〇二
河北	省	一七二,八〇〇	三六三,九〇〇
	县	二五三,〇三五	五〇〇,〇〇〇
湖北	省	一四〇,〇〇〇	二〇〇,〇〇〇
	县	五三三,三〇六	未详
福建	省	一二五,〇〇〇	二六八,三六〇
	县	一三二,一八〇	二五二,〇五四
广西	省	六一,〇〇〇	一五一,〇〇〇
	县	未详	未详
山西	省	一五六,〇〇〇	二四八,九一〇
	县		
贵州	省	四七,六〇〇	六〇,〇〇〇
	县	未详	一四〇,〇〇〇
云南	省	三〇〇,〇〇〇	四三五,〇〇〇
	县	五〇,〇〇〇	一八一,三二七
陕西	省	二五〇,〇〇〇	三五〇,〇〇〇
	县	三四七,〇二一	三〇〇,〇〇〇
甘肃	省	无	无
	县	一三九,六六〇	一四八,八九〇
西康		无	无
青海		无	无
宁夏	省	七九〇	四九,四六〇
	县	无	
绥远	省	一二〇,〇〇〇	三三七,四三二
	县	三四,八〇〇	

续表

省市别		二十四年度	二十五年度
新疆	省	三〇〇，〇〇〇	三〇〇，〇〇〇
	县	四三二，八八〇	
察哈尔	省	三一，八〇〇	四八，〇〇〇
	县	三一，〇八〇	三六，七二〇
南京市		一〇八，五七七	二四二，九一三
上海市		七〇，〇〇〇	一一一，〇〇〇
北平市		八〇，〇〇〇	一〇五，〇〇〇
天津市		一五九，〇〇〇	二〇五，〇七五
青岛市		五三，〇〇〇	一三九，〇〇〇
威海卫		八，〇八〇	一一，一八八
合计		一〇，七〇七，〇五九	一四，七三三，八四一

兹为求对江西义务教育经费，作更进一层的认识起见，爰将近年来筹集义教经费情形，略述如次：

第一节　筹集办法的改进

自民国二十四年五月，中央颁布《全国义务教育暂行办法大纲》以来，各省莫不重视文盲问题。乃以我国地方辽阔，人口众多，文化落后，且以地方教育经费又向来拮据，欲在十年内彻底扫除文盲，戛戛乎一大难事。然而六年以来，江西义务教育经费的名额，居然能与日俱增，且竟为全国各省市之冠，值得我们研究。欲研究江西义教经费，不得不先研究其筹集办法改进的历程，然后始能返本寻源，了如指掌了。

江西义务教育经费的筹集办法，在民国二十四年六月十八日第七八三次省务会议所通过之《江西保立小学暂行办法》中，即有下列之规定：

“保立小学经费，尽先以各保学款（产）公款（产）拨充之，不足时按照保甲经费住户分等负担比例摊足之。”（第十六条）

上条中所定筹集经费的办法，虽然不甚具体，要亦不失为办法之嚆矢。惟当时因基层负责人员缺乏经验，于筹集经费之际常起纠纷，乃于同年九月七日训令保学行政注意事项十三点中，其第四点即是对筹集义教经费之提示，原文如下：

“保学经费，按照办法，本应尽先以学校所属保原之学款（产）公款（产）拨充，不足时方得按照保甲经费由住户用分等负担比例摊足，方符规定，乃近查少数县份，对于原有之公款学款，不知遵照办法整理利用，多纯由各住户先行摊派，间亦有径由各住户先行摊派，不足时再从公有款产内提拨者，凡此种种，均有未合，须知以公有款产办当地之教育，自属正理，且已经明令规定，纵或于提拨之时最有困难，亦宜详细调查，多方设法，以政教合一之精神，化阻力而助力，毋得徇私畏难，尤毋得假公济私，致难推行而亏职守。”

由这一点中，我们不仅可知当时筹集经费弊端之大概，亦能藉知江西教育当局励精图治之苦心。不过所谓地方公款公产，以往多被人侵蚀中饱，故实际上能拨作义务教育经费者，为数寥廖，加之地方基层干部质素甚差，若仅饬令调查整理，而不指示具体办法，结果不是“不动”，便是“乱动”，对于实际，毫无裨益。江西教育当局有鉴于此，乃于二十五年三月，订定《江西各县清查地方公款公产暂行办法》十七条，其中重要内容，可分四点略述于下：

（1）公款产范围的确立。过去地方公款产，因性质未加确定，易受人蒙蔽，资人侵蚀，兹虽清查，若不予以显明的确定，将来仍必重蹈覆辙，且清查公款产的第一基点，即要确定公款产之性质及范围，然后清查方有根据，所以本办法一开始就在第二条中对这点详切规定，这是值得注意的第一点。

（2）清查公款产机构的确立。地方公款产是有永久性的一种公共财产，而地方上狡猾奸诈者，代不乏人，若仅靠蜻蜓点水一般的清查一两次，不仅无大裨益，反而易滋纷扰，所以本办法第四条，即有令各县组织“地方公款公产清查委员会”之规定，如此不仅足以专一责成以增进工作效果，抑且为地方财政建立一永远有益的机构。这是值得我们注意的第二点。

（3）廓清公款产之弊端。以往公款产之被人侵蚀，皆有积弊，今若清查而不去积弊，则犹如不查。江西当局远鉴及此，遂在本办法中，对于剔除积弊方面之规定，特别缜密，兹就其中值得特别注意者数点，提供于后，以资参考：

第一，取消转佃。所谓转佃，几乎等于侵吞中饱的别名，此弊不除，则公款将永远兹私肥中饱而无廓清之日，所以本办法第十条截然规定：“……如发现公产田地承佃人已取得永佃权而以所佃之田地转佃者应即公告取消，另行招佃。”

第二，取缔积欠。以往有些地棍无赖，常故意延欠年月，不纳租佃，其中亦常有少数贫民因正当生活而积欠（这是另一救济问题），然不论其原因为何，而影响地方收入之弊害则一，所以本办法中第十一条，即有如下之规定：

“如发现欠缴田地或房屋租金达一年以上者应呈报县政府追缴并取消其租佃权，另佃另租。”

在本条中并规定积欠以一年为期限，足见严厉之中，复怀宽大，措置适当，诚无以后加。

第三，调整利率。以往经管公款产最易蒙蔽者，当属“利率轻微”便于作弊，经管者一方面以轻利负人，而以重利转嫁他人，假造花名，乱人视听，语云涓涓之水，积为江河，此弊长存，则公帑损失之大，将不言而喻。即使租佃者无转嫁之利，然息率轻微，一人之获益无几，而积少成多，公帑之损失则大。故调整利率实为清查公款产及增加地方收入之一重要手段。所以本办法对于这点，也有如下的详切规定：

“……凡田地或房屋或存款其租率息率尚是远年所定者，应按照时价酌量增加。”（第十二条）

以上三点，皆是历来地方公款产之积弊，而为清查中所必须剔除者，本办法对此皆能对症下药，足见措置缜密。此外，最值得我们注意者，那就是“清查经费“的审慎，本办法第六条规定：“地方公款公产委员职员均为无给职，遇有正当开支，得在县地方总预备费下拨用，俱须呈请省政府核准。”若经费不如此紧缩，恐清查之款产尚不够清查委员会之开支，如此又可见顾虑周详之一斑。这是值得我们注意的第三点。

第四，保管机构的确立。盖清查公产为一繁杂工作，清查一次，费时极多，若清查后无妥当管理，而任其丝紊纱纷，其结果无异不查，若欲妥当地保管，则首先一着，就要确立保管机构，方能专一责成，加强管理之效能，所以本办法第十四条，即有如下之规定：

“清查完成后，公款公产属于县有者，由县财委会保管；属于区有者，由区长为当然委员，各保联主任互推四人，共同组织保管委员会保管；属于保有者，由保长为当然委员，各甲长互推四人，共同组织保管委员会保管；如不属于全区共有，又不专属于一保所有者，由共同各保长互推五人，共同组织保管。委员会保管，若不及五保，则得于各保内另选正绅补充。此项‘区’‘保’保管委员会应将所管款产装具清册呈县备案……”

上条规定，如各级地方皆有公款岁保管委员会就款产之性质分别保管，层次井然，责任分明，则地方公款产必将因此妥善之保管，日趋澄清。这是值得我们注意的第四点。

由上述四要点观之，足见该项办法确能不折不扣地针对实际需要。自该办法颁布，并令饬遵行后，县地方教育经费收入中，公学款产之收入，平均增加一倍（二十五年度学产收入为二一二，六八三元，至二十六年度则增至四四四，九四五元）。效果之大，如此可见，至二十五年七月间，特以江西保甲经费已改由田赋项下带征，不再摊派户捐，乃于二十日通令各县，将“按照保甲经费住户分等负担，保学经费之办法，一律取消”，并于七月二十五日通令各县遵照行政院规定（行政院三五二七号调令），准地方教育行政机关，得于各小学区内按各户富力劝募或分担保学经费，乃以劝募既无标准，而经费来源又漫无具体对象，致收集经费，时兹纷扰。于是在二十五年八月七日第八九六次省务会议时，复将江西省保立小学暂行办法第十六条，所定保学经费的来源，重加修订扩充，其修正条文如下：

“保立小学经费，尽先以各保原有学款学产公款公产，及清查调整以后各保增加之公款公产拨充之，并依照《各省县市筹集义务教育经费暂行办法大纲》第五条，暨行政院二十五年六月第三五二七号调令各规定筹集，其实施办法另订之。”

按此条较原有条文所规定之保立经费来源，不仅重加确定，抑且大为扩充，如条文内所列各省县市筹集义务教育经费暂行办法大纲第五条，其中所规定筹集义教经费之范围，共有下列五点：

（1）县市政府呈准省府指定学产之收入。

（2）县市政府呈准省府指定合法捐税及附加捐款之收入。

（3）县市政府乡镇或学区内整理原有学产附加之收入。

（4）热心公益人士对于义务教育自愿之捐赠。

（5）县市或乡镇由人民自动公议依法呈准分担之捐款。

在此五点中，第一点为原来规定之收入，第二、第三、第四等三点，乃是经费扩充新源的指示，第五点则可补救江西现实需要，因当时江西各县并未讲准新税或新附税，所赖以维持保学者，厥为公学款产，奈此项款产为数有限，加之按保甲经费比例摊派保学经费之办法又取消，故上述第五点实为当时较好补救办法，总之，上述五点中，有四点皆为保学的新源。

此外条文中所称行政院二十五年六月第三五二七号训令，其要点，即是饬令在下列情形下，财政厅应予查核准行，教育厅并视其情形酌予奖励：

（1）凡地方人民公议自愿分担义务教育经费。

（2）凡地方教育行政机关规定于各小学区内按各户富力劝募或分担义务教育经费。

以上两点中，第一点是与前面第五点相同，第二点则又针对当时之时弊。因为当时各省进行义教经费缺乏，教育厅则令各县增筹经费，财政厅则为顾全财政收支系统及人民负担，常与教厅拘泥摩擦，所以在本条正条文中特别提出，一方面是重申中央明令，另一方面则确指保学经费由人民负担之义务与权利，总而言之，在此修正条文中，保学经费来源，已有切实的确定与扩充，而以往收入范围上之纷争扞格，亦因之清算。不过单靠这一条文之规定，经费内容既甚概括，而筹集手续又无具体指示，施之实际，则困难仍将不免，江西教育当局远鉴及此，故于同次（八九六次）省务会议中，提出江西各县筹集义务教育经费实施办法十二条，当经通过施行，其内容要点，可分三端简述如下：

（1）评定经费范围。在《修正保学暂行办法》第十六条中，虽将经费来源大加扩充，但字义上不甚明了，因为该条文中所举《各省县市筹集义务教育经费暂行办法大纲》，及行政院三五二七号训令，若不加以注释，则一般基层教育干部人员恐不易明白，因此在本法十二条中，竟有第三、第四、第五、第六、第七等五条，全是对经费范围之规定，足见用意深微。

（2）指定经费用途。在地方财政困难之时，教育经费之被移挪，似乎已不是一件意外的事，且保学成立年浅，多不为人认识与重视，若被地方行政者将辛苦开辟的新源移挪他用，或竟补充县立小学开支，则不仅一番努力尽归东流，而保学嫩芽亦将趋于萎灭，因此本办法第二条中，即剀切申示："本办法中所称之义务教育经费是指推行义务教育之保立小学经费而言"。如此则新筹一份经费，即可尽量利用一份来充实保学，使一份努力，即有一份结果，而不致有移挪误用之弊。

（3）确立筹集手续。在筹集经费过程中，手续分歧，亦为重大困难，而且舞弊最好的机会，即在手续不清之时，如缴纳没有定时，则管理者就可趁机延欠，如收发不缜密，则不良之管理者，即可藉此浑水摸鱼，从中侵蚀，所以本办法对此亦有妥切的规定，如：

"九、各户分担之义务教育经费每年分七月十月一月四月四期向各该保保学委员会缴纳，其愿一次缴纳者听。"

"十、各县政府应即制三联收据发交各区署加盖钤记于骑缝上，转发交各保学委员会于各户缴纳分担义务教育经费时分别填明，以一联存查一联裁给缴纳人一联呈请区署备核。"

上述虽仅两条，然对于缴纳时期与手续，无不体切事实，简切扼要，于此可见。

自此办法实行后，义教经费之筹集，又入一新阶段，不过初由各保分筹分付，极感困难，而支付与稽核手续，又未妥定，往往发生流弊，江西教育当局有鉴于此，乃更于二十五年十月间，订定江西省保立小学经费之收支保管及审核办法七条，此项办法的宗旨，是在“划一各小学经费之收支保管与审核手续”，以杜防以往的流弊，所以办法中第一个要点，即是收支手续的确定，如办法中第二条是规定各县保学拨用各该保原有公学款产之办法，第三条是规定弥补教育经费不足之手续，第四条是规定补办短期小学及改办四年小学之经费收集办法，第五条中除规定审核办法外，还规定保学经费之动用办法，这几条几乎占了此办法内容的十分之八成，足见中心之所在。其次一要点，即经费稽核机构及稽核手续的确立，盖以往稽核任务，多附属于上司，工作又无具体，手续又复零碎，故虽稽核而弊端杂存，今欲一清收支手续，则一经常之稽核机构与手续，自有确定的必要，所以此办法第五条(乙)项即规定：“各区区署应组织该区保学经费稽核委员会……负审核全区各保学经费出纳之责……”，此外，在同条(丙)(丁)(戊)等项中，对于稽核手续亦有详细之规定。其第三要点，为注重经费独立之保障，大概过去主办教育的人士，尝鉴于经费之被移挪与侵蚀，都是一贯地提倡保障教育经费之独立，至于义务教育当不能例外，论到江西保学经费在过去虽经教育当局极力整顿与保障，但是具体办法却未订立，本办法为了补救这点，所以在第六条中，即有以下的初步规定：

“各县保障保学经费之独立办法如下：甲、凡各公私产业经拨为保学经费者，不得转让或抵押于他人；乙、保学所收各项经费不得移作别用；丙、保学经费应按照核定预算开支不得擅行动用；丁、关于保学之收支保管应由各级主管机关严密监督，如有转借或舞弊情事一经查觉除责令加倍赔偿外，并须依法惩治。”

自这办法令行后，各项手续大为清楚，不过各保经费，因分筹分付，手续纷繁，颇感困难，而按照各户富力分担经费，富力估计又无一定标准，往往因此发生流弊。至二十六年一月十八日召集全省义教行政会议，关于保学之收支，当时有详尽之讨论，并成立议决案，准此更订定江西省各县保立小学经费之筹集及补助办法四条，至同年七月三十日，由省政府公布实行，其大意为各县保学经费由保就本保公学祠庙会各款产及乐捐，筹足所需保学经费二分之一，另由各该县依照“田亩”“特产”“商业”及“房铺”等为富力标准，以统筹全县所需保学经费四分之一，更由中央及省库所拨义教补助费项下，拨补四分之一，因此从这办法中无形的得到几点收获：第一，富力有了根据，可以减少收筹时的滋扰；第二，经费分担有固定成分，不仅滥捐乱派浑水摸鱼之弊因以减退，而地方人民负担，亦得以减轻，不复似以往疲于奔命了；第三，经费有固定的担负来源，收入易为稳定，所以自此办法施行后，经费日趋稳定，而弊端日趋减退。乃江西教育当局又鉴于人民富力分担虽有根据，尚无标准，恐仍不免生弊，爰会同财政厅，订定《江西省按照人民富力分担义教补助经费实施办法草案》十九条，复于二十八年一月三日第一一四〇次省务会议修正通过，改为十五条，由教字第四五七号训令颁布施行，具体文中除了收支手续与前略有改进无容赘述外，最值得注意的有两点：第一，是各县补助保学经费收支范围的廓清，因为以往保学经费无论是公款产也好，是按人民富力分担也好，对于收入手续方面常易混为一谈，本办法却将县富力分担保学经费收支的手续，单独订定，以廓清误会或牵掣之弊。如办法中第四条，毫不牵扯地爽脆地规定田亩、商业、特产及房铺等四项收获为范围，另外又在第九条中剀切地规定县经征处为经费收发机关以专责成，这几点都是使我们脑海里对于经费收入范围及收支手续方面，都深深地印下了清晰的轮廓。第二点，即是富力标准的确立。如田亩富力，规定在土地未测量登记以前，各县田亩之田亩收入，均以田赋收入为标准，已经登记者，则以地价税为标准。其次商业富力，则规定以营业收入为标准。特产富力，依照出产量为标准。房铺富力，以房铺捐收入为标准。按照这几点标准来收集经费，虽各县分担费有高低不同，但根据了这铁一般的原则来收集，滋扰纷争是无从再起，所以自本办法颁行后，各县对保学补助费筹集的办法才因以澄清。不过各保自筹经费，尚因分筹分付，手续与人力极感困难。先是在民国二十四年黎川县长李屏山呈请将保学经费由区署统收专付办法，经省政府教字第三七三号指令准予变通试办，并登载《教育旬刊》，以供各县之参考。一时各县多闻风试办，其中以玉山、丰城等县筹集成绩较佳，安义、高安、萍乡等县次之，成效颇好。至二十七年冬，江西教育当局因鉴于各县尚未一律采取此项，由区署统筹专付办法，或采行而不适当，乃拟定《江西省各县保立小学自筹经费区乡镇统筹专付实施办法》，提出本省地方教育研究会及全省专员会议讨论一致通过，并提经二十八年一月十三日第一一四三次省务会议通过，由教字第四〇三号训令颁布施行。本办法内容，是集过去有关法令之大成，故条文较前详尽，不过其中心要义，还是在“廓清保地方自筹保学经费之范围及手续”，及“加强区乡镇对保学经费之范围及筹集事权”，自此办法颁行以后，保地方自筹经费之手续因以澄清，而筹集中所产生的无谓滋扰，亦因之消泯。

此外历年度实施义教计划中，对于经费筹集，俱有详切的提示。至于中央及省库补助费方面，自二十五年度以后，每年皆有分配数额表及补助办法之颁行。总之，六年以来，江西教育当局对于义教经费方面，各项办法之颁行，前后不下三十余种，光这一点，亦足见江西当局对于义教经费之重视。

第二节　经费的扩充

从前面所述，我们知道江西筹集义教经费之办法，是在积极的改进中，故经费数字继续在增加。兹再分述如下：

第一，从省方面看，历年由省府按时拨予各县义教补助费，数目激增不已。根据统计，二十四年度为十三万元，二十五年度增为二十五万元，二十六年度又增为四十五万元。抗战以后，各项经费俱有紧缩，然二十八年度，省库仍拨三十一万五千元之巨款，以为各县义教经费之补助，如此足见维系义教的精力。至二十九年，省库义教补助费复增至三十二万九千三百五十一元，三十年度更激增为四十五万元，此外中央拨予本省义教补助费，亦由省按时拨发，兹将最近五年来省库及中央拨予各县义教经费分配情形，列表于后。（《最近五年来中央及省库拨予各县义教补助费分配表》表格扫描模糊，难以辨认，此处省略——文集编者注）

据上表所载，二十七年度为二二二，七〇五点六元，二十八年度为五三四，九四四元，二十九年度为六九二，五二三点五元，三十年度为一百六十余万元。近两年来，所分配之县数，较以往减少十二县（因游击区县份由省库另补），而二十九年度反较二十八年度增十五万七千余元，较二十七年增加三倍以上，至三十年度，义教补助费，更增为二十七年度之八倍。这是江西义教经费继续扩充第一个显明的事实。

第二，经费开源方面，我们可以分为数点来说。先就学产的整理说，自二十五年三月饬令各县加紧清理公学款产以后，各县学款岁入数目大为增加，单就县地方教育经费岁入方面看，二十五年江西各县学产收入，为二一二，六八三元，经清理后，二十六年度之学产收入，即增为四四四，九四五元。自抗战烽火燃到江西以后，仍有十余县受敌滋扰而锐减收入，然二十八年度六十七县的学产收入，仍然保持三十八万五千余元之巨额，足见开新源的稳定与可靠。

其次如房铺捐自二十六年开征后，每年约有两三万元之收入，牙当税每年亦有一两千元的收入。此外较大的新源，那就要算钨锡砂附加税。钨矿为江西南部重要特产，据专家统计，会昌等五县的埋藏量即有三十万公吨以上，每年收入，约在一千四百万元以上(依民国二十七年统计)，因为有这样巨大的财源，江西自积极推行义教以来，就不会放弃这笔巨款附税的利用。根据统计，二十五年度，教育经费岁入中有钨附捐者，仅大庾、虔南等四县，共计收入三万余元，至二十六年度，计有虔南、大庾、泰和、南康等十四县教育岁入中，有钨锡附捐收入共计九万余元，至二十八年度，虽减为八万六千余元，但县数则增十五，足见是项税源确能普为利用。二十九年度该十五县钨锡附捐收入，增至九万七千余，较二十六年度收入犹为超过，兹将最近五年来，大庾、虔南等产钨锡十五县份，每年教育费中所得附捐数额，列表于下。

2.二七年度数字照二六年度延用半年故略。

3.二八年度数字是根据《江西地方教育》一七九期所载。

4二九年度是根据各县岁入概算书统计而得。

附1.二五、二六年度材料是根据《江西统计月刊》二卷三期数字。

(《江西省近年来各县钨锡砂附捐拨发教育经费数额统计表》表格扫描模糊，难以辨认，此处省略——文集编者注)

上述各点，虽不失为地方教育经费之新源，然尚非义教经费主要收入。论到义务教育经费的主要收入，简而言之，即地方自筹经费，在二十余年度的自筹经费，是由提拨公学款产及“按照保甲经费住户分等负担比例摊派”办法，令饬各地教育行政机关，得于各小学区内按各户富力劝募或分担保学经费，二十六年度实施江西省各县保立小学经费之筹集及补助办法，确定县地方自筹义教经费二分之一，县方面依照“田亩”“特产”“营业”及“房铺“等为富力标准，统筹全县所需保学经费四分之一，至于保地方，则按公学款产，迷信，乐捐等抽集或劝募。

二十六年以后，虽经费筹集办法屡有改进，然县地方担任经费成数，仍是以此为原则，兹将近五年来，江西县地方自筹经费数额比较编列于下：

年　度	地方自筹义教经费
二四年度	二，七一五，三五九元
二五年度	二，九七四，四三五元
二六年度	四，二四五，三八〇元
二七年度	四，六〇六，九一九元(原是以六月计现以二倍数字列入)
二八年度	三，二四五，七七九元本年度(二十八年度富力分担收入

是根据六十六县呈报数字,保地方自筹经费是根据六十三县呈报数字)

由以上数字,我们可知江西地方自筹经费,是如何扩充与稳定,二十八年度,虽少列十七至二十县之多,但各县自筹经费,犹能在艰难困苦中撑持三百万元之巨款,形式上数量较二十六年度减少,而实际上至少是保持了原有数额,这一点想是不言而喻。

总而言之,在经费的开源方面,江西的义教经费,的确是在全面的扩充和稳定中,建立了雄厚的基石。

第三,从江西县地方教育经费支出方面看。近五年来,江西县地方教育经费,不仅是数量上的增大,而且地位亦随之增高,如二十四年度,各县教育经费岁出,占总岁出百分之十七强,至二十八年度,则已增至百分之二十七强,由这一点,亦足证江西为政者,已是一贯的注重地方教育了,兹将近五年来江西县地方岁出预算经费分配情形,列表于后以资参考。(《江西五年来各县岁出预算分类比较统计表》《六年来江西省县地方教育经费分配概况统计表》表格扫描模糊,难以辨认,此处省略——文集编者注)

表中数字,不过是显示江西地方当局注重教育的趋势,至于义教经费在县教育经费中,究竟有怎样的地位,还须分析历年县地方教育经费岁出的数额。在县教育经费岁出项目中,与义教经费关系最密切的有两项,最显而易见的,那就是初等教育经费,虽然义务教育不能包含初等教育。但义务教育在初等教育内占了很大的百分比,只要是有教育常识的人,也会承认这个事实。因此,我们只要一看初等教育经费的增加,就可联想初等教育中义教经费也随之而增了。六年以来,江西除地方初等教育经费,不仅在数量增加了三倍以上,而地位亦随之增高,在二十四年度初等教育经费,占教育经费总数百分之五十一强,二十五年度又增至百分之七十五强,二十六年度更增至百分之八十一强,抗战以后,虽各项经费缩减,而二十八年度江西各县初等教育经费,倒占了百分之八十一强,足见蒸蒸日上之势,不过县立小学的数量到底有限,所以县立小学经费(初等教育经费)的扩充,也较保学为有限。二十九年度初等教育经费,虽仅占教育经费总数百分之四十三强,然数量却仍能保持一百五十万之巨款,实际上并没有多少的减缩,兹将近年各县地方教育经费岁出分配数额,列表于次,以为参证。

此外,对于义教经费有关的另一项,就是“教育补助费”,在“教育补助费”中,义教经费是占了极大部分,姑以二十九年度各县教育补助费为例,据我们统计结果，各县义教补助费平均占教育补助费百分之九十六以上，兹不惮烦琐，将二十九年度各县教育补助费及义教补助费之数额及比例，列表于后，以为参证。（《二十九年度江西各县义教补助费数额统计表》（根据二十九年度各县教育经费支出概算书）表格扫描模糊，难以辨认，此处省略——文集编者注）

据下表所列六十七县中，除峡江、乐安两县而外，共余六十五县的义教补助费，俱占教育补助费百分之九十以上。其统计结果，占百分之九十者有两县，占九十一者有五县，占九十二者有三县，占九十三者有八县，占九十四者有七县，占九十五者有八县，占九十六者有六县，占九十七者有七县，占九十八者有六县，占九十九者有五县，占百分之百者有八县，平均数占百分之九十六以上。因此，我们只要一看教育补助费之涨落，即可了然于义教补助费的涨落趋势，二十四年度时，各县教育补助费，即有一百五十万之多，及二十六年度，因受战事影响，渐缩减为一百一十余万，其在教育经费中的地位，亦由百分之十五，降落到百分之四点八。

抗战以来，由于江西当局对义教一贯地抱着积极推进的态度，故经费反较以前为稳定。二十八年度江西各县教育补助费为十一万五千余元，虽数额较二十六年为低，但百分成数却较二十六年为高，及至二十九年度，各县教育补助费，竟一跃而增至一百七十余万，数量上较过去各年度增加十余倍，地位上亦由百分之四强（二十六年度），跃至百分之四十七，速率之大，前所未有。

由上述两端，已足见义教经费在县教育经费中，不仅占有重要的地位，而且还有继续增加的趋势。此外，在县教育经费支出方面，最值得我们特别提出一述者，那就是县经费支出总数中，弥补教育经费不足之数。在今天地方经费拮据之时，教育经费不被移挪，已属幸事，至于在预算以外，另行弥补，确是少有之事。乃江西近年来，每年皆有些县份，于教育经费不足时，另于预算之外予以弥补，虽为数不多，然已属难能可贵了。兹将近年各县岁出总数中弥补教育经费不足数额，举列于下。

江西省近年来预算总数中弥补教育经费数字统计表

县名 \ 年度	二十五	二十六	二十八
总　计	四八，五五〇	三八，七九一	三五，九三五
武　宁	四〇六	一〇五四	
修　水			

续表

县名 \ 年度	二十五	二十六	二十八
铜　鼓	一，一八五	一，一九九	一，二〇〇
奉　新			
靖　安	三四七		
安　义			
永　修			
新　建			
南　昌			
进　贤			
萍　乡			
宜　春			
万　载			
分　宜			
上　高			
宜　丰			
新　喻		一七五	一七四
高　安			
新　淦			
清　江			
丰　城			
吉　安			
吉　水		八五三	
峡　江			
永　丰			
泰　和			
万　安	四九六		
遂　川	二九六		
宁　冈	一四〇	八四	六六
永　新	二，九四〇	九四一	九三八
莲　花	二，三六一	二，四七一	二，四三一
安　福			三三二
赣　县	四〇八		
南　康			
上　犹	二九		
崇　义			
大　庚			
信　丰			
虔　南			

续表

县名 \ 年度	二十五	二十六	二十八
龙　南	四,三七九	二五八一	二,五五一
定　南			
寻　乌	一,〇四五	八五〇	四一
安　远	四四七	一七六	八五〇
浮　梁			
婺　源	一,四〇〇		
德　兴		八七二	八五一
乐　平			
鄱　阳			
都　昌			
彭　泽			
湖　口			
九　江			
星　子			
德　兴			
瑞　昌			
上　饶			
广　丰			
玉　山			
横　峰	二,二六五	三四六	三四〇
铅　山			
弋　阳	一,二四〇	二五六	二二五
贵　溪			
余　江			
万　年			
余　干			
南　城			
南　丰		八四一	三五
宜　黄			
乐　安			
崇　仁			
临　川	二,八九九		
东　乡			
金　溪	三,〇〇四		
资　溪	五四一	六六	五四
光　泽	一,七三二	一,二一三	一,二〇〇

续表

县名＼年度	二十五	二十六	二十八
黎　川			
宁　都	四,五八四	六,八六五	六,八一三
广　昌	一,五〇六	一,九九一	一,九八〇
石　城	五,〇九五	五,三三四	五,三一四
瑞　金	三,四六〇	三,七二八	三,七一六
会　昌	四,五二九	一,六七三	一,〇六〇
雩　都		二二〇	二一二
兴　国	一,八一六	五,〇〇二	五,〇〇〇

附注：

1. 二十五年度数字，是根据《江西统计月刊》一卷六期第三一——三五页所载编列。

2. 二十六年度数字，是根据《江西省教育实施概况》附件下。

3. 二十八年度数字，是根据《江西地方教育》一七九期所载编列。

总而言之，江西自二十四年积极推进义教以来，其经费即在不断地扩充与稳定中，据江西教育厅之统计，在二十三年度，义教经费为二百三十余万元，至二十六年度，则一跃而增至四百九十余万元，三年之间，增加一倍又十分之一，速率之大，颇实惊人，抗战以来，各项经费俱从紧缩，而二十八年度之义教经费，却仍能保持四百二十余万元之巨额，诚不是一件偶然的事，若以指数表示之，设二十三年度为一百，二十四年度即为一百二十五，二十五年度为一百四十六，二十六年度为二百十二，二十八年度为一百八十，兹据江西省教育厅之统计，将二十三年来义教经费，编列于后，以示江西义教经费推进的一斑。

江西省六年来义务教育经费比较表

年　度	经费数额	指　数	备　注
二三年度	二,三四九,四五八	一〇〇	
二四年度	二,九四五,三五九	一二五	
二五年度	三,四三四,四三五	一四六	
二六年度	四,九八五,三八〇	二一二	
二七年度	五,一二四,九一九	二一三	
二八年度	四,二三五,六八三	一八〇	

第三节　教育效力的加强

通常所谓教育效率,从经济立场上看,即指金钱滥费少而效果多。假设甲乙两地或两时之教育经费相同,而甲地(或甲时)教育效果优于乙地(或乙时),则我们就可以说甲地(或甲时)之教育效率大于乙地(或乙时)。不过所谓效率之大小,是为一相对名词,若竟以为“不用钱就好”,而忽略了学校应有最低之设备,以及教师最低之生活费,这种打算便完全错误。过去我国各省市短期小学、乡村小学,其学校设备,其教师待遇,莫不在普通小学水平线以下,此皆由于经费拮据所致。至于江西的保学亦正难以例外,照我们的统计,过去江西县立小学经费数额,竟有超过保学十倍以上者,平均起来,大约也超过四倍。保学经费既如此之少(过去规定保学全年经费为二〇四至二五二元),其效果之差,自不难想见,所以我们今天若站在经济立场,来探寻江西义务教育的效率,最重要的一点,就是要认清“经费增加”,不但不是降低效率,反而是效率增高。根据这个观点,将民国二十四年以来江西实施义务教育情形加以比较,则知其效率是有很大的增进。

现在先从师资待遇方面说。盖过去义教效率之低落,教师质素之欠缺,实为其根本问题。老师质素欠缺之原因虽多,而其主因,大都是义教师资之待遇过低所致,因待遇过低的结果:一方面使能力较强或家庭负担较重者,对于是项职务望而却步;在另一方面,则又使现任之好教师不安于职,这样一来,可说改进教师待遇已成为改进师资以及增加义教效率之焦点。江西当局有鉴于此,故历年来对于小学教师,尤其是保立小学教师待遇情形,简单地叙述于下。

江西自二十四年度推进义教以来,对于教师待遇,历年皆有改进,据江西教育厅之统计,二十四年度教师待遇中数为一一,五五元,二十六年度则增为一二,四五元,二十八年度更增为一四,八五元,虽增加数目平均不多,但至少亦可以明了江西改进义教教师待遇之趋势,兹为明晰起见,将最近五年各县呈报义教教师待遇概况列表于后,以示一斑。(《五年来江西各县义教教职员待遇比较表》表格扫描模糊,难以辨认,此处省略——文集编者注)

至二十九年二月,本省奉令提高小学教师待遇,乃电饬各县努力清理现有学产,整顿教育税收,并在教育法令范围内,另开教费来源,即以增收之款,专作提高小学教员薪给之用,当时各县遵命办理,至同年六月份,呈报者有五十七县,内有二十二县业已提高,其余三十五县筹集经费亦已有把握。此后各县陆续呈报,及至十月止,前后呈报到各县中,有四十一县,已经实行提高,最低者,每人每月可增二元,最高者则有六元之多,于此经费拮据之时,而能为此切实而有益之措施,殊属难得!兹将已实行提高待遇之四十一县所提高数额情形,列表于后:

江西各县办理提高小学教师待遇概况表 (截至二十九年十月止)

县名	每员每月提高数	开始提高月份	共需经费总数	经费来源	备注
修水	四元	一月份	三,三六〇	已饬补报	
铜鼓	二元至四元	八月份	四五六	本年度义教补助费项下核拨	
萍乡	已饬补报	已饬补报	已饬补报	就地筹集其详细筹集情形已饬补报	
宜春	四元	八月份	二,七四〇	二十八二十九年度学产租谷增收	
新喻	二元	七月份	一,一一六	二十八年度学产租谷增收	
高安	已饬补报	已饬补报	已饬补报	地方公款产项下核拨	
新淦	四元	八月份	一,四二〇	二十八年度学产租谷增收二十九年度为教育预备费	
吉安	六元	八月份	三,七八〇	整顿学产房产增收	本府指定经费办理
峡江	尚未据报	尚未据报	一,四八七	二十八年度学产租谷增收	
永丰	五元至六元	七月份	二,九八八	二十八年度学产租谷增收	
遂川	尚未据报	尚未据报	一,〇〇〇	二十八年度学产租谷增收	本府指定经费办理
永新	二元	七月份	八七六	二十八年度学产租谷增收二十八年度义教补助费节余	
赣县	六元	八月份	四,五六〇	整理屠宰税及契税溢收	

续表

县名	每员每月提高数	开始提高月份	共需经费总数	经费来源	备注
南康	三元	七月份	一,七四〇	二十八年度学产租谷增收二十九年度义教补助费节余	
上犹	八元	八月份	八〇〇	办理公学款产溢收	初级教师照保管谷办法办理
大庚	四元	九月份	已饬补报	二十八年度钨砂义教附加	
虔南	四元	七月份	一,二八八	二十九年度教育预备费	
定南	五元	八月份	六五〇	二十九年度区教育委员经费结余	本府指定经费办理
安远	三元	八月份	七八〇	二十八年度学产租谷增收	
婺源	尚未据报	尚未据报	五,〇〇〇	二十九年度义教补助费溢收	
德兴	四元	八月份	九二〇	二十八年度学产租谷增收二十九年度义教补助费溢收	
鄱阳	六元	五月份	已饬补报	已饬补报	
上饶	五元	八月份	四,一七五	二十八年度学产租谷增收	本府指定经费办理
广丰	四元	七月份	三,八〇八	二十八年度学产租谷增收	
横峰	二元	二月份	八六四	二十八年度寺庙会产及田租增收	
弋阳	二元至八元	二月份	三,九三八	二十八年度房铺捐溢收二十九年度乡镇中心校裁拨校工经费	

续表

县名	每员每月提高数	开始提高月份	共需经费总数	经费来源	备注
贵溪	三元至六元	二月份	四,一八〇	二十八年度学产租谷增收	
万年	六元	七月份	一,六三四	二十八年度学产租谷增收	
余干	二元至五元	八月份	二,二一〇	二十八年度学产租谷增收	
南城	三元	已饬补报	已饬补报		
东乡					初级教师由殷实儿童家庭轮流供膳高级教师如何提高已饬呈复
资溪	二元	一月份	五五二	二十八年度义教补助费节余	
光泽	三元至五元	三月份	四,〇〇〇	二十八年度义教补助费溢收	
黎川	四元	四月份	已饬补报	已饬补报	
广昌	二元	一月份	九三六	在原预算内设法匀支	
瑞金	二元至三元	一月份	一,八七二	二十八二十九两年度学产租谷增收	
会昌	二元至三元	一月份	一,三〇〇	二十八年度学产租谷增收	
雩都	四元	八月份	二,九二〇	整理学款所得及保谷增收数	
靖安	四元至八元	已饬补报	已饬补报	地方公产项下	

续表

县名	每员每月提高数	开始提高月份	共需经费总数	经费来源	备注
南昌	六元	八月份	四,八六〇	省库补助义教经费项下匀支	
进贤	四元	八月份	一,八八〇	二十八年度学产田租增收二十九年度教育预备费	

以上四十一县中,筹集最多者,推婺源、赣县、南昌、上饶等县,各有四五千元,最少者如铜鼓,资溪等县,亦有四五百元,虽多少不同,而注重义教及提高待遇之趋势则一,除政府方面按月增薪外,其余还有些县份,准学童轮流供教师膳食,或按时供给谷粮,此亦于无形中加增了小学教师的待遇。

其次,是以表示江西义务教育效率之增量者,则为学生岁占费的累增。在二十四年度时,义务教育经费为二,九四五,三五九元,学生为六三二,〇九五人,平均学生每人岁占费,为四元六角六分强;至二十五年度,义务教育经费增为三,四三四,四三五元,学生数则增为六九九,六九二人。每生岁占费平均增至四元九角;二十六年度学生有七四九,一五〇人,经费有四,九八五,三八〇元,每生岁占费平均又增至六元六角五分,抗战以来,学生人数又大为增加,据二十八年度统计共有学生七七九,八〇八人,经费亦能保四,二三五,六八三元,平均每学生岁占费稍降为五元四角四分,较之二十四年度,仍有过无不及,兹根据上项材料,制定下图,以示经费增加之相对趋势。

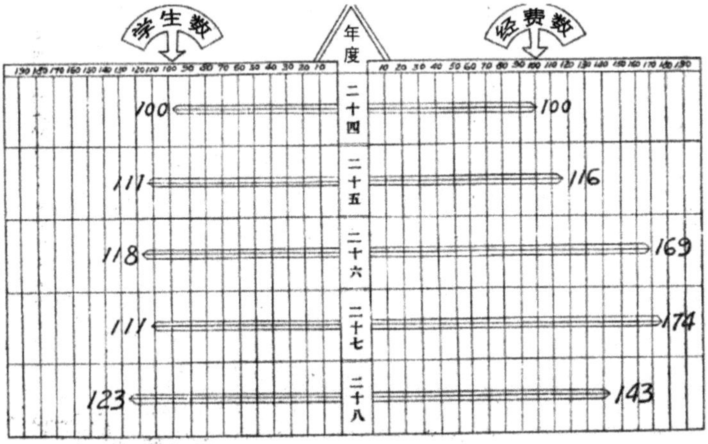

五年来江西省义教经费与学生相对发展比较图

根据上图，我们可知五年来江西义教经费增加之指数，较诸学生人数增加之指数为大，若再以历年来学生岁估费加以比较，则其趋势更为明显，兹据前述学生岁占费列表于下。

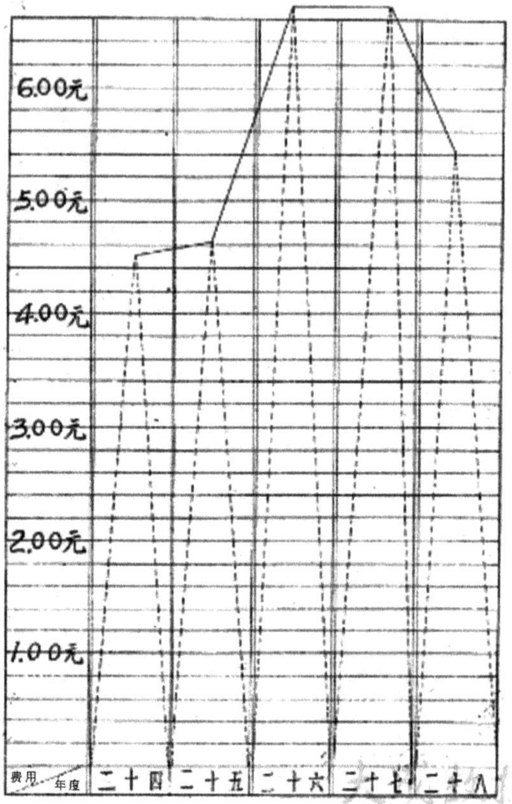

江西省五年来实施义教学生岁占费比较图

从上图观之，历年来学生岁占费，增高不已，至二十八年度虽略降，然观之二十五年以前，仍有过无不及，何况此后江西将积极推行国民教育，其经费之增加，自有惊人之比例，试揩目以待之。

总而言之，由于学生岁占费之增加，我们可以大概看到江西义教质的改良，不过事实上还有二点，值得我们提出一叙：在江西历年义教学生岁占费之增高过程中，最显而易见的，当无过于教师待遇连带增加（这一点，前已述及，兹略不赘），教师待遇一经逐渐提高，则教师质素上，亦必逐渐改善，这是于无形中增进教育效率之重大基础。此外，显而易见的，那就是每班人数之充实，据统计。（表格扫描模糊，难以辨认，此处省略——文集编者注）

照上表推算，二十四年度，平均每班学生三十二人，每生平均岁占费为四元六角六分，每班平均岁占费为一百四十九元一角，至二十七年度，一方面每班平均人数增为三十三点八人，另一方面每生平均岁占费又增为六元六角六分，故每班岁占费，平均已增至二百五十三元一角，较之二十四年度已增至百分之七十以上，虽二十七年度是以半年列算，然借此亦可略窥实际情形之一斑。

如上所述，班平均岁占费，既经双重充实，则每班设置及必须经费当必从而充裕，此亦于无形中加强教育效率的另一重要基础。我们虽很感遗憾，没有更详细的统计及其他资料，以表示江西义教经费使用的效率，但是根据前述三点，亦足以证明江西义教经费，是常在扩充，常在苏活。

第二章　江西义务教育经费问题

江西义教经费的筹集，有相当成就，固足为其他各省之参考。但我们并不以此自满，因为时代的要求，不容我们不作更高度的发展；同时江西义教经费筹集办法实施未久，其间虽有若干枝节问题不能尽如筹划，兹不揣孤陋，仅从理论上提供几项管见于下，以就正于教育界同仁：

第一节　经费来源问题

我国教育经费的来源问题，大约有两个：一为不足，二为不合理。但充足而不合理，必将如邵爽秋氏所谓："以救吾民者害吾民"；仅凭合理而不充足，则不足以发展事业。所以这两个问题必须同时解决方有效力。

历年来□□□□□□呢？这里我们可提出几个有关的法案：一个法案是民国十九年第二次全国教育会议，关于教育经费，大家提出一个最低限度的要求，其内容计分三项：

第一，完全用作教育经费之收入。

甲、沙田官荒收入，以五成归中央，三成归省，二成归县市（特别市除三成外，余归中央）支配。

乙、遗产税，以五成归中央，二成归省，三成归县市（特别市三成，余归中央）支配。

丙、屠宰牙帖税，完全归县市支配。

丁、寺庙财产，各按自原来关系，归县市或地方团体支配。

戊、田赋教育附加税，完全归县市支配。

己、烟酒教育附加税，以五成归省，五成归县支配。

庚、庚款和其他投资的收入。

辛、凡地方原有的各种教育附加税捐，除另有法令规定外，其收入既照向例办理。

第二，一部分作教育经费之收入。

甲、出产各税(茶捐丝捐之类)。

乙、消费各税(酒席捐娱乐捐之类)。

丙、房捐铺捐。

丁、营业捐。

戊、所得税。

以上成数的分配，另行规定。

第三，中央补助教款原则之确定。

甲、省市县原有教育经费，仍应拨动原有教育事业用。

乙、省市县新增教育税收，省提百分之三十，特别市应提百分之五十，作义教及成年补习教育的经费。

丙、县市义教及成年补习教育经费不足时，应由省补足其数额。

丁、省及特别市义教及成年补习教育经费不足时，应由中央补足其数额。

戊、中央补助义教及成年补习教育经费，每年至少应担负全额百分之四十五。

己、前列第一第二两类收入，中央部分不足规定数额时，应由财政部自中央收入中拨足。

庚、中央支拨的义务教育及成年补助教育经费，应由教育部按照各省市县的需要，从详支配。

这个法案的用意，除第二类注重开源外，其余完全是针对当时豪绅侵占及政府移挪两个弊病而发，由此亦可略窥教育经费问题的背景。此外一个法案，就是民国二十年四月十一日行政院根据教育部原呈，通令地方教育经费保障的办法：

(1)各省市及各县市政府，对于现有之教育经费总额，应切实保障，不得任其短少。

(2)自民国二十年起，各项新增地方捐税，由省市政府酌定，提留若干成，作为地方教育经费。

(3)各地方现有教育财产，应由各该地方教育行政机关依据下列各项整理之。

甲、旧有款产、应将确定数目，一律调查清楚据实登记，并呈报主管政府备案。

乙、旧有田产，其有未缴清地价以及未经承粮或隘丈之地，应即照章补缴升科，以免纠纷。

丙、旧有款产，由地方绅士私人保管者，应一律归还公家，设法生利。

丁、旧有田产税项，向由私人低价承包，于中取利者，其田产应即撤回，另行直接招佃，税款应撤销承包，另定征收方法，尽力剔出中饱。

戊、旧有款产被私人侵占者，应一律查明追还。

(4)现有教育经费，必须用于教育事业，无论何人及何项机关，均不得挪借或移作别用。

(5)在某项统征之捐税中，地方教育经费定案成数，永远不得减少。统征额数增多时，教育经费成数，应按照比例数同时增加。

(6)政府不得已收用教育资产时，应按照时值另行抵偿。

(7)教育捐税因特种关系，主管政府拟有变更时，如因捐率或办法变更，而收入减少者，应由主管政府预先指定确实相当的款项抵补。

(8)教育经费由财政局征收者，应按照所得数，随收随交当地教育行政机关，不得挪用拖欠；遇必要时，教育行政机关，得呈请主管政府派员协同财政局办理教育专款之征收事宜。

(9)凡私人已募捐出之教育资产，不得收回，并不得转移或抵押与他人。

(10)私人或私法人侵占教育经费时，除由政府责令赔偿外，并得申请司法机关，依法惩办。

(11)教育经费收支及保管人员舞弊时，除撤职惩戒外，仍应责令赔偿。

(12)各地方政府及教育行政机关对于教育经费，倘任意玩忽，应受相当惩戒。

(13)教育行政机关及各级学校各种教育机关之岁出，应由主管教育行政机关规定最严格之标准，以为限制，严防浮开滥用。

(14)各地方政府应组织教育经费稽核委员会，稽核关于教育之预算决算及一切账目。

这个法案，从理想上或政府立场上来看，不可不承认其尽情周到，但一揆诸事实，困难殊多。总而言之，以上两个法案，虽一个出自人民要求，一个是出自政府命令，然其对于教育经费的主观看重，却完全一致。若以现时眼光来看,也许会觉得他们思想偏狭顽固,其实当时确有其时间性。假若我们就过去各省市教育经费来源,加以考察,就可知道有许多巧立名目、苛细靡杂的捐税,投入教育之衣袋里,但由于政治及社会的影响,教育的钱袋反供给别的用途,在另一方面,尽管有许多公产提拨作教育经费,又为豪绅土劣从中操纵中饱,所余无几:因为问题的焦点在此,所以当时大家的注意格外倾重;对于当时他们所要求保护的税源是否合理,这得进一步把教育的税源加以研究。

据我们看来,教育经费税源,有四大弊(或许其他经费也有相同的弊病)。请陈述而下:

(1)输纳与享受不平。绍棠先生曾说:"在现国度中,资本家是永远受人崇敬。"——在这种情形下,经费来源的负担,自不免趋炎附势的偏颇成分,如就我国而言,经费来源,大部出自农民,而完美精雅的学校,却在大都市,至少亦在相当发达之城市。大都市及城市住民的儿女,享受完美的教育,而令农家担负其费用,不平之事,孰过于此。

许多人尝以我国以农立国自豪,殊不知所倚以立国者,仅为日就崩溃之农村,自耕农日减而佃农及离村农民日增,欲于此情形下,一切建设,犹斤斤取索于农民,虽曰自杀亦不为过,况我国农民负担,较世界任何国家为重,单就田赋一项说,据德人吴赓乐(Wagner)的研究,谓我国山东农民负担,约为美国之四倍及印度之十四倍,较日本高八倍。虽各省农民负担多寡不同,然其负担之高下,亦相差甚远,以世界最贫之民,而责以最重之负责,以当情论之,亦知于理不喻,何况在以民生主义为中心的三民主义旗帜之下,岂复能常有竭泽而渔之举,为了良心,我们也应该把开源转变方向,以调剂输纳与享受之关系。

(2)担负与富力不称。担负与富力不称的原因,大概有两个:一为"就地筹款",一为"贫富捐输单位相等"。

先就第一个原因说,"就地筹款"似乎已为一般人看作筹款的最良办法,殊不知地方有大小不同,经济有贫富不同,欲令大小地方担负相同,自不可能,即令地方大小相等,而贫富不同,亦虽作一致的担负,若忽略这个问题,而听地方"就地筹款",结果必使贫的地方愈瘠病,不足完成事业,而富的地方则靡费奢侈,供过于求:一方面是布局不成,一方面却是鼎有粱肉,厩有肥马,所以要使各地教育平均发展,就地筹款,并不是唯一的办法。

其次再就捐输单位说,已往的税制,只知划一单位,而不计资本或产业总量之大小。例如三亩田的农家,每亩纳税一元,百亩地的地主,每亩亦只纳税一元,两下相比,则农家担负者于地主者三十倍以上。正如邵爽秋说:“夫良田万顷,粱肉肥马之富翁,与薄田三亩,饥色饿莩之小农,若依八分亩捐之税率,负担教费,孰逾人而问之,有罪为分平者,吾不消也——况吾国为小农制度之国,百亩以下之田,不足以赡养八口之家者,居全国人民之大半。今以教育税制之不当,就用赋一项已足影响二万万同胞以上之生计,吾单教育界中人,又安能释其咎?”

所以今后教育捐税应就富力采取累进征税制,不然“教育尚未救民生,民生已受教育的摧残了”。

(3)靡杂与苛细不够。我国各省县教育经费来源,多甚靡杂,实际上所得无多,而小民生计反滋烦扰,如民国十七年江苏省各县教育经费的来源中,杂税一项,仅占百分之十二,而其中所包含名称,竟有五十六种之多,由此可见苛杂之一斑,盖教育经费有“全民性”及“继续发展性”,其需要之大,绝非零星小款所能济事,必须开辟大宗正当税源,以符合其需要。

(4)附税与负集不稳。在教育经费来源中,附加税实占大部,这种附税不仅是额外增加人民的负担,同时亦不甚稳定,盖附税的存在,实以正税为基础。例如民国二十年二月教部为裁拨厘金统一靡税影响教费补救问题,提交国防会议讨论,结果议决:“凡向由国家正税或附税项下指拨之教育专款,如厘金靡烟酒税等附税,免致教育停顿。”由此可见教育经费之来源不健全,财政收入稍谋整理,即有事业停顿之虑,故于筹措教育经费之际,必须兼顾财政,方不致重蹈覆辙。

其次,寓征于禁,也是税制中一种便宜政策,然殊失教育的意味,例如有些地方利用迷信捐来禁止迷信,其结果反巩固了迷信活动的机会,且是项税源极不稳固,假若迷信果因此而被禁,或文化发达人民觉悟,则税源亦必随之断绝,所以这税源,纵予征收,亦只能当作特别收入,若扩大其禁征之范围,以为教育或其他门部之主要收入,结果必致由禁止迷信,而转到维持迷信了。

总此四点,是过去教育经费来源最大弊端,今后若不能对病下药,其结果必将使教育直接效果不多,而间接弊害反而扩大了。江西义教经费来源,亦略有弊病近于上述四点。

江西义教经费,有三个来源,据江西省各县(市)保立小学经费筹集及补助办法规定,每校年支经费,除各保自筹四分之二外,由省县各补助四分之一。由省所补助四分之一的经费,是由省就中央及省库所拨义教补助费项下指拨,姑置不论,其余四分之三,则由各县自筹,一方面由各县当局按照人民富力筹集四分之一，富力分担标准，各按“江西省各县按人民富力分担保学补助费实施办法”第五条之规定如下：

1.田亩——在土地未测量登记以前，各县田亩之收入，均以田赋收入为标准，已登记者，以地价税为标准。

2.商业——以营业收入为标准。

3.特产——指各县之特别出产，依照出产量为标准。

4.房铺——以全县房铺捐收入为标准。

自二十八年度以来，经各方努力，各县筹集富力分担义教经费均能遵照规定办理。计二十八年中已核准分担标准，并饬令实行者，有宜春、万载、上高等五十四县，其补助经费总额合计九五五，五六〇元。有钨砂义教经费无须另行筹措者，有大庚、虔南等六县，补助费总额合计九四，八〇八元。已分担标准正在核办中者，有浮梁等八县，补助费总额合计一八四，四七九元。以上各项补助费均经编入各县二十九年度地方概算，以期稳定。兹将当时各县呈报富力担负标准经核准者，列表于后。（《江西省各县办理县筹富力分担义教补助费数额一览表》表格扫描模糊，难以辨认，此处省略——文集编者注）

说明:

1.经核准分担标准令饬开始收集计有宜春等五十四县其补助经费总额合计九五五,五六〇元.

2.有钨砂义教附加计有大庚等四县，经费均足够支配，已令将义教附加改为县筹富力分担义教经费，并颁发十项收支注意事项，造具支付预算书，呈核补助经费总额合计九四,八〇八元.

3.已呈分担标准正在核办中（为送财厅会核或饬县核减等）计有浮梁等八县其补助经费总额合计一八四,四九七元。以上各项补助费总额总计一,二三四,八六五元.

4.武宁、修水、铜鼓、奉新、靖安、安义、永修、新建、南昌、高安、都昌、彭泽、湖口、九江、星子、德安、瑞昌等十七县是游击战区或邻近战区县份，经呈准暂缓办理。

另一方面四分之二的义教经费，则由各保自筹，自筹的范围，根据江西省各县保立小学自筹经费区乡（镇）统收专付实施办法所载，规定收入公款之种类及提拨之标准于下：

1.学款（产）——书院文会宾兴采芹乡学义学等属之此等收入应全数拨为

保学经费被挪作别用者应如数收回。

2.祠款(产)会款(产)——祠款(产)包括祭款产等会款(产)包括神会戏会等除去应纳之捐税外,所余应即提充为保学经费其数额不得少于余数百分之六十。

3.非正式宗教之庙寺,未经政府核准有案者,除其必须之正当用费外,应全数拨为保学经费,其寺庙款产已经扩充为教育经费者,仍应照常维持既有住持之宗教寺庙,应遵照行政院通令充办公产事业之经费,应着重于地方教育事业之扩充,酌量提拨为保学经费。

4.无主民荒及陂塘等收入由各保学委员会或保学校长请区署(或乡镇公所以下同)转呈县政府核准,悉数提充为保学经费。

在公款以外,尚有迷信捐、乐捐、荒山及其他杂捐等项,兹将江西省二十八年各县各保自筹义教经费情形列表于后。(《江西省二十八年度各县各保自筹义教经费统计表》表格扫描模糊,难以辨认,此处省略——文集编者注)

根据前列各表的分析,我们以为江西义教经费的来源,有四个弱点:

第一,农人出钱最多——试就江西省各县富力分担的内容观之,其中有田亩、商业、特产、房铺等四项,除田亩捐全数归农民负担外,尚有特产捐亦当由农人担负大半,盖我国工业幼稚,大半土产或特产皆是农产,江西当亦不能例外,此外如商业,房铺等项亦间接影响农人生活担负,故江西义教经费,由农人负担最多,是无可否认。近六年来,江西各县岁入,田赋一项平均仅占百分之五十四以上,依此例推算则田亩捐的数量亦最多,即就此一事而论,亦可知农人负担之重了。(《江西省六年来各县岁入预算分类统计表》表格扫描模糊,难以辨认,此处省略——文集编者注)

第二,迷信项下占重要收入——根据二十八年度进贤等六十三县各保自筹经费统计(表见前列),迷信项下收入平均仅占全数百分之三点五强,这似乎无关紧要;然一考诸实际,却成严重问题。例如进贤县自筹经费来源,仅有三项,而迷信捐即占其一;又如萍乡县各保自筹经费合计一三六,一二八元,而迷信项下收入,竟占有六分之一;又如新喻县各保自筹义教经费收入,以迷信收入占第一位。如此情形实堪骇异。此外尚有上饶、婺源、安福、临川、万安、兴国等十七县自筹义教经费中,迷信项下收入皆占显著地位,若长此不予调整,恐怕将来的教育还要靠迷信来维持了。

第三,省补助义教经费不均——按过去江西省对各县义教补助费,一律为各县四分之一，待遇完全相同。正因为待遇完全相同，反形不均现象。例如宁冈与余江二县之面积，前者为一，〇六六方公里，后者为一，〇四七方公里，但据二十七年度半年江西省各项税款实收数额统计所载，余江的收入，竟高出宁冈十四倍左右。再就南丰与莲花二县而论，两县面积近相等，据前项统计，莲花的营业税收入，仅三百十九元八角，而烟酒牌照税则仅有六十三元，但是南丰的营业税却较高九倍，烟酒牌照税也高出五倍以上，大小相近之县，其贫富之差竟至如此，但据江西省二十九年度中央省库补助各县义教经费分配数额，莲花县得补助费五三八四元，而南丰所得补助费反较莲花多四百八十一元，另外，宁冈县所得补助费为七八六四元，较之宁冈竟超出五倍左右，如此足见同等补助之失宜。此外，若以人口为分配补助费标准，亦同样欠妥，如泰和与永丰二县人口数相近，泰和人口为一四一，九〇三人，永丰为一四一，〇一七人，据二十八年江西各县县教育经费岁入统计，泰和岁入为三七，七六二元，永丰岁入为二六，七一六元，以人口平均分配，则泰和县民，每人平均教育岁占费为二角六分强，而永丰则为一角九分强。另外，寻乌与奉新县人口亦相近(寻乌人口为八八，四三四，奉新人口为八八，八四九)，但是二十八年度教育经费岁入，寻乌为一三，三一八元，而奉新则为三一，三二三元，平均计算，寻乌农民，每人平均教育岁占费为一角五分，而奉新则为三角，足见人口相近之县，其教育经费亦有参差，若竟按人口分配义教补助费，则泰和与奉新必反较永丰与寻乌为多，仅一方面供过于求，而另一方面则杯水车薪，无济于事，总而言之，无论以地方大小或人口多少为分配经费标准，来予以同等的补助，并不是一个最好的办法。

第四，乐捐近于摊派，且不稳固——乐捐二字，在字义上似乎是出于人民自动的表现，现据我们的考察，有些县份竟是凭这张“乐捐收条”向各家收费，而并不是我们想象中的富人输捐的巨款。这样自然是无形中增加人民负担，即使完全出于乐捐，长此乐捐下去，收入既无把握，还要靠讨“出钱人”的欢喜，这自然也不是办法。在外国教育经费常有富人捐助，收入很大，但一反观我国真正能大量捐助的人，实在太少！若想义教经费靠富人巨量之捐输，长此以往，不是富人无力负担，即是教育为富人所控制，这当然也不是我们的希望。就江西二十八年度各县各保自筹义教经费统计(表见前)，所谓“乐捐”收入，平均占全收入百分之三十五以上，在各项收入中除公款占百分之四一以外，就以乐捐收入最大，甚至还有分宜、新淦、南康、信丰、德兴、鄱阳、都昌、上饶、余干、南丰、临川、宁都、石城等十余县的各保自筹义教经费收入，以乐捐收入为第一位，其占全收入的比例，自九分之八至三分之一，由此可知乐捐收入重要性的一斑。总之，无论“乐捐”或“苦捐”的名义，无关紧要，我们以为最严重的，就是“加增人民负担”，及“收入多少无把握”，这似乎是值得考虑的。

第五，税源近似附加苛杂——过去我国地方的苛捐杂税极繁，人民负担，甲于全球，民生凋敝，未尝不因此害，民国二十三年六月中央通令各省限期废除之后，小民生计始渐苏活，由此足见苛杂影响之重，今夫江西义教经费中的田亩、商业、特产、房铺等项的收入，虽日按照富力分摊，却与附加及苛杂相近，试就税制观之，田赋与田亩，营业税与商业富力担负，特产捐与产业税，房铺与房捐，无一不近于并体乐捐，若云“人民自捐自办教育”，难道人民真没有出教育经费吗？虽然以往人民子弟读书，也要花钱，但今日当局清明，我们便常有格外的殷望，以期将来的教育，不至重蹈“利尚未还，而害反先见”的覆辙。

从这五点来看，第一，农人出钱最多，是“输纳与享受不平”；第二，税源近似附加与迷信占重要收入，是“附税与征禁不稳”；第三，省补助费不均，是“担负与富力不称”。总此数点，其所有弊害，前已详述，兹不再赘，吾人今日切望于江西者，厥为正当税源的获得，虽是项愿望，未能一蹴可就，然为了民生社稷的将来，我们是不得不这样憧憬的。

关于教育经费的开源方面，有些教育行政专家，在原则上的建议，是很值得我们的注意。例如程湘帆氏在他的《中国教育行政》一书中有云：

“由最近各方面运动之倾向论之，我国教育界人士似已确实觉悟量入为出的旧法，已不适用于今日普及教育之政策。以教育普及之需要，而为筹措经费之运动，业已开端矣。故今后吾人之事业应分为二个阶段；一为规定立国大计之教育普及计划，一为规定‘最普遍’‘最公平’‘最大’之可靠税源。”

将来税则必须依据三大原则。此外尤须稳妥可靠，不以政治变化及天天之旱涝而受影响；否则无济于教育计划之实现。所谓三大原则者；第一是唯一的巨款，非如今之零星小账款，此为施行立国大计之教育而设，故筹措标准，应以教育需要为限。第二是普遍的税。教育非一部分人的教育，亦非一部分人纳税而他部分人或全部人享受，教育是社会公共所需要的，亦是各个人所需要的，故此税应由社会全体担负。第三是公平的税。个人能力不同，假若一例担负若干，如人头税之类，依能力衡之仍有轻重之别。故应计议一种富力标准，譬如累进率办法，俾求一般人担负之公平。

此外故去的教育行政专家夏承枫氏在他的《现代教育行政》一书中云：

“……过去所开的来源，含有苛捐杂税以及种种暴虐的榨取，徒使得民不堪命，显然是为了目的就不择手段，毫无客观的标准。自今而后，对于教育经费来源的计划，必须注意下举各点：

“第一是有永久存在的可能，教育事业永久存在社会，他所需要的经费，自应也具有永久性。

“第二是有继续发展的可能，教育事业前途无限，费与年俱增，经费来源如能同速率的进展，便无需时时开辟新源。

“第三是有普遍担负之可能，教育是全民的，用费的负担亦应属全民，惟因贫富的差异，得使负担的程度有区别，甚至最贫者无需负担。如一部分民众纳税，另一部民众享受，便不合理。

“第四有独立存在的可能，要求民众明白用途起见，教育经费来源，就不宜和其他财政收入混合。

“第五是无违反教育的意味，教育要扫除迷信，要发展国民生计，而经费反免摧残生计，以己之矛，穿己之盾，教育实难取信于人民。”

以上两种建议，不仅足为教育经费来源的模范原则，亦足为一切经费来源的针砭！不过我们却不愿单从教育方面着眼，在社会中，教育不包括一切，同时也不能决定一切，若单从教育着眼，其结果不过是使教育脱开其他事业的联系，而陷于空虚与孤立，旧时侵吞中饱，虽幸得剔除，而新的巧夺垄断反之成就，以暴易暴，又奚以为？因此，我们以为义教经费的开源问题，必须在现行机构中(新县制之下)，本着三民主义的立场，从社会各方面的事业及人民全部生活中去求解决，才是光明坦途，关于这一点，因范围不同，请留待后面陈述。

第二节　经费管理问题

从前面，我们已知道我国教育经费的问题，不完全是由于来源不够，此外如来源不合理，与管理不合理，也是最严重的问题，来源不合理，其结果烦扰人民生计，管理不合理，则移挪中饱教育事业因以阻滞不泄，揆诸以往教育经费独立运动，管理问题实为其神髓。故于筹集教育经费之际，如只求一种明确的来源，而置管理问题于不同，结果必致全功尽弃，这一点颇值得我们的注意。

所谓经费管理的内容，可分为四方面：第一征收责任，第二为出纳责任，第三为会计责任，第四为审核责任，盖过去管理上之困难，莫不由于侵蚀、中饱、移挪、延欠、虚构、浮滥诸弊，而酿成诸弊的主因，又莫不由于将征收出纳会计审核四种权责，集中于一二机关，俾其得以蒙混出入，滥造报销，狡黠者得借此以肥私囊，忠厚者亦难免不受诱惑，故必须使四权分立，互相牵掣，虽欲舞弊者良非易事，则过去财政上之困难可一扫而尽，不独教育经费而已。

现在许多省份，在财政上大致皆能采用四权分立政策，但于义教教育经费一项，多予例外，考其原因，多数由于义务教育经费无具体来源，所依靠获取经费者，即绅士们所采用的剔枝政策，东鳞西爪，浑水摸鱼，加以经征出纳考核集于一身，欲望侵蚀中饱之弊不生殆不可能，此诚为一大错误——例如《广西省各县乡镇村街国民基础教育协进会简章》第七条第(4)(5)两项规定该会经济权限：

(4)筹集及保管国民基础学校基金(在基金未筹足前，如学校经费不敷，并应临时筹款维持)。

(5)审核学校收支预决算。

像这样把经济大权集于某一部分人的办法，实为教育经费永不得廓清的病瘤！不过在一部分主张教育经费独立管理的人，他们的理由是：

第一，因为教育不易看见有形效果。盖我国兴学之初朝野上下满以为教育为富强之本，故废利举，与学校，时至百年以后之今日，教育效果能津津为人道者，实属渺小，若与消防筑路卫生公安等事之效果较之，更觉望尘莫及，就主政者的立场而论，为了功绩绚赫，效果迟滞之教育事业，必不问津，就社会立场而论，过去由于教育不适合社会实际需要，教育之举办与否，似无关紧要，因此百年树人的教育反遭忽视，经费亦时有移挪的危险，经费的管理不能独立，实难保教育不受移挪的影响。

第二，因为若由普通财政机关代征，是属代办性质，或许不认真，或许延欠移垫，致影响教育经费之发放，恐不可避免，故经费独立管理实属必要。

第三，因中国财政困难，若令教育经费由财政机关统收统支，则在其他经费无法张罗时，难免移东补西，以影响教育经费之收入。

第四，因中国财政界的积弊未除，正如外人批评“作弊为中国人之天性”，若将教育经费托普通财政机关征收，难免不使中饱自肥之徒，乘机舞弊，故经费独立管理尤为必要。

因为这四大理由，所以“教育经费独立论”在今天，还是保持着有力的拥护，但在我们看来，却不以为然。照我们的分析，上述四个理由，可以归纳做两个方面：一为税源方面，一为方法方面。有合理的税源，则经费收入绝不致忽然断竭，有了合理的方法，使分配适当，收发缜密，四权分立，绝不致再有像以往侵蚀中饱移挪的大弊，若不从这根本上着眼，则一贯的经费独立论，实难保其不到处碰壁了！例如在一个天灾交迫的环境中，谁保得教育经费以及一切其他经费不受移挪？若在保安、建设、卫生诸项极端缺乏经费时，谁又保得住教育经费尚能保持一贯的独立。所以在整个社会机构中，任何问题，必须从“全体”上谋解决，片面的偏安办法，不但无济于事，反阻梗了社会事业的发展，这是我们敢深信不疑的。

总之，过去各省对于义教经费之管理方面，大概有两个观点：

第一，事权不当——在财政系统以外叠床架屋。

第二，方法不当——四权集于一二处，以便朦胧作弊。

这种弱点，有些地方甚至不限于义教经费，连整个的县地方财政，都会被士绅所把持，使从政者一筹莫展，这个例子，假若在研究过地方财政的人看来，必不觉得什么稀罕，所值得稀罕的，就是：“为什么这种弱点，竟让他继续流弊数十余年而不泯？”许多道德家只知痛恨那些贪污的人，而不知社会以为他们安排了贪污的制度，今后欲使义教经费有适当的管理，则首先一着，即在剔除这不合理的制度与方法。

江西义教经费之管理情形，根据江西省政府二十四年十月公布之《江西省保立小学暂行办法》第十二条规定：保立小学委员会应遵照规定负编造保立小学预决算及征收保管发放之责，并筹划校舍“强迫学生入学”。这是在保内管理经费情形，在区及乡镇之义教经费之管理，根据《江西省各县保立小学自筹经费区乡（镇）统收专付实施办法》第二条规定：“各县区乡（镇）应组织区乡（镇）教育经费管理委员会负保管发放教育经费之责……”在县方面义教经费之征收保管由经征处负责，在监察及审核方面，则为县义教委员会之权。不过县发收之义教经费与区乡镇所管收者不同，因为县收的经费，为按照人民的富力分担而来，其原则为公学款产迷信捐及所谓乐捐等项的收入，一样从人民身上取来的钱，却分为两样征收的手续，诚为我们所不易了解。

至于管理经费的人员，虽各级不同，若就关系上着眼，则各级人员性质，如一出辙。试看下表所列人员及职权的分担，即可知江西各县义教经费的管理的大概。（《江西省县以下各级管理义教经费委员一览》表格扫描模糊，难以辨认，此处省略——文集编者注）

从上表所列各级组织看来，除县义教委员会尚能保持监管之立场外，其余在区乡镇各级义教经费管理委员会的大权，多操纵在区乡镇长之手内，所谓出纳与审核之人，无一不在其权力范围之内。在民权未充分发达的国家里，欲令下级人员来监督上司，其名义不等于虚设者几稀！经济大权操于二三人之手，而求其不狼狈为奸相将蒙蔽者，其可能性又几稀！至其他委员中所派代表及热心教育人士，其不流于携手作弊者，即必趋于虚设尸位，管理制度不佳，于此可见。

在管理手续上看，江西的办法可算相当完善，无论公款产登记及款项的征收与出纳，皆出以最缜密的手续。例如公款登记，事先由区教育指导员（乡镇由承办教育人员）亲至各该保召集扩大保甲会议，说明理由，并督同保甲长，将本保内所有之公学祠庙等款产，逐一详细调查，并就下表确填拨充保学经费之数额二份，经区长审核并加盖私章。(《公款公产调查表》(江西省某县某区或乡(镇)某保内原有学款(产)公款(产)调查表)表格扫描模糊，难以辨认，此处省略——文集编者注)

（乡镇由乡镇长审核）一份存区（乡镇存乡镇公所）备查，一份汇订成帙，呈报县政府备案。收款时则由区乡镇教育经费管理委员会依后列收款书三联单，一联自存备查，一联交缴款人，一联呈报县政府。发放时，则由区乡镇教育经费管理委员会，依后列小学领款书三联单，一联自存，一联由小学存根，一联由会汇报县政府。这是自筹义教经费收支发放情形。应用表格附后。(《(甲)经费管理委员会收款书》表格扫描模糊，难以辨认，此处省略——文集编者注；《(乙)各小学领款书》表格扫描模糊，难以辨认，此处省略——文集编者注)

至于各县按照人民富力分担义教经费收支办法，是先由县政府于每年度□□□□□□。除去原有县教育经费补助保学经费部分，□□□□□□，拨充保学教育部及所得外，其余额，即为应按照富力□□□□□□，并应按总数额加收一律以为预备金，根据上数，拟定岁入及岁出预算书及分配细数表各二份（表式附后）呈报省政府核审，确定后，则由县经征处征收，比收比存于县金库保管，其未设金库者，应交公款保管出纳员，并按月由县政府填具收存补助费报告单（格式附后）送金库或公款保管员盖章后，径送教育厅备案。发放时，事先由县政府发支付书三联单一由自存，一通知领款机关，一通知发款机关，然后由领款机关填具四联领款书，除一联由领款机关自存外，其余三联送请发款机关领款。如所筹经费有多余时，并由县长，主管教育科长及义委员会半数以上之委员，共同盖章，将所余项储存，并呈报教育厅备案。（所有表格附后）

○○县二十八年度县筹富力分担义教补助费岁入预算书

科目	本年度预算数	备注
第一款 县筹富力分担义教补助费收入		
第一项 田赋收获分担数额		
第一目 同上		本县全年应征田赋正税计○○○元按正税一元分担百分之○○合上数
第一节 同上		
第二项 商业收获分担数额		
第一目 同上		本县全年应征营业正税计○○○元按正税一元分担百分之○○合上数
第一节 同上		
第三项 特产收获分担数额		
第一目 同上		本县年产钨○○○石每石分担○元○角○分合上数
第一节 钨砂		
第二节 茶油		本县年产茶油○○○担每担○元○角○分合上数
第三节 烟叶		本县年产烟叶○○○担每担分担○元○角○分合上数(以上为特产举例如有捐额之捐为分担标准)
第四项 房铺收获分担数额		
第一目 同上		本县全年应征房铺捐○○○元按捐收一元分担百分之○○合上数
第一节 同上		

○○县长○○○(署名盖章)

○○县政府第三科长○○○(署名盖章)

○○县二十八年度县筹富力分担义教补助费岁出预算书

科　　目	本年度预算书	备　　注
第一款 县筹富力分担义教补助费		
第一项 义教补助费		
第一目 同　上		本县共有中心小学保学班○○班保立小学○○校短小班○○班刻级班○○班总共○○单位每单位补助○○元合上数
第一节 补助中心小学保学班		本县共有中心小学保学班○○班每班补助○○元合上数
第二节 补助保立小学		本县设有保立小学○○○校每校补助○○元合上数
第三节 补助短小班		本县共有短小班○○班每班补助○○元合上数
第四节 补助初级班		本县公私立小学共有初级班○○班每班补助○○元合上数
第二项 预备金		
第一目 同　上		
第一节 同　上		

○○县长○○○(署名盖章)

○○县政府第三科长○○○(署名盖章)

○○县二十八年度县筹富力分担义教补助费分配细数表（格式）

姓名	校长姓名	初级班班数	所在地地名	所在保番号	补助金额	备考

全县现有中心小学保学班○○班保立小学○○○校短小班○○班初级班○○班共○○单位每单位补助○○元共○○○○○元

○○县长○○○（盖章）

○○县政府第三科长○○○（盖章）

江西省 县 年 月至 月县筹富力分担义教补助费收支报告表

字第 号　　年 月 日

收　入　类

项　　目	金　　额	备　　　　考
田亩收获分担数额		
商业收获分担数额		
特产收获分担数额		
钨　　砂		
茶　　油		
房铺收获分担数额		
上期滚存		
合　　计		

支　出　类

领款学校校名	领款学校校长姓名	金　额	领款书　号　数	备　　考
合　计				

收支两抵结存

○○县政府县　长（署名盖章）

第三科长

○○县义教委员会（应将全体委员姓名列入至少须有过半数委员盖章）

附填表须知：

1.此表须逐项填明不得遗漏。

2.此表须装封面连同粘存汇呈教育厅。

3.特产收获分担数额项下所列钨砂茶油为特产举例。

4.此表每三月汇报一次每一份不须备文。

从以上各项规定手续看来，其缜密完善，实无可疵论，虽略感繁杂，然其缺点不产生于手续的本身，而是由于整个管理机构之未善。

在我们看来，江西义教费之管理，约有三个缺点，虽然这缺点是暂时的，虽然现在江西义教各项办法日新月异渐趋改进，但是其他各省，有的仍不免这些缺点，故仍不避赘烦，请予陈述：

第一，手续不统一——从收的方法讲，自筹经费由区乡镇义教经费管理委员会收取，县人民富力担负义教经费，则由县经征处收取，就发放讲，县每三个月发一次，区乡镇则每月一次，这个手续的分划，完全是为了行政的便利，殊不知行政的便利，反促成教育界与人民的麻烦。从政府立场上看，以为富力分担与保就地自筹经费的主要收入，为公学款产，其实富有公学款产筹集的，实在太少，不敷之数，则又必出之于被动式的乐捐一途而已！(但在人民看来，不过都以为羊毛出自羊毛身上而已。)同样大都来自人民身上的钱，却用两个方法，分两个步调来征收，在政府看来是便利，在人民看来，却是麻烦。就经费的发放来说，区乡镇每月发一次，县政府则三个月发一次，一个保学教师，每月不过一二十元，已不足担负其家庭生活，何况不能全按月发给，据我们的考察，有的地方保学教师的薪给半年才发一次，幸喜这是极其例外的事，不然，想靠教书薪水来供养家庭的人，绝不敢向保学问津了。

总之手续不统一，不是便利而是麻烦，虽然在过去是一个适应实际情形的好方法，但从教师立场，以及实施新县制的精神上看，尚觉未能尽如人意。

第二，职权不分划——欲使财政清明，则经征、出纳、会计、审核等四权之分立，实属必要。但就一般情形而论，江西义教经费之管理，实未尽善，在县的方面，经征、出纳、会计三权集于一机关，在区乡镇竟达四权皆操于经费管理委员会，其实是操于区乡镇公署。无论三联单四联单五联单怎样细密，但是先缴收据后拿钱的事实，却是处处皆有，像这样下去，欲使虚报、移挪、中饱、侵蚀等弊从此祛除，其可能性，诚太渺小。虽然在江西某些乡村或地方的士绅贵戚尚有不可侮的深厚控制社会事业的力量，假若我们能从方法上改进些，也许能因此就能减少积弊的因素。

第三，制度不合理——过去整个县政制度的未上轨道，不仅是江西一省，正因为整个财政制度不良，渐浸及枝节上的畸形发展。就江西义教经费论。其审核是先由县义教委员会担任，但是在县的财政机构中，还有一个财务委员会，为了手续完备，又不得不将义教委员会审核过的预决算送请财务委员会复审，像这样重复的手续，大家尽管觉得不必要，但是大家却仍然沿袭下去！其实各县所有什么财务委员会、义教委员会、精神动员委员会……委员会内的委员，大都是十八罗汉转世，尽管叠床架屋再设几百个委员会，其委员仍不过这十八罗汉，其名的空虚，亦可由此想见。

所谓地方事业委员会，在江西及一般地方当局的理想中，最好是一个民意机关，或是一个立法机关，但在实际上各种委员会，竟做了政府的工具，甚至是名义上的工具。地方有一事就组织一委员会以为号召及笼络，在手段上讲，未尝绝对不可，但就社会事业的全体上讲，实属徒滋烦扰。就区乡镇的财政上看，现在仅有义教经费管理委员会，将来其他事业发达，岂不是同样的也要组织其他事业经费管理委员会，纵使将在经费上不起任何争端，难道这样手续繁杂，时间拖延的办法也该让它继续下去？何况所谓委员会，仅是名义空衔头，于立法司法上毫无多少作用。在我们看来，以为最好将一切经济上的审核责任付予一立法团体——参议会及区乡镇保等民众大会，其余如会计，出纳，经征等项责任，一概分别附入其单纯机关或部分使四权分立，以专责成，藉省手续，以资名副其实，而不致叠床架屋，徒烦时间与手续而已！

第三章　江西省实施新县制中的国民教育经费问题

第一节　实施新县制与财务收支问题

假使我们不否认新县制是建设新中国的光明大道，假使我们认为教育在新县制的实施中，不是一个绝缘体，则我们在解决教育问题之际，就应当着眼于整个新县制的实施，所以教育经费的问题，亦应当从整个新县制财政问题中求解决。

过去十余年间，县财政是附庸于省财政，一切地方税皆属于省税，而县的收入竟以各项附加税为大宗，加之近年来社会进步，新政日增，各项的需费益扩，附税苛杂随之剧增，滋扰人民生计，莫此为甚，近年来，关于我国县地方财政的确立，大家渐觉必要。民国二十三年五月第二次全国财政会议，关于划分省与县市地方收支，曾通过五项原则，由财政部呈行政院通令各省政府按照拟订各该省划分省县市收支标准；这五项原则就是：

(1)关于县市之收支当将原属县市及其区乡镇等之财政归于统一。

(2)关于税收之划分，当依税捐种类分别归属，不宜以正税附税为区分，大宗税捐，不能完全归省或归县市者，按成数分配之，使省与县市之财政各得相当稳固之基础。

(3)关于支出的划分,以其机关及其事业设施目的为依据,使各地人民权利与义务得相当之平均。

(4)省与县市税收划分以后,彼此不得附加,以期各自整理。

(5)省与县市支出划分以后,遇有必要,仍须互相协助,以期平均发展。

以上五项原则,虽其实际有待于各省(市)自行拟订,然仍不失为确立县市财政制度之初步措置,民国二十四年七月,国民政府公布了财政收支系统法,对于中央与省市县市的收入详予确定,以期各级政务能平衡发展,此诚为我国财政制度上一大进步,可惜至今尚未实行。至二十八年九月十九日颁行新县制,其中规定县地方之经费收支甚为简切,兹为便利研究起见,请将县收入及支出问题分别陈述于后:

一、县收入问题

照《县各级组织纲要》第十八条之规定,县收入为下列八项:

1.土地税之一部(在土地法未实施之县,各种属于县有田赋附加全额)。

2.土地陈报后正附溢额田赋之全部。

3.中央划拨补助县地方之印花税三成。

4.土地改良物(在土地法未实施之县为房捐)。

5.营业税之一部(在未依营业税改定税率以前,为屠宰税全额,及其他营业税百分之二十以上)。

6.县公产收入。

7.县公营事业收入。

8.其他依法许可之捐税。

以上所规定县地方之收入,除第六第七两项外,可说皆为捐税收入的项目,而在目前情形下,以上各项很难有理想的收入。就第一项说,土地税之一部,在现在土地税一时尚未能实施,事实上仍不过是像以往一样的旧税收入(田赋附加全额),并非新的开源。第二项所谓土地陈报后正附溢额田赋,这笔溢额,据广西省各县办理土地陈报之结果,竟有超过一二倍之多,但现在还有许多县份尚未举办土地陈报,事实上这项收入,目前尚无若何,甚至事先要付相当的代价,方能达到目的。第三项所谓中央划拨印花税三成,表上似乎于县财政上为一笔收入,但印花税是要大都市和大县份来推动的,若一般中小县份,尤其是抗战后交通不便利的地方,收入更是有限,莫说补助三成,就是全数补助,也是无济于事。第四项所谓土地改良物税,并注明在土地税未实施前之县份为房捐，查全国各县房捐尚未普遍举办，而且它的收入，也靠富庶来做比例。事实上我国偏僻瘠贫之县份占多数，则其间卑房陋屋实无捐可征，即中等县份虽可从征，但为数亦寥寥无几，事实上此项收入甚微。第五项所谓营业税之一部，并注明在未依营业税法改定税率以前，为屠宰税全额及其他营业税百分之二十以上，这项规定，较以前各项较有实惠，惟恐对省收入有影响不易实现。第六第七两项为县公产及公营事业收入，多属空洞，而且已属固有收入，对于新县制恐俾益有限。第八项所谓其他依法许可之捐税，大抵是指各种营业、酒馆及茶馆商店等营业牌照税，舟车等使用牌照税，筵席捐，以及烟酒娱乐等行为取缔税等，这项收入各县多少不一，且皆以地方富庶为基础，在不发达的地方，其收入是绝对有限了。

虽然在《新县制纲要》第十九条中规定："国家及省务事业不得责令为县地方开支"，并规定"贫瘠县份由中央及省补助其营业行政费及开发费用"，奈抗战期间，需财恐急，况各省每多不裕，单靠补助亦非可靠方法。

由上述各点看来，可知《新县制纲要》所定的县收入，仍未能满足其理想要求。

在财政收支系统法中，规定县之收入有以下二四项：

1.土地税（以百分之十五至四十五归省）。

2.房产税（土地法实施后，并入土地改良物税，以百分之十五至三十归省）。

3.营业牌照税。

4.使用牌照税。

5.行为取缔税。

6.由中央分给之所得税（百分之二十至三十）。

7.由中央分给之遗产税（百分之二十五）。

8.由省分给之营业税（百分之三十）。

9.特赋收入。

10.惩罚及赔偿收入。

11.规费收入。

12.代管项下收入。

13.代办项下收入。

14.物品售价收入。

15.租金使用费及特许费之收入。

16.利息及利润收入。

17.公有营业及事业之裁余收入。

18.补助收入。

19.赠与及遗赠收入。

20.财产及权利售价收入。

21.收回资本收入。

22.公债收入。

23.长期赊借收入。

24.其他收入。

以上所列各项,自较以前详切,不过事实上牵涉甚大,一时颇不能全部实现。试就土地税言,在土地未经整理前,事实上只是田赋收入,但各省向以之为最大收入,若划归县库,则省财政,即将减削,况省收入中的营业税,复以纯收入百分之三十归县,如此则省库亏损何以补救,在此抗战期间若再加重中央补助负担,实为一件危险而不可能的事,此外,如所得税一项,中央能否以半数分给省县,亦属疑问,至于遗产税今年方开始筹办开征,将来收入如何,尚未可知,若靠此以为县库收入,亦难确定。今日可靠县库财源,仍不过像过去一样而已。由此可知整个县财政之收入,根本上还是一个待研究的问题。

二、县支出问题

所谓支出问题,普通说法不外事业项目、分配成数两个重要问题,其实并不像这样简单。中国瘠贫的地方较多、以此各县地方支出超过收入,并不是一件很少的事,所以在财政支细时怎样办?这确实是一个大问题;第二,过去一般县政府所办事务,除地方应有事业外,还有国家及省的事务亦责令县库开支,在富裕的地方,只要开一笔临时费就不成问题,但在大多数的贫瘠县份,向哪里去开支,若不得已就使县政府就地摊派,或是移东补西,这样是否又为合理?当然又是个问题。这两个问题,其性质虽近于开源问题,实际上诚县经费支出的根本问题。所庆在新县制细要中,对此均有补救的规定,这真是支出问题解决的前提。

就县地方事业项目讲,在《新县制纲要》中,并无详细规定,照普通情形,大致分为行政费,公安费、财务费、教育文化费、建设费、救血费、卫生费及其他杂支费等项。照财政收支系统法对于县支出的规定,有下列十六项:

1.政权行使支出。

2.行政支出。

3.立法支出。

4.教育及文化支出。

5.经济及建设支出。

6.卫生及治疗支出。

7.保育及救济支出。

8.营业投资及维持之支出。

9.保安支出。

10.财务支出。

11.债务支出。

12.公务人员退休及抚恤支出。

13.损失支出。

14.信托管理支出。

15.普通协助及补助支出。

16.其他支出。

上列各项,可谓皆为现代县地方应有的支出,不过我国多数县份的各方面,尚未有相当的发展,目前是否一定要照样支出,或依实际情形分别合并,颇须研究。

总而言之,新县制是一件新兴的理想事业。故在实施方面,尚须充分地配合我国地方的实际条件。尤其在经费方面,照我们的估计,实际上对于县收入的增大,因牵涉甚多,恐收效亦微,不过事在人为,眼光远大的当局及地方领导,如果真下了决心,那也不是一件难事。

再就分配方面说,现在尚无确定标准,其实亦不能确定普遍适用的标准,在过去一般情形,县的支出,多以有力的人员方面占优势,"其人存,其政举,其人亡,其政息",所以各项事业虽有合理的发展。从前国联教育考察团对于我国教育经费的支出,曾经提出"增高教育经费百分比"的荐意,这种办法在某种情形中确能收效,不过在各项事业的发展尚无眉目之时,若将整个县财政的支出,分为若干百分数,反是一件极不科学的事。最妥当的办法,如在划分省县市收支标准原则中,即有如下的规定:

"(三)关于支出之划分,以其机关及事业设施目的之所属为依据,使各地方人民权利与义务得相当之平均。"

这一条虽仅就原则上加以规定,若各地方支出,能依此条的精神从而划分经费的成数,则事业之轻重缓急,应得其宜,关于这一点,也颇值我们的研究。

第二节 江西新县制下的财政收支

关于江西新县制下之财政收支，可分县与乡镇两方面叙述。在县的方面，其收支不仅根据《新县制纲要》之规定，抑且以财政收支系统法所列项目以为补充，如此不仅足以表示江西当局已具有远大的眼光与决心，同时亦显示江西政治上飞跃进展的征兆。在县的收入方面，根据江西省县财政划分后县财政收支标准表列定如下：

(1)地价税百分之五十——属于已行地价税县份，由省划拨。

(2)田赋附加全额——属于征收田赋县份，原有正税不及百分之百者(非常概算附加额除外)，得加征百分之百，并取消各项附加各目，统称为田赋附加。

(3)田赋溢收全额——用各种清查田赋方法所增加正附溢额之全部。

(4)土地改良物税——土地法未实施之县，为房铺捐。

(5)普通营业税百分之三十——由省拨划。

(6)屠宰营业税全额——原由省预算列收。

(7)县学产收入。

(8)县公产收入。

(9)县公营事业收入。

(10)其他依法许可之税捐——以呈经核准征收者为限。

(11)烟酒牌照税——原由省预算列入。

(12)牙当登录营集税——原由省预算列入。

(13)契税——原由省预算列入。

(14)土地“转移”登记费——属于已行地价税县份，原由省预算列收。

(15)中央补助金——如义务教育补助金之类。

(16)省补助金——收不敷支县份。

(17)省分担县经征处、县会计室经费——县经征处代征省税，县会计室代登省款省库分担经费二分之一。

以上各项，照江西省县地方财政划分办法中之初步估计(见《江西省实行新县制财政类各项章则汇编》第一页)，全省八十三县的总收入，为一二，一六九，三一一元，比民国二十五年度全省八十三县的总收入八，三〇七，五八二元，超出三，八六一，七二九元，平均八十三县每县收入可增加四万六千以上，数目之大，无可否认，不过实际上却是收入不敷支出，因为实施新县制后，由省开支改列为县开支者不下九项，兹列表于后：

江西省实施新县制后由省开支改列县开支项目及金额表

项　目	经 费 额(元)
县党部经费	二二四点〇八八
推行新县制经费	二、〇三〇点九三〇
推行区乡镇新县制补助经费	二〇四点九三八
会计室经费	七五点二〇四
地政经费	一七点二二〇
省列义教经费	五一八点〇〇〇
善举经费	一六五点七七三
警察经费及制服费	四〇七点四八九
民训经费	一、六九四点五〇〇
合　计	五、三三八点一四二

附注：本表数字是根据《江西省实行新县制财政类各项章则汇编》第一页至第三页所列数字编订。

由上表看来，可知县的收入虽增高三百万元以上，而实际上由省开支改列为县开支者，却为五百万元以上，况在新县制之下，其他新事业莫不需相当经费以作开展，故入不敷出的红数字，当在二三百万以上，据江西省省县地方财政划分办法中之估计，其不敷之数，竟有五百万元以上的惊人数字，兹将该办法中所列县收支简明表，摘录于下。(《省县财政划分后县款收支简明表》表格扫描模糊，难以辨认，此处省略——文集编者注)

依上所述，我们可知江西县地方经费，在目前并无较大的收入，其开源之途径，照江西省省县财政划分办法中所云："另开财源，殊非咄嗟所能济事，惟有先从固有税收，竭力整顿或扩充，以资抵补，如尚不足，即由省库核定补助。按固有税收中各项田赋附加，合计尚未征及百分之百。似可按照正税数额，酌增百分之十，约五〇〇，〇〇〇元，并将各项附加名目取消，统称为田赋附加，而各县原有房铺捐，学产收入等列数过少，果能切实整顿，当可增加一倍……"

这种办法，我们相信绝不是江西当局的理想办法，顶多是暂时的补救；我们希望将来为县经费作进一层的开源。其次论到乡镇之经费收支，在江西省县乡(镇)财政划分原则中，关于乡镇之收支项目，规定于下：

壹　财源

乡镇财源，一部分由县补助，一部分则各按事实环境从事建立与开辟。

兹分别列举之。

一、补助金收入。

二、由县委托征收屠宰税溢额,及契税提成收入。

三、就乡(镇)管理范围内试办行为取缔税,及特赋收入。

四、不属于全县经费之区有公学款产收入(以有关之乡镇为限)。

五、乡(镇)原有之公学款产,无主庙产,及依法呈准利用之官有荒田、荒地、荒山,或无主绝产,或可资提拨之会社寺庙款产,或土地整理后,一人申请登记之土地整理后等收入。

六、乡镇公营事业收入:即造产所得之物产、收益、租金、公益金收入。

七、依法应归乡(镇)征收之规费、惩罚金、赔偿金收入。

八、乡镇民代表会议决,呈请县政府核准征收之临时收入。

九、乡(镇)民对乡(镇)赠予或遗赠之款产收入。

十、经上级政府以命令特许乡(镇)征收之税捐收入。

贰　经费

乡镇机构,既为基层政治组织,自有其必要之支出,兹按性质分别列举之。

一、属于政权行使支出之国民党区分部经费。

二、属于行政支出之乡(镇)公所,保办公处经费,及乡镇户籍费。

三、属于立法支出之乡(镇)民代表会经费。

四、属于教育文化支出之乡(镇)中心小学,保国民学校,及其他教育文化经费。

五、属于经济建设支出之乡(镇)造产、道路、桥梁、通讯、水利及其他有关经费建设费。

六、属于卫生治疗支出之乡(镇)环境卫生、保健、防疫、医药等经费。

七、属于保育救济支出之乡(镇)育幼、养老、救灾、赡给残废经费。

八、属于保安支出之乡(镇)保卫、消防等经费。

九、属于财务支出之乡(镇)经征、出纳、会计、审计、及财产保管等经费。

十、属于其他支出之各项杂费,及预备金。

以上关于乡镇经费收支之规定,可谓相当详尽,不过实际上,尚有研究的地方,就收入方面说,其中除公款产及补助费外,其他在目前尚无确定之收入,即有亦为数甚微,但是公款产的收入,在江西各乡镇,多已为既有收入,或者已经用在现有之事业上,至于补助费,不过是治标之方法,当此社会进展一日千里的时候,各项事业之需费,亦必随之增大,若单算补助费的支持,时间一久，则补助机关亦将无法应付。其根本的开源办法，还是江西当局已经缜密筹划的乡镇保造产运动，希望此项运动能早日实现，则经费收入才有可靠的财源。

就支出方面讲，在目前经济尚无把握时，如前列十项支出是否能即予实现，倒是疑问。虽然站在政府立场，不能不本着远大眼光，从长计较，但是在实际上，还是应当寻出经纬，以为建设之中心，从而集中人力财力，大刀阔斧，以奠定建设之基础。若不量力而欲全盘兼顾，在理论上虽觉完满，而实际上必将左顾右盼移东补西，毫无成就，这一点似乎是应当注意的。

关于新县制下的财政收支问题，我们在第一节中，剀切陈述，要而言之，最大的问题，及经费开源及指出分配问题，依本节的研究，可知江西对于这两个问题尚未有圆满的解决，尤其是在中国灾荒更迭，生产落后的今日，对于财富的开源，实为一共通的困难。江西如此，云南、甘肃更是如此，江苏、浙江也是如此。在这种普遍的经费支绌之情形之下，欲从而开展国民教育，以为宪政树立基础，为经济发展动力，为文化提高水准，为抗战建国作最大的努力在事实上确是很费踌躇，但是需要的迫切，时代的责任已落在我们的肩上，如何为国民教育的经费，开辟来源，已是义无旁贷，不过在社会生活进展中，教育是不能孤立，尤其是要配合整个国策，因此国民教育经费问题，仍然回到支绌的财政问题中去求解决；片面地偏安，不仅未解决问题，而且是含糊问题，是在使问题发酵！今天江西国民教育经费问题的解决固要如此，其他各省也要如此。我们其所以将很大的篇幅来陈述县财政问题，其用意即在指出国民教育经费问题调整的路向，伏下线索，使不至于梦想在新县制下的财政收入，有一笔很大的巨款，来发展国民教育的。

第三节 江西国民教育的经费问题

从前节所述，我们可道新县制下的财政问题，已成了一般的困难，国民教育经费，已是县财政的一环，则其中所蕴藏的困难，亦不言而喻。论到江西国民教育的经费，似乎已不是理想中的难题，照江西过去的办法，的确能筹集相当的巨款，也是确能缜密的管理与发放；不过照我们前面的分析，尚未能尽满人意。就经费来源方面说，新县制财政的重要收入，如公学款产等已成为国民教育之收入，其他事业经费是否能不受影响，不难断定。何况实施国民教育以后，其经费支出势将增大，从何处开源实成问题。照江西省实施国民教育三年计划所列，关于县的经费来源，有下列三项：

(1)省县(市)财政划分后,县(市)收入增加部分。

(2)县(市)公营事业之盈余部分。

(3)按照中央及本省,原有富力分担办法,酌量增加。

以下并注明“如再不足,应设筹补……”,这样好像有相当收入的增加。照我们的分析,第1项毫无作用(参看第43页及45页各表)第2项因目前各县公营事业尚未发达,即有亦不过是中间剥削性的经营,有害民生,而收入甚微;第3项照原有富力分担办法酌加,这一途较为具体可靠,不过照江西的办法,是特别不利于农,虽然一方面有农村贷款来补救农业再生产的衰退,但一曝十寒,终非善策。今日的江西极力倾重于民生建设,我们料想目前实行的富力分担办法,将来是会改进的。

其余关于乡镇保方面的经费收入,在国民教育三年计划中,指出有七项:

(1)清理公学款产之收入。

(2)祠会款产,除去正当用途提拨百分之六十之收入。

(3)利用寺庙财产之收入。

(4)公营事业盈余之收入。

(5)合作事业公益金之收入。

(6)劝捐之收入(包括保学谷及其他材料之捐助)。

(7)其他。

以上各项,较之江西省各县保立小学自筹经费区乡(镇)统收专付实施办法中所列项目,多列四项,即4、5、6、7各项在这四项中,4、5两项,应归区乡镇经费(其实1、2、3各项亦应归乡镇各项事业之经费)。而其数目亦甚微。第7项是否影响乡镇经费收支,姑置不论,即其收入亦尚属不甚可靠;惟第6项之劝捐(实际只有赖于派捐),其收入确能像以往“乐捐”有同样的把握,不过对于国民教育的意义上,略有缺憾。第一,收入近似学费,例如每月由学童供米二升左右,虽经一些县政府饬令穷家免捐,但实际上摊派之分量有过之无不及,姑无论贫富,对于国民教育的纳费终不合理;第二,人民已经直接间接的早已担负过整个教育经费的分子,国家把那些钱去办中学大学,还要借贷金,轮到贫瘠的乡村国民教育反要收取学费,于义务权利甚觉不平;第三,就地捐款亦不合理;第四,新县制下的乡镇各项经费,尚无可靠来源,若皆皈依此法,岂不将重重加上人民负担。照我们的预料,江西贤明的当局,亦绝不会把这办法,当做永久的办法。其次论到筹集保学基金办法,其内容亦多空洞。如江西各县筹集保基金暂行办法草案第二条,规定保学基金之来源如下:

(1)各保应就公众或无主之田地池塘荒山等,拨作保有学田学塘学林(如是全乡(镇)或区县公有性质,事实上不能归于某保者,应视其性质作为乡镇区县学田塘林主)。至有主之荒山田不遵令垦殖,或不遵限呈报登记,经政府没收者均得拨作保有学林学田。

(2)采用公耕法由私人借给田地交由本保公耕,其年限由双方议定收获所得拨作保学基金。

(3)各保学款学产应全部提充保学基金。

(4)各保公营事业之营余及公益事业之开支节余,得酌量提拨为保学基金。

(5)各保祠庙会及其他公款产均协议提拨一部分分为保学基金。

(6)各保迷信捐收入应全部拨作保学基金。

(7)私人乐捐金钱农作物产业(田塘山林店房等)材料(校具教具及建筑校舍材料等)作为保学基金。

(8)婚丧喜庆酒资擀节之款捐作保学基金。

以上八项,内容颇详,只是内多虚列。就第1项说,公众或无主之荒山田塘原为保学经费中既有收入,第2项因公耕法一时不易实现,故内容亦较空洞,第3项学款产亦是保学既有收入,第4项因公营事业尚寥寥无几,亦属空洞,第5项祠庙会及公款产提拨保学经费,亦是原有第6项迷信捐亦是原有收入,第7项私人乐捐等项,在金钱方面之乐捐,已为过去保学原有之收入,在物品材料产业方面之乐捐尚无可靠把握,若经努力奖励输捐,或可有点收入,第8项婚丧喜庆之酒资擀节,如不实行派捐手段,其结果亦属空洞,即使捐得,其数当亦甚微,因为婚丧喜庆在乡村并不是一件常有的事。

由此观之,则知欲靠这办法草案筹集基金,亦不大济事。

以上是国民教育的经费来源问题,论到管理方面,在江西省实施国民教育三年计划中,并未提及,大概还是像过去一样。因此我们觉得在新县制实施下,实有商榷的必要。

照江西省省县地方财政划分中,对于县地方财政制度之规定甚详:经征部分由县经征处(第一步骤)负责办理,出纳部分由县金库(限期普遍设立)负责办理,会计部分由县会计室(二十六年已普遍设立,惟兼掌管省款登记事宜此后省款由省派员驻县办理),审计部分由县参议会推举三人至九人,组织审核委员会负责审计任务。四权划分甚属确当,则教育经费审核任务,应由教育委员会划归县审核委员会担任,不宜节外生枝以繁手续。

至于乡镇经费之管理,照江西省省县地方财政划分办法中的规定;经征事务,“由乡镇公所指定干事一人办理,必要时,得酌设专任人员,办理征收事务,及保管票照簿册等事”;出纳事务,“由乡镇公所指定干事一人办理,必要时得委托本乡镇信用合作社,办理现金出纳事务”;会计事务,“由乡镇公所指定人员兼办”;审计事务,由“乡镇民代表会推派查账员三人,负责审查”;财产保管,“由乡镇民代表会推举委员三人至五人,遵照《县各级组织纲要》规定,组织保管委员会,凡本乡(镇)民代表会议决,或乡(镇)公所依法处理,不得自行支配动用”。这是乡镇经费管理的大概情形,这种方法妥当与否,姑置不论,但国民教育经费的管理,实成问题。第一,过去的义教经费委员会,是否需要继续存在,换句话讲,国民教育经费,是否需要独立保管;第二,经费保管委员会的委员,是否与乡镇代表互相重复;第三,属于过去义教经费的财产,应否将管理权,交由乡镇保管委员会负责,若从整个新县制的立场来看,自应将所有经费统筹统划,不宜叠床架屋徒烦手续,不过在江西还有些县份,未能实行新制,新教育经费的独立保管,尚有暂时的需要。

第四节 江西国民教育经费调整的途径

根据前节的分析,国民教育与新县制之实施,似乎难有折中的余地。在财源方面讲,江西乡镇以下的经费,几乎全入了国民教育之手,甚至其数目尚不足以开展国民教育,而整个县财政上,不但无较大的开源,反要增加支出,在这种情形之下,似乎国民教育与新县制势将不能两立,就县财政制度上讲,国民教育经费仍保持其独立之管理,以形成财政事权的分割及手续的冗烦,这已似乎是新县制的障碍物。因此,我们要想新县制下实施国民教育,就不得不考虑几个问题:第一,新县制与国民教育应否同时实施;第二,如果能同时实施,则事业上经费又应怎样分配,是不是将减少国民教育之支出;第三,在事业的发展中,财政如何开源和制度如何调整,兹就管见所及,一一分叙如下:

第一,国民教育与新制,究竟是否是势不两立呢?我们从政治的观看,我们知道教育是政治的一部门,教育问题也是政治问题的一环,并且教育是推行政治的一种工具,新县制的实施,是要推行地方自治,与国民教育更有密切的关系。政治的对象是全体民众,要政治推行尽利,便需要全体民众都健全起来,因此教育须普及每一个成人,妇女和儿童,使大家都健全起来,以奠定政治建设之基础。再从教育的立场来看,教育的使命,除了“发展个人”“传递文化”以外,还要适应社会的需要。所谓适应社会的需要,简言之,即适应政治的要求。其次,教育是人生理想的传扬,政治是人生理想的实践,因此教育的目标与政治政策，实际上是同出于一个基点，而在实践上，教育的推行，尤有赖于政治的实力。再就国民教育的特质上看，首先国民教育是以政治合一为实施的体制，一方面要以行政的力量来普及教育，另一方面希望以教育的方法与力量来完成国民必要的训练，以奠定地方建设的基础；其次，国民教育是以民教义教化为一炉，将义务教育与成人补习教育，统由中心学校及国民学校办理，一方面可以充实社会教育的内容，另一方面可以扩张学校教育的范围，最后达到国民教育为乡村社会文化中心，及社会建设的动力。由各方面看来，国民教育不仅不会与新县制势不两立，而且是相依为命，实行新县制而不兼及国民教育，则新制实施，必多阻碍，甚至效果陷于表面，实行国民教育而不并行新制，则国民教育的进行，难以普及，而训练内容亦必流于空虚。所以新县制与国民教育同行并行，实在是一个有力的配合，值得我们每一个人去竭力尝试的。

第二，既然新制与国民教育可以同时并行，则事业上的经费，又应当如何分配呢？在解答本问题之前，应先决定教育经费是否仍保持过去的独立保管，关于主张独立保管的理由，照以前所述，归纳言之，即是防权“移挪”与“侵蚀”两个问题，此外还有一个有力的理由，即是独立保管，可避免政局上的影响（例如过去军阀擅权，到处剥削民众，教育经费改充军饷者，时有所闻，故当时就经费独立保管者，幸免侵蚀）。在我们看来，实属错误，第一，所谓移挪侵蚀等弊之发生，是个方法问题，管理方法不妥，即使独立保管，亦无济于事。何况某些地方教育经费的管理权，多操纵在少数有力的土劣手中，这样的独立保管，又有什么意义！第二，所谓政局上的影响，在过去所谓政局，只不过是争权夺利，谈不到什么计划与目的，更谈不上主义，但是反观今日世界各国的政变，胜利者谁不去抓住教育，利用教育，在这种情形下，谁又保得住教育经费来超然独立呢。总而言之，在今日的一切建设上，如谈到什么独立于超然，起首便错误，结果必落空，事实胜于雄辩，是无可否认的。

我们既然承认国民教育经费，应归入整个地方经费中统收统支，但地方支出的项目那样多，而收入又那样少，若平均分配，岂不要减低国民教育的支出，关于这一点，我们应当加以解释，我们及地方的实际情形，按力之所及，事之所需，这样不仅不会减少重要支出抑且衡定事业中心，从而集中力量，彻底完成，方不至像以往一样东鳞西爪，一无成就。

今日建设的重心是什么？总理在建国方略中有云：“建国之首要在民生”，此外，总理在人间最后一刹那间还谆谆地指示我们说：“余致力国民革命，凡四十年，其目的在求中国之自由平等，积四十年之经验，深知达到此目的，必须唤起民众，及联合世界上以平等待我之民族，共同奋斗。”

今日就对内建设言之，虽千头万绪，归纳起来，还不过是“民生建设”与“普及教育”而已。谈到民生建设，须靠专门人才的埋头苦干，与广大群众的了解与拥护；就专门人才讲，是靠整个国家的大力来培养，因此地方建设第一件事，就是要普及国民教育，过去许多地方事业的失败，莫不是由民众的教育不够，他们不懂户口调查，即使你费了许多精力金钱和时间，并且时加督促，亦难达到预期的理想。我们不懂合作，即使你能为他挂上许多合作社的社牌，订定许多章则，结果还不是为少数人所操纵，以变成新的中间性的剥削。无论哪一位专家，只要他的事业，一涉及地方建设与民众生活，起首便感到民众的教育不够，关于这一点，大家从实际工作者的专作中，是很容易发现的。因此我们就应当把教育的范围与内容尽量扩充，从儿童扩充到成人，从男人扩充到女人，从书本到生活，从个人到国家，以冀自负起地方建设的第一线的任务。第二件大事，就是民生建设。世界一切问题，归根到底，不过是一个民生问题，所以民生建设，实为解决一切问题的基点。民生建设的任务有二：一为增进生产力；一为改善生产关系。就生产力方面说，其增进的条件有二，即科学知识的应用及生产技术之改良，这两点，皆以教育为其基础，由此可知生产力的发展，犹有赖于教育的力量。

再就生产关系方面说，其改善的方法有三：一曰平均地权，二曰节制资本，三曰发达国家资本，故生产关系改善的具体方法，目前实为一财政政策问题。所谓财政政策，即其国内财政上的预决算的分配，及租税政策而已。如所谓平均地权，即加重地价税并定地价，由政府自由收买土地。所谓节制资本，亦不过是采用累进税制，此二者实为租税政策的内容。此外如发达国家资本，即在财政预算中（除特别重要事业以外），应尽量倾重国家资本的发展，关于民生主义的租税政策最高当局已经逐步实现，故地方之民生建设，除发展教育外，就应于预算来倾重公共产业的发展。

总而言之，教育与经济，是正轨政治下的最大动力，今日地方事业中，应以此二者为重心，实无可质辩。有人以为救恤及卫生实为今日乡村不可忽略之事，殊不知增加生产是积极的救恤，健康教育是积极的卫生，以此类推，其余一切事业莫不以此二者为基础。因此，我们主张，在县财预算中，教育经费的支出，应占全部经费百分之三十以上，建设费应占百分之二十以上（建设费在以往平均仅占百分之二至百分之五）；在乡镇经费预算中，我们以为教育支出，应占全部经费百分之六十以上，建设经费，亦应在百分之二十以上，并应借教育的方法与政治的力量来推动公共造产运动，及合作事业。这样不仅不会减少教育经费的支出，反可稳定地保存教育经费。

第三，我们根据上面所述，如按照理想的百分比来分配，当得到合理的支出，不过整个的收入，不足分配，甚至有的地方，以百分之八十以上的经费，也不足开展国民教育，这样又怎么办呢。其次，国民教育经费既由整个经费中合并支出，那么关于管理方面，若保持以往形状态度，是否可行？

关于经费的开源，我们以为在目前除了消极等待省政府的补助，甚至更进一层希望省教育经费每年从节余额中提拨补助（按江西历年来省教育经费皆有节余）以外，积极的方法，则只有倾力于基金的筹集，公共营业及公共造产等办法，尤以公共营业及公共造产这样办法，不仅足为国民教育经费，开辟新源，稳固基金，抑且为地方一切事业经费开源的坦途。

对于公共造产及营业，我们也愿贡献五点意见：

（1）造产及经营内容——既有荒山荒地的开垦公耕，土产加工，提倡副业并征收实物，充实既有营业。

（2）造产人才——①征工，②利用假期回乡学生，③聘请技师来乡作短期技术训练。

（3）造产资金——①公债，②向银行借贷，③利用彩券，④奖励储蓄。

（4）造产组织——由乡镇民代表会根据实际需要商同乡镇公所拟订组织办法，呈由县政核准实行。

（5）产业保管——由前项办法中规定之。

在江西财政厅，早已订定乡镇公共造产办法，而在江西农业院方面，又在今年（民国三十年）加紧辅导江西全省的农业建设，本年二月五日全省农业工作人员并在泰和举行工作讨论会，各方面交换意见，收获殊多，希望最近将来的努力工作中，为江西一切建设的经费，开辟富源，而国民教育的经费，亦可由此得以扩充了。

关于国民教育的管理问题，我们在前面已讨论过。江西省县地方经费的管理，四权分立，用意至善，只要把教育经费管理委员会，或义教委员会所有经济权限，一起归并于整个县财政制度之中，则县方之经费管理，方称合理，在乡镇方面，国民教育经费的管理，实有调整的必要：第一，关于乡镇财政行政，在新制中已安排停当，则义教经费管理委员会是不宜存在，以分割权限，烦冗手续；第二，就乡镇人才而论，出色士绅，总不过是十八罗汉，乡镇民代表是他，经费管理委员会也有他，精神动员委员会更有他，尽管委员会如牛毛，而委员大爷,亦不过如此数人而已,因此就人才而论,亦不宜再有国民教育经费管理委员会的存在,如必欲存在,亦仅形式而已。

总而言之,我们一贯的立场,是站在整个地方建设和新制的需要上,江西过去的义教经费,以及最近将待发展的国民教育的经费方面种种详细的办法,但从教育着眼,是毫无疵议之处。而且江西的办法,皆能适应真切情形,是无可否认,我们因为热望所迫使,仅就理想上,提供一些浅见,行与不行,还待事实来决定。不过我们敢大胆申明,我们注重教育,主张合理地提高国民教育经费,并不是因为我们是研究教育者,而是就整个地方建设中,分清事业的轻重缓急,与力之所及,从而决定的。这就是我们研究的归宿点。

附录:

重要参考资料:

江西教育厅第三科编印:《江西义务教育现行法令汇编》

江西教育厅:《江西省现行法规汇编(教育类)》

江西教育厅:《江西省全县行政会议教育厅工作报告》(二十六)

江西教育厅:《江西两年来之教育(二十四、五年)》

江西教育厅:《教育工作报告》(二十八年印)

江西教育厅:《江西教育实施概况附件》

江西教育厅:《江西义教经费有关法令汇编》

江西教育厅:《江西义务教育经费筹集之经过》

江西教育厅:《江西义务教育之过去与现在》

江西教育厅:《江西地方教育》各期

江西财政厅:《江西实施新县制财政类各项章则汇编》

江西民政厅:《县政资料辑要》

江西省政府统计室:《江西统计月刊》各期

广西地方干部学校印:《新县制参考资料》

重要参考书籍:

夏承枫:《现代教育行政》第三讲

程湘帆:《中国教育行政》第五段第一章

张季信:《中国教育行政大纲》第三编

王克仁:《地方教育行政》第九章

邵爽秋:《中国普及教育问题》第五章

Swift: *State Policies in Public School Finance*

N.E.A: *Financing Public Education*

Frasier: *The Control Of City School Finance*

（原载于1941年《地方建设》）

从国策说到国民教育

就广义言，人生教育和社会适应有密切关系。人生很难离社会而生存，亦很难离教育而能适应社会。所以在最高意义上讲，可说教育是人类一种生活力。教育本来不是一种工具，但其训练方法，很可运用到团体方面，使达到团体某种事业方针。教育家凯欣斯·泰纳说："教育供最高表面文化价值的国家之有理解的使用……非供死板的国家组织之盲目的躯使。"许多民族国家运用教育方法，而得复兴强盛，历史上先例很多，不胜列举。如今我国正在挣扎解脱帝国主义者的羁绊，而图独立自在，对于教育事业运用问题，关系十二分重大，这是我们不可不注意的。

我们先就国家方面看。人类自有国家以来，历史已很悠久。因为人群生活逐渐复杂，社会组织随之繁密。到了现代国家，一则因为物质文明超越地进步，二则因为国际问题交互错综，所有关于政治经济文化等组织及活动，繁复得几乎看不出头绪来。但回想到我们人群所以需要组织国家，其最基本的意义，不外有两点：

1.对内维持秩序，消弭矛盾。

2.对外抵抗敌人。

无论国家形态繁复到如何程度，处境困难到如何程度，这两个基本意义是不可少的，否则就不能称为国家。如汉奸汪精卫等觍颜降敌，认贼作父，托辞和平，组织伪国，其于第二点立国意义完全丧失，哪里还能称为国家呢？况且接受了帝国主义者的苛刻条件，一切政治经济文化等事业都操诸敌人之手，社会矛盾更深刻化，对内秩序绝难维持，实际由半殖民地沦为全殖民地，第二点立国意义亦不存在。有人误看抗战与建国为两件事，这是无意识的。我们不抗战绝不能建国，建国必先经过抗战胜利的历程，这是无疑义的。凯欣斯泰纳说："现有国家的任务应有两层：第一，乃自私的：对内对外保护本国人民精神上和身体上的安全；第二，乃大公的：渐渐施行人道国家理想，在这人类社会中，藉着它的本身演化和它的工作力量，到一个伦理的社会里。文化的和法治的国家社会里去。"所谓对内对外保证本国人民精神上和身体上的安全，就是包括上述两个基本意义，一个国家连这两点也做不到，哪里有达到和平理想呢？

这两个基本意义在综合方面看，是互相为因果的。假使国内外的秩序维持得不好，强弱、贫富、智愚、劳逸等矛盾不能消弭或调协时，就要引起社会的不安。因为社会的不安，侵略者的触须就乘间而入。到了侵略者的馋涎沾染了本国社会各阶层时，社会的矛盾必定更深刻化，不安的形态更显露得严重，甚至沦落到半殖民地。到了半殖民地再欲起来抗战，自然不是一件容易事。若使到了半殖民地再不起来抗战，那就永无复兴独立的机会了。

现在中央既发动了抗战建国，中央政府是全国的一个总脑筋，必有一个整个国策来策动全国。全国教育事业必有一个通盘计划，而与政治经济实施方针相呼应，这是很急迫需要的。

依据民二七，四月，国民党临全代大会所通过：《战时各级教育实施方案纲要》内载："社会乃充满人人谋事、事事找人之怪象，国家亦充满贫病乱愚之惨象，驯至国力空虚薄弱，在平时已失其自存之基础，至战时更不能适应非常之需要，挽救之道，更有待乎教育。"教育可以启发与训练国民之思想、行为、智识和技能。国民之思想、行为、智识和技能有直接关系于国家之兴衰，在《战时教育方案纲要》上的话可以看出一部分。然我国教育与社会国家脱节，已有久远的历史。正如纲要上所说："社会生活与学校设备绝不相联，经济组织与学校课程截然两事。"因为我国停留在农业社会，有数千年。在清代中叶以前，关着大门，不知世界之大，浑浑噩噩过蒙昧生活。士大夫脑筋里都有着"民可使由之，不可使知之"的观念，辅助帝王实施愚民政策，以保其"万世之业"。诚然在闭关时代，人民智识与国家兴替似乎无大关系的。到了清代末叶，帝国主义者的势力汹涌而至，国门就关不住了，于是手忙脚乱地，由"以夷之法制夷之命"的念头中把西洋的死学制抄袭过来。教学形式上，废止旧式科举，开设新式学校，数十年来，学校教育内容，还多含着八股的意味。这种教育不能拯救患难的国家民族，一百年前，丹麦民众教育家格龙维氏已经看出："拯救民族的教育，不是旧有的学校所能供给，也不是抄袭外国的教育方法所能成功。丹麦是个农业国，教育要适合农民生活的需要。普通的学校只能使农民离开田间，不能再使回到田间去。普通学校的教育只是死的书本的教育，不能给予民众一种生活的动力。"我国过去情形，实与十九世纪初之丹麦仿佛，但自抗战发动以来，民族精神一部分已经唤起，民众志气亦比以前相当振作，今后正需一种切合民生的教育，展开建国的路线，所以在教育本身上讲，必须有一番根本的改造。

再在个人方面看：个人生活既不能离开社会；在现代国家组织下，个人更无法离开国家。在前学龄和小学时代，还可勉强在家庭受教育。所谓勉强者，儿童天性本来是好合群的，因为儿童有儿童的世界，不是一般成人所能了解。可是富贵人家不愿子弟离开华贵的家庭，而与贫苦儿童为伍，以免传染贫苦的气习，故特聘了家庭教师，在家教育儿童，遂使儿童离群索居，寂寞生活，这是违背儿童教育原理的。英国教育家纳恩（Parcydunn）曾说过："个人自由主义教育者，非蔑视群性与学校群化之职能之谓也。盖个性非有群性之兴趣与活动，末由发展。且儿童不能人各一学校，或人各一课义也。"到了中学阶段，一则因为国家制所限，二则因为所有设备非私人所能办到，所以不论贵贱，凡希望子弟升学的人，都把子弟向公私立中学校内送了。既入了学校，就要依照国家学制所规定而编入年级，就要学习政府所颁布的课程和审定的教科书，就要参加政府所统办的考试。个人与国家关系更密切，国家于个人的责任更重大。学校教育既由国家制定，则教育内容之优劣，影响个人身心如何，能否适应社会，都由国家负责。到了学校毕业，职业问题，无疑地应由政府安排。个人不受政府的安排，或政府放弃责任时，才有失业事实的出现。在现代国家社会里，绝不允许桃花源的理想，让个人归隐山林，屏绝世事。因为古代政治未严密，人民空闲散漫，在简单的生活下，匿于穷乡僻壤间，自可不与政府发生关系。到了现在，情形大不相同，无论何人均须受户口之编查，无论山村水乡都有保甲之组织。粮食由政府管理，一部分生产由政府统制。将来或至全部分消费由政府管理。全部分生产由政府统制。那末个人要想脱离国家时，只好做首阳山上饿殍了。

现代的国家必须有现代国家的条件。从弱小的半殖民地的国家，转变成为一个完全独立，而不仰承世界任何强权之鼻息的国家，必先有一个肯定的国策。依据这国策精密地调查清楚客观的需要，然后切实地订定实施步骤，如是刻苦奋斗若干年，才有建立现代国家的希望。当苏联第一次五年计划完成时，史大林说道："这一伟大计划并不能在某一机会中偶然完成的。为要实行这一计划，我们必须首先找出这计划之主要关键，只有找出这主要关键并把握住这一关键，才能逐一找出这计划之其他关键。"苏联的五年计划，是以重工业为主要关键的。但联系到教育事业也非常伟大。例如在大工业方面，需要六万以上的技师与九万以上的技术员。除了原有三万三千名大学毕业的技师与受过中等教育的技术员以外，还须增加约四万名的技师与七万五千名的技术员。在交通方面,需要技师一万七千名,技术员四万一千名。除了原有铁路及航海技师约五千名,技术员约一万名外,还须增加一万二千名技师与三万一千名技术员。在建筑事业方面,需要技师二万人以上,除了原有二千人,还须增加一万八千人。至于农业建设方面,需要农业技师三万人,农业技术员二万人,农业役员三万人,除了原有受过高等教育的农业技师一万一千人,受过中等教育的农业技术员约二万七千人外,共须增加四万二千人。需要这样大量的人材,在质的方面,教育内容必须切合各种事业的需要;在量的方面,必须大量添设教育机关。这种教育的设施是因求而后供,非如那无计划的学制,空空洞洞地造就了一班理想的人材,毕业后往那里去,就不管问了。

当苏联五年计划出发的一年,苏联国内计有技术专门学校二十五所,学生四万九千七百二十八名;交通事业的教育机关二所,学生三千零五十人;农业专门学校三十一所,学生二万四千四百五十一人;中等工业学校一百二十三所,学生三万四千八百六十一人;交通中等学校四十一所,学生七千五百十人;农业中等学校一百九十一所,学生二万八千九百六十五人。苏联为要实现五年计划,于五年计划的最初二年内,添设工业及农业的专门教育机关四十七所,可造就技师五万八千一百人;添设工艺学校一百七十二所,可养成工业技术员约五万八千人,交通技术员约一万二千人,农业技术员约三万人。上述的数额实际还不足够,另外又设了各种补充教育的机关,如:公开的实验室,特殊的顾问机关,函授学校,夜学校,技术书籍及各种器具的阅览所等,使得一般熟练工人有补习机会,而得有充任技术员技师的资格。同时在工场设立了工场学校,以培植熟练工人。第一年工场学校招收了约十万名的学徒,在五年计划的最后一年,工场学校招收了约二十五万学徒,其他对于建筑交通等工人培植,情形相仿。总计五年计划对于培植工业交通及建筑熟练工人的支出总额,共达十万万卢布。

还有一种特殊训练,譬如某种职业,本来不需要大量的工作,后来因种种缘故,工人供过于求,发现失业的现象,但同时别种职业正缺乏工人,于是苏联政府即用强制的手段,使这些失业者受那别种工作的教育。这个办法叫作"失业者强制再教育"。这样就不至浪费人材,更不至有失业的现象发现。

回看我国教育,近几年来虽渐渐地统一化,但只能说是伸张了政权,还谈不到计划。大学与中学正继续不断地向着空虚歧途上前进,毕业即失业的矛盾自然还在继续地制造着。比较的只有初等教育部分似乎慢慢地向着有计划路上进行的趋势。民国十八年,中国国民党第三次全国代表大会,有厉行义务教育之决议;同年,第三届中央执行委员会第二次全体大会,并决定厉行强迫教育,着由训练部会同教育部制定计划规程与实施程序,限于二十三年底实现。二十一年教育部颁布短期义务教育办法大纲,令饬各省市拟具计划,分区实验。二十四年教部重订实施义务教育暂行办法大纲,规定分期推进办法,先办一年制及二年制短期小学,逐渐达于四年制初级小学。这几年的议决案比较民国初年的义务教育命令和推行义务教育办法及清季所颁义务教育章则,似乎切实一些。但还没有配合政治,都站在一方面为教育而教育,或由教育部单方面主观地在那里起草,公布,训令,所以结果都不能兑现。到了民二八、九、一九国民政府公布了县各级组织纲要,至二十九年春教育部依据县各级组织纲要订定颁布国民教育实施纲领。第二章为施行程序。第四条载有:“国民教育之普及以五年为期,自民国二十九年八月起至民国三十四年七月止,分三期进行。”三期的施行标准如下:

1.自民国二十九年八月起至三十一年七月止为第一期。在本期内各乡(镇)均应成立中心学校一所,至少每三保成立国民学校一所。在本期终了时须使入学儿童达到学龄儿童总数百分之六十五以上,入学民众达到失学民众总数百分之三十以上。

2.自民国三十一年八月起至三十三年七月止为第二期。在本期内保国民学校总数应逐渐增加,或就原有之国民学校增加班级。在本期终了时,须使入学儿童达到学龄儿童总数百分之八十以上。入学民众达到失学民众总数百分之五十以上。

3.自民国卅三年八月起至卅四年七月止为第三期。保国民学校数应尽量增加,以期达到每保一校为目的。或就原有之国民学校增加班级。在本期终了时须使入学儿童达到学龄儿童总数百分之九十以上。入学民众达到失学民众总数百分之六十以上。其有特殊情形之省市,国民教育普及期限得呈准中央缩短或延长之。

关于经费部分经各省市国民教育会议决定……在各保内普设国民学校,共约八十万校。除现有小学可资改办者约有二十万校外,尚须增设六十万校。逐年增设是项学校所需要经费,由中央各省及县保分担。每一国民学校每年经费全国平均以八〇〇元计算。第一年增设十六万校,所需经费总数为一二八,〇〇〇,〇〇〇元。分担办法:(1)中央补助百分之二十五,(2)省市拨助百分之二十五,(3)县及保自筹百分之五十。第二年增设十二万校,连前共二十八万校,所需经费总数为二二四,〇〇〇,〇〇〇元,分担办法:(1)中央补助百分之二十五,(2)省方补助百分之二十五,(3)县及保自筹百分之五十。第三增设十二万校,连前共四十万校,所需经费总数为三二〇,〇〇〇,〇〇〇元。分担办法:(1)中央补助百分之二十,(2)省方补助百分之二十,(3)县及保自筹百分之六十。第四年增设十万校,连前共五十万校,所需经费总数为四〇〇,〇〇〇,〇〇〇元。分担办法:(1)中央补助百分之二十,(2)省方补助百分之二十,(3)县及保自筹百分之六十。第五年增设十万校,连前共六十万校,所需经费总数为四八〇,〇〇〇,〇〇〇元。分担办法:(1)中央补助百分之十五,(2)省方补助百分之十五,(3)县及保自筹百分之七十。

上列的经费已够巨大骇人了,然而训练师资及学校设备经费尚不在内。假使平均每小学一所,需二个教师,则全国六十万所国民学校,合计要一百二十万位教师。每教师之训练费平均以六百元计算,则需经费七二〇,〇〇〇,〇〇〇元。学校设备费假使平均每校以一千三百元计算,则此六十万所国民学校,又需七八〇,〇〇〇,〇〇〇元。

这回部颁的《国民教育实施纲领》和《国民教育会议议决案》,比较以前确是具体得多,其优点约有三:(1)与新县制相扣合,实行学校教育与社会教育合流;(2)施行顺序订得很周详,有期限有标准;(3)经费数目及分担办法都有明白规定。但进一步的研究,再与其他国家比较,还觉得很不够。不够地方也有三点:

(1)数目是估计的——不是据事实的调查,依着客观需要而定的。

(2)尚有遗漏的——例如师资与设备两大预算未曾列入。

(3)未与经济扣合——不但中央补助尚未着落,省方的拨助和县保的筹划都仅是一道命令,是否能够做到,尚在不可知之数。

此外又有一基本问题,即新县制的实施能否彻底,为吾人十分关怀之事。假使新县制推行发生了问题,那末与新县制相依为命的国民教育,就有"唇亡齿寒"之忧。即使地方当局热心教育,局部地实施国民教育,则枝枝节节,必不能解决整个教育问题。教育问题的解决,虽和其他地方建设事业一样,须从基层做起,但单靠基层用力,也是推不动的。譬如国民学校师资的养成,要依托中等教育。中等教育设施健全,培养了优良师资,于是国民教育方得健全。国民教育既包含了小学部及民教部两部,则于过去的初等教育情形不同,倘使单是充实了小学教育,还不能称为完全。不同之点不仅在形式方面,教育内容亦大有不同之处。试看纲领第三条:"国民教育实施,应遵照中华民国教育宗旨及其实施方针，注重民族意识、国家观念、国民道德之培养，及身心健康之训练，并应切合实际需要养成自卫自治之能力，授以生活必需之知识技能。”条文上很显明地包含有政治教育、健康教育、军事教育和生产教育。所以国民学校校长和乡（镇）中心学校校长得兼任保长或乡（镇）长及壮丁队队长，要使基层的政教养卫合一化。这样的内容是多元的。倘要单纯在教育一方面下功夫，还不是以建立新县制的基层工作。

其他，继续教育也是一个问题。儿童毕业于中心学校，欲继续受教育时，必须设立高一级的适宜教育机关，过去的中等学校已不够适应这种需要了。成人或妇女毕业于高级班而欲受继续教育时，亦须设立高一级的适宜教育机关。这类教育机关如何设置，学制应如何改造，容另文论列，这里只好从略了。

民国三〇，一，一〇，于国立中正大学

（原载于1941年《国民教育》）

学制改造的商榷

论中国教育者，常谓：四十年来，学制几经变更，东抄西袭，未能适合国情。岁耗大宗公帑，设立各级学校，而学不能致用，人不能尽其材，以致社会秩序日益紊乱，农村破产更尖锐化。若问如何方为适合国情之学制，则论者未曾具体地指出。

自国民政府奠都南京以来，已十余年，奉行三民主义立国。论主义者，均谓三民主义为最切合中华国情之主义；论教育者，均谓实行三民主义教育，方可救国。但如何方为三民主义教育，除其名词见于法令科目外，实质方面尚觉不够贯彻。欲使三民主义贯彻于教育，首先的事，应该建立"三民主义教育制度"，否则任何理论，都是空的。但有人怀疑，以为有了理想的学制，即使采纳公布，如不实行，岂非仍是一纸空文，不能兑现的法令吗？回答这话，极为简单。教育事业原不能离开政治与经济而独立。假使政治与经济不能实行三民主义，而单独令教育奉行三民主义。这不但事实不可能，在理论上亦所不许。或者又谓，实行三民主义，程度有深浅之差，施政步骤有先后之别；若欲一个莽夫，必有倾蹶之虞。这种说法，很易为老成持重者所拥护。但如拥护了这种思想，促成亡国而有余。欲纠正此种不健全的论调，颇费唇舌，兹从简单说来，可举二点：(1)如今欲抢救中国于千钧一发，危亡旦夕之际，不可不用革命手段。从根本改造，迎头赶上，方可存在于竞争剧烈之世界。试看抗战建国纲领，关于教育一段，劈头一句，即"改订教育制度及教材"，足见学制改造，乃中央既定之国策。(2)欲实现三民主义，绝不可失去三民主义的基点。三民主义好像几十层的大厦，假使失掉了三民主义的基石，将建立在何处呢？孙中山先生在《求学与救国》一讲演中曾说："现在民国，人民受教育，是大家都要有平等机会的。"在《知难行易》一讲演中曾说："要办普及的教育，令普通人民都可以得到教育。……先办幼稚园，次办小学，再办中学，然后才可以办大学。……让人人都能够读书，才可以说是普及教育制度。若是不然，便是贵族制度，便是资本制度。"在《女子要明白三民主义》一讲演中曾说："要由国家拨十几万万，专作教育经费。有了这样多的教育经费，中国人便不怕没有书读，做小孩子的都可以读书。……”在《地方自治开始实行法》中曾说：“学费书籍与失学儿童之衣食，当有公家供给。”又说：“学校之等级，由幼稚园而小学而中学，当陆续按级而登，以至大学而后已。教育少年之外，当设公共讲堂、书库、夜学、为年长者养育知识之所。”从上面几段话中，可以看出要实行三民主义的教育，必须有几个基点：(1)三民主义教育必须机会平等的；(2)三民主义教育制度是普及教育制度；(3)三民主义教育必须从幼稚园办起；(4)三民主义教育应由国家筹拨大宗专款办理；(5)三民主义教育是免学费、书籍费的；(6)三民主义教育除教育少年外，还须教养成人。

回看现行教育制度，是否已具有上列六个基点。若已具有了上列基点，即可为三民主义教育，否则即未遵从孙中山先生的学说，或即是“贵族制度”“资本制度”。兹先从现行学制检讨其弊病，然后建议今后建国之三民主义学制，分甲乙两项，论述于下：

甲、现行学制之检讨

现行学制是脱胎于壬戌学制(十一年十一月一日公布)。壬戌学制是迎合第一次欧战后之世界教育潮流，受过了杜威博士来华讲学的洗礼，装着民本主义的姿态，披着资本主义的外衣，不适合本国国情，已为全国人士异口同声地訾议过了。

自国民政府奠都南京，教育行政改革，学制亦随之变更。依据第一次全国教育会议(十七年五月)议决案，建立中华民国学校系统，即戊辰学制，亦即现行学制。复经大学院公布原则七条，与壬戌学制之七条教育标准初无大异。试看下表。

壬戌学制之教育标准	戊辰学制之教育原则
1.适合社会进化之需要	1.根据本国实情
2.发挥平民教育精神	2.增进教育效力
3.谋个性之发展	3.谋个性之发展
4.注意国民经济力	4.提高学科标准
5.注意生活教育	5.适应民生需要
6.使教育易于普及	6.使教育易于普及
7.多留各地方伸缩余地	7.留地方伸缩之可能

上表中除第三、六、七完全相同外，第五项则相似。其变更成分并不多，可以概见。再看壬戌学制说明二十九条及戊辰学制说明二十二条（说明从略），二者比较：在初等教育段，除壬戌学制之第三条“义务教育年限暂以四年为准……”及第七条“对于年长失学者宜设补习学校”在戊辰学制中不提外，余均相同。

在中等教育段，后者将选科制改自初三起。为补充乡村小学教育之不足，得设乡村师范学校。余无多大差异。

在高等教育段，后者对于单科大学不提。对于各院年限，则明白规定之。把大学院改为研究院，并把“及具有同等程度者研究之所。”的话取消。

前者有附则两条关于天才儿童之教育，及缺陷儿童之教育。后者俱不提。

由上看来，现行学制虽标榜“根据本国实情”，实则是承袭壬戌学制而来，还没有脱去资本主义的外衣。综合检讨，约有下列几个缺点：

1.幼稚教育未普遍设施：系统图上的幼稚园地位，和初等教育同样大。但实际全国幼稚园数目不及初级小学数目之一百九十倍。儿童数目不及初级小学之一百四十倍（据二十五年度教育部统计：全国幼稚园一二八三，初级小学二四四，三九八；幼稚生七九，八二七，初级小学生一一，一七九，九九八）。且都设立于大都会，乡村农民子弟是享受不到的。幼稚教育如认为不重要，则不必列于学制图内，如以为重要，而不使普及于农民，则是没有理由的。

2.高级小学年限太短，减低国民教育程度；自施行壬戌学制以来，高级小学改为二年。第一年接初级小学，第二年即预备毕业，预备升学。时间如此局促，本身无教育可言。且少数的中学，远在县城或省会，以交通、经济等关系高小毕业生，前往升学，至感困难，虽有好学子弟，不能再继续读书，只好就此辍学。这个办法在事实上已限制了一大部分乡村子弟只受六年教育。

3.初中一年级生年龄太幼，远离家庭，就学不便：高小毕业，依照标准年龄为十二岁。中国人十二岁与外国人不同，体格犹甚幼小，不便远离家庭。中国交通远不及美国之发达。令幼儿童远道跋涉，困难殊多。所以乡村的富有家庭，往往令子弟读完六学年，再在小学补习或附读一年，然后出外升学。

4.普通中学年限太长，不适合国民经济力：普通中学是从小学到大学的走廊，所有的学科都是为升学的准备，本身可说没有什么教育意义。但修业年限有六年之久，自初中一年级至三年级，辍学者已过半数（最近调查江西二十个普通中学初中秋季班一年级入学人数为二千二百七十一人，至第三年级第一学期，只有一千一百二十八人）。至高中毕业，所留者更无几（如教育部二十五年统计全国初中生有三八四,八〇五名,高中生有八七,〇二八名,初中生比高中生竟多四倍以上)。其中途淘汰者,毕业后未升学者,所受中学之教育,都是一种浪费,其年限愈长,浪费愈多。以我国国民经济力之穷乏,有此多年不合理之教育经费负担,实为一大缺憾。

5.普通科中学畸形发展:所谓普通科者,意义不甚妥当,因为失去了教育中心。其唯一目的,实为升学之准备,与以前大学之预科性质相同,不过再延长其修业年限罢了。普通中学的特殊发展,在法规方面的根据,见戊辰学制说明第十条"强制设普通科"一语。其普遍设立大原因,是为封建思想作祟,希望做大学生的人数众多,同时又为师范学校与职业学校毕业后出路困难,生活艰苦。在办学方面,亦以普通科设备简单,教员容易聘请,学生毕业后出路可不必负责等原因,亦喜欢设立普通中学。因此公私立中等学校,以普通科占大多数。积习成风,一般人的中学观念,以为普通科为正轨,欲纠正斯弊,绝非枝节改易,所能奏效。

6.乡村师范与师范学校对立:中国是一个农业国家,乡村小学在小学总数中占大多数,自不待言。师范课程顾及乡村资料,亦为应该之事,乃自民国十六年后,皖、赣、闽、粤、鲁、豫、浙等省纷纷于师范学校外,另创设乡村师范学校。十七年戊辰学制公布,说明第十六条,特规定得设乡村师范学校。于是乡村师范取得法律地位。即与师范学校对立,依然分为两个系统。但二种师范学校教育内容,相差甚微。且就其毕业生服务言,如何限制师范毕业生不往乡村服务,乡村师范毕业生不许在城市小学当教员,实在是一大矛盾。

7.专门学校与大学意义含混:大学是分科的,专门学校也是分科的。大学招收高级中学毕业生,专门学校也招收高级中学毕业生,大学修业年限,规定四年至七年,专门学校修业年限规定三年,得延长或缩减之。两种不同教育机关,或者在年限上着眼,但为何大学年限不可以伸缩,这是很难找的理由。一般传统思想,以为大学是培植治术人材,专门学校才培植各专业人材。这种见解是根本错误的。

8.补习教育欠缺系统化:年长失学,原是一件不幸事,而戊辰学制初等教育段,并未规定成人补习教育,只说"初等小学修业期满后,得设相当年期之补习教育"。中等教育段有"各地方应设中等程度之补习学校(或称民众学校)",尚无系统可言。迄近颁国民教育制度,规定有成人补习教育初级班与高级班,至高级班结业后,欲再上进时,就无继续教育机会了。

9.补习教育无入正统教育之门:现行制度是带有资本主义色彩。资本主义是奖励有钱的家庭送子弟入校，取得学校资格，方准许他有升学机会。劳苦的大众就被摒于校门外。不希望他们有高深的知识，更不希望他们有上进的机会。这完全违背三民主义的。

10.“大学”“中学”“小学”名称不妥：现行制度下，在小学毕业的儿童，都憧憬着做中学生；在中学毕业的青年，都憧憬着做大学生；不问家庭状况如何，也不问将来自己在社会上生活如何，好像没有资格学位，所读的就是白费、冤枉的。实际，在三十余个小学生中，只有一个入中学；在十五个中学生中，只有一个入大学。四百五十余个小学生，只占到一个大学生（见教育部全国教育统计）。资格学位还是最少数人享受。这种矛盾错误观念，犹继续地流演下去，究其原因，实为科举的残余思想犹在陈旧的社会上作祟。所以过去学制，迎合这种心理，用大、中、小字面作系统，这是跟着前清奖励出身（分进士、举人、优拔贡生，及廪增附生）的意味而来。有了这种观念，谁肯居于中，居于小呢？所以以后要纠正这种弊病，必须避免这种字面，从根本彻底改革。

乙、今后学制之建议

一种制度或一种法令扞格而不能推行，或勉强施行而发生重大流弊者，这种制度或法令的本身即有问题，即不能合于客观的需要。如不能加以彻底改革，继续敷衍迁就下去，其为害更大，甚至后来不易补救。我国学制，自清季以来，东抄西袭，尚未切合国情。现抗战建国已进展到第四年，新中国的学制正待研究产生。爰不揣冒昧，提供意见如下：

1.新中国的学制必须以基层为本位：过去学制都向高级方面看，用低级来凑合高级，视低级为高级的预备。这种态度，完全错误的。这种制度，就种下不平等的根苗。孙中山先生说：“圆颅方趾，因为社会之人，生于富贵之家，即能受教育，生于贫贱之家，即不能受教育，此不平等之甚也。”又说：“立足点平等，才是真平等。”所以今后的学制系统，必须以国民教育为最高教育。因国民教育为全国人民个个能享受的教育，一个国家国策上所规定必须受的教育，亦即一个民族文化水准所必须有的教育。以后各级的教育，都以此为本位，密切衔接加深加多，就地方建设的需要，以国家建设为中心，统筹培养人材，计划分配任用。力矫过去所学非所用，人多无事，作事无人之弊。

2.教育各段之分配，应有比例标准：学制史上最不合理之事，是先有大学，后有中学。中学的产生是为大学的需要，并非与小学有相当的比例。我国大、中、小三段之学校数目，尚未有统筹计划。有的主张以省县区域为分布标准，这成问题的。因为区域有大小，人口有疏密，交通有难易。最好由中央统筹，根据调查统计，规定一适宜比例标准，以限制某段或某种教育之畸形发展。

3.幼稚教育应包括在国民教育之内：凡谈教育者，莫不认幼稚教育为一重要阶段。因一切良好习惯之养成，都在幼年时代。未来的中国，要建设一个二十世纪进步的国家。进步国家的人民，是有条件的。回看我国中小学对于学生习惯的训练，未尝不努力；社会方面又有新生活运动的刺激。但有许多恶劣习惯，始终未能革除。优良习惯，依然未能养成。究其原因，大抵为年纪长大，积重难返之故。今后欲求成效，应从幼年时代下功夫。如全部幼稚教育由国家负责，恐一时财力人力有所不及，故暂定自四足岁起，共两年幼稚教育，包括在国民教育之内。教育内容，完全注重习惯，不用书本和文字。方式宜简单化，即名为幼稚班，附设在初级国民学校之内。

4.高级小学年限加长：原有高级小学年限太短，不但教育分量不够，且年龄太幼，升学与服务两不方便。故特增加一年，合为三年，名为高级国民学校。

5.中等教育根本改造：中等教育名称不妥，和普通中学的性质不正当，上文已经说过，兹不必再赘。在受完国民教育以后，再受进一步的教育，以年龄论，以教育程度论，俱宜名为"干部学校"。即造就地方建设干部人材为主要目的。干部学校毕业生，在不妨碍地方事业条件下，得准许升学，或服务若干时期后，再行升学。均升入同性质之专业学校。以后各级公务员，各工厂各公司职员，各级学校教职员，应有公平之待遇。有公平待遇后，则上下一体，劳逸均匀，既无虚荣可言，又无优劣可比。向之学制上一切矛盾现象，可一扫而空了。

6.高等教育改变作风：高等教育绝不是为培植士大夫，获取资格为目的。其正当目的有二：(1)培植地方各事业之领袖人材；(2)给一部人研究高深学术之机会。所谓"智者进焉"之意，亦所以提高民族文化。为前者目的，则设置各种专业学校；为后者目的，则设置研究院。

7.成人补习教育系统化：在国民教育制度下，失学成人设有初级成人班及高级成人班。其课程内容应尽量充实，务使程度接近国民学校。毕业于高级成人班，欲再进修者，可受初级继续教育。或考升干部学校。初级继续教育程度，务使接近干部学校，其毕业后可受高级继续教育，或考升专业学校。高级继续教育毕业后，欲再修进时，考入研究院。如是失学成人，有志向学者，亦得受高深教育。成人之学习，比儿童进步快，这是最近心理学家实验的结果。如果成人之智力足够，专心于学，加速上进，年龄亦不至过大，多一人受学，多一人有高深学术，在社会可增进生产，在民族可提高文化。

8.学校教育与社会教育打成一片：学校教育原是西洋古典式教育或贵族式教育遗传下来的。近代各先进国家社会教育早已十分发达，学校教育亦早已撤去万仞宫墙，而与社会教育携手，因此而得社会进步，国家兴盛。我国今后各事，必须“迎头赶上”，教育事业绝不可再泥于传统思想，应普遍地顾到大众，学校与社会联成一片，以达到共享共乐的目的。

学制系统

<table>
<tr><th>年龄</th><th>学年</th><th></th><th></th><th></th><th></th></tr>
<tr><td>4</td><td>1</td><td colspan="3" rowspan="2">幼稚教育</td><td rowspan="9">国民教育</td></tr>
<tr><td>6</td><td>2</td></tr>
<tr><td></td><td>3</td><td rowspan="4">初级国民教育</td><td rowspan="4">初级</td><td rowspan="7">成人补习教育</td></tr>
<tr><td></td><td>4</td></tr>
<tr><td></td><td>5</td></tr>
<tr><td>10</td><td>6</td></tr>
<tr><td></td><td>7</td><td rowspan="3">高级国民教育
占二十分之一</td><td rowspan="3">高级</td></tr>
<tr><td></td><td>8</td></tr>
<tr><td>13</td><td>9</td></tr>
<tr><td></td><td>10</td><td rowspan="5">干部学校
占二十分之一</td><td rowspan="5">前期</td><td rowspan="15">继续教育</td><td rowspan="15">社会教育</td></tr>
<tr><td></td><td>11</td></tr>
<tr><td></td><td>12</td></tr>
<tr><td></td><td>13</td></tr>
<tr><td>18</td><td>14</td></tr>
<tr><td></td><td>15</td><td rowspan="6">专业学校</td><td rowspan="10">后期</td></tr>
<tr><td></td><td>16</td></tr>
<tr><td></td><td>17</td></tr>
<tr><td>22</td><td>18</td></tr>
<tr><td></td><td>19</td></tr>
<tr><td>24</td><td>20</td></tr>
<tr><td></td><td>21</td><td rowspan="4">研究院</td></tr>
<tr><td></td><td>22</td></tr>
<tr><td>28</td><td>23</td></tr>
<tr><td></td><td>24</td></tr>
</table>

说明：

甲、国民教育

一、国民教育，包括儿童部与成人部。

二、儿童部，包括幼稚教育二年，初级国民教育四年，高级国民教育三年。

三、成人部分初级班与高级班（均包括妇女班）。课程内容，必须尽量充实，务使程度接近国民学校。

四、幼稚教育设幼稚班，附于国民学校内。

五、初级国民学校，以每保设立一所为原则。初高两级完全国民学校，以每乡（镇）设立一所为原则。

六、凡儿童满四足岁，应入幼稚班，满六足岁，应入初级小学；满十足岁，应入高级小学。

七、小学课程以国民基本知识为主。但得酌量地方情形，于较高年级，增设地方建设及职业科目

乙、社会教育

八、社会教育包括干部学校，专业学校，研究院，继续教育及其他社会教育事业。

九、干部学校：

1. 干部学校，以地方事业为教育对象，造就地方建设干部人材为目的。

2. 干部学校衔接国民教育而设，收受高级小学及高级成人班毕业生，或具有同等程度者。

3. 干部学校修业年限，以五年为原则。但得酌量地方情形，及学校性质，减为四年或三年。

4. 干部学校种类分：

师范干部学校

卫生干部学校

交通干部学校

电政干部学校

会计干部学校

行政干部学校

农业干部学校

商业干部学校

军事干部学校

其他

附注：以上学校种类是举例性质，不限于此种数目，亦不限于同时设立，

必须依据地方建设实际需要，考量分布地点，顾到交通便利，及人口之多寡，分别缓急，计划设置。

十、专业学校：

1. 专业学校，以造就地方各事业之领袖人材为目的。

2. 专业学校，衔接干部学校而设。收受干部学校毕业生，或具有同等程度者。

3. 专业学校修业年限，以四年至六年为原则。

4. 专业学校种类分：

师范专业学校

医药卫生专业学校

交通专业学校

邮电专业学校

工程专业学校

制造专业学校

数理化专业学校

矿产专业学校

生物专业学校

文史地专业学校

法政专业学校

会计专业学校

商务专业学校

美术专业学校

音乐专业学校

军事专业学校

其他

十一、研究院：

1. 研究院以研究高深学术为目的。

2. 研究院收受专业学校毕业生，或具有同等程度者。

3. 研究院研究年限，至少须在三年以上。

十二、继续教育：

（附注：继续教育之性质。是为受过教育之成人，或受过国民学校教育，而未升入干部学校。或受过干部学校教育，而未升入专业学校，中途就过职业者而设施。其种类、时间与方式繁多,凡一切非正式或正式之补习教育,均包括在内。)

1. 继续教育分初高两级。初级相当于干部学校,高级相当于专业学校。

2. 继续教育修业期限,酌量情形,另行订定之。

3. 毕业于初级继续教育,经过及格考试后,得升入专业学校。

4. 毕业于高级继续教育,经过及格考试后,得升入研究院。

十三、其他社会教育事业,以民众教育馆为中心。

十四、各县(市)以设立一所民众教育馆为原则。

十五、各县(市)民众教育馆负辅导全县(市)各乡(镇)保国民教育之社会教育。

十六、干部学校设置数量,应根据确实调查,依照地方建设计划之需要,规定与国民学校之数量有合理之比例标准。(依据过去统计数字,干部学校学生数约占国民学校学生数,廿至三十分之一。)

十七、专业学校设置数量,应与干部学校之数量有合理之比例标准。(依据过去统计数字,专业学校学生数约占干部学校学生数,十五至二十分之一。)

(原载于1941年《地方建设》)

国民教育与学制改造

——贡献给全国国民教育会议

我国国民教育的诞生,可说是鸦片战争后百年来政治与教育经验的总结晶。大家从憧憬外国的“船坚炮利”,觉悟到“政制之不良”,政制经过三番四次的混乱与流血,幸而安定,无奈一埋首从事实际建设,马上又觉得民众的生计与教育的不够,关于这一点,差不多是近十年来一班从事实际地方建设工作者的共同困难,虽然有些同志曾胼手砥足地求枝节的解决;但是对于整个的问题,仍不免有无从着手之叹。兹当吾国遭遇千古未有之灾厄,今后如何克服危难,以建设新国家,诚为今日全国上下殚思竭虑的焦点。所谓国民教育,就是应这种需要而产生。总裁曾在第一次全国国民教育会议训词中云:

“……盖立国之道,千头万绪,然着手所在,不外提高国民之道德、智能与体力、养成人人皆为健全之公民,使人人皆能担当应负之任务,然后生活得以改进,国力由此增加,故一言蔽之,即国民教育为一切根本是已……”

从上所述,可知所谓“国民教育”,绝不是一般俗眼中的平庸的小学与民众学校,而是建设新国家的中坚堡垒。

自二十九年度各省市积极推行国民教育以来,经费与师资平均增加一倍以上,学生增加将近二倍,在形式上是不能否认有很大的成就;不过在实质上,还有许多地方不能尽如人意。今后欲使国民教育设施不悖最高当局的孤诣苦心,我们还应当进一步把握国民教育的根本精神,然后才可以“从心所欲,不逾矩”,然后才可以配合实际建设的需要。

国民教育的根本精神是什么?除前面总裁训词中有关切昭示以外,我们还愿把《国民教育实施纲领》中关于国民教育的宗旨引证于下:

“国民教育之实际应遵照中华民国教育宗旨及其实施方针,注重民族意识国家观念国民道德的培养及身心健康之训练,并应切合实际需要,养成自治自卫之能力,授以生活必需之知识与技能。”(第三条)

据上述宗旨加以分析，可知国民教育有四大具体的目标：

1.自卫的能力——军事化

2.自治的能力——政治化

3.生活必需的知识——生活化

4.生活必需的技能——生产化

除此以外，国民教育是包括成人与儿童，男人与妇女，所以国民教育第五个具体目标，就是全民化。这五个具体目标，就是国民教育精神的最后依存。假使我们要检讨一年来推行国民教育工作的效能，只需首先问一问这五大要求达到了什么程度。

一、实施国民教育问题

国民教育自去年开始推行以来，各处迅速的开展与成就，给我们以无上的欣喜和安慰。不过，“有色眼镜，究竟不能克服实际的困难问题”。

国民教育的内容很广泛，因此它的困难问题牵涉到政治、经济、社会各部门，不过国民教育，到底还是从教育立场出发，所以这里我们仅就教育本身的问题讨论一下。

第一，推行的干部问题——师资缺乏，在今日中国教育界已成为一种普遍的困难，尤其是在推行国民教育之际，教师数量所需极大，故问题更为严重。各处为了配合实际需要，有的由中学附设专班训练，有的由政府机关临时训练，有的由短期干部学校训练，有的由短期讲习会训练，有的由师范学校附设短期班加以训练，无论训练的内容与方法如何，单就训练机关的性质看，已足炫目。像这样零乱无计划的训练，许多人都觉得不满。

干部缺乏固然是训练不够，但是零乱的训练，把九流三教混为一谈。在品质上也不见得就可以解决师资缺乏的问题。现在有些人梦想三位一体制可以帮助干部缺乏问题的解决，殊不知三位一体制的本身，乃是一个更加严重的干部问题。在三人分工合作时，纵是个糊涂虫，也会知道开展本人的任务，这样工作上易于平衡发展。若任一人兼三职，能力姑置不说，单从认识上说，一般人绝不会把政治、经济和教育同样认为重要，这样，在事业上当然难免畸形的发展，若望一人兼三职而能平均发展地方建设的工作，还端赖这干部本身有较完备的学识和修养，这岂不是更严重的问题？

我们今日所需要的国民教育工作推行的干部，不仅要懂得教育，还要懂得政治与经济，不仅要认识教育的问题，还要认识中国社会的根本问题，以及自救救国之道。他们不仅可以做国民教育的教师，同时还应当做地方建设事业的干部。要训练这样的人材，靠零乱的训练怎样会济事？因为零乱的训练，无论在课程上或方法上，都缺少灵魂，怪不得许多受过训练的短期师训的人员，相率改行易业。许多人都把目光集中在待遇问题。殊不知精神上缺少倚托，实比待遇更加重要。还有些人把"出路"与"迁升"来引诱青年爱好虚荣，自以为得计，殊不知有为的青年绝不好虚荣，他们的目的在于事业的建树与精神上的安慰。至于用虚荣方法，只会使他们精神沮丧，与性情放浪而已！

总之，推行国民教育的师资，数量既极端缺乏，资质复要求优良，而训练方法又零乱，训练内容又不切需要，在这种情形下而希望国民教育得到良好效果，诚为莫大困难之事。

第二，升学衔接问题——假使我们所期望的全国国民，不以受国民教育为已足，那末就不能不进一层讨论升学问题。假使我们不否认我们是一个民主国家，则对于儿童的升学问题，更应当非常关切。

假使我们希望国民学校毕业的儿童与成人都能升学，在现行学制中有三条路可以走：第一条路是师范，第二条路是职业学校，第三条路乃是最高贵的文化陶冶的中学，但是父母们为了虚荣心的驱使，总欢喜送儿女进高贵的中学。据前八年全国中等学校学生人数总计，职业学校及师范学校的学生，总共不过占总数百分之二十四，而普通中学的学生倒独占百分之七十六强。八年以来，中学在中等教育中，一贯地保持独霸的地位，由这一点，我们可知过去小学毕业生大部分所受的是什么教育！

论到普通中学，原是抄袭外国的设施，但十余年来，各国中等教育已积极的生产化，如在纳粹的德国，职业教育已在强迫之列，至所谓文科学校以及所谓预备继续文化陶冶的中学，已有渐被唾弃之势。实用主义者的权威杜威先生并高喊着："凡不承认教育应当顾及生计问题的，就是不能免除贵族制度中对于学识所抱的偏见，无论他是故意如此，或无意中沾染恶习。"

照前面所述，国民教育是军事化、政治化、生活化、生产化、全民化的建国教育，但反顾中学教育，性质上则完全未与国民教育密切衔接。它只专重在文化陶冶的升学与就业的"准备"，不但谈不上生产，其余所谓军事化、政治化、生活化及全民化更是望尘莫及。这种情形若让它继续下去，则六年国民学校的教育所费的精力与金钱，将完全在中学断送了。

教育是整个的，不能因进行的阶段就硬分化成国民教育与其他教育，而忽略他们在整体上的联系。我们承认国民教育是教育改造,但不能认为是教育改造的全部,更不能承认单靠这改造的国民教育就能救国。我们所期望的国民,既不以受国民教育为已足,岂可不在国民教育之后,作进一步的打算,何况国民教育如得不到适当的联系,则必全功尽弃,这岂是我们戮力推行国民教育者所预期的结果?

二、学制改造的要求

由以上所述,可知教育本身亦给予国民教育以莫大的困难,一般人谈国民教育,不是集中注意于经费,就是行政;殊不知即使经费与行政样样如意,教育本身的阻碍如未根除,国民教育也不会有若何成就。虽然有许多人,认为国民教育为建国基石;不过建国单靠坚固的基石尚不济事,必须在基石之上有继续衔接的上层建筑;如果大学与中学不能建国,单靠小学来建国,稍具知识的人亦会觉得可笑!

所以我们应当在推行国民教育之际,不要专门斤斤计较经费与行政,更不要专门归咎别人,我们要虚心地对我们的现行学制想一想,在现行学制之下,总裁所昭示国民教育的根本精神,是否能一贯地实现。

有些人以为教育成效的良否,是人事问题,非制度之咎,但是中小学的性质不衔接,是不是学制不好?大学专维护高贵普通中学生的升学,入学考试内容都依照中学材料,使受职业教育者被摒于学术门墙以外,甚至还有些初级职业学校毕业生,因为没有适当的升学机关遂成为芬赖博士(Finey)所谓“教育定命论”的牺牲者,这难道非学制之咎?其次,小学充分配合地方建设,而中学大学对实际建设却少有计划的联系,在这种情形之下,单靠好的人材,有什么办法?况古语有云:“其人存,则其政举,其人亡,则其政息”,足见人材是不十分可靠;而可靠的办法,就是要争取完善制度的确立。虽然孟子曾有“徒法不足以自行”的警语,但要知道凡推不动的法令,大部分是人民不拥护的;而大众所拥护的法令,都是不胫而走的。所以今后我们要期望国民教育以至整个中国的教育有出路,就不能不放大眼光,把教育政策与制度全盘的考虑一番。假若仅知斤斤计较经费和枝节问题,纵使这些问题全盘解决,等到我们发现教育本身的欠缺时,还是要一样的碰壁。国民教育是整个教育的一环,因此我们必须从“全体”上求解决,求改造,那才是真正的解决和改造。

十余年来,许多专家高喊缺乏人材,尤其在抗战以后,这种人材缺乏的呼声,与日俱长。在经济方面高喊缺乏经济人材,政治与其他方面,也各高喊人材的缺乏，大家都主张加强与扩充本身方面的教育，但是谁都不肯全盘打算。本来这是教育者的责任，站在教育立场的人，就不能不作全盘的打算。过去我国办教育，“多不是为事业去训练人材，而是训练了人材然后去安插，甚至安插的地位都没有”，因此造成“学非所用”和“失业”的流弊。这种情形完全是没有全盘打算的结果。所以今后欲达到人尽其才，才尽其用的目的，首先一着，就应当十分虚心地根据实际需要把整个学制作全盘的打算。

三、我们的意见

照我们的理想，良好的教育设施，对于政府与人民都应该有充分的关顾。先就人民方面说，我们至少希望：(1)要人人有强健体魄，(2)要人人有求学权利，(3)要人人有职业专长，(4)要人人有服务机会。

其次就政府方面说，我们至少希望：(1)要样样配合民族文化，(2)要样样配合国家政策，(3)要样样配合地方需要，(4)要样样配合建设计划。

要实现这种教育的学制，至少应有下列几个原则：(1)阶段化——各阶段教育确定中心，加强训练。(2)专业化——使学校成为分工合作的文化机关。(3)计划化——使训练不致茫无目标，分配不致毫无准备。(4)地方化——不是广泛空虚，没有背景，不适应地方需要。

根据这几个原则，把我们理想的学制，提供于下，以请教于教育界的同工们！

照我们的理想，学制系统应当确切的分为性质不同而内容衔接的两个阶段：

第一是国民教育，其目标在训练儿童，有：(甲)健全的体格与运动的兴趣；(乙)生产的技能与勤俭的习惯；(丙)公民的知识与军人的精神。

第二是社会教育，其目标在给予国民继续教育及训练建国人材，其内容分为以下四部分：

1.干部教育，其目标在训练青年为：(甲)实际建设的干才，(乙)民族文化的中坚，(丙)高深学术的准备。

2.专业学校，其目标在：(甲)培养建国领袖人材，(乙)研究建国高深学术，(丙)发扬中华民族文化。

3.研究院，其目标在：(甲)供应高深学术继续研究的机会，(乙)供应政府委托研究问题，(丙)供应全国高深学术研究之领导人材。

4.继续教育，其目标在：(甲)供给失学成人补习机会，(乙)供给有业人员进修机会。

以下是我们所拟的学制系统草图：

学制系统

<table>
<tr><th>年龄</th><th>学年</th><th colspan="3"></th><th></th></tr>
<tr><td>4</td><td>1</td><td colspan="3" rowspan="2">幼稚教育</td><td rowspan="9">国民教育</td></tr>
<tr><td>6</td><td>2</td></tr>
<tr><td></td><td>3</td><td rowspan="4">初级国民教育</td><td rowspan="4">初级</td><td rowspan="7">成人补习教育</td></tr>
<tr><td></td><td>4</td></tr>
<tr><td></td><td>5</td></tr>
<tr><td>10</td><td>6</td></tr>
<tr><td></td><td>7</td><td rowspan="3">高级国民教育
占二十分之一</td><td rowspan="3">高级</td></tr>
<tr><td></td><td>8</td></tr>
<tr><td>13</td><td>9</td></tr>
<tr><td></td><td>10</td><td rowspan="5">干部学校
占二十分之一</td><td rowspan="5">前期</td><td rowspan="15">继续教育</td><td rowspan="15">社会教育</td></tr>
<tr><td></td><td>11</td></tr>
<tr><td></td><td>12</td></tr>
<tr><td></td><td>13</td></tr>
<tr><td>18</td><td>14</td></tr>
<tr><td></td><td>15</td><td rowspan="6">专业学校</td><td rowspan="10">后期</td></tr>
<tr><td></td><td>16</td></tr>
<tr><td></td><td>17</td></tr>
<tr><td>22</td><td>18</td></tr>
<tr><td></td><td>19</td></tr>
<tr><td>24</td><td>20</td></tr>
<tr><td></td><td>21</td><td rowspan="4">研究院</td></tr>
<tr><td></td><td>22</td></tr>
<tr><td>28</td><td>23</td></tr>
<tr><td></td><td>24</td></tr>
</table>

说明：

甲、国民教育

一、国民教育包括儿童部与成人部。

二、儿童部，包括幼稚教育二年，初级国民教育四年，高级国民教育三年。

三、成人部分初级班与高级班（均包括妇女班），课程内容必须尽量充实，务使程度接近国民学校。

四、幼稚教育设幼稚班，附于国民学校内。

五、初级国民学校，以每保设立一所为原则。初高两级完全国民学校，以每乡(镇)设立一所为原则。

六、凡儿童满足四岁，应入幼稚班，满足六岁，应入小学，满足十岁，应入高级小学。

七、小学课程以体育、生产、知能及公民训练为主。但得酌量地方情形，于较高年级，增设地方建设的简单科目。

乙、社会教育

八、社会教育包括干部学校、专业学校、研究院、继教育及其他社会教育事业。

九、干部学校：

1. 干部学校，以地方事业为教育对象，造就地方建设干部人材为目的。

2. 干部学校衔接国民教育而设，收受高级小学及高级部成人班毕业学生，或具有同等程度者。

3. 干部学校修业年限，以五年为原则。但得酌量地方情形，及学校性质，减为四年或三年。

4. 干部学校分下列各类：师范干部学校、卫生干部学校、交通干部学校、电政干部学校，会计干部学校，行政干部学校、农业干部学校、商业干部学校、军事干部学校。

附注：以上学校种类是举例性质，不限于此种数目，亦不限于同时设立，必须依据地方建设实际需要，考量分布地点，顾到交通便利，及人口之多寡，分别缓急，计划设置。

十、专业学校：

1. 专业学校，以造就地方各项事业之领袖人材为目的。

2. 专业学校，衔接干部学校而设。收受干部学校毕业生，或具有同等程度者。

3. 专业学校修业年限，以四年至六年为原则。

4. 专业学校分下列各类：师范专业学校、医药卫生专业学校、交通专业学校、邮电专业学校、工程专业学校、制造专业学校、数理化专业学校、矿产专业学校、生物专业学校、文史地专业学校、法政专业学校、会计专业学校、商务专业学校、美术专业学校、音乐专业学校、军事专业学校以及其他。

十一、研究院：

1. 研究院以研究高深学术为目的。

2. 研究院收受专业学校毕业生,或具有同等程度者。

3. 研究院研究年限,至少须在三年以上。

十二、继续教育:

1. 继续教育分初高两级。初级相当于干部学校,高级相于专业学校。

2. 继续教育修业期限,酌量情形,另行订定之。

3. 修毕初级继续教育,经过及格考试后,得升入专业学校。

4. 修毕高级继续教育,经过及格考试后,得升入研究院。

附注:继续教育的性质,是为受过教育之成人,或受过国民学校教育,而未升入干部学校,或受过干部学校教育,而未升入专业学校,中途进过职业学校者而设施。其种类与方式繁多,凡一切非正式之补习教育,均包括在内。

十三、其他社会教育事业,以民众教育馆为中心。

十四、各县(市)以设立民众教育馆一所为原则。

十五、各县(市)民众教育馆负导全县(市)各乡(镇)保国民教育及社会教育。

十六、干部学校设置数量,应根据确实调查,依照地方建设计划之需要,规定与国民学校之数量有合理之比例标准。(依过去统计数字,干部学校学生数约占国民学校学生数二十至三十分之一。)

十七、专业学校设置数量,应与干部学校之数量有合理之比例标准(依据过去统计数字,专业学校学生数约占干部学校学生数十五至二十分之一)。

以上分段方法,虽然是出诸我们的理想,但不是没有理由的,兹就国民教育及社会教育二方面分述于次:

第一,从国民教育方面说,它的特点是在锻炼强健体格,训练生产技能和激励爱国精神三项,比起过去面面周到的小学目标,似乎“相形见绌”,但这“相形见绌”,正是它能把握“要领”的地方。首先从身体健康方面说,我国提倡体育,最少亦有三十年的历史,但是时至今日,学校程度愈高,学生平均体格愈坏,这不能否认为教育上一个严重的现象。许多人只知赞美西洋人的体格,殊不知他们体格之强,并不是只靠学校里加上一门体育课程,而是由于他们传统上对于运动一事蕴藏了莫大的兴趣,大凡读过西洋史的人都会知道,西洋自希腊罗马以来,就一贯地注重体育,所以他们体格之强,固有一部分受生理遗传的影响,而大部分还是由于传统上对运动兴趣的养成。纵使学校不设体育课程,他们也会自动地运动。至于我国则不然,所谓体育和运动,一向几乎被看做儿戏,而传统思想上大致是赞美文雅,家长们对儿童进学校唯一的希望，就是好好读书，从来就没有希望好好地运动，甚至以运动为危险相警诫，在这种情形之下，学校里纵于每星期设几小时体育功课，何济于事？试看一些外国公务员，一逢假期，不是跑马，就是旅行，不是打球，就是游泳，但是大部分中国人在假期的生活，不过是谈天说地，打牌吸烟，高尚的人则读读书写写文章，至于那些劳力的运动，大部分的人都认为是蠢事，所以我国人不好运动，并不是由于天性，而实是由于运动的兴趣未曾养成，过去几十年体育教育的失败，其根本原因便在此。因此，我们主张我国国民在十四岁以前应注重于体格之锻炼，使学校成为一良好的运动环境，儿童自小就养成运动的习惯与兴趣，当受"继续教育"时，纵不设体育一课，大家也会自动地运动了；而且儿童在十三四岁时，生理上发育最速，一生健康的基础几乎大部分决定于此时，所以在这时加强运动的兴趣与习惯，是非常有益的。

其次，再说生产方面，我国的中学和大学都是少数人的教育，至一般人所受的教育，大都集中于国民教育。假使我们不愿大部分的国民成为游惰之人，就应当趁此给予确切的生产知能的训练，将来毕业后纵不能继续求学，亦不致成为失业的游民。因此，我们主张在国民教育一阶段，应当特别加强生产与职业训练，甚至采用学徒制亦无不可，总要使每个儿童从小就有勤俭的习惯和生产的技能，有独立生活的能力而没有依赖的惰性。

许多人把我国教育不普及的原因，完全归到民众的愚顽和中国大家庭制度的不良，他们以为民众愚昧不知教育的可贵，不送子弟读书，又以为大家庭负担过重，无力送子弟入学，其实最根本的原因，完全是由于学制不良，假使我们在学制上，把国民教育确定为一个生产与职业训练的学校，在训练内容上有切实的配合，使受教育的学生一面读书一面受着切实的生产训练，民众虽愚，谁不愿子弟有生产的能力，民众虽贫，不取学费而反可做工生利的学徒，谁不愿送子弟上门？所以今后我们若希望国家无游惰之民，固须在国民学校加重生产训练，希望教育普及，亦须如此。

再其次，那就是公民知能的训练，应以活动为内容，以生活为中心。以往我们对于儿童只知长篇大论地讲道理，殊不知空虚的道理讲多了，不惟无益，反而有损。因此我们主张，应切实从行动与生活上来训练公民，至于可歌可泣的民族英雄和效忠报国的志士的故事，以及生动的游记、公民常识等一概并入国语课程内，使书本教育内容充实而科别简单，因为我们所期望的国民学校毕业生，既不是文学家，又不是科学家，而是一个健康的能生产的，有国家观念，具有民族思想的公民。总裁曾昭示我们："……立国之道，千头万绪，然着手所在，不外提高国民之道德，智能与体力……”这里所谓“国民道德”就是我们主张的公民训练。所谓“智能”，就我们所主张的生产与生活的训练。所谓“体力”，就是我们所主张的体格训练。假若我们不否认“国民教育为一切建设的根本”，我们就应当确确实实把国民教育集中在上述的体格、生产和公民的三项训练。若不然，我们欲想训练今日中国的健全国民，只是梦想而已！

第二，从社会教育方面说，它最显著而最招时议之点，就在于“学校专业化”。有许多教育学者因鉴于过去学徒制的失败，乃主张学校课程不宜分化太早。他们的理由，大概是这样：

(1)“青年人认识不够，兴趣不一，贸然分科作狭隘的训练，必铸成终身大错”。

(2)“作普通训练，提高一般文化的陶冶，以便将来作专业训练，不致过分眼光短浅。……”

这两个理由，初看起来，未尝不无是处，假若我们略一分析，就知道是不对的。

先就第一个理由说，所谓认识不够，其限度怎样？若用古人的标准来衡定，配称为认识够的人，在《大学》说是“止于至善”，在《礼记》中说要“知类通达，强立而不反”，把这标准拿到现在来说，一个普通大学生都不见得能够得上标准。孔夫子是个好学无厌、诲人不倦的圣人，尚且“三十而立”，一般人怎样能办到？即使有人花三十岁的时光来决定意向，然后再去受教育，而人生光阴已去一半了，还可做些什么？若说古人的标准太高了，那末凡是晓得要生产，要吃饭，要事做，未尝不是标准。我们要知道凡人生活，都是有形的或无形的受着“个己标准”(人生哲学)的支配：成人有成人的标准，儿童有儿童的标准，男人有男人的标准，女人有女人的标准，其余穷人、富人、工人、农人等亦莫不有他的标准。人们既已有了标准，我们何必主观地说他认识不够！在我们的学制中，对文化领域内任何部门，都由浅入深作专业的训练，青年和成人都可凭自我标准加入任何一部门，这部不合，再入那部，只要我们不把文凭，资格当作形式，转学转业对青年并没有绝对的害处。

再从“兴趣”方面讲，所谓兴趣，许多人都把它当作学习的动机，这是很错误的，论到学习的动机，现代心理学中尚没有解答。桑代克氏的学习律中的效果律，只能解释“再学习”的动机。至于第一次学习的动机是什么，他是未曾解答；其次行为主义学派对于学习，只解释交替的学习过程，至于为什么会交替，根本上未曾提到；此外完形派的心理学，虽然注重到人类领悟的领域，但是究竟没有把领悟的动力强调出来。总之，今日的教育虽不能忽略心理学，但是若拿心理学来指挥教育，却未免太早；至所谓兴趣，其本身尤其是极为空虚的东西。

学习的动机究竟在哪里？简浅一点说，过去我们的祖先希望做圣人贤人，现在的人希望做科学家，政治家等，就是学习的强烈动机。为什么他们会想这些？当然是因为社会的尊崇与需要，所以学习的动机，与其说是心理的，还不如说是社会的。现在我们“理想学制”中许多干部学校和专业学校，处处皆是依社会的需要而设，还有什么不合的地方？况且社会需要的本身就是兴趣，除此以外，还有什么对学习为更有力的决定？

其次，就第二个理由说，所谓“普通训练”和“文化陶冶”，那都是贵族教育的遗迹。普通训练是什么？扼要地说一句，还不过是在国文、史地及科学常识以外加上代数、几何、外国语，以及其他与生活或职业毫不相关的东西，这些东西，现在教育先进国家，尚且渐不注重，我们何必对之过分重视！假若以为这些东西不一定重要，那末又何必强调普通训练呢？照我们的理想，最好各种学校除国文、史、地、音乐、艺术以及日用科学知识以外，就应当把课程集中于“专业”训练，若想训练十全十美的通才，结果必会一窍不通！

总而言之，我们理想的学制，都是确切地决定了它的特性，在国民教育方面，以训练体格、生产知能及公民道德为中心，在社会教育方面则主张专业化，绝对反对所谓普通的训练，而处处都是确切地配合社会需要，没有一样装门面的东西。

总结说，今后欲开展国民教育，除经费行政等问题以外，尤须注重学制的配合，整个学制不能配合时代要求，单靠国民教育来做片断的工作，结果必致全功尽弃，这是我们万不可忽略的。

兹当全国第二次国民教育会议之际，笔者不揣简陋，谨就管见所及，提供改造学制主张，深望与会同仁，于讨论之际，对教育本身的问题，勿予忽略，则不仅国民教育前途无量，而中华民族前途光明为预卜！

（原载于1942年《改进》）

中国民众教育馆的回顾与前瞻

一、中国民众教育馆之起源

中国之有民众教育运动，与西洋之文艺复兴，宗教改革，具有同等之重要。数十年来，其发展一泻千丈，教育支流，蔚为大国。时代转变愈速，上下求法愈切，而民众教育愈显现其重要，这不仅彰明著现当前社会之要求，亦足以探本索源作历史之引鉴。

民众教育馆为实施民教之综合机关，其对民众教育之效用，犹如车之轼辙，失之虽能行，然已无所凭借了。故早在民国十九年，中央颁布实施成年补习教育初步计划时，因鉴于缺乏凭借，深影响教育效率，又于改进社会教育计划中，关于实施机关，系“以民众教育馆或农民教育馆为实施社会教育之中心机关”。此后中央于民国二十一年颁布民众教育馆暂行规程，及二十八年中央复颁行正式规程及工作大纲时，俱分明规定以民众教育馆为“实施社会教育之中心机关”，由此可知其地位之重要了。

世界先进各国，大都有类似民众教育馆之设置：如英美之“教育公社”，意大利之“法西斯蒂文化教育馆”，苏联之“社会主义文化院”，以及日本之“邻保馆”，等等，其用意大致与我国民众教育馆类似，怪不得马宗荣氏曾谓：“民众教育馆，是模仿外之公社改良而成。”甚至还有许多人简直批评民教馆是全副外国装束，这未免言之过火，我们并不否认外国公社等综合性的社会机关的设施，可以影响我国民众教育馆的内容，不过却不能不承认本国实际的需要。虽然我们不能否认过去我国教育有许多盲目的模仿，但是却不能不承认民众教育馆有它的自发性。

我国自清末以来，上下以孜孜注重民力之开发，而开发民力之手段，即为教育。如清光绪年间，大臣荣庆等奏章中有云：“列强竞起，人弟见其船坚炮利，财富兵雄，以为悉由英雄豪杰主持之，故国以强盛，而不知英雄豪杰间世一出，不可常恃也，所恃以立国者，全国国民之心力，如潮如海如雷霆而不可遏，相亲相恤相扶助不可解耳。其所以如此者，皆在上者教育为之也……”由此足见当时对民众教育之重视，已启端倪，及民国成立，教育部即确定“社会教育”的地位及事业。民国元年二月，南京教育部成立未久，即通电各省云：“……社会教育亦为今之急务，人手之方，宜先注重宣讲，即请贵政府就本省情形，暂定临时宣讲标准，选辑资料，通令各州县实行宣讲，或兼备有益之活动，以为辅佐。并由各地热心宣讲员集会，研究宣讲方法，以期易收成效。所需宣讲经费，宜令各地方于行政费或公款酌量开支补助。宣讲标准，大致应要注重此次革新之事实，共和国民之权利义务及尚武实业诸端，而尤宜注重于公民道德。……”此为民国以来，普及民众教育之先声。及民国四年七月十八日，教育总长汤化龙拟于教部内记置通俗教育研究会，以从事通俗教育之研究。其呈又云：（注一）窃以国家之演进，胥视人民智德之健全，而人民智德之健全，端赖一国家教育之普及。而考及普通教育之方法，学校而外，尤藉有社会教育以补其所不逮。盖社会教育范围至广，收效至宏，举凡一国普通士庶之性情道德智能，皆受薰育陶镕于此。而国所以谋社会程度之增进，民庶智力之扩张，本固邦宁之上理者，亦即以此为机栝。故东西各国学校教育俱称隆盛，而对此项教育，尚复竭力进行。如日本文部省，关于通俗教育一项，其设备费，每年达七万五千元以上。其他英德各国更臻发达，吾国学校教育既不逮各国，而一般人民之未尝学问，毫无训育者，实居多数，其所需于通俗教育者，自视他国为尤急。又值此国基甫定，民俗未纯之时，使非于此项教育积极提倡，不徒人民之德慧不开，社会将日趋于下，而蚩蚩者氓，乏适宜之顺化，尤惧无以定志气而正趋向，至于国家前途，关系甚巨。故通俗教育，实为现今刻不容缓之图。化龙自莅事以来，对于此项教育，经营筹划，知非设会研究，详考利弊，讲求方法，无以推行尽利。前经督率员司，拟定通俗教育研究会章程十八条，注意改良小说、戏曲、演讲各项普通人民切近事项。现拟选集会员，定期开会，实力研究，亟谋一切调查整理妥善办法，以挽颓俗，而正人心，俱与社会教育前途，大有裨益。……此又进一层的打算，旋经上令批准。同年十月十八日，教部复拟订各项社会教育规程，呈请核准，呈文中云：（注二）……国基甫定，民智待开，学校教育，尚未普及，非实施社会教育，无以谋启发而资兴感。特是项教育，范围极广，设备不易，兼筹并进，揆之目前财政之情形，实多未逮。然其中最切要者，如图书馆为表彰文化，发扬国光，广求智识，振兴学艺所必需，通俗图书为灌输常识，启迪国民之关键，通俗教育演讲，为广施指导社会之要务，均难视为广图。故本部近年以来，对以上事件竭力规划，时加督促，现在京外各处逐渐推行，稍有端绪。惟各项规程，迄未颁布，遵守无由。已设立者，办法多歧，未设立者，苦无准的。事前既未立同趋之鹄，事后自难收统一之功。窃恐流弊成生，进行有碍，殊无以副改良社会普及教育之本旨、本部有鉴于此，用特分别缓急，先拟定图书馆规程，通俗图书馆规程，通俗教育讲演所规程，通俗教育讲演规则，缮具清单，呈请钧核……文上，经批准，嗣于十一月八日通咨各省施行，从此社会教育日新月异，发展蓬勃，民众教育馆的根芽，实萌发于此。就发展线索论之，民众教育馆的渊源大致有四：(1)通俗教育演讲所，(2)通俗图书馆，(3)通俗教育研究会，(4)通俗教育馆。就中央方面说，民国二年十月，教育部创办之京师通俗图书馆成立，并附设公共体教场，新开阅览处一所。民国四年七月教部通俗教育研究会组织成立(注三)，其章程中要点约有四项：(1)以研究通俗教育事项，改良社会普及教育为宗旨。(2)研究事项分小说、戏曲、讲演三股。以从事调查，搜集及审核一般流书词戏曲。讲演股并担任编辑讲稿，白话报及俚俗图等工作。(3)该会由教育长指定部员若干人，学务局报派职员二人，直辖学校职员各一人，此外尚有京师警察所，教育会，京师通俗教育会等团体机关，各派二人至四人及专家若干人组织之。(4)每股至少每星期会议一次。该会成立后，工作成绩尚佳。至民国八年止，小说股审查小说八百多本；戏曲股除审查剧本三十三本外，还编辑剧本三十多本，曲子十余本；讲演股编辑讲演选稿两册，审通俗教育书五十多年，画片等六十多种，发刊时事资料十二册，及其他书籍多种，并设模仿讲演所一处，行效一时。

注一：教育部公报二年四期公牍六页。

注二：《教育杂志》七卷十二期法令三十二页。

注三：教部教育公报二年四期公牍六页。

此外，教育部为重申元年二月通电，乃于民三年四月三日通令各省推通行通俗讲演，(注四)后于民四年十二月成立京师模范通俗讲演所筹备处，至次年(五年)二月即正式成立。社会教育事业于此以渐得立法之保障，正是一帆万里，民众教育馆于此亦略显雏形。据教育部之统计，当时类似民众教育馆各种机构，确有相当发达，兹据教育部行政纪要第一第二两辑所载之数字，节录于下：

机关名称	通俗图书馆	通俗教育讲演	通俗教育会
民国四年统计数目	二三六所	一四六四所	二〇〇会
民国七年统计数目	二八六所	二五七八所	三四二会

这三种机关，虽名称简单，而工作内容实为复杂，如通俗图书馆，有的地

方要附设体育场，有的地方要附办识字学塾，有的还要演讲；通俗讲演所的工作，除了讲演以外，还要教民众识字，还要借书给民众看；通俗教育会，有的专在研究，有的推行与研究并重，这实开以后研究社会教育的先河。以后民教馆工作的充实，实际受这三种机关的影响。

注四：《教育杂志》六卷二期记事十页。

民国四年时，全国最老的民众教育馆诞生，这就是江苏省设在南京的省立通俗教育馆（至民七年时，始改为省立民众教育馆）。该馆最初分为运动、博物、图书及讲演四部。当时江苏各县设立者，亦有三十九所，其内容分为图书、博物、讲演三部的，有的仅设图书，博物两部的，还有加入音乐及游艺以成五部的。（注五）由此，各省相互标榜，有的普设图书馆，有的普设讲演所，还有的设通俗教育馆；通俗教育研究会，则各省皆有。因政令不统一，设施复参差不齐，然就“开发民智”而论，各项设施实异趋而同归，名称分歧实无关大旨。至民国十七年，国民政府奠都南京以后，首先一著，还是普及民众教育，于是三令五申，督促各省县推行社会教育。乃各省因鉴于江苏通俗教育馆之成效，不仅纷纷设立，抑且进而确定立法上的地位。

注五：马宗荣《现代社会教育泛论》下篇第四节。

江苏省的通俗教育馆，于国民政府奠都南京后，皆改为民众教育馆，大都偏集于城市，于是十七年九月中央大学区乃于汤山镇购地十七亩余，筹办汤山民众教育馆，后于同年十一月十五日颁发农民教育馆办法，通令各县筹设，此为有我国民众教育馆之始，其他各省设置民众教育馆较早者，当推福建、浙江、河南、陕西、河北、湖北、云南、湖南、江西等省。福建省于十七年十月筹设省立福州民众教育馆。（注六）浙江省于十八年九月，由教育厅提请“将省立公众运动场及附属机关，照现制改名为民众教育馆，逐渐扩充，并由教厅直接管理”，经省府二五三次会议通过。（注七）浙江教育厅复于十九年六月二十六日颁发县市民众教育馆暂行规程，（注八）并于同年十月二十七日，再令各县市（余杭县等十二县外）限期成立民众教育馆。（注九）河南省于十八年十月八日颁发河南县立民众教育馆暂行规程及馆长馆员任免与待遇暂行规程，（注十）复于十九年七月八日颁发各县民众教育馆各种规程，令各县从速设立。（注十一）陕西省于民国二十年七月二日，由省政府公布省立民众教育馆暂行规程。（注十二）河北省所设河北省立实验城市民众教育馆暨实验乡村民众教育馆，于民国十九年二月一日正式成立。（注十三）湖北省于十九年八月八日，由教育厅提经省府会议通过，把民众教育馆分为甲乙二种，兼办民众学校，并将省设各县巡回演讲员巡回文库处，一律改为民众学校，仍办原有事务。（注十四）同年十月七日，湖北教育厅复制定省立民众教育馆组织章程，经提交本日省府会议备案，并于同年十二月二十日令发各县施行。（注十五）云南省于民国二十年二月二日，由教育厅订定大纲，派员筹设第一第二民众教育馆，（注十六）同年四月一日云南教育厅通令颁行云南全省县立民众教育馆设施纲要，（注十七）复于二十一年四月通令颁行云南省设置并改进民众教育馆计划。（注十八）湖南省于二十二年六月派员筹设民众教育馆。（注十九）江西省至民国十九年三月始有民众教育馆之设，（注二十）至二十一年度即公布民众教育馆暂行规程，是年江西，除省会南昌设有省立民众教育馆外，丰城、高安、宜丰、上高、武宁、瑞昌、靖安、奉新、九江、湖口、彭泽、鄱阳、浮梁、上饶、玉山、临川、东乡、贵溪、余江、崇仁、南城、广丰、古安等二十三县，亦各设一所，共有二十四所，每年经费总计五一七九八元。（注二十一）

注六：《福建教育厅教育周刊》三期十二页至十四页。

注七：丁致聘《中国七十年来教事记事》二〇三页。

注八：《浙江教育行政周刊》四四期，公牍六页，法规三页。

注九：《浙江教育行政周刊》二卷九期公牍五页。

注十：《河南教育》二卷六期公文一二页。

注十一：《河南教育》年鉴上编十九年度河南教育大事记一八九页。

注十二：《陕西省政府公报》一三二五号命令一页。

注十三：《河北教育公报》三年七期公牍五十六页。

注十四：《湖北教育厅公报》一卷九期记录三页。

注十五：《湖北教育厅公报》一卷十四期法规六页。

注十六：《云南省政府公报》一四七期教育七页。

注十七：《云南教育周刊》一卷四期公牍五页。

注十八：《云南教育周刊》二卷七期公牍十四页。

注十九：《湖南省政府行政报告》六月份教育一三一页。

注二十：《江西省立民众教育馆设施概况》（二十六年四月）第一页。

注二十一：《江西年鉴》（二十五年印行）三九一页。

以上系各省创设民众教育馆的大概情形，惟当时在中央方面，尚未取得地位，直至民国二十一年一月，教育部始颁布民众教育馆暂行规程，复经民国二十四年二月公布修正民众教育馆暂行规程，民众教育馆之制度，于此始告确定。

二、中国民众教育馆之发展概略

前节已略志民众教育馆创始情形，为了引鉴未来，实有一叙其发展经过的必要。乃以民众教育馆发展本久，其成绩足为吾人表彰者实少，加之在统计工作落后之我国，又复在文化如交通一样阻塞的内地，关于新的参考资料，异常缺乏，故对于民众教育馆之发展，难作详细的陈述，兹仅就“数量之发展”“人材的激增”“法令的改进”三方面概述如下：

（一）数量的发展

民众教育馆自民国十七年开轫以来，数量上之发展，成绩大有可观。就全国而论，据教育部各年度之统计，（注二十二）历年来民众教育馆数量上发展之情况如下：

十七年度　一百八十五所
十八年度　三百八十六所
十九年度　六百四十五所
二十年度　九百所
二十一年度　一千〇三所
二十二年度　一千二百四十九所
二十三年度　一千一百四十九所
二十四年度　一千三百九十七所
二十五年度　一千六百一十二所
二十六年度　一千五百三十九所

注二十二：陈礼江《民众教育馆的回顾与前瞻《（《教育通讯》二卷四〇合刊号）

就上列数字观之，十年间，民众教育馆的数量约增至十倍，在贫穷而教育落后的中国，这不能不算为著称的成绩。在各省方面，数字上推江苏、浙江、湖北等省为巨。

在浙江方面，省立民众教育馆有三：第一是省立民众教育馆（二十四年改为省立杭州民众教育馆），该馆成立最早，民国十八年九月，省政府委员会决将省立公众运动场及附设馆所合并改组而成；第二是省立嘉兴民众教育馆，创立于二十四年一月；第三是省立宁波民众教育馆，这是依照中央颁布沿海各要县庶政纲要，特在旧宁属添设省立民教馆一所，于民国二十五年三月一日成立。这是省立民众教育馆的情形。至于县立民众教育馆，在民国十七年大学区时，即有七所设立，迨民国十八年浙江教育厅成立时，经通令所属，饬各就当地原有之图书馆、体育场、讲演所等，合并改组，或新行筹设，复于十九年间订定民众教育馆暂行规程，督促各县办理，由是县立民众教育馆如雨后春笋，数量之发展，甚为蓬勃，据该省的统计，历年来县立民众教育馆在数量上的发展情形如下：（注二十三）

注二十三：《浙江省社会教育概况》（二十五年出版）第五页。

十七年度　七所
十八年度　四十八所
十九年度　八十所
二十年度　九十二所
二十一年度　一百〇五所
二十二年度　一百二十一所
二十三年度　一百二十九所
二十四年度　一百二十九所
二十五年度　一百四十六所

未及十年，已增加二十多倍，以浙江全省六十一县计算，平均每县设有二所以上，除江苏而外，实为全国各省之所不及。抗战以后，有些县立民众教育馆因地方沦陷而停办，据二十八年度浙江各县呈报教育厅之数字统计，六十一县合计设有民众教育馆九十一所，（注二十四）内有私立民众教育馆一所，区立民众教育馆七所，余均系县立。各县民众教育馆数，计设有五所者一县，四所者二县，三所者四县，二所者十二县；其余四十二县，每县皆设有一所，时至今日，犹见其盛。

注二十四：与注二十三同。

在江苏方面，民众教育馆之发达，可为全国之冠。据教育部的统计，民国十八年江苏省由民众教育馆一百三十五所，至二十二年，即增加至二百八十所，五年之间，激一倍，发展之时，甚为蓬勃，此后因受“取消”的影响，民众教育馆在江苏的发展，遂日就零落。江苏省立的民教馆，著名的甚多，如南京的江苏省立民众教育馆及省立徐州民众教育馆二馆，全国皆甚知名，全国乡村工作讨论会开会于定县时，都曾派员参加，并提出切实的工作报告，当时颇博好评。

在江西方面，在民国十九年时，即有省立民众教育馆一所，自民教馆暂行规程颁发后，各县陆续设立，据江西年鉴之统计，二十一年度，有二十四所，二十二年度有三十二所，二十三年度有二十一所，二十四年度以后仅有一所，至二十八年，复设立省立上饶，赣县等民教馆，原设南昌省立民教馆，现驻吉安，并设分馆于遂川。去年(二十九年)江西教育厅复开设县立民教馆人员训练班，招收三十余人，最近期将毕业，毕业学员，已预计将分发各县办理县立民众教育，最近将来，江西民众教育将或大有一番开展。

其余各省因篇幅所限，不得一一叙述，兹将就教育部统计，将各省民众教育馆数量上之发展情形列表于下，以示一斑：

八年间全国民众教育馆发展概况

	十八年度	二十二年度	二十五年度
安徽	二二	六三	八一
湖北	五四	五六	九二
湖南	一四	二七	三三
四川	二三	六六	一二〇
福建	六	二四	五二
山西	四	八	九
陕西	一	一三	一三
河南	一九	九一	一〇〇
河北	一九	一〇五	一二七
山东	一二	一〇九	一一五
广东		五六	一三一
广西		五七	三四
云南	二	六九	一一二
贵州			四
甘肃	六	一五	七
辽宁		一	一
吉林		一〇	一〇
黑龙江	三	三	三
绥远		八	
热河	一	五	五
察哈尔	一	二三	三〇
宁夏	一		
上海	四	一	二
北平	一	一	一

(二)人材的激增

由于民众教育馆数量上的蓬勃发展,经费与人员亦随之激增,据教育部统计,历年来全国各省市县民众教育馆的经费与人员,数目的激增情形如次:

经费方面(单位元)

十七年度	四六八,八〇六元
十八年度	七五三,九七二元
十九年度	一,五八三,一六六元
二十年度	一,九二五,二二七元
二十一年度	二,三三八,六四五元
二十二年度	二,九〇五,二四四元
二十三年度	三,一四六,二八二元
二十四年度	三,三一〇,六一八元
二十五年度	三,三六四,四三三元

据上面数字,可知十年间经费的激增,已至七倍。就各省而论,其中以江苏、浙江、安徽、四川等省发展最速,兹就上面四省民众教育馆经费历年来激增情形,列表如下:(单位元)

	十八年度	二十二年度	二十五年度
江苏	九五,三〇三点九四	八七九,六〇九	九七六,四七六
浙江	九七,六〇九	二三七,五八八	二四九,九四三
安徽	七五,二八〇	一六九,二〇七	三一一,〇九四
四川	二三,二〇四	八五,二四二	二三四,四三三

就上表观之,可知八年间,江苏与四川已激增十余倍,浙江与安徽也增到二三倍。其余各省,除湖北省自十八年度一向就保持十四万的经费以外,其他皆有相当增进。

(二)人员方面(据教育部之统计)

十七年度	四百九十六人
十八年度	一千八百五十七人
十九年度	二千九百九十四人
二十年度	三千八百二十人
二十一年度	四千一百八十五人
二十二年度	五千四百六十七人
二十三年度	五千二百六十五人
二十四年度	六千二百六十三人
二十五年度	六千〇五十四人

由上面数字,可知十年间人员的数量,已平均激增十五倍左右。就各省情形而论,当推四川、河北、山东、河南、福建、广东、云南等省激增最速。据教部统计:

	十八年度	二十二年度	二十五年度
四　川	五一	二九二	五一九
河　北	八六	四九六	五八五
山　东	四三	五五〇	五〇五
河　南	四六	二九〇	三二五
福　建	五四	一四〇	二七八
广　东		二六七	五七九
云　南	一一	三〇二	四九六

据上数字,云南已增四十余倍,山东增十二倍,四川增加十倍,广东为后起之秀,人员数量之激增,殊有后来居上之势。其余三者,大都增至六倍以上。

以中国之大,文盲之众,目前所有人员及经费,尚不满足起码要求,不过以政府财政之绌乏,尚能勉力增加负担以发展民教馆事业,诚为难能可贵之事。

3.法令的改进

我国过去诚为一政令不统一的标准国家,教育自不能例外,忆民国初年,教育部通电公布普通教育暂行办法时,即有这种感觉,该电文中云:"民国成立,清政府之学制,有必须改革者。各省都督府或省议会,鉴于学校之急当恢复,发临时学校令以便推行,具见维持学务之苦心,本部深表同情,惟是省自为令,不免互有异同,将使全国统一之教育界,俄焉分裂,至为可虑……"(注二十五)由上段电文,已足知当时教育政令紊乱之一斑。至民国十七年时,国民政府奠都甫定,百废待举。"省自为令"尚属普遍现象。因此,当时各省虽有民众教育馆暂行规程之颁发,乃各省主持者见地不同,故事业组织各有差别。如民国十七年三月间,安徽教育厅有恢复第一通俗教育馆之举,(注二十六)五月间复拟定通俗教育馆暂行规程(注二十七)。湖北省在十八年六月间,还通过了县市通俗教育馆暂行规程,(注二十八)办法与政令之不一,于兹可见。据顾寿恩氏在《江苏各县教育馆概况调查》一文中,(注二十九)所报告各馆的事业,充分表示无政府状态,步调既不统一,效果复鲜显著,纷然杂陈,徒眩耳目,教育部有鉴于此,乃于二十年二月颁布《民众教育馆暂行规程》。此规程之颁布,至有意义,兹择要略……于下:

注二十五：舒新城《近代中国教育史稿选存》第三八页。

注二十九：《南京民众教育季刊》一卷三号。

(1)确定民教馆的地位——本规程第一条，即规定“各省市及县市应分别设立民众教育馆为实施社会教育之中心机关”。这是学业上地位的确立。

又如第三条：“市(直辖于行政院者)立民众教育馆须择人口稠密之地设立之隶属于市教育局每市至少须设一所”，第四条：“……每县就本县原有自治区域或学区划分民众教育区分设民众教育馆……市(隶属于省政府者)立民众教育馆须择人员稠密之地设立隶于市教育局每市至少须设立一所”，这又是制度上的确立。从此民教馆在整个教育系统中，已有了地位，与以往“任人存废”大不相同了。

(2)确定民教馆的工作——过去民教馆的工作纷然杂陈，毫无定向，前进者则至越俎代庖，后退者则闭门株守，此殊失开办民教馆之本旨，所以本规程第五条即规定“省市及县市立民众教育馆应举办关于健康文字公民生计家事社交休闲各种教育之事业”，这是一般事业的确定。

此外，如第六条：“省市及县市立民众教育馆应从事研究及实验工作。”这是实验与研究工作的确定。又如第七条：“省立民众教育馆对于该馆所辖区域内县市立民众教育馆有辅导及示范之责”，这又是辅导工作的确定。过去自各省通俗教育研究会逐渐凋零以后，对于社会教育之研究及实验工作，直如晨星寥落，无人问津，加之过去社教向无中心机关，谈到辅导，则互相推诿，就事实论之，亦力所不及。悉以社会教育发轫时浅，研究改进，是亟要求。今民教馆既为社会教育之中心机关，故纳入研究，实验及辅导等工作，不仅事有攸归，而名正言顺，是又一大进步。

(3)确定民教馆的组织——民教馆组织的不同，到今天还不是一件稀奇的事，不过今天的“不同”是由各地种种条件的影响而伸缩组织，而以往的“不同”，不仅在组织的多寡上，即组织的名称亦不同，所以工作上常起混淆之弊。于是在本规程第八条中，即规定省市及县市民众教育馆，得设阅览、讲演、健康、生计、游艺、陈列、数学、出版等八部。最后还更彻底的规定“以上各部(指阅览、讲演、健康等八部)得视地方情形，全数设置或先设数部或酌量合并设置，如某项事业已设有分管机关时，其在县市者，得并入民众教育馆办理之”。这又是组织上的一大进步。

(4)确定民众教育馆的经费——以往民教馆的经费，向少妥当的预算及分配，由此事业未兴，而中饱克扣之弊已俱，加之经费又无确实来源，以此影响事业，甚至因此而关门者，亦时有所闻。所以本规程对于补救经费方面，也有三条的规定。如第九条："省市及县市立民众教育馆视地方区域的大小经费的多寡得分为甲乙丙三等……"这是指示经费须因等级而确定。又如第十一条："省市及县市立民众教育馆经费分配标准，薪工不得高于百分之五十，事业费不得低于百分之四十，办公费占百分之十"，这是经费分配的确定。关于费用的支给，则明确地规定由"省市县教育经费项下支给之"（十二条）这是经费方面的改进要点。

自二十一年二月本规程颁布后，各省争相依皈，同年四月，云南即通令颁行云南省设置并改进民众教育馆计划，（注三十）江苏省亦于同年四月修订公布《江苏省各县县立民众教育馆组织暂行规程》，（注三十一）关于内部之组织，经费之等级，皆能遵照规定办理。至于研究实验工作方面，各处亦能遵照进行，二十一年六月，南京省立民众教育馆分设乡村实验区。（注三十二）同年五月江苏省立徐州民众教育馆新成立时，即设有研究委员会，内分协进、编辑、研究及调查四组，并设总干事综理研究工作（注三十三）。同年（二十一年）九月，山东省立民众教育馆奉教育厅令设置实验区（注三十四）。河北省立民众教育馆亦于二十三年奉命改组为实验民众教育馆。研究空气，盛极一时。

注三十：与注十八同。

注三十一：《江苏教育》四卷八期一九八页。

注三十二：李竞西等编：《全国乡村建设运动概况》第一辑下册第七七一—七七五页。

注三十三：章元善等编《乡村建设实验》第二集三一七页。

嗣后教育部为充实改进起见，于二十四年一月二十二日复拟定民众教育馆修订规程》，于同年二月公布。此次规程，较以前更为进步，兹就其要点略述于下：

（1）设置方面的宽松——在第一次颁行暂行规程中，仅提到省市县应设置民众教育馆。以我国文盲之多，经费之绌，社会教育之急待开展，若此仅靠省县市政府之设置，殊不足以满足要求；所以本规程第一条中有："……地方自治机关或私人亦得设立民众教育馆。"这是改进的第一点。

（2）组织方面的严紧——在第一次颁布暂行规程中，关于组织方面，分为八部，但各地经费与人材的限制，事实上有些部分不是挂空头，即是裁并，颇不切实际，所以本规程第六条已将民教馆的组织，减缩为教导、阅览、健康、生计、事务等五组，将第一次颁布规程中所教学、游艺、讲演皆并入教导，将"陈列”部并入阅览部、另添置事务一部专司杂物，如此后表面上亦足显示较第一次规程中的组织为紧密了。

(3)研究方面的审慎——一般研究工作，皆有人财及种种环境的限制，并不是任何人任何地可以随便就做研究工作。过去规程只含糊地规定民教馆应从事研究及实验工作，而对其基本条件，竟未丝毫虑及，以致大家都可以凭豪性所致，胡乱地研究一番，来光耀门面，徒事铺张。结果研究未成，而基本事业反先受影响，殊有乖研究实验的大旨。所以这次规程中对于研究工作较为审慎，以为必须人材物力足以从事推广及扩充事业时，为了推广及扩充之准备，才可以从事实验与研究的工作。如本规程第七条，即有明确的规定：“民众教育馆为推广之准备得从事研究及实验工作。”这是改进的第三点。

(4)人员方面的遴任——第一次规程中，对于人员的任用手续，未经详订，以致干部人员未得，而徇情任私之弊已成。如此影响事业效果殊非浅显。所以本规程对于这点极为重视，如第九条规定：“民众教育馆设馆长一人总理馆务，省立由教育厅遴选合格人员提请省政府委员会议通过，由省政府或省教育厅派充之，市(行政院直辖市)立者由市教育行政机关遴选合格人员，呈请市政府核准派充之。县市立者由县市政府遴选合格人员，呈请教育厅核准派充之。地方自治机关设立者由设立机关遴选合格人员，呈请县市政府核准派充之。私立民众教育馆馆长由设立人兼任或聘任之，但须呈报主管教育行政机关核准备案。”照这样的规定来遴选人员，虽欲徇情任私，黔驴故技亦不易施展了。这又是改进的第四点。

本修正暂行规程自二十四年二月公布后，各省市县民众教育馆因之又大为改进。抗战以还，为了急切地要开发民力，处处觉得须开展社会教育，才一着手开展社会教育，又觉实施社会教育的中心机关，须有改进与充实的必要。于是在二十八年四月十七日，最高教育当局终于颁布了正式的《民众教育馆规程》，复为确定工作起见，于同年五月十三日又颁布《民众教育工作大纲》。单就规程而论，也有改进的几点，值得我们注意：

(1)宗旨的提示——在二十一年颁行之暂行规程中，只是含糊地规定民众教育馆为实施社会教育的中心机关，目的如何，毫未提及。对于社教事业，只是平庸的实施。既谈不上目标，复够不上做中心机关，所以在本规程中第一条，就明白规定民众教育馆，一方面要根据教育宗旨，实施方针，及社会教育目标，来实施各种教育事业；另一方面，还要辅导各地社会教育之发展。能这样，才足以完成中心机关的任务。这是改进的第一点。

(2)组织的改进——关于组织的改进，可分三方面来说：第一，以往规程中，对于研究工作，虽有专款列定，而在组织中却无明显的地位，地位未立，责无攸归，以此一般实际工作者，对于研究工作，常感力不从心。所以这次规程，即在民众教育馆的组织中，添置研究辅导一部，以便专司研究工作，为实际工作之指导。

第二，以往规程中，对于省县市各级民众教育馆，一视同仁，不分轩轾，很不恰当，即以研究工作而论，一般县立民教馆，实无这种力量，列之不是蹈空，即为狂妄者所眩弄，无益而有损，这次规程中，将省县民教馆的组织分别举列，用意至佳，如此实足分别省县民教馆的性质与任务的所在。

第三，以往实验工作，常与研究工作相提并论。结果，因实验工作易受种种条件之限制，不如研究工作易见成效。故实验一事，常蹈虚名，影响工作之推行，至大且巨。所以这次规程中，除将研究工作列入组织外，还明白的规定："省立民众教育馆应附设乡村实验区以为各县实施乡村民众教育之示范"（第七条）。这不仅确立了实验工作的地位，抑且廓清了省立民众教育馆的另一任务。

以上三点，都是本次规程较以前进步的地方。

（3）资格之规定——以往规程中，对于人员的任用，虽经规定，但关于任用人员的资格却是任各省自行规定。乃各省对于法规上资格的规定，都是千篇一律的从最高到最低，其间级距相差甚远，这正予以任私徇情的机会。如果一个民教馆的馆长与主任等要员，随便派任一人充任，无论动机上如何，事实不已是破坏了事业。所以这次规程中，竟不惮烦而以七条（自第十一条至十七条皆系对人员资格的规定）的地位，来详加规定。此诚为一大进步。

（4）事业的联系——社会教育事业千头万绪，殊非一个民众教育馆所能单独胜任，有的地方须赖人协助，也有的地方要与人合作，何况民众教育馆是一个中心社教机关，有辅导及推动社会教育的任务。但是凭什么就能推动广大的社教工作，又凭什么要其他机关接受辅导？就"联络"一事而论，过去民教工作者，费了不少的时间与心血，而结果所获，不是"摩擦"，就是"迁就"，很少有圆满的结果。考其原因，多半还是因为没有立法的规定。所以这次规程中，对于联络方面，则有"民众教育馆为谋发展起见，得联络地方当政机关社会团体及热心社会教育人士，组织各种委员会"之规定。（第二十条）对于辅导方面，则规定"民众教育馆应辅导或协助各该区内社会教育机关及公私立中小学兼办社会教育，并谋事业之联系……"（第二十一条）此外中枢还颁行了学校兼办社会教育，及党部与社教机关联系等办法，足见顾虑周全，期望甚厚。不过"法不足以自行"，今后民教馆的事业，能否如法规一样的步步改进，还有赖社会工作者及各机关团体，对本规程的切实奉行。

三、中国民众教育馆的诸问题

(一)制度问题

我国社会教育自发轫以来,即是五花八门,杂陈异彩,第一因为过去无统一法规,第二因为需要普及教育的迫切,所以大家各就各人的意见,各因各地的需要,纷然开创社教事业,虽用心为一,而事业之分歧庞杂,实不可同日而语。据徐锡龄氏就民国七年以前各省社会教育事业之统计,其中事业设施有十项之多,兹将统计表列后,以示一斑:(注三十四)

注三十四:庄泽宣:《民众教育通论》第三八页。

事业＼省别		京师及京兆	直	奉天	吉林	黑龙江	山东	河南	山西	江苏	浙江	湖北	湖南	陕西	甘肃	四川	广东	广西	云南
通俗教育会	处数	二	三	一六	三	二	二〇	三〇	八	二二		一九一	四	二二	九	二四	四	二	二四
	会员数		二九二	三五六	九〇	一五八	一五七一	一九五六	一五五	一〇二二		一四一四	二三〇	二九九	一六六	一〇二三	五一〇	五〇	一五一四
图书馆数		二	二	二六	二	三	一七	一	五〇	一一	一三	一	一四	一	二	二	六	二	六
通俗图书馆	馆数	二	五	三三	三	三	五七	二三	九	一五	二一	四四	一四		二	四	六	一	六
	每日平均人数	八〇〇	九五	九〇〇	九〇	八五	一五〇〇	一〇五〇	三〇〇	一八〇	六〇〇	一八〇〇	三八〇		五〇	一五〇	二〇〇	三〇	一八〇
阅报所	所数	二五	一二四	四五	一七	五	一一三	一三九	七七	一八七	一七〇	一〇三	三九	一五	九一	一五六	一四九	五四	九九
	每日平均阅览人数	八〇	四〇	五〇		五〇	六〇	三〇	三〇	五〇	三〇	五〇	四〇	三〇	二〇	三〇	五〇	二〇	三〇

续表

事业＼省别		京师及京兆	直	奉天	吉林	黑龙江	山东	河南	山西	江苏	浙江	湖北	湖南	陕西	甘肃	四川	广东	广西	云南
巡回文库			一	二二九						四	五	二			四	一			四
博物馆		二	二						二	二		一					一		一
演讲所	所数	三五	一〇〇	四一〇	三九	一三	五一	五一	一一三	三九	一八八	二三九	一八	一八	八八	三七	四一	一七七	四七
	每次平均听讲人数	一二〇	四〇	四〇	二〇	二〇	三〇	三〇	三〇	三〇	三〇	四〇	三〇	二〇	二〇	三〇	三〇	三〇	二〇
巡回演讲团	团数	二〇四	九〇	六	四	四	四四	二二	四九	五九	五三	二〇二	二四	一六	二四	四四	一六	三六	八
	每次平均听讲人数	二〇〇	八〇	八〇	六〇	五〇	八〇	七〇	七〇	八〇	六〇	八〇	六〇	六〇	五〇	八〇	八〇	六〇	五〇
公共补习学校	校数	六	一	一		一		一	五	九	五	二				二	一	五四	一
	每校平均人数		六〇	六〇		二〇		六〇	六〇	二〇	二〇	二〇				八〇	九〇	二〇	三〇
简易认字学校	校数	二四八	一五一一	二五七	八六	四	七三	九三二	二六〇	三三	八四	一六五	八	一四	二二〇	一六〇	五四	二二四	二八
	每校平均人数	八〇	八〇	九〇	六〇	二〇	九〇	六〇	四〇	一二〇	一二〇	一二〇	六〇	六〇	二〇	六〇	一二〇	四一〇	九〇

从上表所列数字看，各省社教工作，极不一致，欲从这些设施找出一个事业中心，诚非易事。另据徐氏统计，民国十七年全国各项社会教育事业，竟有二十八种之多。（注三十五）民国二十五年全国各项社会教育事业，共有三十六种。学校式的十七种，一般的十九种（见《申报年鉴》）。民国二十二年度，江西社会教育事业也有二十七种之多，（注三十六）又据《福建年鉴》第一回所载，民国十九年，全省有社会教育事业二十四种，二十年有二十九种，二十三年则增为三十种。由此可知社会教育的发展，不仅数字上与时俱增，即事业的种类亦日新月异，在这种情形之下，大家彷徨瞻顾百无一成，经费人材，俱虑不赡，何暇使专心充实民教馆，而民教馆又凭什么来负起中心社教机关的任务。当此之时，大家尽管批评民教馆不济事，而不知民教馆之所以不济事，并非本身上之缺点，而制度上未经确定与统一，实为其主因。

注三十五：同前书第五七页。

注三十六：江西年鉴第三九三页。

抗战发生以还，当局对于社会教育的推行，甚为注重。二十七年四月时，中国国民党临全大会并通过《战时各级教育实施方案纲要》，然对于社教方面，仅就原则上规定一条，即："十六，确定社会教育制度，并迅速完成其机构，充分利用现有之一切组织与工具，务期五年内普及识字教育，肃清文盲并普及适应于建国需要之基础训练。"

同年七月，国民参政会第一期集会时，又通过各级教育实施方案，该方案中关于社会教育方面，有十二项规定。对于社会教育制度方面，规定"每县应设一民众教育馆，为全县社会教育中心机关，省应按照行政专员督查区，划分为若干民众教育辅导区，各区设立民教馆一所。"（第七项）此会还规定："每省应设立图书馆一所，博物院一所，科学馆一所，音乐戏剧院一所，举办各种有关社教事业及辅导各县有关社教事业。"（第八项）在中央方面，并决定："从速成立国立中央图书馆、国立中央博物院、国立音乐戏剧院，并筹设中央教育馆，以供全国教育界观摩改进之用。"（第十项）按照这些规定而论，社会教育虽尚未有一贯的系统，但是制度上却已具雏形。单就法制上看，自然是一大进步。至于事实方面，因种种耽搁，大部尚未能实现。就中央方面说，近年来仅完成音乐戏剧等院，对于"确立制度"一层，相距尚远。至于各省的社教设施，更是分歧杂错，少有中心。过去民教馆暂行规程中，虽一再申示每县应设民教馆一所以上以为本县实施社会教育之中心机关，但是时至今日，全未设置民教馆之省份，以及仅设二三所以为点缀之省份，为数尚多。即就今日广设民教馆之省份而论，亦多未能使民教馆体副其中心机关之任务。如浙江省于二十七年十二月十五日所公布之各县战时教育设施纲要，其中关于社会教育的制度方面，仅在第四条中，略为提及。该条原文如下：

“第四条，各县政府对于全县教育机关，应有系统的组织，每一学区，应设中心小学或代用中心小学一所，与学董及区署内主管教育人员互相联络，指导区内各中心机关之小学，每一学区，应分为若干小学区，每一小学区，应由县政府指定一校为中心机关，与小学区之助理学董联络，受中心小学指导，并指导区各级小学，以完成全县之学校教育网，俾教育易于改进，政令易于传达，各社会教育机关之教育网，成另组或并入，由县自定。”

由上条文中规定各点，足知尚系偏重学校教育之设置。以平均每县有民教馆二所以上之浙江。尚不能充分利用，诚为一遗憾之事。

此外，如民教馆素称发达之广东省，在二十八年九月二十日，也令发了一个各县市社会教育设施纲要，其中关于社教机关的改进与设置方面，共有四条之规定，即：

“第六条，各县市应依照广东省各县市民众教育馆设施纲要之规定，对于民众教育馆力予整顿，其余社会教育机关应酌量增设，其已设者，应尽量充实之。”

“第八条，各县市应有单独设立之民众学校，以为各该县市民众学校之示范，一等县至少应设三所，二等县至少设二所，三等县至少设一所。”

“第十二条，各县应开放原有独立及附设之图书馆，并力求充实，增购民众读物与抗战书报，及举办巡回阅览，推广图书供应。”

“第十四条，各县市应设置无线电收音机，以最迅速之方法，逐日将时事消息及中央政令，传播与各乡及各学校，并张贴通衢，以求普遍传达。”

由这四条内容，足见广东战时社会教育，至少在法规上有相当的充实，不过对于社教制度方面，……尚无具体系统之组织。上面四条中所列各项社教设施，似乎同处于相等之地位，这样无形中就完全失去了民众教育馆应有的地位。虽然二十八年以来，中枢既确立了民众教育馆的地位，复规定民教馆辅导学校办理社教及学校兼办社会之义务，以加强事业之联系，但惜各省尚未充分实现中枢的期望，在这种情形之下，欲望民众教育馆负起综合的中心社教机关应有的任务，的确还是一个须待研究的问题。

其次论到内部的组织，各省各县多不一致，据黄裳氏的统计，过去“全国十四省五市的公私立三三一所民众教育馆的组织”，最复杂的分为九部，最简

的只有一部，众数是三部，最常发现的部别如下：（注三十七）

注三十七：同（注三十五）书第九二页。

图书	二〇九次	百分之六三
讲演	一八七	五六
总务	一六二	四九
推广	一三五	四一
体育	一一〇	三三
科学	五一	一五
艺术	五一	一五

总计部名称共有一二五个，可谓多矣。"

另据统计，"江苏五十四县六十五所民众教育馆，分部最多的部别如下：

总务	五八次	百分之八九
推广	四五	六九
图书（或书报）	四四	六八
科学	三一	四八
艺术	二八	四三
讲演	二五	三八

总计部别名称凡四十三个。（注三十八）

注三十八：同前书九一页。

在浙江方面。据赵孝俞氏的调查，浙江七十三所县市民众教育馆中，组织最复杂的分七部，最简单的分二部，最普通的分三部。至于分部的方法，有的分为"总务""教育""推广"三部者，有分设"健康""生计""文字""家事""社交""政治""休闲"七部者有分置"智能教育""康乐教育""农业推广""妇孺教育"四部者，有分立"总务""社会教育""学校教育""研究"四部者，亦有分列"展览""活动"二部及"总务""成人""妇女""儿童"四部者，此系一般组织情形，以篇幅关系，不暇枚举。（注三十九）

注三十九：《浙江教育行政周刊》二卷五一五二两期《民众教育馆组织的研究》。

由上述情形看来，可知民众教育馆的组织，不仅各省不同，即同一省份之各县，亦是参差不齐，步调杂乱。在这种情形之下，欲望民教馆统一步伐，同趋一的，来做实施社会教育的中心，其不可能，当属意中之事。

至民国二十四年二月，教育部修正《民众教育馆暂行规程》公布以后，各省民众教育馆的组织，虽较以往接近，然仍属参差不齐。如江苏省于二十四年八月修订公布之《县立民众教育馆组织规程》，其第五条规定各县民众教育馆，一律分设教导，生计，健康三组。（注四十）在广东方面，县立民众教育馆分为甲、乙、丙、丁四级，各级组织不同，兹将其第七条所规定各级组织如下

注四十：《江苏教育》四卷八期载《修订民众教育馆组织规程》。

“甲级：馆长下设总务，教导、生计、艺术四组……乙级：馆长下设总务、教导、生计三组（艺术工作分别归入教导生计两组）……丙级：馆长下不分组、设干事二人，分掌管内教导、生计、艺术、总务各事项……丁级：馆长下不分组，设干事一人……”

在湖南方面，仅就原则上，规定“各级民众教育馆，遵照部颁，民众教育馆规程第五，第六，第九，第十六各条之规定，切实调整组织，加强机构，不得巧立名目，以免分歧”。（注四十一）遵照原则揣测，大概湖南县立民教馆之组织，一律依照部定组织。

至于浙江方面，据陈仁璇君的统计，二十八所呈报之八十一所民众教育馆中（省立除外），其组织方式，竟有十三种之多：（注四十二）

注四十一：《社教教友》半月刊第八期《湖南各级民众教育馆改进计划》。

注四十二：《浙江教育》二卷十一期陈仁璇《本省各县民众教育馆概观》。

设置 总务，教导、生计、艺术四组	一五所
总务、教导、生计、艺术四组	七所
总务、教导、生计三组	二八所
总务、教导二组	七所
宣传、教导、辅导三组	二所
总务、组织、训练三组	二所
总务、知能、康乐三组	二所
总务、编纂、组训三组	一所
总务、教导、康乐三组	二所
总务、组训、宣传、文书、联络五组	一所
总务、教导、宣传、健康、阅览、生计六组	一所
总务、教导、艺术三组	五所
总务、教导、生计、艺术、组训五组	一所
不分组	五所
未详	二所

从上述情形看来、可知近来民众教育馆的组织，步伐仍不一致。虽然在二十八年公布规程中，对于馆内组织、准予“视地方情形全设或合并设置”，但是为了使民教馆能实地负起社教中心机关的任务，至少亦应保持规程中所列四部组织，若仅设二三部或竟不分组的民教馆，不仅够不上做社教中心机关，而且根本上失去设置的意义。

此外各省为遵照规程及便利设置起见，更将民教馆分为若干等级，这当然是科学方法，但惜分级当中，有的竟忽略了最低限度的经费，在最低一级的民教馆，几乎比不上一所小学，像这样的民教馆，其效用当亦不过于一所小学了。兹就江苏，浙江，湖南，广东四省分级设置标准，依次列下，以示一斑：

(1)江苏省，分为四等(注四十三)。①全年经费在三千元以上者为甲等；②全年经费在二千元以上者为乙等；③全年经费在一千二百元以上者为丙等；④全年经费不满一千二百元者为丁等；

(2)浙江省，分为三级(注四十四)。①甲级——全年经费在三千元以上者；②乙级——全年经费在一千五百元至三千元者；③丙级——全年经费在一千五百元以下者。

(3)湖南省，分为四级(注四十五)。①特级——全年经费在二万八千元至四万五千元者；②甲级——全年经费在四千元至六千元者；③乙级——全年经费在三千元至四千元者；④丙级——全年经费在二千元至三千元者。

(4)广东省，分为四级.①甲级——全年经费在三千元以上；②乙级——全年经费在二千四百元以上；③丙级——全年经费在一千四百四十元以上；④丁级——全年经费在八百四十元以上。

注四十三：与(注四十)同。

注四十四：浙江省各县市民众教育馆各种标准。

注四十五：与(注四十一)同。

就上列四省分级情形而论，江浙两省的缺点，系在无最低经费标准之规定，广东虽确定最低经费标准，但数目太少，若以八百四十元照部颁规程之规定分配，其中四百二十元为薪工，八十五元是办公费，事业费全年仅三百三十五元，平均每月事业费二十七元余，办公费七元余，薪工三十五元，在这种情形之下，民教馆可以请什么人？做什么事？更怎样做社教中心机关？即以全年二千元之经费而论，每月经常费亦仅六元，揆诸事实，尚嫌不济，何况八百余元！

在湖南省方面，经费标准较江浙及广东为高，而且亦有最低限度，这是其优点。惟甲级与特级之间缺乏联系，又为其遗憾。

总而言之，无论就内部组织或外部系统及等级而言，民众教育馆在制度上，仍未取得应有的地位，此诚今后开展社会教育工作中的急待研究的问题。

(二)行政问题

1.区划问题

县立民众教育馆为一县实施社教的中心机关，无论在法规上，理论上皆有相当的根据；不过所谓中心机关并不是“譬如北辰，居其所，而众星拱之”的意思，而是要做全县社教工作的动力，把工作四方八面地伸张到社会全体，将教育三番四次地灌输到民众生活，不仅做中心，还要做重心。所以民教馆的工作，单靠闭门造车，以广招徕，实不相称于所负任务，必须透过社会与民众的生活，方能把握要点，不过一谈及“透过社会与民众生活”，首先一著，就要考虑施教范围。

照现行《民众教育馆规程》第二条之规定，“各县应设县立民众教育馆一所，以全县为施教区。其人口众多，经费充裕，地域辽阔之县份，得依照现有自治区域地形交通状况，划分若干民众教育实施区，每区设区立民众教育馆一所”。就内容而论，这一条的大旨，还是在适应广大地域的需要，而提供几点原则。至于自治区的大小与交通状况的阻畅，这是因地而异。所以施教区的范围，还有待各省自行酌定。

江苏方面，早在二十四年度，即已规定：“各县民众教育馆应斟酌自然环境及经济能力，就各机关所在地，划定附近相当区域为基本施教区，其范围的大小，应根据保甲编制，城镇以一保至三保，乡镇以二保至六保为度；并将本民众教育区其余区域，酌划为若干推广区。”(注四十六)

注四十六：江苏省各县民众教育馆普及民众教育标准工作实施方案。

浙江方面，亦于同年规定：“民众教育馆，以所在民众教育区为实施区域。惟有集中教育力量，各种中心工作，得由馆址所在乡镇，逐渐推广至区内各乡镇。但甲级民众教育馆，至少应轮择区内一二乡镇，设立实验机关，乙级民众教育馆，亦应设法轮择区内一乡镇，设立实施机关，以利直接实施教育。”(注四十七)

注四十七：《浙江省各县市民众教育馆工作标准》。

广东方面，则规定：“各县市立民众教育馆，应就馆址所在地直接施教，并辅导全县市民众教育馆推进工作。”(注四十八)

注四十八：《广东省各县市民众教育馆实施纲要》。

湖南方面，规定："各级民众教育馆工作区，分辅导区，施教区，实验区"三种：(1)辅导区——以省为单位划分者：全省依行政督察专员区域，划分为三区……以县为单位划分者：除各该县民众教育馆施教区外，其余均划分为各该馆辅导区。(2)施教区——省立民众教育馆所属县份划一乡或两乡为施教区，县立民众教育馆得就各该县划一保或两保为施教区。一县有民众教育馆两所以上者，关于辅导区及施教区得另行会商划分，由县政府核准呈报教育厅备案。(3)实验区——以若干保或一乡为单位划分之。除省立民众教育馆设实验区外，其余县立民众教育馆，因人力财力有限，应暂缓设置。"(注四十九)

注四十九：湖南省各级民众教育馆改进计划。

根据上述各省划区标准而论，江浙两省均以学区为最大范围，湖南省虽以全县为工作范围，但对民教馆的制度又生破绽。因为县立民教馆既为全县社教工作的中心机关，其他一切，无论区立民教馆或其他民教机关，应皆为县民教馆的支辅机关，这不仅足以显示县立民教馆的中心地位，抑且确立社教机关的制度。在湖南省民教馆改进计划中，关于施教区方面，曾有一段这样的规定："一县有民众教育馆两所以上者，关于辅导区及施教区得另行会商划分。"像这样"一国三公"的办法，不仅混乱社教机关的制度，抑且使民教馆失去实施社教中心机关的意义。在广东方面，虽确定了"县立"民教馆的地位，但对于施教区范围又甚含混。平心而论，江苏与浙江两省，以学区为最大范围，颇较切实，但又失去民教馆为全县实施社教中心的原意。广东湖南虽顾及全县，实际上又感力有不瞻。所以就目前情形而论，各省对于施教区域，尚无妥当的分划，这对施教工作之推行，都有影响。为了开展社教工作，则这个问题还有待进一步研究。

2.经费问题

我国社会教育，一向就在经费先天不足的场合挣扎，民教馆的经费，自亦不能例外。虽然民教馆的数量是蓬勃增加，但经费的比例，反相对减少，兹据教育部统计数字，摘录如下：

年度	民教馆所数	经费数(元)	每所平均经费数(元)
十七年度	一五八所	四六八，八〇六	二，九六七点一
二十五年度	九〇〇所	一，九二五点二二七	二，一三九点一
二五年度	一六一二所	三，三六四点四三三	二，〇八七点七

据上表所列，民国十七年每所民教馆，平均有经费二千九百六十七元一角余，至二十年则降为二千一百三十九元一角余，至二十五年，更降为二千〇八十七元七角余；所以历年民教馆的数量为经费虽然总量上累增不已，实质上似已每况愈下。

据民国二十六年，福建省五十五所县市区立等民教馆经费之统计：（注五十）

全年经费在五百元以下者有	三所
五〇一——一〇〇〇	七所
一〇〇一——一五〇〇	一四所
一五〇一——二〇〇〇	九所
二〇〇一——二五〇〇	一〇所
二五〇一——三〇〇〇	六所
三〇〇一——三五〇〇	二所
三五〇一——四〇〇〇	一所
四〇〇一——四五〇〇	二所
四五〇一——五〇〇〇	
五〇〇一——五五〇〇	
五五〇一——六〇〇〇	一所

注五十：本统计材料，系根据《福建五年来社会教育》第八八页之资料。

经费最多者，为厦门市立民众教育馆，全年有经费六千元，最少者为清流及平潭两县立民众教育馆，全年经费仅三百六十元，全年经费在一千元至两千五百元的民教馆，占百分之五十以上，由此可略知福建民教馆经费一般的趋势。

另据浙江方面的统计，二十八年度各县民教馆经费合计一六一，八六五元，而各县社教经费总数为三三七，四五七元，计所有民众教育馆经费，占社教经费总数百分之四十八弱，每一民众教育馆平均经费计一，九七四元，较之福建二十六年情形，亦甚相近，若单从经费数量上看，实不易看出民教馆地位的重要。兹再将浙江省县市立民众教育馆分等情形，统计于下：（注五十一）

全年经费数	24年度民教馆数	28年度民教馆数
一〇〇元以下	二所	—

一〇〇—五〇〇元	二五所	三所
五〇〇——,〇〇〇	三七所	一六所
一,〇〇〇—二,〇〇〇	四七所	三六所
二,〇〇〇—三,〇〇〇	一三所	一四所
三,〇〇〇—四,〇〇〇	八所	二所
四,〇〇〇—五,〇〇〇	三所	五所
五,〇〇〇—六,〇〇〇	一所	二所
六,〇〇〇—七,〇〇〇	一所	三所
七,〇〇〇—八,〇〇〇	二所	—
统计民众教育馆	一三九所	八一所

注五十一:二十四年度数字,系根据《浙江省□会教育概况》第八〇页至一一二页之材料统计而得。二十八年度数字,系引用《浙江教育》二卷十一期第四二页之材料。

由上表,可知这五年中,浙江民教馆的经费,仍大半集中在五百元至三千元以下的数目上,其中尤以全年一千元至二千元经费之民教馆最多,五百元至一千元次之,二千元至三千元又次之。以素称民教馆发达之浙江及福建,其情形尚且如此,其他各省不言而喻。总之,无论就经费预算言,或就其经费所占社教经费百分比而言,均看不见民教馆地位的重要,在这种情形下面望民教馆做综合的社教中心机关,无异缘木求鱼了。

3.人员问题

我国教育落后,人材缺乏一问题,已成为各方面的共同困难,民众教育馆亦不能例外。虽然自民国十七年以来,人数由四百九十六人,增至七千零五十四人,数量上已增加十六倍以上,但是若以民教馆之所数与人数相对比较,则知实际无甚增进,兹据教育部统计,将历年全国民众教育馆每馆平均人数演变情形,列图表如后。

由表所示,虽曲线时有起伏,然每馆人数平均终未超过五人,足见人数上实不足以负起较重的任务。关于民众教育馆人数标准方面,赵步霞先生曾据下列四个条件,举行一次问案调查:(注五十二)

(1)负责教育区域约有二十五华里平方之区域。

(2)该区域内居民约五万人,大部分业农。

(3)该馆设施教育暂行以五年内民众之需要为根据。

(4)在该区域内,除民众教育馆一所外,尚有二教师之小学十所,可以做一部民众教育之工作,以补民众教育馆工作之所不及。

历年来全国民众教育馆每馆平均人数表

年度	十七年度	十八年度	十九年度	二十年度	二一年度	二二年度	二三年度	二四年度	二五年度
每民教馆平均	二点七人	四点八人	四点六人	四点九人	四点二人	四点三人	四点五人	四点六人	四点三人

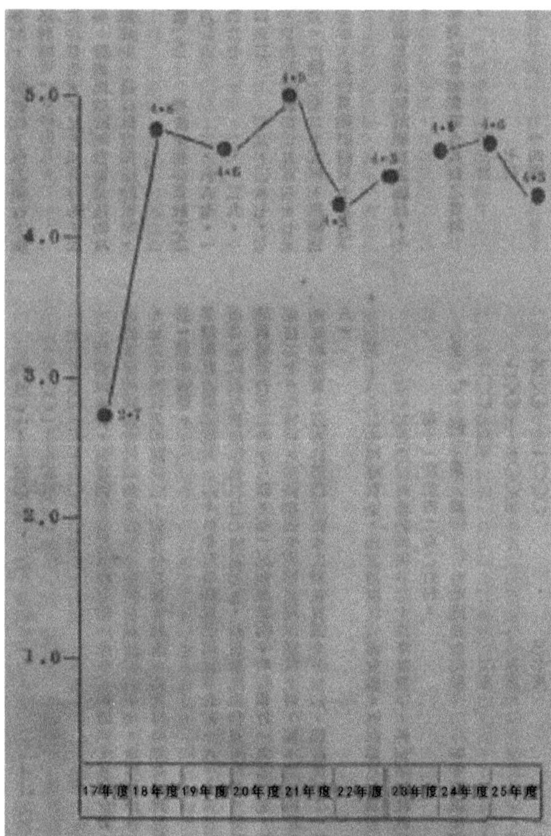

注五十二:《教育与民众》五卷二期赵冕《农村民众教育馆人员问题研究》。

根据前五条向浙江等十三省市的学者和实地工作者征询的结果,众数是一〇点四六人，寡数是五点八七人，中数是八人，各个案分配情形有如下图。

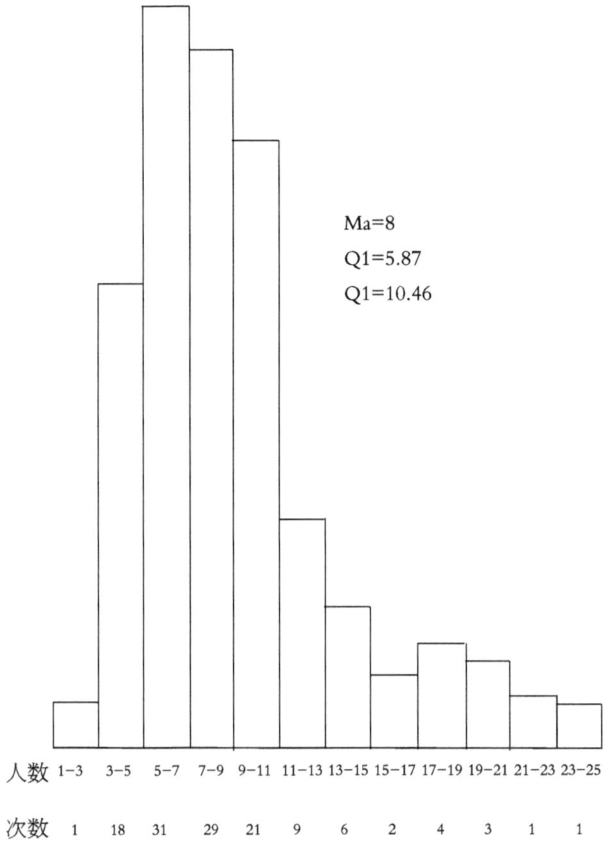

一个民众教育馆应有的职员表

假若我不否认这统计的价值，至少应承认过去历年民教馆的职员数，平均尚未达这统计的最低标准。

再就各省实际情形而论，各省规定数目，亦与标准相差甚远。如：①《广东省各县市民众教育馆实施纲要》第七条规定，甲级民教馆，得设馆长兼组主任一人，组主任兼干事三人，助理干事一人；公役一人。乙级民教馆得设馆长兼组主任一人，组主任兼干事二人，公役一人。丙级民教馆，亦设馆长一人，干事二人，公役一人。丁级民教馆得设馆长一人，干事一人，公役一人。

照这规定而论，其最高人数，亦不过六人。另据广东省社教要员石玉昆氏视察民教馆以后，有这样一段话：（注五十三）

“一个县立民众教育馆仅有四十元小洋一月的经费，除了工作人员生活费仅有八元的事业费，而且往往是不能发给的。另一个县立民教馆，上了一千元一年的经费，但是工作人员有一位是唯恭唯谨的老是守着馆不出门，每三天抄一张不像样的壁报，一位则是每天出门兼任其他机关的职务，永不管馆的工作，实在就是要他们管，也是管不了的。最后并归结‘经费太少’，为民教馆的一大问题。”

注五十三：《教育与民众》九卷五期石玉昆《广东县市立民众教育馆设施的一个设计》。

由这一段话，当可推知，广东民教馆经费与人材缺少的一斑。照广东现行民教馆设施纲要的规定，丙级教育馆，年支出经费一，四四〇元以上，丁级则支出八四〇元以上。这种规定，皆系石玉昆氏考察后之改进，（注五十四）单就“经费太少”的口吻说，亦可推知，过去广东县市民教馆的经费当在丙丁等级以下，如此其人员之多少，亦可不言而喻了。

注五十四：与（注五十三）同。

②江苏省方面，照其《县立民教馆组织暂行规程》第四条之规定：“甲等馆设馆长一人，馆员四人至六人；乙等馆设馆长一人，馆员三人至四人；丙等馆设馆长一人，馆员二人至三人；丁等馆设馆长一人，馆员一人至二人。”

照这规定，可知每馆最高人数，决没有超过六人，而且事实上甲等馆绝不会占全省县民教馆二分之一，所以在江苏大半县立民教馆人员数量，当在四人以下。江苏广东（为后起之秀）尚且如此，其他各省县立民教馆人员之数目，大致当亦相近。以如此微少之人数，而欲望民教馆做一个四通八达的中心机关，在力量上恐亦成问题。据赵冕氏的统计，民国十七年全国三十种社教机关的职员中，民教馆职员仅其中百分之三点四一，民国二十二年，亦仅占百分之三点五六。

再据教育部社会教育司二十八年一月编印之《中国社会教育概况》所载之资料加以统计，二十四年度图书馆、民教馆、民众学校、博物馆四种社教机关，合计工作人员共八三，一三〇人，民教馆职员仅有六，三六二人，约计占百分之七点五强，若依赵氏以三十种机关人员比较之，恐其百分比，与二十二年度亦甚相近。夫以百分之三的人数，怎样来做百分之九十以上的人的中心，倒还是须待研究的问题。

此上系人员的数量问题。至于质的方面，在过去问题亦相当严重，江苏省素称人材济济的省份，但据宗秉新氏某年的调查，县立民教馆的馆员，竟有百分之二十二以上人数资格不合，浙江方面，据陈仁璇氏的统计，县立民教馆馆长八十一人中，仅有大学毕业生二人，职业中学及高初中肄业者，反有六人。此外，三百二十个馆员中，初中毕业、初中肄业、高小毕业及其他资格不明者，竟有九十五人，如此足见资格缺乏之一斑。不过，二十八年以来，民教馆人员资格业经现行民教馆规程中加以确定，而各省又积极举办各种短期训练班，人材问题的严重性遂随之稍微减低。以事业的本身而论，当以专才为上，目前教部所定资格，多系迁就事实，所以民教馆人员素质欠缺的问题，到今天尚未有适当的解决。

四、新县制下民众教育馆之新估计

从前面的分析，我们可知中国民众教育馆尚蕴藏着许多未曾解决的问题。如组织上的不定，系统上的不整，等级上的不当，范围上的不切，人员上的不够，经费上的不足，加之工作多无准则，事业复乏中心，处处都是百孔千疮，破绽毕现，处处都显示有悖于初旨。在今天新县制精厉推行之余，这种惰性的组织是否有继续存在的需要，是值得审慎考虑的。

1.新县制的根本精神

要解答这个问题，是不能不首先就新县制的根本精神加以分析。新县制的根本精神是什么？照中枢的指示，其根本精神即“在于唤起民众发动民力，加强地方组织，促进地方自治事业，以奠定革命建国之基础”《确定县以下地方组织问题》第十页）。另外还明确地指示说：“今后行政人员，必须重视教育，以教育为方法，达到革命建国的目的。”

根据这两点指示，至少我们应该承认在订定新县制的动机上，是含有浓厚的教育精神。

再从组织上看，横的方面，有“民众组训”，如少年团、妇女会、长老会、壮丁队等，又有民众团体，如农、工、商、教育及在乡军人等会。“民众组训”、系“以保为单位”，注重编制与训练，期于严密组织；民众团体，则“以乡镇为单位”，“注重指导与监督”，期能“由下而上，逐级健全”。此外并须将“以前中央颁行七项运动”为普通之训练。这一切安排，不啻为一大公民学校之组织。至于在纵的方面，在县有壮丁总队，区有壮丁联队，乡镇有壮丁队，保有壮丁分队，甲有壮丁班。并规定乡镇“应斟酌需要，按期抽调各保壮丁队中之精壮者，轮流到乡镇受高一级之训练，兼负担各项警卫任务，期满返回，一面做壮丁队的下级干部，一面负责推行保内各项自治工作”，这种组织的安排，无异整个地方已成为一大自卫训练之学校。再从人员方面看，“乡镇长、乡镇中心学校校长及乡镇壮丁队队长，暂以一人兼任之；保长、保国民学校校长、保壮丁队队长，暂以一人兼任之"，虽然有"在经济教育发达之区"，中心学校及国民学校校长，以专任为原则之规定，其实中央曾根据实际情形，这样剀切地指示说："为解决基层组织之人材与经费问题，固必须如此，为集中事权，增进教育在社会上的效率，亦必须如此。"足见"兼任"实有普遍之可能与必要。其次，又规定乡镇公所各股主任及干事，应"由副乡镇长及乡镇中心学校教员分别担任"。而保办公处之干事，亦"由副保长及国民学校教员分别担任之"。这是教育与政治的人员合一，以为"政教合一，官师一体"的基础。

此外，又规定自县政府起，须"从速整理健全其所属职员"，并就"有关之法令图集表册，以及其办理之理由、方法、程序等等，详为训练，使之切实学习，以至彻底明了，能领会，能工作，能实行为止"，"同时须施以精神总动员及新生活运动之训练，改变其人生观，使之感兴趣，以免妨碍工作之进行"。这又是一套"以身作则""先之劳之"的教育工夫。

再从方法上看，还是一贯的教育精神。先就下级的工作人员的任务来看，保长的六项任务，有四项是宣导与动导的工作，甲长六项任务，有四项是教导工作。此外还要"每季由县政府，或区召集乡长会议一次，切实检查有无违反新生活运动及精神总动员之规定，并举行宣读国民公约誓词，讲解精神之改造，报告时事，暨本县正在举办事项，如何进行，以促进乡镇长之自觉，自动、自治"。乡镇保也有同样会议的召集，而且开会时期较多。这完全是以积极的自我教育，代替了过去消极的监督。

如遇有办不通之事，则由上级机关派员亲至该地，召集民众开会，设法处理。这一切，都是充分透彻了新县制方法的教育精神。

总而言之，无论从发轫的动机、组织、人员、方法等方面来看，新县制是充分透过了教育的精神。旧县制之遭鄙弃，而新县制之所以值得我们拥护，推崇，以至努力实践者，其关键实在此。据我们的观察，过去无论哪一位专家，只要他的事业，一涉及民众，便深苦民众的教育不够，所以许多事业的失败，未始不由于教育落后的影响。譬如合作事业、地方自治等事，在过去十年间，诚给予吾人沉痛的教训。故今后要藉推行新县制以完成地方自治，首先一着，就要把握新县制的教育精神。忽略了这一点，则新制虽新，亦无已异于旧制了。

2.县立民众教育馆的地位

从前所述，可知新县制的根本精神，即在教育。所以教育事业，尤其是社会教育事业，在新县制推行之际，格外重要，格外有意义。民众教育馆既是综合实施社会教育的机关，自更具有重大的任务，其设的需要，是不言而喻的。其次，我们再就政府态度方面看自中央颁行新县制以后，因该组织系统中关于教育设置方面，仅有县立小学、图书馆及县立分区职业训练班的地位（见县各级组织关系图），而于民众教育馆，则全未提及，于是颇引起各地方政府及社会人士，对于民众教育馆的存废问题，甚为关怀。嗣经各省地方政府陆续请示中枢，教育部乃确切的宣示："县立民众教育馆，为实施社会教育之中心机关，各省市在实行各级纲要时，县立民众教育馆应负辅导该县社会教育事业之责任，自应继续办理、并充实其内容。"（注五十五）此外，教育部令复浙江教育厅之请示内容略谓："查该厅呈请解释事项中，关于嗣后民众教育馆应否依旧设立一节，当经本部转呈行政院拟请拨照四川省成例，各县民众教育馆，仍应照常设立，兹奉行政院令知，准如拟办理，奉此，该省民众教育馆仍应照常设立，其与县各级组织关系，与图书馆同……。"（注五十六）

注五十五：《桂林扫荡报》民国二十九年四月六日登载。

注五十六：浙江教育厅《进修半月刊》二卷八期。

据二十九年九月一日，《中央日报》载："教育部以各省实行县各级纲要后，各县中心学校国民学校将次第普遍设立，是项学校之成人班及各项社会教育事业，欲其办理完善，增进效率，亟应按照民众民校及其他社会教育机关之向例，由各县民众教育馆为之辅导，该部除在中心学校国民学校办理社会教育要点内第九项已有'各学校办理社会教育由县民众教育馆辅导'之规定外，顷特通令各省教育当局，转饬各县民众教育馆，于办理本馆各项之事业外并应负辅导各施教区内各学校之成人班妇女班及各项社会教育事业之责，所有辅导办法并应依照该部前颁民众教育馆辅导各地社会教育办法大纲办理云。"据该报同年九月六日报载："教部对于各地设备简陋之民教馆均酌给设备费，以资补助，此项补助费，先后已拨给三次，计共十万零六千元（注五十七）……该款用途，业经教部订定二十九年度教部补助各省市县民众教育馆设备费办法详为规定云。"

注五十七：按十万零六千元之分配渝市五，〇〇〇元，川五，二〇〇元，黔一七，〇〇〇元，滇一三，五〇〇元，鄂六，五〇〇元，康一，五〇〇元，青二，五〇〇元，甘二，〇〇〇元，陕二，五〇〇元，湘四，五〇〇元。

据此，可知民众教育馆不仅未受新县制颁行之影响，而且还因此加重其地位。故吾人今日对于县立民教馆所应考虑者，已不是"存""废"问题，而是应如何充实工作以体副其地位问题。如部颁《民众教育馆工作大纲》第三条之规定:“民众教育馆之实施目标,在养成健全公民,提高文化水准以改善人民生活,促进社会发展。”

据此论之,则县立民教馆在政治、经济、文化各门部皆占有重要的地位,似已无疑义。如湖南省所订各级民众教育馆改进计划,关于工作目标,有如下之规定:(注五十八)

“一、工作目标,采管教养卫合一的办法:1.管(政治)——自治治人——注重完成地方自治。2.教(教育)——自教教人——注重训练地方民众。3.养(经济)——自养养群——注重民众公共造产。4.卫(军事)——自卫卫国——注重民众自卫组织。”

注五十八:《湖南教育月刊》第十一期。

此外,在浙江省各县市民众教育馆工作标准中亦有如下之说明:(注五十九)

“国家新建设,有‘政治、经济、文化’三方面;国民新训练之本质,自亦有‘政治、经济、文化’三方面,而各方面之内容,则有‘知能、组织、活动’三方面。就‘政治、经济、文化’三方面,培养民众知能,促进民众组织,指导民众活动,斯为民众教育……”而实施民教的中心机关自然又是民众教育馆了。

注五十九:《浙江省现行法规汇编》七〇三页。

由此二例,当可知县立民教馆地位与使命的一斑。其他各省,虽或有是项机关之设立,而工作标的未经明文规定,或经规定而未达到标准者,皆暂时现象,其最后趋势,当属一致。这是毫无疑问的。

总之,县立民教馆的地位,已因实际建设的需要,日趋巩固,而其使命亦因地位的巩固与重要愈趋艰巨。今后县立民教馆怎样体现其地位,换言之,即今后县立民教馆在政治方面的使命怎样?在经济方面的使命怎样?文化的方面使命又怎样?实为一值得研究的问题,请更申论于后。

第一,政治的任务。

我国自清末立宪维新运动发轫以来,几乎一谈政治的改革,便首先涉及民众教育。如荣庆等奏章中所设列强之船坚炮利,财富兵雄,皆出自其全国国民心力,并持一二英雄豪杰之才(见第一节注),足见当时重视民教,已启端倪,而且事实上,民众教育亦因此发轫,虽然在当时仅尽了点缀作用,但是时至今日,由于时代之迫切要求,民众教育仍不失为政治改进中一个主力。总理在遗嘱中,曾昭示我们“必须唤起民众”。其中最大的原因,就是因为民国元年的政治未奠定稳固基础，致累得总理与毁法者斗争十余年而无结束。故民国十三年时，总理曾痛切地说：“辛亥之役，汲汲于制定《临时约法》，以为可以奠定民国之基础，而不知仍适得其反……《临时约法》颁布以后，反革命的势力，反得凭借之以肆其恶。……而大多数人民对于《临时约法》初未曾计及其于本身利害若何，闻有毁法者不加怒，闻有护法者不加喜。”这当然是由于宪政宪法未得到大多数人了解与拥护的缘故。直到今天，还有一班人对于宪政之怀疑，他们以为人们程度太低，不足以行宪政。这与清末保皇人主张君主立宪者，谓人民程度不够，不足以言革命，正复相同，盖人民程度尽管低，但是对于生活上的迫切需要的程度并不低，揆诸事实，无不尽然。假使我们不是有意因噎废食的话，则宪政的实施似乎不必需要等待人民程度的自然增高，而且应当利用人为的方法以为补救。补救之法，并不是设立几十所宪政学院或宪政训练班所能济事，必须广泛普及以宪政为中心的民众教育，由教育的力，把宪政的根芽深种在民众生活中，使大家恍然觉悟，一致要求，然后无论什么政治制度与设施都有基础了。所以民众教育在政治方面实有不可轻视的地位与使命。

民国二十八年秋间，中央为了“唤起民众，发动民力，加强地方组织，促进地方自治事业，以奠定革命建国的基础。”（注六十）颁布了县各级组织纲要，各省多已在积极推行之中。新县制既以“唤起民众，发动民力，加强地方组织，促进地方自治事业”为依归。而民众教育运动者十年来汲汲努力者复于此正相吻合，今后民众教育如何负起这伟大的政治使命，实为今天民教工作者的主要课题，请分析言之：

注六十：见《确定县各级组织问题》之说明。

我们认为民众教育在政治方面的使命，从原则上说，应注意下列四点：

（1）要明确地以推行自治为中心目标之一。过去民教工作大都散漫，做了许多无关痛痒的工作，其原因虽多，而缺乏明确的中心工作实为其主要原因之一。如有时宣传，有时教书，教书宣传几乎成了工作的目的与内容，这已经失去民教之意义，诚属遗憾，今后要使民教工作不虚糜滥费，就应当倾重力量以推进自治事业，使自治事业推广到全国每一乡村。

（2）要普遍地训练地方干部。我国人民教育程度、水准一向很低，因此人材缺乏，自属意中之事，今一时的补救办法，就是举行各种短期训练，或招考，或调训，这种办法，各省实行已久，不过这种办法因为经费人力的关系，也有限制，如各地之保甲长人数庞大，在省方既不易普遍训练，而各县又七零八落地训练两期，既无正式训练机关，又无常用负责人，大家胡乱训练一次，事过境迁，谁还记得训练过什么？因此对干部缺乏之补救，效果不佳。为了工作上的衔接起见，我们主张基层干部人材之补救训练，应由民教中心机关主持之，以便常用训练，如此不仅政治有了干部，民众教育也有了干部。

(3)要辅导与训练并行。干部人材训练，单靠几个月甚至几星期的短期训练，所学所习实在太有限了，若以为训练过便完事，那还是无济于事。因此必须一边训练，一边辅导，使干部人员在工作上学习，在实际生活中获经验，以补救训练时之所不及，若一经训练，便任其暗中摸索，不仅降低工作效率，抑且失去训练之原意。

(4)要推行政令与传达民情并重。政治上最顾忌的，就是上下隔阂。县政府一道命令，经过区乡保甲户，其中真正懂得文意的有几个人，实是疑问，而在民众方面艰难苦困无由上达。结果政府方面一切的改良与革命，对于民众的苦痛如隔靴搔痒，而人民因为知识或经济关系常为政府推行政令的障碍。今后上下衔接的枢纽，那当又是民众教育了。不过以往民教工作者，不是一贯地替政府说话，就是一贯地为人民说话，这样殊失上下衔接的意义，所以宣扬政令与申诉民情实为今后民教工作者所不应偶或偏颇的。

第二，经济的任务。

“一个民族精神被人屈服是亡国的开始，而经济破产才是亡国的终结”，所以经济建设实为今日建国过程中的主题之一。县为自治传位，同时也是发展国民经济的出发点。总理曾昭示我们，县不仅为一政治团体，而且为一经济团体，所以经济建设的重心在县，是无可否认的。不过县凭什么就可以做经济建设的重心呢？单凭建设几个计划和几纸公文就能奏效吗？二十八年国防最高委员会通过的地方自治实施方案，关于基层建设方面，有如下的规定：“乡镇及保因时因地利用当地民力财力从事公共造产，其收益充作地方自治事业之用”，“并以合作方式从事公共造产”。

这里所谓“合作”“造产”凭什么就能实现，其余如增加生产提倡副业，选择品种，改良技术，又凭什么来推行？我们要改善人民生活，靠什么就可成功？这实为基层经济建设中的主题。

民众教育者根据过去十余年的经验来告诉我们说：“天下无论什么事，都要靠他本身有生机有活气……一个小孩子必须是活的，他才能够吃东西……一乡一村里头有生机，一乡一村才能渐往好处去，如果乡下人不能自己起来向前去打算，乡村成了个半死的，没有了生机，没有了活气，外边人怎能使他

向上使他好呢？所以要想乡村向上长，必先让他本身有生机，可是这生机又从哪里去开呢？这就要靠启发民众自觉了。”（注六十一）

注六十一：中正大学，《地方建设》创刊号第一一五页。

这是民众工作与乡建运动者在实际工作中所获的共同心得和教训。由这一点启示，我们就可知民众教育在基层经济建设中的地位了。

过去的基层建设，未得社会上的普遍注重，只靠乡建和民众工作者单枪匹马的披荆棘，涉险阻，因为力量单薄，结果东不成西不就，“孤掌难鸣”似乎已成为乡工作者的共同困难。（注六十二）时至今日，基层建设，尤其基层经济建设，已为全国上下共同注重，但是一涉及基层建设，马上就会感到民众的教育不够，这又为今日实行新县制与努力基层经济建设者的共同困难。由此足见民众教育的推行与基层经济建设的要求，渐趋一致，我们自应当利用时机，一方面发挥民众教育的效能，一方面推动基层建设，完成民教在经济方面的任务。今后民众教育对基层经济建设的使命，从原则上讲，至少应注重后述三点。

注六十二：中正大学《地方建设》创刊号第一一六页。

（1）配合地方经济建设。过去民众教育在经济方面的失败，原因虽多，但没有配合政府整个的地方经济建设，也是一个影响颇大的原因。自前年最高当局颁行新县制以来，各省多以令饬县市订定建设计划，尤其在经济方面，计划格外具体，故此后民教工作，对经济方面，应充分配合地方经济建设计划，不宜别开生面，无中生有，以至挠阻工作。

（2）加紧民众经济组织，一般民众的经济生活落后，缺乏组织，实为其主因之一。大概一件事有了组织，事业的本身才有寄托，过去民众教育对于经济方面，多偏重枝节，而忽视这个组织问题，所以许多事业弄得零零碎碎，生不出若大力量。今后无论在生产方面或消费方面，都应当注重组织民众，盖组织不仅足以解决经济问题，且能进而为民众解决一切问题。

（3）增进民众生产知能。我们一般生产力的落后，实由于大多数生产者知能的落后。但是劳动生产大所众数目如此之巨，殊非几十学术机关所能胜指导之任，普及之责，自又属之民众教育。不过以往民众教育单独进行，工作方面诸多消极的提倡，今既有政府做后盾，计划为依据，就应当更进一步来做积极工作，我们不仅要提倡，还要实地指导，不仅指导如何生产，还要指导如何增加生产。然后民教工作在经济方面，才有意义。

第三，教育，文化的任务。

民众教育馆的使命，除了政治经济两方面以外，那就是它本身的教育任务。就民众生活方面说，政治与经济并不能包括民众生活的全部，其它部分的生活自然也同样的需要教育。就民众教育的本身说，过去各县社教工作未确定中心机关，致是散漫游离，重复偏颇，有待补救。所以县立民众教育馆今后承弊履新的使命，约有三端：

(1)做民众教育的枢纽。县立民众教育馆是综合的民教机关，它该把所有本县图书馆、博物馆、公园、民众学校、宣传队等等民教设施，集零为整以熔于一炉，以便统一指挥，分配工作，把全县境内之民教工作，作通盘的筹划，以资妥贴配合于地方建设的需要。县立民众教育馆，又是中心民教机关，因为它不仅直接办理民教工作，还要指挥全县的民教工作并且更要辅导其他机关兼办之民教工作。指导的目的，是在使民教工作就范；辅导的目的，是协助个各机关力所不及。盖所谓兼办并不是轻视民教，因为每种机关各有专司，对于民教，除有特殊原因外，绝不能全力赴之，所能为力的，不过参加或协助，最多也不过是办一点简单的工作，关于工作计划，关于教材的供给，关于方法的引导，这一切应全部归于民教馆负责，则过去敷衍塞责的弊端，庶几可以减少，因为敷衍的起因，多半系由于力绌的缘故。

总之，过去民教工作散漫，效率上深受影响，今后欲望民众教育走上坦途，则县立民教馆就应当成为一中心综合的民教机关，做民教工作的枢纽，以肩负县境内一切民教工作的指挥与辅导的艰巨使命。

(2)做地方文化的中心。前面说过，“我国民教馆却是积极的，动的，去做社会文化的中心和地方建设的动力”，这是我国民教馆的特质之一。在民国二十年九月，第三届中央执委会通过三民主义实施原则，其中关于社会教育的目标的有五项，其第一项即为“提高民众知识，使具备现代都市及农村生活的常识”。由这一项，亦足明了民教馆文化使命的所在。其第四项，更进而“注重国民体育及公共，娱乐以养成其健全的身心”，这正表示“要奋发图强以成一优秀民族与国家，则不仅要民众有现代生活常识与技能，还要有健康的体魄与正当的娱乐：这一切，都是县立民教馆应有的文化使命”，请分析言之：

①要普及教育。我国一向教育不普及，文盲达百之八十以上，虽经二十五年中央颁行实施失学民众补习教育办法大纲，预备于六年内，将全国文盲一律肃清。嗣因抗战影响，截至二十九年度止，全国各地扫除文盲之数，距预计仅及半数。(注六十二)所以普及教育，扫除文盲，实为民众教育的先天使命，就日常生活来说，看报，记账，签名，写信，使钱票，找街道，寻门牌，认字

号，以及处理各种应用文件，哪一件不需要文字，何况文字为求知的工具，学问库藏的钥匙，没有文字做基础的教育，根本就追不上世代。过去因为对这基本的教育，没有整个的安排，单靠几所乡村小学和几个社教团员，东鳞西爪地在广大的文化沙漠上探索，结果无济于事，今后应当发动广大的知识分子来共同肩负这建议国家建设文化的根本责任，而这种发动与设计安排的任务，自是今后县立民教馆应尽的工作。

注六十二：《教育通讯》三卷八九期第七页。

②要改良风俗。我国民间风俗敦厚，为外人所不及，但是也有许多不好的习惯。如礼俗方面，有钱的人家，一次婚丧，至少几千元，穷困人家，也要锤肿脸，借点钱来挣挣面子，因此而债台高筑，或家庭破产，或禀官告状，人财两空者，时有所闻。再如婚姻方面，尽管一班人在那里高喊婚姻自由，但是父母之命，妁媒之言，还是支配着大多数青年男女的婚姻，因此而酿成离婚，奸案，及种种家庭悲剧者，实不胜枚举。人虽生存在社会，却有一半生活是寄托在家庭，家庭得不到美满，则人生幸福就去了一半，在娱乐方面，除了烟酒嫖赌，就是鬼神迷信。以往民教人员，对这方面也曾略下工作，只因是零零碎碎的宣传与提倡，是不易唤起广大注意的。今后县立民教馆应站在政府立场作彻底的规导与改良。

③要奖励健康。张君俊先生在《中国民族之改造》的一书中，曾这样地说过："窃以我国民族之体质，则每况愈下，一代不如一代矣；而欲奠邦基国本于磐石之安，诚未见其可也。"（注六十三）这是张先生站在生物学之立场，对祖国一个谨切的忠告。照张先生的分析，我国人民体质衰弱，实为民族一大危机，不过张先生所谓调查家谱、禁婚等，我们却不敢完全苟同，因为在科学落后与民主政治不发达的我国，这种办法偶一不慎，即会形成无限的悲剧。此外如张先生主张多设疗养院，自然是很好的补救方法，但是我们以为近于消极，我们认为积极而又适合贫家中国社会的补救办法，那就只有广授健康知识与提倡运动了。西洋人体魄强壮，实最得力于运功，盖西洋自希腊罗马以来，就一贯地注重体育，所以他们体魄的强壮，实有深厚的基础。反观我国，自秦汉而后，所谓士子多是闭门读书而历代君主为了巩固帝位，不惜重文轻武，所以民族体格的衰退已千余年，今一旦提倡运动，在习惯上颇为扞格，因为跑跳球戏，中国人一向就看做小儿游戏，虽然近年全国上下对健康运动已造成流行风气，但是大多数的人，或格于习惯，或拘于年龄，或限于技术，以此健康运动，尚未能充分普及：这又是县立民教馆应积极指导的。

注六十三：张君俊《中国民族之改造》自序第三页。

(3)做民族精神的堡垒。总理说："人类而失精神，则必非完全独立之人。"（注六十四）衡之国家民族，何尝不然。我国过去一般民众，大都是缺乏民族意识，道德和自尊心，正如总裁所谓"今日吾国社会一般心理，苟且萎靡，醉生梦死，不知振作。"像这样的民族听凭自然不加改革，而希望强盛，无异缘木求鱼！盖精神为民族国家之最后寄托。总裁有鉴于此，一再发动新生活运动及全国精神动员运动，谆谆告诫国人，生活向上，精神向上。其事虽有先后，而用意翕然相同，皆所以为新中国建立根基，求根本的改革！但是我们凭什么就能使广大的群众生活与精神向上呢？那当然又是民众教育的使命了。县立民教馆为一县民众教育的中心综合机关，又为一县的文化中心。它的目的，不仅在"成为民众的教育馆"，而且还在成为"民众精神寄托的民教馆"。因此更应当有整个教育环境的安排，来加强民族意识，宣扬固有文化，扩大新运与精神动员工作，来激刺社会，来推动社会。

注六十四：《重申精神动员之要义》。

总结起来说，县立民众教育馆有四大使命：第一，做政治经济的动力。第二，做民众教育的枢纽。第三，做地方文化的中心。第四，做民族精神的堡垒。简单地说一句，县立民众教育馆，有"动"的特性，有推进建设，彻头彻尾做社会动力的使命：这一切，都是决定于纵的历史与横的时代！

五、今后民教馆的改进路向

从前节的分析，可知县立民众教育馆在地方政治、经济、文化各方面，皆有艰巨的使命，但据前面第三节的分析，却是破绽毕现，处处都是问题，处处都显示不足以负起这伟大的使命。今后欲开展社会教育，及肩负这艰巨的任务，就必对症下药，针对以上几种病症，将民教馆的本身加以改进，然后才是"进而言他"。至于改进的途径，我们以为有下面六点，颇得注意：

第一，要统一社教机关——所谓统一，并不是合并，而是将指挥与设计集为一体，工作与联系打成一片。如在一县之中，有民众学校，有图书馆，有体育场，有中山民校以及许多社教机关，民教馆在习惯上是与各机关处于同等之地，每行一事，必于大家商量、联系，所谓商量与联系，事实上已是妍镀，纵使幸而不起摩擦，不闹意见，而民教馆事实上已失去其主导的地位了，民教馆失去其主导地位并不足虑，所可虑者，则为社会教育制度零乱，社教工作重复偏颇。查过去社教工作，内容分歧，效果低微，虽多而寡要，虽费而少益。语云“差之毫厘，谬以千里”，追根寻源，实由于此。所以今后为确立社会教育的制度及县立民教馆的应有地位，我们主张把全县社会教育工作之指挥与设计之权，皆统一于民教馆之下，庶几在工作上与制度上，皆有整个生命的表现。

第二，要普设支辅机关——如第一点所述，县立民教馆虽统一全县社会教育指挥与设计之权，但单靠一所民教馆的力量，事实上绝不足应付。我们曾在前面第二节中，讨论过各省关于社教工作的区划问题，觉得施教范围小的，虽比较切实，但已失去民教馆在全县社教工作中的地位，至于施教范围大的，又觉得力有不及，左思右想，实觉两难，其实，追根寻源，实由于未普设支辅机关之故，盖过去工作的阻滞，多系无适当联系，若普设支辅机关，不仅民教工作之脉络灵活，推行通畅，而且在工作上亦有普遍的分配，不复像过去再有重复偏颇之弊。

第三，制定组织标准——县立民众教育馆既为全县社教中心机关，则其组织是不宜像民众学校一样地简单，虽然在民众教育馆现行规程中，有因地制宜的伸缩机会，但是我们为了县立民教馆的地位与社会教育工作的开展，是不能不作最低限度的打算。照现行规程中的规定，县立民众教育馆的组织，只有四组，即教育、总务、生计、艺术等组，但据第二节所述，各省县立民教馆，有的分四组，有的分两三组，甚至还有不分组，混合办事，民教馆组织不一，虽是个问题，但是还没有“组织不够”的问题来得严重，同为民教馆既要指挥别人，则本身至少应有相当的充实，组织有相当具体与完备，那才足以负起主导的任务。所以在现行制度下，我们以为至少应将规定之四组，全部设置，作为组织的最低标准。

第四，限制最低人员——语云：“法不足以自行”，所以民教馆单靠多设几组，是无济于事，还须赖人员来推行，若人员不够，组织虽多，亦不过是一块空牌子：因此人员的最低数，亦应该予以确定。前第二节中，赵冕氏关于民教馆应有人员数目之问案调查，统计结果，中数为八人，这数目在现行制度中，很为恰当。第一，每馆分四组，每组设主任一人，干事一人，馆长亦兼一组主任，如此人数正合分配；第二，因为民教馆既要从事实际工作，又要辅导指挥其他机关之社教工作，要两面兼顾，事实上必须相当的人力，今每组设置二人，即使一个外出，还有一个守家，就事实而论，这似乎是最高的需要。

第五，规定最低经费——人员之多寡，在事实上常因经费多寡而定，这都不很合理；因设置人员与筹措经费的原意，全系为了开展事业，若令人员或事业反迁就经费，岂不是倒果为因。我们以为与其迁就事实，痛挨笑骂，还不如办一所民众学校来得切实，若要真正办民教馆，作社教中心机关，就必须规定最低经费之数额，俾使能配合事业与任务。照第二章的分析，现在各省县立民教馆的经费，大都很低，而低落的原因，并非是无钱可用，而多半是有钱不用，如百分比的低微，或经费移挪，都是很普遍的事实。今后为了开展事业以符所负任务，则每馆全年经费至少应在六千元以上，如以百分之五十为薪工，以每馆八人平均计算，每人每年仅得三百七十五元，为数甚少，如该县经费充裕，社教经费应占全县教育经费百分之三十以上，民教馆经费应占社教经费百分之六十以上；如经费不裕之县份，其社教经费百分之六十尚不足六千元者，应准暂行缓办，俾以全部社教费来充实民众学校，尚可扫除广大的文盲，若因不足的经费，使民教馆苟延残喘，有名无实，效果未得而经费先耗，诚非得计。故最低经费的规定，亦为今后开展民教的急务。

第六，确定中心工作——论到以往民教馆的工作范围，真让人望洋兴叹，即就现行民教馆工作大纲规定，其主要事业，省立者有三十八种，县立者亦有三十一种，以目前我国社会建设而论，真是百废待举，就教育而论，亦急待普及，在这种情势之下，若要一齐下手，样样兼顾，结果必因人力物力所限，处处都会落空，所以现行《民众教育馆工作大纲》中，有下列几项切实的规定：

“第十条，各省市教育行政机关应根据本大纲或参酌地方情形，订定本省市各级民众教育馆中心工作及其纲要及其细目。”

“第十一条，各级民众教育馆应依照教育行政机关订定之中心工作及其细目，订定全年度事业进行计划及工作月历呈报主管教育行政机关审核备案，并为考核成绩之参考。”

“第十四条，各级民众教育馆须认清施教对象，把握工作中心，必求其效果能持久不渝。”

根据这规定加以分析，可得 三个要点：(1)要决定中心工作的具体范围；(2)要有计划与步骤来进行中心工作；(3)要把握中心工作的根本性质。若能根据这三点进行，则工作必不至于有空泛、零乱，超越范围的流弊。

（原载于1942年《地方建设》）

国民教师的进修问题

一、教师进修原因的分析

进修一词，普通概解作充实学识与经验之谓。这种概括的解释，是不能把握进修的要领，要把握要领，就不能不从进修的原因来分辨。盖进修一事，为任何教师所必要，不过有时因为出身不同，程度不同，年龄不同，兴趣不同……种种原因，进修内容与方法常各异其趣。若不辨皂白，概予以划一的进修，则张冠李戴之义，实难以避免的。

就一般情形看，进修的必要，大约有以下五个不同的普遍原因：

第一，学业较差，又未受教育专业训练者；

第二，未受教育专业训练者；

第三，虽曾受专业训练，但经验缺乏或技能不够者；

第四，墨守成规，对新思想或对新行政设施不了解者；

第五，有研究兴趣者。

在这五种当中，第一及第二两种，是需要受正式教育；第三种则需要切实的实地参观，或有辅导的实习；第四种即仅需举行短期讲习会，请各方面名人讲演，以资开导；第五种只要有设备，有指导，即可自己进行。既有这五种不同的需要，就需不同的方法，然后才可得心应手，事半功倍了。因此我们每当举行进修之前，就应当对各参加进修的教师，举行一种调查，以便分析其需要与动机，兹介绍一种调查表于下。依这个调查表所示，我们至少可以得到几项答案：

(1)明了生理状况。

(2)是外乡人抑本土人。

(3)曾否受专业训练。

(4)一般训练够不够。

(5)是中心学校抑国民学校。

(6)是乡村抑是城市。

县中心学校及国民学校教职员参加进修调查表 年 月 日填

<table>
<tr><td>姓名</td><td></td><td>性别</td><td></td><td>年龄</td><td></td><td>籍贯</td><td></td></tr>
<tr><td>出身</td><td></td><td colspan="6">从民国 年起在小学服务，现已服务 年 月</td></tr>
<tr><td colspan="2">现在服务机关</td><td colspan="2"></td><td>地址</td><td colspan="3"></td></tr>
<tr><td colspan="2">担任本校哪些职务</td><td colspan="2"></td><td>同事几人</td><td colspan="3"></td></tr>
</table>

最近担任教学科目	科目名称	年级	每周教学分钟	学生人数	学级编制	备注

平日最感缺乏的是哪些知识？请圈定于右				
	1.时事	2.行政设施及法规	3.社会	4.教育
	5.历史	6.地理	7.自然	8.算学
	9.应用文	10.国音及字母	11.卫生知识	12.体育
	13.劳作	14.音乐	15.图画	16.
	17.	18.	19.	20.
	21.	22.	23.	24.

平日在教学上感到哪些困难请在右栏中圈定			
	1.言语欠缺	2.讲话无系统	3.不善表情达意
	4.时间不善分配	5.板书不齐整	6.改订笔记困难
	7.教室管理困难	8.学生缺席	9.学生不感兴味
	10.学生成绩不佳	11.	12.
	13.	14.	15.

平日有些什么得意的事		

现在希望进修什么		

(7)规模是大抑是小。

(8)职务忙不忙。

(9)课务忙不忙。

(10)时事政法懂不懂。

(11)教育常识够不够。

(12)文史常识够不够。

(13)自然常识够不够。

(14)艺术知能够不够。

(15)教学技术够不够。

(16)有些什么长处。

(17)自己希望进修些什么。

(18)究竟应该进修些什么。

(结果)

假使我们觉得表上内容不能满足我们的要求,亦不妨将表加以扩充或更订,不过最要紧的,就是要在举行进修培训以前,必须调查完竣,若任临时草率从事,是不会有好的结果。照理想的办法,各地方教育行政机关,于每学年或每学期,能对各教师作一度善意的调查,以便从而辅导及改进。

有人以为直率的调查,因为各人不肯暴露自己的缺点,则填表的真实性未免因之逊色,不如用教师量表来得切实,关于这一点,我们不能完全同意:就动机上讲,我们完全出诸善意来帮助教师充实自己,凡是有志向上的人,未有不肯补救自己缺点的。不过这种办法,在最初一次举行之前,是应当把调查真意说明,事后又应当有事实的表现,以符合教师的愿望,这样不仅可以促进教师的进修,抑且可因此造成好学的风气。再就行政方面说,科学的行政方法,首重在客观的考察,若一任教师自己评判,而教育当局对教师质素如何反不知道,则改进师资将根据什么?有人以为要考察师资的素质,只须举行一种测验,即可判明。殊不知测验不免有机会可趁,而且近乎消极,不若先令教师自己推诚"缺点"与"优点","意见"与"希望",再由教育行政当局加以客观的考察,其结果当比较精确些。

至于"教师自己量表",也有相当用途。第一,它可使成心向上的教师,随时发觉自己的缺点,以资进修而充实自己;第二,教师自己量表,系由教育行政当局订定,则其内容必系行政当局的愿望,教师如肯凭表自评自励,其工作必能日近乎教育当局的理想。这种办法在美国实行很早,在1910年,伊里渥氏(E.C.Elliott)即行试用。当时的记录共分七类：

(1)身体效率——12分。

(2)道德品格效率——14分。

(3)管理效率——10分。

(4)应付效率——24分。

(5)进修效率——26分。

(6)成功效率——24分。

(7)社会效率——10分。

共计120分。

不过这种办法，最好只作教师私人自省自励的工具，若用作行政考核的凭借，必致弊端百出，美国的锐格(Rugg)先生，曾于1920年5月份小学杂志上发表了一个教师自我新量表(*Self-improvement of Teacher Through Selfarating; A New Scale for Rating Teacher's Efficiency*)，内容颇丰富，可惜是项材料首头缺乏，无从介绍，兹仅引前江苏省立教育学院教务主任宜清之先生所拟“成人班教师自己量表”，介绍于下，以资参考：

广西省成人班教师自己量表

问　题	最高分数	教师自定分数
(一)我曾详细朗读“广西成人教育年实施方案”否?	(三)	(　)
(二)我对于国语、歌曲、抗战讲话、时事报告四种规定科目的教材，有充分了解与把握否?	(五)	(　)
(三)我除规定教材外曾常选补充教材否?	(三)	(　)
(四)我曾利用乡土教材以适应学生特殊需要否?	(二)	(　)
(五)我在教导时是否利用学生之固有经验?	(二)	(　)
(六)成人班学生学习兴趣浓厚否?	(五)	(　)
(七)我曾注意各科教学之沟通与联络否?	(三)	(　)
(八)我每次上课是否预定教学目的与计划?	(五)	(　)
(九)我是否采用单元制以进行每周之教学与训练工作?	(三)	(　)
(十)我是否顾及优秀与落后学生之需要?	(三)	(　)
(十一)我是否鼓励学生发问?	(二)	(　)

续表

问　题	最高分数	教师自定分数
(十二)对于国语及唱歌两门我充分给予学生练习机会否?	(三)	( )
(十三)学生返家后是否自习并教人?	(二)	( )
(十四)我曾否指导学生如何在家自习并教人?	(二)	( )
(十五)我已否设法顾及学生结业后之继续教育?	(二)	( )
(十六)多数学生能按时到班按时下课否?	(三)	( )
(十七)教室内之秩序良好否?	(三)	( )
(十八)我每次检查学生出席与缺席人数否?	(二)	( )
(十九)我常设法解决留生困难否?	(三)	( )
(二十)我曾否鼓励学生保持课本而不任意丢弃?	(二)	( )
(二十一)我曾帮助学生解决生活上之困难问题与否?	(二)	( )
(二十二)我对于成人班学生生活训练能随时顾到否?	(三)	( )
(二十三)我常与学生作个别谈话并访问其家庭否?	(二)	( )
(二十四)我每周至少举行有关抗战的社会活动一次否?	(二)	( )
(二十五)学生对于社会活动热心参加并感觉兴趣否?	(二)	( )
(二十六)我曾引导成人班学生参加抗战活动否?	(二)	( )
(二十七)我曾引导成人班学生生产活动否?	(二)	( )
(二十八)我善于主持总理纪念周否?	(二)	( )
(二十九)我随时考察学生成绩与进度否?	(三)	( )
(三十)成人班教室设备是否齐全?	(二)	( )
(三十一)成人班课本齐备否?学生均自备文具否?	(二)	( )
(三十二)成人班上课时间及地点是否适当?	(二)	( )
(三十三)我能很经济利用上课时间而无浪费否?	(二)	( )
(三十四)对于上级机关每次的来文,我能认真阅读并切实遵行否?	(三)	( )
(三十五)一切应行呈报事项我能按期呈报否?	(二)	( )
(三十六)我能接受视导员之指导而力行改进否?	(三)	( )
(三十七)我曾用心参加检讨会或其他讨论会否?	(二)	( )
(三十八)我曾参观其他成人班之教学或与其他成人班教师研讨教学方法否?	(二)	( )
(三十九)我曾向当局建议有关成人班改进事项否?	(一)	( )
(四十)我曾阅读与教师职业有关之文字否?	(一)	( )
(四十一)我对于新教学方法有所发明与试验否?	(一)	( )
(四十二)我对于成人班工作兴趣浓厚否?	(二)	( )
(四十三)我的身体不健康或常生疾病以致影响工作效率否?	(一)	( )
(四十四)我常注意自身之行为与品德而不致受人批评否?	(二)	( )
(四十五)我每日按时上课下课并绝对不旷课否?	(二)	( )
(四十六)我与村街长及其他成人教育工作人员协力合作否?	(一)	( )
(四十七)我能忍受地方生活的困苦而不使之动摇本人服务精神否?	(二)	( )

以上四十七项中，一至五属于“教材”，六至十五属于“教学法”，十六至廿二属于管理，廿三至廿七属于课外活动，廿八至三十五属于行政，三十六至四十一属于进修，四十二至四十七属于做人。

共计　　　（一〇〇）（　）

二、教师进修困难的补救

在前面我们已将教师进修的原因加以分析，并且介绍具体调查办法，以资参考，这对于今后教师进修目的的适应，不无帮助。不过当前一般教师，因为种种困难的牵制，颇阻碍进修的进行；因此，为了使这种分析工作格外有意义起见，则对于教师进修的种种困难，是应当力谋补救的。

关于教师进修的困难，照我们的分析，简而言之，不外以下二方面：

(1)教师本身方面

①时间困难。②经济困难。③学力困难。④心理困难。

(2)教育行政方面：

①进修方式不当。②进修内容不切。③指导师资不够。

今后若希望小学教师们热心进修，则对于以上各困难之点，是不能不设法补救的。

首先就教师方面的补救说，第一，要增加待遇；第二，要减少工作负担；第三，要有公共的设备；第四，要有指导的人员；第五，要有升迁的机会。这样或者可算是完备了进修的最低条件。在这五点中，第一及第二两点，已另发表专文，不再赘述。兹就以下三点分别申论之：

第一，从设备上说，进修的资料，大半赖之，例如图书，目下因运输困难，价格高昂，以待遇不佳之小学教师，实无力多购。因之进修之进行，颇生困难，补救之方，除由各校尽力添购参考图书外，并应由当地图书馆设流动教育文库数批，巡回各地，以便小学教师们之循环借阅，不过这种办法，事前应有通盘的筹划，一方面调查现有的书籍，从而详密计划巡回交换阅读办法，使本地各处存书，皆得充分的利用；另一方面，则由教育行政当局，选择适当的新书，统筹购买，以资永远交换阅读，并订定妥善的保管办法，以奠定进修设备的基础。

第二，从指导上讲。指导是进修的捷径，但是目下人材缺乏，加之各教师进修的需要又不同，则指导之实，必更难分配。今后补救之办法，除在行政方面增添适当的设置外，较简单的办法，唯有在假期中利用师范学校或中学之教师。不过这办法，首先必在法令上规定师范及中学对小学教师进修有协助的责任，然后才有实现的可能。其次办理的经费，应由各县供给，并应对假期协助教学的师范或中学的教师，均予相当的优待，如遇交通不便，一切旅费均应由公费开支。此外，关于师范辅导区及辅导责任，应有适当的分划，则担任指导的师资人数，可以在事前预定，不致临事张罗，毫无办法的。

第三，就升迁上说。升迁不仅是进修的重要鼓励，而且几乎是进修目的的一部。现在任何人的活动，皆带有社会性，“为读书而读书”，“为教育而教育”，以及“为进修而进修”的纯粹清高理想，对于大部分二十世纪现实主义的青年，恐已过了时间性。因此，进修一事，必须与教师待遇的法规相联络，进修到某程度，在学历上应该如何，在薪俸上应如何，在任务上又如何，这也是积极改进师资的一个办法。又如在法规上明定教师进修至某种成绩，可得若干补助费用或其他奖励。这也是一种较好的鼓励。

以上所述，虽系从教师本身而论，而根本上许多问题犹有待于行政上的具体改进。其次，再就行政设施方面看，一言以蔽之，其缺点就是没有具体的办法。

就进修的目的说，有的是为纠正弱点，有的是为增加从事专业的知能，有的为获得新颖的知识，有的为个人修养而不在职业，更有的是为解决或研究某一中心问题。若在事前对这些人的需要不加调查，临事又无法适应各人的需要，事后又无以鼓励进行，这完全由于没有具体计划所致。

再就内容方面说，除了教本以外，就没有其他参考资料。这是各地小学教师进修当中很普遍的现象。虽然有的地方有图书馆以及各公私立学校及团体的藏书不少，但从来就很少地方充分利用过。一方面使教师知识欲无由满足，而另一方面则搁置不用，以为富鱼之饲料。这两方面又是完全由于对设备方面没有具体办法。

再就师资方面说，目下师资缺乏，现有的教师未能充分利用与分配，也是不可否认的。有的因中等学校设备分布的集散不一，有的学校规模大小不一，有的是到学校或实验小学补习责任的轻重不一，人材分配不均，造成各地余兴不足的现象。此外，更由于法规上没有规定中学师范或实验小学等，对于协助举办小学教师进修责任，因此，假期一到，各教师便尽然返回，学校与教育行政当局，毫无控制的理由与办法。这一切还是由于没有具体办法所致。

总而言之，教师进修的困难，除受待遇不良的影响外，最根本的，即是由于没有具体办法。不过所谓具体办法，并不是头痛医头，脚痛医脚的七零八落的方法，而是要争取制度上的地位，使教育行政上对于教师进修，有健全的机构和体系。然后谈教师进修，才不会落空的。

三、确立进修制度的拟议

确立制度为近代国家一切建设的基础。古人所云:人存政举，人亡政息，大部分皆未确立具体的制度所致。今后若望教师进修能切实的推行，则确立制度实属必要。

谈到确立进修的制度，却不能不考虑几个问题:第一，进修目的，人各不同，应如何适应？第二，进修指导师资及设备缺乏如何补充？第三，责任不专，如何进行？第四，进修不力，如何鼓励？这些问题在确立制度之前，是不能不一一讨论的。

首先，就进修的目的说，虽然人各不同，但配合不是完全没有办法的。例如，目的为补充专业训练或基本训练者，则开办补习班；目的在增强实地教学经验者，可予实地参观及演习的机会;目的在增广见闻的，我们只要请专家或学者讲演，或举行短期讲座;目的在研究的，可设专门研究机关，以供使用。不过最要紧的，还是要在事前有精密的调查和审慎的分配，然后才能比较易于达到适应各人进修需要的目的。

其次，就人材方面说，若想真正去适应上述四种需要，照一般看法，必以为人材缺乏问题，将更为严重；其实不然，假使在法令上规定各级学校应一律添设推广教育部或附设补习班，打开学校大门，不把教师与设备牢牢关住，师资与设备的缺乏，都是可能补救的。

第三，再就进修责任方面说，各县应在教育科添置科员一人，专司教师进修的行政。另外，再设县立教育研究所，将图书馆归并，并充实设备，以为当地教师及爱好教育之民众经常研究之所，设立专人以资指导。

最后，谈到进修的奖励。可分两方面：在学历方面，进修至相当阶段，应发给相当学校之毕业程度之证书。在薪俸方面，亦应随学历随时升高。其次，在奖赏方面，应规定补助研究费及发给奖金的办法，以为奖励。

根据上述四点，拟定确立进修制度的原则于下：

(1)配合各种进修目的;

(2)利用既有人材设施;

(3)加强进修升迁联系;

(4)增设人员以专责成。

关于实际的办法,我们也愿介绍几项要点如下:

(1)县政府设专司科员,其任务如下:

①秉承教育科长拟定本县教师进修志愿调查表。

②举行教师进修志愿调查,每学年最少一次。

③秉承县长及教育科长分配教师进修。

④办理教师进修各项有关文牍。

⑤秉承县长及教育科长拟定教师进修有关规章。

⑥负责办理短期讲习会筹备事宜。

⑦办理其他有关教师进修事宜。

(2)各级学校增设推广教育部或补习班,其办法如下:

①各级学校应一律增加是项设置,并设专员负责。

②补习科目,以每科为一单位,成绩及格,则照规定给予学分,聚若干学分,则照规定给予相当程度的学历证明书。

③上课时期或定夜间,或利用假期,或其他时间,应分别规定之。

④所授科目、内容、时间、学分等,悉由教育部或教育厅规定之。

⑤各校决定开授科目后,即通知县政府征派教师入学,并可自由招生。

⑥举办经费,由各校预算中开列,全部百分之八十应作聘请教师之待遇,并得征收学费,惟各县征派专员所纳各费,则由各该县政府供给之。

(3)组织教学演习及实地参观团:

①每师范辅导区组织一团,由各该区负责师范主持之。

②凡各辅导区内所设之实验小学、省立小学、师范学校以及有关教育团体,各派有实际经验或研究成绩者之代表一人至三人,参加协理团务。

③每团设团长一人,实习团长一人,研究组长一人,及导师若干人,襄助团长处理团务。团长由各辅导区主持之师范学校代表担任,共同组长则由团长于各代表中选聘之。

④经费来源,由主持之师范学校于预算中开列,各县并应依征派教员数比例补助之。

⑤具体办法应由教育厅或教育部订定之。

(4)设置县立教育研究社:

①人员——设社长一人,须大学教育院系毕业,曾服务教育界一年以上者,另设社员四人至六人,须高级师范学校毕业,曾服务教育界一年以上者。

②工作。

甲、调查本县教育状况及教育问题。

乙、搜集教育研究资料。

丙、协助“参加研究者”工作之进行。

丁、主持县教育研究会。

戊、于可能范围内,介绍新书报及研究方法。

己、增加研究办法及有关法令。

庚、举办通讯研究。

辛、其他有关协助研究事宜。

③设备——合并县图书及博物馆等一切教育设备

④经费——除将图书馆等经费归并外,并由县政府增列预算。自由参加者,并需经费;由县特准者,所纳各费由县政府补助之。

兹依上述办法拟定各县教师进修制度草案于下,尚希教育同工们不客气的指正!

（原载于1942年《教育研究》）

民众教育馆的制度与组织

历年来审视一切建设事业的成败得失，深觉制度之确立，实为其间一重要枢纽。总理实以政制之确立来比工业的机械化，实为最深邃透彻的理喻。

论述我国民众教育馆事业，十余年来，成功少于失败。忆抗战前，在江苏就有人大倡其民教馆关门论，至抗战中新县制初颁发时，又有人主张取消县立民教馆，可见民众教育馆这桩事业，一直到今天还蕴藏着一些不可忽视的问题。一般论者多集中于人才与经费问题的讨论：假使我们肯细心想一想，人才的任用，经费的支结，事业的举办等，这一些问题的最后根据是什么？或者会恍然觉悟民教馆的问题，除了经费、人才等以外，还有一个最根本的制度问题，制度问题不解决，民教馆事业就会永在问题中兜圈子。试看我国社会教育自发轫以来，即是五花八门，杂陈异彩。第一因为过去无统一法规，第二因为需要普及教育的迫切，所以大家各就各人的意见，各因各地的需要，纷然开创社教事业，虽用心为一，而事业之分歧庞杂，实不可同日而语，据徐锡龄氏就民国七年以前各省社会教育之统计，其中事业设施有十项之多，各省社教工作，极不一致。（注一）欲从这些设施找出一个事业中心，诚非易事。另据徐氏统计，民国十七年全国各项社会教育事业，竟有二十八类之多。（注二）民国二十五年全国各县社会教育事业，共有三十六种，学校式的十七种，一般的十九种（见《申报年鉴》），民国二十二年度，江西社会教育事业也有二十七种之多，（注三）又据《福建年鉴》第一回所载，民国十九年，全省有社会教育事业三十四种，二十年有二十九种，二十三年则增为三十种。由此可知，社会教育的发展，不仅数字上与时俱增，即事业的种类亦日新月异，但在这种情形之下，大家彷徨瞻顾百无一成，经费人才，俱虑不暇，而民教馆又凭什么来负起中心社教机关的任务。当此之时，大家尽管批评民教馆不济事，而不知民教馆之所以不济事，并非本身之缺点，而制度之未经确定与统一，实为其主因。抗战发生以来，当局对于社会教育的推行，深为注重。二十七年四月时，中国国民党临全大会并通过《战时各级教育实施方案纲要》，然对于社教方面，仅就原则上规定一条，即："十六，确定社会教育制度，并迅速完成其机关，充分利用现有之一切组织与工作，务期五年内普及识字教育，肃清文盲并普及适应于建国需要之基础训练。”同年七月，国民参政会第一期集会时，又通过各级教育实施方案，该方案中关于社会教育方面，有十二项规定。对于社会教育制度方面，规定：“每县应设一民众教育馆，为全县社会教育中心机关，省应按照行政专员督查区，划分为若干民众教育辅导区，各区设立民教馆一所。”（第七项）此会还规定：“每省应设立图书馆一所，博物院一所，科学馆一所，音乐戏剧院一所，举办各种有关社教事业及辅导各县有关社教事业。”（第八项）在中央方面，并决定：“从速成立国立中央图书馆，国立中央博物院，国立音乐戏剧院，并筹设中央教育馆，以供全国教育界观摩改进之用。”（第十项）按照这些规定而论，社会教育虽尚未有一贯的系统，但是制度上却已具雏形。单就法制上看，自然是一大进步。至于事实方面，因种种耽搁，大部尚未能实现。就中央方面说，近年来仅完成教育馆、礼乐馆及音乐戏剧等院，对于“确定制度”一层，相距尚远。至于各省的社教设施，更是分歧杂错，少有中心。过去民教馆暂行规程中，虽一再申示每县应设民教馆一所以上以为本县实施社会教育之中心机关，但是时至今日，全未设置民教馆之省份，以及仅设二三所以为点缀之省份，为数尚多。即就今日广设民教馆之省份而论，亦多未能使民教馆担负其中心机关之任务。如浙江省于二十七年十二月十五日所公布之《各县战时教育设施纲要》，其中关于社会教育的制度方面，仅在第四条中，略为提及。该条原文如下：“第四条，各县政府对于全县教育机关，应有系统的组织，每一学区，应设中心小学或代用中心小学一所，与学董及区署内主管教育人员互相联络，指导区内各中心机关之小学，每一学区，应分为若干小学区，每一小学区，应由县政府指定一校为中心机关，与小学区之助理学董联络，受中心小学指导，并指导区各级小学，以完成全县之学校教育网，俾教育易于改进，致令易于传达，各社会教育机关之教育网，成另组或并入，由县自定。”由上条文规定各点，足知尚系偏重学校教育之设置。以平均每县有民教馆二所以上之浙江，尚不能充分利用，诚为一遗憾之事。此外，如民教馆素称发达之广东省，在二十八年九月二十日，也令发了一个《各县市社会教育设施纲要》，其中关于社教机关的改进与设施方面，共有四条之规定，即：

“第六条，各县市应依照广东省各县市民众教育馆设施纲要之规定，对于民众教育馆力予整顿，其余社会教育机关应酌量增设，其已设者，应尽量充实之。”

“第八条，各县市应有单独设立之民众学校，以为各该县市民众学校之示范，一等县至少应设三所，二等县至少设二所，三等县至少设一所。”

“第十二条，各县应开放原有独立及附设之图书馆，并力求充实，赠购民众读物与抗战书报，及举办巡回阅览，推广图书供应。”

“第十四条，各县市应设置无线电收音机，以最迅速之方法，逐日将时事消息及中央政令，传播与各乡及各学校，并张贴通衢，以求普遍传达。”

由这四条内容，足见广东战时社会教育，至少在法规上有相当的充实；不过对于社教制度方面，尚无具体系统之组织。上面四条中所列各项社教设施，似乎同处于相等之地位，这样无形中就完全失去了民众教育馆应有的地位。虽然二十八年以来，中枢确立了民众教育馆的地位，复规定民教馆辅导学校办理社教及学校兼办社会之义务，以加强事业之联系，但惜各省尚未充分实现中枢的期望，在这种情形之下，欲望民众教育馆负起综合的中心社教机关应有的任务，的确还是一个须待研究的问题。

其次论到内部的组织，各省各县多不一致，据黄裳氏的统计，过去“全国十四省五市的公私立三三一所民众教育馆的组织”，最复杂的分为九部，最简的只有一部，多数是三部，最常见的部别如下：（注四）

项目	设　数	百分比
图书	二〇九	六三
讲演	一八七	五六
总务	一六二	四九
推广	一三五	四一
体育	一一〇	三三
科学	五一	一五
艺术	五一	一五

总计部名称共有一二五个，可谓多矣。另据统计，“江苏五十四县六十五所民众教育馆，分部最多的部别如下：（注五）

项目	设数	百分比
总务	五八	八九
推广	四五	六九
图书（或书报）	四四	六八
科学	三一	四八
艺术	二八	四三
讲演	二五	三八

总计部别名称凡四十三个。在浙江方面。据赵孝俞氏的调查，浙江七十三所县市民众教育馆中，组织最复杂的分七部，最普通的分三部。至于分部的方法，分为“总务”“教育”“推广”三部者，有分设“健康”“生计”“文学”“家事”“社交”“政治”“休闲”七部者，有分置“智能教育”“康乐教育”“农业推广”“妇孺教育”四部者，分立“总务”“社会教育”“学校教育”“研究”四部者，亦有分列“展览”“活动”二部及“总务”“成人”“妇女”“儿童”四部者，此系一般组织情形，以篇幅关系，不暇枚举（注六）。由上述情形看来，可知民众教育馆的组织，不仅各省不同，即同一省份之各县，亦是参差不齐，步调杂乱。在这种情形之下，欲望民教馆统一步伐，同趋一的，来做实施社会教育的中心，其不可能，当属意中之事。至民国二十四年二月，教育部修正《民众教育馆暂行规程》公布以后，各省民众教育馆的组织，虽较以往健全齐一，然仍有参差不齐。如江苏省于二十四年八月修订公布之《县立民众教育馆组织规程》，其第五条规定各县民众教育馆，一律分设教导，生计，健康三组。（注七）在广东方面，县立民众教育馆分为甲、乙、丙、丁四级，各级组织不同，兹将其第七条所规定各级组织如下：

“甲级：馆长下设总务、教导、生计、艺术四组；乙级：馆长下设总务、教导、生计三组（艺术工作分别归入教导生计两组）；丙级：馆长下不分组，设干事二人，分掌管内教导、生计、艺术，总务各事项；丁级：馆长下不分组，设干事一人……”在湖南方面，仅就原则上，规定“各级民众教育馆，遵照部颁，民众教育馆规程第五、第六、第九、第十六各条之规定，切实调整组织，加强机构，不得巧立名目，以免分歧”。（注八）照这原则揣测，大概湖南县立民教馆之组织，一律依照部定组织。至于浙江方面，据陈仁璇君的统计，二十八年所呈报之八十一所民众教育馆中（省立除外），其组织方式，竟有十三种之多：（见《浙江教育》二卷十一期陈仁璇《本省各县民众教育馆概观》）

设置 总务、教导、生计、艺术四组	一五所
总务、教导、生计、艺术四组	七所
总务、教导、生计三组	二八所
总务、教导二组	七所
宣传、教导、辅导三组	二所
总务、组织、训练三组	二所
总务、知能、康乐三组	二所
总务、编纂、组训三组	一所

总务、教导、康乐三组	二所
总务、组训、宣传、文书、联络五组	一所
总务、教导、宣传、健康、阅览、生计六组	一所
总务、教导、艺术三组	五所
总务、教导、生计、艺术、组训五组	一所
不分组	五所
未详	二所

从上述情形看来，可知近来民众教育馆的组织，步伐仍不一致。虽然在二十八年公布规程中，对于馆内组织、准予“视地方情形全设或合并设置”，但是为了使民教馆能实地负起社教中心机关的任务，至少亦应保持规程中所列四五部以上组织，若仅设二三部或竟不分组的民教馆，不仅够不上做社教中心机关，而且根本上失去设置的意义。

总括上述，我们可归结为两点：

第一，从社教立场说。推行社教事业的中心是什么？关于这一点，早在民国十九年中央颁布实施成年补习教育的初步计划时，即已规定：“以民众教育馆或农民教育馆为实施社会教育的中心机关。”以后又在民教馆历次规程中明白规定民众教育馆的中心地位。但是为什么十余年来，民众教育馆就从未获得过这中心机关的地位？从法规上看，各项社教事业的规程与细则，皆把各该事业规划得同样周详重要，使我们几乎辨不出哪样是中心，哪样最重要。法规已是如此，至于办事的人员呢？大家都是“卖瓜的说瓜甜”，各人把自己分内的事分道扬镳地去努力，谁还管你什么中心不中心！在这种情形下，除了民众教育馆打肿脸皮自命为中心机关以外，谁还把他放在眼里？由这个例子的说明，我们可恍然觉悟到过去民教馆其所以未能占取中心地位，主要的原因，乃是由于法规中关于民教馆的制度，通常仅从民教馆本身出发，而未从整个社会教育的立场出发，假使能将一切社教设施合并编订一社会教育办法大纲，在此大纲中，再明白指定民教馆的地位，地位一定，则经费人才自然集中。所以我们深深觉得如果真欲民教馆成为社会教育事业的中心，则首先应该从整个社会教育的立场，以确定其地位。不从整个社会教育立场着眼，则民教馆制度永无澄清之日。

第二，从民众教育馆的本身组织看，纵使我们不否认民众教育馆法定的中心地位，但是目前大部民众教育馆的组织，都在四组以下，这样简单的组织，凭什么就能够做社会教育事业的中心机构？一所体育场起码也有四组，一所图书馆的组织,有的更加扩大,一个戏剧教育队或宣传队等等的组织甚至都比民教馆较为复杂,在这种情形下,民教馆有什么资格被称为中心机关?

如以某些文化较发达的地方为例,民众要读书有图书馆,要运动有体育场,要看戏有戏院,要教子有民众学校,谁还想光顾这简陋异常的民众教育馆?在这种情形下,民教馆不但不足为事业中心,而且要看作事业的赘疣。

有人以为单靠确立空虚的组织,如果人财依旧,则组织确立又有什么用处?其实,假使我们对于事业的动机很诚意的话,这个问题就不成问题了。我们想一想,假使不确立组织,人员怎样任用?经费凭什么预算?如果不扩大组织,纵有人才向哪里安插?由是可见"确定与扩大民教馆的内部组织"这种要求,绝不是一句空话。假使各地把一切社会教育设施一齐并入民教馆,然后大家集中人力财力把事业有计划地配合地去推行。从整个社教立场说,其效果必能大于今日,这是我们所引领希望的。

注一:庄泽宣:《民众教育通论》第三八页。

注二:同前书第五七页。

注三:《江西年鉴》第三九三页。

注四:同(注二)书第九二页。

注五:同前书九一页。

注六:《浙江教育行政》周刊五一、五二两期。

注七:《江苏教育》四卷八期法规栏所载。

注八:《社教之友》半月刊第八期《湖南各级民众教育馆改进计划》。

(原载于1944年《社会教育辅导》)

民众教育馆的三件事业

自经二十八年三月第三次全国教育会议后，三级民众教育馆的制度已确定了。民众教育馆最早产生于省级，后来各省发动县立民众教育馆，如河南省于十八年十月颁发《河南县立民众教育馆暂行规程》，浙江省于十九年六月颁发《浙江县市民众教育馆暂行规程》等。到了二十一年一月，中央始颁布《民众教育馆暂行规程》。隔了三年，至二十四年二月，又公布修正《民众教育馆暂行规程》。又隔四年，至二十八年四月，然后公布《民众教育馆规程》。足见中央对于民众教育馆制度之重视。然上列三种规程，仅限于省(市)县的民众教育馆，国立民众教育馆之组织与事业尚未规定。到了三十一年十一月，国立中央民众教育馆成立于陪都，这是最高一个民众教育馆诞生。自此三级民教馆规模初具，社教之推进，必更迅速，这在社会教育界的同工莫不引为庆喜的事。

社会教育范围广大，事业繁多，骤然看来，好像“山阴道上应接不暇”之势。尤其一般人对于民众教育馆奢望很大，不管它经费多少，人力几何，整个的社会事业，都要想包括在内，弄得办理民众教育馆者头绪纷繁，望洋兴叹。笔者以为办理社会教育，不拘何种机构，须先把握事业的中心，事业的中心应根据事业的意义。然后配合人力物力，订定步骤，依序进行，方有办法。事业不怕少，但求有成效；事业不怕小，但求有意义。检讨过去各省市县民众教育馆所办事业，多数是民众学校，民众学校是包含有好几种教育，即语文、公民、生计等。至其办理方法已有很多人研究过。尤其对于课程问题及招生留生问题，发表了很多调查研究报告，及有价值的言论。自从二十九年教育部颁行《国民教育实施纲领》以后，失学民众补习教育由保国民学校乡(镇)中心学校合并办理。全国国民学校共计划设置八十万所。民教部成人班与妇女班的课程标准亦已由教育部颁发，订得很详细。这真是通筹的办法。向来由各民众教育馆枝节地办理失学民众补习教育，不知要几百年后才能使全国教育普及。因为全国共有一，九四八县，二十三市，而民众教育馆总计千余个，每县市不能分配到一所，如何能分配得到各乡镇保呢？这样看来，各民众教育馆再像过去那样办理民众学校，是值得讨论的。今后各民众教育馆办理民众学校，其意义必须比较扫除文盲工作还要重大，这才值得算是民众教育馆的一件重要事业。这并不是说扫除文盲工作不重要，是说民众教育馆负不了这个责任。

笔者以为办理民众学校的最大意义，是在培植基层干部。目前乡村事业上感到最大困难者，即乡村没有人材，没有良好分子出来办理公共事业。因为没有了能办事的优良分子，公共事业就被那少数腐化不良的分子把持去了。一任他们武断、剥削、欺诈、侵占，暗无天日。一切政令不易推行，所有新法都变为殃民事业。现在我们办理民众学校，要乘着乡村中青年及成人的空暇工夫，召集他们，传授些知识技能，并加以公民训练。但专靠讲读课本，课室传授是不够的。纵使课本编得怎样好，课程标准订得怎样完备，其效果一定很微细的。做民众学校教师者必须有志要把整个地方事业办好，留意民众学校学生中的人材，多和他们接触，把握机会，引起他们办事兴趣，渐渐地教他们活动起来，组织起来，推动全村的改进事业。最后民众学校成为地方事业的轴心。到那时，乡村已有了人材，不必再借外力来指导，事业由他们自己办理，学校也由他们去经营。这样才算民众学校的最后的成功。有人误认民众学校的作用，不过传授些粗浅知识和增加些枝节技能，未免所见太小。这样就降低了民众学校的价值，绝非民众学校的真意。

民众教育馆第二件事业，是改进民众休闲生活。民众休闲生活关系于社会风尚，国民道德及民族精神。我国古代教育原以“化民成俗”为目的，而近世学校教育反与社会隔绝无缘，流弊极大。如今民众教育馆注意此种事业，确甚需要适当。

我国各地民众休闲生活，大半寄于茶园和酒店。其他则在政府严令禁止之下，阳奉阴违，消磨光阴于娼寮赌窟，甚至有鸦片馆。察其设备，都不卫生；究其寻乐，都趋于低级兴趣。对付这些不正当的娱乐机关，不外两种方法：一为取缔，即借政治力量来执行；二为改良，则期望于社会教育之推进。前者不属本文范围，此刻不必讨论。后者为一般民众教育馆及其他社教机关所试行过的。如民众茶园、民众食堂之类，这些我们所常见的。举办这类改良事业，普通有三个缺点：(1)不能多量设立。因每所食堂除不纳捐税、购置公米外，公家尚需每月津贴工资房租等费。多设一所，公家即多受损失。民众茶园也是一样租每个机关不过设一二所，以资点缀。实因各机关经济有限，即使政府统筹，此种改良食堂与茶园，亦难普遍设立。(2)不能仿办。此种改良茶园与食堂原为示范性质。示范的意义是要使一般茶园与食堂仿效的。但私人所设茶园和饭馆均以盈利为目的。此种亏本办法,他们无法仿行的。(3)无民众(即无平民)。查民众食堂等设立,原欲使一般平民享受福利为号召,但民众食堂等设立地点,都在都会或市中心。所有顾客,尽为士绅、官僚、学生、军警等,劳苦大众都未敢登门。此种错误,稍加思索,即可发现。故民众教育馆及其他社教机关办理民众茶园民众食堂等,除掉点缀门面外,实无其他意义。而且民众教育馆及其他社会教育机关办了民众茶园,提倡象棋比赛,踢毽子比赛,及放风筝比赛等,一般人认为民众教育或社会教育不过干干这些玩意儿,于是轻视了民众教育馆,忽视了社会教育,影响之大,实非我人初料所及。

总之,不了解社会教育者,初则期望于社会教育,以为社会教育是万能;继则责难社会教育,轻视社会教育,以为社会教育是无能。此前后两种见解,均属谬误,不足为信。须知教育事业,没有如此简单。蒋总裁说:“教育为政治经济之总枢纽。”这个解释,很为确当。教育确有伟大的力量,但不能离开政治经济而独立。好像有了门窗,没有枢纽,是不可能;徒有枢纽,而无门窗,毫无用处。所以我们认识民众的休闲生活程度,是跟着整个社会进步的。在农业社会情形怎样,在工业社会情形怎样,自有一定的趋势。我们只有努力促进整个社会之进步,才是最好办法;倘使单独举办零星的社会事业,枝节地提倡社会教育,是不易见成效的。所以我们的结论:“与其欲改良不正当娱乐机关,不如实施积极的社会教育,以促进社会各业之进步。”一旦社会各事业发达了,人人有职业,市上即无游手好闲之徒,那么向之麇集于茶肆,终日价“摆龙门阵”,不会再有了。再如广播事业发达,电影事业进步,民众于工作之暇,有适当之娱乐生活,那些不正当,低级的娱乐事业自会淘汰消减。我们于此更要认识:“教育与社会关系之深切。”

第三件事,这里所要讨论的,是研究工作。据法令所规定:省级民众教育馆没有研究辅导部。中央民众教育馆共设五组,前四组都包含有研究工作。特别于第一组,负有研究责任更大,因其掌理“社会教育方法及社会教育教材之研究、编辑及图书馆教育事项”。在现阶段的中国社会教育,实在研究比辅导还要重要,重要的原因约有三个:(1)目前还有许多人对于社会教育不认识,不了解。这许多人当然是指知识阶级而言,而且一部分是站在教育圈子之内的。他们不了解的缘故,在我们方面说,只有自己反省研究工作还不够,理论尚不足以服人,事业尚不足以影响社会。事业之求成效,必须有理论之指导，理论之产生，须从研究得来。(2)现今中国社会教育尚在启蒙时代，所用方法及教材都还译自欧美先进各国，这种情形实有违背孙总理"迎头赶上"的遗训。回看我国，原为世界文明古国，对于社会科学的理论早甚发达，教育制度在唐宋时代兴盛了数百年，后因异族蹂躏，逐年衰落下去，到了清末与列强相较，已落后得太远，如今如何能迎头赶上，如何始能配合三民主义政策，要待我们研究的地方正多着哩。(3)自倭寇侵略以来，方在萌芽的社教事业大半被摧毁，稍具规模的社教研究资料，被毁灭者十之八九。多年来，中央在抗战艰苦之中，犹竭力提倡社会教育，故在事业方面不难恢复原有情状，且已有超过战前之势。而在资料方面，欲追补甚非易事。现中央民众教育馆成立来已年余，闻征集图书已甚丰富。据钟灵秀先生报告，既经征集者有六项，(1)运往比国参加利业时博览会出品；(2)全国美术展览会留会出品；(3)西湖博览会教育出品之一部分；(4)劳作成绩展览会留部出品之一部分；(5)商务中华两书局赠送之历年各种教科书；(6)各书局呈交新出图书各一份(见《社会教育辅导》第一期)。未知关于民众教育及社会教育之图书占有百分之几。料想战前各实验区、各地民众教育馆及各乡村教育、社会教育团体，机关所出版之定期刊物、临时刊物，现时欲搜集不甚容易，即有得者，亦必残缺不全。未经沦陷各省立民众教育馆对于研究资料之完善保存者亦不多，或以迁移改组，致图书刊物散失凌乱，或以人事更动，移交不清，乏人负责。今后如何调查整理，如何取得联络，如何提起研究兴趣，这在高级民众教育馆值得商讨的。至于国外参考资料，亦甚重要，但自海口被敌人封锁以来，来源不易。而且一般省立民众教育馆限于经济与人材，即使交通许可，征集亦成裹足。现中央民众教育馆已有向国外征集与交换之计划，将来如何实施巡回办法，或加翻印，或用照相，使各省各处社教同人，有志研究者，不致向隅，这也值得商讨的。

研究工作本来有三：一为图书刊物之研究，二为实地调查之研究，三为事业实验之研究。笔者以为第二项研究可由其他学术团体或机关担任，第一第三项研究在高级民众教育馆必须注重，并且应该配合起来。即由图书刊物中得到理论和方法，经研究后，择其需要和合式者，来配合事实实验一下。实验的时候，处处不忘在研究。假使忘掉研究，就要走入两个歧途：一个歧途，实验事业变为装饰品、点缀品，徒然耗费公家财力，是没有意义的。另一个歧途，实验事业变做经济事业。譬如托名实验生产教育，经办农场畜牧，专以贸利为目的；为了贸利，就不择手段，与民争利，向之教育目的已丢去九霄云外。假使以其盈余仍用诸公家事业，则于实验意义已经不合；假使以其盈余饱充私囊，更为教育界所公弃。如为职工生活清苦，于公务之暇，从事生产，以资津贴，这是属于职工福利事业，不得谓之实验。实验的性质不问事业亏本与赚钱，旨在方法的成效与推广。推广后，必于民众有益，教育可以推进，文化水准可以提高，这才是社会教育者的责任。

（原载于1944年《社会教育辅导》）

战后中国教育建设

战争原是加速时代进展最激烈的手段。我中华民族经过这次旷古未有的大抗战，时代定会赶上几百年，将一扫过去封建余渣，而走入新时代的康庄大道。在教育方面，很明显地告诉我们，战争一开端，各方对于教育的要求，已改变传统的观念。在教育行政方面，亦改变其作风，扩大其范围；并且于战争每进一阶段，教育的趋向亦接近三民主义一步。廿六年八月，教部颁布《各省市失学民众强迫入学暂行办法》，二十七年四月，教部令发《加紧推行失学民众补习教育并指示办理要点》，令各省大量添设民众学校，发动知识分子，如学校教员学生、公务员以及其他已受教育人士，充任教师，必要时并得利用行政力量，实施征调，强迫责令任教，并利用保甲组织，强迫民众入学。二十七年四月，中国国民党临时全国代表大会通过《战时各级教育实施方案纲要》，所订方针与要点，均已顾到多方面。二十七年五月教部令发各级学校兼办社会教育办法，希望化除学校与社会之界限，而使学校成社会教化之中心。二十八年三月，教部召集全国教育会议，通过议案共一百零九件，送部参考案有九十三件，对于全国教育行政及事业之贡献不少。二十八年八月，教部公布《发动全国知识分子办理民众教育暂行办法》。知识分子的解释，为各级学校教职员，社会机关工作人员，中等以上学校学生，公务员，文化实业团体职员及其他受相当教育之人士。本办法对于工作时期、代金、奖励、处罚等均有规定。廿九年三月，教部召集第一次各省市国民教育会议，同年四月，教部颁布《国民教育实施纲领》。以五年为期，至民国卅四年七月止，完成普及全国国民教育。三十一年一月，教部召集四项（国民教育、中等教育、社会教育及视导）会议。三十二年二月，教部制订颁布《高中毕业生服务办法》，规定自三十二年七月起，凡高中毕业生须服务半年，始得升学。服务事项为：(1)农场或工场服务，担任技术员或管理员等。(2)社会或行政服务，担任地方自治基层辅佐员、办事员或保甲长等。(3)教育文化服务，担任中心学校、国民学校教员等。上列各法令之颁行，足见传统的关门教育已不适合于抗建时代，渐渐扬弃“贵族制度”与“资本制度”，而走上三民主义的大道。三民主义的教育有几个特点:(1)教育的对象是全民。孙中山先生曾说:“圆颅方趾,同为社会之人,生于贫贱之家,即不能受教育,此不平之甚也。”又说:“凡自治区域之少年男女,皆有受教育之权利。学费书籍,与失学童之衣食,当由公家供给。学校之等级,由幼稚园而小学,而中学,以至大学而后已。教育少年之外,当设公共讲学、书库、夜校为年长者养育知识之所。”蒋总裁曾说:“以全体民众为对象,以社会为学校。”(2)教育的方式是社会的活动。总裁曾一再说:教育是政治经济的总枢纽。他又说:“以实际上事物现象为教材,注重训练国民,如何做人,如何做事。”“教师不仅应为培养现代儿童健全之师长,更进为担当建国之基干,训练全民之导师。”(3)教育机会基于平等的。孙中山先生曾说:“学费书籍与失学儿童之衣食,当由公家供给。”“要由国家拨十几万万,专作教育经费。有了这样多的教育经费,中国人就不怕没有书读。做小孩子的都可读书。……”这是对于经济方面,不分贫富,同样享受教育机会的办法。还有关于智能方面,孙中山先生分为圣、贤、才、智、平、庸、愚、劣八等,不但要使不平等做到平等,而且要由假平等纠正到真平等。(4)教育的设施是有计划的。如《战时各级教育实施方案纲要》所载几项方针,十七条方案要点,把全国教育事业通盘计划,此即为三民主义教育的特色。

胜利一天天地接近,教育的建设一天一天地感觉迫切需要,即三民主义的教育将应着时代来临而实现了。战后新中华的教育应如何建设?初看来,似乎头绪纷繁,若加以详细探讨,提纲挈领,亦不外牢牢数事,依作者见解,急需提出的有四件事:(1)研究教育的路线。(2)扩大行政范围。(3)改造学制。(4)改造课程。此四事范围甚广,本文只就原则方面提供意见,至详细方案之拟订,当俟诸异日。

一、研究教育的路线

这是还没有被人看到,新时代的教育必先确定研究的路线。研究教育的路线确定了,才能使教育事业、教育行政跟上时代,不致再有拘泥、彷徨、开倒车的事。回看以往的教育,不论中外,都是由个人出发的。中国古代,实行举贤制度,如:“舜发于畎亩之中,傅说举于版筑之间,胶鬲举于鱼盐之中,管夷吾举于士,孙叔敖举于海,百里奚举于市。”所谓“朝为田舍郎,暮登天子堂”。自己举行优良,即可享受富贵。教育的目的都是为个人的。据古籍所载:家有塾,党有庠,术有序,国有学,是为培植贵族子弟而设的。《尚书大传》:“公卿之太子,大夫元士之嫡子,年十三入小学,见小节而践小义,年二十入大学,见大节而践大义。”这是统治阶级独享教育的明证。到了科举时代，更提倡闭户读书，所谓“十年窗下无人问，一旦成名天下知”，完全落于个人主义。再看西洋古代教育，总起来说，约有三个要点：(1)教育的对象，以自由民为限，平民与奴隶不得享受；(2)视教育为人格的装饰品，关于生活职业之事，自由民所不屑做的；(3)注重主智的哲学、辩论、修辞等课，采用概念的教授法。这种教育很明显地带有阶级性及个人主义色彩。到了中世纪，教育权操诸教会，实行僧侣教育。他们的教育理想是要造成谦逊、安静、守旧、忠实的僧侣。这种教育倾向于情操本位的主观主义，极不适于儿童天性。为要解除僧侣的桎梏，十六世纪有新宗教运动。为要解放儿童教育，十七世纪英国有陆克，十八世纪法国有卢梭，先后发出自然主义教育的呼声。后来瑞士有裴斯塔罗齐，德国有福禄倍尔，他们主张自发的教育，自己活动(Self-activity)的教育。后世因之，研究教育者都从儿童本位出发，倡自由主义。所以特别重视心理学，兼及生理学。研究儿童身体的发育，研究儿童的智慧，研究儿童的兴趣，研究适合儿童感觉的教材。于是研究教育的路线都在儿童本身上兜圈子。这种儿童本位的教育，一方面承袭着贵族制度、阶级教育，他方面迎合着资本主义，注意在优秀分子，天才教育。至于劳苦大众，社会实际生活，却被忽略了。因为教育上的缺陷，引起社会上的失业问题，于是慈善家出来办理职业补习教育；因为学校制度的缺陷，学府与社会划了鸿沟，于是学者出来提倡墙外教育、平民教育；因受阶级教育的影响，大部分民众成为文盲，民族文化低落，社会经济破产，土豪、劣绅、贪官、污吏，触目皆是，于是前进学者出来提倡民众教育、社会教育。时代不断地进展，教育事业早已超过传统的范围，而一般传统教育学者还是拘泥着传统教育学说，漠视那大众化的民众教育、生活化的社会教育。他们以为教育可以离开政治经济而独立，三民主义更似风马牛不相及了。他们不能实行三民主义的教育，不仅不了解三民主义，实为不了解现代教育意义的缘故。

现代的教育必须由社会出发。教育的对象是全民，不分男女、老幼、贵贱、贫富。教育的方式是社会活动，不限于学校、家庭、商场、工厂或田野。教育的内容是群众生活，包括洒扫应对、知识德行、文技武术、大匠细工及社交娱乐等。研究教育的路线必须从社会问题出发，然后才能扣合政治与经济，而为政治经济之总枢纽。以前中华平民教育促进会提出中华社会有四种病态：愚、穷、弱、私，于是倡四大教育以补救之，即以文艺教育救愚，以生计教育救穷，以卫生教育救弱，以公民教育救私。民国十五年后，帝国主义者之侵略势焰日益紧张，农村经济加速破产，各地有志之士就倡乡村教育运动，所持理由有四：(1)全体民众中大部分是农民；(2)我们的生活资料，绝对多数是直接间接取给于农产；(3)国民经济尽赖乡村；(4)各地财政，以田赋为大宗。农民既占绝对多数，农村既是绝对重要，所以要提倡乡村教育。上面两例，一则反应古典式学校教育之没落，二则研究教育者已发现了社会问题的途径。又如古楳氏在其《中国农村经济问题》一书中提出十大问题："1.人口紧密，2.耕地不足，3.租税苛重，4.灾害频仍，5.农产不丰，6.副业不昌，7.买卖不公，8.雇工费大，9.农业资本缺乏。10.利率过高。"此十大问题虽属于经济方面，但与建国的新教育亦有关系。

在作者观察，自抗战以来，若干社会问题，更形暴露严重，如乡村土劣问题、贪官污吏问题、资敌奸商问题。因此阻碍了役政之设施，窒滞了政治之进步，加紧了经济之艰困。

今后研究建国教育，必须从下列六大问题中求出路：(1)扫除文盲问题(此问题本已包括在国民教育之内，国民教育是否能切实限期施行，须视教育行政范围能否扩大，详见下文)。(2)民众组织问题(此为消除土劣之最重要事，属于公民训练。有否成效，是在教育行政)。(3)促进生产问题。(4)国民健康问题。(5)国民道德问题(此关于铲除贪污、汉奸之要项)。(6)国民礼俗问题。教育者从这些问题着手，方是走上正确的研究路线。话又说回过来，研究教育的范围是很广的，儿童的生理、儿童的心理、个人的行为，都应在研究之列。但须知道：生理、心理、行为等，是研究教育的一角，不是全貌。尤其在研究新中国的教育，配合政治经济的教育，必须从整个社会着眼。

二、扩大行政范围

目前的教育行政已显露出三个缺点：第一，教育事业已超过了行政力量所能及，教育法令已超越了行政的范围。例如上述通令各省市强迫实行失学民众补习教育，各省奉令后只有转令各县市，行不行是在各县市。因教育厅力量微弱，不能执行进一步的督促。在县市则因其他紧急政令正多，能够在公文上敷衍过去，就算了事。第二，有许多教育机关不隶属于教育行政系统。例如：政治学校、军事学校、训练团、训练班所及其他若干中学、若干小学。这些机关或因技术关系，或因党派势力，各立门户。在教育技术方面讲，这种办法，要使那些机关增加浪费，减低效率。教育是一种专门技术，凡教育机关必须有正常的辅导、缜密的计划，才收良好的效果。第三，社会教育理论与实际矛盾。社会教育在理论上讲,范围很广大,但在实际行政上减到最小部分。陈立夫部长曾说:“照现在教育情形而论,全国人民的教育,除了二千多万学生以外,都应归社会教育人员负责,但现今服务社会教育的人员很少,只就本部的社会教育司而言,全司的人员在各司中算最少,就各地而言,情形也是一样。……”最近据教育部统计,各省教育厅设有社会教育专科省甚少,有一部分在其他科内设一专股,有一部分连专股也没有设。

战后教育行政的建立,必须有五大原则:(1)教育行政必须与经济及其他行政密切扣合。如教育行政推动某项事业,必须得经济之许可,及其他行政之协助,方有办法。(2)教育行政必须有定期计划。如三年计划或五年计划,行政有步骤,事业有中心,可避免枝节、矛盾、紊乱之弊。(3)教育行政必须能推动下级行政,教育行政并非发一道公文,将责任推诿于下级行政,即算完事,必须直接负计划、推动、指导、考核之责。(4)教育行政发布命令必须使不折不扣地实行。法令之出,必须先忖度能否做到。不能彻底做到的法令愈少愈妙。否则法令视为具文,既成习惯,遇有紧急法令亦不能执行。(5)教育行政必须管理全面的教育文化事业。有的教育机关,因特殊技术关系,如军事学校,可在教育行政系统内设置专司及专科,务使教育行政统一,发挥教育技术力量。

还有一个办法,必须具体提出的。就是社会部应该与教育部合并,改称为社会教育部。各省社会处应该与教育厅合并,改称为社会教育厅。各县市社会科局亦与教育科局合并,改称为社会科局。教育行政机构不必纯用教育名称,他国已有先例,如法国称为公共教育及美术部,德国称为学术教育及民众训练部,意大利初称公共教育部,后改称国民教育部,苏联各邦设人民教育委员部。在行政方面看,似乎社会与教育两事合并,故称为社会教育部。在作者见解,“社会教育”是一个名词,并非社会与教育可分割的。社会教育是以社会为本位的教育,不但传统教育中所谓高等教育、中等教育、初等教育等可以包括在内,就是社会部所属的事业,民众组织与训练及社会福利,都是社会教育本分内的事。至于合作事业本为丹麦社会教育家格龙维氏所提倡的,办理社会教育者都认为必办之事业。故即使社会部不与教育部合并,教育部亦宜改称社会教育部。倘使社会部之继续存在,徒使行政上之重叠与浪费而已。兹拟定社会教育部之组织如下:

1.总务司

2.国民教育司

3.干部教育司

4.继续教育司(或成人教育司)

5.补充教育司

6.专门教育司

7.蒙藏暨海外教育司

8.军事教育司

9.组织训练司

10.社会福利司

11.编译司、合作事业管理局及各种委员会

总务司和国民教育司仍照现制。干部教育司相当于现在的中等教育司,掌管全国干部教育。干部教育即以培植地方干部人材为中心。所有的各省干部学校及短期训练班等均包括在内。继续教育司或成人教育司,掌管全国继续教育。继续教育者是指受过国民教育,而不能依照规定学制阶段升学,断断续续的一切补习教育。无论补习学校,或补习班,从干部教育阶段到专业教育阶段,凡非正轨的教育机关都包括在内。补充教育司掌管全国民众教育馆、图书馆、博物馆、体育场及电化教育、音乐教育等。专门教育司相当于现有高等教育司,凡一切专业以上教育部属之。蒙藏暨海外教育司掌管蒙藏教育暨海外侨民教育。并在上海设置一海外教育局,以便专管南洋侨民教育。军事教育专管全国军事学校。组织训练司掌管人民团体之组织训练及相互关系之调整联系事项、劳资争议之处理事项、社会运动之指导与监督事项。社会福利司掌管社会服务之倡导管理事项、生活之调查、统计及改良事项、职业介绍之指导协助事项、保险之指导实施事项、贫苦老弱残废之收容教养事项。各省社会教育厅及各县市社会教育科局,均可比照情形,设置科组,以专职掌。

三、改造学制

一种制度或一种法令扞格而不能推行,或勉强施行而发生重大流弊者,这种制度或法令的本身即有问题,即不能合于客观的需要。如不能加以彻底改革,继续敷衍迁就下去,其危害更大,甚至后来不易补救。我国学制,自清季以来,东抄西袭,尚未切合国情。其弊病之多,不胜举述,今后战胜建国,必须从事根本改造。改造要点约有下列十项:

(一)新中国学制必须以全民为对象

这是依据三民主义,全国四万万五千万人应该享受同等权利。孙中山先生说:“让人人都能够读书,才可说是普及教育制度。若是不然,便是贵族制度,便

是资本制度。”又说：“现在民国，人民受教育，是大家都要有平等机会的。”

（二）新中国的学制必须以基层为本位

过去学制都向高级方面看，用低级来凑合高级，视低级为高级的预备。这种态度，完全错误的。这种制度就种下不平等的根苗。

孙中山先生说：“圆颅方趾，同为社会之人，生于富贵之家，即能受教育，生于贫贱之家，即不能受教育，此不平之甚也。”又说：“立足点平等，才是真平等。”所以今后的学制系统，必须以国民教育为最高教育。因国民教育为全国人民个个能享受的教育，一个国家国策上所规定必须受的教育，亦即一个民族文化水准所必须有的教育。以后各级的教育，都以此为本位，密切衔接加深加多，就地方建设的需要，以国家建设为中心，统筹培养人材，计划分配任用。力矫过去所学非所用，人多无事，作事无人之弊。

（三）教育各段之分配，应有比例标准

学制史上最不合理之事，是先有大学，后有中学。中学的产生是为最大的需要，并非与小学有相当的比例。我国大、中、小三段之学校数目，尚未有统筹计划。有的主张以省县区域为分布标准，这成问题的。因为区域有大小，人口有疏密，交通有难易。最好由中央统筹，根据调查统计，规定一适宜比例标准，以限制某段或某种教育之畸形发展。

（四）废除“大学”“中学”“小学”名称

现行制度下，在小学肄业的儿童，都憧憬着做中学生：在中学肄业生青年，都憧憬着做大学生；不问家庭状况如何，不问自己天资如何，更不问将来自己在社会上生活如何。实际，在三十余个小学生中只有一个入中学；在十五个中学生中，只有一个入大学，四百五十余个小学生，只占到一个大学生（参考教育部全国教育统计）。那末多数的准备功夫都是白费了。这种虚荣思想，还是科举所遗留。今后要建立有意义的学制，不应再用“大”“中”“小”等字面去迎合封建意识。

（五）幼稚教育应包括在国民教育之内

凡谈教育者，莫不认幼稚教育为一重要阶段。如全部幼稚教育由国家负责。恐一时财力人力有所不及。故暂定自四足岁起，共两年幼稚教育，包括在国民教育之内。教育内容，完全注重习惯，不用书本和文字。方式宜简单化，即名为幼稚班，附设在初级国民学校之内。

（六）高级小学年限加长

原有高级小学年限太短，不但教育分量不够，且年龄太幼，升学与服务两不方便。故特增加一年,合为三年,名为高级国民学校。

(七)中等教育根本改造

现行中等教育制度,因普通中学畸形发展,普通中学或为中等教育之中心。普通中学不过为大学的预备学校,本身教育无甚意义,即其名称亦不妥当。今后宜一律改为干部学校,即造就地方建设干部人材为主要目的。干部学校毕业生,在不妨碍地方事业条件下,得准许升学,或服务若干时期后,再行升学。均升入同性质之专业学校。以后各级公务员,各工厂各公司职员,各级学校教职员,应有公平之待遇。有公平待遇后,则上下一体,劳逸均匀,既无虚荣可言,又无优劣可比。因之学制上一切矛盾现象,可一扫而空了。

(八)高等教育改变作风

高等教育绝不是为培植士大夫,猎取资格为目的。其正当目的有二:(1)培植地方各事业之领袖人材;(2)给一部分人研究高深学术之机会。所谓"智者进焉"之意,亦所以提高民族文化。为前者目的,则设置各种专业学校;为后者目的,则设置研究院。

(九)成人补习教育系统化

在国民教育制度下,失学成人设有初级成人班及高级成人班。其课程内容应尽量充实,务使程度接近国民学校。毕业于高级成人班,欲再进修者,可受前期继续教育。或考升干部学校。前期继续教育程度,务使接近干部学校,其毕业后可受后期继续教育,或考升专业学校。后期继续教育毕业后,欲再进修时,考入研究院。如失学成人有志向学者。亦得受高深教育。成人之学习,在测验上告诉我们,是与儿童差不多的。并且成人向学心切,加功努力,可比儿童进步快。如果成人之智力足够,专心于学,加速上进,年龄亦不至过大。多一人受学,多一人有高深学术,在社会可增进生产,在民族可提高文化。

(十)学校教育与社会教育打成一片

学校教育原是西洋古典式教育或贵族式教育遗传下来的,近代各先进国家社会教育早已十分发达,学校教育亦早已撤去万仞宫墙,而与社会教育携手,因此而得社会进步,国家兴盛。我国今后各事,必须"迎头赶上",教育事业绝不可再泥于传统思想,应普遍地顾到大众,学校与社会联成一片,以达到共享共乐的目的。

学制系统

<table>
<tr><th>年龄</th><th>学年</th><th colspan="3"></th><th></th><th></th></tr>
<tr><td>4</td><td>1</td><td colspan="3" rowspan="2">幼稚教育</td><td rowspan="9">国民教育</td></tr>
<tr><td>6</td><td>2</td></tr>
<tr><td></td><td>3</td><td rowspan="4">初级国民教育</td><td rowspan="4">初级</td><td rowspan="7">成人补习教育</td></tr>
<tr><td></td><td>4</td></tr>
<tr><td></td><td>5</td></tr>
<tr><td>10</td><td>6</td></tr>
<tr><td></td><td>7</td><td rowspan="3">高级国民教育
占二十分之一</td><td rowspan="3">高级</td></tr>
<tr><td></td><td>8</td></tr>
<tr><td>13</td><td>9</td></tr>
<tr><td></td><td>10</td><td rowspan="5">干部学校
占二十分之一</td><td rowspan="5">前期</td><td rowspan="15">继续教育</td><td rowspan="15">社会教育</td></tr>
<tr><td></td><td>11</td></tr>
<tr><td></td><td>12</td></tr>
<tr><td></td><td>13</td></tr>
<tr><td>18</td><td>14</td></tr>
<tr><td></td><td>15</td><td rowspan="6">专业学校</td><td rowspan="10">后期</td></tr>
<tr><td></td><td>16</td></tr>
<tr><td></td><td>17</td></tr>
<tr><td></td><td>18</td></tr>
<tr><td>22</td><td>19</td></tr>
<tr><td>24</td><td>20</td></tr>
<tr><td></td><td>21</td><td rowspan="4">研究院</td></tr>
<tr><td></td><td>22</td></tr>
<tr><td>28</td><td>23</td></tr>
<tr><td></td><td>24</td></tr>
</table>

说明：

甲、国民教育

一、国民教育包括儿童部与成人部。

二、儿童部包括幼稚教育二年，初级国民教育四年，高级国民教育三年。

三、成人部分初级班与高级班（均包括妇女班）。课程内容必须尽量充实，务使程度接近国民学校。

四、幼稚教育设幼稚班，附于国民学校内。

五、初级国民学校，以每保设立一所为原则。初高两级完全国民学校，以每乡（镇）设立一所为原则。

六、凡儿童满四足岁，应入幼稚班，满六足岁，应入初级小学；满十足岁，应入高级小学。

七、小学课程以国民基本知识为主。但得酌量地方情形，于较高年级，增设地方建设事业科目。

乙、社会教育

八、社会教育包括干部学校，专业学校，研究院，继续教育及其他社会教育事业。

九、干部学校

1、干部学校以地方事业为教育对象，造就地方建设干部人材为目的。

2、干部学校衔接国民教育而设，收受高级小学及高级成人班毕业生，或具有同等程度者。

3、干部学校修业年限，以五年为原则。但得酌量地方情形，及学校性质，减为四年或三年。

4、干部学校种类分：

师范干部学校

卫生干部学校

交通干部学校

电政干部学校

会计干部学校

行政干部学校

农业干部学校

工业干部学校

商业干部学校

军事干部学校

其他

附注：以上学校种类系举例性质，不限于此种数目，亦不限于同时设立，必须依据地方建设实际需要，考量分布地点，顾到交通便利，及人口之多寡，分别缓急，计划设置。

十、专业学校

1. 专业学校。以造就地方各事业之领袖人材为目的。

2. 专业学校，衔接干部学校而设。收受干部学校毕业生，或具有同等程度者。

3. 专业学校修业年限,以四年至六年为原则。

4. 专业学校种类分:

师范专业学校

医药卫生专业学校

交通专业学校

邮电专业学校

工程专业学校

制造专业学校

数理化专业学校

矿产专业学校

生物专业学校

文史地专业学校

法政专业学校

会计专业学校

商务专业学校

美术专业学校

音乐专业学校

军事专业学校

其他

十一、研究院

1. 研究院以研究高深学术为目的。

2. 研究院收受专业学校毕业生,或具有同等程度者。

3. 研究院研究年限,至少须在三年以上。

十二、继续教育

附注:继续教育之性质。是为受过教育之成人或受过国民学校教育,而未升入干部学校。或受过干部学校教育,而未升入专业学校,中途就过职业者而设施。其种类、时间与方式繁多,凡一切非正式或正式之补习教育,均包括在内。

1. 继续教育分前后两期。前期相当于干部学校,后期相当于专业学校。

2. 继续教育修业期限,酌量情形,另行订定之。

3. 修毕于前期继续教育,经过及格考试后,得升入专业学校。

4. 修毕于后期继续教育,经过及格考试后,得升入研究院。

十三、其他社会教育事业，以民众教育馆为中心。

十四、各县(市)以设立一所民众教育馆为原则。

十五、各县(市)民众教育馆负辅导全县(市)各乡(镇)保国民教育之社会教育。

十六、各县(市)如区域辽阔，民众教育馆得酌量情形设立分馆。

十七、干部学校设置数量，应根据确实调查，依照国家建设之需要，规定与国民学校之数量有合理之比例标准。(依据过去统计数字，干部学校学生数约占国民学校学生数，廿至三十分之一。)

十八、专业学校设置数量，应与干部学校之数量有合理之比例标准。(依据过去统计数字，专业学校学生数约占干部学校学生数，十五至二十分之一。)

四、改造课程

学制既经改造了，倘使课程没有彻底改造，所谓“换汤不换药”，还是没有用的。怎样改造课程呢？课程包括科目与教材，问题很大，非短篇所能详尽，兹不过举几桩要事，作为一个引子罢了。(1)增加实用课程。课程内容应该建筑在社会生活上，假使离开了社会生活，那就没有意义了。回看过去中小学的课程大纲，经一再研究修改，论工作，很多进步之处，论内容，则理想多与实际，论方法，则主观重于客观。其中最困难之事，大学课程尚没有一定标准，各级学校就学的儿童青年，眼光都瞄准在大学。中小学教师的视线，也有问题，不集中在社会，而集中在大学。于是各级学校的课程要求切合实际生活，就很难了。以后课程改造，必须以切合实用者为主体，其好高骛远，凭空理想的，或点缀装饰，八股式的，都宜割爱为是。(2)取消矛盾之课程。过去课程之排列，都是堆砌，并不是整个的设计。因此有理论上之矛盾者，有理论与实际矛盾者，有材料彼此矛盾者，应全部清理，从新计划一下。(3)剔除重复教材。各科教材重复甚多，有各科间互相重复，有各级学校同科重复。例如：国文一科，高级小学与初中语体文阅读材料，常常重复。高中与大学讲读古文，常常重复。又如算、史、地等亦多重复教材，应一律剔除，以免浪费学生时间。(4)确实估量时间。拟定课程的先生们，同样有一种脾气，好像韩信将兵，多多益善。对于儿童与青年的时间却没有精确顾到。至多在表面计算几个上课时间。实际儿童与青年无论有何高强的智能也做不了的。结果弄得几个用功的学生终日埋头，牺牲了运动游息时间，面黄肌瘦，追求那优良成绩，争取那决命运的分数。其不用功者，因见功课过于烦难，索性弃而不顾，到考试时再行打算舞弊及临时抱佛脚的种种方法，这种教育说是斫丧青年，不为太过。今后真正要培植青年，教学时间问题不可不特别注意。(5)取消悠闲阶级点缀品之教材。我们试检讨现在高中以上学校内之教材，还有不少是悠闲阶级的点缀品。例如国文教材，多数是在讲授唐宋八大家文章，在《古文观止》内翻筋斗，有的教员依自己兴趣所致，就拿出古诗古赋来给学生欣赏。试问学生离校后，到了社会上，哪个还用到古文呢？恐怕很少能够回到老家，闭着门户，诵读古诗与古赋。假使有一部分青年能够这样做，则对于社会国家有何益处呢？蒋总裁在第三届全国教育会议时训话中有："我以为我们国家到了今天，一切教育者的生活，应该再不是从前闭户教书悠游自在的清闲生活，教育者不应该只是按照学程传习智识，视为个人的一种生活根据或私人职业。"这些陈腐优闲的教材若不剔除，不但浪费青年的时间，并且要养成"散漫凌乱，放纵自私的风气"。(6)注重实习。今天的教育，不仅是"按照学程传习智识"为了事，必须使学生参加社会生活，握取实际经验，"先生从做上教，学生从做上学"，才能合于要求。这种教学的方式，必须有精密的设计，上课与实习配合，有一定的步骤与系统。除掉一部分时间学习几种工具学科外，其他时间均可与社会实际生活配合，这样才能使社会成为学校，教育不离开生活。教学的方法根本改变，这才是教育的新出路。

自抗战以来，学校量的方面已扩大，而质的方面大成问题。近来各大学学潮澎湃，发生原因虽甚多，在作者看来，如果大学教学方法根本改革，学风必为之大变。

以上四项提议，包含范围甚广，乃为教育根本建设。理论之根据有三：(1)过去教育之研究与设施；(2)时代之趋势；(3)三民主义。为限于篇幅起见，作最简单之说法。

（原载于1944年《军事与政治》）

教育为一切事业的基础

《中庸》一书是孔门的传授心法，其总纲说："天命之谓性，率性之谓道，修道之谓教"。分析起来解释，"命"就是"四时行焉，百物生焉"的意思，"性"是说自然界生长的秩序，"教"是"领导生长"的意思。笼统说来，犹言欲求人类社会生活，遵循自然界生长的秩序配合自然之理，必须用教育来领导，发挥教育的力量。朱子诠释"教"字谓礼乐刑政之属。可见古圣贤所看教育是广义的。

人生所谓做到老学到老，无事不长经验，无时不在学习，宇宙间最高原理与原则虽有规则与轨迹可寻，而万事万物之变化，竟无一处无一刻能完全相同。例如人之视觉，骤然观察，好像大家都有两眼，没有什么不同之处。其实各人之眼球组织，质量都不相同，而且神经之强弱又各歧异，故甲之视为白与乙之视为白，甲之视为黑与乙之视为黑，都有出入之处。其他官觉也是如此。甲之所听与乙之所听，甲之所嗅与乙之所嗅，甲之辨味与乙之辨味，甲之感触与乙之感触，都不完全一样。就是同一个人，朝暮时间之不同，老幼年龄之分别，与夫环境之千变万化，无一事能尽相同者。人身主观方面既有如此之差异，而客观事物方面又随着时间与空间而变化无穷。故人生欲求适应(Adaptation)自然与社会，确是一件不容易事。假使适应不合空间，就是错误；脱落时间，就是落伍。如何使适应合乎空间与合乎时间，这就是教育的作用。教育对于人生，社会以及人类有什么关系呢？请分别论列：

一、没有教育生命即无意义

蒋总裁说："生活的目的在增进人类全体的生活，生命的意义在创造宇宙继起的生命"，所以人生不仅为自己生活罢了，最重大的责任是促进全人类的进化。假使人生仅为个人之饱暖，那末与禽兽有何分别呢？孟子谓："人之异于禽兽者几希"。这个"几希"就是教育。因为人之异于禽兽者，就差这一点教育。假使没有了这点教育，那与禽兽有什么分别呢？古人解释教育当以"礼"字来替代，如《礼记》："今人而无礼，虽能言，不亦禽兽之心乎？"禽兽者只图生存其小我。既具人之衣冠，而亦只图生存其小我，行尸走肉，还有什么意义呀！试看厩中之牛马，不过求自己之生存；栅中之鸡彘，亦不过求自己之生活。牛马驯供人之驱使，鸡彘备供人之烹宰。一般人只知道驱使它们，烹宰它们，却不知道自己的价值并不高过它们呀！

人生的责任分析说来，有三方面：(1)继续不断地求自己的进步。所谓“君子自强不息”，汤之盘铭曰：“苟日新，日日新，又日新”，等等说法。人生的道路只有二条：一是进步，一是退步。进步即生，退步即死。绝没有不进不退，不生不死的。图示如下：

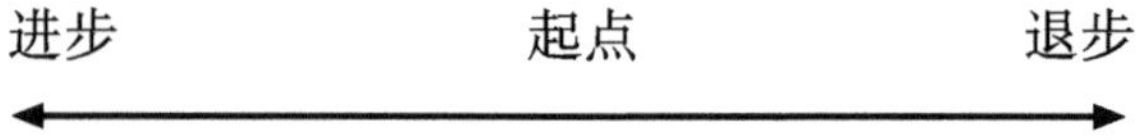

《吕氏春秋》引子华子曰：“全生为上，亏生次之，死次之，迫生为下。”全生者，视、听、嗅、味、触、意六欲都得其宜，即全向生道方面进行着。亏生者，六欲中有一部分不得其宜，即有一部分向生道方面走，一部分向死道方面走。向生道方面的部分较大，则亏损较少；向死道方面的部分愈大，则亏损愈多。死则完全消灭，恢复他的本来没有生一样。迫生是六欲都不得其宜，既违背了生道，还要苟延残喘，为非作恶，贻害社会，所以说是最下等。人生寿命不过百年，努力求进步，尚感时间有限，所谓“吉人为善，惟日不足”，那里还有时间容许我们停留后退呢？所以古人惜分阴，就是这个意思。(2)启导后辈及帮助他人之进步。我们人类生来没有坚强的爪牙麟甲以御敌，假使不知道互助和合群，要求生存就很难。到了后来，社会进步，分工生活，更说离不了互助和合群，所以帮助他人，实则就帮助自己。孙总理说：“人生以服务为目的”，就是指导我们要求大我之生存。但人生寿命有限，要求继续我们的生命，必须启导后辈，把我们所有的知识技能传给后辈，并且使他们更进步，这才是我们的责任。(3)促进社会及人类之进化，而构成有价值之人类历史。时代不断地向前进展。世界上民族愈优秀，进步得愈快。弱小民族就是因为他们进步迟缓的缘故。在人道上讲，优强的民族应该扶助弱小的民族。但就弱小民族本分上讲，为什么自己不努力，要待人家来扶助呢？一个民族的进步，是靠各个人民的努力。人民之努力与否，由于民族的一种风气与习尚。风气与习尚是由少数先知先觉所提倡造成的。继续不断地有先知先觉出来提倡促进，这个民族就有希望了。所谓希望者，就是赶上前去。整个世界上，各民族在那里赛跑，谁跑得快，谁是优胜。我们的希望，自然希望各民族大家跑得快，但实际上，必有先后的。况且竞争为进化原则之一。竞争愈激烈，进化愈迅速，才构成人类有价值的历史。人类的历史是一部人类进化史，一切的事业都在进化，这样才不愧为万物之灵。怎样能够进化呢？进化的关键或根本是在教育。

二、没有教育社会没有正义

教育的最初使命是求人类生存，民族生长。后来民族繁荣了，社会组织复杂了，它的较高使命是革新社会，启导人群。自古以来教育家都不肯阿合时俗，与当时社会冲突，而遭到厄运的有十之八九。试看千载大师的孔子，号称圣之时者，然亦不肯稍事迁就。故在鲁国做宰相只有三个月，就是因为看不惯大夫的跋扈，不能欣赏齐人的女乐。结果，栖栖皇皇两马一车，周游列国十三年，被围于匡，厄于陈蔡，几经困苦患难，终不能行其道与当世。继承孔子的孟轲，生当战国，社会秩序更形紊乱，所谓"诸侯放恣，处士横议"，"上无道揆，下无法守"。以"正人心，息邪说，距诐行，放淫辞"，"闲先圣之道"为己任。亦周游列国，以求行道，卒以不肯"枉尺直寻"，不能得志于当时。宋代大教育家朱晦菴，一边做官一边讲学，所到地方必创设学校，改良风俗。学问盖当世，名闻遍海内，但卒被权奸韩侂胄等诬为"伪学"，目为"逆党"，几被陷害。至死之日，送葬弟子犹被诬为叛徒，图谋不轨，严加监视。明代大儒王阳明遭遇患难更多：初则被贬谪于苗瑶杂处龙场，当我们读他名著《瘗旅文》时，可以想见当时之凄惨。后来升任南赣、汀、漳等地方大吏，虽有丰功伟绩，仍一再受毁谤，怨尤叠至，使不得一日安居，及至衰老之年，犹被迫扶病南征，卒在归途死于南安。其千古不朽之学说，竟被诬为"伪学"，下诏禁止。他们负有教育的使命，志在革新社会，仗义执言，难免触犯了当时权奸，所以结果同一遭遇。然而他们的学说光辉，教育的功绩，丝毫未遭损失。尤因他们不屈不挠的精神，才不愧为人群的导师。

我们再反过来看，社会没有了教育导师，将成为何种情况？就一般说，文化低落，技术幼稚。就道德方面说来，蚩蚩者氓，唯利是趋；贪婪欺诈，无所不为。"强宗豪右，田宅逾制，以强凌弱，以众暴寡。"一般群众日常生活陷溺于颓风恶习之中，习惯腐化，人格堕落，而且趋炎附势，以个人私利定是非，以个人私欲定善恶。合于私利者为是，合于私欲者为善。风气既成，一任刁滑者得势于乡里，狡狯者横行于都市。弄得整个社会颠倒是非，不知羞耻。所谓"上无道揆也，下无法守也，朝不信道，工不信度，君子犯义，小人犯刑，国之所存者幸也"。"上无礼，下无学，贼民兴，丧无日矣"。

三、没有教育人类不能进化

以前推勒(Jane Taylor)曾说过:“你经听见过没有,一只鸟做巢做了一半,垂着头停在树枝上,疑惧和考虑,如何完成这个巢?”鸟做巢从来没有考虑过,做出来都是完整的,但进步也不会有,它的祖先怎样做,他自己也是怎样做,一代一代传下去都是一样的。人类却不是这样了,初生下来什么都不会,渐渐地由母亲教养:到了能走能话以后,入幼稚园,保姆教他搭积木;后来入小学,学些什么基本课程,行动仍很幼稚,一切生活都靠父母的;再后来入中学,仍受些基本学科,生活犹依靠父母,谈不上自己盖屋,自己生存的能力;最后入大学,然后分科,学建筑的只学一些学理,到了毕业,犹不能建立起一个房子来,必先跟工程师实习若干时,然后能设计打样指挥工人建筑一个房子。但这所房子还不能如理想,不能十分满意。人类做事有这样的麻烦,须经过有很长的教育历程,所以建筑学术也一代跟着一代地进步。人类社会异于禽兽之处,也就在这一点上。

十八世纪的美国学者兼政治家富兰克林,他解释人类是制造工具的动物。有人提出反对的意见,说:制造工具的不仅是人类能够,猿猴为获得食物也会使用石或棍棒,鸟能营巢,兔能营窟,蜘蛛能织网,等等。故把富氏的话修正道:人能创造工具并能改良工具。能够创造工具、改良工具就构成了人类的生活。孙总理曾说:“民生是社会进化的重心,社会进化是历史的重心。”这真是至理名言。所谓民生是社会进化的重心者,是看得民生是活的,是动的,是进步的,是前进的,所以人类社会就继续不断地在那里进化。所谓社会进化是历史的重心者,是说人类历史全为人类社会进化而造成的。假使人类社会不进化,那就没有历史了。譬如人类一直保持着五十万年前人猿状态,那还有什么历史可言呢?这样说来,所谓进步进化,就是人类社会的基础,但问如何能使人类不断地进步进化呢?回答这话很简单,就是所谓“教育”。杜威博士说:“教育是生长”,“教育是生活”,就是这个道理。

有持极端唯物论者,以为社会的基础建筑在经济构造及生产关系上面。而指教育寓于意识形态,为社会之上层建筑。殊不知生产关系如无教育,何以能够演进?经济构造如无教育,何以能够进化?他们的错误,由于他们看得教育是窄义的,是一种事业,或是一种人文科学。

教育可说是人类社会构成的原动力,假使没有了它,人类社会至多像蜜蜂或蚂蚁一样,即使有一点合群分工的组织,但经过千万年后,总没有什么进步。回看人类在原始时代和现代相比较,相去不知几何里?人类社会愈文明,需要教育愈深切。组织愈复杂,教育事业的种类亦愈繁多。任何事业,忘了教育的使命,就不会有进步。

四、结　论

所谓人生的意义,社会的正义,人类的进化,总起来说,都是生长的道理。假使人生不了解人生的意义,却向着消极路上走,那就是违背生长的道理。假使社会缺乏了正义,所谓小人道长,君子道消,整个社会向着黑暗方面走,那也是违背了生长的道理。假使一部分人类进化滞后,或有退化的趋势,那就要归之于淘汰,显然是违背生长道理之故。生长的道理就是"天命"。欲遵从天命,必须遵循自然界的秩序。人类社会与禽兽不同,生活由简单而复杂,意识由低级到高级,假使没有了教育,人类的意义就失去了。人类进步到高级社会,情形极为复杂,教育事业种类与方式繁多。有因牵连其他事业,反映出教育落于次要地位,这不是教育的全貌,非教育的本体。教育的本体是人类社会的基础,人类生长所必需。

(原载于1945年《中国建设月刊》)

全面教育的由来

传统的教育是局部的教育。局部的教育有三种特性:(1)由个人出发的;(2)有阶级性的;(3)偏于死知识的。但由时代的变迁,教育的领域一天一天地扩大。向来不认为含有教育作用,渐渐地认为含有教育作用。向来不认为是教育方式,渐渐地认为是教育方式。向来不注意与教育关联的事业,渐渐地要谋与教育联系了。时至今日,不能单独个人讲教育,也不能为一部分人办教育,更不能离开生活而谈教育。这是时代的趋势,也就是人类进步的阶段。试看下述的演变:

一、从个人到社会

在个别求生存一点上看来,人与禽兽本来没有什么两样。求生存的任务不外四种:(1)觅食。这是最繁重的工作,天天要做的。(2)防寒暑。这不比觅食那样严重,找到树林山穴就有办法,得到树叶兽皮就可解决,而且可以暂劳永逸。(3)御敌。这是偶然的事,不是经常的工作,如果能觅得安全的巢穴,可以一劳永逸。(4)传种。为求种族生命的延长,不得不有传种,所以传种亦是生存条件之一。但传种有一定的年龄和时期,比起觅食来,算是次要的了。

但这四种天赋的生存本领是有限的。欲求进步,就要靠教育,进步愈多,需要教育亦愈多。以前推勒曾说过:“你曾经听见过没有,一只鸟作巢做了一半,垂着头停在树枝上,疑惧和考虑,如何完成这个巢?”鸟做巢从来没有考虑过,做出来都是完整的,但进步也不会有,它的祖先怎样做,他自己也是怎样做,一代一代传下去都是一样的。人类却不是这样了,初生下来什么都不会,渐渐地由母亲教养,到了能走能话以后,入幼稚园,保姆教他搭积木。后来入小学,学些什么基本课程,行动仍很幼稚,一切生活都依靠父母的。再后来入中学,仍受些基本学科,生活犹依靠父母,谈不上自己盖屋,自力生存。最后入大学,然后分科,学建筑的只学一些学理,到了毕业,犹不能建起一个房子来,必先跟工程师实习若干时,然后能设计打样指挥工人建筑一个房子。但这所房子还不能如理想,不能十分满意。人类做事有这样的麻烦,经过有很长的教育历程，所以建筑学术也一代跟着一代地进步。

初民时代的生活，只有个人与自然，只要个人体力发展，克服自然，就可解决生存问题。后来人类渐渐进步了，渐渐发生社会的组织，于是在个人与自然之外，还有第三者社会的关系。这个社会的关系，是人与人的关系。人与人的问题不比人与自然那样简单。孔融幼时，其父分梨，孔融择一最小者。其父问道："你为何择一最小者？"答道："我年最幼，应该得一最小者。"成为千古美谈。人的生性本来只有自己，所以当然都是择取最大的。我们研究儿童心理时，就可明了。最初经父母的教训，对于弟兄姊妹相让相助。后来进了学校，又受训练，对于团体的服务和遵守团体的纪律。最后加入了社会，于是受经验的教训，处处要求适应社会。

到了文明进步，社会组织复杂，自然都受了社会的影响而改变形态了。我们如不加思索，可以说人类享受自然是平等的。例如旧时说法：贫贱人和富贵人同在一个空间，就享受同样的空气。光线贫贱人有得享受，富贵人也有得享受。水与火自古以来可以敲门乞取，不费什么钱的。但试往物质文明进步的大都会里看一看，一望而知，空气、光线、水、火、四事人类享受不平等。有许多工厂内的工人，办公房内的职员，终日价不见太阳光的。贫民窟内的老幼所享受的空气和富人别墅内的眷属所享受的空气，哪可以同日而语？至于水，有的饮沙滤水，有的饮井水，有的饮泥水塘里的水，种类很多。火有的用电，有的用油，有的用木柴，有的用煤炭；甚至有的举不起火，吃冷食。这四件最普遍平常的事，尚且不平等到这样，其他可想而知了。所以在这个时代，个人之外，只有社会，自然已被社会蒙蔽了。这种明显的事实，假使不假思索，还不会看出。以前有个留美学生，回国后，处处都说美国好，他的父亲听了十分讨厌。有一天晚上，他和他的父亲在天井内纳凉，看见月亮，又说月亮是美国的好。他的父亲听了就忍不住了，打他一个嘴巴，说道："月亮是全地球一样的，岂有美国的月亮比中国的好呢？"一般的说法，都以为他的儿子不对，其实还是父亲错，父亲思想太旧了。月光透过空气，甲乙两地空气有疏密，光线强弱自各不同。况且美国的环境和中国的环境相差地方更多。住在华丽的洋房内，站在整洁的草地上，仰看月色时，和住在东方古式的房屋内，坐在乱草杂生的天井中，所见的月光，情景大不相同。我们享受自然，不能离开社会的条件，这是很显然的例。

时代再进步，个人的一切都受了社会条件的支配。从大处看来，只见社会而不见个人。个人自然社会三者演变关系如下图：

个人 →	1.个人	1.个人	1.个人	→ 社会
		2.自然		
	2.自然	3.社会	2.社会	

我们把握新时代，社会重于个人，这是自然的趋势。所以我们研究教育者必先着眼社会，比较着眼个人为重要，可是不幸得很，现在研究教育者多数从个人出发的，因为受了资本主义的影响。测验儿童心理的发展，根据儿童身体的发育，研究教法与教材，还要强调儿童的兴趣，注意儿童的天才，却忽略了整个社会问题，不顾环境的影响。因此教育流为点缀品，不切合于现实的生活。今后研究教育，应该从社会问题出发；今后的教育事业，不仅使学个人谋生的本领或猎取资格，应该看作社会的事业。

二、从少数到多数

学校教育，无论中外都起于少数、一部分的特殊阶段。据古籍所载，家有塾、党有庠、术有序、国有学，全为培植贵族子弟而设的。《尚书大传》："公卿之太子，大夫元士之嫡子，年十三人小学，见小节而践小义，年二十人大学，见大节而践大义。"这是教育由贵族独占的明证。学校的前身是家塾。家塾的起源由于易子而教。最初，少数特殊阶级为子弟保留特殊地位起见，就把特殊地位的知识、行动的秘诀，传授给子弟。为免伤父子的感情起见，就采用易子而教的方法。后来渐渐专业化，《学记》郑注："古者仕焉而已者，归教于闾里，朝夕坐于门，门侧之堂曰塾"，家塾制度自此产生。再后来方法更进步，就实行学校制度。学校有班级之分，有学额之限制。于是规定有什么资格，才得进什么学校；凡无资格的就被摒于学校门外了。又规定缴纳若干学费，始准把行李搬入校门；贫苦大众的子弟就不敢报名入学了。以前亚历山大三世时代，职司教育的官合尔耶诺夫曾说过："中学内没有厨役儿子的地位。"在中国古代，平民大众亦不准许受教育，所谓"民可使由之，不可使知之"，"劳心者治人，劳力者治于人"。但看孔子之教，"有教无类"，似乎不像后世科举时代的书院、西洋式的学校那么限制之严。还有许多学者从阡陌出身，一边耕田，一边读书，像"犊角悬书"，传为美谈。所以有人以为中国古代贵贱阶级之区分，不像西洋之严。然士农工商四民之中，毕竟士人占了最少少数。学府应该拆去万仞宫墙，使平民大众共同享受教育，这种思想产生很迟。如英国，一六五〇年，剑桥大学教授戴尔（William Dell）主张在国内各镇市遍设大学，使全国成人可以半日就学,半日工作;或隔日在校求学,隔日校外谋生。一七九九年,柏培克(Birkbeck)博士辞去格拉斯哥大学教授之职,专办工人讲习班。一八五〇年,牛津大学教授薛惠而(W.Sewel)发表《推广大学的建议》一文,曾说:“吾人纵不能使群众都入大学,就不能使大学迁就民众吗?”

后来政治家也感觉到民众读了书,于政治之推进有帮助的。实业家也感觉到工人有了知识,于制造品之改良有很大关系的。所以英国赫胥黎在他著的《自由教育论》中说:“政治家说:‘诸君不可不教育民众,因为他们自己将要做执政者了。’僧侣们也以为民众离开学校及礼拜堂,将堕入无宗教的状态,故不可不以教育引导之。更有实业家和有产者们用著快活的调子,也说教育的必要,无知造成的恶劣职工,它将很快的使英国不能制造比他国廉价的标制品及蒸汽机关。”英国的学校制度在表面上似乎无大改革,实际他们的教育早已全民为对象了。其他国家也是一样,谁先能使教育普及,即谁先能致富强。

我国在抗战前十年,学者依据孙中山先生“唤起民众”之遗教,提倡民众教育。于是传统的贵族教育开始发生了摇动。敌人妒忌我们前进,加紧侵略,促成二五的抗战。自抗战发动后,中央教育政策亦大转变,如国民教育之推行,社会教育之推进,总期多一个人民受教育,使抗战多增一分力量,这种施教态度基于三民主义之民治民有民享的原则。今后的教育,无疑问,是多数的,不是少数的,是大众的,不是小众的。假使政府不注意这一点,政治必会失败。

三、从死知识到实际生活

在原始社会时代,生产自足自给,大家劳动,大家消费,在同一血统关系生产者群的中间,教育的任务是把前代的劳动经验传给后一代,教育和实际生活完全联系着的。拉奥著的《政治经济学教程》中有一段话:“二三以上的男子排成一列,以尖棒掘着地,每掘一下,土即隆起一大块,如遇硬土,则于同一地再掘一下,土也就升起了。男子后面,随着缓慢的膝行的妇女,她们手握尖棒,击碎为男人所掘起的土块。在她们后面又随着年龄大小不同的儿童,用手碎土。这步工作以后,妇女以小棍于土上凿成一小孔,播以种子或根苗。”这段话就叙述初民时代劳动生活与教育联在一起。社会发展到了奴隶制和封建制时代,知识渐渐和劳动分家,教育渐渐和生活脱节。《论语》上有一节文字："子路使子羔为费宰。子曰：'贼夫人之子。'子路曰：'有民人焉，有社稷焉，何必读书，然后为学？'子曰：'是故恶夫佞者。'"子路可说是先觉者，他觉得读书与学是两件事，读书与做事没有多大关系。弄得孔老夫子无话回答，只好说我讨厌强辩的人。可见教育与实际生活离开，在封建时代已有这种情形。二千多年来教育更趋僵化，学校离开了社会，几乎完全为传授死知识之所。学校愈多，造就消费而不能生产的游民愈多。农民子弟入了学校，毕业后即离去田园，以致农田荒芜，农村衰落。一般专科以上学校成为混资格之场所，大学文凭变为谋官求职的敲门砖。流弊所致，学校教育商业化，学风日坏，道德堕落，奸宄之事层出不穷。所谓知识分子，肩不能挑，手不能提，不事生产，不辨菽麦。当孔子从楚返蔡，子路在后离散，遇一老人，子路问道："子见夫子乎？"老人答道："四体不勤，五谷不分，孰为夫子？"这算是士人手脑分家的掌故。

过去的教育家都认教育是生活的准备，所以学校的理想是要隔离现实社会，而设备一个优美的环境，使儿童与青年养成了良好的行为与习惯，然后投身社会，是社会进步与改良。这种想法，正与老和尚把小和尚关闭在深山的故事一样。小和尚被关在深山一二十年，屏绝了繁华世界，一旦跑到都市，爱美之念油然而发生，向之寂寞修养有什么用呀！人类为了生活才需要教育，教育离开了生活，就失去凭依了。生活的进步是由生活中摩擦出来的，未来的社会是由现社会演进而来的。哪里有凭空造出一个社会来的事呀！况且教育不能限定一个期限，不能限定一个地域。一般人以为在学校中是受教育，离开学校即没有教育了。这是一个大错误。人们无时无地不在生活，即无时无地不在受教育。不过在学校外的教育，过去人们不加注意。因为没有注意，进步就很迟缓了。

教育与生活联系，在历史上虽有人发表过。但有系统的学说，这是近世的事。美国杜威氏于一八九六年，在支加哥地方开办一所实验学校，实现他的新教育主张。他的主张约有数点：(1)教育即生长。生长不像鲁滨逊那样在荒岛上单独生长，是在人群中互相鼓励，互相刺激，大家一起生长。(2)培养儿童之团体生活习惯和社会生活习惯。(3)从做中学习。(4)学校生活和家庭生活打成一片。

一九二七年，中国一位杰出的教育家陶行知氏在南京附近晓庄创办一所师范学校，实验生活教育。到一九三四年，他在上海发行了《生活教育》杂志；

又推行工学团小先生传习办法。他的主张可举出下列六点:(1)生活的。我们要从生活的斗争里钻出真理来。我们钻进去越深,越觉得生活的变化,便是教育的变化。生活与生活一摩擦便立刻起教育的作用。摩擦者与被摩擦者都起了变化,便都受了教育。(2)行动的。行动是主导的生活。为行动而读书,在行动上读书。(3)大众的。从真正的生活教育看来,大众都是先生,大众都是同学,大众都是学生。教学做合一、即知即传是大众的教育法。生活教育是大众的教育,大众自己办的教育,大众为生活解放而办的教育。(4)前进的。我们要用前进的生活来引导落后的生活,要大家一起来过前进的生活,受前进的教育。前进的意识要通过生活才算是教人真正的向前去。(5)世界的。为着要过有意义的生活,我们的生活是必然冲开校门,冲开村门,冲开城门,冲开国门,冲开无论什么自私自利的人所造的铁门。所以整个的中华民国和整个的世界,才是我们真正的学校咧。(6)有历史联系的。历史教训必须通过现生活,从现生活中滤下来,才有指导生活的作用。这样经生活滤过的历史教训,可以使我们的生活倍上加倍的丰富起来。中国已经到了生死关头,争取大众解放的生活教育,自有他应负的历史的使命。

一九三〇年,东方福禄培尔——陈鹤琴氏在江西创办幼稚师范,提倡活教育。他提出活教育原则十二条:(1)凡儿童自己能够做的,应当让他自己做。(2)凡儿童自己能够想的,应当让他自己想。3)你要儿童怎样做,就应当教儿童怎样学。(4)鼓励儿童去发现他自己的世界。(5)积极的鼓励胜于消极的制裁。(6)大自然大社会是我们的活教材。(7)比较教学法。(8)用比较的方法来增进学习的效率。(9)积极的暗示胜于消极的命令。(10)替代教学法。(11)注意环境,利用环境。(12)分组学习,共同研究。

作者要补充的有三点:(1)勿专站在教的方面看,要着重在学的方面;(2)要注意学校外的教育形式和教育作用;(3)要注意社会的全面。全面教育与全民教育是不同的。全民教育只指量的全数,没有讲到时期的全段和社会的全面。作者写过二篇讲稿,一关于全面社会化教育的理论方面,曾在中正大学政治研究会及社会教育学会演讲过,原稿于过京途中遗失。一关于全面社会化教育的方式方面,登载于《活教育》四卷二期。全面教育是时代的趋势,由时代演变而来的,略如下图:

教育的演变

- 氏族社会 —— 自然的教育 —— 生活教育
- 封建社会 —— 形式的教育 —— 阶级教育、奴才教育
- 资本主义社会 —— 形式的教育 —— 工厂式教育、商业化教育

（生活教育、阶级教育、奴才教育、工厂式教育、商业化教育）—— 以个人为本位的教育

- 三民主义社会、大同的 —— 民治民享民有的教育 —— 全民教育、平等教育 —— 全面社会化的教育

（原载于1946年《教育与民众》）

基本教育的意义

基本教育不能看作国民教育。因为国民教育已被人们认为国家主义的教育或狭义的公民教育。说更清楚一些,就是被统治者利用的教育。在民众方面看,这是完全被动的,不管民众生活上需要不需要,不管教育上有意义没有意义,主观地命令训练,机械化,统一化,这是与最新的基本教育背道而驰的。我们要了解最新的基本教育,必须从三方面看:(1)从个人方面看,(2)从社会方面看,(3)从时代文化方面看,试分述于下:

一、从个人方面看

教育是人民的权利,不是人民的义务。因为是权利,所以人人都应该享受。即使低能者,也应该受低能教育;残废者,应该受残废教育。一般劳苦大众,因为被经济压迫,剥夺了教育机会,这是应该政治上负责,纠正过去的错误,使他们很平等地,自然地享受这种权利。

现在的劳苦大众,一面因为被经济压迫,一面因为放弃教育权利,已成了习惯,所以骤然要他们受教育,他们要怀疑、恐惧和不愿意,就观望不肯来了。怀疑者是怀疑受了教育有什么用处,恐惧者是怕被政府机关欺骗,增加什么苛捐杂税。一般民众终年在饥饿线上挣扎,被苛捐杂税的榨逼,已成了惊弓之鸟,看见陌生人到村子里来,总以为不是好事,于他们将有不利,就不肯接近他,不肯讲真话。办民众教育的,感到招生不容易,很想借政治的力量,用乡公所或县政府的命令,派遣警察,挨户强拉。这种办法,实在太不妥当。

民众对于受教育不愿意,却是事实。试看民众所读的课本,与民众的生活相脱节。施教者大都是站在另一阶层,想灌输一种意识,民众完全站在被动地位。这种教育当然不好叫作权利,只可说是一种义务了。农民终年辛苦,向政府纳了大宗的税捐,有时还要拉人工,抽兵役,在财政和人力方面,义务已经尽够了,如今还要尽教育上的义务,难怪民众对于教育也要躲避起来了。

基本教育的内容，应该从个人生活出发。培养个人生活上最基本需要的知识和技能，并建立了个人向上进步的必须基础。这个基础应该在适当年龄培养起来。假使过了这个适当年龄，没有受到基本教育，那就要产生失学民众。失学民众是要阻碍社会文化进步的。所以设施失学民众补习教育，比设施学龄儿童的基本教育更急迫重要。失学民众补习教育当然也属于基本教育范围之内。但因为年龄经验不同，教材形式和教学过程大有不同之处。这种不同，正待教育者努力研究，绝不可草率从事，或敷衍欺骗为了事。

二、从社会方面看

人类愈进步，社会组织愈严密，个人的生活更无时无地不与社会发生关系。人类生活所需要，本来大部分取之于自然界，假使各人独立，就和他人无关。例如水、火、空气、光线，在原始时代，人类可以平等享受。但到了文明进步，一切物质都建筑在经济上，人类贫富阶级悬殊，享受方面就分了许多等级。有的饮泥塘水，有的饮井沟水，有的饮沙滤水，有的饮蒸馏水。所得卫生结果，自然不同。火有燃木柴，燃煤炭，或用油料，或用电气。工作效力，大有分别。贫民窟里的空气和光线，好像不是自然所赋予的。富人别墅里的空气和光线，却好像胜过了自然的力量。所以社会经济的组织已支配了自然。个人的生活，更跳不出社会的支配。

试看斯宾塞氏分析人类活动为五大类：(1)保生，(2)生计，(3)亲责，(4)公民，(5)休闲。在这五大类中，至少亲责与公民两类完全在社会方面；其余保生、生计与休闲三类一半在自然方面，一半在社会方面。再看巴比脱氏把课程内容分为十大类：(1)语言活动，社会交接；(2)卫生活动；(3)公民活动；(4)一般社会活动——待人接物；(5)休闲活动，娱乐运动；(6)精神休养；(7)宗教活动；(8)为人父母之活动，子女之保育，适当家庭生活之维持；(9)非专业或非职业之应用活动；(10)职业活动。其中，(1)(2)(3)(4)(5)(6)(7)(8)完全在社会方面；其余(2)(5)(6)(9)(10)至少有一大部分在社会方面，一小部分在自然方面。人类活动，既然大部分在社会方面，小部分在自然方面，而自然方面又被社会支配着，所以只有社会才能解决人类适当的生活。基本教育是人民生活出发的基本，必须透过社会，才能切合实际生活。

成人是现社会的工作者，他们的经验是现社会的经验；他们所需要的活动，是现社会的活动。儿童是未来社会的工作者。要学习未来社会的经验，必先学习现社会的经验。因为未来的社会是由现社会诞生的。绝不能躲避了现社会，凭空产生一个理想的社会出来。在我们看来，基本教育，也是社会教育的一角。

三、从时代文化方面看

教育应该迎着时代前进。次等的是跟着时代奔跑。下等的是拉着时代开倒车。我国教育，自前清以来，变更了好几次。变更的原因，都以时代为背景。但都落于次等下等的方式。前清的钦定教育宗旨，为“忠君”“尊孔”“尚公”“尚武”“尚实”。前二者犹是培养臣仆的作用，后三者是因被帝国主义者战败，励精图治的反映。在表面看来，似想跟上时代，实际却落后得太远。到了民国元年九月，教育部公布教育宗旨为：“注重道德教育，以实利教育、军国民教育辅之，更以美感教育完成其道德。”这个宗旨，很显明地，企图跟随欧洲各国之后，提高文化，以图自强。到了民国四年一月，独裁野心家袁世凯，颁布所谓“教育纲要”，其中第三款为：“申明教育宗旨，注重道德、实利、尚武、并运之以实用”。二月，又颁教育宗旨为：“爱国、尚武、崇实、法孔孟、重自治、戒贪争、戒躁进”。前四项是想恢复前清之旧。后二语“戒贪争、戒躁进”，竟有雍正圣谕广训之意味。十足表演着，拉回时代，开驶倒车。到第一次世界大战告终，平民主义的思潮澎湃于全国，国内教育界人士感觉教育有改革顺应世界潮流之必要。民八教育部教育调查会成立，订定教育宗旨为：“养成健全人格，发展共和精神”。民国十一年十一月，公布学校系统改革令，规定教育标准七条：(1)适应社会进化之需要；(2)发挥平民教育精神；(3)谋个性之发展；(4)注意国民经济力；(5)注意生活教育；(6)使教育易于普及；(7)多留各地方伸缩余地。这个时期的倾向，是想跟着美总统威尔逊氏之民主精神，憧憬着和平世界。岂料不久，欧洲的帝国主义的狰狞面目又毕露出来了，并且影响了东亚法西斯蒂之祖的日本，加紧侵略我们，使我们农村经济破产更尖锐化，于是我国教育界人士热烈地掀起民众教育运动、乡村教育运动、生活教育运动和普及教育运动等。想用教育的力量来挽救危机，振兴祖国。残暴的日本，生怕我们能生存，就在民国二十年九月十八日侵占我们东北各省后，又于民国二十六年七月七日在卢沟桥寻衅进兵，不久炮火弥漫全国，我们就退守后方，发动抗战教育。抗战教育的内容，是注重在成人教育方面。因此社会教育事业兴办甚多。经过了八年艰苦抗战，到民国三十四年八月，得到最后胜利。我们满想自此教育可以迎着时代前进。哪知道外祸方息，内战又起。军事时期，教育落后，艰苦情形，更有甚于抗战期间。回看世界其他战胜国家、新建国家及战败国家，正在奋斗建设，积极求进步。他们教育之演变，我们更不可忽视。

在第二大战结束后的今日，我们民众最基本的文化标准，究竟怎么样，这是我们应该研究的。战前的初等教育，抗战期间的国民教育，及失学民众补习教育，是否适合现在的基本教育，大成问题。在作者的意见，我们这类教育的缺点有三：(1)初等教育似太偏重在升学准备。长此下去，不纠正，有走入畸形中学教育那样的危险。(2)民众学校太偏重在识字教育。只使民众认了千余个字，文化水准就能提高了吗?况且民众识了字以后，经过半年一载不运用，就会全部忘掉。(3)简单的书本科学知识，不足以应付新时代。

本稿因急于付印，不及详细讨论，只从极简单说法，提出改进意见三点：(1)教学材料必须丰富。那些小学及民众学校薄薄的课本绝感不够，课内读物和课外读物都应大量增加。(2)环境必须改进。教育不能单靠校内的设施。校外社会教育的设备非常重要。如图书馆、科学馆、博物院、动物园、植物园等，都是新时代教育所需。(3)注重实际观察和实际经验。关着大门教课本，绝不能尽基本教育的责任。基本教育必须切合实际生活，故须实施活教育，使实地观察和实地经验。这种教育才是民众所需要，才能赶上新时代。

（原载于1946年《教育与民众》）

加强民主的民众教育:国民教育制度的出路

国民教育制度是依据民二九所颁布的《国民教育实施纲领》而成立的。《国民教育实施纲领》是由民二八所颁布的县各级组织纲要而产生的。县各级组织纲要的乡镇保组织是采用广西"三位一体"的基层政治机构的。即所谓"一人三长""一所三用",并包含管教养术四项任务。依照广西普及国民基础教育六年计划大纲规定,是以"政治的力量为主,经济的力量及社会的力量为辅",并"以国民基础教育的力量,助成本省下列各项建设:1.政治建设;2.经济建设;3.文化建设;4.社会建设"。即将政治、经济、文化、军事打成一片,以国民教育出发,并为主要的联系。他们说:国民基础学校,比较普通小学不同。它不仅是教育的集中场所;同时,一村街或一乡镇的政治、经济、文化、军事四大建设,须由它领导发动,所以它又是基层建设的发动机关。至于政府的政令,由它传达于民众,民众的意见,也由它转达于政府,所以它又是政府与民众的基层枢纽。它的任务有三:(1)普及教育。在义务教育方面,要使适龄的儿童受基础教育;并使超过学龄的儿童,受短期的基础教育。在民众教育方面,要使失学的男女成人补受短期的基础教育。务使国民基础教育彻底普及于一村街或一乡镇的民众。(2)助成建设。基层的四大建设,需要民众认识,更需要民众参加。国民基础学校是乡镇村街的社会的中心,要用教育的力量,唤起民众,领导民众,以助成各项建设。(3)民族运动。国民基础教育运动,是要建立民族运动的基础。发动民众参加民族抗战运动和民族建国运动。国民基础学校普及教育和助成建设的工作,即以参加民族运动为鹄的。

试看《国民教育实施纲领》第一条说:"教育部为谋全国国民教育之迅速普及起见,依照县各级组织纲要保国民学校及乡(镇)中心学校之规定,订定本纲领,以使国民教育之实施。"这条的要义,也是全纲领的要义,是在谋全国国民教育之迅速普及。并在第十一规定:"保国民学校及乡(镇)中心学校,均应设置小学部及民教部。"到了民三三,国民政府正式公布国民学校法。其第二条说:"国民教育为六岁至十三岁之学龄儿童应受之基本教育,及已逾学龄未受基本教育之失学民众应受之补习教育。"在第五条更明白地说:"国民学校分设儿童教育及失学民众补习教育两部,均分高初两级。儿童教育之修业年限,初级四年,高级二年;失学民众补习教育,初级四个月至六个月,高级六个月至一年。”

自从国民教育制度颁布以来,没有依照县各级组织纲要,实施“一人三长”“一所三用”。并没有设置失学民众补习教育部。实际各地的保国民学校,还是换汤不换药的,和民国初年袁世凯时代的国民学校没有什么区别。一所村学,在一个破庙内,收了十数个儿童,外面挂着一块国民学校牌子,终年上不到几趟课。但有人对于国民教育制度却发表了许多高论。有的说:“一人三长”的制度行不通的。因为校长兼保长或乡长,忙不了的。有的说:办教育的办政治,办不来的。有的说:民教部设在国民学校内,不妥当的。在作者看来,国民教育制度始终还没有实现,虽法令颁布来已有八个年头,还在启发议论时期,谁能断定它是好是歹呢?“一人三长”,似乎偏于理想一些;但在目前的中国,几千年传下来的古式农村,没有推动之际,来一个政教合一的制度,未始不可尝试一下。目前乡保事务烦冗,一则因为战乱,一则因为行政还未上轨道。骈枝机关林立,到县的公事如雪片飞来,县府无法应付,就往下面推,正常的下层组织,原来是无法对付的。我们要批评一个良好制度,必须在正常的行政下面实验,方有正确的结论。“一人三长”“一所三用”,是否有正确实验过?尚是疑问。现在所有的批判,都嫌太早。

目下乡村人材,异常恐慌,比较有知识,行为较纯洁的,还是小学教员。他们领导民众,建设乡村,实在最理想的事。古代“作之君,作之师”,“化民成俗”,原是初民社会的政教合一办法。可是拉壮丁,逼钱粮,不是他们所擅长的。这些蒙上欺下,扰民之事,地痞流氓最为相宜。所以在不正常的行政下,地痞流氓应运而起。乡村事业落在地痞流氓手中,还有什么办法啊?这不能说:读书人不能办事,这不是正经人办事的时代呀。站在教育方面看。关起门来办学校,不是现代的教育。教育者必须领导民众,指导民众改进现实的生活。以现实社会的生活为教育的内容。革除不良风气、提高文化水准,培养未来的进步社会:都是教育分内的事。所以小学制度要改革,也是为着这个道理。

改革小学制度,引起了许多人反对。反对的原因约有数端:

第一,因传统思想作祟。小学的起源,由于贵族阶级把知识传授给自己子弟,使子弟长大时,也成为劳心者,而统驭劳力者。所以教育的范围本来是阶级的。教育的内容是限于贵族阶级知识的工具,而离开了大众的生活。在选举时代,教育内容还比较切实一些,尤其对于德行方面特别注意。行为方面,教洒扫应对进退,修养方面为“仁”讲“礼”。所谓“出门如见大宾,入门如临大祭”。仪容何等严肃?因为有了好德行,才被大众所爱戴推举。到了后来,实行科举后,情形就大不相同了。因为教育目的,是在获取功名。所以一切德行实学都不讲,只要把子墨文章做得有一些功夫,就去碰碰机会。经过几次的考中,直上青云,登天子之堂,一生的荣华富贵享受不尽。所谓“十年窗下无人问,一旦成名天下知”,“朝为田舍郎,暮登天子堂”。这种思想一直传流到现在,表面是欧西式的小学,实际是科举时代的学塾。这种学塾式的小学,在城市开设,对象是士大夫的子弟,或者商人子弟希求将来做士大夫的倒也相称。例如最近某处商人新开一所小学,开学那天,大门口有一联云:“市利为商,欲识致民先聚货;学优而仕,好将席帽换朝冠。”把囤积居奇、猎取功名为目的,自己招出,可谓幽默之至。假使把这种小学在农村里推广,极不相宜。因为多一个农民子弟入小学,即多使一个农民离村,而且多增加一个寄生消费分子,或竟增多一个民族贪污捣乱分子。所以我们对于这种教育很忧虑的。

第二,醉心欧美教育的错误。欧美小学有欧美社会的背景。他们没有像我们那样几千年的专制传统。他们的政治早已上了轨道。他们的民众都已受了教育。他们的农村交通发达,水利建筑等工程完备。他们小学校舍是特建的。成人受教育的机会甚多。农村的人材不忧缺少。回看我国的农村怎么样?生产低落,经济破产。地痞流氓勾结官吏,鱼肉农民,无恶不作。田地日见荒芜,山材砍伐净光。水利不讲,道路不修。所谓学校,破落凄凉,比土地庙还不如。在这种情形之下,整个农村没有推动改革之前,要提倡小学教育,实不可能。除非设在都市的官庙,光看数字的报告,不知道这种状况。都市的学者,提倡什么新教学法,发明新教具,创制什么新设备,都非农村小学所能梦想到的。

第三,不了解新教育。教育原是群居的生活,生活的历程,亦就是社会的历程。学校是因为时代的变迁,成为一部分的定型的组织,非教育的全部分。学校有一定的期限,有一定的范围,教育内容限于书本的知识。我们新教育的要求:(1)不是少数人的专利品;(2)必须延长到终身;(3)必须切合现实生活。这三个要求能达到目的,才可走上新时代。民三五,国民政府公布的宪法,第一五九条“国民教育之机会一律平等”。第一六〇条“六岁至十二岁之学龄儿童,一律受基本教育,免纳学费。其贫苦者,由政府供给书籍。已逾学龄未受基本教育之国民,一律受补习教育,免纳学费,其书籍亦由政府供给。"所谓国民教育者就是基本教育。基本教育是人民的权利,不论学龄及逾学龄,必须普遍享受。凡有国民享受不到的,不配称为国民教育。基本教育的内容,据联合国教育科学文化组织的解释:基本教育不仅仅是教民众读、写、算,是要教民众得到生活的基础,改进经济状况,增进知识与技能,提高文化水准,促进健康生活,使对于国际了解,成为世界进步的公民。这样看来,用一本简单的国常课本,和专教一本粗浅的民众读本,都不够称为基本教育。如何充实教育的内容,是当前一个严重问题。

第四,轻视现实社会。在目前的中国,成人教育重于儿童教育,这是无疑问的。因为成人是目前社会的主人翁,儿童是未来社会的主人翁。目前社会搅得一团糟,弃而不问,但求未来的社会搞好,这是避重就轻的办法,在事实必不可能。未来的社会是由现在的社会演进而来的,现在的社会既糟糕,欲求未来的社会特殊进步,怎能做得到?现在社会之所以糟糕,就是因为大多数民众没有受过良好的国民教育。如使现在的失学成人受到了良好的国民教育,就是生产增进了,健康进步了,生活安定了,文化知识提高了。到时每个农村必定会自动地改进起来。一班地痞流氓因此敛迹,建设事业就可开始。儿童教育当然在振兴之列,下一代的教育必定有着落,不用那士大夫担忧的。有的以为农村建设,是在经济。于是设法借款,请求救济,而不从教育着手。这有二点危险:(1)借款和救济是临时的,是用得尽的。(2)外来的经济建设,往往操于少数绅士之手,不是农民自发的改造。最靠得住的办法,须先使农民受教育,使个个有改进知识和技能,然后能自动起来建设和改造,这才是根本办法。

实行普及教育,国民教育是最好的制度。因为每保有国民学校,每乡镇有中心学校,自下而上,无远勿届。过去七八年来,没有彻底实行:一则因为大家没有认识(作者在民三九发表一文,题为《国民教育认识问题》,冀唤起大家的认识,岂料七余年后的今日,大家还没有认识);二则因为政府没有大决心。如政府用兵那样地推动国民教育,以军事的预算用在实施国民教育,那末七八年来社会一定已经改观了。总之国民教育制度,不是传统的学校制度。假使它不与政治扣合,即失去了它的灵魂。假使它忽略了民教部,就成了一个残废。假使不充实它的内容,就是挂羊头卖狗肉。国民教育制度必须具备这三个条件,这才是它的出路。

(原载于1947年《国民教育辅导月刊》)

新教育应走的路线

过去的教育,不论中外,有三种特性:(1)有阶级性的;(2)由个人出发的;(3)关于死知识的。据古籍所载:家有塾、党有庠、乡有序、国有学,全为培植贵族子弟而设的。《尚书大传》:“公卿之太子,大夫元士之嫡子,年十三入小学,见小节而践小义,年二十入大学,见大节而践大义。”这是公卿大夫之子弟独享教育的明证。所以历来研究教育者都在上述范围内下功夫。他们以为享受教育是一部分人的特权,教育者只需对一部人施教,似乎责任已尽;那劳苦大众可以不问,多数文盲可以不顾。如今时代变迁,我国三民主义极端反对这种教育。所以谈到今后新教育的路线,应有下面几点。

一、从个人到社会

在个别求生存一点上看来,人与禽兽本来没有什么两样。求生存的任务不外四种:(1)觅食。这是最繁重的工作,天天要做的。(2)防寒暑。这不比觅食那样严重,找到树林山穴就有办法,得到树叶兽皮就可解决,而且可以暂劳永逸。(3)御敌。这是偶然的事,不是经常的工作。(4)传种。为求种生命的延长,不得不有传种,所以传种亦是生存条件之一。但传种有一定的年龄和时期,比起觅食来,算是次要的了。

可是,人类这四种天赋的生存本领,是有限的。欲求进步,就要靠教育,进步愈多,需要教育亦愈多。以前推勒(Jane Taylor)曾说过:“你可曾经听见过,一只鸟做巢做了一半,会垂着头停在树枝上,疑惧和考虑,如何完成这个巢?”鸟做巢从来没有考虑过,做出来都是完整的,但进步也不会有。它的祖先怎样做,他自己也是怎样做,一代一代传下去都是一样的。人类却不是这样了,初生下来什么都不会,渐渐地有母亲教养,到了能走能讲话以后,入幼稚园,保姆教他搭积木。后来入小学,学些什么基本课程,行动仍很幼稚,一切生活都依靠父母的。再后来入中学,仍受些基本学科,生活犹依靠父母,谈不上自己盖屋,自己生存的能力。最后入大学,然后分科,学建筑的只学一些学理,到了毕业,犹不能建立起一个房子来,必先跟工程师实习若干时,然后才能设计打样指导工人建筑一个房子。但这所房子还不能如理想,不能十分满意。人类做事有这样的麻烦,经过很长的教育历程,所以建筑学术也一代跟着一代地进步。

初民时代的生活,只有个人与自然,只要个人体力发展,能克服自然,就可解决生存问题。后来人类渐渐进步了,渐渐发生社会的组织,于是在个人与自然之外,还有第三者社会的关系。这个社会的关系,是人与人的关系。人与人的问题不比人与自然那样简单。人的生性本来只有自己。我们研究儿童心理时,就可明了。最初经父母的教训,对于弟兄姊妹的相让相助。孔融幼时,其父分梨,孔融择其小者,千古传为美谈。后来进了学校,训练对于团体的服务和遵守团体的纪律。最后加入了社会,于是受经验的教训,处处要求适应社会。

到了文明进步,社会组织复杂,自然多受了社会的影响而改变形态了。我们如不假思索,可以说人类享受自然是平等的。例如穷人和富人同在一个空间,就享受同样的空气。穷人能享受光,富人也能享受光。水与火自古以来可以敲门乞取,不费什么钱的。但试往物质文明进步的大都会里看一看,一望而知,空气、光线、水、火、四事人们的享受就不平等了。有许多工厂内的工人,办公房内的职员,终日看不见太阳光。贫民窟内的老幼所享受的空气和富人别墅内的眷属所享受的空气,哪可以同日而语?至于水,有的饮沙滤水,有的饮井水,有的饮泥塘里的水,种类很多。至于火,有的用电,有的用油,有的用木柴,有的用煤炭,有的举不起火,吃冷食。这四件最普遍平常的事,尚且不平等到这样,其他可想而知了。所以在这个时代,个人之外,只有社会,自然已被社会蒙蔽了。这种明显的事实,假使不假思索,是不会看出的。以前有个留美学生,回国后,处处都说美国好,他的父亲听了十分讨厌。有一天晚上,他和他的父亲在天井纳凉,看见月亮,又说月亮是美国的好。他的父亲听了就忍不住了,打他一个嘴巴,说道:“月亮是全地球一样的,岂有美国的月亮比中国的好呢?”一般的说法,都以为他的儿子不对,其实还是父亲错。父亲思想太旧了,月光透过空气,甲乙两地空气有疏密,光线强弱各不同。况且美国的环境和中国的环境相差地方更多。住在华丽的洋房内,站在整洁的草地上,仰看月色时,和住在东方古式的房屋内,坐在乱草杂生的天井中,所见的月光,情景本是大不相同。我们享受自然,不能离开社会的条件,这是很显然的例。(编者按:作者之意,因为所在地环境的不同,所见的月光有时亦异。并非为美国的月亮,即比中国的好。)

时代在进步,个人的一切都受了社会条件的支配。从大处看来,只见社会而不见个人。个人、自然、社会三者演变关系如下图:

个人 →	1.个人 2.自然	1.个人 2.自然 3.社会	1.个人 2.社会	→ 社会

我们把握新时代,社会重于个人,这是自然的趋势。所以我们研究教育者必先着眼社会,比较着眼在个人为重要。可是不幸得很,现在研究教育者多数仍从个人出发,因为受了资本主义的影响,测验儿童心理的发展,根据儿童身体的发育,研究教法与教材,还要强固儿童的兴趣,注意于儿童的天才,却忽略了整个社会问题,不顾环境的影响。因此教育流为点缀品,不切合于现实的生活。简单的结论:今后研究教育,应该从社会问题出发;今后的教育事业,不仅在学个人谋生的本领或猎取资格,应该看作社会的事业。

二、从少数到多数

学校教育,无论中外都起于少数,一部分的特殊阶段。学校的前身是家塾。家塾的起源由于易子而教。最初,少数特殊阶级为子弟保留特殊地位起见,就把特殊地位的知识行动的秘诀,传授给子弟。未免伤父子的感情起见,就采用易子而教的方法。后来渐渐专业化,就实行家塾制度。再后来方法更进步,就实行学校制度。学校有班级之分,有学额的限制,于是规定有什么资格,才得进什么学校,凡无资格的就被摒于学校门外。又规定缴纳若干学费,始准把行李搬入校门,贫苦大众的子弟就不敢报名入学了。以前亚历山大三世时代,职司教育的官台尔耶诺夫曾说过:“中学内没有厨役儿子的地位。”在中国古代,平民大众亦不准许受教育,所谓“民可使由之,不可使知之”,“劳心者治人,劳力者治于人”。但看孔子之教,“有教无类”,似乎不像后世科举时代的书院、西洋式的学校那么限制之严。还有许多学者从阡陌出身,一边耕田,一边读书,像“犊角悬书”,传为美谈。所以有人以为中国古代贵贱阶级之区分,不像西洋之严。然士农工商四民之中,毕竟士人占了最少的少数。学府应该拆去万仞宫牖,使平民大众共享教育,这种思想产生很迟。如英国,一六五〇年,剑桥大学教授戴尔(William Dell)主张在国内各市镇遍设大学,使国内成人可以半日就学,半日作工,或隔日在校求学,隔日校外谋生。一七九九年,柏培克(Birkbeck)博士辞去格拉斯哥大学教授之职,专办工人讲习班。一八五〇年,牛津大学教授薛惠尔发表《推广大学的建议》一文,曾说:“吾人总不能使群众都入大学，就不能是大学迁就民众吗？”

后来政治家也感觉到民众读了书，于政治之推进有帮助。实业家也感觉到工人有了知识，于制造品之改良有很大关系。所以英国赫胥黎在他著的《自由教育论》中说：“政治家说：‘诸君不可不教育民众，因为他们自己要做执政者了。’僧侣们也以为民众离开学校及礼拜堂，将堕入无宗教的状态，故不可不以教育引导之。更有实业家和有产者们用着快活的调子，也说教育的必要。无知造成的恶劣职工，它将很快的使英国不能制造比他国廉价的机制品及蒸汽机关。”英国的学校制度在表面上似乎无大改革，实际他们的教育早已以全民为对象了。其他国家也是一样，谁先能使教育普及，即谁先能致富强。

我国在抗战前十年，学者依据孙中山先生“唤起民众”之遗教，提倡民众教育。于是传统的贵族教育开始发生了摇动。敌人妒忌我们前进，加紧侵略，促成我们的抗战。自抗战发动后，中央教育政策亦大为转变，如国民教育之推行，社会教育之推进，总期多一个人民受教育，使抗战多增一分力量，这种施教态度基于三民主义之民治民有民享的原则。今后的教育，无疑问是多数的，不是少数的；是大众的，不是少数人的。

三、从散漫到计划

几千年来教育是散漫的，从另一方面看，就是自由。自由这个名词起于欧洲，在三民主义讲演中讲得明明白白。欧洲自罗马覆亡之后，变成列国，大者王，小者侯，那封建政体都是很专制的。欧洲人民在那种专制政体之下，所受的痛苦，比诸中国，厉害多了。中国历朝政治，大都对于人民取宽大态度，人民除纳粮之外，几乎与官吏没有关系。欧洲人民久受了那样残酷的专制，深感不自由的痛苦，所以他们要奋斗去争自由。中国人本来是一片散沙，有很充分的自由，所以用不到再讲自由。

教育上的自由主义思潮，是跟着政治来的。欧洲中世纪黑暗时代，教育被宗教操纵，到了十七世纪，隆克出来，呼吁教育自由；十八世纪，卢梭出来呐喊自由主义，因此欧美教育学说充满着自由空气。中国自实施新教育，采用学校制度后，一般学说都搬自欧美，故言教育者都主张自由主义。所谓“适合个性”，以“儿童为本位”相号召，甚至有的以为教育可以离开政治而独立，学校可以隔离社会而生存，以致所造就人材，不问社会之适用与否，国家之需要与否，漫无目的，毫无计划。

其实中国读书人向来很散漫自由的。在科举时代，应试之文虽限制很严，但除掉应试之外，研究随各人自由。更有许多隐者指社会为污俗，视政治为多事。试读他们的诗文，可以想见当时情形。如孟浩然诗："偶来松林下，颓然卧石眠，山中无历日，寒昼不知年。"他避世到年月都不知道，可谓自由之极。现在我们要这样做，绝对做不到了。因为全国已实行了保甲编制。即使在穷乡僻壤山谷之中，欲不与政治社会发生关系，都不可能。还有一位隐士的诗，说的更厉害，如："十年踪迹走红尘，回首青山入梦频。紫绶纵荣争及睡，朱门虽富不如贫。愁闻剑戟扶危主，厌听笙歌聒醉人。携取旧书归旧隐，野花啼鸟一般春。"职权之重，服务之劳，不如睡觉之快乐。这种自私的思想，实在要不得。还有持剑戟扶危主，这类话连听都不要听，更为现代公民所不许，与三民主义相去不知有几万里。过去中国受教育者，而且受高深教育者，怀着那种自私的思想，抱着那样消极的态度，无怪弄得社会国家的事没有人做，散漫零乱，一片散沙。今后教育事业应该有个计划。纵使不用硬性的计划，也应有番具体的设计。而个人学术思想及言论应该自由，不可用政治来干涉，但也不可离开政治。

要实现三民主义，要挽救危亡，政府必须下最大的决心，集中财力，推进全国国民教育，扫除全国文盲，计划中等教育，充实高等教育，发展社会教育。教育的计划必须配合政治和经济。举办事业有一定目的，造就人材有一定的数量。通盘计划，按期设计。但不是说限制私人办学。凡人民教育事业，志愿团体，都应该鼓励的。八年前，我在中正大学所发刊《地方建设》双月刊第三期发表《学制改造的商榷》一文，主张计划教育，以干部教育替代中等教育，用意就为国家民族着想，并非一种空论。但研究学术必须尊重自由，有了自由，学术才能提高。以前丹麦格龙维氏也曾提倡研究自由，因得民族复兴，学术自由和计划教育，本是两件事。所谓计划者不是一种专制或专利，私人教育事业，帮助政府力量之不及，尤应尊重。计划是散漫之对。散漫易趋于自私，自私应该纠正的。

四、从死知识到实际生活

在原始社会时代，生产自给自足，大家劳动，大家消费。在同一血统关系生产者群的中间，教育的任务是把前代的劳动经验传给后一代，教育和实际生活完全联系着的。拉奥著的《政治经济学教程》中有一段话："二三以上的男子排成一列，以尖棒掘着地，每掘一下，土即隆起一大块，如遇硬土则于同一地再掘一下，土也就升起了。男子后面，随着缓慢地膝行的妇女，她们手握尖棒，击碎为男人所掘起的土块。在她们后面又随着年龄大小不同的儿童，用手碎土。这步工作以后，妇女以小棍于土上凿成一小孔，播以种子或根苗。”这段话就叙述初民时代劳动生活与教育联在一起。社会发展到了奴隶制和封建制时代，知识渐渐和劳动分家，教育渐渐和生活脱节，《论语》上有一节文字：“子路使子羔为费宰。子曰：‘贼夫人之子。’子路曰，‘有民人焉，有社稷焉，何必读书，然后为学？’子曰：‘是故恶夫佞者。’”子路可说是先觉者，他觉得读书与学是两件事，读书与做事没有多大关系。弄得孔老夫子无话回答，只好说我讨厌强辩的人。可见教育与实际生活离开，在封建时代已有这种情形。二千多年来教育更趋僵化，学校离开了社会，几乎完全为传授死知识之所。学校愈多，造就消费而不能生产的游民愈多。农民子弟入了学校，毕业后即离去田园，以致农田荒芜，农村衰落。一般专科以上学校成为混资格之场所，大学文凭变为谋官求职的敲门砖。流弊所致，学校教育商业化，学风日坏，道德堕落，奸宄之事层出不穷。所谓知识分子，肩不能挑，手不能提，不事生产，不辨菽麦。当孔子从楚返蔡，子路在后离散，遇一老人，子路问道：“子见夫子乎？”老人答道：“四体不勤，五谷不分，孰为夫子？”这算是士人手脑分家的掌故。

罗斯金曾说：“教育非教不知道的人知道，他要帮助人不会做的会做。”现代教育界先觉者莫不提倡手脑并用，先生在做上教，学生在做上学，从实际生活中得来知识，才是活知识。一个人做到老，学到老，无时不在受教育，无事不是知识，无处不是学校。今后的教育必须根本改造，这是无疑问的，总起来说：教育必须使能做人、做事；做现代的人、做社会的事。这才是新时代的教育。

（原载于1947年《教育通讯月刊》）

基本教育的鸟瞰

一、前　言

杜威说："所有的教育都由于个体参与种族的社会意识而进行的。这种进行过程几乎是于降生时即在无意识中开始了。它不断地在创造个体的能力，填充的意识，形成他的习惯，训练他的思想，并发展他的感情和情绪。由于这种不知觉的教育，个体便渐渐去分得人类已经收集到的智慧和道德的财富。他变成一个既有文化资本的承继者。"在这段话中，可以看出几点诠注：(1)教育不限于个体单独方面。而在种族的社会意识中培养出来的。(2)教育是在降生后即开始了。(3)教育不断地向前演进着。(4)教育是要承继着人类已得的智慧和道德的财富。

现在一般人以为教育是指学校而言，这是一大错误。一般的学校，不过传授一些基本工具知识。其他在德育方面、体育方面和美育方面，培育得很少。况且学校范围有限，所能波及的，只限极少数的一部分人。一个民族少数人受学校教育，多数人不受学校教育，这是过去的办法。现在的世界，不允许有文盲的存在。有文盲的国家，就是落后的民族。教育的范围，应该从降生起，一直到老死。社会上一切事业都要教育化起来。尤其是图书馆、博物院、报纸、播音、电影、戏院、茶园等，须列在教育事业范围之内，这样才好把整个民族文化迅速地提高。教育是领导着民族生活前进。前进的民族的教育，事业必更进步，领域必更广大。落后的民族，只有更努力于教育事业，才得赶上时代。现代的教育不仅限于形式的教育，或有知觉的教育。凡不知觉的教育，亦必须尽量有意识的设施起来。祖先传下来的教育遗产，怎样去承受它，就要看子孙长进与否。那不长进的子孙，把祖先传下来的智慧与道德抛弃了大半，或几乎全部抛弃，那就是走向下坡。像这样的民族，要他们扩大教育范围，跟上时代，非容易的事。那长进的民族，就不是这样。他们一方面能继承着祖先的教育财富，一方面又能把传统的扬弃改进，因此进步如飞了。有人看现实问题，忽略了历史性，就枝枝节节，找不出头绪来。我们今天办理基本教育，不要忽略历史性，不要忘却自己的根源，这是首先要注意的。

二、基本教育的来源

在第二次世界大战后，先觉之士都感到人类残杀之惨剧不应再使延演下去。假使再要延演下去，世界上人类必有消灭的一日。推究民族间战争之起源，实由于民族间教育水准不平等。有的民族教育水准很高，有的民族教育水准很低。于是教育水准高的民族就想欺侮和压迫教育水准低的民族。在经济方面、政治方面的侵略，都是因为教育水准相差太远。现在的世界，教育水准高的民族实居少数；教育水准低的民族，却占了大半个世界。这些多数民族的愚蠢和贫穷，就引起了猜疑、倾轧和仇恨。所以与其说武力是引起战争的主因，不如说贫愚是引起世界恐怖的核心。要消除世界的恐怖，必须先消灭世界上的贫愚。假使一旦各民族的教育水准都提高了，彼此文化不相距太远，那么谁也不能欺侮谁，谁也不能压迫谁。争取殖民地和奴役弱小民族的念头，不再会起。这样虽不敢说绝对没有战争兴起，却敢说必能减少许多侵略的机会。

联教组织的筹备，远在一九四五年十一月。全名为“联合国教育科学文化组织”，简称为联教组织（Unesco）。在第一次筹备会（十一月十六日），执行秘书辛蒙爵士（Sir Aefred Zimmern）曾表示他的信念：“基本教育应该成为联教组织主要事业之一。”

一九四六年十一月至十二月，联教组织在巴黎举行第一次大会，即通过推行基本教育计划。一九四七年二月，联教组织执行委员会举行会议于巴黎就决定设立中国实验区，及海地（Haiti）实验区，并决定在中国举行第一次分区会议。分区会议名称为“远东区基本教育研究会议”。会议于一九四七年九月三日至十二日在中国南京举行。会议的目的有八项：(1)从各专家方面搜集有关东方及南太平洋各国基本教育的资料，此类资料对于其他国家及联合国教育科学文化组织应具有相当价值。(2)用下列两种方法：①交换基本教育方面的经验，观念问题及工作成就之叙述；②亲身的接触，去鼓励东方及南太平洋各国的实际工作人员。(3)向参加大会人员报告世界上其他国家基本教育工作情形。(4)使与会各专家熟识联合国教育科学文化组织的情形，特别是联教组织对于基本教育之旨趣和计划。(5)对于中国的基本教育“示范设计”中应举办的试验工作作进一步的检讨，以期确定规范，藉作其他国家的借鉴。(6)对于世界各国基本教育工作需要更大之努力一点，说明其重要性，并予以鼓励。(7)对于分区会议的技术加以进一步的发展,以便将来应用于世界其他区域。(8)证实国际教育科学文化组织对于东方及南太平洋之深切的兴趣。

甘地致远东区基本教育会议祝词:"我对联教组织,用教育与文化的活动,来获取和平的努力,深感兴趣。我充分体会:教育与文化中的极端不平等现象存在一天,像现世界各国之间的情形一样,则真正的安全与持久的和平是无法获得的。吾人必须将光明带到比较不幸、比较黑暗的国家中的最辽远的家庭里。我以为凡经济与教育较进步的国家,对此应负特别责任。我谨祝贵会圆满成功,并希望诸君能够产生一可行的计划,使因经济及其他环境而教育机会受限制的国家得着适当的教育。"

联教组织有两句口号:教育机会须一律平等,现在国际间的教育机会不平等,即是世界和平的威胁;和平的世界不允许有文盲的存在。

一九四七年十一月,联教组织举行第二届大会于墨西哥(十一月六日开幕),与会者共有四十九国(会员国仅三十国,余为列席)。同时举办了公共图书馆、博物院、基本教育及教育复兴四种展览会。在大会中又通过一九四七年度之基本教育工作计划,其要点为:(1)联系世界各地基教工作计划;(2)使基教专家能藉集会及基本教育分区研究会议,以交换意见及消息;(3)在中国、海地及英属非洲创办基教示范区等。自此基教工作逐渐展开。

三、中国基本教育的演变

在帝制时代,教育限于少数人,而且限于贵族所享受,这是无疑义的。后来帝制衰落,时代变迁,教育渐渐地开放,范围渐渐地扩大,这是一种自然的趋势。这个趋势的开头,可以清光绪二十四年,孙家鼐议覆五城建立中学堂小学堂疏为例:

"查京师大学堂……附小学堂额数八十名……小学堂皆大员子弟……此外就近愿学者均未议及。欲于五城添立小学堂中学堂,俾土著之人与外省在京之举贡生监及京官子弟一体入学……"

那时的教育宗旨,不外"中学为体礼,西学为用",对内要培植"臣仆",对外要培养"译才"。所以梁启超曾在《新民丛报》发表了一篇文章,批评当时的教育没有宗旨。他认为教育的职能不在培养当时所说的人才(译才),而在养成一种特色的国民。到了光绪二十九年张之洞、荣庆、张百熙三人奉命重订学堂章程,便规定了小学教育宗旨:初等小学堂的宗旨为"以启其人生应有之知识，立其明伦理爱国家之根基，并调护儿童身体，令其发育为宗旨”。高等小学堂的宗旨为“以培养国民之善性，扩充国民之知识，强壮国民之气体为宗旨”。

光绪二十八年，张百熙奏定学制章程，分小学教育为六年：三年寻常小学堂，三年高等小学堂，由州县设立，有官立民立两种，都归本省高等学堂管辖。次年重订学堂章程，改初等小学堂修业期为五年，高等小学堂为四年，都得单独设立。

在光绪二十八年，全国小学生人数，仅五千余人，至二十九年增至二万余人。然以全国学龄儿童相比，其数字实在可笑。估计当时学龄儿童，至少在四千万以上，那么在学儿童仅占学龄儿童之两千分之一。失学儿童在两千人中要占到一千九百九十九个，失学成人更不知有多少。但在学生数字方面看，进步也相当地快，到了民国前五年，全国小学生数为八九五，四七一。民国前三年，全国小学生数为一，四八一，三八九。民国元年，全国小学生数为二，七七六，三七三。民国四年，全国小学生数为四，一一九，四三五。自民国元年至四年，平均每年增加四十五万人。自民国九年至十二年平均每年增十七万人。自民国十二年至十八年，平均每年增加四十六万人。不论这些数字可靠与否，教育向扩大方面走，这是无疑问的。

第一次欧洲大战后，晏阳初等回国，提倡平民教育。于是失学民众的教育引起国人注意。同时北京各大学学生愤慨日本之侵略，亲日派之媚外，引起了五四运动。南北各大中学校纷纷组织学生会，附设义务夜校，努力普及教育。自此士大夫对于教育的态度已大改变了。

自孙中山先生逝世后，因其遗言有“必须唤起民众”语，教育界志士便出来提倡民众教育。什么叫作民众教育，据高阳氏解释：“民众教育之目的在造成健全公民，改进整个的社会，并充实个人的生活。要达到这个目的，须全社会民众的教育程度能够随时世之递进而继长增高。民众教育的对象偏重成年人。凡成年的男女民众，不论贩夫走卒，显宦豪商，都是民众教育的对象。不过民众教育机关如图书馆、体育场等等，儿童亦尽可利用。并且办理民众教育的人，有时候因为连带关系，不得不顾及儿童，譬如婴儿健康比赛，及托儿所等。至于民众教育的项目可分为健康、公民、生计、文字、家事、艺术等六项。”

民国十五年后，帝国主义者加紧压迫，侵略我国，使我南北农村更见衰落破产，教育界有识之士就发动普及教育运动，并划定地区，作有效之实验。平民教育促进会，在定县实验四大教育、三大方式。他们认为中华人民生活上基本缺点是愚、穷、弱、私。所以要推行文艺教育以救愚，推行生计教育以救贫，推行卫生教育以救弱，推行公民教育以救私。推行了这四大教育，才可以解决社会问题。怎样实施这四大教育呢？就要应用以下方式：(1)家庭式。办法，分别组织家主、主妇、少年、闺女、幼童五种集会，便造成一种新风气。(2)学校式。在一定的期限中，施以系统的教育。学校种类，分为实验平校、乡村小学、师资训练数项。他们拟定的农村学制如下：

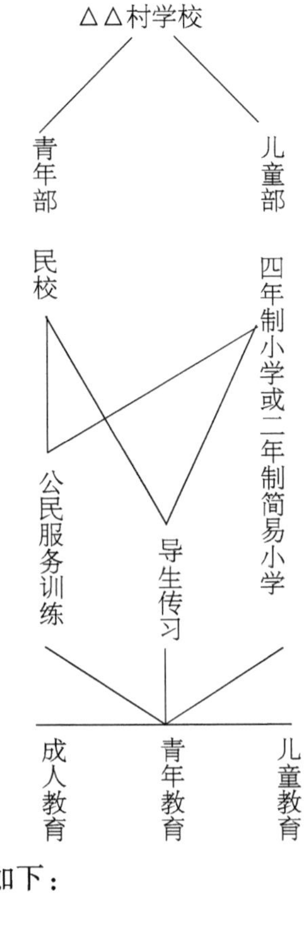

他们创导生传习，办法如下：

1.传习目标：除文盲。

2.传习中心：以实验学校学生为导生，以实验学校为传习中心。

3.设立传习处：实验学校学生，能自行招收学生二人，即可成立传习处一处；传习处学生入学资格，以村内无暇或无钱入校受教育的文盲为限，老幼男女兼收。传习处设立地点，由导生学生共同决定后，报告学校，排定次序。

4.传习科目：为注音符号，农民千字课，挂图教学等。

5.传习时间：每日下午一点半到两点半；工作起讫，以放炮为号。

6.传习处设备：每一传习处小黑板一块，黑板擦一个，标牌一个，概由学校发给。

7.学生待遇：传习处学生所用书籍文具，概由学校发给。

8.推广：传习处学生读完四册农民千字课以后，须自动招收学生，组织传习处，再去传人。

他们又创组织教育，把全班学生组织成一大队。每大队分为八队。每队设队长一人，又政治、经济、文化、卫生、工作队员各一人。普通队员若干人。每四队为一中队，设中队长一人，择高材生中之品行优良者充任之。每两中队为一大队，设大队长大队副各一人。教育的重心在训练。全日作业的灵魂，均寄托于含有训练意味的"工作讨论会""大队会报"。工作讨论会内容：(1)学生缺席及迟到的补救办法；(2)清洁检查所发现问题之解决；(3)物品浪费之救济办法；(4)整缺大队纪律之办法；(5)如何使学校内无不美观之点；(6)如何使学生在校外无一使人不怿之事；(7)如何增进教学效率，如何修理本村道路，以便车辆之通行；(8)如何使村内墙壁无刺目物；(9)其他一切临时发生事件之解决；(10)报告前次工作讨论后议决之执行经过与结果；(11)批评教学及指导方法及一切决议之执行；(12)决议应在"会报"时公布之事项等。会报的意义，是使学生工作永续在紧张中，使学校精神不因日久而散漫。他们的办法，制成一张大作业表，详细规定工作时间，及各队队员之工作。

民十七，江苏设立民众教育院于无锡。十九年起改称江苏省立教育学院。该院以培植民众教育人材为主旨。为使理论与实际配合起见，特设置各实验区，为学生实习之对象。最初设有黄巷实验区，后来又设置惠北实验区及北夏实验区。同时又创办实验民众学校，颇著成绩。其学级编制分为三部十级，每级时间以一个半月为准。(甲)初级部共四级：(1)第一学级——程度为文盲或近于文盲者。(2)第二学级——能识字在二百五十以上者。(3)第三学级——能识字在五百以上者。(4)第四学级——能识字在七百五十以上者。(乙)高级部共四级：(5)第五学级——民校初级部毕业，或具有同等学力者。(6)第六学级——较民校初级毕业生程度稍高者。(7)第七学级——收第六学级毕业生及具有同等学力者。(8)第八学级——收第七学级毕业生及具有同等学力者。(丙)补习班：(9)第九学级——民校高级部毕业或同等程度者。(10)第十学级——比民校高级部毕业生程度较高者。

主张普及教育最彻底者，要算陶行知先生。他起初创办晓庄师范，后来因政治上误会被封闭了，不得已流亡海外数年。至民二十三，回国，他觉得：中国的民众教育，只有靠民众自己来干，就创工学团小先生普及教育的运动。儿童工学团的组织："本工学团设小团长一人，小团副一人，掌全团之指挥，由全体团员公举任之。设小工师（小先生）若干人，分司技术或文字指导之职；凡有一技之长或粗识字义者可担任。团部会议为工学团最高机关，制定全团共同遵守之规约，及共同进行之计划，并公推考核员一人，以监督全体团员及职员之行为。每团设指导员一人，由导师担任。儿童工学团与成人工学团遇必要时召开联席会议，以谋互助。""本工学团办有成绩时，即罗致邻近村庄之有志儿童，加入为艺友。等到小艺友成熟时，即用细胞分裂法繁殖到他村去。"他们的做法，是"做学教合一"："真正的生活教育，凡事怎样做，便怎样学；怎样学，便怎样做。先生从做上去教，学生从做上去学。教学都以做为中心，看书听讲，不过是做事的辅助，而不是做事的本身。"

过去一般人以为："教育是儿童与青年的事，成人毋须再受教育了。"到了这个时期，大家才明了过去之看法的错误。过去一般人以为："教育与生活，是不相关连的。受教育者，不能顾到生活；谋生活者，不能享受教育。"到了这个时期，大家才觉悟，教育与生活原是一件事，不是二件事。应该在生活中求教育，在教育中过生活。

到了二十九年，教育部颁布《国民教育实施纲领》，就视儿童教育与民众教育为一体，这算是基本教育的雏形。这个纲领的重要规定，有下列数项：(1)国民教育分义务教育及失学民众补习教育两部分。(2)国民教育之普及以五年为期，自民国二十九年八月起至民国三十四年七月份，分三期进行。(3)国民学校以每保设立一所为原则，每一乡（镇）应设中心学校一所，兼负辅导本乡镇各国民学校之责。(4)保国民学校及乡（镇）中心学校均应设置小学部及民教部；国民学校之小学部以完成四年制小学为原则；为迅速普及义务教育起见，得办理一年或二年结束之班级。民教部以办理初级成人班及初级妇女班为原则。乡（镇）中心学校之小学部以办理六年制小学为原则。民教部以办理高级成人班及高级妇女班为原则。(5)保国民学校之经费，应以由保自行筹集为原则，乡（镇）中心学校之经费，其校长教育之薪给由县（市）经费项下开支，办公费及设备扩充等费，应由所在地自筹之。(6)师资方面：①凡就原任小学及独立民校人员准备任为中心学校及国民学校校长教员，应调集施以一个月至三个月之短期训练。②举行教育登记及检定，其不及格而学力尚可胜任者，得分别予以三个月至六个月之短期训练，作为代用教员；各省（市）应确切统计所属地方所需中心学校及国民学校师资数量，分区分期训练师资；中心学校校长教员及国民学校校长，以由师范学校及特别师范科训练为原则；国民学校教员以由简易师范学校及简易师范科训练为原则。(7)在所设乡（镇）中心学校及保国民学校，已足收容当地学龄儿童及失学民众之地方，应由乡（镇）公所及保办公所保办公处实行强迫学龄儿童及失学民众入学。

日帝国主义者侵略残酷，江南文化全部毁灭，抗战结束，教育界人士灾患余生，无力再继续战前之研究实验工作，同时南北举起内战火焰，物价狂涨。生活更为艰难。环境阻碍教育之进展，但教育不进展，更将使环境恶劣。故少数教育界坚贞之士，仍奔走呼号，承残忍痛，作点滴之工作，以应世界新产物之基本教育运动，而为中华民族争一线之生机。

四、基本教育的设施

基本教育不与国民教育相同的。因为国民教育顾名思义，是国家的要求，其实是政府的要求。即某个政府要求某种国民教育。这种教育是一致的，是外加的。什么叫作一致的呢？即不问张、王、李、赵都给他们同样的教育，这叫作一致的。什么叫作外加的呢？即不问民众需要不需要，接受不接受，由上面指定了一套，硬性地加到民众身上去，这叫作外加的。

教育应该顾到个别的差异。所谓基本教育者，即以个别（Individuel）为基础，视其所需要，而施以现代人民必须要的教育。好像建筑房子那样，视其基础之高低、大小，配合适当的建筑，务使其达到平等的地位。在教育设施之初，要顾到他的个别差异；在教育设施之后，要期望他达到真平等的机会。这才是设施基本教育的责任。

再看国民教育的民众教育部分，是限于三R教育（即读、写、算），侧重在扫盲运动。在第二次大战以后，仅作成人识字运动。是感不够的。所以基本教育是超出识字运动，而要一般人民接受现代文化所需要，最基础的生活与技能的教育。这又与国民教育不同的地方。

基础教育的原始意义是谋国际了解。期望到“天下一家”为目的。不像国民教育那样，以一国为本位，甲国可以不顾乙国，乙国可以不顾丙国。各国以自己利益为前提，而不顾他国。各国尊重自己为光荣，而侮辱他国为能事。于是，引起国际的仇恨与斗争。这是违背了基本教育的原义。这与国民教育大不相同的地方。

民三十五年十二月二十五日国民大会通过的中华民国宪法,第一〇六条:“六岁至十二岁之学龄儿童,一律受基本教育,免纳学费。其贫苦者,由政府供给书籍。已逾学龄未受基本教育之国民,一律受补习教育,免纳学费,其书籍亦由政府供给。”这条文里所说的基本教育,范围更窄,只指儿童教育的一部分,不足我们所说的基本教育。

我们所说的基本教育内容是怎样呢?概括地说:它包含读、写、算的文字教育,并包括各种基本知能。使民众满足生计的需要,改善经济的地位,改良健康的环境,培养发展的能力,参与社会的活动,维系世界的平和,以达到享受完美的生活。这种教育不是很简单,和以前的平民教育或民众教育,仅仅传授薄薄的一本民众读本,是迥不相同。民众教育亦以识字本身为目的,不但内容不够,而且有一种危险。因为民众识了字,不一定走向民主,不一定走向社会的正当发展的。那些法西斯蒂国家也会利用民众识字,令他们阅读布告,服从命令,尊崇独裁。一般民众知识的提炼,是要他们了解民主,服从真理,这是改进生活中的一个重要课题。

这种内容繁复的教育,在短时期内,如何设施?教学方法不可不改变了。如过去那样,完全凭着课本,用教师口讲,无论如何,教不了这些教材。即使把教材像填鸭式的硬灌输给学生,学生能否接受,能否消化,是个大疑问。在这个情形下,不得不采用新工具,实行新教法了。新教学法怎样办呢?说来也很简单,把几种新工具配合起来就是了。

第一种工具是播音。就是设立一个播音台,各个课室内装置一架收音扩大机。上课时只要一个人广播,几个室或几十个教室,甚至几百个教室同时可以听到,岂不是最经济的办法吗?又因讲话技术不同,国语、方言分歧,往往同一课本,各班分别口讲,效果各异,如今由一个人广播,各班教法可以一致,而且声音透过播音,使学者更感兴趣,而助记忆(如无播音台,可以留声机来替代)。

第二种工具是卡片。卡片以木板、白铁、马粪纸等做成。形式长短大小不一,视需要而定尺寸。种类分音符卡片,文字卡片、图画卡片,数目卡片等。音符卡片有单符号片、拼音卡片。文学卡片,有文字偏旁或头脚卡片,单字卡片(以颜色分别五声)、词类片、词句卡片、史地卡片、自□卡片等。用法约分“拼字”“排句”“问题”等。图画卡片约分单□图画、连环图画、暗射图画、猜谜图画等。数目卡片,用之于算学。初学用黑圆点表示,高级用数字表示。有问答卡片、练习卡片、公式卡片等。

第三种工具是幻灯。幻灯构造简单，搬动容易，费用较廉。摄成软片，可以连环放映。

第四种工具，就是课本，课本外分国语、常识、算学、音乐。国语应定有字汇标准。常识因材料广泛，不必限于字汇标准；算学应用题也不必限于字汇标准，辞句均以浅白为原则。音乐时间甚少，采用活叶教材亦可。各科的目标及教学要点，因篇幅关系，不再举述。

他们把每节三十分钟分为三段，每段十分钟。第一段听做学习，就是用播音来解释课文；第二段□习，就是运用卡片来教学；第三段叫做复习，先用幻灯来放映，或用图画来补充，最后才取出课本来阅读。这样学生一定会感兴趣，时间感觉过得很快。假使第三段学生需要讨论，可把时间延长，或把二节拼为一节亦可。惟有一事，必须注意，即播音时间，各班必须统一。我们为便利说明起见，这种教法就叫做“三习教学”。在英文中用“3LS”来替代。此外我们还要用挂图、标本、图书、报纸、电影来配合。

（原载于1948年《地方自治》）

基教第二实验区工作的开端

自从联合国教育科学文化组织决定了在中国、海地及英属非洲试办“示范设计”(Pilot Project),我国民教同志都注意这件事。

去年九月,联教组织在南京举行第一次基本教育研究会议,就通过一个示范设计计划纲要。该计划纲要分为五大款:(1)联教组织所倡导之基本教育工作,其一般之目标在求世界各民族均取得最低限度之教育,以完成“社会之进步及较广泛之自由与较高之生活标准”,并以促进国际的和平与安全。(2)基本教育实验示范设计之进行,应选定适宜之一地区或若干地区。(3)进行原则(从略)。(4)实验示范设计之目标,研究实验之项目:①全人类各民族应有之共同的基本教育内容之研究与分析。②基本教育教材、读物及其他材料之研究准备,应注意之要项如下:文化传统之了解,与日常生活必须之简单的科学知识之应用。农业科学与经济改善之了解与实际指导。公共卫生之了解与实际指导。民主政治与地方自治之了解与实际指导。大同思想与国际了解之宣扬。③近代基本教育方法包括大众传播方法,例如广播电影影片等对于农业社区或工业社区中经济社会与文化的进展之应用。④成人教育各种方法之研究,本设计得就两实验地区比较研究民众文字教育与应用大众传播或讨论等法之优点。⑤基本字汇与文字教学方法之研究。⑥协助推进政府颁定之地方自治方案。⑦卫生教育方法之研究实验。⑧改善一般经济生活之方法。例如新种子之实验表证,改进农民之经济组织与营养。⑨国际了解之教育,研究其可能性,以及个人与世界之关系。⑩奖进艺术与手工艺及其他休闲或创造的活动之方法。⑪改进民众集团生活之方法与规划。⑫基本教育教师、社会工作者及其他工作人员之训练。⑬基本教育行政与经费问题之研究。⑭研究以家庭为改进社会生活之方法。(5)组织及进行步骤(省略)。

九月十三日出席研究会议各国代表莅锡参观本院实验事业。参观时间虽甚短促,而各代表对于本院卡片教育的实验及高庄乡农民教育的实验颇感兴趣。到了本年一月中旬联教组织代表胡本德(Hugh Hubbard)氏来锡调查,于参观本院各实验据点后，曾发表谈话，谓在农村有二桩事业甚为重要：(1)卫生教育；(2)合作教育。前者的困难问题，是农村得不到好医生。后者的重要意义，不仅使农民组织健全合作社为已足；必须由合作组织发生合作力量，才算成功。胡氏在中国三十余年，对于中国农村情形甚为熟悉。故其所见，甚为深切。

二月中本院奉教厅转到教育部训令，指定本院为“教育部委托基本教育第二实验区”。先行负责实验市民基本教育课程及教材，与电化教育之实施。本院奉令后，即召集研究实验会议，议决基教研究实验工作进行要点如下：(1)遵照部方指示本实验应重视城市成人教育；(2)拟定城市成人教育内涵(市民以职业性别分类)；(3)针对目标，制定课程；(4)拟定内涵各项目教材纲要(即各教材单元)；(5)依据以上研究结果修正本院已编印之初级成人班课本(如条件许可并须着手编辑高级课本)；(6)根据选定教材单元及课本，拟制一套卡片；(7)根据选定教材单元及课本拟制一套幻灯软片；(8)力求配合以上各点选定一套城市成人基本教育适用之电影片；(9)力求配合以上各点选定一套城市成人基本教育适用之广播教材及确定广播网；(10)应编成一套工厂工人教育教材与方法；(11)应编成一套教育送上门教材与方法(城市)；(12)搜集本院及其他各地有关成人教育课本、教材及读物等；(13)设置两种实验：一为卡片教学班与普通班比较研究实验，另一为缩短教育年限研究实验(以儿童班为主)；(14)本基本教育实验区范围之确定(假定划惠山惠河镇各一部为本区)；15)拟暂设以下各据点：①本院附设实验中心国民学校，②黄巷，③惠山镇中心国民学校，④本院附设补习学校，⑤特约工厂；(16)经费方面依照本基教研究实验计划，拟编预算两亿元，不足数额呈部续拟，以利进行。(17)机构与人员之调整(另行商定)；(18)确定一切实施程序，初步拟暂定壹年为期。依据以上各要点，就编定下列计划：

一、实验问题

(一)市民基本教育之课程与教材；(二)电化教育在市民基本教育上之应用。

二、实验项目

(一)课程方面：1. 儿童之部：(1)根据合科自学原则，从事减少课程项目，提高教育标准，缩短修学年限之研究与实验。(2)设置比较组，比较合科自学课程与分科课程之研究与实验。2. 成人之部：(1)初级班：Ⅰ. 成人班(混合班)、妇女班、工人班、合科自学课程之研究与实验，Ⅱ. 设置比较组，比较合科自学课程与分科课程之研究与实验。(2)高级部：Ⅰ.成人班(混合班)、妇女班、工人班、商人班、合科自学课程之研究与实验，Ⅱ.设置比较组，比较合科自学课程与分科课程之研究与实验。

(二)教材方面：1.儿童之部：(1)根据部定课程标准，制成识字卡片、拼字卡片、排句卡片各一套，并实验之，(2)依据部定课程标准，制成算术卡片一套，并实验之。(3)依据部定课程标准，制成国语常识合科单元基本内容一览表，并实验之。(4)依据部定课程标准，选编儿童读物，制作读物自学向导签，并实验之。2.成人之部：(1)初级班：Ⅰ.依据成人及妇女实际生活状况，分别选择教材，各自制成识字卡片、拼字卡片、排句卡片各一套，并实验之。Ⅱ.依据成人及妇女实际生活状况，分别制成国语常识合科单元内容一览表，并实验之。Ⅲ.珠算教材之编制及实验。Ⅳ、音乐教材之编制及实验。Ⅴ、识字课本之编选及实验。Ⅵ.设置比较组，比较编选之识字课本与部定识字课本之应用，(2)高级班：Ⅰ.成人与妇女基本读物之搜集与编选，及读书向导签之制作，并实验之。Ⅱ.从实际生活中选辑算术教材，并实验之。Ⅲ.音乐教材之编选及实验。3.儿童成人通用教材：(1)学习注音符号之卡片、幻灯片、暨录音片之制造与实验，(2)地理卡片及幻灯片之制造与实验。(3)历史卡片之制造与实验(以故事画连环图为主体)。(4)博物卡片及幻灯片之制造与实验。(5)生理卫生卡片及幻灯片之制造与实验(以故事画连环画为主体)。(6)农工生产比较卡片及幻灯片之制造与实验。(7)笔顺练习卡片之制造与实验。(8)送教育上门全套教材之编选与实验。(9)常见生物之系统的采集与分类并制成标本。(10)常见之生产工具生产品之标本采集。

(三)电化教育方面：1.空中学校之课程、教材、教法之研究与实验。2.标准公民生活幻灯软片之编制及实验。3.标准公民生活电影片之摄制及放映。4.简单幻灯机之制造与实验。

三、实验区域与据点

(一)区域：无锡惠山镇惠河镇(此两镇工厂较多，农产亦丰富，实为初步工业化区域)。(二)据点，1.惠河镇第二中心国民学校，2.黄巷社会服务站，3.惠山镇中心国民学校，4.本院附设之补习学校，5.特约工厂：(1)丽新厂。(2)申新厂。(3)庆丰厂。(4)农具制造厂。(三)第一年度完成下列工作：1.完成关于课程之实验，2.完成儿童部教材之(1)(2)(3)三项之实验。3.完成成人部初级班之全部教材实验。4.完成儿童成人适用教材之全部实验。5.完成空中学校之初步实验。(四)第二年度完成下列工作：1.完成儿童(初级)部教材之(4)项之实验。2. 完成成人部高级班之全部教材实验。3. 完成标准公民之全部幻灯软片。4. 完成标准公民之电影片。5. 修正上年度实验之结果。

四、人员与经费

(一)主持机构:本院研究实验部;并邀约地方有关人员组织第二基本教育实验区事业委员会协助之。工作人员:设总干事一人,副总干事一人,干事及助理干事十人,分任编辑绘图制片及其他实验工作,其他人员统由本院研究人员及实验同学充任。

(二)预算:(三十七年二月一日至三十八年一月卅一日)1. 薪津:三二〇,〇〇〇,〇〇〇元。2. 购置:二〇〇,〇〇〇,〇〇〇元。3. 事业费:二〇〇,〇〇〇,〇〇〇元。4. 预备费:八〇,〇〇〇,〇〇〇元。合计八〇〇,〇〇〇,〇〇〇元(说明:其中两亿元由教育部发给,其余希望教育部或由联教组织继续补助。否则本院自筹,或紧缩一部分事业)。

课　程

一、目标

(一)学习通用文字。(二)略求科学知识。(三)养成卫生习惯。(四)培养国民道德。(五)了解民权初步。(六)略具法律常识。(七)引发合作能力。(八)增进生产技能。(九)激发民族精神。(十)促进国际了解。

二、课程

(一)课程分国语、常识、算术、音乐四科。(二)国语科包括识字、读书、写字、作文四项。(三)常识包括日常应用简单科学知识、卫生知识、卫生习惯、关于生产之浅近知识、合作知识、民权初步、法律常识、违警罚法大要、民族史料、国际情况等项。(四)算术包括笔算及珠算。(五)音乐包括唱歌及演奏。(六)如环境许可,得加体育科目。

级别 \ 每周教学时间 \ 科目	国语	常识	算术	音乐	总计
初级	三〇〇	三〇〇	九〇	三〇	七二〇
高级	三〇〇	三〇〇	九〇	三〇	七二〇

附注:(一)每周教学十二小时,共七百二十分钟。(二)每日教学二小时,分为四节,每节三十分钟。(三)初级班修业期间四个月至六个月;高级班修业

期间六个月至一年，均视教学进度而定。

三、教材

(一)国语科

1. 目标：

(1)使男女市民认识注音符号及常用文字，并学习浅易语体文，以养成其阅读的能力和兴趣。

(2)指导男女市民书写文字，达到正确清楚的程度，并培养运用文字，达到表情达意的能力。

(3)指导男女市民了解民族文化，并激发其民族精神。

(4)使男女市民走向民主，并走向社会的正当发展。

2. 教材要项：

读书：

(1)注音符号的认识和拼音练习。

(2)常用文字及词类单句的认识与理解。

(3)国语读本的阅读与理解。

(4)简单的便条、书信、布告、票据、契约、合同等实用文的阅读研究与理解。

(5)标点符号的认识。

(6)补充读本、民众读物及日报的阅读。

(7)使用字典的练习。

写字：

(1)写字的基本训练。

(2)注音符号的习写。

(3)中小楷的练习。

(4)读本文字的抄写或默写。

(5)实用文件的习写。

(6)简笔字及简易行草书的认识。

作文：

(1)用常用文字造句、联句、仿作等的练习。

(2)简易的记叙文说明文的习作。

(3)简单的便条书信票据布告契约等实用文的习作。

(4)常用的标点符号的应用练习。

3. 教学要点：

(1)国语与常识须密切联紧,即国语内容尽量取给于常识,常识的形式尽量接近国语。并须尽量设计插图。

(2)读书教材须注意上列(3)(4)两项目标。

(3)字音与字义必须解释清楚,并使反复熟习。

(4)词类与五声最好用不同颜色卡片区别教学。

(5)写字注重毛笔。并注意握笔姿势及笔顺练习。

(6)随时指导认识民间常用的简体字。

(7)发音说话须注重国音国语。

(8)注重培养自学能力,课外多指定阅读书籍。

(二)常识科

1. 目标:

(1)指导男女市民获得日常应用新科学知识。

(2)使男女市民了解公共卫生,改良生活习惯。

(3)培养男女市民具有公民常识及国民道德。

(4)指导市民合作组织,并由合作习惯发生力量。

(5)市民因生产知识增加,而使技术进步。

(6)发扬民族精神,促进世界和平

2. 教材要项:

公民:

(1)民权初步。

(2)宪法要义。

(3)民法大要。

(4)诉讼大要。

(5)违警罚法。

(6)新生活习惯。

史地:

(1) 本国历史大要。

(2) 历代先哲故事。

(3) 本国地理大要。

(4) 本国重要物产和交通。

(5) 地球水陆分布大要。

国际情况：

（1）世界人种的分布。

（2）现代世界大势。

（3）联合国组织。

（4）大西洋宪章。

（5）开罗会议。

（6）波茨坦宣言。

（7）美苏英法情况。

（8）印度与南洋群岛。

（9）菲律滨与澳洲。

（10）日本与朝鲜。

卫生知识：

（1）人体构造大要。

（2）呼吸与消化。

（3）食物的营养。

（4）传染病的预防。

（5）创伤出血的急救。

（6）太阳灯与X光。

（7）常用药物。

科学知识

（1）电灯、日光灯、霓虹灯。

（2）电话、电报及传真。

（3）无线电及收音机。

（4）防毒与灭火器。

（5）暖气与冷气（包括电气冰箱）。

（6）原子常识。

（7）日、月和地球（四季、昼夜、日蚀、月蚀）。

（8）风、雨、雾、霜、霰、雹、冰等成因。

生产知识：

（1）公司组织。

（2）简单簿记。

（3）保险。

(4) 税捐常识。

(5) 金融与外汇。

(6) 股票与公债市场。

(7) 引擎常识。

(8) 食品加工(制罐)。

(9) 简单机械。

(10)合作理论及组织。

3. 教学要点:

(1)常识科教材应与国语科教材密切配合,教学时更应互相联络。并须尽量设计插图。

(2)常识科用字虽宜尽量接近国语科字汇标准,但不受国语科字汇范围限制,因常识科重内容而不重形式。

(3)常识科除课本外,宜多用卡片、标本、图表等教具;如能观察实物最佳。

(4)常识科除讲解课文外,宜指导实际应用或实践。

(5)妇女班宜酌加烹任、缝纫、看护、孕妇卫生、儿童保育、家事常识。

(6)教学时间不足,可在课外指导阅读,并增加参观、讲演、播音、电影等补充之。

(三)算术科

1. 目标:

(1)指导男女市民增进日常生活需要的数量常识和计算技能。

(2)指导男女市民记载普通账目,并养成计算正确和敏捷的习惯。

(3)培养男女市民计算能力,增进生产,提高职业地位,

2. 教材要项:

级别 类别　大纲	初　　级	高　　级
珠　　算	(1)加减法口诀及算法练习 (2)乘除法口诀及算法练习 (3)乘除定位法的练习 (4)简易四则应用题的练习 (5)数码字的写法及记账法练习 (6)磅吨码尺等计算练习	(1)加减乘除法的练习 (2)四则应用题的练习 (3)斤两法口诀及算法练习 (4)加减乘除速算法的练习

续表

级别 类别　大纲	初　级	高　级
笔　算	(1)基本数字读法写法的练习 (2)记数法的练习 (3)万以下各种加减法的练习 (4)乘数在三位以内的乘法练习 (5)除数在三位以内的除法练习 (6)简易四则题应用的练习 (7)公制与市制度量衡的认识与计算 (8)十进复名数的练习 (9)小数练习 (10)简单普通的利息折扣算法的练习	(1)加减乘除的练习 (2)四则应用题的练习 (3)非十进复名数的练习 (4)小数和分数的练习 (5)百分法的练习 (6)日常应用利息的练习 (7)记账法及算账法的练习

2. 教学要点：

(1)算术科教材应充分与常识科联系。

(2)应用问题宜多用口述，如用文字须力求浅显，并须以家庭及市场各方面的经济问题为题材，特别注重买卖、找钱、折扣、利息等计算。

(3)心算为算术的基础，每次教学开始时，应练习几分钟。

(4)教学珠算口诀，应分别解释，以助记忆，避去机械的口诵。

(5)常用速算竞赛法，以引起学习的兴趣。

(6)注意革除计算时足以影响速率的不良习惯。

(7)注意个别指导，课内时间不足时，可在课外练习。

(四)音乐科

1. 目标：

(1)指导男女市民习唱歌曲，演奏乐器，以启发欣赏音乐的能力，培养爱好音乐的兴趣。

(2)陶冶男女市民之心性，以涵养恻隐同情、慷慨激昂、团结进取的精神。

2. 教材要项：

唱歌

(1)发音练习。

(2)声音高低强弱长短的辨别和练习。

(3)简单音符和拍子的认识和练习。

(4)国歌及名曲的练习。

(5)时代歌曲的练习。

(6)无线电广播、电影歌剧中的歌曲欣赏与练习。

演奏

(1) 本国乐器的演奏练习。

(2) 西洋普通乐器的演奏练习。

3. 教学要点:

(1)歌曲选择,应以民主思想、民族精神为主,而以有价值之社会问题为副。

(2)歌词的意义必须详加解释,务使市民对于歌曲有深切的领略和感应。

(3)除教音调节拍外,应注意培养欣赏能力。并宜提倡歌咏会,使学生有参加表演机会。

(4)应注意提高学生的兴趣。如感教学时间不足,可指导课外练习。

(5)学生中有擅乐器者,宜多加指导。并宜指导其他学生学习,于课外组织乐器队或音乐会。

总结:

本稿可算是最初的轮廓,亦可算是这件工作的史料。不知道将要经过若干次的讨论,若干次的实验,加了若干次的修正,一直到了三十七年年底,等初级部一套课本编辑完成,付印推行,才算初步定稿。再到三十八年年底,把高级部的一套课本研究实验完成,编辑付印,才算可以缴卷。

本课程与教材大纲,算是教学活动和教学内容的一个大约范围,实际教学时,我们要用卡片方法、电影广播方法,还加故事画、连环图、幻灯片、课外读物等材料,有时要用合科的单元,有时采取临时的设计,多少要超过大纲的范围,不受定式的限制。

成人年龄自十二岁到四十五岁,距离甚大,心理变迁甚巨,能否用同一教材,须待研究实验的。况男女市民职业非一,兴趣各殊,教学内容不能呆板划一,这是显而易见的事。

国语、常识、音乐三科教材要项暂不分初高级,以留弹性。因市民见识比农民为广，教学内容宜酌量充实。

教法我们想用配合的教学法。不像过去那样，每科由一个教师包办，全用他的口来讲述。现在我们想把一节课分为三段。第一段叫作学习，即用播音和幻灯来介绍课文。第二段叫作练习，即用卡片来练习。如拼字、造句和比赛等。第三段叫作复习，即用课本与图画（故事画、连环图等）来复习，合起来说，叫作"三习教学法"。

总之，这个工作，各方面期望甚大，我们的理想也不低，而所有人手、设备、经济等条件相差距离甚远，将来如能收获十分之二三成果，已非容易了。

（原载于1947年《教育与民众》）

周葆儒在江苏省立教育学院工作时，
骑自行车奔波于教育学院和实验区之间。

周　辛◎著

周辛教育文集

下册

安徽师范大学出版社
·芜湖·

封面照片1945年7月摄,时年54岁

下　　册

目　录

下　册

第四部分

乡村教育

一个乡村小学教员的日记

俞子夷著的《一个乡村小学教员的日记》,十七年八月出版、商务印书馆发行,我认为南洋教员有读的必要。南洋华校总共不下数百,有的名目上说来好听,其实都在乡村教育时代。学校教员上面要应付学董,外面要应付家属。校内设备都不完全,校舍大多数是假公会或庙宇,不是特建。全班功课都由一个教员包办,这书的主角是杨女士,她是一个乡村单级小学的教员,因为她能勤劳,忍耐,专心研究,结果竟能战胜一切,书中材料极丰富,南洋一般中小学可参考采用的地方极多。

做学务董事的我也希望他们把这书翻阅一下,全书有上下两厚册,我们知道一般学务董事都很忙,恐忙没有功夫研究,这种教育书籍,好在这部书是日记体裁,像小说一样,极容易看的,假使全部不能看,就看一本也够了。不然,看三分之一,再不然,看四分之一,总比不看好得多。翻阅过这本书的人,至少可以知道小学教育是怎么一回事,怎样的学生是好的,教员怎样做才算是对的。普通批评学校,用私塾眼光去批评,或用商店眼光去批评,都乔错了。教育是专门事业,教育上的优劣,另有一个标准的。南洋学校,有的聘请几个外国教员,以为点缀门面,他们或她们闻铃上课,按月拿钱,课外一些事都不管,有的上课又不照规矩上课,吸烟、脱外衣、接客、打电话、饮水、大小便、徒敷衍时间罢了。影响所及,一班学生也随随便便,正经工作不当工作。这样的小学教育,实在除了破产还有什么成绩可言呢? 看了这书以后,可以知道做小学教员是不容易的,除掉教课外,关于儿童一切问题都要留心。甚至打扫,擦玻璃窗也要思考,用方法去做。

我还希望一般高明的家属也买这部书来看一下,南洋学校被一般家属瞎批评。教育进行也大受妨碍。现在把这书中告学生父母的一段话抄出来,请一般家属特别注意!

1.我们自己管不好的小孩子,不要希望教员立刻管得好。服从和敬长的习惯是要从小在家里养成的。

2.要详细明白自己的子女。凡是子女不蒙蔽父母的,无论什么地方都能诚实不欺。

3.每天叫子女帮做些家事。他们不久便会了解父母为了子女的辛苦了。

4.不多给钱。叫他们想法俭些,这是教节俭顶好的机会。

5.子女能在家自修了,注意他们每天按时自修。守时刻是一个很好的习惯。

6.子女回家陈述的事,不能完全轻信。小孩子,本来是不多说诳。但小孩子的想象很强,所以自己错了的时候,说的话往往要庇护自己的。

7.没有听教员的报告时,不要轻信子女的话,反对教员,十有八九,自己的子女是错的,宁使子女稍稍受些冤屈,总不要使教员因为要管束孩子而受牵制只有十之一二。

8.有什么不满意的事,先和教员校长直接去谈。

9.不要存意外的希望,子女不是一样的,教员可以训练人的心,但是不能造人的心。

10.学生的工作,不可以用成人标准去批评。不要责备子女不能做我们自己能做的算学。想想从前自己做功课时苦处,不要因为学校里的情形和我们小时候大不同而批评攻击。要是我们的职业也还死守着我们小时候的成法、还成什么样子。

最后我还希望各处的书坊多备几部！我查棉兰、泗水几家书坊还没有发现,请赶快去采办吧!

(原载于20世纪20年代东南亚华文报刊)

江苏省立教育学院北夏实验区参观记

一、导　言

把全民众教育起来，把农村建设起来，把占全国人口八十以上之农民组织起来，这是完成训政唯一之路。现在全国教育界人士似渐觉悟，不约而同地呐喊“入田间去”，都认为不扭转方向，不足以挽救危亡。正如梁漱溟先生所说：“乡村有办法，中国才算有办法。”江苏省立教育学院为研究民众教育之最高学府，一年来所试办之北夏实验区，由我友赵君步霞主持。该区自开办以来，参观者络绎于途，本学期又得到高君炳泰之襄助，事业之进展更为迅速。他们每日工作常逾十小时，许多体弱职员因此得病。他们努力情形，于此可见。兹为阅者明了起见，先将北夏地方情形叙个大概，自第二节起然后分述他们的工作状况。

“北夏”为无锡县17个自治区之一，原名“北延下乡”。在无锡县城之东。民国21年暑假前，江苏省立教育学院择定该区为普及民众教育实验区域，并聘赵君步霞主持这事。赵君等于同年8月20日开始下乡工作。

全区面积138.5方里，几尽属平原，唯东北境有小童山。户口，根据民国十九年2月区公所之调查：全区计5 982户，27 164人，其中不识字者10 054人，占全人口38%。人民多散居，故村落多至342处。无锡工厂林立，但该区除一停工之丝厂外，几无工业化之现象，故虽有四镇，农户仍占80%以上。

地方自治之机关业已设立，四镇十六乡均有乡镇公所。区公所亦已成立，区长乃由县长委任。公安机关，有警察大队二分队，保卫团雇用团丁约30人，有枪27支。

全区额征田亩数为43 588亩，平均每户有地7.26亩，地主所有者占全区之31.55%。农业以稻麦为主，平年产米58 846石，小麦17 533石。佃农租额，每亩每年纳米八斗，麦二斗，缴于地主。近年亦有减至米五斗，麦二斗者。除稻麦外，蚕桑为农民主要副业，养猪养鸡者甚多，饲养牛羊者则甚少。戽水，脱谷，轧米，多数已用机器。

教育，原有完全小学二所，初级小学八处。私塾十四处。社会教育机构，有县立农民教育馆一所，私立图书馆一所。唯农民教育馆现已迁移他处了。

二、划区及组织

赵君等下乡之初，因面积辽阔，人地生疏，只把力量集中在西部三分之一区域内，自第二学期起，就把全区划为六分区，设立一个总部及五个支部。每一分区平均面积约23方里，平均户数约一千，平均人口约4 527人，平均村落57个。略如下图。（表格扫描模糊，难以辨认，此处省略——文集编者注）

总部设总干事一人，副总干事一人，干事二人，助理干事一人。各支部设主任干事各一人，助理干事一人或两人。组织系统图如下：

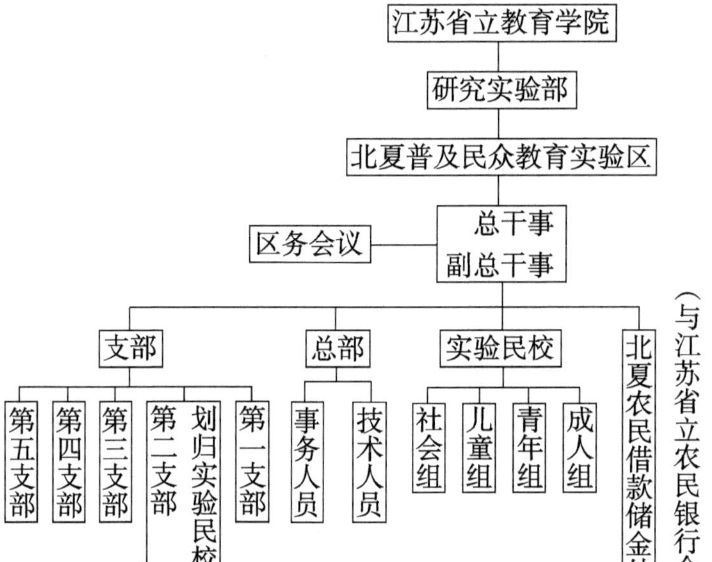

专任人员共计19人，兼任人员共计3人。第一年预算开办费1 343.00元，经常费11 401.00元。第二年预算：临时费640.00元，经常费13 292.00元。（二十二年度预算详于十一节）

三、民众学校

本学期各支部所办民校共有12所，学生约有400人。有的是日班，有的是夜班，并且还有一所实验民校，开办儿童教育。详如下表：

支部	校名	级别	人数	地点
（前第二支部）	实验民众学校	高级成人班	27人	蠡埄
		青年班	进行中	
		妇女班	进行中	
		儿童班	47人	蠡埄
第一支部	东亭民校	中级	40人	东亭
	周巷民校	中初级	37人	周巷
第三支部	查家民校	中级	38人	查家桥
	泰塘泾民校	中初级	34人	泰塘泾
第四支部	东周巷民校	初级	50人	东周巷
	唐埂民校	高中级	30人	唐埂上
第五支部	马家里民校	高中初级	56人	马家里
	堰头民校	高中级	34人	堰头巷

二十二年七月十五日举行第二届民众学校毕业，毕业生共有五百余名。连同上数，共计七百余名。本学期结束时。民众学校毕业生可达千人以上。

全区民众学校毕业生统计（二十二年五月调查，见《北夏》第一年）

校名 年龄	东亭	苏巷	新塘	亭庄	下场	周巷	总计
10～15	14	19	18	1	8		60
15～20	30	16	21	15	18	18	118
20～25	9	4	3	5	5	4	30
25～30	2	1	2	6	8	5	24
30～35	5	1	1	2	2	2	13
35～40			1	2	4	1	8
40～45					1		1
50以上			1	1	1	1	3
总计	60	41	47	32	46	31	257
中数	17.67	15.41	16.3	20	19.18	19.53	17.88

北夏普及民众教育实验区实验民众学校暂行章程

（民国22年9月22日公布实施）

一、实验民众学校设立之旨趣，为：

1. 实验以全体民众为对象之基础教育机关之组织、行政、教材及教法。

2实验以民众学校（如本章程所规定者）为社会中心支办法。

二、本校分设成人、青年、儿童、社会四组，各组之职掌如下：

（一）成人组

1. 办理成人班。

2. 研究并编辑成人班课本及教材。

3. 调查并辅导全区成人班。

4. 编行《新北夏》。

(二)青年组

1. 办理青年班。

2. 研究并编辑青年班课本及教材。

3. 调查并辅导全区青年班。

(三)儿童组

1. 办理儿童幼稚班及托儿所。

2. 研究并编辑儿童教育课本及教材。

3. 联络并辅导全区儿童教育机构。

(四)社会组

1. 指导蠡垟、三钱、寿芝三乡社会活动。

2. 主持本区社会调查事项。

三、本校设主任副主任各一人,综理校务,各组设指导员二人,商承主任副主任,办理各组事宜。

四、各组指导员须了解事业之整个性,随时谋工作之充分联络。凡遇有临时工作,并须共同负责处理。

五、本校根据民众实际需要,终年施教。班级教学之时期,规定如下。其他教育活动,另订校历,以资遵守。

1. 成人班,农暇时期(9月1日起至次年3月31日止,中间收稻种麦停课三星期,寒假停课二星期)。

2. 青年班,参照教育部短期义务教育办法办理,秋季始业。

3. 儿童班,除成人班开课时酌减室内教学,移增社会服务指导外,终年施教。

六、本校设校务会议,由主任及全体指导员组织之,讨论校内一切进行事宜。其重要问题,提出本区区务会议时讨论之。

七、本校为求校务发展,得聘请顾问若干人。

八、本校学则及进行计划另订之。

九、本章程由本校拟订,商经本区总副干事同意后施行。

本年夏季,该区与教育局洽商,将南钱小学的蠡垟分校,收为该区所属,改为实验民校,曾得局方之同意,于9月11日办理移交。因此第二支部即合并办事,不另分设。

据记者观察，该区办事与民众接近，实以民众学校为出发点。故记者曾讯问：各种事业与农民接头，以何种方法或方式为最有效。办事员答称：这事最容易不过，只要对民众学校学生一宣布，遇到民校毕业生一宣传，就行了。

民校招生据说起初曾用过按户劝导法，后来感觉此法不妥，就此停止。因为民校原不收学费，并且书籍纸笔亦由校供给，招生时若再迁就招徕，反要引起农民之疑心。所以近来该区对于民校学生一听自然。

该区教育以读书会为最后之补助。凡有中级民校毕业以上程度，都可介绍参加。所以将来读书会也可说是实验区学术最高团体。

民众读书会章程

（一）本会的定名是：镇/乡民众读书会。

（二）本会以研究学问修养品性为宗旨。

（三）本镇/乡民众有中级民众学校毕业程度的，经过会员二人以上的介绍，就可以做本会会员。

（四）本会推举干事三人，做本会一切事务，任期半年，连举可以连任。

（五）本会每星期开常会一次，讨论研究工作的进行和其他重要事情。

（六）本会的常任指导员是江苏省立教育学院北夏普及民众教育实验区第（ ）支部诸位先生。

（七）本会得请有学问的先生做临时演讲。

（八）本会的经费在需要的时候临时募捐。

（九）本简章有不妥当的地方，得由会员大会修改之。

四、农事指导

该区对于生产指导当然认为最重的工作。生产种类以环境关系，限于稻作、麦作、养蚕、养猪等数种。指导方法为示范农田，选种，调换优良种子，育蚕指导，养猪指导，等等。

特约示范稻田办法

（1）本区为推广良种，改良栽培方法起见，特于民国二十二年春，设置特约示范稻田。

（2）稻种为木樨球及三一八，由本区供给。

（3）每户面积，至多以本田十亩，至少以本田二亩为限。

（4）种法如下：

留种：将稻种除去稗子红米以及其他夹杂之稻种，然后风选。

选种：在播种前先水选，然后盐水选，以除去不充实之谷粒。

浸种：以七日为度。

肥料：以绿肥河泥为基肥，人粪尿或豆饼为补肥。

播种期：在小满节前后三日内。

管理：注意整地，施肥，播种，移植，灌溉，排水，惊鸟，除螟，拔稗及除草等工作。

拔秧期：在夏至节前后二三日内。

收获期：在霜降节前后。

(5)一切工作，由本区指导员督率农家共同工作

(6)五月一日起至五月六日，为登记日期。

(7)凡特约稻田农家，均须依照以上办法。

(8)成绩优良者酌行奖励。

特约示范稻田农户列表如下：

农户姓名	稻种	面积	地址
俞友良	三一八	二亩	新塘乡大严巷
华季宝	木樨球	二亩	寿芝乡下场
谢半农	三一八	四亩	三钱乡谢巷
秦振沧	三一八	三亩	水渠乡水渠里
司马南云	三一八	二亩	版村乡马家里

特约示范田规约

(1)麦种用国立中央大学农学院育成之武进无芒种。

(2)麦种在下种以前，先用冷水温汤浸种法浸种。

(3)或用犁耕，或用耙耕，但均须将土块细碎。

(4)耕田时，须同时施下基肥，基肥之种类及每亩用量，依照下列标准：

腐熟堆肥　　六百斤

人粪尿　　八十斤

草木灰　　二百斤

(5)播种方式用条播法，行距为八寸。

(6)播种量每亩为六斤。

(7)下种以后，须中耕兼除草共三次，第一次在一月，第二次在三月，第三次在四月行之。

(8)在二月内,须施追肥一次,追肥每亩用人粪尿六十斤为标准。

(9)本规约所未列事项,均由实验区负责指导。

特约示范麦田农户列表如下:

农户姓名	品 种	面 积	地 址
俞有良	武进无芒	二亩三分	新塘乡大严巷
华季宝	武进无芒	一亩	寿芝乡下场
谢半农	武进无芒	四亩	三钱乡谢巷

本届稻作选种指导闻于九月二十日曾在教育学院举行过一次讨论会,出席者有农民银行、农业推广所、北夏实验区、惠北实验区、教育院农事推广部、乡村自助协助处等,共代表二十余人,订定选种方法如下:

(甲)先要划出选种区:

划出选种区时应该注意的是:1.须在稻田中心,至少要离田埂三尺以内的;2.地方要不肥不瘦的最适当;3.预备种五亩田的,那么只要划出一分就够了。

(乙)着手选种:

已经划好了选种区,那么在稻还没有黄熟的时候,只要去细细地把生长不健全而有病害的种拔去,到割稻的时候,把选过的另外放在一起,取下谷粒,留待明年做种。到明年秋熟,再这样的划出选种区,拔去坏稻,如此一年一年的选,不上几年稻的品种自会良好。

北夏实验区又订定稻作选种办法如下:

一、本届稻作选种之范围须比上届扩大,惟参加农户须以能完全接受指导者为限,

二、各分区应以各民众学校所在地及其附近村落为普通选种区域。指导农户选种其进行步骤约举如下:

甲、对民众学校学生宣传选种之重要及方法。请其本人或家长加入选种工作。

乙、无民众学校学生之农户,可斟酌情形,与之个别谈话,请其参与选种。

丙、调查特别优良稻田农户,务来其加入选种工作。

丁、登记加入选种农户。

戊、亲往复查选种农田,加以指导纠正。

三、各分区之特约农田定为各该分区特种选种区。其品种优良者予以推广,进行步骤约举如下:

甲、视察特约农田并预告特约农户。如收获成绩优异，须留供实验区之收买，以作推广之用。

乙、指导选种，严密去劣去杂。

丙、比较收获量及品质。如确系优良，即由主持者填表报告总部。

丁、总部查核无误，议价购买。

戊、实验民众学校及各支部设法广为宣传前项优良稻种，使农户调换并登记其数量报告总部。

四、凡非特约农田而发现有优良稻种时，之前条丙、丁、戊三项收买推广

五、各分区办理稻作选种除实际指导外，对于其他农户仍应作有效宣传，务期造成区民注重选种之风气。

六、选种方法，划出稻田之一部分精密去劣去杂，但凡有注意选种而不顾接受此项办法者，亦不必强其接受，但应注意其选种方法并登记之以供研究。

七、选种自用者，其标准每五亩至少须划出一分。

八、各分区进行选种之日程约如下列：

甲、九月二十六日开始宣传。

乙、九月二十八日登记，并将登记总户数报告总部。

丙、十月一日第一次开始视导选穗稻田(如时间不够得免)。

丁、十月十日前后开始复查选种稻田并予以严密指导。

九、割稻前三四日至特约及受指导稻田，每户选择足以代表该户稻田稻棵，拔取全株仅为本区农产品展览会陈列比赛之用，如有其他志愿参加展览会农户，须由该农户通知所在地支部职员亲至其稻田，拔取稻棵时立即编号登记，并与物主号单一纸作为收据，以便将来比赛对号取奖之凭证，并须妥为保存稻棵，毋使虫蚀鼠咬或受潮湿致失其本态。

十、实验民众学校及各支部于明年收稻后，应将选种农户之稻田产量，与未能选种农户产量比较填表报告总部。

十一、本区各分区稻作选种负责人员如下：

第一分区　沈夔龙(主持) 谢半农 周君奇 钱娟英(可就近联络第十区公所协助进行)

第二分区　曹秀珍(主持) 陆廷珏 谢半农

第三分区　顾篪(主持) 周国琪 廉藜青

第四分区　汪祖福(主持) 顾篪 黄一才 秦漱芳

第五分区　纪国永(主持) 马祖良

二十二年九月订

记者在北夏参观时，适值办事员指导农民选种回来报告，说明农民选种原来是家家做的，风选水选乃是极普遍的方法。惟有盐水选少举行。至于在田中选，他们极不赞同，因为田中泥湿，工作极不方便。他们习惯是在场上选的。

推广优良种子办法，一是引种外来优良种子，一是采选本地优良种子。但是目前还没有绝对靠得住的优良稻种和麦种采用，所以该处对于稻种完全应用后者方法。

推广优良稻种办法

(1)本区为推广优良稻种起见，向栽培管理较为考究之农户，选购较纯木樨球十担及晚野稻二担。

(2)上项稻种，由各支部分配于附近农户。

(3)各支部在分配稻种以前，须先调查需要量，报告总部，以便按数发给。

(4)分配于农户，以换种法为原则(即以一斗换一斗)，但该项偿还之普通种，以经过筛选洁净者为限。

(5)除上项规定之换种法外，为减省手续起见，各农户得以金钱偿还代价，每斗(合漕秤九斤半)为三角一分五厘。

(6)各农户领种，每户以三升至一斗二升为限。

(7)各支部于发种时，须将领种农户姓名数量等，填记于登记簿上。

(8)各支部办理推广稻种事宜，限于十二月二十五日前结束，并将登记簿及换得之普通种或代价，送至总部。

麦种是向南京中央大学农场采购武进无芒与南京赤壳两种，因为这两种该区农夫最信用的。

本届春季育蚕，受指导之农户共有四百二十户。蚕种大部分是华五交诸桂，于一〇一交支九品种，共计一千一百十二张，鲜茧总产量是两万三千多斤，约二百三十担。最好的每张蚕种结茧二十八九斤，次的每张蚕种结茧十六七斤，平均每张蚕种结茧二十一斤。

此外农户重要副业，算是养猪。该实验区除特约饲养母猪，及指导饲养方法外，并办有畜本借款，另详于下。

该实验区亦注意农民手工艺，在东亭镇的延寿司殿，设有手工艺传习所，唯以地方环境关系，这事并不发达。新近迁到周巷，有学生二十余人。

五、合作社

实验区指导农民组织合作社，最先成立者为养鱼合作社二个，次又成立垦殖合作社一个，再次成立信用合作社一个。本学期秋茧登场，又指导养蚕农户成立了蚕业产销合作社。

当秋茧开秤的时候，茧价很低，农民不愿出售，但因为用款甚急，又无法保留。实验区于是利用机会，领导他们组织蚕业产销合作社，把他们要出售的鲜茧都烘成干茧，向农民银行抵押款子，救济他们的急需。将来等待茧价高涨的时候，然后出售干茧，这样可以免出茧商的垄断操纵。因此干茧到此刻还没有出售，一面要出堆栈费，一面要偿还银行的利息，将来能有获利，毫无把握。

信用合作社是在水渠里，该村农民自动起来组合的。

垦殖合作社是在吼山，就是北夏唯全区范围内两个童山之一。该处农民要利用这个童山，就领导他们组织合作社。

杨巷的养鱼合作社成绩甚佳。现在鱼已有一尺多长，在小河里游来游去，岸上行人见了都很羡慕，于是亭庄居民便也向实验区办事处要求组织合作社。

养鱼合作社：

社名	华墙养鱼合作社	杨巷养鱼合作社
区域	寿芝乡下场隔墙开芝里	福庄乡杨巷
社址	寿芝乡乡公所	北夏实验区第一支部
社股	金额284元计284股	金额86元计86股
预定成立年限	三年	三年
许可日期	二十一年二月八日	二十二年六月 日
成立日期	二十二年五月二十一日	二十二年七月十七日
鱼池面积	十亩	五亩
放养鱼数	鲢鱼八百尾 青鱼一百尾 草鱼二百尾	鲢鱼一千六百尾 青鱼一百尾 草鱼四百尾
兼营事业	种菱三亩	
理事姓名	华廷甫 华国光 华鸣九 华坤全 华明周	苏文俊 王耀庭 胡耀章 苏承祖 胡继萱
监事姓名	华蕚辉 华元升 华伯英	胡仪恩 胡彦人
社员人数	一百十五人	五十二人

吼山垦殖合作社概况：

区 域	吼山四周	垦殖面积	暂从吼山东首荒地二亩入手开垦
社 址	查家桥镇查家桥小学内	栽种作物	黄豆
社 股	金额30元计30股	理事姓名	冯孟安 周望春 钱寿康
预定成立年限	三年	监事姓名	钱炳文 陈晋康 顾光荣
许可日期	二十二年六月　日	社员人数	三十人
成立日期	二十二年六月九日	备 注	吼山在第八第十两区之交

六、贷款及储蓄

北夏实验区为辅助农民经济发展起见，特与江苏农民银行第四分行协定，设立北夏农民借款储金处。除银钱出入，由银行派员将任司理外，凡宣传、调查、介绍、指导、监督、催促等均由该区负其责。

第一期自去年十月二十四日成立起至十二月五日止，专事个人借款与个人储金。第二期自本年三月二日起至四月底止。现在第三期。

甲、第一期借款储金

（子）借款办法

▲用途

1.买种子。

2.买壅田肥料。

3.买小猪及猪食 。

4.买耕牛。

5.买桑苗。

6.买农具。

7.买织布机。

8.买食米。

9.赎田。

10.其他急要用款。

以上借款除买牛赎田费用得面议外，其数目至多以五十元为限其期限至多以一年为限。

▲条件

1.订定借款数目。

2.订定借款期限。

3.订定借款利息(十元以下月息一分,二十元以下月息一分零五毫,三十元以下月息一分一厘 四十元以下月息一分一厘五毫,五十元以下月息一分二厘,五十元以上面议)。

4.缴纳抵押品。

5.有保证人。

以上各条件均须遵照办理。如无抵押品而保证人愿负代还之责者,亦得借给。

▲期限

1.一次还(如定期三月到期本息全数偿还)。

2.分期还(于蚕期麦期米稻期分次归还)。

3.零还(限期几月,在限内随时有款即偿还其一部,到期全部结清)。

以上期限均于借款时分别订明利息均按日轧算。凡到期不还之款,利息按日以五毫计算。

(丑)储金办法

专办零存整付一种,其他各种存款须经向农行接洽,但开户后本处亦得代为收付。

▲数目

满大洋一角即可存储,一角至九角随时给以储金券概不起息,满一元后登折起息。

▲期限

一年　两年　三年　四年　五年

▲利息

一年七厘　两年七厘半　三年八厘　四年八厘半　五年九厘　均以月息计算。

在本期限中无论何日缴款多少,均可收受,次日起息,倘所定缴款日期能三年以上始终不变者,期满时末年所得利息可加给半厘,以示奖励。

此项存款如存款人中途无力继续照存其已存之款,按订定之息计算到原定期限时一并支付。

此项存款如存款人中途请求发还者概不计息。

如以存折向农行抵借款项,应出利息可照所定利息标准面商酌减。

存期既满仍愿继续存储者得改为他项存款,利息从优。

第一期借款及储金统计：

1.借款

用 途	户 数	款 额
买种子	4	6
买壅田肥料	8	65
买小猪及猪食	40	580
买耕牛	2	100
卖农具	6	140
赎田	16	645
其他急要用途	11	176
共计	87	1 712

2.储金

月 份	户 数	款 额
十一月	9	2.9
十二月	8	4.9
一月	8	10.9

乙、第二期借款储金

(子)借款种类

▲农本借款

1.豆饼。只发豆饼券，稻田每亩价值二元，麦田以每亩价值一元之中饼为度。

2.人粪尿。稻田以二元，麦田以一元为限。

3.戽水。每亩一元至一元二角。

▲蚕本借款

1.蚕种。春秋两次，每张一元。

2.桑肥。豆饼人粪尿等，每亩以二元为度。

3.共同烘焙贩卖。蚕茧共同烘焙与尝卖之租金运费等，借款之数目可面商。

▲畜本借款

1.小猪。只发小猪券，每头四元为度。

2.猪食。每头不得过六元，分二次或三次借贷。

3.小羊。每头不得过一元。

（丑）借款条件

▲期限

1.蚕本借款：

在茧事登场时还清；不幸茧事失败，则春蚕以麦作登场，秋蚕以稻作登场为最后归还之期。

2.小羊桑肥及蚕茧共同烘焙贩卖之借款，至长不得过半年。

3.其他各项借款，均以该项生产品收入归还，能提先分期归还者听。

▲抵押品

凡借款须由相当之抵押品，如确无抵押品可缴而借款数目每人平均在十元以下者亦得免缴，惟须由保证人负其全责。

▲利率

月息一分，外加手续费三厘。（手续费他区为经手人之收入，本区则完全充缴镇公益之用。）

（寅）借款手续

1.有农民七户以上，即可自动组织借款联合会，凡会员均须连环负责。该项联合会、农本、蚕本、畜本须分别组织。

2.借款联合会向本处借款，须经当地有力者之负责保证。

3.于本区规定各种借款期限内，联合会应推代表一人，邀同保证人，备具借款人亲笔签字盖章之名单，向本区各支部接洽，再由各支部送交总部，转请农民银行核准，然后填写共同借据，由联合会代表及保证人签名盖章取款。

4.该项联合会，待款项还清，即行解散，此后如再须借款，得另行组织之。

第二期借款统计：

类别	户数	款额	款项的百分比
农本	32	159	4.2%
畜本	473	3 462	90%
蚕本	112	224.6	5.8%
共计	617	3 845.6	100%

储蓄会简章

（一）本会的宗旨，是提倡节俭，实行储蓄。

（二）本会会员，不论是男女老幼，照储款的多少，分做四种：

1. 甲种会员：每月储洋五角；

2. 乙种会员：每月储洋二角；

3. 丙种会员：每月储洋一角；

4. 丁种会员：每月储洋五分。

（三）每月十五日晚上是本会缴款的日期。

（四）本会储蓄的时期，以一年为一期，中途如欲加入，须缴清以前的本利。

（五）会员如果中途停缴储款，已经缴入的款项，须待一年期满后才可发还。

（六）储蓄的款项，统统缴到北夏实验区第（　）支部汇齐，存入农民银行生息。

（七）每月缴款，须由经手人扯付收据作凭。

（八）本会由全体会员公推二人，查核每月出入账目。

（九）本会由成立后一年以内，储款是不出借的。

第二期储金统计：

1.储蓄会储金：

会名	会员人数				每月存入农行总额
	甲等	乙等	丙等	丁等	
杨巷储蓄会	三		五		2.00
新塘储蓄会		四	二	三	2.15
东亭储蓄会	一	一	一三	八	2.45
蠡埄储蓄会	三	一三	六	二	4.20
华墙储蓄会	一	一二	二六	一	5.55
查家桥储蓄会	三	一三	一六	六	6.00
秦塘泾储蓄会		二	二二	二	2.70
水渠里储蓄会		二〇			2.00
马家里储蓄会	九	五	七	二	6.75
堰头储蓄会		一	九	二	1.20
共计	二四一				25.00

2.个人储金:

月份	二月	三月	四月
户数	9	9	9
款项	16	22	28

本月十二日全区区务会议议决关于畜本借款者又有数事:

1.小猪借款以五元为度,不得超过七元。

2.猪食借款以三元为度。但许多人认为猪食借现款不甚妥当,拟改由实验区代办食料,然后发票出贷,办法另拟。

3.前借畜本未还者概不再借。倘经转期手续而邀核准者不在此例。

4.倘有蒙混作弊,经查出者,立即收回贷款,并将借出日数利率增至一分五厘。

农人借款的信用很好,本届尚未到期之借款,有多数农户已先期来归还者。

据办事者言:按月储金办法,在农业社会里似不甚需要。因农人进款不比工人,按月得到工金的,农业收成,却是整批的。

七、改进会

据办事者言:改进会为该区活动之中心动力。该区所办之各项事业,拟逐渐移交该会办理,该区仅处于指导地位。组织方法,以乡镇为单位,选择优秀分子,为基本会员,先行试动,然后逐渐扩充会员额数,充实力量,由乡镇而联合成区改进会,并希望相当时间内区长民选,为完全自治之区。

改进会简章

(1)本会的名称是( )( )乡/镇改进会。

(2)本会的宗旨:是改进本乡事业,促成本乡自治,建设新的( )( )乡/镇。

(3)凡是本乡/镇的人,年在二十岁以上,赞成本会的宗旨,且具备下列的条件,经会员二人的介绍,及执行委员会通过,都可以加入本会为会员。

①诚实公正;

②热心地方公益；

③有正当的职业；

④从来没有犯罪的行为（过去有犯罪行为，而自愿入会后永不再犯的，不在此限）；

⑤没有不良的嗜好，像吸鸦片、赌钱等（有此等嗜好，而自愿入会后永远戒除的人，不在此限）。

（4）本会推举执行委员七人，候补执行委员三人，组织执行委员会。执行委员中互推主席委员一人，再由主席委员指定二人，一人做事务员，一人做文书员，任期都是半年，连举可以连任。开会时，候补委员有发言权，没有表决权。

（5）本会每两月开全体大会一次，讨论本乡/镇一切重要事情，遇必要时，得开临时会。

（6）执行委员会每月开会一次，讨论本会应该进行的事情，及执行大会议决的案件。

（7）本会为实现本会宗旨起见，得由全体大会订立公约。

（8）本会会员，均应遵守本会公约、简章及议决案，如有违反的，经执行委员会查明属实后，纠正或惩罚之。

（9）本会聘请北夏实验区（ ）（ ）（ ）（ ）（ ）（ ）两先生为顾问。

（10）本会会员，每半年缴会费（ ）（ ）以充正当开支。

改进会组织应行注意事项（见《北夏》第一年）

一、基本份子

1. 主要的，约占总数80%：

a. 有思想之农民；

b. 民校肄业生及毕业生；

c. 工人及小贩。

2. 次要的，约占总数20%：

a. 知识分子；

b. 地方老者；

c. 乡镇长及闾邻长；

d. 有经济地位而热心地方公益者。

上列四种人，须严密审查，凡武断乡曲作恶多端，及对大众利益向不同情者，均勿使加入。

二、性质

1. 形式：社团组织。

2. 实质：教育机关内之学生自治会，本区有绝对指导权。

三、进行方法

依照会纲公约及各项决议案进行。

四、工作举例

1. 政治的：

a. 禁烟；

b. 禁赌；

c. 健身操或保卫团之组织及管理；

d. 向本区诊疗所为诊病之介绍；

e. 人事纠纷之调解；

f. 风俗习惯之改良；

g. 建议改进事项于乡镇公所；

h. 消防事业。

2. 经济的：

a. 开垦荒地；

b. 筑路；

c. 经办借款储金事宜。

3. 文化的：

a. 筹办小学；

b. 创设民众学校；

c. 促进各种合作社之组织；

d. 介绍良种良法于农家；

e. 督促本乡成年民众进民众学校。

五、组织程序

1. 利用举办公共事务为动机。

2. 宣传组织团体以谋改进之优点。

3. 精选基本分子。

4. 与基本分子个别谈话。

5. 开始组织。

6. 举行成立大会。

7. 向党部申请许可(可商由政治股办理)。

8、向县政府立案(尚待交涉)。

六、本学期之人数与会所

1. 人数重质不重量，开始组织时，即十人以下亦不妨。

2. 本学期每支部暂以组织一处为原则。

已成立的各乡镇改进会：

名称	会员人数	成立日期	执行委员	候补委员	会址	备注
籐昌乡改进会	41	二十二年三月三十日	周峻高 谢子祥 薛福培 徐玉良 林凤根 徐世振 徐文斌	谢蓉初 过正宝 顾寿宝	周巷民众学校内	
蠡埂乡改进会	44	二十二年三月七日	周玉麟 周阴庭 周裕庭 周文镐 许万龙 陈惠庭 陈大宝	许龙详 凌秀卿 王根林	本区第二支部内	
东周乡改进会	47	二十二年四月二十二日	许九如 朱福宝 华耀鸿 朱耀山 张全宝 朱小梅 陆凤皋		许九如家内	
水渠乡改进会	50	二十二年五月十二日	秦振沧 钱锡金 秦凤梧 蔡耀宗 陆定法 蔡耕山 秦亮生		本区第四支部内	
西仓镇改进会	56	二十二年五月二十一日	蔡宗元 殷健安 朱福平 蔡鸿钧 周炳生 周□□ □□□		西仓小学内	
版村改进会	54	二十二年五月三十一日	司马南云 蔡文先 蔡骏帆 蔡福棠 蔡瑞昌 顾望岵 顾彦初	陈凤山 蔡美金	本区第五支部内	

改进会表现出来最重要的工作,在消极方面为禁烟和禁赌。现在蠡埂乡烟赌已经断绝了。在积极方面也有二事,这二事是记者亲眼目睹的:(1)造桥。在总部所在地的蠡埂乡,最近筑了两座水泥桥,建筑费共一千零五十元。大部由当地农民捐助的,现在桥堍尚未完成,正在继续筹款哩,将来并欲连同筑路之说。(2)办小学。水渠乡与版村乡两改进会都已创设了小学,现在把该区所出版的《新北夏半刊》(二十二年九月十六日)新闻一则抄录如下,可以知道大概情形:

改进会创办小学校

水渠乡改进会,成立以来,对于地方事业,极力改进。该会执行委员会,在今年夏季,曾议决筹办小学一所。现经执行委员会秦振沧秦亮生等,筹划经费,择定水渠里为校址,聘胡秉成先生为校长,于八月二十八日正式开学。从此水渠里附近的儿童,都有求学场所。当地民众也都很赞成改进会这一件建设。闻该会还预备在农忙后,修筑从九里桥到水渠里的乡道呢。

版村乡改进会,因目睹地方学龄儿童很多,而没有学校读书,于是决议创办小学一所。推定校董七人,请司马勋先生任校长,该校于八月二十二日正式开学;并随时合同第五支部,进行地方事业。

八、卫　生

北夏实验区对于农民卫生事项,亦很注意。现在把他们设施要项分述如下:

1.卫生指导:

(1)防疟运动:印发宣传品,挨户宣传防治方法,并分售金鸡纳霜。

(2)种痘运动:印发宣传品,宣传布种牛痘。

(3)卫生演讲:定期在茶园或农家,演讲卫生要点。

(4)夏令卫生运动:联合区公所、乡镇公所、就近小学、举行大规模宣传。

(5)婴儿健康比赛:在第一支部与第五支部举行,宣传育婴常识,增进婴儿健康。

2.疾病诊疗:

(1)门诊:每周月水金曜日下午一时半至五时半,在第一支部诊疗处诊疗,酌收号金及诊费。

(2)出诊:因医生时间不敷分配,暂不出诊,必要时仍可酌量通融。

(3)巡诊治疗:每月举行一次。

北夏实验区乡村建设讲谈会日程(二十二年度第一学期)

日期	次数	主讲		讲题	备考
十月五日上午	一	吴福桢	本院农场主任兼病虫害教授	无锡农作物病虫害之防治	全年共讲两次
下午	二	甘豫源	本院研究实验部副主任北夏实验民众学校主任兼教育教授	民众学校实施法	全年共讲四次
十月十九日上午	三	古楳	本院农村教育教授	中国农村经济问题	同上
下午	四	陈寿同	本院合作教授	合作社之理论与经营	同上
十一月二日上午	五	陈明世	本院农场农业推广部主任	无锡蚕桑之改良	全年共讲三次
下午	六	吴福祯		见前	
十一月十六日上午	七	陈寿同		见前	
下午	八	陈谋琅	实业部水产委员会委员	鱼殖须知	全年共讲一次
十一月三十日上午	九	陈明世		见前	
下午	十	李静涵	本院畜牧学教授	无锡畜猪之改良	全年共讲两次
十二月十四日上午	十一	邵继坤	本院森林学教授	造林问题	同上
下午	十二	孙逢吉	本院作物学教授	无锡麦作之改良	全年共讲三次
十二月十八日上午	十三	甘豫源		见前	
下午	十四	高炳泰	本区副总干事兼教授	地方自治问题	全年共讲四次
一月十一日上午	十五	古楳		见前	
下午	十六	顾复	本院作物学教授	无锡稻作之改良	全年共讲三次
一月十九日上午	十七	高炳泰		见前	
下午	十八	赵冕	本区总干事兼教授	民众教育问题	全年共讲四次

3.代办药品：

药名	成分	性状	功用
碘酒	内含百分之五石灰碘，百分之三十碘片，百分之六十五酒精	黑赤色，流动液，易于蒸发	可以杀菌消毒，专于创伤口涂布
依必格酒（即吐根酒）	由叶根末浸入水及酒精混合而成	赤紫色，流动液	其作用为催吐。可用于咳嗽药水中，以助咳痰。催吐用1.0～2.0。咳嗽用0.3～0.5。小儿0.1～0.3
石炭酸水	内含百分之二酸石炭，百分之九八水	酸性，白色，流动液	杀菌消毒，较碘酒弱
硼酸水	内含百分之二硼酸，百分之九八水	酸性，白色，流动液	洗眼用。消毒用。沙眼洗涤。消毒力较石炭酸水弱
泻盐	镁与硫磺混合	物白色，结晶，粉末	泻下药。重泻20～30mg。轻泻10～15mg
锻制镁	即重养镁	白色，粉末	可用为泻下剂。可用以治胃病药。泻下用1.0～2.0mg。治胃病用0.1～0.5mg
安知必林	柳酸化合物	白色，结晶体，粉末	消炎退热。退热0.3～0.5
阿司匹林	同上	白色，针状形，粉末	发汗退热。用量0.3～0.5 大多与上药同用
金鸡纳霜		白银色，粉末	治疟防疟。用量0.3～5.0
小苏打	强酸性化合物	白色，粉末	助发酵，助消化治胃病用。用量0.15～0.10
锌养元膏	十分之一锌养粉十分之九凡士林	白色，油膏	湿疮或生肌用。用法，涂布
海碘仿元膏	百分之五海碘仿百分之十锌养百分八十凡士林		防腐生肌。涂布用
硼酸元膏	十分之一硼酸十分之九凡士林		创伤防腐用

以上药品由总部购办，分发各支部，设置药箱，以应农人之急需。现值秋

令,疟疾大作,农民购取金鸡纳霜者,接踵于门。

九、科研及出版

北夏实验区工作人员为增进关于乡村建设之知识起见,发起组织一个乡村建设讲谈会。每星期讲谈一次,约请农事专家,以及对于民众教育素有研究者主讲。

该区出版物已有各级民众读本,民众小丛书,新北夏半月刊,北夏第一年报告书等。

《新北夏》周刊编行办法(现改半月刊)

(一)定名《新北夏》

(二)功用

1. 发表人民真意。

2. 培养大我意识。

3. 制造公正舆论。

4. 传递区内消息。

5. 宣传本区计划。

6. 鼓励自由阅读。

7. 灌输科学常识。

(三)内容

以农兴趣为主要标准,分项如下:

1. 时评(社论、来论)。

2. 时事简报(世界、国、省、县、区)。

3. 本区消息(区政、本区一般)。

4. 本区问题。

5. 插画。

6. 常识。

7. 比赛(作文、问题、游戏等)。

8. 通讯。

9. 通告。

10. 笑话。

文字以《初级民众读本》第四册之程度为标准,如有生字,生词由编辑者加以注释。

（四）篇幅

照新闻纸四开。

（五）出版时期

二十二年三月一日（星期三）出版创刊号，以后每逢星期三出版一次。

（六）推销

创刊号印一千份普遍分送。以后函索一次，赠阅六期，零售铜元二枚。注意普及全区各村落，每民众学校毕业生，希望每人来索一份，以三四二村落及已有毕业生二百人计算，至少应有五四二份，兹假定先印七〇〇份，以后视需要随时增加。

（七）职务分担

1. 编辑、校对、印刷、发行、文化股。

2. 特约编辑：由文化股就本区职员选聘。

3. 征集一般民众作品：各支部民众学校教员。

4. 通讯：由文化股就每股每支部各约定一人，并区公所聘定一人。

5. 核稿者：总副干事。

（八）对外名义

新北夏周刊社

《新北夏》周刊推销办法

（一）每期印一千五百份，其分配如下：

1. 民校毕业生及非民校毕业生，约二百四十份。

2. 现在民校学生读完《初级民众读本》第三册者，约六百五十份。

3. 各乡镇村落中最大之茶园及其他民众集会场所约百份。

4. 本区各机关及地方领袖六十份。

5. 全区各村落，因不具备前四项条件而尚无本刊者，每村至少一份，约一百六十份。

6. 外界投稿者，赠送约二十份。

7. 本实验区职员与本院各重要机关及与本区有关系机关约五十份。

8. 与各民教机关交换八十份。

9. 留在区中一百份。

（二）关于1、2、3、4、5五项，由各支部领去分发。

（三）关于6、7、8三项，由本社直接分发。

（四）民校毕业生及非民校毕业生，由各支部利用机会，促其来函索取；函由支部汇存，另行列表通知本社。

（五）全区各村落，因不具备1、2、3、4四项条件而尚无本刊者，各支部务须设法，使有人函索，汇计通知本社。

十、未来计划

北夏实验区的工作人员胸中怀抱着无穷的希望，脸上充满着愉快的颜色，行动间表现着无畏的精神。和他们谈话时，态度很诚恳，研究材料很丰富。他们对于未来的计划，此刻虽还没有具体地写出来，可是和他们讨论之后，已可得到一个大概轮廓。关于教育方面，他们希望行政当局能同意把全区的小学接收过来，与民众学校合办。这事本学期已经开始试行，上面记的蠡埂乡的实体民校就是了。普通以为民众教育限于成人教育，这是极大的错误。因为民众教育者，以全民众为对象的，成人、青年、妇女、儿童都应该包括在内。况且民众教育即使限于成人，成人的教育普及了，目前的社会进步了，一般青年儿童的教育却还没顾及。数年后，青年儿童变为成人，不是教育要感到空虚吗？文化就要中断吗？到了那时，再来设施成人教育，那么文化一定愈弄愈落后，不会有进步的。他们想把成人教育与幼年教育纳入一个系统之下，为整个设计之中，自然办法又经济，名义又很正当的。而且他们现在还想把生产与教育打成一片。这个更是在教育上的重大问题。因为过去教育的失败，教育是教育，生产是生产。设施教育的人以为生产不是教育范围内的事，生产者看得教育界人简直是特殊阶级，目前实验区设立着总部和支部，指导农民生产，将来预备把指导农民生产事业交给学校教师去做。本学期把第二支部并入实验民校，就是这个道理。教师在学校上课时，可以应用产业上的设计；教师在田间指导时，可以应用课程上的说话。这样田间工作者都是学校内的学生，学校内教课者就是生产所的导师，于是感情可以融洽，教育效果自然而然宏大了。敢信：最近的将来，实验区总部和支部尽行归并入实验民校之日，即生产与教育打成一片成功之日。

关于经济方面，在全国整个农村经济没有办法之前，谁都不能梦想单独解决这个重大问题。不过他们只尽他们之力，希望实验区之农产进步到相当程度。例如稻种，希望将来能推广一种，或数种，比现有之“三一八”“木樨球”更优良之种子。小麦，希望将来推广一种，或数种，比现有之“武进无芒”“南京赤壳”更优良之麦种。该处农民对于种麦方法更不讲求，麦作黑穗病的防治，急需指导研究。副产业，养猪，养鸡，目前很多困难问题，猪种尚无适宜良种可以介绍：鸡种来克杭既不适于中国乡村生活，而农人亦不喜它翅长善飞。猪与鸡遇到瘟病的时候，尚无确切保证的防治方法。这许多事，都希望最近的将来可以解决。再加合作事业，希望尽量推广扩大。现有的渔业合作社，将来可以组成全区的大合作社。养蚕产销合作社将来也组成全区的养蚕产销合作社，由自己烘茧做起，做到自己缫丝，自办丝厂。那信用合作社亦希望扩大至全区，甚至设立区立银行。

关于政治方面的，一方面竭力指导农民组织，培养他们自治能力，一方面使改进会范围扩大，成为区的改进会，凡有地方事业，都由他们主持。还一方面，希望给予实验区以便利，交付全区的行政权，使实验区领导民众，监督改进会选举区长，渐渐培养成民选的区长成为实际上一区行政中心人物，然后使改进会变成一区自治立法机关，各学校在区长监督之下，教育全区民众，指导全区生产，到了那时不但教育与生产打成一片，政治与教育亦已打成一片，实验区的民众教育可算是完全成功了。

十一、附　录

江苏省立教育学院北夏普及民众教育实验区二十二年度经邻预算书

科　目	学期计	年　计	说　明
第一款 临时费		640.00	
第一项 板船一艘		120.00	
第二项 自行车一架		60.00	
第三项 东亭增添设备		30.00	
第四项 实验民众学校开办费		30.00	
第五项 手枪或盒子枪一支及子弹		100.00	
第六项 增添木橱		50.00	
第七项 总部迁移及修理		100.00	
第八项 其他		150.00	
第二款 经常费	6 646.00	13 292.00	
第一项 薪工	3 294.00	6 588.00	
第一目 总副干事薪			以本院教员兼任，不支薪

续表

科 目	学期计	年 计	说 明
第二目 主任干事薪	1 905.00	3 810.00	二人以本院教员兼任，不支薪。一人月支，80元六人每月共支237.50元，合计如左
第三目 干事薪	570.00	1 140.00	专任干事二人：月支35元者一人，30元者一人，兼任干事二人：月支20元者一人，10元者一人
第四目 助理干事薪	675.00	1 350.00	助理干事六人。全年平均月共支薪112.50元。合计如左
第五目 总部工食	144.00	288.00	工人二人，平均每人月支12元。合计如左
第二项 办公费	298.00	596.00	
第一目 文具	18.00	36.00	
第二目 纸张	60.00	120.00	油印用纸蜡纸，信封、信纸等，每月10元，合计如左
第三目 簿籍	12.00	24.00	
第四目 印刷	190.00	380.00	《北夏的社会背景》100元，《北夏第二年》200元，其余80元。合计如左
第五目 邮电	18.00	36.00	
第三项 购置费	240.00	480.00	
第一目 书报	120.00	240.00	大报七份，本地报六份，月支15元。书籍月支5元。合计如左
第二目 器具	120.00	240.00	
第四项 特种事业费	460.00	920.00	
第一目 游艺及奖品	60.00	120.00	
第二目 药库	60.00	120.00	
第三目 照相	30.00	60.00	
第四目 农业推广经费	310.00	620.00	
第一节 病虫害防治费	25.00	50.00	
第二节 各项展览会	50.00	100.00	
第三节 副业工料工具消耗	60.00	120.00	
第四节 推广优良家畜家禽	100.00	200.00	
第五节 购买优良种子消耗	25.00	50.00	
第六节 苗木	50.00	100.00	
第五项 杂支费	305.00	610.00	
第一目 川旅	90.00	180.00	城乡交通频繁，以后凡出差均须乘自行车，不得已时给另支。川旅费以月支15元计。合如左数

续表

科 目	学期计	年 计	说 明
第二目 电灯电话	60.00	120.00	
第三目 茶水	25.00	50.00	
第四目 招待	30.00	60.00	
第五目 杂支	100.00	200.00	
第六项 支部经费	1 006.00	2 012.00	各支部参照事业范围大小比例分配
第一目 办公费	96.00	192.00	
第一节 文具	24.00	48.00	
第二节 纸张	24.00	48.00	
第三节 簿籍	24.00	48.00	
第四节 印刷	24.00	48.00	
第二目 事业费	256.00	512.00	以民校八年级学生五百人计算
第一节 课本	120.00	240.00	
第二节 练习本	40.00	80.00	
第三节 课业用品	48.00	96.00	
第四节 娱乐用品	48.00	96.00	
第三目 杂支	594.00	1 188.00	
第一节 房租	24.00	48.00	
第二节 川旅	30.00	60.00	
第三节 灯油	360.00	720.00	
第四节 茶水	60.00	120.00	
第五节 工人津贴	60.00	120.00	
第六节 杂支	60.00	120.00	
第四目 准备金	60.00	120.00	
第七项 实验民众学校经费	929.00	1 878.00	办公费及杂支在总经费项下，撙节不另列
第一目 薪工	633.00	1 266.00	
第一节 主任薪			主任以本院教员兼任，不支薪
第二节 干事薪	456.00	912.00	干事二人，平均每人月支38元，合计如左
第三节 助理干事薪	105.00	210.00	助理干事一人，上学期月支15元，下学期月支20元合计如左
第四节 工食	72.00	144.00	工人一人，月支12元，合计如左
第二目 事业费	306.00	712.00	
第一节 练习本	24.00	48.00	
第二节 课业用品	12.00	24.00	
第三节《新北夏》	60.00	120.00	半月出版一次，每次5元，合计如左
第四节 课本印刷	150.00	300.00	新编课本一套，印刷费如左数

续表

第五节 灯油	60.00	120.00	
第八项 准备金	104.00	208.00	照前列七项百分之三开列
以上经邻合计		13 932.00	

北夏普及民众教育实验区二十二年度第一学期工历

月	日	曜	事 项
八	一	火	学期开始
八	三	木	举行第三十三次区务会议
八	七	月	秋蚕指导开始
八	十四	月	筹备举办养蚕产销合作社
八	十八	金	举行第三十四次区务会议、武进农村改进人员实习结束
八	十九	土	武进农村改进人员全体离区
八	二十一	月	整理武进农村改进人员实习状况表
八	二十八	月	第四支部协助成立水渠小学
八	二十九	火	县部在蠡埂新址开始办公
九	一	金	举行第三十五次区务会议，第一支部指导籐昌乡组织养蚕产销合作社，各民众学校开始开学
九	四	月	举行全区财产总清查，研究实验机关代表联席会议第一次常会
九	八	金	确定各支部预算
九	九	土	拟定实验民众学校章程
九	十	日	第四支部筹备唐埂养鱼合作社
九	十二	火	接收无锡县南钱小学蠡埂分校改办本区实验民众学校
九	十四	木	举行第三十六次区务会议，实验民众学校开学
九	十五	金	各支部收集储蓄会款，第四支部部址迁至东周巷
九	十六	土	《新北夏》半月刊第二十一期出版
九	十八	月	“九一八”二周年纪念各支部举行纪念式，第四支部水渠乡信用合作社开始收取社股，研究实验机关代表联席会议第二次常会
九	十九	火	开始编辑民校各级教材
九	二十	水	本区职员开始参观本院各实验机关，本区与农民银行联络其他农事教育机关举行稻作选种讨论会
九	二十五	月	调查各制种场优良蚕种品名
九	二十六	火	稻作选种开始
九	二十七	水	调查特约示范稻田实验结果
九	二十八	木	举行第三十七次区务会议
九	二十九	金	决定特约示范田办法
九	三十	土	第三支部部址迁至查家桥
十	一	日	畜本借款开始，《新北夏》第二十二期出版

续表

月	日	曜	事 项
十	二	月	研究实验机关代表联席会议第三次常会，民众学校举行第一学月测验，结束二十一年度决算并为全区会计之总整理
十	三	火	拟定本年度编辑出版计划
十	四	水	本区出版物总清查
十	五	木	吴福桢甘豫源二先生主讲乡村建设讲谈会
十	六	金	开始整理前学年本区工作报告，第三支部秦塘泾体育场落成
十	七	土	继续组织各乡镇改进会并设法充实固有各会
十	十	火	国庆纪念日举行庆祝式，本区赌博实况调查完竣，第一支部清理手工艺传习所财产及计划进行事宜
十	十一	水	开始调查本区鸦片及毒物
十	十二	木	举行第三十八次区务会议
十	十三	金	开始调查特约农田并登记调换麦种，实验民校开始兴筑自校至总部大路
十	十四	土	宣传防治小麦黑穗病 文书总清理
十	十六	月	研究实验机关学术讨论会，实验民众学校民众茶园活动开始，各支部收集储蓄会款，《新北夏》第二十三期出版
十	十七	火	经济调查表整理就绪付印
十	十八	水	拟具全区统计登记办法，第一支部手工艺传习所开学
十	十九	木	古楳陈寿同二先生主讲乡村建设讲谈会
十	二十	金	设计改良办公用具
十	二十一	土	拟定促成本区区道计划，实验民众学校指导华墙养鱼合作社
十	二十三	月	订定第二届农产品展览会办法开始筹备，第三支部秦塘泾养鱼合作社成立，民众学校忙假开始
十	二十四	火	规划民众自卫办法，第一支部阅书报室成立，第一支部读书会成立
十	二十五	水	本区鸦片及毒物调查完竣，第一支部新塘桥家事改进会恢复，实验民众学校行余读书会继续进行
十	二十六	木	举行第三十九次区务会议，实验民众学校补行开学典礼，开始宣传冬耕之利益
十	二十七	金	沈夔龙汪祖福赴昆山唯亭徐公桥美人桥参观并至上海考察合作社事业
十	二十八	土	规划明春造林事宜研究
十	三十	月	研究实验机关职员交谊会

续表

月	日	曜	事 项
十	三十一	火	拟订禁绝本区烟赌办法，各支部户口调查工作结束
十一	一	水	第一支部指导亭庄养鱼合作社筹备进行，《新北夏》第二十四期出版
十一	二	木	陈明世吴福桢二先生主讲乡村建设讲谈会
十一	三	金	高炳泰赵冕纪国永赴栖霞黄墟下蜀参观，规划民众自卫并筹办分区冬防
十一	四	土	民众学校忙假终了拟定研究问题纲要送交总部转送研究实验部
十一	八	水	第一三两支部健身操队继续训练
十一	九	木	举行第四十次区务会议
十一	十	金	举行改良本区风化会议
十一	十一	土	第一支部指导扬巷信用合作社之筹备
十一	十二	日	实验民众学校联络本区各小学组织乡村教育研究会成立
十一	十三	月	研究实验机关代表联席会议第四次常会，第四支部东周巷活动式民校开始招生
十一	十五	水	各支部收集储蓄会款
十一	十六	木	《新北夏》第二十五期出版，第五支部天锡巷养鱼合作社组织成立，陈寿同等二先生主讲乡村建设讲谈会
十一	十七	金	举行救本济区农村经济会议
十一	十八	土	民众学校举行第二学月测验
十一	二十	月	第三支部查家桥养鱼合作社成立
十一	二十三	木	举行第四十一次区务会议
十一	二十五	土	实验民众学校儿童组联络第二分区各小学举行秋季远足
十一	二十七	月	研究实验机关学术讨论会
十一	二十八	火	第五支部版村畜牧合作社成立
十一	三十	木	陈明世李静涵二先生主讲乡村建设讲谈会
十二	一	金	《新北夏》第二十六期出版
十二	三	土	第三支部石埭乡改进会成立
十二	四	月	第五支部特约民众茶园成立
十二	五	火	第三支部泰塘泾俱乐部及消费合作社成立
十二	七	木	举行第四十二次区务会议
十二	八	金	第一支部扬巷俱乐部成立，第五支部民众俱乐部举行乒乓弈棋比赛
十二	九	土	第四支部唐埂上养鱼合作社成立
十二	十一	月	研究实验机关代表联席会议第五次常会
十二	十三	水	第三支部特约茶园成立

续表

月	日	曜	事 项
十二	十四	木	邵继坤孙逢吉二先生讲乡村建设讲谈会
十二	十五	金	拟订续招练习干事办法、各支部收集储蓄会款
十二	十六	土	计划下学期进行事项,《新北夏》第二十七期出版,民众学校举行第三学月测验
十二	二十一	木	举行第四十三次区务会议
十二	二十二	金	豆饼借款开始
十二	二十五	月	研究实验机关代表联席会议第六次常会
十二	二十六	火	经济调查完竣
十二	二十七	水	本区整个计划修改完成开始统计
十二	二十八	木	甘豫源高炳泰二先生讲乡村建设讲谈会
十二	三十一	日	《新北夏》第二十八期出版
一	一	月	全区农产品展览会开始
一	二	火	全区农产品展览会终了
一	三	水	办理农产品展览结束事宜
一	四	木	举行第四十四次区务会议,全区职员举行交谊会
一	五	金	新年补假
一	六	土	新年补假
一	八	月	研究实验机关代表联席会议第七次常会
一	十一	木	古楳顾复二先生主讲乡村建设讲谈会
一	十二	金	收集本区同人研究专题结果函送研究实验部
一	十三	土	第五支部养蚕产销合作社成立,经济调查统计完竣
一	十五	月	各支部收集储蓄会款
一	十六	火	草成下学期工历,《新北夏》第二十九期出版
一	十七	水	各民众学校结束举行第四学月测验
一	十八	木	举行四十五次区务会议
一	十九	金	高炳泰赵冕二先生主讲乡村建设讲谈会
一	二十	土	第一支部东亭特约茶园成立,《北夏的社会背景》编竣
一	二十二	月	民众学校举行联合毕业典礼
一	二十三	火	结束全区总务及工作记录等事宜
一	二十五	木	寒假开始
一	三十一	水	寒假终了
二	一	木	举行第四十六次区务会议,《新北夏》第三十期出版

(原载于1934年《苏声月刊》)

周葆儒率劳专学生参观北夏实验区

我们的生活

一、我们团体的范围

梁漱溟先生在《社会本位教育系统草案》中这样说："县学资藉于上级学府之辅导，视其力之所及，又事之所宜，进行下列工作：甲、酌设青年预备部、职业补习部、自由研究部、乡村师范部，办理本县需要而所属各区独力所不办之教育。乙、研究并指导所属各区乡之社会改良运动及社会建设事业，促成本县之自治，并以协进大社会之进步。"

依据这条原则来说，则我们的乡村师范实在不过是县学的一部分罢了。但邹平二年余以来在县学名义下就其力及事宜于甲项工作中所能做到的只是一个乡村师范，虽然在名目上乡村师范下面还附属着一个实验小学，但事实上却是各司其事，几乎毫无关系的，所以要在本年（二十四年）上学期来述说我们团体范围的话，还只能限于一个乡村师范本部。

现在我们团体的范围是和从前大不相同了。在邹平乡村师范改进计划（张宗麟先生拟）里面改进原则第一条这样说："师范小学幼稚园打成一片——将师范小学幼稚园的全部生活统一地计划而错综地安排之。"

在本计划改进提要里面，有这样几条：

师范、实小、幼稚园在行政上不再分割，无论经费教学及一般活动均由指导会议统一筹划办理。全体导师工作职务亦由该会议决定之。

指导会议由校长及三部主任并师范小学幼稚园各派一人组织之……

本校为实验一新的合理的方法并实际沟通师范小学及幼稚园起见，由幼稚园小学师范有关系之导师及学生联合组织各种委员会。

再看我们的生活周会规程第二条："本会由本校全体师生工友组织之。"

从以上的计划及规程里面，已经可以很清楚地看见：我们的团体的范围，从部分单位来说，是包括幼稚园实小及师范；从组成分子来说，是赅括本校全体师生工友。在我们的这个团体里面，自部分单位看，只有事实上的需要与要求之不同，没有此轻彼重的差别。我们一面在指导会议上定出一个大的原则来，求统一步骤，归一思想，而另一面更尽量地让各部分都能拿出自己的意思来发展他们各自的长处。再自组织成分看，只有工作与责任轻重的不同，没有人格地位的高下，工友不比校长低，学生不比工友高；我们主要的意思是要使每个分子在团体里面，都能感觉兴趣，都能认清其责任所在而能为有力的参加。所以在开第一次生活周会的时候，正赶上豆秋放假，师范主任周葆儒先生在大会上提出一个口号出来，就是："不快乐不要来！"当时大家便一致地欢呼着这个口号。假期完了，虽然农事还不会告一结束，可是每个同学都带着一脸愉快的神色回到学校里来。

学校行政系统绘表如下：

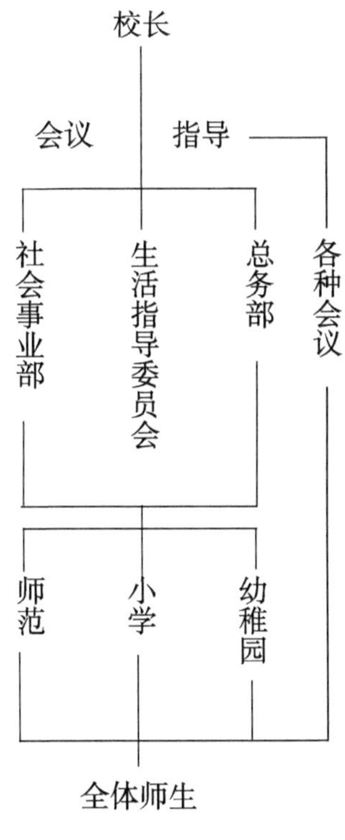

二、我们的公约

在我们的团体里面，大家都有一个一致的要求，要在精神上须要有一个共同维系遵守的办法，所以我们就定出来几种公约：

（一）导师公约

1. 我们以身作则地加入学生队伍里，而且站在工作的最前线。

2. 我们以身作则地遵守学校规则，不吸烟、不饮酒、不做其他不正当行为。

3. 我们处理公私事务，不苟且、不敷衍、不含糊、不拖延，并且积极地参加本校各种活动，决不消极旁观。

4. 我们对同事，不客气、不虚伪，坦白地当面批评、虚心地接受意见。

5. 我们在开会时，尽量发挥自己的意见，议决后绝对服从。

6. 我们随时抽暇阅读书报，每学期至少有个专题的研究。

7. 我们违背公约时，愿受团体处罚，不生气、不争执，亦不消极。

（二）学生公约

1. 我们要爱惜公物，注意公共卫生。

2. 我们要遵守纪律。

3. 我们在作业室、寝室、食堂、图书馆及其他公共场所要遵守秩序。

4. 我们途中遇师长或同学及见来宾要有相当的礼貌。

5. 我们对于弱小及有病同学要尽力扶助。

6. 我们不吸烟、不饮酒，不做其他不正当行为。

7. 我们要服从公共选出之负责同学（如班长、组长、室长等）。

8. 我们对于团体服务须负责尽力。

9. 我们要服从师长命令及校中布告。

10. 我们要遵守团体作息时间及一切校规。

11. 我们不守公约时愿受团体惩罚。

12. 本公约经全体大会通过后实行。

（三）工友公约

1. 我们在校要随时随地找寻工作。

2. 我们要爱护公物注意公共卫生。

3. 我们要服从命令。

4. 我们要遵守秩序。

5. 我们要遵守校规。

6. 我们不吸烟、不饮酒、不赌博，不做其他不正当行为。

7. 我们不守公约时愿受惩罚。

8. 本公约经全体会议通过施行。

我们的公约便这样地定好了。但普通人在本身上都是含有惰性的成分的，旧的习惯以及社会环境每每会在各人的身上仍然继续地发生作用，假使在我们团体范围以内的人不来遵守公约，又有什么办法呢？所以我们为预防这种事情的发生，以及为力量稍为薄弱的人加上一点力量，大家又通过了一个惩罚办法，如次：

师生工友违反规约惩罚办法

（一）执行惩罚由惩罚委员会主持之。

（二）惩罚委员会由导师中举出二人，学生举出二人，工友中举出一人，联合组织之。

（三）惩罚委员会互选主席一人。其职权为召集会议及开会时主席。

（四）惩罚委员任期以一学期为限，连举得连任。如遇弹劾时，则由生活指导委员会负责召集改选之。

（五）惩罚项目订定如下：

1. 凡升降旗时不立正致敬者，向国旗立正十分钟。

2. 凡上课办公集会迟到十分钟以上者：第一次警告，第二次公告，第三次禁足一星期，第四次以上作为故意违抗公约论（兼任导师不在此限）。

3. 凡上课办公集会无故缺席者：第一次警告，第二次坐暗室半小时，第三次以上作为故意违抗公约论。

4. 凡作息不守时间或不守秩序者：第一次公告，第二次立正十分钟，第三次坐暗室半小时，第四次以上作为故意违抗公约论。

5. 凡服务不负责者：第一次警告，第二次公告，第三次坐暗室一小时，第四次以上作为故意违抗公约论。

6. 凡不服从命令者：第一次立正十分钟，第二次坐暗室一小时，第三次作为故意违抗公约论。

7. 凡吸烟、饮酒及其他不正当行为：第一次坐暗室一小时，第二次以上作为故意违抗公约论。

8. 凡损坏公物，按值加倍赔偿；如不赔偿，作为故意违抗公约论。

9. 凡故意违抗公约，一律开除（工友由总务部执行，学生由校长执行，导师呈请学校高级机关执行）。

（六）凡不属前条各项或遇有特殊情形时，由惩罚委员会公决办理。

（七）本办法由全体大会通过施行。

三、我们的生活时序

邹平县立简易乡村师范学校师范部生活列表如下：

时 间	节 目	分 数	备 注
5:30—5:40	起床	10	幼稚园生活程序不列本表内
5:40—6:05	跑步	25	
6:05—6:20	朝会	15	
6:20—6:40	整洁	20	
6:40—6:50	盥洗	10	
6:50—7:30	自习	40	
7:30—8:15	上课(午前第一节)	45	
8:15—8:20	休息	5	
8:20—	放学(通学生)		
8:20—8:35	早饭	15	
8:50—9:35	上课午前第二节	45	
9:35—9:45	休息	10	
9:45—10:30	上课(午前第三节)	45	
10:30—10:45	休息	15	
10:45—11:30	上课,(午前第四节实习生实习)	45	
11:30—11:40	休息	10	
11:40—12:25	上课(午前第五节实习生实习)	45	
12:25—	放学(通学生)		
12:35—12:50	午饭	15	
1:30—	到校(通学生)		
1:30—2:00	习字	30	
2:00—2:45	上课(午后第一节)	45	
2:45—2:55	休息	10	
2:55—3:40	上课(午后第二节实习生实习)	45	
3:40—3:50	休息	10	
3:50—4:30	阅读(师一)	40	
4:30—5:30	活动	60	
5:30—	降旗		
5:40—	放学(通学生)		
5:40—5:55	晚饭	15	
6:30—7:30	晚课	60	
7:30—7:40	休息	10	
7:40—8:40	晚课及日记	60	
8:50—9:05	晚会	15	
9:05—	就寝		
9:20—	熄灯		

在本表内所应单独提出来叙述的,就是整洁工作。我们认为整洁是提振个人精神,促进团体进步的一个最好方法;整洁就是一面要有秩序,一面要能适合健康的条件。我们知道无论团体或个人要想顺适地积极地有所进行、发展,都必须合乎这两个条件(试举现代国家为例,欧美日本等国家的人民,都是最整洁的,所以他们是最富于积极精神的民族),而这两点,则恰为中国人所素缺。中国差不多在世界上是以散乱与肮脏闻名的国家。俗话说:“马粪堆,长不出灵芝草来。”真的,在一个阴沉的环境里面的人永远是灰色的。所以我们要想使一个消极散漫的人生态度,转变为一个新鲜活泼的力量的话,那只有在这两点上来训练他们的身体与精神——在身体上去掉文弱因循的成分,在精神上使他能有凝聚集一的力量。这也是我们在心理健康训练内的一个重要节目。

我们的整洁分配,是先划定区域(包括作业室、寝室、研究室、农场、庭园、厕所、工友室、厨房等),指定负责人员,由导师督率共同工作。于每日整洁后,由整洁检查队派员检查一次。其办法可参看下列《整洁检查队简则》:

整洁检查队简则

(一)每一整洁队推出二人组织整洁检查队。

(二)检查队应于每日检查全校校舍(包括全部导师及工友室)一次,并填写整洁记分表。

(三)每日检查,由检查队派人轮流检查之。

(四)检查队应推出队长一人,负责督促队员工作,并负责于每次生活周会上,报告检查之统计结果。

(五)每日之值日检查员及队长,在检查时如发现有不整洁情形,应随时通知并督同各区负责人重加整理。

(六)如学校当局在检查后,发现各区尚有不整洁情形,得随时责成值日检查员及队长再行整理。

(七)本简则经全体会议通过后施行。

整洁标准

(一)大门口没有垃圾堆积。

(二)走道上没有纸片或其他脏的东西。

(三)空地上没堆积泥土乱砖石等。

(四)厕所内扫除得很清洁,粪溺没有积溢。

(五)厨房内外不任意倾倒污水,所有器具都揩抹得很清洁。

(六)各室内上面及四角都无蜘蛛丝和尘埃,墙壁上不涂涕污笔迹等。

(七)玻璃窗揩抹得很明亮,纸窗孔没有灰尘积蔽,窗台上不置什物。

(八)床底下没有两双以上的鞋子和其他脏的东西。

(九)床上铺叠很整齐,枕套被褥都很清洁。

(十)书架上和书橱内书籍和物品放置得很整齐,拭抹得很干净。

(十一)仪器图表都拭抹干净。

(十二)悬挂在墙壁上的镜框、木牌、表格、寒暑表、电话器、时钟等都无尘埃。

(十三)镜子擦得很明亮。

(十四)桌椅放置很整齐,没有尘土。

(十五)书籍叠得很整齐,书包挂在钉子上。

(十六)桌子上没有乱放的东西。

(十七)黑板拭得很干净。

(十八)痰盂洗得很干净。

(十九)清洁器具不随意乱堆。

(二十)洗脸盆洗得很干净,水很清洁。

(二十一)手巾洁白干净。

(二十二)茶壶茶杯都洗得很干净。

(二十三)储藏室及空室内东西勿乱堆,并没有尘埃。

(二十四)垃圾箱内没有堆积过量的秽土。

四、我们的课业

我们很觉得如中国今日之教育与广大的乡村社会不能适应,而同时自另一方面看,此广大的乡村社会又处处皆极需要知识分子:一迎,一拒,形成一个极形矛盾的严重问题。但此种矛盾现象之所自出,非在于教育之本身,而实在于教育者的思想方法上的错误,终致数十年来的中国教育虽几经名流学者之努力与探研,而方法目标亦数经更易,其结果教育之功效,不唯未能表见之于社会,而社会反益受其弊。故今后小学教育之如何办——怎样才能适应大社会的需要,师范又怎样的训练,才能合乎乡村需要,合乎乡村条件的教育的小学教师,这实在是目前办教育的一个最切要问题。

我们要推求过去教育之所以未能表现其作用者,不外两点:(1)为因袭的教育——偏于文字上的求知;(2)移植抄袭的教育——纯为盲目的模仿。前者的结果,教育只能将个人造成一堆死废的物质;后者的结果,受教育者将与乡村生活心理日以隔离而益远。所以我们的教育目标必须纠正以前的错误,而为:(1)创造的教育,使人人有合理的生活,并有充分的生活能力——劳动能力、思想能力,在团体中能为有力参加的能力;(2)为根生土长的教育——要能适合国情,要能为社会所需要、所享受。因此我们着手来办教育便没有法子去不顾事实只办一个合乎个人理想的学校,我们训练学生更不能使他离开实际生活,只为书本知识的注入与传授。

因为这样,所以我们的教育方式就不同了。我们的教育方式,第一是"师范以小学为中心"。在现在教育制度下最成为问题的就是小学教育——儿童问题——师范本身不是一个问题,他的成问题处,就是要怎么才能解决乡村儿童的教育问题。我们是承认教学做合一的原理的。没有做,便没有学,也没有教,离开实际生活,一切事物都是空洞没有意义的东西。当然我们要想培养乡村间的良好教师,只有使师范生实际地参加小学生的生活。试看我们课程的安排。(表格扫描模糊,难以辨认,此处省略——文集编者注)

大家看过了我们的课程安排以后,一定会怀疑以前所说的话——觉得这种课程安排,仍然与普通学校相差不多。在这里我要向大家有一个声明:我们现在课程的安排,完全是属于临时性的。虽然我们的目标定在那里,但因为许多事实上的影响,没有法子一蹴而就可达到目的,只有慢慢地改变,过渡到合乎我们的理想。譬如拆掉朽败的旧房子,但在新的房子还没有建筑起来的时候,仍没有法子不住旧房子来抵御风雨。这是要大家注意的一点。

第二是要课内作业与课外活动相联合。如:师范学生指导小学学生出壁报,同时自己也出壁报;一面注意时事,组织时事研究会,同时课程亦采取此项教材,而另一面更使学生能尽传播的作用,使所研究者变为具体化。这都是一个最好的例证。

第三我们所要着意的是:三部课业注意切合生活。这一点我们所能做得到的很少。在上面已经说过"我们现在的做法仍然是一个过渡的办法"。在过渡的期间,我们最切要的工作,就是"准备集中力量,努力广结同情"。换言之,就是"人"的问题。"人"的问题不解决,我们的事业就永无办法。在这里所谓解决人的问题,不是打倒、推翻,而是一面求心气之相通,一面求能在原理原则上的了解承认。因此,关于我们课业注意切合生活的话,便不能不留做第二步工夫。

第四是师范生的分组实习。我们的分组办法纯由学生自动地选择加入(其详另有专文叙述)。

实习生选组须知

(一)本校实习学生限九月十八日前选定填具选组单交生活指导部。

(二)本校学生实习范围暂以下列两大组为限。各大组内包有若干小组。兹分列如左:

1. 社会事业组:(1)卫生组,(2)图书馆组,(3)农事组,(4)合作组。

2. 小学工作组:(1)幼稚园组,(2)语文组,(3)自然组,(4)社会组,(5)数学组,(6)艺术组。

(三)每人只限选小学工作组内一小组,社会事业组内一小组。卫生小组及幼稚园小组为女生必修科。

(四)选组步骤:1. 审度个人兴趣与能力,2. 认定选某小组,3 请生活指导部主任指导签字,4. 请组主任指导签字,5. 请校长签字。

第五是关于导师工作问题。我们的导师分两种:一种是专任的,一种是兼任的。兼任是不纯属于本团体范围以内,所负责任较轻。专任是必须拿出全副精力与时间来分担本团体范围内的事务。其工作分配及范围可参考下列各表:

导师研究计划表

导师姓名	研究问题	研究问题	研究问题	备注
	进行计划:	进行计划:	进行计划:	
起讫日期	参考书及用品:	参考书及用品:	参考书及用品:	

说明:

1. 每位导师每期必须认定一题或三题以下作研究与进修工作。

2. 本表填写两张,一张于　　月　　日送交校长,一张留作自用。

3. 进行计划必须详细说明,倘能逐月预计,尤盼!

导师工作报告表

<table>
<tr><th>导师姓名</th><th>已做过的工作</th><th>尚须继续的工作</th><th>未做的工作</th><th>进行途程中有何困难及心得</th><th>备注</th></tr>
<tr><td></td><td rowspan="5"></td><td rowspan="5"></td><td rowspan="5"></td><td rowspan="5"></td><td rowspan="5"></td></tr>
<tr><td>年　月份</td></tr>
<tr><td></td></tr>
<tr><td>核阅人</td></tr>
<tr><td></td></tr>
</table>

说明：

1. 本表于月终填写，每人填写两表，一张于月初三日送交校长，一张留作自用。

2. 凡已做工作必须逐件注明名称及分别填写已了或未了，凡预计表内载明而不能做到者，亦必须逐件说明。

3. 各工作进行中如有心得或问题等尤须详细说明，并且须免去笼统的字句如“很多”“不多”等。

导师工作预计表

<table>
<tr><th>导师姓名</th><th>担任工作名称</th><th>本期各项工作预计达到的目的</th><th>进行程序</th><th>备注</th></tr>
<tr><td></td><td rowspan="3"></td><td rowspan="3"></td><td rowspan="3"></td><td rowspan="3"></td></tr>
<tr><td>本期起讫日期</td></tr>
<tr><td></td></tr>
</table>

说明：

1. 每人担任工作不止一件者，须逐件分别计划而说明。

2. 工作进行程序，须逐月说明，可以进行到若何阶段。

3. 如需用款项，请详密计划说明。

4. 本表每人填写两表，一张于　月　日送交校长，一张留作自用。

导师指导学生课业预计表

<table>
<tr><th>科目名称</th><th>教科书</th><th>参考书</th><th>参考用品</th><th>进程说明</th><th>备注</th></tr>
<tr><td></td><td rowspan="5"></td><td rowspan="5"></td><td rowspan="5"></td><td rowspan="5"></td><td rowspan="5"></td></tr>
<tr><td>年级</td></tr>
<tr><td></td></tr>
<tr><td>导师姓名</td></tr>
<tr><td></td></tr>
</table>

说明：

1. 本表每科填写两表，一张于　月　日送交生活指导部，一张留作自用。

2. 教科书等必须详细注明著者及出版处等。

3. 进程项必须将本期如何开始、如何继续、如何结束，逐段说明，并说明采用何种方法。

4. 如不用教科书亦须详细说明材料来源及其他计划。

导师工作日记

年度第　周　导师

星期／工作	星期日	星期一	星期二	星期三	星期四	星期五	星期六	工作预计
经常工作								
临时工作								
备考								稽阅者签字

办公规约草案

第一条. 本校导师职员一律按时办公。

第二条. 每日午前八时至十二时，下午二时至五时为正常办公时间。

第三条. 每日上午八时前及下午二时前至总办公室签到。

第四条. 各人办公地点另行支配。

第五条. 在办公时间如有特别事故离座者，必须在案头留条声明以便稽核。

第六条. 在办公室内不得高声谈话、玩弄乐器、吸烟饮酒及其他妨害公共秩序行动。

第七条. 本规约经全体导师会通过，送呈校长核准交总务部执行。

值期导师规约

(一)本校专任导师均有值期之责任。

(二)每期三日，由总务部分派一人轮值之。

(三)值期导师必须全日办公(星期日及短期假不在例外)，并常在办公室。如有特别事故，必须离职时，须得校长许可并请相当代理人。

(四)值期导师负责主持升降旗及朝会晚会，并负责招待咨询稽查(稽查包括学生自修、全校整洁及差遣工友等项)各其他不属各部之特殊事项，并有处理其他临时事项之特权。

(五)值期导师应负责于每日就寝前填写学校日志。

(六)本期值期导师,应于期满时将其经手处理各种事件移交于下期导师。

第六便是组织露营队。在这里似乎不很需要多加描述,只看我们在出发前写给大家的宣言及献给露营的朋友两则短文,就可明白我们露营意趣之所在了。

露营宣言

我们不相信在传统的学校形式之下,能够得到什么学问,即或能得到那也只是虚浮的所谓学问的表层吧?而所谓真正的学问者,必须从实际的生活中去体味去经验才亲切可靠。但是我们所谓学校这东西恰巧有如一个恶魔的巨掌似的握住了每一个青年每一个儿童的咽喉,使他们不得动弹;他们的全部生活完全被我们的"功课表",被我们的"组织系统表"以及这样那样的规则条文所控制;他们一分一秒的时间都是在我们的精密的安排之下喘息着,而且甚至皆昏迷疲倦得不可终日;他们完全是被动地在所谓和蔼的老师诱导的底下断送了他们的宝贵的青春!现在我们要试探着来解放出来看看,——我们要试探着在这次露营活动中培养一点新的生机看看。在这里究竟有几多成效,我们不敢过分奢望。但愿我们平安地愉快地照着我们预定的工作美满完成这一次短短露营旅行;此外则更希望我们的父老朋友们给予我们以同情和鼓励,我们便心满意足了。

献给露营的朋友

1. 以最高度的忍劳耐苦的精神,从开始支持到结束不许中途退缩,无论狂风暴雨终坚持原定的计划。

2. 做事不许推诿、不许抱怨、不许叫苦、不许畏难,从开头到结束都要表现一种愉快英勇的现代青年的姿态。

3. 注意我们的计划、我们的时间,预定要一分一秒都不迟误,一举一动要有打算,要敏捷,不要浪费一点一滴时间。

4. 大家决定的事,无论谁都要做;自己心里的不高兴,要以最大的勇气去克服,不许起一点消极的意思。

5. 大家在一起要和气,要以最高的协作的精神去消除自己的小脾气和顽固的成见。

6. 始终以笑去接受任何艰难,不许哭、不许板起脸孔、不许垂头丧气、不要灰心,高高兴兴地硬起头皮干到底。

7. 该做的事就负起责任来拼命地认真地去做,不许敷衍,不要想占小便宜、不要马虎苟且。

8. 应付临时事变要镇静，不许纷扰叫嚷，要冷静地处理，要服从主脑人的指挥。

9. 自己如有余力，要全用出来去帮助人，不要拘守着自己的职务，不要袖手旁观。

10. 处事要带些冒险性，不要左右踌躇，不要迟疑犹豫，不要考虑得过分周详，要干就干，不要只会空想，不要尽支使人去做，自己不动手。

我们的第一次露营队定于十一月四日出发了。目的是在要围全县绕一周，期限为两星期。他们每日都将极有趣味的生活报告给我们，他们的工作，也的确是在乡村引起最大的同情，发生很大的作用。这是附带要报告给读者的。

五、我们的集会

我们的集会，约分三类：导师会议、团体集会、分组集会。

(一)导师会议

甲、全体导师会议——由全校导师(包括专任及兼任)组织之，讨论一切校务。每月举行一次。

乙、指导会议——由校长及三部主任并师范小学幼稚园各派一人组织之。校长为主席。如校长因故不能出席时，得指定一人为主席。每半月举行一次。本会对学校行政及一切设施有最后决定权。

丙、生活指导委员会会议——参看下列规程：

一、本委员会负责指导全校师生工友的生活。

二、本委员会由校长在全体导师中指定九人组织之。

三、本委员会设主席委员一人，常务委员三人，由校长聘定之。

四、主席委员代表本会执行议决案及处理关于本会临时发生事项。

五、常务委员襄助主席委员处理本会日常事项。

六、本委员会常会每二星期一次；如遇特殊事故，得召集临时会议。

七、主席委员召集开会，并为开会时之主席。

八、本委员会重要议决案，须经校长核准后施行。

九、本会规程经本委员会通过后施行。

丁、部务会议——各部分日常工作(不属于总的安排者)在指导会议领导之下，由各部分(师范、小学、幼稚园)导师会议领导主持。每星期举行一次。

戊、社会事业辅导会议——由社会事业部主任、城关各小学导师暨其他含有社会事业性组织(如科学馆、乡民团馆)之负责人员组织之。校长及各部导师得临时参加。本会每两周举行一次,讨论各小学之如何进展,成人部、妇女部之如何创办,及其他临时工作等问题之讨论。本会每两周开会一次。

(二)团体集会

甲、生活周会——生活周会规程

一、本校为检讨过去及预定下二周之生活,每二周于星期六日举行生活周会。

二、本会由本校全体师生工友组织之。

三、本会在师范、小学、幼稚园各部,分别举行,由各部主任主持之(校长及总务、社会、生活三部主任轮流参加各部)。

四、本会开会时得包括下列项目:

(1)负责人报告本周之缺课统计、犯规统计、整洁检查统计,以及其他统计等。

(2)报告或提议下周工作。

(3)批评。

(4)其他重要建议

(5)余兴。

五、本会每次开会时间自一时至二时。

乙、总周会——总周会规程

一、本会由乡师及城关小学组织之。

二、本会每两周举行一次(在师部)。

三、本会以快活有趣为原则。

四、本会在星期六下午二时至三时半举行(必要时至多延长至四时)。

五、分全体为十一单位:

1. 城关各小学各为一单位。

2. 师部幼部各为一单位。

3. 小学部高级中级各为一单位。

六、每次由一单位值期。

七、每次由乡师歌咏团及城关歌咏团各担任一合唱。

八、每次不值期各单位得有一项节目。

九、每项节目以十分钟为原则(必要时亦不得超半小时)。

十、每次由值期单位负责一浅短有趣之演讲,以十分钟为限。

十一、各单位须于开会前三日将节目名称所需时间人数通知值期单位。

十二、各单位表演所需物品家具应各自负责准备保管。

十三、值期单位应负责下列各事：

1. 依据各单位表演人数，于开会前一日分发表演员布条，有布条始许入后台。

2. 规定表演节目次序。

3. 节目太少时，须负责补充。

4. 布置会场。

5. 维护秩序。

6派一人看钟，在每项节目规定完毕之三分钟前振铃一次以为警告；到完毕时振铃不止，至该项节目完了为止。

十四、单位值期办法以抽签决定之，已值期者不必加入以后抽签。

丙、朝会及晚会

朝会秩序

一、点名——由各组组长向值期导师报告缺席人数。

二、升旗礼。

三、高呼口号。

四、唱歌（农夫歌、锄头歌、镰刀歌、自立歌）。

五、报告（报告国际大势、中国与各国之关系、精神陶炼讲话及本日工作计划等，由各导师轮流担任之）。

六、早操。

七、散会。

晚会秩序

一、点名。

二、高呼口号。

三、报告（包括最近的国内国际时事、精神陶炼讲话及本日整洁秩序等项，由值期导师担任之）。

四、唱歌（快乐歌、休息歌、养性歌、自省歌、悔改歌）。

五、散会（就寝）。

在这个朝会晚会秩序表上，可以很明显地看出两要点：(1)要大家的眼光向外看，看清我们的环境，认识我们的问题。(2)要大家心思向内用，要彻底了解我们的问题究在何处，我们怎么样才能应付问题，克服难关。虽然这个问题太大，我们究竟能做到几分之几，都不敢说，可是我们在此工作的同志，却都是奔此方向去向前进行的。

六、我们的目标

1.我们态度是往“诚”的路子上走，所谓“诚”就是：(A)我们对人完全是抱着一类真实的心，善意的、情谊的，大家提挈着在人生向上的前途上前进。(B)而对事则大家完全出以平静的态度，承认事实、了解事实，以谋问题的解决；绝不为个人主观成见之坚持，蒙混事实，曲解事实，而作无味的意气或意见的纷争。

2.我们的行动是往“活”的路子上走——所谓活就是创造。依据我们的分析，今日之中国问题，为自外引发，而非内部自发，理想与事实要求相距太远。故旧的社会秩序虽已崩溃，而新的社会组织构造未能建树起来，遂致中国社会混乱无主，一切新的制度不唯不足以表著其功用于社会，反更形加深加重乡村社会之破坏。即以教育而论：教育本应居于领导地位，尽其推进社会文化，完成社会改造之功，乃数十年来的教育，渐趋于阶级化、贵族化、商品化，完全脱去教育之本义，与广大的乡村社会需要与要求日益绝缘。故今日教育之如何办，没有堪作依傍的标的，完全要在自己去认识事实，在事实上想办法，来创造一个合理的教育。

3.我们教育的着重点在“社会”——依照我们的见解，是此刻的中国社会是一个过渡期间的社会，正是文化大转变，社会大改造的时候；这时需要教育者天然是大多数的成年人，此与平时教育之只尽其“绵续文化求其进步之功”者不同。所以我们的教育主张是以社会教育为本位。——学校教育与社会教育要合在一起办，必划定一个区域作我们教育的对象不可。

4.我们教育之根本地点在“生活”——离开生活就没有教育。我们是要指导人人身体心理的活泼而有合理的进步的生活。

5.根据以上的几点原则，我们：(A)师范生的训练目标，一面要使认识教育上的问题，使他能作一个合乎乡村需要的小学教师；一面更要他认识整个的乡村问题，为乡村人作耳目、作喉舌、作头脑。(B)对小学教育的目标，一面要给儿童以参加现社会生活的能力，一面注意使此种教育必能为大社会儿童所享受。(C)成人部的训练目标，一面介绍以种种必要的常识，一面使其注意自身问题，使其明白自己在团体中的地位，能为有力地参加团体生活，并运用其所得之新的知识方法技术，以促进团体生活之进步。

6.我们所定的德目：

(1)秩序：(甲)排队要迅速，(乙)上课要沉静，(丙)就餐要静默，(丁)开会要严肃,(戊)运动要守规约,(己)出校要端庄。

(2)清洁(甲)盥洗,(乙)洗浴,(丙)衣服,(丁)床铺,(戊)室内,(己)全校。

(3)礼貌:对师长、同学、来宾及行路、访友、谈话、饮食,皆应礼让。

(4)服从:(甲)服从规约,(乙)服从师长,(丙)服从领袖,(丁)开会时服从多数,(戊)服从国法。

(5)勤勉:每日必从事早起、劳作、习字、阅书报、锻炼身体、服务团体等事。

(6)坚忍:(甲)有恒,(乙)吃苦,(丙)耐劳,(丁)勇敢。

(7)亲爱:应扩充对自己对家庭之爱及于爱团体爱国家爱人类。

(8)公益:(甲)为有益社会而牺牲私利,(乙)为团体事业进展而任劳任怨。

(9)谦和:(甲)尊重对方人格,(乙)不自居功骄矜,(丙)原谅他人无意过失,(丁)虚心采纳他人意见。

(10)自制:减低不良之嗜好欲望,提高精神生活。

(11)合作:(甲)同情别人,(乙)牺牲己见,(丙)对事坦白,(丁)对人忠诚,(戊)互助,(己)爱群。

(12)科学:(甲)不迷信,(乙)不盲从,(丙)不武断,(丁)看事要能客观,(戊)作事要有计划。

(13)健康:(甲)求身体活泼,(乙)求心理活泼。

(14)决断:作事应有果决力,永远乐观不失望

(15)爱国:(甲)敬国旗,(乙)用国货,(丙)研究本国史地,(丁)不忘国耻,(戊)为国家牺牲。

(原载于1935年《乡村建设》)

青年习惯的训练

青年训练，除掉知识和锻炼身体外，习惯的训练，要算最重要的了。青年的习惯不好，可以影响一切的。就是知识之进步与否，身体之康健与否，不无与习惯有多少关系。兹把几种重要的习惯列举在下面：

一、纪律的习惯

普通以为青年受了军事训练，就有纪律的习惯了，这未尽然。试看招募的军队，在操场上操练的时候，纪律何等严肃，一遇放假，地方就被骚扰。原因是为在长官命令之下，就有纪律；命令停止的时候，纪律也同时取消。这个情形就是因为没有养成习惯的缘故。纪律的重要性，不单在队伍里，离开了队伍，尤其需要。例如：走路的时候，一律靠左边走，脚步要有整齐的习惯，不论排队与否，只要与人同行，总是这样。那就要减去紊乱冲撞之事。在大众会集的地方，谈话声音要特别低小，就不致发生嘈杂的怪象。在火车站及电影院买票，依着前后顺序；上下电车、火车及出入戏园、会堂勿争先；遇到老、幼、妇女，或退让，或帮助，尽青年的责任。这理很显明，年轻身体强壮，力气大，跑步跑得快，假使对于妇女、老、幼不照顾的话，老、幼、妇女，一定要落后受亏。而且遇到紧急事变发生，大家争先恐后，秩序紊乱，就会发生意外危险。凡在公众集会场所，须守该集会性质之秩序。倘使是演讲会，那么要屏息静听，如果听不到、听不懂，或感觉没有兴趣，只好耐着静坐，不宜鼓掌、踏脚、怪声表示，或先自退席，致妨碍秩序。倘使是游艺会，或观演剧，不得高声谈话，或怪声叫好。如果看不到时，只好静心坐着或站着，不应登立椅、凳，或桌面，或竟攀登与窗台上，致污毁公物，扰乱秩序。此外如游览公园，践踏草地、攀折花卉，以及躺卧在椅、凳上等，都是不良习惯，由于训练时不注意之故。最习见的，乘坐火车，一人躺下，占去三四人之座位，或者请其起坐，恼羞成怒，竟至口角相骂。此种不良习惯，都由私利心所出发，尤应提出特别训练。

二、卫生的习惯

“请勿随地吐痰”的标语遍贴在火车、公共汽车、车站、戏园、酒楼、茶馆、俱乐部、大礼堂,及其他公共场所,而吐痰者还是任意随地吐着,痰渍到处可以找得到。识者引以为民族的大耻辱,确是一桩非细小之事。最妙者,痰盂在旁,也不愿吐入痰盂,偏要吐在地上,用足踏之;此种恶习,不但有碍公众卫生,实有关于民族之体面。又如随处小便,也是一样的例,很清洁的墙壁上,上面写了几个字"此处不准小便",下面画了一个乌龟,再下面是一片黄色的尿渍,既是不讲卫生,形式方面也太不雅观。成年人与老年人已经没有希望了,青年为改革社会最重要的分子,不可不从此种行为上根本陶冶。还有公共道路,必须保持清洁,公家物件必须保护爱惜。至于青年人自己,亦须有清洁习惯,如衣服须常洗,沐浴有定时,饮食弃去腐臭,防止苍蝇等,以保持康健。

三、礼貌的习惯

我国为世界古文明国,自号为礼仪之邦,而到现在什么礼仪都不讲了。社会秩序紊乱,旧习惯已经破坏,新习惯尚未养成,一般青年既不受社会之拘束,率性而行,无所顾忌;放纵过甚,遂成犯罪行为。据欧美心理学家说,犯罪行为最多,是在青年。霍尔(Hall)曾调查犯罪最多之年龄为十六岁;开笛(Cady)曾统计两性犯罪平均年龄,男为14.09岁,女为14.71岁;萧富夫人(Mrs. Schoff)调查美国费城(Philadelphia)八年间拘到法庭之一万儿童,发现有一半在13岁至16岁。欧美社会秩序很安宁,青年犯罪尚占了多数,我国青年违法之多,虽无统计,于此也可以想见了。如果交际有了相当之礼貌,使青年冲动加以拘束,情绪亦有所限制,自可免去许多出轨行动了。

四、服从团体生活的习惯

我国民族对于团体生活,素来很欠缺。近来学校教育,虽似注意团体运动及比赛等,然往往侧重在活动身体、竞争优胜方面,失去了团体生活的意义。团体生活必须有牺牲私己、服从公众的习惯,并须有互助合作之精神,团体方有生气和力量。

五、生活有规则的习惯

生活有了规则,时间不致浪费,做事才得有计划。譬如:早起早眠,可以振作精神;饮食有定时,可以增进身体之康健。以前德国康德(Kont)生活有定规,未尝稍参差,每日下午散步,寒暑无阻,使哥宁斯卜人民不用钟表,可以知道时间。他的行为这样有规律,所以他后来能成为一个大哲学家,世界的伟人。

六、处事有条理的习惯

事业之成功,绝非出于冲动和妄干,必须有一定的目标和周密的计划,进行有条理,方可见成效。青年时期,身心发展迅速,做事每凭着一时之冲动和情绪,有头没尾,徒然耗费宝贵光阴和精力,殊为可惜。指导者不可不加以指点,使青年有所回思,养成有条理的良好习惯。

七、戒除不良嗜好

多数人之堕落,都为酗酒、赌博和吸食鸦片等之不良嗜好,此种嗜好都受不良环境之影响。戈尔德马克(Goldmark)所著*Boyhood and Lawlessness*,布乃肯锐奇(Brenkeuridge)所著*The Deliuguent Child and Home*,均认为不良的家庭为犯罪之主要原因。而贫穷、失业、生活艰困、际遇不佳,就造成不良的家庭。负训练青年之责者宜调查各个家庭环境情形,而分别励勉引导,方不致糟蹋人才。

心理学研究之演变,已经过四个阶段:最早为研究灵魂的科学(Science of Soul),后变为研究心的科学(Science of Mind),再变为研究意识的科学(Science of Cansciousness),最近则成为研究行为的科学(Science of Behaviour)。依据科学的进步,现代训练儿童和青年的方法,自然应该注重在行为和习惯方面。

(原载于1935年《乡村建设》)

筹办龙眼洞乡村教育实验区的经过

记得有一天下午——二十三年度第一学期初开学——在吴院长家里，我与崔载阳先生第一次见面，我就提议要办实验区，请他帮忙。他说："好，你先去拟个计划吧"。我当时约定一个星期后缴卷，可是我性子很急，第二天就把它写成了。再过一天，拿了计划给崔先生看，并请他与教育系主任许逢熙先生商量，希望早日召集会议通过。不到三天——九月廿七日——教育系及教育研究所举行联席会议，得许逢熙先生赞助，就毫无疑问地把创办实验区的原则通过了。并推定笔者和崔载阳、雷通群两先生为审查计划委员。最初的计划，拟由教育系教授及学生，并教育研究所研究生联合组织一民众教育推进会，由推进会选出人员，主办实验区。所拟草案如下：

国立中山大学民众教育推进会组织大纲

草案

第一章　宗旨

第一条　本会以实验及研究民众教育，并以最有效的方法推进民众教育为宗旨。

第二章　组织

第二条　本会会员如下：

（一）教育系教授志愿加入者。

（二）教育系研究生志愿加入者。

（三）教育系学生对于民众有兴趣者。

第三章　会务

第三条　择适当地点设立实验区。

第四条　组织调查队。

第五条　设立民众学校。

第六条　组织讨论会。

第四章　职员

第七条　本会设职员如下：

(一)常务委员会五人。

(二)实验民众学校校长一人。

(三)实验员若干人。

(四)技术辅导员若干人。

第五章　职员选举及委任

第八条　常务委员会由会员大会选出之。

第九条　校长及实验员由常务委员会于研究生及学生中派定之。

第十条　技术辅导员由常务委员会于临时依各需要聘定之。

第六章　会议

第十一条　会员大会每学期举行二次。

第十二条　常务委员会每周举行常会一次。

第十三条　联席会议由常务委员、民校校长、及实验员联合组织之。每月举行常会一次。

第七章　经费

第十四条　本会经费来源如下:

(一)本大学津贴。

(二)地方教育行政机关津贴。

(三)特别捐。

第八章　附则

第十五条　本大纲由会员大会通过施行。

第十六条　本大纲如有修改之处,须经出席会员三分之二以上通过之。

乡村实验区计划大纲草案

第一条　择定附近乡村,居民在二百五十户以上为实验区。

第二条　依据“教育即生活”“学校即社会”“即知即行”“随教随学”之主张,参加人员须与大众共甘苦、同休戚。

第三条　五大生活目标如下:

(一)计划的生活;

(二)劳动的习惯;

(三)生产的技能;

(四)科学的知识;

(五)艺术的兴趣。

第四条　借一公共房屋,或庙宇为民众学校校址。

第五条　由民众教育推进会常务委员会聘定校长一人，及实验员若干人。

第六条　工作暂定下列几项：

（一）联络农民；

（二）调查；

（三）设备及布置；

（四）计划教务；

（五）设施电化教育；

（六）计划改进农业；

（七）计划改进乡邨建设。

第七条　设：

（一）修缮。

（二）购置器具。课桌（长桌每坐二人）二。课凳（每条坐二人）二。办公桌椅（单人用）四，长桌一，板凳八，铃一，毛算盘一。总理遗像一，党国旗小二大二，书架二，床架四，壁报牌一，校牌一，书籍，挂图，医药柜一，保健箱四，厨灶器具，水桶，茶壶，茶杯，畚箕，字纸篓，痰盂，灯盏等。

附注：电化教育设备另筹借用。

第八条　经费：

（一）开办费。1. 修缮卅元，2. 桌凳（假定借用），3. 黑板大小各一八元，4. 床架十六元，5. 书架八元，6. 书籍卅元，7. 挂图廿元，8. 医药柜十元，9. 保健箱廿元，10 壁报牌六元，11. 布告牌二元，12. 其他壹百元，共计贰佰五十元正。

（二）每月经常费。1. 课本及课业用品五元，2. 车资廿元，3. 工友劳金八元，4 药品十元，5. 文具及纸张五元，6. 簿籍二元，7. 印刷五元，8. 邮费一元，9. 书籍报纸廿元，10 照相四元，11 伙食及茶水卅五元，12 杂支十元，共计壹百二十元正。

第九条　工作时期之划分：

（一）筹备及调查时期一个月；

（二）施教时期四个月；

（三）辅导改进农业及乡村建设时期五个月。

附注：经过十个月完成后，即交民众学校同学会自办。惟由民众教育推进会设流动辅导员，依其需要，随时下乡辅导。

第十条 组织系统表

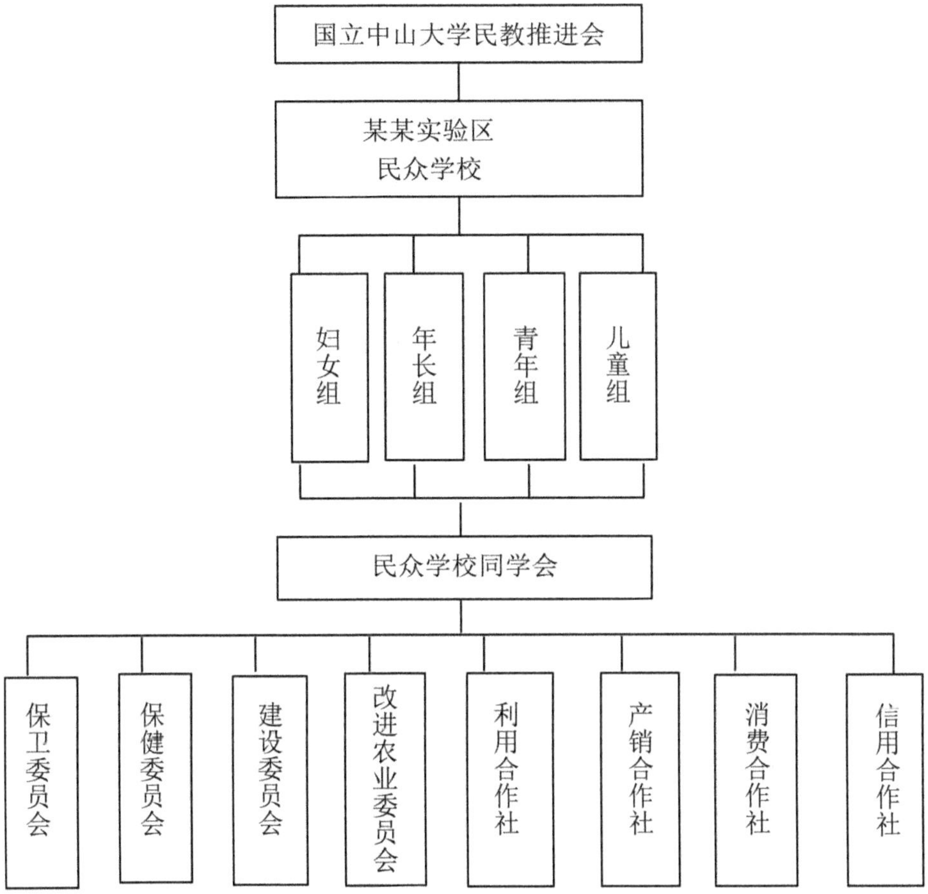

说明：

（一）实验区以民众学校为中心。

（二）四组学生包括全区民众。

（三）儿童组未满十三岁之男女儿童。

（四）青年组自十三岁以上至四十岁之男子。

（五）年长组四十岁以上之男子。

（六）妇女组自十三岁以上之妇女。

（七）实验期满后，全区事业以民众学校同学会为中心。

第十一条　实验区之设立，应请本大学当局及地方教育行政机关联合协助进行之。

经审查结果，要把范围尽量缩小，改定计划如下：

国立中山大学民众教育区计划

第一条　本区由国立中山大学教育系暨教育研究所联合办理之。

第二条　本区设在附近乡村，住户约在二百户。

第三条　依据“教育即生活”“学校即社会”“即知即行”“随教随学”之主张，参加人员与大众共甘苦，同休戚；并订定生活目标如下：—（一）团体的生活，（二）劳动的习惯，（三）生产的技能，（四）科学的知识，（五）艺术的兴趣。

第四条　本区办事地点，借用地方之公共房屋或庙宇。

第五条　本区由教育系暨教育研究所联席会议推荐教授三人为指导员，并由指导员互选主席一人，共同负责指导本区一切推行事宜。

第六条　本区设主任一人，及办事员若干人，由指导员指出教育系暨教育研究所联席会议通过聘用或委任之。

第七条　本区工作暂定下列几项：

（一）调查乡村状况。

（二）推广民众教育。

（三）试行农业改进。

（四）协助地方自治。

（五）研究人民自卫。

（六）实验乡村建设。

附注：各种工作详细计划另订之。

第八条　本区经费由中山大学供给，但可由地方教育行政机关津贴。

第九条　设备：（一）修缮。（二）购置器具：课桌（长桌每坐二人）二十，课凳（每条坐二人）二十，办公桌椅（单人用）四，长桌一，机凳八，铃一，毛算盘一。总理遗像一，党国旗小二，大二，书架二，床架四，壁报牌一，校牌一，书籍，挂图，医药柜一，保健箱四，厨灶器具，水桶，茶壶，茶杯，畚箕，字纸篓，痰盂，灯盏等。

附注：电化教育设备另筹借用。

第十条　经费：（一）开办费预算共计三百四十七元四角，项目如下表：

物品	壁报版	书架	总理遗像	党国旗	大黑板小黑板	圆凳或长方凳	长枱	铺架	长凳	课桌
数目	1	2	大2 小2	2	1	8	1	1	20	20
价格以元为单位	3.00	8.00	1.00	10.00	8.00	8.00	8.00	16.00	12.00	80.00
备注									每条坐2人	长桌每张2人

物品	挂图	书籍	风琴	小算盘	毛算盘	保健箱	医药柜	痰盂	面盆及架子	厨房用柜
数目			1	1	1	4	1	3	3	1
价格以元为单位	20.00	3.00	20.00	1.00	2.00	10.00	15.00	2.40	4.00	12.00
备注										

物品	长方桌	八仙桌	办公桌椅	铃	校牌	布告牌	校印长方腰圆	锥子老虎钳起子	扫帚鹅毛帚抹布	文具
数目	1	1	4	1	1	1	各1	各1	各2	4
价格以元为单位	3.00	4.00	24.00	6.00	3.00	200	2.00	2.00	2.00	8.00
备注	厨房用									砚墨水尺笔

物品	洗澡盆	洗衣盆	水桶	钟子	厨房器具	字纸篓	总计
数目	1	1	2	1		2	
价格以元为单位	2.00	2.00	2.00	2.00	15.00	1.00	267.40
备注							

附注：如大学有上列设备可移用，不必另购。

经常费　每月共预算一百五十元，项目如下表：

项目	价格以元为单位
杂支	10.00
购置	8.00
伙食及茶水	45.00
照相	4.00
书籍报纸	20.00
邮资	1.00
印刷	5.0
簿籍	2.00
文具及纸张	5.00
药品	10.00
工友劳资	10.00
车资	30.00
课本及课业用品	5.00
总计	150.00

临时费　本如遇必需时得请准大学支用之。

第十一条

本区事业如地方教育行政机关愿意合作,办法另订之。

十月四日笔者同许崔两位见萧教务长,请其转呈校长核准。萧教务长审察计划后,又提出三条意见:(1)名义由大学出面,委托教育系暨教育研究所办理之;(2)区主任及办事员应呈请校长委任之;(3)经费不宜太多。

十月七日(星期日)笔者同崔载阳、陈觉玄、周振光三先生乘车渡江,往新造,参观番禺县政府,由教育局长黄兰友先生引导。我们到了县政府,就索得地图一幅,后来在茶楼内大讨论实验区地点问题。研究了一些时,就假定龙眼洞为对象。所举的理由约有数端:(1)交通尚便利;(2)乡村大小与我们计划很相合;(3)不在广州市区域内;(4)尚没有实验工作;(5)原有一中心小学,可利用现成的设备;(6)龙眼洞在历史上很有名的——据说,清初该处民众抵拒不降,坚持有数年之久;(7)该乡村原来很富饶,现在很衰落,正宜有机会改进。我与黄兰友先生商量合办计划,要想借县政府教育局现成学校作为基础。他说:"任何一校都可交给中大办理,一切用人悉听调度。如需经济帮助亦可商量。"我听这话,既佩服黄先生之热心,又于实验区进行得到很大安慰。

我们回来后，过了四天，到十月十一日，约定教育局长黄友兰先生，径往龙眼洞视察。是日天有小雨，道路泥泞。同行者有许逢熙先生、崔载阳及省立民众教育馆周振光、王衍孔两先生。到了该乡，又得乡长樊昌本先生引导，一切情形询问得尚详细。我们的主张，本没有苛求的条件，只要事情能办，无其他特殊问题就算了。所以我们看了一次，回来就决定划该乡为实验区。

但是中大经济正在万分困难之中，虽邹校长对于此事很想举办，把计划案件早已批准。而会计处无法拨款，因此覆文留中不发者有一个多月。急得我没法，不得已到了一月二日同崔先生谒邹校长，请求减价核准。就当面批准开办费一百元，经常费每月一百元。我回来再动笔，拟定设施方案。至十一月十六日提出于教育系暨教育研究所联席会议。又经过修改了三四次，并把名称也更换了好几次，最后勉强决定为："国立中山大学番禺县政府合办龙眼洞乡村教育实验区"。所订办法及章程如下：

国立中山大学、番禺县政府合办龙眼洞乡村教育实验区办法

一、本区由国立中山大学及番禺县政府合办之，负责处理全区教育事宜。

二、本区目的为协助番禺县政府，改进该地乡村教育，及使中大研究教育之学生，有实习及研究之机会。

三、本区工作在设施广义的乡村教育，以全村乡民为对象，推行生计、语文、公民、康乐各种教育事业。

四、将该地学校隶属本区办理，其原有中心小学制度，移到邻村，使能保全番禺县现行之教育行政系统。

五、本区为辅助双方进行教育实验的设施，设一指导委员会，委员会五人，由中大教育系及教育研究所联席会议推选三人，番禺县政府推选二人合组之，章程另定。

六、本区设正副区主任各一人，正区主任由乡长兼，副区主任得委乡立小学校长兼任之。

七、本区各部人员，由区主任商承指导委员会委派之，呈报双方备案。附本区组织系统如下。

八、本区每月经常费定为二百元。由中山大学及番禺县政府均担之。其用途分配如下：1. 小学校长薪俸，六十元。2. 图书设备，四十元。以上两项，向县政府领取及报销。3. 车资，四十元（学生实习及指导委员来回之车资）。4. 伙食费，三十元（员生在该处实习之伙食）。5. 事业费，三十元。以上三项向中山大学领取及报销。开办费定为三百元，亦由中山大学及番禺县政府双方均担之。

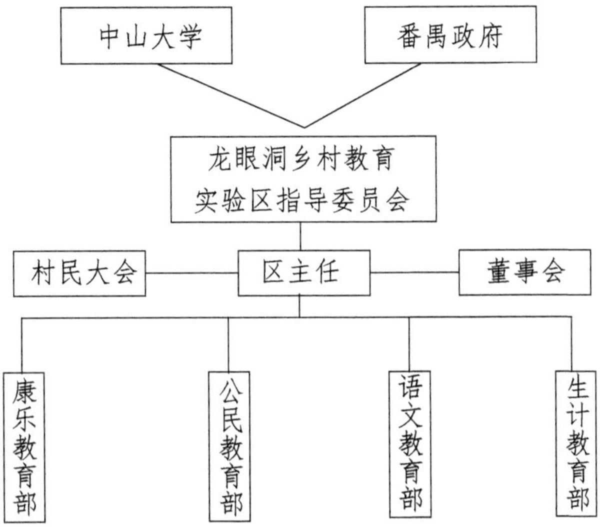

九、本区各项账目，由区主任负责向中山大学及番禺县政府分别领取及报销。

十、本办法由中山大学校长及番禺县县长核准后即日施行。

国立中山大学、番禺县政府合办龙眼洞乡村教育实验区办法

第一条　本委员会以指导之地位，促进本区事业之推行。

第二条　本委员会设委员五人，由中山大学教育系及教育研究所联席会议推选三人，番禺县政府推选二人，联合组织之。

第三条　本委员会设主席委员会一人，由委员互选之。

第四条　本委员会主席委员代表本会执行会务，并召集开会，及为开会时之主席。

第五条　本委员会之职权如下：

一、规定本区设施方针。

二、核定区主任关于任免人员之建议。

三、指导区主任督促全区工作之进行。

四、审核工作报告。

五、审核各种重要规程。

六、向中山大学及番禺县政府报告区务状况，每半年一次。

七、筹划经费。

八、审核预算决算。

九、其他重要事项。

第六条　本委员会每月举行常会一次，于必要时，得召集临时会议。

第七条　本委员会委员均为义务职。

第八条　本章程有未尽之处，得由过半数委员之同意，提出修改之。

第九条　本章程经本委员会通过后，呈请中山大学暨番禺县政府核准施行。

乡立小学组课程编制

科目＼分钟＼组别	第一组	第二组
	一二年级	三四年级
公民训练	60	60
卫生	60	60
体育	150	150
国语	390	390
社会	90	120
自然	90	120
算术	120	210
劳作	90	120
美术	90	90
音乐	90	90
总计	1 230	1 410

说明：

1. 每节时间以三十分钟为标准。

2. 课外集体活动以三百分钟为基本。

3. 活动事业除普通一般小学所有朝会、周会、纪念周、课外运动等外，另行增加如下：

①帮同宣传招生工作。

②帮同调查工作。

③采用小先生办法。

小先生办法，即每个儿童回家去必须教两个学生，不论年龄，不问尊长关系，并须填明下表：

小先生填的表：

<table>
<tr><td colspan="2">学生姓名</td><td></td><td></td></tr>
<tr><td colspan="2">学生是小先生的什么人</td><td></td><td></td></tr>
<tr><td colspan="2">学生年龄</td><td></td><td></td></tr>
<tr><td colspan="2">学生工作</td><td></td><td></td></tr>
<tr><td colspan="2">学生是男是女</td><td></td><td></td></tr>
<tr><td colspan="2">住的村庄</td><td></td><td></td></tr>
<tr><td colspan="2">开始求学的年月</td><td></td><td></td></tr>
<tr><td rowspan="4">学了些什么</td><td>第一月</td><td></td><td></td></tr>
<tr><td>第二月</td><td></td><td></td></tr>
<tr><td>第三月</td><td></td><td></td></tr>
<tr><td>第四月</td><td></td><td></td></tr>
<tr><td colspan="2">备注</td><td></td><td></td></tr>
</table>

学校用的表：

小先生	学生	是小先生什么人	所用的书	其他事业

青年组课程编制（十四岁至二十四岁）

种类科目 \ 次数分数 \ 学月		第一学月		第二学月		第三学月		第四学月	
		每周次数	每周分数	每周次数	每周分数	每周次数	每周分数	每周次数	每周分数
康乐教育	体育	课外		课外		课外		课外	
	卫生	课外		课外		课外		1	10
								课外事业继续进行	
	乐歌	2	60	2	60	1	30	1	30
课外活动事业如卫生宣传等									
生计教育	常识	3	90	3	90	3	90	4	120
	算术	4	120	4	120	4	120	4	120
	工作	课外		课外		课外		课外	
课外活动事业如改进生产宣传、组织合作事业、改进农业生产等									
公民教育	公民	1	30	1	30	1	30	1	30
	集会	课外		课外		课外		课外	
课外活动事业如提倡国货宣传、破除迷信宣传、进行乡村建设、组织同学会等									
语文教育	识字	8	240	8	240	8	240	9	20
	习字	4	120	3	90	3	90	课	外
	缀法			1	30	2	60	2	60
课外活动事业如招收宣传等									
总计		22	660	22	660	22	660	22	660

妇女组课程编制

种类	科目	第一学月 每周次数	第一学月 每周分数	第二学月 每周次数	第二学月 每周分数	第三学月 每周次数	第三学月 每周分数	第四学月 每周次数	第四学月 每周分数
康乐教育	体育	课外		课外		课外		课外	
	卫生	1	30	1	30	1	30	1	30
	乐歌	1	25	1	25	1	25	1	25
课外活动事业如卫生宣传等									
生计教育	常识	1	30	1	30	1	30	1	30
	算术	1	45	1	45	1	45	1	45
	工作	课外		课外		课外		课外	
课外活动事业如组织合作事业等									
公民教育	公民	1	30	1	30	1	30	1	30
	集会	课外		课外		课外		课外	
课外活动事业如提倡国货宣传、破除迷信宣传、改良家庭运动、革除旧习运动、课查工作、协助乡村建设、组织妇女会等									
语文教育	识字	1	50	1	50	1	50	1	50
	习字	1	30	1	30	课外		课外	
	缀法					1	30	1	30
课外活动事业如招收宣传等									
总计		7	240	7	240	7	240	7	240

龙眼洞乡村教育实验区实习工作

甲、下乡前

(一)计划设备。

(二)拟订本区行政组织系统表。

(三)拟订本区调查用表。

(四)拟订本区各种行政表格。

(五)拟订儿童组课程大纲。

(六)拟订青年组课程大纲。

(七)拟订妇女组课程大纲。

乙、下乡后

(一)担任儿童组功课。

(二)担任青年组功课。

(三)担任妇女组功课。

(四)缮写壁报。

(五)实行调查(概况调查,生产调查等)。

(六)管理医药事务。

(七)办理卫生事业(清潔、撲蝇、灭蚊、驱鼠、防疫、禁酒、戒烟、体格检查、婴儿比赛、住宅改良等)。

(八)管理书报。

(九)巡回宣讲。

(十)指导改良茶园。

(十一)家庭访问。

(十二)指导农民组织娱乐团体(剧团、音乐会等)。

(十三)指导农民组织运动团体(拳术会、竞走会、游泳会)。

(十四)指导农民组织改革风俗会。

(十五)指导农民组织合作社。

(十六)计划改革农耕。

(十七)计划村中建设,指导农民组织乡村建设会。

由教育系暨教育研究所联席会议推定笔者,崔载阳及雷通群三人为指导委员,并委定研究生李智为干事。

十一月十八日我又同崔载阳黄兰友两先生往访番禺县长梁翰昭。梁县长对于办实验区极为赞同,很热心地说要增加经费。我们以为既与中大合办,两方经费不能分多少,故不敢答应。但梁县长坚持说,开办费二百元哪里够,至少须加至三百元,中大与县政府各出一百五十元。我们就接受他的好意。我回来,当日即报告邹校长,邹校长一口答应,准开办费加至一百五十元。于是上层工作总算告一段落。

十二月三日再同崔载阳雷通群两先生下乡,与乡长商议开办问题。四日乡长樊芳甫偕毛教员等来校继续商量。自此我们就准备下乡工作。我先订定表格五种,如下:

龙眼洞乡村教育实验区工作人员车资单			
工作者 姓　名		核准者 签字	
工作说明			
日期	年　　月　　日		
车资数目	元　　毫　　分		
备注			

继续工作日期	应用物品或费用	工作时间	工作项目	工作场所	年月日星期 工作者	工作纪事册	备注	所有问题		所得效果
								未解决	已解决	

区务日志

<table>
<tr><td>教学概况</td><td colspan="4">学生出席数</td><td>到区工作人员</td><td rowspan="10">年 月 日 星期 天气 温度</td><td rowspan="10">国立中山大学
番禺县政府
合办龙眼洞乡村教育实验区</td><td>备注</td><td>添置书籍物品</td><td>课外活动事业</td></tr>
<tr><td rowspan="9"></td><td>妇女组</td><td>成人组</td><td>青年组</td><td>儿童组</td><td rowspan="4"></td><td rowspan="9"></td><td rowspan="9"></td><td rowspan="9"></td></tr>
<tr><td></td><td></td><td></td><td></td></tr>
<tr><td colspan="4">缺席人数</td></tr>
<tr><td>妇女组</td><td>成人组</td><td>青年组</td><td>儿童组</td></tr>
<tr><td></td><td></td><td></td><td></td><td>请假或缺席</td></tr>
<tr><td colspan="4">请假人数</td><td>参观者</td></tr>
<tr><td>妇女组</td><td>成人组</td><td>青年组</td><td>儿童组</td><td rowspan="2"></td></tr>
<tr><td></td><td></td><td></td><td></td></tr>
</table>

续表

国立中山大学番禺县政府合办龙眼洞乡村教育实验区消耗物品购入簿

年	月日	品名	单据号数	数量	单价	总价	商号及其所在地	备注

续表

国立中山大学番禺县政府合办龙眼洞乡村教育实验区器具登记簿

名称	数量	号数	单价	共价	置办年月	存放地点	毁损年月	备注

又订定招生简章如下：

国立中山大学番禺县政府合办龙眼洞乡村教育实验区招生简章

二十三年十二月

一、学额

青年组一班四十人，妇女组一班四十人。

二、入学资格

凡未识文字或稍识文字之男子年在十五岁以上二十五岁以下者得入青年组。

凡未识文字或稍识文字之女子年在十五岁以上者得入妇女组。

三、上课时间

青年组上课时间每星期一至六晚间七点至九点。

妇女组上课时间每星期日上午十点至十二点下午一点至三点。

四、科目

青年组：公民常识、国语、算术、乐歌等。

妇女组：公民常识、国语、算术、乐歌等。

五、教师

青年组由男教员担任。

妇女组由女教员担任。

六、学习期限

青年组与妇女组学习期限均定四个月。

七、待遇

所用课本及笔纸均由学校供给，概不收费。

八、报名及开课时间

自即日起报名一星期后开课。

九、报名地点

龙眼洞乡立小学内(至德学校)或乡公所。

十、上课地点

龙眼洞乡立小学内。

十二月九日举行第一次指导委员会会议，通过指导员会章程。推定笔者为主席委员。并推定李智干事兼任秘书。

十二月十一日下乡招生。十三日向中大借得旧木器七十二件送往实验区，青年组就于十七日开课。到廿五日又举行第二次指导员会议，兹将会议录抄在下面：

国立中山大学番禺县县政府合办龙眼洞乡村教育实验区指导委员会第二次会议录

日期：廿三年十二月廿五日下午四时。

地点：中大教育研究所图书室。

出席者：周葆儒、崔载阳、樊家就、梁剑一、雷通群。

主席：周葆儒（崔载阳代）。

记录：李智。

报告事项：

（一）委任区主任问题。

（二）经费收支状况。

（三）青年组妇女组上课情形。

讨论事项：

（一）区主任应如何委定案。

议决：正主任委新乡长樊昌本先生担任，副主任候乡立小学校长决定后再议。

（二）乡立小学人员应如何决定案。

议决：目前暂维持现状，下期人员由本会物色聘请。

（三）一月一日成立典礼应如何举行案。

议决：

（1）定是日下午三时举行。

（2）节目如下：

①全体肃立。

②唱党歌。

③向国旗党旗及总理遗像行三鞠躬礼。

④主席恭读《总理遗嘱》。

⑤主席宣布开会理由。

⑥邹校长训话。

⑦梁县长训话。

⑧演讲。

⑨摄影。

⑩游艺。

⑪茶会。

(3)招待事项:

官方方面由县政府负责,教育界方面由中大负责,各乡来宾由乡长负责。

(4)主席:请乡村樊家就先生担任。

(5)来宾及工作人员车费:由本会支给。

(6)请帖:印三百,白色红字。帖文如下:

谨择于民国廿四年元旦下午三时在禺东龙眼洞乡举行乡村教育实验区成立典礼。

敬请光临指教

国立中山大学校长邹鲁

敬订

番禺县县长梁翰昭

国立中山大学、番禺县政府合办龙眼洞乡村教育实验区指导委员会

(7)茶会费用请邹校长梁县长捐助

二十四年元旦,举行成立典礼,当时情形详见《中大日报》:

龙眼洞乡村教育实验区成立典礼纪盛

该村民众下总动员

大雨淋漓舞狮活跃

锣鼓喧天鞭炮震耳

万众欢呼声撼山岳

本校为便利教育系学生选修乡村教育及民众教育之实习起见,月前特与番禺县政府在该县龙眼洞合办乡村教育实验区,以资研究,各情经迭志前报。查该实验区定于本年元旦下午三时在区在内举行成立典礼。事前由该区民众学校青年组学生发起筹备。该组学生共捐集三十余元,更由周葆儒崔载阳两指导员及干事李智捐助,共凑得五十余元。于是购买狮子、锣鼓、鞭炮等物。青年组学生分任购办、布置、借物、打扫、舞狮及临时招待、纠察等职务。一方面商请乡长樊家就担任典礼主席,并联合乡中各领袖,分任招待。但天不做美,二十三年除夕,大雨整落了一天一夜,致全村道路大扫除无法进行。但屋内清洁,及各项陈设还照原计划工作。

是日上午九时,本校工作人员已经准备下乡,可是大雨连绵不止,而且一阵紧过一阵,倾盆而下,简直横流泛滥了!本校原定下乡参观的人,因为道路泥泞,汽车不能开驶,纷纷通知作罢,其余奋勇前往的人除六个工作人员,只

有顾君等两个来宾。直候至下午二时，本校公用汽车始能开行。沿途风雨萧萧，景况非常凄惨。二时半许车抵龙眼洞乡，该村民约有二三百人齐集车站，旗帜高扬，欢声雷动。他们看到中山大学汽车，即鸣锣放炮，舞狮欢迎。本校同人目击这种景光，不禁个个兴奋跃起，精神焕发，急忙下车。持伞者竟忘张伞，带雨衣者忘穿雨衣，雨点虽是继续淋漓，群众却都感觉不到，岂非咄咄怪事?！车站离实验区约有二里之遥，各人步行前去，见两旁墙壁树干上遍贴标语，乡人扶老携幼，换着新衣，笑容满面，夹道欢迎。

该校原名"至德学校"，在樊氏宗祠内，会场即在宗祠的大厅上。全校及全会场所有纸花纸条点缀品，均系儿童组学生制的。大门外扎花牌坊一座，系青年组学生所制。鲜花数百盆，半由青年组学生栽植，半由区氏花园中借来。会场悬有各机关赠送的匾额数件，及陈列邻村所赠鞭炮等数事。

全村老幼男女民众早于一时齐集会场了，总数约八百余人。狮子队数十人，招待员数十人，该村民团十余人，及其他民众百余人，均在车站接待来宾，并恭候本校校长，及番禺县长。直至下午三时半，得到消息，邹校长及梁县长因事不能到会，乃由主席传令召返，参加典礼。三时五十分狮子队到会，一时鞭炮声、锣鼓声、群众欢呼声，轰然交作，震撼山岳。随即振铃开会，会场秩序井然。青年组学生一部分担任纠察，一部分料理茶点。开会样式，首先行礼如仪，次由主席宣布开会宗旨。次为邹校长训话，由崔载阳先生代表。次为梁校长训话，由教育局崔耀祖先生代表。再次为指导员梁剑一先生、周葆儒先生演说。再次该乡前辈樊芳甫先生演说。嗣后邻村村长及圆岗小学校长演说。又本校实习生吴凤灵女士、伍慕英女士、周祖培君均有演说。最后青年组学生及儿童组学生唱实验区歌，声调极为雄壮。惜时间太晚，许多节目临时省去，未能一一照秩序单做出。开会时鸣炮数十响，舞狮队又大舞特舞，充分地显了他们健儿的身手。然后群聚茶会。招待员招待极为周到，一种诚挚态度，热烈情绪，尤令人钦佩不已。本校同人于茶会后，因天色已晚，乃乘车返校，不能参加晚上游艺大会，各人感觉恋恋不舍云云。

一月十一日与中大第一医院接洽，请派定医生下乡赠种牛痘，兹录《中大日报》记载新闻一则于下：

本校第一医院，奉校长命，派人往龙眼洞实验区服务，经周葆儒教授与彭玉书主任数度接洽，议定本星期三（十六日）下午先派医生往该乡布种牛痘，所需痘苗，概由医院捐助，布种人数，预定五百人以上，又订定自下星期起，每逢星期四，星期六下午，轮流指派内外科医生下乡诊察疾病，所用药品，则由区办事处筹划购置云。

同时又与农学院接洽,请派员生轮流下乡指导农事。青年组学生听到这个消息,很高兴地发起组织远足队,往中大农场参观。兹再把新闻一则抄录在下面:

上星期六(十二日)龙眼洞实验区青年组乙班学生七十余人,及该乡乡长樊家就,暨父老七八人,由区秘书李智领导步行至石牌参观本校农场及新校舍。事前,由该区指导委员会致函学院邓院长,请届时派员指导。十二日上午十时许,该参观团由长坂村小路抵校,在礼堂稍事休息后,旋由农学院刘先生引导,先后参观农学馆、法学院、工学院、农林化学馆各处,至十二时许,转回礼堂休息。时适邹校长到校,由该区指导委员会主席委员周葆儒教授商请邹校长出席训话,邹校长遂偕许逢熙教授、陈钟凡教授到礼堂,接见该乡乡长及父老,并向青年组学生训话。训话毕,略用茶点,复由刘先生引导参观农场,到园艺股蚕桑馆畜牧场各部分详细观看询问,直至下午五时,始行离校云。

有一个最重要的问题到这时还不能解决,就是原有教员不能继续工作。虽一再劝导他们说,我们的工作并不十分难做,我们大家都是一面做一面学,什么问题都可商量。但是他们毕竟因为习惯不同,不能与我们合作。于是继续聘请工作人员,就成了一个重大问题。这个问题不得不郑重提出指导会议,详细研究。但是单由指导员负责,很感觉不妥当,又不得不请乡长参加,就于一月底举行了一次联席会议。会议录如下:

龙眼洞乡教实验区指导委员会第三次会议录

日期:民国廿四年一月廿三日(下午三时)。

地点:中大教育研究所编译室。

出席者:梁剑一、周葆儒、崔载阳、崔耀祖、雷通群。

列席者:樊家就、樊时汉、樊昌本。

主席:周葆儒(崔载阳代)。

记录:李智。

报告事项:

(一)乡立小学提前结束情形。

(二)青年组夜学请人代课情形。

(三)青年组妇女组上课近况。

(四)与中大第一医院洽定事项:

(1)下乡种痘。

(2)在乡立小学内设赠医处。

(3)赠医办法。

(五)与中大农学院洽定事项:

(1)每周派员到区指导。

(2)已定一月廿八日派助教赵善欢到区演讲《农业虫害问题》,二月九日派技助刘少明到区演讲《稻作问题》。

(六)乡公所将乡立小学原有经费每月百元,拨归本区支配情形。

(七)开办费及经常费收支情形。

讨论事项:

(一)本区经常费现增至每月三百元,应如何从新支配案?

议决:照下表支配:

项目	事业费	图书	膳费	车资	杂支	薪工
银元	30	30	15	30	20	169
说明	办理一切活动事业所需之费用其他必需之费用均在此项开支	包括参考书及报纸杂志等	指委会及实习生因公到区时支用	指委会人员及实习生因公往来时支用	包括油火文具杂项等	请工作人员4名,每名月工薪水连伙食40元,请工人一名,每月工资连伙食9元,合共如数

(二)如何从速聘定工作人员,使组织健全案?

议决:

(1)聘请工作人员男女各二人,每人负责教小学一班夜学一班,并分任区务及小学一切事务。

(2)工作人员须具备下列条件:

甲、曾受师范教育者。

乙、曾任小学教师二年以上者。

丙、身壮耐劳者。

丁、经试教并实际服务认为合格者。

(3)拟聘工作人员,请各方面于本星期内(廿七日以前)尽量介绍,定下星期一(廿八日)晚间开始试教,每人最低限度试教小学一次,试教人须于下星期一下午三时半在中大教育研究所办事处集合出发,试教时由全体指导委员负责视察,聘请何人,俟试教后再议。

(三)赠医办法,应如何决定案?

议决:办法如下:

(1)请西医逢星期四、星期六前往,中医逢星期一、星期三前往。

(2)挂号费免收,药费照本征收,赤贫者酌免。

(3)医药设备费规定一百元,请邹校长、梁县长捐助。

依着会议议决案,工作人员总算在二月一日请定了。却又过到旧历新年,乡下一切事业都停顿,只有迷信仪式、不正当的娱乐举动大盛特闹。这种迷信仪式和不正当的娱乐,论理在实验区有改革的必要,可是我们的工作人员尚没有准备,只好让它依着老习惯过去吧。一直到了二月十九日——开学以后——召集工作人员开了一个谈话会(因为校长还没有委出,无法举行正式区务会议),把他们的工作分配清楚,从此事业总算有负责的人。当时会议记录如下:

主席:周葆儒,记录:梁鸿勋,行礼如仪毕,首由周主席葆儒宣布开会理由。继由吕飞先生报告设备布置情形,及工作概况。随开始讨论下列各要案:(一)本区农场,业已确定地址,应如何发展案?议决:该场需用何项植物树苗,种子,花草……;函请中大农学院捐助。(二)如何进行清洁问题案?议决:校内及校门前一带,由各干事率同学生负责办理。(三)各部工作应如何分配案?议决:(1)区务:生计教育部吕飞先生,公民教育部何少川先生,语文教育部梁鸿勋先生,康乐教育部冯佩珰先生。(2)校务:总务科梁鸿勋先生,教务科吕飞先生,事务科梁鸿勋先生,训导科冯佩瑺先生。(3)夜学:妇女组主任冯佩瑺先生,青年组甲班主任梁鸿勋先生,青年组乙班主任何少川先生,读书会主任吕飞先生。最后李智先生提出临时动议：前中心小学陈校长，尚未正式交代，该校具等物，应如何点收案？议决：先行协同乡人将各物登记，然后办理点收手续。

工作分配后，又把组织系统修改一回，系统表如下：

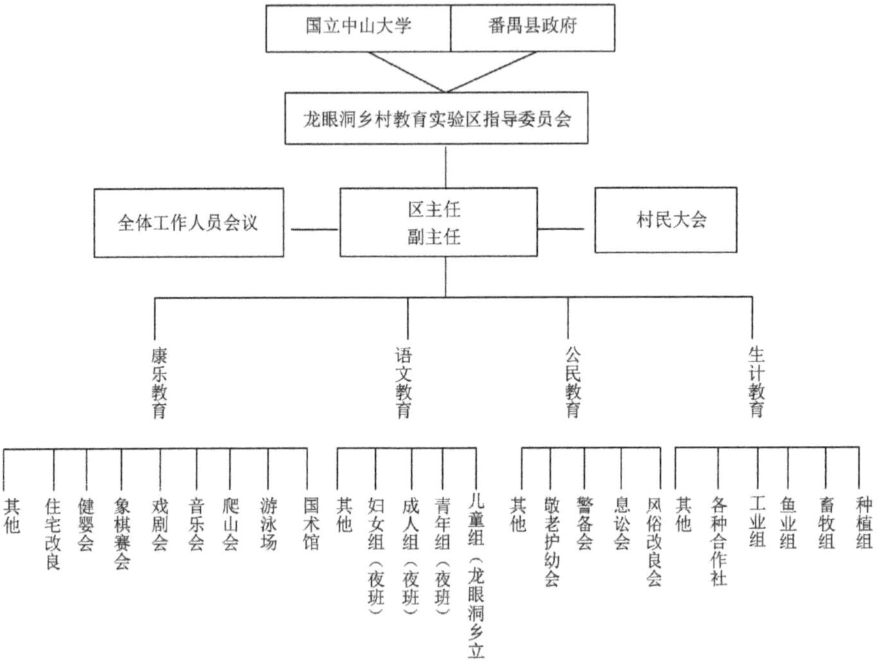

寒假开学后，儿童组学生增加了两倍，青年组与妇女组学生也很发达。现妇女组已改为夜课，星期班已经取消了。一切事都在开始进行，此刻尚无可报告。不过有一事，我们和别处不同的，我们一下手就请乡里的领袖者——乡长——做区主任。校长也由乡里人公举，兼任副区主任。正副主任都由他们选定后，呈请中山大学暨番禺县政府联合委任。这是一种行政手续，也是鼓励他们兴趣的方法。这回梁漱溟先生来广州，与我们同志谈话，也主张区主任或区总干事应由乡里人担任，比较事业容易进行，组织上也较合理。这事很值得研究的。

（原载于1935年《教育研究》）

周葆儒在龙眼洞乡村教育实验区和工作人员合影

从大学教育说到乡建运动

我国古代的大学教育，很难考查。据《礼·王制》云："有虞氏养国老于上庠，养庶老于下庠；夏后氏养国老于东序，养庶老于西序；殷人养国老于右学，养庶老于左学；周人养国老于东胶，养庶老于虞庠。"所谓上庠、东序、右学、东胶者，大概就是大学。又据《周礼》："大司徒以乡三物教万民—— 一曰六德：知、仁、圣、义、中、和。二曰六行：孝、友、睦、姻、任、恤。三曰六艺：礼、乐、射、御、书、数。"这大概是大学教育的内容。

自从秦朝以后，学制已经根本改变，历代虽也有沿大学之名，实际已经脱皮换骨。汉朝的学校分京都之学与郡国乡党之学二类。京都之学，曰大学，曰辟雍，曰四姓小侯学校，曰鸿都门学。大学建筑，在西汉不可考。东汉建武五年，设在洛阳城内南阳门外，离宫八里，讲堂长十丈，广二丈。到顺帝时，更加修缮，共建造二百四十房，千八百五十室，专为博士弟子授业的场所。所谓辟雍者，在西汉成帝时计划设立，并划定长安城南为校址，惜事未成，成帝死，就此停顿。到了平帝时改在长安西北，离城七里地方设立。东汉光武中元元年，也设明堂辟雍，为天子养老、大射和诸儒讲论的场所。显宗即位，亲自举行典礼，供养三老五更。所谓四姓小侯学校者，是在明帝永平九年，为外戚樊氏、郭氏、阴氏、马氏诸子弟设立的五经师傅。第四种鸿都门学，是在灵帝时设立。凡诸生能为文赋尺牍和工鸟篆者都招至。于是投机之徒纷纷到鸿都门下应召，或献些世俗薄技，或陈说闾巷小事，得帝欢心，即授官职。当时士大夫不以为然，蔡邕等曾经上书阻谏。其第二类郡国乡党之学，是属于地方教育范围，然亦很简单，不过设置经师罢了。

唐高祖扫灭群雄，平定海内，结束武力，崇尚教化。太宗继位，更重文学，所以先后设立的国子大学、文学馆、弘文馆及崇文馆等。科目不外经籍子书。入学资格以父祖官爵高下为标准。各馆学额亦有相当限止。同时设科举制，可不经学校出身。试于尚书省者，名贡举；由天子自选举者，名制举。

宋朝学制，亦以国子监为主持教育行政。学生分为国子生、大学生。国子生以京朝七品以上的子孙充任，初为定员，后以二百人为额；大学生以八品以下之子弟，及庶人之俊秀者充任。这是宋初的制度。到后来三舍法行，生员别为三等：初入大学为外舍生，定额七百名；由外舍升入内舍，为内舍生，定额三百名；由内舍升入上舍，为上舍生，定额百名。教学方法，各人认定一经，从所讲官受学，月行考试，列优等者得升舍。其后增至八十斋，每斋三十人。外舍生增至二千人。

元朝教育，多仿宋制。当时版图扩大，武功及远：阿剌比亚、波斯的学士武将，意大利、法兰西的技士，多经聘用。于是西洋的天文、炮术、数学、宗教开始传入了。

明朝学制更重科举，所谓学校者不过科举的预备阶段。学校的种类有二：一国学；二府州县学。国学可算是大学性质。凡入国学的就可得官，称为监生。

清兵入关，大局略定，即兴复国子监，详定规则。一切学制，多仍明旧。课程内容，限于四书五经，教育宗旨无非为选士为仕。

纵观我国历代教育，制度和名称虽然变更，其唯一不变的是宗旨，是为选拔人材，帮助天子治天下，为良臣、为良吏。学者的唯一目的，希望学优而仕，显亲扬名，富贵利达。于是“做官”为读书的专业。就是说：要读书，就是做官；不读书，就不想做官。教育是治人阶级所独享，亦为治人阶级的一种工具。被治阶级就一律摒于教育门外。这种教育立场既不平等，所有办法亦极幼稚，实则无所谓大学教育与中等教育或初等教育。总括言之，算是一种治人阶级的教育就完了。

再看西洋的大学教育：最早的大学，要算是雅典大学和亚力山德利的大学。教育的内容是研究哲学和修辞学，并有天文学、地理学、数学等。雅典大学是合柏拉图的厄加的美、亚里士多德的利森，斯托亚派的学校和伊壁鸠鲁派的学校而成。时间在纪元前二〇〇年间。经罗马哈德利与安敦两帝的热心经营，就成为大规模的大学。一直到纪元五二九年，因反对基督教，触怒了约司埴尼帝，就被封闭。亚力山德利是地中海对面埃及的一个城名。从纪元前三二三年讫三三〇年间那里文教极盛。因由杜里苗士家历代帝王所开扩与奖励使然。设立大学之外，还有图书馆与博物馆。据说那时大学的规模可与现代的相比。到纪元六四年遭回教教徒的侵略，图书馆被毁坏，藏书充公共浴场的燃料，竟供给四千浴场六个月的燃料。藏书之富，可以想见。

教育方法，在古典时代是在实地的知能从生活的行动而习得，专重训练式的教育。但到希腊亡后，诡辩派兴起，一变而为“主智的教育法”，即单靠耳

(听讲)目(读书)两官,以获得概念为主的教育法。渐渐成为风气,教学是一种“概念的知识之传授法”(即注入法)。此种教学法,本随文化的发达有必然的趋势,因为在教学经济上所必需。但它的弊病,传流到现代,与生活分离,——单授抽象的死知识,手脑不能连贯了。

在欧洲教育史上最可注意之点,各级教育是大学教育最先发达。这事恰与中国同样的。论理,学校教育发达之顺序,必先从初等教育开始,次及中等教育,最后乃及于大学教育。事实上中外尽不然。其原因不外两种:一由于经济的;二由于政治的和社会的关系而来。一般民众因忙于衣食之温饱,更无余力筹划所谓中等教育和初等教育。不比上流阶级,饶于财力,以知识为消闲,或以知识为职业,而维持其生活,故大学教育实现较易。从政治和社会上言,一般民众因为无参与立法行政之权,所以虽属无学文盲,亦可以苟安。然而上流社会,因为要在政治上活动,所以不能不学习学艺,以为政权的工具;又因居于社会之上层,不能不有人格之装饰品的教养。既有此种关系,所以大学教育最先发达。

前清末年,经甲午之役,庚子之变,割地赔款,丧师辱国,君臣上下,欲变法自强,遂有兴学校、废科举之议。光绪二十八年,设立京师大学堂,参酌日本制度,颁发学堂章程。二十九年,张之洞、袁世凯二人联衔奏请停止科举,奉谕分三次递减。三十一年,各省督抚又纷纷奏请,是年八月奉谕停止科举。于是自唐以来,历一千二百余年之科举,竟一旦废除,不算为不痛快。是年冬设立学部,司教育专职,推广学校。三十四年,学部开办分科大学。当时颁布的教育宗旨为五大纲:一忠君,二尊孔,三尚公,四尚武,五尚贤。这种教育的意义,一望而知是战败后的一种反响。也可说多少认识了欧西文化,欲抄袭其学制,学习其科学,准备制造新式枪炮,编制新式军队,以为雪耻复仇之用。然而结果只抄袭其皮毛或名称,至内容实际与精神完全不相同,而且连形式上也谈不到。一般大人先生还不肯低头下气,喊出“中学为体,西学为用”的口号。表面上学校是新政之一,看得十分重要;实则办学的人还没有放松其封建式的头脑,就学的人更不肯抛弃其科举做官的思想。这种不伦不类的新教育,不能有什么效果,自不必再申说了。

光复以后,学制略加修改,名称大批改换,各地纷纷设立专门学校及大学,形式稍稍近似东西洋学校,总数竟达一一五之多。其中私立的有三十六校。因互相竞争招生关系,学生程度降低,毕业漫无标准限制,甚至有滥发文凭者。后来教育部渐渐取缔,到民国五年学校总数减至八六。中经几次内战,因教育界之奋斗努力,民国九、十年时,江南高教颇放光彩。民国十二年,新学制行后,形式上渐渐接近美国学校。到了民国十七年,国民政府奠都南京,中央宣布以党治国,教育当局命令全国以“三民主义”为教育宗旨。于是各地各校纷纷标贴党化教育标语,一时革命空气紧张,大有刷新教育之希望。中央把教育部改为大学院,欲直接采用法国制度,行之未久,又复原状。不久当起争变,门户分立,或以党权占据某大学,或以异派分某割学府。今天某党收买某大学学生攻击校长,明天某大学校长利用学生,呐喊口号,打倒某派。至于某学府豢养运动员为校长保镖队,某大学学生手枪对付校长与教授,此种事情在大小报纸上已司空见惯了。影响所及,凡稍有能力的大学生被动或主动地参加某党活动,替某党某领导呐喊、抬轿。书本尽可搁置不读,讲义亦可不领,上课与否再没有人来调查你,而且没有人敢来约束你。目前既有津贴可享用,日后毕业出路更有势力作你的后盾,举两得,何乐而不为呢?学风弄到如此,那埋头读书的人真真是书呆子了。但是问题也不这样简单,大学生毕业数目一年一年地增加上去,各机关的位置安插有限,到后来权要的人也无法为大学生谋出路,于是做小党员的往往抱怨一般领袖,说是需要抬轿时认识他们,不需要时就不理会他们了。此说未免太误会、太冤枉了。可是从此大学生生活觉得烦闷、悲观与灰心。仿佛说平时不活动,埋头读书的到毕业时既是没有办法,那末参加活动的,平时气焰逼人,为何到毕业时也像丧家之犬呢?当此不景气笼罩着大地,世界诸强国的大学毕业生也正愁着出路问题,好像我们弱小贫苦的中国,半殖民地的国家更该配大学生是没出路的。但是我们仔细想想,我们中华偌大一个国家,全国人口有四万万六千余万(依照二十四年《申报年鉴》统计),各地事业都感到空虚,缺乏人材,难道几千个大学毕业生就没处安插吗?依照教育部二十一年度全国高教统计,专科以上学校毕业生为七,三一一。又廿二年度全国专科以上学校学生数为四二,七一〇,占全国人口十六万分之一。照统计理论上说,我们目前中国的大学毕业生不该有失业的。照事实上讲,现在各处地方事业,不拘教育与建设,都感缺乏人材。我们留心各方面刊物的文字,关于人材恐慌的记载不在少数。《教育与民众》第六卷第四卷五、六期有民教人员特辑上中下三辑。高践四先生估计全国民教完成的时候,单在农村方面工作人员需要五十四万,这个数目岂不是很大吗?民国二十三年七月北平各大学毕业生四百余人联盟组织职业运动,南京大学毕业生五百余人亦起来同声相应,行政院当道受了这个刺激后,就设立全国学术工作咨询处,从事于登记、调查、介绍等三种工作。同时铨叙部方面对于专科以上毕业生的出路问题,也提出郑重考虑,拟将公务员每年举行一年考,三年举行一总考,成绩恶劣的,实行淘汰;高等考试每年秋季举行一次,被淘汰的公务员,即有每届高考及格人员按期递补。政府对大学生出路也不可谓不关心了。然而事实如何?去年十月底,《申报》曾发表时评,谓咨询处登记的仅一百二十人。足见补救办法的成效,微乎其微。总之,在大学毕业生失业问题上看,已到如此严重;从全国地方事业上想,需材又那样急迫。这不是一个极大的矛盾吗?学术工作咨询处与铨叙部,无论如何负责,恐必解决不了这个问题;因为这非根本上办法。我们要解决大学生出路问题,非得要从大学本身上研究不可。

我国现行大学教育之不适宜,不仅如上述党派纷争、学风败坏的问题上。因为这些学校行政与教学方法,尚属枝节问题,跟着学制与行政系统而来的。有了畸形的学制和不正当的行政系统就会发现怪现象的学府和丑态百出的学风了。我们的学制形式上是直接或间接抄袭欧洲各国的。欧洲各国教育有它历史的背景。简单地说,它起源于希腊罗马:希腊长于想象力、审美性和理想性;罗马长于实行。二则乃构成近世欧洲之文化(此乃依照历史学家的说法)。到了十九世纪,欧洲工业发达,先进的要算英国,各国群起仿效,于是学校教育一大转变。一直到现在,可说他们的学制完全适应工业经济社会的组织。换过来说,他们的学校是工业经济社会的产物。回看我国社会情形和他们完全不相同,那末盲从地抄袭了他们的学制,还有什么办法呢?用了不适宜的学制,或竟可说不应该有的学制,学校办不好时,还要抱怨办学者,这才算是冤枉咧。再回看我国历史上的大学教育究竟是什么一回事呀。我上面已经把历代的学制叙述过,我国历代的大学教育可算是一种政奴教育。为帝王的要想选择臣材,诱以利禄,以麻醉天下俊才;并用帖括和八股的方法来束缚士人心思,防止他们犯上作乱,以达其家天下子孙万世的目的,一般士子为投机侥幸目前一己的富贵利达,不问学制之合理与否,教育之适宜与否,一味帖耳降从。沿久成习,大家认为读书就为做官,做官为读书人唯一的出路,倒像天经地义的方式了。这个历史已有一二千年,要纠正这个观念,确也不容易。故到前清末年,废掉科举,设立学校,表面虽是模仿欧洲学制,实质精神上还是一种科举的变相。就是到现在,学制虽经几度变更,一般观念何尝与历史上教育有异样呢?但看近来大学毕业生要求政府安插,行政院赶快设立咨询处,铨叙部就提议逐年淘汰旧公务员,以便安置新大学生。这岂不是上下一心一德,认为大学毕业生,理合做官,做官为大学生唯一出路吗？记得前清有一留学生，专习眼科，回国后，政府委任某县知县，说者引为笑柄。其实到现在，这种同样的例正多着咧。难怪目前的大学生还是牢固不破地认做官为最后的目的，大学文凭简直是做官的敲门砖。所奇怪的，大学教育既以做官为目标，为何不痛快地把各大学一律改为政治大学，或政治专科学校，而要勉强地仿照欧美，名为普通大学，分为农工商等院呢？

我们认为现行学制不适合国情，尤其大学教育具有危险性；因为他离开了大多数民众，脱离了社会实际的生活。我国的大多数民众是占全国人口百分之八十五的农民。而现在的大学生都是都市的少爷小姐阶级（农民子弟毕业于小学后，升入中学，即离开农村；如果升入大学，那就是完全都市化了），要他们下乡，却很不容易；假使要他们接近农民，那是更办不到了。所以现在一般人高呼知识阶级下乡去、大学生下乡去，在教育没有改造之前，简直是空话（现在下乡的知识界人士，乃出于特殊志愿，属于例外，占最少少数）。现在各大学的课程，无非是抄译欧美或日本的书本知识，凭口传递，与中国社会实际生活毫不发生关系。试问这种教育有什么意义呢？所以我们现在不得不急切盼望教育行政当局把大学教育根本改造！改造的方案，当然应该郑重考虑，经过多数人参加意见。不过上面所说的两个原则也值得顾到的，就是：（一）不要离开大多数民众；（二）须要切合社会实际生活。

一方面还要希望大学教授出来提倡！当一八二三年，格拉斯哥大学教授白拍克辞却教授之职，跑到伦敦，加入工人队伍里，领导他们，教育他们。——英国工人教育之发达，十九世纪工业之进步，欧洲社会经济组织之巩固，受白氏之影响很不少。目前的中国只有乡建运动大家认为民族自救的一线曙光，那末希望先觉者赶快跑下田间来，领导农民，促进乡村的改造。使得都市中的少爷小姐们早早觉悟，抛弃了虚荣的头衔，丢掉那装饰品的教育，来和劳苦大众过合理的生活，享受大自然给予的幸福吧！

（原载于1935年《乡村建设》）

下乡的趣味

——农村工作经验谈

二月十九日，我因为要召集工作人员谈话会，并且通知乡人明日中大农学院将派人下乡演讲，遂于下午三时，放下了秃笔，携了小小的包裹，向龙眼洞出发了。先在中大后门搭乘白篷车，至沙河时已三点一刻。跑进利农公司，看见货车上还没有人，随即坐在待车室内翻阅报纸。过了约二十分钟，抬起头来，忽见室内人已走空，并听得隔壁汽车在那里响了，立即跑过去，始知汽车正将发动。不知何故，今日汽车特别早开。急忙跳上车，补购了票，就那厚积泥垢的木条上坐下。车中乘客只有四人：有猪三头，放在竹篦里，不断地哼哼……作叫，而且不时撒下屎和尿来。我见了很高兴。因为以前我常听人说，这种货车是载猪的，可是我来来去去，终没有遇到载猪，常常只见堆积农产物及农业工用品。今天得和猪朋友同车，倒是第一回，后来车子开了，因为车中没有货，颠簸得非常厉害。两个脚是踏不住了，只靠两只手紧握住旁边的木栅，可是身体还是东倒西摇。同时车下的泥土飞扬起来，掺和着被风吹干的猪屎，迎头扑面，使我两眼不能睁开，呼吸也不敢遵照常轨实行，于是俯着头，胡思乱想道："今天我真的尝到猪屎了。其实住在都市里的人们，谁有不吃过猪屎呢，农人用猪屎来做肥料，农产品不论间接直接，多少有猪屎的成分。不过今天我的耳目口鼻都尝着猪屎的味儿，确是难得的机会。"闭着眼，时间过得很快，一刹那，圆岗到了，车子停靠数分钟，得放开了眼，胆大地透了几口气。车子再开时，照旧俯头闭眼，胡思乱想。不久，龙眼洞到了，急忙跳下车，张眼一看，满身都是黄粉，便用手巾上下拂拭一下，开了步子，三步并一步，直向实验区跑去。跑进办事处门，即见干事梁先生身穿短衣，手里拿着墨笔，正在那里写通告：何先生很忙地，满身灰尘，手里握着扫帚，在那里打扫房间；吕先生攀登在梯子上，手里握着大斧，在那里装修旧门。我看到这种情形，心里深深感动，精神也更兴奋起来了，路上所受的疲劳顿然消除。过了一回，女干事冯佩珰先生也来打扫教室。他们那种奋斗的精神，劳动的兴趣，很值得佩服的。后来我问何先生道："你们的工作是怎样分配的？"他答道："我们并没有分界线，哪个有空暇，哪个就做。方法大家想，工作大家做。"我因此想起上学期的情形，计划由我想，工作没人做，与现在相比，大不相同了。他们这回都因志愿参加的，毕竟态度殊异了。但愿长此下去，工作人员热烈程度不改变，中途不至发生其他阻力，那么实验区的前途很有希望。这是个人很引以为愉快的。

我于龙眼洞已经受过两次的感动了。这算是第二次。第一次是在举行成立典礼那一天。这事在本年元旦节，恰巧遇着倾盆大雨，天地昏黑，都市中人皆畏缩家居，不敢出门一步，而龙眼洞民众却兴高采烈，栉风沐雨，奔走筹备布置。好像风虽狂，雨虽骤，绝对吹打不到他们身上的样子。这种精神断非都市中人所能梦见得到。那天早上有人对我说道："这种天气里还开得成会啊？"我回答道："不管。无论怎样，一定要下乡开会的。"到了下午，大雨滂沱不止，而且一阵紧过一阵，原定下乡参观的，纷纷来函通知作罢。有几个同学竟来问我道："这样横流泛滥，难道汽车还能开驶吗？"我说："今天难道交通已断绝吗？还没有到水淹的程度咧。"到了二时，中大公用汽车居然开到，我们奋勇前往的，只有七八个人。沿途风雨潇潇，景象非常凄凉，我心中着实纳闷。哪知半小时后，车抵龙眼洞乡，忽于车窗中望见数百民众齐集车站，高揭旗帜，冒雨鹄立，虔诚欢迎。一见中山大学汽车开到锣鼓大鸣，舞狮活跃，炮声齐作，震撼山岳。我们在车中见到这种光景，不禁个个兴奋跃起，争夺下车。有伞者忘掉张伞，有雨衣者忘穿雨衣。雨点虽犹继续淋漓，群众却都感觉不到了。我们下车后，急忙步行至实验区，一路墙壁树干上满贴标语，乡人扶老携幼，穿着新衣，笑容满面，夹道欢呼。及至会场，开会时，男女齐集共有八百余人，兴趣热烈，与都市的冷淡情形相比，判若两个世界。这种情景，使我心中深切地感动。当晚回校后，我脑中还有许多问题继续盘旋着。都市的人怕风雨，为什么乡下人不怕风雨？都市的人怕劳苦，为什么乡下人不怕劳苦？乡下人很敬重智识阶级，为什么智识阶级不很注意乡下人呢？大家口头喜欢谈平等，究竟人类的平等在什么地方呀？至今回思，还觉得有无限意味，却不能尽量用笔墨描写出来。总之我们下乡是有意义的。稍尝劳苦，算不得什么牺牲；和猪畜同车，并不失掉什么身份。请看我们的口号吧：

一、勿要把帝国主义的商品带到乡下去！

二、勿要把城市的绅士架子带到乡下去！

三、勿要把都会少爷小姐的生活带到乡下去！

四、要把全部时间放在乡村运动工作上！

五、要把全副精神放在乡村运动工作上！

六、要虚心地一面做，一面学！

（原载于1935年《新宇宙》）

1934年夏周葆儒在中山大学创办龙眼洞乡村教育实验区率学生下乡实习留影

下乡的要着

下乡的初步，顶紧要的问题，是“如何接近民众”。接近民众顶普通的办法，是借重医术。试着苏俄电影的生路，几个在街头做扒手的小流氓，简直无法教训；后来某教育家扮作医生，替他们医病，因此得他们的信仰，和他们接近；渐渐地引诱他们去工厂内做工，发展他们的天才，就变成有用的工人了。一个不同阶级的陌生人，要使民众接近，确是一件不容易的事。非先使民众有个深刻的印象，得到直接的利益必不能行、人生有了疾病痛苦的时候，得到一种救护，所受感激印象，没有比它再深了。况且劳苦大众，衣食尚不能维持，医术更谈不到。一旦有上层阶级出来，赐药赠医，正如自天空降下的救星一般，那得不感激亲近呢？

农村社会与都市社会绝不相同。农村平日来往的人很少，时常见面的人，无非有血统关系的家族、亲戚以及邻居，其次则为教师与工匠之类。不比在都市的人民，社交复杂，常常与成千成百的人往来相遇，或共同居在一处，然而多不相识的，一见了面就发生关系，一转身就会忘记了。如果一个陌生人跑到乡里，昧然要干什么事，至少被乡人疑为骗子，或指为奸细，什么“抽捐”啦，“抽丁当兵”啦等谣言就会起来。尤其知识分子要给乡村民众认识接近，其困难当不亚于教育家欲使街头乞丐、小偷受教育，做好人。所以考察各实验区工作人员下乡，都带有药品为工具。

据黄炎培氏报告徐公桥的经验，说道：

“我们一般同志，都是站在教育方面的。可是踏进徐公桥，决不能摆出我们老架子。我们认定孔子遗教——‘君子信而后劳其民，未信则以为厉己也。’——《论语》很想先从‘信’字打上些基础，可是从哪里取得呢？觉得比较有效的，就是两事：(一)——施医药自改进会成立，即举办施送药品。后来就改进会设医诊所，设药库于分会，聘医师一人主其事，凡种痘、防疫、疗病、急救，村民均认为有效。(二)放款——先举办借贷合作，轻利放贷。先后举办九期，最初两期，每期五百元。以后每期一千元。共八千元。到期本息，绝无欠缴，已养成习惯了。后来举办信用合作，先后贷出将及三万元。继续至今，这两件事是'有目共赏'的。尤其是在村民心目中他们的批评,称改进会是做好事的,劝人家做好人的。"

又据山海工学团的报告,他们下乡时携带的东西:(一)医药用品——阿司匹林两盒,金鸡纳霜一大瓶,救急药水一箱,胶皮布一筒,硼纱一盒,纱布一盒。(二)娱乐用具——留声机一架,唱片十五张。

看了上面两处的报告,知道他们用的工具除医药外,还有金钱和娱乐用具。的确,现在农村经济破产,生活艰难,又时时被新旧土劣重叠地压迫剥削,一般农民正在那里求生无法走投无路,忽然有个团体携了大宗款子光临乡下,轻利散放济贫扶困,这是大慈大悲、救苦救难的恩德,不待援引孔子遗教,群众莫不攘臂争先,唯恐或后,还有谁来不接近不相信你呢?不过这种办法,是否能普遍地实行,却成一个问题。兹举晏阳初氏一段话,可以看出这事的评价。他说:"有些人把农村运动,看作就是'农村救济'。固然,看到中国今日的农村,他的破产的情形,那样地悲惨,那样地可怕,谁忍说:不应当赶快救济呢?但是农村救济远大悠久的意义。若竟把农村运动,全看作就是农村救济,这未免把农村运动的悠久性和根本性抹煞了。"

农村娱乐事业,确是应该提倡的。但是劳苦的农民终年要维持肚子饱,尚且不易,哪里还谈得到购置文明音乐器具呢,所以有许多远僻的农村民众,生来还没有看见过留声机,更不知道唱片上会发出声音来的。如果下乡工作人员带了一架留声机下乡,我可断定,随时可引得许多群众,尤其涂着花脸,鼻涕挂到唇上的儿童——环绕看你,呆看呆听咧。诸位不信,但看街市上的洋货店大减价,店门上装置一架起码货的无线电发音器,早上农民上市时,蜂拥聚听,途为之塞;晚上放工后,一般劳工又群集静听,津津有味。比不得资产阶级躺在沙发上,听惯优美的饰音,经过街头音乐处,反觉得讨厌了。但是这种吸引民众的小技,是否根本办法,也成一个问题。试看不景气的商店,大擂大鼓地引诱群众,效果如何?恐除掉群众挤拥在店门外,没有其他成效吧。群众袋中没有钱,始终不会跑进店门的。

下乡人员要和民众联络,除掉利用这些工具外,是否有其他办法?我以为根本途径,先要使地方领袖了解,让领袖出来发动、宣传,等全乡的民众明白了乡运的工作,和认识某团体的组织,造成一种很好的舆论和空气,然后开始进行,一切事业就能迎刃而解,势如破竹了。这种途径我们曾经试验过,认为颇有意义,特提出来,请同志们指教!

设备方面,最好利用现成的。不必另砌炉灶,以致经济上蒙受损失,而且还要出力不讨好。徐公桥的办法很对:“……以及推行新农具呀,推广的副业呀,倡导除虫方法呀,大都利用现成。总之自忖能力不及的事,吾们决不随便干,免致蒙受重大损失……”办事地点即可借用学校,最好以原有农村小学为中心。我们乡村运动应该以教育为出发点,在理论上可说得过去,在事实上,乡民对于原有学校已有认识且有接近的习惯。比较另立机关,手续既是麻烦,又易惹起民众的疑心。我们但看山海工学团下乡之初,即为房屋问题,碰了一个大钉子。这种事实在我们看来,是冤枉的,是白费工夫的。但是在山海工学团,也有他们不得已的苦衷。因为他们择地的条件是太苛了。他们订有五个条件:(1)二里以内,有五个小的村庄;(2)交通比较便利;(3)没有学校;(4)有破庙民房公共建筑物可以租借的;(5)不在大上海发展的方向。有了这五个条件,怪不得他们为了找寻地点,已费掉许多时间和力气。几个条件中间,尤其第二条和第三条联合起是最难。因为一个乡村交通较为便利,一定已经设立学校。倒是穷乡僻壤,交通不便,多数缺乏学校,民众没有享受教育的权利。山海工学团几位先生大概以为有了学校,民众已经受了旧式教育,设施新教育时较为困难。可见要改革旧式教育,比较创办一种新式教育,还要艰难。幸而他们后来在大场附近找到一个侯家宅地方,适合他们的理想,不致落空,否则他们不知道要找到几时哩。更幸侯家宅村庄文化落后,以前没有设立过学校,否则哪里有这好机会享受这崭新教育呢?这种办法,我们不敢效法他们,因为我们感到中国目下的农村个个有改进之必要,除掉几处已经设了实验区,无需我们去画蛇添足外,任何一村都可以的。只要起头想法与他们合作,使他们接受我们的合作。打破了这个难关,就没有问题了。

乡村小学为乡村唯一的文化机关,小学教师为乡村的先觉者,应如何领导民众,这是卸不掉的责任。况且教育绝非限于课本和课内的工作,课外活动尤为重要。所以一切指导改进乡村工作应即由教师担任,实验的工作人员与教师不能分界限,办事机关也不能与学校分界限。这样的实验较为有普遍性与永久性。

下乡的工作人员,应处于辅导的地位,一切的活动由乡村中人为主体。同时培植乡村中主干人材,得渐渐地由提倡、指示、领导,而至于移交,得达到本乡事由本乡人办的目的。这差不多是下乡工作同志们同一的口号。但是男女老幼的民众中,究竟用哪一班来做中心,这事很有研究的价值。晏阳初氏说:“这三万万的农民当中,年老的成过去,自难达再造的目的;年幼的又尚属将来,目前等不及他来担负国家急切的责任。所以今日农村运动的主要目标，要特别注重在农村的青年男女。这些青年他们不但可以为继往的好手，又可以为开来的良工。他们真可做救护中国的生力军，改造中国的挺进队。”我们以为这种主张是很对的。回忆历史上曾告诉我们，十九世纪前期，丹麦格龙维氏创办民众高等学校，也主张招收十八岁以上的青年，先行训练青年，为民族运动的中心。我们这回在龙眼洞乡村教育实验区试验，也注重在青年组。经过时间虽还未久，所得效果却有出于意外之处。二十岁左右的青年，精神饱满，兴趣蓬勃；肯进取，肯牺牲；有胆量，有力气；肩可以挑，手可以提，足又能跑远，做事很起劲；召集他们训练起来，组织起来，活动起来，无需多大的推动力，他们已能实践进行了。在此刻我们只觉得于实验区办事上得到青年很多的帮助。至如晏君所说：“他们真可做救护中国的生力军，改造中国的挺进队。”我们此刻不敢预夸，更不敢把粗浅微小的事业成绩琐碎地叙述出来，见笑大方。详细报告，等待将来吧。

（原载于1935年《民教半月刊》）

1935年，自行车是新潮代步工具。这是周葆儒在山东邹平工作时拍的照片。草帽，布鞋，自行车横梁上搭着放文件的布袋。

邹平简易乡师的过去与将来以及乡师在乡建运动中的地位

乡村建设运动,经过这几年来一般学者的提倡与实验,渐渐有些头绪。它的路线,它的进展步骤,渐渐明晰,也渐渐一致。但是有一个根本问题依然急待解决:就是人才问题。

任何一个社会运动必须具备三种人才:领袖人才,技术人才,干事人才,好比自来水必须水塔、打水机、通水管三者具备,才可以供给水。乡运的领袖人才近年来日渐出现的很多,虽然将来要经过百川归海的淘汰过程,现在终算不愁缺乏。技术人才必须借石他山,例如农业技师、工程师等等,非罗致专门人才不可,——在今日社会状态之下,稍明社会国家大义的专门人才,也都乐于贡献他们的专门学问给乡村,所以只要乡运的空气一天浓一天,那么一般专门人才也会一天增加一天。算起来最感缺乏的是干事人才。

倘若以数量的多寡说,今日的乡村小学教师和其他乡村工作人员,比领袖和技术人员多出几十百倍,但是用比例来说,就感觉不足。倘若再考察现有干事人才的能力,那么更觉有干事能力的人才太缺乏。人数的不足和有能力者的稀少,国内一般乡运领袖们都时时发急的。但是人才的培养,不是工厂货物的制造,可以加工加速,人才是逐渐产生的,加工加速的大量生产会形成揠苗助长的情势,于乡运前途不但无益反而有害。

照目前一般乡运论,所谓干事人才,大部分是:乡村小学教师(当然还有其他工作人员,但数目究属不及小学教师)。乡村小学教师的来源,依照教育部的规定是各种乡村师范的毕业生,照研究院的过去的安排,是县学师范部与研究院训练部的结业生。研究院县学师范部现已改名为邹平县立简易乡村师范学校,到今年还只有二个足年,没有办过毕业。研究院训练部先后结业者三次,共计八百六十九人,这许多同学分布状况:回各本县者一百五十二人,去鲁西实验区者四百六十九人,去各省市者三十一人,去利滨霑三县者五十六人,留邹平者九十六人,其他六十五人。关于服务指导方面,研究院有指导处负责主持。至于乡师一部分情况,据我二人所知道的,约略一说。

邹平简易乡村师范学校(原名邹平县学师范部)是二十二年秋季开办

的。当时主办人有杨效春、张石方两先生，借用邹平孔庙的房屋为校舍，招收学生五十名，课程是参酌鲁省简易乡师课程与县学师范部的课程安排的（注：当时教育部的简易乡师课程标准还没有颁布），所以课程中有乡村建设大意、乡学村学须知、本县实验计划及章则等。但日常生活，与寻常所谓师范学校者有许多不同处，例如全校杂务的处理、对于首善区青年教育的工作、全县图书的流通，以及到小学实习的开始等等都是参酌县学师范部的原则规定而进行。两年以来，虽然主持者更换数人，但是一种朴质向学的风气一些也没有走样。今年八月又招师范生一班，计五十名，所以从秋假以后，本校共有师范生九十五名。其中有女生三名，男生九十二名，完全都是来自田间的少年。全年经费，前两年度每年一万四千九百八十六元（师范部用七千三百十四元，小学部用七千六百七十二元），其中教师薪金约占百分之五十，购置费占百分之二十五，学生津贴占百分之七，办公费百分之十五，预备费占百分之三。本年度增加预算为全年一万五千二百二十元，经费的分配比例，与上年度相差无几。

小学部原名附属实验小学，有幼稚园一班，小学九班，共有学生三百四十二人，该校本来是县立高等学堂，很有历史的，自从改为实小后，在方法上变更的很多，在人事上倒并没有多大变更。

图书本来是民众教育馆的一份，自从并入本校后，对于旧有工作继续进行。现有图书二千五百零九种，计一万四千三百五十三册。

全校导师共有专任者二十人，兼任者八人，共计三十人，最高薪金每月五十元，最低十五元，平均约三十元。

以上是本校过去的情形。为着便于说明起见，逐条列述。今年八月宗麟葆儒从南方来鲁任教研究院，因为简易乡师是教育事业之一，所以梁院长派我们来接干这个学校。我们虽然对于乡运都干过一些时期，对于梁漱溟先生所主张的乡村建设理论有相当的认识，对于邹平过去的工作事迹有相当的领略，但是究属初从他处来，一切精详细微处不一定可以处处融合。所以我们与全校同事诸先生共同商讨了一个二十四年度的改进计划草案（草案已经登载在本刊五卷二期）。那个改进计划，一面是使本校有极毫末极肤浅的改进，一面也就想在工作的过程中，愈加认识邹平的事业，作为将来第二步改进计划的准备。

写到这里，我们还想提出几个关于办乡师的问题来。自从乡村教育的呼声喊起以后，素来不见世面的乡村小学教师渐渐被人重视了。自从乡运的风气渐浓以来，乡村小学教师不但被人重视，并且他们的工作也有些许变动，也可以说增重了许多。乡村师范是培养乡村小学教师的机关，所以乡师的课程与办法也必须跟着变动。这个变动，就生出几许争执。乡村小学教师的职业分析，虽然没有人详细做过，但是大略的估计已经早有人提出来。照此估计，乡师是否能够办到？或者可以这样说，一个小学毕业的学生，经过四年的乡师生活，是否可以做到这样地步？社会的要求、乡师的实力、师范生的学习能力，这三者应该如何安排？我们也确实知道许多学问可以从实地工作上去求得——向上的小学教师可以永远地向上长进，但是如何能够培养向上的力量、如何培养愿意向上的态度等等，必须由师范负责。这是我们值得注意的一点。

其次是我们所培植的师范生，希望他们将来干些什么。做小学教员呢？做乡村学教员呢？做古庙鼓钟录里的教员呢？做吕氏朱氏乡约工作中的教长呢？当然啦，本校的方针是已经决定的，所以培养的人才也当然依照已定的方针做的。不过在初实行时，就难免几许困难。最大的困难，是学生的来源。照一般的规定，简易乡师是招收小学毕业生。小学毕业照正常学龄是十二岁，加上乡师在学时期四年，是十六岁。十六岁的青年，怎能负起教长或教员的重大责任？一般农民看到十六七岁的青年也不敢重任他们。还有小学毕业生的基本学习能力是否已有相当基础？倘若加以普通师范的训练，那么只能做普通小学教师，倘若加以特别的训练，是否胜任？这是一般乡师必有的困难。本校现在还没有感到这两点的困难，尤其是年龄一层，照现有学生年龄大都可以在二十岁以上毕业。不过这是特殊情形，不是正常的，尤其是一般简易乡师不容易做到这样。因为本校系从前县学师范部改易名称的——自不能希望一般乡师都做到这个地步。这是问题的第二点。

乡村师范最困难的不在课程的安排，而在教师的选聘。乡村师范的教师除知识的传授外，尤其要注重实地的工作。如何能带着一般青年人下乡去？如何使能从乡村来的青年不染城市气？如何能了解农人的心理？如何能参加农人队伍去做民族自救的工作？如何能使各乡联合？这种种农村运动的初步工作，乡村教师必须亲自能干得，至少也要能懂得，那么才有领导师范生下乡去的可能。谈何容易，找到这类人才！普通大学生能够胜任的就不多，因为一般大学教育的训练学生不很注意到这点。而国内训练这类人才的机关又不多。——这就是乡师渐渐走入普通学校路上去的一个大原因了。乡师如变成普通学校，一切乡村工作都不易着手，也可以说是乡运的一个大厄运。这层困难，在本校是不会遇到的，因为本校也可以说是研究院的附属机关，全体教师都由研究院供给。照现有情况，师范部教师，除宗麟葆儒来自南方外，其余教师完全是研究院结业生，小学部教师也参加研究院结业生，且从本期起研究院研究部学生来校实习，所以本校对于教师的困难可以完全免去，但是据我二人足迹所经各省，乡师师资的困难，在最短时期极难解决——这是乡运前途的一个极大的危机。

倘若承认乡村小学是干乡运的基层机关，那么乡村小学必须有切实的联合不可。谁做这个工作呢？照一般教育行政情形论，联合的工作是教育局（或县府教育科）主持的。但是中国过去教育行政机关与其他行政机关发生关系太密切，难免衙门气行政化，下乡干工作是不很容易的，所以有人提议以为今后的联合乡村小学工作由当地乡师负责较为妥当。——例如江苏的师范辅导区就有这个意味。但是师范只有辅导责任，没有调度的权，也难免扞格。甚至教育局与师范各利用小学教师做武器。——这种种困难，在本校是不会有的，也永远不会发现的。本校对于辅导乡村小学的工作，另设社会事业部专司其事，在县政府有第五科及各乡辅导员专司其事，这两个机关在名义上是分立的，在实际同出研究院的一系，不但行政手续无扞格之弊，即指导上也完全相同。

乡村小学应该如何办理，言人人殊。主张设计教学法者，本着他的设计教学法写一部乡村小学的办法，按之实际，不但是徒具躯壳的小学，甚至绝对不能适用于乡村的小学。梁院长说："乡村小学必须简而易。"这是一句极中肯的话。乡村小学的详细办法，如教材、设备，对社会、对儿童等等，目前没有一个可以做模效的现成事业。这点，本校打算从两方面进行：一种是试办适用于乡镇中的小学，另一种是适用于寻常农村的小学。本校名义上只有一个附属小学，实际上全县小学都可以做我们的实验，所以做起来比较容易得多。

总结上述各项，本校是研究院全部机构中的一部分，各方面都可以极方便极顺利地进行。因此我们很愿意贡献一句极通俗的话："乡运是整个事业，必须有整个的计划、整套的机构，然后才有进行的可能，才有些许成就的希望。"

二四，九，十二

（原载于1935年《乡村建设》）

1936年4月15日周葆儒在山东邹平与工作人员合影

编辑后话

我们这回编辑和普通编辑先生照例说的:“因为时间匆促……”等话有些合不上来,因为我们这回时间却是很从容的。原定第七期和阅者见面,后来因事又展缓了一期,足足延长了半个多月。时间既如此从容,那末内容应该是很充实的,但事实却不尽然,因为时间长了,别的工作反压迫上来,不能一鼓作气,群情有些涣散,就费了许多催稿周折,结果还不能照原计划地收获。这回交稿最早的,是梁漱溟先生。起初编者请梁先生做序言,梁先生回答说:“怕没有工夫,不能做,请不要算在账上吧!”过了几天,忽梁先生的稿先交到。古人说:“君子欲纳于言,而敏于行”,梁先生那种精神很值得我们模仿的。

我们这回编辑专号的用意是有两点:一为来本校参观的人,常常要索取各种表格及各项规程,可是我们的表格随用随制,很少余留下来;各项事业的规程和办法,又很琐碎,没有集中整理。而且每逢参观人到校,我们各部虽有口头报告,并有简单的参观指导印刷品送给参观者,但是参观者总觉得不够,总是问:“还有出版物出售吗?”希望有一种较详细的出版物,带回去作参考。于是我们想到编辑的需要。二为乡师改组后,开学不久,各部事业分头进行,工作十分紧张,我们自己也要互相明了各种事业的状况和各部进行的计划,一方面需要整理一下,一方面可以检讨一下,因此引发了我们编辑专刊的动机。我们编辑专号的计划决定后,去向半月刊总编辑商量,蒙一口答应。后来我们因事延搁,又蒙一再来鼓励我们。所以这次能够出版,一大半还是半月刊编辑先生的功,这是我们应该感谢的。

在梁漱溟先生的稿子里最重要的意思,是希望我们的小学不要办成和其他实验小学一样,使得一般乡村小学可望而不可即。应该切合乡村实际情形,顾到占人口大多数的农民的教育。在张宗麟先生的文章里也不约而同地注意到这一层。此后我们小学所取的途径也可以想见其大概了。至于师范教育,那是张宗麟先生的向来主张,应该以小学为中心的。凡关于师范小学幼稚园打成一片的办法,希望读者特别注意地方。《我们的生活》,是黄省敏先生做的文章，我呢不过写一个简单纲要罢了。生活的范围包括很广，各种事业与章则又很琐碎，缀集起来很不容易，所以很费黄先生的功夫。我们的事业正在那里进展着，自然所写的不过一个大概罢了。《我们的分组》是张宗麟先生写的纲要，由张立民先生写文章，写得很详细。田乐庭先生是我们团体中间最老老将，所以《我们的简史》由他出笔，最为得法。《小学过去的实验》一文是由梁君大先生和张伯安先生合做的。两位先生亲尝甘苦，说话来得切实。他们的主张和办法在文中可以看见了。《我们的辅导事业》一文由谢腾英先生和喻林炎先生负责。先由谢先生起草，后由喻先生补充，文虽简短，语多扼要。《我们的日记指导》由石庚三先生动笔。凡儿童做日记困难问题，都被石先生道破。所举表簿式样，很可供一般小学的参考。《我们的农民科学馆》是张伯安和朱抱坚两位先生写的。两位先生担任这方面的事情，设立时期尚短，此刻不过是开头罢了。《我们的图书馆》是李靖宇先生写的。李先生服务于图书馆已有几年历史，所以把过去情形及未来计划写得很翔实。《我们的农事》是胡永桢先生所写的。他的计划大纲交出来已有两个多月了。办法很周详，不但在我们乡师里很适用，也可供别处乡师的参考。所举困难问题大概下学期一定会解决的。关于幼稚园办法，特请戴自俺先生帮忙，把张先生的讲演纪录出来，一方面可以使阅者略知我们幼稚园的情形，还一方面添进了戴先生的文字，使我们专刊生色不少。

这回编辑的时间很从容，编辑的工作却很草率。缺点地方一定很多，只好希望将来再来一次的时候，努力补救吧。如蒙阅者诸君不吝指教，不胜感激之至。

（原载于1935年《乡村建设》邹平乡师专号）

1935年12月周葆儒在山东邹平工作时留影

华南的一个乡村教育实验区

坐落番禺县东北，距广州市约二十八里，三面环山，有一个村落，叫作龙眼洞，林木葱郁，阡陌交错，村落范围约七里许，东南有公路，汽车直达增城，男女人口合计一千七百余，全村均为一姓，"樊"氏。祠堂有十数间，所谓"聚族而居"者。村民生活尚能自给，故出外谋生者不多，约占全人口百分之十。出产以米、姜、葛、芋为大宗。种水果及蔬菜者极少，仅占百分之一、二。

这个村落不仅地位风景都好，过去曾有一页光荣的历史。据说，当清初入关的时候，该村民众不肯投降，后来清朝派兵围攻，他们誓死抵抗，支持有数年之久。这种有价值的事迹，我们听了，不禁肃然起敬。可惜现在已到衰落时期，经济状况远不如从前。一入村门，到处可见颓墙残瓦，枯井断垣，一种不景气形象跃然于眼帘。

全村有小学一所，原名"至德学校"，设在"一洞"祖庙内。学生最多时有一百二三十人，最少时有五六十人。也曾经实行过男女同学，近年来则不准女生入学了。二年前，县政府收归官办，并改为中心小学，辅导附近乡村小学共十三所。可是乡董大起反对，反对的原因是为争夺聘用教员之权。后来县教育局和他们交涉妥当：校长由县政府委，薪金并由县政府出；教员由乡里聘，一切供给亦由乡里负担。自此校长与教员不能合作，乡里人又与校长感情不好，学生就此减少，校务渐形废弛。

二十三年秋，我们去看见这种情形，就向番禺县政府提议，把这个乡村改为实验区，以原有小学为基础，试验乡村教育，并请县府把中心小学移到别的村庄，免得使系统混乱。县府赞成此议，就于十一月开始筹备，定名为"国立中山大学番禺县政府合办龙眼洞乡村教育实验区"。

该村教育没有普及，这是意料之中事。查全村人民受过小学教育者不满百分之三十，其受过中等教育者更不及百分之一。妇女既被屏于学校门外，又被严酷之村例、祠规所束缚，除守着旧习惯所谓"不落家""自梳"以及种种迷信举动外，毫无活动余地。男女界限分得很清，就是学校里开了女班，她们看见学校内都是男先生，年纪稍长大一点的女子就不愿进学校里来，所以我们第一步鼓励女学生下乡实习。妇女中间当然也有许多好学的，见了有女先生去教她们，她们就异常欢喜。有时因交通的关系，女先生迟到了一些，她们就蜂拥在学校门口探望，不敢进学校一步；等女先生到了，才敢随女先生入校。问她们为什么原因，说是学校内没有女子，不便进去的。到了下课，在女先生离开前，她们赶快出校，好像学校内有老虎一般。女先生教她们唱歌，她们死不肯唱，理由也很简单，说是男子要笑她们。但是她们也很喜欢音乐，要求女先生弹琴和唱歌给她们听。讲到体育，更不必说，她们哪里敢尝试呢？凡是家境较好的女子，也可算是有清福的，并不往田间做工，只在家庭烧饭、洗衣得暇时就做些女工。家庭更好的闺女，约伴另居一屋，不与父母弟兄同住，这班更有福气的闺女，除照料自己饮食起居外，唯有做做女工为消遣，遇到男子绝对回避。女同伴中每订立盟约，实行所谓“自梳”及“不落家”。自梳就是独身主义，但有被父母强迫订了婚，并强迫出嫁，就实行所谓不落家。等结婚过后，隔宿即逃回娘家或女同伴处。临出嫁时，内衣由女伴用针线密缝，逃归时再由女伴验明，是否失去贞节，如果失去了贞节，就一辈子被同伴不齿。做丈夫的第二天往各处找寻，新妇偏要躲起来，藏身于牛栅、猪圈或柴堆中。普通一个出嫁女子总要经过八、九年后，才肯回夫家，或与丈夫同居。这种背乎人情的恶习，影响农家工作甚大，人人以为这种风气要不得，但没人起来革除，就是乡中父老也没有方法把它禁止。我们认为这完全是教育问题，只有竭力把女子教育推广，提倡男女同学，鼓吹男女事业合作。

这事说起来很乐观的，自从我们设立实验区，招收妇女组学生，第一次报名，即有八十余人。第二次更有一百四十余人报名上学。起初我们男先生完全回避女生，实行男女授受不亲的古礼，专让女先生担任她们的功课，并接洽事情。渐渐她们见到我们男女工作人员是一起吃饭，一起作工，不分界限的，自然而然地感受同化，她们和男先生讲起话来了。不到半年，我们就实行男先生上妇女组的课，更实行儿童组招女生，居然有许多年方二八的女子也来上学了。第一道难关——男女无意识的界限总算被我们打破。

原来的学校教育，是贵族式的教育。一般人的观念，以为送子弟入校是要养成“士”的阶级，读书的范围只限于书本上，唱歌游戏已是洋学堂的大缺点，手工劳作更是无谓的课目；做教员的摆着城里绅士的架子，一举一动都由校役代劳，令校役倒茶，令校役盛饭，甚至晚上去茶馆喝茶，使校役提灯引路。这种教育的效果怎样姑不必论，眼前所感到的就是全校弄得很肮脏，校门外粪秽满地，校门内尘灰积蔽，显露着满幅腐败气象。因为任打扫之责的，只有一个校役,即使他不贪懒,是一个爱好清洁的人,奈天生两只手,要做也忙不过来。我们下乡是提倡劳作,要实行教育与生活打成一片。所以我们工作人员下乡的口号,积极的有三句话,消极的也有三句话:

不要把帝国主义的商品带到乡下去!

不要把城市的绅士架子带到乡下去!

不要把都会少爷小姐的生活带到乡下去!

要把全部时间放在乡村运动工作上!

要把全副精神放在乡村运动工作上!

要虚心地一面做,一面学!

我们第二步工作是要清洁运动,要使学生自己打扫。起初家长颇有烦言,说:"我们使子弟入学,是要读书的,不是来做杂差的;学校里的先生不教儿童多读一些书,反教他们洗痰盂、扫地、拭灰尘,这是什么意思呀?"后来经乡长解释并且在民众大会时郑重报告,这些无谓的批评渐渐地消灭了。好在我们的实验区主任就是乡长;我们的校长兼副区主任也是由村民大会公举的,所以第二道难关——贵族式的教育——也顺利地打破了。

于是我们要进一步地干,鼓吹全村清洁运动。这个村子里的习惯,养猪都不关在圈内,任其在外游散,弄得遍地猪屎,所有道路沟渠都秽臭不堪,幸乡长及乡中父老接受我们的提议,举行了全村大扫除数次,村民也渐渐地知道清洁一回事了。其次我们领导儿童和青年从事道路建设和生产劳作。从公路汽车站下来,到实验区的路原来是很窄小,而且高低不平,步履维艰。青年和儿童们也知道交通的重要,略经示意,即竞告奋勇地荷着锄头前往开工,经过数次的努力,虽不能和都市的平坦马路相比,较原来的着实宽敞平正得多,来往行人都称便利。

青年和儿童天生是活泼的、动的,关住在室内读书,远不及在野外劳作的快乐。况且有先生在前领导着,先生向来是城里士大夫阶级,今日脱掉长衫,荷锄戴笠地工作,当然大家兴趣格外要加倍了。试看他们流汗以后,在树阴底下休息一回,何等愉快,何等自然!比诸城内少爷小姐躺在沙发上无聊地伸着懒腰,真是有天渊之别。这是劳工神圣,这是教育的价值。

关于农事方面,我们商请"中大"农学院帮助,每周由该院派定技术人员下乡讲演及指导。实验区方面开辟了一个小小农场,专给青年及儿童实习用的。另外又约了几处示范农场,向农学院采取了改良种子,遵从技术员的指导,试验新的方法。在实验区农场上工作的是学校内先生、儿童组及青年组学生。在示范农场上工作的，多数是实验区晚间上夜课的青年组学生。他们兴趣都很好，工作的效率特别大。虽则太阳晒下来多么厉害，他们的皮肤好像不感觉得什么热的。青苗已长得高高了，苗田里可以捉迷藏，儿童们常把劳作与游戏辨别不开，你看他们快乐不快乐呀！

田野里的工作也有很多合于艺术的，尤其老农制的豆棚瓜架，工程极简单，材料极便宜，时间并不化得很多，手法却很乖巧而正确。各个架棚必做得很整齐，使你远望过去可成一道线；走近来看，地位是一样大，距离是一样远，孔眼是一样大小，可是他们并不用什么皮带尺、曲尺一类东西。他们注意在实用、经济，却无意中成为田野里一种艺术品了。学校内先生和几个小朋友要想尝试这种艺术，哪知道做出来有高有低，有大有小，邻家叔叔见了笑道："你们只会读书，这些事你们不内行的。"

全村的畜牧事业只有牛、猪、鸡三种。牛是他们最爱惜的伙伴，因为常在烈日之下替他们犁田与戽水。驯善的耕牛，儿童最喜欢亲近它，有时爬上它的背，让它慢慢地行走，就成为骚人眼中的风雅图了。夕阳在山，大家工作完毕，学校内的先生散步到池塘边，看小朋友带领耕牛下水洗浴，这个光景更是了不得，如果给高人雅士见了，一定有许多诗文可以发表出来。

可惜这个村子里有不良的习惯，这是和其他南方各农村一样的。小小的村子里居然有三家大茶馆。这类茶馆和北方的不一样，馆内雇有很好的厨子，备有优美的菜点，凡是饮茶的例不能饮清茶，即至少食几件点心，方可动身。茶房见客人坐下，冲过茶后，即把一道一道的美点送上来，让客随意选择。于是蓬首赤足的农夫被食欲所引诱，不问价钱贵贱，大嚼特嚼。一席华贵的早餐用毕了，才往田里去工作。到了十点钟回家午餐，午后一、二点钟又到茶馆内吃点心了。约四点钟回家吃晚餐。晚餐后就去赌馆内赌博，或去鸦片馆内吸鸦片。到了晚上九、十点钟光景再上茶馆，饱嚼了各式美点，然后回到自己的破船矮屋内过宿。这个不过是指最普通的生活起居，其他方式还多着咧。全村没有电灯，只有茶馆与赌馆内燃着多量的汽油灯辉煌照远，通宵达旦。赌馆与烟馆都是公开的，赌馆面前不用门户遮蔽，便于招徕；烟馆面前垂有布帷，并挂有"戒烟室"招牌，想系迎合政府诸公的意旨。南方本来出产很富饶，现在弄到家家很贫困；论到农民的享受，与北方相比，真有天壤之别了。

这种情形，在我们看来，全是教育问题。如果不从根本的教育下手，徒然用一时的宣传方法，或由行政机关下一道公文，提倡什么改革什么，都是如耳边风,阳奉阴违,看得无足轻重的。欲推行教育,先要扫除文盲。做我们扫除文盲的先锋队,要算是儿童组和青年组学生。他们分组划界,自动地订立办法,每组用一块洋铁牌子,每日写一个大字,旁附几个小字,轮流教授各区及来往的人。

讲到识字,在广东又有一个问题发生了,就是有很多俗字俗句和北方不同的。例如:“乜”读若“没”,作“什么”解;“系”读若“ㄏㄞ”,作“是”解;“睇”读若“ㄊㄞ”,作“看”字解;“冇”读若“ㄇㄡ”,作“没有”解;“唔”有罗马字母“M”声音,作“不”解;“俾”读若“ㄅㄟ”,作“给”解;“拧”读若“ㄌㄧㄣ”,作“拿”解;“瞓”读若“ㄈㄨㄣ”,作“睡”解;“乸”读若“ㄌㄚ”,作“母鸡”解。还有许多双字,声音和原来差不多,意义和原来不相同,都是为俗音的借转,可是已经用惯了,而且很普遍。不可不注意。例如:“呢个”就是“这个”;“个处”就是“那处”;“边个”就是“那一个”;“边处”就是“那里”;“系咯”就是“是呀”;“伛地”就是“他们”;“点做”就是“怎样做”;“点讲”就是“怎样讲”; “点知”就是“怎样知道”;“好耐”就是“好久”;“等耐”就是“等了很久”;“咁样”就是“如此”;“啱啱”就是“刚刚”;“咁啱”就是“如此适合”;“做徙”就是“做了”;“食徙”就是“食完”;“共埋”就是“一起”;“同埋”就是“一样”;“整野”就是“事情”;“买野”就是“买东西”;“重来”就是“再来”。此外如常用的话:煤油叫作“火水”;关店叫做“执笠”;小孩子叫做“细蚊仔”;红焖肉写作“红蚊肉”。又因气候经验的关系,“冰、霜、雪”三字不分;“冷、热”的“冷”字用“冻”字代替;今天天气很冷,说是今天天气很冻;冰淇淋叫作“雪糕”,在冰箱内冰物叫做“雪藏”等。虽然听来,殊觉可笑,但通俗如此,一时无法纠正。况且这些都是跟语言来的,在语言统一之前,欲纠正也不可能。广东要推行国语,比他省更难,因为广东教育界应用国语的真如凤毛麟角。谈到农村,更嫌时期太早咧。

妇女组虽不及青年组和儿童组那么活动,经过几个月后,也已改头换面,显露头角,开始做工了。而且她们的工作很切实认真,如宣传呀,调查呀,编制壁报呀。壁报原来是由儿童组发起的,后来渐渐地转移到她们身上了。

导生制实行了不久,他们都很起劲。所订办法如下:

(甲)导生之选择——儿童组二、三、四年级选择百分之十至二十为导生。妇女组选择百分之十为导生。青年组选择百分之十至二十为导生。

(乙)工作——儿童组与妇女组导生每人招收学生二人至五人传习之。学生年龄不论大小及长幼关系。青年给导生每三人为一团,传习对象为茶园中饮茶客及工作后纳凉休息者。

(丙)时间——儿童组与妇女组每星期一、三、五或二、四、六每日下午或晚上时间三十分至五十分。青年团每星期一、三、五或二、四、六晚间,时间以六十分钟为限。

(丁)地点——儿童组与妇女组传习地点,不拘屋内、场上、檐下、池畔均可。青年团传习地点,在茶园内及工作休息处。

(戊)方法——儿童组与妇女组传习方法用上课方式,每次为一节,或二节亦可。青年团传习方法,用讲演式,每次为一节或分为二节,由三人中推定一人或二人传习之。导生招收学生姓名、传习地点及每次传习状况,均须填表报告于导师(即担任各组功课之干事)。所用表格,由导师制定之。

(己)教材——儿童组与妇女组传习材料为国语、算术、公民,由导师供给之。青年团传习材料为清洁问题、卫生问题、破除迷信问题、买用国货问题等,亦由导师指导之。

(庚)期限——儿童组与妇女组导生传习期限,以三个月为结业。青年团每两星期更换地点一次。

南方乡村中唯一的尚武团体,是狮子队。舞狮是一种拳术。龙眼洞也有几个拳师,听说近来大家兴致不很好。我们下乡后,对于这事竭力提倡,并且捐出许多钱来,给他们购置设备,组织狮子队。我们的意思并不是要保存国粹,因为拳术是平民最好体育,如果推行学校的球类运动,是不适合我国乡村的。而且狮子队的组织,是一种很好的民众团体,不妨鼓励鼓励。

还有一种天然运动,乡村儿童特别普遍享受。生在山谷水乡,尤其是拿手好戏。这就是摩登的水上运动,可惜农家妇女例不参加,因为她们不解摩登之故。现在因广州市禁止男女同泳,一般摩登男女特备了汽车到乡村里来过瘾。原来龙眼洞有水塘数十,近村小塘都为筑毛厕、灌溉、放牛之用。在山脚下有二个大水塘,泉流汩汩,昼夜不息,水浪澄清,一碧到底;底下为白砂铺成,皎洁可爱;水浅处练习游戏,最为相宜,真是不可多得之天然游泳池也。每逢夕阳西下,农村工作完毕,冠者和童子成群结队,竞泳于池中,乐趣无穷。实验区干事应用比赛方法,鼓励村众,他们的游泳技术也一天一天地进步了。

关于卫生方面事业有好几种,如:种牛痘、注射防疫针等。医生分中医、西医:中医由中大教育系学生刘君(经市政府注册)义务赠诊,每星期下乡二次;西医由中大第一医院派内外科医生下乡服务,每星期各二次。西医用药由实验区购备,凡就诊者,酌量收回药资,如遇赤贫则免收。此事由乡公所派人经管。

儿童组暂分为两种编制:(1)依照县教育局初级小学一、二、三、四年级编制;(2)参酌中大教育研究所民族中心小学制,先从一年级起开设一班,名为实验班。实验班学生年龄限止八岁至十岁,开学时报名者异常拥挤,后经一再选别,还是超过定额,共有四十四人。实验班办法,减少假期,缩短年限。每年分四个学期,每学期占十二星期;除星期例假外,每年只有暑期一个月的休息。部定小学制原为六年,这样可缩为四年。课程共分为四个大单元;每个大单元复分为四个小单元。大单元就是一学年,小单元就是一学期。单元的内容如下:

第一大单元"我们的乡土":(1)自然界,(2)物质生活,(3)经济政治,(4)社会情况。

第二大单元"我们民族的现状":(1)自然界,(2)军事政治,(3)经济财富,(4)社会情况。

第三大单元"我国民族的过去":(1)初兴,(2)发达,(3)内忧外患,(4)复兴。

第四大单元"我们的世界":(1)天与地,(2)动植矿,(3)过去的人类,(4)现代的人类。

所用的课本是自己编的,每周一本。兹将第一周"我们的学校"一单元,工作时间表及几节课文摘录于下,以作示例:

第一学年第一学期一周时间表:

星期 \ 节次时分 课题及学科	第一节	第二节	第三节	第四节
	八时至九时十五分	九时三十至十时四十五	十二时三十至一时四十五	二时至三时十五
一	纪念孙中山先生（国语）	画国旗（音乐美术）	我们敬礼（公民社会）	上前过后（体育卫生）
二	好同学（国语）	上几课（算术）	游学校（劳作自然）	做校舍（劳作自然）
三	讲故事（国语）	唱早会歌（音乐美术）	开同乐会（公民社会）	打扫教室（体育卫生）
四	大家相助（国语）	我班有几多人（算术）	做书签（劳作自然）	做台凳（劳作自然）
五	讲故事（国语）	唱进行曲（音乐美术）	轮流做工（公民社会）	学兵操（体育卫生）
六	我们是小兵（国语）	有多少书台（算术）	结束本周上午功课	结束本周下午功课

(星期一)纪念孙中山先生
1.向中山先生敬礼(图)
2.讲中山先生故事
3.讲昨日的事(图)
画国旗
1.我们敬国旗(图)
2.我们画国旗
3.先画国旗(图)
4.后画旗杆(图)
我们敬礼
1.为什么敬礼
2.向先生鞠躬(图)
3.向同学握手(图)
4.再有什么敬礼
学兵操
1.排队(图)
2.立正(图)
3.开步走(图)
4.散队(图)
(星期二)好同学
1.讲昨日的事
2.读《好同学》歌

好同学
同游戏
同上课
我爱你
你爱我

3.歌讲什么(图)
上几课
1.我们是几年级(图)
2.我们上午上几课
3.我们下午上几课

4.写 1 2 3 4(图)
游学校
1.先游校园(图)
2.去礼堂(图)
3.又去操场(图)
做校舍
1.先在板上画校舍(图)
2.用泥做校舍(图)
3.用泥做路(图)
(星期三)讲故事
1.讲昨日的故事
2.先生讲故事(图)
3.谁再讲这故事
4.学写字(图)
唱早会歌
1.先生唱歌
先生你早呀 朋友你早呀
今天大家都早大家都早呀
(继续)
2.先生再唱
3.歌讲什么(图)
4.大家唱歌(图)
开同乐会
1.为什么开会同乐
2.布置会场(图)
3.招待先生(图)
4.谁来唱歌
5.谁讲故事
打扫课室
1.分队打扫(图)
2.开窗门(图)
3.扫课室(图)
4.抹台凳(图)
(星期四)大家相助

1.昨日做过什么
2.读《大家相助》
　　在学校
　　如家里
　　先生如父母(图)
　　同学如兄弟(图)
　　大家相助又相爱(图)
3.谁晓得歌讲什么
我班有几多人
1.我们有几个先生
2.每行位有几多人(图)
3.几多人不到(图)
4.谁来黑板写1 2 3 4 5 6 7 8 9(图)
5.人人写1 2 3 4 5 6 7 8 9
做书签
1.纸上有书签样(图)
2.剪去纸边(图)
3.用刀画痕(图)
4.做成书签(图)
做台椅
1.纸上有台样(图)
2.剪去纸边(图)
3.用刀画痕(图)
4.做成一张台(图)
(星期五)讲故事
1.讲昨天做过的事
2.听先生讲故事
3.谁再讲这故事
4.学写这课几个字
唱进行曲
1.先生唱歌
2.大家拍手
3.先生同唱
走走走　走走走　来来去去

靠左手 不争先 不落后

秩序大家守(省略)

4.歌说什么(图)

5.拍手再唱

轮流做工

1.要日日扫教室抹台凳吗(图)

2.哪时做最好

3.做一个轮流做工表(图)

4.要班长排队点名吗(图)

5.举班长(图)

6.做几条规则

上前退后

1.分两队成两圈(图)

2.叫“小”上前(图)

3.叫“大”退后(图)

4.错的离队

(星期六)我们是小兵

1.我们昨日做什么

2.读《我们是小兵》歌

我是个学生

也是个小兵(图)

你不要看轻

你若欺中国

我就和你拼

3.歌讲什么

有多少书台

1.计算一行的台凳(图)

2.我们有几多笔(图)

3.我们有几多书(图)

4.计算书的页数(图)

结束本周上午功课

1.读日日上午的书

2.谁晓得下面的字讲什么

学校里

有先生有同学
我讲故事
你唱歌
他写字
大家来学兵操

3.谁把学过的字写一句在黑板上
4.谁唱早会歌
5.谁记得下面的字3 5 2 8 6 9 4 7

结束本周下午的功课

1.读日日下午的书
2.讲讲本周做过的事
3.大家敬礼
4.画出校舍

（原载于1935年《中华教育界》）

本文在《中华教育界》刊载时，附有实验区实拍图片14幅，现择6幅附后：

实验班上课

筑路

小先生上课

义诊

识字运动

妇女班上课

从乡村建设说到乡村小学

“乡村建设”在字面上看来，好像属于政治范围，与教育不大相干，可是在实际上——虽不敢说就是全部，而大部分就是乡村成人教育的工作（The Rural Adult Education），所以这回鲁省把省立师范学校一律改为乡建师范，这倒是最爽快的办法。试看乡村建设工作都由学校出发，以学校为中心；乡村事业赖教员领导，成人教育附设于儿童学校内，或竟以儿童推动成人教育，如所谓小先生制、导生制、导友制等。如是看来，乡村小学为乡建之核心，殆无疑议了。自然，在政府没有办法以前，由教育界出来倡导改造乡村，也只好以乡村小学为发动机关，最为适当。可是理想是理想，事实是事实，乡村小学在事实上如何能够担负起建设乡村的责任，这个问题就不简单了。乡村小学的组织，是教员与儿童。先就教员方面说：

乡村小学的教员至多一人至二人，而乡村事业则包括自卫、合作、经济、农业、工程、卫生、法律、教育等，这些多方面的事业一二人的才干能否应付？才干方面姑且勿论，知识与技能方面一二人能否兼具？再问乡小教员是怎样训练的？现有的师范学校，绝不能训练这样的人材，那是限于部定功课，自不必说，假使施以特别训练、训练方法应该是怎样的，不可不研究。第一训练时期长短如何？长则限于经济，不能训练；短则缺乏时间，不够训练。第二课程应该怎样编制？假使包罗一切，应有尽有，那么成为一个杂货店，徒使学者感觉烦苦，成效是很微的。假使偏重一方面，或着重几种学科，那么哪一方面应该偏重，哪几种学科应该着重？是否经过精密的考虑，根据客观事实的研究？如能对于毕业生确有把握，足以领导农民，建设乡村，那么训练一部分工作算已做到了。

其次乡村工作何者为先，何者在后；如何下手，如何推行？必须立定方针，订定步骤；切不可临时应付，头痛医头，脚痛医脚；需要工程时聘一工程师下乡，需要卫生时接一医生下乡。每个乡村都有工程师、医生、经济专家、农业专家等，是不可能的。于是需要统盘筹划。在我国目下乡村是否需要工程师、经济家、及其他专家，急待研究。或由几个乡村联合起来，设一小医院；在怎样范围内，应该设一实验农场，和聘一二个农业专家担任指导，都该在计划之中。然最重要的关键，是在事业的联络。既说乡村小学为发动机关，小学教员时间能否分配得过来，又是一个大问题。小学教员本来每天要照料儿童的功课，随时应付行政机关的公事，常常参加农家的婚丧大事，比较活动的乡小教员在乡间简直忙得和党国要人差不多。如今还要添加成人训练工作，及其他乡建活动事业，精力时间，都成问题了，不可不研究的。

再有教员的生活也是一个重大问题。平均各地乡小教员薪金每月发放十元左右；除掉膳费外，所余极微，一身用度尚感不足，何能养活妻子？假使为改造乡村计，特别把乡小教员待遇提高，但原来标准太低了，即使以增加一倍计算，则每月二十元收入，欲供养家庭亦很困难。因生活之困难，心境也不能安定，遇有机会，即想另觅出路。如是人材的保留和罗致，都很困难。最近定县举行第四区乡小教师训练，发现提出问题次数最多者有：(1)薪金太低；(2)支薪时间不定；(3)包薪(即学校中一切用费统由教师薪金中开支)盛行，报酬低减更甚。又：(1)应酬太多；(2)生活不定，设备不全(见《民间》第二卷第二十二期《曹日昌先生的记事》)。又他们答复小学教师的话："要求实现增薪，只有努力富强国家，复兴乡村。国家富强，乡村繁荣以后，乡小教师的待遇自可提高。在现势的国势之下，是不应当只顾个人甘苦的，应当专心致志于救亡大业！"这段话，似在"训"的方面多一些，安慰意义少一些，不知小学教师听了作何感想。关于乡小教师待遇改良问题，应该是政府的事，全国统盘计划方有办法。试看欧洲各国政府莫不致力于此。英国法令规定教员每年有薪金之百分之五的储蓄金。凡教员服务三十年，满六十岁，即可休养；如果年已六十五岁，服务尚未到三十年，而成绩优异者，亦得休养后由政府发给津贴。薪金数目逐年在那里提高。在一九一三年，小教薪金平均男一年一一九镑，女七四镑。在一九三〇年，平均男三二四镑，女二一七镑；有证书者，男三三四镑，女二五四镑。苏联自一九三一年人民委员会决议提高教员待遇后，薪金由百分之二十五增到百分之三十，并且增进教员权利，物品的供给和购置都同劳工一样的享受。男女教员的薪金也是同样，不分高低。把全国分划五个区域，核定生活程度，依照每个区域生活程度的高低与学校规模的大小而定薪金之多少。在一九二七——九二八年，乡村小学教员平均一月为四十六个卢布，城市小学为五十四个卢布；到一九三二年，薪水增加到九十个卢布。第一级小学教员，每一星期教书二十四小时；第二级小学教员教十八小时。假使有课外工作，另加酬劳。住宿的供给有教员村，医药也由公家供给。假使女教员生产,准许两个月假,而薪金照发。关于子女教育权利,也同劳工一样享受。如做满二十五年的教员,可休息不做工,支领津贴,并得享受休闲娱乐等设备,和其他劳工一样。总之不出国,不同人家比较则已,一同人家比较,就要发生无限的感想。

再论儿童方面:在表面上乡建运动,成人教育,都以乡村小学为中心,实则已把儿童教育忽略了。试到乡村里去看看,儿童都在那光线不足的茅屋里,两腿悬空,驼着背,一排一排地枯坐在木条凳上。一二个年龄较大的学生,奉着教师的命令,监视同学,名义上说是实行什么"小先生制",教师倒可以逍遥自在了。儿童不论在乡村或都市,出自富家或贫户,生来都很活泼的。儿童教育要适合儿童的身心,这是最重要的一件事。近年欧美教育极注意儿童身心的发育。尤其是意、德、苏联极热烈地培养儿童与青年,除掉设备医药卫生,供给食物养料外。还要提倡游戏、娱乐、野外生活、露宿及日光浴等等。因为儿童的身体健康与否,关系未来民族的强弱。唉!只有我中华的小朋友无知无识地在那里遭难!所费解的,他们不在私塾内,而在新式的学校中,且在摩登的小先生制度之下,无辜地过拘留所生活!这难道真的小先生制害他们吗?"小先生"的意义,原为信任儿童有能力。现在禁止他们活动,监视起来,这有什么能力可以发展,这不免与原意相去太远吧!这种学校生活,不如任他们自由地在荒冢上打滚,捉迷藏,摆擂台,倒不妨碍他们活泼的身体。

兹特介绍一个实行生活教育的外国乡村小学如下:

司令尼克敦(Sriniketan)乡村小学

(见 *The New Era*,Match 1936.)

一个寄宿的乡村小学,它的宗旨,是要培养儿童具有多方面技能的。使他们修业完毕后回到自己乡村里,至少可以做改造乡村工作的领袖,并且可以应用他们所学的职业技能,自己过活。

学校的组织完全像个小社会。儿童自己烧饭煮菜,自己洗衣服,自己制衣服。房屋的洒扫,也由儿童自己,遇到市集的时候,他们自己上市购物,并且自己算账,他们又种植花草与蔬菜,依照各个的兴趣和体力,择定某种职业。每组每团的领袖、由公共选举。凡乡村家庭所需要的工作都全备。虽从细小事务上下功夫,而所收的成效甚大。主要的活动事业列下:

1. 工艺(纺织、木工、订书皮工)。

2. 园艺。

3. 卫生调养事业。

4. 代办及庶务。

5. 运动、比赛及童子军活动。

6. 名胜地方的教育旅行。

7. 文艺会。

8. 出版月刊,名“*Chesta*”。

9. 三R学习(读、写、算)。

工艺——每个儿童依照他的兴趣、性情、体质,选定一种技艺,这种技艺能够有希望成效,可以依着得到适当的生活。每种技艺是一个设计,并有适当的安排。每个设计,分为若干工作单位,依照技艺的性质,订定步骤。例如:纺织分为弹棉、梳刷、纺绩及各种布类织法,都为工作的单位,同时须研究织工的发达史,原料的来源,进口与出口的状况,及产棉的条件等。

园艺——园艺的设计也是和上述差不多,但须依自然界的情形。进行的目标如下:

1. 使一般乡村儿童自幼年起,即对与自然界发生兴趣;知道怎样布置家庭环境美观;利用旷地种植菜蔬,出产生利。

2. 使一般乡村儿童得到科学知识,实际经验,知道种植各种不同的菜蔬和果实,一方面可以供给自己用,一方面可以出卖。

3. 使他们明了不同的季候,种植谷实有不同的条件;又一年之中各时节,菜蔬有不同的价钱。因此他们可以知道,在什么时候应该种什么谷实及菜蔬。

4. 使他们研究自然界变化的情况。

5. 使他们具有园艺者应有的修养。

6. 使他们组织连运竞赛,促进体育。

7. 使他们学习图画、算术、地理及其他关系园艺的功课。

卫生调养事业——多数乡村儿童受困于疟疾,所以必须使他们知道防止疟疾的方法。又儿童的食物养料问题很重要,使他们知道怎样调剂食物,配合养料。在印度,大部分的民众缺乏食物养料,感受营养不足的,所以很需要使村中儿童知道怎样调制最廉价而富于营养的食物。

运动比赛及童子军活动——日常定时的运动是最有益于身体的。各种球类比赛是最易促进体育进步。使儿童利用空暇,养成运动习惯,并且明了运动规则及卫生方法。

童子军活动可以使儿童体育进步，养成团体生活习惯，多艺的学习，及服务社会的精神。

名胜区的教育旅行是很有益于乡村儿童的，因为可使他们识见广大，胸襟扩展，并且使他们得到机会与外界人们接触，所受到的学识都非教室内所有的。

文艺会是由儿童自己组织的，每月举行两次会议，有时教师出席参加，则处于旁听地位。这会的最大效用，使儿童练习对公众发言的技能。

月刊“*Chesta*”的发行，也由儿童主持。报告他们每月的工作。用不同的文笔，写他们各人的意见。

在上面的课程中，对于文字的学习并不忽略，不过与各种活动联合起来，内容比较更为切实。

这个实验，是要使乡村儿童从多方面学习，不但可使他们得到适当的职业，并且可使他们改进孟加拉(Bengal)的乡村生活。

上面的例，还是英国人在殖民地所办的学校，我国自己主办的乡村教育落后得如此之远，希望国人猛省吧！

（原载于1936年《基础教育》）

论乡村师范教育

乡村师范教育的对象,是为培植乡村小学的师资。乡村小学师资究该怎样才算合标准呢?这个问题不能太凭理想,徒然文章写得好看是没有用的。因为有目前事实问题压迫我们,告诉我们,我们必须先针对这些问题下功夫,方能改进乡村师范教育。改进乡村师范教育的目的,就是改进乡村教育。目前乡村教育的事实可分两方面说:

一、范围问题

现在的乡村教育,不比以前,只限于定额的儿童教育了,要兼办成人教育,同时要推行普及教育,实行所谓"小先生制"或"导生传习办法"等。此外还要参加社会活动事业。又如邹平实验县的乡村学校教师,还要兼顾乡村行政事务。如最近我去曹家村,某教员告诉我道:"我们这里不但是一个学校,简直是一个公安局。因为常常要处理农民打架争执事项。"足见乡村小学的范围已经扩得很大了,那末做乡村小学教师的,必须经过多方面的训练,具有多方面的知识、方法和经验,才能去应付。短短的三四年乡师教育工夫,功课怎样安排?实在是个很紧要的问题。我们再看现在乡村小学教师的缺点在哪里?

二、现在乡村小学教师的缺点

据调查所得:

1.迟睡晚起,每晨学生上学,教师还在床上打鼾。

2.不常举行早会。

3.上课餐食不守规时间。

4.喜装绅士架子,懒于操作,一切叠被盛饭等事,均责工役代劳。

5.遇见儿童,喜戴道学先生假面具。

6.不注意校舍清洁,各室尘蔽垢积。

7.不注意儿童清洁卫生,不指导儿童盥洗。

8.妄自尊大，责令儿童恭敬行礼。

9.懒于布置，不喜更张，如黑板高悬离地四五尺，不知移动改良。

10.强制儿童静坐，不准儿童嬉笑游戏。

11.不善且不喜教游唱、劳作、自然等课，常令儿童静坐写字。

12.动辄扑打儿童，威吓儿童。

13.视察学生传习，取监督态度，不加指导。

14.懒于阅报，不读参考书。

总观上列几条，研究其发生原因，不外有数种：第一因环境关系。自离开共同生活的学校后，骤然到了冷落的乡村，师友既不在面前，所见都是村夫村妇和衣衫褴褛、面目肮脏的儿童。他们知识幼稚，见闻窄陋，无论教师学识如何寡浅，总觉得应付绰绰乎有余裕；于是渐存自大之心，就断绝了进取之念。第二为待遇微薄，生活艰困。因烦闷而悲观，因悲观而消极，而沮丧；于是遇事毫无研究兴趣，见了儿童顿起厌恶之意。第三尚未养成劳动习惯。第四受母校校长及教员之绅士气味的影响。第五所具知识技能不够。如儿童心理没有了解，教学方法没有充分研究，一旦下乡，一人而照料数十儿童，就没办法，只好责令儿童静坐写字，以维秩序。又如唱游、劳作、自然等科，所习程度太浅，因此缺乏兴趣，不知教学方法，勉强担任，必致失败。所以以后培养师资时宜注意者：第一多提出乡村问题研究，使渐渐具有研究兴趣，到乡村时，遇见一事一物都可供给研究材料，于是对于村童农夫就不觉得讨厌，反要去留心注意了。第二须培养虚心好学的精神，有一面做一面学，做到老学到老的兴趣和习惯。如是离开了师友，亦能自己努力前进。第三生活须劳动化，工役越少越好。第四乡师内校长教员绝对不能有绅士气派，一律脱去长服，从事洒扫等劳作，以为模范。第五乡师内应该废除门房，拆去围墙，任农民儿童自由来往出入，不使有界限隔膜，并养成接近民众的习惯。第六方法与技能须与基本学科同样注重。至于乡村小学教师待遇的改良，确是一个很急迫的问题。但在乡村方面，无法做到，只有从旁鼓吹罢了。

师范生要有充分的机会去四乡小学实习。实习所得到的问题方能真切。经过刺激后，自己感觉到什么学科有欠缺，回校补习时，格外有兴趣。邹平乡师三年级这回有六个星期下乡实习，中间回校集中讨论一次，他们所提出的问题很多，兹录出一部分，作为研究的资料。

1.缺乏复式教学方法。

2.缺乏单级教学方法。

3.缺乏音乐、美术、游戏教材。

4.一个人领导一百多个程度不齐的小朋友，上体育或做其他活动时，有什么方法可以使不吵乱？

5.怎样管理最顽皮的小朋友？

6.与乡村青年谈话时应该用些什么材料？

7.怎么指导小朋友做共学处活动？

8.体罚应该取消否？

9.学校应改革的事项很多，事实上不能按照我们的理想去做，应怎么办？

10.缺乏设备教具，许多方法不能用，怎么办？

11.在乡下教音乐，一件乐器也没有，常用什么来调剂一下？

12.用什么方法来考查儿童成绩，替代背诵？

13.怎样使同事活起来，共同领导学生活动？

14.怎么能攻破这鸟笼式的学校，得常常带小朋友到野外去观察、游戏或上课？

从上面几个问题，可以看出他们感到缺乏教学方法，和技能科的教材，这是由于他们在校时不留心之故。凡问题没有压迫到眼前时，往往容易忽略过去。这就是使他们下乡实习的收获。乡下小学教员多数不能教音乐、美术、游戏、劳作，于是师范生下乡实习，都要他们担任这些功课，这是问题逼迫他们，他们才觉得这些功能有留意的价值了。这回师三下乡，提倡儿童活动，加入儿童队伍里，大受小朋友们欢迎，这算是很大的成功。但和小朋友太亲昵了，早晚都在一块儿游戏，到上课时，在一个复式班级的教室中，就感到管理上发生问题。我们的回答：和小朋友游戏，当然是很重要的，但不要荒废太多时间。全校儿童不论多少，应该指导他们组织起来。组织方法，采用大队制。即若干队员为一小队，四小队为一中队，两中队为一大队。于是点名管理，都由他们自己负责。课程应该分组编制，节数要多，时间要短，变化越多越好。实习生如果不便把全校办法变动，那末至少可在自己上课时间内，一个教室内，尽量分节分组活动起来。切不可使一部分儿童用耳朵来听，其余的儿童老是空闲着。光使其余儿童习字、抄写，也是不够的，因为使儿童写字写得久了，就要不耐烦，吵闹起来。若使儿童工作很忙，生活丰富了，不但教育效率提高，凡一切吵闹打架等事就不会发生了。顽皮的儿童，往往做了领袖，成为一个极得力的学生。如是，教员手里的冷酷，不合理的教鞭，还有什么用呀！

讲到教材和教学方法（考查成绩方法包括在内），应该自己在规定的参考书内去找。有的说："工作太忙，没有工夫去看参考书。"有的说："校舍太隘，来往人太杂，没有地方看参考书和做笔记。"看书须要养成习惯，有了习惯，不怕事情忙，会抽二三十分钟来看书的。不然，没有习惯，即使终日空暇，也必无心看书；或者勉强执卷，终至有头没尾。至于地方更不成问题，路旁树下都可展卷阅读，冢畔田边尤宜构思造句。阅读既多，材料充足，就不怕和青年谈话了。

"校事改革，须先得教员同意，最好先在自己本分内尽量努力改进，然后逐渐推广。只有至诚可以感人，批评实为偾事。一个人在社会里除掉学识技能外，还要一套应付人事的功夫，确也不可少的。"

我们这时的话，比较在课堂里所说的，他们吸收程度更深刻些，这是一定的。可见师范生要他们在教上学，在教上觉，效验大得多哩。况且经过这回尝试后，我们对于以后课程的编制有了一个大参考。

（原载于1936年《乡村建设》）

怎样训练乡村青年

一

要训练乡村青年，必须先明了他们的背景，这才是对症发药，容易见效。南北乡村的情形有很多不同的地方，大概说来，总得有三个普遍的问题：

（一）被生活的逼迫着

自从被帝国主义者侵略以来，农村经济一年一年地衰落，到了白银出口，把农民埋藏在地下的现洋尽数挖出，起初集中都市，后来再流到外洋，这是最后一滴血也被帝国主义者吸收去了。加之国内连年灾荒，灾重之区，农民无以为食，就拿树皮草根及观音土来充饥。灾情较轻之区，收获的少量农产物也不值几多钱，农民生活的困苦情形，远非都市中人所能想象得到。因此有许多人主张，救济农村比较教育青年更为重要，所谓“衣食足而后知荣辱”。论理论情，可说是千真万确。但看事实，谁能负得起这个负担，去救济农村呢？近来政府虽常有体恤农村的文告，并也行过什么废除苛捐杂税的仁政，然南北各地横征暴敛越发加厉。再有帝国主义者狼心无厌，一步逼紧一步。我们要等农民生活安定后，然后教育起来，训练起来，恐怕敌人不会等我们吧！况且只图一时的生活，很容易给敌人利用，走上汉奸一途。所以我们只有指示农民，农村经济衰落的线索，构成他们生活困苦的原因，并认清逼迫我们不能生存的当前敌人。先要解除了这个压迫，才能解决我们的生活问题。这样的训练，不但不因生活的逼迫而发生阻碍，反因生活的逼迫，而引起了受训练的动机。

（二）被环境的诱惑着

乡村青年除掉为生活而劳作外，其余时间就没有正当工作，尤其在农闲时，整日价浪费光阴，精神无所寄托。年老的人懒坐在茶馆里闲谈着，年轻的人不耐久坐，于是赌博、鸦片等不正当娱乐应运而生。习久入迷，卒至堕落。到了堕落后，年长者再用“世道衰微”“人心不古”“孝悌忠信”“礼义廉耻”一类话去责戒他们，还有什么用呢！乡村青年何尝不想像士大夫们一样“向上学好求进步”,可是机会总没有给他们,反而有坏环境来诱惑他们,这难道算他们的不是吗?今后如果用教育方法来吸引他们,指导他们,使他们的生活更丰富,更有意义,个个乡村青年都变成有用,这种力量发生出来一定不小啊!

(三)被传统思想的束缚着

试调查南北民间传说及各乡村庙会演戏,都是“朝为田舍郎,暮登天子堂”的一套。大概起初是个落魄青年,或已流为乞丐,后来经文星一照,中了状元,被招为驸马,最后与原配糟糠之妻团圆等等。这种戏剧的暗示是教人投机,羡慕虚荣,依赖命运支配。结果使一般乡村青年都想不劳而获,购航空奖券,希望暴富,并羡绅士官僚架子,衣锦还乡,夸耀乡里。邹平县政府第二科长曾报告过一事:“第一二届联庄会员是集中在城里训练的。有时上课就用研究院的大礼堂。后来他们结业返乡,有的会员竟在乡村里招摇,对人常说:‘县长院长都是我的老师。’遇事就说:‘打电话给我的老师。’还有在名片上刊着‘研究院大礼堂毕业’等字样。故后来联庄会训练就不使他们在城里了。”乡村青年受了训练后,往往不能安处于乡村,或有离村之危险,这不仅是教育方法上有什么问题,受传统思想的阻力也是很大。以后训练乡村青年时必须要把传统思想打破,这是先决的条件。

二

在此民族万分危难时期,我们怎样训练乡村青年呢?这是一个很急迫的问题。现在乡村青年浑浑噩噩,什么事情都不知道,这是一种最危险的事。所以:

(一)要使他们有文字符号的工具

有了文字符号的工具,就能够传达消息、了解时事。不过文字符号的本身不要看得太重大。一般人看得文字符号问题很严重,这是中了传统思想的毒的缘故。我国旧说:文字是圣人造的,文字形体不能随便篡改,字纸不可随便糟蹋,如今街头巷尾尚可看见“敬惜字纸”的箱篓。这种行为我们此刻姑且不去论他合与不合,可是这种圣人的字,贫苦大众却无福享受。大众所需要的符号愈简单愈好,一则容易学习,二则能够普遍,目前行的拉丁化新文字很合他们的条件。

(二)要培养他们热烈的情感

有了热烈的情感,才可以奋往直前,赴汤蹈火而不辞。群众运动的核心,全在热烈的情感。凡事多考虑,必多怀疑;有了怀疑,就难实现。俗语说得好:“秀才造反,三年不成。”我们的命运已到了刀口上了,还有时间给我们犹豫吗? 我们要死里逃生,只有大家联合起来“抗战”为我们唯一的出路。只有和帝国主义者与封建残余势力作最后的决斗,才能解决我们大众的生产问题。

(三)要训练他们有组织与纪律

团体行动,必须有组织有纪律,才能发生力量,并且可以减少损失。例如十人有十人的组织,百人有百人的组织;若干人为一小队,若干人为一中队,若干人为一大队;每队有每队的职务,每个队员有每个队员的职务,分则各司其职,合则共成一事,统属分明,号令划一;那么十人有十人的用处,百人有百人的用处了。否则多一个人多一个人的意见,和多一个人的手脚。甲说往东,乙说往西;甲动乙牵制,乙动丙牵制;百人的力量反不如十人的力量,十人的力量反不如一人力量了。乌合之众,无事时已感觉群情紊乱,遇有患难,更要发生意外危险。譬如一舟,乘坐了数十人,遇到风涛颠簸时,数十人挤在一侧,立即倾覆。又如没有组织的群众聚集场所,一闻虚惊,争先恐后而逃,互相踹踏,幼弱者卒做强壮者足下之鬼。这都是因人多而损失的。我国民众向来缺乏团体生活习惯,组织与纪律的训练不可不特别注意。

(四)使他们武装起来

现世不是讲公理时代,只有铁和血可以解决一切,事实先例已经告诉我们太多了。乡村忠实的青年们,有土枪的负着土枪,有大刀的持着大刀。我们有壮烈的士气,不怕敌人飞机和大炮。以前孙中山先生说过:敌人的兵器就是我们的兵器。只要我们冲上前线去,夺取敌人的枪炮。多夺一次,就是我们的力量多增厚一次。光荣的胜利,必须从伟大的牺牲得来。至于战术,防护方法,及后方工作等等,都须尽量教导和演习。但学习的动机,必须引发青年自动,否则一味从上至下,在下者认为应付公事,调阅时纵使整齐好看,实际毫无力量,不过欺骗欺骗自己罢了。

三

邹平的青年训练各处很注意,近来有许多朋友写信来讯问,兹特简要叙述一下,作为参考材料吧。

邹平的青年训练可别为二种:(1)联庄会训练;(2)成年教育训练。联庄会员征集办法,是按全县间数作基准。全县共有一千一百七十二间,每间出会员一人受训,并纳训练费十一元。各间选送会员的准则,是:(1)有身家田产者;(2)粗通文字者;(3)身体强壮年在十八岁以上二十五岁以下者;(4)不准代雇,违者从严处罚。上届训练,因将半数(共计六千四百四十六元)训练费移作购枪之用,故只征集五百八十六人受训。

课程表如下:

党义	使其了解三民主义。
乡村建设	使其了解乡学、村学之组织及如何作组织中一分子。
精神讲话	稳定农民的心,并使明了社会变迁。
农村问题	用事实例子来解释乡下人的疑虑。
棉业合作	使明了合作之意义及方法。
史地	使明了邹平乡土志及鸦片战后本乡之变迁,与中国大局之变迁。
法律常识	使能明了诉讼手续及调解法,并能信任法律、和睦乡邻。
唱歌	激发大家团结奋斗精神。
自卫要义	明了自卫之真义之方法。
识字明理	务使能读、能讲、能写。
联庄会员须知	明了联庄会之组织及意义。
军事训练	分学科与术科。

成年教育的办法约可分几点说明:(1)凡住本县年龄在十六岁以上,三十岁以下之男子,均应受成年教育,但在校学生及现任教职员公务员不在此限。(2)成年教育之实施每年分为两期,每期十周,于春冬两季行之。(3)成年教育之实施以村为单位,并为村学或村立学校之一部,定名为某乡某村村学村立学校成年部。每部得依人数的多寡,年龄程度之差异,分编为若干班。其无村学或村立学校之村庄,应由该管乡学斟酌其情形归并于附近之村学或村立学校办理之。(4)各村村理事村庄长为各该村成年部主任,负事务领导之责,并以村组长副及较优秀之联庄会员为班长,负调查召集指挥管理之责。(5)成年部以村学或村立学校之教员为教员,村组长副及联庄会员兼军事教员及助教,曾受小学以上教育之受训员得充导友。(6)各乡乡理事辅导员乡队长为各该乡成年部指导员。并由县政府添设若干巡回指导员。(7)课程表由县政府制定,教材由县政府编辑。教材印刷费村县各任一半;村任之一半,由县府补助费内扣留之。

本年春季因挖河关系(挖掘杏花沟,为全县唯一之大水道,每到秋季,泛滥为患)缩短为六个星期,自二月二十六日起至四月五日止。受训人数,共为8 353人,费用总计为534元6角。每周课程表规定如下。

周 时	第一周 自2月26日至3月1日						
	一	二	三	四	五	六	日
晚6:30 — 7:30			军训及唱歌	时事报告	军训及唱歌	军训及唱歌	军训及唱歌
晚7:40 — 8:10			精神讲话	时事报告	精神讲话	时事报告	精神讲话
晚8:10 — 9:00			乡农的书	乡农的书	自卫要义	乡农的书	自卫要义

周 时	第二周 自3月2日至3月8日						
	一	二	三	四	五	六	日
晚6:30 — 7:30	军训及唱歌	军训及唱歌	军训及唱歌	军训及唱歌	军训及唱歌	军训及唱歌	军训及唱歌
晚7:40 — 8:10	时事报告	精神讲话	时事报告	精神讲话	时事报告	精神讲话	时事报告
晚8:10 — 9:00	乡农的书	乡农的书	自卫要义	乡农的书	自卫要义	乡农的书	自卫要义

周 时	第三周 自3月9日至3月15日						
晚6:30 — 7:30	军训及唱歌	军训及唱歌	军训及唱歌	军训及唱歌	军训及唱歌	军训及唱歌	军训及唱歌
晚7:40 — 8:10	精神讲话	时事报告	精神讲话	时事报告	精神讲话	时事报告	精神讲话

周 时	第四周 自3月16日至3月22日						
晚6:30 — 7:30	军训及唱歌	军训及唱歌	军训及唱歌	军训及唱歌	军训及唱歌	军训及唱歌	军训及唱歌
晚7:40 — 8:10	时事报告	精神讲话	时事报告	精神讲话	时事报告	精神讲话	时事报告

周 时	第一周 自2月26日至3月1日						
	一	二	三	四	五	六	日
晚8:10 — 9:00	乡农的书	乡农的书	自卫要义	乡农的书	乡农的书	自卫要义	乡农的书

周 时	第二周 自3月2日至3月8日						
	一	二	三	四	五	六	日
晚8:10 — 9:00	乡农的书	乡农的书	乡农的书	合作	合作	合作	乡农的书

续表

时\周	第五周 自3月23日至3月29日							时\周	第六周 自3月30日至4月5日						
晚6:30—7:30	军训及唱歌	军训及唱歌	军训及唱歌	军训及唱歌	军训及唱歌	军训及唱歌	军训及唱歌	晚6:30—7:30	军训及唱歌	军训及唱歌	军训及唱歌	军训及唱歌	军训及唱歌	军训及唱歌	军训及唱歌
晚7:40—8:10	乡村学须知	时事报告	乡村学须知	时事报告	乡村学须知	时事报告	乡村学须知	晚7:40—8:10	精神讲话	时事报告	精神讲话	时事报告	精神讲话	时事报告	精神讲话
晚8:10—9:00	乡农的书	乡农的书	合作	合作	合作	乡农的书	乡农的书	晚8:10—9:00	乡农的书	乡农的书	农业常识	农业常识	农业常识	乡农的书	乡农的书

上表所列军训及唱歌每日共一小时，军训约占四十分钟，唱歌约占二十分钟，由各村村组长担任教授，没有村组长的由各该村成绩优良之联庄会员担任。乡农的书由县政府按学生人数发给，每人一册；其余科目除时事报告外，均由县政府发给教员参考材料。

邹平的联庄会训练（山东全省各县一律奉令举办）和成年教育训练，都用政治力量强制执行的。起初很有些波折，后来都很自然了。据个人观察，北方情形确乎和南方不同，民众训练比较容易得多。今春举办成年教育时，每于夕阳西下，各村同时歌音号令，声达遐迩，气壮山河，后来举行观摩会时，笔者曾往各区参加，见队伍极严肃整齐，年龄不论大小，个个郑重其事，毫无嬉笑态度，虽无一色的制服，看去并不觉得，俨然是正式军队。那种优异的民性为北方所特有而不可抹煞的。

（原载于1936年《教育与民众》）

对于目前乡村工作的意见

一个农业国家要求进步,只有在农村里下工夫,这才是根本办法。农村在表面上看来很简单,里面的问题却很复杂,这些问题又不是属于一方面,而属于多方面的。最好国家有一整个的经济和政治计划,来推进农村事业。那么大家就有共同的目标,共同的步调,办事少牵掣,力量很雄厚,大刀阔斧地向前迈进,成效必很快。世界上已有很好的先例,给我们做榜样。然而提出这个问题太麻烦了,此刻时间还嫌早,在这里只好把现有的零零碎碎枝枝节节的乡村工作谈谈吧。

现有的枝枝节节乡村工作,大概可分为三大类:第一类是依附政权的。这类优点是很有权力,所谓"政教合一"。但它的缺点很多:

(1)握政权者偶然听了某幕友的建议,趁着一时高兴,罗致贤者,施行些什么德政,用心原不在乎农村,落得贤者却变为苏秦张仪等流亚了。

(2)乡村工作者之进退,既凭着当局之好恶,一旦感情遇有裂痕时,事业就不能继续下去了。

(3)权贵信仰贤者绝不止一人,建议乡运者亦派别各异,因此同时一省中竟有数个乡运系统,主张分歧、明争暗斗,应付困难。

(4)如遇权贵失势,政权转移,继起者部下另有贤人,原有事业一概改组,乡村工作亦不能例外,因此全功尽弃。

(5)纵使权贵者政治寿命久长,信仰某贤人之心亦很坚定,但宠幸之下必有怨妒者,所谓"美服患人妒,高明逼神恶",结果众怒难犯,不得不自己下台。

如此看来,这种方式事业要成功极难。

第二类是慈善性质的。这类优点是较自由,但缺点也有数端:

(1)目的是在救济一部分农民的疾苦,意义是很狭窄的。

(2)动机是出于救济农民的饥荒,属于临时性质的。

(3)没有政权做后盾,事业很难推进,并且容易遭破坏。

(4)无固定的经费,计划难实现。

所以这种方式的前途也很困难。

第三类是属于教育范围的。

就是在某教育机关中附设一二个乡村工作实验区，或在某教育行政系统下附属什么民教机关或乡村工作实验区等。干这类工作的也同样很起劲，而且得到方法上、材料上、设备上种种便利，似乎可以顺利进行无阻，但碰到地方行政问题，就要使你弄到焦头烂额，发现此路不通的危险。因为一般人对于教育事业素来不很瞧得起，为的是它太清苦了，除非一部分人要利用它，把持它，普通都是抱着敷衍态度的。教育自己的地位既是这样渺小，那末附庸它的什么民众教育、乡村工作，更毋庸说，被人忽略，被人冷眼，一切都应该的。

这些枝枝节节的乡村工作的大缺点是缺乏联络。《中国农村》第二卷第八期张宗麟先生发表《乡村运动的联合战线》一文后，第九期孙冶方先生继续发表《乡村运动大联合的基本认识》，同期特载中国农村经济研究会等对于第四届全国乡村工作讨论会的提案。第十期特开乡村运动联合问题栏，又有好几篇精彩论文发表。岂料第四届全国乡村工作讨论会自此难产，即半公开式的乡村工作学会，也无形停顿了。乡运大联合经过了这样的鼓吹，而各方要实行联络却很难，其原因不但如上述的方式不同，还有其内在的矛盾点。正如张先生所说各有各的宗派，大宗派之下还有小宗派。枝枝节节的系统无法不表现出枝枝节节的工作来。这种工作既没有扶助，又没有互助，力量之单薄可想而知。随起随灭，成为事实的必然性。还有人要责备它们成效不迅速，未免太理想了。

今后乡村工作者应注意的，第一要统一目标。虽然现在一般都挂着“抗敌救亡”的招牌，表面上似乎目标已统一了，其实在这“抗敌救亡”招牌之下，尽有做不同的工作，或相反的工作。甚至汉奸也利用这块招牌做烟幕弹。因此这块招牌用得太滥了，意义太含混了。我以为专挂招牌是靠不住的，不如拿事实来做目标较为正确。例如；对于帝国主义者的侵略，勾结呢，屈受呢，还是仇视与反抗呢？对于封建残余的势力，维护呢，利用呢，还是攻击与不妥协呢？在事实上表现最清楚不过的，如果目标相同的话，决不会有相反的态度。

目前农村中最苦痛的事，是土劣把持。一切政令愈繁，土劣愈得势。乡村工作者既不能打倒土劣，而反去勾结他们，或竟培植新土劣，那真是开倒车了。

第二要注意分工合作。目前全国从事乡村工作大大小小地方数目已经不少，既然各成系统，自不得不各砌炉灶。有的规模很大，组织繁复，夸耀于人；有的规模极小，也不甘落后，务求应有尽有。简单的事，彼此重复，尚属无妨。繁重的工作，应该互相联络，利用现成。何苦你来一个什么实验，我也来一个什么实验，浪费时间与经济呢？大家的方法应该公开出来，让各处自由采用。采用者宜用光明虚心的态度，接受人家的方法，切不可窃取了人家的方法，改头换面，别立名称，冒为自己所创造，这是最无耻不足齿者。彼此工作如能商约，材料就可利用现成，人材亦不妨来往合作。总之，这样办法必须要一个统盘计划，发号施令的机关。以前曾有人希望全国乡村工作讨论会渐渐做成全国乡村工作实验区的总脑筋，现在它不幸短命而死，谁来负责这个责任呢？故我以为乡村工作的联合组织为目前乡村工作最要紧的一桩事。

第三要注意使民众能了解。这一点可两方面说：(1)使工作对象的民众了解；(2)使一般民众对于乡村工作了解，表同情，热烈地拥护。曾经有人说过，乡村老百姓对于乡村工作者并不欢迎，假使工作者提出要搬家了，他们不会表示不愿意。真正的老乡，仿佛无成见，走也不留，不走也可以。这种现象，解释者虽有各有其理由，依我的观察与调查，实因乡运者自己站在官绅的地位，不与农民接近的缘故。每逢工作人员下乡时，农民认为官吏光临了，所以都远而避之，这样要他们了解，自然很难了。今后必须自己先取消了官绅架子，效法古人柳下惠的态度，自然向农民接近。因为你接近了他们，他们才敢接近你；你认识了他们，他们才能认识你。进一步说，做到柳下惠还是嫌勉强，感不够的，因为他本身总是一个士绅。如能加入老乡的队伍里，这方是乡村工作的上乘。

上面已经提到过，乡村工作被一般人所忽略和藐视，处于这种环境下，乡村工作者更要积极地向前奋斗。大多数的人没有阅过工作报告，没有留心过乡运的文章，难怪他们不能了解这个。如何能使大众注意到乡村工作？如何能使大众有兴趣阅读关于乡运文字？全在我们自己的努力。我以为目前的乡村工作乃是一种运动“Movement”，不是一种实验“Experiment”。我们的国家不比英国和美国，目前国难这样的严重，已到了存亡最后的关头，哪里有功夫从事长期的实验呢？若照过去那样实验了五年十年，工作尚不能推及一县，那么这样的乡村工作要普遍全国时，至少需要一世纪之久，试问我们的敌人能够等待我们吗？在研究教育的立场，果然应该取法英美的民本主义，一任人民自由，各立门户研究和实验。而要抗敌救亡的乡村工作，性质却有些不同，绝不容许我们从容缓步的。只有加速推广，全国总动员起来，才有希望。

（原载于1937年《中国农村》）

1936年4月22日周葆儒与工作人员在河北定县考察

青年成功之路

凡是青年都有一种奢望，盼望将来自己的地位怎样高越，事业怎样发展。但是光阴过得很快，一年一年地过去，由少年变成壮年，由壮年变成衰老。结果成功者很少，失败者很多。这是什么缘故呢？凡是在一下子失败的，还占少数，其陆续失败的，占了大多数。正如孔子所说："苗而不秀者有矣夫，秀而不实者有矣夫。"这话很足为青年们寒心警惕的。

一般失败的原因，大概是为走错了路线。有的奢望是在被动方面，而不期望着自动的力量。这可说一种妄想。这种妄想不但要使实现，千难万难，而且是不正当，不应该的。譬如一个呆子坐在家里，等望着天上掉下金子来，这真是呆子行为，不呆的人听了，一定觉得好笑。同样的，许多青年，期望着有权势者来提拔他，而自己对于学问、技能，并不十分准备。岂知靠人提拔，千人中难有一二个机会，这是第一点。即使你有了机会，你的学问技能赶不上，还是要退下来的，这是第二点。退一步说，你特别有了侥幸机会，并且能勉强跟上去，可是一旦势力消失，所谓"树倒猢狲散"，终究是失败的，这是第三点。

许多青年经失败后，还要抱怨没有势力，无人提拔，这都是错误的观念。所以青年们第一桩事，要有正确观念，即"靠自己"三个字。怎样靠自己呢？第一，靠自己训练自己。自己训练，其训练才能真确有效。一个青年如遭顺境，有机会入学校受教育，自然不必说，应该努力用功；如遭逆境，一时无机会入学校，只要保自己志向坚定，努力向学，后来很可能有机会给你的。倘使毕竟没有机会入学校，无论任何环境中，你如坚心继续不断地一点一滴地努力，终必能成就你的学问，切勿抱怨你的命运，来遮掩你的懒惰偷安。

训练自己，最紧要的事，是要有恒心。生活要规律化。在这抗战非常时期，生活常常不能照常轨，这是例外。但我们总应尽量使他有规律。生活有规律的最好模范，是大哲学家康德。他每天下午散步时间准确得很。所经过的村庄，农民都以他为标准时间。只有一次耽误了，因为他读了卢梭著的《爱弥儿》，兴趣过浓，就遗忘了散步。村庄上的人民都感觉得诧异得很。一般青年对于自己的日常起居行动没有加以考虑,这是很不对的。例如晚上睡觉,现在天气炎热,很多人不肯早睡。大家凑在一处闲谈,多是些不正经的话,一直要到十一点钟以后才就寝。到了第二天早上,就不能早起。闲居无事的人,姑不必去谈他。普通要入学校读书,要上办公厅办公,要开店门做生意,至迟不能过六时半,就要起身。如是很难有八小时睡眠,因此白天精神不能振。这桩最普通、很小的事大家不去考虑,以致影响很大。有的青年很有志向的,看见人家努力自己也想努力。但是努力都不能持久。今天学学这样,明天学学那样,常常“见异思迁”,结果都是“半途而废”。使青年对于学术没有恒心,有二个魔鬼作祟:一个魔鬼是惰性;一个魔鬼是嗜欲。例如:某青年看见人家早起读书或练习何种技能,就决心也早起学习。过了几天,因为志愿敌不过躺在床上的惰性,因此打消早起学习了。或者晚上受不良嗜好之影响,就寝很迟,次晨就不能早起身,所以要求事业成功,必须要有恒心,要有恒心,必须先克服惰性和节制嗜欲。

第二要靠自己去克服天然,譬如天气很冷的时候,假使你躲在屋子里,怕冷怕风,把门窗都关起来,使得空气不流通,你还感觉很冷的。倘使要抵抗它,索性向门外跑,向风中跑,跑了一会,你就感觉全身温暖,寒风也不怕了。譬如在热天,你在阴凉的地方清坐,手摇着扇,你还感觉得很热。在田内工作的农夫,和赤日下奔跑的人力车夫,或在汽车下搬运泥土石子的小工,也并不觉得怎样,不过同样地喊着热罢了。到了晚上,有电灯地方当然很明亮,不生问题。假使在乡下没有电灯,没洋烛,甚至没有油灯,怎么办呢?古人囊萤映雪读书,都是克服天然的方法。有许多青年,自己不肯用功,往往托辞设备不周全,诚然,设备周全,可以增加工作效率,但是遇到设备不全时,也应该想法,克服困难。我看见北方农家的青年,在学校放假时因学校指定了自修功课,回到家里既无桌子又无凳子,就伏在炕上做他的功课。还有许多跟部队的书记官,中途下令要办稿子,就伏地上运用他的毛笔。我们在平时,有从容的时间,更可想法子使我们求学和工作便利。我们人类现有一切工具和设备,都是靠祖宗及先觉者替我们准备,我们当然尽量利用它。但观念不要弄错,是利用,不是依赖;在无可利用时,就要靠自己,去克服、创造。

第三,要自己去战胜环境。恶环境要靠青年们自己去克服,好环境要靠青年们自己去创造。在学校中有很多不良分子,有许多虚伪欺诈行为。三五相聚,都谈些淫秽不正当的事。所谓“群居终日,言不及义”。意志不坚定的青年很容易被他们同化的。被他们同化了不但时间浪费、思想因之不清洁,行为也就不端了。假使一个青年入学校机会少，投身社会很早，那么所遭遇的不良分子更多，环境恶劣更厉害，能坚决自立，卓然自拔，很不容易。很可惜的是许多青年就此牺牲掉。

有志的青年，行为决不与一般相同，因为生活有规律的，做事有计划的，不良嗜好绝对没有的。久而久之，自然地人家会尊敬你，并且名誉很好。到有了名誉，就有很多机会来找到你。在这时候，你就认清目标，努力你的前程，你就得到事业的进步。

上面所说的"机会"，不是"投机的机会"，还是说"时会"，比较适当些。

时会到的时候，不要放弃，要把握住。许多时会，可以自己创造。要费些脑筋。但必须走正当的路。倘使时会没到，千万不要烦闷，因为烦闷徒然伤害你的身体，并且要走消极的路，你好好地准备着，还保持你原有的态度。当时会没有到的时候，好像你平时所预备的学术有些没有用，但你不要任意丢掉，你继续准备着。学术贵乎专精，切勿贪多，切勿见异思迁。

现在一般青年都烦闷着职业问题。在学校内读书还没有读得好，就焦灼着出路问题。这种情形，实在不经思索之故。一经思索，就觉得可笑。试看现在有许多机关及公司都感找不到适当的人，这都是一般人自己训练不够。而且许多青年对于学术，都避难就易。例如许多高中及初中生都怕数学。实在因为偷懒之故，还自欺欺人道："我性子不近数学"，无聊的诲淫诲盗的小说，阅时比较不费力，而且迎合腐化、颓唐或放诞的心理。有的青年连睡时在床上及在毛房里也手握一卷看着。又掩饰道是"我性近文学"。这都是欺人的话。我个人的经验，觉得我们不论用功哪种学问都是可能的，不过是一种习惯问题。对于某种学问加了功，有了习惯，就感觉有兴趣了。我们看世界上的大科学家，都是从小用功起，专门一种学问，始终不懈，才得成功。中国的环境啊很多地方不允许我们这样做，因此糟蹋了很多人材。青年们——假使自己不努力，还有什么办法呢？

有的年纪稍大，以为用功学问已经来不及了，希图走一条捷径，可以事半功倍，或竟不劳而获。这种思想，是根本错误的。以前英国有个政治家名克兰芝东（Gladstone）在七十岁时尚学会一种外国语。法国天文学家拉泼拉斯（Laplace，1748—1827）到七十八岁死的时候，工作还没有停止，临死还说："我们所知道的简直没有什么，不知道的还是很多。"学问家对于一种学问像一种嗜好，并不顾到有用或没有用。我以为他们的态度是很对的，做了人，应该尽人的责任。人的责任是应该追求学术，促进世界文明。古书说："吉人为善，惟日不足；凶人为不善，亦惟日不足。”同样，走路向着光明走，就见光明；向着黑暗路走，就见黑暗。所以我们路途不要走错。

还有一点须说明的，上面所说的“靠自己”，是站在努力、用功方面说的。所谓时会是为应用所学、发展才能着想的。总之眼光要放得远大，勿贪小利，而谋自己的利益。绝对不是个人主义。假使抱了个人主义，无论你事业怎样发展，于人群有害无益，结果就会变成汉奸。这是不可不注意的。

二十八年七月二十一日

（原载于1939年《现代读物》）

江苏省立教育学院第一民众教育实验区计划大纲

一、缘　起

本院过去教育方法，素注重民众教育之学术研究与事业实验之相互印证。更使学生参加实习工作，于身体力行中，培养其认识与思想，运用集体讨论与互教共学方法，获得工作之正确观点、服务精神及创造能力。故曾先后创办黄巷、惠北、北夏等实验区及实验民校、实验民众图书馆、实验民教馆与工人教育实验区等，均为规模宏大、设备完善之民众教育实验场所，成就颇多。抗战军兴，停顿殊久，胜利后，本院复校，各项设施渐上轨循，为使研究实验事业如全面教育、乡村自治、社会福利及农业推广之理论与实施等得再有验证之机会，与学生重获实习场所，以配合时代需要，乃有先行创设第一民众教育实验之必要。

二、主　旨

（一）民众教育各种方式之比较实验

民众教育之推行虽已达二十年年，但以我国幅员辽阔，民知闭固，及政治纷扰之影响，迄未能彻底普及。近以宪政行将实施，社会高唱民主，民教与民众之关系，益将日臻缜密；且民众教育范围广泛，常因民众生活环境之不同，而变异其事业设施之方式。本区将就各处地方环境之实际情形与客观要求，采用各种不同之设施方式与材料，比较其反应、效率与成果，以供当今时代需要之参考。

（二）供给本院学生实习场所

本院以培植社教实施工作人才为主，学生于学术研究之余，同时予以深入社会社会接触机会，藉以考察实际情状，对于人生、社会与自然之各项事项，有较精密之统计、诠释与批判，以期获得理论上之验证，兼可陶炼服务社会之能力、兴趣与方法。

（三）建树社会福利事业之规范

七七暴敌侵凌，河山半壁沦陷，民众受敌伪蹂躏压榨，水深火热，在个人则深感痛苦，在社会则渐趋凋敝。胜利以还，各地纷扰，迄未得重歌升平，民众之痛苦与社会之凋敝，日益深重。而联总行总之救济配给与兴办社会福利事业，尚未能下达里巷乡郊，深入农村。本院有鉴及此，深愿于筹设研究实验事业中，兼办社会福利事业，建树一适当之机构与规范，并期普遍为各地所广泛采纳，则不仅直接改善人民生活，亦即藉以实现理想之新社会。

三、要　项

（一）本区实施各项事业，以全区各处地方环境情形之不同，划分为四个分区：

1.梨庄分区

以无锡城北之梨庄、北闸两镇为范围，包括本院昔日之实验民众学校、实验民众图书馆等事业地域，以社会福利为中心工作，拟举办职业介绍与指导、巡回诊疗、公共卫生等事业，作为实验城市民众教育之场所。

2.黄巷分区

以本院西南部之惠河镇及北塘镇一部分为范围，包括本院昔日之黄巷实验区、丽新工人教育实验区等事业地域，以地方自治为中心工作，拟举办乡村改进会、合作社、组织消防、保卫等事业，作为实验半城半乡之乡郊民众教育之场所。

3.高庄分区

以京沪铁路北锡澄公路西侧之高庄乡、刘潭镇等为范围，包括本院昔日之惠北实验区历年实施各项事业之地区，以农业推广为中心工作，拟举办农事指导、农业贷款、组织农会等事业，作为实验乡村民众教育之场所。

4.社桥分区

以本院左近前后社桥谢巷等数村为范围，包括本院昔日之社桥实验民众教育馆之事业地域，以家事指导为中心工作，拟举办家政指导、托儿所、模范家庭、妇婴保健等事业，作为实验家事教育之场所。

（二）各分区以举办民众学校为基础之固定工作，从而展开其他活动与事业，作为以民众学校为中心改进乡村之实验。

（三）各项事业，除由实验区工作人员负责主持推进外，各分区事业之观察设计、接洽进行与分配实施等事宜，分别指派四年级实习学生担任，并由实验区与本院有关教授指导，使从实际工作中练习办理民教事业之方法，并谋理论与事业之印证。其他各级参与实习学生，于课余前往协助工作，负有一部分工作之职责，以培养研究实验之兴趣，诚恳和蔼之态度与分工合作之精神。实习学生之日常生活，应与实验事业打成一片，由常与民众接近增加认识民众实际生活状况及其心理之机会，并养成刻苦耐劳负责守恒之习惯。

（四）就本区各项实施事业对于实验与实习本身之目的，应有下列各项：

1.实验方面：

（1）从扫除文盲、普及教育、提高文化水准之工作中，得一完整与适宜之方法与材料。

（2）寻觅合理的唤起民众觉醒之组合，与改进地方自治之途径。

（3）联络各方面有关之社会社团与技术机关，合力发展乡村经济与建设，并进而扩大呼吁、宣传与倡导实施，使成为具有普遍性与经常性之一种活动。

2.实习方面：

（1）事业设施与工作推进。

如固定事业、临时活动、竞赛、展览及合办事业之设计推进等。

（2）行政事务与机关管理。

如领导、行政、文书、事务、组织、经济与人员支配等。

（3）调查观察与研究分析。

如社会、文盲、生计等调查，民校教材之编辑，地方问题之研究等。

（4）生活事务处理与身手劳动。

如房屋之布置整理，用具之收拾修理，炊膳之办理，环境清洁等。

（五）本区各项设施，均以协助方式改进民众生活，建设社会事业，逐渐使之自治自立而自动为目标，故事业之举办，首须根据社会之需要，实施之方法，亦宜适应民众之心理，创设之规模，更应按照地方生产能力为准。

四、组　织

（一）本区组织系统如下。

（二）本区设总干事一人，副总干事一人，干事若干人，并由本院实习学生参加担任工作。

五、事　业

（一）社会调查

以本区施教地域或其一部分为范围，内容为人口、教育与经济生活之一般概况，供今后本区工作员生与地方当局之参考。

(二)实验民众学校

以编纂教材、实施教学法、训导、行政组织、招生留生等为实验目标,并使学生成为推动社会建树事业之中坚分子。

(三)黄巷分区

以地方自治为中心工作。

1.民众学校:

征集附近十五岁以上之失学男女村民,开办初级班,以扫除文盲,灌输生活必需知识。

2.工余补习学校:

在附近丽新、丽华等厂,吸收失学工人,补习各项应用知识。

3.乡村改进会:

促起旧日认识,恢复从前组织,发挥群体力量,从事办理调解会、消防队、自卫团、开垦荒地、禁止烟赌等事业。

4.简易诊疗室:

购备普通药品及特效药品,定期开放诊疗,并按时种痘防疫。遇有重大疾病,得介绍本院医药室或各大医院诊治,附设药箱作巡回之用。

5.合作社:

指导民众组织,改良灌溉,商借农贷,以增加生产。

6.书报室、读书会:

陈列开放,指导阅览及报告讨论。

7.壁报、画报:

按期出版、图文并重,偏重自治建设与时事动态。

8.地方自治讲习会:

就农隙或工余举行,连续数日,以五日至一周为准。

9.图片展览:

收集有关地方自治农事改良之书报图片,作系统之陈列,巡回展览。

10.农事指导:

研讨改进农业之知识技术,并请专家指导讲演。

11.问事处:

包括文字质疑、人生知识、地方事务、学术咨询、农工技术等。

12.电影幻灯:

定期放映新闻片及教育片,辅以扩音机播讲,补文字教育之不足。

13.同乐会：

联合地方人才，表现各人兴趣与才能，寓娱乐于教育之中。

14.音乐会、剧团：

屏绝不良嗜好，倡导高尚娱乐，并由各个练习之独乐，进而为集体表演之共乐。

15.远足：

利用农暇，征集同志，抽一天半日之间，作修养之参观或怡性陶情之畅游。

16.各项比赛：

约有书法、讲演、歌咏、健康、农产、运动、球类等别。

（四）梨庄分区

以社会福利为中心工作：

1.民众学校：

本区密周市郊，失学之童仆学徒，要求补习之店员颇多，分设初高级两班，前者以灌输生活必须知识，后者以补习生活技能学科，必要时，并办理分团、函授等教学。

2.职业介绍与指导：

适应社会要求，从调查登记入手，办理张贴广告及发布新闻，进行通讯、介绍与指导事宜。

3.巡回诊疗：

应用本区简易诊疗室药箱，按期巡回诊疗，并办理布种牛痘、防疫注射等工作。

4.家庭访问：

联络感情，观察动态，调解纷争，指导清洁卫生等事宜。

5.勤学运动：

唤起失学成人之觉醒，扩大学校教育范围，促进学校兼办社教事业。

6.书阅报览、读书会：

按时陈列开放，指导阅览，并为民校毕业生之继续教育机构，与作为补习教育之小型组织。

7.壁报、画报：

择交通要道张贴，偏重一般国民常识，书报间出专号。

8.公共卫生指导：

经常性之宣传、指导与核查,街道、戏院、垃圾茅厕等之改革与整理。

9.卫生运动:

特重夏令蚊蝇之扑灭,传染疾病之预防,清洁卫生之注意等。

10.图片展览:

觅集有关社会福利之书报画片,系统整理,巡回陈列展览。

11.时事讲演:

利用适当时机与题材,举行不定期讲演。

12.儿童幸福展览会:

搜集有关儿童幸福或损害之图片、实物,整理陈列,展览比较,以促使增进儿童之福利。

13.同乐会:

扩大教育活动,表显施教效果,吸收新进分子,调剂单调生活。

14.电影幻灯:

经常定期放映新闻片与教育片,适当播讲各种报告。

15.游览队:

利用春秋假日,征集同志游览名山佳胜,或作参观活动。

16.各项比赛:

如书法、讲演、歌咏、健康、球类等。

(五)高庄分区

以农业推广为中心工作。

1.民众学校:

征集失学成年男女村民,开办初级班,以扫除文盲为主。

2.农会:

协助农民组织,共谋改进自身福利,以建设农村。

3.合作社、农贷:

指导民众组织借贷,以减低利率,活动农村金融。

4.农事指导、讲习会:

关于改进农业技术如土壤、种子、肥料、灌溉、病虫害等方法之指导与讲习。

5.家庭访问:

联络感情,观察农情,并作家政与卫生之指导。

6.副业指导:

以增进生活收入为目的，指导学习各项副业技能。

7.优良品种、新式农具介绍：

分试植、繁殖、试用、示范、推广、代办、普及等各步骤进行。

8.家畜病虫害防除：

与农场合作进行，并用表证示范办法。

9.农产展览会：

搜集本地原有农产及新种繁殖成品展览，作一般的与比较的相互对照，收观摩改进之效。

10.劝学运动：

农村子弟，失学人多，劝导入学，并使蔚为风气。

11.书报阅览：

陈列展览，按时开放，并指导阅览。

12.时壁报、画刊：

经常编贴，以浅明之生活常识为主，图文并重。

13.问字代笔处：

文字与人事之答询指导，兼办书写拟撰等服务工作。

14.同乐会：

工作之余，少壮一堂，各表演其所长，兼收娱乐于教育之功。

15.远足：

利用农暇，组集同志，或参观，或游览。

16.各项比赛：

如书法、讲演、歌咏、健康、农产、运动等。

（六）社桥分区

以家事指导为中心工作。

1.民众学校：

招收十五岁以上失学妇女，开办初级班，灌输生活必须知识。

2.托儿所：

于农忙期间开办，并作儿童保育示范活动。

3.家庭访问：

联络感情，观察动态，搜集材料，实施活动。

4.家政指导、讲习会：

有关家政之指导与讲习。

5.模范家庭:

择定优秀农家,特约以为示范、扩大指导。

6.妇婴保健指导:

关于妇女婴儿之保育,健康卫生之改进事项。

7.助产指导:

介绍新式助产方法,改进旧式积习,比较其利弊得失。

8.儿童幸福展览会:

搜集本地儿童生活材料,及有关书报图片实物,作系统或比较性之展览陈列。

9.巡回诊疗:

定期举行,并按时季办理种痘防疫等工作。

10.书报阅览:

陈列展览,按时开放,指导阅览。

11.壁报、画刊:

定期编贴,侧重家庭与妇婴保育之指导,图文并重。

12.电影幻灯:

定期放映,并加播讲,或在本院合并举行。

13.同乐会:

以小规模方式举行,扩大教育活动,交换彼此意见。

14.各项比赛:

如书法、讲演、歌咏、健康等。

(原载于1946年《教育与民众》)

附：无锡乡村教育实验区工作图片

紅帽子好像雞冠花

27

江苏省立教育学院近况

江苏省立教育学院成立于一九二八年。地点在江苏无锡县城之北郊，前面惠山，后靠京沪铁路，距车站一公里半。它是一个具有特殊性质的教育机构。它不像师范学院专以培养中等学校师资为目的；它更不像一般大学的教育系，注重所谓传统教育的研究。它的便节：(1)以大众失学民众(包括儿童和成人)为目标，从事于培植推行基本教育的领导人才；(2)以整个社会(包括都市和乡村)为对象，用教育的力量和方法，实施社会全面教育，以助成新社会和新中国的建设。

一、学生训练状况

甲、关于课务方面

全院学生分为二系二科，人数总共为四五五人(男三二七，女一二八)(一九四八年度)。

(1)社会教育系共有学生男一七三人，女四一人。内分社会教育行政组，学生男六八人，女三人，社会事业组男四〇人，女二三人，地方自治教育组男二六人，图书馆教育组(暂缺)。学生分组自二年级下学期起，前三个学期概不分组。

(2)农业教育系共有学生男一〇六人，女四一人。内分农艺组，学生男二六人，女四人，园艺组男一〇人，女一〇人，畜牧组男一五人，女一人，农业经济组男三三人，女七人。分组亦自二年下期起。

(3)电化教育专修科共有学生男四八人，女一三人。劳作教育专修科共有女生四六人。劳作教育专修科过去只有家事教育一组，限于女生、自一九四九年度起，将分为三组：家事教育、工艺教育、及农业教育。男女兼收，电化教育专修科过去暂不分组，将来拟分为播音教育及电影教育两组。

课程分为四类：(1)共同必修科目(包括基本科目、教育基本科目、社会科学、自然科学)；(2)本系或本科必修科目；(3)分组科目；(4)公共选修科目。关于第一类如体育、家事、音乐、三民主义、伦理学、国文、英文、哲学概论、教育概论、教育心理学、普通教学法等。关于第二类，社会教育系有中国文化史、西洋文化史、伦理学、普通心理学、教育社会学、教育行政、国民教育、中等教育、社教实施法、教育统计、地方自治概论、社会调查、毕业论文等。农业教育系有：植物学、动物学、地质学、土壤肥料学、作物学通论、普通园艺学、普通畜牧学、农业经济学、农场管理、农业教育、农业推广、农田实习、毕业论文等。电化教育专修科有：电影教育理论与实施、播音教育理论与实施、电化教育行政、应用电工学、无线电学、戏剧概论、国语及演说、电影放映术与机械管理、内燃机、收音机装置与修理、摄影学、暗室技术、灯片制作法、影片教学法、录音学等。家事教育专修科有：家政学概论、儿童心理、食物学、衣服学、儿童保育、训育原理、家事教学法等。

乙、关于实习方面

学生实习工作分为社教参观、社教或农教活动、暑期社教或农教实习及结业前集中实习。实习场所为本院所设实验区各据点、农场、电台及其他院内各部。实习指导，由全院教员分任，订有详细办法。实习工作考核，亦订有详细办法，并定期举行指导会及工作检讨会等。实习时间以下列标准计算：(1)社教参观：社教或农教活动，每一学分以工作十六周每周至少四小时为原则。(2)暑期实习每一学分至少须在实习机构长驻工作一个月。(3)结业前集中实习六学分，以在实习机构长驻一学期为原则。社教系学生实习学分各十学分。自三年级起，第一学期及第二学期，社教或农教活动各一学分，连同暑期实习一学分，共计三学分。四年级第一学期社教活动一学分，第二学期为集中实习一学期六学分。专修科第一年暑期实习一学分，二年级第二学期社教活动一学分，第二学期集中实习二月三学分，合计为五学分。

丙、关于训导方面

全院学生都系寄宿，故于课后生活之训导管理亦甚重要。在行政方面设有训导处，处内设有三组：(1)生活管理；(2)课外活动；(3)体育卫生。生活管理组指导学生食宿两事。膳食经费由教育部发给。膳食事务则由学生选举代表组织膳食委员会处理之。宿舍事务，则由各室推举室长，举办室长会议，商讨处理之。课外活动组指导学生组织系科学会。每二周轮流主持晚会一次。同时指导各学会编辑壁报，按期出版。并令志愿组织歌咏队、戏剧团、演说会、辩论会、座谈会等。体育卫生组照料学生每晨行升旗礼及早操。下午分组课外运动，如球类比赛、田径赛、器械操等。每学期举行体格检查一次。遇有疾病，则院中设有诊疗室，聘定医生，随时诊治。

与训导处相辅而行，则有导师制。即把全体学生分为若干组，每组自十五人至二十人，由一位教员担任导师。每星期或二星期集会一次。由导师用谈话方式指导学生修养问题。每学期开始及结束时举行导师会议，交换意见及讨论学生操行问题。

二、研究实验状况

这是在中国大学制度上的一个特殊组织，即在教务处、训导处外，另设一个研究实验部，部设主任一人，由教授兼任，主持研究实验工作。部内分设三组：(1)设计组；(2)编辑组；(3)实验组。每组设主任一人，由教授或副教授兼任。主任以下设有助教及干事若干人，以助理业务之进行。但大部分工作都指导学生担任。学生数目则视工作需要而定。这个办法，一方面可减少专任职员，一方面可使学生增长实际经验，以补课室教育之不足。目前工作最重要者有二事，略述如下：

甲、卡片教学的实验

卡片教育是以活动的方式、迅速的方法，消灭文盲、完成自学为目的。关于成人教育部分分为三个阶段：第一阶段，识字教育；第二阶段，自学预备教育；第三阶段，自学教育。识字教育又分两种方式：(1)送字上门。即以学生家中所有实物为教材。例如其家中之炊具、食物、用具、服装等名称一一写在字牌上。字牌穿有小绳，系在各实物上。同时把字方(即写字牌上同样的字)发给学者，使其对照认识。隔了一日或二日，小先生上门考查，将认识的字牌取下，另系新字牌，发给新字方。(2)班级教学。其教材分“我的身体”“我的家庭”“我的学校”“我的村镇”“交通常识”等五大单元。并另学习写字、拼字、排句等。自学预备教育采取班级集训方式。凡受送字上门识字教育及受识字班教育而识字在八百以上者，始可参加。其教材除继续识字教育之班级教学中之所有教材外，另加习国音字母，查字典，读书，搭笔记及算术。教学时期，预计一个月至二个月。完成后，即可升为自学班。自学班不采取班级集中教学，而任学生居家自修。但规定范围之书籍，常识有二百余种，算学三十二种，编写学习指引卡片，任学生自己选读，读完五十册以上，即可认为自学班毕业。

儿童教学亦分为三个阶段：第一阶段，为前期单元活动，需要一个学期，即在初级小学之第一学期实施。教材分为空间性单元(我的身体、我的家庭、我的学校、我的村镇)；时间性单元(各种纪念日、各种旧的节令、自然季节的变化、偶发事项);调节教材(儿歌、故事画)。第二阶段为后期单元活动,即在一年级下学期使用,亦只需要一个学期。教材增加国音字母、写字、拼字、排句、查字典。最后一个月开始学习自学读书。第三阶段为合科阅读,自小学第三学期(二年级上期)开始,一直至小学毕业(完成现在四年小学课程标准,至多只用三年;聪明学生,只要二年半)皆用此方式。课程分四种:(1)阅读课程,选定儿童读物四百种;(2)特定练习课程,即是数学;(3)观察课程,即自然科学,应以实物观察为主,以阅读为辅;(4)调节课程,即音乐、美术、手工、体育、童子军等。

乙、编辑

编辑组专任职员只有助教兼干事一人,书记一个,其他均由教授兼任。所有编辑工作由教授指导高年级学生分别担任。指导方法,先召集学生开会,共同确定要旨与方针,然后令学生分组试排内容纲要,而加以指导订正。如稿子认为无问题时,即交实验各据点试用,试用中发现问题,随时记录在表中,至编辑审查会开会时提出讨论修正。再经过试用后,然后正式付印。

在一年前曾编辑完成“成人实习基本教育初级班课本”(国语常识混合)四册。本年内同时编辑“市民基教初高级分科课本”,即分国语、常识、算术、音乐各四种。现在初稿已全部完成,一俟核阅修正完毕,即交实验区试用。又逾龄儿童两年制课本分国语、算术、常识三科,正在编辑中。补充读物已完成初稿者有:“现代公民”“四权行使”“什么是地方自治”“保卫家乡”“前后两乡长”“农民泪”等。卡片教材之编辑如下页表格。

关于定期刊物方面,现因经费不足关系,只维持《教育与民众》继续出版。此刊物系研讨民教之学术性质,发行额虽不多,仅一千份,而全国之教育重要机关普遍订阅。其他期刊,如《民众周刊》等,一俟经费宽裕,计划复刊。

三、基教实验区状况

甲、黄巷实验分区

在学院之西南隅,相距约一公里。包括前中后三村庄,人口共有八九四人。战前学院在该区施教已有根基。民众学校毕业生办理地方事业者甚多,办民众教育者亦有几人。战后各种事业逐渐恢复。现有国民学校一所,儿童一五七人及短期小学实验班一班,学生二六名,均由学院主办。学院实习生在该区施教活动有:(1)活教育站。实习生分为若干组往农家访问,约定地点,每地点推定农民一人为召集人,每晚每地点召集八人至十五人,由实习生

卡片教材之编辑

项目	一、儿童识字教材	二、短期小学识字教材	三、注音符号教材	四、算术教材	五、自然教材	六、地图	七、读物学习指引	八、连环图	九、幻灯片	卡九、送字上门
已编辑完成者	前期用（春季始业、秋季始业），各九个大单元、五十二个小单元，教学法全套	前期用，三十个小单元	音符片三十六个，音符结合片、三百四十个，字音符结合片三百四十个四。全套	算术卡片、设计教材二千五百个卡片	动植物标本六十一件，参考书七大本	挂图十幅、拼图一幅	四百份	生理卫生一本，历史一本	生理卫生一卷，乡土地理一卷	前期十个小单元
正在编辑中者	各四十个小单元	三十个小单元		高级教材	动植物七十件，参考书十五本	挂图七十幅，拼图八十幅	四百份	生理卫生九本，历史三十本	生理卫生九卷，历史九卷，公民四卷	前后期各三十个单元

宣传政治、生计、卫生等问题，然后由民众自由讨论及发问。(2)民众茶园。每周一、四晚开放三小时。(3)民众阅览室。每周二、三、五、六晚间开放二小时半。(4)民众娱乐室。每周二、三、五、六晚间开放二小时半。(5)民众壁报。旬

日出版一次。(6)放映电影,(7)特约农家品种推广。(8)注射猪瘟血清及丹毒血清。(9)发放洁水剂。(10)办理暑期儿童团。(11)代农民收送信件。(12)施行工艺传习所之教育。招收贫农家属,教授工艺,在工作休息时间教以音乐及识字。(13)乡村状况调查。

乙、高长岸实验分区

在学院后面,相距约一公里。该区在学院指导下办理合作社,已有相当历史,且成绩显著。现有综合性之合作组织,内分生产信用部、土地信用部、运销部、农产信用部及消费部。为传布合作知识起见,特举行合作讲习班,并配合幻灯与电影教学,农民颇感兴趣。为解决问题起见,时常举行合作座谈会,并指导组织合作青年团,以训练青年之合作道德及协助合作事业。

现有民众学校二处:(1)高长岸民众学校,登记学生人数有六七人,每晚旁听成人与青年男女约四十余人。(2)杨木桥民众学校共三班:成人班十八人,初级班四十二人,妇女班二十七人。另有儿童歌咏团,设在后高长农民家,儿童有四十一人。

小学校有五所,概由学院辅导:(1)刘潭桥国民学校;(2)岸底里国民学校;(3)杨木桥国民学校;(4)丁巷国民学校;(5)丁巷私立小学。

其他活动有:(1)阅书报处;(2)壁报;(3)特约医务处;(4)示范家庭;(5)举行村民座谈会;(6)辅导农业青年团;(7)辅导教息会;(8)特约农田;(9)指导育蚕会;(10)指导种藕栽芹;(11)提倡高尚娱乐;(12)布种牛痘、防疫注射及清洁饮料水等。

丙、崇安寺办事处

在县城中心,最繁盛之区。学院设有继续教育之补习学校,即相当于高级小学、初级中学、高级中学之程度。现有学生一百二十余人,分为三班。另设初级妇女夜班一班,学生最多时有一百二十人。又在西门举办民教班,学生最多时有三百二十余人,分为三班。

丁、社桥头

在学院之左邻。设有办事处、阅报室、妇女班一班,学生二十余人;儿童班一班,学生三十余人,幼儿班一班,学生十五人。并有壁报等工作,经常有实习生实习。

戊、院内实验小学

有儿童班六班(内有卡片教学实验班三班)学生共二六一人。成人班因农忙结束。实行卡片送上门,由五六年级生办理。

其他辅导区如胡家渡、龙塘岸、推广区如东亭、南桥、张泾桥等;因限于篇幅,不及备述。

四、电化教育状况

电化教育专修科除训练电化教育人材外,并配合实验区设置电化教育。但所有器材,在战争中遗失。复员后,由教授指导学生自制一百瓦广播机一座,周率为一二〇KC,呈请交通部核发执照,名为"江苏省政府无锡广播电台"。现每日播音十小时,其重要教育节目有:学术讲座;常识讲座(包括公民、史地、国际情形、卫生、科学、生产、家事);社会服务(答复听众问题、介绍职业及通讯等);文化娱乐(除学院歌咏团、话剧经常表演外,并每日教授唱歌及口琴,唱歌讲义由电台赠送,现据来信,有若干小学已采作音乐教材)。播音区域,有无锡、苏州、常州、常熟、江阴、南通、靖江、吴江、嘉兴、嘉善、镇江、宜兴、丹阳、溧阳等十四县。自三十六年十月至三十七年五月,收到上列各地听众来信有九百余封。

关于电影部分,在复员之初,仅有柯达无声机一部。后由教育部发给敌弗莱旧放映机一部,经自行改装为有声放映机,同时经多方面接洽,商得上海美国新闻处及英国新闻处之同意,按月借用影片三千至四千□,另由南京教育部不定期借用若干,于是得经常放映。现一面正从事摄制幻灯片及卡通片,一面在计划编制剧本,预备摄制影片。

五、毕业生联络情形

迄一九四八年七月,毕业生共有八六八人。毕业生于每年三月十五日院庆纪念有很多回院参加,并举行毕业生年会。他们常带了很多礼物和现金赠送给母院。他们爱护母院的精神,可说中国各大学中所罕见的。这回战后复院运动,也出自他们的发动。现在院中各部分,实验机构及附属中小学,大部分职员是毕业同学担任。平常与毕业生通讯及接洽介绍工作等事,占院中行政上很重要地位。各地毕业同学会分会成立者甚多。凡遇母院有事,如母院派人往某处去,只须与毕业同学分会接洽,得到很大帮助。至毕业生之进修办法,正在计划中。

六、结　论

这个学院的训练方式与其他大学大有不同之处,上面已经叙述个大概。

综合其优点，重要者有三：(1)学生经过多次实习后，可以了解实际问题；(2)他们常深入民间，能养成与农工为伍的习惯；(3)从工作中学习，能养成与人合作的习惯。但检讨缺点也有三项：(1)因课程受政府制度之限制，不能与实习工作相配合；(2)经费困难，设备不够，常感有力无用处之苦；(3)目前社会受政治因素影响太大，一切计划不能如理想实现。

（原载于1948年《教育通讯》）

江苏省立教育学院高庄乡实验民校合影

江苏省立教育学院研究实验概况

一、弁　言

具有历史性的江苏省立教育学院，与其他教育学院性质不同。它负的使命，是为改造教育，促进社会。所以设施的方针是侧重在研究与实验。研究实验的要旨有三：(1)使教育大众化。因为教育不该由少数人独占，应把校门打开，让男女老幼民众同享教育权利；(2)使教育生活化。学生必须有充分时间，参加实验，接近民众。民众教育不限于识字，凡改良农业，增进生产，都是教育的内容。(3)使教育社会化。学校是民众的导师，是社会活动的中心。教师、学生和民众化为一体，大家了解现实，共同来解决生活上的实际问题。

依据上述的要旨，该院行政组织，除教务、训导、总务三处外，特设置研究实验一部，专司研究实验工作。在战前因经济宽裕，院内设有研究室、资料室、编辑部，从事专题研究，编印期刊、丛刊及民众读物等。院外设有黄巷、惠北、北夏等实验区。抗战军兴，该院内迁桂林，全院师生参加地方工作，发动民众运动。抗战胜利，即在无锡原址复院，未及一年，在经济极度艰困之下，恢复研究实验事业。至三十六年七月，正式成立研究实验部。所有研究设计、实验推广、调查辅导、编辑出版等工作，正在逐渐开展。

二、研究实验部组织系统

该部设主任一人，商承院长，主持研究实验事宜。内部组织，详见下列组织系统表。

三、事业设施

该院以养成社会教育及农业教育人才为主，学生除在院选读课程之外，经常参加实验工作。故教学与实验熔为一炉。兹将研究实验事业，略述如左：

(一)实验区——该区曾以职业惠北实验区为范围：包括黄巷、梨庄、高庄、胡家渡四分区，各区事业分述如下：

1.黄巷分区——该区以地方自治为中心。有乡村改进会、妇联会、音乐会、问事代笔处、民众学校、壁报、电影等。

2.梨庄分区——该区以社会福利为中心。有民众学校、职业介绍、模范家庭、同乐会、电影、壁报、家庭访问等。

3.高庄分区——该区以农业推广为中心。有合作社、乡村改进会、农业仓库、农业指导、阅览室、同乐会等。

4.胡家渡分区——该区以农业合作为中心。关于合作事业有养鱼、养蚕、灌溉,并在筹备消费、店铺等业务,其他尚有种子,肥料推广,农事指导,防除病虫害,救息会以及妇女班,问字代笔处,电报等。

5.工人教育——暂以丽新纺织厂为据点,除办夜校之外,再设托儿所,幼稚园,以收容工人子弟,给予教育,他如电影巡回施教,举行通俗演讲,编写壁报,图书阅览等,以辅助平时施教之不足,务使工人之工作、教育、娱乐三项互相调剂,不致偏废。

(二)研究设计组——该组暂分成人补习基本教育设计,社会教育助成社会建设设计,社会教育运用感觉辅助设计,补习学校设计四组,兹分述如下:

1.成人补习基本教育设计——又分为体制与生产、语言文字处理、课程与教材、教学方法等四项设计。

2.社会教育助成社会建设设计——又分为助成文化建设、助成政治建设、助成经济建设、助成社会建设四部分之设计。

3.社会教育运用感觉辅助设计——又分为电化教育、艺术教育、数学教育三方面之设计。

4.补习学校设计——又分为设置(地点的选择)与班级、名称与资格、对象与学制、期限与教学时间、课程选择、教材与教法、训导方法、成绩考查、学校行政等等之设计。

(三)实验推广组——该组暂由文字教育实验推广、农业教育实验推广、电化教育实验推广三方面为出发点,兹分述如下:

1.文字教育实验推广——我国文盲为世界各国文盲最多的国家,扫除文盲,绝非学校教育的呆板方式所能奏功,非有社会教育运用活动方式的成人补习学校、电化教育、卡片教育、小先生制等等的教育方式,随时随地利用种种活动教育工具施予教育,方能达到扫除文盲的目的。但是,像这种新的活教育,无陈规可循,尚待切实研究,得到成效之后,才可大胆推广。

2.农业教育实验推广——我国农业自古迄今未有多大改进,以至品种低劣,产量不高,该院有感及此,培育成并广集优良品种,利用改良肥料及新式农具，施用现代科学技术，予以严密的培育与试验，得到圆满成果之后，则大量繁殖，推广全国。

3.电化教育实验推广——我国电化教育历史甚暂，但电化教育在社会教育之地位仍为重要，该院有感及此，不惜巨款，置办电教设备，以供施教之用，目前该院已有电教队二队，一队系有声，一队系配音，随时分别负责城区及乡村巡回施教，颇著成效，今后更设广播电台，以五〇——〇〇瓦特定时播报教育节目，至节目内容暂以时事、新闻、音乐、戏剧、商情、气象，以及一般社会科学与自然科学常识，以补平日施教之不足。

（四）编辑出版组——该组暂分《教育与民众》月刊、民校教材及其他民众读物之类，复院以来《教育与民众》由十一卷一期至第七期止，第八九两期正在征稿编辑中，至民校教材方面，国语读本（国常混合编辑），初级读本编辑四册，在四个月中读完，现正在各分区据点试用中；高级读本，编辑六册，在六个月中读完，现正计划进行中。一俟读本编就，再编教学法，以备参考之用。算术读本高初级拟先编教材纲要及教学法，以后不再编辑读本，犹待研究。唱歌一科，决编歌曲选辑一部，以备高初级民众专用。关于其他民众读物，则拟尽量搜集材料，分类编辑，以供民众及各民校学生阅读之用。

（五）实验补习学校——附近忠恕小学等学校为校址，分为普通科、职业科及短期补习班三种，普通科设初级一二班，招收初级小学毕业生。中级设一二三班，招收高级小学毕业生。高级班设一二三班，招收初中毕业生。每班二十至五十人为度。职业科亦分初中高三级，学生机构及每班人数均与每过每科；至短期补习班，则视地方需要，再行决定班级及学科。

（六）实验民众学校——设于院内，复校目的，在实验招生留生学级编制、课程与训导、教材与教法、修业期限、成绩考核等等问题，以及利用民校学生作文化建设、卫生等事业之中心动力。均须作确切之实验，以求可靠之理论与实施。

（七）实验国民学校——国民学校，推行社会教育，在原则上是否可行，到今还是问题。故该院特设实验国民学校兼办社会教育，即将国民学校与社会教育冶于一炉，二者相辅而行，是否行得通，有什么困难，凡此种种问题，都应该确切实验一下，办理之目的即在此，该校设在院内。暂设六班，实施单式教育，至课程标准，依照规定，但教育方法，绝不拘泥于传授式的方法，必依儿童之个性与志趣，因势利导，务使每个儿童能发展其天赋之才；同时如何利用国民学校之学生、设备、人员推行社会教育助成社会建设等，似非加以研究实验不可，一旦如有成绩，即可推行全国。

四、扫除无锡成年文盲工作

该院与苏讯社合作，订定扫除无锡成年文盲五年计划，自本年四月起至四十一年三月止，第一年为预备时期，其进行步骤为：(1)分区调查。(2)订定实施办法。(3)举行各种讲习会。(4)先由几个据点试办与实验。第二至第四年为进行时期，分为实施、推广、辅导、报告等工作。第五年为成绩考查时期，五年来全县文盲减少数量，民众生活改进情形，民众能力增进情形，对于社会建设之成果等，一一加以详确之调查，然后设立永久续办之机构，实施各项教育事业。

目前已由无锡县城为中心，向东南西北四个方向展开工作，东由东亭小学为出发点，南由南桥小学为出发点，西定张泾桥小学为出发点，北由胡家渡小学及高场岸小学为出发点，各校先在校内举办成人识字班，然后逐渐由附近区域推广办理。

五、卡片教学的实验

该院为采取有效教学方法起见，特实验卡片教学。先将儿童一年级一班及成人初级一班开始实验。数遍来，成绩大为显著。不久又将实验卡片教育送上门，送到工厂里去。兹简单介绍该方法于下：

卡片教学法是湖北李廉方先生，经三十年之研究实验，综合中外各种教学方法之优点，创造出一套定型的教学活动，将基本教育之教材教法，作彻底之改革。卡片教学法之活动，是自由的、自动的、自学的。正因为彻底实施自学，故能打破课本、班级、年龄环境之诸种限制，而今充分发展学生之个性与天才。其教材，乃以当前实际事物为主要对象，故所取得之知识，皆是有用的、日常必需的。这种卡片教学法适用于儿童教育与成人教育，其教育过程，计分为三个阶段：

第一阶段为识字教育。运用观念视觉及一套定型的活动，以完成多次之反复练习，使学生易于识字。尤以儿童之活动，纯游戏方式，兴趣更好。在一般情形之下，儿童在一学期（四个半学月）可习生字五百以上，成人在二个学月，可习生字八百以上。

第二阶段为自学预备教育。此一阶段，乃专以培养学生能拼国音字母，查字典，自学阅读，自做笔记而设计。使学生习熟后即可完全自学。其教材教具及教法均有一套完整之具体规定。在一般情形之下,儿童有四个半学月即可完成此一阶段,其在成人至多只要二个学月。

第三阶段为自学教学。除选定基本读物二百余册外,并制有地理卡片、历史卡片、博物卡片、新闻卡片,而学习指引卡片更每书一份。

卡片教学法对于算术教学亦分三段。第一段:算术卡片活动。第二段:我的身体,我的家庭,我的学校,我的村镇,四大单元活动。第三段:特定练习。自然科学教学,乃以实验观察为主,计算阅读为辅,其进行尚在逐步实验中。

总之,卡片教学法,绝非为空洞的原理原则,而是有一定办法、一定步骤、一定方式的教学法。但囿于传统观念者,每每以卡片教学不采取固定课本为不妥,这是有了成见之故。

六、尾　语

天灾人祸,物价狂涨,教师待遇菲薄,不堪生存。同时学潮澎湃,学府成为恐怖之窟,而该院同人束紧腰带,滴着最后血汗,从事改进教育之实验,可谓难得。最近老友姜琦先生来信谓:“国事不堪闻问,教育亦然,惟师范教育尚有一线希望。”诚然,我们所希望者,惟有下一代的教育。记得裴斯太洛齐说过:“我是个叫化子,所以要教育儿童将来不做叫化子。”这是教育家具有积极精神的好例子。

(原载于1947年《中华教育界》)

江苏省立教育学院实验民众学校全体师生合影

第五部分

比较教育

华侨教育界急宜联络和研究

南洋华侨教育历史不算不久,学时数目也不算不多,可是如今从全体看来,没有进得几步,从个别看来竟找不到一个"美满的学校",这是什么缘故呢?华校的产生,在大埠出于各团体,或各公会。各团体或各公会门户之见素来很深,有的更相视如仇敌,时图报复,互相倾轧。所创办的学校,动机原为争气。所以不管它有价值没有价值,只要有一个名目,就算争胜了。在小埠几个管事的,以为不设华校,好像组织不完全的样子。别埠都有华校,自己一埠单独没有,于面子不能下去。所以创设动机,完全是为点缀门面。至于内容的好不好,当然不在他们心上了。因此有许多热心教育志士,南来服务,不拘在大埠小埠,看了学校腐败情形,上了许多改进的条陈,结果终归失败。

在南洋当教员或做校长还有一桩很难的事:进了一个学校已经有党派色彩,不能和异派尤其是反对派来往。假使和他们来往了,一定遭自己的董事怀恨,就是有学问,热心办事也没有用了。为了这个缘故,南洋的学校都用闭关的政策,各自闭门造车,极少有联络机会。没有联络,研究事业也好像不需要了。我初到南洋的时候,很喜欢参观各学校。后来得到许多教训,才知道南洋有许多学校绝对不欢迎参观的,因此不敢孟浪,自讨怠慢,但是我自己常想:教育事业这样"孤陋寡闻"地干,不但不能进步,在自己工作生活方面也觉得太单调。现在禁不住起来呐喊:请教育界同志赶快联合起来,打破一切党派门户成见,共走正大光明的路。董事部的私心,可以不必顾理。因为教育原来是公开事业,比不得别种行业,有什么秘密秘传、排斥同业、防御影射等等。假使某校有好的方法,不妨公开出来,使大家采用;假使有的事情自己觉到做得不合法,不妨请教人家,试用较好的方法,以期改进。凡是学生成绩不好,我想不是最丢脸的事。假使办学的人不求进步,或拿假成绩来欺骗外人,这才是最丢脸的事。教员学识不好,不能算是最坏的教员,假使他不肯热心教授,不求改进,这才是最坏的教员。有的教员虽有好听的资格,但是他教课都是敷衍,或竟营业性质,课外不肯为学校帮一事忙,所谓"闻铃上课,按月拿钱",这真是腐化教员,不是我们服务教育界的同志,应该排斥的。

研究的效果：一方面学生得益处，一方面使学校进步，再一方面自己也得到很大的益处。因为我们的学识，不进步就是退步，绝不会站定不动的。世界一天一天地进步，我们不能向前进，就要落后，研究功夫真是不可须臾忘的。讲到联络，关系也很大，联络组织，事业容易发展。联络工作，可以得到很多帮助。联络研究，可以得到许多材料，而且可以鼓励研究的兴趣。同阶级的人能联络了，可以抵抗别种阶级的欺侮。如现在各地华校教员待遇，一天一天地刻薄起来。说起来，哪一人不知道？但是这种趋势，完全无抵抗地使它胜利，原因就是我们没有联络组织之故。某处条件无论怎样刻薄，结果总是有人去接受。我们空口鼓吹改良教员待遇，还有什么人来睬我们呢？有人说：教员生涯反不及拉人力车，实际上真不如。各地人力车夫都有联络和组织，教界到如今还没有联络。虽是过去和现在有的地方发现过联络组织的名称，可是都挂空名，不务实际，而且限于一部分人，不能普遍。

同志们，联络和研究是我们切身的需要，今后不可再各顾各了！

十八·五·十二。

（原载于1929年爪哇、泗水《爪哇每日电报》“教育特刊”）

檳城钟中离校学生代表团送别周宝（葆）儒留影

与燕大教授拿氏士谈话

北平燕大教授拿士氏（Vernon Nahs）抵泗后，在极匆促时间，和鄙人谈谈华侨教育。他的意见，很和鄙见相合。可惜时间不许，不能请其公开讲演，或详细发表。现在把他说的话，总括起来，成为下列几点；

（一）教育应该顾到德育智育体育多方面。语言不是教育的目的，不过一种工具，寻常日用的应酬品罢了。

（二）初等教育，科学常识（General Knowledge）很重要，不可偏于某种科目。

（三）华侨学校因环境关系，似乎外国语很重要，但只可学些会话够了，不必求高深。读他们的古书，研究他们的文学，是走了歧路了。

（四）华侨学生到了初级中学后，升学者很少。所以初级中学应为完全教育（Round Education），切不可为预备学校。

（五）南洋华侨经商者为多，学校课程应加商业常识。

（六）学校内部组织是很重要的。南洋华校缺少良好的组织（System），所以不好办，而且不容易进步。

（原载于20世纪20年代东南亚华文报刊）

一年来华侨教育之新趋势

南洋华侨学校开办来已有三十年，进行速率，比任何事业还要迟缓，根本救国救民族之教育，成绩如此，有心者莫不为之叹息不止。但进步迟缓，也有大原因在：一则处于外国殖民地，环境与国内大不相同；二则南洋侨社思想守旧，不能与国内开通地方相比，或者与国内最不开通地方比起来，才差不多。所以我们往往在国内所不容易听到的玄渺论调，倒在比较物质文明的南洋侨社中能听见，洋学堂不应该有体操唱歌课，语体文不及文言文之有功夫、有价值，这还算是普通见解。教育与环境很有关系，教育四周既有很多阻碍，进行速率自然要减小了。

就按学校本身来说，也有两个弱点，足以阻碍进步。一组织之弱点。南洋华校，组织不良，职权不分清，这是异口同声，各处日报上发表关于批评南洋教育的文字，莫不提到此层，所以此刻不必再赘言了。二实施之弱点。南洋华校实施上之根本错误点，认学校是出卖知识之商店，而且知识只限于文字方面，所以，一般学校功课都系补习性质。不知学校包括德智体，教育全人格的。事久成习：教员下了课，责任既尽；学生出了课室不再把书翻阅，大家认为常规。如果有的教员在课外加些工作，反遭董事部之议论。泗水中华学校开办来已二十五年了，本年暑假经过大改革，全体教职员会议议决：学生课外添加参考书，每月实行大扫除一次，岂料这两件事董事部认为新颖，竟起反对。二十五年过去之教育，不过开办几班补习班，于此也可以证明，还有什么教育可言呢？

办教育之要件为经济人材两事。有经济而无人材，则徒然浪费；有人材而无经济，则巧妇难为无米之炊。过去华侨学校所花的经费，虽不能说是怎样大，也不能说是过分小。平均一个小学花去的费，比国内总多一二倍。但教育上的效率，虽没有经过正确调查和测验，据主观的批评，比国内小得多，可说大部分的经费是浪费。近来市面萧条，各处教育经费有减无增。而且一般资本家，大变昔日态度，对于教育兴趣渐渐冷淡，其大原因，都不能真正明了教育之重要。查南洋华校之创设，始于保皇党之南渡。起初用尊孔，保存国粹一类话激动侨胞爱祖国的热忱。后来再用总理、名誉总理等荣衔哄起一般资本家的名誉心。创办学校之动机，根本上已经错误，因此不能持久。做过总理，名誉有了，当然不能再用名誉心去哄骗。只有少数真真热心教育，或认教育为慈善事业，在那里惨淡经营维持着。而且限于识见，用人方面，不分好歹，不辨是非，弄得毫无成绩，引起外界议论纷纷；自己又没有主张，判别进行；只好灰心，取消极态度，这叫作因噎废食。

鉴于过去的历史，华侨教育谋补救方法只有两途：(1)联合组织；(2)慎选人材。此种计划，虽未经有系统之宣传，有组织之鼓吹，而一年来几个先进之区已自然地有这种趋势。在事实上所表演，并且可指证者：关于第二，各处纷纷向国府教育部聘请教育人材。方法虽未必妥当，大家对于人材之注意，选择之郑重，于此可见。关于第一，在苏岛棉兰，于本年之初，成立教育总会，先将本地六校归并在一个系统之下，实行统一经济，统一教务。不分党派，泯除界限，收教育上合作之效。在新加坡，于本年之末福建会馆教育科扩大计划，先将就近闽侨各校收并指导，力图改进，此后各处起而仿效，实为南洋华侨教育开一新纪元。此种趋势关系之重大，一年来所不可不注意纪念者。

但此种趋势之起因，并非简单，或经过短时期所能做到。今日和将来之趋势，有其已往之历史在。故本文不得不先叙其过去之弱点，使人明了趋势出于自然，而且社会进化，各事业都向进化路上走。中间无论遭遇如何困难，前途必为乐观，绝非悲观的。所以本文的意思，不仅为纪念华侨教育上重大变迁。还要请大家注意这种趋势，努力合作，使教育进步速率增加！切勿使这种趋势发生阻力，走冤枉路，兜圈子，开倒车。如果华侨教育长此落后，即我侨社文化长此落后，工商业也随之一天一天地失败，都是大家切身问题，不可不注意的。

分析说来，如能联合组织，经济集中，人材集中，互相协力扶助，当然容易见效。但此事最要注意的，先要捐除私见。我民族向无团体合作之训练，往往为了一分私利，不屑破坏公共事业。能为公益牺牲自己者，很不容易找寻。选择人材，本来是正当办法，但过于崇拜偶像，也有几分靠不住。名人介绍，政府指正，照理论很像有价值，名义上也可压倒一切，在事实却相反。过去的教训，大家也可明白了。国内革命尚未成功，时局混沌，学界有学阀，军界有军阀，政界有腐化官僚，“谁是靠得住”，谁敢断定？从事教育，算是下层工作，选择人材，应有特殊标准。浅见所及，拟就几条如下：(1)身体健全者；(2)专业教育者；(3)服务勤恳者；(4)思想纯正者；(5)学识丰富者；(6)行为清高者；(7)才能干练者；(8)具有经验者。

上列标准适用于校长，普通教员第七条可略。教员最好性情活泼，善于教学法，但此项人材真不易得。目下失业者虽多，用人方面还是在那里叹“才难”。

南洋华侨社会封建思想甚于国内，凡由官场出面做事较为容易，我五年前已在吧城为文发表过。最好政府特设机关，管理南洋华校；或由各处领事兼负责教育事业。至少可以减少一般倾轧，闹无谓之意气。可惜国内连年政变，政府无暇外顾，本年五六月间虽政府有一纸空文，通令南洋各领事，规定领事经理华校办法。到如今未闻有实行者。难道以为华侨教育无足轻重，或时间尚未到吗？

目前最可虑的一桩事，树胶锡产跌价，市面萧条，各处华校岌岌可危，维持尚不容易，那里谈得到进展呢？所望侨胞在商业上感到困难时，自己觉悟，认为教育之重要，无论经济如何困难，教育必须维持；遇有机会，更谋改进。不待政府助力，自动地慎选人材，不分派别。新趋势之联合组织早日成功，华侨教育前途才有一线生机。

十八，十一，廿五。

（原载于1929年《星洲日报》）

南洋英荷属华侨教育实况(上)

一、引　言

南洋范围极大,英荷属算是主要区域,华侨数目也最多。近年来,国人对于南洋问题渐渐地注意起来了,然而我这次回国和各方谈谈,还觉得隔膜得很。说来也难怪,同是南洋英属与荷属,情形大不相同,消息也多隔阂。就是同在荷属,苏门答腊与爪哇风俗习惯也各别。传布消息的唯一利器的日报,大部分篇幅被军阀来往和官僚酬应占去了。阅者的视线也都集中在内战和政局上。国内人士日阅上海报纸,绝对没有余闲而且也没有机会去接触南洋报纸,这样要明了南洋情形自然困难了。

南洋群岛的政权虽操于欧洲诸国,但照人口看来,实在可算是华人世界。英属情形竟与香港差得不远。新加坡一岛,华人占总人口百分之七十五。称诸岛为海外之割让地,或称为放弃之领土,亦无不可。一旦国势转强,随诸失地而收回,事亦不可逆料,但看国人能否自振罢了。英荷属华侨人口众多,因之教育问题非常重要。外国政府虽在竭力增设学校(但多数是华侨所请求,)尽量容纳华人子弟,以期华侨殖民化;然在华侨,除一部分人愿送子弟入外国学校、受外国教育外,大多数尚知祖国文化的紧要,热心提倡,设立华校。华校总数,荷属不及英属。荷属地积虽大于英属几倍,然华侨密度,则荷属不及英属。新加坡小小一埠,大小华校有二百多所,比之国内大都会也不相让。

南洋算是华侨世界,又可算是福建与广东两省人的世界。富于封建思想的我国同胞,乡土观念自然牢不可破。尤其闽、粤两省,语言特殊,彼此界限分得格外清楚。他们指其他各省同胞称为“外江人”,或不客气一些,背地称为“外江佬”。英荷属外江人口只占百分之三,但职业多属智识界。他们都承认:做买卖是他们内行,办教育却外江佬比较明白一些。因此,英荷两属中小学教员约三千人,外江佬要占其大半。但年来外江教员也渐渐地减少了。英属比荷属减削得更快。其原因也有数端,此刻姑且从略。

二、教育行政

英、荷属华侨学校是独立的。因其独立，所以东分西散，各自为政，不相联络。附属机关，大半是各会馆。如福建有福建会馆，各县又有同安会馆、安溪会馆、漳州会馆等。广丰有广丰会馆，潮州有潮州会馆，客属有客属会馆。各地同乡有多有少，经费有充足与不充足，所以所成会馆也有大有小。大者附有学校，小者挂一块招牌而已。在荷属有中华会馆，规模较大，名义上虽无同乡的界别，实际势力却都在少数侨生手中。爪哇各大埠最大而最有名的学校算是中华会馆学校。如巴达维亚中华学校，简称“八华”，算是西爪哇华校的领袖，现有学生一千多名，从小学一直到高中。泗水中华学校，简称“泗华”，算是东爪哇华校的领袖，现在规模较小，中学部已分别设立。但中华会馆组织不免畸形，学校行政常受牵制，办事者颇感困难。民十四，我在《巴达维亚各报》曾发表《诧异呀八华的组织》一文，详论及此。文中说：八华学校已经开办二十五年了……它的组织系统：上面有总理，总理下有董事会，董事会下有学务委员会，学务委员会下有学监，学监底下然后是校长。但同时又设了一英文部主任，直接受学务委员会节制。学校事务是同会馆并合的，事务员是直接隶属于总理。其他各埠会馆组织虽略有异同，但大致相仿，实为学校进展上的大缺点。在英属各同乡会馆所设立的学校，往往附设于该同乡所建造的庙宇内，学费来源就依靠香金。这在荷属却不多见。除掉中华会馆之外，其他会馆界限很深。某省或某县的会馆，其附属的学校，一切董事、校长、教员、学生都是某省或某县的人。间或教员中有一二外江人，学生则百分之一二为非同乡。其大原因，是为言语不通之故。这样性质的学校，要它们联合起来，自然是极不容易一回事。还有许多学校脱胎于私塾。先有学校，然后筹划经费；先有校长教员，然后找董事。这在英属最多。真正的公立学校，先有人出来提倡，然后组织董事部，不分省界。或先由各方面人出来组织筹备会，等学校成立，然后正式选举董事。愈至近时，经过手续愈较完密。私立学校却占少数，系统极简单，或属于某校主，或属于某宗祠。公立学校董事会情形各地相似。董事会中有总理、副总理、财政、司理、学监、庶务等名目，现今多数已改为执行委员会，总理改名主席，其他有改有不改的。南洋为董事的大都是商界中人，对于教育既不明白，时间上又忙于买卖，实无余暇去顾管学校。有的完全放任，董事会成为空名。有的权限不清，该管不管，不该管则操纵。现录《爪哇报》社评一段，已见大概：“华侨办理学校有一最大错误，苟不解决,则整理永无可望者,即董事部与教务部之权限分割不清。或以董事部而干涉学校内部之行政,乃至干涉学校教授管理训练之主意与方法。流弊所及,教务部之办学计划不能实施,校务进行,一切阻滞。或以此而酿成意见,激动风潮。此英荷各属之华校普遍之现象也。"我在英荷属也曾任过几校的董事,要想改良,卒以少数不敌多数。一般董事都要把持校内全权,自校长、教员以至事务员、书记概由董事部聘请。征收学费,更换厨房,组织贩卖部,亦由董事部包办。学生课外作业,运动游戏,需经董事会通过。董事会不是常常召集;即使召集,十次却有八九次流会。十次中一二次成会,积案累累,限于时间,草率从事。议案通过后凡关于经费归董事部办的,又需延宕若干月日,放得见诸实行。在我个人经验所得,觉得南洋英荷华校董事部热心教育者,固然多有,但贻害教育者,却也不少,这不是过分的话。

今年来,英荷属华校渐渐地趋于组织化,这算是南洋教育的一线曙光。有了联合机关,聘请专门人材,计划改进,实开南洋华侨教育历史上的新纪元。这在民国十七年苏岛棉兰教育总会发轫。棉兰原有华校六间:敦本、华商、养中、神州、通俗和华侨幼稚园。民国十七年十一月,由张君念遗等发起组成华侨教育总会,合并六校经费,统一六校行政,聘鄙人为教育指导员,负责管理。现在已经扩充至八校,教职员共有六十八人。将来计划拟由棉兰拓展至苏门答腊全岛。继棉兰而起的,是英属新加坡。先是几年前,在新加坡会有人发起组织华侨教育总会,不久即被英政府封闭。民国十八年十二月,新加坡福建会馆设立教育科,聘请鄙人为教育指导员,收办道南、爱同、崇福三校,为自己直辖学校,津贴中华、丹诏、益励、崇德、光洋、彰德、通德、中南和振动九校,共计十二校,都归指导员计划管理。又此外聘请鄙人任义务指导者有五六校。工作一年,范围比棉兰更大。现两处都有出版物,可以供留心南洋教育者的参考。这样的组织,可惜在爪哇还未曾有。以前三马望有一所谓荷属华侨教育总会者,性质与上两处完全不同。爪哇在荷属东印度算是最重要的岛屿,据最近荷印政府调查,华侨共有五十八万。全岛交通极为便利,华侨教育亦称发达。为的没有领袖机关出来联合,各埠华校还是各自为政。

祖国政府自民国十八年起有通令到南洋各领事馆,指派领事监管华侨教育。但是各领事都视为具文,我曾经亲自去聆教过。有某君连学历两字作何解释,尚未明了,闻者莫不为之叹息。若靠私人力量,能够大规模地联合起来,不知道在何年何月。棉兰范围极小,照过去的经验,尚且经过千辛万苦,始得勉强合成一起。没有联合组织,行政不能统一,无专门机关去督促指导,各校务表面的竞争(如游艺会、展览会等),内容腐败,甚于私塾。因此,一般侨生对于华校毫无信仰,竞送子弟入外国学校。或因学额不够,靦颜请求殖民地政府扩充学额,增设学校。远如苏岛实武牙侨生请求荷政府设立荷华学校,近如马来亚非官吏议员林清渊提出立法院会议,请英政府注意华侨教育,要求华人与马来人同等待遇,英属华校自殖民地政府颁布注册条例以后,已不如以前之自由。英政府又设华人视学官、视学员等,随时巡视各校,恐各校干犯当地法律,抵触注册条例。查注册条例的重要事项,注意在学校卫生。在教育立场,不能认为干涉之不当。多数未经改革、保存着国粹的华侨学校,对于卫生的忽略,竟不亚于祖国内地。在亚、欧民族杂处的南岛,这哪里可以呢?多数侨胞对于祖国政府极其尊敬,假使教部切实计划,派人前往联络,组织统一教育行政机关,设专员监督调查,收效必大。近来几处小地方,因经济困难,也有自动联合的。

三、课　程

英荷属侨校课程,名义遵照祖国学制,实际则大不然。有的出生科举,用科举的头脑,选择课本。有的为面包问题,迎合校董事心理,支配功课。有的为招徕起来,视学生的喜好,编制课程。因此,课程的杂乱,无以复加。普通缺点有二:一成为外国语的补习学校;二无一定的目的,妄读数册书籍,与腐败的私塾相等。现节录爪哇《每日电报》无闷君之社评一段,以作佐证:"华侨学校编订课程之方针,有二病焉:其一,如周君所言,目的仅在养成几个赚钱人才,如商店书记之类。其弊也,课程注重语言科,结果使学校成为外国语之补习学校。其二,则并养成何种人才,亦无一定之目的,只希望学生多读几本书,多识几个字。其弊也,则课程课本杂乱无章,有读经,有光绪年间出版之历史课本。结果,欲多读书者未必多读书,欲多识字者或至不识字。夫适应社会生活,诚亦教育目的之一,课程非必不可变通也。然吾人须记取:小学教育乃国民教育,一国之教育各有其养成何种国民之方针;中学教育,一方面为养成职业人才,一方面则为学生研究高深学术之预备。无论社会环境若何不同,课程若何变通,不能越此标准也。"

杂乱无章的课程表,各处有各处的特点,因时代的远近也有出入,大可供研究者参考。但有一事,英荷属是相同的,即各处都注重外国语,而且同样偏重英文。论理在英属宜注重些英文,在荷属宜注重荷文或巫文(即马来文),岂料在荷属华校从未课荷文或巫文,却都以英文为最主要科目,这是未明历史者百索不得其解的。原来荷人脑经与别种民族有些不同。他们以为自己是文明国家,文明国家的语言文字不应使野蛮人民任意学习,华人是半开化民族,当然不准其在校课读。在华人以为开洋学堂,必须读些洋书,方名符其实,荷文既不准学,马来文又是亡国的文字,不屑在学堂内特设科目,不得已就采用英文。所聘英文教师都是马来半岛毕业于英文学校的侨生,习惯相沿,荷属华校也渐渐地偏重英文起来了。可是这已成为历史上的话,现在荷人已经改变态度了。旧时华人谙荷语者不敢与荷人对话,只好用马来话传达意思;否则,荷人要发脾气。尤其是荷兰官吏,威仪十足。到如今,荷蜀小地方华侨土生在荷兰学校学会了荷语,见荷官尚不敢用荷语对谈,法庭上当然是用马来话的。

英荷属华校最古的课程表,我此刻所收集得到的,算是巴达维亚中华学校开办后第四年(犹在光绪年间)所刊印章程上的课程表。当时的校长大约是保皇党的领袖康有为。现摘录其序文一段,可以明白当时创学的宗旨:“我华人之旅居爪哇者,除广籍人外,闽籍之土著者占多数,类多不通汉文,不谙汉语,不知孔教,声气阂隔,感情淡薄,其视中国之强弱存亡漠然无所动于中。久而久之,其不沦为异类,化为外族者几稀。同人患之,特于八打威中华会馆内设一学堂,教以普通国语,使声气相通,而生爱国感情;教以普通科学,使智识大开,而成国民资格;教以孔教伦理,使礼教修明,而保中原国粹,不至使神明华胄沦为外族,化为异类焉,岂非吾国之大幸哉。”课程表,男女生分列,科目节数相似,内容多不同。现为节省篇幅起见,列二总表如下。

寻常科小学课程表

科目＼每周实数＼学年	一	二	三	四
修身	4	4	4	4
国语	12	12	12	12
算术	5	5	5	5
体操	5	5	5	5
图画		2	2	2
唱歌	2	2	2	2
女生针黹			2	2

高等科小学课程表

科目 \ 每周实数 \ 学年	五	六	七	八
修身	2	2	2	2
国语	10	10	10	10
英语	4	4	4	4
算术	4	4	4	4
中国历史	2	2	2	2
中国地理	2	2	2	2
图画	1	1	1	
理科	2	2	2	2
唱歌	1	1	1	1
体操	2	2	2	2
商业 女生针黹	2	2	2	2

同是一校，二十年后，课程变得大不相同。在民国十四年，我往任校长时，已变为英语补习学校，但名义上仍说是新制中学和小学。现录课程表两种如下。

高级小学二年级课表

科目	每周时数
英语	24
国语	8
公民	1
历史	1
地理	1
自然	1
总计	36

初中一年级课程表

科目	每周时数
英语	24
国语	7
公民	1
历史	1
地理	1
自然	2
总计	36

泗水中华学校在民国十七年未经改革之前，课程表如下。(当中《小学部课程表》表格扫描模糊，难以辨认，此处省略——文集编者注)

初级中学课程表

科目＼每周实数＼学年	一	二	三
国文	6	6	6
尺牍	1	1	1
作文	1	1	1
算学	6	6	6
英文	12	12	12
公民	2	2	2
历史	11	3	3
地理	11	2	2
自然	2	2	2
美术	1	1	1
珠算	2		

槟榔屿钟灵中学在民国十五年未经改革前之课程表如下。

初中部

科目＼每周实数＼学年	一	二	三
英文	12	12	12
国文	6	6	7
算学	6	6	6
历史	2	2	2
地理	2	2	2
理科	1	1	
图画	1	1	
打字			1
英文簿记			1
体操	3	3	

预科(即高级小学)

科目 \ 学年 \ 每周实数	一	二
英文	12	12
国文	6	7
算学	5	5
历史	2	1
地理	1	1
公民	1	1
理科	1	1
图画	1	1
唱歌	1	1
珠算	1	1
体操	2	2
总计	33	33

英属还有一种畸形学制,女子中学都称为“师范班”。新加坡一埠,女子师范共有五所之多。不知者以为新加坡女子教育极发达,其实除一二校学生较多外,其余师范班学生只十余名,都附设于小学内,点缀门面罢了。星洲公立南洋女学课程如下:

小学部:公民、国语、算术、社会、自然、乐歌、体操、图画、手工、英文。

师范部:公民、国语、算术、历史、地理、自然、生理、心理、教育、乐歌、体操、图画、手工、英文。

新加坡女学课程如下:

前期小学:公民、国文、算术、国语、英语、唱歌、手工、图画、体操。

后期小学:公民、国文、历史、地理、算术、自然、卫生、家政、国语、英语、音乐、工艺、美术、体操。

师范本科:国文、公民、算学(代数、几何、三角)、英文、历史、地理、自然科、心理学、伦理学、教育学、卫生、经济、法制、管理、工艺、家事、音乐、体育、美术。

马来半岛事事效仿星洲,各小埠有女子中学班者,都称为“师范班”。如吉隆坡坤成女学已设有师范班,槟榔屿福建女学也设有师范班。荷属男女教育颇能平等(参看下文学生统计)。以前各小埠男女都同学,各大埠倒分设男女学校,现在各大埠中学也已男女同学。

我常觉得社会中无意识的习惯容易养成,有意识的改革却难实现。英荷属侨校课程,经我费掉许多笔舌和心思,能改革者犹在少数,而且不能全部改革,只好留一部分迎合大众心理,作为通融办法。泗华经改革后之课程如下。

初级小学

科目 \ 学年 每周实数	一	二	三	四
国语	8	10	9	9
算术	4	4	5	5
常识	4	4	4	4
工艺美术	3	3	2	2
音乐体育	5	5	4	4
外国语			8	8
共计	24	26	32	32

高级小学

科目 \ 学年 每周实数	一	二
国语	7	6
算学	4	4
卫生	2	2
公民	1	1
历史	2	2
地理	2	1
自然	3	3
工艺	1	1
形艺	1	1
音乐	1	1
体育	2	2
簿记		2
外国语	10	10
共计	36	36

泗华自我离开后，中学部已分别独立，是我友人江君肇康、陈君厥实及几个忠实学生所经办课程，仍照我的计划，而且已经增设高中，实行男女同学了。

棉兰教育总会成立时规定之课程表如下。

前期小学

学年 每周实数 科目	一	二	三	四
国语	6	6	8	8
书法	2	2	2	2
作法		1	1	1
常职	4	4	4	5
算学	4	5	6 加珠算	6 加珠算
形艺	1		1	1
工艺			1	1
唱歌	5		1	1
游技			3	3
英语			3	4
总数	22	24	30	32

后期小学

学年 每周实数 科目	一	二
国语	5	5
作文	2	2
卫生	1	1
公民	1	1
历史	2	2
地理	2	2
理科	2	2
算学	5	5
手工	1	1

续表

科目 \ 每周实数 \ 学年	一	二
图画	1 （女生2）	1
音乐	1 （女生2）	1
体育	2	2
英语	6	6
巫文	2	
簿记		2
打字		2
商业	2 （女生无）	
总计	35	35

新加坡福建会馆教育科初设立时,拟定各小学课程表如下:

初级小学

科目 \ 每周实数 \ 学年	一	二	三	四
国语	9	9	9	9
算数	4	4	5	5
常识	4	4	5	5
工形艺	3	8	2	2
音乐 体育	5	5	4	4
外国语			6	6
共计	25	25	31	31

高级小学

科目 \ 每周实数 \ 学年	一	二
国语	6	6
算学	5	5
卫生	2	2
公民	1	1
历史	2	2
地理	2	2
自然	2	2
工艺	1	1
形艺	1	1
音乐	1	1
体育	2	2
外国语	8	8
商业	2	2
簿记	1	1
共计	36	36

新加坡福建会馆教育科最近规定各小学之时间及课程表如下：

时间表

早会　8:00——8:20……20'

早操　8:20——8:30……10'

一节　8:30——9:15……45'

休息　10'

二节　9:25——10:15……50'

休息　15'

三节　10:30——11:20……50'

休息　10'

四节　11:30——12:00……30'

午假　90'

五节　1:30——2:00……30'

休息　10'

六节　2:10——2:45……35'

休息　　　10 '

七节　　　2:55——3;25……30 '

完全小学课程表

	簿记	商业或家事	外国语	体育	音乐	形艺	工艺	自然	地理	历史	公民	卫生	算学	国语	共计
								常识							
一二				140	80	50	90	180					180	400	1 120
				12	8	4	8	16					16	36	100
三四			270	90	90	50	50	180					180	400	1 400
			20	7	7	4	4	14					14	30	100
五六	50	90	300	90	40	50	50	100	90	90	40	40	220	310	1 560
	3	6	19	6	3	3	3	6	6	6	3	3	14	19	100

四、经　费

“南洋是黄金世界。”一般国内的人都是这样的理想着。侨胞辛苦经营所得来汗血之资,看得或者比国内人还要过分一些,所以年来一批一批似“过江鲫”般募捐的人往南洋去,结果都失望而返。谈到教育经费我在英荷一再发表过言论。现在把拙稿《华校经费问题》(见十八年五月中《泗水华巫各报》)中录出数语,作为引子:“南洋各华校的经费来源,大多数靠着各商店的月捐或货捐。南洋为商业之场,资材富裕,区区之教育经费,讲理必不难筹划。但是事情常有出于我们理想之外者;我们耳所闻、目所见,各地华校都异口同声:‘经济困难。’在上面小小一段中,可以看见两点:一、华校经费的来源;二、南洋的华校也和国内各地学校犯同样的流行病,‘经济困难’。自从土产跌价,南洋更陷于生活困难中,各华校经费支绌,东移西贷,百孔千疮,教职员薪水,欠者欠,扣者扣,穷窘状况何尝异乎连年内战、民生凋敝的祖国?所不同者,南洋生活较高,进出数目较大。如一间规模较大的小学,在荷属每月开支约四千盾,在英属每月开支约叻币二千元,在中国小地方每年四五千元就够了。又如每月赚薪俸一二百元的人,有人去向他写临时捐款五元或十元,或每月常捐一元或二元,这是寻常的事。在中国却情形大不相同,如上述进款的人,临时捐不过一元或二元,常捐至多每月二角或三角。所以在南洋小学校内,写捐时,每名学生五角或一元,教员每人两元或五盾,是极普通的事。

在中国，就在大学内，要每名学生缴纳五角会费，经过许多次会议，争闹了一场，侥幸通过，征收时还不及半数；大学教授要他们慨捐二大元，还有一部分要设法赖去。这是生活有高低、习惯有不同的缘故。”

在南洋热心社会事业的，都是一般无产的知识界的人。劳资所得，虽肯热心捐助，究属力量有限，范围不大。所以要整顿南洋教育，最好方法，只希望祖国政府拨款津贴。这话阅者不要以为我太出理想。目下国内贫穷如此，政府哪里有余力去津贴南洋侨校呢？但是在我的小小经验，以为起头并不需要大款子。有钱大做，无钱小做。钱力通神，人家一闻到钱，诸事就易办，力量也雄厚了。例如新加坡福建会馆自从设立教育科、聘请指导员以来，订立条例，津贴学校；所主张学历统一、课程统一、教科书审定诸事，各处闻风响应，进展极速。然而福建会馆所实行津贴者，最初不过六校，到现在不过八校，每月津贴数不满一千元。

现将十九年度第二次津贴表附列于下：

新加坡福建会馆十九年度第二次津贴各校数目表

月份 数目 学校	五		六		七		八		九		依据条例日校学生每年每人津贴拾元按二月计算每月每人应得八角三分三
中华学校	74	$61.64	76	$63.31	80	$66.64	82	$68.30	82	$68.30	
丹诏学校	145	$120.79	166	$138.28	170	$149.11	175	$145.78	168	$139.94	
益动学校	110	$91.63	132	$103.96	108	$89.96	127	$105.79	132	$102.96	
光泽学校	122	$101.63	119	$99.13	123	$102.46	147	$122.45	150	$124.95	
崇德学校	118	$98.23	116	$96.63	85	$70.81	95	$79.14	99	$82.47	

续表

月份 数目 学校	五		六		七		八		九		依据条例日校学生每年每人津贴拾元按二月计算每月每人应得八角三分三
彰德学校	79	$65.81	85	$70.81	77	$64.14	75	$62.48	77	$64.14	
振东学校	108	$89.96	108	$89.96	103	$85.80	118	$98.29	115	$95.80	
中南学校	105	$87.47	104	$86.63	53	$44.15	65	$54.15	73	$60.81	
合计	861	$717.22	906	$754.71	898	$673.07	884	$736.38	836	$746.37	

福建会馆所定津贴条例如下：

第一章　趣旨

第一条　本会馆为提倡教育起见，谋图侨学校之改进，统一学历、行政、组织及课程、课本，俾各校学童程度不致参差不齐，而办学者有所依据。

第二条　本会馆根据民国十六年闽侨大会议决案，得津贴愿受本会馆教育指导而经费困难各闽侨日校及夜校。

第三条　本会馆津贴学校，按照投函之先后分期进行。

第二章　接受手续

第四条　愿受津贴之学校，该校董事部须正式具函致本会馆执行委员会。

第五条　由本会馆执行委员会议决通过后，交教育科办理。

第六条　本会馆教育科即发给调查表，并致函该校董事部，约期实地调查。

第七条　经教育科调查认为可以接受者，即代计划一切。

第八条　该校接到教育科计划后，应具函申明是否能依照计划施行。

第九条　本会馆接到该校复函申明能依照计划施行时，即正式函复接受。

第三章　津贴办法

第十条　津贴开始日期得酌量情形办理。

第十一条　津贴系逐月计算，由该校董事部负责领款。

第十二条　如遇假期，至开学后第一个月办理。

第十三条　津贴数目根据民国十六年议决，每一学生每年叻银十元，夜校五元，按十二个月拨算。

第四章　遵守事项

第十四条　凡津贴学校必须遵守指导计划。

第十五条　凡津贴学校必须接受教育科委员及指导员之视察。

第十六条　凡津贴学校必须接受教育科之调查测验及考试。

第十七条　凡津贴学校，每月必须填写学额调查表及收支对照表送交教育科。

第五章　合作事项

第十八条　凡津贴学校得派代表出席教育科所召集各校教职员联席会议。

第十九条　凡津贴学校得参加本会馆所组织各校联合游艺会、运动会、演说会、刊物等。

第二十条　凡津贴学校得与本会馆直接所办各校同样参加各种学艺上及运动上之比赛，优胜者同样得奖品。

第七章　停止津贴

第二十一条　不依指导计划实行者。

第二十二条　学生名额不确实者。

第二十三条　经济不公开者。

第二十四条　有不合作表示者。

第二十五条　无指导之可能者。

第二十六条　触犯当地政府法律者。

第八章 拒绝津贴

第二十七条　无董事部负责者。

第二十八条　地点不适宜者。

第二十九条　含有营业性质者。

第三十条　有政治作用者。

第三十一条　宣传宗教者。

第九章 附条

第三十二条　本条例经本会馆执行委员会通过施行。

英属殖民地政府对于华校也有津贴办法,惟以政策关系,所订条例迥不相同。侨校因经济困难,走投无路,欲苟延残喘,纷纷向英国提学请求津贴。据闻请求津贴者有三十二处之多,批准津贴者只十五校。

南洋华校经济大多数没有公开,其中有许多黑幕,这是不能免的。我在某岛曾经听了一事,很可以供参考。某校开支极大,向无基金,只靠临时费维持。又一次某资本家要夺财政员做,我很疑惑,问于校内某君道:"做总理或财政,责任很重,而且照例每年要捐三四百元,争夺来做,这是何苦呢?"某君笑道:"每年上期沿门写捐一次,下期演剧一次,校款常积有一二万元,存在财政那里;校内的会计是总理派来的,他们的出息要五六倍于捐款。而且做了学校总理或财政,社会上有名誉,有势力,这样哪得不争夺来做呢。"如果学校经费困难,也有屡次改选、总理和财政产生不出的。这在英、荷属常见常闻的事。

一般华校最大毛病,是没有预算。普通以为有了一所房子、几间教室,请几个教师,就算是一所学校。"南洋学校经费完全由董事部管理,校长最多不过主持教务。学校内少一只钉,缺一张纸,须由校长向董事部索取。有的校长怕麻烦,就消极抵制,应该修理的不去修理,应该添置的不去添置。""南洋董事部管理经济,没有预算,一味省俭、算小,不但有时很不得当,而且要闹笑话。"(这两段录自拙稿《南洋华侨教育底几个困难点》,见十八年二月《苏岛民报》。)没有预算的可大别为三种:(1)不知道预算,就是不知道学校经费怎么支配,标准是怎么样?(2)不愿意有预算,就是如上面所举的例,经济怕公开,还肯有预算吗?(3)不能有预算,就是入不敷出,负债累累,一塌糊涂,东拉西补,还有什么预算呢?若使学校经费支配很得当,管理很精密,那也是一件难事。我在星洲替各津贴学校和请求指导学校做计划时,看各校情形,预算略

有出入,福建会馆的直辖学校,我替他们订定支配标准如下:

门类	科目	比例	
临时	建筑	80	
	设备		
	特别		
经常	薪水	100	76
	工资		4.5
	电水		3
	文具		16.5
	教具		
	图书		
	卫生		
	用具		
	邮电车资		
	杂用		

附注:

(甲)临时费临时费不论多少,事先须经教育科会议议决,方得开支。

(乙)经常费:(一)各学校除征收学费充经常费外,每月会馆津贴每名学生叻银二元。(二)免费生及半费生由会馆负责,由会馆按月如数补贴学校。

(丙)领付款手续:(一)平时用款在五元以下,由学校庶务员支付。(二)用款满五元以上,须经校长签字。(三)学校存款满一百元以上,须交教育科主任保管。(四)领取存款及向经济科领款须经校长签字。

有组织、有预算的,除掉星洲外,还有苏岛棉兰教育总会。现在再把该会经济状况列表于下:

民国十九年上半年财政进支表

进款				支款		
月捐				薪金	f 37,796	00
教本董事部		00		屋租	f 1,808	35
各商号来	f 2,000	50		印刷及告白	f 1,255	11
学费	f 10,003	50		杂费	f 3,004	84
特别捐	f 22,999	000		按牍	f 5	00
营业公所	f 7,000	89		修理	f 516	00
各商号来	f 906	68		余款	f 3,036	00
游艺会来	f 3,484	94				
平天彩班	f 678	80				
杂收	f 347	0				
	f 47,421	31			f 47,421	81

各号在欠数目表

欠项			在项		
校具去	f 5,446	90	黄和原来	f 2,492	92
暂志去	f 831	87	丘清德来	f 1,800	00
不敷数	f 6,872	62	营业公所来	f 4,500	00
			华商学校(修理费)来	f 4,358	47
	f 13,151	39		f 13,151	39

该会财政报告，节录一段如下："查去年之进款只有八万四千五百三十七盾十七仙，而支款则须九万四千四百四十五盾八方，不敷数共达九千九百〇八盾六十三仙。此届上半年之进款共有四万七千四百二十一盾三十一仙，而支款共达四万四千三百八十五盾三方，扣除外尚有余款三千三十六盾〇一仙，以去年之不敷数减之，则本届上半年之不敷数仍达六千八百七十二盾六十二仙。又查此半年之学费比去年上半年增加六千二百七十盾五方，而月捐则减收一千〇九十八盾五方，其原因多由于商场冷淡所致。"看了上面的报告，可以知道棉兰教育总会也是患贫。

(未完)

(原载于1931年《教育杂志》)

南洋英荷属华侨教育实况(下)

五、设　备

棉兰教育总会开办时,我草设施计划文中,有一章关于学校设备的,开头论道:“学校设施是很重要的,可以直接影响到儿童的身体,不过我们中国人对于家庭起居向不讲究,所以办学校也是拿一句‘因陋就简’的话搪塞一切。我前在某埠华校内看见教室内桌椅非常高大,我自己坐上去还觉得不能写字,不能读书,坐在椅子上,背面离开椅背还有半尺多,这样哪里可以教六七岁儿童坐用呢?因此,我要求董事部添置新的,董事部答道:“那类桌椅已毕业了好几班学生,不见得有什么。’后来我去调查他们的毕业生,凡我所看见的,个个肩膀不是左倾就是右斜,都已成为偏弯的病了。我就根据这个事实再去对董事部说明,多数董事都已明白,少数董事还要说道:‘这样也没什要紧,横竖不要花钱的。’原来我们中国人对经济学特别有研究,不过从事教育者的心里总觉得不忍,这回我到了棉兰,看了各校的设备,也有许多感触:‘各校校址都在灰尘飞舞、人声喧杂、热闹之场,这是我们华侨家属不肯使子女多走几步的结果。试看那外国学校都在山顶海滨、风景美丽、清静之处,难道他们爱子女的心理与我们不同的吗?讲到各校内的图书、标本、仪器,更不必谈。’南洋董事多数是商界中人,华侨商业百分之九十是私人商店,商店设备极其简陋,而且存有三四百年前的遗风。影响所及,学校多类私塾。我为鼓吹改革教育起见,在报端曾发表较激烈的话:“在祖国连年战争遍地荒灾,学校难以维持,但还找得出几个设备完美的学校。在南洋各华校,因陋就简,竟找不出一个像样的学校。”平心论来,这几句话,为警告侨胞起见,故作张大之辞。在英、荷属也有几处学校设备极完备,校舍极宏丽的。不过有的因用人不当,虽有好的设备,不能应用。大约在英、荷属华校设备较完善的约占百分之二十。

以上所谓设备,还是根据着经济说的。有的有了经费,特建校舍,特制桌椅,式样计划不知参考书籍,访问专家,一意孤行,杜撰从事,以致教室声浪冲突,光线不足或太强,桌椅高大无当,或不适合清洁卫生,更使人觉得可惜。我在英、荷属所到的学校,常劝他们制窗帘,锯短课桌椅脚。我常偕学校校董去参观学校,指点他们道:“贵校有儿童数百,千几百小脚每日要离地悬空五六小时,你看可怜不可怜!”至于其他设备能含着教育意义的,尤觉得难逢少见。关于这类文字在海外发表,也是极少。只有我友林君建邦在《南侨教育论文》中曾提出过,现录其原文一段如下:“科学与人生,关系至为密切,此尽人皆知,故无庸赘述。惟欲灌输儿童科学上之知识,及收潜移默化之效,则不可不于课本之外而注意于科学环境之设备。兹就其简而易举者,略述其设备之方:(一)教室桌椅之大小,及通路各柱之高下,均标明各种尺寸,使儿童得有测验之机会,亦可明了中外尺寸之制度。(二)校内之花木,可用浅白文字说明其名称、种类、用途等,使儿童得有理科之知识。(三)运动场及适当地点,可设日规、风箭、水车、寒暑表、晴雨计及指南针等,使儿童得有研究自然现象及物理之机会。(四)余如附近名胜之所在,历代人物之像片,以及卫生之图表解说等,均可揭示于相当之处所,朝夕观摩,收效当非浅也。”

关于教室之建筑,及桌椅之高低,我在爪哇吧城发表改进计划时,也曾提及过,摘录如下:“教室建筑,长宽、高低、换气、光线都有很大关系,必不能随意武断。小学标准教室,每一学生占十五英方尺地位,和二百英立方尺的空气容积。一个教室必须有三十英尺的长,二十五英尺宽,和十三英尺的高,这样可容学生四十八人。窗位宜在左面,透明玻璃之面积宜估地板面积四分之一。换气研究更加细密,我这里不能详说了。除掉教室建筑之外,学生座位又是一个很重要问题,寻常儿童读书常常用了成人的台凳,可使成为残废,危险极大。因为视线不讲究,可制造近视;座位不安适,精神容易疲倦。凳低桌高,儿童常常右臂擎高,脊梁渐成弯形;凳高桌低,儿童常常弯背,肺部渐渐狭小。而且垂头看书,目光渐近容易脑晕。”我在英属指导各校,计划中所示设备标准节录如下:教室高度必须超过十二英尺,每学生须占面积十五英方尺。空间以一百八十至二百英立方尺为度。小学桌椅高度可如下表(南洋学生年龄与国内不同)。

教室采光原则(译自 Bennett:*School Efficiency*):(1)切不可使儿童面光坐着,又不可使儿童前面有强烈反射光的墙壁。在儿童视线之内,假使有他部

英尺标准

桌椅 \ 公分 \ 年龄	6～9	10～11	12～14
桌高	23.5	26	28.5
椅高	14.5	16	18
高低差	9	10	10.5
距离	2	2.5	3

分光线比书本上反射光更强时，儿童的目力必定减弱；那末儿童阅书时必须引长其视辨力，结果使其加倍劳苦。(2)不可使光线从儿童右边或后面射入，因为从右边或后面来的光线，常有儿童手、头、肩膀的影子遮在书籍或练习簿上。(3)不可使分散殊别的光线射入，使室内光线交错，或反对方向，致变换室内原有采光的相当比例。(4)采入光线，从高部窗户照耀下来，优于从低部窗户照耀上去。从窗户采进的光线，必须是天然直接的光线，不宜借用邻居的房屋高墙或其他阻碍物的反射光。高部窗面一尺之光，常等于低部窗面三尺之光，尤其接近地下之窗户光线更不足。(5)采光面积不可小于地面积之五分之一，在阴雾天气，采光面积须有地面之四分之一(用窗帘调剂)。

教室窗牖的要件：窗牖宜在教室的一边——左边。窗牖的高度约离地板三十至四十英寸。上部视房屋的构造，在可能范围，愈接近天花板愈佳，从室之前端(教台之一端)约离四英尺至六英尺起一直至室之后端(学生座位后端)都为窗牖地位。窗牖与窗牖之间隔离愈窄愈佳，窗之棂宜用钢铁，而且宜用斜面，减少遮光面积。

采光方向：教室采光，北方最佳。因北方光线较为平匀，不必遮荫；但窗户须大些，以防阴天时光线不足以及炎热。南方光线当晴明天气，最难管理，所以采南方光线之房屋，宜为少用书本之实习室或幼稚园。采用西方光线之房屋宜用为初小班教室，因至中午即将放学的缘故。采东方光线之房屋，宜备为下午需用之教室。

以上所举，只就尺寸与光线两事，极简单，使一般华校容易做得到的。至于房屋建筑，在英属有仿照荷兰学校的，荷兰学校都是平房，屋顶断分两层，透气而凉快；四周有阔的走廊，以避炎阳之逼入屋内，极合热带校舍。还有房屋式样，小规模学校，我主张有两种：第一种为八式，中间为大教室，又可作礼堂用；第二种为T式，两旁可辟为校园。但这计划还未实施过，详细说明姑且从略。

六、教　员

英荷两属教员,情形很不相同。就籍贯言,英属多闽南人,潮州、广州及琼州人次之。外江人占少数。以前外江人中湖南人有一小团体,现在也渐减少了。江、浙两省人数不多;浙江、温州人占多数;江苏、宜兴女教员占多数。在荷属,客人(即梅县大坡人)占多数,其次为侨生广东人和外江人。福建人较少,以闽北人占多数。近来侨生受教育者渐起掌握报馆及教育机关,因此侨生教员渐有占大多数之势。

南洋学校教员聘请之权都操于董事部,董事部都是商界中人,教育界人才熟悉很少,要聘请教员的时候,除掉一部分人慕虚荣,为了一席中小学教员或校长位置,拍电至祖国,请中央政府介绍外,大多数借重日报的广告。广告措辞形式种类繁多,兹举录几种如下:

聘请校长启事

本校拟聘请本年度校长一位,须熟悉办学情形,国语纯正,能担任各种科学,具有中学毕业文凭并能兼教授英文者方为合格。月薪五十元连膳杂费在内。如有愿就斯职者,请将履历、籍贯、年龄及现在住址注明,以便选择。如能得当地闻人介绍则更妙,合则函聘,否则恕不答复。

麻属利丰港培华初级小学职员会启

民国二十年元月七日

南国女中聘请教职员

本校拟聘请校长一位及各科教员多位,薪俸从优,校长须具专门学校毕业以上资格且富有教育经验者。教员须具高中毕业以上资格。如愿屈就者请于一月十五日以前将详细履历投函本校,合则函约,不合恕不作复。

南国女中董事部启

民国十九年十二月二十九日

新加坡南洋华侨中学校征聘教员启事

本校兹欲聘请本学期全校教员,凡有大学或高级师范或专门学校毕业而愿俯就者请填具履历及擅长科学。投函本校禧街中华总商会转交日期由一月十五日起至二月十日止,合则奉函,商聘此布。

新加坡南洋华侨中学校董事会启

民国二十年一月十二日

近来广告之风大行,托人介绍者很少。就是有的请人介绍,同时请托几处,因各岛交通须费时间,往往被捷足者先得。董事会通过聘请教员,都是时间很局促,想要罗致国内人才,事实多难做到。所以有许多国内朋友托我介绍,我常对他们说:“最好自备川资去南洋等候。”如果希望他们汇旅费聘请,千人中不过一二个机会。况且近来南中生活日艰,失业者日多,每一广告出,不满一星期投函必有二三百件(这自然指靠得住的学校而言)。凭函选择,方法极为滑稽。不问校长或担任任何科学的教员,但看其书信文理如何,字迹如何,常有请人抢替而获中,自己动笔反遭落第者。报馆记者评论纷纷,但退一步而论,在目下的董事部,实在没有其他较妥善的办法。

董事部聘请教职员向来是没有约书的。一则因为商店伙计观念太深。商店伙计进退只凭一言为定,薪俸大小也无规则。二则他们都怕当地政府法律,殖民地法律比较严密,而且实行保障人民权利的。假使教职员拿了约书,董事部不履行时,可以向当地政府控告。其实这因他们自己没有法律常识。因为没有约书,在小地方,教员不容易请到的地方,教员不常更动的;在大地方,要请教员,比较方便,一任董事部的高兴,教职员是随时进退的。有几处就是有约书,寥寥数语,格式和请帖差不多,现今订立条文的,只有棉兰和新加坡二处:

兹聘请

先生担任本会属下学校　　　教员,所定事项如下:

(一)担任　　　区学校　　　教员。

(二)每周授课以　　　为限,课外服务时间不限定。

(三)每月致送薪金荷银　　　正膳宿费在内。

(四)约期自　　年　　月　　日起至　　年　　月　　日止。

(五)每日除例假外须上午八时以前到校。

(六)逐日须帮助本会催收各级学生学费。

(七)在约期内除遇有特别事故外,双方如欲解约时,须先一个月通知。

(八)各区教务事项由该区校长指导外并须受本会教务委员及视学之督察。

(九)授课及课外服务须依照本会所定各种规章办理。

(十)如不接受本约,须于收到后三日内退还,否则作为接受论。

荷属苏门答腊日丽棉兰

华侨教育总会主席

兹聘请

先生担任本会馆办理之　　学校教员,所定事项如下:

(一)担任　　学校教课兼校务。

(二)每周授课以二十六节(每节四十五分钟)为率科目及日程表(就各擅长)。

(三)课外服务时间不限定,职务由校长分配。

(四)每月薪金叨银　　正膳宿费在内。

(五)约期自　年　月　日起至　年　月　日止。

(六)此约期内除遇有特别事故外,双方(任何一方)欲解约时须先一个月通知。

(七)每日除例假外须于上课前十分钟到校。

(八)每周必须出席周会及其他全体之集会。

(九)担任级任者逐月负有催收该级学费之义务。

(十)学校行政及教务事项除由教职员会议表决外须接受校长之指导及本科教育指导员之考察。

(十一)授课及课外服务须依照本科所定各种规章办理。

新加坡福建会馆……

中华民国十九年　月　日

兹聘请

先生担任本会馆办理之　　学校校长,所定事项如下:

(一)担任　　学校　　校长。

(二)每周兼任功课以十五节(每节四十五分钟)为率,课外服务时间不限定。

(三)每月薪金叨银　　正膳费在内。

(四)约期自　年　月　日起至　年　月　日止。

(五)每日除例假外,于上课十五分钟前必须到校,直至下午散学后方可离校。

(六)遵守本会馆教育科所定之经费标准,负责分配费用如特别开支在十元以上者须征求本科主任同意。

(七)每学期开始编造预算。

(八)逐月审查,会计处之进支。

(九)督同各级任征收各缴学费。

（十）在约期内除遇有特别事故外双方（任何一方）欲解约时，须先一个月通知。

（十一）负责办理学校行政及教务员□□须接受本会馆教育科之议决案及教育指导员之视察。

（十二）除本约所规定事项外须照本会馆教育科所定各种规约办理。

新加坡福建会馆……

中华民国十九年　月　日

南洋教员最重资格，而且常常要查验文凭和证明书。在英属注册，在荷属请给居留纸，当地政府也要查验文凭，所以中国去的教员不知情形，不带证明书，或将履历不开清楚，临时都要受窘。一般注重资格，原因也有二。一为封建思想的遗传，大家崇拜衔头虚荣，国中名人南游，不论为文为武，总是请求题诗写字。留学欧美博士，不论其医科、理科，总要请授国学，强其担任字课。二为南岛学董不知祖国教育情形，而且不明中小学教员程度标准。但知中学为学术中等阶级，大学为学术最高阶级；中学毕业可以教小学，大学毕业更可以教小学无疑。所以我在爪哇时曾经发表过文字："我们在国内服务，文凭从来没有用过。我到了南洋，看见情形大异。遇人问起，第一句总说：'某教员在某学校毕业没有？'第二句说'某教员有文凭吗？'要知道学校有各种的学校，性质不同，程度不齐，专查文凭，哪里靠得住？就是从一个学校出来，各人所学科目不同，学识有高低，能力有大小，断不能一概而论。""我看见有许多专门人才来南洋充当初级小学教师，实在是不经济，糟蹋人才。我不是说初级教育很容易，我实在爱惜他们所学非所用。"这种情形现在渐渐地有改变的趋势。如果有实学的人，得了一部分人的信仰，不拿衔头出来，在南洋也可立足。

南洋教职员的待遇（由丰而薄，由薄而苛），是向下减，不是向上增，这与国内情形大不相同的。国内因生活渐高，教育生涯清苦，虽经费万分困难，而教职员同盟罢工，要挟增薪，而且国府注重教育，待遇标准也就渐渐地得以提高。在南洋却不是这样，生活也是一天一天地高上去，教职员待遇却在董事——资本家——一方面着想，不在教职员身上着想的。以前南洋知识界人才少，又因学校少，捐款容易，所以定的薪水额都是从丰的，而且由学校供给膳宿；有的还要供给剪发、洗衣、节菜等杂费，如新加坡端蒙学校等。近年来因南方商情不佳，学校林立，闽粤两省人士因地方不靖，提篋南游，纷至沓来，一般资本家对于学校总理兴趣也渐渐地淡薄，学校负责无人，常闹穷荒，所以教职员原来的待遇不能维持了。英荷两属华校每经改组一次,教职薪水减削一次,实例很多,兹不枚举。教职员没有联合组织,自己贱卖,亦原因之一。目下在英属小学教员薪水平均每月叻币七十元,自己吃饭,住在校内。中学每月一百元,供宿不供膳。这是男女一样的。川资以前都有例津贴,现在都就近聘请,此例已经废除了。极少数需要的女教员或特别人才向国内聘请时,自然旅费由校供给,而且薪水也特别大些,这是例外。在荷属各岛大有出入,比较的苏门答腊待遇最薄。平均小学教员每月荷币一百盾,膳宿自理。荷属的生活程度比英属高得多,钱币荷属一盾常值叻钱七角。在马来半岛当教员,每月膳金八元就够了;在苏门答腊每月膳费须要二十盾,自己住宿二十盾至三十盾,百元薪水是不能养家的。苏岛西岸各小埠,伙食更贵些,每月二十五盾至三十盾,大概住宿由校供给。只有棉兰(苏岛的首都),无论男女教员,都由自己觅寄宿处,既费钱,又吃苦。爪哇一岛,东、西、中三埠情形不相同。西爪哇路程较近,吧城人才拥挤,教职员待遇较薄。吧城小学教员平均每月一百二十盾,自己供给膳宿。中学约一百四十盾,膳宿自理。附近小岛如万里洞等,薪水差不多,住宿由校供给。中爪哇三宝垄,东爪哇泗水,路程稍远,人才较少,待遇较丰。小学教员薪水平均约每月一百三十盾,中学每月一百五十盾,膳宿都自理。在爪哇有一种特别情形,对于英文教员及女教员优待一些,英文教员薪水较大,女教员都由学校供给膳宿。由泗水再过东去,婆罗洲,西利伯岛,以及附属小岛,交通愈难,教职员薪水愈大。在英属那些小规模学校,校长薪水和教员差得极微;大规模学校,中学或兼有中小学的校长薪水每月一百五十元至二百五十元不等。苏岛校长教员不甚差别。爪哇大规模学校校长薪水每月约二百盾。以前曾有三百盾四百盾的,现在已经减削了。在荷属教职员,旅费还是有津贴的较为普通。南洋女教员最需要的是歌舞教员。荷属女教员善交际者,与资本家来往,乘汽车,教外课,三五年后积有万金回国的,时有所闻。许多小学男教员,七八年后无资北返,也常常遇到。由教员而改途实业,居然成为小资本家,在英、荷属先后找不到五人。在南洋当教员,最重要的本领是国音和书法。如果学得一口北京腔,一手写得美丽字,那就到处受欢迎了。国内学的英文是不能去教的,因为口音不同。英荷殖民地最瞧不起是美国音,凡在国内最注重英语科的美国教会学校毕业出去,往往不能教英语,倒要勉强担任国语课和习字课。教英文的大多数是侨生,或者留学过英伦,或者毕业于槟榔屿或新加坡英文学校。还有许多毕业于香港大学,他们也欢迎的。初级小学的英语教员程度须要读过英文学校七号以上的。他们用的课本，最喜欢的是“*Royal Crown Reader*”，文法是“*Nesfield Grammar*”。经我所指导的地方，英语课程都根本计划过。课本我主张用菲律宾英语课本，但是有的地方一时购办不到，就改用“*Reading and Thinking*”，这书材料极好，第四册以上含有文艺意味，共分七册，还有一册预备本“*Introductory*”，全书读了，可合英文学校八号程度。英文教员只管教课，其余的事都不顾问。不比中文教员义务多而权利少。不论中小学，中文教员都包办一切功课，除掉英文之外，从国语到音乐体操都归一人担任，自己排课程表自己教，无所谓学制，无所谓系统，任自己高兴，注重何科，就多加几点钟，一般腐败、未经改组的学校都是这样的。在做校长的，这样办法是极容易，只要每班派一教员，课程表可以不问，除掉帮收学费，判断学生打架之外，无他工作了。在买卖忙碌的董事也觉得容易计算，几班应聘几个教员，多一班多聘一个教员，少一班减少一个教员。岂知教育效率已差得很远了。现在新加坡和棉兰有联合组织的学校，都规定教员注重课外工作，指导学生课外活动。初小采级任制，高小级任和专科制兼用，中学采专科制。

七、学　生

英、荷两属华侨教育没有普及，情形相似。惟荷属男女教育能平等，英属则否。据最近荷属东印度的调查，统计全荷印华男孩有入学机会的仅二万一千六百八十人，百人中学童只居三点二八人。女孩则为一万二千八百三十人，读书平均数占百分之三点二七。计全荷印华男女学生共三万四千五百一十人，每百华人中占三点二七五(见二十年一月中《荷印日报》所载)。英蜀七州府华侨教育情形根据一千九百二十八年英殖民地提学司署统计报告，七州府华校共有六百九十六所，学生总数为四万三千九百六十一人。其中女生有九千九百十七名，占总数百分之二强。男生有三万四千零四十四名，占百分之九十八。学生总数占全华人百分之三点七三强。依学生总额的百分数看来，英属似强于荷属，女生数也大有差别，其原因荷印华校男女同学之风早开，英属侨社男女界限甚严，从初小以至中学，到现在还是拘守着分校之制，所以女子教育不能发达，不能与男子平等。

南洋华校学生，随时入学，随时退学；凡大些学校，做校长的，一天到晚忙在学生进退事上，真是最不经济的事，而且于管教方面也感到非常困难。但一般家属已认成惯例，偶因细故，不问该生功课有无结束，即令其退学；至下学期之中，又令其入学；一旦为管理稍严，相信儿童报告，家属又提出函件退学;事过境迁,数月后又央人说项入学。此风在荷印最盛,但是荷兰学校并不如此,英属官立学校也不如此。此事我在各岛鼓吹改革好几次,后来只有新加坡能做到。其不能改革原因,确有数种:一为学费是按月缴的,商业变化极快,今日为资本家,明日为穷人,得意时妻妾满堂,失意时子女学费不能供给。二为华侨家庭迁徙无常,今日在甲岛,明日在乙岛,幼年子女,学校既不办寄宿,只有跟着父母来去。三为侨胞归国出国没有定时,插班退学在事实自不能免。

还有一桩困难事情,学生年龄一班中差得甚远,高年级教管还可勉强,低年级实在没有办法。经我鼓吹取缔,很少地方能够做到。泗水中华学校高级小学年龄限至十五岁为止,投考者尚且叫苦连天。我在新加坡定的小学标准如下,目下还不能完全做到。

年龄	6～8	8～10	10～11	11～12	12～13	13～14
年级	一	二	三	四	五	六

七州府华校征收学费,毫无标准,普通初级小学每月每人纳叻银一元,高级小学每月每人纳叻银二元,中学每月每人纳叻银四元,其他还有图工费等多少不一。荷印华校征收学费依家庭的贫富而定,多者每人每月纳十盾或二十盾,少者半盾或免费。普通每月每人二盾为率。调查家长贫富的责任是在庶务员,定学费的多少权操于董事部。立有标准且含有教育意味的只有泗水中华学校,录表于下:

一家入学儿童数 / 每月每名学费数 / 每月家长收入	一孩入学	二孩同入学	三孩以上同入学
50盾	2盾	1盾	半盾
51～100盾	3盾	2盾	1盾
101～150盾	4盾	2盾半	1盾半
151～200盾	5盾	3盾半	2盾
201～250盾	6盾	4盾半	2盾半
251盾以上	7盾半	5盾	3盾

南洋学生年龄既比国内的大,教学情形大不相同,各科程度也参差得利害。侨胞多数宠爱子女,不肯早送上学。各校留级生也特别多,有的学生留

级至五六年，年已弱冠，初小还未毕业；其父或兄乃董事部的有力者，学校校长也无可如何一般程度最劣的学科就是“算学”，这大约受热带气候影响之故。多数认为有兴味的学科，这和国内一样，就是英文。南洋儿童，自幼学习马来文，习见横行的外国文字，故学习英文极易，兼之学校内学科偏重英文，因此英文程度高出国内儿童很远。可惜所发的音都不标准，例如“t”“p”读作刚音，变作“voiced sounds”。又“th”“the”“this”“that”“thore”等音，百人中有九十九发得不对的。其大原因是受马来语影响，所以读“r”时舌头常觉卷得过分一些。他们不明白自己的缺点，反批评上海教员发音不准，或者混而言之，说上海各校英语都是美国音，所以发音不准确。以上所说不过指一般学生，至于学者也有发音极标准者，如我友陈君厥宾，现任泗水巫文日报编辑；林君玉昆，现任棉兰教育总会英语主任。两君俱为侨生，精通马来语，而说英语时毫无马来音调。又我在槟城时遇一英文学校教授，名陈嘉柳者，亦是侨生，与之谈英语时，宛如国内的英语教授。可见天才学问不能一概而论的。南中英语教学上最大缺点是不研究语音学，Daniel Jones 的 *An English Pronouncing Dictionarg* 寓目者极少。教法都用翻译式，所以我在星洲竭力鼓吹“Berlitz Method”。

南岛儿童学习国语也很困难，一则因为环境不同，听讲国语极少机会；二则华侨社会语言太复杂，一个儿童同时要学习五六种语言，虽一等天才，亦难于应付。厦门话、广东话、客话、马来话、英国话、国语这六种是必不可少的，还有荷兰话、马达话、爪哇话以及其他土话，专就语言一事，一身已学不尽了。新出国的外江教员和学生谈话，或改阅学生文卷时，常要感到莫名其妙。譬如你问学生：“吃过饭吗?”答道：“我有吃过饭了。”“这花你看见吗?”答道：“我有看见。”这是受厦门土话的影响。有时文卷上写道：“拿那书大。”就是“取那本大书”的意思，是受马来文的影响。其在华侨社会通行的，铜元写作“镭”，或称“仙”，一角或作“十仙”，工厂称“较”，某某米厂写作“某某米校公司栈”，冰厂写作“霜较”，冰其淋写作“雪糕”洗浴称为“冲凉”，游玩称为“嚼风”，种种习惯名词，在作文中不能订正的。

音乐、跳舞、图画、手工是南洋学生的特长。音乐是受欧化的影响，钢琴、留声机、铜乐队器具为家庭中常有的物件，所以国内人去做音乐教师很不容易。跳舞是白种人家庭及土人家庭习见之事，南洋小孩又常看欧美电影，所以对于跳舞经验极为丰富。图画、手工，因入学年龄较大，容易学习；国内高中材料常作后期小学课本。

华侨子弟的性情和国内儿童不同,凡在南洋做过教员的都会知道。南洋儿童的好处:刚直而富服从性,勇敢而能耐劳苦。这话也许有人要疑惑:既说富于服从性,为什么近年来各处华校风潮也是不断的呢?风潮爆发的原因很多,教职员不得学生之信仰必为主因。因为儿童性情刚直,最恨欺骗,一般教职员学问优劣姑不论,对于儿童喜用手段,如同党教员过分扬誉,异党教员刻薄取笑,国内腐败学校吹为第一等,陈旧学术、迷信举动称为无价之宝,舞弊敛钱,口中侈谈清高,起初以为莘莘学子可以玩诸手掌之中,积毒既深,一朝爆发甚至不可收拾,结果牺牲了无数青年,破坏了学校光荣的历史,给全体教育界一大打击。论者不察原委,还要说青年行为放肆,岂不很冤枉吗?刚直的性质,感情比较盛些,这是真的。爱戴的师长临行时,青年成群涕泣相送,这在南洋常见的事。青年感情虽盛,理解却极清楚,假使做教师的一味逢迎手段,敷衍从事,也易使青年看轻。我在某岛某中学任教时,二年级及三年级各有一资质迟钝的学生,我每次上堂必严加责罚。我心中以为这二学生感情早已决裂,在学业上我对他们确已十分厌恶。后来我离开该校时,二生想出种种方法,希望留住我,最后我决定走了,他们私自各写信至母校,请该两校来聘请我。起初我毫不知道,后来才晓得这事,我心里非常感动,使我有一很深的印象,一直到现在不能忘记。所以我觉得脑筋洁白的青年,只要我们诚直待他们,亲近时和自己子弟一样,实在是可爱的。南洋学生富服从性,也有许多实例可举,惟为节省篇幅起见,只写一事:记得以前我在吧城做校长时,我的态度总是很文雅的,学生犯过,我只用话开导、婉劝,有一位干练教员忠告我道:"南洋学生情形不同,前任校长到校时,在早会内把一大年纪中学生当着大众面批颊三下,全体学生肃然,于是声威大振。"那时我初出国听了这话,不禁咋舌。有些学生习惯横蛮,不可理喻,似只得采用体罚。多数家属赞成体罚;一部分家属溺爱子女,教师用了体罚,往往大起交涉。有的母亲闯入学校谩骂,有的父亲拖出教师殴打,有的家庭提出法庭诉讼。荷兰法官和英国法官常常袒护教师,因此无聊教师无力延请律师,结果倒获胜利。据荷属法律,教师不准用体罚的。英属海峡殖民地学校普通施行细则有"对女生应禁止施行体罚""对男生施行体罚时,只限于用细小之藤鞭笞挞手掌,或从裤外笞挞臀部,且只能由校长或校长授以特权之教员执行之"条文之规定。前年新加坡中南学校有某教员体罚学生,董事部即将该教员开除;后来该教员去另一学校任教,不满三月,被该校董事部查出前案,又把他开除,该校校长抱不平,出而斡旋,该校董事部假端又将校长开除了。有的地方,资本势力压迫超乎法律之上，真是“一言难尽”。说来奇怪：南洋董事部有开除校长教员之权，做校长教员的却没有开除学生之权的。

热带儿童脑筋简单，身体强壮，做事不善变化，工作能耐劳吃苦。如引导者加以激励，一种奋往直前勇敢精神远胜国内学生。居常爱听爱国事迹，崇拜爱国行为，对于年青热心的教员非常尊敬，对于腐化消极的教员非常厌恶。思想趋骛新奇，陈旧学说极难引起同情。凡有集会，不论属何性质，演说者插几句爱国言论，必博大众鼓掌。报告祖国时局，静听数小时无倦容。其性情上的缺点：好斗好赌。规模稍大的学校，在上下课休息十分钟时间内，学生殴打之事常有数起，教师不执藤鞭，很难解劝。放学出校，同学在街旁互殴，弱者头破血流，号哭回家，不明事理父母赶至学校，痛骂校长，一口土语鄙话，做校长者无辞回答，只得默受。小孩五六岁，字尚不能识，赌博已很精明。普通赌具用纸牌和弹子，无论在校出校，阶前树下，街头路旁，席地围坐，呼么喝六，无畏无忌。这也不能说是生性使然，实在是家庭教育和社会环境关系。侨胞每年为赌博宣告破产者不知凡几，识者谓侨社赌风之盛，殖民地政府有意放纵之，未始无因。以前我在苏岛某小埠试办一小学，禁止学生赌博，后来学生觉悟，回至家内也不参加赌博，许多家属和校董倒反议论纷纷，批评我“行为孤独，不适合社会环境”，矫俗之难，于此可见一斑了。侨童还有不良习惯：即使化银钱和爱食零食。男女小孩每日上学，身上必藏有数角或数元银钱，一下课即飞奔出外，或购零食，或买玩具，余资即充赌博之费。南洋零食担之多，无与伦比，有许多家庭终年不举烟火，靠向零食担购买过活。最近英政府取缔小贩甚严，在贫民生活上着想，小贩情有可原，在群众生活上着想，炎热气候之下，小贩太不卫生。讲到小孩赌博，购零食，都是有钱所致。如果家庭不以银钱给小孩，是最好方法。论南洋儿童性情，长处多，短处少，而且身体强壮，喜好运动，假使有良好指导，必很有希望。

八、结　论

依学校状况看来，南洋华人教育普及尚相距甚远。因华人入学儿童仅占全侨百分之三点二至三点七，查欧洲人入学儿童占全侨百分十八以上。但我人耳目所及，南洋华工识字的颇多，每日各处书报社虽无统计，阅报处常无隙地，工人识字以广东人最普及，无论客籍琼州，凡理发、缝工、厨子、木匠都识汉字。闽北次之，闽南又次之。旧式私馆不知凡几，夜学发达远胜于上海。英属自颁布注册条例后，夜学亦须立案，因此马来半岛夜校不及荷印之盛，多数夜校附设于日校、会馆或书报社。书报社者,书有其名,报有其实。英属书报社是革命老同志所创设,荷属书报社是教育先辈所提倡。英属书报社被英政府取缔摧残,存者寥寥。槟城的阅书报社,新加坡的同德书报社,算在英属资格最老的。夜学多数是营业性质,教法全用讲解注入法,有的为迎合侨生心理,教国语用英语翻译,宛如外国学校,更属可笑。能为教育立场,组织较完备,课程有研究,教学方法有讨论的,只有新加坡青年励志社所设的夜学。该学简章如下:

青年励志社夜学组简章

(一)定名

本组为本社智育股所组织,故定名为"青年励志社夜学组"。

(二)宗旨

本组以辅助青年增求应用学识为宗旨。

(三)校址

假设……学校。

(四)学科

本组定国语、英语二科。国语科分特别、普通两班。英语科暂定初高二级。(视学生之需要,得随时增设班次。)

(五)学费

每月每名二元,社员减半。

(六)资格

凡有志研究国语及欲补习英语年在十五岁以上者,不拘性别,皆得入学。

(七)入学手续

凡欲报名入学者,须先具志愿书一纸,并缴纳报名费一元。入学校后,得于学费内扣抵,报名而不来学者,概不退还。

(八)授课时间

每日下午七时至九时止。每周授课三天(即星期一、三、五等三日)。

(九)修业期限 (甲)国语普通班四学期。特别班二学期。

(乙)英语初级四学期。高级四学期。

(十)学期

每年分四学期:一月至三月,四月至六月,七月至九月,十月至十二月。

(十一)招收新生

新生入学,须在每学期开始前报名。开学后两星期截止不收。

（十二）学额

每班至少须满二十五人始得开课，至多不得过四十人

（十三）课程

（甲）国语：

普通班（招收年长失学者授以普通文字）：国音字母、书法、平民千字课、平民尺牍、缀法、国语短篇文选。

特别班：于最短时间授以应用国语（凡入学者须有高级小学教育程度）
国语会话（王朴编一百三十课）、国语文法（黎锦熙国语文法纲要六讲）、
白话文艺、作文、课外读物（《青年成功之路》《爱的教育》《给青年十二封信》）。

（乙）英语

初级（未曾学过英语者）：*New Chung Hwa English Primer Book* Ⅰ；*An English Reader on Gouin Method*; *English Practice Book* Ⅰ；*Writing*。

高级（曾学过英语有三年程度者）：*Reading & Thinking Book 4*; *A Class-Book of English Letter Writing*; *Composition*; *Translation*。

该组英语和国语都采用直接教学法，绝对禁止翻译法。试验结果，效率异常迅速。热带以气候关系，夜间宜于补习。工商界除看影戏、赌博以及其他不正当之消遣外，立志上进的都找夜校补习。或无适当的夜校，就约同志延师受课。夜课束脩较普通私塾为丰，故为教师的也都乐就。东爪哇夜课每周三小时的，每人每月纳学费十盾至十五盾。新加坡每周六小时，每月每人纳费五元为常例。新加坡有一工商补习学校，原来也是一□□基础，现在建筑校舍，已巍巍地成为一大规模的学校了。工商界终日勤劳，夜有余暇，常去影戏园恢复疲劳，所以南洋影戏事业也很发达。可惜侨社无人负责领导，使极好通俗教育——电影——不能接触祖国文化，反灌输些神权思想。在英荷属所看见的上海影片，不过《西游记》《白蛇传》之类。近来渐渐为观众所鄙弃，纷纷跑向外国电影院去。利权外溢，同时使华侨子弟更快些外国化。还有一件可惜事，华人图书馆，在英荷属各岛，竟找不到一处。有的学校或社团虽名称设有图书馆，不过一间阅书室、数架残缺不全的书籍、数册零乱的杂志罢了。

南洋学校教育，有些事情是特别注重的。如铜乐队，无论学校大小，地点僻静与否，都有大规模的组织，花费达五六百元，董事部也都能慷慨捐助。其用处是为：董事家的婚丧事故，双十节的庆祝表演，学校筹款游艺会，以及荷印庆祝荷皇生日等。以前我在槟城参观双十节提灯会，见有许多小学，学生

只有二三十人,学生年龄最大者十二三岁,铜鼓之大,大于学生数倍,喇叭之长高于儿童数尺,无力吹敲,勉强负着装样子。还有许多女生也是持着铜号,负着大鼓,仰着头,赪着脸,挣扎地奏闹。他们以为非如此不足以表演学校精神,表示庆祝的虔心。我见此情形,觉得非常奇怪;后来到各处参观学校,常留意及此事。每每有普通小学,进门即可看见一极大之鼓,校内别无他物,乐器橱一定是有的。而且有许多乐器在国内大规模的大学也看不到。某教育家曾戏语道:“所谓南洋教育者,铜鼓大于学校,喇叭高于学生。”这话虽属过分,那些偏重铜乐队的男女学校也实在觉得太无谓。各校对于游艺会和展览会的狂热也是异于寻常。每年开游艺会一次,停课预备必有二三月之久。表面名义是为筹款或庆祝,内中目的是为取悦于一般头脑简单的董事,并且和反对学校竞争比美。所耗费光阴精神,即使能捐募得若干银钱,想必不能偿失。做南洋中小学教员,须早预备有表演教材;否则,临时要很为难的。一般歌舞女教员身价之高,也是为此。每年举行成绩展览会一次,筹备工夫也须二三月,或四五月。大半成绩非出学生之手,课卷全非本来面目。图书来自抢替,手工或竟出后门购买。一旦开幕,观众莫不赞叹成绩之优丽,董事中虽有觉察来历的,但已博得美誉,己身也有光荣,就塞口不说了。或竟嘉许校长教员的干练,维持其位置,以与反对派所办的学校竞争。以上三事,在教育立场看,非谓绝对不可有;但如果偏重,或只图表面,则弊多利少。现在改良过的各校已经注意及此,或加限制,或定章程规定,举行时以含有教育意味为原则。可惜范围尚小,不能推广普及。总之,侨社缺乏领导机关,多数学校非为教育而教育,办学者非为子弟读书问题,只是为闹意气、争面子。所以许多华校董事自己子弟却送入外国学校读书,其居心可以想见了。华校所以不能进步,由于自己不能信任,这是最大原因。

(原载于1931年《教育杂志》)

南洋见闻(上)

一、引　言

南洋群岛地处热带，与位置温带的祖国气候悬殊，所以我们从祖国——尤其是长江流域，或黄河流域——出去的人，觉得非常奇怪。就天时论，似尚简单；论人事则因民族复杂，文野风尚混在一处，奇形异状，纪不胜纪。其他动植物之特异，亦为他处所未见。我去爪哇茂物的世界第二植物园参观了三天，还是走马看花，所留纪念物，只有在该园购的说明书一册，和自己摄的几张风景片罢了。我去泗水动物园参观了五六次，只有去赏玩那蠢兽巨蛇，和一群活泼的猴子，对于飞禽类不敢下笔记录，因为种类太多，无法记载。我在苏岛西南部印度洋岸滩游玩。常常捕捉蟹螺等类，仔细观察，发现许多种类和家乡——东方大港——海边所见大不相同。去年我在新加坡进那马来亚最大的一所所谓皇家图书馆“Battles Library”阅览了二星期，看见关于南洋群岛的史地等书籍共有三大间，尽毕生之力恐怕也阅读不了。故研究南洋问题，实在谈何容易。可惜，我们不能舍弃一切不顾，长年置身海外图书馆，从事研究，而国内研究事业又不发达，不像欧美国家之有组织、有计划的实地研究，真是憾事！爪哇的植物园内，有许多植物学专家在那里终年研究，优游花木间，泰然自得，望之宛若神仙，而我们在海外奔走挣扎，绝无政府之扶助和保障。彼此比较，真有天壤之判。但我们虽然没有他们那么福气，可是我们与南洋的关系既如此深切，对于南洋的研究也应该学西人那样的精神。所以我在南洋群岛办学的时候，就到处鼓吹注意科学，因为我觉得数百万侨胞居留于物产丰富、自然现象复杂的南洋，还是保持着十八世纪的头脑，不得不引为憾事。南洋教育情形，我回国后曾经发表一文，题为《南洋荷英属华侨教育实况》，载在商务印书馆《教育杂志》第二十三卷第五、六期，略述大概。讲到南洋社会状况，我本来没有什么研究，原不敢冒失直书。但我二次返国，遇到友人，都爱听南洋事物；各学校邀我演讲南洋问题，听者也似乎津津有味。近来又有许多友人劝我把南洋社会及事物情形写些出来,供国人的参考。因此姑依足迹所至,亲身经历者,枝枝节节地写此一稿,工拙就不计了。

二、新加坡

新加坡一岛刚刚在赤道上,略为向北半球偏些。据地理家说:“新加坡距赤道仅七十六英里,面积为二百十七英里。”又据气象家说:“平均温度为八十二度,最高八十八度,最低七十四度。”航程:北距香港一,四四六浬;南距日里三六五浬;西至吧城五二一浬;东至槟榔屿三九五浬。环游全岛,陆行是没有经历过;水行,用气船,足足要一天工夫。温度在我们中国人居住的地方,常常要超过九十度。这不是说中国人住的地方不好,也不是说中国人发散体热量特别高,是因为设备。生活的关系。同样的房屋,同样的器具,中国人总是不肯适合卫生的利用,空气少流通,树木花卉少种植,器具陈设无秩序,室内扫除不清洁,热气就恋恋地不肯发散了。气候近年大有变更,据老年人说:“以前每日二时许必有阵雨一次,天气还较凉快,但现在已经不大同了。有时十余日无雨,有时却微雨连绵,三四日或至五六日。大约下半年十月间雨水,称为多雨季。”

新地人种复杂,无以复加。统计人口有四二六,〇〇〇人。其中有中国人、欧洲人、印度人、欧亚混血种人、马来人、暹罗人、日本人、阿剌伯人、新哈利人、犹太人以及菲律宾人。马来人中乂分爪哇人(Javanese)、班查人(Baojarese)、波沿人(Boyanese)、勃芝人(Bugis)、亚齐人(Achinese)、哥零人(Korinchi)曼特林人(Mendeling)等。这是史地学家的说法。我们日常所看见的,大部分只好在衣服上判别。头戴白布软木帽,又叫作太阳帽(Sunhat)身穿白布西装,颈上结着颜色花领带,或无领带的白布南洋装(在国内叫作学生装),脚下穿着黑皮鞋,这是英国人或其他欧洲人的装束。身上脚上也和上面同样的模样儿,头上戴着灰色或黑色的呢帽,有时一双斧头脚赤着套了一对拖鞋,这是华人侨生的服装。身上穿着颜色的西装,头上戴着草帽,脚下著的黄皮鞋,这是新出国的华人或西人的新客。头上顶着褪色的旧呢帽,上身穿着对襟中国式的短衫,下身穿着有腰有裆的中国式裤子,裤子不用带来缚住,只用两手牵着两腰角,一扯一捲地拴着,裤裆松松地挂下,约距胯下有一尺多,裤腿或圆或扁,是不一定的,脚下著着一双老布鞋,或道地一点穿一双哔叽面单皮底鞋。鞋内或是一双白足,或是穿着一双粗纱本厂袜,这是唐山阿叔的打扮(就是土老儿),普通商人,小资本家都是如此。华侨工人服装和国内差不多,不过下面赤足穿木屐,这是南洋的特点。印度人的装束在上海可以看得见,但是在上海的印度人衣服都很客气,在新加坡的印度人不穿外衫的居多,或者是为天气热,披着一件无领宽大的衬衫(就是西装衬衫),下面圆角照在裤子外面,裤子是西式的,或者是纱笼,头上扎巾有红有白有黑,脚下光着穿一双老牛高头皮鞋,或者是拖鞋。在新加坡做小工的,大批是吉宁人(印度的一族),衣服以纱笼(Salon)为主体。纱笼是用一幅布缝成一个圆套,套在上面就是衫,套在下面就是裤,脚下是一双天然斧头脚,不用什么鞋袜的。什么叫作斧头脚呢?因为生长在热带,常常不用鞋袜去束缚,足趾长得特别粗大,而且根根离开,足前加倍阔于足跟,形像斧头,故名。利用纱笼还有马来人。一个马来工人只要二个纱笼和一顶黑呢和尚帽就够用了。马来人的头最冻不起,虽在热烈的太阳下,丝绒和尚帽一定是带着的。白天做工只要一个纱笼裹着下身,早上与晚间再有一个纱笼裹着上身。一双天然脚会踢极坚硬的皮球,走路自然不生问题了。黑丝绒帽每顶价值约叻银(即新加坡币)五六角,纱笼最廉的每个一元一二角。这样的生活,可算是很简单了除掉纱笼外。男子(马来人、吉宁人和其他南洋土人)也有戴鼻圈耳环的,质料多数是银子。还有额上抹了很多的白粉(叫作冲凉粉),眉心点着一点朱红或是黄金,嘴里咀嚼着红色的槟榔物,一副丑脸,加上一头披散乱发,未免难看。还有最惹人注目的,是阿刺伯人所戴的帽子:形状像钟形,上小下大,质料是大红毡呢,顶上有一簇黑丝线,垂下来附在左方或后方,讲究的内部还有圆镜一面,夹里是绸的,很美观。阿刺伯人的衣服,下面也是纱笼,拖鞋,上面常穿着一件白色或黄色的南洋装。有一阿刺伯街(Arab Street)都是阿刺伯人设的珠宝和沙龙店。其余民族,在衣服上也分不清楚,大致不出上述几种,常视其职业阶级如何,而表示奢朴。以上说的还是限于男性,女性服装此处从略,等下面再详细分述。

餐食除掉欧洲人外,都是吃米饭的。欧种侨生也常喜欢到琼州餐馆内,吃几色半西式的大菜,和一盘中国式的白饭,浇一些咖喱汤,吃得津津有味。中国人的饭食大别为二种:一为广东式;一为福建式。菜馆多属广帮,福建人开设的只一二家。大规模的西餐,有欧洲人开的大旅馆,晚间汽车盈门,白衣侍者屹立桌旁,音乐大奏,双双跳舞,大规模的华宴要数"南天酒楼",厨子茶房都是广东人,每日夕阳西下,歌妓云集,京腔粤曲,锣鼓喧天。食客到时,必先以麻雀为逍遥,既而入席,大猜其拳,欢声四溢,恍如置身申江。广府茶房不像上海之侍奉周到,装束也尚本式,赤膊赤脚,下著黑栲绸凉裤一条,大肚子常露出裤腰以外。这是一种习惯,提着壶来冲茶时,如果客人不自动将杯盖拿起,就不理会走了。假使生客不懂这个规矩,在那里老坐半天,就吃不到第二开茶,但是好处也有一件,一律不索小账的。一般经济家充饥,常在巴刹(即小菜场)行之。巴刹有老巴刹、新巴刹、铁巴刹(这是限于新加坡)之分,大概中午都在老巴刹,晚饭都在铁巴刹,新巴刹饭摊是很少的。工人伙食不包定者为多,因为中国人街道,粥摊极多,沿街可食。要参观华工就食形状,可至福建街、北京街一带。他们的食料大概是白米饭,白米粥,猪肉粥,山茹粥,绿豆粥,炒米粉,炒圭条,豆芽煮面,佐以猪肠、猪肚、腌鱼、咸蛋、炸虾等。关于口味方面,热带地方人都喜欢吃辛辣,华人侨居南岛也不例外,几乎无辣不能吃饭。

华侨中等以上人家的餐食大概都很讲究。饭是白米,为马来半岛自产,或暹罗所产。菜肴则鱼虾猪肉,厨中不断。用餐方法,大多数是用碗箸,少数侨生已改用刀叉。中等人伙食,自办者每月六七元,包膳者(与人合食)约八元。工人每餐膳食约一角。饭每碗二分,粥每碗一分。早餐例饮咖啡,佐以糕饼,或吃猪肉粥,价需五分或一角咖啡。每杯价四分,咖啡之外,还有麦精、洋茶(茶叶茶加牛乳和白糖),价格相同。"可可"华人不很喜欢,价亦较贵。遇有客到,敬以咖啡,最为客气;茶亦间或用之,称为小茶。厦门一带人常用小壶小杯饮茶,小壶内茶叶满塞。开水随冲随挹,壶内不留滴水。茶杯比最小酒盅更小一半,敬客时连呼"嚼茶嚼茶"。如遇大宾则用汽水代咖啡,阔绰的常用汽水敬客,最近柠檬等汽水已不时髦,都用橙汁、柠檬汁等替代。饮酒以啤酒,白兰地为正宗,中国酒虽不能说灭迹,却不容易买到,而且无上等的。冷的饮料中间常用冰块浸入,以驱炎气,饮时颇觉畅快。冰淇淋很畅销,自不必说。

马来人吃的饭,也是白米煮的,煮饭器则用瓦罐。有时他们将椰子肉捣烂,榨出汁来煮米饭,叫作椰子饭。这种饭颜色洁白,味道清香,光滑容易下肚。他们的菜肴多数是用咖喱辣茄的,煮法喜欢生烤。牛羊肉切做小块,用一篾签贯住,架在火上烧烤,熟时浇以辣酱,趁热食之,味美异常。叫作"沙低"。鱼类则以腥臭为贵,择其小者及不新鲜者,煮为佳肴。有用一种小鱼,不去鳞,不破腹,涂以面粉,裹以芭蕉叶,在火上烘熟,味亦佳美。马来女子善做米粉小点,在小石臼内舂糯米粉的功夫,她们是特别有研究的。做成小点,种类繁多,吃的人多数不知道名称。还有用糯米粉做成角黍形,外面裹以芭蕉叶,内心嵌以糖豆酱,名叫"阁儿",形状还清洁,食之似不碍于卫生。他们吃饭的方法是很简单的，既不用箸碗，又不用刀叉和盘子，只用芭蕉叶一方，盛以白饭，饭的上面盛些小菜，举起右手，一捽一捽地向嘴里送就行了。他们对于卫生不能说是不讲究，用膳之前必将右手洗清洁，用膳之后还要洗手和漱口。

印度人的膳食和马来人差不多。他们煮饭是用铁罐，铁罐口小腹大，煮时材料极省，饭味颇香。他们的肴菜总是喜欢辛辣。吃饭方法也是和马来人一样，借重右手和一方芭蕉叶。他们的肴菜喜欢煮成汤汁，白饭拌了汤汁，容易用手来捏成一团抓送口内。我们侨胞的妇女也有喜欢模仿他们，用手来代箸吃饭的。说明用手来吃饭比较有香味。

住的问题，欧洲人建筑很美，设备很完备，起居很讲卫生，自不必说。华人中少数资本家也在海边静处建筑了优美的洋房，朝晚自备汽车来往市上。市上华人大小商店公司房屋多数是旧式的。旧式是说式样是旧的，房屋倒不十分破旧。因为十分破旧市政府就要出来干涉，不像在祖国那样自由。旧式房屋深而且窄，前后接连两进三进不等，进与进之间有小天井，从下面一层望上去也可以看见一小方的天，形状像个井，真所谓“坐井观天”。这种房子普通都是三层或二层，可以做住宅。可以设商店。倘使设商店，还要把前进后面的小天井用玻璃盖住。利用做写字间，至于通气不通气是不在意的。因为市中房屋租税很贵，所以只好将就了。中等商人的家眷，在小街上也租那些房屋住，大概每幢房屋每月须六七十元，为经济起见，都是两家合住的。

史地书上常常载着南洋土人房屋是怎样怎样的奇怪，但那种房屋在新加坡是看不见的。中等以上马来人住屋，有些欧洲的风气，不过都是高脚，和我国各地临时搭的戏台有些仿佛。而且柱子是十分细小，在我们北方人眼光里或者会疑虑要被西北风刮倒，然而事实却不曾听说过。这或者南方的风不比北方之大，抑或南洋用的木料比北方用的坚实些，也未可知。屋顶盖的除水门汀屋或白铁外，在乡下或在海边往往用亚搭(Ata)做顶。亚搭是一种植物，叶长大而坚厚，做了屋顶可减热度，而且质量很轻，乡下马来农夫自己盖搭小屋居住，材料没有一定，正和我国贫民相差不多。在市上的工人是没有住屋的，白天在各商号，各大公司，以及码头道路上作工，晚上即裹着一个纱笼，在人家屋檐下或走廊里做甜蜜的好梦了。印度工人也是一样，资本家住的都是洋房，不过屋檐门户特别低些，房间光线特别暗些。

新加坡屋内设备有二桩事和上海不相同的。无论住家或商店，就是华人所在，也有浴室一间，叫作冲凉房，这是因为在热带的缘故。简单的浴室只备小缸一只,上面一自来水龙头,缸内置一小木桶(约能容一升水)就完了。平时让水龙头开一线,使它滴滴地充满那小缸,水的温度就减低了,浴时就把小桶挽起,一桶二桶连接向身上冲,从头到脚冲来觉得畅快时,就算毕事。一般老南洋常指导新客冲凉,据说,一定要用冷水从头上冲下去,热气才会从脚下逃出,这样可以免发热病。厨房隔壁还有厕所一间,都蹲而行之,上海一带去的人每苦不惯。

除掉商店住屋之外,还有俱乐部,俗名叫作“公馆”。大资本家有大俱乐部,小资本家有小俱乐部。无资本商人要去逢迎资本家,资本家也要利用无资本的商人,因此大小俱乐部每晚都很热闹。这不全是无意识的淫乐,也寓有交际作用在内。俱乐部的设备是竭奢华之能事。规模较大者如恰和轩等,开放时间,大概每晚六时至半夜一二时。所有娱乐,无非是纸牌,麻雀,鸦片,唤妓,喝酒,偶然还有宴会、集议等事。

新加坡的道路很讲究,几条干路比上海南京路广阔二三倍。全市道路都用柏油水门汀筑成。假使没有赤道太阳的利害,安步当车是第一。可惜骄阳逼压穷人,结果还是有钱者占便宜,乘坐汽车最舒服。人力车制造得特别大,可坐二人。纵然一男一女,不论情人或夫妇,警察都不干涉。每逢夕阳西下,海边常有一对对佳偶由车夫拉着走过,这是无产阶级智识界人兜风。学生工人多数坐脚踏车,经过轮接肩摩的街道,常常发生危险。公共代步,有电车,公共汽车(政府办的),排司车“Bus”(商家办的小汽车)。排司车比脚踏车更危险,为要招徕生意,开驶如飞,驾车者都是华人,撞伤跌死,几乎日有所闻。公共汽车是殖民地政府为抵制商办排司而设的,办法一如电车,开办不久,车辆不多。电车确乎是最安稳的代步,且不像上海有扒手之虑,取价极廉,座位凉快,可惜欠缺清洁一些。据我个人的经验,白天有事来往,除自备汽车外,乘电车最安当,不过等候时间要耗费一些。自备汽车,经济办法,也上算的。晚上游玩,没有汽车,步行最妙。我最怕坐人力车和排司车。我虽不敢高谈人道主义,可是南洋人力车特别大。独身坐上去,左颠右歪,着实不舒服,而且车垫又不像上海那样松软,肉腰靠着硬板,稍久就觉酸痛。

主要商业场是在“Raffles Place Collyer Quay”一隅,那儿上市的时间车辆云集,行路很不容易。其次是“South Bridge Road”,上海人叫作“大马路”,福建人叫作“牛车水”,通宵达旦,隆隆的车声不断。街道两旁店家都有走廊,下雨时走路人可以不至湿脚。柏油路上一种特别行路声,耳鼓上常觉不很适意,就是几位广东福建的男女工人拖着木屐,踢跺踢跺,直传到三层楼上,常会扰人的清梦。

新加坡华人主要的工商业是树胶(橡皮)。据说吃树胶饭的华人占全球百分之九十以上。华侨人口,殖民地政府有统计的,现约三一八,〇〇〇人。华侨职业没有人去留意。虽则领事馆对于出国回国护照很认真,职业填写得清清楚楚,如去荷属经过,还要花三块钱领一张职业证明书,可是中国领事馆气派大,那里有闲功夫去管这些统计小事呢?华侨经济势力还不算小,即在金融界论,除小钱庄不计外,很有资本雄厚的,银行通用钱币一律是海峡殖民地政府发行的纸币,其他一概不用,不像上海那么复杂。阿拉伯人设的兑换小钱庄很多,各国钱币都可兑换,适应欧亚来往过客的需要。

新加坡算是南洋最繁华的地方,但是风俗比上海朴实得多。商店买卖,虚价最大者是吉宁人和阿拉伯人,其次为上海人和广东的客人。广府人和福建人的商店说实价者较多。譬如你进一福建人或广府人的小店,购一小物件,价值八分的,你给他一角走了,他必须出门外唤回你,还你二分。马来人的行为更和"君子国"出来的差不多。譬如我们去乘电车,售票的马来人总是规规矩矩地剪票,不像上海一样有所谓"揩油"。有时乘客太拥挤,售票人离得很远,乘客要下去时,就把车费交给别的乘客转交。华侨土生也很老实,心里有什么话,口上就说出来;今天已经答允,明天必不变卦。所以和他们做交易,不会上当。可是他们往往感情用事,交际时要留心一点,否则要起冲突,或是给狡猾者利用。

三、槟榔屿

槟榔屿英文作Penang,译作"庇咙",又称"槟城"。记得有一位朋友写信到江苏的海门,通讯地址就开作"自槟城……某某寄"。那海门朋友以为槟榔屿也是和国内某省某县一样,也有城内城外之分,就写作"确投槟榔屿城内……某某收"。查该岛海旁确有一古式土城,面积极小,现在已无人烟,只用为屯粮储薪之所。幸而那马来邮差还算聪明,不泥于信面文字,就递与城外某君,否则送到城里,该信件将与陈粮枯草同其不朽了。据说:此地曾有过"裸人国""东方之极乐国""远东之珍珠"等等名称,但我们此刻也无从追究了。地位在新加坡的西北,打开地图来一看,约在东经一〇〇度北纬五度之间。面积为一〇八平方英里,比新加坡还要小一〇九里,约为其一半。人口密度也不及新加坡,新岛每一方英里为一千九百余人,槟岛平均每方英里只一千五百人。气候随处稍有不同,在山上,在海边,与在市中,差得很远的竟过十余度。我们中国人做买卖及住家区域,除掉几个大资本家的别墅外常要超过九十度。华人的学校,公共会所多是热乎乎的。

由上海去槟榔屿,可乘开往欧洲的邮船。船过香港,时间须要迟三十八分,次日迟六分,再过一日又迟九分,再过一日再迟九分,再历五日,无变动,然后到槟榔屿。所以槟榔屿的时间比上海要早六十二分。在槟榔屿的人,因为天气炎热,早上能在四五时起身。欧洲邮船由上海去时,是在槟榔屿停泊的,从马赛来时却只经过而不停泊。在邮船上望见了槟岛,水手把停船工作预备好,足足还有一小时,等船绕转到岛之背面,与马来半岛靠近那一面,青葱碧山下,洋房一小堆,就是槟城的街市。水上风景的美丽,为东方一带所仅见,所以有(Pearl of the Oricht)之称。可是如果一上了岸,情形就不同了!

欧洲人——自命为头等国家出来的人民——不消说衣服是很整洁的。头上是白色太阳帽,身穿白色南洋衣,或是开领的西装,脚下白袜黑皮鞋,一切都是很整洁的。中国人的服装似乎比新加坡的资格还要老。男子普通下穿唐山裤,穿本国工厂出品小袖汗衫,赤着脚拖着一双金绣花鞋和朱红漆内底的拖鞋,这是在店内做买卖和在家内接待客人的装束。如果出街会客,或赴宴会,或做学校董事出席董事会时,则上身再披一件南洋装,有的纽扣完全不扣,有的扣好下部,胸口上面和领项上任它解放,以便脖子自由地缩进去。有的青年,受过几年教育者,衣服大概穿得整齐一些,唐山工人的服装,只穿一条裤,露着上半身,赤着脚已成通例。有的在太阳下行走,怕炎热,再加一件短褂。褂袴质料都是黑色或深蓝色粗布。柏油马路上常要遇到满清遗老,头上瓜皮帽,后面拖着一条蚯蚓辫,身上穿着纱大褂和马夹。讲到马来人、印度人和阿拉伯人的打扮,和新加坡差不多,这里不再赘述了。

现在要谈谈头家娘的打扮了。(福建人称老板叫头家,所以称老板娘为头家娘。)“头家娘”的尊称是和“南京太太”“上海奶奶”一样的。范围不限于真的头家娘,凡是有头家娘的气派,心里想做头家娘,或模仿头家娘的态度,都包括在内。最妙不过的,头家娘的头像国内的茅山道士。前后头发都向上梳,头顶挽一扁圆的髻,髻心插一金压发,髻之四周插满金爬头,耳朵上还要挂着很重的耳环,两腕圈着五六对的金镯,足胫上也套着金镯,她们足下趿着金线绣头朱红漆底的拖鞋,样子与男子的相似,衣服下身穿的是纱笼质料无非棉纱,但花纹与颜色的精致,价值贵于绸缎,每袭优者须数十元,普通也要十余元。上身穿的是一件白式对襟小褂,短约尺许,四沿缝以花边,遮在纱笼上,因为纱笼是很长的,一直要套过乳房。出外游玩时,外面还要穿一件薄纱外套，阔绰的头家娘胸前常配有一二十个外国金元，坐在汽车内，斜阳照耀着，满身都是黄金辉耀。女子服装除掉头家娘外，还有所谓上海装束，上衫下裙，或是短旗袍。这种很占少数，不过华侨学校内几个女教员和上课时的女学生(下课回家，即换纱笼)罢了。有些学龄女孩送入英国人办的学校肄业，学校是准许她们穿纱笼的。殖民地政府的政策对于一切风俗习惯概不干涉或禁止。华侨女工，贫苦的都是旧式蓝布衫裤，脚下一双木屐，头的后方挂一黄松髻，广东女子一条长辫拖在背上，福建女工头上有戴大箬笠者。漂亮的工人一身黑凉绸衫裤，唐山风味十足。

马来女子，除掉少数欧化的贵族外，都穿纱笼，头上也套纱笼。或者肩上披一长巾。有的上身穿一件对襟纱小褂，下面一双观音脚，发髻都在头的后部。印度人的纱笼无花者多或白或黄，或绸或布，女子头上都是蒙蔽着。欧洲女子服装花样过多，有的袒胸，有的露臂，不胜记述；惟脚下长筒袜，高跟鞋，这是一律的。出外时戴了帽，还要手握伞保护着，不像我们华侨女子头上老是赤裸裸的。

槟城还有一点特色，就是零食担之多，恐为世界上所罕有。华侨妇女们早夜坐在门限或阶上，带着小孩，看见挑过食物都要买一些尝尝。有人调查过，在一适中的街上，半日功夫，所过的食物担共有一百十余种之多。依我一时所记忆得起的如冰水，椰子水，冷粉糕，刨冰球，红豆浆，橙汁水，柠檬水，橘子水，冰淇淋，凤梨(菠萝蜜)，西瓜，香蕉，木瓜，流连，强葡，沙拉，督姑，沙窝，南加，红牡丹，孟茄，柚子，豆腐浆，水豆腐，油条，油鱼，荸荠，凉拌腐干，绿豆汤，凉拌绿豆芽，粉团，粉元，糖橄榄，糖梨片，糖蒜头，炒圭条，炒米粉，炒面，薄饼(春卷)，煮圭条，煮鱼元，煮面，牛肉面，馄饨，鸭饭，番茄粥，猪肉粥，鸡饭，咖喱饭，烤猪肉，烤鸭，白鸡，咸鸭蛋，煮猪脑，煮鸭脚，面包，咖喱鸡，咖啡，姜糖汤，凉草茶，鸡蛋糕，粉类糕饼约有数十种，还有许多水果写不出名称，其种类之繁可想而知了。所以有人说福建侨生女子，终年不举火煮饭，只在门口购些零食过活。这话虽然过分一些，或者竟有少数人如此，也未可知。华侨家庭的厨房，大概没有大灶和烟突。就是作大规模的烹煮，也只用小锅从事。福建人最不忌烟，有一家福建菜馆，名“晏家宾”，算是福帮中上上馆子，一登楼，只见黑沉沉满间烟雾，可是生意还是很好，座中常无虚位，都是一班乡亲去光顾。广东菜馆有名者算是“新南记”，早上卖茶点，晚上设筵席，顾客不断。中等的如“燕洲”等，便饭最佳。经济的吃饭，可到一广东小饭店，吃鸡饭，另加一汤，共费叻银三角。或找一潮州馆，吃了二碗白饭，煮一肉片菜汤，只费一角四分。槟城找不到像新加坡的“巴刹”,只有在街上零买鸭饭充饥。鸭饭不像鸡饭那样名副其实。鸡饭内有鸡骨头,鸭饭全是白饭,不过同担可买烤鸭做菜肴,名点有一家“时新”花样最多;洋点有一家“Victoria”货物最优美。还有海边——开仔角——晚间可以品茶,价目较贵,因买座位故也。西餐则在山顶旅馆,东方酒店,荷兰酒店(靠海边)等处,别种人不敢问津。只有琼州人开的新宾大“Spring Tide”,远在海滨,阔的中国人常去请教,每人每日住宿连西餐价须五元。马来人与印度人的饮食和新加坡相同,不多说。

单就住屋来批评——以华人为中心——槟榔屿远胜于新加坡。槟榔屿一望而知为名胜之地,资本家的大厦接连数条大路,足使穷酸的看得发呆。他们的建筑固是华贵巍大,可惜美中不足,式样是千篇一律,前面都是一个方亭,后面接着一座方屋。旁边附着些小屋,实在不很美观。中等华人房屋都是福建旧式的,一幢一幢,窄而且长,墙基建筑很为坚固,因须经市政府检验的。门口悬两盏红字油纸大灯,中间挂一块金底黑字匾额,上书“颍川”“宝树”等字样,这也是中等以上人家差不多一致的。福建人家门前又挂一盏小木架玻璃天灯,左墙角下写着“土地神位”字样。进门内中堂上供有神灵,置祖先主位。有人谓中国风俗,在南洋保存的最多,确实不错。屋内外还有古色古香的壁画和雕刻,字有“福寿”“状元”“指日高升”等,画有龙凤麒麟等。旧有房屋固然如此,新造的也差不多。

白种人的家宅有特别的街道,一部分在气候凉快,风景优美的山上,有色人种不准上去的。马来村庄,用木板搭屋的居多。在市上的小工,没有住屋的。各式人种,各行职业,多数有俱乐部。人力车夫(都是福建人)也有人力车夫的俱乐部,又叫公馆,凡无家可归的就寄宿在那里。苦力俱乐部门前虽无招牌为标帜,但见褴褛的衣服架晒得重重叠叠,就是他们的公馆了。搬运夫(吉宁人),拉牛车的(马来人),做拔草等短工的(吉宁人和马来人),都有他们的公馆,如要雇用时只要前一晚去通知一声,第二日清早就来了。华人俱乐部资格最老的要算“清风阁”,经费也最充足。一般会员大都年愈耳顺,自命为满清遗老,而且拥有资产,生活清闲,态度消极,惯于口头非议现世一切。

小小的槟榔岛市区,道路倒也不少,而且都成弧形。总路口如Magazihe Road,华名叫五仔灯,有六条路交叉。电车线很少,排司(Bus)也不像新加坡之多。人力车都是福建人专利,他们只会慢慢拖,认路径是不负责任的。游览名胜,去升旗山可乘电车,至山脚下改乘上山电车(落成于一九二三年,从山麓到山巅长一英里四百零三十五码,山巅车路离地平线二,三八一尺,经桥梁十一,隧道一)。升旗山高有二千余尺,从五仔灯步行至山顶酒店,共十四英里。我去游玩过三回:一回电车上去,电车下来;一回步行上去,电车下来;一回步行上去,步行下来。三回比较,觉得步行往返,较为好玩,因为上去下来不走同样的路。升旗山之北,去市西四英里半,有植物园"Bohtenieal Garden",又名瀑布花园"Water Fall",三面环山,瀑布汩汩,树木苍翠,花香鸟语,风景怡人。有钱人每于夕阳西下挟着娇妻美妾,汽车呜呜。绕园一周,饱吸清新空气,有益卫生不少。无产阶级以路隔遥远(由市中去,有六七英里),又无公共车辆可通,游玩机会很少。电车山之南 Ayeltan 地方,依山脚而建筑的,有一著名之中国庙宇,名"极乐寺",殿堂佛塔,范围广大,台榭池沼,鱼鳖俱全。岛之东南,离市约九英里,地名"Snhgei Kluang",有一怪诞之蛇庙,庙舍并不大,殿上神龛香案,柱壁置有已被麻醉之三角头毒蛇,以号召香客,欺骗愚民。环岛都有柏油汽车路可通,全路之长约四十六英里,唯过浮罗山背,山路曲折,非具有经验的汽车夫不敢驾驶。环游一周,时间约四五点钟。靠近马头有铁路车站一处,购票渡驳轮,上大陆登车,南面可到新加坡,北面可达暹都盘谷。全市大商店在 Beach Road,华商热闹区在新街和汕头街。二街并有夜市,酒肆娼寮林立。

华人崇拜神佛,有"观音娘娘""天后娘娘""大伯公"(称呼从俗)等。平常香火前二者最为热闹。每三年赛大伯公会一次,盛闹若狂。远处,侨胞不惮跋涉,也来参加。台阁,香烛,鞭炮,所费以巨万计。每年正月初八夜(自然守着阴历)是闽侨祭天之期,市中全夜鞭炮之声不绝,所费之大,可以想见。元宵夜又有兜风赛宝之俗,凡终年禁止见客之闺女,到了这夜,都把所有的首饰、珠宝、钻石装饰起来,穿着华美的衣服,坐在汽车内慢慢地——比通常人力车慢约五六倍——向各街道兜圈子。衣服的制法都是对襟。四边袖口用银鼠或白狐皮出风。阴历元旦,古色古香的清朝服装都要陈列在柏油水门汀的洋马路上。头家娘的大钻石,在这几天最出风头。

华侨帮派,分广府、潮州、琼州、客人、闽南、闽北,以及外江人(其他各省之总称),又称上海人(京戏也称上海戏)。生长南洋,传有数代者,称为"土生",又与新来者(非土生),称为"新客",相对。各帮分裂的原因都由于言语不通。在槟城,闽南人为多。商业势力闽南人也较大,所用方言也以厦门话(闽南)为最广。土生妇女喜欢说马来话,马来话中又掺入许多闽南话。譬如:第二人称,闽人叫"汝",马来话也假用汝;闽人铜钱叫"镭",马来话也可说作"镭"。还有马来话和闽南话混合为一语者,如"没拍玻璃",是"不顾一切"

的意思;"麻那伊删",是"那里可以"的意思。Tahan(阻止),Tapi(但),巫闽话通用。公立华校,多用闽话译解汉文,侨童为方言所累,造句时"少""小"不分,百余字短文中加了十余个"有"字。华童自然也讲马来语,不过讲得不像荷属那么流利,一则因为荷属马来文是用罗马字拼字,二则因为英属华童入马来学校读书者很少。因此,马来话也有许多不同地方,如(Tida-ada),叫作(Daha),(Tida-Maoe)叫作(DaMaoe)等。据说,马来亚的标准话是(Bio-Johore)的方言。

(未完)

(原载于1933年《新亚西亚》)

南洋见闻(下)

四、棉　兰

棉兰(Medan Deli)是苏门答腊(Snmafra)的首都。苏门答腊的来历,史地家议论纷纷,或谓古时与马来半岛相连接,后来与大陆裂开,就成独立的岛屿(现称世界第五大岛)。这岛开辟未久,因为岛中多山的关系,到现在还只能算是半开辟。陆道交通,没有贯通全岛的铁路,有许多地方汽车也不能直达。水道既无欧亚来往的大邮船,诸岛间交通的小轮船也很少,在荷兰闭关政策之下,人口密度(每方英里二十二人)远不及新加坡及槟榔屿。华人上岸之难,久已有名,华人为谋生计,欲去棉兰,恐上岸不易,改在别处小码头登岸。棉兰之南有"Tandjoengbalai"在"Asshan"河口,所以也叫作"Asshan"(亚沙漠),自槟城和新加坡去最便,以前华人自此人口者不少。现在荷政府又修改章程,从何处人口只能在何处作工。居留纸上写定何种职业只能做何种职业,否则作违法论,因此,华人要去南洋吃饭更不容易了。棉兰在苏岛东岸,东经九十九度,北纬三和四度之间,与槟岛,马六甲(Malacca)隔水相望,可是风俗习惯截然不同。在历史上查考,马来亚土人与苏岛大有关系,但现在的方言、生活,则大相悬殊。这大概是因为统属的政府不同,就影响到如此。荷政府对付我们华侨,除掉荷兰官吏直接管理外,并选择华侨之有资产而效忠于荷政府的,要以玛腰(Mayor)、甲必丹(Captain)、雷珍兰(Lientenant)等职统治其属下未开化民族,并替政府征集租税,代达意思。华人当了这种职务,认为非常荣幸,一般侨胞都畏惧他们,趋奉他们,其地位远在中国领事之上。他们华文名刺上刻着:"玛腰""甲必丹""雷珍兰"等官衔;家宅门前的大门灯上,婚丧大事所用的矗灯上,庆祝寿诞时的对联上,以及到了棺材里以后的牌位上,都是写着同样的荣衔。

棉兰的港口叫"Belawan",离市区不远。市区范围很小,中间横隔以铁路,分为新旧两市,旧市不及新市的兴旺。气候常在华氏表八十二三度,风景名胜之处很少。华人除苦力外,衣服都是穿得很整齐的。中等以上商人头上戴着呢帽,身穿白式南洋装,下面白袜黑皮鞋。土生头上戴的是白色太阳帽。荷兰人也穿南洋装的居多数,洁白程度超出英属各色服装之上。华人智识界,资本家爱穿清洁的西装,这在英属也少看见。华侨妇女时髦者穿上海装,或荷兰装。旧式者穿中国的旧式衫袴。土生不开通的穿纱笼,赤足,拖鞋,然头面装饰终不像槟城那样奇异。其余马来人印度人的装束也和英属相仿。人口比例和槟榔屿或新加坡大不相同,所以市上情形也感到殊异。人口以土人(马达人)占多数,其余各色人种寥寥,市面上华文招牌也不及巫文之多。说话以巫语为主体,一般苦力多数是土人。

饭食,马来气味很浓,市上中国菜馆规模大者竟未看见,小店寥寥几家,设备都不雅洁。潮州饭店,堂倌赤膊,露肚,奔来奔去生意倒很兴隆。零食摊远不及槟城那么多,解热所不可少的冰水担也很简单。提篮叫卖的有花生米、黄豆等。咖啡店是很多的,大小不等,约相距十家必有一店。因为每天早上各色人等都以咖啡为早点,咖啡店内的点心为冷面包、烤面包、鸡蛋糕、米粉钟糕、淡黄色的米蛋糕月饼、粽子、油条等。土人的饭店系用木板搁成长桌一条,前面约低尺许再□一条同样长的粗木,食时两脚蹲在上面,一手握住饭盘,一手抓饭送到口内。肴菜无非咖喇鸡、辣鱼、辣牛肉、淡鸭蛋等,煮法都用椰油。中国人家烹调用的油酱都是马来产,所以味道就觉不同了。华人客籍(梅县大埔人)占多数,客人不像广府厦门等人乡土观念之浓。

华人房屋都是一楼一底的旧式建筑,有新加坡的式样,无槟榔屿的深长。在新市场设大公司者,有改建洋房的。荷兰人住宅另有村落,远离华人区域,道路清洁,花草有序。马来人住宅,都是高脚木屋,上盖亚搭,屋角及门前空场,垃圾堆积,秽气触鼻。蚊虫、苍蝇在市上不多,与槟城相若。冲凉(Madi)用水清而且冷,非常爽快。自来水是政府所办,水源来自马达山,优于槟城甚远。土生食水仿效土人,不用煮熟。洗衣涤器,很称方便。土人的古色房屋在苏岛可以看见。离棉兰市镇稍远,入山巴内,树林中或竹园中崭然如菱角模样的草棚,就是他们住处。走近细察,下面离地很高,有我国尺寸一丈余,支以竹柱或树干,这是屋基。屋的本身上大下小,左右斜度向上,成两角,像菱形。前面放一木梯,上梯入一小门即进屋内。偌大的巢,只有一个小门,并无其他窗穴,所以内部黑沉沉的难见日光。土人皇宫,是南荒的特殊建筑。皇宫式样与上述差不多,不过屋身特大,上部有五六丈开阔。而其高度可与一般五六层房屋相比。屋面斜度很甚,两旁削下,草檐下,门框四周都有雕刻。全座房屋只有一二个小门,并无窗穴,内部情状不得而知。全部房屋有五六座，现在住的都是皇子皇孙，共有数十家。

山脚下溪水往往为土人洗澡之处，男女同在一处而别为两地。彼此全部赤裸从事，可以远望，不能接近。Konponjaha约距棉兰九十公里，气候极凉，平均在七十度左右。离该处二十余公里就是马达山，巫名“Brastagi”算是苏岛，或可说全南洋，气候最寒冷地方。温度常在六十余度。早晚气候有如初冬。从棉兰乘汽车去约需二小时半，距离约六十余公里。在棉兰作工疲劳，或身体患病。可常去“Bnrastagi”休养，寄宿处有华人旅馆“Nassn Hotol”等，有一家荷兰大旅馆，还有几家不正当的日本旅馆。那里菜蔬最好，吃了三天，脸上就有血色。在马达山又可看见土人妇女的特别装束。头上缠缚约有一匹多的深蓝大粗布。缠缚形状不像印度阿三模样，顶上特别平大，向前遮出，些微像诸葛帽的样儿。身上穿着同样质料深蓝大粗布对襟衫和纱笼。她们走路时，头颈强直，只让下部摆动，一望而知头上很有斤两的。他们这样的缠缚，大概是为头上常常顶着土产重物，也未可知。她们牙齿多数是没有的，牙床肉特别肥大，翻出唇外，令人见之作三日呕。据说：马达女子出嫁后，必将全口牙齿敲去，以表示贞节，如果此说而确，我们见之欲呕的妇人，倒有造贞节牌坊的资格呢！

荷兰各地很少人力车，惟在棉兰，我们又可坐福州人专利的手车，这或者因为离槟城太近，由槟城传过去的。马车亦有一种，乘者背向而坐名叫“Sado”，装饰很清洁，足下有皮毛垫，因市区不大故，无公共车辆，火车北达Koetaradj，南通Siantar和Asahan，汽车路可以直达岛之西部。驾驶汽车者都是马来人，间有一二华人，马车夫一律是马来人。

五、习武牙

习武牙原名为“Sibolga”，译名是根据华人公墓碑文，除此无他典籍可考。近人常书作实武牙，因以闽音读之，与原文甚为相近。该处华校某校长题词，常作“习武崖”，觉得较有意思，近来原文有书作“Siboga”的，邮政局也是，如此大概为了少去一“l”比较省事的缘故。Siboga位于苏岛西岸，面着印度洋，经度与棉兰相若，纬度约在北纬二度不到，天象情形，兹摘录日记一段，以见大概：“十六年六月五日。夜出观星，时七时至八时，室女在头顶，乌鸦在前，十字架，半人马，天狼，天蝎均看见，大熊星在正北。”市镇很小，在山脚下一个海角。华人住此者有二百余家，荷人二十余家，土人百余家。街道寥寥可数，海滩隔岸相望，有二种出产为全南洋所无：一为文烟，即安息香；一为最优等之咖啡。海岸风景,也为南洋所罕见:有天然的石桥,有天然的崖壁,石矶石,有铁礁,沙滩清洁,适于游泳;对山美丽,足以写生。沿岸植物丛生,多数是椰林及羊齿类植物。小朋友喜欢采玩的,含羞草,猪笼草,及大树上的寄生植物等。海滩的小动物,有水鸟,有鱼虾,蟹螺的种类也很繁多。最好玩的,是一种寄居虫名巢螺,又名蝟螺,形状一半像蟹。一半像虾。它利用死螺的尸壳,作为居宅。胸部坚硬,背有刚毛,生着十只脚。腹部柔软,无肢无毛,藏于螺壳内。第一对脚是钳状,如蟹螯,右大左小,大者掩蔽螺壳的门,捕取食物和行动时,胸部伸出壳外,腹部犹藏壳内,可是动作极快。身体长大,不能容于原有壳时,再觅一较大之螺壳实行迁居,迁居方法,先用触角试探较大之螺壳,如果中空无物,就此弃旧居而进新宅。有时遇不到较大螺壳。但是身体已长大了,只好勉强负小螺壳,半身露在外面,局促形状,见之发笑。大的动物不少,我们游泳时,常常远远地望见鳕鱼与鲨鱼等类。

习埠与吧东"Padang"靠近,所以风气尚极守旧。华人婚礼和槟城相似。新人穿着清朝礼服,或明朝打扮,在家行跪拜后,还要至观音亭焚香行礼。日历大家遵守阴历,商家结账却不像槟城在阳历过年即做好了。贺年礼分为两次,阳历与荷人贺年,阴历与同胞贺年。土人也是一样,自己在旧历过年。阳历过年时则向荷兰人庆贺。因此,华巫人同呼阳历为荷兰历。荷人服式,白色南洋装多。华人很少穿外衫,如有人常穿外衫,鞋袜完全,就被人讥为"摆架子"。外衫(白布南洋装)每人虽备,寻常无大用处,遇到婚丧大事,取出来披在身上(扣子老是不扣完全的)。华侨妇女,马来装者很多,少数受过教育,衣上海装的,大家即指为奇女子。马来人——其实是马达人——穿的都是纱笼,男子头上戴着黑绒帽,女子露着头,髻挂在后方,在山巴内男女都不戴帽,男子有留着发挽髻插梳者;我人见之,扑朔迷离,几不能辨雌雄。马达话与马来话不相同的,山巴里出来的土人一口马达话,在市上大概用马来话,但掺着些马达语,如"Sito,Siko"替代"Sini,Sana"等。

在海角地方交通十分不便,风俗闭塞,论理应该生活很低,哪知饮食问题偏偏不然。棉兰华人伙食普通每月十五盾,习埠则非二十五盾不可。那里最缺乏的是蔬菜,每逢星期六有一次巴刹——南洋小地方都有定期的市场,如我国古时一样——各物由远处跨山过来,取价很昂,而且种类又很少,不像棉兰与马达山相离很近,交通又很方便,干物也从棉兰过来,经了二天汽车路程,费了许多中间人的手续,贱物也应该作贵物卖了。所以市上找不出大小菜馆,只有几家马来小饭店,不过三四包粗陋食品罢了。有一家荷兰旅馆,不与市店为伍，接近荷兰村莊，餐食以罐头来点缀。近来有一二家华人旅馆，煮些面食以享旅客，苦相得很。咖啡有一家华人老店，用上等咖啡的碎屑煮的，其味别致，为别处所尝不到——到处用咖啡都是次等再次等的——但门面破旧，屋内不很清洁，人多不敢进去。冷的饮料，大家喜欢饮碱的荷兰水——就是Sada水——据说是受荷兰医生的影响，谓可以解热病。华人虽同样地吃米饭，但吃法都外国化了，全市找不出中国的箸碗。煮法虽有广东福建之别，但是马来味总有七分以上。商店每日只吃两餐；福建人的工场，早上吃干饭，中午稀饭，晚上再一餐干饭，共有三餐。

华人房屋与槟榔屿的不同，楼上楼下前面都有走廊，颜色用蓝漆的居多。马来人在市上都是平屋板屋，山顶多高脚草棚。气候温度除掉下雨天，总在九十度之上。如有三天不雨，就要超过九十五度了。马路都是砂石，只有荷兰街是柏油造的。长途汽车来来往往，尘土飞蔽全市，居民房屋墙壁都变成灰黄色。最难过的是蚊子太多，扰人不宁；苍蝇嗡嗡，如走入蜜蜂窝里。初到的新客易患马来亚热病及脚肿病。在华人居住的街市，闷热异常，到荷兰人住的村中便觉清爽许多，如入另一世界。荷兰人每家小小的洋房，四周旷地，花草树木，栽培整齐，道路上也很清洁。有溪水大桥与华人土民分界，邮政局、公园、运动场却在他们区域内，凑他们的便利。可是走到他们村里，自己就要知趣。木屐不能拖，衣服要整洁，否则会碰钉子。

一般饮水大概从山上流下已经滤过的水，但经济的华人及贫民还是有用井水的。井水不洁，而且是蚊子的产生地。洗衣女子都去山中小溪旁工作，所以洗得很清洁。旅客内衣须日日更换，包定一马来老妪洗浣。每月工资至多一盾，尚称便宜。山谷溪水淙淙，看去很清洁，不过有一点缺憾，就是土人随处大便，尤其是山上溪边，被认为适当的大小便区域。习地的土地，以前华人土人均可向政府领造房屋，无须地价，现在则已非缴费不可。

文烟一物为该地特产，原由华人专造，现在已有土人和日本公司。文烟也是一种树胶，性质很黏。土人从山中树园内割取下来，和树皮泥粒混成一起，负到市上，售与华人。华人雇用马来工人，先令切成碎块，去其混合物，分别优劣，装入木箱，浇以沸水，使其融烂，再使工人的粗足踹之，成为整方形状，就订盖木箱，运往远处发售。原料中如果掺入Dama粉百分之二十或三十，使其减些黏性，则比原料更优。此法为华人所发明，土人知者很少。文烟黏性之厉害，为其他树脂所万不及，一上手足，就无法除去。工人于工作后，手掌足底敷着物就用工作的刀来刮剔；他们的皮屑虽十分坚厚，可是树胶终不能除尽。工作时间,从早到晚,足足有十小时。销路多运往欧洲,集散地是槟城、新加坡、吧城、泗水等处。该处出产即以文烟和上等咖啡著名世界。

该地华人二百余家,党派很多,不但广东人与福建人有派,土生与新客有别,就是福建人和福建人,闽南人和闽南人,亦多有水火不相容的。他们的团体有三点会及其他会派,加入了他们的团体,遇到婚丧大事,他们就互相扶助。譬如有人死了,要把棺材抬到山顶,帮兄帮弟都会出来效劳,并不支给工资。遇到打架事项,同帮的人都会挺身相护你。码头挑夫,因属华人甲必丹管理,所以一律雇用华工。每月工资都在八十盾以上,人数有八十余,打架闹事,很是常事。土人对于华人甚是尊敬,新从山巴出来,走到华人店,常行顿首礼。我曾经游过许多土人村庄,问路索水,他们很诚实和气地接待。华人与荷兰人雇用土人,并不遵守雇工法律,召之使来,挥之使去,辱骂殴打也不反抗。土人遇到华人,不若见荷兰人时畏缩,称呼也分阶级,呼华人为“Toekai”,呼荷兰人为“Toeau”,他们也知道国际的势力,见日本人也呼“Tcean”,华人见荷兰人,也呼“Toeau”,荷兰商人答呼华人“Toekai”,“Toekai”就是“老板”的意思,“Toean”等于我国的“老爷”。荷兰人有时呼华人为“Krani”,就是“书记”的意思。

从棉兰去习武牙,先乘火车或公共汽车到Siantar,过一宵,再乘公共汽车经Balige和Taroetoeng,费二日光阴始达目的地。由Taroetorng到Sibolga的汽车路都是在山中盘旋,不到三分钟,车要回旋十余回,向不晕船晕车的人,到这时也忍不住要呕了。槟榔屿环岛汽车路到Back Pulau相近处路已屈折,然尚不及该路之万一。过了Siantar,有一淡水湖,面积极大,风景美丽,著名世界。Taroetoeng气候极凉,平均温度在七十二度左右,患病者常去那里修养。海口鳄鱼常见,伤人事很少。习埠对面小岛很多,有一名“大半队”岛,山石玲珑,可称为天然花园。海中有独木艇供人游玩,价很便宜,荡舟其间,殊为有趣。

苏岛弃材不知多少,常见山顶海边,常有数抱树木或被大风刮倒,或被野火烧折,成年成月无人顾问,山野荒地,当更不少。矿产数量,我们虽未能作专门的调查研究,以意度之,货藏于地亦必不在少数。又印度洋沿岸如能提倡渔业,至少可以救济南洋一部分失业工人。

六、巴达维亚

巴达维亚是Batavia的译音,简称吧城。荷兰东印度总督驻节于此,为政治的中心,同时为西西爪哇的都会。马来人叫作“Betawi”,文字上也有如此写的。位置在爪哇岛的西北部,与"Meltevroden"市镇接连,码头地名为"Tandjoengpriok",地球上的位置约在南纬六度,东经一〇七度。气候常常超过华氏表九十度。交通,水道欧亚邮船都有,陆道全爪哇铁路网密布,来往非常便利。最近还有航空之组织,欲去东爪哇或苏岛,甚至欧洲,可以直飞。

不知道是什么缘故,我们一到南洋上了岸,不用眼看,鼻子里觉得一种特别气味。这在新加坡还不十分厉害,一进荷境真浓得使人难当。抵抗力不强的就要目眩头昏,过了数月,久闻成习,也就不觉得了。我曾屡经辨察其味,似乎混合物很复杂,或者马来人日用的椰子油为其成分之一,或者是天气炎热,所谓瘴气使然,也未可知。新客到吧城,一二星期内照例十人中有九人不免患马来亚热病。热病发时,头部身上起有红点,速请医生诊治,不很要紧。如不注意,热度升得过高,就很危险。热带上不患疾病则已,患了疾病不像在温带上可以拖延,应赶快就医,否则就有性命的危险,住居半载或一年,往往要发脚肿病,病象一证实,就要立刻停止饮食,煮绿豆、红豆及连衣的花生米的混合品充饥,二三天后始能全愈。如此法无效,只有离开热带,医生对于这病不会治的。如果肿过膝盖,就有性命之忧。爪哇人暗杀风气很厉害,据闻所费不过五盾或十盾,指使一马来浪人,即可实行暗杀,暗杀凶器都用短刀,这是马来人所常备的。

吧城街道也多灰尘,因商店建筑高大者不多,所以大小房屋常被黄土积蔽,和习武牙情形相同。街道最肮脏的要算是闽桥聚集的八帝贯。房屋式样很杂乱,以二层三层居多数,商店前面就是街道两旁,有很大的露天水沟,这差不多是南洋群岛的通例。每家门口架石一二条,成为小桥,以通出入。水沟内什么脏东西都有,尤其是华人街市更甚。一则自己缺乏清洁习惯,二则市政府所雇的工人多不注意,所以常是臭气触鼻。吧城的蚊虫虽不像习武牙那么大,也有习武牙那么多。苍蝇嗡嗡,也是不得了的。还有一种南洋特产物,新客见了要起毛栗,就是每到晚上墙壁上壁虎成群地捕捉飞虫,有时吱吱地叫,见了人并不十分畏惧。屋内桌子上置了食物,它们也会学着老鼠那样,偷来去吃。此外还有蚂蚁一物种类繁多,寻常在室内所见的约有四种:一种是大头黑小蚂蚁,这种算最没有用。一种是黄色蚂蚁。第三种是高脚黑蚂蚁,结队时少,单行时多,行走甚速。最后一种是白蚂蚁,身体极微,活动力却很大,它们能僭入软木塞的糖瓶内,它们能咬破人们皮做的或木做的衣服箱。它们又和第三种高脚黑蚂蚁同样地工作,剥蚀人们的建筑物——如木柱和地板等,我们散步郊野,或登游山崖,常常看到半寸多长的黄蚂蚁,这是要咬人的;赤足裸胫,当然危险,就是穿着衣服,也会爬上我们的身体,咬我们的颈背。幸而山中有一种食蚁兽,才能稍杀热带蚂蚁骄横的势力。食蚁兽善穿山洞,俗名“穿山甲”,伏时蜷成一团,麟作土泥样的保护色。

荷兰公司多不住人,每日下午五时后大门用铁将军把守了。荷兰人住家多在Weltevreden镇,华侨的资本家也有华美的洋房在那边。中等客栈臭虫满床,每天房金需五盾。饮食物料比苏岛多,物价比棉兰贵。华人中等伙食每月约二十盾。许多华侨小饭馆在红河旁边。红河在华侨历史上是值得特别纪念的地方,在清乾隆时,华侨因抗纳人头税,和荷兵激战六七日,死万余人,血流成河。交通有马车、汽车、电车、火车,却没有人力车。一切车子行动很慢,火车用木柴作燃料,引擎懒洋洋的,好像表示在热带工作应该如此的。马车有“Derman”“Sado”两种,华人喜欢坐前一种。马车夫与汽车夫都是马来人,路径由乘车者口内叫“Troes”“Kere”“Kanan”,车夫概不负责。工人,学生都备脚踏车,好的脚踏车需一百余盾。各商店、各机关以及华荷人家内用的佣工都是马来人。男的呼为“Djongos”,每月工资约十五盾;女的呼为“Pabee”,每月工资约十盾。女人洗衣每月包工三四盾左右。

马来人的迷信花样也很多,最使人寒心的就是用毒药来伤害人。他们以为伤害了人,自己可以邀福。毒药原料大概取诸山中草木,中毒者或是发狂,或是身死,福建话所谓“嚼攻头”,华侨妇女言之凿凿,但经我们目见的却一次也没有。有一种植物名“Upas Tree”,形像山茶,叶甚小,全身都有毒,根部最厉害,听说是制毒药的主要材料。自然界的变化都迷信是神意,某山是某神所造,某树是某神所依附,这是常闻的事。他们赛神的仪式与华人有些不同。华人喜欢闹狮子,持大旗大伞;他们用火把,火篮,燃烧物同样用椰油为原料。他们赛神时间都在夜间,火光烛天,煞是惊人,他们的音乐,多数是皮鼓,击鼓是用手指。一手持鼓,一手击鼓,两足跳跃,或空手舞跳,口中唱歌。遇到出丧,送殡的口中也大唱其歌。据说都是快乐之歌,为欢送死者上天堂的意思。马来人死后殓入一小薄棺材,印度人死后都不用棺材,出殡时只用被单遮覆尸体,尸体上洒了许多香水,经过街市留得余香很久。土人结婚也用手指击鼓作乐。在家内昼夜跳舞。华人有事雇西乐、中乐并马来乐,闹得轰动全街,声闻数里,以表示阔绰。每日夕阳西下,多有马来人奏乐卖艺,其音很悲哀,真所谓“哀以思”表现忘国的情绪。

七、泗　水

泗水(Soerabaja)在爪哇的极东部,为东爪哇的都会,亦为荷属的最大商埠。人口有三十五万余。在地图上言,则东经一一三度不足,南纬七度有余。气候平均温度常在九十度以上,夜间很凉,降低八九度。对面有小岛名马都拉,来往有定时的汽船,每日次数很多。市镇区域很大,南市与北市中间横隔铁路。全市有几条臭水河,是制造蚊虫的大工厂。河水臭味非常难闻,蚊子咬人特别厉害;有许多人皮肤抵抗力不强的,全身常常要发红斑。街道都是柏油水门汀筑的,但是常常被马屎堆积,炎热的太阳晒后,经过车轮的碾磨,满街都是黄粉;假着风的力量,飞扬起来,直扑行人的颜面。全市马车有数万辆,马屎之多,无怪其然了。汽车也有数万辆,街上"Tax"很多,随处可唤,最近的路化二角半钱就可安坐汽车。挂"Tax"牌子的车多数是好车子,价值约在三四千盾。街上所见最华贵的汽车,价在一万盾以上,只二三架。脚踏车数目太多,概不编号,凡中等以下阶级都靠它代步,土生小孩八九岁即能乘坐来往自如。街车"Bus"不多,都是工人阶级坐的。电车头二等很分明,头等中很清洁。火车可以直通吧城,每日开土货车很多,每次有六七十节。

泗水比吧城更形马来化,华侨历史很久,代数最多的有二十二三代。华侨总会的会员,许多是十七八代的侨生。凡三四代的侨居,还算是资格很浅的。荷兰人也有很多的侨生,或者已成混血种,被马来化得十足,生计很困难。衣服受土生的影响,穿白色南洋装的占多数。华侨新客白日往来,大家衣服穿得也很整齐。有一种浴衣,上衫下袴,衫是对襟,袴不开裆,衫纽用白布条盘成∞字纹,下面配着一双露头皮条做套的拖鞋,已成通行的晚装。在家内会客或晚间乘汽车兜风,都穿晚装。华侨妇女都穿马来装,头髻则挂在后方。混血种女子都穿荷兰装,马来贵族也有荷兰装的。荷兰女装大概是上身背心,下身短裙,式料颜色则随时变换新样。洗衣作多数是中国人,洗濯清洁,为英属各处所不及。还有许多家洗染店,是由上海人去创办,生意极好。

饮食原料丰富,价值亦便宜。二斤的鸡,一盾钱可购两只。鸡蛋一角钱可购两枚。牛肉一角钱五分钱都可购买。华人自办伙食,中等的每月只四五盾。要找饭店吃中餐,很不容易,几家所谓上海馆,其实是广东菜,一人进去吃一餐,须费四五盾。便宜小吃,只有马来餐,一盘冷饭,一块咖喱鸡,几片油鱼或是一个鸭蛋,再加一杯冰水,所费不过二三角。吃过了饭多半要吃水果,常吃的水果,有下数种:

名称	香蕉(马来语作Pisang)	流连或作榴莲(马来语作Dorian)
种类形态	有金蕉、乳蕉、糖蕉、牛角蕉等,有二十余种。金蕉最小,牛角蕉最大。小止半寸许,大至二三尺。	体重大如东瓜,外壳生有无数的尖刺,熟时纵裂为五列。每列藏有果实四五个。壳作青黄色,果实黄白色。
食味	金蕉甜而细,青蕉清爽可口。乳蕉藏有乳味,且肉中含有细粒的子,只有马来人喜欢吃。牛角蕉可煮熟做杂粮,也是土人的食物。	果肉松烂,气味极臭,非久居南洋者,多不敢吃。
性质	据荷兰医生说:青蕉最有益于卫生,能解热助消化。	果性过暖,多食要患尿病。俗称:凡到南洋而敢食榴莲者,可以久居,实行"流连忘返"了。

红毛榴莲	督始(马来语作Dookoe)	木瓜(马来语作Kates)	孟加或作芒果(马来语作Manggar, Manggo)	强葡(马来语作Djamboe)	凤梨一名波(马蜜马来语作Nabas)	红毛丹(马来语作Bamboetao)
形状如小南瓜,壳无小刺,而有皱衣。颜色与前者相似。	外状如桂圆。皮淡黄色,有白色的黏液,沾了手不易洗,内藏果肉二三个至五六个不等。果肉色白,果核色绿,佳种没有果核。	实大如碗,或为长形。外皮青褐色,或有一部呈黄色。瓜肉火黄色。中心有异色形状的细子。	实椭圆形,皮韧色绿,肉纤维质色金黄,紧着于木质的核上。	实大如桃,形像瓶状,皮薄。色洁白,或淡绿,或淡红。	实大如瓜,作圆柱状,皮色有赭,有青;皮面起疣疖而不平。我国闽广等处产者肉黄色,节疤很多。	形像荔枝,外色鲜血,有毛状的刺;肉色肥白,水浆很多。

续表

红毛榴莲	督始(马来语作Dookoe)	木瓜(马来语作Kates)	孟加或作芒果(马来语作Manggar, Manggo)	强葡(马来语作Djamboe)	凤梨一名波(马蜜马来语作Nabas)	红毛丹(马来语作Bamboetao)
果实气味与前者相似。	果肉味甜而略酸,吃时误嚼果核,味极苦,所以多择无核者购食。但性酸,多食损牙。	略有特殊气味,初食者不很喜欢。食久渐不觉得。味甜而爽,可以解渴。	味清甘而有香气。	吃时连皮,味似苹果而多汁,肉如海绵质。	味清甘。吃时有的和食盐,有的和酱油及辣椒。	味甘而酸。
		果汁中含蛋白质,发酵素及碳酸水等,富滋养料及消化力。	能助消化。		性强烈,多吃口腔易破损。	

沙拉(马来语作Salak)	沙窝(马来语作Sawo)	山竹(马来语作Mangis)
外壳有鳞状的刺,像蛇皮,皮包果实,四瓣,肉淡黄色。	形状如柿,惟无蒂。	扁平如橘,有红紫色的厚皮,中包数个橘房形的果肉。色乳白。
味甘脆而涩。多有盐腌后吃的。	水分糖分极富。	味极甜美。
不易消化,有兴奋性	多吃易患糖尿症	多食易患肠病

宿费很贵,有许多客栈如长安居、平安居、南洋居、福来居、大中旅馆、南洋族馆等,专租人长住的,有如日本的下宿,普通每月房金二三十盾,优等的每月房金五十盾,概不供膳,只有每晨及下午有一杯咖啡享客,咖啡都盛在有盖的小杯子中,既卫生,又精致。中等的住家房金每月五六十盾,电灯自来水尚不在内。电灯和自来水由市政厅办理,装置手续很麻烦。一切建筑欧化者多。内部设备也多西式。上面所说的住屋用中国同样的建筑作比例,房金不能算贵,或可说是便宜得多。这是因为生活的关系,在中国,这样的房屋,本不是中等人家住的。好像汽车一样,在南洋坐汽车是平常人的事,在中国只有阔人享受了。

泗水华人入口最不容易,码头用铁栏阻住,不准接客的人过去。船到时,船局通知警厅,警厅即派警察数名上岸,将新客详细检查后,然后押新客整队上岸,一切行李概不准当场携带。登岸后复在铁栏里面太阳下等候点名一二小时,先由警察在栏外驱散接候的华人,然后女子在前,男子在后,三三两两绵羊般的队伍由警察押出,步行至拘留所,沿途不准谈话,不准与接候的人招呼。如遇星期例假,新客须在拘留所住一宵,次日押至移民厅问话。问话时如与该处保人的呈请书有不相同之处,即留下不准担保。问话次序,华人在最后,移民厅前,武装警察把守铁门外,拥立着华人担保者。问话后须盖指印,并照相,手续极麻烦。担保者鹄候时间,常至八九小时。新客与担保者或是夫妇,或为母子,或关亲族,或属友谊,到了恢复自由,出狱相逢,如逢大赦,如获再生,脸上所露的愉快之色,非言语所能形容。老客——即有荷属居留纸者,登岸比较容易。船靠码头时,移民厅及警察厅即派人来检查居留纸,并持有被逐人名簿,核阅一过,如无疑问,即可上岸。上岸检查行李,有时认真,有时随便,如能说马来话,较为便宜。携带新购物件,罚税很重,有时超过物价,物可抛弃而税不能免。非荷属钱币查出没收,书籍太多要被留难。检查员也有受贿者,但不像英属那么不顾体面。

(原载于1933年《新亚西亚》)

二次大战前夜的欧洲民教运动

一

民众教育运动继续着消弭欧洲社会的不祥事件：如战争的恐怖，经济的困难，和其他不可捉摸的厄运。

一九三二年左右，欧洲全部军队加以紧缩，各国民众教育就得繁荣开展。当时各级公立学校，及其他非正式的教育经费都有增加，民众教育自也不能例外。近年来，因受预算的限制，教育事业不免有退缩的趋势。各国为了备战起见，发狂似的增加军备经费，因此就减削了教育的预算。这里值得注意的，就是几年来民众教育运动，社会上已增加了很多的力量，舆论一致反对违背人道的战争。近来北欧诸国，及英国都有和平运动的表示。

失业问题的严重性，使人们——特别是知识界，竟有反对高等教育与民众教育的现象。例如：在德国，罗马利亚，及保加利亚，各大学的学生数目顿然大减，有的减少了三分之一，有的竟减少半数。结果使大众藐视教育的价值，以为职业或专业教育，与文化教育同样的无用。这种失望，实在是随着世界不景气而来，但在另一方面，有一种强有力的要求，要求社会改造，于是人们对于教育转变了一种新视线。

民众教育受到的第三种的压迫，是法西斯主义的流行。当法西斯主义变成为立国基础后，教育事业就一任教育部之自由支配。德国的民众学校就是一个明显的例子。三年前，摩尔氏（Fred Atkins Moore）在欧洲曾亲见两个前述学校的课程，最重要的科目是流行的社会问题，现在这种课程均充满了国家社会主义的色彩：例如偏护国社党的德国史，德语，及其他类似的科目。去年暑期，摩尔氏又在德国目睹一个课堂内有着五十个男子和妇女正在学习英语，教师为一身穿德国制服，很引人注意的青年。课业的进行是用问答法的。各个学生预先把词句抄写好。先生问："我们是哪一国的国民？"学生用着流畅的语词回答说："我们是伟大而且美丽的德国国民。""我们的领袖是哪一个？""我们的领袖是希特拉（Adolph Hitler）。""新德意志是哪一种政体？"

“新德意志是国家社会主义的政体。”如是一面学英语,一面灌输国社党的思想。有一个历史班,是教着古代先贤的典型,以唤起新德意志政治的精神。

这种办法在意大利也极盛行,其使非民主的国家,所用教学方法,也采这个方式。苏联是有她红色独裁的共产主义方法。然而在国社党治下的德国国民学校教师教授数学自然科学时,他们也坦白地承认不能运用新的教材,灌输新的国家社会主义思想,因为科学有它的不感性的。

二

英国的工人教育协会成立至今,已是第三十二个年头了,他们的辅导班和其他活动,都是全国有系统的组织。工人教育协会的事业普遍全国,大有贡献于劳工界,并且助成本世纪国家的繁荣,这是值得敬佩的。欧洲任何国家的民众教育,总比不上英国那么完美和发达。英国大学的推广教育发动得很早,范围也很大。全国民众学校联合会会员有数百组在那里严重地讨论着生活问题。其他还有职业训练学校,图书馆,工艺学校,男女手工传习所,及伦敦市参议会所设立的教育中心,这种中心数目有两百多个,就学的男女学生有十二万五千余人。还有教育公社,劳动学院,大学暑期讨论会等,一切都坚忍地努力向前推进着。教育部和英国民众教育协会负全国民教指导之责。所以英国的教育预算虽同别国一样,受了很大限制,因为过去的光荣历史,和目前各方面努力,使三岛民众教育早露头角,独映光辉,始终能把原有事业维持进展,这是在各国所仅见的。

著名的丹麦民众高等学校运动已有过半世纪的历史了。共有六十多所学校,办理的颇有成绩。他们对于工艺上有很大改革。还有许多对于社会改革很有贡献的非正式学校,不计在内,当军缩时代,丹麦对于成人教育也有很大的扩展。旧时的罗亭(Rodding)学校,学生很发达,设施最完美的格龙维氏教育——精深的宗教,合于现实的意志。但须把眼光放大,顾到目前的社会问题。那大规模的阿斯哥夫学校(Askov School)是为训练教员之所,课程共三年,在北欧民教运动上很占势力,学生人数很多,随时在那里增加新建筑,校长是一个合作运动的领袖。摩尔氏曾询问该校一教员道:“过去民众学校有大宗的捐款,今后是否可以减少些?因为现在丹麦青年受教育的机会较多之故。”他回答说:“假使我们要解决目前社会问题,民众教育更觉得需要。”在乌藤可(Odense)的学校是为小农人而设的,专收农民的子女,教育的宗旨与其他丹麦学校一样,也是高远的思想与普遍的方法,这个学校也直接设施高级教育，如附设专科学社、农业实验室及其他专门事业，以教育一般青年。在米突尔法(Middelfart)有一个新的、专门的民众高等学校，专训练合作工作人员，及工艺的技能，兼研究人生及社会问题。此种联合编制，有时掺插不相同的课程——例如在商业专科学校内添设看护训练班，显示出很特别的办法。在哥本海琴(Copenhagen)、洛斯记(Roskilde)及埃斯皮安(Esbjerg)的工人民众高等学校内，都有阶级意识的工人在那里从事问题的研究和分组的讨论。虽有许多是失业的学生，研究精神乃是很充足的。去年十月选举的结果，使反动派失败，下议院的议员大多数属于为大众所拥护的政党。因此使丹麦社会秩序很安定，识者多归功于几年来民众高等学校的成绩。

瑞典、挪威及芬兰大致办法与丹麦相仿。最后参观者不易忘却的一件事，就是许多来自农家，美丽的芬兰女子，在一个岛上的民众学校内学习家庭经济及歌舞，很有趣味。瑞典的研究会(Study Circle)运动，是很出名有成绩的。秘密禁酒会(Good Templars)及工人教育协会领导全国组织研究会。凡教会团体、农人及合作社员都有参加。现在共有七千多个会，会员有十四万余人，他们利用北部长期冬季的空暇，依据国立机关所颁发的课本，学习他们的功课。研究会的性质并没有什么神奇，不过是开放了智慧的领域，组织方法各有不同。

三

当我们回看到中欧及东欧的国家，有出名的中欧自由地(Land of the Free)位于欧洲的中央，名捷克斯拉夫(Czechoslovakia)，它虽外受国际的压迫，内感经济的困难，而民主的意识还是保存着，民教育教的努力从一九一九年以来，得到很好的效果。具有学者风度的总统，马萨力克氏(Masarky)很能使捷克人民受到智慧和灵敏的教化。教育部与农业部联合设立的民众教育马萨力克学社(Masarky Institute of Adult Education)，在最近十年内，推进民众教育很广很快。依据共和国第一次的法令，全国须设立一万六千个公共图书馆(全美国只有四千个)。马萨力克学社帮助各图书馆选择书籍。各乡村的村长经继续的鼓励，都成为教育事业的领袖。电影和留声片很普遍地应用，都含有艺术及教育的意义。一般农民都能受到农业教育，并包括普通知识及科学知识。在城市，更有各种性质的班级、讲演、戏剧及音乐，供给一般如饥似渴的民众。政府拨款补助职工联合会的教育事业，甚至津贴社会主义的大学。全国各地运用无线电方法，广播应有的知识。在近年，捷克斯拉夫有一种新进事业，就是设立冬季收容所，安置那失业的青年，使他们有住有食，并得受一种很好的基础教育，还有很好的娱乐节目，使他们一点不感觉痛苦地过那严冬。去年冬季，收容所成立了七十二处，教育的方针注重实际及职业的，但兼有公民、音乐、戏剧及体育等训练。

在维也纳，自从一九三四年，社会主义的政府被法西斯政党驱走后，民众教育的机关都受了很严的限制。但是教育领袖发表主张，对于政治，严守中立，多数学生也不反对这个主张。有二个教育机关由社会民主党员支持的，但他们很能保持客观和公正的态度，无论在教室或讲演厅内都是一样。一种质问自由的精神，很通行的。这个精神，对于奥国未来的局面很有影响。

南斯拉夫(Yugoslavia)、布加利亚(Bulgaria)及罗马利亚(Roumania)，三国在过去战争上受了大牺牲。到如今人们仍是保持着农业社会的状态，但是农产物受国际的压迫，生活异常困难。所以三国很迫切地希望尚在萌芽时代的民众教育运动早收成效。南斯拉夫特别致力在公共卫生教育，以地方保健合作社为基础，其主旨是要改造社会和人民的生活，并要恢复被大战所截断的教育和文化活动。他们从事很实际的政治工作，坚忍地努力，使得社会秩序安好。在贫穷的布加利亚，所有的高等教育和民众教育，进行上很感困难。但是他们有优良的强迫教育标准，并在各种合作会指导之下，社会得向前迈进，将来的成绩一定很有可观的。大多数的县份都有读书室的设立，教育影片也很普遍地应用。罗马尼亚在国王卡洛尔(Carol)领导之下，有充分的准备，印行极廉价的书籍和杂志，销路甚广。又在全国设有模范乡村好几处，各村建设有公共房屋，专供教员参观团体，及社会问题研究者旅行之用。他们的教育，如公共卫生、社会学、经济学农业及民俗学等算是在这恐慌时代的主要科目。全巴尔干半岛的国家近来生活很安定，因为国际充满着和平空气，并且各谋自己内部的进步，没有野心向外发展损害邻国。

新土耳其(Turkey)在全欧看起来，不过一个足趾大的国家，可是它事业的成就很能惊人。各种教育事业，包括扫除文盲运动，可说是最大的成绩。凡受高等教育的学生，不论哪一方面，都培养为大众的教师。看到它的摩登化的新城市安卡拉(Ankara)，更令人感动，因为在十年前不过是一个肮脏的小市镇。在都城内有一女子学社、商业学校、师范学校及农业学院，办的成绩都很好。全国教育的设施，负担很大。新土耳其的努力，大半是在教育功夫，教育事业所以被抬得如此之高，多少是受邻近苏维埃的影响。关于苏联情形，本篇从略。

四

欧洲各国民教运动已叙述大概了。许多国家并把入伍的军队施以适当教育——初级的课程,如卫生及实用的艺术等——免得荒废青年的光阴。到退伍时,这数十万朴实的农民回到他们的乡村里,头脑是醒觉了,心灵已燃烧着新的刺激,能写字,能读书,于是对于原来的草昧生活不能满意,就群起努力改革图谋进步,这是民众教育的力量,何等伟大啊!

欧洲的政治与美国相比,深切实在得多。他们有很多的党派,可是有一定的哲学和明显确切的主张。他们的教育主张,简直是一种政治手段。这种教育是很独断的、被动的,有作用的。

欧洲的无线电、电影片、话剧、歌剧、都是站在教育及文化的立场,这种事业的发展完全不染商业意味。若在营业上比较,也许不及美国那样获利,但论价值,影响到人民程度,功绩却是不小。干这些事业的人,都以大众教育为前提,及为艺术而服务,这是很可敬佩的。

除掉法西斯主义的国家以外,全欧各国都有消费合作和生产合作运动。这种运动都经过细心研究和缜密的讨论。所以能够成就了明显的教育效果。在英国、北欧、波兰、捷克斯拉夫、巴尔帝克(Baltic)及巴尔干各国,地方合作社团体极为发达,有的和邻国互相联合,甚至成为国际的组织,包含有经济的、政治的、社会的深刻问题。全国合作事业达到最高峰,要算是丹麦和瑞典,国际会员互相计划联合,组织合作社会,可以南斯拉夫、布加利亚为例,但二国现在成为很凶的仇敌。休闲教育是民众教育的一部分,近来也很发达。城市的居民常常成群结队地徒步或乘自行车游山玩水。他们常使青年及儿童寄宿在郊野,或建筑特别设备,在假期中使他们过野外生活,补充他们智慧力量。讨论、演戏、唱歌谣、跳舞、木偶展览、自然研究及各种默诵,都是徒步或自行车旅行的材料。国社党的德国有"从快乐获得强健"(Strength Through Joy)运动,法西斯的意国有休闲(Dopolavoro)的组织,如大规模的旅行、戏剧、电影等。

除掉正式的农业技术学校外,为开发智识、改造社会的农业教育运动,对象为二三万万的欧洲农民。所受的智识为土壤、种子、肥料、轮种方法及饲养畜类等。此外更有许多农民研究卫生、家事、社会组织、地方问题、国家问题及世界大事等,两件最大最重要的事,他们所注意的,就是如何使经济缺乏变为经济宽裕,如何能强有力维持永久和平。

上述种种是今日欧洲民众教育的情状。智慧的光辉正闪烁在战争、国家主义、法西斯主义及贫穷的狂飙中。希望它能够辉煌灿烂,照耀大地,成为改造欧洲的火炬。(见 Fred Atkins Moore: *Journal of Adult Education* ,*Volume VIII, Number 1*,1936.)

(原载于1936年《广东民教》)

基础教育的教师

基础教育的教师不但希望他在儿童教育本身上努力，并且希望他能深入民间，为社会运动的先驱，为乡村改造的主脑。这种人材如何才能养成呢？实在是当前一个很重大问题。过去的士人阶级，肩不能担，手不能提，不辨菽麦，不知市价，现在已不适用了。欧美式的师范教育，养成学者与绅士，也不能深入民间，为民众忠实的领袖。如英国的二种师资训练机关：一为师资训练学院（二年课程），一为大学训练部（四年课程），都为普通课程，不过养成一种资格罢了。

美国的三种师资机关：一为二年毕业，以培养小学教师为主旨的师范学校；二为大学教育学院，教育科，和省立师范学院等，以培养地方教育领袖，及中小学教师为主旨；三为其他学校附设之师范科，如农业学校的师范科，以培养乡村教员为主旨，入学资格，同为中学毕业生，课程都偏于教育方面。

德国自一九二三年，撒克森、图林根各邦在柏林开会，议决师范生之普通教育于中等学校设施，专业教育分学理及实际教育两部分，前者于大学或高专学习之，后者与大学相联的教育学院施之。专业教育至少以二年教育为度。普鲁士决定设立二年的教育学院，于一九二五年规定章程。学生入学，须缴中等学校毕业文凭和健康证。取录者，须复试音乐（唱歌与弹钢琴风琴等），女生则加试缝纫。

意大利的新学制，有七年的师范学校，低级四年，高级三年。凡学生毕业于五年的小学者，经入学考试及格，得入低级师范学校。其课程有意大利文、拉丁文、历史、地理、数学、外国语、绘画、唱歌、乐器等，与其他中等学校无极大的差别，不过加上教育思想与哲学讨论，及与幼稚园或幼儿学校联络，使学生有机会去做观察的工作（不重教学实习）。读完低级后则进高级，有意大利文学、拉丁文学、哲学与教育、历史、数学、物理、自然科学、地理、卫生、绘画和音乐。

法国的师范学校，归在小学系统内，修业期限为三年。凡学生毕业于小学后，即入补习班，或者高级小学，至十五岁，可投考师范学校。师范学校的课程为:教育心理学与社会学、教育、伦理学、科学的哲学、法语与法文学历史与地理、近代外国语、数学、物质与自然科学、卫生实验(女子则加家庭经济)、农业理论、绘画与模型、几何画、唱歌、体育、手工与农业。各国师资的培养,都以教书匠(Pedagogwe)为立场。教书匠只能关着大门办学校,不能使教育社会化、生活化,更不能领导民众,改进社会。因为他们假使参加工人队伍里,则缺乏工艺知识,假使加入农业社会里,则没有农业经验。从目前看来。只有苏联的学制较有意义。

苏联的师范教育建筑在职业教育上。师范教育并不是独立,在九年制职业学校中间最后两年是师范教育。这种毕业后,做学前学校教员、初级学校教员以及初级学校的政治教员。这种办法的特质,注重职业的根基。另一种办法是职业师范,在七年制的职业学校中划出四年来师范教育。这种学校注重工业与实业的根基,课程看学校所在地的情况而异。因为着重在职业和专业,并特别注意适应社会所需要,苏联的教育宗旨就完全偏重在劳工方面。教师与劳工并没有什么界限,不过学校教员为地方社会的文化领袖。换一方面说,劳工为师范教育的中心,师范教育是要希望造成的教员,很灵活,对于职工农业能负责的推动,使改良进步。同时他们要有科学的研究,并能了解儿童。所以他们的课程有解剖、生理、儿童学、生物学、心理学等。社会科学方面,则注重马克思哲学和唯物论。

在师范的前二年,设有普通科目与专门科目,使对于教育学术认识个大概,并使明了苏联的学制。在后二年,更使专门化,除掉社会科学外,又注重教学方法及实际工作,视地方情形,或在工作,或在农业上加功夫。一面训练能设计扫除文盲,教养流浪儿童,组织儿童读书会及图书馆,及从事青年运动。最近共党中央委员会议决,凡学校教员必须具有基础知识,如制造厂的出产,苏维埃农村状况,机器厂及工场状况,农田收成情形,及工作的方法等等。总之,教员不但是负教育的责任,而且是社会的领袖,民众组织的导师。

九年制职业学校中间有二年师范教育,为八九两年,其课程与此一样,有些时间注重专门研究与实习。

苏联的办法,可算是开辟了师范教育一个新时代。工人教师,应该在工人队伍里去找寻;农民教师,应该在农民队伍里去找寻;这是师范教育设施在劳工学校里的意义。一个学生受了多年工业或农业教育,具备了工业或农业的知识与经验,然后就性之所近,再加几年师范教育,这样毕业后,去做基础教育的教师,可说是再适当也没有了。但研究苏联的师范课程,失之太杂,这是美中不足之点。

师范职业学校四年制课程表

科目 每周实数 学年	I	Ⅱ	科目 每周实数 学年	Ⅲ	Ⅳ
数学	4	4	革命思想	3	
物理	3	3	阶级斗争史	3	
化学	6	6	经济政策	2	
自然			宪法	1	
农业	2	2	唯物主义历史研究		3
国语	5	5	环境研究	1	
外国语	2	2	外国语	2	2
阶级斗争史	2	2	儿童研究	4	
经济地理	3		训练组织问题研究	1	2
政治经济		2	国语教法	2	2
手工	3	3	教学教法	2	2
图画	2	2	自然教法	2	2
音乐	2	2	社会教法	1	2
体育	2	2	手工教法	2	1
儿童研究	2	3	图画教法	2	1
本国学制	2	2	唱歌教法	2	1
			体育教法	1	1
			教学法	6	3
			儿童研究实习		2
			政治研究法		2
总时数	40	40	总时数	37	26

回想我国，近年来知识分子下乡，常常要碰钉子。许多乡村小学教员或民众教育人员，以一知半解的农业智识，到田间去宣传改进，往往被老农辩难讥笑，就是因为缺乏基本职业智识与经验。

我国目下乡村小学教员，多数为小学毕业或肄业生。师范毕业生在乡间服务者极少少数。似尚谈不到师资训练问题。然各地乡村师范，一天一天地发达起来了，师范毕业生的数目当然也是一年增加一年。起初毕业生在都市中拥挤着,渐渐地自会拥挤到乡村里去,最后可分布到穷乡僻壤,这是必然之势。至于乡村教员生活改进问题,或随着师范生下乡解决,亦未可知。不过这个牵带了很多其他条件,此刻不再申论吧。

此刻所要论的,部定的乡村师范课程,与普通师范所差不多。关于农业的课程,只占全课程之百分之十。训练目标,还是在Pelagogue,这不可不注意的。最近鲁省计划,将全省师范学校改为“乡村建设师范学校”,课程纲要初稿由作者起草,原定甲乙丙三种学生:甲种招收高中毕业生,加以八个月之训练;乙种招收初中毕业生,加以一年半之训练;丙种招收小学毕业生,加以三年之训练。前二者属于短期性质,参考邹平乡村建设研究院之训练部及广西的民团干部学校之课程而定;后者则相当于简易乡村师范,特别加重农业,即采取苏联师范教育的意义,以劳农职业为中心。有人以为乡农学校的师资必得与村小学师资分开训练,这是很费研究的。乡农学校与村小学并存,乡村建设师范内有了二个训练系统,多少是有问题,值得大家提出讨论的。在作者的意见:乡村建设师范应以乡村建设事业为对象,即以乡村建设事业为中心而训练,这不但名副其实,可免教育落空,或造就士人阶级,与民众离开。

学制改革的呼声已经很高了,希望当局先在基础教育师资训练问题上注意一下,以应付这非常的时局!

附注:各国师范课程参考 Kandel: *Studieo in Comparative Education*。

(原载于1936年《基础教育》)

美国的大学推广教育

> 美国大学均竭力推广墙外教育，而我国独于民族危迫之秋，南北学府竞相建筑伟大校舍，宫墙万仞，摒弃民众而不顾，咄咄怪事，因译此文，聊作比较。
>
> 二五年儿童节

在一次农村家庭宣传周的纪念会席上，有一个农业教员提出一个特别问题，问校长道："州立大学究竟是什么意义？"校长沉思一会，答道："在学校范围内的学生不能算是大学教育最重要的部分。这些学生是流动的，假使这些学生不来，就有别的学生来入学。大学的意义是要把学术、文化及科学方法推及全州，教育的对象是以全州为对象的。"

美国大学推广大学的观念是从英国传来的。起初高等教育界对于这事很反对，提倡试验者很感到困难。很快一转变，到了一个热心提倡的时期，于是这种事业就扩展进步起来。韦司康新（Wiscosin）是一个开创这种事业的州，开始是在1892年，独立组织自从1906年起。在1906年到1913年，大学推广部成立有二十八处，二十一处经政府承认的。全国大学推广协会成立在1915年，成立大会即在韦司康新大学内举行。大学推广部的普通作用，招收校外学生，使得有学业修进的机会，并供给寄宿舍，如是可宽广地散布研究和调查所得的学识，成为教育响导者和传播学术的机关。

民众教育专家，阿尔特曼（L.R.Alderman）曾于1928—1929年研究443种机关的活动，所得结果在1930年发表，标题为《大学推广教育影响于成人教育》（*College and University Extension Helps in Adult Education*）。他把问题分送给1 220学校，得到的答案在800学校以上，其中有443个报告是关于推广服务的。阿尔特曼氏发现，在过去三十年中的推广活动，学生数一直在那里增加的。"凡邮件所达到的地方，大学推广事业也可以达到；如某处有相当数目的民众，要求学习同样的课程，大学就可以供给讲师一人，指导他们……推广的工作，或用通讯研究，或设校外班级，并可计算学分，奖给学位……普通大学允许四分之一至二分之一，得由函授的成绩给予学位……”这是阿氏所讲的话，下面的表是他调查所得的材料：

推广活动 1928—1929

教育方式	每类数目	教育方式	每类数目
离开学校场地之推广班	272	函授课程	149
无线电播音讲演	45	设在学校场地之推广班	273
图书馆服役	177	讲习会、讨论会、短期班级	166
家庭学习班	37	公开讲演	229
幻灯	135	视觉教育	
装裱图画	63	电影	91
教育刊物	126	非装裱图画	56
别的学会的工作	112	教师父母协会的工作	133
辩论会	191	剧团	105

又据统计家报告：函授学校学生总数为108 901人，推广的班级总数为250 235。

这是很可惜的，在乡村社会里还没统计家，能把乡村里的事业正确地统计出来。乡村人民的关系和都市人民不大相同。乡村事业大概可分为两方面：一关于各个的，一关于团体的。有的特别适合于乡村社会，有的限于适合与都市相隔较远的乡村。

大学推广教育的经费来源各州不同，但大学总得担负讲师的薪金。欲知大学推广教育详细情形，可参考“*The University Afield* by Alfred L.Hall.Quest”。

函授学校（Correspondence Study）：

函授学校在乡村似比都市更为重要。据阿尔特曼氏报告：共由149个大学供给200多种函授科目。有111个学校报告：函授办法，不问民众住在什么地方，都适用的；其余则限制地域范围。在经验告诉我们，函授学校容易招生，学生得依照天才进步很快，因为一切课程都已写定，学生只要依照写定的课程，实行练习好了。函授的课程也比推广班级的课程广泛得多，推广班级必须依照登记的学生团体，共同程度的需要，施以同一的课程。阿尔特曼氏的小册子上载有函授学校科目表。如欲对于函授学校更详细的研究，可参考“W.S.Bittner and H.F.Mallory：*University Teaching by Mail*”。

推广班级（Extension Classes）：

在实际，每州均有许多学校设施墙外教育。这种教育的班级，普通规定最少学生数十人至十五人。有291间学校在1928—1929年报告：推广班的学生共计有250 000人，大多数来自都市中心。乡村成人所参加的，大半是中学专科所设的班级，经费来源都靠许氏基金（Smith–Hughes Funds）。乡村成人班的人数，以农业及家庭经济班为最多。

时事通讯（News Letters）：

时事通讯算是大学推广教育中一种独一无二的活动，或择乡村特别需要的材料，每星期出版一次，或发行一种日报，乡村民众所喜欢阅的。

有一种刊物，由北卡罗来那大学（University of North Carolina）出版，编辑者为白朗孙氏（E.C.Branson），发行期间很长，到1932年已为第18卷。因为发行时间很长，得到经验很丰富，所以材料选择得很精良。现在已改为双周刊物。当1931和1932年出版了检查总目，兹举数条如下：

叙述1930年的全国及北卡罗来那州的农业调查事项，并包括北卡罗来那州与其他州之比较，及各州市之比较。

一段报告关于西北卡罗来那农民联盟的工作，说明合作买卖成功的经过。

讨论地方政府的改组。

记载全国农家秘密协进会（National Grange）活动的历史，及在1881—1931年会员之统计。

1890—1930年北卡罗来那的人口数，都市和乡村各别人口数。

一个课税计划的建议。

北卡罗来那州人民农田享有条件。

在1932年俄勒冈大学（University of Oregon）开始发行《俄勒冈社会新闻》（*The Oregon Community News*），每月出版一次。这个刊物特别记载本州内各地社会不同组织情形。在第一卷第一号上说，该大学直接与民众接触的，有300个以上的社会团体。在前几期的主要材料都关于乡村活动事情。

弗吉尼亚大学（University of Virginia）近来出了800多种民众读物，有的是卖的，有的是送的，其用意是要促进乡村民众知识的进步。又设立了一个民众图书馆，有书十万多卷，都选择得很精。还有两种报纸是很出名的：一种叫《心的动态》（*The Mind In Motion*），每周出版一次，内容多关于乡村民众教育材料。兹抄录一节如下：

一个学府开设在古镇——弗吉尼亚上的，现在与本州十五个专门学校及大学联合起来，办理民众教育。任何地方，有十五人以上组织一个班级，要求任何学科，都可供给，必能选择具有资格之讲师担任教授。

另有一种报纸，叫作《读物榜样》（*The Book Sampler*）。兹摘录其近编新闻数则如下：

编辑传记名家柑莱福氏(Gamaliel Bradford),最近又出一新著,名《快与死》(*The Quick and the Dead*)。内容为七篇有趣味的故事。柏莱福氏的工作真很伟大,为当今有数的学者。这书希望大家一读,读过的人一定感觉很愉快。

请到你们附近的书坊内看一下,再到附近的图书馆检查一下。假使你找不到你要看的书,你可到弗吉尼亚大学推广部来借阅。

假使你在田间得了文艺的材料,或者你自己预备文艺的写作,你可参考威尔逊著的《爱克惜儿的城堡》(Edmund Wilson:*Axels Castle*)。这本著作很有价值,文字既不枯燥,又不牢骚,用清丽的笔墨,写深刻的批评。著者在开头写了几首诗,意味兼包浪漫派与古典派;从法国的象征,写到亚美利加与爱尔兰的象征,并能表示现代作家的风格。

为消遣所需要的书籍,为研究所需要的书籍,或为查考所需要的书籍,请你们填明一表,无论新书或旧书,都可向弗吉尼亚大学推广部借阅。

读物函借 (The Package Library):

还有一件事情对于乡村特别有价值的是读物函借。这事在乡村感到极需要,因为乡村多数是没有图书馆的。弗吉尼亚大学图书馆曾有一个报告上说:“汇集有益于知识参考材料,及有趣味的新闻,以应个人或团体的需要。借用时只收回包皮钱及邮费。材料是从新闻纸及杂志上剪下来,排贴成册,分别轮流借于各乡。”

韦司康新大学办理读物函借有整个计划。据他们的报告,凡无图书馆的乡村,百分之七十都用他们的读物。乡村民众感到最有兴趣的读物如:按期付款的标卖,传记,农业与乡村生活,连续的故事,谈话,儿童健康法,国际时事,及罪恶案件等。

读物函借普通包括剪贴和小册子,不是包括书籍,和流动图书馆是不相同的。据俄克拉荷马大学(University of Oklahoma)最近报告,他们选择了一万五千条适用的文字,从新闻纸上、杂志上以及小册子上剪下来做读物函借之用。借阅期间为二个星期,但得延长至三星期。在俄克拉荷马本地借阅,可免寄费,外埠借者须担任往返邮资。该校在1931年11月1日所发表的报告,列出函借的读物种类已有二千余种。其他州立大学也都实行读物函借。

图书馆服役(Library Service):

据阿尔特曼氏报告,在1930年有177间大学的图书馆,属于45州,都从事乡村服役。特别在某州中没有规模较大的图书馆,需要更急。在报告中更可看出，大学的图书馆比其他图书馆服役较多。

会社团体研究指导(Study Guides For Clubs)：

会社团体研究指导并不像其他事业那样盛行。韦司康新大学指导妇女会及其他团体开设学级，课程或是一年或是一季。课程纲要如下：

教育

父母指导及教育　　儿童训练问题

历史

武士道时代　　埃及

法国美术及文学　　希腊美术及文学

现代合众国　　亚美利加的代表

罗马

家庭经济

文学

勃劳宁时代的文学(Browning)　　同时代的戏剧

同时代的小说　　十九世纪小说

沙氏比亚　　短篇小说

哲学

政治学

亚美利加的外交　　公民与政府

汎亚美利加主义　　政策与政治实验

市政的进步　　合众国与世界政治

据大学通告上说："教学纲要分为几个步骤：第一，得享指导的权利，由一教授或讲师担任指示及辅导工作；第二，一个教授或讲师至少担任一个系统讲演……最后，参加实习工作，不拘在州中哪一机关或大学之哪一部。"

家庭读书指导(Home Reading)：

在1928—1929，有37处学校报告给教育行政当局，说都供给家庭学习课程。这个数目还不能代表全体，因为他们所报告的是要遵照美国教育当局规定办法，接受指导罢了。

最近密尼琐达大学(University of Minnesota)有一个通告，指导四种读书方法：(1)专门的与职业的；(2)临时的与消遣的；(3)增加知识的；(4)关系文化的。指导研究的方法，是用函授，或用图书，或用幻灯。每个学程学习完毕后，大学的推广部赠与证书。还有一种教育方法，指导在家庭阅读小说，这是南豪高达州大学(The South Dakota State College)推广部所主持的。指导方法:选定一定数量的小说,依照先后的顺序,限期阅读。第一期,规定研究阿尔特里胥氏所著的《一盏灯在她的手里》(Bess Streeter Aldrict: *A Lantern in her Hand*)。读完这部小说后,再读罗尔伐氏所著的《地球上的巨人》(O.E. Rolvaag: *Grants in the Earth*),作为比较。全套共有三十二种小说,其中包括很多乡村传说故事。借书的手续和办法订得很详备。

其他活动事业(Other Activities):

韦司康新大学及其他大学现在都注意在继续教育(Continuing Education),专为没有经济力的中学生,退了学又找不到事做的青年,得有机会继续受教育。

公开讲演,由各大学教授担任,这是一种惯例的方式。据阿尔特曼氏报告,229个学校有推广活动的组织,活动方式各不相同。关于视觉的教育,有134个团体,学生数目正在很快地增加。

有的大学推广部致力在电影教育,文艺美术教育(包括戏剧),或父母教育。

阿尔特曼氏说:"现在教育设施有一个新动向,就是各处推广事业互相联合起来推行。"在弗吉尼亚州,各推广部的合作工作都已经组织得很好。有一个联合教育办事处,由九个大学的代表及州政府人员组织而成的。在马苏诸塞州(Massachusetts),各大学实际工作都与州政府教育当局合作的。(俄勒冈大学的推广部事业与其他大学合作,已有很久的历史,所以它有很多的机会,广大的方向,进行得颇有成效。)

附注:本篇译自 Landis and Willard: *Rural Adult Education, Chapter* Ⅵ。

(原载于1936年山东《民众教育月刊》)

法国的农业教育(上)

一、公立学校

史略——当革命时期，议会和帝国的计划，要想举办农业教育，有好几次，但结果还是由私人首先创办，后来渐渐得地方教育当局之津贴。最早训练艺徒性质的农业学校，成立在一八二二年。至于有组织系统，一直到一八四八年才成立，那时的组织包括县立的乡农学校，及地方学校，都是应地方需要而设，还有农业学院，或称乡村师范学校是为训练师资的准备。那时的地方学校，就是现今的国民学校，乡农学校到现今还是保存着。

农业教育在郡县的组织，依一八七九年六月十六日所颁法令，规定在郡县设置农业专门人员。这个法令到一九一二又修正推行，每一地方设一农业监督，管理农业教育行政。及推广农业学识。他的活动事业，有民众农业教育会社，校外农业课程，农业合作社，表证及实验农场，和技术之研究及调查，除掉兽医、森林、及农场等事业外，凡关于改进农业的一切服务都包括在内。监督之下有一人或数人之农业专员为之助理。他们随时有公开的农业讲演，材料以农业为中心，一方面从事实际工作，使农业很有效地改良进步。

到一九一八年八月二日，政府颁布更重要的法令，还有许多办法跟着订定，就此产生了目下的组织。这些条款不过适应少数青年，已经在乡农学校，或农事实习学校内享受过一年或数年的教育权利，其大部分的乡村青年没有顾到。所以法令上不得不有补充。多数乡村青年不能离开家庭，而受补习教育，及非法定教育，还有许多终年很忙，只有在冬季可以受教育，因此需要设立冬季学校。

一般组织：

公立的农业教育，包括：(a)为青年农民而设的经常农业及兽医训练；(b)为女子所设的农村经济教育；(c)季节的课程；(d)补习教育。

经常的农业教育——为青年而设的经常农业教育，有下列数种：(1)国立农业学院，及其实验学校与实验区；(2)国立兽医学校；(3)国立农业学校；

(4)实验农业学校。

国立农业学院是高等农业师范性质,为培养大规模农事企业的领袖,农业教员及农业机关官吏,农场的场长,及农业化学技师等。招收学生须经过一种竞争考试,年龄须在十七岁以上。修业年限为二年,但课程包含甚广,如算学、物理、化学、自然科学、管理法、乡村法规、政治经济、乡村及森林经济、农业簿记等。总而言之,凡关于农业及农业工艺,应有尽有。各种课程及讲演都与实验工作相关连,实验工作或在实验室,或在试验农场,或往各处调查各种不同的活动。修业完毕时,或可得到农业工程师的文凭,或可得到农业研究的证书,依照学业成绩而定。拿了文凭,离开学院的学生,可以完成他的专门学术,就可再入一种专门学校,或在学院附属实验区研究。专门学校举列于下:

1.国立的水利学校及森林学校,开设在南锡,招收学生,年在二十五岁。修业年限为两年,毕业生充任水利及森林机关之管理员。

2.国立养马学校,开设于里滨。所招学生均已受过军事教育。修业期限为两年。毕业后充任养马之督察员。

3.高等乡村工程学校,修业期限为二年,专招收农业学院毕业生,年龄在三十岁以上,造就乡村工程人员。

4.实验区:(a)农业研究与教育实验区,招收农业学院毕业生,及国立农业学校毕业生,经过一种竞争考试。修业期限为二十个月。造就农业教员,及农场主任,或为农业研究所实验室主任。(b)农业实验区,修业期限为十四个月。(c)合作实验,或农业合作实验区。修业期限为三个半月。(d)高深农业科学研究区。修业期限为八个月。(e)高深牛乳制造研究区。修业期限为八个月。

国立兽医学校——三所国立兽医学校,分设在河尔福、里昂及土罗斯,专为研究兽医的理论和实际。入学学生必须有大学学士文凭,或持有农业工程师文凭,年在十七岁以上,并须经过竞争考试、修业年限为四年。主要科目是物理、药学、医药化学、动物药品、病理解剖学、外科病理、食料检验、微生物病等。修业完毕后,可得到兽医博士文凭。惟须经过巴黎、里昂或土罗斯教授会审定毕业论文。

国立农业学校——这类学校的宗旨,是为预备农村企业之经理,及农业工程师,在原则上地方行政当局并不替他们保留位置。这类学校是有三种组织:普通的训练,如设在格里拿、勒内、及梦特皮列等处;两处是专科训练,一在杜亚之国立农业工艺学校,一在凡尔赛之国立园艺学校。

普通学校招生年龄限于十七岁,并须依据竞争考试为标准。各校都收学费,但有奖学金。修业年限为两年。课程有理论与实习的,包括物理、化学、自然料学、乡村法规及乡村经济等。大致各种课程都以农业及农业工艺为目标的。凡理论科目之研究,都以实际练习为归宿。如愿去工厂实习,或愿参加某种企业,均得由校保送。很多次的旅行,或去各地方的农村,或去制造厂参观,到学程修习完毕时,凡正式生均须参加考试,依照他们的成绩,或发给农业工程师之文凭,或发给学业证书。

国立农业工艺学校是在北部杜亚,专为训练农业化学技士及农学工艺技士。他们的事业是酿酒、蒸酒、炼糖等。学生入学,除掉持有下列各校文凭外,皆须应入学考试:得有大学学士学位,或得有科学学位者,或者有中央学校毕业文凭,或毕业于国立学校艺术科、手艺科者。修业年限为两年。学科,理论与实际并重。理论科目与国立农业学校相似,惟对于化学及机械学格外加重加深。实习工作即在学校的制造厂内。制造厂分为几部,如酿酒、蒸酒、炼糖等,均关于工业类的组织。出产品之贩卖,也和寻常一样。修业完毕,学校发给文凭或证书。

设在凡尔赛的国立园艺学校,是造就园艺专家、风景设计专家、殖民地的农业视察员,及园艺教授等。凡修业年限三年者,入学年龄为十六。学科的组织与国立农业学校相仿。实习工作,特别注重在改进种植菜蔬、果子、盆花以及装饰的设计。修业期满,发给高级的园艺文凭或证书。

农业实验学校——这类学校是要造就小规模的农业办事人,如一种小企业,或中等企业之监督或主任。这类学校都由地方公产设立,或由乡村,或由县,或由冷静的州管理。所有职员及教员的薪水及其他费用,都由州发给。学生一概须缴纳学费,但学校有奖学金办法。

农业实验学校有许多种不同的组织:

农业学校及乡村学校,共有三十四校,修业年限为两年,入学年龄从十四岁至十八岁。理论科目,包括法文、数学、几何、簿记、自然科及公民科,农业及农业工艺,实习工作或者在实验室,或者在农场,或者在工业机关,由学校介绍。

有五间地方农业学校,修业期限为三年,入学年龄与上相同。其工作亦与两年学校无异。不过第三学年专事预备竞争考试,以便投考国立农业学校、杜亚的国立农业工艺学校,及凡尔赛的国立园艺学校。

有七间工艺专科学校分布如下:牛乳工业学校在马米洛、波里内、修尔其及奥利雷四处地方;柳树种植及柳条篮编制之工艺学校在法尔波洛,园艺学校在安梯皮,及乡村工艺学校在纳维克。学生入学年龄在十四岁到十九岁。修业年限,依照各科性质不同,而分久暂。作业的安排,多少与农业学校相似,除掉有几门特别注重之外。

女子农业教育及乡村经济学习——与男子并行的,农业教育及乡村经济学习为女子而设的,在哥脱陆糠勒内,校名“国立农业学校”。还有农业及家政师范实验区,亦在勒内,此外有几间农业经济学校。

设在哥脱陆糠勒内的国立女子农业学校,学生入学须经竞争考试,入学年龄,最小十六岁。修业年限为一年,普通无发给文凭之需要。课程理论与实习并重,科目如下:

农业物理,农业化学(为农业工艺之用,如苹果酒之制酿法,食物之保藏,乳酪之制法);自然科学(为农业上需要者,如动物,植物,农业昆虫学、养蜂、饲养家禽);农业;园艺;树木栽培法;畜牧;家畜卫生;乡村经济;农村工艺;家庭艺术(烹饪、缝纫、烫衣、卫生);保护小孩,农业及家庭簿记。

每年年底,经过考试后,发给文凭。

高级农业及家政实验区是附属于农业学校,设在勒内,专为训练农业学校的女教员,并注重家庭艺术。学生入学必须经竞争考试,并须有一定资格;最低限度,须持有哥脱陆糠的国立学校文凭,或备有大学或专门学校毕业证书:全体学生都有州费奖学金。长的学程有九个月。毕业学生及格者得充任家庭工艺教员。

乡村经济学校——这样的学校有二个,一在哥脱陆糠勒内,一在甘里维尔,它们的组织,课程标准,和男子农业学校相似。招考学生必须满十五岁,并须持有初等小学证书。没有规定入学考试,除非志愿入学者超过学额,学校无法容纳时,则用竞争考试方法。修学时期自一月至五月为止。课程包括:

理论科目:家庭经济,食物,小孩养护与卫生,牛乳调制,农业,园艺,畜牧,牛之卫生,家畜之饲养。

实习工作:烹饪,缝纫,制衣,洗浣,熨烫,牛油牛酪之制造,家畜场之管理,园圃之管理。

季候学程及不定期的学程——这种学程是要在每年不好的季候,特地开设,教育那班农民和小孩。因为其余季候他们在田里工作很忙。他们绝不能抽空两年或三年工夫,去农业学校读书。所以这种学程只在冬天不好种田的时候，定期或不定期的设立。和男子同样的短期学程，属于家庭乡村经济的，教育女子。这种教育不但附设于农业教育机关，例如农业学校，并借用其他学校校舍，如公立中学专门学校，高等小学，及其他公立学校。

定期冬季农业学校——这类学校大约有五十间，专为供给儿童的。这些儿童都是农夫之子。入学年龄必须满十五岁，并须有两年或不到两年之农事实习。修业年限为两个冬季，每季有四个月，从十一月至三月。教育内容也是包括理论与实际两方面：前者包括法文、算学、簿记、初级几何、农业、畜牧及卫生；后者则有手工（木工及铁工）。

不定期的冬季农业学校——这种方式的学校设立的约有二十区，择重要的中心地点，轮流举行。招生办法，和那定期农业学校一样。教的课程，每星期一次或二次，在一定的日期。普通经过三月或四月。他们专事在农业、园艺、畜牧、农业植物、莱蔬病理、农业机械以及其他应地方需要之科目。

短期课程，定期与不定期，属于家庭经济的——这种课程推行约有五十区，最初是由参议会办的，办法和经常的课程差不多。学生年龄必须十五岁以上。学程的时间，三月或四月。现在地方对于不定期的课程特别感到兴趣，许多地方正在扩展举办，经费由各州政府津贴。他们又将课程时间缩短，从六个星期到三个月，开设在各郡，并由各郡设备房屋，供给电灯及火炉等。必修课目为：烹饪、熨烫、制衣、制牛乳、喂养牲畜等。学业共包含理论与实际，由一个校长和一个教员教授。这种师资都是哥脱陆糠国立家政学校的毕业生。凡修业期满，经过考试及格，也有文凭发给。

农业和乡村经济补习班——农业和乡村经济补习班多数开设在公立学校内，由经过专门训练的教员担任教课。近来总数有数百班，或者由市政府设立，或由县农业教育会设立。农业补习班普通是为青年而设立，上学年龄十三岁以上，修学期间至少四年，每年共计一百五十小时。年限之长短，斟酌地方情形而定。在实际情形，这种时期的学校，学生上学也很困难，不能到处设立的。教育内容则求实利，科目如农业、农田机器、家畜及初等植物。学生修业满四年，则须参加考试，及格者得给农业研究证书。担任补习班功课的教员，必须得有专门证书，他们的薪金就照功课增加。

乡村经济补习班，组织办法与上面相同。课程包括家庭经济、缝纫、看护儿童、卫生、牛乳制造、牛酪制造、农业、园艺等。

（待续）

（原载于1936年《乡村建设》）

法国的农业教育(下)

二、私办农业教育

史略——法国农会在历史上对于农业教育已有很重要的贡献。这是跟着康骈农会的榜样来的。这个组织自1847年起,开始鼓励各种私立农业教育事业。而且这个组织常常设法联络各地学校及学科,共谋改进训练青年方法,务使教育内容适合青年需要,且与事业有深切关系,同时又谋这种教育扩展与普遍。起初是限于酬劳各地学校教员,使他们课外教授农业功课。后来有萨尔文氏之鼓励,栽培一般教育事业,不论各种不同的分区教育组织,或是独立的农业学校,同样的重视和联络。在这种情形之下,波物斯的农业学院居了领导地位,一直到现在,这还是一个仅有的高等农业学校。有了这种帮助以后,于是教会兄弟学校及马里斯开辟一种新地位,从事农业教育,许多农业住宿的学校应时而生。鼓励的结果,就有专门农业学校之设立。

在农会发达之后,还有1884年的法令,各地方纷纷组织农业教育会社,讨论与工作同时并进。先后成立的会社,如在勃里泰内、拿门特、北部、西部、西南部、南部、阿尔柏、柏陆文、法兰亢兜及东部农业联合会考,第一级与第二级证书之颁发,一任乡村小学学生之参加。在1889年有一三四私立乡村小学参加会考,得有农业证书的学生共有一,三〇一人,又得有文凭者二三三人,都是第二级的。还有六二女校,得到三四四农业学科证书。经过这种办法以后,许多学生离开了学校,感到高深研究之需要,于是法国各地渐渐有多数专门农业学校产生。

关于男子的农业教育——普通训练学校——造就机械师及经理人材,需要科学知识,能管理大规模农村事业;或管理一种农事工业,必须同时具有健全普通教育,这种教育共有三处,但多少一部分教授是公共的。三处学校:一在波物斯,名"农业学社",一在翁业,名"高等农业及葡萄园艺学校",一在布邦土罗斯,名"西南独立高等农业学校",这种教育是为青年而设,年龄在十六岁以上,他们受过了中等教育,或具有同等程度,而应入学考试及格者。入学试验科目为:法文作文、教学、自然科学及物理学。在波物斯学生,如持有大学学士文凭(Baccalaureat)者,经过入学竞争试验后,得插入二年级。在布邦学生,持有大学学士文凭者,得免去竞争考试。修学年限都是三年。在学业终了时,经过一种毕业考试,如果得到三分之二的成绩及格,就可得一张农耕技能证书。毕业考试之外,再加了一篇论文,则称为"农业技师",并由法国农会发给文凭。

波物斯学院的课程是注重自然和理论方面:

基本学科:地质学、矿物学、地层学、普通化学、分析化学、农业化学、物理学、气象学、植物学、生理学、菜蔬寄生物学、动物学及昆虫学、动物解剖及生理、显微镜观察研究及微生物学。

农业科学:普通农业、比较农业、树林养护论、畜牧学、兽医卫生、饲牛方法、家禽之饲养、养蜂、养鱼。

补习科学:工艺学、农村工程及农村建筑、机械及水田工程、电学、热力学、测量、设计及水准测量、绘图、数学、簿记、普通规程及管理法、乡村法规、乡村经济、政治经济及社会农业组织。

在理论学科之外,又有实习的工作,学生都要受到的,如农事实习、园艺实习、家畜之饲养生育、农业器具之应用。这些工作都在各校附设的农场上实习。每个学生并须备一本日记,记载在农场上实习情形。

此外还有许多农业学校,虽地位不能与上面所说的并立,他们专事招收具有初等教育和中等教育根基的学生,施以农业工艺的教育,预备造就农事地产的领袖或监督者,最低限度的教育,在可能范围内,设立各种不同的学校。关于读写教育很完美的,例如在马尔洛的学校,名"文纳陆矶学"。学生入学如有大学学士文凭可免试验。他们的课程,不拘文学与科学,都和大学学士标准相似。普通一般入这类学校,只要有完美的初等教育的文凭,经过入学考试,就得了。

学业的时期有两年的,最普通的为三年。毕业考试由董事会主持,董事由农会所指派的,有的学校发给普通证书,表示农业或农业工艺资格,例如在日内的学校。入学年龄普通最少为十四岁。有许多学校不是纯粹农业,却包括一部分的职业教育,好像马尔洛的学校是如此的。最后还有一类私立中等学校,或高级小学,设有农业课程。他们的学生不但学些农业理论课程,并且有实习的工作,都在特约的农场上实行。

专科学校——许多专科学校是教几种属于农业的特别部分。如在奥利留的一个学校,专门是研究牛乳的。在高尔曼的一个讲习所是专教制酒的。在巴黎的周围,有很多学校是教园艺的。此外还有许多学校是教农业器械的。有许多农业会社,开设了若干专修班在他们的特别场所,如在洛克常堡园圃内的养蜂班,如全国园艺学社所设的专修班。

初级农业教育——这种教育常在私立初等小学内施行。教员在经常教授时间外,增设班级,教授农民和小孩浅显的农业知识,关于他们将来事业的进展,鼓吹他们尝试改良农田的方法。这种方式的教育大概划为三级:第一年终了,最低限度写一篇文字;第二年终了,除写一篇文字外,还须行一种口试,问题都关于农业、畜牧及职业的组织。最后一年完毕,可以得到农耕修业证书。法国农业部奖给文凭及徽章,给予论文最优者。特别在农业区域,一般初等小学的农业实际工作发展得很广,一处一处的农业教育组织很多,对于该处特殊的农业尤为注重。

冬季课程及函授课程——很多农人子弟完毕了初等教育以后,既没有意思,又没有空暇,去进农业学校,继续受高一级的为职业预备的教育,他们老自回到家里帮助父母在田间工作了。但是在田间实际工作,不足以使农人谋事业进步,而打破困难的环境,于是有许多冬季学校应时而起,因为冬季是农家不生产的时候,到处还有好的计划跟着起来,许多教员和讲演者从这个村到那个村,召集青年农民讲演。这些不定期的课程却收效很大。

因为一部分的青年农民不便离开家庭,于是又有函授课程的组织,如是他们可以不离农田受到较高的知识。这种课程大概二年或三年毕业,毕业时发给文凭及奖章。课程包括农业工艺问题,经济及社会问题写作的工作每星期一次,由农业学校毕业生担任改卷。一个月公布一次,使学者知道自己的成绩,而加以勉励。假使同一村中有多数学生,就设立一班长,领导群众修业,并解决困难问题。

农业学徒集合场——与学校脱离的学徒集合场,和乡农学校都是为实际训练而设的。使学生学习如何运用机器,研究肥田实验的效果,修理农业器械,及修理一切零碎东西,趁这农暇的时间。他们至少在乡农学校受训练以后,能够计算如何是经济办法,可以节省浪费。

起初农业学徒集合场都是由私人组织的,后来渐渐受政府的鼓励,予以正式承认。

另外还有一个分别的叙述,就是有一个讲习所设立在孟狄昂,招收学生年在十四岁至十六岁,即在田间研究农田工作,修业年限为二年。他们的课程说是“一种现代的农业教育，使农家得到增加田地生产的方法”。

女子教育——女子学校数目很多，总起来说，不外两个宗旨：(1)预备女子不足替代男子在田里劳作，不过帮助他们，使效率增进；(2)使他们教育进步，在家庭艺术方面，训练他们运用优良方法，在她们自己范围内工作。这种方式的学校可算是家庭艺术兼农业学校，斟酌情形，于家庭工艺外，使妇女受些工艺、农业和科学的训练，并且还有农业实际工作，如制牛乳、养蜂、饲养家禽。

这类课程的学校是在陪尔维，这种组织分为二部分：第一部分是普通农业训练，修学期间为一季(自二月至七月)。学业结束，举行考试。第二部分是为青年农妇而设的，开设专门课程，修学时期为二年，毕业后派往各处服务。学校内附设有农场。

妇女职业学校，开设在巴黎，培植青年妇女为乡村家庭艺术教员。其他各种不同的学校，有的不是很重要。有的专收来自农村的妇女，但是很难归入农业学校内，因为他们只有某一种的训练，都属于家庭艺术，如制衣、烹饪、熨烫、卫生、养护小孩，至于农业工作，不过一种浅近园圃教育罢了。

很多女子小学校内设有农业教育，办法和男子小学一样。农业教育考试由地方联合委员会主持。毕业时，发给文凭或证书及奖章，都有法国农会办理。

函授学校对于女子也很发达。课程大概三年，包括家庭管理学、烹饪、制衣、家庭卫生。附带还有农业功课，如饲牛、制牛乳、饲养家禽、养蜂及园圃管理。函授课程都由地方农业联合会组织或管理，或由定期的家庭艺术学校设立，或由教会设立，或由慈善社会设立。

乡村农业星期——施行农业教育没有再比“乡村星期”(Semaines Rurales)的办法再便利了。这种办法实在是很重要的补习教育。星期的办法特别盛行在北部、西部及东南部。他们集合了几村农民，作有系统的讲演，讲演者是邻近农业学校教员，或是演讲专门家。这种研究会普通是由农业会社所组织，经乡村领袖(乡村牧师或乡长)之请求，就开始举行。

凡欲招集农村妇女举行一个长期间的会，虽是一桩难事，而“乡村星期”妇女却很喜欢参加，所以比男子更要盛行。多数乡村家庭艺术学校也组织了流动的短期课程，从这村搬到那村。乡村星期是供给一种补习教育训练，和那种不定期的家庭艺术学校是平行的。

结论:

私立农业学校的进步是在大战结束后一个时期,到现在似乎进展很慢了。这个岂可以推论受农民离村的影响,或是说农民不爱他们的农事职业吗?这样的结论是太卤莽而且是错误的。农业的改进往往为农人所不愿意,无论佃农或自耕农都要负担自己子弟的职业教育经费,虽则他们现在也承认特别训练的需要和耕种方法改良的价值。

不问在事实上,从许多学校看来,学生名簿一直不变,或是减少,但有一种证明,在同一地方的函授学校发达得非常快。再看,大批的小学发给农业证书的数目继续地增加。这个农业教育进步的成绩。是一种很好的力量,影响于农业社会。如是可以明了,如何耐心地宣传,使农民信服,认为严格训练是和他职业上,和他们儿童的前途都有益的。并且知道农业教育的组织是与乡村经济状况有关,因为改用新式方法,可以增加生产的。

(完)

译自I.L., Kandel: *Ebucational Yearbook*. 1934。

(原载于1936年《乡村建设》)

英国的成人教育团体及其事业

成人教育之在英国，正像其他社会事业一样，一部分是由义务会社（Voluntary Associations）办理，一部分则由法定的行政机关主持。由义务团体所设的学校，多数是由公费补助。为方便起见，先叙述义务团体和各大学的工作（大学设立另有一种方式的学校）；然后说明地方教育当局的工作，连同他们与义务会社合作的事业。

一、义务团体

义务团体所设的课程，多数归工人教育协会（Workers' Educational Association）所管理。这是一种民主的团体，他们的宗旨是：

（1）激劝及满足男女工人教育的要求；

（2）助成国家学制，可以普遍地供给儿童、青年及成人的教育机会，使各个及社会圆满的进步。

工人教育协会的组织普遍全国，共分为十八区。各区域的管理机关，是区分会（Districts）；主要负责人员，为分会秘书。区分会是由本区内支会（Branclets）代表组成。有时参加别种联合团体代表。区分会很少管理全区内高级学级，可是他们选派代表参加辅导班委员会，这个委员会专事负责高级学级。

每个工人教育协会区分会都经教育部承认为“负责团体”（Responsible Body），管理一年级的学级，及定期学级（Qerminal Courses），根据成人教育规程第三章，这类学级的补助费得由部发给与区分会；区分会负责聘请导师，并促进教学效率兼顾设施行政。所有学级常由区分会秘书视察，或由其他职员及会员，经分会指派视导。分会办事经费是由全区会员及支会捐助，并由教育部及地方教育当局津贴。有的区域，地方教育当局完全担任工人教育协会班级经费。

工人教育协会的支会算是一个自治单位，负责本区域内学级的安排和联络，普通他们常各自编定一种社会活动的顺序。

协会的最高机关是每年一次的会员大会,大会是由分会、支会及其他联合团体代表组成。协会的日常事务,是中央执行委员会主持。中央执行委员会是由分会代表及其他认可的联合团体代表组成。协会的经费是由各分会捐款,及联合团体纳费供给。此外有几宗教育委托款项,随时从事特种教育的设计,及其他活动事业。

除掉组织有津贴的学级外,工人教育协会还做了很多先锋和宣传工作。复指派专任导师往未发达区域——特别是乡村去服务。在近年中特别注意新地域的开发,捡没有设立过学级的地方的中心开设起来。依照近时教育部规程,凡认可的会社,如工人教育协会所设之学级,必须开课在六次以上,方得领津贴,但有许多事业都不合上述之规定,不能得到津贴,须依靠会中经费。此种事业即包括全日学校、周末学校和几处不满六次讲演的学级。会中并且从事征集公众对于教育意见,特别研究改进全国学制。工人教育协会常常与职工联盟运动(Trade Union Movement),及其他劳工阶级团体(Other Working-class Organisation),如合作社联合会等发生关系。在一种合作条件之下,工人教育协会与职工联盟合组一工人教育职工联盟委员会,主持一种职工联盟的会员的教员设计。工人教育职工联盟委员会的委员,是由联盟选派的代表和协会的代表充任。每个联盟拟定的教育计划,是由委员会所组织的特区委员会管理。联盟的会员欲参加工人教育协会的学级,如果证明是满意的学生,可以要求减少学费,减至每年缴纳五个先令。在暑期学校、周末学校、特别周末学校和全日学校还设有奖学金,都由工人教育职工联盟委员会主持,限于联盟的会员享受。也有初等学级,专为联盟的会员而设的。合作社联合会与工人教育协会联络得也很接近。有许多地方,协会专为合作社联合会会员设立特别学级。还有很多地方与工人俱乐部(Working Men's Club),及学社联合会(Institute Union),联合起来工作的。

当工人教育协会接近联络各大学、地方教育当局、教育部及劳动学院(Labour Colleges)[1]的时候,有不信任的地方,就是怕结果失去了自由和真实,被那政治作用或经济思想所牵制了。因劳动学院内有很多科目,最主要的是经济研究,这种研究全在发扬马克思主义。劳动学院并不请求教育部核准,所以也得不到中央或地方行政机关之帮助。凡经职工联盟议事会通过之某种计划,职工联盟得与全国劳动学院理事会,及其他联合学院,共同建立一种教育事业。

---

① "college"一词在这里并不作原来意义解释,不过是一种学生团体罢了。

民众学校联合会是一个顶老的民众教育团体。就是联合许多地方为成年男人及妇女所设的民众学校组织而成(集会时男女大都分开)。这个运动,都有教会的背景,大部分的学校都在星期早上举行。集会方式很简短,由他们会员自己主持。有时再接着举行一个含有教育意义的讲演或讨论会。

男青年会依照他们的宗旨,设施几种教育的活动。许多支会开设各种独立的班级,并且与地方行政机关,或与大学之校外教育部或委员会,或与工人教育协会合作组织学级。女青年会也同样地开设学级。

在乡下有很多村庄成立了妇女学社,许多妇女学社从事教育实际工作,并且举行演讲,开设讲授普通常识的学级。

于上述几种活动之外,还有合作社联合会,及其联合团体,常常组织学级,讲授合作史,或合作知识。在许多地方,这种教育很有力量,有扩大的倾向,因此开设了许多种类学级,但是无实际工作联络。

从前由社会公社(Social Settlements)组织成人班级,算是他们工作的一大部分。一直到现在,多数寄宿公社还在开设班级,算是他们附属的活动事业。新近组织的教育公社(Educational Settlement)普通是无寄宿的,大部分的工作是举行讲演和设立班级,多数这种公社是加入教育公社协会的。他们的课程,包括音乐、戏剧及实习班、娱乐课,例如:手艺和运动。教育公社协会是经教育部认可的,为依照成人教育规程的负责团体。这种联合的公社,分别设立他们不同的学级;但大多数,部分的和工人教育协会,或同大学的民教团体联络,并由大学供给导师。

在近几年来,有一种趋向,许多不同的教育团体或会社都联合起来,从事一种教育设计。大学推广中心协会已有很多地方成立,而且有的设立的年份很长。多数乡村,成立了乡村公会(Rural Community Councils);公会的任务,是在联络各方。他们很努力促进民众教育,并请求各大学、地方当局及工人教育协会,设立学级,有的公会自己组织讲演会,并设立简单的学级,有的公会则参加大学和工人教育协会的教育计划。

在上述的团体外,还有一类的组织,他们的宗旨非是严格的教育,有各种不同的班级和讲演、辩论会,有多数城市设立的,还有许多团体如友谊运动(Brotherhood Movement)、冬季讲演会或谈话会等。

二、大学的民教团体

大学辅导班,及其他类似的活动,例如暑期学校等,这种组织,多数是由联合委员会(Joint Committees)管理。联合委员会是由一个大学的民教团体，如一个工人教育分会，推定同样数目代表组织之。如有其他团体参加，则代表人数由大学或工人教育分会指定。有几处特别情形，联合委员会须参加额外代表，由地方当局指派，或由其他团体指派。辅导班委员会主席，是由大学方面遴选的；副主席则由工人教育协会选派。委员会秘书一方面一人；工人教育协会方面大概由该会秘书兼任。

多数大学及学院常举行合于成人教育规程的讲演。这种讲演或学级，有的由推广委员会管理。推广委员会得由其他团体代表参加，如地方教育当局，工人教育协会，及其他义务团体，与地方中心(Local Centers)，都由委员会主持。各大学的推广讲演工作推行得很广。有的地方这种讲演工作范围并不大，则无推广委员会之组织，仅由辅导班委员主持罢了。

在许多大学内，设立了校外教育部(Extra-Mural Departments)。校外教育部普通包括两种平行的委员会：辅导班委员会和推广委员会。两者间之关系，各大学各不相同。有时两个委员会得由自主，各在自己范围内求进展。不过遵从校外教育部指导大纲罢了。也有校外教育部订定了详细计划，严密地管理两个委员会。更有委员会各做各的工作，彼此不发生关系的。在英格兰及威尔斯州的大学，都有辅导班委员会之组织，但不一定有推广委员会，或有法定的一部。多数大学指派大学系主任兼校外教育研究指导员。

少数大学有不同的办法，虽是也有两个平行的委员会，但是两个委员会同样有辅导班及推广讲演班，都经大学核准的。辅导班委员会组织的班级是为工人教育协会团体的。至于推广委员会做的工作是为其他团体的。

一个成人教育导师联合会，在事实上很需要，它包括校外教育推广部职员，及其他导师。近来各大学都有这种办法的趋向。

大学的民教团体是经教育部承认为负责团体，根据《成人教育规程》第二章之规定。所设立班级的经费，一部分由教育部补助，一部分由大学津贴。多数委员会又得到地方教育当局的津贴，及其他来源(例如特别捐助)，极普通的。

三、地方教育当局

地方教育当局的权力很大，他用很多的方法，去推进成人教育。多数教育当局是协助联合委员会、推广部及义务会社筹划经费。这种经费普通是为设立一种学级，虽有时也作其他用途，或者共同设施一种教育计划。许多地方当局协同设法借用学校房屋，开设学级，有的免费，有的略纳租金。地方教育当局直属的成人教育组织，很少地方看见，除非几个大都市。伦敦府参议会曾大规模地举办各种方式的夜间学社，包括识字学社、妇女学社及男子学社。只有一二省的当局举办这样广大的事业，其他较大省政府设立成人教育学级，仅属于工艺或实际科目。有的府当局委派全时间的导师，负责成人教育，或独立地主办，或和小学及义务团体合作。

四、成教团体的联合组织

近年来有一种趋向，许多不同的团体组织联合的机关，共同负责一地方的民众教育。多数的乡村公会（Rural Community Councils），设立了教育委员会，大部分工努力在成人教育。这种委员会中有大学代表，一人或数人的地方教育当局代表，及其他义务团体代表。他们的宗旨是促进成人教育，并且筹划讲演地点，及各团体设立班级的场所。在几处大城市，又有联合评议委员会（Joint Consultative Committees）之设立，有的印了一种小册子，从事民众教育的活动。各地方的工人教育分会及府教育当局联合设立联合评议委员会，并由一个机关出面，组织学级，依照《成人教育规程》第三章进行。组织导师（Organising Tutors）也互相设法联合，不论是何种团体，特别在乡村，更需要有联络。根据一九三二年颁布的《成人教育规程》，凡大学及学院得指定组织导师（普通每个负责团体，至多二名），并规定导师工作。因此导师必须担任辅导班，其余暇还要兼任其他活动。一个组织导师依据规程被委派后，就要帮助义务团体，进行先锋队的工作，并且在他区域内，须联合各团体，负责进行。

因为要使各辅导班委员会联络起见，就有中央联络辅导班指导委员会（Central Joint Advisory Committee On Tutorial Classes）之成立。这个委员会由各个大学辅导班委员会代表组成的，另加几个定额的代表。他每年有二次集会，接受报告，讨论问题，及关于各联合委员会设施方法。但他没有执行权。

大学校外教育评议委员会是一种指导团体，指导推广工作，及关于校外团体问题之研究。会中设有指导员及秘书数人。他与前项组织一样，没有执行权。

伯列颠民众教育学社是一个国立的组织团体，参加的会员对于成人教育都有兴趣的。他每年举行年会一次，分组许多委员会，审查成人教育问题。

近年来成人教育运动已推广及全世界。世界成人教育协会是讨论国际不同的问题。前后已经举行过几次年会，讨论几桩当前问题，及一般有关系的事件。

五、成教团体的经费

成人教育的团体如此之多,彼此的关系和各地的情形又各不同,所以经济状况不能一概而论。假使要详细说明各种组织的经济来源和用途,那需要另出专书了。本篇仅能把一般的经济状况,普通的情形,并且限于上面所述的几个主要团体。

成人教育的费用,一部分是用在组织和指导,而大部分为导师的薪水。这是关于各大学及义务团体的预算一部分,但大部分还是由教育部及地方教育当局补助。

普通,教育部的津贴和地方教育当局的津贴,合起来供给导师的薪水。教育部的津贴,在全英伦及威尔斯州中有一定的标准,即最大限度为四分之三,供给导师薪金(如果学生人数不足,或职务不忙,则酌量减少)。地方教育津贴,则各处不相同了。有几处地方,成教经费在教育经费预算中不及四分之一;有的地方简直完全没有。这种欠缺,全赖成教负责团体补救。有的地方,经费略比四分之一高一些,刚刚足够供给旅费及组织费。负责团体依据《成人教育规程》所设立的暑期学校,其经费一部分由教育部津贴,一部分由负责团体自筹。学生所缴学费,仅仅抵偿寄宿费。有一定数目的奖学金额,经委员会审定后,由地方教育当局供给。

有的地方当局直接捐助成教负责团体的组织费用;但这种办法不很普通。教育部没有直接供给成教团体经费,依据《成教规程》第二章及第三章,只有供给导师的薪水;所以有几处地方的义务团体,尤其工人教育协会及大学,依照《成教规程》第二章所设之成教班级与课程,关于全部指导组织,及旅费等开支,异常浩大。

每个大学现在都有校外教育活动,这很可以分担义务团体的财政责任,虽然各大学的办法很广泛不相同的,前面已经说过,多数大学对于成教或是特设一部,并有一负责的主位,或是专聘一职员,全部时间主持校外活动。大学对于联合团体所负担的薪金,是限于教课方面,及导师的养老金,但很寻常,对于工人教育分会捐助大宗款子,并不顾及行政方面之允许或便利与否。

有几个例外,义务团体对于遵照部章而设立的一年制及定期学级,承担全部分的财政责任,那么大学就不再负担了。但大学无论如何总要担任辅导班及预备辅导班的经费责任。推广班的经费,多寡不一,都由他们自己管理。成教经费的负担或侧重于津贴,或侧重于地方财政,常常很多歧异办法。有的大学担任一地方的成教全部经费，有的大学补助地方有一定限度，因此数目大小不一。

工人教育协会之收入，是特别捐、常年捐及学生学费，少数地方由地方当局捐一宗款，补助团体。寻常工人教育协会，虽得有教育部及地方当局之津贴(除掉少数地方由大学联合委员会设立一年制及定期学级外)，其数目视导师之薪金多少为标准，但开支总感不敷，极少有剩余的。区分会普遍从大学得到津贴，但他们大宗的收入是靠直接筹募，及支会供给；支会以每年收入之相当成数供给分会，分会再将收入辅助各民教团体，仍用之于地方。

凡小规模的义务团体，本篇不能叙述。工人教育职工联盟委员会的办法和工人教育协会很有关系，经费的来源，是靠委员纳的会费，这些会员或是参加学级，或是入星期六学校，或是入星期学校。乡村公会及其他义务团体常常与工人教育协会及当地的大学有一种协定，并且与地方教育当局直接联络。乡村公会得到地方教育当局津贴后，就供给教育活动的费用。

有一二处乡村，地方当局直接管理成教，委派他们自己的组织导师，设立学级，或为情形所允许，则联合工人教育协会，或大学联合委员会，共同指导，经费完全由地方当局负担。地方当局也有预算规划成人教育的。

看到异常广大的成教活动事业，再看总数经费数目的微小，真要令人惊讶。例如：在一九三一——一九三二年政府津贴的总数，只有七万磅——大概四分之三，照上面说过，发给导师薪金。这个数目大约合于各种学级一半之用。假使把不算钱的无量数事业，和各义务团体的职员，地方学级的书记，合国家行政的官吏，还有导师课外的工作，总共算起来，这个数目一定很大很大了。

译自Robert Peers:Adult Education in Practice, Chapter Ⅲ, 1934。

(原载于1936年《教育与民众》)

苏联实施成人教育的伟绩

苏联在革命前的教育只属于上层阶级，范围很窄，进展很慢。自从革命以后，情形就大变了。苏联政府要把既被剥夺教育权利的劳苦大众普遍的教育起来。如一九一八年一月，列宁夫人发表文章道：“成人教育是最锐利的工具，实为今日和生命一样重要的问题。大众教育的水平线，是社会主义者应最先注意的事。我们必须促进劳工的智慧，劳工的学力，和劳工的信念。专制政体所遗下的惨痛，就是使大众成为文盲。一般劳苦大众自己不知自己，对于工作没有计划，守着成规的形式，耗去了很多有用的能力。”在同年举行全国教育联合会时，列宁也曾说：“劳苦大众要求智识，这是他们希望胜利所必需的。十分之九的劳工都已明了智识是奋斗自由的一种利器。过去的失败，都是因为没有受教育的障碍。现在要靠他们大家自己接近教育。”

所以苏维埃政府第一个政策，就是扫除文盲。列宁曾指出：假使有一个人民不会谈政治，就不能算是革命政治。因为文盲是站在政治圈以外。第一步必须设施文字教育，没有这个，他们就不能有政治智识。他们没有了政治智识，只知道造谣言、诽谤、私心与偏见。

因此新政策偏重在成人教育，这种成人教育在旧时是属于慈善事业的，而在革命后，是含有政治意味了。

在一九二四年十一月十二日，依据人民委员会规程，成立了中央政治教育委员会。规程中第一点即指出：应把全国政治教育、农业及宣传的工作连成一片。并须视为与国家政治、经济计划不能分离。后来这个组织改称为民众检验部（Mass Measures Department），属于人民委员会，工作依旧继续进行。

成人教育的工作，一年扩大一年。人民参加社会主义的组织，已占大多数。工业与农业的改造，促进了社会形态的改变。有三分之二的农民放弃了私有的薄产，而参加集体农场。于是劳工阶级的数目增大了（现在有二千三百万工人与雇员）。

于社会主义激励与竞争的特别情形之下，大多数的工人都转变了新态度，而对于职业异常尊重。在一九三三年，全国有六千万成人与儿童分别受教育。到现在可说全苏联人民没有一个家族中的儿童与成人未曾受过教育。

苏联政治统治下，没有一个失业的人。无数的新兴工业。需要着大量的新工人。具有新技能的新工人随时在那里训练。苏联的政治教育工作实在是一种生命的光辉。

当革命初成，有很大的数目工人与农夫在前线作战，教育事业进行极迟缓。后来大局平定，战士相率退伍，于是就实施扫除文盲工作。后来社会生活改变，农村工业与集体农场迅速地兴起，于是文盲也很快地扫除了。

历年扫除文盲数如下：

一九二七——一九二八	七三二，一〇〇
一九二八——一九二九	一，九七〇，九〇〇
一九二九——一九三〇	七，四五〇，〇〇〇
一九三〇——一九三一	一五，〇七〇，四〇〇
一九三一——一九三二	二〇，〇〇〇，〇〇〇

到了去年（一九三六）尚剩三百万不识字的成人，分别受教育，至本年文盲完全扫除。

如上述数字的进步，显然地不能沿用旧时教育方法所能做到，必须应用新的方法方能奏效。新方法中最重要的，要算是文化动员（Culture Campaign）。这个文化动员的办法，是策动了全区教育力量，向着文盲和半文盲斗争。凡学生、雇员及识字的工人——换句话说，凡具初级知识，而能从事浅近教育者——都集合参加这种工作。结果形成了文化军（Culture Army）战士数目有一百万以上。

还有红色军人——就是红军的兵士——参加这种工作，叫作文化军人（Culture Armyman）。文化军的工作空前热心努力，希图在最短期内把文盲扫除。其他职业联合会动员有一千七百万，“康索漠”（即青年共党同盟）和先锋队（Komsomol And Pioneers）动员有一千万，共产党员动员有三百万，他们都能奋斗牺牲，联合扫除文盲。自此识字的人一天一天地增加。逐年识字人数增加情形有如下表：

	1927—1928	1928—1929	1929—1930	1930—1931	1932—1933
十岁至五十岁识字人数百分比	81.4%	81.81%	83.25%	85.65%	90%
乡村识字人数十岁至四十岁	56.25%	57.83%	61.06%	67.70%	88%
城市	70.97%	80.87%	81.67%	83.85%	97%

现在苏联人民十岁至五十岁，识字人数已从百分之九十至一百了。特别是在脱克孟宁共和邦(Turkmenian Republic)、乌子培基司顿(Uzbekistan)、盘牙蒙古(Buryat Mongolia)三邦，较其他诸邦文盲为少。总之，苏联扫除文盲的工作是很伟大的。

政治教育的设施是怎样的？这是在多方面的。包括俱乐部(Club)、图书馆(Libraries)、乡村读书室(Village Reading Halls)、社会教育部(Houses of Socialist Culture)、红色角(Red Corner)等等。其中以俱乐部为城市之主要机关，读书室为乡村之主要机关。从这种主要机关，设施各种教育。如工厂设有红色角，俱乐部及乡村读书室附设有集体农场。一个俱乐部或红色角就是一间读书室，其大规模的俱乐部就叫作社会教育馆，馆内附设有图书馆。俱乐部常常举行讲演会、报告会、辩论会、夜课、戏剧及电影等。讲演会与报告会大概都是有系统的专题。俱乐部的中心事业，都属于工艺及工人的专业教育。俱乐部的用意全在使民众受到补习教育，而打倒不良的工作和糊涂的工人。这都是刺激工作，传播社会主义的方法，和社会主义的生活。此外还有所谓文化宫(Palace of Culture)、文化馆(House of Culture)也吸收了很大数目的民众。

关于休闲教育的也非常重要，如公园的建设，也是为实施政治教育。如莫斯哥的公园附设的扩张工作很多。

其他还有各种教育的组织，有的属于社会的组织，有的属于经济的组织，例如：无神馆(Atheists Houses)，技艺馆(Houses of Technique)，国防馆(Houses of National Defense)，卫生教育所(Houses of Hygiene Education)等。所以农民到城市去的时候，也有适宜娱乐场所，同时可以受到优良教育。

在农村中虽不像城市那样有俱乐部，但都有读书屋(Reading Houses)及读书会(Reading Clubs)来替代。读书会在集体农场发达的乡村较为发达，读书屋则在集体农场不发达的地方较为普遍。

社会教育馆往往设在政府农场及集体农场内，其教育工作也很切要。在一九三二年农村的读书屋共有四六，三〇〇间；到一九三三年，则增至五四，〇〇〇间；社会教育馆超过一，五〇〇处，俱乐部超过七，二八〇处，红色角超过一〇五，〇〇处。

图书馆担任另一方面的政治教育工作。图书馆的数目正在一天一天地增加。它们的进步依着规定的计划，这是值得注意的。中央图书馆分设在各邦都城，凡共和国所印的书籍都收藏在里面。图书馆的方式是照地方大小而定，如城中图书馆（The City Library），及分区图书馆（The Ward Library）。乡村图书馆则设在机器站、社会教育馆、读书会等处。图书馆的数目在一九三三年有一六，三五〇所。

政治教育工作更有用学校网的计划的。最初设立成人学校，教最低浅的课程。修业阶段又分为第一与第二两级。自第二次五年计划施行后，即把第一级学校改为第一级工艺学校（Technical Schools），课程为二年。假使工人与农夫的教育程度已有相当根底，则一年内即可修了第一级。第二级改称为第二级多艺学校（Polytechnical School），课程也是两年。一九三三年，这种学校学生数共有一，二〇〇，〇〇〇人。

政治教育的系统又包括党化教育，即共产主义高等教育及苏维埃党学校。前一种是党代表的大学，后一种是训练低级党政干部人员及新闻记者。苏维埃党学校同时训练红色角的领袖，俱乐部的工作人员，以及集体农场、小企业、工厂图书馆、苏维埃乡村的主脑劳工等。

共产党大学是训练党、政府及新闻纸的工人，同时训练科学教员，以备乡村之聘用。近来共产党大学又经改组名为农业共产党高等学校（Agricultural Communist High School）。它们的宗旨是要训练党和社会的工人，以应乡村各种组织的需要。苏维埃党学校的课程一律三年，而共党大学的年限从三年至四年。在一九三三年，共党大学学生数目为二八，〇〇〇，苏维埃党学校学生数目为七〇，〇〇〇人。

关于电影院、戏馆、博物馆等设施政治教育工作，管辖权都属于人民委员会教育部。苏维埃戏馆及苏维埃影戏院实施他们的教育，完全是普通常识，很有成效。戏馆、电影院、博物馆及无线电收音机等，虽事业有一定限度，但都可归入教育范围。况且这种事业本来是为娱乐性质，同时可以实验社会主义的组织。一切事业都要培养社会主义的生活，以促进社会主义的国家。工业的建设，集体农场的设立，及阶级斗争，都是为完成第一次和第二次的五年计划。试看他们在收音机中的谈话，及戏院中的标题，就可以知其大概了。电影的进步特别快，在一九二七— 一九二八年有七，二五一间电影院，到一九三三— 一九三四年共有二五，五九三间电影院，增加的比例竟成百分之二五三。

目前苏联人民差不多都是识字者，所以俱乐部、活动影戏院、戏馆及其他文化机关的数目也随着文化提高而增加。因为政治教育的进步,各工厂及工作场都成为文化的中心。这样自然要设施教育时更为容易,而且迅速。

现在到处可以遇到具有高等教育的人民,这些人民在不久以前还是文盲。我们还可以看见许多大学教授出身是贫苦的农家或是不识字的工人家庭。前后情形比较,可知进步之速,全靠他们自己的教育。

兹举一个例,如史带洗拿夫君(Starshinov),原来是莫斯哥的一个小木工,一个不识字的青年。四年前他还是一个半文盲,但是他已经是康索漠(Komsomol,青年共产同盟)的会员,他把全部空暇时间去受政治教育,同时组织一个小工厂。一年以后,他在共党自由大学(Freeday Communist University)读书了。他很博学,他研究政治经济,同时又研究马克思高深学说。怎会引起他受教育呢?

试看他自己的答话:“我愿成为社会上有用的分子。以前我很愚蠢,不及我的同伴,我觉很羞耻的。”不久他被任为“康索漠”分会秘书。但是他还觉得学问不够,为满足他欲望起见再继续研究工艺。自此他的图书馆内开始有工艺书籍了。而且他的环境也足以激励他研究的,因为他既然做了“康索漠”分会秘书,他的学识不能逊于他的同事。他有了领导他人的责任,他不得不继续求学了。再过一年,史君又从事研究文学了。于是波斯金(Pushkin)、高戈尔(Gogol)、脱琴内夫(Turgenev)、培林史基(Belinski)、托尔斯太(Tolstoi)、高尔基(Gorki)等的书籍,以及现代其他作家的作品都浏览了,并常常往剧院内去欣赏戏剧,甚至把他工资所得尽耗于戏院中。今日他又改变他的嗜好,他重新转向到工艺方面加功夫。

像史君那样的例,并非特殊。自从苏维埃革命,引导了数百万工人要求受教育。所以夜间大学、读书会、共党大学、活动影戏院、博物馆、戏馆、图画艇(Picture Galleries)等,雨后春笋般地起来,都是为大众服务而施教育的。很多苏维埃劳工是有思想的读者,他们能研究俄国及外国的经典。曾询问一个五十岁的铁工,名密牙可夫(F.I.Myagkov),他喜欢怎样的作者,他答道:“我喜欢沙氏比亚(Shakespeare),及培尔才克(Balzac)。我爱他们的天才,当我诵读他们的著作时,我更觉得他们感情的热烈,和意义的深奥。沙氏比亚的天才特别伟大。他告诉我们许多伟大的人物,他们有坚如钢铁的意志,和很深刻的反映。我恍惚梦见那个伟大时代,有许多英雄,和许多战神。这种天才和手腕简直和美术家相等。”

兹再把最近两年来苏联文化事业统计记录如下：

	学生总数	新开学校数	俱乐部及文化宫	乡村读书会	报纸总销数
1935	25,600,000	2,829	46,325	33,963	37,000,000
1936	27,900,000	4,322	54,206	40,876	39,000,000

本文材料取自Pinkevich所著*Science and Education in the U.S.S.R*，及最近各杂志报章所载。

（原载于1937年《教育与民众》）

苏联的农工教育

苏联的七年制劳工学校算是职业教育的基础。职业教育的主要制度是艺徒学校(Apprentice Schools)和工业学校(Technicums)。连同其他不同方式的学校,总名之为劳工教育,其宗旨无非要增加工作力量,而使实业进步,其办法要尽量避免妨碍成人与青年的白天工作。其最后部分,叫作劳工补习教育(Supplementary Workers Education)。本文即将工厂艺徒学校、工业学校及劳工补习教育分别说明。

有一事必须注意的,上述的学校非是苏联的低级工业教育。相当于城市的工厂艺徒学校,在乡村叫作国有农场艺徒学校(State Farm Apprentice School)。艺徒学校也有各种不同的性质,不过普通总称为工厂艺徒学校罢了。

要分别说明工厂学校、工业学校及补习学校的宗旨和办法:大概工厂艺徒学校是训练劳工的技巧;工业学校是训练中等工艺人员,而培养主要实业的力量;补习学校是给予劳工机会,增进学识,提高资格。

工厂艺徒学校

艺徒学校完全为训练艺徒而设的。这种学校在旧俄时代未曾有过,而在现在的苏联并非是行双轨制度。艺徒学校的主要任务,是要培养实业界的精巧工人,在最短的时期内,完足他们的普通教育。这种学校内授课是和工厂内工作互相隔日轮流的。课程期限共为二年,每星期共四十六小时,即二十小时在学校内,二十小时在工厂内。

艺徒学校的教育是多方面的,并且实行手脑并用,把用思想的工作和劳身手的工作联系起来。所以这种教育可算最完全,最理想的,因为理论与实际并重,这是苏维埃教育的特点。自然这种教育进步特别迅速。在一九二三年,艺徒学校的学生总数为五〇,〇〇〇;在一九二九年,艺徒学校生徒数增至一六三,〇〇〇;在一九三〇,更增至五八二,〇〇〇;在一九三一年,更增至九七五,〇〇〇;到了一九三二年共有三,〇〇〇间工厂艺徒学校,生徒共一，一七七，〇〇〇人。在第一个五年计划期间，共训练了四五〇，〇〇〇个精巧工人。

在一九三三年，政府重行规定，把工厂艺徒学校改组。据政府意见，这类学校年限太长，教育内容也嫌太专门。因鉴于多数工厂艺徒学校毕业生，并不进工厂作工，而去投考工业学校及其他高级学校继续求学，则与原来宗旨不相符合，办法不很合理。故自改组以后，仍照原来的宗旨办理，即在最短时期内训练精巧的劳工。二年的期限，缩为六个月，或延长至一年。课程方面自然偏重在工艺训练。设置仍在工厂内，并且工厂特别保留艺徒的位置。教学方法仍然学校与工厂轮流安排，即工厂训练每日五小时至六小时，学校的理论科每日二小时至三小时。如是艺徒学校厉行原有的宗旨，训练精巧的劳工，他们以后不能再把这种教育作为升学预备了。

但他们毕业于艺徒学校后，并不是完全被剥夺了上升的机会。他们在工作的时候，得受补习教育。如果服务三年期满，可参加工人学科，或进工业学校，或其他高级学校。

因为应用这种截断训练的方法，所以在第二次五年计划内增加了大数量的精巧工人。上面已经说过，在第一个五年计划内培养了四五〇，〇〇〇工人，而在第二个五年计划内培养了二，五〇〇，〇〇〇工人。

工厂艺徒学校虽分为各种不同的工业，但都直属于人民委员会，由委员会负责监督指挥。起初这种学校由康索模（Komsomol，青年共党联盟）协助发起办理。总之，这种学校在苏联是很普遍的。

与工厂艺徒学校类似的，还有很多方式关于民众职业训练的。其中如驾驶机车之训练，驾驶摩托车之训练，管理畜类之训练，以及其他精巧农工之训练。农工改良是包括电气耕种和机器耕种，人才大都适应集体农场和国有农场的需要。最近四年内培养了四百五十万精巧农工，以应农业工艺之需。在第二次五年计划内用同样方法增加训练了二百五十万人。

工业学校

上面已经说过，中等工业训练是在工业学校（Technicums）。工业学校在目前是接着七年制的劳工学校。课程共有四年。它的宗旨是要培养重要工业的中级人员。苏联工业学校具有特质，在其他国家不能举出相似学校来比拟。它虽比美国的高等学校程度稍低，但比德国的训练工人学校高深得多。它又不能等于美国的工艺学校，或可说类乎德国的工业专门学校，四年课程分为数系：普通科学系，工艺系，普通教育系，及专门系。例如训练住屋打样师，或公共房屋打样师，则在普通教育系课程有政治经济、苏维埃经济政策、俄文、外国文等。在物理数学系及普通工艺系课程有数学、物理、化学图画、生物、测地学、建筑材料、建筑学、纯正数学、计划原则等。在专门系课程包括打样、自来水管理研究、沟渠设备研究、温暖设备、换气设备、建筑史及建筑式样。大概百分之十八属于普通教育系，百分之四十七属于数理系及普通工艺系，及百分之三十二属于专门系。到学业终了，每人须做一篇毕业论文，这是与大学办法一样的。预备论文时间规定九十天。每个学生必须参加实习，实习时间占学习时间百分之三十至四十。

苏联的工业学校居于中等教育和高等教育的中间，所以它们的课程也一半是大学功课，一半是中学功课。在第一级的基本教育，适合学生的年龄，所以方法与中等学校相同；第二级高等教育，用讲演方法与实习工作，这是与大学相似的。实验室内工作是全四年功课中通有的。训练的方法全视国家工业上之需要而转移；工业学校对于苏联的经济政策及文化生活有很大的贡献。在一九二八——九二九年，各方面有大量的工程师，而工业专家甚感缺乏。但当第一次五年计划时实行国家经济政策，培植了一〇八，〇〇〇人，成为高等教育专家，一七六，〇〇〇人成为中等教育的专门人材。于是原来的工程师与工业专家不平均状态就此消灭了。

因为社会情形的改变，凡新的专门人材出身与前大不同。在上述一七六，〇〇〇的工业专门人材中，有百分之四八点五出身自劳工阶级，百分之二六点七出身农民。所以在这个数目中共有一三二，五〇〇为工人与农夫。

在事实上，工业专家数目必须多于工程师，所以中等工业教育机关必须多于高等工业教育学校。在一九三二年大学数目为六〇〇，大学生总数约五十万；而工业学校数目三，〇〇〇以上，学生约有一百万。在第一次五年计划中，工业学校增加了一个巨大的数目，因在一九二八年工业学校只有一，六五〇所，学生只有二五三，六〇〇人。在四年内增至百分之三七四点三，数目不能说不算大了。

在第二次五年计划中，工业学校数目继续增加，中等工业专门人材共须培植九〇〇，〇〇〇人，比诸第一次五年计划所培养的三〇八，八〇〇人，约多了两倍。

劳工补习教育

苏联人民委员会通过了一个规程，把劳工教育连贯起来，办法如下：第一工业的多艺学程，这是最便利的初级教育，等于第一级学校；第二是劳工工艺学校，它的宗旨是训练中级劳工的技巧，提高他们的资格，并且补充他们普通教育，使与中等教育相齐；其次使实业界的劳工与工业学校联系起来，使一定范围企业的劳工参加这种教育；最后是高等学校，所有学生也都利用空暇时间来学习的。这种联系的方法叫作“工人教育联合制度”(Combined System of Workers Education)。

工业多艺学程(The Industrial Polytechnical Courses)是一种短简的课程，亦可谓工业概说或概论。学程的意义不过说明工艺与经济的大概，兼及社会与政治的知识，并提示某种专门工业的途径。这种学程训练的对象是一般普通工业的新工人。我们已经说过，苏联政府要把劳工教育提高，至少须有四年程度，而等于初级小学毕业。工业学程期间，大概从六月至十二月。其确实的期间要看劳工进步如何而定。

劳工工艺学校或艺徒学校(依学生年龄而定名称)是为训练低级工业的头目的，同时也要提高劳工的教育程度，使与七年制学校相等。课程期限自两年至两年半。当劳工学习于这种学校时，知识与技能日见增加，位置也一步一步提高了。

上面已经说过的工业学校，是训练中等工业人员的。设在工厂内的工业学校，专为在工业界服务很久的劳工而设的。他们的教育程度是等于七年制学校，或工厂艺徒学校。这种学校课程的期限大概三年。

最后要说到高等工业学校。这种学校年限从三年到四年。设立的宗旨是训练高级专门人员。上课时间以勿使妨碍他们生产工作为限。高等工业学校大都是连接上述的教育，即工厂工业学校，学者大概在工厂多年而有工业经验者。这是很显明的，这种教育是给予劳工最大礼物，有志劳工莫不希望享受。

上面所说高等工业教育是在劳工空暇时间训练的，但有时所学与工作不能立即联系，于是训练方法与其他高等教育一样，课程有一定的范围，偏重在专业方面。

社会主义的工业与农业计划很广大，需要大量的劳工与专家。单靠艺徒学校及工业学校的训练，这是不够，故其他劳工教育的方式不得不同时实现。

工厂的指导员及经理等，都毕业于工业专门学校(Industrial Academies)，这类学校在目前有二十多所，学生有九，〇〇〇余名。

在一九三三年，政府通过一个规程，凡学生在工厂高等学校，及工业专门学校学习，到最后一年允许停止原来工作而给予津贴。

总共上述的教育设施，都为适应国家经济政策与文化机构的突飞猛进。我们只要把这一点放在心上，就可以明了苏联为什么对于农工教育有那样的注意。

结　论

帝俄时代的教育是建筑在上层阶级，对于劳苦大众不但不注意到，而且不允许他们享受同样的权利。所以泡培唐诺司赞夫(K.P.Pobedonoslsev，俄皇的顾问)曾说："给予百姓只要最粗浅的教育，使他们安分本职，不思躐等。道德教育愈少愈好，否则反要累害他们，而且扰乱社会秩序。"到了革命后的苏联，一反从来旧制，他们教育的成功，很可供我们乡建运动的参考。总起来说，约有下列数点：1.教育是普及于农工的；2.教育原则是手脑并用的；3.教育基础是建筑在国家整个计划的；4.培养人材是视国家需要的；5.各个劳工都有深造升拔的机会；6.人民程度普遍地提高；7.新教育制度下无失业。

附注：

(1)本文材料取自 Professor A.Pinkevich 所著 *Science and Education in the U.S.S.R.*。

(2) 文内所称劳工指农工而言，工厂包括农业工艺。

（原载于1937年《乡村建设》）

欧美各国成人教育的检讨

现代式的成人教育发展了还没有几年,许多国家注意到成人教育都在欧洲大战之后,或经政治革命之后。各国现行的成人教育,宗旨与范围虽各有不同之处,但也指不出一定的定义。我们现在只有先叙述几个富于民主精神的国家的成人教育,可以知道他们的办法。第一我们要注意他们成人学校的组织。成人学习的年龄大概没有什么限制的。例如苏联的扫除文盲运动,和中国的开设平民夜校,不过是一种初级文字的学习,不能算为成人教育。如德国为中等学生而设的夜间补习班,这是属于中等教育。又如英国的夜间职业补习班,这是属于职业教育范围。还有许多大学和实业专门学校,设立分部,教育成人,这是属于高等教育范围。真的,假使把上面所说的:初级的,中等的,职业的,和高等的统共除掉,那末剩下来的是很少了。但是现代的成人教育都有这样的限制。无论如何,一个民主国家的成人教育,必须有一个特殊的宗旨。一个民主国家,实行了强迫教育,那就不需要扫除文盲运动了。另一方面,中等教育及中等职业教育普遍全国青年,那就用不到再为成人而设的中等学校了。高等职业或专业教育是部分的备来供给成人与青年。好在多数成熟的青年,既选定了某种职业后,决不任意改换的。成人教育该是独立的一部,不能设想为临时补充用的。它为全国而设施的,所以应该要一宗旨,以便区别别种教育。像初等,中等,高等及职业教育,大概有二个宗旨:一使学生认识祖传下来的文化;二准备他们未来的职业。而成人教育不能单纯地有这两方面,还需其他补充的意义。它的宗旨必须在其他部分所不能包括,并且一般幼稚心理所意想不到的。这要靠几个有成人教育经验的学者,同时是哲学家和理想家,方能想得出来。这个宗旨必能表白成人教育的特质,应用自己的方法,和自己的组织,显然和别种教育不相同。这不是说成人教育必须有哲学、政治、经济的限制,一种人生哲学必须包括人生全部,如工作、休闲等,它必能顾到多方面,更完全的教育,补充那普通教育所没有用力和不能达到的地方。如此说来,这种事业绝非私人所能办得到,关系于全国,影响于整个社会,牵涉经济问题尤为重要。一个国家不能使人民精神思想方面没有差别，特别在民主国家，需要用道德和智慧来调整国民。做政府的应该帮助教育自己的立法者和选举者。在历史上这种成人教育都由义务团体创办，一直到二十世纪才给人们重视。

据我们所知道，成人教育运动开始于十八世纪，我们可指出各方面的运动，及其不同的历史。照现在的组织可分为六大种：(1)成人宗教学校，(2)成人职业班，(3)人民住宿学院，(4)大学推广班，(5)辅导班，(6)党派学校。最古的成人教育，内容完全是宗教，并且与教堂联合的。这种教育开始于星期日学校，在一七三七年，由格立斐琼斯(Griffith Jones)创立的。到了十九世纪，这种运动扩展于全英国三岛，当时领袖团体为朋方社(Society of Friends)。在一八九九年各种不同的宗教学校联合起来产生一个全国成人学校联合会(National Council of Adult School Union)。同时宗教的支部也在别国活动，例如有丹麦创设一种新的成人教育，叫作"人民住宿学院"(Residential-Colleges of People)。因为牧师格龙维(Grundtvig)的活动，遂在一八四四年在罗亭(Rodding)创立第一个民众高等学校(High Folk School)，但是这间学校终于在一八四八年与德国战后而关闭了。第二间学校是由宗教徒哥特(Kold)创设的，在一八四九年，设立在里司林(Ryslinge)。自此以后，这种运动普及于北欧四国，并且渐渐地推广于全世界。在英伦，由毛拉司氏(E.D.Maurice)创设的工人学院(Working's Men College)算是公社(Settlements)之鼻祖。汤皮馆(Toynbee Hall)设立在一八八四年，这是现代公社运动的倡导者，自此各种活动蜂拥起来，诞生了现在的两种公社协会。许多公社是没有住宿的，例如德国的民众学院(Volkshochschuleu)，在大战后特别盛行。

成人职业夜校的历史发源于一八二三年白柏克氏(Birbeck)所创设的工人讲习会。前世纪末，全国地方当局开始推广简易的夜间讲习会。伦敦市府(L.C.C，London County Council)同时有工业和商业讲习会的组织。其他国家虽也仿效英国的办法，但没有那么发达。

大学推广学级大概都仿照英国的。这种运动开始于一八七〇年间，由二个古大学发动。所有组织办法，现在全英国各大学差不多。欧洲各国和美国的大学的推广教育都相似。另有几个特殊学级，临时需要的专门讲演，关于政治经济问题，那就各处不同了。在事实上需要大学和工人团体联合起来，成为一种新组织。到了一九〇二年，孟斯柏力氏(A.Mansbridge)和他的夫人发起组织"工人教育促进会"(An Asssciation to Promote the Higher Education of Working Men)，第一个办事处于一九〇四年设在里亭(Reading)地方。下一年举行第一次全国大会，即成立现在的工人教育协会（W.E.A.）。在一九〇六年，第一个大学辅导班（University Tutionial Class）开设在洛企光尔（Rochdale）。自此以后，这种成人教育的方式很见成效，盛行于全英国。

成人党派学校创始在德国。虽是这种学校建议在一八九一年，而柏林第一间党派学校设立在一九〇六年。德国的社会民主党建立他们自己党派的学校，各处的学校都以柏林学校为中心，柏林的学校集合各省最优秀的学生，而施以最高级的马克思主义的训练。在英国的党派学校，只有少数罗斯金大学（Ruskin College）学生离叛了父母之党，在一九〇九年组织一个庶人同盟的团体，开设了工人班，宣传一种有范围的马克思主义。从伦敦中央劳动学院（Central Labour College）发起一种运动"工人教育的独立"（Independent Working Class Education），主张不受津贴，不受政府管理，这种运动已散播到全英国了。意大利的成人教育，事实上在法西斯降临之前没有存在。新制度之开始，是在道保拉佛运动以后，这个运动是基于全国法西斯主义而诞生的。实际道保拉佛教育是一种党派教育，施于极信仰（Trustworthiness）法西斯蒂的成人。党派学校最发达要算苏联，他们的政府整个是党派，自从一九一八年后全国教育都是共产主义。

于是我们可以知道，成人教育一定从私人开始，后来才由政府参加干涉。但要各种成人教育事业办得很圆满，必须得私人团体之帮助。虽然在二十世纪，各国政府都注意到成人教育运动，并且筹拨大宗款子使其发展。我们归纳起来，各国对于成人教育的政策有三大派：

第一派政府不加干涉的。政府既不制定成人教育法规，又不拨款津贴成人教育事业。许多教堂，职业联盟，及其他团体开设成人学级或学校，彼此不相联络，各施各的教育，或竟宗旨互相抵触反对的。因此不发生合作的效能，和全国大规模的组织。这种政策，或者可说没有政策，养成人民区域主义，及狭窄的党派主义，无论如何，必不能解决全国成人教育问题。完全依靠某种团体捐助而举办成人教育，结果必秉承其团体的意旨，偏于某党派的色彩。全国成人教育事业都是如此，对于国家没有什么帮助。

第二派政府用统制政策，统制一切教育，成人教育也在其内。统治阶级以一党为立场，党义为人生唯一的哲学，并用先入为主的方法灌入人民党的知识。没有异派组织的存在。凡有私人事业的创始一概禁止。苏联的办法就是唯一的代表。详情叙述于后。

第三派是中央政府与地方当局合作，并与私人团体及教会联合。这派的政策又有两种不同办法。第一种中央给津贴与私人会社,但是并没有干涉他们的行政,并且也不单独设立学级,直属于中央。第二种中央颁布一种规程,凡是受津贴的学级一概须遵守。经费的供给或者由地方当局,或者直接归中央。第一种办法我们可拿丹麦来做代表,第二种办法,我们可拿德国与英国来做代表。

现在让我们叙述上述的代表国家的成人教育组织。苏联可以拿来做严格统制国家的榜样。因为虽是在法西斯蒂的意大利,私人事业的禁止未见得各地彻底地实行了。俄国的成人教育也和其他国家一样,创始时是由私人团体的。这种事业起头属于私人团体,后来都有地方行政当局负责管理了。在蔡里司(Tsarist)政府对于这种事业很怀疑,所以常常阻碍它的进行。于是引起了一种反应运动。在当时运动的意义有下列的主张:教育自由,行政权要划分,不应该用强迫手段,大众有自发教育之机会,学生与学者得自由组织班级及图书馆。这种反对的方式是抵抗蔡里司政府的干涉,就是在财政方面的帮忙,他们也不愿接受的。到了一九一七年,旧政体改革了,成立了新政府,就特别注意到成人教育。自从苏维埃政府的诞生,情势大为改变。旧组织是不允许存在的。独立的职业教育和没有共产主义的教育宗旨都在取缔之列。全国的运动都须隶属于中央,都须服膺共产党的党义。一个政治教育的专门部设立在一九二〇年,联合政治部、商联会及共产党的人民训练部而成的。如是共党的支部都和中央政府联成一起,在新政府统治之下,凡含有旧时运动意义者概不接受。政府的口号:'Political education of adult Soviet Citizens',意义就是共产党的教育。这样,自然凡是私人团体或非共党的组织都不能成立。所有事业除非隶属于中央,并且渗入共党的意义。有时地方机关也有不属于党的,但是内部重要职员都被党部把持;工作的进行又须得共党宣传部的准许。如是形势造成,一种组织的成立,第一步为先顾到狭义的党的利益,其次然后顾及民众的利益。我们可以看出,训练普通民众中用意在训练现在和未来的党员。中央政府分配训练成人的经费,比较的数目很微小的,而训练党人在这微小数目中间占了大部分。

党派学校即可代表共党教育的完全学制。这类的低级学校是政治学校为党员及非党员的劳工志愿上学者(约占百分之十五)而设的。规定凡是党员必须经过这类学校。其中课程三个月结束一次,修学年限共为二年,上课时数每星期四小时至八小时。课程大要都关于苏维埃经济问题,而应用马克思主义来解释。在这类校内的学生程度标准很低,可是课程表上并没有供给他们普通知识。第二种党派学校是“苏维埃党校”,这种并非完全为党员而设,是为未来的宣传员和政治教育工作人员。这种学校都由各党部代表独占的。全体学生都可得到中央奖学金及津贴。这种学校的课程也是属于政治性质,不过比较普遍一点,如政治经济,阶级斗争史,国际共产党历史,马克思主义及列宁主义,修学时间两年或三年,军训从头到尾都有的。高级的党派教育,叫作“共产主义大学”(Communist Universities),在全苏联有十三所,这种大学是党员所独占的,他们完毕了中等党派教育,才得升入。这种高等教育的宗旨是培养高级共党官吏和党校的教员。学生都是各党部代表,或由政府圈定者。高等教育的学程是四学年,科目包括马克思学说之研究,唯物哲学,经济学,以及历史和军事等课。共产主义大学专为教育共党第一流分子,他们毕业后即被派担任政府重要职务或党务。

为非党员而设的成人教育,包括扫除文盲的中心(Ceutres of Liquidation of Illiteracy)和半文盲的学校(Schools for Sem-illiterates)。这种都是临时性质,过了时就没有了。还有一种大学扩张教育,叫作工人大学(Workers Universities),科目是比较普通性质,而且是比较实际重要的。总之,一切的教育,包括图书馆及工人会(Workers Clubs),虽是不一定属于党部的,但所有事业都被政府严厉的监督。有一个禁书单(Inder Librorum Prohibitorum)由政治教育部发出来的,依照这张单有许多书在普通公众是禁止用的。禁书包括超然的哲学、宗教改革论,及一切偏于男性的著作。如是苏联人民的休闲生活也被政府监督了。

苏维埃政府明了成人教育的重要,这是很对的,但是很不幸使人民研究不得自由,用先入为主的方法,灌输那种偏窄的党义,并且不准有所批评。在这种统制状况之下,政府充分发展专制精神,所有独立思想和批评都被高压力压下去了。应该建筑在成年人自动的成人教育,被苏维埃政府误用强制灌输枯燥无味偏窄的党义,结果使真正的成人教育意义失去了。

丹麦成人教育的成功是个很好的例,事业开始是由私人发动事业进展政府并不加以干涉。该国出名的事业是牛乳、家禽和民众高等学校。这是很显明的,丹麦农村经济的复兴都是教育的成绩。起初民众高等学校影响于丹麦农业是间接的,课程内容不过是文字教育和宗教教育,使一般农民的文化水准略为提高罢了。一直到后来,逐渐有农业学校,制乳学校等设立。全部的运动以义务为主,兼联络宗教事业。丹麦自由成人教育的始祖格龙维氏(N.F. Grandtvig)鉴于十九世纪之初丹麦民众精神颓丧已极,故施行民众教育来唤醒他们。虽当初格龙维氏很想得国王的欢心，而创设所谓“皇家民众高等学校”(Royal Folk High School)。实际他的成功还是因为他的私人义务性质的缘故。后来他的门人，哥尔特(Ch.kold)和史克洛团(L.schroder)，都是创办成人教育的成功者，不久就得到政府拨款的津贴。每一个民众学校由于热忱地创办，充满着爱国精神。总之他们依着格龙维氏的主义，凡其他主张都联合起来，成功一个自由独立的教育制度。在一八七八年，有一高级的二年课程学校开设在亚司哥夫(Askov)，招收民众高等学校学生，这算是全国成教运动的中心。但这个学校的特性是有一定限度的。他们的办法都设施在乡村，对象是农民，而对于都市工人教育却没有注意到。全国的舆论和宗教的宣传都没有回答关于国际社会主义的劳工运动问题。这是很应该的，如果把成教课程改造，而有利益于一般工人。所以在一九一六年，有一爱司岬高等学校(Esbjaerg High School)，设立在哥本海琴，专为工人及女工而设，并且是一间马克思主义及社会主义的学校。后来就有很多学校设立，都属于社会民主的团体。因为格龙维氏派的学校都很接近丹麦国教的教堂，所以站在反对立场的共产主义者不得不另自设立学校了。自从一八九二年民众高等学校成为法定后，凡是印地来教、虔诚教及浸礼教等都渐脱离关系了。上面已经说过，这类学校都是私立的，所以与地方教育行政当局都不发生关系。他们直接隶属于教育部。假使一间学校得政府承认了，就可得到政府的津贴和奖学金。政府承认的条件，凡学校办理在二年以上，而有一定数目的学生，并经视学之介绍者。承认不是仅仅乎为了一个校长。凡一切教育上设施是否有价值，是为最要的条件，职业功课的增加必须不妨碍普通课程，普通课程时间每周不得少过二十四小时。民众高等学校的视学，是由普通部视学中选出来的，其能力必须能够视察民校，及为各校临时的顾问。他们不直接干涉教育方法。这些学校经费的来源有二方面。中央政府直接津贴所承认的学校，津贴的数目依照各校教职员薪水及校舍开支等多少为比例；同时又给一定数额的奖学金，而帮助学生膳宿及学费。还有许多奖学金额由地方行政当局给予，直接津贴学生，不问学生选入那个学校。大学奖学金数目可以抵补一半学生的膳宿和学费。政府的补助，不问学校的背景是什么政党，或什么教堂。所以不信神的马克思派学校也可从多方面得到津贴。

论到丹麦的成人教育是很成功的。或者对于一个纯一的民族，信仰自由的小国家，特别见成效。然而丹麦的实际自有它天然的不同情形。各式的民众高等学校在国内设施各异的教育。就是格龙维氏派学校也不能说是全国化，因为他们不能满足那占全国重要部分的工业下层社会。政府对于各种不同的教法都是一律津贴，绝不因为某种宗教，或某种政治主张不同而歧异其待遇。这简直是一种自杀政策。假使一个民主国家而用法西斯主义或共产主义，来反对民主主义的教育。凡义务团体应该要鼓励，并且给它自由发展的机会；至于全国成人教育的学制，及学校组织过程，则由政府及地方行政当局监督。丹麦政府也采取这种方式，所有成人夜学都由地方行政当局管理的。在经费方面，地方当局供给杂费开支，教职员薪水由中央政府及省政府津贴百分之五十。学校的课程必须经教育部之审定。虽然这些夜学不能与民众高等学校相对抗，因为他们没有寄宿舍，并缺乏广大学术研究的范围，不过他们的要点，是把国家的学制系统建立起来了。

在战后的德国很注意到这种事业，建立了国家的成人教育制，同时与义务会社学制并立。第一个德国成人教育会社，名"Gesellschaft fiir die Verbreitung Von Volks blduug"，成立在一八七一年，即全国统一那年。虽是这个会社表明超然于各政党及宗教之外，但实际很接近德国自由主义团体，并反对社会主义的宣传。它的学程和讲演大部分是由中等阶级参加，不能够吸引从事工业的劳动阶级，因为这个阶级是属于社会民主党的势力范围。这个阶级自二十世纪起设立他们自己的党派学校了，天主教堂及基督新教堂各自设立他们教派成人学校，中央及地方政府并没有干涉他们的活动，也没用维持任何成人学校。各大学也照英国方式进行推广学级，但他们迎合都市中等社会之需要，而一般农民和贫苦阶级仅能参加少数有派别属于党的学级，这种狭义党派的宗旨很难尽成人教育的职务。第一个民众寄宿学院（Heim-Volk Shochschulen）于一九〇五年设立在苛斯德音（Sehlesvig Holstein），这是受丹麦民众高等学校的影响。这种学院算是新德国的最重要的民众教育机关。当大战时候，同样的寄宿学院设立在克林突（Thuringia）和垣敦堡（Murttemberg）到了大战后，这种学院到处都崛起了。起初这种学院之设立，是希望团结国内各党派和各阶级，而施以自由独立的教育。据《威马法令》第一四八条说："全国学校——包括民众学院——悉由中央及地方政府谋发展。在中央政府监督之下，并不要另建立一个民众学校学制，就是希望全国学校学制独立，也不可能的。"自从民众学校的自由被剥夺后，经费的来源也中断了，许多学校就此关门。在另一方面，德国因政党的活动，独立的团体都被分化作用，中立的教育也被阻碍了。同时政府出来干涉，维持这种民教运动的存在。于是多数民众学校都归国立，而为政府为背景的教育，并且多数成为严格的党派学校。德意志联邦政府一直到现在对于民众教育很少工作,只有州政府对于这种事业很出力。诸州除掉巴登(Baden)、巴威(Bavara)及垣敦堡之外,均设立专门教育部管理成人教育。教育部颁布民众学校章程,监督教育设施方法,及分配政府津贴经费。在垣敦堡各校于一九一八年组织了一个联合会,由这会领取政府津贴总款,再由这会分给各会员,在巴登及巴威州没有设立专部,政府也不给津贴款子。在萨克松州(Saxony)的政策对于成人教育很提倡的,比较其他各州注意得多,所以可拿它来做个例吧。萨克松法律,凡一个城市满七万五千居民,必须设立一个成人教育专门部。州政府承认民众学校的条件如下:(1)学校必须有规则的课程,并有规则的假期;(2)学校必须接受民众教育专家的指导;(3)学校学生必须有组织;(4)学校必须在规定的短速期限内呈送报告与州政府;(5)学校必须将预算决算呈报州政府;(6)学校必须答复行政人员之询问。在另一方面,教育部长对外时为全州各校之代表,他负责帮助各校之经费,如遇小地方,学校经费不足时,则教员薪水全部由部长发给。萨克松全州民众学校联合会每年召集年会一次,讨论各校教学方法,交换课程的意见,并组织假期教员讲习会。教育部长一部分的工作,是维持寄宿学院;联合会一部分的工作,是选拔夜校学生。这种民众教育,就叫作“自由的方式”,一方面与地方政府发生关系,一方面联合义务团体,同时又借政府力量来维持。所谓“不自由的方式”,那是完全属于某党团体,不受地方当局的监督。但他们可以领到州政府的津贴,假使他们提出请求,经过审查课程及教法之后。属于不自由方式的党派学校约可分为数类:(1)反古典人民主义(Popular-romantic);(2)新基督教国家主义(Protestant-national);(3)罗马教社会主义(Romancatholic-social);(4)马克思社会主义(Socialist Maxist)。州政府的津贴,在事实上的标准,凡是反对《威马法令》的,都不发给。凡属于教会的学校和属于社会民主党的学校,如果请求,常常可以得到津贴。

在英国成人教育制度是另一个方式,政府与地方当局及义务团体,三者是互相合作的。我们看历史上的记载,一切成人教育的事业在英国都由私人团体发起的。一直到近来政府才帮助这种事业发展,那是已经进步得很好了。地方当局第一次津贴,在一八五一年。这是津贴夜学,很难说是津贴成人教育,夜学在当时,不过一种有限度的小学校,其与日学区别者,学生年龄都在十四岁以上。到一八七〇年新法通过后,规定年龄在十八岁以上,不给津贴。到了一八八二年,这种规定年龄展长至二十一岁。等到一八九三年,这些学校都可领得津贴,学生年龄不限定二十一岁了。那年的章程,把夜学的办法完全改变,从此以往,夜学不是一种小学,是一种高级教育,成人也包括在内。凡入学的人年龄超过二十一岁,也得承认津贴。这个结果很显著的,第二年夜学和学生数都增加一倍以上。所以我们可把一八九三年作为政府津贴成人教育的开始。但地方当局的津贴还只限于夜学。义务团体所设的成人班级得到津贴,到一九〇七年才实行。于是第一次,大家辅导班级也得到政府津贴了。在战后的立法都承认成人教育的重要,故订有规程专章以资补充,在一九二一年,教育部设立成人教育委员会,使全国教育团体联合起来,免去重复的组织和浪费的设施。委员会有指导的权力,并发行了许多有价值的报告。它又帮助了教育部起草《成人教育规程》。这个规程在一九二四年颁布的,规定授权与教育部,依据团体的介绍,得津贴各班级,不必经过地方当局的。他们承认地方津贴的条件,如下数条:(1)有计划的成人文字教育,人数在十八人以上者;(2)于大众有利益者;(3)给予学生继续进步学业机会者;(4)教育方适应学生发展个别能力者;(5)班级必须时常开放给教育部之视察,如发现时间表或课纲要有不合之处时,得令详细说明。津贴数目之四分之三须付教员薪金,或对于每种方式的学级,规定一个最大限度,津贴时概不得超过此数。

在现在的英国和过去的德国,都是相似的上下合作制度。政府和地方当局合力维持及管理成人教育,义务团体都愿意遵守法规,和接受政府的指导。各宗教及党派团体所设施的成人教育,都很自由,同样地领取津贴。依据民主教育的立场看来,最好对于共产主义及法西斯主义蒂团体,另立一种法规,以便取缔他们破坏国家秩序,教授自由是应该的,但不能过于放纵,致违反宪法。

在美国有特殊情形,成人教育发展方式迥不相同。英国成人教育究竟有什么专门目的,这是很难回答吧。美国化运动,和公众夜学学制的建立,这与普通初等学校及中等学校意义差不多,并不想追步欧洲成人教育之后尘,美国化运动是开始于一九一五年,扩展于大战之后。当大战时,美国军队经测验结果,发现四十万青年,或百分之二十五的动员兵士不能读写英文。公众意见很为讶异,以为外国移民和文盲的土生竟占这样大数目,怎样可以称为美国国民呢？于是有三十州制定法律,开办成人教育班,教学英文和公民功课;有二十四州,州政府教育部直接监督这些班级。这些班级的费用由地方当局维持,而州政府津贴半数。这些成人班级在实际上是初级小学教育,教些读写算,及粗浅的公民常识,入学者都是不会说英语的外国移民,和不识字的土著，其中多数是南方的黑人。他们正像俄国扫除文盲运动一样，这个是暂时性质，到了侨民都美国化了，目的就算达到，那末这种运动就可停止了。俄国扫除文盲运动，目的也只有两点：教成人一些读写算知识，和灌输一些新思想。它们一个是公民运动，一个是共产主义，都是行政上的策略，我们对之无话批评。只是一个问题值得我们注意的，这种办法是否成人教育的真正目的？美国为谋全国统一，民族同化起见，不得不令新来移民受些初级公民教育，这种粗浅知识究竟不可称为成人教育。另有一途是美国的夜学制度。参加夜学的年长学生，人数共有百余万，而课程内容大部分是公立学校所有的。他们又办高级的夜学，课程简直和日学一样，所不同者只有学生年龄较大罢了，既有同样的课程，又有同样的学分制，到毕业时用同样的文凭。在实际说来，这种不过是对于日学的双重工作。只为那班白天没有入学时间的人们，设个机会罢了。这种工作的赞赏地方，只好拿来比拟德国的中等教育性质的夜间补习班。美国的真正成人教育也是由义务团体发动，对于州政府完全独立的。在美国成人教育开始，最早的要算一八二六年麻省(Massachussets)所组织的来辛(Lyseum)。来辛的性质是义务团体的联合会，集合农夫与商人，讨论他们自己的生产问题，研究社会知识，和互相商量公众的利益。到了十九世纪后半时期，来辛渐渐变为商界企业机关，于是失去了重要的教育意义。在一八八五年夏岛阁(Chaulauqua)开始创办在纽约。这是影响近时成人教育办法的。夏岛阁是一种暑期学校，时间为二个月，有很好的专门教师讲授，其程度标准等于最好的大学暑期学校。很多教育方式，在名称上是相同的，实际大不相同，正如现代的来辛变为商业性质了。大学推广教育比欧洲迟得多。第一个推广部，在一九〇六年由威斯康辛大学创设的。自此以后，这种事业发展得很快，到一九二六年有三百个高等学校已组织推广部。联邦政府注意于成人教育，这是最近的事。在一九二四年五月，教育局长(The Commissioner of Education)召集全国会议，讨论国内教育，出席代表有三十三州。在一九二五年，教育局教育专员中添设了一个成人教育专员，他的职务是汇集及分发关于民众教育的材料，可是一直到现在，联邦政府并没有专款拨助成人教育。各州成人教育的津贴款项由州立大学及公立夜学分配的。

从上述各例中我们可以看出，由政府统制全国成人教育，并用狭义的党派来训练民众者，则以意大利与苏联为代表。政府完全不顾问成人教育事业，私人团体也不热心发动，甚至全国教育运动无成绩可述，则以法国为代表。以民主精神看来，似乎最好办法是政府与义务团体联合进行，互相合作，则事半功倍了。

附注：此文原著者为Nicholas A. Hans，见*The Principles of Education Policy Phapter XII*。

（原载于1936年山东《民众教育月刊》）

欧美师范教育的检讨

一、绪　论

自欧战以后，各国莫不重视教育，而尤致力于改进和提高师范教育。这种重视的动机，不仅出于教育家，实发于野心政治家的成分较多。因为教育虽非谓万能，如欲振兴国家，强盛民族，只有应用教育力量，乃是最有效的根本办法，推进教育事业的先决问题，是在师资。培养师资，却有二大要点：一求质的改进，二求量的增大。波兰教育部长曾发表宣言：须增聘新教员三万人然后可以普及教育（见二十五年十二月八日华萨电）。我国幅员若干倍于波兰，欲实行普及教育，师资之缺乏，不言可知。二十五年十一月三十日我国教部发表《二十五年度各省市师范教育改进要点》。内容共分十项，其中以第一项划分师范区，第二项设法从速设置师范学校，及第八项各省市各类师范学校教员之检定为最重要。因第一项与第二项都为实行普及教育所必需，这是关于量的方面。过去的教员检定，只限于小学教员，师范学校教员一般人视为没有问题。其实为人师之师，责任何等重大，那可轻易滥竽？这回教部提出这项问题，实为空前之举，在质的方面必有很大的影响。不过检定的资格是指学术方面，抑指党派方面？如果是指前者，而施行时无流弊，那末所得到的影响方是好的影响。

各国教育虽有它的背景和特殊的环境，然其设施方法和经过历程存在可以作我们参考的地方。兹特将欧美先进国家：英、美、法、德、意、俄六国的师范教育，分别检讨如下。

二、英国师范教育

英国的师资训练，开始于十九世纪中叶，在一八四〇年左右，各宗教私人团体设立师范学院(Training Colleges)。在一八四六年，由修特渥斯(Sir James Kay-Shuttle Worth)氏介绍采行荷兰的见习生制(Pupil-teacher System)。其法乃由政府所视察之学校校长，就其男女学生之聪颖而年在十三岁左右者，选择若干名,随从自己做徒弟,白天帮同施教,课后及晚间补习普通功课,共经五年之久,方为期满。期满后,或任助教,或应皇后奖学金竞争考试,考取后得入师范学院,继续求学。不录取者,即成为无证教员(Uncertificated Teachers)。其后又设立集练所(Pupil-teacher Center),以增进见习生之教育修养及学术。一八八六年时,此等集练所遍于全国,多附设于中学或小学中。一八九六年——一八九八年,教育委员会之报告颇怀疑此见习生之制度,以为年龄太幼,故其后英国教育部乃改变此见习生之制度,其办法有二点:(A)见习生须受完全中学教育,至十六岁,是为最低的限度;继之以两年之"半时教育"(Part-time Education),同时为见习生训练。(B)若在乡区则受完全中学教育至十四岁,为最低限度;再继以四年之"半时教育",同时亦为师范生之训练。

师范学院初设立时,以寄宿为原则,在一八七〇年左右,其数三十余所。后来因感学校之不敷,于是为撙节计,乃设立通学之师范学院。至一八九〇年左右,各大学亦曾多设训练部,收容学生,予以专业训练。此等师范学院及大学训练部,有寄宿者,有通学者,大约前者多属寄宿而后者多属通学,依学生之性别分,则有男子之学院,女子之学院,及男女兼收之学院。凡年满十七岁受过基本训练,且及格于标准考试者;或身体健康,曾任教学若干年,订有将来服务志愿者,均有入学资格。此种训练的期限,由一年至四年不等,略举述于下:

(1)二年班为英国师范最普通之形式,专业与普通学科并进。

(2)三年班,凡已受两年之师范训练,由师范学院提出,经教育部认可者,得继续研究及训练一年。

(3)四年班,其前三年攻普通科以取得大学学位,后一年为专业训练。

(4)一年班乃为已得有小学教师凭证者而设,其学程内容与二年班者相似。又有为大学毕业生及曾受高等教育者设,其学程之内容则为纯粹之专业训练。

基本训练除上述见习生制外,还有一种教生制(Student-teacher System)。凡教部认可之普通中学之肄业生,年在十七岁以上,经考试合格,即得领受政府之师范生津贴。津贴期满后即派往小学实习,试教一年,亦有二年者。每周任课七小时,其余时间仍在中学继续学习其普通功课,试教期满,即升入师范学院。

近来,见习生制与教生制均逐渐减少。例如在一九三〇年比一九二七年,见习生数目降至四分之一,教生数目降至三分之一。以后的趋势,中小学教员非经过师范学院及大学训练部之训练不可。

兹举约雪州师范学院(Yorkshire Training College)毕业考试题目范围于下，以示一般师范学院训练之内容：

专题

(1)教法之理论与实际

(2)卫生

(3)体育训练之理论与实际。

普通学科题目

第一组

(1)英语

(2)历史

(3)地理

(4)数学

(5)初级普通科学

(6)法文(高级)

(7)物理(高级)

(8)化学(高级)

(9)生物(高级)

第二组

(1)音乐原理及实习

(2)图画

(3)手工及缝纫(妇女)

(4)手工(男子高级)

(5)园艺(高级)

三、美国师范教育

美国最早的州立师范，是由卡得(James G. Carter)发起，得霍雷司门(Horace Mann)之助，在一八三九年成立于麻省雷克晴登(Lexington Massachusetts)。自此各州起而仿效，如新伯列登的州立师范成立于一八五〇年，密切根(Michigan)成立于一八五三年。纽约起初训练教员的班级附设于专门学校及中等学校，到一八四三年开始师范教育独立运动，设州立师范于亚而朋内(Albany)地方。不久，这种制度就普遍了全国。但当初这种教育不是专业性质,招收的学生至多受过初等教育,所以一切科目都是普通科,与中学程度相差无多。因此教育当局感到有改进之必要,至一八九〇年纽约开始设立州立高等师范于亚而朋内。麻省也于一八九四年成立高等师范。在一九〇八年又发起了提高师范教育运动,于是规定师范专业训练至少二年,招收学生必须中学毕业。欧战以后,美国更努力于师范教育,兹将最近状况叙述于下。

现今美国之小学教师,以各州州立师范学校毕业生为最低标准。不过事实上各州中,尤其是南部各州之偏僻地方的单级小学校,大部分不是师范学校的毕业生,而是中学毕业生。故现时美国正努力从事改善,大都市中的小学教师多有大学毕业程度者。现在美国师范教育机关有下列之七种:

(1)小学训练班(The High School Training Class)。在数州中于师范学校之外,在中学内附设类似培养临时农村教员性质之训练班。其毕业生多以任单级小学教员为目的。其办法亦因州而不同。在密切根、明尼苏达(Minnesota)、纽约、北加路芬娜(North Carolina)、奥海阿(Ohia)、维尔蒙(Vermont)及维士康新(Wisconsin)之七州,则收容中学毕业生予以一年之训练,而其他州,则在中学之最后两年中兼修教育的功课。

(2)郡立师范学校(The County Normal School)。在密切根、奥海阿、维士康新之三州中,由州之补助费设立郡立师范学校,收容中学二年以上的学生,给与二年至三年之师范教育。对于中学毕业生,则给与一年之师范教育,专养成农村小学教师。

(3)州立师范学校(The State Normal School)。收容正式中学毕业生,给与二年之师范教育。麻省、纽约及其他数州,且设立有三年课程之师范学校,目的在养成都市中之小学教员。而加里福尼亚(California)圣路易、波士顿、德推罗衣市等,则其师范学校均为四年制之专门学校,以养成进步的初中及高中教员为目的。而现今美国的师范学校,有趋于成为四年制师范学校的倾向。

(4)初级师范学校(The Junior Teachers College)。修业年限三年或四年,以养成初中或高中之教师为目的。

(5)州立农业及工业专门学校。此乃依一九一六年制定之斯密士许士职业教育法令之职业学校教师养成所,是颇重要的师范教育机关,此等专门学校自昔即由各州给与土地以充基金,即所谓“Laun-Grant College”者便是。此等专门学校养成全国之职业学校教师,每年复由中央拨大量的补助金,而受其监督指导。

(6)州立专门学校(The State College)。在数州中以一般文化高等教育为目的之州立专门学校,亦作养成中等学校之农业、工业、家事、机械、教育、音乐教师等等。

(7)州立大学及私立大学。此等大学之毕业生可任中小学教师,尤其是研究院毕业生,得有硕士或博士学位者得任中等学校以上之教师校长或专家督学,及教育行政官。

师范教育课程各州不相同,兹举数例如下:

(A)为养成小学教师而设的二年课程

(在阜勤尼亚省Virginia Fredericksburg的省立师范学院。)

第一年级

秋季

普通文艺

教育心理

基础英文

音乐

体育

美国地理

任择下列一种:教育史、儿童文学、数学

冬季

小学文艺

教育心理

基础英文

音乐

体育

美国历史

任择下列一种:教育史、儿童文学、数学

春季

读文

基础英文

体育

美国历史

任择下列一种:教育史 、儿童文学、数学

第二年级

秋季

文艺的欣赏

教育社会学

试验与测量

教学辅导

教学原理

冬季

儿童文学

朗读

音乐欣赏

体育

春季

自然研究

公民学

地理

在第二年级学生们经当局许可，得选音乐和其他科目。学生分为三组，在这三季中总有一组去做教学实习。

（B）为养成幼稚园、小学、和高级小学教师而设的三年课程

(在纽约的Cortland之省立师范。)

第一学期

教学与观察的概论

图书馆方法

科学

文化史

地理

作文

习字

第二学期

教学心理

文学

健康教育

演讲学

数学

音乐
教育生物学
第三学期
幼稚园理论
历史教学法
文学
地理教学法
读书教学法
健康教育
美术
幼稚园初等教学法
第四学期
教育原理
教育方法
数学教育法
儿童文艺
教学实习
音乐
选科
第五学期
特殊心理
社会学
音乐
文艺教学法
教学实习
现代欧洲史
第六学期
教育史
经济学
选修
教学实习
书法教学法

此校附设有实习学校,大约有七百学生,师范生做教学观察的工作须在一百小时以上,教学实习工作须在十个星期以上。

(C)省立师范院的四年课程

(以 State Teachers College, Greeley, Colorado 为例)

该校的课程编制,根据下列四个原则:(1)包括普通的、文化的、根本的;(2)包括专门训练的;(3)为训练某种教师职业的;(4)有一种科目是任学生选择以适合各人的需要。

①必修课程

第一年级

秋季

社会科学概论

教育概论

卫生

科学概论

体育

冬季

文艺欣赏

文学概要

音乐概要

科学概要

科学概论

体育

春季

文学概要

教学观察

教育心理学概论

体育

第二年级

秋季

教学实习

学习心理

体育

冬季

上古中古的世界

对于近代文化的贡献
春季
第三年级
秋季
冬季
普通社会学
春季
第四年级
秋季
教学实习
冬季
春季
教育哲学
②主要科之必修科目
(a)以幼稚园和小学教学为主要科者
第一年级
冬季
小学文艺
春季
教学观察
小学社会文艺
公民历史教学法
第二年级
秋季
教学实习
冬季
音乐
美术方法
幼稚园小学方法
儿童发育
春季
初级生物学

教育原理
农村学校问题
乡土地理
第三年级
秋季
拼写读书概论
课程编制
选课
冬季
各种教学法
美国教育史
实用艺术教学法
选课
第四年级
秋季
创造教育
选课
冬季
发生学与优生学
选课
春季
道德教育
选课
(b)以农村教育为主要科者
第一年级
冬季
农学
春季
教学观察
中年级文艺
历史和公民教学法
第二年级
秋季

教学实习
冬季
农村学校管理法
教育原理
选课
春季
初级生物学
中年级地理教学法
算术教学法
中年级美术教学法
选课
第三年级
秋季
拼字和读书教学法
农村生活最近之发展
美国社会工业史
冬季
中年级地理教学法
选课
春季
写字作文数学教学法
教学测验
近世欧洲文化史
第四年级
秋季
课程编制
选课
冬季
各种教学法
选课
春季
道德教育
选课

四、法国师范教育

法国现行师范教育制度，乃基于一八七九年八月九日及一九二〇年八月十八日所公布之法令而修正者。师范学校以养成公共学校（幼稚园、初等小学校、高等小学校）之男女教员为目的。各县以设男女师范学校各一所为原则（依据一八三二年十二月十四日盖沙氏规程），亦许二县合设一校。于教育部长监督之下，属于大学区总长之管辖。教员之薪俸及生徒之学费由国库支付。县负担设备费用。法国的师范学校普遍规模极小，最小的学生不满三十人。管理极为严格，学生一律住宿，通讯须依家长所限制者。男学生得于星期日及其他休假日出校。女生出校必须由家长之请求。星期四是不上课的，男生有二小时军事训练，三小时自由活动。一切办法都很守旧，学校生活不注重活动。

法国师范学校作息表

5:45　A.M	起身及整理寝室
6:15—7:15	自习
7:15—7:30	早餐
7:30—7:55	清洁房屋
8:00—12:00	上课（星期四除外）
12:00—12:30 P.M	午餐
12:30—1:30	休息
1:30—4:30	（自习一小时）上课（星期四、六下午除外）
4:30—5:00	休息及用点心
5:00—7:30	自习
7:30—8:00	晚餐
8:00—8:30	休息
8:30—9:30	自习
9:30	就寝

师范学校入学资格须有法国国籍，其入学之时须满十五岁及在十九岁以下，身体健全及誓约奉职十年于公立学校，各师范学校应收生徒数目，每年由教育部长基于各大学区总长及各县教育评议会之意见定之，入学试验为修了高等小学校之普通程度。修业年限为三年。如有上级证书者得入第二学年，而缩短修业年限为二年。

法国师范学校课程

科目		教育心理学，社会学，教育，伦理学，科学的哲学	法语及法文学	历史及地理	近代外国语	数学	物质与自然科学，卫生，实验，女子则加家庭经济	农业理论	绘画及模型	几何画	唱歌	体育	手工与农业	总数
第一年	男	2	4	3	2	3	4		2	1	2	2	4	29
	女	2	4	3	2	3	4		2	1	2	2	4	29
第二年	男	2	4	3	2	3	4	1	2	1	2	2	4	29
	女	2	4	2.5	2	3	4		2	1	2	2	4	28.5
第三年	男	2	4	2.5	2	2	4	1	2	1	2	2	4	27.5
	女	2	4	2.5	2	1	5		2	1	2	2	4	27.5
总数	男	6	12	8.5	6	8	12	2	6	3	6	6	12	87.5
	女	6	12	8.5	6	7	13		6	3	6	6	12	85.5

在师范学校中设有附属小学，或代用附属小学校。师范学校生徒在最终的学年，每周开教育研究会，在附属小学内行教育实习或作教授法或关于训练的问题之研究及讨论，或作教育书籍之讲读等。在此研究会中，校长、附属小学校主任及有关系之教职员均出席作批评指导。

为小学教师者须得检定合格。教员证书有下级证书、上级证书及正教员证书之三种。此等证书均依试验的结果而给与。受下级证书者，须于受验该年之一月一日满十五岁。受上级证书者，须在十七岁以上并须有下级证书、高级小学毕业证，得业士试验第一部合格证书或中等教育毕业证之一。师范学校学生于入学时同时即授以下级证书，至第三学年之末即授上级证书试验，有此等证书而年龄在十八岁以上者，得充任见习教员。倘若任用为正教员则须有正教员证书。受正教员证书试验者，须年在二十岁以上及有下级证书，上级证书，得业士或中等教育毕业证之一，并在公立或私立学校中充任见习教员二年以上者。

除上述外，亦有特殊学校，手工、体操、音乐等之专科正教员之证书，受此等之试验之资格略与正教员证书试验之情形相同。

为师范学校之教员者须有师范学校教员适任证，校长则须三十岁以上，及有二年以上之校长经验者。

凡以养成师范学校及高等小学教员为目的者，与以养成普通中学之教员为目的者，迥不相同，前者直译为高级初等师范学校或初等教育高级师范学校。而包含于初等教育之中，后者则径称为高等师范学校，至于内容程度，后者尤其是男子高等师范学校方面较前者为高，二者分述于下：

（1）高级初等师范学校。此种学校共有二所：一为男校，在圣考劳（Saint Cloud）；一为女校，在丰泰尼阿露丝（Fontenay-aux-Roses）。均是养成师范学校及高等小学教员为目的之官立学校。入学资格为：在受验该年十月一日满十九岁以上，在二十五岁以下，有上级证书、得业士或中等教育毕业证，且在被许可入学时誓约从事公共教育十年者。入学试验与师范学校高等小学校适任证试验之第一部相同。在此试验中有优良之成绩而合格者，许其入学。修业年限为二年，关于学科课程并无规程，更精深地授师范学校科目，分为文理二科。文科更分为专攻国语及国文学者及专攻地理历史者，而理科则分为专攻数学者与专攻博物者。而心理学及教育学乃一切学生所必修。圣考劳之高级初等师范学校，于文理科之外增设应用科学级。生徒费用不特全免，且由国库支给津贴。生徒数目极少，两校合计有本科生七十人左右。毕业者，受高等小学教员适任证试验之第二部，而得为教员之资格。

（2）高等师范学校。此种学校全国亦只二所，男女各一。男子高等师范学校，其创立最古，设立于一八〇八年，为法国近代之政治界学术界中名士辈出之优秀学校之一。一九〇三年合并于巴黎大学，现在为巴黎大学之一部。各种上课亦多与大学相同，而教授亦多由巴黎大学教授兼任。以养成男子“李西”（Lycees）之正教员为目的，学生的学费亦均由国库支给。入学资格为十八岁以上二十五岁以下之男子，须合格于得业士之试验者。修业年限四年。然得有高等教育毕业证者得缩短其修业年限。学科分为文科理科，文科更别为专攻国语、历史地理、文法（古代语）等，而理科又别为专攻数学、物理、化学、博物，最后一年则须实习，盖“李西”正教员之试验，必须有实习之经验也。

女子高等师范学校在西佛尔(Sevres)设立于一八八一年,以养成女子之"李西"及"哥列殊"之教员为其任务。入学资格为十八岁以上二十五岁以下之女子,有中等教育毕业证及上级证书或合格于得业试验者。修业年限为三年,分为文学、史地、数学、物理、化学及博物等科。最后之学年则在附属之李西中实习,后亦与男子之场合同样,受女子中等教育适任证及中学教授检定试验。学费均由国库支出。

上述男女高等师范学校,均设有寄宿舍,以寄宿为原则。

又凡卒业大学,而有硕士(Licence)学位者,对于其专门科学得为"李西"及"哥列殊"的教师,故大学之文学部、理学部等亦得视为一种中等教员养成的机关。

五、德国师范教育

德国师范教育发轫于十八世纪之初,其后至十九世纪初期,因国民教育之发达,政府感师范教育之重要,乃派遣哈尼许(Harnisch)、迭司德威(Diesterweg)等赴裴斯塔洛齐(Pestalozzi)处习教育方法,以期改进普鲁士之教育。及彼辈归国后,乃开始设立师范学校于柏林及哥尼士堡,自此他邦相继仿效,德国之师范教育制度乃渐次发达。

在大战前,德国之师范学校乃与小学校相衔接,而为中等学校之程度。革命后,乃将师范教育程度提高至大学程度,宪法规定师范学校须提高至大学教育之程度,于是此等师范学校乃渐次取消(原有师范学校校舍改设建立中学。

新制小学师资训练机关有两种:一类为独立教育学院,一类为附设于大学中之小学师资训练所。前者修业年限二年,后者三年。

独立教育学院依原计划共须设立三十五所。一九二六年,在伊司得(Easter)设立三所,在寇尔(Kiel)、爱尔平(Elbing)及宝恩(Bonn)各成立一所。一九二七年,在佛来拂阿门(Frankfurtam)也创立一所。一九二九年,共成立四所,分置于拍雷司陆(Bresaslau)、爱尔拂(Erfurt)、汉诺佛(Hannover)及道脱门(Dortmund)。以后各处就逐渐增多。到一九三一年,共有十五所。多数学院是实行男女同学,入学资格,必须有中等毕业证书,体格健康证书,并须能唱歌,能奏梵哑铃,能弹钢琴及风琴。女子则须能缝纫。学校概不供给宿舍,但有休息室、读书室等。每个学生学费由政府津贴，每年一千马克。兹将宝恩教育学院课程列表如下。（表格扫描模糊，难以辨认，此处省略——文集编者注）

附设于大学中之小学师资训练所，至一九二三年四月三日，撒克逊州(Saxony)通过教员养成规程后，即在雷柏齐大学(University of Leipzig)及特雷司滕(Dresden)之工业大学(Technische Hochschule)二处开始设立，以后逐渐推行各处。

关于小学师资之聘用，须经过考试。大约每一正式教师经过二次之考试。即最初于毕业于师范学校之后，即受检定试验，合格者则试用为教师。服务二年以上，乃应第二次考试，合格后方被认为正式教师。

至于中学校之师资，则大部仍依旧法。即以检定考试决定中等教员。凡中学毕业生在大学中各科修业八学期而稍习教育科目者即可应试，合格后试用二年，再经第二试合格，然后方为正式教员。

六、意大利师范教育

意大利的师范教育最早是根据一八五九年《加撒铁法令》(*Casati Law*)而举办三年制的师范学校(Normal School)。这种学校附设于中学内，男生入学年龄为十六岁，女生为十五岁，都须修毕小学教育为合格(或毕业于职业学校)。第一年为继续小学的基本教育，第二三年则注重于教学实习。迨至一九一二年，举行全国教员联合会于包劳那(Bologna)，提议改革师范制度，延长学年为七年，规定前五年为基本教育，后二年为专业训练。后经教育部指定人员组织教委会，讨论此事，结果接受教员联合会之提议，而改为七年制度。到了一九一四年教育部长克雷达陆(Credaro)即宣布实行七年制独立师范(Normal Institute)。一九一八年，重申命令，办理七年制之师范学校，前五年为普通基础教育，后二年为专业训练，男女师范则分别设立。同年又设立高等师范两处，一在罗马，一在佛罗伦司(Florence)。过去意大利的教育偏重记忆、形式和书本知识方面，后来经香第尔(Gentile)之提倡改造，唤起精神注意于人类文化、人生意义及本国特性等等。又有考狄脑拉(Ernesto Codignola)教授，富于师范教育经验，起而提倡精神教育，于是意大利一般师范学校颇受其影响。七年制之分二，则为前四年后三年。

兹录七年制师范低高级课程于下：

Istituto Magistrato：

其一：

级别 / 年级 / 钟点 / 科目	低级			
	I	II	III	IV
意大利语	8	4	4	4
拉丁语		6	6	6
史地	4	2	2	2
数学	3	2	2	3
外国语		4	4	4
图画	3	2	2	2
音乐	2	2	2	2
乐器	（2）	（2）	（2）	(2)
总数	20	22	22	23

其二：

级别 / 年级 / 钟点 / 科目	高级		
	I	II	III
意大利语文	4	5	4
拉丁语文	5	4	4
哲学与教育	4	5	6
历史	3	4	4
数学及物理	3	4	4
自然、地理、卫生	3	2	3
图画	2	1	1
音乐	2	1	1
乐器	（2）	（2）	（2）
总数	26	26	27

男女学生必须读完五年的小学教育，年在十岁以上，方得应师范入学考试。读完师范初级，又须受高级入学考试。高级学业修毕时，又须受卒业考试。考试内容包括高级全部科目。每个师范附属有小学及幼稚园，以便师范生实习。

香第尔曾说："做教员的不但要有良好基本学识，并且要懂一切的规矩，随时随地负指导之责，而做儿童一个好榜样。"（参考 Howard R.Marraro：*The New Education in Italy*，1936.）

七、苏联师范教育

苏联自一九二四年后，一扫过去制度，师范教育并不独立，而教育养成的目标有二：

（1）须服膺共产党义。

（2）须认识经济政策与教育的密切关系。

师范训练的方式有下列数种：

师范专科训练（The Pedagogical Technicum）。招收修毕七年制的学校学生，年龄满十五岁，加以四年训练，以养成小学教员为宗旨，他们都具有工业或农业的根基，而普遍的倾向则偏于农业方面。课程分为前后两期。前期课程偏于教育学及师资训练。后期课程包括三方面，即社会科学、教学法与实习，而尤以后者为最重要。但这实习并非限于教学儿童，乃须参加附近民众教育启发工作。苏联的教育宗旨完全注重在劳工方面。师范教育与劳工并没有什么界限。可说劳工为师范教育的中心。凡是学校教员，皆为地方社会的文化领袖。故师范训练，目的在养成很灵活的教员，对于工商农业能负责热心地推动进步。同时他们要有科学研究，根基建筑在了解儿童。所以他们的课程特别注意解剖学、生理学、儿童学、生物学、心理学等。此外还要能够发动扫除文盲运动，领导青年运动，能照顾流浪儿童，能组织儿童会及儿童读书会等。最近苏联中央委员会有一决议：凡是教员都要知道工厂出产，农田的情况，机器制造所，农产收获多少，及普通劳工方法。这就是说，教员不仅是设施教育的主脑，并且是社会中的领袖，社会组织的领导者。

九年制学校之后期师范训练。在九年制的农业或工业学校内划出最后二年为师范训练。毕业后可充学前学校教员，初级学校教员，以及初级学校的政治教员。其课程则与上述师范专科训练前期课程相同。

高级师范教育训练。在苏联高级师范学校有：（1）师资训练所，（2）大学师范部，(3)高级师范学院三种。一九二六至一九二七年间，苏联全国有师资训练所及大学师范部十四处，专造就农业教师，两所高级师范学院造就工业教师；一所高级师范学院造就特殊农事训练之教员；一所高级师范学院造就社会经济教员。至若艺术、音乐等教员则在艺术专科学校之师范部中训练之。

师资训练所及大学师范部之研究时间，概自四年至五年。其功能在养成第二级学校之合格教员。此外尚有多种从事教育人员，亦在此种机关训练，例如：(1)学前教育视察员，(2)统一劳动学校第一级之视学员，(3)政治学校高级之合格教员，(4)盲哑学校教员，(5)缺陷儿童之教员，(6)幼稚儿童之护师，(7)儿童学教员，(8)中级学校数理科、自然科、社会科、国语及文学科，外国语科教员，(9)特殊职业训练之教员。

高级师范学院之主旨为预备师范专科训练之师资，入学者须修毕第二级学校，任教二年，并及格于入学试验者。研究时期为一年至一年半，两学期专修习规定之普通学科，一学期毕业论文。

师资训练所及大学师范部之课程，屡经变更，至一九二九年始决定其分配之原则：主要科目占百分之五十，或六十小时，此种主科为自然科学、社会科学，或其他数理、近代语言学等课程；其他社会科学占百分之十五，如政治、经济、历史等；其余百分之二十五或三十五之时间，则为儿童学、教育学、公共教育组织等课程。每周约三十六小时全为听讲、实习、园艺等工作。

兹将师范专科训练前后两期课程列表于下页，而此课程依据以农业为根基者。

至若高级师范学院之课程，则分为各专门科，如教育学、儿童学、学前儿童教育法、学校儿童教育法、劳动教育、财政学、机械学、电机工程学、构造学、运输学、化学、普通及专门农事、园艺、森林、动物饲养法等。

赤色教授院。专为养成高等社会学科教员而设的赤色教授院，地址在莫斯科。该院主旨是在训练教育学、经济学、史学、政治学之人才。其入学资格甚高，学生皆属成年。凡请求入学者，须有曾从事社会工作五年之经验，并通两种外国语，又须就专攻科目作论文一篇。若资格及论文通过后，再须经过考试。试验科目为历史(俄国及西欧)，政治，经济，哲学。如考试及格，始承认该生有在院研究三年课程之资格。

该院学生，普通均系共产党党员。课程分六种：政治经济、俄国史、西洋史、哲学、法律及合作组织。学生选择其所欲共同研究之几种。最初二年，每

前期	I	II	后期	III	IV
数学	4	4	革命思想	3	
物理	3	3	阶级斗争史	3	
化学	6	6	经济政策	2	
自然			宪法	1	
农业	2	2	唯物主义历史研究		3
国语	5	5	环境研究	1	
外国语	2	2	外国语	2	2
阶级斗争史	2	2	儿童研究	4	
经济地理	3		训练组织问题研究	1	2
政治经济		2	国语教法	2	2
手工	3	3	数学教法	2	2
图画	2	2	自然教法	2	2
音乐	2	2	社会教法	1	2
体育	2	2	工艺教法	2	1
儿童研究	2	3	图画教法	2	1
本国学制	2	2	唱歌教法	2	1
			体育教法	1	1
			教学法	6	3
			儿童研究实习		2
			政治研究法		2
总时数	40	40	总时数	37	26

年须从事两种研究工作。所有学术工作，均于研究室中完成之。每一研究室，得由学生自选导师。导师并不限于本院教授会之一分子，但必须经本院行政部预先通过其资格。学生至第三年则选择论文题目，从事著作。学生在校由政府发给津贴。实习办法有三项：(1)在院三年间，每周至少须教授工厂工人四小时，俾学生时与工人相接近；(2)在第一年内，每周至少有六小时在初级学校、工人学校或补习学校内教学；俾有实习之机会；(3)在第二及第三年间，必须在高等专门学校或大学中教学，俾明了苏联高等教育之情况。故三年间的课程不仅为学习研究，并包含教学实习在内。

八、结 论

英国师范教育在十九世纪中叶则着重于经验，实行所谓见习生制，或称徒弟制（Pupil-Teacher System）。徒弟跟师傅学习，本无所谓原理与原则，只要依样画葫芦，形成相像就够了。到了十九世纪末叶，教育当局感觉此制之不妥，遂建议改良，乃有师范学院之设立，渐渐注意于学术方面。并逐渐设法将各级教员基本知识提高。整个英国政治是渐进主义的，故教育改进也不能例外。到今日，初级教员尚分有证教员、无证教员与见习教员，而见习生制亦未完全消灭。这种有计划的渐进主义，自有它的长处，不可不注意的。

美国师范专业训练，设施很早。教育学之进步，亦极迅速。自欧战后更致力于师资训练。训练方式繁多，师范课程较为完备。然以美国教育之发达，学校数目之庞大，迄今南部乡村小学教员尚多非师范毕业生。其师范教育量的问题之严重，可想而知。

法国很早规定每县设立男女师范学校各一所，以养成初级教员。全国高级初等师范学校男女各一所，以养成高级小学教员。全国高等师范男女各一所，以养成中学教员。招生人数，依据视学之报告，需要教师若干，则培植若干人才。法国对于师范教育之统制甚有成效，很可供教育行政当局之参考。

德国师范教育出于裴斯塔洛齐之学说（或运动），办理既早，内容又很完备，久为世界所闻名。及大战后，宪法规定，师范教育须提高至大学程度，乃将原有初级师范一律取消，自此质的方面的精深，比各国更进一筹了。

意大利在本世纪初即确定师范教育为七年制。旧时学校偏于形式，自经香第尔提倡改革后，内容大有进步。现行制度，亦为大战后之新产物。

苏联用真革命手段，一扫过去旧制，师资训练的原则，确定于一九二四年“全俄大会”。教育工作人员的活动不仅限于学校范围，而且要为学校所在地的文化领袖。这种办法，就是把学校式教育与民众教育一元化，他们训练的方法，是把农业或工业为基础，先受了七年农业或工业教育，然后再加二年或四年之师范专业训练，这专业训练又不仅限于教育学术方面，乃是多方面的文化领袖训练。近又规定：凡是教员都要知道工厂出产，农田的情况，机器制造所，农产收获多少，及普通劳工方法，等等。教育的领域已扩大与广大的农工大众打成一片，这真是划时代的师范教育。后进的国家不可不注意的啊！

（原载于1937年《教与学》）

南洋华侨教育的展望

物产丰富、风景优美、生活方便的南洋群岛，大半由于我们茹艰忍苦的侨胞所开发的。各岛的政治权虽不属于我们，而各岛的工商业经济向来攥于我们千万侨胞之手。自从这次疯狂的倭寇侵略全南洋后，侨胞纷纷回国，侨社人口数量就空前地惨跌。侨社教育事业也跟着这个大风波而衰落。这是无疑义的，今后侨社的发达要等盟军胜利的到来，侨教的复兴应列入我们建国计划中的一页。过去华侨教育机关散漫零乱，毫无统筹计划，热心者苦无援助，敷衍着缺乏纠正，以致成绩幼稚，事业浪费。以后应如何整理，如何扫除积弊，正待我们研究。本篇所述，只就个人经验所得，举其牢牢大者数事，作为一个初步提议罢了。

第一，必须扫除敌人的毒化教育。

我同胞侨居于南洋，久者已有二十余代，不认识中国字，不能说中国话者已不在少数。他们对于子弟教育，本无所谓主张，但视政治势力与生活经济的趋向为依归。例如地方政权原属于英者，都令子弟受英国教育；地方政权原属于荷者，都令子弟受荷兰教育。如今各岛沦陷于倭寇，则竞令子弟受倭化教育者无疑。况倭寇对于文化侵略素极重视。自一九四二年九月成立“大东亚者”后，在沦陷各岛内更有计划地厉行毒化教育，推行日语。将来各岛收复后，各岛整个政治与文化应由隶国负责整理，而我侨之教育事业宜即乘此机会彻底改造。伴着改造侨教计划的实施，宜先从事文化供应工作。各岛海洋互隔，交通不易。祖国之文化如何始能使各岛侨胞普遍吸收，舍普遍设立中国书店外，无其他适当方法。但如书店由商人自动设置，必不能达到普遍的目的。因商人的目的是在买利，故对于交通较远，运费较贵，华侨人口较少之各岛，即将裹足不前。故依个人主张：各岛开设书店，必须有个通盘计划。这个计划应由负责南洋华侨文化教育机关主持。或用直接办理方式，即由机关备资派人往各岛开设；或用间接协助或委托办理，即由机关委托某某书局分往各岛设立分店，其他关于交通运输、营业推销方面尽量予以协助。

其次，应由本国派遣大批记者分往各岛，设立报馆；或改组原有各华报，使有健全之侨社舆论机关。南洋各岛,向来华侨报纸为数不少,惟都以帮派关系,互相攻击为能事。或竟彼此谩骂,鄙言秽语,丑态百出,此次被倭寇蹂躏后,优良报馆悉被摧残,所余留者更无法保持报格,主持正论。过去南洋侨报曾有一段光荣历史,革命元老如胡汉民先生等亦曾办过华侨报纸,鼓吹中华革命,功绩甚伟,此事实关于侨社文化甚大,战后建设计划不可不注意及此。

第二,必须统一侨务机构。

关于南洋侨务问题,在一般看来,似有三大问题:(一)移民问题,(二)经济问题,(三)文化问题,但我们不是侵略国家,又无领土野心,故对于前二问题,似无专设机构之必要。独于文化问题不可随便忽略,因我们有近千万侨胞在海外,战后其数目更有大扩充之可能。据战前调查,各岛华侨人口如下表:

地域别	人数	调查年份
越南	四二七,〇〇〇	一九四〇
泰国	二,五〇〇,〇〇〇	估计数
缅甸	一九四,〇〇〇	一九三七
英属马来	二,三五八,〇〇〇	一九四一
英属婆罗	六八,〇〇〇	一九三八
荷属印度	一,二四五,〇〇〇	一九三七
菲律宾	一一七,〇〇〇	一九四一
葡属帝汶	四,〇〇〇	一九三二
共计	七,〇一三,〇〇〇	

上表依据侨委会民国三十年之统计,总数有七百零一万三千人。战后为物资调节计为个人生活计,势将有大批同胞移到南洋。将来如何使侨社文化水准提高,随时享受祖国精神食粮,并使侨胞子弟得受祖国良好教育,非有一个统筹计划不可,欲行一统筹计划,必须有一统一机构。而此机构必须以教育为中心。在此战争未结束之时,须有计划地训练华侨教育人材,一面搜集资料,编辑侨社阅读物及华侨学校教材。此种教材除本国历史及公民意识外,必须以各岛出产物为中心。各岛出产物汤德明君分析甚详(见《新南洋》第一卷第一期汤著《日本南侵之经济意识》)。兹只缘其产类于下。其他产量等表从略。

越南——米、玉蜀黍、兽肉、树胶、煤、锡铁。

泰国——米、兽肉、木材、树胶、锡铁。

缅甸——米、木材、树胶、棉花、石油。

马来——树胶、椰子、珍珠粉、凤梨、锡、铁罐、铁钒土。

荷印——石油、树胶、砂糖、椰子、植物油、胡椒、木材、玉蜀黍、豆类、咖啡、茶、烟草、金鸡纳、木棉、珍珠粉、锡、铁钒土。

凡岛——麻、植物油、烟草、椰子、木材、砂糖、铁矿、铜矿、金。

过去各岛华校都采用本国学校教科书,或以交通困难,书贾取巧,向各大书坊收购已经作废之旧教科书,论斤两,照废纸算,以极低价购入,贩至南洋,即作新教科书价格售出。此种劣点或黑幕,今后必须纠正。现有侨务机构所负任务还嫌不够,中央党部有侨务委会,视其性质,侧重于党务方面。教育部有华侨教育委员会,委员人选,会同各方,牵制甚多,关于侨教经费,侨校教材及侨校师资等筹划,未能大刀阔斧地做去。其实侨教经费之筹募。并不若何困难。但看华侨每年汇归祖国经费之数字,已可知其大概。兹抗战后及被倭寇占领前每年侨汇概数如下表:

年别	侨汇估计数(单位:国币百万元)
一九三七	四五〇
一九三八	六〇〇
一九三九	一,二〇〇
一九四〇	一,八〇〇
一九四一(上半期)	六〇〇
共计	四,六五〇

今后中央侨务机构既宜以教育为中心,则直隶于教育部较为妥当。在部中增设一海外教育局,或设置一海外教育委员会均可,惟需加强其机构,加重其职责,方有成绩之可期。

第三,必须设置直接推动侨教机关。

中央的侨教机关系设计审核性质,关于华侨教育及文化事业之进展,必须有一直接推动机关,依个人意见,应在上海设立一海外教育局直隶于教育部。上海为海内外交通之中心,关于汇款、购置及人才接洽、放洋等事均较方便。局内组织约可分为五科:(1)总务科。职掌文书、会计、保管。庶务等。(2)供应科,职掌文化资料及教科书之供应,并主管海外书局之设置及报馆之组织等。(3)介绍科。专管介绍海外华校教职、编辑人员及其他文化人才。(4)辅导科。辅导海外各华校及报馆等文化机关。并设置观察员若干人,分赴各岛,观察各华校及华侨日报等文化机关。(5)编辑科。编印刊物报告及主持调查统计等工作。本局设立于上海,遇必要时,得在新加坡及巴达维亚设立办事处,局之组织系统略如下图:

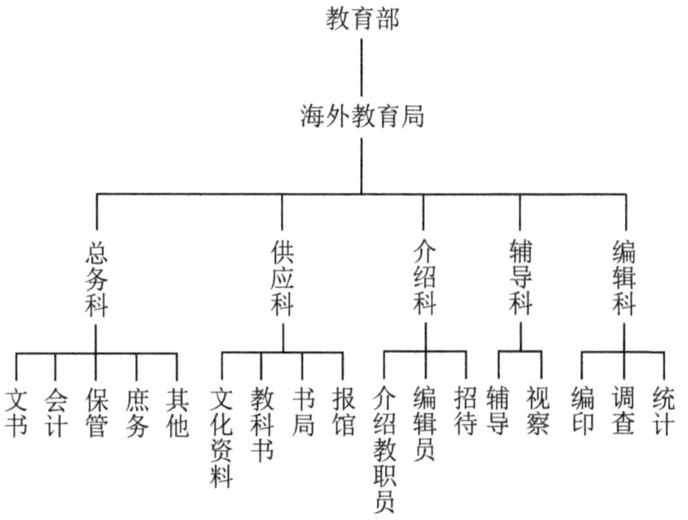

过去华侨学校及文化机关太散漫,国内又无负责协助及接洽机关。因此隔膜甚深,事业进步不易。在侨社方面,亦曾有联合之组织,如苏门答腊之华侨教育总会,聘请视学监督改组各华校;新加坡之福建会馆,聘请教育指导员,指导所属各华校。所惜国内未有负责侨教机关,不能与之呼应协助,否则华侨教育早已灿烂光辉,但愿战后之时机,幸勿再交臂失之!

（原载于1943年《南洋》）

南非中美的基教示范设计

上　尼亚萨兰（Nyasaland）

尼亚萨兰为南非洲英国之保护国（Protectorate），在尼亚萨湖之旁。面积有三千九百八十万零一千万里，人口有一百零六万五千人。联合国教育科学文化组织一九四七年之基本教育工作计划，指定尼亚萨兰为基本教育示范区。其计划纲要节译如下。

一、宗旨

以提高文化，改良经济，促使南非社会进步为宗旨。先从莫邦尼拉（Mponela）地方开始，然后推及其他各地。

二、方法

（一）唤起民众改进生活的要求，用教学方法及表演方式，以指示他们如何能达到及满足他们的要求。

（二）第一须使学校与社会发生密切联系，两者互相刺激而共同进步（基本教育工作人员先在莫邦尼拉设立一社会学校，教育儿童、青年与成人。凡有职业之民众均得受补习教育。一般教员，亦加以进步的训练）。第二为使男女青年与成人增进文化、扩大眼界起见，编辑各种读物，指导他们携家自学。这个编辑工作，可与北非路德细亚（Rhodesia）联合出版局之教育组合作办理。

（三）提倡及鼓励民众学习工艺，以适应他们日常生活的需要（例如针结、缝纫、烹饪、简易木工等），并可改进他们的生活。

（四）提倡及改进各种文化活动、休闲活动，如歌咏、舞蹈、表演、傀儡戏、运动及游戏等。

三、基本教育事业是永久性的，务须培养男女民众有自学的习惯，对于自己、对于社会及对于未来的后裔，都须负责教育。

四、联络当地原有各机关（政府的、宗教的或私人事业），以便共同改进土人生活，改造南非社会。同时与北非路德细亚从事民教之工作人员取得联系，沟通消息，交换意见，以便比较改进。

五、组织

为发动示范计划,须聘定一位民众教育行政负责人员、一位襄办人员,三位非籍助理员及一位非籍书记,是在工作开始时期。他们的薪水在保护政府教育经费项下开支,以后逐渐增设人员如下:

(一)在一九四八年,聘一社会学专家,领导当地雇用人员从事社会调查。

(二)在一九四九、一九五〇两年间聘用第二位欧籍襄办员。

(三)在一九四八年,雇用非籍助理员二人。到一九五一年非籍助理员增至八人。

六、由联教组织捐资聘请一位专家顾问,并不担任行政职务,专事提供意见及作报告,联络基教工作队及保护政府与联教组织之间。

七、依据政府之政策,与各机关事业工作密切之联络及配合,如学校教育、公共卫生、农业、森林、畜牧等。并组织一顾问委员会,以地方行政长官为主席。

八、除运用书本之外,尚须运用其他方式之教育,如电影、幻灯、标语、傀儡戏、无线电、留声机、乡土志等。并装置特用汽车把各种教育工具送往乡村里去。

九、在开始之二、三年中,实验工作应集中于约一百英方里之面积,在桃华(Dowa)区域之莫邦尼拉(Mponela)划定区域,调查人口,编制图表,以附于报告之末。

在计划的初期,凡有给职及义务工作人员,都在莫邦尼拉从事工作。同时把所需的教员加以民众教育训练。在起初三年希望莫邦尼拉以外各地作建立实验据点之准备。

目前计划虽以五年为期,但并不希望实验工作即在五年终了时即行停止。在三年之末,把原有计划检讨修改一下,重新提供当地政府。主管福利之襄办,依所得经验建议于路德细亚及尼亚萨拉的行政当局。

绘制两种地图,一为十二万五千分之一,一为二十五万分之一,表示实验区与保护政府。

十、在一九四八——四九年,完成示范区域的基本调查。调查的意义,是在明了区内现在状况(关于体育的、关于经济的、关于社会的),作为示范区计划的基础并作后来征税之参考。进而作附近区域调查。第三年到第五年再推广至远处调查。

十一、开始时期,最早为一九四八年一月一日。

十二、计划时期，暂定为五年，自一九四八年至一九五二年。

十三、经费预算须依照联合王国之会计年度（四月一日至三月三十一日）开列。工作时期仍照上面拟定。

年份	1948	1949	1950	1951	1952	总计
薪金	698	950	1 074	634	674	4 030
其他费用	1 195	1 215	1 165	1 060	1 015	5 650
增加数	1 893	2 165	2 239	1 694	1 689	9 680
	5 385	800	725	525	100	7 535
合计	7 278	2 965	2 964	2 219	1 789	17 215

十四、莫邦尼拉情况

莫邦尼拉是在桃华(Dowa)的西部高原。桃华是尼亚萨兰的中央省份。那里水道很多，有的相当大，所以在雨季时候可以容纳、疏流。

开始的实验计划，约有一百英方哩，是在莫邦尼拉的一块主要的殖民地。大部分地方是傍着河流，就北方向，渐渐向东北发展，直达柯达柯达(Kota Kota)的高地，因为那里人口较密。实验区的总部就设在莫邦尼拉的“非洲人村”。莫邦尼拉是商业中心，也是土人烟业的商场，

从莫邦尼拉去最近的城市立郎威(Lilongwe)有三九英哩的汽车路。立郎威为省政府所在地。附近有不多的公路，还有村民筑的小路，通各村庄的。各水道上有少量的桥梁。除掉公路之外，在雨季时，交通就很困难了。在晴季，可以用汽车通达各重要村庄。

居民据一九四五年统计，在选定的区域内，约有一万五千人。如下表：

性别		种族	人口	教育状况	人数
男	6 500	阿克华(Achewa)	12 850	在本地受教育的	2 350
女	8 500	安广尼(Angoni)	2 100	在本地及英国受教育的	150
		其他	50	文盲	12 500
	15 000		15 000		15 000

在莫邦尼拉常住的欧洲人，只有一位高级农业助理员及其夫人，还有几位在基教办事处的工作人员。一万五千的非洲土著散住在百哩见方的九十余村落中。有的是瓦屋有的是茅屋，家庭大小不一。每一村庄有一领袖，负责本地的行政事。

阿克华民族，丈夫名义上住在妻子村庄里的。假如一个丈夫有几个妻

子,就分期而住。父母的权很小的,儿女结婚以后去南非及南路德细亚的矿区或农田工作。离家的期间从一年至三年或更较长时间。原因是为本地的烟草产量较其他村落少到百分之二十以上。

基教区一部分在蹉尔(Dzool)领袖的行政范围之内,还有一部分在莫萨庚培华(Msakambewa)领袖的行政范围之内,两个领袖都是本地的行政当局,同时为桃华议会的领袖。

在基教区内的学校,都由宗教维持的。其中有二所中央学校,由政府补助。从初级小学五年或六年到第三学级(Standard 3,英国制)。还有六所受补助的村庄小学,都是三年制小学。这些受补助的小学。特别是中央学校,比较合式。那很多未受补助的丛林小学(Bush Schools),校舍设备简陋,教员都未经训练,另有一所重要学校,非由宗教维持,却在实验区之外,不受当地政府补助,由桃华议会领袖直接管辖,是一所中央学校。

该区的卫生问题非常重要。一般普通的疾病,如钩虫、疟疾、皮尔哈齐亚(Bilharzia)病,到了冬天还有各种呼吸器官病等,应急待防止。各村庄的食水问题、医药问题、营养问题等,都待研究改善。

一般民众生活,基于农村经济。他们的主要收成食品是玉蜀黍(Maize),平均每家有二亩到三亩的出产。每个妇人有一个田园。普通的耕种器具,是一把锄头(hoe)玉蜀黍常有换种各种豆类,豆类为玉蜀黍外的副食品。烟草是农民的经济种植,平均每块烟草田是一亩,有的比较大些,烟叶出产,每亩可售二百磅。在现在物价高涨的时候,平均每个农人可以净赚八磅,有的农人收入可多数倍。玉蜀黍田常与烟草轮种,其他经济种植是落花生(Groundnuts)。实验区的土地尚算肥腴。

下　海地(Haiti)

海地共和国(Haiti)在西印度群岛海地岛的西部,境内多山,面积仅二万六千四百二十八万公里,住民共二百五十五万,十分之九是黑人,白人极少。一九二二年,该国曾与美国订约,允许美国有开发产业、管理财政、训练军警等权。故政治上属于美国控制。首都名太子港(Port-an-Prince)

一、起源

一九四七年三月,海地驻巴黎领事向联教组织提出"海地基本教育实验建议计划"。

一九四七年十月,联教组织负责人员,往墨西哥出席第二次联教大会,道经海地，就与海地政府洽商办理基本教育实验区事。

一九四七年十一月，联教组织在墨西哥举行第二次大会，就议决办理海地基本教育示范区。

二、环境状况

海地政府选定实验地区，经由联教组织代表勘察过的。它包括马皮尔(Marbial)之派里许(Parish)，沿高锡林河(River Gosseline)之山谷地带，一直到南岸的全末耳(Jacmel)市，约需一小时半，由齐泊(Jeep)乘汽车到全末耳。这是一个小的农业中心。共有教堂一所、学校一所、市场一处，都由海地牧师办理的。附近还有简陋的乡村学校、成人教育中心，或属于天主教堂，或属于浸礼会，或属于海地政府之教育事业主管部。

这个地带对于基本教育设施问题有几项：1. 人口过剩；2. 贫穷；3. 迷信；4. 热带疾病；5. 不用脑筋的农业；6. 虫害等。贫苦农民人口约有三万。住的是小茅屋，宛似非洲土民方式。儿童上学，有的来回要徒步四个钟头。

这个区域十分适合基教实验。虽有许多距离，像其他基教实验区一样，但不难达到要求的。虽有许多问题，都很容易消解。同时那里的农民有惊人的热心，他们对于教育的要求，已经很久了，这是很重要的因素，可以达到成功之路。

三、实验宗旨

帮助男女民众改良环境、调整生活，使有较完美、较愉快的享受，开发文化的优美因素，促进社会及经济的进步，获得现代世界平等地位。

四、实验程序和方式

依据第一期设计(社会的、经济的)调查的结果，确定实验方式。

同时须与负责的社会学专家合作，订定教育的程序，以发展下列两类教育事业：

(一)发展全面社会的基本教育；

(二)特别训练海地的青年。

教育程序包括有下列各项：

(一)扫除文盲，肃清愚昧，设施男女成人及儿童之初级教育；

(二)“辅助语言”的教学(从侨民的土语增加法语)；

(三)设施卫生教育及医药工作(由世界卫生组织派定专家指导)；

(四)设施农业教育及兽医教育，并作推广工作(由粮食农业组织负责指导)；

（五）设置初型的图书馆、博物院、艺术中心，以从事社会文化活动；

（六）设置小型工厂、乡村职业组合、农业生产及消费合作社。

上列各项，再由下文分段详细叙述（但本译稿限于篇幅，不能完全译出，只将其重要者举列于下）。

五、基本（社会学的、生态学的）调查，（调查要点如下）

（一）调查是作教育计划的基础。准备教育的材料（如课本及电化教育），准备学校的课程及成人教育中心的课程。这些课程必须切合实际，基于地方需要，适合风俗习惯，采用乡土的传说和歌谣。

（二）调制一种量表，以测验设计之进度。

（三）经过专门技术的基本调查，建立一种模范，由基教组织社会学专家指导世界其他各基教实验区，依样仿行。

六、师资训练中心及社会基本教育实验区设立在很适宜的马皮尔（Marbial）之山谷地带。区中设有本地师资训练班一班，可容学生三十名（班内有宿舍及教室），两个乡村小学，一处医疗所及卫生训练中心，一处小规模之示范农场及农业训练中心，一个社会图书馆，一个社会博物院，一个艺术中心（一间大会堂，数间小房屋），必须有办公室及会客室等。

关于基教实验合法的行政组织，由一个国际公法专家，商同海地政府负责指导。实验区督办依据协定，及经核准的预算范围内，密切与海地教育当局合作，指导实验工作的进行。

建议设立海地全国基教合作委员会，会址在太子港。这是全国基教顾问团体，委员会主席必须由会员中推选。这个团体在首都方面，必须得到世界业务的帮助。再建议组织地方基教顾问委员会，这是负责领导全末耳及马皮尔基教的推进。这个组织可以协助督办，处理基教工作。

还有两个联合国的分会：一为世界卫生组织，一为食粮与农业组织，将派遣卫生及农业专家，在实验区督办领导下负责工作及训练人员。关于卫生及农业技术干部，由当地专业人材充任。

实验区应设两年课程的专科训练班，训练五十名海地青年，预备充任学校教员及成人社会教育工作人员，以全区基本教育为对象，依照程序，分工进行。其中卅名学生为寄宿生，收自远处地方之青年。廿名为通学，收自附近之青年。他们年龄，应多数限于十七岁到廿五岁。至少是受过初等教育，但年龄稍大者亦酌量收取。学生膳食由训练所供给，并须有适当的营养，以造就优良教员，及社会工作人员。

社会基本教育的设施，在学校、在成人中心、在医疗所、在农场等等，都为训练学生的场所。一面使各种设施自身更加充实，便利推广，一面使学生增加经验，最后成为良好工作者。

七、初等教育及普通成人教育

两个乡村小学，及十个成人教育中心在适当时设立，以配合实验区。

在这些小学及中心施教的媒介，用土语，并参用法语，作为辅助语言。课程须特别注重实际需要，适合当地社会。

大约五分之一的乡村教师应在社教中心训练。

两个乡村小学为供给学生实习之用，这两所小学有双重意义：一为改进其他本地小学；一为训练未来的教员。

一位普通教育及师资训练督导员(非海地籍)在实验督办领导之下，负责指导小学及成人社会教育工作，并训练师资，以实验基本教育为对象。同时与各专家合作，以运用新教育工具。

一位助理督导员(海地籍)为师资训练班的教员，同时为第一所实习小学的校长。第二所实习小学，由海地人任校长，另聘二位为二小学专任教员。其余课程由实习学生轮流担任。

基教计划是要扫除文盲，肃清愚昧。所以实习生同时必须实习成人教育，并须办理夜校。

八、辅助语言教学

教学辅助语言——法语——有二意义：一为国际易于了解，二为便于促进科学与文化。教学方法，宜准备专家及教学工具。如课本、教员手册、幻灯片及其他视觉及语言教学。可采用在非洲教学英语的经验，迅速推进。

工作人员，包括：语言教学指导员一人(非海地籍)，助理一人(海地籍)，讲师一人(海地籍)，技术专家负责电化教育一人(非海地籍)。

器材包括：发电机一座，幻灯机十架，摄影机二架，记载机一具，留声机十座，小型印刷机一具。

九、卫生工作及医药业务

(一)用医药治疗争取社会及个人之信用与合作；

(二)表演个人卫生及公共卫生之价值及可能；

(三)灌输社会领袖知识，以解除卫生事业之阻力。

设立乡村医疗所及助产院有双重意义：

(一)适合乡村医药的需要；

（二）训练教员及工作人员初步健康教育及卫生教育。

十、农业及兽医教育及推广工作

设立小型的示范农场，作为农业推广的中心。这个农场由经过训练的工作人员自己耕种一部分或全部。

这个农场的设计是要使一般农民感到兴趣而改进他们的农业。特别注重在山坡耕种的技术、造林、土壤腐蚀之防止、轮种方法、土壤肥料、变更种植及改良种植，包括果子、病害管理、简易灌溉、清除工作、储藏、生产推销。鼓励农民购用优良种子，采用新式耕种方法与耕种器具。高级工作人员有农业及兽医督导员（非海地籍）一人、兽医官（海地籍或非海地籍）一人、农业专家助理（海地籍）二人。

十一、社会图书馆、博物院及艺术中心

联教组织在海地的基教实验，很重视图书馆与博物院，并希望注意海地民族固有的文化，以适应他们的需要。初步宜注意乡村社会的大多数文盲，书籍居于次要地位，博物院的普通展览，也非重要，其重要者是在其他活动方面。这种活动是使民众能听能看，以适合基教的要求。如影片、幻灯片、留声片、音乐、讲演、讨论会、读书会、讲故事会、演剧队以及其他设计的展览。这些教育设备，有的属于家庭的，有的属于工业的，有的属于农业的，有的属于技术的，有的属于卫生的，使民众很兴奋地走向新的生活道路上。所以一切的展览物，不是现成购置的，是要随时创作的。开始用的书籍，宜侧重在画册，文字用土语，或简单的法语。

最初宜设立图书馆与博物院混合的中心。这种设置易于推广到各地。建设宜简单，但须计划到可以扩充图书阅览及电化教育等。须备有图画、模型、影片、展览品、统计表及书籍、标本之有关乡土艺术者。这些设备必须各地巡回展览，并参合音乐戏剧及其他社会活动。

十二、乡村工业及合作社组织

基本教育的进行，必须与发展经济相辅而行。教育是用来开发民智，发展经济。反过来说，改进经济是要发展教育。假使基本教育的程序丢开了经济，必会遭遇失败。假使在乡村社会没有建立经济基础之前，外国各教育专家退出了实验区，基本教育就会立即停止。

土地有限，人口过剩问题一天一天严重起来。在斜坡的山谷中，农业一天一天地枯穷，这是海地目前经济困难问题。假使基本教育的设施，能指导他们解决经济上种种困难，如介绍许多农村小工业，一面把过剩的人口疏散一部，一面低价供给农民需要物资，如肥料、水泥、砖瓦等，同时供给电力机，使有充分的灌溉，把剩余物产设法出口，再提倡手工业，如纺织、木工等。这样基本教育就可以同时开展了。

农村的合作组织极为重要，如生产合作、消费合作等，与农村的工业及农业之兴盛有极大关系。合作事业的利润，可以供给教育经费，基教计划又可增加职业训练班等。

（原载于1948年《教育与民众》）

美国化的教育

美国化的教育冲进了我国的大门，除了教会学校之外，据我所知，是在一九一五年左右开始的。因为那时江苏省某教育团体提倡美国教育，就把原有仿日德的教育渐渐改变过来。到了一九二二年，所谓“新学制”施行后，于是美国化的教育就很普遍。照这样算来，迄今也已有三十五年。经过了这样漫长时期，我国教育被美帝毒化，确已根深蒂固。一九一九年，美国旧民主主义教育学权威杜威来华演讲，由于美国留学生的捧场，轰动一时。从此有很多人醉心于美国教育，并以留学美国为荣。南北各大学纷纷添设教育学系，把杜威著的《民主主义与教育》奉若圣经，几乎人手一篇，杜威的教育学说是旧民主主义主张个性自由发展，否认阶级斗争。主张为教育而教育，不应把成人所爱好的事情立为教育的目的。所以他的教育只能培养民主个人主义者。

杜威的论调很适合于中国不少旧知识分子的口味。因为中国旧知识分子出身于半封建半殖民地的社会，不少人习惯于散漫、自由、颓唐、浪漫的生活。所以杜威的学说侵入，很受欢迎。其实，杜威的时代已是在资本主义的美国发展到帝国主义的时代。他们代表了美国一贯侵华政策中文化侵略的主脑作用，今天我们要清算美帝的侵略政策，不可放弃文化侵略的主脑。

由于受了杜威学说的影响，数十年来中国教育界，民主个人主义空气非常浓厚，有些人服务太久了，中毒太深了，一时不易清除。如某中学校长说“我三次出洋，到了世界上最民主的国家——美国，所以我办校是最民主的……”她却不知道，美国已发展到法西斯的阶段，“实际上是世界上最具侵略性的帝国”（福斯特）。这次各学校展开时事教育，师生间，不约而同地暴露出很多问题来。有的说“美国是个民主自由国家”；有的说“美国对我们有好处的”；有的说“无论如何，我们仇恨美国比不上仇恨日本那样深”。这些问题的由来，第一由于美帝侵略政策的阴险。美国人福斯特也说过：“美国发展它自己的经济政治控制的一套办法，这种控制在制服人民方面，确实比较英法与荷兰帝国主义的、早期的、比较粗糙的方法，更为有效。”美国用经济文化，侵略我们，这是杀人不见血的手段，所以到如今还有许多人思想意识上对于美帝的侵略面目很模糊。第二,一般人受了反动的欺骗宣传,一时成见不易清除。第三,一般人论是非都在现象方面看,而不在本质方面研究,就容易犯错误。

我个人早在南京高等师范和东南大学,学习了杜威、波特、孟禄等教育学说,中了他们的毒也很深。后来我在南洋群岛办学,就替杜威等作义务宣传。如今回想,那时我等于替资本主义服了务,替帝国主义张了目。在这种思想指导下,后来我去英国求学,又崇拜那位个性教育权威南尼(T.Pency Nunn),熟读他的著作*Education Lto Data and First Principles*,也中了这些学说的不正确的见解。一直到一九二九年,我读了李浩吾著的《新教育大纲》,使我的旧民主主义教育学说摇动起来了。但是我思想上的余毒还未消尽。回国后,写了很多文章,犯了很多错误。其中最重要者:如跟着法国列多诺(Letourneaux)的学说,说教育起源,人类与动物相同。如同老猫教小猫捕鼠,老燕教雏燕学飞。并且把这篇讲稿到处讲演,前后讲过有数十次之多。在无锡,曾在教育学院,国专,省锡师的社教讲习会,和洛社乡师等处讲演过。我现在顺便在这里做个更正吧:"人类社会生活现象不能解作生物的生活现象。教育是一种社会现象,只有人类社会所特有的。"

文集责编注:本文言词表达的观点,为作者当时真实思想。保存原貌,不作改动。特此说明。

(原载于1950年12月9日《苏南日报》)

对道尔顿制批判

一、为什么要批判道尔顿制

在半封建、半殖民地的旧中国,教育界的思想很自然地大部分受到封建社会思想和资本主义思想的反映。保留着封建社会思想的,就要留恋旧时代的私塾个别教学;具有殖民地买办思想的,就会醉心于反动的实用主义教育学。二种思想合流,就会喊出反对班级上课制度的口号,说什么,班级上课是扼杀儿童自由的,学级制度是残害儿童个性的,课程表是遏制儿童兴趣的,教师计划讲授是阻止儿童才能发展的等等。这类文字发表在当时各报纸、各杂志上,占篇幅很多。在"五四"运动前后,东南有几处学校试行所谓"学科制""选科制",依着学生的兴趣,以学科为单位,按照程度分级,进行上课,这样打破了年级,扰乱了教室,结果弄得秩序大乱,宣告失败,仍恢复了学年班级制度。

1920—1921年,随着杜威来华作贩卖实用主义教育学说的讲演之后,中国教育界掀起了学习和模仿美国式的教育方法热潮。在1922年6月,《教育杂志》上发现了鲍德征的《道尔顿实验室计划》一文,这是摘译自英国伦敦《泰晤士日报》的"教育周刊"上来的,引起了一些趋骛"新教育方法"人们的注意。首先实验者,在中学方面有吴淞中国公学中学部、吴浙中学;在小学方面,有上海旦华小学、江苏第五师范附属小学等。接着1923—1924年,全国仿行此制的学校,据说有百余个。甚至全国的教育联合会作出决议:广泛推行这种制度。

这种教学制度是打破班级,取消上课,废除课程表,改变教室为作业室,让学生自由来往学习,教师却处于被动辅助地位。这种方法,很合当时一些喜欢鼓吹"新教育"者的口胃。经过他们的宣传,全国中小学的教师们有很多受了他们的迷惑,起了很大的影响。虽然道尔顿制在中国的命运很短,但它的毒素很广泛地中入人心,因为这是有社会思想背景的。试看后来同样以儿童为中心的"生活教育""活教育"等口号,震荡了南北教育界,这不是偶然的。

一直到了解放，甚至现在，这种毒素还没完全澄清。近来有误解"因材施教"的和误解"培养学生独立思考能力"的，竟不重视集体教学，怀疑到教师起主导作用。这种偏向，不能不说是与受儿童中心主义思想毒素无关。

班级上课制度是十七世纪伟大教育家扬·阿姆司·夸美纽斯，总结了历史经验而创建起来的。以后世界各国极大多数的学校都采用这种制度。十月革命后，苏联学校也采用这种制度。但革命后初期，有少数教育工作者迷惑于所谓"新教学法"，曾一度错误地采用过"设计教学"和"道尔顿制"。到1932年，联共（布）中央作出决议，肯定了"教学工作的基本组织形式应当是上课"。批判了过去错误的倾向，肃清了资产阶级实用主义的教育思想。自此以后，苏联学校在党的领导下，严格遵守马克思列宁主义教育学的精神，总结了教学经验，更发展和提高了班级上课的优越制度。

我们为了正确地钻研马克思主义列宁主义教育学，很好地学习苏联先进经验，巩固优越的班级上课制度和发挥教师应有的作用，把反动的实用主义派生出来的道尔顿制分析批判一番，这是十分必要的。

二、什么是道尔顿制

"道尔顿制"又叫作"道尔顿实验计划"（The Dalton Laboratory Plan），这是由美国柏克赫司特女士（Miss Helen Parkhust）创出来的。她在1920年2月，在美国马萨诸塞州西部一个城，叫作道尔顿的，一个"道尔顿中学"内，开始实验的。

这种教学制度的主要用意，是要使儿童个别自由学习和自由发展才能。柏克赫司特曾提出三个原则：

1.自由原则。它含有两种意义：（1）在消极方面，把一切阻碍学生自由的学校组织，和教师压迫学生等事，都消除掉；在积极方面，施行适当方法，使学生对身体及精神方面自己计划处理自己的事情，自己克制自己的活动，不任情作害他人的事。（2）自由是一种手段，而不是目的，即以自由为工具，养成学生自己支配自己的能力。儿童原来会自动，但在旧教育制度的种种机械的规则压迫之下，束缚得他们不能动了，现在要把他们解放出来，实行道尔顿制，取包工的精神，以养成其责任心。

2.合作原则。使儿童过团体生活，互相扶助，互相节制，过自由生活。

3.时间预算。这是柏氏后来加的原则。把旧时的时间制度打破，而用包工的形式，使儿童想法在规定的时间内，自己计划。

这种制度在中国一般实验，只有二、三年，即告结束。至1924年后，渐渐消沉下去。1925年7月，道尔顿制创始人柏克赫司特来华宣传，不能挽回它的厄运。以后继续实行此制者绝少少数。如北平艺文中学一直实行了几年，但无总结与比较研究，不能看出这个制度的优缺点。只有“东大附中道尔顿制实验报告”，他们用比较法实验这个制度，选定初中一年级和二年级，各分二班：一班为实验班，一班为比较班。实验了一年，经过测验、比较、调查和统计，得出结论。结论指出：首先，贯彻“自由”与合作的原则，道尔顿制未必胜于班级教学。道尔顿制允许每个学生自由进行学习，但每个学生做完各段工作时的成绩，程度相差很远；其次，道尔顿制表面上没有留级、退班的缺点，但程度差的学生因功课积压，时间延搁，毕业的年限更要延长；第三，倡道尔顿制的，批判班级教学，偏重被动学习，其实道尔顿制的“自动学习”是形式的、表面的。曾见有的学生在道尔顿制班上作业时，精神散漫，心思不安定，忽而到这室，忽而到那室，学习效果很差，远不及班级教学；第四，道尔顿制偏重阅读，而轻视听讲与实习，却不知道听讲与实习是教学工作中的重要环节，这不能说不是道尔顿制的大缺点。

道尔顿制的设备是把原有的教室、课程表和上下课的铃钟信号，一律废除，代以实验室或叫作业室和公约。作业室是照科目设置的，如国文作业室、自修室、英文作业室等；室内有书籍、图表、标本、实验用具等。作业室的功用是兼了教室、自修室、图书馆和实验室四种用途的。作业室内设有长桌。桌的周围放着板凳，学生任意选一座位，靠桌阅读。室内另有小书桌一张或二张，是给教师用的。作业室开放时间是有规定的，或者开放上午半天，或者开放下午半天，或者上下午全日开放。每室悬挂作业牌一方，由教师订定一学期的学习大纲，和指定每月的作业，写好贴在牌上，给学生参考。学校发给学生空白工约纸一张。工约纸依年级分为各种颜色，例如一年级为红色，二年级为黄色，三年级为蓝色等。工约的时间以一个月为限，每张工约只能用于一个科目。学生把工约填好后交给教师。假定学生有逾期没有把本科应作的作业做完，便可根据工约去催促他。

在道尔顿制中，表格法是很重要的。表格共有四种：第一表是用来统计某学科同级学生各个人的成绩的，所以叫作“教师的作业室表”。这表是悬挂在教室里面的。表内填有同级学生的姓名、周数与日数，学生每日所做功课，等于全周的多少（作了二分之一，三分之一，或全周），就记载在上面。教师看了这个表，对于学生学业的进度，一目了然；如有学生学习过于迟缓，教师可加以帮助或催促。这个表可以使学生每日看到自己的工作成绩,并且可以互相观摩,互相竞争。第二表是学生工约表。学生每日工作后,自己划上一线。这不但学生自己知道工作情形,并且可以计算时间的掌握。第三表是一种周表,是各科工作的总计表,存在教务处的。第四表是学生出席表(不寄宿学生需要的),应张贴在当路的布告牌上,使学生进校时自己登记。

儿童的学习,是个别进行,不受任何人牵制。在作业室内的时间长短,也随各人自由,没有人干涉。在学习上发生问题,首先由个人研究;不能解决时,可向同学询问,或组织小集体讨论;再不能解决时,然后请教教师。

三、道尔顿制理论的反动性

道尔顿制的理论是建立在杜威实验主义教育思想上的。杜威的实验主义教育学是资本主义腐朽没落,发展到帝国主义时代的反映。它的唯一目的是害怕劳动人民掌握科学知识,推翻资产阶级的统治,因此要降低或取消学校的作用,不让教师把人类历史积累的文化遗产系统地传授给年青一代。这种学说是违反客观规律,阻碍社会进步,彻头彻尾是反动的。

道尔顿制的理论,主要可分为下列几个方面:

(一)敌视班级上课制度

道尔顿制的创始人和宣传者都痛恨班级上课制度。柏克赫司特说:“在普通学校情形之下,男女儿童的能力,每不得自由的发展。”“故首要之事,在于打破一切不让学生处理它的问题的障碍。”“道尔顿制最先要废除课程表。”替创始人的著作写导言的伦敦大学额午(T.P.Nunn)更激烈地主张废除上课时刻表和课室教授:“因为时刻表的起源是由于这个臆断:在儿童的‘学校生活’之中,教师应吩咐他们在每小时内应做的事情;课程制的起源,也是出于这个信仰:教师可以不顾儿童动作方式和速度的变异,而把二十五人或百人当作一人看待。”在中国宣传道尔顿制最积极的舒新城先生,在他编的《道尔顿制概观》开卷第一句话就说:“我素日不满意于年级制之不能使学生底个性得适当的发展……”从上面一些话中可以看出,道尔顿制是班级上课制度的死敌。我们要研究两种制度不相容的原因,必须了解两种制度的性质和作用。班级上课制度是在中世纪末期,工商业的成长和发展,由于广大民众对教育的要求,而产生出来的。大教育家扬·阿姆司·夸美纽斯,总结了兄弟会学校的经验,倡行这种制度。这种制度是掌握学校发展的规律的。由个别教育,进步到集体教育;由散漫零乱的情形,进步到有组织、有纪律的教学秩序。这种制度三百年来在实验上证明是正确的学校教学工作的方式。它的特点，是按照学生的年龄、他们的知识水平和学校规定的名额，分成若干年级；每个年级依照教学计划，列出若干科目；每个科目分成适当的段落或题目；每个段落比较平衡地、有系统地分成若干课；每个教师遵着每周或每日规定的时间表连续着上课；每上一课后有休息时间；什么时候考查，什么时候考试都有规定。在夸美纽斯以后，历代杰出教育家们对班级授课制度作出很多有价值的贡献。到了社会主义的苏联，在共产党的英明领导下，全国教师不断地努力研究，积累了很多经验，把班级上课制度提到了新的更高的阶段。

试看道尔顿制，是实验主义教育学派生出来的。实验主义教育学是以维护垂死的资本主义制度为目的。这种制度在哲学上是唯心的。据柏克赫司特在她著的《道尔顿制教育》的第一章中说："现在学生在学校内满足自我发展的要求。"好像儿童的教育可以脱离社会进行的。如《北平艺文中学校道尔顿制实施概况》所载他们的创办人的发言："完全用主观的态度，来消化客观事实的自动。"这无疑是从主观出发的。又如江苏省立第五师范附小所编的《小学校道尔顿制实施法》中所列道尔顿制和设计教学法比较表：道尔顿制"是演绎的（儿童 先求原理，然后推而广之，以解决一切问题）"，"照心理所需的，到书本上求之"，这些唯心言论充满于宣传道尔顿制的刊物上。

这种制度的意义是要消灭学校的。因为创这种制度的主张，废除学校制度，"我们的教育制度用种种的章程来束缚儿童"，废除讲演法，"讲演法是中世纪的教育法，按今情形，这种方法早已不合于用"，"今在道尔顿制之下，没有上课下课的铃声"。从上面这些话看来，学校没有教育目的，没有组织，没有制度，没有规则章程，没有教师讲演，也听不到上下课的铃声，这样还成为什么学校呢？"道尔顿制"名义上虽说是一种制度，其实不成为其制度，柏克赫司特自己也说："道尔顿制不是一种制度或教授法"，"也不是一种课程"。它的作用还不及我国旧时的私塾，因为私塾有"尊师重道"的通例；更不及宋代朱熹的书院，因为他的学院尚有"学规"的订定。

（二）个人自由主义

替道尔顿制创始人著作写导言的伦敦大学额午 T.P.Nunn（《教育大辞书》译为讷恩；翻译《教育的重要原理及其根据》的译为南尼），是主张个人自由主义的教育最激烈的人。他代表了英国资产阶级夸耀自己个人自由而不许他人有同样的自由。他们的自由建筑在劳动人民痛苦之上的。额午的教育学说纯粹根据生物学和心理学，脱离了社会实际，否定了教育是一种社会生活的现象，这是不科学的。

额午曾在英国提倡道尔顿制，是最为积极、最为权威的人。他替英国西青学校（West Green School）校长林勒（A.J.Lynch）著的《个别作业与道尔顿制》作序，批判了当时学校的组织，对学生个别的努力，太少自由生活、自由发展的余地。他并且主张：小学比中学更需要推行道尔顿制；因为小学儿童受到了这种教育，更容易养成个人自由主义习惯。额午的理论，很明显，是要维护资产阶级的统治，保持着英国绅士的生活。

道尔顿制推销到中国，对于帝国主义来说，也说很有作用的。因为在半封建半殖民地的旧中国，培养买办阶级，是资产阶级教育者的任务。试看我们人民革命全国胜利后，美国国务院发表所谓“中美关系”的白皮书，美国国务卿艾奇逊给总统杜鲁门信中说：“中国的悠久文明和民主个人主义终将再度胜利，中国终将推翻外来制度。我认为我们应当鼓励在中国的一切发展，这些发展正是为了达到上述目标而工作。”从实验主义的教育学派生出来的道尔顿制，主要目的是为维持垂死的资本主义社会制度。因此培养新生一代的个人自由主义是其重要内容之一。

柏克赫司特提出第一个原则，就是自由。并下注解道：“所谓自由，就是随己之所欲。随人之所欲，便是奴性了。”她又引衣谋生的话：“教育的秘钥在于尊重儿童。学生应该学什么，做什么，用不着你去替他选择。”这种说法，是对下一代的教育完全不负责任，不但违背人类社会教育的原理，也违反了人类历史发展的规律。

“儿童有偏见，有一种引诱他忽而至城市，忽而至沙漠之幻想。让他从心所欲，至于结果的好坏和伴侣的好坏，我们都可不管。这种偏见，这种幻想，自然会得修改，到底总能引他入于爱真理的社会。”道尔顿制的自由原则，就是杜威的“教育无宗旨”学说的翻版。杜威认为教育就是生长，生长不能预定目标。譬如一棵橡树，经过若干世代的变异，可能一变其祖先的本来面目，成为一种高大的树木或变成另外一种新的物种。物种不能规定个体的发展方向，而个体的变化可以决定物种的变化。同样地，社会不能规定儿童发展的方向，只有儿童本身可以决定社会发展的方向。杜威硬把生物学的概念应用于人类社会的教育。这类反科学的理论完全与马克思主义相反。马克思主义者认为：社会发展的规律可以认识的，未来的世界可以预知的，人类能够改造世界，在改造世界过程中也改造了自己。《共产党宣言》中指出：“资产阶级底灭亡和无产阶级底胜利同样是不可避免的。”资产阶级在未来社会面前发抖，他们的思想代理人杜威，“讳疾忌医”地不敢正视未来，不愿教师对儿童指出未来的方向，希图缓和革命，以维持资产阶级统治的现状，这个目的是与道尔顿制相符合的。

(三)以儿童经验为主

柏克赫司特说：“儿童在能够解决成人的问题之先，须练习解决儿童时代的问题，倘然我们的教育给与儿童以一种自己处理自己的自由和责任，他才做到这个地步。所谓经验者即在于此，再没有别的东西了。”让儿童自己处理自己的问题，自己摸索经验。这种经验就是感性知识。教育年青一代只停留在感性知识，是大成问题的，因为这样势必把历史拉向回头，再过四五千年，才到达现代的文明。这就是杜威的“教育即生活，学校即社会”的谬论。这种理论的根本错误地方，是把教育与生活混同起来。我们知道，教育是人类社会生活特有的现象，不同于动物界的生长或是自然发展的现象，又不是全部的社会生活。教育是社会的上层建筑，即精神生活方面的现象，也就是说人类社会生活的一个方面。教育的范围应该比经验宽广得多，我们不仅要教育年青一代，通过社会实践来体会生产斗争和阶级斗争的感性知识，而且要教育年青的一代通过系统的学习，来掌握人类社会生产斗争和阶级斗争的理性知识。这就是说，教育的任务，是把人类历史积累文化科学遗产传授给下一代，同时在教学过程中，要使年青一代在实际生活中体会生产斗争和阶级斗争的经验。但学校教育决不能等于社会实际生活。例如农学院的学生要到农场去实习，工学院的学生要到工厂去实习，但他们不等同于农场技师和工厂工程师。可以说，教育是反映现实社会生活的要求，并为指导和提高今后的社会生活作好必要的准备。因此教育是社会生活的更新和延续的条件之一，它要受到社会物质资料的生产方式的约束；反过来，教育又影响于物质资料的生产。

杜威对“经验”一名词曾作过明白的解释。他举例说：小孩看见了火，用手去碰它，这是活动。火烧痛了手，这是后果，也就是感受。小孩认识了手碰火，火灼伤手之间的关系，而构成了“火碰不得”的意义时，这孩子是获得了关于火的经验。道尔顿制创始人所提出的“经验”就是根据杜威的理论来的。她说：“所谓经验者即在于此，再没有别的东西了。”她把这种肤浅原始的感性经验，当作全部教育内容范围，是极荒谬的事。道尔顿制的具体做法，是把儿童自己阅读书本，作为儿童的自己生活经验，不通过教师系统讲授，要儿童自己去感知书本，这是违背认识过程原理，极不科学的做法。

(四)以儿童兴趣为中心

实用主义教育学者主张:学校教育是不能有其目的和任务的,而是要以教育者的兴趣和实际经验为依据的。

兴趣在教育上,确实是一件重要事,它可以推动学习,推动工作,从而发展人的学问和才能。但没有良好教育,任儿童自发兴趣,这是一件极危险的事。因为儿童的第二信号系统还很简单,意识中心还不稳固。他们的兴趣没有稳定,在颇大的程度上还是直接依赖于具体刺激物,很容易被不良的活动所引诱。这样就会妨害他们的学习和工作,甚至流于腐化堕落。

我们应该知道,人的兴趣并不是天生不变的,而是在一定的意识倾向的引导下接受教育和参加社会实践的过程中,逐渐发展起来的。青少年期是发展兴趣的关键时期,教师对学生培养兴趣,负着极重要的任务。基本的兴趣,一般都是间接的兴趣,这是要通过世界观、信念、或远大的理想来实现的。

道尔顿制创始人曾举例说:“校长对学生说,日课表和上课铃都废了;自此之后,实验室可以自由出入,他们随时可以学习每种愿意学习的科目了。”可见道尔顿制创始人强调了儿童中心主义,即不顾教育学的规律,又不顾心理学的规律,忠实于实用主义,追求儿童主观兴趣,彻头彻尾是反科学的。

试看廖世承先生写的《道尔顿制实验报告》,也提出了批评:“通常的人对于工作,都由勉强而达于自然。心理学所谓间接的被动注意,即是此意。被动的注意是天赋的,有兴趣,即注意,自动的注意是人为的,勉强的。人生的需要很复杂,因此教材的种类亦繁多,倘使要儿童有兴趣才教,那我们的教材太狭窄了。所以最好的方法,在使之由自动的注意中,发生间接的被动注意。例如:儿童开始不喜欢数学练习题,后来勉强的注意,做几问以后,兴趣便来了。这便是间接的被动注意。有了间接的被动注意,学习才有生气。”

道尔顿制创始人很天真地承受了实用主义教育学者的衣钵,片面地强调儿童主观兴趣让儿童愿意做什么就做什么,毫无教育意义可言。

(五)强调天才由遗产传来的

实用主义教育学认为人的天赋才能一生下来就具有了,无法改变的。因此教育不过给儿童一种适当环境和适当条件,使他自己自由自在地发展,不能有统一的目的和一致的要求。如果遇到错误和困难,靠他自己的经验来改正。生来优秀的,将来也是优秀分子,就成为统治阶级;生来蠢愚的,将来仍为蠢愚分子,就成为劳动阶级。根据这种反动说法,就创出狭义的民族主义来,说他们白种人是优秀种族,应该侵略人家,压迫人家;有色人种是劣等民族，应该被宰割，被人剥削，处于殖民地和半殖民地地位。

道尔顿制就是根据这种反动思想出发的，所以道尔顿制创始人引衣谋生的话说道：“我们真不能让他发展个性而用自己的方法去享人生的快乐吗？否则，我们牺牲学生的天才，其禀质中未知的可能性，而治之于一墟之中。”

其实，人一生下来，并没有什么个性，也没有什么天才，他只从先代带来的一些维持种族和个体生存的本能。这些本能是以无条件反射为基础的。儿童在成年人的关怀和指导下成长起来，学习了语言，接受了学校系统教育，获得了大量的知识，发展了条件反射，养成了社会的道德观点，形成了意识倾向，培养了兴趣和世界观，初步建立了个性；到了参加社会生产，意识倾向就定型起来，个性就确立起来了。

人的才能是由意识倾向和兴趣的推动而发展起来的。才能的高度发展水平称为天才。

马克思列宁主义认为：整个人类属于同一的自然的种族，世界上一切民族在社会上和生理上都有同样高贵的价值。人的心理活动内容和人的文化发展，不是决定于他所属的种族，而是决定于他的生活条件。

自来教育，在阶级社会中，不能脱离政治而独立存在。而资产阶级教育学者总想隐蔽教育的阶级性，但当他们发表教育和教学的具体内容和方法时，他们便站在一定的阶级观点上了。他们的教育目的是为了给反动的统治阶级培养顺从的奴仆，以及良好的执行者，这些人是不认识社会的真实面目，而效忠于腐朽的社会制度的。

资产阶级学者强调天才由遗传来的是主要因素。如英国哥尔通（Galton）调查了英美等国家的有名人物共二千五百人。其中有法官、政治家、军人、新闻记者、科学家、诗人、音乐家等。研究结果：法官二百八十六人中，有一百二十八人显然由于遗传关系；政治家五十三人中，有三十三人显然由于遗传关系；军人五十九人中，有三十二人显然由于遗传关系。又如法国李潘（Ribot）研究了科学家八十三人，其中有六十五人有遗传关系；画家四十二人，其中有十八人有遗传关系。这类研究方法，只从父子事业的表面上统计，而没有把环境影响与教育作用计算在内，是极不科学的，但这种不科学的学说竟然迷惑了我国旧教育界，提倡天才教育。又据美国测验统计结果，据说资产阶级的子弟大都是优秀的，即是天才儿童；劳苦大众的子弟大都是蠢愚的，即劣等儿童。却不知道，美国的智力测验不仅是不科学的，而且是不公道的。例如：资产阶级家庭里的钢琴是极平常东西，儿童从小听惯了琴声，年龄稍大也会玩玩弹弹；而劳苦人民的子女从来没有看见过钢琴，也没有听到过琴声；到了测验的时候，资产阶级子女具有钢琴弹唱的常识，就被断定有音乐天才；而劳苦人民的子女对钢琴弹唱一无所知，就被断定为蠢愚。试问这种测验有什么价值呢？这种天才教育，除掉维持资产阶级统治外，没有其他意义了。

（六）否认教师起主导作用

道尔顿制的特点，是废除"上课时刻表和课室教授"。结果是降低教师的地位和作用。如柏克赫司特说："现在学生，在学校内满足自我发展的要求，他不再去学习教师所立意教授的东西。"

道尔顿制者和其他实用主义教育者一样，抹煞学校和教师的重大作用。他们以为教育应该就被教育者的天性，使他们能适应环境。学校教育内容，不该是适应国家建设需要，有一定的教学计划，使学生获得全面发展的、有系统的科学知识，而应是受教育者的各个经验和实践，自己将来变成适应环境制约的人物。做教师的不应该规定儿童将来成为什么样的人，也不能用任何见解和主张去影响他们。教师只能作为受教育者的伴侣。

道尔顿制者和其他实用主义者一样，他们的目的都是要用反动的教育学说来欺骗人民。他们主张，教育以儿童为中心，凭着儿童自己的经验，用自己的感知，去辨别，去理解书本，这样使儿童只能学到些肤浅、零碎、片面、不完全、一知半解的知识，以维持目前的资本主义社会秩序就够了；避免他们学习了系统科学知识，懂得了社会发展史，就要发生危险的；尤其防止教师在课内散布进步言论，以影响儿童。

我们马克思列宁主义教育学恰恰与他们相反。我们认为教师是学校的中心人物。他的使命就是教育儿童。在他的教育下，形成儿童们的性格、意志、兴趣与爱好；他训练着儿童们的技能和习惯；他培养着儿童们的注意力和思维；他把科学系统知识来武装学生；他在课内、课外，无论在哪一方面都给予学生以教育性的影响；学校整个教学与教育的工作的成效都是取决于教师。所以加里宁曾说过："教育是对于受教育者心理上所施行的一种确定的、有目的的和有系统的感化作用，以便在受教育者的心身上，养成教育者所希望的品质。"目前我们的国家正处在向社会主义社会过渡的时期。学校教育的目的和任务，就是要培养社会主义社会全面发展的成员，以社会主义思想教学生，这就要求每个教育工作者首先具有高度的社会主义的觉悟和思想，才能担负起为国家培养有用的建设人材的光荣而艰巨的任务。有系统的知识传授，有计划的教学工作组织，有步骤的共产主义教育实施，必须实行教师负责制，教师起主导作用。

道尔顿制的个别教学，还不如封建时代的私塾教学。封建时代的私塾教学，还是从教师出发，有领导的。道尔顿制却允许学生自由来去，自由地学习，教师不得干涉，也无法干涉，因学生自由变换工作室，忽而到甲室，忽而到乙室，在甲室的教师不能干涉他，在乙室的教师也不能检查他。这样没有纪律的教学，要收到良好的效果，显然是很难的。

四、道尔顿制方式方法的谬误

道尔顿制在理论上的错误和反动性，上面已经分析过了。现在我再把它的方式方法上的谬误举其重要的写在下面：

首先，道尔顿制的谬误是在不依靠教师把科学知识系统地在课堂上传授给学生，而让学生自己阅读、摸索，所谓"自修即上课，上课即自修"。东大附中教师试行这种制度后，也曾提出：大多数学生对于学科理论缺乏系统了解，并且不能应用于实际。

由于学生自己学习，不经教师讲授指导，有的地方懂了一些，有的地方不能懂，有的地方似懂非懂，还有的地方自以为懂，实际是认识不正确，或理解错误。这样成为隔生的米饭式知识，还有什么用处呢？如果学生自己知道不懂，不厌烦地去问教师，这是好的，有些学生自以为懂，实际是不懂的，他不肯去问教师，还可能把不正确的理解去传布给程度较差的同学，这样以误传误，危险性是很大的。

教师考查学生笔记和练习簿时，因数量太多，不能细阅，大的错误可能找出纠正，细小节目就无暇分析了。况且学生的笔记和练习簿多数是相互抄袭来的，可靠性太少，不能作为考查根据。

东大附中实验报告结论中引推士博士(Dr.Twiss)的话："凭学生自己摸索，不易有系统的组织。弄得不好，学生只得到了片段的知识，不能应用。"这话是很确实的。道尔顿制的学生所得到的是肤浅、片面、不正确的知识，到他们实践时，一定要发生困难的。而且它要求学生自己在书本上抓知识，教师却静默地坐在旁边，伴着、等着，不使他主动地发挥指导作用，因此教师的作用起得极小极微，显然这种制度是很荒谬的。

其次，道尔顿制废除上下课的时间表，让学生自己任兴趣学习，学到自己愿意结束时才结束。东大附中原定作业室开放时间，每星期一到五，为上午八点至十二点，下午一点至二点，晚间七点至九点，星期六下午不开放，共计有三十九小时。在这些时间外,还有别的功课。一周作业时数总计已不少,但学生以“功课忙不了”为理由,要求作业室延长开放时间,星期日要照常开放,该校行政上就接受了他们的意见。据东大附中学生反映:他们的学习负担异常沉重,遇到学习较深的理论,很难学习下去,作业室内的空气,经常很沉闷的。他们对于学习,个个叫苦。而道尔顿制宣传者称:“道尔顿制以兴趣为出发点。”这完全是谎言。

班级授课制度,每节四十五分钟到五十分钟。节间有十分钟到二十分钟的休息,可使学生下课后出教室去活动一下,使学生精神身体有所调剂,这于学生心理方面都有很大好处的。道尔顿制打破了这种优越制度,是开倒车的做法。东大附中学生也有反映:道尔顿制同学,终日在室内死读书,于卫生方面有极大妨碍。这是事实。

第三,实行道尔顿制的教师,时间很浪费,负担要加重。东大附中参加实验道尔顿制的教师一致反映,时间浪费很多。据理科教师陈某说,他同样担任了两个班(一个实验班,一个比较班),结果成绩是相等的,但所费时间是10∶4,即花在道尔顿制班上的时间为10,而花在非道尔顿制班上的时间为4。

在东大附中实验报告的结论中也说:附中教师参加道尔顿制实验后,提出减少担任学分数和学生人数,意见非常一致。时间所以须多费原因,由于初中的教材,进行比小学快一二倍不等,并且内容比较复杂,课中须教师解释的地方,也比较多些。同一解释,在班级制中,只要一二次已够,在道尔顿制,须重复十数遍。同一讲演。在班级制只须一次,在道尔顿制须分团举行数次。此外还有预备作业纲要、检查笔记、个别指导、分组考试、补考等等事项。这种制度至少须比班级制多加三分之一的时间,就是需要增加三分之一的教师人数。如时间不增加,教师对于个别指导、检查笔记、分组考试等,便不肯认真注意了。所谓教师与学生合作,人格感化,都成了空话。

第四,道尔顿制的学生学习纪律是很差的。据东大附中教师反映:一般学生精神散漫,懒惰学生格外容易偷懒,他们常不在作业室工作;指定听讲时,也不到讲堂听讲。这类学生,教师无与接触机会。由于缺乏课室指导和检查机会,只得多用笔记簿和练习簿,但因簿子太多,无法逐一批改。学生的笔记簿或练习簿先后缴阅,容易作弊。往往批阅学生笔记簿或练习簿时,成绩都很好,但到考试时候,发现很多不及格。可见他们的笔记簿和练习簿是互相抄袭的。学生的笔记簿和练习簿缺乏真实性,教师不知道学生各人的真实困难,就难于进行个别指导。

不能耐心学习的学生，常常逃学。有的学生积欠功课太多，补习困难，到了月考时，就此逃考。

比较聪明的学生，草率地做完了单程就算了事。顽皮的学生，时常偷跑，所以有人讽刺“道尔顿制”为“逃而遁之”。

有很多学生不注意作业。有的在作业室内稍微读了一点书，就看看表，听听话，不再读下去，不像班级制上课，可使学生注意力集中，聚精会神地听教师讲，时间不至浪费。

第五，道尔顿制养成学生任性自由，生活散漫，或孤僻固执，不与人来往。因为道尔顿制集体精神很差，所谓合作原则，完全虚构。学生在作业室阅读时，如在图书馆中一样，不便多说话、多行动。同在室内的人年级不同，进度不同，哪里可以组织小组互相讨论呢？遇有问题，向教师问时，教师只有低声作简要答复，哪里有作深入了解谈话的机会呢？所谓“团体生活的交互作用”不知在哪里？凡是教过道尔顿制班的教师都能体会到：施行这种制度，教师与学生交谈机会更少了，了解学生很不容易，所谓师生感情融洽，这是胡说八道。

道尔顿制不注意课外活动，学生生活行动不一致，有的在作业室，有的在操场上，有的在寝室内，集体娱乐活动机会也很少的。

第六，道尔顿教学效果很坏的。据东大附中实验报告总结中说：

初一各科，进步平均数：

比较班7.13　道尔顿制班6.26

其中国文和英文比较班占优胜更为确定。

初二各科，进步平均数：

比较班5.15　道尔顿制班3.73

其中国文英文和地理比较班占优胜更为确定。

据《个别作业与道尔顿制》一书中指出：道尔顿制缺乏语言练习与语言发表，学生的算术练习，也欠正确，因为缺乏教师在课堂上指导练习之故。

就要求不高的课程指定来说，学生很多不能依照规定的完成进度，因此毕业时间普遍延长。教学质量的降低已在事实证明了。

五、结　论

东大附中实验道尔顿制，一年时光，完全是浪费的。其他百余个实验道尔顿制的中小学遭受损失，更不可能计算。除了这些直接造成损失外，还有一个更危害性问题，就是通过道尔顿制的宣传，反动的实用主义教育学说在中国传布更广。试看东大附中的廖世承主任在他写的实验报告的导言里，说得很清楚："附中做这个实验，非特对于道尔顿制，可有一精确的观念，并可借此介绍'科学的实验法'（即实用主义的实验法——笔者按），引起一般办学人员的注意。"毫无疑问，他是拿了杜威的实验主义教育学的武器，来实验道尔顿制的。尽管实验结果，他批评了道尔顿制的缺点，而他主要的目的是要把实验主义教育学表演一番。他在报告开始，就引证了实验主义教育学的要角麦柯尔（W.A.Mcall）的意见；在结论中又引证了来华宣传实用主义的推士博士（Dr.Twiss）的意见。报告最后一句："要是认定方法总是好的，那便不必要有'实验教育'了。"廖世承先生当年以实验教育专家的身份，出现于东南大学的讲坛。当时东大附中在全国教育界负有很大声誉，经过这回宣传，使旧中国教育界对实用主义教育学的思想起了广泛的影响和巩固作用。同时江苏省立第四中学附小和江苏省立第五中学附小，都是当时全国有名的小学，他们试行了道尔顿制，使道尔顿制在小学教育界建立了威信。北京私立艺文中学，以实施道尔顿制为幌子，以"认定方法总是好的"（廖世承先生语）的态度来进行的。他们在《道尔顿制实施概况》中描写教职员的生活"因行道尔顿制教学法与学生接触的机会特多"，描写学生的生活：生活如何自由愉快，研究空气如何浓厚，"在作业室大家是那样寂静，但是到这运动场，声音嘈杂，拼命赛跑、打球、跳高，精神如何振作，行动是如何敏捷"。阅者虽明知这类话是含有极丰富宣传性的描写，但它对于建立道尔顿制的威信，起了一定的作用。直到现在，我们遇到有小学教学经验的师范学院学生（专科生，尤其是进修班学生），常常要问起设计教育和道尔顿制，在他们的口气中，似乎认为这两种教学方法是很有价值的。我们讲教育学课时，讲到教学法一章，讲到班级上课制度时，这些学生就会提出道尔顿制和设计教学法来比较（有的仅知道这些名词，有的只知道一些表面意义）。我们作简短的批评，还不能说服他们，这是学习马克思列宁主义教育学过程上一个疙瘩。足见这两种反动教育的毒素，在中国传布的广泛和深度。这两种教育的原则和理论是与"生活教育"和"活教育"相结合的，老根蔓延已很深长，拔除是很费力的。它们是班级上课制度的死敌，我们丝毫不能宽容他们的。

据柏克赫司特自己说：她在1908年，读斯凡甫脱（E.J.Swift）所著《心的发展》一书之后，受了极大的影响，她对于自由教育的见解更为确定，决心计划教育实验室，愿意作自己教育的先锋队。综合她对教育实施的要求，是要取消班级上课制度，废除日课表，让儿童自己处理自己问题，凭着他们自己的经验、各人的兴趣去阅读书本和进行活动，学校不要加以限制和规定，教师不要加以干涉和指导。这样就会培养差出十足的个人自由主义的人来，供给资本主义社会的统治者利用。但这种教育制度的理论与实际对于社会主义社会来说，极为恶毒有害的，因为它会打击年青一代对建设新国家的自觉性和积极性，它会毁坏年青一代的集体主义精神，它会降低年青一代的科学文化水平，它会使年青一代所得的知识不能适合建设社会主义社会工作的需要，它与马克思列宁主义教育学绝对不相容的，因此，我们必须批判它，憎恨它，彻底肃清它。

主要参考书：

《道尔顿制教育》曾作忠、赵廷为译

《东大附中道尔顿制实验报告》廖世承编

《道尔顿制概观》舒新城编

《个别作业与道尔顿制》舒新城译

《道尔顿制研究集》舒新城著

《道尔顿制讨论集》舒新城编

《小学校道尔顿制实施法》江苏五师附小教师编

《北平艺文中学校道尔顿制实施概况》

《杜威教育学批判》B. C. 佘夫金著，冯大可等译

《杜威批判引论》曹孚著

《现代教育方法》舒新城编

《民本主义与教育》邹恩润译

《教育的重要原理及其根据》南尼著，刘朝阳译

《教育大辞书》商务印书馆

（1957年安徽师范学院科学研究编辑委员会印）

第 六 部 分

解放后文章

站在文化教育岗位上要推进新中国新文化

中国人民政治协商会议在我们万分渴望中开幕了，中华人民共和国的中央人民政府即将成立，我们以从来未有的无比热情来迎接这开国的盛典，我们为新中国的诞生而欢呼！

遍了中国历史的巨册，找不到有如此辉煌的史页，这是从来未有的中国人民大翻身，大团结，大胜利。

从此中国人民自己掌握自己的命运，从此以中国人民的勤劳与智慧创造新中国新社会新文化。

并且，我们充分明了中国人民政协是真正能代表人民的，是中国人民从悠久岁月的艰苦奋斗所创造得来的，更是中国共产党和毛主席的英明的正确的领导之下产生的，我们要珍贵这伟大胜利的果实，从此我们更要加倍努力，加倍警惕。

新中国的建设正在开端，是万里长征中才走完的第一步，建设的前途是广阔的，是光明的，同时困难并不是没有的，甚至国内外反动派还想死灰复燃，我们要持续艰苦奋斗的精神，为新中国的建设努力不懈，勇敢地和有形无形的敌人展开斗争。

尤其在我们苏南新解放区，万万不可忽略我们当前的任务——继续支援前线，加速肃清反动残余，大力肃清匪特，全力发展与恢复生产，建设我们的新苏南。

在文化教育岗位上的人们，最要警惕的是一些模糊的观念和离奇的幻想。

今天，我们的热情奔放，太兴奋了，写出了我们要说的话，我们衷心愉快，是从来未有的。人民政协的胜利开幕，表示着中国各民主阶层人民的大团结，这是在中国人民热烈祈望和一致要求下实现的。

中国革命，在中国共产党和毛主席领导下，艰苦奋斗了二十多年，基本上已取得了胜利；我们庆贺中国人民今后将按照自己的意志，创造出一个新民主主义的新中国。

从人民政协的胜利开幕，我们已看到祖国伟大美好的远景。

（原载于1949年9月27日《苏南日报》）

纪念鲁迅先生忌辰

光阴过得很快，鲁迅先生逝世距今已十三周年了。回想十三年前的此时此地，整个为黑暗统治所笼罩；一直到如今，还清楚地记得，那时我参加了鲁迅先生的追悼会，被蒋匪和汉奸汪精卫的走狗来侦查、压迫我，几至下狱。

现在阴霾已去，光明到来，可让我们尽情地纪念鲁迅先生的忌辰，我们的心里交织着复杂的情绪，真是悲喜交集。

鲁迅先生是具有世界性的文化斗士，是具有世界性的伟大的文学家、思想家。我们敬仰他的人格，爱好他的著作，然而我们所能了解他的或者还不够深刻。

今天我们纪念鲁迅先生，首先要学习他正确的思想和他坚定的精神。

新中国的光明已呈现在我们的面前，新民主主义的新文化新教育已吐露了灿烂的曙光。我们站在文化教育的岗位上要勇猛前进，努力不懈。

旧文化教育的残余毒素，还待清除，还待我们作最后一次的斗争。我们要学习鲁迅先生反帝反封建的斗志，建立起我们的文化新军。

（原载于1949年10月19日《苏南日报》）

苏南文教界周葆儒代表发言

这次会议，我们听了管主任的报告，了解了政治协商会议的精神，最主要的是“民主”和“团结”。这是建设新中国的基本条件，在中国人民政治协商会议第一届全体会议时已经做到了。我们这次苏南各界人民代表会议第一届全体会议本着这个精神，也一定会做到“民主和团结”。在苏南区人民政府领导下，苏南各界人民永久团结，实行民主。

我们听了陈政委的报告：秋冬两季的四大任务：第一个任务是发动并组织农民实行减租。第二个任务是贯彻合理负担，完成秋征，整顿城市税收。第三个任务是恢复和发展城乡生产。第四个任务是民主建设，废除旧保甲制度，建立基层人民民主政权，开好各界人民代表代表会议。这四大任务，我们文教界一致拥护，我们要用我们的口，我们的笔，我们的行动，努力协助它的完成。

我们听了刘副主任七、八、九三个月的政府工作报告，知道苏南区人民政府在中国共产党领导下，勤勤恳恳为人民服务，我们一定要把这种精神带到苏南每一个角落，使苏南每一个人民对政府的工作了解和拥护。

新民主主义的文化教育政策，在共同纲领中虽寥寥几条，但内容已包括很详尽，步骤也定得很清楚，是新民主主义的文化教育的方向。正如周恩来总理说：民族的形式，科学的内容，大众的方向。大众的方向是我们正确的方向。

我们这次参加会议，学到的很多，例如这次会议的议案是有中心的，共产党的作风，老老实实，做得到的拿出来，做不到的不拿出来。不像过去反动政府时代的会议，议案几百件，决而不行，装装场面，摆摆架子，都是形式主义。又如过去在反动政府下的会议，都是官僚、地主、资产阶级占了大多的席次，占人口百分之八十以上的工农大众是没有机会选派代表出席的。这次我们和工农代表一道开会，虽是工农代表不像我们知识分子那么讲话讲得多，但是他们不讲则已，讲出来的话都是很忠实、质朴，切合实际，能够做到，所以以后我们要多多向他们靠拢，向他们学习。

总之今后我们文化教育界的作风是和过去完全不同了，过去我们的缺点是不问政治，空空洞洞，今后我们要和政治相结合，要协助政府推行政策政令，要有计划地有步骤地提高工农文化水平，一切文化与教育要和现实相结合。秋冬工作是我们的现实工作，所以我们要下决心协助各界，协助政府，很圆满地完成秋冬工作的任务。

（原载于1949年10月31日《苏南日报》）

学习文教政策应联系自己

我们教育界学习“共同纲领”，关于文教政策的部分，我觉得有几点值得提出共同注意研究的。

1.政治教育实施问题——新中国的国家政权是属于人民的，人人都要关心政治。新中国的各项改造和建设工作，是人民大众自己的事，需要全体人民积极地自觉地来参加。因此，在教育部门中进行政治教育，以提高大家的政治觉悟是非常必要的。政治教育是最基本的教育，一个人政治认识、政治觉悟不够，就不能建立正确的革命的人生观为人民服务的观点，也就不能正确地全心全意地从事于革命建设工作。我们过去对这个问题是否有足够的认识？今后又应该如何实施和加强政治教育？在学习文教政策时，都应该进行检查和研究的。

2.理论与实际一致问题——《共同纲领》第四十六条指出了中华人民共和国的教育方法为理论与实际一致。这一点很值得我们注意。假如我们的教育方法，理论是一套，实际又是一套，理论与实际不能一致，教育工作就会落空的。因此，在学习中，我们也要检查我们的教学，检讨我们的学习与生活，还有那些地方理论与实际是不一致的。

3.新公德培养问题——《共同纲领》第四十二条说明，提倡爱祖国，爱人民，爱劳动，爱科学，爱护公共财物，为中华人民共和国全体国民的公德。这是新中国国民的新公德。我们有没有把这些公德熔化在我们的日常工作与生活中？我们有没有帮助他人培养这些公德？都需要我们严加检查。对于爱护公共财物这一项，我们应该特别警惕贪污行为的发生。在新民主主义时代一定要使贪污绝迹。至于平时对于水电节约、爱护使用公物等方面，也需要检查和作进一步的努力。

4.为人民服务问题——在“文化教育政策”这章中，几次提到人民的利益和为人民服务。是的，我们的学习、工作，一切都应该为人民，要克服过去存在的自私自利的个人主义，丢掉一切个人打算的包袱，全心全意地为人民服务。这是我们努力的目标。凡对人民有利的事，要坚持去做，凡不利于人民的事,我们要坚决摒除。因此要在思想上求得彻底的改造,在日常生活中尤其需要随时注意,随时检查。

学习《共同纲领》,学习《共同纲领》中的文教政策,我们不仅要研究《纲领》政策内容,更要合力促使《共同纲领》完全实施。因此,在学习中就要联系到我们个人的思想,我们的工作,这样的学习才不会落空。

(原载于1949年12月17日《苏南日报》)

在节约生产下踊跃购买公债

最近中央人民政府委员会第四次会议,通过了战胜财政困难、争取物价稳定的具体方案,就是一九五〇年财政收支概算和发行人民胜利折实公债办法。首先我们对于人民政府这种实事求是,对人民负责的精神,异常感奋。

正如毛主席所说,国家的预算反映着整个国家的政策,一九五〇年的收支概算规定了明年的重要政治任务和方向。我们充分信任这个正确的财政政策,一切是为了革命战争和革命建设的需要。由于人民胜利折实公债的发行,缩小了财政赤字,使明年的币值与物价比今年获得改善,这不但对国家对全体人民有利,就对购买者也是有利的,对正常的工商业的发展更有好处。

我们更认识了人民政府发行人民胜利折实公债,和国民党反动派靠募公债进行无耻的搜刮,在本质上是截然不同的。今天人民政府发行公债是争取财政和物价状况好转的正确办法之一,公开负责,有利无弊。我们愿意衷心支持。同时,我们也感觉到在战胜财政困难,争取物价稳定的努力中,我们还要厉行节约,坚决反对浪费,以劳动增加社会和国家的财富。我们要展开有计划有步骤的生产建设工作,尤其长期住在都市的人们,需要深切的反省,对生产节约下决心。在这个认识的基础之上,一定更可以踊跃购买公债。

我们有充分理由深信这个认购公债的运动,一定获得全体人民的衷心支持。同时我们更需要通过此一运动,不但全部完成认购的任务,而且获得很好的教育。

(原载于1949年12月14日《苏南日报》)

不允许任何帝国主义者再来侵略我们的国土

中华人民共和国成立刚一周年，全国地区除掉西藏、台湾外，已经全面解放了。潜伏在华东、中南、滨海各省各岛屿上的股匪已基本上肃清了。全国物价已趋稳定，十二年来恶性通货膨胀已结束了。全国粮食已调剂得普遍足够供应而有余。南北各地各项建设工作，正在积极地开展着。这样蓬蓬勃勃的新气象，在中国五千年历史上还没有看见过。就拿我们苏南来说，一年来，政府忠心耿耿，领导着工农大众，克服灾荒，维持生产，发展生产，这种精神，以前是没有过的。料想今冬各地有一亿农业人口进行土改后，广大农民必更兴奋地努力增进生产。自此购买力增长了，工商业好转了，市面逐渐繁荣了，明年的惊人成绩，更非一般人所能想象得到的。我们今天欢喜鼓舞庆祝国庆，个个人都由心坎里发出来喜笑声、欢呼声。

“东亚的睡狮”到今天真已觉醒过来了，五千年的古老中国到今天真的返老还童地新生起来了，中华四万万七千五百万人民到今天真的已翻身站起来了。但我们的敌人——帝国主义者，尤其是美帝，心犹未死，看见我们进步如飞，心中十分妒恨，梦想着还有一天能够骑在我们头上。所以我们在欢庆之中，必须要随时警惕，防止麻痹思想。今后我们全国各阶层人民要团结努力，做到毛主席的指示“不允许任何帝国主义者再来侵略我们的国土”。一面我们要展开宣传，扩大拥护世界和平签名运动，巩固我们的和平阵营。

（原载于1950年10月1日《苏南日报》）

加强组织　加紧学习

一九五〇年是中国人民获得解放翻身做主的第一个新年,也是展开新中国建设的第一年。我们迎接这具有历史意义的一九五〇年,首须进行一九四九年的总结,从总结中,计划展开一九五〇年的工作。

一九四九年内苏南高教联筹委会的工作,我们觉得第一是打下了苏南高教联的组织基础。它是苏南高等教育工作者自己的组织。在反动政府统治时代,不容许我们有组织,怕我们有组织,现在人民政府不但准许,而且鼓励我们组织起来,经过几个月的筹备建立组织基础的任务达成了。其次在工作方面,先后在无锡、苏州举行的几次的会议中,讨论的事项,一次比一次具体深入,入会的会员也一天比一天多,对他们自己的组织的关心也一天天增强。例如在《共同纲领》的学习进程中,高教联提示了以反封建为学习中心,根据各院校的报告,在这方面都有了一定的收获。这是初步的收获,我们不能引为满足,所以接迎一九五〇年,我们应该热情奋发地展开新的工作。

苏南高等教育工作者的组织仅仅具备形式是不够的。我们的联系工作应当加强,对会员、对各院校,以及会员与会员间,院校与院校间都需要有密切的联系,增强组织性,通过组织使得我们的学习能有计划有步骤地进行,使得我们的工作更积极更努力。所以在一九五〇年加强组织是高教联筹委会的第一件重要工作。

从旧社会到新社会,必须把旧社会遗下来的不正确的思想意识、不良习惯和作风根本铲除,从新改造做新人。过去的那些势利、虚伪、欺骗、懒惰、贪污舞弊、狭窄排挤、自私自利等恶劣倾向,都是封建社会遗下来的。从旧社会过来的人有的虽然现在他自己不是地主,可是或多或少还残存着封建主义对他的影响。譬如遇到地主的亲戚朋友,对于土地改革有意见,他就会站到地主的立场,对地主表示同情了。或者自己有土地,为了减租减息,自己的革命意识就会动摇起来。我们要把封建的根源——地主铲除,才好根本改造社会。知识分子要搞通这个思想,必须要加紧学习,割去旧的尾巴。所以帮助苏南高教工作者的在职学习,是高教联筹委会的第二件重要工作。

最后还应该说明，在职学习不仅是为了改造个人。如果是从个人出发的学习，尽管学习态度认真，理论知识学习了很多，但将学习从工作中孤立出来，那么，对他在职的学校帮助还是不大的。我们要联系本身工作，一切为学校，一切为学生。团结师生，结合学生会，共同把学校搞好，在新民主主义的文化教育政策下为建设新中国努力，前进！

（原载于1950年1月《苏南日报》）

在劳动中认识劳动

知识分子是向来看不起工农的。解放以后,大家都说要靠拢工农,但实际去靠拢工农的还是不多。有些人嫌工农身上肮脏。也还有人觉得工农的劳动是低级的,没有自己的脑力劳动高贵,有什么可以学习的呢?

文教学院全体师生工友五百五十余人,在三月二十八日下午开始垦荒。在五天之内,每天工作二小时,把院内所有大小荒地,共计十八亩零三分,统统翻成熟地了。那些荒地,有的是屋基,有的是旧道路,有的是垃圾堆,翻垦起来相当艰苦。没有握惯锄头的教授们和生长在都市的同学们,脱掉了长袍,换去了皮鞋,踏上肮脏的烂泥地,举起锄头或铁耙,不到五分钟,已喘不过气来,有的甚至感到头晕目眩。在一个钟头后,大家手上都起了水泡。好在工具不够用,大家不必同时翻土,可以互相轮流握铁耙或锄头。凡是替班下来的人,并不休息,不约而同地一齐蹲下来拾乱砖头。拾乱砖头虽似较轻松的工作,可是垃圾堆里有腐鼠,有狗屎,有一切使人看了恶心的东西,做起来也不容易。工作了二小时后,两手和身上沾染了烂泥,听到晚饭的钟声,大家纷纷穿上外衣,归放好农具,洗过手,分别去吃晚饭,那一餐晚饭,都吃得特别有味,同时也才真正领略到“谁知盘中餐,粒粒皆辛苦”这句话的分量。

这样干了三天之后,大家很有进步,举不起锄头的,也举起锄头来了,怕垃圾肮脏的,也双手抓起垃圾来了。到了三十日,各小组得到劳动生产部通知,限期在四月二日前必须把初步翻犁工作完成。于是有几个小组在三十一日和四月一日早上自动加工进行,大家的劳动热情显著地提高了。到了四月二日,全部园地基本上已翻垦完成。

经过这次实际锻炼以后,全院师生的生活态度大有转变了。在实行土改的前夜,对于知识分子,实际劳动的教育确要比书本课堂的教育重要得多。自己手上起了老茧,身上沾染了泥土,伛背弓腰,气息喘喘地操作过,对农民的认识,对劳动的认识,是当然会深入一步的。

(原载于1950年4月20日《苏南日报》)

我看“艰苦”

近来时常听到有人在有意无意地叫苦，“苦”而不认清“苦”的来源，想法去克服，仅颓丧地叫，在精神上是消极的。

要找出苦的根源

我们不否认国家当前有困难存在，一般人民的生活的确是比较苦，可是我们要认清这种“苦”的本质，找出它的根源，要积极地去克服它。中国人民受了封建主义几千年的剥削，一百多年来受帝国主义的侵略、国民党反动派数十年的榨取，本来已极虚弱，再加上八年抗日战争，更伤元气，国民党反动派又发动了三年的内战，就使国家人民濒于危境了。去年各地的水、旱、虫灾尤其影响了人民的生计，从表面上看这是大灾，但进一步看，实际是人祸，没有反动派过去只顾搜刮，不去做防灾工作，相反的还去制造灾害，水、旱、虫灾不会发展到那样的程度。所以国家当前的困难，人民的艰苦，是有它的历史根源，不是凭空来的。

中国共产党为了解放中国人民，几已消灭了大陆上的全部匪军。但是海上的台湾、海南、舟山和陆上最后的西藏，还需要我们去解放，这最后的解放战争，也为了保证我们的和平生活。这战役的准备工作就很艰巨。在解放战争中，国民党遗留下来的军队和旧政府机关的人员，到目前已将近一千万人，政府要养活他们，也要维持他们的家庭生活，这些负担都是非常重的。国民党所破坏了的交通、生产等事业要去恢复，为了长远打算更要去发展它。以上这些，都是人民政府在艰苦情况下坚持执行的。所以我们要认清国家当前的困难，一般生活的艰苦，是内外敌人遗留给我们的祸害。

要从国家建设前途着想

人民政府，是为人民服务的，实事求是的，台湾等地解放，国家建设开展，一切的困难自会逐渐消除。目前叫苦的人，很有些人是个人打算的结果，例如解放后，渐趋正常的商业关系，对某些过去在市场上买空卖空因而生活悠哉游哉的不法商人，就是重大的打击，然而对大部分人却是有利的，又如有些专门供给享受品的工商业，过去畸形地繁荣，到解放后衰落了，可是这对人民是有利无害的，我们不应该不加考虑就摇头叹气。我们谈困难，要站在全体人民的立场上，为国家建设前途来着想。个人应该服从国家，个人艰苦事小，新中国建设事大，我们目前的艰苦，绝不会白受。

能想办法总可化苦为甜

毛主席说“有困难，有办法，有希望”。报纸上，常在报导许多克服困难的成绩，说明了只要我们想办法，没有不可克服的困难。克服困难不能存在倚靠思想。我们必须坚决执行政务院的财经统一的指示，我们必须生产，节约，自力更生，从劳动中创造财富。我们别去小视点滴的成就，就我们教育机关说，我们可以利用空地种菜，利用空时间做手工副业，积沙成山，这力量是未可忽视的，要想办法，要发扬劳动精神，先用大脑，再用双手去克服我们的困难，我们一定能化苦为甜。

要时常检查我们的思想

最后我希望每个人要时常地检查思想，对目前的形势有没有认识不清楚的地方？我们有没有模糊了当前的困难是国内外敌人遗留下的祸害？我们有没有把国家的困难，当成自己的困难来看？我们有没有积极地设法克服国家的困难？我们有没有因为个人的困难动摇了建国的信念？我们要经常地进行检查，信赖政府，学习毛主席苦心建国的精神。新中国的建设必然要经过艰苦的行程，当前的艰苦，是胜利的艰苦，是新中国最后的艰苦，新中国的建设前途是光明的，远景是美丽的，在艰苦中磨出了头，就是幸福的开始了。

（原载于1950年《苏南日报》）

参加锡市第三届各界人民代表会议的感想

这次会议的重点是讨论如何维持与恢复生产、调整公私工商业的关系、救济失业工人和公债与税收等问题。工商界方面，事前有比较充分的准备，有组织，这是很好的。部分的各界代表以为这些是工商界的事，与我们没有什么关系，这是错误的看法。毛主席已明白指出：工商业的合理调整是争取国家财政经济状况根本好转的条件之一。各界的事业必须要国家财政经济状况好转，才能更好地展开，这是很明显的。例如我们教育界，必须先协助争取恢复生产、发展生产，社会经济繁荣了，然后才有文化高潮的到来，然后教育事业才得有计划地充实和发展。郭沫若主任委员说得好：感谢财经方面的工作同志们，他们在短期间内有了很大的成就。全国的财政统一了，收支接近平衡了，恶性的通货膨胀制止了，物价逐渐稳定了，这就替我们文教工作打好了坚实的基础。我们同样要感谢无锡，乃至苏南各地的劳资双方，争取团结、克服困难，维持生产、发展生产，使社会经济早日好转，各界事业得早日展开新的建设。

在这次会议上，工商界代表提出保证在短期内完成纳税和结束公债的任务，这是值得我们注意和欢迎的。我们从报告中看到：教师、学生、妇女、文艺界都超额完成了公债任务。但有些殷实富户对公债很冷淡，竟至一分也没有购买的。我们教育界认为这是我们的缺点，因为我们没有做好宣传工作，没有好好地去帮助他们、教育他们。以后我们要在这方面努力。

许多工厂商店的职工为了维持生产，宁愿主动减工、减薪，借出工薪给资方，提高劳动强度，努力增产，节约原料、物料，提高质量，改善工具，减轻成本，甚至同意暂时停工，或主动提出裁员，以帮助资方，减少支出，共渡困难。我们听了这些典型事例，感动得下泪。在会议进行中，新光袜厂劳资协议复工，结果工人愿意暂不领工资，先行开工生产，俟厂中经济情况好转，再起工资。工人阶级的觉悟性已经提高到这样，这说明了新中国的光明前途是完全可以实现的。

几位工商界代表提出：会后要加强宣传、组织学习、提高自己。这是很正确的。在会议中工商界代表表示诚恳要求进步。其他各界代表同感到,这次会议的教育意义很大。通过这次会议,大家必能提高一步。并且大家提出保证:在会后做好传达工作,把大会的精神很认真地传达到各阶层中去。无疑地这次会议的收获是非常的大。

(原载于1950年6月29日《苏南日报》)

教师们！在土改中坚持革命立场，做个完全的革命派

我们渴望的《中华人民共和国土地改革法》，已由毛主席命令公布了。这个大法是要把封建剥削的土地所有制，改变为农民的土地所有制，要铲除我们民族穷困落后被压迫和被侵略的根源，完成我们中国新民主主义革命的一个最基本的历史任务。毛主席在这次政协全国委员会二次会议的开幕词中告诉我们：战争，土改，和进入社会主义，是我们三个“关”。而土改应该说是中心的一“关”，也是最重要的一“关”。我们必须把这一关过得好，剩下的一关就将容易过去的。

我们华东地区是准备在今年冬季实行土改的。我们要遵从毛主席的指示：大家多研究、多商量，打通思想、整齐步伐，组成一条伟大的反封建统一战线，帮助农村很顺利地完成这个土改工作。

我们教育界所期望的文化高潮到来，必先要争取国家财政经济状况的根本好转。土地改革的完成是争取财政经济状况根本好转的主要条件。所以土地工作也是我们教育界的切身任务。

学校的师生不少出身于地主家庭，或者是地主的亲戚。如果在土改中能够坚持革命立场，一切言语行动都是站在革命人民方面，思想不动摇，情绪不波动，这才是一个完全的革命派。土改工作确是我们革命的最好考验。

（原载于1950年7月1日《苏南日报》）

中等学校政治课与业务课教学的结合问题

据我们了解,一般中等学校的政治课和业务课教学的结合,目前是存在一些问题的:一般教师对政治课和业务课的结合问题认识不够,有的认为政治课是政治教员的事情,和业务课没有关系。有的认为政治课是空谈,不如业务课实际,来得重要。有时业务课排斥了政治课,把政治课讨论的时间改作补习数理等用途。

在政治教师方面,也很少能够做到主动地和业务课结合。有的政治教师的政治文化水平较高,教课认真,对学生的思想领导很注意,但是往往看不起别的教师,认为他们落后,不去团结他们,因此也忽略了政治课与业务课的结合。有的政治教师是校外的先生兼任的,上课来,下课去,对学生的思想状况不够了解,没有时间和业务课取得联系,还有一些政治教师的政治文化水平是较差的,只会照课本宣读,不能掌握学生的思想情况,自己的政治课也教不好,更谈不到和业务课结合了。

由于教师对这一问题的看法不一致,以及一些客观困难,以致政治课与业务课各不相关,很少联系。学生在业务课上反应的思想问题,政治教师不知道,政治课的要求,业务课教师同样不重视。情形严重的甚至唱对台戏,政治课上讲劳动创造人,而一些业务课教师教的是相反的、帝王创造历史的文章。教师的思想分歧影响了学生,学生对政治课没有正确认识,上政治课时去做别的功课的练习题。

以上这些情况的发生,分析起来主要的是由于一般的对政治课的重要性缺乏认识,其次是学校领导上没有很好的掌握教学适当配合,我们要解决上面这些问题:

首先是加强教师的在职学习,使教师本身在这一方面,有足够的认识,在教学上取得正确的立场、观点、方法。政治课和业务课的内容虽不相同,方向是一致的,政治课贯彻政治思想教育,也同时是为了要学好业务课,业务课应该配合政治课的要求,而不是孤立的各不相关的几个课程,应该互相联系结合进行教学。这一个思想问题必须在教师中明确和一致起来。

其次是需要改变旧的教学方法，过去教师讲，学生听，教师各教各的课，上堂教课，下堂就走的老一套，要彻底改革，必须从了解学生的思想情况，听取学生的意见入手，各科教师在教学的内容、方法、进度各方面必须集体研究，统一布置，不使每一个科目孤立起来，这样不仅使政治课的教学和业务课结合起来，同时也使整个学校的教学步调一致了。只有这样才能使政治课业务课收到预期的效果。

当然目前由于政治教师的缺乏，也是使两者不能结合的原因之一，但这个原因是比较次要的。

（原载于1950年7月7日《苏南日报》）

欢欣鼓舞地来迎接我们自己的节日

我与“五一”国际劳动节是有一段历史的。自1921年起，中国开始有“五一”国际劳动节的纪念，我就一直每逢这个节日，举行不同的纪念方式。我是一个苦学生出身，后来做了教师，是一个脑力劳动者，在旧社会里是受着压迫的，肚子里常常充满着不平之气，一年一度到了“五一”节总想纪念一下，出一出气，这也是很自然的。但我纪念这个节日，不是很顺利的。记得，1926年5月1日，我在槟榔岛向华侨青年作了报告，事后殖民地政府的走狗（钟灵中学个别校董）向我作了威吓。1929年我在爪哇泗水，任中华学校校长，“五一”节我举行了纪念会，过了一天，荷兰殖民地政府就派人来责问我。

我在国内，为纪念“五一”节，也碰了很多钉子。尤其是到了蒋介石集团统治时代，情况十分恶劣，学校里的校长大多数是蒋介石集团忠实走狗，他们坚决反共反人民，我们要求纪念“五一”是不可能的。甚至我们提出或谈到“五一”节日，要遇到他们斥责和怀疑的。在解放前，很多年的“五一”节，我只能在自己家里煮了面条，添了菜，作为纪念，并向自己的儿女进行教育，还向一部分的学生进行了不公开的宣传，讲述国际劳动节产生的经过，工人阶级革命的意义及我国平汉铁路长辛店工人举行示威游行的事实。

全国解放以后，我们人民站起来了，“五一”劳动节为纪念节日，自从1949年以来，我们已经过了七次纪念这伟大的国际劳动节。全世界劳动人民的团结，一天紧密一天，帝国主义的覆亡，一天迫近一天，工人阶级革命胜利，就是以这个伟大的“五一”劳动节日为象征的。

今年的“五一”节，我感到更兴奋，同时感到我的责任很重大。为了纪念这个伟大的、光荣的节日，我就把我的思想情况和今后努力方向扼要地叙述一下吧。自从我学习了周总理关于知识分子问题的报告文件后，我的心一直在强烈地跳动着。因为周总理在报告中已明确指出知识分子在国家建设中的作用，并且向知识分子明确提出了要求，那末像我这样一个老教师，责任的重大，是毫无疑问的。

我现在来和检查一下自己：我自1917年起，做了中学教师；自1931年起，做了大学教师；到今年六月，我的教师生涯已满四十周年，可是我对于人民，对于祖国的贡献究竟在哪里呢？由于我的学术平凡肤浅，教学方法的笨拙粗疏，耗费了很多青年的光阴，耽误了国家英才的培育，我心里感到深深惭愧。

我过去的学习，走了很多的弯路，尤其受到资产阶级学者的唯心论的毒害，阻碍了我的进步。我参加革命以后受到了党的教育，在政治方面有了很大进步，但我对于业务的钻研还是很不够，现在领导上正在调整会议制度，照顾我的钻研业务时间，我首先要把科学研究工作放到日程表上。我同时要把教学工作、助教培养工作和本单位的日常工作，努力做好。我的十二年科学研究规划，一定要使它实现，并且要不断地提高质量，争取对祖国的科学文化有所贡献。必须要这样，我才能对得起党，对得起祖国。

（原载于1956年5月1日《安徽师院》）

人民教师是光荣的

跨进了师范学院，就准备着将来做个人民教师。做个人民教师是光荣的，因为他对于培养祖国建设人材方面起了很大的作用。高等师范学院是培养中等学校的师资。国家需要一切高等建设人材，都要通过中等教育，厂矿企业和农场的中级干部都要中学毕业生去补充。因此做了一个中学的老教师，所谓“桃李满天下”，就是说，建设人材的种子撒播到各种工作岗位。那时到处可以遇到自己培养的学生，好像到处看到自己亲手栽植的花木，你看怎么不快乐呢？

再就质的方面说，社会主义建设的人材，不仅需要科学知识与技能，而且最重要的是要具有共产主义道德品质，才能自觉地、积极地为人民服务。年青一代的共产主义道德品质，是要依靠教师培养。因此说：“教师是人类灵魂的工程师。”加里宁曾说过：“教育是对于受教育者心理上所施行的一种确定的、有目的的和有系统影响作用。”教育的过程不是简单的，从儿童日常生活起，到儿童的学业、儿童的课外活动、校外活动，以及他们的爱好等等，做教师的都要注意，并且要经常地、不倦地加以指导和指出要求，才能达到影响作用。因此，教师的责任是重大的，“尊师重道”是我们民族的优良传统。历史上尊师例子很多。做教师的能热爱儿童，诚恳地帮助和照顾他们，与儿童建立了感情，儿童回过来对你的赤忱爱戴，使你心灵上得到安慰，并感到愉快。例如：我院历届教育实习同学去实习学校，做了班主任工作后，与中学生建立了浓厚的感情，到实习终了回校时，中学生依依不舍，实习同学大为感动，向来对师范专业思想不巩固的到这时完全转变了，并觉得做教师意义的重大。

做教师的接受了千百位家长的嘱咐，替他们教养年青一代，年青一代身心的变化、前途的成就，都寄托在教师身上。千百位家长的眼睛日日夜夜在望着教师。教师对他们儿女说一声好，他们很高兴；说一声不好，他们就忧虑，他们与教师的关系那么密切，无疑的，他们对教师的敬仰、爱护，不可与寻常人相比，特别对儿童有热情的教师，对工作负责的教师，人人见了欢喜，处处受到欢迎，教师的职业实在是最幸福的职业。

现在有许多青年不愿学习师范专业,这是受了旧社会毒素影响之故。在反动国民党时代,统治残暴,教师地位低,职业无保障,生活困苦,经常遭受失业、饥饿的威胁和政治上的迫害。一般群众轻视教师职业,甚至教师本身也看不起自己。现在新中国的社会制度根本与旧社会不同,人民教师的地位与旧时代也不一样。任何人没有理由轻视教师职业。试看前年我国中小学教师代表团去苏联参观,访问了两个月,他们深深认识到人民教师这一职业在社会主义国家里是最受尊敬的职业之一。他们所接触许多中学学生——特别是女生,都愿意选择教师这一职业。据莫斯科第二师范学校的校长说:在每年招考新生的时候,他都要亲自和新生谈话,如果发现有一个学生不是出于自愿而来投考师范的,或者不是对教育少年儿童深感兴趣的话,那么校长就劝说这位新生不要投考师范。苏联就是我们的明天,可以相信我们的青年不久就会转变过来尊重教师这一职业的。

教师的职业与其他职业不相同,所以培养的要求也有区别的。师范学院的教学计划有四个组成部分,即政治理论科目、教育科目、专业科目、教育实习。根据计划说明中指出:这四个部分是有机地互相关联的,是为了实现师范学院培养目标所不可缺的,而且这四个部分在教学计划中应各占有合理的比重。

去年中央教育部为了减轻学生负担,发出临时措施的指示,把政治理论科目和教育科目的钟点略为减少,这并不是说要降低政治科目和教育科目的地位,四个部分还是同样重要的。但是对师范教育有思想问题的人,就说:"教育科目和教育实习妨碍了专业学科的时间","只要专业学科学好,就可当教师","综合大学的毕业生,没有学过教育学科,没有经过教育实习,也同样可当教师",等等。这些言论迷糊了师范学院的方向。这种思想代表了资产阶级学者的主张。我们不会健忘,旧时代曾经把高等师范学校改变为普通大学,曾经把中等师范学院并入普通中学,成为师范部或师范科。这种取消师范教育的思想是有根源的。他们不知道,这种旧论调已不适合于新时代了。在社会主义国家,师范教育是培养建设人材的一个重要力量。苏联经验告诉我们,师范学院必须与普通大学教育区别开来。苏联教育事业史无前例地发展,苏联教育质量空前地提高,就是正确执行马列主义教育学的辉煌成绩。

为了走社会主义的道路,必须拥护师范教育;为了祖国建设的需要,必须重视教师职业;为了很好教育青年一代,必须用心学习马列主义教育学。人民教师是社会主义祖国所需要的。也是人类历史发展所需要的,人民教师的任务是伟大的，人民教师的称号是光荣的。

（原载于1957年9月15日《安徽师院》）

合肥师范学院教育系全体师生合影

关于高等师范教育的特点问题

新中国的教育事业和其他事业一样,是由国家建设任务所决定的。新中国成立后,由于建设的需要,在1951年10月,政务院颁布了《关于改革学制的决定》,明确规定高等师范学校分为师范学院和师范专科学校两种。师范学院培养高级中等学校师资,修业期限四年;师范专科学校培养初级中等学校师资,修业期限二年。

概括地说,高等师范教育的特点是培养中等学校师资。高等师范教育无论就国家各项建设事业来讲,或就国家教育建设事业来讲,都占有相当重要的地位。为培养各项高级建设人才的高等学校准备足够的合格的新生来源,就必须发展中学教育;为培养国家建设所需要的中级技术干部,就必须发展中等技术教育;为逐步普及义务教育准备师资,就必须发展中等师范教育。怎样能发展中学教育、中等技术教育和中等师范教育呢?关键问题在于供应足够数量和合乎规格的师资,而高等师范教育的任务正是培养中等学校(包括普通中学和中等专业学校)的师资。因此,我们可以这样说,高等师范教育,犹如工业中的重工业,机器中的工作母机,它是国家教育建设的根本。

这样看来,高等师范教育的特点是很突出的。所以说,高等师范学校办得好坏,数量多少,直接影响中等学校的质量和数量,间接影响到国家培养建设干部的计划。因此,高等师范教育,是我们全部教育事业中一个重要环节。如果抓不紧这一环节,我们就要犯政治上的错误。

我们高等师范学校工作的性质是培养人师,培养为人民做榜样、为我们后一代做榜样的人,也就是大家所知道的人类的灵魂工程师。由于高等师范教育的特点是培养为人师,培养为人民作榜样和为后一代作榜样的人,因此,它对自己师生的要求与其他高等学校有所区别,特别在品德修养方面,学校风纪方面,应该严格。

为了更具体地说明特点,再把师范学院和综合大学对比一下:二者除了方针、任务不同外,在系科设置方面,师范学院是按中等学校(主要是普通中学)教学计划中所开设的科目为根据的,即符合中等学校师资的需要而设置的;综合大学设置各系不是从这方面考虑的,它主要是培养理论科学方面的研究人才。

师范学院每系科只有一种专业,而综合大学各系设置专业较多、较广泛。

师范学院的系一般都是只设一种专业(教育系例外),没有专门化的课程:而综合大学则是在专业的课程中划分各种专门化。

师范学院的各系科教学计划包括有四个组成部分:政治理论课目;教育科目;专业科目;教育实习。这四个部分是有机地互相关联的,是为了实现师范学院培养目标所不可缺的,而且这四个部分在教学计划中应各占有合理的比重,畸重畸轻都会是不合适,以致妨碍培养目标的实现的。而综合大学的各系教学计划包括有不同的组成部分:政治理论课目;基础科目;专业科目;选修科目。

师范学院各系科教学计划里设有教育学科和教育实习的两个重要组成部分,而综合大学里和高等师范相当各系的教育学课程钟点既少,又为选修。教学计划里列有教育实习的系,更是少数,而且实习时间也很短。

有人借口师范学院学生的专业训练不够,片面强调专业课,企图削弱甚至取消教育实习和教育课,说综合大学毕业生没有学过教育学和心理学,没有经过教育实习,同样可以胜任中学教学工作,这种看法,曾经陈选善司长指出过“这是错误的”。因为教育科目是师范教育的专业课,每个师范学院学生必须以马克思列宁主义的教育科学知识来武装自己。教育实习是师范学院贯彻理论联系实际的教育方针的一个重要途径,是不容削弱与忽视的。

还有大家所知道的,师范学院的特点,必须贯彻面向中学的方针,在教学内容、教学工作及科学研究工作方面都必须结合中学实际,因此师范学院设有附设中学,并须经常与附近各中等学校保持联系。

高等师范教育的特点是很明显的。我们社会主义的祖国正在迫切要求我们,对教育建设作出应有的贡献。我们必须先摒弃一切个人的名利思想和地位观念,从整个国家建设观点着眼,才能全心全意为人民教育事业服务,并肯终身安心于平凡而伟大的人民教师的工作。

(原载于1958年1月16日《安徽师院》)

清代王筠的儿童教育观

引　言

清代王筠，字贯山，号箓友，道光年间举人、做过山西宁乡知县。他著有《说文句读》《说文释例》《说文系传校录》《文字蒙求》《弟子职正音》和《教童子法》等书。

他对小学教育贡献很大。所著《文字蒙求》是小学识字教材；《弟子职正音》是研究古代著作（管子作）的教育学说；其中《教童子法》一书，对当时蒙童教育有很多独到见解。他认为当时塾师学识浅陋，不知道教蒙童的方法，而像和尚传经那样，机械化注入，但求死记硬背，不会启发诱导；做父兄的，大都轻视蒙师，以为子弟年幼无知，师资并不重要。他们不懂“先入为主”的意义。儿童上学后，基础建立坏了，日后要纠正过来，是很困难的。况且时光过得很快，一蹉跎，后悔已来不及。坏的教育，结果不但不可能使子弟成为圣贤，即想获取科名也不可能，这是极大错误。

王筠的教育观，主要表达在《教童子法》一书中，此书分为二十七小段，内容受着历史条件所限制，在今天有很多话已不适用，而且不尽合于教育原理。依作者的学术能力和思想水平，作了一番分析研究，不适用的就把它扬弃掉，有用的就分作几个论点，用现代话写出来，表达王氏的意思。接着加了一项补充，是作者的补充意见。并把王氏原著附录在后面，一起供给研究教育学和研究教育史的同志们参考。在原著译述方面和补充意见方面，有不妥之处，还请同志们指教。

一、指出教师责任的艰巨

（原意）蒙师的质量是极其重要的。但一般父兄不重视此事，以为儿童年幼，知识未开，师资稍差，无关紧要。因此，甚至延请知识贫乏的人充当蒙师。实则儿童初学，影响很大。如果讲授有不正确的地方，或者有错误的地方，使儿童接受了，巩固下来，成为习惯，日后改正很不容易。正如王安石曾经说过:“先入为主”。就是说:第一次接受的东西,或最先受到的知识,将起主导作用。做父兄的误害了子弟,也就是误害了自己。

做教师的责任是很重大的,对儿童讲授时,必须使儿童听入进去,能体会,能理解;不可讲出口就算了事,不问儿童懂不懂,这是没有尽教师的责任。(以上见原著第一段)

(补述)做父母的和做教师的,不重视幼儿教育和不重视小学低年级的教育。这种情形,一直到今天还是存在着的。一般父母认为儿童年幼无知,容易应付。在家庭里不注意教育,对儿童说话很随便,对儿童的游戏行动不加指导,对儿童的生活习惯,放任自流。因此使儿童打下了不良教育的基础,养成了不良的生活习惯,到了入学年龄,进了学校,就给学校带来了很多困难。

在中小学里,差不多成为一种惯例,低年级的课让年轻的、业务水平低的教师去担任。高年级的课程让年纪大的,业务水平较高的,有经验的教师去担任。在教育意义上讲,这是很不对的。低年级更需多样化的教学方法,更需要有经验,有教育修养的教师去担任。这是要提高教育质量,实施共产主义教育,必须把这种错误观点纠正过来。

现在学校里“管教不管懂,教书不教人”的现象,还是存在着的。教师系统地传授知识,学生系统地接受知识和逐渐发展智慧,这个过程本来不是一件简单的事。首先教师必须掌握学生的可接受性原则,即掌握学生年龄特征和个性特征。其次,教师必须严格遵守这一条,即在学生旧有知识基础上发展他们的新知识。再次,教师必须使学生能运用思维,从感性知识提高到理性知识。再次,教师必须不断地指导学生通过复习、练习、实验,系统地把知识巩固下来。最后,教师必须指导学生把知识应用于实践,证明知识的有用和可靠。通过实践,使学生对知识理解更透彻,使得更巩固、更提高和发展。

二、要求导引儿童学习兴趣,以启发儿童自觉性和积极性

(原意)人们都是寻快乐的,没有人有意去寻苦恼的。读书这件事也是一样,应该是一件快乐的事。虽读书和游戏不同,读书是另外一种乐趣。让儿童得到书中的乐趣,就会自愿地、自动地去学习了。如果教师教儿童读书,像和尚念经那样,不加讲解,只要求死记硬背,这好像叫儿童嚼木头,毫无趣味。那末比较资质愚钝的儿童,就俯首帖耳,忍受驱使;比较聪明的儿童,却不肯屈服,就要反抗起来了。(见原著第二段)。

对于资质愚笨的儿童,必须用多种方法来诱导他,得到了他的学习的规

律，就鼓励他，这样他就会愉快地接受学习了。假使天天责备他，惩罚他，儿童既感到苦痛，做教师的难道感到愉快吗？所以检查学生的学习，如果学习兴趣很浓，互相谈论学问，他们的教师必然是个好教师；相反，学生愁眉苦脸，毫无生气，大概教师和学生都是笨牛。(见原著第二十段)。

(补述)旧时代的私塾教育，对儿童来说，是一桩苦恼事。儿童从早到晚，在戒尺声威严下，口不停地念着书；不允许有休息时间，既不准与同学谈笑，又不准离开板凳活动一下。正在迅速发育的儿童，身心发展都受到私塾教育的妨碍。王氏在封建环境中，创造性地提出兴趣教育，以引发儿童自觉性和积极性；痛斥教条主义的教学方法，反对那种蛮横无理的压制儿童的手段，这是一种不平凡的进步教育言论。

三、关于教学方法方面

(一)直观性教学

(原意)教儿童识字，用一寸见方的纸正面写楷书，背面写象形或指事的纯体篆字，如识“日”“月”，就指天上的月亮和太阳告诉他们。识“上”“下”两字，就把在上在下的实物给他们看。纯体字学过后，才教合体字，又必须从容易的逐渐到繁难的。

(补述)旧时代的教学，不教儿童理解，使儿童盲目地、机械地死记硬背，这不是知识的传授，缺乏了教育的意义。王氏利用篆体象形字和指事字，使儿童认识实物和现象，把实物和现象与字形联系起来，这样就对字形容易理解。在掌握词的基础上，使儿童认识楷书，又加深了记忆。

(二)儿童年龄特征

(原意)年幼儿童的注意力不稳定，不能待久，容易转移和分散，因此继续学习时间不能太长，中间必须有空闲时间。教师可利用这种空闲时间，教他们学习些经典常识，如：“什么叫作十三经？”“某经是何人著作？”“作疏的是哪一个？”“什么叫做二十四史？”“著作者是谁？”等等。每天只告一事，经过一年，即可有三百六十事了。学生学了，让他们自己谈话练习，这样记忆可以巩固。隔三、四天，教他们一个活典故，例如先问他们：“两家邻居争一鸡，你能怎样判别这一鸡确是属谁家的？”如果儿童中有答出者，是一个有才的儿童；如果答不出，可以告诉他们《南史》中的故事。《南史》故事：先分别问明两家喂鸡用什么食料，然后把鸡肚子剖开，取出胃来检验，那就可以判明这鸡是属于谁家的。儿童闻了，一定很高兴，这样可以发展儿童的智力。(见原著第五段)

儿童学习书法不宜过早。因幼小儿童手上的小骨头（掌骨、腕骨、指骨等）很柔软（手腕关节小肌肉群还没有足够发育），这时如教书法，儿童无法学习“拨”法和“镫”法，不但教学效果不好，而且要损坏儿童的健康。八九岁（在学龄初期）时（儿童的掌骨、腕骨及肌群都进一步地发展），开始学习书法，不算太晚。（见原著第十七段）

（补述）封建时代的教师，不问儿童年龄的大小，一律当做成人看待。在儿童心理方面，不问他的注意力已否稳定，同样令他们长时间地学习。除了吃饭之外，没有其他休息时间。凡是寄宿生，每晚在一盏清油灯下，“子曰……子曰……”念至深夜。在生理方面，也不管儿童身体发育如何，拿成人自己的尺度去衡量他们这种教育，不但效果很差，在戕害儿童身体方面是很大的。

（三）重视教育系统性

（原意）儿童初学，首先教以单体形象的字，其次教以合体的字。讲解，先讲容易的，后讲繁难的。认识二千字以后，可开始读书。这时进行整个句子作解释。到了八九岁时，智慧渐开，可教四声、虚实、韵部、双声、叠韵和对对子。同时每天教一典故，以丰富其知识。精读五经《周礼》《左传》。此外选读《仪礼》《公羊》《谷梁》。到十六岁，可以开始学文章。资质较聪颖的，可使全读十三经和《国语》、国策、《文选》。资质较差的，可使全读五经，《周礼》，《左传》及摘抄读《礼记》《仪礼》《公羊》《谷梁》。聪颖者，到十六岁可以学文章；较迟钝的，可延至二十岁学文章也不晚。初学文章时，先使他读唐宋古文中浅显者；写作时，使先学写书信，不许讲空话，让其尽量发挥，越多越好；批改时，只就其虚字不顺的改换一下，其余多保留为原则。等到他知道文法之后，再使他学读时文。这样就可完成教学的任务了。

读书一两年，即教以对对子，初两字，三四月三字，渐而加至四字，再至五字……（见原著第一、二段）

（补述）当时一般塾师对儿童教学的程序是很模糊的。最普遍的是教儿童读《千字文》。《千字文》的句子根本不好解释，实际也不解释，字义也不解释。《千字文》上的字，大多不是日常通用的字，儿童死记硬背，认识得很苦。如果所得到的有用的字没有几个，大多数字是用不到的。接着教儿童读《百家姓》，也是一种很可笑的事。我们民族从聚族而居传下来，一个地区杂姓并不多，一般在乡里生活的人，终生不需要认识很多姓。即使多出门、旅行的人，试问谁需要用过《百家姓》书上百分之八十的姓氏？徒然浪费天真活泼的儿童脑力和光阴，这是一桩没有道理、极蠢愚的事。足见旧时塾师很多人不用脑筋，没有计划，对一代的教育是不负责任态度。

王氏在那种环境下，有系统地提出教学计划来，可推为儿童教育的先进者。

（四）因材施教

（原意）教学生好像种树木一样，要尽培养浇灌之责。能成大材的，可作栋梁；成为小才的，可作器具。因个性不同，不好勉强。如果勉强督责，必将糟蹋人材。（见原著第九段）

人材是不一样的。有的是小材，显露出来很聪明，引起人们的一时注意，但终究没有什么大成就。有的是大材，平平常常，并不突出，须经过长期的培养。加了二十年功，学问渊博，再收拢起来，钻研一番。有大成就，就非一般所能及了。（见原著第二十二段）。

（补述）中外教育家很多人喜欢用栽培树木来比喻培养儿童。他们的用意，大概有两个方面：

第一方面，劝告教师，要爱护儿童，好像园丁爱护树木那样。很仔细地、很耐性地，经常地浇灌它，看护它，防止虫类蛀蚀它、动物伤害它以及暴风雨摧毁它。第二方面，每种植物，都有它的天赋意义，使它正常生长发展后，可以成为各种器材。教师对于儿童，也应注意他的个性，使他很好成长发展，成为有用人材。

这不能说：教师就是园丁，教育就是生长。这样说法，是实用主义教育学，是反动的，不科学的。

培养与教育都是长期工夫，不是一朝一夕所能急就的。有的儿童显露出有些小聪明，如果没有教师长期的、认真的教育，他也不会有所成就。古语说："小时聪明，大时未必聪明。"以前王安石写过一篇《伤仲永》文章：方仲永是江西金溪县人，五岁时能作诗。但后来无师教导，自己也不学习，年长时就不会写诗了。关于说明教育起主导作用的古谚和例子是很多的。

（五）巩固知识

（原意）教儿童认字必须从分析下手，把形体字分析开来辨认，就容易牢记，不致遗忘。他在《识字蒙求》序中引陈山嵋话：人们不认识字，由于不能分析，如能分析一字为数字，则点划认清，就容易记住，而不会忘掉了。（见《识字蒙求》序）

他在《教童子法》中引"蒿菴闲话"上一段故事：历城叶奕绳曾说过一种强

记的方法。有一个人读书，遇到自己所喜欢的，就抄录下来，把它反复读了十几遍，然后贴在墙上。每天贴有十几条，少的也有六、七条。每在读书休息期间，散步室内，阅读墙上书条，每天有三、五次。这样对墙上所贴书条精熟记忆，一字不致遗漏。等到墙屋贴满后，就把第一天贴的取下来，藏在书箱中，把新抄录下来的再补上去。这样做着，终年不停止。全年约得三千条。经过数年，这人脑中记住很多知识。（见原著第十二段）

教师教学生做对子，应就当日所读的书文中，选出可以做对题的，出作对对子的题目，这样一面可以检查学生对教材的领会程度，一面可使学生对教材知识得到巩固。（见原著第四段）

（补述）历代教育家对于知识的巩固，没有不注意的。因为儿童不能把所获得知识保留下来，一边学，一边忘，这就等于不学。做教师的必须指导儿童把一天一天所得到的一点一滴的知识积累起来，很好地保存在记忆之中，遇到需要时，就可拿出来应用。

记忆的方法有两种：一种是机械记忆，一种是逻辑记忆。机械记忆是经过多次重复。把所要记忆的东西硬记下来，就是所谓“强记”。逻辑记忆是通过理解，凭着所要记忆材料间的关系和意义来记住它。两种方法在巩固知识的要求上，都需要的，但必须着重在逻辑记忆。

王氏主张，教儿童识字须分析字形，让他理解，教儿童做对子，就选择当日教材中某一问题做对题。这就使儿童应用逻辑记忆的方法。

王氏引用《蒿菴闲话》上的一般故事，主要是机械记忆方法，但中间也有与逻辑相结合的。王氏提出对巩固知识的意见，是很正确的。

（六）掌握知识

（原意）教学生识字，先有教师对学生讲解，后由学生自己解释，必须使学生切实领会，到日后作文时，就能把每字嚼出汁浆，不至滑过。

学生对每一字已经做解释了，还是不够的，必须使学生能对一字作横解，就是同一个字，用在某句中作何解释，在另一句中又作何解释，使其知道引申或假借，分辨明确，能转化运用自如。（以上见原著第八段）

使学者读时文（当时应考规定的八股文），自行批判，好的加圈，坏的划去；过了一时，有了进步，再行阅读，重加批判，这时可能把原来划去的加了圈，把原来加圈的划去了。这样一圈一划，实际不是批判文章的本身，而是批判自己的眼光。使读经书时，可把意见写在书眉上，等日后再读时，眼光不同，可加涂改，这样可促使进步。如读书的把书保存得干干净净，不落一笔，

显得是不用心的。(见原著第十九段)

王氏举一事例,说他的家乡有个秀才,家里很贫穷,自己耕种田地,空暇时,喜欢赌博,当他做文章时,却很快,好像一直在那里读书。有人问他缘故,他说,我有二十篇熟读的文章,每天必在心中默读一两遍。这就是他得到做文章熟巧的方法。(见原著第十八段)

王氏文引沂州张先生的教学方法。张先生每天在早饭后,使学生去田野间散步,让他们自己去运用思维,体会书文中的意义;回来时各向张先生报告自己的心得,并提疑问,张先生随即解释答案。这种方法,学生进步很快。(见原著第十四段)

(补述)上面所举的,王氏对于识字的方法、读书的方法、作文的方法以及独立思考的方法,都提出了有价值的经验。教学的任务,首先是要识字,识字不应留在表面,必须理解字的意义,字的用法,用法的变化,还需辨别同类字的异同之处,字的性质强弱,分量的轻重,以及字的音调,关于修辞问题等等,都要掌握熟练,才能运用自如。

其次,读书必须深入体会,读时随加圈点、评语和注解;日后重读时,可再修改圈点评语和注解,不要怕书本涂改弄脏,应该怕读书不仔细,不领会,不得应用。书是为人服务的,不要使人为书服务。

再次,是作文方法。作文是有技巧的。技巧的获得,不是阅读一、二本修辞与作法可解决的,必须多读多作,还要熟读几篇范作,描摹它的结构造句,和全篇气势与声调,于技巧方面很有帮助的。

再次,独立思考是学习的最重要的关键。如果学习时不进行独立思考,虽读书很多,也无益处。如得到知识后,进行独立思考,就可深入下去,与旧有知识联结起来,更发展新的知识,这样新得到的知识,更容易巩固下来,并能广泛的、灵活的应用于实际,学者的智慧也得到发展了。

(七)掌握表达技术

(原意)王氏对于诗文作法,主张先放后收,他拿驯服野马的过程来比喻学习诗文的规律。在开头学习时,让它纵跳咆嗥,不受羁绊;过久了,它自己觉得厌倦了,这时加上衔辔,就俯首服从了。学习表达技术,经过是很复杂的,忽而看出他的进步了,忽而看不到他有进步。做教师的不能急性地责备学生,应让它自然地发展。好像蚕的生长,起初仅是一卵,后来蠕蠕然有身有首,变为一虫,到了成长作茧,又蜕化为一蛹,再过了一时,又转变为一蛾,有翅能飞了。在这种变化时,如加损害,必将夭亡。学习诗文,也要经过很多次的变化，总起来说，初学阶段，应任其发挥，后来渐渐收敛，到了高级阶段，更精简胜常了。

（补述）旧时塾师教学诗文，很少方法。能有主张，指出努力方向，更是少见。王氏从自己学习和教人经验中，体验出规律来，供给师生们作参改，这是极有价值的。

四、关于教育的主张

（原意）功名、学问、德行本来是三件事，现在的人却把功名当作学问，几乎把功名看做就是德行，这是很错误的。父亲教子必须注意德行，日常生活的行为，每件事需加指导；孝悌忠信的德目，必须时常进行教育。教读书籍时，要常常引证正史中模范事例教育他们。等到德行有修养，学问有了基础，然后等待功名，获得了功名，固然可以应付；不得到功名，也是一个有用的人。不应教子弟痴想功名，专门学习应试文字，此外一切都不学，结果得不到功名，所学的没有意义，自己也不能欣赏，也不能教育自己儿子。在乡里中不能称为善人和有学问的人，到这时自己悔恨走错了路，时间已晚了。（见原书第二十三段）

在理论指导下，运用方法，是上等的；学了方法，去找理论，是次等。应该先学习古代经典著作，掌握了它的思想、道理，然后相应地学习庸俗的时文，以骗取功名；获得了功名，再继续钻研经典著作，这种办法，就是上等的。（见原书第二十六段）

（补述）科举时代的知识分子生活出路，是猎取功名为第一，所以当时一般父兄对子弟、塾师对门徒，都急急乎教会他们应试文字，所读古书也是为了这个目的，而对于古人生活经验，生产和知识和道德遗教，都置诸脑后。王氏用生动的语言，指责做父兄和塾师的，不应抱着短浅眼光去贻误下一代。这可称是教育的警钟。但王氏不能更进一步提出向这种反动教育作斗争，这是他的阶级局限性。

结　论

王氏的教育理论，都是他亲身体会得来。试看他原书第二十五段："我幼年所受之苦……"当时塾师教书不讲解，使儿童理解模糊，认识迷茫，终日死读死背。心理上的厌倦和痛苦，真是难以形容出来。凡是亲身受过的，才能体会得到。王氏所举的事，还是比较进一步的问题。作者自己记起，在童年时代,还有比王氏的更可笑、更可怜的事。如我在七八岁时,塾师教我读《论语》,终日“子曰,子曰……”,我心里很不耐烦,不知作何解,但不敢去问师。有一天,师有事外出,我就私问一年长同学:“子曰”作何解?他答“子”就是“儿子”,“曰”就是“讲话”。我听了,我心理更怀疑:“为什么儿子讲话讲得那么多呢?”正如王氏在书中第六段所说:“今之教者,弟子入学,视为废才。”这样教法,贻误人之子弟,罪孽实在不小。

其次,在教材方面,采用了庸俗不堪、对儿童思想上极有害的读本,不能增加儿童常识,不能启发儿童智慧,耽误了年青一代的宝贵光阴,戕害了年青一代的有用身心。当时一般知识分子都醉心于科举利禄,漠不关心于儿童教育。独王筠大声疾呼地把问题揭开出来,提出了许多对儿童教育有价值的理论与方法,不愿把加在他自己身上的痛苦再加给后一代,这种思想就是要把社会推向前进,是进步的。

《教童子法》一书原附刊在《四书说略》后面,到1896年,江标特把它抽出来刊入丛书中,并作了简短叙文,说:“有极陋极迂处,而极通处甚多。不得不为善教者。近见德国学校章程,纲举目张,皆实事求是之学,教童子尤严密。”他把王氏的学说与德国学校章程相比,是不妥当的。王氏的学说是反抗封建教育的反映,德国学校章程是军国主义教育的体现。在表面上看来,似乎学校章程定得比较严密,然王氏重视直观教学和儿童年龄特征,提倡儿童兴趣和因材施教,以及指出掌握知识的方法和对整个教育的主张,他思想方面的进步性,实已超过了德国学校教育,这是六十多年前的江标所不能理解的。

讲到王氏书中迂腐地方也是有的,例如第十七段中说,赵子昂的书法有媚骨,因为他受了元聘;王右丞诗有媚骨,因为他投降了安禄山。这种说法,完全脱离实际,犯了主观主义的错误。

附　教童子法

(一)《礼记》有心丧三年,是师与君父同也。乃世之教童子者,只可谓之猎食,而父兄为子弟延师,亦以其幼也,而延无知之师,曾不闻王介甫先入为主之说,是自误也。不敢望子弟为圣贤,亦当望子弟为鼎甲。蒙养之时,识字为先,不必遽读书。先取象形、指事之纯体教之。识日、月字,即以天上日月告之,识上下字,即以在上在下之物告之:乃为切实。纯体字既识,乃教以合体字。又须先易讲者,而后及难讲者。讲又不必尽说正义,但须说入童子之耳,不可出之我口,便算了事。如弟子钝,则识千余字后,乃为之讲;能识二千字，乃可读书，读亦必讲。然所识之二千字，前已能解，则此时合为一句讲之。若尚未解，或并未曾讲，只可逐字讲之。八九岁时，神智渐开，则四声、虚实、韵部、双声叠韵，事事都须教。兼当教之属对，且每日教一典故。才高者，全经及《国语》《国策》《文选》尽读之；即才钝，亦《五经》《周礼》《左传》全读之；《礼仪》《公》《谷》摘抄读之。才高者，十六岁可以学文，钝者二十岁不晚。初学文，先令读唐宋古文之浅显者，即令作论，以写书为主，不许说空话，以放为主，越多越好。但于其虚字不顺者，少改易之，以圈为主。等他知道文法而后，使读隆万文，不难成就也。

（二）学生是人，不是猪狗。读书而不讲，是念藏经也，嚼木札也。钝者或俯首受驱使，敏者必不甘心。人皆寻乐，谁肯寻苦？读书虽不如嬉戏乐，然书中得有乐趣，亦相从矣。读书一二年，即教以属对，初二字，三四月后三字，渐而加至四字，再至五字，便成一句诗矣。每日必使作诗，然要与从前所用之功，事事相反。前既教以四声，此则不论平仄；前既教以双声、叠韵，此则不论声病；前既教以属对，此则不论对偶，三字句亦可，四字句亦可，五句亦算一首，十句亦算一首，但教以韵部而已。故初读诗，亦只读汉、魏诗，齐梁以下，近律者不使读。吾乡非无高才，然作诗必律，律又多七言，七言又多咏物。通人见之，一开卷便是春草秋花等题目，知其外道也，掩卷不观矣。以放为主，以圈为主，等他数十句一首，而后读五七言律，束之以属对声病不难也。

（三）诗题颇难，必古人集中所有之题，乃可使学子作。忆袁子才诗话，言某人集中，有书中干胡蝶诗，大以为笑。我尝见此集工夫极好，只是耳目蔽塞。咏物诗本不宜多作，然杜工部花鸭苦竹等诗，寓意深远，又何尝不好？吴梅村莲篷人、桃核船等诗，则不如不作矣。我见何子贞太史，教其侄作诗，题目皆自撰，以目前所遇之事为题，是可法也。时下题难得，则教以《文选》《咏史》诸篇。而所读之书，无往非题也。咏物题太小，与画折枝草虫一般，枉费气力，如有孝子慈孙，以示操选政者，其入选也仅矣。此亦由师不知是魔道，未尝告之而然。

（四）凡每日属对，必相其本日所读，有可对者，而后出之，可以验其敏钝。即或忘之，亦教责之而无词也。

（五）小儿无长精神，必须使有空闲。空闲即告以典故。但典故有死有活，死典故日日告之，如十三经何名？某经作注者谁？作疏者谁？二十四史何名？作之者姓名？日告一事，一年即有三百六十事。师虽枵腹，能使弟子作博学矣。如闻一典，即逢人宣扬，此即有才者。然间三四日，必须告以活典故。如问之曰：两邻争一鸡，尔能知确是某家物否？能知者即大才矣。不能知而后告以《南史》。先问两家饲鸡，各用何物，而后剖嗉验之。弟子大喜者，亦有用人也，自心思长进矣。

（六）今之教者，弟子入学，视为废才，到十三四岁，则又视为天才何也？书不取其多、不取其熟，不取其解，但念藏经而已，是废才也。忽然十余岁，便使之作文，岂有生而知作文者乎？是天才也。然其教以文也，仍以废才教之，曰读二十艺，三十艺，然以一字不讲之胸，即读俗不可耐之文，庸能解乎？费尽师傅蛮力，使之能解，钝者终身于此，芹不可掇，敏者别读佳文。夫费数年之功，以粪浸灌其心，又费数年之功，以洗濯其粪，何如不浸，而无庸洗之为愈乎？且此乃俗语鬼扯腿之说也。当应读书之时，不多读不勤讲而以时文爚乱之，是文扯书之腿也；当应学文之时，又念经书不熟不解，无作料光彩，则又欲温习，此经扯文之腿也。意不两锐，事不并隆，何如分致其功之为愈乎！

（七）作诗文必须放。放之如野马，踶跳咆嗥，不受羁绊，久之必自厌而收束矣。此时加以衔辔，其俯首乐从。且弟子将脱换时，其文必变而不佳，此时必不可督责之。但涵养诱掖，待其自化，则文境必大进。譬如蚕然，其初一卵而已，渐而有首有身，蠕蠕然动，此时胜于卵也。至于作茧而蛹，又复块然，此时不如蚕也。徐俟其化而为蛾，则成矣。作文而不脱换，终是无用才也。屡次脱换，必能成家者也。若遇钝师，当其脱换而夭阏之，则戚矣。诸城王木舟先生（名中孚，乾隆庚辰会元）十四岁入学，文千余字，十八岁乡魁第四，文七百字，四十岁元，文不足六百字矣。此放极必收之验也。

（八）识字必裁方寸纸，依正体书之。背面写篆独体字非篆不可识，合体则可略。既背一授，则识此一授之字。三授皆然。合读三授，又总识之。三日温书，亦仿此法。勿惮烦，积至五十字作一包。头一遍温，仍仿此法，可以无不识者矣。即逐字解之。解至三遍，可以无不解者矣，而后令其自解。每日一包。此无上下文，必须逐字解到茁实，异日作文，必能逐字嚼出汁浆，不至滑过。既能解，则为之横解。同此一字，在某句作何解。在某句又作何解。或引伸，或假借，使之分别划然，即使之展转流通也。

（九）教弟子如植木，但培养浇灌之，令其参天蔽日，其大本可为栋梁，即其小枝，亦可为小器具。今之教者，欲其为几也，即曲折其木以为几。不知器是做成的，不是生成底。迨其生机不遂，而夭阏，以至枯槁，乃犹执夏楚而命之，曰："是弃材也，非教之罪也。"呜乎！其果无罪耶！

（十）佳弟子多有说不出口底苦，为父兄者亦曾念及乎？督责以时文、排律，白折红行，捷南宫，入翰苑，父兄泰然以为善教矣。敷奏一事，则时文之法，不能达其所见也。自恨读史之不早也。公燕分体赋诗，则排律慑懦之词，不足道其情也。自恨《文选》之未见也，且有不知自恨者，侥幸主持文衡，不知四书有汪氏大全、陆氏大全、王氏汇参也。而调取至愚极陋之体注。遇典故，则使房官检查。不知典籍浩如烟海，绝无主名，何处检也。又不知诗经文或作赋，或作四六，皆才人之笔，而以为文体不正，遇有知者，一屋为笑矣。不知早教以读书，则古文正有益于时文。至于出丑败坏，屈抑多士，岂非父兄之教不先乎？

（十一）截得断，才合得拢。教子者，总要作今年读书，明年废学之见，则步步着实矣。识字时，专心致志于识字，不要打算读经。读经时，专心致志于读经，不要打算作文。然所识文字，经不过积字成句、积句成章也。所读之经用其义于文，为有本之文；用其词于文，亦炳蔚之文也。如其牵肠挂肚，瞻前顾后，欲其双美，反致两伤矣。

（十二）《蒿庵闲话》曰：历城叶奕绳，曾言强记之法，云某性甚钝，每读一书，遇意所喜好，即札录之。录讫，乃朗诵十余遍，粘之壁间。每日必十余段，少亦六七段。掩卷闲步，即就壁间观所粘录，日三五次以为常。务期精熟，一字不遗。粘壁既满，乃取第一日所粘者收笥中，俟再读有所录，补粘其处，随收随补，岁无旷日。一年之内中，约得三千段。数年之后，腹笥渐富。每见务为泛览者，略得影响而止，稍经时日，便成枵腹，不如予之约取而实得也。

（十三）又日，邢懋循常言，其师教之读书，用连号法。初日诵一纸，次日又诵一纸，并初日所诵，诵之三日。又并初日次日所诵诵之，如是渐增引至十一日，乃除去初日所诵，每日皆连诵十号，诵至一周，遂成十周，人即中下，亦无不烂熟矣。又拟题目若干道，书签上、贮之筒，每日食后，拈十签，讲说思维，令有条贯，逮作文时，遂可不劳余力。

（十四）沂州张先生，筠之父执李荆原（名映轸），先生师也，尝言从学时，每日早饭后，辄曰各自理会去。弟子皆出，各就陇畔畦间。比反，各道其所理者，何经何文，有何疑义，张先生即解说之。吾安丘刘川南先生（名其旌）十余岁时，师为之讲书数行，辄请曰，如此，则举某章反背，师令退思之而复讲。如是者，每日必有之。半年后，师遂不穷于答问，是谓教学相长。然此等高足，那可多得。故为弟子讲授，必时时话问之，令其善疑，诱以审问，则其作文时，必能标新领异，剥去肤词。

（十五）泰安赵仁甫相国（名国麟），作一讲时文书（忘其名，亦未见其书），凡十二卷。泰安刻九卷，济宁知州徐树人（名宗干）补刻三卷。闻泰安人初宗法之，以致数十年无捷南宫者，遂弃之。我以意揣之，必因仁甫先生于每种题皆录成弘正嘉文以为式，从而学成弘，以至不中也。可谓痴绝。规矩者，巧之所以出也，得规矩而失其巧，其义何居焉？试问仁甫领乡篇捷南宫之文，岂皆成弘体乎？然必选成弘者，其文无支蔓，规矩易见，故以为式。欲其穷思毕精、驰骋于规矩之中，非欲其憔悴枯槁、窘束于规矩之中也。时文行已五百年，穷极才思。尚怵他人之我先。而乃袭先正之貌，落孙山之外，反咎仁甫之作法于凉，岂不谬乎！今日者，如得其书甚善；不然者，亦必胪列数十种题目，上书其名，下书其题以实之，使弟子知题有种族，即各有作法，不致临时惶惑。安邱有名解元某，其入学覆题，视思明九句，遂作九股，几被斥革，再复试一次而后已，岂非师之过乎？夫门扇题，题之最易知者也，然两扇作两股，三扇之第三股已有前半股，对上二股，后半股即不必对者，况四扇仍有板作四股者，五扇以下，必不行矣。此之不教，何以为师。

（十六）考试不必早。凡功名无论大小，得之必学业长进。若已有二等本领，而后入学。一经长进，则可中矣。若绝无根底，幸而入学，即长进，亦三等也。三等既久，便甘心以阘冗自居，岂不误一生乎？

（十七）学字亦不可早，小儿手小骨弱，难教以拨镫法，八九岁不晚。学则学元秘塔、藏公碑之类。不可学小字。大有三分好，缩小，便五分好也。不可学赵，他字有媚骨，所以受元聘。犹之近人作七言转韵古诗，对待工整，平仄谐和，不以为病。一韵到底者乃忌之，所借口者王右丞也，然此人亦有媚骨，进身则以郁轮袍，国破即降安禄山。虽唐人不讲节义，然李、杜、高、韦，何家不可学，而必学降人乎！我所最爱者，铁像颂。苏灵芝字品不高，故其换笔处，易于寻求。即如无字，他底三横四直，其换笔之痕迹俱在，于我有益，故喜之也。最不喜者，虞永兴夫子庙堂碑，尚出颜柳诸贤之上，其换笔皆在空际，落纸则只是平铺，我若学之必板板作算盘珠矣。近人学之成家者，惟见李春湖先生（名宗瀚）耳。寿陵余子，不可学步邯郸也。初学文者，大题当读小名家，亦是此意。小题则必读大家，省了诸般丑态，又不可用此法也。

（十八）又有急救良方：吾乡有秀才，家贫，须躬亲田事，暇即好榕蒲。然其作文则似乎不释卷者。或问其故。则曰，我有二十篇熟文，每日必从心里过一两遍。

（十九）入学后，每科必买直省乡墨，篇篇皆使学子圈之抹之，乃是切实工夫。工夫有进步，不妨圈其所抹，抹其所圈；不是圈他抹他，乃是圈我抹我也。即读经书，一有所见，即写之书眉，以便他日涂改。若所读书都是干干净净，绝无一字，可知是不用心也。

（二十）桐城人传其先辈语曰：学生二十岁不狂，没出息；三十岁犹狂，没出息。

(廿一)孔子善诱,孟子曰,教亦多术,故遇笨拙执拗之弟子,必多方以诱之。既得其机之所在,即从此鼓舞之,蔑不欢欣。而惟命是从矣。若日以夏楚为事,则其弟固苦,其师庸乐乎。故观其弟子欢欣鼓舞,侈谈学问者,即知是良师也;若疾首頞废,奄奄如死人者,则笨牛也,其师将无同。

(廿二)人之才不一,有小才而锋颖者,可以取快一时,终无大成就。有大才而汗漫者,需二十年功,学问既博,收拢起来,方能成就,此时则非常人所及矣,须耐烦。

(廿三)功名、学问、德行,本三事也。今人以功名为学问,几几并以为德行。教子者当别出手眼,应对进退,事事教之;孝弟忠信,时时教之。讲书时,常为之提唱正史中此等事,使之印证,且兼资博洽矣。学问既深,坐待功名,进固可战,退有可守。不可痴想功名,时文排律之外,一切不学,设命中无功名,则所学者无可以自娱,无可以教子,不能使乡里称善人,士友称博学。当此时,回想数十年之功,何学不就,何德不成,今虽悔恨,而无及矣,不已晚乎!

(廿四)律赋以徐庾为正宗。《醴陵集》不知有注本否?《子山集》注本二,其一佳,我忘其名,检《四库全书简明目录》即知之。章岂绩(名藻功,康熙中翰林,著《思绮堂文集》)论四六文曰,惟唐工丽,得无尚少机神。若宋流通,或且疑于浅率。又曰:吴园次班香宋艳,接但短兵、(吴所著《林蕙堂集》,我甚爱之,与时下风气亦合)。陈其年陆海潘江,穿如末弩(陈检讨四六文集有注本,所用典故,重复拉杂,我亦不喜)。吴章氏于当时名家,皆不许可。然《思绮堂集》,亦近日翰林诸老所谓不在行者,以其似有韵之文也。近刻八家四六文集,似吴谷人、袁子才两家为最,而吴尤当行出色。赋固以细腻见长也。朱虹舫先生(名方增)大考第一。八月其获赋,足与律赋偶,笺中储麟趾,九日登高赋,媲美老笔也。大约细腻波峭,是今日当行,不宜作长篇也。不要长枪大剑。六朝体,小场不废,翰苑不宜。

(廿五)我幼年所受之苦,附书于此。读四书时,见《大学》《中庸》注,皆题朱某章句,《论语》则题朱某集注,不知古人注书,多名章句;又不知《学》《庸》是古注粗疏,朱子创为此注,则名章句。《论语》则多用前贤说,故名集注也。又不知注诖是古今字,转以注字为正,不敢问之师也。读《诗经》时,见国风一,不知下有小雅二、大雅三、颂四也。又曰周南一之一,不知上一字承国风一,下一字对下召南一之二,至幽一之十五言也。直以为呓语而已,亦不敢问之师也。读《周易》时,见《二程子序》,当时虽不知朱子乃程子再传弟子,无由为朱子作序,然疑《四书》《诗经》皆朱子自作序,此何以他人作序也。朱注《周易》一段，末云，今乃定为经二卷，传十卷，核其卷数，固不符。不知朱子本义，本连书于《程子易传》之后，述而不作、故谦而不再作序。朱子定本，是文王彖辞，周公爻辞。分两篇居首，孔子自作者，退处于后，不敢掺杂先圣之文，圣人之谦也。曰彖上、彖下、象上、象下、系辞上，系辞下、文言、说卦、序卦、杂卦，谓之十翼。(注略)

御纂《周易》折中，即用朱子旧本也。明永乐时，苏州府教授删《程传》，专用本义。朱子曰《程传》备矣者。始录传于后，而序卦传之程传，本分冠于各卦之首，他不知合录于本篇，遂致序卦无一字注解。我虽疑之，亦不敢问也。惟十一岁从王惺斋师(名朝格)，事事皆讲，遂知用心，以有今日。夫此等可疑之事，皆属皮毛，不关大体，尚无训诲者，令我独感惺斋师。愿天下之为师者，各为其心丧三年计也。

我曾看俞氏选百二名家，是时胸中尚无泾渭，不能知其根抵所从出，派别所由分，看亦无益，是马矣 工夫也。王罕皆选程墨所见集，则当看古人实功。今人不肯用，但看其文，知其路径，得其皮毛，足以标异矣。其中一题数篇者，先看其题，无不解也。及看其文，而后知我所解者非也。看三四遍，始解其制，局命意之所在，恍然曰，我今乃解此题矣。又看一篇，则又不知所云。看三四遍，而后恍然曰：此题又有此制度也。每看一遍皆然，虽不能学，然亦必无肤泛语矣。

(廿六)藏法于理者，上也；以法运理者，次也；上不如次，有目共见。法莫巧于隆万，但去其扭捏可厌一种，学其钩心斗角，花攒锦簇，骗得功名到手，何书不可读，必欲以时文名家，则马矣 矣。时文已被前人做尽，是以顾耕石会墨(君子喻于义节)，并非题之正解。然今人一看知其于从前此题名作，都已见过，他又别发一义也。盖古人所作，自道其得；今人所作，如随风败叶，不但身心性命，国计民生，全没交涉，即用为谈资，亦令人欲呕也。

(廿七)或精团气聚，或鲜花嫩柳，或流利蓬勃，无不售者；古淡艰深，皆自取其祸。乔坐衙者(天地人三股，五经五股，尤王体之类)，更无论矣。

(科研交流论文，作于20世纪50年代末)

一堂课的经验

一九五九年九月二十三日到二十六日，我连续在历史系三年级、地理系三年级和中文系三年级甲乙两班，上了同样内容的课；每次时间为二课时，教材为《教育学讲义》第四节“人民教师”。这章教材对三年级同学来说，是比较熟悉的。他们已经过多次学习，在投考时，他们曾听过宣传报告，他们在入学时，曾经过专业训练，一九五七年，对人民教师事业曾进行过大辩论。因此，这章讲义讲授时如果一般地、泛泛地介绍，绝不能满足同学们的要求。三年级同学对师范专业思想虽基本上已建立起来了，但要求他们从思想上到情感上进一步认识与巩固，就有待这章讲义讲授后所起的影响。

从同学们课外作业中看出，极大部分同学受了旧社会遗留下来思想毒素的影响，对人民教师的职业有很大抵触的。他们极大多数在高中毕业时，填写投考志愿表时，没有一个把高师作为第一志愿。他们认为教师工作在国家建设中贡献不大，远不如工程师或其他专家。教师的地位低，待遇薄，给别人瞧不起，教师工作单调、机械，每年重复同样教材，好像老太婆念经一样，枯燥无味。教师整天长在学校里，生活单调，不如地质学家、工程师到处跑跑那么好，教师吃粉笔灰，生肺病，没干头。有的甚至这样说：“教师像一支蜡烛，照亮了别人，毁灭了自己。”还有同学说：“教师像一个船翁，一批一批地把别人渡到彼岸上去，自己却仍然留在船上。”有少数同学家庭经济困难，为了减轻家庭的负担，享受人民助学金，而进入中师，到中师毕业后就投考高师。有的同学在中学时代学习成绩不好，怕考不取大学，为了躲入“保险公司”，就在投考表上志愿栏内填上了师范学院。以上同学们的思想情况虽说已经过去，但遗留下来这种思想情绪，或多或少，还是遗留着的。遇到具体问题，难免要重现出来。因此，我在备课时，第一件事是考虑：如何贯彻党的教育方针，为培养有社会主义觉悟的中学教师而努力。应如何加强思想性，如何进行组织教学，如何用热烈的情感来影响学生，如何用生动的例子来激发学生的热情，如何对学生严格要求以提高教学质量。这些问题都要贯彻到全堂课中间去。第二件事是要考虑学生的思想情况。要使学生思想深处体会到人民教师的作用是伟大的，人民教师的任务是光荣的，人民教师的地位是受到广大人民所尊敬的。要达到这样的目的，绝不能仅仅用几句口号，或依着讲义照本讲述所能做到的。所以第三个问题要考虑如何使学生能体会到，这堂课是“人民教师”与自己有密切关系，感到很亲切。因此在这堂课开始时，除了联系旧课“教育方针和教育目的”外，即指出这堂课是谈我们自己的问题，这堂课的教学目的，再明确没有了。这堂课好像替我们自己写照或画像，如果由我一个人来画，是画不好的，必须由同学们一齐动手，才能画得像。接着说：教师俗语叫作“老师”，无论什么人，听到“老师”这个称呼，就会起敬。这种敬意，是从每个人心灵上出发的，毫不勉强，所以用不到法律来规定。由于教师是广大人民所尊敬，所爱戴，因此叫作人民教师。

“人民教师”这章讲义共分三部，如何把这三节教材组成一个整体，这是第四个考虑问题。因为人民教师这堂课，不管它占用二个课时或三个课时，它是一个整体问题，不应把它拆得支离破碎。这堂课进行时虽需要分析研究，但不应影响它的完整性。人民教师讲义内容是很丰富的，包括作用、任务、要求、培养和师生关系等。最后一个问题“师生关系”，与前面衔接起来不够紧密，所以特别指出：我们既培养了社会主义的教师队伍，还要研究一下，教师与他工作的对象的关系。教师工作对象是人，这个关系直接影响工作效果，所以有研究之必要。在分析问题，进行讲述时，要考虑到如何使学生容易记忆，特别要考虑如何把冗长、各不相连的标题（小目标题）改成使学生容易记忆的、概括性的、简化的标题，这是第五个考虑问题。如我把人民教师的作用概括为三个方面：(1)从人类社会发展中看：(2)从社会主义建设中看；(3)从培养新人来看。又如我把对人民教师的要求概括为六个方面：(1)对政治的要求；(2)对学术的要求；(3)对教育方法的要求；(4)对教师行为的要求；(5)教师对学生态度的要求；(6)对教师进修的要求。这样，使学生思路明确，记忆方便。课后学生反映：“这堂课重点突出，印象深刻。”可见教材组织的重要性。

教材的问题以目为单位，每目有几个小目，每小目有几个论点，必须使条理分明，主次分清，要有系统地安排一下，使得心中有数，这是第六个要考虑的问题。目与目之间要划分界限，小目与小目之间要防止混淆，还要注意避免与其他章节重复。如我讲人民教师的任务时，把执行党和国家的教育方针政策，和培养年青一代的任务，合并起来讲，免得前后重复混淆，这是方法之一。又如把师生关系分析为人与人的关系，学术的关系和教学活动的关系，前二种在这章中讲，后一种保留在下面第五章“教学过程中”讲。这是第七个考虑的问题。

讲课要联系实际，用实例来证明理论，分析理论，这是学生所坚决要求的。因为联系实际，才能做到生动。联系实际有二个方面：一是联系教育工作实际；二是联系学生思想实际。这是第八个考虑的问题。这堂课由于联系实际，学生反映比较好。例如：中三甲课代表张济渠书面反映道：“同学们对周辛主任教课，反映很好，其优点是：A，不完全照讲义背，能够充分地结合具体的生动的实例，加以阐述（这是同学所要求的）。B，课堂组织教学好。C，理论和实际能结合，因此听起来易接受。”这段话主要是说联系实际，并说明同学的要求。

教师讲课不仅要启发学生的智慧，而且要影响他们的情感、想象和意志。选择现实生活中真实的、突出的、学生能够理解的和可以引起他的兴趣的材料，就可以使讲述具有情绪感染力量。以上引用了凯洛夫主编的《教育学》书中的话。如何吸引学生的注意和激动学生的情感。这是第九个考虑的问题。我所举例子中有几个对学生最为激动，如：一位苏联英雄，当别人告诉他说，要在他的故乡替他立一个半身铜像的时候，他说：“我请求政府不要为我立半身铜像，因为他使我认识了生活的意义和美丽。”我着重指出，做教师的应该教导学生认识生活的意义和美丽，学生听了很感动。我又举徐特立老师在一九二七年秋天，我们革命失败时，加入了共产党。他不怕敌人的威胁和迫害。他一贯工作热情，对人谦和，虚心学习。毛主席总结性地赞扬他：革命第一，工作第一，他人第一。学生听了，特别注意。我又引了附小教师毕娟娟同志曾把裙子穿在衣服里面，看见全班女学生都把裙子穿在衣服里面；后来毕娟娟同志把裙子改穿在衣服外面，全班女学生一律把裙子穿在衣服外面。这说明教师一举一动都影响了学生，教师的行为是学生的主要榜样。这堂课讲过后的星期天，中文系三年级乙班张楚树同学在汽车站上遇到辅导教师潘淑芳同志，向她说道：“周老师的课教得真好，我们的感情都被他吸引住了。”又道：“你知道吗？我们的耳朵在听周老师讲，我们的心在跟周老师转动着。”我们教育学教研组在二个星期后举行学生座谈会，同学们都反映上面所举例子都特别感到生动，尤其对于毕娟娟同志的例子，感到印象最深刻。因为附小靠我们很近，很多同学对毕娟娟同志都认识，这个例子听起来更觉得亲近和现实。

（写作于1959年）

安徽省心理学会成立大会摄影

宋代教育大家朱熹

一、生活小史

南宋出了一位教育大家，姓朱名熹（公元1130年—1200年），字元晦，号晦翁，原籍安徽婺源，出身于地主阶级知识分子家庭，他的门人和后世学者都尊称他为“朱子”。他的父亲叫朱松，号韦斋，受过宋学洗礼，性情刚直，不肯附和秦桧等的投降政策，为当时学者所推崇。

朱子在十四岁时，父亲去世，遵从遗嘱，从学于籍溪的胡原仲、白水的刘致中、屏山的刘彦冲三人。十八岁举乡贡，十九岁登进士第，二十二岁为泉州同安县主簿，二十四岁往延平受业于李愿中。李愿中曾与朱韦斋同学于罗豫章门下。朱子经过太老师李愿中的一番提醒和启发，才觉悟过去所学的空疏，从此就努力于切实的功夫。

朱子从十九岁中进士，到七十岁退休还乡，共五十一年中，担任过官职先后计十四年：二十二岁为泉州同安县主簿，约计五年；四十九岁知南康军，约计四年；五十一岁，出知漳州，约计二年；五十四岁提举浙东常平茱盐，不满一年；六十三岁改知潭州，约二年；最后六十六岁当宁宗的侍讲，只有四十天。他在做官时间都同时从事教育工作，其余都是私人讲学时间。他的一生劳动，主要是教育劳动。他先后开办了同安县学，重修了白鹿洞书院；到处鼓励州学县学的设置，提倡移风易俗的社会教育；亲自拟订学规，修改《吕氏乡约》，编辑小学大学通用教科书，如小学书六卷（十五岁以下儿童适用）、近思录十四卷及对宁宗讲学时所编的《经筵讲义》（大学用书）等。他编订的《四书集注》起的作用更大。在北宋以前，只有《论语》《孟子》二书行于世，《大学》《中庸》虽经北宋二程子特别表彰出来，尚未与《论》《孟》二书并列，到了南宋朱子开始把《大学》《中庸》章句、《论语》《孟子》集句合成一部，并精选各家注解，加以整理补释，成为一个完整体系，以传播儒家学说。这部四子书不但在当时风行于社会，到朱熹死后，在七百余年的中国封建社会里，成为最有权威的教科书，对后世知识界的影响很大。子书的核心思想是要维护封建社会秩序，元代以后，统治者尊重朱熹是为他继承孔子的正统思想，奉四子书经典，用来压制人民的武器，在旧中国七百年间，长期散布封建毒素，四子书是其中主要力量。

朱子意志很坚强地要把孔孟之道来挽救南宋的衰颓形势。他主张拒绝和议，闭关自守，励精图治，任贤使能，立纪纲，厉风俗，数年之后，国富民强，然后恢复中原，解救人民疾苦。所以他出任官职的目的，是要实现他的主张，如不能实现他的主张，他就不肯接受任命。他辞谢任命的次数很多，如在绍兴二十九年（公元1159年），陈康伯推荐他官职，他托病辞了。乾道元年（公元1165年），因洪适为相，复主和议，意见不合，又辞去了。乾道六年（公元1170年），工部侍郎胡公铨推荐，七年被召，都辞了。淳熙年代和绍熙年代，也有数次辞职。到了宁宗年代，召任焕章阁侍讲之职，宁宗执弟子之礼，于是朱子对宁宗大讲先王之道和孔孟之学。起初宁宗很虚心听讲，并将讲义传给宫中诵读，不久韩侂胄擅权用事，朱子忠言直谏，就被排挤，委命几度变更，朱子一一推辞。韩侂胄的党徒指朱子的学说为“伪学”，诬朱子及其门人为“逆党”。到庆元五年（公元1199年），朱子七十岁得到批准退休，从此结束了政治生活。

朱子五十多年来坚持不懈的教育活动，“诲人不倦”的精神可以同孔子比美。一天不讲学，一天不快乐，他对学生的教育很耐心、很热情，循循诱导，见到学生进步，就很高兴，见到学生不用心，就很忧虑。他守身清廉，行动规矩，处处可做学生的榜样。他的学生黄干在描述他的形状时说：“其色庄，其言厉；其行舒而恭，其坐端而直。”“倦而休也，瞑目端坐；休而起也，整步徐行。”“威仪容止之则，自少至老，祁寒盛暑，造次颠沛，未尝有须臾之离也。”关于他的教学态度，黄干又说道：“学者即其所诵而质其疑，意有未谕，则委曲告之，而未尝倦。问有未切，则反复戒之，而未尝隐。务学笃，则喜见于言；进道难，则忧形于色。讲论商略，率至夜半。虽疾病支离，至诸生问辩，则脱然沈疴之去体。一日不讲学，则惕然常以为忧。”（见《朱子年谱》卷四下）

朱熹是七百几十年前我国伟大教育家的典范，在世界教育史上也是少有的人物。今天时代已经变迁，他的言行我们不能机械地模仿，他的学说我们应该郑重地批判吸收。

二、继承儒学

朱子幼受父亲朱韦斋的宋学影响，长受程氏弟子之教，实际是程伊川的直系再传弟子。他忠于孔孟的学说，模仿孔孟的行为，栖栖遑遑一再上书给孝宗、光宗和宁宗，企图说服他们，教育他们，要他们学习圣贤的遗教，奉行先王的修身齐家治国平天下之大道，以实现儒家理想中的封建社会秩序。他认为帝王的教育是最重要的。“人主之心一正，则天下之事无有不正；人主之心一邪则天下之事无有不邪。”因此他冒着危险，不怕触犯君主的忿怒和群臣的忌恨，上了几次措辞激烈的奏疏。如淳熙六年，夏间大旱，他上疏道：“天下之务，莫大于恤民；而恤民之本，在人君正心术以立纪纲。……今宰相、台省、师傅、宾友、谏诤之臣皆失职，而陛下所与亲密谋议，不过一二近习之臣。……交通货赂，所资者皆陛下之财；命卿置将，所需者皆陛下之柄；使陛下之号令黜涉，不复出于朝庭，而出于一二之门，莫大之祸，必至之忧，近在朝夕，而陛下独未之知！”孝宗读了大怒。幸得宰相赵雄的劝谏，才免于罪。有一次朱子预备入奏，有人在路上拦住，劝他不要再讲“正心诚意”的理论，朱子答道：“吾生平所学，惟此四字，岂可隐默以欺吾君乎！”他坚持真理，不管在任何情况下不肯屈服，这是人师的典范，更使学者所敬仰。

他的“真理”是什么呢？孔孟之道到了宋学，已有发展。朱熹综合了周敦颐的太极说与程颐的理气二元论。他认为理与太极是同为一物。凡分析一切万象，其根底都由于太极，太极就是理。他说：“只是一个理而已，因其极致，故曰太极。”又说：“天地之间，有理有气。理者，形而上之道也，生物之本也；气者，形而下之器也，生物之具也。是以人物之生也，必禀此理而后有性，必禀此气而后有形。”他所谓太极或理，就是确认精神是独自存在着的。并且认为事物之理在事物之先存在着，甚至即使没有具体事物也有关于事物之理在事物之先存在，也就认为精神第一性存在第二性。同时他又认为有理必有气，就是承认客观也是存在着的，因此在哲学上批判他具有客观唯心论的性质。他对人的看法是这样的：具体的个人是由理和气结合的结果。理是天理，是至善的，人人相同的；气是气质，理气相杂有清浊之分，秉气清爽者是圣人，秉气昏浊者是愚人。就是天理被人欲掩蔽着的是恶，天理不被人欲所掩蔽的是善。人人都可以做圣人，只要不使人欲掩蔽天理。所以教育的功夫就是要存天理，灭人欲，只有学，可以变化气质；进行教育可以培养“贤君、忠臣、孝子”；希望天下国家不乱，必须做到“天子至于庶人，无一人之不学”。朱子抱着这个“真理”，以爱国、救国态度对待当时封建主的。但他所爱的国和所要救的国，是封建主所统治的国，他所谓“存天理，灭人欲”，实质上是要人们去掉与封建社会秩序的“理”相对立的私欲，发扬与封建社会秩序相一致的

“天理”。他要维护封建统治，是他的主导思想。当然，他的教育观点上难免有着浓厚的封建意味。

三、对心理现象的分析

朱子继承着儒家传统的唯心哲学观点，进一步承认了客观的存在，遵循封建的、主观的教育学说。初步尝试作了心理现象的分析。这都是有进步性。他的心理现象说法如下：

心："心以性为体。""心是管摄主宰者。"心有两种：一为有形的，如肺肝五脏之心，是物质实体，是形而下的；一为无形的，是管理一切精神活动，是我们一身的主宰，是形而上的。后者又分为二种：一为人心，一为道心。人心即是人欲，如肚子饿想吃饭，渴了想饮水，全是人心作用。道心即是天理，如饥食渴饮必合道义，是有道心为之主宰（"饮食人心也，非其道，非其义，万钟不取，道心也。"见《濂洛关闽书》卷十五）其实形而上的心只有一个，人欲一动，天理隐藏，成了人心；天理回复，人欲消灭，就是道心。天理与人欲不是并立，道心与人心也不并存。教育在于革掉人心，以回复道心。

性："性即理也。在心唤做性，在事唤做理。"（《语类》卷一）理就是天理。天地自然之理赋与我们的，叫做性。性是无形象，无体积，只是一种意思，包含有仁义礼智四大纲目。它又分为两种：一为天地之性，一为气质之性。天地之性是指纯理而说的；气质之性是指理气结合而说的。前者是浑然至善，后者有善不善。人的性各有不同：得气正者，其理全，所以性善。禽兽得气之偏，其理阙，所以性恶。有的人得理阙而不全，所以与禽兽相差不远。

情："情者心之动，情是性之发。"（《语类》卷一）情是心的发现处，情是由性所发生的动作。心的活动是由情表现出来的。"心譬水也，性水之理也，性所以立乎水之静，情所以行乎水之动，欲则水之流，而至于滥也。"（《语类》卷一）欲是由情发出来的，好像波澜，波澜有好的，有不好的，好的如"欲仁"，不好的，如狂奔翻浪，没有节制，造成灾害。

意："情是性之发，情是发出恁地，意是主张要恁地。如爱那物之情，所以爱那物是意。情如舟车，意如人去使那舟车一般。"（《语类》卷一）"未动而能动者理也，未动而欲动者意也。"（引同上）

志："性者即天理也，万物禀而受之，无一理之不具。心者一身之主宰，意者心之所发。情者心之所动。志者心之所之，比于情意尤重。"（《语类》卷一）"志是公然主张要做底事。意是私地潜行闲发处。志如伐，意如侵。"（引

同上）

才："情只是所发之路陌，才是会恁地去做底。"（《语类》卷一）"才是心之力，是有气力去做底。"（引同上）譬如水流，才是水的力气，能使水流动；水流有缓急，这就才的不同。

知觉："理未知觉，气聚成形，理与气合，便能知觉。譬如这烛火，是因得这脂膏，便有许多光焰。"（《语类》卷一）"所觉者心之理也，能觉者气之灵也。"（引同上）

朱子分析心理，比起前人（张载等）来，较有条理系统得多。当然，朱子是十二世纪人物，不能以现代科学水平去责备他。

四、对学校教育的主张

朱子认为国家建立学校的目的，是为"幸教天下之士，使之知所以修身、齐家、治国、平天下之道，而待朝廷之用也"（《濂洛关闽书》卷十六）。学校的作用，主要是在教育内容和教学质量之足以悦服人心。至于法规制度是在形式，属于次要的了。"学校之政，不患法制之不立，而患理义之不足悦其心。"（前书卷十六）教育的方法是要从根本下手，着重积极方面，正面下功夫。这种方法，看来好像迂缓，实则收效较为迅速。如果忙在枝节问题，临时应付，头痛医头，脚痛医脚，工作好像切实，但欲求根本解决是不可能的。"天下之事有本有末，正其本者，虽若迂缓，而实易为力，救其末者，虽若切至，而实难为功。"（引同前）所以古先圣贤的教育必着重"仁义"的根本大道，而不急急乎求功效。如周朝学校教以六德（知、行、圣、义，中、和），六行（孝、友、睦、婣、任、恤），六艺（礼、乐、射、御、书、数），这样使学者日常起居饮食的生活，都在受教育，集体学习、活动和休息也都在受教育，并且互相勉励，互相研究，取长补短，增进知识，启发智慧，受到全面发展的教育。这样可以培植人材众多，风俗优美昌盛。（参看前书卷十六）

朱子综合和发展了儒家的教育理论、教育内容和教育方法，并批判了当时学风的浮薄，要求以古先圣贤之道，以拯救国家民族的危机。所以在一一六二年他上孝宗应诏封事中有"祖宗之境土未复，宗庙之雠耻未除，戎虏之奸谲不常，生民之困粹已极"。要求孝宗:应如何警惕有为，以副人民的期望；并提出讲学、定计、端本三大措施。所谓讲学，是要延访真儒，置诸左右，讲解"致知格物""正心诚意"之道。所谓定计，是要拒和议、修政事、攘夷狄。所谓端本，是要任贤使能、立纪纲、历风俗。

他对当时学风的批判:“今人作经义,正是醉人说话,只是许多说话改头换面,说了又说,不成文字”(《语类》卷五)。“最可忧者,不是说秀才做文字不好,这是大关世变,东晋之末,其文一切含糊,是非都没理会。”(引同上)当时偏立学官,国家原欲培养士子,遵照先王教民之意,而学者不体会此意,在群居讲学的时候,不过割裂义理,装缀词华,以为能事,仅仅夸谈一时,到底不切实用,这种学风,日渐堕落,大家只知道追求利禄罢了(参看《濂洛关闽书》卷十六)。士子学习科举,未尝不谈孝悌忠信之道,但目的是在追求科举获选,如能把所学的反求诸己、躬行实践,则言行兼修,不为科举所累了。(参看前书卷十七)

小学教育是要教儿童少年依着规矩,做许多事,如事君、事父、事兄、取友等,使他们养成习惯,心地自然纯良。逐渐长大,更有经验体会,懂得事物的性质和关系,更会处理各种事物。到了长大后,处理国家事务时,能得心应手,掌握原理原则,措置一定很适当。不像现在的人就事论事,只在个别事物上研究,掌握不住共同的原理原则,只好一事一事地应付,不但对事处理不好,反害了心理的修养。如今的小学已经失去了正确的教育,只得教他们从事“敬”的修养,收敛身心,然后再下工夫。(参看《语类》卷二)

古时儿童八岁入小学,学习洒扫应对进退之节,礼乐射御书数之文及事君事父、事兄、取友等事。到十五岁入大学,在小学所学的基础上,进一步理会到处理各种事务的道理,并教以穷理、正心、修己、治人之道。(参看《语类》卷二及《大学章句》序)

朱子的教育活动最突出的,是重修白鹿洞书院。这个书院创建于南康。到朱熹做南康军知事时,如以重修。召集生徒,讲学于其中。但后世谈到白鹿洞书院,都要追念着朱熹,这是因为朱熹的教育成绩有出色的地方。朱子自兼洞主,亲自讲学,教育目的和教学方法有明确的规定。针对当时科举的弊病,……适应当时社会国家的要求,这是成功的主要原因。试看朱熹《送李伯练序》中说道:“国家建立学校之官,遍于那国。……然学不素明,法不素备,选用乎上者,以科目词艺为足以得人。受任乎下者,以规绳课试为足以尽职。盖在上者不知所以为人师之德,而在下者不知所以为人师之道。是以学校之官,虽遍天下,而游其间者,不过以追时好取世资为事。至于所谓修身、齐家、治国、平天下之道,则寐乎其未有闻也。”这种反科举的精神,在该院内已形成了浓厚的空气。陆九渊到该院讲学,讲义中也说道:“然场屋之得失,顾其技与有司之好恶何如耳,非所以君子与小人之辨也!”

白鹿洞住院讲学，还有堂长，朱子曾聘请杨日新为堂长。另外常请学者临时来院讲学。陆九渊本为朱子的学敌，曾应邀到白鹿洞讲“君子喻于义，小人喻于利”，讲得很生动，朱子向他道谢后，并把他的讲稿刻在石碑上，作为纪念。从这事也可看出朱子的风度与常人不同了。

白鹿洞书院的学规是最出名的，共有五条，词句简单，意义深长，教育的理喻体系也较完整。兹录学规原文于下:

（一）父子有亲，君臣有义，夫妇有别，长幼有序，朋友有信。

上为五教之目。尧使舜为司徒，敬敷五教，即此是也。学者学此而已，而其所以学之之序，亦有五焉，其别如下：

（二）博学之，审问之，慎思之，明辨之，笃行之。

上为学之序。学、问、思、辨四者所以穷理也。若夫笃行之事，则自修身以至处事、接物，亦各有要，其别如下：

（三）言忠信，行笃敬，惩忿窒欲，迁善改过。

上修身之要。

（四）正其谊，不谋其利，明其道，不计其功。

上处事之要。

（五）己所不欲，勿施于人；行有不得，反求诸身。

上接物之要。

最后朱子有个说明，指出古先圣贤教人为学之意，是在讲明理义以修其身，然后推广到他人，盖非徒然务记览、为词章，以钓声名、取利禄罢了。要求该书院学生切实履行。原文从略。

后来讲学者仿效白鹿洞书院学规的很多，如:南宋叶武子调郴州教授，完全采用白鹿洞学规来教学生。乾道进士刘爚奏请以朱熹白鹿洞学规颁示大学。黄干的门人宓创设延平书院，完全仿效白鹿洞的学规。

五、对儿童教育的主张

朱熹很重视儿童教育，他写了“童蒙须知”五条。第一条，衣服冠履。做人之道，首先要求身体端正，所有衣帽鞋袜，都须收拾爱护，时常保持清洁整齐。饮食行路，勿令污坏衣服。衣服脱身，必须折叠整理。劳动时须脱去长服，只穿短装。其次要注意节俭。衣服有破绽，随即补缀。衣服破绽并不妨害威仪，只要保持清洁。以前晏子有一件狐裘，穿了三十年，提倡了俭朴风气。再次，要注意卫生。白天穿的衣服，到晚上睡时要脱换，防止隐藏虱蚤，并可保持衣服清洁。

第二条，语言步趋。须教育子弟，常常要低声下气，说话要清楚，语调要缓慢，不可高声叫闹或轻薄讥笑。对父兄师长的教导，当低首听受，不可胡乱议论。尊长有谴责，或谴责有错误，不可随便分析解释，姑且暂时静默，过后慢慢缓和细述，如说这事恐是这样的，前时大概偶然忘记了，或说，当时偶然没有想到。这样就不会冲犯，事的理由，可以明白。对于朋友也应当如此做。听到人家工作做得不好，即使是婢仆犯了错误，也宜宽大包容，不应大声斥责。如能向他劝告，就可使他明白改过。走路必须端正，不可快步跳跃，如父兄长上召唤，应快步前去，不可缓慢。

第三条，洒扫涓洁。须教育子弟，常常把居住地方洒扫干净，桌椅揩抹清洁，文具笔砚安排整齐，放在一定场所，每次用后，仍归原处。父兄师长的座位、书桌和文件、书籍等也同样按日清洁整理。见到喜欢阅读书籍，不经允许，不可随便取用。凡借人笔记抄录，及时归还。墙壁、窗户、几桌上不可用笔涂字，或沾污墨迹。

第四条，读书写文字。凡读书必先安排好桌椅，把桌椅擦抹清洁，把书册安放整齐，身体坐正，面对书册，仔细看字，句段分明。朗读时，必须读得字字响亮，不可读错一字，不可少读一字，不可多读一字，不可倒读一字，不可牵强暗记，只要多读几遍，自然上口，久远不忘。古人说读书千遍，其义自见，这是说读书读得熟，则不待解说，自会明白其义。我曾经说过，读书有三到：就是心到、眼到、口到。如果读书心不在此，则眼不看仔细，心眼既不专一，口头虽在诵读，决不能记忆，就是记忆也不能记久。三到之中，心到最为紧要，心既到了，眼和口难道不会到吗？（作者按：读书不但心、眼、口有作用，耳和筋肉都有作用。）

对书籍须要爱护，不可损污折皱。以前洛阳人江禄，读书未完，虽有紧急事务，必把书本安放整齐，然后起立，可以向他学习。

写字时，研磨墨汁，须把指头拿住墨锭高处，不要偏斜，不要使墨汁沾污手指；握笔时须端正，也要握高一些，不要使指头触笔头。写字不管写得好坏，笔画必须严格分明不得潦草。抄写文字，须仔细看本子，不可有差误。

第五条，杂细事宜。应教育子弟早起晏眠。遇有争闹打架之事，不要走近去。如赌博养鸟等无益之事不要去做。饮食东西，有则才吃，没有不要去想它。每天粥饭充饥，当然不可缺少。冬天烤火，不要靠近火傍，不但举动不好看，并且防止火烧衣服。对人敬礼要弯腰。对父母长上朋友，自己应称名。对人提到长上,不可称长上的字,须称某丈。出外归来,要向长上敬礼;暂时出去,也同样。在长上前饮食,应轻嚼慢吞,不可闻饮食之声。对饮食物,勿争较多少美恶。侍立在长上之傍,说话严肃,两手拱合。长上有问,须诚实回答,不可乱说。开门揭帘,轻轻动手,不要碰撞大声惊人。同众人共坐,须缩敛身体,勿广占座位。陪同长上出行,地位在路右,住宿在屋的左傍。饮酒不可过醉。上厕所,须脱去长服,事毕须洗手。夜间走路,必须提灯;灯烛灭即停止前进。对待婢仆须端正严肃,不要同他们嬉笑。拿器具,须端正严肃,留心失手,遇危险不可接近。在途中遇到长者,必须拱手、快步、敬礼。夜间睡眠,必须用枕,不要用被盖复头部。饮食,用匙羹时不用筷子,用筷子时不用匙羹。食毕,把匙羹筷子都放在桌上。

以上杂细事项,品类繁多,不过举一个大概罢了。

朱子对儿童教育规定得很详细。有些事项,在现代已不适合。由于历史的发展,有的涉及阶级立场问题,有的因为生活方式有了改变,有的因为科学有了进步,在名称方面,在方法方面,在态度方面都有所不同。但就总的精神来讲,对于儿童教育,应重视培养清洁习惯、整齐习惯、卫生习惯、礼貌习惯、劳动习惯、节约习惯以及文明行为习惯等等,是值得参考的。我国古代教育家对于儿童教育,在思想上有个大缺点,就是把儿童当做成人看待,缺乏儿童生理、心理年龄特征的知识,因此,有许多言论是不对头的。

儿童教育在家庭中是一个重点。有许多优良习惯应该在家庭中养成的。我国古代教育家或道学家在家庭里管教太严,抹煞儿童的兴趣,限制儿童的自由活动,强制儿童学习成人的事,这种对儿童专制行为趋于极端,是不应该的。今天有许多父母对自己儿女,宠爱过分,一味放纵,对儿童的言语行动一概都不管,让他们自发自流地发展,形成许多不良习惯,给学校教师带来了许多困难,这是另一个极端,也是不应该,必须注意,加以纠正。

六、学习方法和教学方法

朱子对门人论学习方法,先后著述很多,在《晦翁学案》(见《宋元学案》)里举出“立志”“涵养”“致知”“力行”四大方法,最为集中。

立志:“一味向前,何患不进,只患立志不坚,只听人言语,看人文字,终是无得于己。”“书不记,熟读可记,义不精,细思可精;惟有志不立,直是无着力处。”(《晦翁学案》二百七十五页)今人贪利禄而不贪道义,要作贵人,而不要做好人,都是不立志之病。

涵养:“若以涵养对克己言之,涵养则譬如将息,克己则譬如服药去病。盖将息不到,然后服药;将息到则自无病,何须服药?”(《晦翁学案》二百八十页)

致知:“不言穷理,却言格物,盖言理则无可捉摸,言物则理自在。”“学者读书,须是于无味处当致思焉。”(《晦翁学案》二百八十三页)“读书始读,未知有疑。其次则渐渐有疑。中则节节有疑。过了这一番后,疑渐渐解,以至融会贯通,都无所疑,方始是学。”(《晦翁学案》二百八十四页)

力行:“知行常相须,如目无足不行,足无目不见。论先后,知为先,论轻重,行为重。”“方其知之而行未及之,则知尚浅。既亲历其域,则知之益明,非前日之意味。”“若不用躬行,只是说得便了,则七十子之从孔子,只用两日说便尽,何用许多年,随孔子不去?”“学之之博,未苦知之之要。知之之要,未若行之之实。”(《晦翁学案》二百八十六页)“圣贤说正心,直要正心;说诚意,直要意诚;修身齐家,皆非空言。”(《朱子学归》卷三)

朱子讲学,都根据古先圣贤的遗训,不敢自己随便创议。有时只叙述自己对先圣先贤遗教的体会和学习经验,所占篇幅极少。他在白鹿洞书院学规上也说得很明白,学习的程序是依照大学之教,分为五目:博学之、笃问之、慎思之、明辨之、写行之。并解释道:“学、问、思、辨四者所以穷理也。若夫写行之事,则自修身以至处事、接物、亦各有要。”从学规全部看来,第一条是关于教育宗旨。第二条是关于学习程序。学习程序中前四句都属于学习范围。第五句又包括了第三、四、五学规,是属于实践范围。足见朱子重视实践,也是针对当时学风不重视实践的反映。但理论与实践是一直相结合的,不能机械地先后划分开来。如他说到涵养、致知与力行的关系:“不涵养则无主宰,既涵养又须致知,既致知又须力行,亦须一时并了,非谓今日涵养,明日致知,后日力行也。”(《晦翁学案》二百七十四页)“行之力则知愈进,知之深则行愈达。”(同上)朱子似乎初步懂得理论与实践的关系。

后世学者读了朱子的著作后,都想把他的学习方法总结一下,得出一个新方案。程端礼在他的读书分年日程里列了朱子读书法三种:第一种是根据辅广所编的,列为六项:(1)居敬持志;(2)循序渐进;(3)熟读精思;(4)虚心涵泳;(5)切己体察;(6)着紧用力。第二种有四项:(1)敛身正坐;(2)缓视微吟;(3)虚心涵泳;(4)切己体察。第三种有二项:(1)宽着期限;(2)紧着课程。后二种但说见朱子读书法,未注明何人所提出。近代教育史书也有替朱子列出几项方法的，内容大同小异，仅仅反映各人看法不同罢了。

有关晦庵书籍里，找寻对教师教学问题，论述很少。只有在《近思录》里第十一卷是专谈教学的。近思录是选录周、张、二程四家的言论，不是晦庵自己的话，不过这些话是晦庵爱戴的，也就是可以代表他的思想和主张。现在把这章里的话择要抽出来列为五条教学法，以供参考：

(1)应重视初学。大意说：人在幼年，知识未开，思虑单纯，无偏主之见，就在这时把圣贤的格言、大道，天天在他们面前讲解开导，虽是他们不会懂得，也不必要求他们全部懂得，只要聒噪他们的耳鼓，熏染他们的心灵，习惯久了，思想巩固，以后遇有淫词邪说，不会再听进去了。

(2)要引起兴趣。“教人未见意趣，必不乐学，且欲教之歌舞。”古诗深奥，儿童不易懂，宜另作浅近诗歌，让他们朝夕吟唱，有很大帮助。

(3)要由近及远，由小到大。“君子教人有序，先传以小者近者，而后教以大者远者。”还有在《朱子学归》卷三里也提到：“得寸则守其寸，得尺则守其尺。”这话还包含巩固知识的意思。

上面第一条同第二、三条有矛盾的。但第一条是古代道学家或儒学家实施教学的特点。在《朱子语类》卷二里也有这样说：“书只贵读，读多自然晓。”不管儿童懂不懂，不问儿童喜欢不喜欢，硬要教儿童读，苦读、死读，读大人的书，听古圣贤的大道理。把那些陈腐的东西灌注儿童的清白头脑。使他们麻醉，使他们糊涂。这个方法在极大程度上对于儿童身心发展是有害的。

(4)注重平均发展。“除义理知识传授外，须歌咏以美其性情，声音以养其耳目，舞蹈以养其血脉。”又在《朱子学归》二十一里有：盖礼义以养其心，声音以养其耳，采色以养其目，舞蹈降登，疾徐俯仰以养其血脉。

(5)因材施教。“教人至难，必尽人之材，乃不误人。观可及处，然后告之。圣人之明，直若庖丁之解牛，皆知其隙，刃投余地，无全牛矣。”又在《朱子学归》卷三里有：“圣人教人，所以有许多门路节次，……气质之禀，不能无偏，若不讲明体察，极精极密，往往随其所偏，堕于物欲之私，而不自知。”

最后指出，教儿童不要以为苦，以为妨害自己用功，实际对自己很有益处的：(1)教了儿童，自己受到了束缚，不能时常外出，不受外诱，生活可以宁静；(2)每日教儿童课，自己也得到不断复习，原来文义不明白的地方，可以得到明白；(3)坐在学塾内，衣帽必须整齐，仪容就显得尊严；(4)教育儿童，责任重大，自己不敢萎靡怠惰。

七、结　论

朱子综合了一千六百多年来的儒家学说。凡是《论语》的“仁”说，《中庸》的“诚”说，《孟子》的“仁义”，《大学》的致知格物，汉儒的阴阳五行，周敦颐的“太极图”解，张载的“心性”论，邵雍的“先天图”，程颢的“仁”学，程颐的“理气”二元论，融会贯通，成为一个体系。对于儒家来说，是有极大贡献的。

朱熹生长在南宋。南宋的地方被压缩到仅仅在江南一角，强敌金人天天有南下侵入的危险。南宋列朝君主都庸懦无能。又加连年兵祸、水旱荒灾，人民生活极度痛苦。过去徽钦二宗被金人掳去的耻辱，还未洗雪；岳飞精忠报国，反被杀害；秦桧通敌卖国，居然摆相封王，凡有人心的人莫不痛恨切齿。朱熹从小受了父亲的影响，反对和议，痛骂秦桧。岳飞被杀那一年，朱熹已经十一岁了。所以朱熹的抗敌、除奸、救国、救民的思想根深蒂固。他受了儒家学说的洗礼。儒家学说是政教不分、君师不分，所谓“作之君，作之师”。因此他认为只要把君主教育好了，全国人民都受到了教育，实行了先圣先贤的“修身、齐家、治国、平天下”道理，就可使国富民强，把敌人驱逐出中国，把国家挽救过来。他不知道教育是为政治经济服务的，却想把教育来改造政治，是犯了教育万能说的错误。

在南宋的形势下，朝政操在少数权奸手里；士大夫追求利禄，不知羞耻；后起学子醉心于科举，都抱侥幸投机之心理，风俗卑下，善恶难辨，是非不明。这时朱熹起来号召学者学习古先圣贤之道，从事穷理笃行之学，培植一大批有气节，主正谊的硕学之士，社会风气有了改变，正像一颗明星，高照在南宋天空。

朱熹刻苦修养，坚决不求名位，不取非义之财，守着清苦生活。当时孝宗也曾赞扬他：“朱熹安贫乐道，廉退可嘉。”他在建安家居讲学，师生同吃同住，粗放充饥，一天胡纮登门问学，也同样留待。岂料胡纮大不满意，以为瞧他不起。后来韩侂胄提拔胡纮为监察御史，胡就附和韩侂胄，捏造十大罪状攻击朱熹，并诬蔑朱熹师徒为逆党。朱熹的高弟子蔡元定竟被逮捕放逐。这个例子很可说明朱熹安贫乐道，不肯阿谀世俗。

朱熹在教育工作中，所掌握主要规律有下面几条：

（1）儿童的良好生活习惯，必须从幼年时起养成，并须规定详细，要求严格。

（2）教学必须根据心理活动。

(3)教学必须贯彻“因材施教”。如说:“人之资质或长于此,而短于彼,只要长善救失。”(《语类》卷二)就是说个别的长处,要帮助他发展,个别的短处,要帮助他改掉。

(4)教学有次第节目。就是说应该有步骤,有计划。

(5)教育要结合生活实用,理论必须联系实际。

(6)教育可以影响社会风俗,对政治起着巨大作用(但他过分夸大教育对社会和政治的影响作用,是违背客观规律的)。

以上规律也是永久用得着的。

朱子对自然科学知识,也比前人进了一步。如说:“天无体,只二十八宿便是天体。”又说:“月体常圆无阙。但常受日光为明。”朱熹所谓“理”,就是指精神;所谓“气”,就是指物质。精神是附着物质的,没有物质,精神便没有地方附着了。他说:“无是气,则理亦无挂搭处。”这是承认客观物质的存在,这就比前人进步之处。但有人问他:“未有天地之先,毕竟是先有理如何?”他答道:“未有天地之先,毕竟也只是理。有此理便有此天地;若无此理,便亦无天地,无人无物,都无该载了,有理便有气流行,发育万物。”这样说法,他又回到唯心路上去了。

朱子被儒学所束缚,有严重的复古思想。因此,他看不到社会向前发展,阻害了他的学术前进,他影响了开化很早的祖国科学发展迟缓。他的一生,努力学问,一直没有间断过。即使有病,也不停止研究。他从五岁上学,八岁时候读《孝经》,就用笔题道:“不若是,非人也。”(见《朱子年谱》)到七十一岁临终前三日,病已很沉重,还在改《大学》诚意一章及修改《楚辞》一段。(见《朱子年谱》)他前后努力学问共有六十四五年。钻研学术有这样长的时期,历史上是很少见的。假使他不受儒家的束缚,他的成就可能还要大。这也教训我们:学习必须掌握正确的方向,才不会走冤枉路。

(原载于1959年《合肥师范学院学报》)

毛泽东教育思想在人类教育史上放出伟大光辉

一

毛泽东同志高举起无产阶级革命旗帜，继承和发展了马克思列宁主义，结合中国革命实际取得了不断的胜利。毛泽东思想不仅指导中国革命取得了胜利，对世界无产阶级革命也有巨大意义；它是社会主义革命和社会主义建设时期，放之四海而皆准的马克思列宁主义。

毛泽东教育思想同样是继承和发展了马克思列宁主义，结合了中国实际，三十余年来经过各个革命阶段的考验，指导教育革命，无往而不胜利。毛泽东教育思想是一个完整的体系，有关于教育的性质，有关于教育的方针，有关于教育的目的，有关于教育事业的路线，有关于教育工作的方法等等，都有理论性的指导。这些伟大而正确的理论，在人类数千年教育史上是第一次有体系地完整地出现。

毛泽东同志在《湖南农民运动考察报告》中说："我以前做学生时，回乡看见农民反对'洋学堂'，也和一般'洋学生''洋教习'一鼻孔出气，站在洋学堂的利益上面，总觉得农民未免有些不对。民国十四年在乡下住了半年，这时我是一个共产党员，有了马克思主义的观点，方才明白我是错了，农民的道理是对的。乡村小学校的教材，完全说些城里的东西，不合农村的需要。""如今他们却大办其夜学，名之曰农民学校，有些已经举办，有些正在筹备，平均每乡有一所。他们非常热心开办这种学校，认为这样的学校才是他们自己的。"可见教育是一种社会活动，必须适合于人民生活的需要。毛泽东同志在《新民主主义论》中指出："一定的文化（当做观念形态的文化）是一定社会的政治和经济的反映，又给予伟大影响和作用于一定社会的政治和经济；而经济是基础，政治则是经济的集中的表现。"这是说明文化的性质和其与政治经济的关系，也说明了教育的性质和教育与政治经济的关系，又说明了教育是一种社会现象，是社会生活所必需的，是人类社会所独有的：它与人类社会产生俱来的。这里就有力地驳斥了资产阶级学者不正确的教育起源论。例如法国社会学家利托尔诺提出了生物学的教育起源论。他认为非但脊椎动物里，而且在非脊椎动物里，都有教育过程和学习过程，甚至说有教师和学生，这是他否定了教育只是人类社会所特有的现象，这是很错误的。另有一种错误说法，如美国教育学家孟禄解释人类原始时代，儿童对老年一代的无意识模仿，就是教育的起源。实际，儿童向大人模仿的行为不仅在原始时代有，在现在社会中也同样有的，怎么能说明教育的起源呢？而且模仿动作在动物中也是有的，如小燕子模仿老燕子起飞，小猫模仿老猫捉老鼠。如果以模仿为教育起源，那末动物中也有教育了。孟禄不从人类社会活动研究，而企图从人类心理学出发去解释社会现象，是犯了唯心论的错误。

毛泽东同志又说："至于新文化，则是在观念形态上反映新政治和新经济的东西，是替新政治经济服务的。"这是说明文化与教育都是为政治经济服务的，是属于上层建筑范畴。资产阶级教育家所说："独立的教育"，"超政治的教育"，"为教育而教育"等，都是自欺欺人之谈，毫无根据的。

教育为政治经济服务，不是消极的，它反过来给予巨大影响和作用于那个社会的政治和经济。所以反动统治阶级总是利用教育去巩固自己的反动的政治经济，同时利用它去反对那些对他们不利的东西。革命阶级也总是利用教育去摧毁反动的政治和经济，同时也利用它来形成和发展对自己有利的因素。

毛泽东同志在《在延安文艺座谈会上的讲话》中说："在现在世界上，一切文化或文学艺术都是属于一定的阶级，属于一定的政治路线的。"这就是说，在阶级社会里文化和教育是有阶级性的。在原始公社中，社会还没有分阶级，儿童和青少年跟着成年人学习生活和劳动，那时的教育是没有阶级的。后来生产力渐渐发展，社会产生了阶级，教育就被统治阶级垄断，成为统治阶级的工具。但统治阶级一贯隐瞒着阶级的说法，以欺骗劳动人民，企图消除阶级斗争。他们的知识分子为了维护他们的利益，也一直否认教育工作中有阶级性的事实，整部世界教育史，在十月革命以前，在教育理论上，在学校制度上似乎找不到阶级的痕迹。因为反动的史学家们偷偷地抽去了巴黎公社的光辉史页，避而不谈马克思恩格斯的经典言论，企图蒙蔽一般群众的视听，实际上是隐瞒不了的，欺骗不成的。正如列宁所说："……真正的阶级斗争在任何资本主义社会中，都是首先在经济和政治领域内进行的。把学校部门从这领域里分出来，就是一种怪诞的空想。因为使学校（以及一般的'民族文化'）脱离经济和政治是不行的……"毛泽东同志发扬了马克思、恩格斯和列宁的教育思想，分析了中国实际情况，判断了旧中国在反动统治下的教育性质："……国民党统治下，一切文化教育机关是操在地主资产阶级手里的。他们的教育政策，是一方面实行反动的武断宣传，以消灭被压迫阶级的革命思想，一方面施行愚民政策，将工农群众排除于教育之外……"

在阶级社会中，教育是有阶级性的，这是在教育史上一个重大问题。无产阶级革命，首先就要消灭这个阶级性，展开两条道路斗争，这在毛泽东教育思想中也是个核心问题，必须大书特书。

上面两个主要问题，教育是上层建筑，在阶级社会中教育是有阶级性的，是关于教育本质的问题，互相密切关联着的。

二

在教育史上第三个重大问题，是教育与生产劳动结合的问题。教育本来是在生产劳动中产生的。在原始社会时代，教育与生产劳动本来是紧密地结合的。后来社会渐渐发展，生产经验渐渐也丰富起来，教师成为专业，学校组织也建立起来了，社会进入阶级社会，教育被统治阶级所利用，作为维护统治权的武器之一，渐渐形成脑力劳动是统治阶级特权，体力劳动是被压迫阶级的命运。从此脑力劳动与体力劳动分裂开来。实际劳动人民养活了统治阶级，而统治阶级利用一套唯心理论，反过来说是他们养活了劳动人民。阶级社会延续了几千年，教育与生产脱离愈来愈远。无产阶级革命主要目的之一，是要消灭脑力劳动与体力劳动的差别。这个目的是与社会主义教育是一致的。消灭脑力劳动与体力劳动的差别，是消灭唯心主义的条件之一，这是思想革命上的一件大事。

在抗日战争时期，延安青年们在毛泽东教育思想指导下，一方面学习革命理论，研究抗日救国的道理与方法，一面实行生产劳动，开发了千亩万亩荒地，阶级斗争学问和生产斗争学问同时并学，起了全国模范作用。

1958年8月13日，毛主席在天津大学视察的时候指示说："以后要学校办工厂，工厂办学校。""老师也要参加劳动，不能老动嘴，不动手。"这两句最扼要，最明显地指示我们：教育必须与生产劳动相结合，脑力劳动与体力劳动必须同时并用，使工农分子知识化，知识分子工农化，以达到消灭脑力劳动与体力劳动区别的目的。这是最精辟最踏实地体现和发展了马克思列宁主义。例如，马克思曾说："……正如欧文详细说明过的那样，从工厂制度中产生了未来时代的教育的萌芽，这种教育使每一个超过一定年龄的儿童把生产劳动跟上课和体操结合起来，这不仅是增加社会主义生产的一个手段，并且是培养全面发展的人的唯一方法。”（摘自《资本论》第一卷）列宁曾说：“没有年轻一代的教育和生产劳动的结合，未来社会的理想是不能想象的：无论是脱离生产劳动的教学和教育，或是没有同时进行教学和教育的生产劳动，都不能达到现代技术水平和科学知识现状所要求的高度。”（列宁《集民粹主义空想计划之大成》）

我们的教育要达到共产主义水平，必须与生产劳动结合起来，这是马克思主义经典作家已经明确指出了，我们要做到教育很好地为经济服务，使教育事业有力地推动社会主义生产力的发展。必须要解决教育与生产劳动结合问题。通过解决教育与生产劳动结合问题，也就解决了教育为无产阶级政治服务问题，因为无产阶级的教育必须是共产主义教育。反过来说，解决了教育为政治服务的问题，才能保证教育的共产主义方向，才能保证教育真正同生产劳动结合，为社会主义建设服务。1958年9月中共中央和国务院根据毛泽东同志的思想，发布了关于教育工作的指示，提出了党的教育工作方针，是教育为无产阶级的政治服务，教育与生产劳动结合，为实现这个方针，教育工作必须由党来领导，这个教育工作方针是毛泽东同志的一贯主张，好像一条红线贯串在整个毛泽东教育思想体系中。

三

第四个大问题，是培养人全面发展的问题。

过去几千年的教育，掌握在奴隶主的手中，地主阶级的手中和资产阶级的手中。由于阶级不平等，少数人压迫多数人，少数人剥削多数人，劳心和劳力截然分开，知识脱离实际，体力劳动被一般人所轻视，所谓“万般皆下品，唯有读书高”。孔夫子竟教导学生说：“耕也馁在其中矣，学也禄在其中矣。”在这种社会里的人，不论受教育者，或未受教育者，都是片面发展。马克思、恩格斯都曾指出过：近世工业发展，技术不断在变化着，要求工人有极大的多面性，能从这一部门调到那一部门，因而在生产方面要求全面发展的人，代替片面发展的人。但是资产阶级占有了生产资料，无餍足地加重对劳动者剥削，以追求最高利润，因此大规模的机器生产把工人和儿童变成机器的附属品，使终身束缚于简单的劳动操作上，没有受教育的机会，不可能得到全面发展。

资产阶级教育者所体会的全面发展，与我们有根本的分歧。他们主张使学生多读书，不主张学生学习政治，参加政治活动和参加生产劳动，能具有广博的书本知识，所谓“上知天文，下知地理”，“秀才不出门，能知天下事”，这样就算是全面发展的人。

在整风反右前几年中，全国许多教育刊物（杂志和报纸）上对“怎样培养全面发展的人”的问题，引起了广泛的争论。极大部分的言论是善意的，比较有研究价值的；但有一小部分的人存在着资产阶级教育观点，他们斤斤计较学科门类多少，科目的时间多少等问题上兜圈子。

到了1957年2月27日，毛泽东同志在最高国务会议第十一次扩大会议上作了《关于正确处理人民内部矛盾的问题》报告，中间指出了社会主义教育方针：“我们的教育方针，应该使受教育者在德育、智育、体育几方面都得到发展，成为有社会主义觉悟的有文化的劳动者。”这个教育方针经发表后，得到全国教育工作者的热烈拥护，过去对于人全面发展的教育有模糊思想的人，一律澄清了。这个培养方针，有根据，有理想，既全面，又灵活，既合乎革命的要求，又适于实际的需要。这是在人类教育史上一个划时代的培养方针。

我们试把这个教育方针分析研究一下。说是有根据，包括两个方面:一个是根据马克思所提出的：“我们把教育理解为以下三种东西：第一，智育；第二体育，即体育学校和军事操练所传授的东西；第三，技术教育，这种教育要使儿童或少年了解一切生产过程的基本原理，同时使他们获得使用一切最简单生产工具的技能。”另一方面是根据中国教育传统，中国学校的培养方针一向是分德育、智育、体育三个方面（虽是实际内容不同），这三个方面是家喻户晓的事，足见这个教育方针是符合中国化的。毛泽东同志很早提出了“三有并重”，也是毛泽东同志一贯的思想。

说是有理想，就是要消灭人的片面发展，做到全面发展。全面发展的含义，是指既有政治觉悟，又有文化知识，既能从事脑力劳动，又能从事体力劳动的人。也就是培养共产主义的新人。

说是全面，这个方针既有德智体几方面的教育内容，又有培养有社会主义觉悟的有文化的劳动者的教育目标。

所谓灵活，如在德智体下面放一个“几方面”的“几”字，就是说教育组成部分在形势发展下可以有活动性的。例如苏联在1948年出版的凯洛夫主编的《教育学》，教育过程分为：1.智育；2.综合技术教育；3.德育或共产主义道德教育；4.体育；5.美育。到了1956年出版的凯洛夫总主编的《教育学》，反映了苏联共产党第二十次代表大会决议的精神，把共产主义各方面分为体育、智育、综合技术教育、共产主义道德教育、劳动教育、美育共六个方面。前后次序有了大的变动，并且增加了一项劳动教育。又如“有社会主义觉悟的有文化的劳动者”，中间加了两个“的”字，就文法上讲：“有社会主义觉悟”“有文化”成为两个形容词。从意义上讲：使这两个词同“劳动者”紧密联合起来。也就是说：必须在有社会主义觉悟和有文化的条件下的劳动者。社会主义觉悟主要是指自觉能动性，就是要求对社会主义革命和社会主义建设能自觉地积极地参加，并能鼓足干劲，千方百计，创造条件，克服困难。有文化的是指有相当文化科学水平，能够改进技术，创造工具，改进工作方法。劳动者主要是指身体健康的体力劳动。但这三个词既可作整体解释，又可分开来研究。

说是合乎革命的要求，是指通过这个教育方针，培养出一支数以千万计的，又红又专的工人阶级知识分子的队伍，可以逐步实现消灭脑力劳动与体力劳动的差别。

说是适于实际的需要，是指这个教育方针的提出，是在第一个五年计划的最后一年，社会主义改造取得了决定性胜利，社会主义建设取得了巨大成就，中国出现了空前统一的局面，工农业生产高潮和文化教育革命高潮即将到来的前夕。这个教育方针的提出，是适合中国社会主义革命社会主义建设所需要，也反映了六亿人民的愿望。

四

第五个伟大指导性理论是毛泽东教育思想的群众路线。例如，领导学校的方法，是要从群众中来，到群众中去；讨论教材，是在党领导下师生三结合；改革教学方法，运用大鸣大放大字报的武器；发展教育事业，采取“两条腿走路”的办法，开展科学研究，要大搞群众运动等等。这些办法大大地发展了马克思列宁主义，在旧世界教育史上是不可能有的，在全人类教育史上开辟了一个新纪元。

毛泽东同志指导走群众路线，有一系列的理论，兹试摘述几条如下：

(1)文化教育工作要从群众的需要出发，有两条原则：一条是看群众的实际需要，不应凭我们头脑里幻想出来；一条是由群众自愿，由他们自己下决心，而不是由我们代替他们下决心。

(2)马克思主义的科学的领导方法，最基本的有两条，一条是一般和个别相结合，二条是领导和群众相结合。从许多个别指导中形成一般意见(一般号召)，又拿一般意见到许多个别单位中去考验，然后集中新的经验(总结经验，做成新的指示去普遍地指导群众。这样领导方法是可彻底粉碎主观主义和官僚主义的领导方法。

凡属正确的领导，必须是从群众来，到群众中去。这就是说，将群众的意见(分散的无系统的意见)集中起来(经过研究，化为集体中的系统的意见)，又到群众中去做宣传解释，化为群众的意见，使群众坚持下去，见之于行动，并在群众行动中考验这些意见是否正确。然后再从群众中集中起来，再到群众中坚持下去。如此无限循环，一次比一次更正确、更生动、更丰富。这就是马克思主义的认识论。

(3)群众一般可分三类：一类是比较积极的，一类是中间状态的，还有一类比较落后的。领导者必须善于团结少数积极分子作为骨干，并依靠这些骨干去提高中间分子，争取落后分子。

一个百人学校，如果没有一个从教员中、职员中、学生中按照实际形成的(不是勉强凑集的)最积极、最正派、最机敏的几个人乃至十几个人的领导骨干，这个学校就一定办不好。

(4)我们每个共产党员都要替人民着想，部队的负责同志要替战士着想，机关学校的负责同志要替大厨房着想，替杂务人员着想，深入了解他们的具体情况。

(5)只有代表群众才能教育群众，只有做群众的学生，才能做群众的先生。

以上各条都是我们工作中经常遇到的问题和需要遵守的原则，如果我们学会和掌握了它们，就会得到工作胜利的保证。

五

第六方面的问题：社会主义的教育工作必须由党来领导。因为社会主义和资本主义两条道路的斗争，在我国过渡时期始终是存在着的矛盾。反映到学校里，特别在高等学校里，知识分子集中的地方，是两条道路，两种思想激烈斗争的场所。经常表现在无产阶级的教育路线或资产阶级的教育路线的不同。到了具体工作，如编写材料，课堂教学，辅导工作，科学研究，师资进修和培养等方面，更细微曲折，或隐或现地反映出马克思列宁主义的立场，观点、方法，或资产阶级的立场、观点、方法。如不加强党的领导，及时展开批评斗争，确是要犯政治上的错误。党的领导必须全面领导，我们不同意“只管政治不管业务”的说法，但领导不一定每件具体工作都要参加，也不必对每项业务都熟悉，只要掌握政策方针，坚持原理原则，组织教师在党委领导下遵循着正确政治方向，执行红专规划，发挥潜力，发扬积极因素，深入了解，及时检查，就能发挥应有作用，收到良好效果，在加强党的领导同时，必须要求政治挂帅，要求每个教师和干部，对每项教学工作和行政工作都要政治挂帅，就是要求他们一言一行，随时随地，都要以政治思想为主导，即以毛泽东思想为主导，鼓起干劲，用全副精力对待自己的工作，使出色地完成任务。

毛泽东同志坚持马克思列宁主义原则，根据中国革命的大量事实，在教育理论上独创地方很多。除了上面所举的几个方面之外，还有在学制方面运用三个结合（统一性与多样性结合，普及与提高相结合，全面规划与地方规划相结合），六个并举（国家办学与厂矿、企业、人民公社办学并举，普通教育与职业教育并举，成人教育与儿童教育并举，全日制学校与半工半读业务学校并举，学校教育与自学并举，免费教育与不免费教育并举）的整套“两条腿走路”的群众路线办学方针，以达到高速度发展教育事业，这是一个特色。

还有关于整顿学风，反对教条主义与经验主义。教条主义者，是钻在书本子里，看不到真实世界，脱离了实际，经验主义者乃把局部经验误认为普遍真理。这两种人都是主观主义的思想方法，只看到片面，而不看到全面，对中国革命带来很大危害性。毛泽东同志曾在苏联最高苏维埃庆祝伟大的十月社会革命四十周年会议上讲话中介绍中国革命情况说：“我们正在六亿人口中分期分批地推行这个人民自我教育运动（指整风运动——作者），大概再有几个月就可以在全国范围内取得胜利。今后我们准备每年或每两年举行一次整风运动，运动时间可以大为缩短，作为解决我国整个过渡时期各项社会矛盾的一个主要方法。”这是一个极大创造。

另外有一件大事，毛泽东同志号召“除四害讲卫生”，发动全国群众运动，作为政治任务来进行的。“除四害讲卫生”不仅为了消灭害虫，送走瘟神，讲求清洁卫生，以增进人民健康，在文化教育上有更大意义，消灭病害，养成清洁卫生习惯，可以振奋民族精神，提高国家文化，促进人类文明，加速社会主义过渡，提早进入共产主义。这是毛泽东同志导引我们向前进，飞跃向前进，创造人类光辉的史页。

毛泽东同志教育思想，是创造性的马克思列宁教育思想，是一套完整体系的教育思想，是中国教育科学，是无产阶级教育科学，是社会主义共产主义的教育科学。

（1960年3月初作）

学习毛主席的“教授法”的体会

《毛泽东同志论教育工作》第165页载有主席的“教授法”十条，注云摘自《中国共产党红军第四军第九次代表大会决议案》。这个议决案公布在1929年12月，距今已有三十多年，但这十条教授法对于今天教育工作来讲还是有用，而且就教学方法论上看来，是永远有用的东西。兹凭着我现有知识水平，分析于下：

第一条启发式(废止注入式)。这是教学法上最重要的一个原则，也是指导教师教学课的根本精神。教师教课不只是凭自己主观的想法，想教什么，就教什么；想教多少，就教多少；如果学生听了课不能理解，不能接受，不能巩固，不能应用，所教的知识自然是教师所有，不是学生所有。所谓“注入式”，就是教师只顾自己教，不顾学生懂不懂；只管自己授，不管学生受不受，更不问学生能否增加知识，或能否发展智慧；事前既没有了解学生和研究学生，课后又不耐性地和认真地辅导学生。这样的教学方法，效果极坏，也就失去了教师的主导作用。这种道理说起来似乎很平凡，但如检查一下，几十年来，一般课堂讲授方法，犯这种毛病的还不在少数哩。有的教师把教材当作干巴巴的死教条，向学生填鸭式地硬填，教学质量必然很低。采用注入式的有范围大小的不同，程度深浅的区别。有的全部采用注入式，有的部分采用注入式，采用注入式愈多，危害愈大。所以要坚决废止它。

教师在上课前，必先做好了解学生工作，其次在了解学生情况下备好课，把每堂课的教学目的和教材的中心问题都掌握住，然后在上课时能讲透重点，揭破难点。重点是教材的本质问题，难点是学生不容易懂的东西。教师要掌握教材的重点，必须自己理解教材十分透彻；教师能正确提出难点，必须确实了解学生的程度。教师在讲授时，有时用讲演，有时用解释，有时用问答，有时全堂课用谈话方法。教师在提问时，必须依照学生不同程度不同对待。这样才能使学生对某些事物从原来表面的和片面的理解，提高到本质和全面的理解。于是他们对教材就发生了兴趣，很自然地把知识会巩固起来，并且能把知识运用到实践中去，同时又发展了他们的智慧，还可养成他们的学习习惯。这样做法，就可以启发学生的自觉性和积极性，这就叫作“启发式”。

学生在听课时，对教师的讲授与自己认识能力起了很大的矛盾。恩格斯曾教导我们：“人的内部无限的认识能力与此种认识能力仅在外部被局限的而且认识上也被局限的个别人们身上的实际的实现二者之间矛盾。”教师应该考虑和努力解决自己讲解上的局限，以及帮助学生解决他们自己身上的局限，才能提高教学质量，以完成教学任务。

第二条由此及远和第三条由浅入深。这是要求掌握学生的认识过程的规律。学生的学习，由无知到有知，由少量知识到多量知识，由片面知识到全面知识。他们的认识过程是有规律性的。没有学文字，不能教作文；没有学加减乘除，不能教代数；教地理的应该从本乡本省开始，然后扩大到全国全世界。这些道理，似乎很容易懂，但实际做时，却有完全违反这些原则，并且闹出笑话来。例如：某大学外文系毕业生分配在某机关任翻译工作。有一次，他陪同外宾参观访问，用在校时学到的法语跟外宾交谈，那位外宾就向他说：“你所说的语言太古了，现在我国早就不用这些句子了。”原来这位毕业生所说的都是些十七世纪的法语。当他在校学习时，成天背诵高乃依、拉辛、莫里哀的古典戏剧，作文时也写作这些古典文句，结果就闹了这个笑话。这件事发生在两年前（见1958年4月30日《人民日报》），距主席的指示已有三十年，不得不引起我们注意。今后我们必须很仔细地学习主席的著作，以做好我们的教育工作。

第四到第七条：说话通俗化（新名词要释俗）；说话要明白；说话要有趣味；以姿势助说话。这几条是要求教师的语言和动作形象化，以帮助学生理解教材，接受知识。课堂教学的内容，极大部分是间接知识。间接知识要使学生领会，主要的途径是。靠教师的生动语言。教师的语言怎样能生动呢？首先，要用通俗的语言，不要照着讲义、讲稿口念。因为这些写下来的文句，不一定就是口语，教师应该依照最后确定的讲稿的精神解释，用当时通俗易懂的普通话，双手放下本子，两眼看着学生，如讲故事那样很自然地讲下去。遇到新名词，或科技术语，或经典词句，要用通俗话解释。

其次，语句要明白，不要有含糊。声调分轻重，层次要清楚。遇到学生的难点地方，要用学生的语言来分析和解释。

再次，教师精神要饱满，感情要浓厚。结合生活实际，联系学生思想。深入地分析，精细地描绘。举出确切例子，作出重点概括。含意要深刻，说话要到家。使学生听了，感到津津有味。

最后，教师的态度和手势要配合语言，作适当的表情。让学生听了教师的讲述，如目睹其物，就见其人，身历其境。所谓引人入胜，“孙公说法，顽石点头”，就是靠生动语言取得的效果。

第八条后次复习前次的概念。这条，目前一般课堂教学经常执行的，当课堂教学开始时，先联系旧课，然后提出新课。或在授新课之前，先复习一下旧课。这个做法并不复杂，但其含义却很深长的。首先我们要注意，课堂教学是有系统性的，切不可把一课一课割裂开来看待。其次，进行新课，必先要温习旧课，所谓“温故而知新”，否则随学随忘，知识无法积累。

更重要的，做教师的必须知道：学生的新知识是在旧知识基础上获得的。由旧知识发展新知识，由旧概念构成新概念，学生的知识面渐渐地扩大起来。因此每一堂新课必与旧知识旧概念相联系。假使有一堂新课与学生的原有知识和原有概念联系不起来，关于新课的事物，学生从来没有听到过和看见过，这样的课要使学生理解，是很困难的。学生对新课的认识过程，也是从感性认识发展到理性认识。这个过程必须运用旧的概念，经过判断推理，构成新概念，认识上起了质变，飞跃地提高一步。

因此每堂新课的新知识应与旧知识有一定的比例，这个比例由于主观客观条件复杂，难以规定，但做教师的必须适当掌握，不可使新知识偏多，也不可使旧知识偏多。如果新知识偏多了，学生领会有困难；如果旧知识偏多了，学生学习太容易，不感到有兴趣。只有在教师与学生发挥积极能动性的前提下，每堂课有适当的知识分量，在新旧知识之间考虑了适当比例，才能符合量力性原则。

第九条要提纲。讲课有了提纲，可以保持系统性和逻辑性。如果没有提纲，临时容易发生遗忘脱漏、颠倒、混乱、重复等缺点。现在一般学校教研组都抓，教师备课，要求教师预先写好教案、讲稿、或讲课笔记。这是要求教师钻研教材、熟习教材的必要手段。但依讲课的要求：既不可照本宣科，又不可脱离教材；背讲稿、念教材，啃教条，都不受学生们所欢迎。这样，教师有了教案、讲稿或讲课笔记，还不一定能教好课。教师要教好课，临上课前，在备课的基础上，还要把教材融会贯通一番。在这个时候，就写出一个讲用提纲。这个提纲经过深思熟虑，确定了论点，安排好先后次序，提纲挈领地保证讲时的记忆力，它对讲课有很大帮助的。

第十条干部班要用讨论式。讨论式的优点是很多的。通过集体研究讨论，互相启发；发挥群众智慧，提高认识；在热烈发言辩论中，激起学习的浓厚兴趣等等。但讨论式的采用是有条件的。干部年龄较大，有一定的工作经验，对事物的看法有一定的主张，集体学习采用讨论式是很适宜的。其他学校班级，各科教学就不一定采用讨论式。在大、中学校内的政治课、时事学习，有采用讨论式的，效果很好。有的社会科学课也适当采用一些讨论式，得到了一定的成绩。但如初中、小学学生，年龄幼小，经验缺乏，基础知识还不够，各科教学偶尔进行一、二次讨论，未尝不可；如果经常实行讨论式，就会出偏差。那些反动的实用主义教育家，主张教学以儿童为中心，课堂教学内容，由儿童集体讨论来决定，这样做法与我们的讨论式有本质上的区别，不可混淆。

以上方法概括为六类：有关教学原则的，有关认识过程的规律的，有关教师的语言与动作的，有关新旧知识联系问题的，有关要求写提纲的和有关上课的方式的，都是课堂教学的实际问题。我们如能学习好，是提高教学质量的一个重要方面。

（1961年2月7日完稿）

第七部分

其他研究

泗水的特点

泗水有文庙，尊孔的空气特别浓厚，这是真真了不得的事。想来孔老二死后千年，幽魂未泯，实行“乘桴浮于海”的话，不知被什么风一吹，刚巧吹到泗水来。一般信徒戴了旧礼教的假面具，压制自己的子女，摧残后起的青年。可惜老二幽魂南来的时候，没有携带书籍，不能传布他的真正学说。所以一般自命圣人之徒，真实查究起来，老二并没有承认。或竟临空在那里叫道：“非吾徒也，小子鸣鼓而攻之可也。”

泗水街道上破旧马车特别多，所以马屎的质料也特别充足。一经太阳晒后，马屎变为黄粉末，借着汽车飞轮的威严，直扑行人的头面。每从街道上经过一次，耳朵里鼻子里所留的马屎痕迹不必说，气管内肚子里至少也装了相当分量的马屎。如果在泗水街道上常常来往的人，每天至少要吃一碗的马屎下去。马屎吃到肚子内，要影响血，血要影响脑，脑要影响思想。所以在泗水久住的人，当然思想要比别的地方不同。马是越老越尊贵，所谓“老马识途”，又马齿一年一年地增加。凡是多吃马屎的人们，一定会崇拜过去，保守古董。泗水现今能有保存古风的成绩，不可不推吃马屎的力量。

（原载于20世纪20年代东南亚华文报刊）

敬告书业界

书界虽也是商业之一种，以盈利为目的。但从事书业的人，至少也读过几年书，而且常常和教界的人接近，应该知道宣扬文化，启发民智的责任。在这南洋交通不便地方，文化大权常操之于一二家书坊之手。书坊不肯把有价值、新思想的书籍采办进来，一般有进步可能的脑筋，受不到新知识的陶养，让他们退让到腐化一条路上去，这种罪咎，从事书业的人无容逃避。而且有的还要把二十年前的红男绿女派的小说，腐化的书籍，大吹特吹，更弄得炎荒社会乌烟瘴气弥漫，真是我们教育界的罪人。

更进一步说，如果书业界书籍采办有价值的书籍、新文化的书籍，并且能提倡鼓吹，一定功效很大。虽然要负这个责任，须有相当程度。最低限度要知道哪里几个是有名著作家，哪里几家是有价值书馆，哪里几种是时代有价值的书籍和杂志。

（原载于20世纪20年代东南亚华文报刊）

个人卫生经验谈

我讲求卫生已有十年了。我的卫生习惯，完全受张士一先生的影响；所以我对于张先生十分敬仰，十分感激。我讲求个人卫生的目的有三点：(1)减除疾病。(2)使精神、身体活泼健全。(3)使寿命延长。我想：阅者诸君看见我(1)(2)目的谅无怀疑；对于(3)目的，恐怕要笑我贪生，(其实普通人口上虽说不怕死，哪一个不是贪生恶死的?)因为世上人都以“人命不足惜”一句话为美谈。但是我贪生，我也有贪生的理由：我绝对相信人生目的是为造福社会，有所贡献世界。必不是为着吃，住，荣华，或爱情而生的，如我这样的薄才，工作如此之迟缓，假使不延长我的生命，哪里可以到成功之路，达到我的目的?所以我讲求卫生，最后的目的可算是生命奋斗。

我的卫生方法，第一步从清洁下手。恐怕有几班老同学还能记得，我曾经在黑板上写过：“七日二更衣一月一洗被”。我自己衬衣在冬天一周换二次，被单四周洗一次。在夏天每天换一套衬衣，每二星期换一回被单。运动衣服，尚不在此例。关于身上清洁：我的口洗得最勤，起身和卧睡时必大洗两次。每饭后必小洗一次。每饭前或食物后必漱水几口。因为我们的口最容易脏，假使不注意清洁，同人家讲话，使人家吞臭气；吃到肚子里的食物都是腐败东西。洗口之外还要洗眼，洗鼻，洗耳，洗发，洗身。发和身在冬天，不大运动，至少每星期洗一次。眼鼻耳必须要天天洗的。洗眼鼻耳的水可以自制。就是用一玻璃漏斗(药房里买的)，管子里塞足药水棉花，把它放个很清洁瓶子上，用开水倒在漏斗内，使水慢慢地注滴入瓶中。瓶内水滴满了，加盐精少些(用舌尝之，略觉盐味为度)，就用塞子塞好，可等用了。洗眼睛用一玻璃管(有橡皮袋的)够了。洗鼻子与耳可用一牙签，一端裹药水棉花浸水洗用。耳朵我只洗外部，而且不很湿。又足爪指甲大约隔三天剪一趟，而且指甲常常用骨质刀(沈佩言先生擅制造这物)剔洗。胡须也隔三天剃一次，现在我再把我每日生活写在下面，还要请卫生家指教!

我每天起身后洗口，梳发，洗面，洗眼，洗鼻，洗耳。诸事完毕然后早操。早操约占一刻钟。早操后饮一杯白开水。休息一回，然后吃一碗稀饭。有时另外吃一碗牛乳。有时吃两个鸡蛋。吃后整理衣服床被。整理好后就工作。这时工作我觉得精神很好,所以一切朋友也谢绝接见。做了两小时或三小时后,就去上课。上了课,吃中饭。中饭吃三小碗干饭。饭菜就是厨房里拿出来的寻常饭菜。吃了中饭,在藤榻稍为休息一下。休息时间半点钟至三刻钟。但有时因为不速之客闯进来,竟几分钟也没得休息。休息后就上课。上了课再工作。到了下午四时或四时半找一两个同志去运动一下。运动种类我最喜欢的是篮球,因为玩篮球的益处大体说来有三点:(1)使身体活泼。(2)玩时身体向上,使肺部扩张。(3)易暖。我对于网球不是很喜欢,因为玩网球有几种缺点:(1)左右手不平均。(2)时间太费。(3)费用太贵。(4)玩的人数是一定的。(5)不易暖。但是我们要运动的时候,同志很难找。近来因为体育先生对于网球兴趣很浓,所以我也跟着他们常常拍起网球来。我的目的不过是要运动。因为专讲卫生都在消极方面,唯有运动,可以增进体育。我近来觉得跑起来要比以前快些,这是玩网球得力处。有时没同志玩球,只好自己出校跑一趟,实行我的天然运动。有时还要去找个空地,温习我的拳术。

运动后,吃晚饭。晚饭也是吃三小碗干饭。吃了晚饭,稍微散步一下,再开始工作。晚上工作,阅报要占去一小时。卧睡时,洗口,洗身,洗足(寒暑不改)。睡时,我在家里前后窗都开,无论大雪风雨是一样的,因为窗上装有铁纱窗故。在校里,遇到风雨时只好关百叶窗;又在热天只好下蚊帐。开窗睡觉的益处,我觉得不容易伤风。而且我的鼻子敢说比人家灵些;假使跑到一间不好空气的房子里我立刻觉得。我近来皮肤上也有了清洁习惯。譬如我的衬里衣服过了三天(有时因为事忙,忘记换),就觉得痒不可耐。

我对于卫生问题上有许多话,此刻限于篇幅,不能再讲。唯有一句话不得不声明。有人疑心:如此讲卫生好像太费事,太费时间,太费金钱。好在我自己并不觉得,而且有种种解释。我的洗衣服费却好抵人家吸纸烟费。我的运动费,衬衣费,及其他卫生设备费,却好抵人家玩不正当事的功夫。所以我虽没有坏嗜好,耗费金钱,穷忙的情状同人家一样。哈!哈!同志们倒要同我表起同情来,是什么缘故?请举出理由来!

(原载于20世纪初《东大附中周刊》)

周辛打太极拳(1964年合肥师范学院院刊室摄)

卫生的运动的动议

我侨胞缺乏清洁卫生知识和习惯,无可讳言。怎样能灌输这种知识和陶养这种习惯呢?这个责任应该由教育界负责的。

现在各地的华校都喜欢开成绩展览会和游艺会,其用意或为募捐,或为招待学生家属参观,当然也有相当的价值。但是千篇一律,未免觉得有些厌倦。如果改为利益范围更广的卫生等,岂不是更好吗?

一年或半年,利用三天或者一星期,举行卫生运动,破除迷信运动,等等,能够把各校联合起来,更容易举办,更容易见效验。现在姑且先把卫生运动,说明如下:

学校举行卫生运动之前,需召集全体教职员会议,讨论卫生运动的日程,和分任职务。职务大概分为(1)总务;(2)文牍;(3)会计;(4)购置;(5)布置;(6)商借;(7)宣传;(8)出版;(9)交际;(10)讲演;(11)带队。日程大概分为两大部分:(1)校内;(2)校外。校内工作除大扫除外,须陈设卫生图画,标本,书籍。陈设物件除学校原有者外,尽力由购置股添购,再由商借股竭力向校外各团体私人医院移借。校内日程,还有卫生讲演是很重要的。除自己校内教员担任演讲外,再由讲演股延聘校外专家讲演。讲演题目须由讲演股先排列系统,再限定学生做笔记,宣传股做的工作,标语和传单事前须预备好。传单完全用在校外,标语由校内张贴到校外。出版股出版卫生特刊,也是由校内发到校外,并且可寄至外埠,校外工作是分队往侨胞商店工厂住宅宣传劝告和帮助。帮助工作,如扫除污垢,捕捉蚊蝇等。各股办事第四至第九宜由教员做领导,学生做股员,使他们有练习办事机会。

(原载于20世纪20年代刊载于东南亚华文报刊)

校 舍 分 配

八月九日随校长视察全部校舍纪录如下：

一、学生宿舍

甲、大学部
第一斋
靠南小房间二〇(每间住四人)
靠北大房间二〇(每间住六人)……可容二〇〇人
第二斋
大房间四四(每间住五人)……可容二二〇人
第四斋
大房间二六(每间住五人)……可容一三〇人
旧教职员宿舍(除去储藏室一,校工室一,厕所一,厨房一)
房间二十六(每间住四人)……可容一〇四人
高中宿舍后排(除去厨房、储藏室、校工室)
房间一八(每间住五人)……可容九〇人
闽庄(适用者仅小房间二七间,外有洗澡室一间,会客室一间,其余双倍宽房间二间,双倍深房间一间,四开间大房间一间,六开间大房间一间)
小房间二七(每间住三人)……可容八一人
女生宿舍(除去大房间二,留为职员住宿及储藏之用,小房间一,留为校工,室尚有大房间二二间,每间可住六人,计容一三二人)
大学部女生作……八〇人计算
合计可容学生九〇五名
附注:如果学生加多,可将闽庄大房间隔小,又可容七八人。
乙、中学部
高中宿舍前二排(除去储藏职员校工等室)房间五四(每间住五人)……可容二七〇人
初中宿舍(楼下中间五大间留为图书馆)
楼下一六间(每间住六人)……可容九六人

二楼二七间(每间住六人)……可容一六二人
三楼大四间(每间住五人)……可容二〇人
三楼小七间(每间住四人)……可容二八人
合计可容学生五七六名

二、教室

旧高中教室
楼上八大间为大学部教室(教育系或商学院)
楼下全部为中学部教室
平房六大间为大学部教室(教育系或商学院)
科学院系部为大学部文理学院及法律经济系教室

三、办事室

中学部办事室仍旧
旧大教室为大学部办事室
大饭厅分隔四分之一为学生办事用

(原载于1932年《暨南校刊》)

1931年暨南大学教职员留影

萧信庵之死

一

二月八日上海各报载有萧信庵女士用火自杀之讯，阅后不胜感慨。萧女士之死：近因为学校经费困难，教职员减薪，董事部待遇不平，将萧女士原薪一百四十盾减至六十盾；远因二年前，在民国十九年秋，萧女士乘荷船芝巴德号出国，在船上被船员侮辱，轰动全国，女士甚觉为难。记得这事发生时，我刚从南洋回来，到了南京，询问朋友（是萧女士之同事，在南京市中区实验中学任教员），知道萧女士原来是一个极好的幼稚教育教员，办事亦干练，平素不爱修饰，衣服极朴素，而且面部有麻点。后来与各人谈起，亦劝勿把这事看得太重，闻得萧女士无地可容。因国内与海外情形不相同，国内有旧礼教维持着，常常为了一桩男女问题，闹得天翻地覆。但在荷兰船中，记得规则中有："凡是船员调戏女子，罚银二十盾。"足见欧洲人看得这事极简单。我这回乘法邮回国，在船上目睹中国学生与法比女子发生恋爱事，闹得更凶，但不见法比政府提出国际交涉。近年来南洋欲聘女教员，许多女教员为了萧事而裹足，这事影响于华侨教育界不算事小。

二

记得当初萧女士信中说："在南洋教了几年书后，集资赴欧洲升学，学成然后回国。"那知道近年来南岛不景气愈演愈凶。教育紧缩，裁员减薪已成为普遍的现象，萧女士集资计划的失望是在意中。最近月薪从一百四十盾减至六十盾，更不能维持生活（六十盾之数，即使能勉强维持一己生活；而学校待遇不公，势不能恋校下去）。又据通信者称："荷属安汝埠培德学校经费原极充足，董事部处理不善，数千盾之基金化为乌有。"又谓："董事部待遇不平，在他人减少一二十盾，在萧女士独减少过半。"萧女士处此境遇：欲留南洋，则难生活；欲赴欧求学，则无积蓄；欲归国，则二年前之奇辱创痕犹在，慨愤身世，哪得不存自杀之心呢？

萧女士现在已经死了，她确是一个为华侨教育的牺牲者。以前常有人以为南洋是黄金世界，去当教员可以发财，现在看了萧女士的遭遇可以明白了。

但是像萧女士那样不幸事，毕竟是偶然发生的。南洋范围很大，有英属马来亚、荷属东印度、缅甸、暹罗、菲律宾、安南等处。统计华侨学校有一千五百余所。在此世界不景气波涛澎湃中，经费充裕的学校还很多，热心校董竭力维持的也不少。一般有志华侨教育的男女同志们，勿要因此气馁！

（原载于1933年《南洋情报》）

漱溟先生的三个答案

近来各方面对于乡村运动赞助的人很踊跃,这是很好的现象。可是还有许多朋友(其实也是赞助者),在学说上,常常提出了怀疑问题:有的在口头辩论,有的用笔墨来质问或批评。这种辩驳或批评的言论与文字,都值得干乡村工作的同志们注意和欢迎。因为问题讨论,不厌求详:工作进行,愈研究而愈进步。但归纳各方面的疑点,不外三个问题:(1)工业与农业哪个在先?(2)政治与教育哪个有效果?(3)总与分哪个力量大?这回我们在广州工作朋友三十余人趁梁漱溟先生南行之便,请其解答这几个问题。他于本年一月三十一日下午在中大教育研究所,演述了足足四个钟头,不但使在座素来怀疑者个个满意,并增加了一般乡村工作同志们的勇气和胆量。兹就记忆所及,把梁先生的演辞节录在下面:

各方面的问题都是为实验区本身而发生的。批评实验区的人决不会提出道德问题,说它是善或恶。这种行为大家无疑地指为是善的了。不过有许多人怀疑着,以为这种实验办法是否有效果。让我先举个例来说明吧。以前有个科学家做过一个实验。他要实验猴子的智慧。他用了一个窄长的玻璃瓶,当猴子的面,把花生和枣从口上放进去,然后交给猴子。猴子接着了玻璃瓶,不望瓶口,只望瓶子的下部,急要把花生和枣取出来;可是取来取去取不出,就把瓶子乱晃起来了;经过了若干时间,居然把花生和枣晃了出来,它就拿来吃了。如是试验了几次,猴子老是不进步,总要把瓶子乱晃,不期然而然地晃了出来,才得吃到花生。后来那个科学家做给猴子看,先把花生与枣从瓶口放进去,然后把瓶子一倒,即把花生与枣倒了出来。于是再把花生与枣从瓶口放进去,交与猴子。哪知道猴子还是向瓶下面拿花生,拿不出来时候,又把瓶子乱晃。因此发现猴子的智慧毕竟不如人。不如人的原因,猴子见了花生,只知道要拿花生吃,却不知道取花生的方法。即使人教了它方法,把瓶子倒过来的时候,它还是只看见花生,而没有看见倒瓶子的方法。人的智慧所以胜过猴子,就是看见了花生,不单在花生上着想,却在花生之外,研究取花生的方法。足见人的认识力比猴子远大得多。宇宙间无论什么问题,要求解答,必不能在当地本身上着想,必须探讨它的四周环境,研究它的相关条件才能得到结论。讲到目前的实验区本来是没有效果的。国内遍地灾荒,外受帝国主义的侵略,物价低落,银根紧急,这是整个的政治经济问题,还有什么办法呢。办实验区者不是像会变戏法的,一下子就变出一个理想的世界来。总要一步一步地做去,效果是在将来,不是在现在。以上算是总括的话,下面分说各个问题。

第一先说总与分的问题,所谓总,大概是政府或国家,用统一的计划,整个的力量,来推行乡村建设。所谓分,就是指现在,零零碎碎,东一实验区,西一实验区,办法既不一致,事业又很散漫。二者相较,哪个容易见效?照普通说,当然,很明显地,用总的办法,实行统制,容易见效。譬如从经济上说,非得用总的办法不可。现在世界各国,都有整个的经济组织,而与国际相周旋。如果我们国家仍由私人以营利为目的,而与之竞争,必遭失败无疑。我们是产业落后的国家,在国际竞争上力量本已单弱,现在还不能联合起来,统一起来,力量自然更单弱。故从经济上立论,必须把中国组合成一个。把中国组合成一个,谁有不愿意呢?可是现在有可能性吗?不但现在没有可能性,如此下去,以后也没有可能性。因为其中有特殊困难的缘故。这个可能性,要看它有否发动力,而且要有继续不断而至于成功的动力。凡有方法而无客观的动力是不行的。不然方法很多,你一方法,我亦一方法,凡有方法都说是好的。没有动力,却是空的,假的,有什么用呢?真正办法是由历史蜕变而成:先由认识,然后产生。二十余年来,全国扰乱不定,政象污浊,都是因旧辙已经破坏,新轨尚未建立。旧辙之被破坏,是出于少数有力分子。孰为有力分子?就是较有头脑较有知识的人,和较有勇气较爱活动的人。新轨之不能安立,是由于百分之八十多的蚩蚩农工,保守其数千年迷信和习惯,对于新制度不了解,但不明露在意识上的消极的不予承认接受。少数有力分子虽明明为新制度之要求者,而在其意识后背隐暗处同时复为其拒却者。这就是特殊的困难。因此自一九一一年以后,至今国家的国权尚未建立。这绝非偶然的事。目前我们所受一切痛苦,都由此点——国权未建——发生。譬如被帝国主者经济侵略,我们没有一个总组织来应付;东北失地数千里,因为没有一个总力量去抵抗;各地连年水旱灾荒,因为没有一个总脑筋替我们筹划。何为我们的总组织,总力量,总脑筋不能建立呢?将来是否能有建立的一天?这不难推知。我们从历史上看来,有必然的途径。究竟谁来解决建立国权呢?在这里我可说一句话,惟有“乡村运动”。

至于目前枝枝节节，零零碎碎的乡村建设办法，当然是无结果，而结果在后面，好文章在后面。许多问题，都要牵涉经济问题。我于二十二年八月，在青岛中国经济学社开会时曾讲过一段话："大家关心中国问题者，都知道经济问题的重要，都急切要求中国生产技术进步，产业开发。但每有不照顾自己所处地位环境，而徒言经济建设，作为种种计划者，真是笑话！与经济建设第一有关系者为政治；我们不想到我们的政治环境，便说中国宜如何作经济建设是不行的。经济建设或须直接靠政治力量行之，或则亦要相当的政治环境为条件。无论前者后者，我们总括称之曰经济建设的政治条件。不想到政治的条件固不行，有人于政治条件随自己主观而要求，不顾到其是否可能亦不行。大概技术进步，产业开发的先例，总不出两条路向：(1)个人营利自由竞争的路向：近代西洋社会即走此路，而亦日本所摹仿成功者。(2)社会本位统制的计划的路向：苏俄即其一例。此二路向，颇觉相反；但实际上，亦不过相对的各有所偏，非绝对的不同。在前一路向所需政治条件，是国家法律有效，社会秩序安定，乃至政府能为奖励，保护等等。后一路向所需政治条件更高，即必须一强有力的政府，并且清明的政府，运用国家权力，总持经济建设之事。现在经济问题没有解决，乡村建设决建设不出什么来，因为我们不是幻术家，能够无中生有地，立刻拿出一个花样来。那末各处的乡村运动事业，目前一定要赔本，我们不能因为它赔本，就此停止。让它赔本赔下去，我们还要继续工作的。这事比如小孩学习书法，起头一定糟蹋掉许多纸张和笔墨，但是我们不能因小孩糟蹋纸张和笔墨，以为太不经济，就禁止他写字。如果要希望小孩子写字成功，必须使他继续地学习，糟蹋东西是免不掉的。现在的民众教育家就是像小孩子一样，正在那里开头学习，难道就要叫他不赔本，而赚钱吗？况且学习的精神是必不可少的。因为是学习，常常能够发现缺点，随时自己修正。过去教育的失败，就是太机械化，不能发现缺点，不能随时修正，自由进步。无论社会运动，或国家行政，必须用教育力量，较为有希望。所谓政治与教育，当然不是绝对的说哪个有，哪个没有，只可说宾主之分。

总括梁先生的话：从力量上说，分不如总，可是中国现在没有组织的可能，没奈何，只好从分做起；从方法上说，政治不如教育，现在各实验区正用着教育的方法去进行，这是很对的。

第二是工业与农业问题。工业能引起农业的话也很确定。有许多人这样说。如现在中央大学农学院邹君也说工业可以引起农业，就拿棉业来讲吧：现在各纱厂都需要长绒棉，因为长绒棉可以纺细纱。于是各地农场纷纷地种植长绒棉，邹平的棉田也很发达。外洋来的棉花较中国出产的棉花价值昂贵，所以各纱厂要购买中国棉花。据某杂志发表：近一二年来全国增加棉田共数百万亩，并且都是种长绒棉的。棉业发达的省份，是山东、湖南、山西等，其原因都是为适应工厂的需要。这是工业引起农业的很好例子。至如说工业在先、农业在后，则未敢赞同。工业最重要的条件是机器。试看工业后进国家，必先以农产物出口，然后换得机器而发展工业。假使我没有农产物出口，那里得来机器呢？不比农业的要件是土地，土地是现成有的。况且工业竞争比农业竞争更激烈，如甲工厂所用机器较旧，其出品必显而易见地不及乙工厂，而甲工厂立刻不能存在。农业则不然，方法虽有进步与不进步，出品相差则不很远，用途还是很需要的。我国农业有几千年的基础，工业的基础是在那里呢？至于工业能引起农业，农产亦未尝不能引起工业，如因农业化学而引起的工业，因农业机械或工程而引起的工业，因农产制造而引起的工业等。又如在农业前进程中，农民购买力增加，许多工业乃因需要之刺激而兴起。

中国绝不能像日本走上近代工商业的路，其故有三：(1)近代工商业路今已过时，人类历史已走入反资本主义阶段。(2)近代工商业路为私人各自营谋而不相顾的，不合现在国家统制经济计划经济之趋势；在今日国际间盛行倾销政策下威胁太大，亦无发展余地。(3)近代工商业路所需政治条件(政府能安定秩序并保护奖励)在我亦不具有。工业所必不可少的是市场，试问我国的市场是在哪里？人家正在夺取我国来做市场。各国自己关税壁垒高筑，不容别国商品踏进一步，即在我们自己国中，也竞争他们不过。如烟卷，国货抽税大，卖得很贵；外国货抽税轻，卖得很便宜；如是烟卷业不得不失败了。又如航业，外国是由政府津贴的；中国不但不津贴，而且还要阻碍，如当差运兵，滥发免票等。中国工商业衰落有许多原因。总之要谋工业立刻振兴，竟无一条路可以作佐证。试看各大学造就的工业人材，结果没有出路。假使现在有人要想亏本，那末可以去从事工业，设立工厂。凡是一种生产，先要看它有没有生机。现在我国每年入超已达五万万元。其大部分属于粮食。粮食之输入，虽也因商业问题关系，而最大原因是农业生产低落之故。一旦如果农业发达，至少我们可以达到自足自给之目的。我们被帝国主义者压迫已到最紧密的程度，比较的还是在农业方面好像宽松一些。我们就想在这地方透一口气，转一些生机，求一个翻身。

梁先生的大意：工业虽与农业有连带关系，但是工业决不能在农业之先；

尤其现在中国决不能走上工商业的路。

第三是政治与教育问题。用政治的力量,当然比教育力量大;可是目前中国没有总组织,没有一种最高力量,上面已经说过。我们要知道,政治对乡村破坏力也很大。在国内,如灾荒、兵祸、匪乱、苛征等,当然由政治不良所致;外被国际侵略,也是因为政治不振之故,从来所谓政治,无不有剥削在内,无非利于少数人而不利于多数人者,尤不利于乡村。旧日中国政治以不扰民为方策,这是有统治者而无统治阶级。遂演成消极无为之局。一般的政治,大抵为阶级统治。封建阶级统治之下政治,其剥削乡村很厉害。到了资产阶级统治之下政治,其妨碍乡村更凶猛不可当;然而有统一的组织,有法律,有秩序究竟还能维持、保全。像今日中国的政治,统治力为多个的,无复法律秩序,但有一往不顾之破坏。每个统治力各顾自己,乃绝不稍顾惜乡村;乡村于此,乃纯落于被牺牲地位。在这种情形之下,少数知识分子出来创办实验区,当然看不见效果,并且要遭受人之批评。记得去年有一位周调阳君来邹平参观,问我道:"实验区所耗费的钱,究竟所得能偿所失否?我去江南各处参观,听入批评乡村工作人员有蝗虫之讥,这事对否?'"我就回答他说:"假使别处乡村工作人员是蝗虫,那末我们这里的人未见得不是蝗虫。因为我们这里不会比人家好;每年也是要贴钱的。"这话好像问我是不是蝗虫?假使人家批评我是蝗虫,我也只好自己承认蝗虫。因为我们此刻确乎拿不出成绩来,也没有法子使它不赔钱。一切问题都是因为总组织没有建立。在总组织没有建立的时候,实验区决不能见效。我在这里又可说一句话,将来总组织可包成功的,实验区将来可包赚钱的。

我们邹平原来并不是教育,是乡村建设实验。自从前年起又在那里实验县政建设。凡一切行政办事都在开始研究,当人家把我们的工作记载出来报告时,总说是教育,教育部召集教育会议时也要我们派代表出席。我们对于这个也不拒绝。人家既认我们是教育,我们也想大概这是教育吧。如果教育拿广义来解释,我们的工作确是教育的工作。不过拿定县、晓庄及无锡来比,却有不同之处。他们的出发点都是教育的。无论如何,用教育方法是很对的。将来实验区成功与否,就要能否继续用教育方法。假使一旦实验区行政化了,工作人员公务员化了,那就毫无希望。因为行政机关是太机械化,不能有进步。不比教育界志愿下乡去办实验区,或者由社会运动团体为主动,有组织的,有生气的,将来实验区愈办愈多,不问成败,到最后总会有大联合的一天。那时,总组织、总系统、总脑筋就会建立起来。我相信各实验区就是为组织脑筋的前线一战士。于是中国一切问题就可解决了。乡村运动的意义是在全部，不在局部，不在一个实验区。研究中国问题者应该知道，中国问题不在总上求总，而在分上求总。研究政治问题，不能即在政治上求解决，必须在他方面，相关条件上求解决。总脑筋之建立必不出自政府，发动力是在社会。所以我们论效果之有无，势力之大小，不能以目前的局面而定；而不能以目前的局面而断为将来的局面。

梁先生对于第三个问题说：因为中国问题有特殊的困难，所以政治反不及教育有效果。

梁先生用了几十年苦功，对于中国问题，才得到一个答案："有办法，唯有乡村运动可以救中国。"凡是听过梁先生讲演的人，莫不中心感动，好像骤然间眼前充满着无限的希望。凡是去过邹平参观的人，对于乡村运动，就不敢昧然加以批评。我尝听见一般研究社会、政治、经济学者说："中国没有办法"，这纯以西方学说为根据，用先进国家来比拟之故。又听见在政治舞台上的人，动辄说："有办法"，这为维持自己地位起见，是一种欺骗民众的手段，都不可与梁先生的答案同日而语。

二四，二，八。

（原载于1935年《教育研究》）

佃 租 问 题

从地主不应该存在的看法，那末佃租就不应该有，这个“佃租问题”根本不成问题了。而在目下的中国，土地问题没有解决之前，地主和佃户加紧纠纷之际，这个问题，却是值得我们讨论的。

一个国家总得要一个土地政策，有了政策，然后订定实施办法，按步进行，才有成功的一日。所谓土地政策不外两途：(1)承认地主和富农存在，让他们自由发展，向着资本主义的道路前进；(2)消灭地主和富农，实行耕者有其田，让耕者自由联合起来，组织集体农场，向着社会主义的道路前进。孙中山先生主张“平均地权”，自不赞成走第一条道路。他说：“今于无可平均之中，筹一自然平均之法，其法若何，即(1)照价纳税，(2)土地国有。”(见《中山丛书》第三册《民主主义》)。又说：“对于土地问题宜先平均地权，此与古时之井田同其意而异其法，其法之大要有二：(1)为照价纳税，(2)为照价购买。”(见《中山丛书》，《军人精神教育》)要消灭地主，昔亨利佐治也曾说过三个办法：(1)没收地主的土地(To kick the landlord out)；(2)征收地价税，消灭地主(To tax the landlord out)；(3)备价收买土地，消灭地主(To buy the landlord out)。第一个办法最直截爽快，可是执行时要一个条件，土地集中。假使一个国内有很大的大地主，地主愈大，地主人数愈少，那末只要把少数地主的土地没收，牺牲者不过很少数的人，这是很容易做到的。如果一个国内没有大地主，这就土地不集中，零星小户的地主数目很多，若要执行第一个办法时，一定要引起很多人的反对，这是行政当局所不愿的。

我国土地的分配，大概南方佃农多于自耕农，北方自耕农多于佃农。各省农佃分布之百分率如下表：

	佃农	半自耕农	自耕农
四川	58%	22%	20%
浙江	47%	33%	20%
广东	49%	30%	21%
湖南	46%	30%	24%
福建	48%	32%	25%

续表

	佃农	半自耕农	自耕农
云南	41%	31%	28%
广西	41%	27%	32%
贵州	43%	25%	32%
安徽	41%	27%	32%
湖北	39%	28%	33%
江西	30%	35%	35%
江苏	32%	28%	40%
察哈尔	27%	25%	48%
青海	20%	25%	55%
河南	20%	24%	56%
陕西	20%	22%	58%
宁夏	30%	9%	61%
绥远	19%	20%	61%
甘肃	20%	18%	62%
山西	14%	20%	66%
河北	11%	21%	68%
山东	9%	19%	72%

再看陕西、河南、江苏、浙江、广东、广西六省的调查报告如下表：

	户数	所占耕地
地主	3.5%	45.8%
富农	6.4%	18.0%
中农	19.6%	17.8%
贫农雇农	70.5%	18.4%

我国虽无大地主，小地主的数目也不算很大。北方省份自耕农多于佃农，更不必说；南方省份，在上面六省调查中四省属于南方，共总计地主户数只占百分之三点五，假使要行第一种方法时，也并不难。就是说牺牲者究属少数。

退一步办法，实行后二种，就是征收地价税及备价收买。这两个办法都不彻底，因为征收地价税，一时地主不能消灭，并承认佃农还存在的。备价收买，困难问题不在政府没有钱，而在农村不能消灭剥削者。因为农村的剥削者不仅是地主，凡富有资财的都可剥削农民。假使收买土地，给价与地主，地主一旦以不动之产变为流动之资本，其为害农村依然如故，则成为变相的地主了。

备价收买与照价收买，也有不同之处：前者由政府定一价格，即折算低价收买;后者须照市值给价。但二者都不必付现款,可发行土地公债,即以收买之土地为抵押,给息或不给息,规定几年后抽签还本,地价卒由土地之出息清偿,所以说困难问题不在政府之没有钱,即指此。另外还有一种办法,各处地主欠赋甚多,现各地方当局正在追索旧欠,而地主以收租既被限制,出息减少,无力纳税,倘使当局订一办法,以欠赋抵偿地价,趁此收归国有,地主多甚愿意,政府亦可免用现款收买。总之政府如能否认地主之存在,而根本谋佃农之解放,政策既决定,实施办法是不难的了。

所困难的,是行政当局为应付目前财政的困难计,不得不拒收土地,追索旧欠,可是一般零星的小地主和安分的佃农们,却感到不安起来了。兹为明了实际情形起见,举例说明于下:

浙江省自革命军到后,即有"二五减租"运动,十六年十一月即公布浙江省佃农缴租实施条例,内容共计四条。除第四条为附则外,第一条为缴租原则的确定:"定正产物全收百分之二十五为最高租额,佃农依最高租额减百分之二十五缴租。""向例业主实收数量有低于本原则所规定,或适合本原则所规定者,均依向例。""其有因天灾虫害而特别歉收,得业主谅解自动减免者不论。若有争议,由仲裁者决定之。"第二条为实施办法的解释。如正产全收的意义,各地标准量衡器具的规定,米谷质地之标准,恶习惯的禁止等项,都有具体的规定。就中恶习惯的禁止一节,禁止业方的租鸡、租鹅、租力、人事、东米、脚米等恶习;禁止佃方和水、搀粃、过蒸等恶习,都含有立法的效果。第三条为对付因缴租而起的问题之办法。

到了十七年六月,又修改为佃农缴租章程,公布施行。章程的内容,大体仍如缴租条例所规定,只是有下列几点的不同:(1)撤佃限制较严;(2)特设佃业纠纷处理机关;(3)明定违章的罚则:"佃农如有和水、搀粃、过蒸等行为,处以应缴租额十分之二之罚金。""业主违章多收,罚以多收数之五倍。""业主如以威迫欺诈之手段而多收者,没收其应得租额之全部。""不遵章程无故撤佃者,处以本年应得租额价值加倍之罚金。"到了十八年八月又改定浙江省二五减租暂行办法,公布施行。计订定二五减租暂行办法十五条,施行细则二十六条,另定佃业争议处理暂行办法五十七条。这次重要的改革,如下列几点:1.缴租额数的新规定:"土地收获除副产应全归佃农所有外,由业佃双方就各该田亩情形,以常年正产全收获量百分之三七.五为缴租额,自行协定新租约。""遇有水旱风虫等灾害时,依下列各款办理:(1)颗粒无收者,应由佃农通知业主及村里委员会临田勘明属实,全数免租。(2)收成歉薄者,应由佃农与业主协议，照新租约租额酌量减缴。协议不妥时，应由佃农定期请村里委员会及业主临田勘明，就实收数量依照新租约租额之百分数分配。"2.关于撤田的新规定。依暂行办法第八条的规定"有下列各款情事之一者，业主得解约撤田：(1)佃农不遵照新租约缴租，经县佃业仲裁委员会裁决者；(2)无永佃权之佃农，私行转佃，经县佃业仲裁委员会裁决者；(3)自耕农收回自有田亩，或买得田亩，经村里委员会查明确是自耕者；(4)先一年通知，由于佃方之愿意，有佃业双方签字之证明书者。"3.佃业纠纷处理机关的变更。依暂行办法第六条的规定："佃业双方因协定新租约及缴租撤田而发生争议时，由村里委员会调处之；调处不协，由县佃业仲裁委员会裁决之；如再不协，由省佃业仲裁委员会复决之。"到了二十一年七月，又有修正二五减租暂行办法的公布，不同之点列于下：(1)减租办法的修正。"自本办法公布后，凡新成立之租佃契约，其缴租额应以该田地常年正产物全收获量百分之三七点五为标准。其副产物应全归佃农所有。""在本办法公布前已存在之租佃关系，其缴租额暂照民国十六年以前正产旧租额减去百分之二十五为缴租标准。其已依十八年颁布之浙江省佃农二五减租暂行办法订定新租约者，照新租约缴租。"凡向有小租之田地，其大租小租之分配，依当地向来习惯办理。但大租小租应各依旧租额减去百分之二十五。(2)佃业纠纷仲裁机关的变更。依修正办法第十六条的规定："佃业双方如因缴租撤佃或协订租约而发生争议时，应依区乡镇坊调解委员会权限规程及民事调解法先行调解。如调解不协，依法声请司法机关办理。"(3)限制撤佃的规定。依修正办法第五条："租佃定有期限者，依其约定。其未定期限者，非有下列情事之一时，业主不得撤佃：(一)佃农死亡无继承人时；(二)佃农自愿抛弃其权利经签字证明或非因不可抗力，继续一年不为耕作时；(三)业主收回自耕时；(四)经业主催告，而欠租达一年之总额时；(五)佃农未经业主承诺，私行转佃时；(六)违反民法第四百三十二条及四百六十二条第二次之规定时；(七)田地依法变更其使用时。"又第六条："有永佃权之租农，非欠租达二年之总额时，业主不得撤佃；但当地有特殊习惯者，从其习惯。"(4)禁止预租押租的规定。依修正办法等十三条："预租应行禁止，但公产学产会产祀产不在此限。如预租之租额，确较当地通常租额为轻者，得暂依习惯办理。"又第十四条："押租金应行禁止，但已有押租金而其缴租额确较当地通常租额为轻者，得暂依习惯办理。"

统看前后三次修改，条文组织渐趋周密，立法根据则渐尊重习惯。在习惯上当然要尊重地主所有权，而且在事实上条文未见得条条能实行。我国社会向不重法治，凡施行一事，愈简单、爽快，效果愈好；否则条文愈繁细，不兑现的条文也是愈多。浙江自从实行“二五”减租以来，在业方感到很大痛苦，因不但租率减低，租斛改小，而佃户的拖欠、搀粃、和水、混泥、过蒸等行为照旧盛行，且更加厉；欲撤佃，则被条例所限制；欲讲调解，亦无圆满效果。在佃方，多数是不识字的文盲，道听途说二五减租的消息，只知道佃租可以减短，可以拖欠，根本不明了二五减租的意义和内容；但是对于有势力的田主，分毫不能减少，即多收若干，也只好忍受，不敢异议，岂有梦想控告，“罚以多收数之五倍”呢？同时有一班新土劣起来，利用新势力，操纵调解等机关，遇到水旱风虫等灾害时亦由他们报告成数，何尝经业佃双方勘明等情？甚至业方粒米未收，仍须照常完纳粮赋。而在佃方，尤其贫苦弱小之户，慑于土劣之势力，不问田地遭灾荒与否，正租十足缴清外，向例的租鸡、租力、脚米等也不敢缺少一次。试查先后四次公布的减租条例，能深入民间者有几多？即第一条改订新租约，实行者寥寥。到近来还有许多狡猾富农，勾结新势力，占霸租田，自己做二地主，赋税让原地主去完纳，田由贫苦的佃户去耕种，租米由他独收，坐享其成。他对付地主时则喊出“抗租”“打倒地主”的口号；对付佃户时则说执行二五收租条例；其实都以恶势力为背景，在新时机下造成的新土劣。目下官府追赋非常认真，新征之外，还要追索旧欠，稍一迟缓，即有被拘的危险。凡自耕农与小地主都困苦异常，所谓富农者，倒是那租田多于自产的人。所以现在浙江乡间都知道，租田比自产实惠得多，因租田可以不纳租，亦不负完赋责任。这种办法，原意固然甚好，结果竟却是相反，说来也是滑稽之至。

小地主大半是祖遗下来的产业，自实行二五减租以来，每年租米收入，除掉工资，平均每亩不满纯洁糙米一斗，故欲完纳新旧粮赋，必须另行设法赔补。地主欲把土地抵赋，则当局拒绝。屡见报端记载。遇有增加捐税，又往往依照田亩多寡标准分派。这种办法实在离开土地政策的意义太远了。目下地主都想抛弃土地而不可得，所以有一个田字谣云：“昔为富之根，今为累之首。”为什么到这个时期，政府不乘机把土地收归国有，或实行消减地主的办法呢？

友人陆君曾提出六条办法：(1)由县组织土地委员会筹办一切，并评定土地价格；(2)由县发行土地公债，收买地主有土不自耕之田地；(3)公债利率定为年息五厘；(4)收买之土地由原佃农缴价认领，一面停止缴租；(5)田赋由耕者自己负担；(6)缴价领地办法，分为“一次缴价”与“分期缴价”两种。分期缴价又订办法三条:(甲)分期缴价以一年一期;(乙)每期所缴地价以不超过佃农每年所缴佃租之数为原则;(丙)将本利分为若干期,即若干年限缴清之。例如:在某县某处田价每亩值洋三十元,平均佃农年纳租米七斗,米每石价洋六元,即每年应缴田租洋四元二角,依上述办法规定,若每期缴纳地价洋四元,则若干年代可以缴清,共费利息几何,有如下的计算:

第一年的本利和为

30.00+(03×0.05)=30.00+1.50=＄31.50,缴出4元,尚欠＄27.50

第二年的本利和为

27.50+(27.5×0.05)=27.50+1.38=＄28.88,缴出4元,尚欠＄24.88

第三年的本利和为

24.88+(24.88×0.05)=24.88+1.24=＄26.12,缴出4元,尚欠＄22.12

第四年的本利和为

22.12+(22.12×0.05)=22.12+1.11=＄23.23,缴出4元,尚欠＄19.23

第五年的本利和为

19.23+(19.23×0.05)=19.23+0.96=＄20.19,缴出4元,尚欠＄16.19

第六年的本利和为

16.19+(16.19×0.05)=16.19+0.81=＄17.00,缴出4元,尚欠＄13.00

第七年的本利和为

13.00+(13.00×0.05)=13.00+0.65=＄13.65,缴出4元,尚欠＄9.65

第八年的本利和为

9.65+(9.65×0.05)=9.65+0.48=＄10.13,缴出4元,尚欠＄6.13

第九年的本利和为

6.13+(6.13×0.05)=6.13+0.31=＄6.44,缴出4元,尚欠＄2.44

第十年的本利和为

2.44+(2.44×0.05)=2.44+0.12=＄2.56,即本年应缴之数

十年利息总和……………………………………＄8.56

照上面的计算,佃户在十年之内,以原有之每年四元二角佃租,只需减纳四元,作为田价,十年后即无代价可领得土地。惟实际上佃户逐年须增加田赋的负担了。如果地方政府不是横征暴敛,农民必能满意,否则如目下之索赋情形,农民也是负担不起。在业主方面听到这样办法能实现,必都额手相庆,因为每年每亩能实收田租米七斗,乃属理想的标准,又从此可以脱去田赋之累,确是求之不可得之事。目下佃农贫苦者占多数,灾病交迫,百孔千疮,

东挪西凑，寅吃卯粮，能如数缴租者有几人？所以我上面说，业主每年收入除掉工资外，平均不满每亩一斗米，决非过甚之谈。况且近年来清理土地，忽而登记，忽而验契，忽而丈量，正赋外之需索，层出不穷。朝令夕改，已非一次，安分守法者多受损失，狡黠规避者却能幸免，成为常例。此虽与二五减租两个问题，搅在一处，业佃之纠纷更繁重了。

最近浙江海临县耆老富寿鸿等联名呈省，吁请展缓续催旧赋，摘录原呈中要语如下："……民国十二年时，忽遇大虫灾，全县收成，不及二成，而完赋仍在五成以上……而各种办事机关需费者，又无不向田亩上加附捐，最多之时，几及正税二倍……自耕农因历遇灾荒，又屡增附税，既十分贫瘠，而业主所有之田，因二五减租后，佃农误会减租之旨，见县署撤销催租局，党部不许早收租谷，竟谓业主田租可完全不缴，不特相率短欠，并有霸阻同村各佃不许缴纳者……近数年来，不但有少数田者，难以为活，即有四五百亩之家，仍须借债以度日，此全县万目共睹共知之事，非一二人能饰言……省府饬各县催缴旧赋，雷厉风行，吾邑县府奉令实行，拘系及乎妇女，查催偏乎乡僻，既严厉而又普遍，极尽催缴之能事……且有田之家，虽遇丰年所入亦甚有限，前次每年完一次之赋，尚难如期，今乃责以一岁中连完三次，揆诸情理，亦恐有所难解……"田赋重于佃租，灾荒连年，自耕农与地主同为苦痛，只让那一部分狡黠的佃农，勾结新土劣，于畸形政治下，逍遥过活，究属是没有前途的。为今之计，只有用快刀斩乱麻的办法，取消地主，把土地收归国有，或消减佃农，实行耕者有其田；同时须规定合理的税率，以维持自耕农之生活。不然，长此因循下去，保留着地主之所有权，除征收赋税外，无他意义了。

（原载于1936年《教育与民众》）

大学训导之我见

在民二八以前，各大学训导组织不一致，有的设训育委员会，有的设训育处，有的仅设几个训育员，或管理员而已。自从民二八年三月，教部召集第三届全国教育会议，由部交议案经大会通过，确定各大学之训导处组织，大学设训育长，独立学院设训育主任。自此组织健全，制度统一，高等教育学风似可焕然一新，岂料几年来学潮依然澎湃，各校训导成功者极少。究其原因甚为复杂。有人批评党派活动竞争太剧，致妨碍青年好学向上心理（见王芸生《为青年忧，为国家惧》，三十一年五月四日重庆《大公报》），语甚确当。本篇关于此层不再重提，仅就训导制度本身及工作方面具体举述数项如下：

一、关于职权方面

训导处之任务，根据部案有九项：(1)关于训导计划之拟订；(2)关于导师之分配；(3)关于学生之分组；(4)关于学生思想之训导；(5)关于社会服务之策划；(6)关于课外体育、卫生、营养、及军事管理之监督；(7)关于学生团体之登记与指导；(8)关于党部或三民主义青年团之委托事项；(9)关于其他训练事项。训育处之组织分生活指导组、军事管理组、体育卫生组三组。查过去学校行政组织，体育课属于教务处，医务课属于总务处。自训导处成立后，即划归训导处，并将两课并为一组。因体育与卫生有密切关系，体育除指导学生运动外，包括学生日常生活之行动，如起居是否合法，饮食是否适量及教室动静姿势是否整规等均在体育范围之列。医务之于卫生，则如校舍如何布置，饮食成分如何配合及环境卫生如何改善等皆为校医分内之事。二者属于训导处，实为至当。然二者事业之推进，与总务处发生极大关系。凡一切房舍设备、器具制造、环境布置，以及指挥工人服役等，如不密切联系，仍托诸空言。担任体育者不过上上体育课，担任校医者不过诊治疾病罢了。故姜琦先生曾说："譬如总务处行政人员办事之敏捷，处事之公平，对物之爱惜及任事之负责，均足以作学生之模范，养成学生有刻苦俭约的习性与创造服务的精神。因此，总务处亦便是训导处。"（见《浙江大学训导纲要》）我常说，我们要考察一个学校，一进校门，看他们的校工态度如何，行动如何，虽不能断定这个学校的好坏，而这个学校的办事人精神如何已可知其大概。凡是学校事务上之成绩，大半操于工役之手，如工役服务不勤，不知清洁，不但影响全校师生之健康，甚至污秽堆积，臭气四溢，损害校誉，贻笑国际。一切校物之爱护权，校工操有大半，假使他们糟蹋公物、偷窃公物，积习成风，公家损失无可数计。雇用工役，管理工役，权属于总务处。假使总务处办事精神不与训导处相同，训导处必难表现成绩。又总务处制办购置等事往往缓不应急，妨碍训导处业务之处甚多。因此训导处与总务处常常发生摩擦。摩擦结果，校务蒙受极大损失。我在中国所见到的训育办得最好，只有以前南京高师的陈主素先生，他办事精细周到，负责认真，非常人所可及。至于他的地位也非与一般学校主持训育者可比。当时学校行政组织也分教务、训育、事务。鼎足而三，名义虽谓并立，实际陈先生可以推动指挥事务。故事无大小都办得井井有条。且校事绸缪，常超过学生要求。使学生无可议论批评之处。大家遵守校规，唯恐或后，秩序养成，就成了良好校风。

试看一般学校风潮，多起于微小之事。假使办理学校行政者能顾虑周详，事多合理，没有刺激群情之处，风潮即不会起来了。即使遇有小冲突，办理训育者能迅速地处理解决，事情就不会扩大了。但群众不满的小事都起于事务方面，关于日常饮水、灯火、清洁、卫生等事，问题占了大半。那末训导处不能推动或指挥事务时，训导要办好就很困难了。如要把训导与总务之职权划分，在理论上未始不可。姜琦先生解释，总务处之任务在于处理事务方面的问题，训导处之任务，在于处理行动方面的问题。他并举例说："譬如学生宿舍房屋之布置及用具如床铺、自修桌、灯油等之添置与修理，均归总务处负责办理；如果遇有物品之需要或补充乃至修理等等，概由学生径向总务处请求或交涉，而训导处可以不必过问。"此种分法甚为合理。但总务处对于学生情绪方面必不会注意的。学生对于布置之不满，或需索物品之不获，致情绪恶劣，触犯校规，结果仍弄到训导处的事，故我觉得总务处地位与训导处并立，是不妥当的。

训导处还有一件大事，是导师制度。导师制的意义原来很好。要实行教训合一。在教课方面称为教师，在训育方面称为导师，一而二，二而一，最为理想之事，岂料实际很难兑现。导师制推行来已有五年，试看各校此种制度成功者有几？不但做教员者视教课为本分，视导师为挂名，即在学校行政当局的心理，亦认为教员教课是专职，导师是兼职；教课不可以或缺，导师工作进行与否,是无关紧要的。而且教务长有参预聘退教员之权,训导长与各教员是平行,不相关系的。如是欲使导师制奏效,自很难了。故依我个人意见,各大学应设置副校长,训导长规定由副校长兼,各独立院设置校务主任,训导主任规定由校务主任兼,如是兼训导长或训导主任,一面可以推动或指挥总务处,一面可以领导诸导师;训导处地位提高。训导上一切业务可以迎刃而解了。

二、关于做法方面

办理训导者必须参加学生队伍里,这是一个最重要的条件。要认识各个学生,熟悉各个学生,这是办训导者第一个步骤。中国大学的特点,都是寄宿学生。学生的活动都在课后及自修时间。担任训导者不但常常要巡视学生宿舍及自修室,并且要把训导办公处设在学生宿舍附近。趁着学生课余时间及晚间,举行有计划的个别谈话。训导工作不是坐在办公室内办公的。近来学校都有些衙门化,大小职员闻铃上办公厅,闻铃下办公厅。躲在办公厅内,厅外事情则不顾问。不在办公时间,则一切事情都不管。遇到放假及临时空袭警报等,停止办公,则找不到一个办事人。这个作风是不适宜于办训导的。在放假日期,正好指导学生活动机会。课后与晚间为训导处最重要办公时间。所以训导处办公时间不能与教务处相比,或可说适相反。因学生上课时间,教室管理由各教师负责,训导处责任比较轻松。无论如何,训导处办公时间必须比一般延长,这是无疑问的。

担任训导者必须以身作则,则是天经地义。早上必须参加升旗早操,下午必须参加降旗,晚间必须查夜点名,则是例行之事。最好能审阅学生日记,更可了解学生思想与行动。说来这些事很麻烦,但欲训导办得好,这类事不可不做的。训导工作既如此艰辛,人选条件必甚苛严,而学校当局对于训导人员之待遇,并无特别优异之处,教育行政当局对于训导人员之培养,并无特别奖励之处。难怪训导职务大家视为畏途,无人肯充任,除非不得已,或滥竽充数。

在个人经验,觉得训导做法,还有三个原则:第一,从小事做起,一般人的脾气,都喜欢做大事,不甘心做小事。中国几千年来,士大夫以"大德不逾闲,小德出入可也"的信条为护符,弄得颓唐腐化,散漫零乱,对于生活小节,毫不注意。这种民族弱点必须纠正。纠正之法,即应在学校训导做起。任训导者对于学生日。常起居小节不可随便放松。如能实行军事管理,训导处可以得到极大帮助，否则军事教官不能负责时，只有训导员执行其职务。还有关于清洁卫生、布置设备以及其他事务上小事亦须注意。不能忽略。记得以前在南高时，陈主素先生办理训育，其于学生宿舍床铺距离、储藏室内箱架距离，均用尺度量正，丝毫不苟，此种办事精神影响青年德育甚大，不仅在形式上整齐而已。第二，有事要预先做。一般训导失败者都喜欢临时应付，不肯事前用脑筋，所谓“未雨绸缪”。更有一般官僚习气者，遇事推诿或搪塞。往往小事酿成大事。担任训导者，必须观察某事要起来，就赶快办了。某处将要发生问题，就赶快处置好。如此大事不会发生，小事可化为无事。第三，无事要找事做。凡是怕事者，事情越发生得多，而且等到事情发生，不能避免时，事情一定很难办。训导工作没有一定的范围，表面上似乎很空闲。哪知道问题都从空闲发生的。假使能随时留心，事事处理得很好。那难问题就不会发生了。例如学生进校，还没有上课，必须要给他们工作做。他们有了工作，秩序就会好，学风就会优良。放假后留校学生，必须严格指导他们假期作业，并须同样监督他们遵守秩序。要学生知道，在校内无时无处不要守秩序的，又如学生膳厅、厨房、厕所等处至少每日须视察一次。假期中归家学生必须切实规定他们的假期作业，这是导师分内的事。学生性情行为，在空闲时表现得更清楚，负训导责者欲观察学生个性，就应在空闲时下工夫。

三、关于设备方面

物质影响精神很大，这是不可不注意的。假使能布置一个含有教育意义的环境，必能胜过精神讲话数百遍。这是我们各个可以实验的，当我们坐在一个整齐清洁的房屋内，思想如何？读书兴趣如何？一定自己可以感觉到：思想活泼，兴趣浓厚。当我们坐在一间污秽堆积、乱七八糟的房屋内，精神如何？做事效率如何？一定自己可以感觉到：精神萎靡，效率低减。那么学生的内务、斋舍的清洁问题，办理训导者不可不注意。小学校的洒扫，由小学生负责；中学生的洒扫，一部分由学生负责；大学校的洒扫，学生就置之不理，这种坏习气，急应纠正的。

德目的格言，和先贤先哲的遗像。关系训导甚大，宜依着训导的单元，分别张挂在各斋舍。图书杂志绝对不能简省，并且要使学生享受最方便的阅览。各种图表可以增进学生德智的修养，宜尽量调制或购备。其他医药卫生设备及运动设备，都关于“育”的作用甚大，假使以后大家认为教育仅在“教”字上加功，是不足够。必须同时要在“育”字下工夫，这两项设备自不能因陋就简的。

关于房屋的分配，学生自修室与寝室必须分开。每一座宿舍必须辟一管理室，备军事教官或训育员住宿之所。每一座宿舍必须有学生储藏室及清洁室，前者置藏学生行李，后者置藏清洁器具。至于盥洗室、浴室、厕所，大概办学者都能知道，不过如何方有清洁卫生，则又不可不研究者。

训导处办公室宜设在学生宿舍附近，上面已经说过。其意在使与学生接洽便利，故宜愈接近学生愈好。办公室内可设导师办公桌，实际恐怕导师不会用的。因教育部令各校设备导师办公室，我以为不如设一办公桌较为简单。联接着办公室应有一训导长室，还要一间个别谈话室，这些都不可少的。

三十二年六月十四写于中正大学

（原载于1943年《活教育》）

英语教学问题

一

英语教学是我的副业。因为我的专业——社会教育——在国家未走上建设大道的时候,似乎太窄。于是在本行事业发展不开的当儿,兴趣所至,就和许多青年研究起英语来了。事实经过是这样的:在民国三十年秋,国立中正大学同仁子弟上不起学,就推笔者等发起筹备中学。就在物质条件十分艰苦下,筹设了正大中学。中学既开学了,大家感到学生程度太低,尤其国文和英文两科,根基太差。笔者就提倡改进两科的教学方法,并自己兼任国文一班和英文一班。担任了一学期,学生进步甚速,家长都表示欢喜。到第二学期,笔者因大学部系务及社教施教区工作太忙,不能多兼任中学课,只好把国文课放弃,专担任英文一班。我的教法完全用直接教学。在课室内,教师绝对不讲中国话。起头学生听不懂,而且不习惯,不免有怨言。因为其他中学,教英文都用翻译式的。一字一句慢慢地用中文讲,有人在课室外听时,辨不出是中文课,还是英文课。学生从未用英文字典,只要懒洋洋地看着书,听先生解,既容易又舒服。如今改变了新方法,必须用心听先生讲,一面忙翻字典,还不十分了解,所以感到十分辛苦。可是过了两个月后,情形大不同了。先生说话,他们都能听懂;他们自己也能回答简单英语。字典也渐渐地翻熟了,字汇已增加了不少。他们就高兴起来了。向来对于英文不用功的,也都用功起来了。家长纷纷来信道谢。到这时,我的教法方始站住了脚。但有时我有事缺席,竟找不到代课人。因为翻译的老方法,已被学生厌弃了。

后来敌人流窜,学校迁移宁都。社教事业停顿,大学展缓开学。我携家寓在正大中学内,得暇在正大中学兼任了两班英文。当时盟军登陆风声盛传,我更提倡英语会话,在中学内组织了教员会话班,在校外组织了英语夜课。并提倡教学国际音标。行政方面的人来参加听讲的也很多,颇极一时之盛。记得他们没有学习语音时,如live和leave都分别不清。后来教了i:和i两音标,他们才能分辨出来了。不久,盟军胜利,日本投降,中正大学迁于距南昌十五华里之望城岗,多数教授以荒岗生活不便,留寓于南昌市,笔者仍随正中,寓于城南之胶皮巷。继续兼高二高三两班英文。那时我的直接教学法已根深蒂固,再不会有人怀疑。几个程度低劣的插班生,也只有平心静气,自怨根基不好,不敢怪我教法之严。我上课时,常有许多人来旁听。其中有一旁听者的经过,值得提出来作为参考资料的。有一位大学工学院的毕业生某君,毕业来已经两年了,并且在某省立中学担任过英文教员两年,他也到我的高中三年级英文班上来听课。哪知道他的英文程度远不及高三几个老学生及新来的高材生。问他问题,他都不懂。听课莫名其妙。极简单的说话,他也不能说。可是他很虚心努力,继续不断地听课。而且在课外孜孜不倦地请教。如是者两月,他居然也变为高三班上的高材生。普通说话,可以应答如流;文法字汇也大有进步。再经过了两月,他去投考某机关之职员,完全用英文试验的,他竟然被录取了。他非常感激我,与我分别之前,要求我同摄一影以留纪念。

我在正大没有正式开设英文课,曾组织了一个义务英语班,专教国际音标,参加人数很多,学生兴趣很浓。我不敢正式开设英文课的原因,是为免与他人翻译教法发生冲突。但经我提倡后,英语座谈会、英语研究会等组织,蓬勃兴起了。江西省教育厅在假期,召集了中学英文教员,举行讲习会,邀我主讲英语发音学。我的副业也算在赣省发生了一些力量。

我离开了江西,在某小大学内,也兼任了二次英语课。我的教法当然还是一样。可是在第一班中,情形有些不同:一则因为学生人数太多(学校为经济起见,合班上课,共有九十余人);二则因为学生中翻译式的毒,中得更深了;三则因为混学分的空气太浓厚了。所以学生的反应:第一件事,要求发讲义,不买课本;第二件事,要求不考试,不预习。弄得我兴趣索然,我的教法不免大打折扣了。在第二班中,情形较好些,但学生好学程度远不及江西。实际现在一般大学生学英文,除掉一年级英文必修课必须派司外,没有多大用处。过了一年级后可以完全不接触英文。各学程,教员讲授,都用中文讲义。笔记论文,可绝对不写一个英文字母。课外阅读,极为自由。几本翻译旧书,可以应付。到了毕业后,英文好的人,欲投考官费留学,如上青天之难。假使有了政治背景,活动活动,和要人发生了关系,即使英文程度蹩脚,倒有出洋机会。大学生经验丰富,对于这些已深刻了解,故看得直接教学法、国际音标等,认为多事,不发生什么兴趣。不比中学生胸怀天真,而且对于升学就业野心很大,所以还能鼓励得起来,虽然,这些都在问题的另一方面。我们写作姑不问这些,单从英语教学法上讲吧。

二

先从教者方面说起。教者为什么喜欢用翻译式呢?第一,因为外国语没有良好的基础,怕用外国语讲话;第二,因为讲本国话比较自然、方便;第三,因为学者对于翻译容易了解,少问题,免啰唆;第四,因为用了翻译,进度较慢,课业轻松,受学生欢迎。时下教育界最坏的风气,是迎合学生,讨好学生。学生普遍的要求:少练习、少考试、多分数。学校行政当局不问学生学业如何,但求太平无事。教师优劣之判断,多根据学生之喜恶。所以聪明的教师都不肯推行新方法;尤其是使学生吃力的方法,绝不敢尝试。况且少练习,少考试,是省教师的功夫,何乐不为呢?多给分数,更不成问题,因为分数本来不值什么钱,多给几分,于教师无所损失。不过在这种情况下,学生进步,一定很难。莫怪到中学毕业,读了六年英文,一句简单话还不能说,一个简单句还不能写。投考大学的程度一年一年地低落。经过严格选择后,大学生能够读原本,直接听讲者,犹寥寥无几。这种英语教学方法,完全是浪费,毫无疑义。还有一桩最可笑的事,学校当局常常以为初中一二年的英文是粗浅,不重要的。因此把初中一二年的英文随便分配给次要或便宜的教员教。做教员的也以为初中一二年生年龄幼小,程度低浅,可以哄骗过去。教学方法完全谈不上。发音错误、文法错误,使初学的打定了一个很坏的基础。这样不但二三年时光白费,要把坏基础纠正过来,很不容易。英语教学之难,真是一言难尽。

三

再从学者方面说。初学的基础,百分之一百没有打得好,这是学者吃大亏的地方。有人以为:在教会学校里读书,跟外国人学英文,发音一定很正确;这也未必尽然。因为传教士教书,多数没有研究过教学法,而且不知道发音学。学生专事模仿,不一定是靠得住;尤其座位在后面的人,以误传误,毛病百出。例如冠词this, the,恐百分之一百没有读得正确。况且在中国的教会学校里,大多数是美国人。美国人的土音,不合文法的土语,免不掉的。

学者还有一个普遍的毛病,遇见一个生字,不知道去查字典,却用自己的经验,去猜想发音。教师从来没有指导过用字典的方法。自己也懒于翻阅字典,渐渐成为习惯,不知不觉地成为口头错误。平时如无说英语的机会,永不会有改正的一日。一旦去任英语教师，就是以误传误的出发点。常听到做英语教师多年的人，读comfortable时，重音加在第二音节。读necessary, necessity时有把重音同加在第一音节，或同加在第二音节。读pronounciation的noun时，和pronounce同样读法。至于s读z不分，更是极平常的错误。加在字后的s，糊里糊涂地读去，还不甚觉得，如division, vision中间的s，就相差甚远了。

青年学生对于英文用功的也很多，可惜他们走了错误的路，实在太冤枉了。例如每天死读生字，这是最机械不过的苦事。假使换一个方法，只要约三五个同学，每天见面都讲英语，各人把所有的生字尽量用到语言中，彼此交换，何等有趣？各人的字汇由会话来增大，记忆力必能加强数十倍。同时彼此规定阅读物，定期提出报告，英语之进步，必一日千里。

常见用功英文的人死读文法，而且读的是中文翻译文法，这是最呆的事。文法的规例千百，能一下记忆得起吗？即使能全部记忆，遇到说话造句，一一找寻文法规例，如何能应付得了呢？文法上的专门名词并不多。教英文的一定要用中文来翻译，佶屈聱牙，使学者脑筋里兜了大圈子，说来真是可笑。文法书上的解释，并不很深。教英文的不能讲解原本，还是不教文法为佳。有的喜欢玩花样，费了很多时间，专教图解，实在机械无聊之至。文法由语言产生，要帮助了解语言，才有文法。现在弃掉语言练习，专教文法，这是"买椟还珠""舍本逐末"的办法。许多极平常的规例，实在用不到多讲。例如He comes; He goes; He did not come; Did he go out?只要常常练习，脱口而出，都合文法。文法在语言中练习得来，才觉轻松愉快。由语言化作文字，才是现实的活文字。

我的英语教学浅见，也许是老生常谈，但环顾各处，实践的同志还是很少，所以特再提出来，就教于专业各同志：

我以为教外国语必须用直接教学法，这是天经地义的事。尤其在初学，必须用实物教学，使他们直接听讲。有人误以为直接教学宜在高级，不宜于初学，这是只知其一不知其二的说法。教者为什么不肯用直接教学？学者为什么喜欢听翻译？上面已经说过不再重复了。教语言，先使学生练听觉，这是第一个原则。练了听觉，可以辨别发音；练了听觉，可以了解意义，练了听觉，可以学习语法。

英语发音中有几个基本音在中国语言里缺少，或极生疏的，做教师的不可以不注意。例如母音i x ɔ，子音θ ð n r，必须多多训练(drill)。宜把普通常用的字，特别提出。如：it,is,English,England,glad,back,black,Saturday,boy,four, door,box,through,think,with,thank,these,those,though, although, in, on, then, when, right, rice, ready, already 等必须训练纯熟正确。然后推到其他的字。

讲解课文,宜用极简浅的英语,随时提出问题,令全班学生齐声回答。这样不但使学生练习听话,并渐渐使他们练习说话。有时可分组练习,一组问,一组答,以提高兴趣。总之能在短促时间内,多数人得到练习机会,并有浓厚的兴趣,最为适宜。

词句结构,文法特例,必须常常指出。在读本中教的文法,较有兴趣,容易记忆。英文词句构造,动词最为重要,故最好每句令学生找寻动词。单句每句一个动词,复句每句数个动词。一句中找出几个动词,即可确定为几个分句,再令指出主句中的动词。这样词句组织已经大致明了。再加说明一些形容部分,不用图解,已可了如指掌了。

每次上课,宜插入谈天气、询日期及普通应用会话,这样使学生不感到课堂生活枯燥,在不知不觉中,增加他们的字汇和训练他们的会话。每周钟点,不要分析得太详细,如分读本、文法、会话、作文等,教读本时专教读本,教文法时专教文法,教会话时专教会话,一完会感到枯燥无味。而且感到钟点不够分配。如总共每周五小时或四小时英文,怎样分配呢?结果,每种课开一个头,就要结束了。所以每周四、五小时英文,只有把读本文法混合起来。作文有时在课室内作,有时在课室外作。用功学生,在课外作文,从容构思,详细参考,进步甚快。会话只有在授课时提倡,遇到有关联的字汇及应用的语句,随时提出。今学生在课外组织英语会,分组或全班约定,见面必须讲英语,讲中文者罚款,渐渐程度进步了,再进一步约法,凡讲错文法的罚款。每学期必须组织英语演说竞赛会,及英语辩论会等。如是做去,与呆板的老方法相较,必大不相同。

英语教学有四部曲,即耳、目、口、手。用纯粹英语来训练学生的耳;直接讲解,训练学生的目;朗诵练习(drill)训练学生的口;习字作文,训练学生的手。教课假使不是敷衍,每种方法必有一个目的。

教学英语有十大事:第一要讲音标。讲音标时必须讲明发音部位。母音要注意舌的部位,和口腔的形状。子音要注意唇齿舌腭各个部位。目前一桩最可笑的事,凡新出的英语读本,必注有国际音标,却有一桩遗憾的事,注有国际音标的字典不易买到,希望各书坊赶快做这笔生意吧。第二要练会话。现在各书坊的英语会话书汗牛充栋。做教师的选定一种,规定学生每日熟读几句,按时抽问。务必熟练到不假思索,脱口而出,方为合格。第三要习书法。英文书法是横的,中文书法是直的,二者形式刚是相反,所以中国人要写英文,不用功练习,一定不会写得好。近年来阅大学入学考试英文卷子,中学毕业生多数不会写英文，高高低低，甚至字母分不清楚，这个普遍的错误，归谁负责任呢？在初中教英语时，对于书法一项，绝对不可忽略，书法练习需要时间很多，练习时期很长。最好初中三年，都要有书法练习。高中以后，才注意他们作文写法。第四要学写信。令学生练习造句以后，最好令学生学习写信。写信不但是最合实用，而且初学者最感兴趣。教他们同学彼此间用英文通信，他们一定很高兴，很热心地通起英文信来了。这是练习写作的秘诀。第五要读论文。课本上的材料大都是故事。对于议论体裁甚为缺乏。议论句调与故事不同。社会学科书籍，大多属于议论方面。对于议论文的了解力，必须培养。大学入学考试，留学考试，及其他甄别考试，都有一篇论文，大多是议论体裁。如无素养，必难应付。在高中一年级以上宜选读短篇论文，增进他们的了解力，增加他们的论辩资料。第六要阅日报。日报是现代文字，读本上所读不到的，教学生阅日报，因为有许多时事新闻吸引，学生兴趣加倍浓厚。第七要做日记。做日记的目的，是要学生天天练习书法及造句。同时可以增加生字，熟练拼法，益处很多。学生做了日记，不必天天评阅；只要隔一二周后，教师查阅一次。不必详细评改，只要把大错误处指划出来，让学生自己修改。第八要写短文。学生作文，宜每周一次。不必太长，以便教员详细批改。但闻目下许多中学，都述而不作。原因每班学生人数常超过七八十人，教员待遇则以钟点计算，每周在十八小时以上。这样情形，不但每周作一次作文，事实所不允许，即使二周批改一次作文，教员精力也有所不够。只好把作文课目空挂在日课表上，临时托故缺席，敷衍过去。这次暑期招考，口试时，我询问考生曾做过几次英文作文，他们回答，最多的，在高三作过三次。这种贻误青年的教育，确是行政当局的罪过。第九要阅小说。指导学生阅英文小说，这是使学生英文更进一步的办法。但学生阅小说时，有一极普通的缺点，即注意在故事的经过，而不注意于文章的结构，这是须要纠正的。学生阅了一本或一章小说后，必须教他把所有的生字、美丽的文句，尽量地记录下来。最后把文章结构批评一下，使得彻底了解。第十要订刊物。教学生每人订阅一种或二种英文刊物，或几人联合起来订定几种英文刊物，这事十分需要的。所订刊物虽不必强迫完全阅读，但无论如何，他们必能自动阅读一些。

以上十事如能完全做到，学生英文程度绝不会像现有那么低。英文是一种工具之学，英文好了，其他学科都可提高。大家希望大学程度提高的今日，唯有提高英文程度是入手办法。

（原载于1948年《教育杂志》）

后　记

历史总是在传承中延续，在创新中发展。安徽师范大学教育科学学院自1928年我校初建时期文法学院中四个系科之一的教育系算起，迄今有近90年的发展历史，自2000年在原教育系、教育技术学系和高等教育研究室基础上合并组建成教育科学学院算起，有近20年的发展历史。在学院发展史上，曾涌现出一批优秀的学者、知名的专家，他们为学院的发展做出了积极而又重要的贡献。正是由于一代代教育学人的不懈努力，才有了学院不断发展的今天与更加美好的明天。如何总结、保存、传承与创新学院发展历史上前辈教育学人的办学经验和学术思想，一直是学院关注和重视的工作。早在2012年，教育科学学院启动院史编纂工作时，就有一种工作考虑，希望能够把在教育科学学院工作过的一些前辈学者、知名专家的学术思想进行整理，把他们公开发表或未发表的学术成果进行搜集、整理，出版一套系列丛书，这样既能够很好地梳理、保存老一辈学者、专家的学术成果，也能够系统地传承并与时俱进地创新发展他们的学术思想。

周辛先生1952年从华东教育部高教处长一职调到安徽大学（安徽师范大学前身），担任专科部主任。1958年随着省内院校调整，周辛先生调入合肥师范学院工作，先后担任教育学科教研室主任、教育系主任、党支部书记等职。周辛在新中国成立初期，对安徽师范大学教育学科建设和教育系的发展等方面，都做出了奠基性的工作。《周辛教育文集》的编辑、出版，一方面是学院改革发展的需要，另一方面更得益于周辛之子周商克先生的鼎力相助。在获悉学院整理、出版老一辈学者、专家学术成果的初步设想后，已是耄耋之年的周商克先生主动找到学院，把其父亲生前保存的一些文献资料、历史图片等提供给学院，并主动承担搜集、整理周辛先生生前学术论文的繁重任务。周商克先生关心、支持学院发展的举动和对其父亲的拳拳孝心感动了学院，学院时任院长葛明贵教授、分管科研副院长阮成武教授，随即安排教育史专业研究生导师李宜江教授带领其研究生刘丹，协助周商克先生做好《周辛教育文集》前期资料的搜集、整理工作。刘丹同学还在李宜江教授指导下完成了周辛教育思想系统研究的硕士学位论文。

周辛先生的学术论文大多数发表在二十世纪三四十年代，现在能获取的是扫描件或者图片格式，竖排繁体字，需要人工录入。学院组织了教育史、小学教育专业十二名研究生对所有论文进行录入。在此，对刘丹、程睿、陈晓晨、金成成、鲍俊、臧春婷、顾园园、陈滔、杨玲、刘大卫、李俊杰、胡颖等同学的辛勤劳动表示致谢。

在完成《周辛教育文集》书稿的录入工作后，学院统筹安排周辛等老一辈学者学术成果的出版事宜，并从地方高水平大学教育学重点学科等学科平台中，列出专项经费资助文集出版。在阮成武副院长的协调下，在安徽师范大学出版社汪鹏生社长、张奇才总编辑的支持下，书稿出版事宜最终商定，并安排潘安同志作为该书的责任编辑。在此，一并致谢。

感谢在周辛论文搜集、整理过程中提供支持与帮助的苏州大学档案馆、复旦大学图书馆、安徽师范大学档案馆与图书馆、浙江省海盐县档案馆。

感谢在《周辛教育文集》编辑、出版过程中给予关心支持的安徽师范大学教育科学学院、离退休工作处全体领导和老师。

安徽师范大学

地方高水平大学建设教育学学术丛书编委会

二〇一六年一月三十日

责任编辑:潘　安
装帧设计:丁奕奕

图书在版编目(CIP)数据

周辛教育文集/周辛著. —芜湖:安徽师范大学出版社，2016.3
ISBN　978-7-5676-2384-2

Ⅰ. ①周… Ⅱ. ①周… Ⅲ. ①教育思想—中国—现代—文集 Ⅳ. ①G40-092.7

中国版本图书馆CIP数据核字(2016)第005923号

ZHOU XIN JIAOYU WENJI
周辛教育文集
周　辛　著

出版发行：安徽师范大学出版社
芜湖市九华南路189号安徽师范大学花津校区　邮政编码:241002
网　　址：http://www.ahnupress.com/
发 行 部：0553-3883578 5910327 5910310(传真)E-mail:asdcbsfxb@126.com
印　　刷：虎彩印艺股份有限公司
版　　次：2016年3月第1版
印　　次：2016年3月第1次印刷
规　　格：700 mm×1000 mm　1/16
印　　张：58.25
字　　数：1098千
书　　号：ISBN　978-7-5676-2384-2
定　　价：188.00元